2021 年国家图书馆青年学术论坛论文集

国家图书馆　编

国家图书馆出版社

图书在版编目（CIP）数据

2021年国家图书馆青年学术论坛论文集 / 国家图书馆编. — 北京 : 国家图书馆出版社, 2021.7
ISBN 978-7-5013-7272-0

Ⅰ.①2… Ⅱ.①国… Ⅲ.①图书馆工作－学术会议－文集 Ⅳ.①G25-53

中国版本图书馆CIP数据核字（2021）第138946号

书　　名　**2021年国家图书馆青年学术论坛论文集**
著　　者　国家图书馆　编
责任编辑　张　颀　王炳乾
封面设计　耕者设计工作室

出版发行　国家图书馆出版社（北京市西城区文津街7号　100034）
（原书目文献出版社　北京图书馆出版社）
010-66114536　63802249　nlcpress@nlc.cn（邮购）
网　　址　http://www.nlcpress.com
排　　版　北京旅教文化传播有限公司
印　　装　河北鲁汇荣彩印刷有限公司
版次印次　2021年7月第1版　2021年7月第1次印刷

开　　本　787mm×1092mm　1/16
印　　张　47.5
字　　数　1055千字
书　　号　ISBN 978-7-5013-7272-0
定　　价　280.00元

目　录

一等奖

二等奖

三等奖

优秀奖

智慧图书馆背景下关于信息服务的思考与展望

陈　喆（参考咨询部）

在十九大报告中，“智慧社会”已被列为我国未来发展的重要战略部署之一。智慧图书馆由智慧社会的概念衍生而来，是公共服务智慧化转型的重要场景，是图书馆应用人工智能、大数据、云计算、物联网、区块链、5G等智能技术以及相关智能化设备，为用户提供一个不受时空限制的、能够实现内容及环境感知并提供智能服务的信息空间[1]。智慧图书馆不仅是一种适应技术变革的图书馆新发展形态，更是一种面向未来的图书馆新发展理念[2]。

信息服务是图书馆的一项核心业务工作，是图书馆开展用户服务的主要方式，是图书馆员与用户交流沟通的重要“桥梁”[3]。随着新一代信息技术的涌现，用户获取信息的方式发生了巨大的变化，图书馆信息服务也面临重大变革。本文通过总结与展望智慧图书馆背景下信息服务的新特征，探讨了智慧图书馆信息服务的发展趋势，以期为我国智慧图书馆建设提供参考。

1　智慧图书馆背景下信息服务的新特性

在未来，随着社会的智慧化转型，人们对于虚拟化、网络化交流的逐步适应，必将塑造出全新的用户信息行为习惯，而图书馆也将向数据中心、交互节点、云平台方向发展，依靠人机交互技术的进步，智慧化的信息服务也会呈现一些新的特征。

1.1　信息流动促进免费共享

信息的免费供给、获取、复制、流动将成为智慧社会信息环境发展的新趋势。数字技术驱动下，信息的主要载体从纸本文献向电子化、数字化设备转移，信息复制的成本大幅降低，促进了信息制造、传播、获取的便捷与高效，实体的固定的信息被虚拟的流动的信息所取代。新的技术发展深刻影响着人们获取和利用信息的方式，也强化了人们日常生活中对信息的重视和依赖程度。数字时代信息的无限复制将成为必然趋势，共享将成为信息传播与交互过程中最重要的行为特征，即便是知识这类无形资产，随着信息的流动，其所有权与使用权将逐步分离，简单的权属关系将不再重要，共享将成为知识与信息的常态。

对于图书馆而言，信息的流动与共享既是机遇也是挑战。一方面，在信息流动加速及免费共享的背景下，图书馆作为公共文化服务中心的作用与公益性价值可以得到更好的彰显。另一方面，图书馆信息服务面临着互联网搜索引擎的巨大挑战，图书馆自身所认知的传统信息服务将逐渐失去用户，图书馆的价值将会体现在对信息的采集、关联、挖掘、分析和利用基础上的深度知识服务领域[4]，或是对信息个性化、即时性、权威性、关联性等额外特性的可靠保障能力上。

1.2 屏幕阅读改变用户行为

在纸本文献盛行的时代，文化围绕着语言与文字，印刷文献向社会灌注的是对精准的崇敬，是对客观事物的追求，是对权威表达的拥护，真相在书籍中被固化终结。以文献为载体的律法、典籍推动了社会文明的发展，大规模收藏文献的图书馆作为信息中心曾改变了人们学习与思考的方式。

如今，随着显示技术的发展，文字从纸张转移到手机、电脑、平板电脑、阅读器等电子设备，屏幕霸占了人们的注意力，人们的信息行为也被技术推动着发生了变化。屏幕像素间的动态流动改变了公众对于传统文献的崇拜。屏幕是一个不断变化的世界，充满了无穷无尽的素材、尚未剪辑的资料和未成熟的想法与理念，以书本为载体的经典考究的逻辑表达已经跟不上信息的瞬息万变。每个人都可以通过网络发声，每个人都是信息源，真相不再来自权威，而是由一个个的信息碎片实时拼接而来。一成不变的实体文献不再重要，在新的世界，快速变化的代码比固定的律法更加重要，人们的交互更加重要[5]。

在屏幕的冲击下，阅读和写作仿佛即将终结，但随着手机、平板电脑的兴起，反而出现了创作的热潮。公众通过手机，在网络、社交平台创作了大量的文字，而阅读也不再限于文字，而是扩展到图片、视频、声音，人们花在阅读上的时间成倍增加，屏幕数量的增长实质上扩展了人们的写作量和阅读量。人们以一种全新的方式开始阅读，用户的信息行为被重塑。用户不单单是信息的获取者，也是创作者。

1.3 信息关联推动用户社交

当印刷的字转变成屏幕上的电子像素，超链接技术促进了信息与知识的无限关联。信息不再以书本为单位，而是以段落、句子、短语为元素，被链接、索引、分析、标注、收藏、参考、分享和传播。这些元素都将是信息网络的节点，可以超链接到其他体系中。文献更像是元数据集合，而整个信息与数据网络则是未来图书馆的模样。

文献不再是单纯的个体，而是一个网络化事件。文献信息被数字化后，会被拆分成单独的片段，在网络中混合并被重新编排。信息将以片段为单位进行供给，并可以根据用户的个性化需求进行整合与传递，从而形成具有个人属性的信息集合，对信息片段的每次整合就是一次再创作。人们可以相互订阅关于文献的创造、改变、批注等信息，信息获取的方式将更趋社交化。在信息网络中，图书馆的中心性逐步弱化，用户间的交互是智慧化信息服务的重要特征，而且用户间直接对交互将加快获取信息资源的速度[6]。

图书馆将由用户共同创造。在智慧化时代，用户不再是孤独的阅读者，而是上升为创作者和交流者，甚至是主宰者；用户不再是注意力商品，也不是数字劳工，而是实在信息集合的有机构成部分[7]。网络化的技术条件打破了时空限制，人类文明中曾经存在过的作品，都可以在任何时间、任何地点、向任何人开放。人们可以在自己的书房或工作台上轻松获得图书馆提供的信息。而整个图书馆，不仅是由图书馆人建立，还是其用户共同的杰作。

1.4 信息标签形成自反馈循环

智慧时代的另一个特征是标签化。在文献创作出来后，除了本身存在的文本信息以外，添加标签可以方便搜索与定位，题目、作者、版权信息、分类号等传统的著录信息都是信息标签的一种形式。在智慧图书馆，更多维的标签使得文献信息能够以更快的速度，在更广的范围，通过更精确更优质的服务，精准定位给其用户。

在未来，人工智能技术将取代需要大量训练才能使用的分类系统，除了识别已有的标签外，在经过训练后，人工智能能够为文本和图像自动加上数以百万计的标签，并根据用户行为信息分析推测用户的需求与意图，对其偏好进行标签化处理。

用户在浏览文献或使用信息服务时，每一次点击都是一次“投票”，当用户信息与内容关联的时候，注意力的碎片将被人工智能汇聚起来，不断强化信息及其服务和每一个标签的联结关系，用户的使用进一步促进信息资源发现与个性化服务的便捷与精准，从而形成自反馈循环，不断提升信息服务的质量及用户体验。

2 数字图书馆信息服务是智慧化转型的基础

智慧图书馆信息服务的图景是一个全新的世界，但印度图书馆学家阮冈纳赞在“图书馆五定律”中指出：图书馆是一个生长着的有机体。智慧图书馆不是凭空诞生的新体系，也不是突然启动的新进程，而是传统图书馆向数字图书馆演进的进一步延伸，是图书馆适应社会进步，满足用户需求，实现自身转型发展的又一次迭代升级，数字图书馆信息服务正是图书馆信息服务智慧化转型的基础。

2.1 数字图书馆服务的智慧化演进

1876 年美国图书馆学家杜威曾提出图书馆服务的三项准则：在适当的时间，给适当的读者，提供适当的服务。二战后，图书馆界的口号为“服务至上，读者第一”，到了 21 世纪，“开放、平等、免费、个性化、人性化”成为图书馆的新宣言[8]。在不同的阶段，图书馆用户服务的内涵和外延即便有所不同，但其服务理念与原则的内核是一以贯之的。在信息技术、馆藏数字化、用户需求和体验行为的驱动下，数字图书馆服务建设过程中提出了“Anyone，Anytime，Anywhere，Anything”的 4A 愿景，以消除社会信息鸿沟为目标，通过嵌入式服务拓宽服务面，通过文献服务向知识服务的延伸提升服务深度，提高用户获取与利用信息的能力。

数字图书馆用户服务，是物理图书馆所提供的数字化的文献信息资源服务，也是无所不在的网络化的虚拟图书馆服务，其发展大概可以三个阶段：第一代是电子图书馆，以馆藏资源数字化实现了远程获取的便利性；第二代，海量信息存储和管理，产生了大量多类型与多结构的数据库，信息爆炸的同时也增加了用户获取信息难度，相应地发现系统的建设与使用成为新增长点。第三代，基于知识网络向知识中心演变，以知识管理为特征，提供数据挖掘和知识发现功能，支持用户的知识网络学习和交流[9]。而下一代，将是智慧图书馆。

以数字图书馆为基础，智慧图书馆不仅仅是新技术和智能设备在图书馆中的应用，而是更加强调服务理念的创新与实践，其思想和理念触及了图书馆服务与管理的各个方面，它以信息化、数字化、智能化和网络化的信息技术整合了图书馆的物理服务空间、网络信息服务空间和社会协同服务空间，能够根据用户情境提供精准的个性化、沉浸式服务体验[10]。

2.2 信息需求与数字环境螺旋发展

在社会信息化、数字化背景下，人与信息交流的新界面被称为数字环境，它集合文字、图像、影像、声音、交互行为等，形成一个信息空间，为环境中的人带来特定的感受，能够有效传递、收集和获取信息[11]。

用户的信息需求领先于数字环境建设，数十年中人们在信息管理和利用方面需求的不断发展和提高，是驱动数字信息技术更新变革的动力，人们对数字图书馆的憧憬与认识，以及获取信息与知识的强烈渴求，最终推动数字图书馆从无到有，逐渐发展成熟，满足需求是数字图书馆建设的根本目标。

另一方面，用户在新的数字环境中，信息需求也在发生着变化：①相对于深度阅读，用户的注意力更多地分散到信息获取与下载，其阅读偏好趋于碎片化，他们更需要智能化的发现系统，要求资源无缝、快速访问以及免费获取；②数字环境下，信息共享与交流更加频繁，网络技术飞速发展，年轻一代更喜欢交互式、数字化的交流方式，更相信同龄人，网络社交成为重要的生活方式；③个性化需要越来越高，人们喜欢视频、图片信息超过文本信息，快餐信息更被青睐。

用户的需求是技术进步的不竭动力，同时技术发展趋势又促进用户去适应新的环境，在新的数字环境中用户的需求又被激发，形成用户信息需求与技术驱动的交替和螺旋发展。

2.3 以用户为中心的信息交流环境不断完善

对文献的收集、整理、组织、传递和利用，是图书馆信息服务内容的具体体现，而这种活动的本质社会联系，则是人类知识信息交流这一基本社会现象。

在传统图书馆固定建筑和静态馆藏的限制下，除了告诉图书馆员自己所需要的图书、报刊等文献信息以外，用户并不在图书馆里面与谁真的交谈，“知识信息交流”不过是人与纸质图书等文献及其背后的作者之间穿越时空的单向信息传递。

数字图书馆是一个以用户需求为中心，拥有超大规模数字资源，虚拟性和现实性并存的多功能信息空间，其信息服务构筑在现代计算机与网络技术基础上，在支持和拓展人类信息交流方面有先天优势，同时，知识信息交流作为一种贯穿始终的社会需求，推动着数字图书馆技术与服务体系的演进。在数字图书馆，知识信息交流以人机交互的方式存在：文献信息数字化、数字资源整合、联机检索、统一的检索门户、静态网页、智能化 RFID 自助借还、多媒体触摸屏显示、图像及语音识别等，都是在试图消解人机交互时计算机对人类信息需求和行为的理解偏差，促进用户与图书馆信息等交流更加顺畅。

3 智慧图书馆信息服务的发展方向

数字图书馆已经为用户组织了大量的信息资源，提供了良好的信息传递系统，但知识信息仍未能通过现有数字技术充分表达，或者通过现有网络技术实现完整传输；数字图书馆仍未能实现虚拟化，未能完全突破传统图书馆的时空限制，提供“人与人之间”彼此链接、共同相处、相互交流的场所感和同在感。而在智慧化蓝图中，图书馆的信息服务将在数字图书馆的基础上实现新的跨越。

3.1 信息服务的范围将不断延展

首先，智慧图书馆作为智慧社会的一部分，将对接与融入智慧化的社会网络。图书馆成为社会化的知识信息总集，涵盖了过去和当下，以各种语言、各种形式存在的作品，除了图书、期刊、报纸，还包括图片、视频、音乐，还有更加庞大的网页文件、网络文字的副本等曾存在过的信息。

智慧图书馆信息服务将突破时空限制。与智慧化的信息网络连接，图书馆拥有更开放的数据接入、更顺畅的场景转移，实体的图书馆建筑仅仅是智慧图书馆的一个物理存在，用户服务的边界被不断扩展，通过新一代网络与通信技术，用户终端将可不受空间与时间的限制，随时调用其所需的服务，智慧图书馆将作为人们享受智慧社会便捷服务中的一个模块，除非必要，人们无须了解信息或知识服务的供给方是商业数据库还是图书馆。

智慧图书馆信息服务内容将扩展与深化。作为知识信息存储与服务中心，图书馆围绕为用户提供多种形式的服务，既包括传统的信息提供、咨询、导航、推送、数据系统建设等，同时也向高度信息化的知识服务转化，整合新一代知识技术，既作用于知识生产的全过程，也作用于知识采集、加工、传播、利用、维护、治理等整个知识服务生命周期[12]，最大限度地满足用户的显性及隐形的需求。

3.2 个性化与交互性将提升信息服务的价值

图书馆作为原始信息资源的提供方，一方面是依靠丰富的信息资源，着力建设与用户的连接网络，促进信息流动，打造资源共享的公益主体；另一方面，随着文献载体属性的弱化，智慧图书馆将成为信息的庞大集合，同时建设与之匹配的信息服务体系，而这个体系，将更强调个性化与交互性。

智慧化信息服务将彰显用户的个性化。智慧图书馆在构建信息集合的过程中，依靠人工智能等技术将杂乱的各类知识信息进行清理、分类、提取、组织、挖掘和标引，从而构建丰富的信息标签体系，并通过用户画像分析用户行为偏好，同时捕捉用户在特定时间和场景下的兴趣和需求，再结合外部环境感知、情景数据和数字足迹，为用户实时推送精准的碎片化知识信息[13]。

智慧图书馆将缔造开放性的信息交互网络。在未来，去中心化将成为必然，智慧图书馆也将打破一馆一所等中心化的藩篱，用户也不再是被动接受服务的个体或组织，而是知识创造与分享的主体，图书馆则通过物理与虚拟的情景化，促进知识转化与共享。智慧图书馆通过信息服务实现数据与数据之间的关联、机构与机构之间的关联、人与人之间的关联[14]。最终，在图书馆缔造的信息交互网络中，知识需求者与知识供给者之间自由链接，实现信息互联和价值互联的交叉运行[15]。

3.3 信息服务将追求极致的用户体验

图书馆一直是新技术的积极倡导者，也是技术进步的受益者，新一代信息技术突飞猛进，正在向引领发展的核心引擎转变，智慧图书馆建设需要实现智能技术的全方位嵌入，但也要避免因简单的技术堆砌，反而导致用户体验更为晦涩，造成新的技术鸿沟。甚至，智慧图书馆反倒没必要让用户过多感知技术的存在，信息服务嵌入用户情景，实现便捷、高效，服务形式应返璞归真，舒适、宁静、雅致的“不智慧”的图书馆，是用户在繁杂的社会生活中更需要图书馆所提供的，所谓数字化、智能化，是实现图书馆用户体验的手段与延伸。

智慧图书馆信息服务，将呈现从以资源为中心到以体验为中心，从以馆员为中心到以用户为中心、从被动等待服务到主动寻求服务、从馆内阵地服务到馆外延伸服务的转变[16]。信息服务的智慧化转型过程，以用户需求为指引，以解决用户问题为导向，以用户体验为服务质量的评判标准。在未来，图书馆越来越多地承担数据中心的角色。以信息与知识为载体，以智慧化服务为手段，为用户提供全天候、全方位、便捷、精准、高效、个性化、沉浸式的终极体验，将成为智慧图书馆信息服务建设的根本追求。

我们倾向于从旧事物的框架中去观察新事物，我们当下对于未来事物的展望，实际上会曲解新的事物，让它们适应我们已有的观念体系与思维模式[17]，就像身处 2G 时代的我们很难完全描绘出 4G 网络引领的移动生态对于生活方式的颠覆。我们很难感知到正在发生的变化，但却常常被 20 年甚至更长时间的转变所震惊，而科技的指数增长曲线使得质变的周期越来越短，当回顾过往的时候，人们的惊叹越来越多，但准确预见未来依然十分困难。本文所描述的也只是对于智慧图书馆蓝图下信息服务的“片面”想象，即便我们现在仍无法真正说出智慧图书馆“应该是什么”。但笔者期望在图书馆创新服务、转型发展的历史背景下，能对发展方向管窥一二，以头脑风暴的方式对智慧图书馆“可以是什么”做出美好的展望与畅想。

参考文献

［1］［6］程秀峰，周玮珽，张小龙，等．基于用户画像的图书馆智慧参考咨询服务模式研究［J］．图书馆学研究，2021（2）：86-93，101.

［2］饶权．全国智慧图书馆体系：开启图书馆智慧化转型新篇章［J］．中国图书馆学报，2021（1）：4-14.

［3］刘宝瑞，郭红晓．基于数据耕耘理念的信息咨询流程再造［J］．图书情报工作，2015（24）：33-38.

［4］［16］初景利，赵艳．图书馆从资源能力到服务能力的转型变革［J］．图书情报工作，2019（1）：11-17.

［5］［17］KELLY K. 必然［M］．周峰，董理，金阳，译．北京：电子工业出版社，2016：91-114.

［7］［15］何宝亮．基于区块链技术构建智慧型知识服务系统研究［J］．图书馆，2020（9）：41-45，65.

［8］［9］［11］魏大威．数字图书馆理论与实务［M］．北京：国家图书馆出版社，2012：73-91.

［10］李伟超，贾艺玮，赵海霞，等．近十年我国智慧图书馆研究综述［J］．现代情报，2018（3）：171-176.

［12］柯平，邹金汇．后知识服务时代的图书馆转型［J］．中国图书馆学报，2019（1）：4-17.

［13］陈丹，柳益君，罗烨，等．基于用户画像的图书馆个性化智慧服务模型框架构建［J］．图书馆工作与研究，2019（6）：72-78.

［14］ANDERSON R. The crisis in research librarianship［J］. The journal of academic librarianship，2011，37（4）：289-290.

图书馆记忆资源建设与服务策略研究

——基于国际比较视野下的调研分析

刘东亮（社会教育部）

对于社会而言，“记忆”是构建集体共同体历史，进行文化传承与知识传播的重要媒介。个体记忆对于整合社会认同具有显著的价值，“记忆是通过一种映射来定位的，我们保持自己回忆的方式，把它们和我们周围的物质环境联系起来”[1]。1992 年，联合国教科文组织启动世界记忆项目，重点关注图书馆、档案馆以及相关机构保存的珍贵文件和口述史记录等[2]。其主旨在于保存以文献载体形式记录下来的人类集体记忆，以抢救濒临消亡的民族文化[3]。

图书馆是保存各种类型文献信息的场所，其中活态的记忆资源是馆藏体系的重要组成部分，抢救和保存记忆文献成为新时代图书馆的一项基础的业务工作。从图书馆资源建设的角度来看，记忆资源包括口述史料、影音资料以及纸质档案等多种载体类型的文献。当前，国内外众多的公共图书馆尤其是国家图书馆都在开展记忆资源采集和抢救工作。1976 年美国国会图书馆创立美国民俗中心（简称 AFC）[4]，主要工作内容是记录和保存美国的传统文化，使之成为国家的“民俗生活文献保存和研究中心”[5]。1987 年大英图书馆启动了“国家生活故事”这一口述史项目，其目的是通过口述史采访和调查，获得各领域从业者们第一手的个体记忆和历史资料，并将其保存在图书馆内。1994 年美国国会图书馆设立美国记忆项目，旨在“将国会图书馆最重要的馆藏历史文献、动态影像、录音资料、史料图片等珍贵藏品进行数字化，并通过国会图书馆网站发布”[6]。1998 年起，澳大利亚国家图书馆设立了专门的口述历史和民俗项目，开始收藏相关的录音和影像，内容涵盖了澳大利亚的文化、知识和社会生活等。2011 年新加坡国家图书馆实施了“新加坡记忆”项目，主要是收集和记录个人、企业、社会机构和团体的记忆和文献。2012 年国家图书馆启动了“中国记忆”项目，通过口述史料和影音文献的采录，全面记录现当代的重要事件、重要人物的历史，以建立“记忆资源库”[7]。基于对上述图书馆开展资源建设实践的分析与比较，提出合理的改进对策，以促进国内图书馆进一步开展科学化、规范化与流程化的记忆资源建设和服务工作。

1　各国图书馆开展记忆资源建设的现状

20 世纪 80 年代开始，国内外的国家图书馆先后开展了关于社会历史、族群记忆的文献建设工作，涉及了民族、文化、历史、科学、艺术、战争、行业、女性等社会生活的不同侧面，并保留下来了许多珍贵的音视频文件、照片、手稿、档案和实物文献等资料，极大地促进了图书馆特色馆藏的资源建设工作，在一定程度上重新建构了社会记忆，并推动了公众开展历史记录的工作实践。

表 1　国内外国家图书馆记忆资源建设情况

项目名称	内容主题	项目题材	资源类型	采集模式	资源服务
中国记忆	东北抗日联军、中国远征军、学者专题、图书馆重要人物、“我们的文字”、大漆髹饰、蚕丝织绣、中国战“疫”专题等	战争史、非物质文化遗产、文化艺术、科学技术、医疗卫生等	影音资料、照片、报纸、日记、书信、文稿、实物等	独立自建、合作共建共享	网站平台、数据库、社交媒体
美国记忆与美国民俗中心	职业民俗项目、民权历史、美国妇女、非裔美国人、退伍老兵、地理与建筑、商业史、表演艺术等	文化、艺术、宗教、法律、建筑、军事战争、科技、地方历史、民间生活	影音资料、手稿、照片、手绘图、报纸、声乐等	合作共建为主，图书馆、博物馆、档案馆及研究会等机构参与	网站平台、社交媒体
英国图书馆国家生活故事	犹太人幸存者专题、伦敦城市史、世纪之谈——BBC千年口述历史项目、倾听计划、残疾人之声、难民与移民、女性口述史等	艺术、建筑与景观、工农业、商业、金融、体育、科技、医疗卫士等	影音资料、文本、实物、手稿、地图等	合作共建为主，社会组织、机构、基金会资助	网站平台、社交媒体
澳大利亚口述史与民俗项目	残奥会口述史项目、土著儿童隔离口述史、移民口述史、杰出人物口述史、大萧条时代、流行文化、传统民俗等	民俗、艺术、体育、科学、社会、政策、环境等	录音资料、实物文献等	自建为主、合作共建为辅	网站平台、数据库、社交媒体
新加坡记忆	个人的经历与记忆、社区集体历史等	城市记忆、个人史、社区历史等	影音资料、图像、文本等	全民共建，个人、机构、协会等共同参与	网站平台、社交媒体

1.1　资源建设内容主题的对比

通过上述对比发现，各个图书馆记忆资源建设的方向和侧重点虽有不同，但大多都与本地的民族文化、日常生活相关联。具体而言，中国记忆项目以记录历史、保存文献、传承民族记忆为宗旨[8]，最终目标是“抢救个体记忆，建构起国家和民族的记忆资源库”[9]。中国记忆项目涉及的主题多为战争军事、文化、艺术、科技以及医疗卫生等内容。

目前来说，国外的图书馆更注重收集公民个人的口述史。美国记忆的口述史项目如“故事团”（StoryCorps），更多记录的是普通人的经历，像战争的幸存者、退伍军人、少数族裔的群体、当代美国工人、移民、妇女等，美国民俗中心还收集民间生活资料，如民歌、故事、民间舞蹈、节日庆典等资料。

大英图书馆的“国家生活故事”，注重收集数字化的手稿、档案、地图以及特色文献[10]，主要采访来自社会各阶层的人。其中涉及的主题有：记录两个普通人之间自定义内容的交谈；英国科技创新者和科学家；残疾人、难民与移民等内容。

澳大利亚的口述史与民俗项目包含了对各行业人士的采访与录音[11]。其中比较重要的主题有：澳大利亚第一届残奥会运动员；土著儿童强制隔离政策的亲历者；公共福利机构生活的当事人；科学家、作家、艺术家、政治家和体育界人士等。

新加坡记忆项目的特色在于全民参与国家记忆的构建，包括个人、社区、公共机构、民间协会、社会组织等。其目标是个人参与书写家庭、社区、国家的历史，增强民众的文化认同感和归属感[12]。其中比较重要的主题有：“诗歌与地方”[13]专题；新加坡重大历史事件的回忆；国家危机与文化重建过程中的个体感受；街区故事、家乡民俗文化的记忆。

1.2 资源建设方式的对比

国内外图书馆记忆资源的建设方式丰富多样，综合运用了自建采集、合作共建、社会征集、捐赠、交换或购买等方式，力图构建立体全面的记忆资源体系。中国记忆项目充分发挥自身优势，开展口述史料和影像史料的自建工作，并与相关研究机构、社会组织、行政机关等合作进行资源采集，与此同时向社会征集相关口述资料、日记、书信、手稿、生活用品等文献资源，构建起记忆资源共建共享的平台。比如“中国战‘疫’”记忆库专题是国家图书馆的一个重点项目，主要面向“全国党政机关、企事业单位、社会团体和社会各界人士，广泛征集抗疫过程中形成的具有收藏、研究、展示、纪念价值的代表性主题资源”[14]。“中国图书馆界重要人物”专题，是中国记忆与全国图书馆界、相关高校共同开展的口述史采集工作。

相对来说，国外的图书馆受限于人力和成本的制约，更侧重于采取合作共建、社会征集以及线上采集的方式进行资源建设。美国民俗中心的民权历史项目主要与史密森学会的国立非裔美国人历史和文化博物馆合作完成。另外，美国民俗中心早在 1933 年就与洛马克斯（Lomax）家族展开合作，进行民歌的收集工作，歌曲内容包括舞曲、民谣、布鲁斯（蓝调）等。最终记录了超过 700 英尺长的手稿、10000 份录音以及 12000 影像图形资料。

大英图书馆作为资料保存单位，很早就制定了口述史的存储标准，积极收集和保存社会各界捐赠的历史资料。其与数百个相关机构合作开展国家重大口述历史项目，涉及英国议会历史项目、医疗卫士人员口述史、移民口述史以及社会遗弃者关爱计划项目。大英图书馆还与英国广播公司合作进行“千年记忆库”“倾听计划”等项目，录制了来自社会不同种族、阶层、行业受访者的口述史。

另外，在线采集成为国外图书馆一种常见的记忆资源建设方式。以美国民俗中心的职业民俗口述史项目为例，通过培训相关的口述史志愿者，采集美国各行各业职工的口述历史，并经由 Oracle Application Express（APEX）这一在线平台，实现采访数据的上传。Oracle APEX 平台除了处理对象数据之外，还为用户提供了用于开发和定制数据库表单的工作区，可以将其合并到 Web 应用程序中来进行数据的在线收集[15]。

新加坡记忆项目与档案馆、高校、研究机构合作，施行“统一标准、分工协作”[16]的建设模式，鼓励公众将其个人的故事和图像上传至官方网站平台，以实现参与式的资源建设活动。其门户网站作为在线资源存储库，可以将个人的回忆以音视频或者图像的方式录入。新加坡记忆官方博客“iremember sg”鼓励口述史志愿者记录即将消失的民间艺术和文化空间，并通过在线平台分享个人记忆。

1.3 资源组织方式的对比

在正式对公众提供服务之前，图书馆相关专业人员需要对记忆资源进行分类，之后进行系统性的编目加工和数据处理，以实现知识信息与文献资源的有效利用。比如对于日记、书信、手稿等纸质文献的编目加工，中国记忆项目主要采用传统的 MARC 格式进行数据著录。由于这种数据格式的成熟度较高，因此有利于精确地描述信息内容，并且高效地完成元数据著录工作。

对于口述史料和影音资料这种新型文献，目前来说国内图书馆还未形成统一的元数据标准。中国记忆项目数字资源的元数据著录主要采用 DC（Dublin Core）标准，同时根据影音视频资源的特殊性，设计和调整 DC 格式的著录字段。具体而言，中国记忆对描述视频资源内容的元素加以定义，有 15 项核心的元数据元素，即唯一标识符、题名、主题、创建者、出版者、其他责任者、描述、关联、来源、日期、类型、格式、语种、时空范围、权限。另外，根据各个视频资源的属性和特点，设计了扩展元数据的要素，满足了深度揭示资源本体内容和关联数据的需要。

国外图书馆视频文献编目的特色在于突出了编目标准的规范性和适用性。其总结和制定了一套较为完善和系统的编目规则，从而指导公众和从业者开展记忆文献整合工作。英、美等国家对于新型文献的编目加工，一般采用的是 RDA：Resource Description and Access（资源描述与检索）的格式，即按照实体、属性和关系的模式来进行组织，并支持查找、识别、获取描述元素。美国、英国、澳大利亚等国家的图书馆根据自身馆藏需求，基于 RDA 规则制定了资源描述的施行政策，主要规定了 RDA 中交替规则和可选规则，以及本地核心元素的使用[17]，对 RDA 资源描述的附加要求进行了统一，从而更利于实现数据交换。

以美国的口述史编目系统 Oral History Metadata Synchronizer（OHMS）为例，这是一个免费、开源的元数据处理与索引的平台[18]，在美国的各个图书馆与相关机构中被广泛应用。OHMS系统主要有两个部分，即OHMS后端网络应用程序和前端查看器[19]。编目员在后端应用程序导入口述史访问，并生成元数据。其中最主要的字段有项目名称、机构名、采访题名、受访者、采访者、采访日期、采访地点、采访摘要、源文件格式、存储介质等核心元数据要素。在OHMS程序中，对于每一个口述史采访文本创建内容索引，并保存其时间编码，最后将这次访谈记录导出为XML格式的文件，并同步至后端的网络存储库中。OHMS系统为口述史编目提供一个规范化的平台，可以相对准确地、快速地在线上输入数据，实现资源著录的多人协同工作。

1.4 资源服务平台的对比

国内外的国家图书馆一般都是在其二级网站中展示记忆资源。国家图书馆中国记忆的实验网站的页面中，主要以专题数据库的形式呈现，将整合后的文献资源提供给公众进行阅览服务。目前，网站上线了“东北抗日联军”“我们的文字”“蚕丝织绣”“大漆髹饰”等专题资源。其中大部分的专题数据库包含了口述史音视频、专题影像资料、照片、文本、手稿、实物等多种载体的文献，初步完成了文献资源的整合工作。

国外图书馆的网站设置了数字馆藏的版块，专门为公众提供记忆文献资源的阅览服务。美国国会图书馆的资源呈现有三种分类：主题、部门、原始格式等。各专题都包含项目题名、项目介绍、责任者以及馆藏资源数量等条目。大英图书馆的数字馆藏资源设置了3个板块：地图、数字文献、特色文献。其中数字馆藏资源以专题数据库的形式呈现，如手稿、在线音频、濒危档案项目、电子资源等，每个专题库都设置了检索导航栏和内容显示窗口，用户可以根据需要按主题、创建者进行浏览。

在检索方式上，中国记忆网站主要有基本检索和高级检索两种形式。基本检索以主题词和关键词索引为主。因此，在对象数据编目加工阶段，对于主题词和关键词的著录以简单和精确为基本原则，同时也注重揭示数据之间的关系，如包含与被包含的分层级、分主题的上下集合等，有利于精准反馈用户的查询结果。高级检索的字段主要有题名、责任者、出版者和创建时间等选项，具体的选择上可以实现精确匹配和模糊检索，同时也设置了“与、或、非”三种逻辑检索方式，基本满足了专业检索的需求。

国外图书馆的网站基本上以一般检索为主。检索词主要是根据馆藏资源的内容和载体类型而设定的。在美国国会图书馆的数字文献检索栏目中，检索选项有书籍和印刷品、电影和录像、手稿、报纸、地图、照片、绘图、网络资源、网页、3D等内容。数字资源检索结果的展示方式主要有列表、网格、相册、幻灯片四种，检索结果的排序方式则有标题、日期、馆藏书架次序三种。大英图书馆的数字馆藏以关键词检索为主，还设计了限定词的搜索。比如在濒危档案项目中，检索选项有内容类型、载体类型、语言、学科等类目，可以根据需要点选相关的标签；在检索结果的呈现上主要是列表和网格两种形式。

1.5 资源宣传与推广的对比

通过调研发现，各国的图书馆在完成记忆资源建设与加工之后，都比较重视这些活态文献的宣传与推广工作。在具体方式上主要有以下几种：一是举行展览、培训、讲座以及其他互动交流活动；二是出版相关研究书籍、工作指南或手册等；三是利用社交媒体进行对外宣传，实现资源共享。

从用户参与的活动来看，中国记忆提供了多种形式的服务，主要有在线展览与线下推广活动。在中心网站上提供了馆藏特色资源的数字展览，便于用户更快捷地浏览线上资源。线下活动的具体形式主要包括研讨会、工作坊、专业讲座、展览和培训班，其主题大多与口述史、非遗保护等内容相关。如口述史工作坊、"中国图书馆界重要人物"专题培训班以及口述史纪录片交流活动等。

美国民俗中心举办了各种形式的线下教育和培训活动，如展览、讲习班、讲座、研讨会以及音乐会。主题多以抢救民间文化、重塑区域历史、政治变革以及纪念战争为主。此外，还有不少用户线下交流活动，如咖啡屋与民间音乐论坛、诗歌与文学阅读活动、口述史访谈小组讨论等。澳大利亚国家图书馆线上展览内容也比较丰富，其中一个很重要的主题是儿童与儿童文学，主要以童话书为对象，展示从其他机构收集而来的物品和私人收藏等。

在出版物方面，中国记忆出版了学者口述史、老战士口述史、非物质文化遗产等方面的系列丛书，如《风雨平生——冯其庸口述自传》《我的抗联岁月——东北抗日联军战士口述史》《文字的记忆》等；在数字资源方面，中国记忆制作了非遗系列专题的口述片、项目片与宣传片，以纪录片的形式把非遗的技艺记录下来。

美国民俗中心提供出版物及网络资源的在线阅览，其中数字出版物主要有故事地图和网络广播两种形式，涉及的主题包括田野调研、非裔美国人的人权斗争、芝加哥民间音乐集与文化探索等。澳大利亚国家图书馆定期出版杂志，其中介绍了口述史的相关项目，涉及了澳大利亚世界遗产、女性艺术、名人肖像画以及馆藏珍宝等内容。

从宣传的角度来说，国内外的图书馆都在积极利用新媒体和社交平台的优势，积极推送馆藏记忆文献的相关信息。中国记忆项目中心在国家图书馆微信、微博等移动应用上，主动推送和分享了非遗影像纪录片与口述史的相关视频，还包括讲座、展览等活动的新闻与资讯。同时利用网络新媒体，如抖音、咪咕等，推送自建的视频，进一步扩大了资源服务的对象。

相较而言，国外的图书馆最大限度地利用社交软件和视频网站，如 Twitter、Facebook、Blog、Podcast、YouTube 等，在创建的官方主页上，定时推送最新活动资讯、口述史课程培训以及实习计划等内容。基于这些新媒体的信息展示与评论等功能，用户可以就相关内容充分发表自己的意见，深度参与资源的再加工。因此从时效性和内容丰富性等方面来看，这些新媒体比较好地为用户提供了共享与互动服务。

2 完善记忆资源建设的对策与启示

2.1 丰富资源建设的主题和内容

从目前来看，中国记忆所涉及的专题有非物质文化遗产、少数民族文化、军事战争、科学艺术以及重要的学者等，在内容的广度和深度上还有所欠缺。中国记忆作为国家的记忆工程，力求全面真实地记录社会历史和民众生活的各个侧面，构建国家和民族立体的文化记忆。因此建议从以下几个方面进行改进：

一是拓宽资源建设选题的角度。比如中国记忆的人物专题大多选择老兵、传承人和知名的学者，对其进行口述史采访和影音记录。下一步可以借鉴美国记忆职业民俗项目的经验，以行业史、机构史、女性史的资源采集为试点，对相关群体和机构的历史进行全面的记录。

二是整合已有馆藏资源，丰富数据库的内容。中国记忆的资源包含多种载体类型，以视频、音频资料为主，其他纸质文献和实物文献作为补充。目前来看，可以借鉴国外图书馆数据库建设的经验，将中国记忆的专题资源库与传统馆藏资源体系进行对应和链接，将照片、期刊、报纸等文献与音视频资源进行深度融合，并加强内容质量的把控，从而建立起富媒体形式的记忆库。

2.2 探索建立资源共建共享的合作机制

从资源建设的方式来看，国外图书馆有较为成熟的共建模式，其与政府部门、公益组织、公司以及个人开展全方位的合作。馆藏特色资源和项目大都以基金、赞助以及捐赠等多种方式运行，有很强的人力和社会资金的支撑。相比之下，中国记忆的资源采集以自建为主，向社会征集的内容比较缺乏，因此笔者提出以下建议：

一是加强与社会组织和机构的合作，建立起资源共建共享机制。中国记忆倡议全国图书馆界共同开展记忆资源抢救与建设，并邀请国内 30 多家图书馆和高校相关专业的院系参与其中，期望构建图书馆界记忆资源共享的平台。以这次专题建设为契机，中国记忆可以与其他机构和个人共同探索多种类型的合作模式。比如就相关专题与博物馆、档案馆以及各大高校探讨，合作开展地方史、机构史、行业史的资源采集，并寻求社会公益资金的资助，借助民族学、社会学、历史学等专业团队的人力支持，共同完成某一项专题的文献建设。

二是制定资源建设的工作指南，并向社会广泛征集口述史及相关的记忆文献。美国记忆曾提出“数字图书馆竞赛”计划，即“全国各地的图书馆、博物馆、档案馆及历史学会等文化机构遵照统一标准将其特色资源整合”[20]，从而形成全国性的文化资源收集网。中国记忆可以与相关专业的研究者、口述史志愿者、影视创作爱好者以及特定的组织机构进行长期合作，为其提供规范化、科学化的工作指南与技术规范，保障资源建设标准的一致性、实用性和可操作性。与此同时积极鼓励公众进行口述史访谈、纪实影像记录等史料采集工作，在符合资源建设标准和技术规范的情况下，向其征集相关的记忆资料。

2.3 推进知识信息的深度揭示和整合

目前国内图书馆的记忆资源编目和著录还处在探索的阶段，尤其是对于口述史、影像视频的编目尚未形成统一的规范，阻碍了知识信息和关联数据的进一步融通和整合，在很大程度上影响了资源服务的效率。因此，资源本体的著录内容需要在细度方面进行加强，便于用户在网络终端上进行个性化的查询和检索。建议采取以下几种方法：

一是制定统一的元数据规范，深度描述知识信息的本体，揭示数据之间的关联关系，并进一步共享元数据标准，规范数据格式。国外图书馆在元数据标准建设这方面走在前列，因此可以汲取相关经验，弥补当前视频编目著录规则在资源描述粒度、语义结构揭示等方面的不足，实现知识组织的有序化。中国记忆基于口述史采集工作的实践，提出对于视频成片的编目规范和核心元数据元素集，接下来可进一步根据文献资源的内容，增补扩展性元数据，以提高口述史编目规范的适用性。同时，对于这些新型的记忆资源而言，需要与图书馆传统文献的著录规则进行对照与整合，以便将其纳入整体的馆藏资源建设标准体系中。

二是建立智能化的资源检索系统，提升用户的检索效率。目前国内外图书馆新型文献检索的方式还比较单一，在实际查找与发现资源方面不够便捷。因此，中国记忆项目对现有网站进行了改版和升级。其中的一项重要功能是要求实现多媒体形式的文本检索与全文检索。实际上对视频文件进行全文检索是一项基础的功能，其重要性在于可以改进终端交互方式，提升用户体验。因此可以基于检索系统提取的视频文件数据，创建数据索引目录，并通过用户的查询请求反馈检索结果。

2.4 构建资源智慧型服务的新模式

近些年来，国内外的图书馆采取多种方法创新资源服务模式。在提供基础阅览服务的基础上，明确图书馆知识服务与传播的功能定位，进一步提供更广泛的数字技术服务。因此应探索多元化的服务方式，构建全面的、智慧型的服务体系，可以从这几个方面着手：

一是提供个性化与多元化的知识服务。国外图书馆在网络资源服务、信息素养教育服务以及智能服务等方面，一直有着丰富的实践经验。以口述史采集的社会教育为例，国外图书馆大多提供了线上课堂、志愿者实习计划、田野调研实践指导等素质教育和培训服务，为用户提供了专业的理论知识和实践机会。因此，国内的图书馆应该从用户的需求和偏好的角度出发，在充分调研的基础上，提高图书馆通识教育的受众面。可以举办口述史与相关社会学科的专业技能培训，引导用户进行自助型的资源采集；基于馆藏资源提供相应的数字支持，为特定用户提供个性化的参考服务；利用虚拟现实和 3D 的技术，增强已有专题数据库的展示效果，为用户提供智慧空间的体验服务。

二是提升资源系统的交互服务功能。图书馆依靠社交媒体为用户提供反馈、互动的方式和渠道。像国外的图书馆会用到新媒体，在推送知识信息的同时，可以为用户创建内容、进行对话交流提供平台，借此分享观点和发表意见。中国记忆应提供创新型服务，依托信息网络技术，借助社交平台与用户建立互动关系，做到主动推送信息和共享资源。国家数字图书馆的 App 程序中上线了“记忆”的版块，为口述史采访者提供技术指导，用户也可以将其录制音视频上传到数据库中。这项功能目前处在测试阶段，待完成后可以提供给公众使用。

在当今信息化高速发展的时代，图书馆应该努力融合新的网络技术手段，充分利用新媒体知识传播的高效性和便捷性，构建馆藏记忆资源的融合和服务体系。“收藏记忆资源将成为新世纪图书馆的共鸣”[21]，面对新时代智慧化发展的要求，图书馆更应进一步整合馆藏资源，实现文献的有序流通与知识融合，提供创新型的服务，并满足用户的个性化信息需求。同时，关于资源开发利用、长期保存以及用户隐私保护的技术标准和工作规范等方面，还需要基于已有经验做进一步研究，以更好地推动图书馆向智慧化、共享化方向发展。

参考文献

[1] 康纳顿 . 社会如何记忆 [M] . 纳日碧力戈，译 . 上海：上海人民出版社，2000：37.

[2] 王云庆，王红娟 . 珍贵的档案文献——《世界记忆名录》中国项目简介 [J] . 山东档案，2011（5）：61-63.

[3] 李美慧，李天硕 . 中国档案文献与《世界记忆名录》研究 [J] . 图书馆学刊，2020（10）：40-45.

[4] The American Folklife Center. About the American Folklife Center [EB/OL] . [2021-03-21] . https：//www. loc. gov/folklife.

[5] 张义，张渝珩 . 基于在线平台的美国民俗中心职业民俗口述文献 [J] . 图书馆杂志，2020（2）：98-104.

[6] 申晓娟，石鑫，王秀香 . 国内外文化记忆项目的实践与启示 [J] . 信息资源管理学报，2014（2）：14-21.

[7] 田苗，汤更生 . 中国记忆项目的构想与实践 [J] . 国家图书馆学刊，2015（1）：3-9.

[8] 中国记忆项目 . 中国记忆项目简介 [EB/OL] . [2021-03-21] . http：//www. nlc. cn/cmptest/int.

[9] 赵鑫，赵盼超 . 集体记忆视阈下图书馆影音记忆文献建设研究——以中国国家图书馆“中国记忆”项目为例 [J] . 图书馆建设，2018（6）：39-43.

[10] The British Library. National life stories catalogues [EB/OL] . [2021-03-21] . https：//www. bl. uk/catalogues-and-collections/digital-collections.

[11] National library of Australia. Oral history and folklore [EB/OL] . [2021-03-21] . https：//www. nla. gov. au/what-we-collect/oral-history-and-folklore.

[12] 陈静 . 全民参与式的新加坡记忆工程实施现状及启示 [J] . 北京档案，2016（3）：34-37.

[13] Singapore Memory Project. Collections highlights [EB/OL] . [2021-03-21] . https：//www. singaporememory. sg/collections.

[14] 国家图书馆 . 中国战“疫”记忆库项目启动 [EB/OL] . [2021-03-22] . http：//www. nlc. cn/dsb_zt/xzzt/2020sjdsr.

[15] GROCE N，LYONS B. Designing a national online oral history collecting initiative：the occupational folklore project at the American Folklife Center [J] . The Oral History Review，2013（1）：54-66.

[16] 郭云峰 .“新加坡记忆工程”对我国公共图书馆文化资源建设的启示 [J] . 科技情报开发与经济，2013（16）：142-145.

[17] 梁红，姜化林，涂颖哲 . CALIS、美、英、澳的 RDA 政策声明比较分析 [J] . 大学图书馆学报，

2016（1）：25-34.

［18］MACKAY N. 口述史历史编目［J］. 尹培丽，译 . 图书馆研究与工作，2018（1）：5-12.

［19］Oral History Metadata Synchronizer. Enhance access for free［EB/OL］.［2021-03-23］. https：// www. oralhistoryonline. org/.

［20］游毅 .“美国记忆”与我国历史文化资源建设的比较与启示［J］. 情报资料工作，2008（5）：56-59.

［21］韩尉，戴晓晔 . 敲开心灵之门，构筑记忆之所——中国记忆项目“中国图书馆界重要人物专题”资源共建工作培训班综述［J］. 高校图书馆工作，2018（1）：32-36.

国家图书馆馆藏资源建设制度沿革与发展研究

马祥涛（中国图书馆学会秘书处）

自图书馆诞生之日起，馆藏资源建设与发展就是最基本的活动内容、最重要的服务基础。众多学者对馆藏资源建设的重要性予以揭示和阐述，如：索传军认为优质馆藏不仅是优质服务的资源基础，而且是提高服务绩效的重要保障条件[1]；程焕文提出“资源为王、服务为本、技术为用”的管理理念，宣扬纸质资源是图书馆最根本的资源，是图书馆发展的立命之本[2]；陈力主张文献信息资源建设是图书馆最重要的基础工作之一，也是图书馆服务的必备条件[3]。馆藏资源建设始终是图书馆的建馆之基、立馆之本，这对于具有“国家首馆”重要地位的中国国家图书馆而言，更是如此。自1909年9月至今，国家图书馆在百十余年中，通过搜采、征集、捐赠、拨交等多种方式广纳中西文献，已建成世界最大的中文文献中心、中国最大的外文文献中心，其宏富的馆藏资源不仅是国家文化发展和社会进步的重要保障，更是五千年中华文明源远流长、一脉相承的重要见证[4]。

制度一般是指组织机构为了维护正常的工作秩序，保证各项政策的顺利执行和各项工作的正常开展，依照相关法规、律令、政策制定的具有一定指导性和约束力且需要共同遵守的办事规程或行动准则[5]。借鉴相关研究对藏书建设[6]和馆藏发展政策[7]的概念界定，笔者认为，馆藏资源建设制度是指图书馆根据本馆建设任务、社会功能及读者需求，依据相关法律、章程、规范文本，系统制定的有关建立、发展、规划、组织馆藏资源体系的系列政策、方针、原则、方法，其中涉及馆藏资源的体系规划、建设条例制修订、采选补充、组织管理等诸多内容。百余年来，伴随着外部社会环境变迁、内部组织机构调整以及公众信息需求多元迭代、信息网络技术飞速发展，国家图书馆馆藏资源建设的方针政策、制度条例、标准规章及其重点内容，乃至馆藏资源的来源方式、载体类型、获取途径等，几经发展与变迁，发生了巨大变化，对国家图书馆当前馆藏资源体系的建设与完善奠定了重要基础。因此，回顾和梳理国家图书馆馆藏资源建设制度及其内容的变迁发展过程，具有重要的研究价值。

1　国家图书馆各时期馆藏资源建设制度的重点梳理

中国国家图书馆是国家总书库、国家书目中心、国家古籍保护中心、国家典籍博物馆，曾先后被称为京师图书馆、国立京师图书馆、国立北平图书馆、北京图书馆，在赓续中华文脉和传承人类文明等方面做出了重要贡献。根据国家图书馆的历史变迁和机构调整情况，下文以不同历史发展时期为划分标志，重点梳理总结各时期馆藏资源建设制度的主要内容及其变化。

1.1 京师图书馆时期（1909 年 9 月—1926 年 9 月）

在清末“西学东渐”和变法自强的背景下，1906 年罗振玉发表《京师创设图书馆私议》，主张通过“保固有之国粹”和“进以世界之知识”来增设图书馆，并提出“赐书以立其基”“开民间献书之路”“征集各省志书及古今刻石”“置写官”“采访外国图书”[8]等建议。这些建议可看作是国家图书馆馆藏资源建设制度的早期表述与呈现，不仅非常贴合当时我国图书馆事业的建设状况，而且为之后京师图书馆馆藏资源建设制度的最终确立及完善提供了重要的参考。1909 年 9 月 9 日，张之洞奏设京师图书馆，要求“规模必求宏远，搜罗必极精详细”，之后清政府下旨准行，标志着京师图书馆终于从法律和行政上宣告成立[9]。1910 年，学部颁布《京师图书馆及各省图书馆通行章程》，以“广征博采、供人浏览”为宗旨，将收藏图籍分为两类——“一为保存之类，一为观览之类”[10]，体现出收藏与阅览兼具并重的原则，代表了国家总书库职能的最初萌芽。1915—1917 年间，京师图书馆选定方家胡同国子监南学旧址为新馆址，筹备搬迁开馆，期间在馆藏资源建设方面主要完成如下工作：1915 年，接受内务部移交的文津阁《四库全书》；1916 年 3 月，开始接受出版物复本呈缴，由此开始了履行国家图书馆收缴典藏全国出版物的职能[11]，“遵章送书者虽弗多，而新籍杂志及横行文字，始渐以入藏矣”[12]；同年 10 月，呈请教育部行文各省区，征集志书、石刻拓片等发馆庋藏。在方家胡同重新开馆（1917 年 1 月）后，京师图书馆通过开展征书活动，接受捐赠、调拨、图书呈缴，购买、交换，与商务印书馆合作印书等多种方式采集补充藏书，“征求、购置、钞补、流通与夫互借阅览，极本馆一时之盛”[13]。1919 年 1 月，京师图书馆呈请教育部准按拟定的《征求书籍简章》，向各省图书馆、学校及公私藏书家广征书籍；简章中开列了四项征书范围：公私家所藏书籍、目录，名人未刊行著作，善本及名人校本，近时木刻及石印、铅印书报[14]。此外，京师图书馆为配合征书活动、完善捐书褒奖办法，还制定有《变通捐助图书褒奖办法》《征集图书简章》，为捐赠者提供适当奖励，取得了较好效果。

1.2 国立京师图书馆时期（1926 年 10 月—1928 年 6 月）

1926 年 10 月，教育部训令京师图书馆改为国立京师图书馆，聘任梁启超为馆长，派员办理原有图书及设备的移交接收。当此之时，国立京师图书馆处境窘困，经费无以正常拨付，“政费愈以绌，馆务愈不支”。梁启超“以责任所系，不忍坐视国家典籍之散失”，用自己的人寿保险单押借现款，以维持馆务正常运转，并多次致函教育部、中华教育文化基金董事会请求财政接济。此时期，国立京师图书馆饱受经费的困扰和馆舍空间的制约，在举步维艰的情况下能够维持正常开馆已属不易，馆藏资源建设制度的发展鲜有成效。

1.3 国立北平图书馆时期（1928 年 7 月—1949 年 9 月）

1928 年 7 月，国立京师图书馆更名为国立北平图书馆，后于 1929 年 1 月在中海居仁堂举行史上第三次开馆典礼。1929 年 8 月，根据教育部与中华教育文化基金董事会签订的《合组国立北平图书馆办法》，国立北平图书馆与北平北海图书馆实行合组，仍称国立北平图书馆。在合组之前，北平北海图书馆曾先后公布过《征书简章》《收受寄存图书简章》《征求家谱启事》《收受寄存书板简章》《收受寄存图书暂行规则》等一系列资源建设章程，同时开始征求博士论文，并于 1929 年 2 月增设购书委员会，旨在组织专门机构和人员“审定各方面学者介绍之书籍，并规定采购方针”。北平北海图书馆注重“以最经济之法谋最大之效果”，立足于图书馆之间的分工协调采购，注重搜求国内外学术书刊，强调辅助科学研究，重视开展国际书刊交换、寄存图书等业务，这些馆藏资源建设制度的相关内容为合组后的国立北平图书馆优化馆藏资源结构、明确馆藏建设内容提供了有益借鉴。合组之后，国立北平图书馆对两馆原定规章统一进行修订，馆藏建设方面的规章有《收受寄存图书暂行规则》，将开展图书寄存视为增加馆藏的有力措施之一，之后梁启超后嗣、朱启钤、普意雅先后寄存藏书；同时，明确了“本馆事业在最近数年以内，自以购书为最重”的工作方向，制定了“一为国家庋藏重籍，二为供给科学研究”的购书政策，对中文旧籍广为收存、尽量补充，对外文书籍则特注重供给科学研究之方便，这些制度内容发出了后来“中文求全、外文求精”采访方针的先声[15]。1929 年 8 月至 1930 年 6 月间，国立北平图书馆先后举行五次馆务会议，其中与馆藏资源建设制度相关的内容包括：成立购书委员会，函聘傅斯年、陈寅恪、叶企孙等七位委员，具体职责包括审决购书方针及计划、审核购书费预算、介绍及审核图书；议决通过关于购书费用的建议方案；国内新出版书籍需呈送一本寄藏入馆。进入 20 世纪 30 年代，国立北平图书馆主要通过以下制度方式巩固馆藏基础、完善藏书建设：接收重要人士和机构捐赠，建设善本特藏；增加购书经费，采购孤刊原稿、旧抄别集、舆图拓片；广开渠道接受图书寄存，补充采选不足；开展出版品国际交换，丰富外文文献。1937 年抗战全面爆发，国立北平图书馆遂以昆明为本部，以北平为留守，在上海、重庆、香港分别设立办事处，形成战时的特殊格局。此时期的馆藏资源建设制度有如下表现形式：（1）制定工作章程以搜访西南文献。1938 年 3 月，国立北平图书馆通过《昆明办事处工作大纲》，其中关于“采访”事项要求“征购西南文献（包括各特种民族照片）”，将征集西南文献置于采访工作的首位[16]。（2）寄送征函以争取国际援助。袁同礼以中华图书馆协会理事长名义向美、英、法、德寄送征书函件，广泛征集书籍寻求援助。（3）成立专门机构以征辑抗战史料。1938 年成立战时征集图书委员会，并于次年决议“凡在本会未成立之前已向国外征集图书之团体，均拟请其加入本会统一办理，对于已征集之图书，均请集中本会由教育部作最后之分配”[17]；1939 年与国立西南大学合组中日战事史料征辑会，发表《中日战事史料征辑会工作报告》，“北平图书馆负采访搜集之责，西南联合大学负整理编纂之责。所集史料之性质，不仅限于战事，即政治、社会、经济、交通、教育各方面，亦均注意；采访之范围，不限于本国，即敌国以及各中立国之出版品，凡与此次战事有关者，亦均搜集”[18]。1945年抗战胜利后，国立北平图书馆致力于整理、清点、回迁馆藏，同时还收购海源阁藏书、接受名人捐赠、接收敌伪书籍资料。至1949年时，国立北平图书馆馆藏文献共计约140余万册，其中，本馆所有书约102余万册，代人接管书约25万余册，代人寄存书约5万余册[19]。

1.4 北京图书馆时期（1949年10月—1998年11月）

1949年新中国成立后，国立北平图书馆改名为北京图书馆。1951年3月，文化部批准《改造北京图书馆方案》，首次明确了北京图书馆的性质和任务；1954年1月，社会文化事业管理局做出相关决议，进一步明确了该馆的服务对象、服务内容及工作任务；1955年《北京图书馆十二年工作规划纲要（1956—1967）》首次明确提出“北京图书馆是我国的中心图书馆，是中外书刊及贵重善本书、手稿的国家总书库”[20]。与此同时，文化部多次发文对图书、杂志、报纸的征集、缴送、国外书刊的订购等做出明文规定:《文化部关于征集图书、杂志样本方法》规定，凡公开发行的书籍、图书、杂志均应在出版后三日内缴送北京图书馆一份，影印外国出版的外文图书、杂志应缴送北京图书馆二份[21];《关于补充省（直辖市）图书馆藏书的试行办法》详细规定了要补充的图书馆、补充的范围以及补充图书的数量，并特指定在北京图书馆等6个图书馆试行[22]；修订后的《全国报纸缴送样本办法》规定，全国县、市级以上（包括县、市级）报纸和各地厂矿、高等院校定期出版的报纸应定期向北京图书馆缴送一份，有目录索引者，应寄目录索引，份数同上[23]。这些制度文件的颁布实施为北京图书馆利用接受的缴送本营建国家总书库提供了便利，同时也对全国图书馆界的藏书建设起到了政策保障作用，为图书馆服务提供奠定了坚实的藏书基础。

经过十多年的积累和摸索，20世纪60年代初期，北京图书馆的业务建设已经初具规模，开始进入稳步发展阶段，书刊资料的补充入藏除接受缴送、购买外，仍继续通过政府拨交移赠、个人捐赠、书刊国际交换等方式丰富馆藏。1961年，北京图书馆制定《北京图书馆入藏书刊数量标准表》，首先确定了书刊入藏数量的原则，其次从保存本、大库庋藏、外借、辅助书库、善本特藏、内部工作参考等六个方面考虑了复本率的增减问题。“文革”结束后，采访方针定位不准、书刊资料类型区分不清、图书复本难以确定、缺藏书刊补藏困难等问题逐渐成为业务恢复的主要矛盾。为此，1977年北京图书馆首次为采访业务建章立制，制定《中外文书刊资料采访工作试行条例》；1984年底又制定《北京图书馆书刊资料采访条例》，全面地概括采选文献的内容，对采选工作起到了积极的指导作用；1996年，为适应文献发展趋势、调整文献采选方针，重新制定《北京图书馆书刊文献采选条例》，强调“中文求全、外文求精”的采选方针，增补“音像、电子出版物、缩微资料”等采选内容。

新中国成立以后，党和政府的重视、购书经费的逐年递增，以及出版单位缴送、政府拨交、私人和单位的捐赠、国际书刊交换，使得北京图书馆的藏书“以宏富的中国古籍，特定的民国时期出版物，苏区、解放区、根据地出版物，新中国成立以后出版的书、刊、报三段式结构，将我国自古以来所形成的典籍一线贯通，形成了举世瞩目的藏书体系和特色”[24]。

1.5 国家图书馆时期（1998 年 12 月至今）

21 世纪以来，国家图书馆事业进入快速发展时期，馆藏资源建设制度的完善步入快车道，集中体现在以下三个方面。一是 2004 年成立文献建设指导委员会，应对文献采访过程中的载体多样化、经费增加有限、馆藏结构调整和读者需求变化等问题。二是修订资源采访条例。2003 年修订《北京图书馆书刊文献采选条例》为《国家图书馆文献采选条例》，更加强调将各种载体和类型的文献信息都纳入采选范围，如明确我国政府出版物的采选原则和采选级别，增加采选台港澳等地的博士论文及国内硕士论文，首次将网络资源列入采选范围；2006 年修订《国家图书馆文献采选条例》时，进一步明确采选原则和采选重点，协调处理中外文文献采选、纸电文献采选等四个方面的关系，调整馆藏外文期刊学科结构；2010 年再次修订《国家图书馆文献采选条例》时，进一步丰富采选类型、扩宽采选方式，如在国内外印刷型文献、特藏专藏文献、缩微文献、视听文献等之外纳入网络信息资源，在缴送、购买、捐赠、交换等之外引入网络信息采集和数字化转换方式。三是制定数字资源建设条例。自 2005 年起制定和发布了一系列数字资源建设条例与管理办法，包括《数字资源建设条例（试用）》《自建数字资源的建设及管理条例（草案）》等，这些数字资源建设规章制度的建立标志着国家图书馆数字资源建设工作开始走向规范化。

2010 年，为保障文献样本缴送工作的不断推进，国家图书馆制定《缴送工作管理暂行办法》（国图业发〔2010〕42 号），对接受缴送文献的数量和种类予以明确，同时规定各接受缴送文献的部门可根据缴送实际情况进行即时催缴、定期催缴、重点催缴。2018 年 1 月开始施行的《公共图书馆法》明确规定“国家设立国家图书馆，主要承担国家文献信息战略保存……等职能”（第二十二条）、“出版单位应当按照国家有关规定向国家图书馆和所在地省级公共图书馆交存正式出版物”（第二十六条），这从国家法律制度层面对国家图书馆的馆藏资源建设提出了要求。

2 国家图书馆馆藏资源建设制度的发展特点

2.1 彰显了“不遗余力的搜采精神”

国家图书馆百年来屡经风雨波折，在不断的弘扬、传承、探索过程中培植塑造了宝贵的精神支柱——不遗余力的搜采精神、恪尽职守的守护精神、甘为人梯的奉献精神、爱岗敬业的道德精神，这些精神传统在百年国图人身上有机融合，代代相传，始终推动着国家图书馆事业奋力前进。国家图书馆馆藏资源建设制度的沿革发展充分彰显了“不遗余力的搜采精神”。“备群书、供众览”是图书馆的办馆宗旨，京师图书馆、国立京师图书馆、国立北平图书馆、北京图书馆、国家图书馆等各时期无不在藏书制度建设上倾注心力，采访工作条例从无到有并屡经修订，馆藏资源建设方式由单一到全面，馆藏资源类型不断丰富完善，最终形成了“中文求全、外文求精”的采访方针。各时期的职事同人，如向达、王重民、万斯年、赵万里等前辈，对馆藏资源建设制度亦是出谋划策、适时调整，千方百计地完善采访内容，体现了百年传承的搜采精神。

2.2 保障了国家图书馆事业平稳可持续发展

国家图书馆是国家总书库和国家书目中心，承担着国家文献信息战略保存职能，同时具有《公共图书馆法》规定的公共图书馆的功能，必须具有完备的馆藏资源建设制度才能承担起为国家立法决策机构、教育科研单位、图书馆业界和社会公众服务的重任。自1977年首次为采访业务制定《中外文书刊资料采访工作试行条例》，之后又相继制定《北京图书馆书刊资料采访条例》《北京图书馆书刊文献采选条例》《国家图书馆文献采选条例》《数字资源建设条例》等文件，这些规章制度为国家图书馆馆藏资源的搜采访求指明了方向，对构建科学合理的馆藏资源体系具有重要的引导作用，同时切实保障了日常业务的正常开展和服务职能的有效履行。

2.3 适应了社会发展及读者需求变化

规章制度是组织机构管理机制有效运行的重要组成部分。馆藏资源建设制度是国家图书馆规章制度体系中的一环，其演变发展适应了社会发展及读者需求变化，并能够适时做出调整：京师图书馆创设初期的购书经费无法得到有效保障，馆方主要通过接受移交、开展征书活动、与印书馆合作印书等方式采集补充藏书；国立北平图书馆对合组之前的原定规章统一进行修订，将开展图书寄存视为增加馆藏的有力措施之一，积极争取梁启超后嗣、朱启钤、普意雅寄存藏书；抗战全面爆发后，众多高校、学术机构、研究部门对教学、研究参考资料的需求日益高涨，为“维持战时高深学术研究之便利”及“协助西南联合大学完成图书设备”，国立北平图书馆昆明办事处广泛采购入藏西文科学杂志、论文单行本、期刊以满足研究之需；改革开放后，北京图书馆开始为图书采访工作建章立制，尽力全面概括采选文献的内容，并适应文献发展趋势不断调整文献采选方针，如增补“音像、电子出版物、缩微资料”等内容。这些馆藏资源建设制度内容的变化反映了时代发展的变迁和读者需求的变化。

2.4 制度内容不断趋于丰富和完善

伴随着国家图书馆事业发展百余年的坎坷历程，馆藏资源建设制度发展走过了一条从无到有、从小到大、从片面单一到全面丰富的日臻完善的过程。具体表现在：采选方针逐步明晰，最终确定了“中文求全、外文求精，国内出版物求全、国外出版物求精，多品种、少复本”的文献采选总原则；合理划分文献用途，建立起保存本、基藏本、借阅本“三位一体”的科学的分藏制度；文献采选类型突出多样化，实现了纸本资源与数字资源、实体馆藏与虚拟馆藏以及网络资源、活态资源的全面覆盖；文献采选方式注重多元化，既有接受缴送、购买、交换等主要获取渠道，又有接受调拨、征集、复制等辅助性补充渠道，还有网络信息采集、数字化转换、竞拍等新型文献采选方式。

3 关于国家图书馆馆藏资源建设制度的未来思考

3.1 构建科学合理、多元高效的馆藏资源制度体系

馆藏资源建设始终是图书馆的建馆之基、立馆之本。对于国家图书馆而言，加强和完善馆藏资源建设更是其完成“滋养民族心灵、培育文化自信”及“弘扬优秀传统文化，创新服务方式，推动全民阅读”等历史重任的重要基础和支撑，因此构建科学合理、多元高效的馆藏资源制度体系具有重大的现实意义。当前，随着网络信息技术的迅速发展及其在诸多领域的广泛应用，全媒体时代下的信息生产模式及交流方式更新迭代迅速，信息的载体、类型及表现形式更加多元，人民群众对文献信息的需求与日俱增且趋于个性化、特色化、多元化。在这种背景下，国家图书馆馆藏资源建设制度及其内容应坚持与时俱进，不断创新发展。具体而言，国家图书馆应依据《公共图书馆法》中的职能表述及出版物交存的相关规定，结合不同类型、不同层次、不同群体读者的特殊需求，建立完备的馆藏资源建设制度体系。如，针对具体学科、不同类型、不同载体、不同语种的文献信息资源，分别建立纸本资源建设制度、数字资源建设制度、特色资源建设制度、自建资源建设制度、专题资源建设制度，充分体现馆藏信息资源建设在数量、类型、学科、语种等方面的多元化样态。

3.2 制度内容强调馆藏资源质量评价

2021 年 3 月，十三届全国人大四次会议通过的《国民经济和社会发展第十四个五年规划和 2035 年远景目标纲要》指出，要“形成强大国内市场，构建新发展格局”，这对于谋划我国图书馆事业在“十四五”时期的创新和高质量发展，具有重要的战略指导意义和指引价值[25]。具体到国家图书馆馆藏资源建设制度而言，应聚焦馆藏资源建设过程中存在的突出问题和明显短板，在制度内容的制修订环节对标全球知名图书馆的馆藏资源质量，注重提高国图馆藏资源建设的规模和水平；同时，在制度内容设计层面应进一步强化对馆藏资源质量的绩效评价，借鉴国际标准《信息与文献　国家图书馆质量评估》（ISO 21248：2019）制定符合中国特色国情和国家图书馆馆情的评价指标体系，助推国家图书馆馆藏资源建设水平的高质量发展。

3.3 制度建设注重适时修订与完善

馆藏资源建设制度是图书馆针对藏书活动的各个工作环节制定的一系列准则、章程或政策文件，不仅有助于明确责任和分工，促进文献信息资源搜采工作的专业化、规范化、标准化，而且能够为图书馆完善内部管理机制和运行机制、提升用户服务质量和水平提供了制度支撑。国家图书馆根据社会发展需要及用户文献信息需求变化，及时对馆藏资源建设制度进行不断的评估和修订，是十分重要和必要的。国家图书馆相关部门应根据事业发展现状，适时组织全国图书馆学界专家或业界资深人士，按照科学性、规范性、专业性等原则，通过会议研讨或调研论证等方式集中对现有馆藏资源建设制度内容进行认真梳理，有针对性地进行制度废止、修订、补充、完善等工作，并将其作为国家

图书馆发展规划设计及业务能力考核的重要指标，不断提高馆藏资源建设的科学性和推行性。

3.4 制度设计突出“全网智慧互联”

当前，随着智慧城市、智慧社会、智慧国家以及智慧地球等建设理念的逐步落地，以及人工智能、云计算、区块链、5G等新技术的广泛应用，公共文化服务的智慧化发展成为新的历史发展潮流，图书馆的智慧化转型适当其时并迫在眉睫。在图书馆事业发展进入智慧化转型的新时期，馆藏资源采集、加工与组织呈现出前所未有的变化，越来越多的实时数据被广泛采集、传输和汇聚，馆藏文献信息资源被迫要求彼此关联、与读者关联、与他馆馆藏资源关联、与智能设备关联；与此同时，社会发展与用户个人对基于细粒度知识关联的馆藏资源的数据挖掘和智能分析提出了越来越高的要求[26]。在这种背景下，国家图书馆馆藏资源建设制度设计应强调智慧化技术手段的广泛运用，主动适应读者的智慧活动需求，在加强行业内共建共享文献信息资源的同时，进一步实现对互联网环境下多元知识内容的统一采集、存储、关联和集成，形成覆盖全网的立体化馆藏资源体系。

参考文献

[1] 索传军．新信息环境下国家图书馆馆藏资源发展的思考［J］．国家图书馆学刊，2008（3）：59-64.

[2] 程焕文，赵冬梅．资源为王　服务为本　技术为用——程焕文谈高校图书馆管理的理念［J］．晋图学刊，2020（1）：1-10.

[3] 陈力．数字时代图书馆的文献信息资源建设［J］．西华大学学报（哲学社会科学版），2020（4）：1-12.

[4] 毛雅君．国家图书馆文献信息资源建设的回顾与思考［J］．国家图书馆学刊，2019（5）：13-19.

[5] 王燕．高校图书馆读者规章制度之我见［J］．山东商业职业技术学院学报，2013（1）：86-87，96.

[6] 肖希明．我国图书馆应重视藏书发展政策研究［J］．中国图书馆学报，1998（3）：3-5.

[7] 吴冰．馆藏发展政策的制定及其在文献资源建设中的作用［J］．图书馆论坛，2000（2）：43-45.

[8] 罗振玉．京师创设图书馆私议［G］// 李希泌，张椒华．中国古代藏书史与近代图书馆史料（春秋至五四前后）．北京：中华书局，1982：123-124.

[9] 李致忠．中国国家图书馆馆史 1909—2009［M］．北京：国家图书馆出版社，2009：9.

[10] 李希泌，张椒华．中国古代藏书与近代图书馆史料（春秋至五四前后）［G］．北京：中华书局，129-131.

[11] 李致忠．中国国家图书馆馆史 1909—2009［M］．北京：国家图书馆出版社，2009：20.

[12] 北京图书馆业务研究委员会．北京图书馆馆史资料汇编［G］．北京：书目文献出版社，1992：1208.

[13] 王祖彝．京师图书馆回忆录［J］．中华图书馆协会会报，1918，7（2）：3.

[14] 李致忠．中国国家图书馆馆史 1909—2009［M］．北京：国家图书馆出版社，2009：30.

［15］李致忠 . 中国国家图书馆馆史 1909—2009［M］. 北京：国家图书馆出版社，2009：45.
［16］李致忠 . 中国国家图书馆馆史资料长编（上）1909—2008［G］. 北京：国家图书馆出版社，2009：299.
［17］李致忠 . 中国国家图书馆馆史资料长编（上）1909—2008［G］. 北京：国家图书馆出版社，2009：321.
［18］李致忠 . 中国国家图书馆馆史资料长编（上）1909—2008［G］. 北京：国家图书馆出版社，2009：325.
［19］李致忠 . 中国国家图书馆馆史资料长编（上）1909—2008［G］. 北京：国家图书馆出版社，2009：393.
［20］李致忠 . 中国国家图书馆馆史 1909—2009［M］. 北京：国家图书馆出版社，2009：158.
［21］北京图书馆馆史资料汇编（二）编辑委员会 . 北京图书馆馆史资料汇编（二）［G］. 北京：北京图书馆出版社，1997：235-237.
［22］北京图书馆馆史资料汇编（二）编辑委员会 . 北京图书馆馆史资料汇编（二）［G］. 北京：北京图书馆出版社，1997：240-242.
［23］北京图书馆馆史资料汇编（二）编辑委员会 . 北京图书馆馆史资料汇编（二）［G］. 北京：北京图书馆出版社，1997：248-249.
［24］李致忠 . 肩朴集［M］. 北京：北京图书馆出版社，1998：523.
［25］王世伟 . 在新发展格局中推进公共图书馆的创新和高质量发展［J］. 中国图书馆学报，2021（2）：18-20.
［26］饶权 . 全国智慧图书馆体系：开启图书馆智慧化转型新篇章［J］. 中国图书馆学报，2021（1）：4-14.

国家图书馆纪录影像文献收藏与服务策略

杨秋濛（社会教育部）

纪录影像，又称为纪录电影或纪录片，是以现实生活的内容为基本素材结构，使用非虚构、纪实的艺术方法，具有一定社会意义的影像文献，其核心是真实客观地记录人类的生存环境、社会发展、历史时代。1895年12月28日，法国的卢米埃尔兄弟（Auguste Lumière，Louis Lumière）在巴黎放映了他们的第一部电影《火车进站》，影像记录了一辆火车开进巴黎萧达车站时的情景，虽然只有短短45秒钟，但人们第一次体验到了这种崭新的、巨大而逼真的动态影像艺术形式，这使影像初步具有了还原现实世界的能力。这次先锋性的试验奠定了它在电影史上的地位，成为电影的“鼻祖”，也成了纪录影像的先驱。经过了数十年的发展，1922年美国导演罗伯特·弗拉哈迪（Robert Flaherty）拍摄了《北方的纳努克》，记录了加拿大北部因纽特人纳努克一家捉鱼、捕猎海象、建筑冰屋等生活场景，它被公认为世界上第一部真正意义上的纪录影片。自此，人类纪录历史和表征世界的方式从绘画图像、语言文字正式发展到纪录影像时代。随着影像技术、录音技术和信息技术的成熟和发展，纪录影像与书写历史的关系逐渐发酵。纪录影像是“记录”的载体，因其独特的文献价值，成为记录历史的新手段、表征世界的新形式，日后更发展成为一种独立存在的文献种类。“无论是涉及历史的、现实的、自然的内容，还是涉及社会的、民族的、世界的内容，它都以特有的载体优势和呈现特点予以记载，成为人类文献体系的重要组成部分，成为文化交流和传播的重要方式。”[1] 中华民族是一个历史悠久的民族，中华文明绵延五千年来生生不息。国家图书馆作为国家文献资源总库，是民族记忆的栖息之地，国家文脉的赓续之所。近年来国家图书馆在完善馆藏发展政策、优化馆藏资源结构、提升国家文献信息资源保障能力等方面拓展思路，国家图书馆馆长饶权在第四届北京纪实影像周上高度肯定了纪录影像的文献价值，同时强调在积极夯实各类型传统文献资源建设的基础上积极探索活态信息资源、网络信息资源等新兴资源的采集、保存和整合利用[2]。纪录影像对保存个人记忆、集体记忆、机构记忆乃至国家记忆的文化价值与文献价值毋庸置疑，因此，建立国家图书馆纪录影像文献收藏与服务体系具有重要意义。

1　我国纪录影像的发展与现状

1.1　我国纪录影像溯源

中国电影诞生于1905年，一段记录京剧名家谭鑫培经典唱段的《定军山》成为中国电影的开山之作，这是我国纪录影像第一次登上历史的舞台①。自1920年开始，具有叙事形态的纪录影像慢慢发展，黎民伟、孙明经这两位中国纪录电影的先驱将摄影机镜头对准了正在进行革命的中华大地，力求反映当时的社会和政治现实，记录下外敌入侵背景下的民生百态和国土风貌。在抗日战争的特殊历史时期，延安电影团同中国电影制片厂、中央电影摄影场、西北影业公司一起通过对中国军队和民众抗战的真实记录，生产了大量的纪录影像作品，虽然拍摄内容多样、政治立场多元，但这些真实、鲜活的影像资料成为珍贵的历史文献从而永记史册。20 世纪 50 年代开始，以宣传、报道为己任的新闻式纪录片主要是由中央新闻纪录电影制片厂、八一电影制片厂来记录党和国家领导人的重要活动、外事报道、成果展示等。20 世纪 80 年代初期，人文化的纪录影像逐渐兴起，随着人文观念的确立、影像技术的更迭以及纪实风格的发展，民族精神成为这一时期纪录影像创作的主体表征，以长江、黄河、长城、丝路等为主体的纪录影像大量涌现，中央电视台及各省级电视台等创作群体从纵向深度和横向广度上记录了中华民族的历史文化与社会变迁。20 世纪 90 年代开始，随着影像记录设备的普及化和私有化，创作者的个人意识明显增强，记录对象转移至关于个人或群体平民化视角，纪实形态的记录方式兼具着亲近生活的真实感和记录历史的文献性。这些记录个人生存状态、折射社会文化变迁的“以小见大”的作品，成为影像档案，诠释着深刻的主题。自 21 世纪起，我国纪录影像的制作和传播开始了全面的社会化进程，商业纪录片、独立纪录片蓬勃发展，在这个视觉化的数字网络时代，新媒体的发展让每个人都可以成为生活的记录者、时代的记录者。这一个多世纪以来，纪录影像从国家政治，到民族集体，到百姓生活，到社会现实，主要经历了四个时期的发展和转变。影像具有天生的纪实功能，无论在哪个时期，纪录影像都是一面镜子，在镜子中我们可以看到人类当时所处的社会环境和生存状态。

1.2　我国纪录影像的保存与呈缴机制

1.2.1　传统胶片记录时代

纵观电影发展 125 年的历史，至少在早期的 100 年的时间里，影像的世界一直以胶片作为记录载体进行拍摄、放映和储存。最初的胶片并没有保存和收藏的概念，胶片多数被保存在各个民营电影制片厂和摄制机构，但因早期胶片的易燃属性，在放映过程中的自燃和人为的储存不善导致大多数胶片没能留存下来。据统计，自 1905 年电影诞生至 1949 年新中国成立，我国共制作了 2680 部影片，但留存下来的仅仅不到十分之一[3]。新中国成立以后，国家对电影公司陆续进行接收，胶片全部归为国有，由各大国营电影制片厂保存。1956 年 2 月，文化部电影局批准成立中国电影资料馆筹备处，国家开始筹备建立一套全新的电影胶片收藏体系。1958 年 9 月 1 日，中国电影资料馆

---

① 1905年，北京丰泰照相馆拍摄了中国第一段纪录影像《定军山》，但因1909年突发大火烧毁了历年拍摄的全部影像资料，只留下谭鑫培先生的定势照片，由于无直接证据证明电影的拍摄及放映，《定军山》是否为中国电影的开山之作至今在学界仍存在巨大争议。

正式成立，是当时文献保存意义上唯一正式储存这些珍贵影像的机构。自20世纪80年代开始，《艺术档案暂行办法》（1983年）①、《电影艺术档案管理暂行规定》（1991年）、《电影艺术档案规定》《影片素材管理办法》（1994年）、《电影制片单位艺术档案管理办法》（1998年）② 等一系列的规章制度将电影胶片作为档案进行体系化的收集、整理、保存和利用。

1.2.2　新媒体数字记录时代

20世纪90年代起，随着电视、网络、新媒体等产业的发展，纪录影像不仅仅被记录在胶片上。按照制片类型，纪录影像大致可分为纪录电影、电视纪录片、网络平台自制纪录片、独立纪录片和短视频作品五类，这些纪录影像可以归为三种收藏方式（图1）。

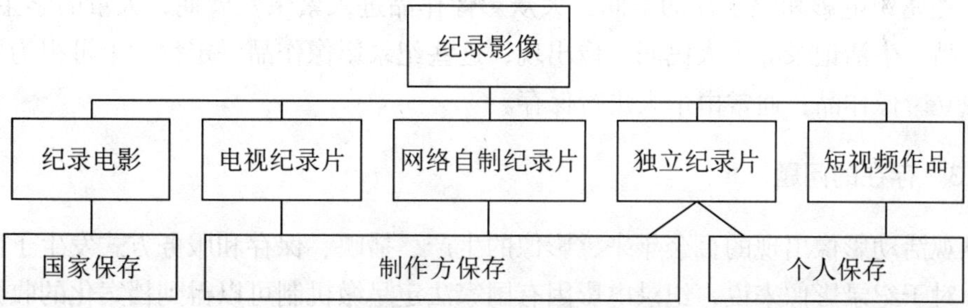

图1　不同类别的纪录影像的收藏方式

纪录电影在摄制完成之后，需要向国家或省市级电影局申请《电影公映许可证》（即"龙标"）。根据《电影艺术档案管理规定》（2010年）③ 第二章第九条及第四章第二十条相关规定："电影摄制单位应当在影片取得电影公映许可证后三个月内向中国电影资料馆移交电影艺术档案，包括标准拷贝或者数字母版及文字、图片类档案，并永久保存。经依法审查未取得电影公映许可证的影片，电影摄制单位如不再重新报请审查，应当在接到审查决定后一年内向中国电影资料馆移交电影艺术档案。"[4]

电视纪录片和网络平台自制纪录片较为相似，这两个类别的纪录影像以电视栏目或专题纪录片的形式由各自的制片方进行拍摄制作，以版权出售的形式在电视台、互联网发行播映，双方互为播映输出渠道。目前主要的电视播出平台以各省市级电视台为主，如中央电视台纪录频道、中央电视台科教频道、中国教育电视台第3套、北京电视台纪实频道、上海广播电视台纪实频道、湖南金鹰纪实频道等；视频网站专栏主要有哔哩哔哩纪录放映厅、优酷纪实、腾讯视频纪录片等。由于"互联网+"赋能纪录片生产实践和产业升级，目前网络视频平台出品纪录片已成为我国纪录片市场中的主要力量。这些

① 《艺术档案暂行办法》1983年由文化部和国家档案局颁布实施。

② 《电影艺术档案管理暂行规定》《电影艺术档案管理规定》《影片素材管理办法》《电影制片单位艺术档案管理办法》《电影艺术档案管理规定》分别在1991年、1994年、1998年由国家广播电影电视部和国家档案局颁布实施。

③ 《电影艺术档案管理规定》2020年由国家广播电影电视总局、国家档案局颁布实施。

已经制作完成的纪录影像以录像带、光盘、硬盘、数字云存储为介质长期保存在制片方手中。

独立纪录片主要是由纪录片工作室或个人独立制作而成的作品，这些纪录片创作者一般独立于主流的体制之外，或在制作资金上独立于主流体制，抑或在影视制作的某些环节和流通资格上缺乏相应的许可，这样的纪录影像作品通常被称为独立影像。有的独立纪录片是个人出资拍摄并未获得播出许可，有的获得国外的投资进行拍摄转回国内进行发行，有的未经批准擅自出国参展评奖，因制片模式不同，导致纪录影像的收藏方式存在差异，或由制片方保存，或由个人进行保存。

随着 DV、手机和摄制技术的更新和普及，自 21 世纪以后社会进入了短视频泛滥的微单 / 手机视频时代，哔哩哔哩、抖音、快手等各种类型平台的海量视频不断侵蚀和挤压曾经属于电影和纪录片的空间，大众影像作品进入繁荣发展期，大量的学生作品、随拍作品、生活记录等个人民间影像出现，这些纪录影像作品一定程度上可视为更加广泛的独立影像作品，通常由个人进行保存。

1.3 存在的问题

纵观活动影像出现的百余年来，影像的生产、播映、保存和服务方式发生了巨大的变化。对于纪录影像来说，纪录电影因有国家法定呈缴机制可以得到档案化的收藏、保存和公开放映，根据《电影管理条例》① 第五章第四十二条及第一章第五条，“电影片依法取得国务院广播电影电视行政部门发给的《电影片公映许可证》后，方可发行、放映”，“未经许可，任何单位和个人不得从事电影片的摄制、进口、发行、放映活动，不得进口、出口、发行、放映未取得许可证的电影片”[5]。那些未获得公映许可的电影通常只能海外发行或投放视频网站或进行小规模爱好者放映，国家并不对其进行保存和保护，这种选择性保护无疑对记录国家文化与记忆有很大损失。

其次，新兴的电视纪录片、网络纪录片、独立纪录片和短视频作品并没有统一、系统、完善的呈缴、收藏和服务机制，这些作品散存在各制片方和个人手中。这种情况下这些具有较高史料价值、档案价值、学术研究价值的资料不能够进行公共服务和档案化保存管理，传播文化价值的范围大打折扣，也有受到损坏、丢失的可能。与此同时，因缺乏范围明确、系统有效的纪录影像呈缴和收藏机制，国家不便于对每年广播电视和网络视听节目的生产服务进行系统的管理、指导和监督。

2 国内外公共图书馆收藏纪录影像文献的现状

纪录影像是一种非虚构的影视纪实艺术，以客观反映现实生活，记录真实世界为要义，内容具有重要的文献价值、社会功能和教育意义。优秀的纪录片具有提高社会认知、引发人民思考、构建时代精神、增强民族认同感和国家凝聚力的文化功能。而

① 《电影管理条例》2002 年由国务院颁布实施。

2017年通过的《中华人民共和国公共图书馆法》规定了公共图书馆应具备“传承人类文明，坚定文化自信，开展社会教育”的功能，这使得纪录片的文献性和社会教育功能与公共图书馆保存人类文明、传播优秀文化、开展公民教育的职责高度契合。图书馆因有历史悠久、发展成熟的声音及影像采集编目体系、丰富的公共阅览及服务资源、优质的文献保存与管理模式，相较于其他收藏机构具有较大优势。许多国内外的公共图书馆都已开始了纪录影像的资源建设与服务，将纪录片作为珍贵的馆藏资源，用于读者服务与公众传播。

法国国家图书馆影音部（Bibliothèque Nationale de France，Audiovisual）的起源可以追溯到语言学家费迪南德·布吕诺（Ferdinand Brunot）于1911年创建的语言档案馆，最早只收集声音文献，后来于1977年起逐渐开始收集多媒体及影像资料。据统计，目前已有150万份档案资料，收藏了近百年法国的录音、广播、电视、电影、录像、纪录片等音像作品[6]。1992年，法国影像图书馆（The Bibliothèque du Film）成立，目的是为了收藏影像作品的外延品，如相关文献、出版品、制作过程的纪录等。法国国家图书馆、法国影像图书馆与法国电影资料馆携手，建立了影音典藏、资料收集、文化交流、服务传播的生态圈，将影像本体与外延作为档案入藏国库。

以美国国会图书馆主导的国家电影典藏机制，是美国电影保护计划的重要组成部分。美国国会图书馆国家电影收藏名录（National Film Registry），是1989年美国《国家电影保护法案》通过之后，由国会图书馆下属的国家影片登记部建立起来的，为了把重要的电影作品收藏在美国国会图书馆，这个组织受美国国家电影保护局之托，每年评选25部电影作品进行收藏保存，评选对象要能够广泛体现美国文化，展现美国历史进程。目前美国国会图书馆已经保存了近800部不同年代、题材各异的故事片、新闻片、纪录片、实验电影等。

2018年我国广州纪录片研究展示中心正式在广州图书馆开放，这是国内第一家专门针对纪录影像作品进行收藏、整理、展示、研究、服务的公共图书馆文化机构，开创了国内公共图书馆开展纪录片公共文化服务的先河，探索了纪录影像的资源建设与服务新模式[7]。两年多的时间里，中心收藏各类别纪录片3000余部，开展440余场主题放映活动，策划了“中国电影教育奠基人孙明经作品展”“影像广州七十年”等多场纪实影像展，举办了著名导演范俭、张以庆作品展映交流等纪录片主题活动。这对纪录片产业发展起到了良好的推动作品，同时对公共图书馆利用纪录片这一独特的文献资源开展特色的公共文化服务起到了探索性的先锋作用。

中国国家图书馆很早便开始了影音文献的资源建设工作。2001年，国务院颁布《音像制品管理条例》，国家图书馆作为音像制品的法定收藏单位，正式接收中文音像出版物的样本交存，所有音像制品样本列入国家图书馆馆藏进行永久保存，并提供闭架阅览服务。截至2020年底，国家图书馆收藏有各种视频资料共计29.7万余张/盘/盒，影像记录的载体主要有录像带、VCD、DVD、蓝光光盘等，其中中外经典故事片是视听资料收藏的一个重要方面[8]。2012年开始，国家图书馆中国记忆项目中心开始进行口述文献与影像文献的资源建设，力求抢救性地记录影响中国历史文化进程的重大事件、重要人物，形成专题性资源库并制作完成许多影视人类学作品，丰富了国家图书馆的影音文献类馆藏，建立的中国记忆项目网站成为面向公众服务的一个窗口。

3 国家图书馆收藏纪录影像文献的发展建议

随着时代更迭，网络和新媒体技术迅速发展普及，公众的观影方式由购买音像出版物发展为在网络平台上在线观看，越来越多的纪录影像作品并不以音像出版物的形式进行发行，通过将播映权出售给视频网站成为了主要的传播方式，这导致传统的音像出版行业日益萎缩，实体音像出版机构难以为继，音像制品交存量逐年下降，正式的音像出版物已不再是影像记录与传播的主要方式。因此，面对纪录影像的市场化生产和日益繁荣的纪录片产业，单纯收藏音像出版物或者以一己之力拍摄制作，已经远远不足以满足国家图书馆影音文献的馆藏需求。国家图书馆作为国家级文脉宝库，拓展影音文献类型、建立纪录影像收藏机制、提供多种形式的读者服务，成为充实国家图书馆馆藏资源、开展高质量读者服务、提高公共图书馆社会职能的必然选择。笔者对国家图书馆收藏纪录影像文献资源有以下四个阶段的发展建议：

3.1 第一阶段：扩大与机构间的合作，形成示范性的国家图书馆纪录影像文献专藏

2016年，国家图书馆便已开始探索和开创纪录影像的收藏、交流与服务工作。国家图书馆在2016年、2017年连续两年与北京国际电影节纪录单元合作，共展映了20部优秀的纪录片作品，部分场次举办了导演交流活动，这是国家图书馆与纪录影像结缘的开始。2017年起，国家图书馆与文化和旅游部非物质文化遗产司合作，进行国家级非物质文化遗产代表性传承人抢救性记录工作的学术咨询与成果验收工作，每年的“年华易老，技・艺永存”展映月活动中，对当年验收工作中评选出的优秀的非遗项目进行线下与线上的展映交流活动，共展映了95部优秀的非遗纪录影像作品，吸引了大量读者到现场进行观影和交流。2019年国家图书馆与中国民族博物馆合作，共同举办了第三届中国民族志纪录片学术展，开展了多场展映交流活动，收藏了入围的55部优秀纪录影像作品。这些作品中既有纪录片院线作品、电视纪录片作品，也有部分是独立纪录片作品和学生作品，这是国家图书馆首次与机构合作进行纪录影像文献收藏工作。同年，国家图书馆开展了与中国电视艺术家协会、首都纪录片发展协会、中国广播电视社会组织联合会等机构的合作，收藏了新中国70年纪录片百部推荐典藏作品和102部优秀的抗击疫情题材的纪录影像作品。接下来应继续扩大与机构间的合作进行专题性的纪录影像收藏和展映服务，这是探索纪录影像文献资源建设与典藏体系有益的开端。

3.2 第二阶段：建立纪录影像文献典藏体系，丰富国家图书馆特色文献资源

典藏纪录影像文献需要建立统一的评选标准、遴选程序和入藏规则。首先，成立国家图书馆纪录影像收藏专家委员会，由艺术界、文献界的专家负责统筹、指导纪录影像的收藏工作。每年度遴选、评选有一定文献价值和学术价值的纪录影像，包括相关文

档、素材及成片，纳入国家纪录影像文献名录，并向制片方颁发基于其作品文献价值的奖励。纪录影像题材、内容需符合相关法律法规和政策规定，如实纪录被拍摄对象，除必要剪辑，不存在表演、摆拍等情况，具有较高纪实、人文、艺术价值。纪实影像文献的收集方式可由定向邀请、机构合作逐步扩展至全社会范围内的推荐和公开评选，亦可与国家广电总局探讨纪录片行业的呈缴制度，最终形成国家图书馆纪录影像文献专藏。

3.3 第三阶段：完善纪录影像文献的保存与服务方式，提升国家图书馆的公共文化服务

对所有纳入国家图书馆典藏名录的纪录影像文献进行规范的编目、保存和服务，探索以国家图书馆音像制品为基础的纪录影像文献编目与保存办法。所有入藏作品首先进行数字化与备份，对由磁带、黑胶唱片等非数字母带形式存储的纪录影像文献进行统一的数字化转录处理，并与其他数字影像一并录入ODA设备进行双备份存储。之后，对每一份纪录影像的描述性元数据、管理元数据进行片段级数据编目。对纪录影像中涉及的人名和地理信息单独进行规范库数据编目。收集的纪录影像作品及外延包括但不限于正片、素材、照片、海报、新闻报道、相关文档等资料，形成以纪录影像文献作品为核心的专题资源库，将数字拷贝保存在国家图书馆基本书库进行读者服务，原始拷贝保存在国家图书馆战略储备库。在纪录影像文献的服务与利用方面，应以国家图书馆传统读者服务方式为依托，开展多种形式的纪录影像公共服务，如音像资料阅览室的到馆借阅服务、展映与交流分享活动、主题研讨会、导演赏析讲座、在线点映展播、学者公开课等，充分打造纪录影像这一特色馆藏资源，创新服务内容和形式，开展多样化的公共文化服务，满足不同受众群体的精神文化需求。

3.4 第四阶段：建立公共图书馆纪录片院线，扶持纪录片产业

纪录影像的文献价值与公共图书馆的文化职能高度契合为公共图书馆纪录片院线的发展奠定了基础。纪录电影相较于其他类型的纪录影像，通常制作更加精良，更具有观赏度，更符合大众对文化产品的审美需求。我国有3200余家公共图书馆，其中省市一级大多配备有报告厅、小型放映厅等视听服务空间，稍加改造即可满足纪录电影的放映需求。同时，公共图书馆可充分发挥文献资源优势，为到馆观众或读者提供配合纪录片主题的书目推荐、文献导览、读者沙龙等立体化文化服务，提升观影体验，促进全民阅读。2017年上映的关于慰安妇题材的纪录片《二十二》收获了1.7亿票房，是中国目前票房第一的纪录电影，但《二十二》上映首日只有1.5%的排片率，随着口碑的迅速增加，排片率提到10%左右。排片率低使院线纪录片很难获得高票房，而没有票房回报直接导致投资方不敢着力投资纪录片，没有资金的支持纪录片的制作水准和内容质量大打折扣，而影片质量大大决定着纪录片的口碑与排片率，这就形成了一个恶性循环，成为中国纪录片产业发展的瓶颈。2010年，广电总局出台《关于加快纪录片产业发展的若干意见》，要求扩大国产纪录片放映规模，采取措施将优秀国产电影纪录片推向主流院线和主要影院，在有条件的大中城市建立数字电影纪录片专门放映场所[9]。人们对

公共文化服务需求的范围越来越广，若可以在公共图书馆发展独立的纪录片院线，扩大纪录片市场的播映比例和规模，无疑在提高图书馆公共文化服务的同时，对大力发展纪录片产业具有重要的作用和意义。国家图书馆可联合全国公共图书馆共同参与，将优秀的纪录片作品通过数字分发的方式发送到联盟各公共图书馆，这需要国家和文化部门政策的大力扶持、公共图书馆加强资源建设、院线式的市场化运营等多方面共同做出努力。

纪录影像是一面真实的镜子，拓印着现在社会的真实样貌，对社会记忆和历史研究有着非常重要的意义。今天就是未来的历史，而过去的历史造就着今天的样貌。纪录影像的价值不仅仅在于它所记录的历史本身，更重要的是它所呈现的社情百态、文化内涵，这是了解国家历史文脉的有效途径，也是促进国际交流与表达的文化媒介。纪录影像文献收藏在国家文献资源体系建设中具有重要的探索性发展与创新意义，国家图书馆作为国家文献信息资源总库，应与有关各方共同探索建立起更为全面、立体、完善的文献资源体系，打造一个系统、开放、永续的纪录片影像收藏与服务平台，秉承国家图书馆“传承文明、服务社会”的宗旨，为当代观众提供纪录片传播与交流的公共服务，为后代保存纪录影音文献和史料，让纪录有个永久的家园、永恒的殿堂[10]。

参考文献

［1］口述国图讲述几代国图人的故事［N］. 新华书目报，2020-10-02（2）.

［2］光影中走进国图历史［N］. 人民政协报，2020-09-28（12）.

［3］光影传奇［EB/OL］.［2021-03-20］. https：//tv. cctv. com/2021/01/10/VIDE0K18Un0nV5B0yxSdpjgk210110. shtml?spm=C55924871139. Pyoh1UKNPqt4. 0. 0.

［4］电影艺术档案管理规定（广电总局令第 64 号）［EB/OL］.［2021-03-20］. http：//www. gov. cn/flfg/2010-07/12/content_1651691. htm.

［5］电影管理调理（国务院令第 243 号）［EB/OL］.［2021-03-20］. http：//www. gov. cn/banshi/2005-08/21/content_25117. htm.

［6］Département de l'Audiovisuel. Bibliothèque nationale de France［EB/OL］.［2021-03-20］. https：//www. bnf. fr/fr/departement-de-laudiovisuel.

［7］郭晓婉 . 公共图书馆建设纪录片中心的实践探索——以广州图书馆为例［J］. 图书馆研究，2020（5）：29-30.

［8］中国国家图书馆 . 影视资源介绍［EB/OL］.［2021-03-20］. http：//www. nlc. cn/.

［9］广电总局出台《关于加快纪录片产业发展的若干意见》［EB/OL］.［2019-10-31］. http：//www. docuchina. cn/20121124/100002. shtml.

［10］予纪录片以殿堂［EB/OL］.［2021-03-20］. https：//www. sohu. com/a/441686389_120380307.

公共图书馆信息网络传播侵权案件的司法现状及原因分析

申庆月（法律事务处）

随着科技和互联网技术的深入发展，公共图书馆为更好适应数字时代人们对信息获取的需求，同时也为更好履行《公共图书馆法》规定的法定职能，越来越倚重于运用现代信息技术和传播技术以扩容数字资源存量和提升服务效能，但相应也同时增大了图书馆信息网络传播的侵权风险。为此，笔者对公共图书馆在著作权侵权案件中涉及信息网络传播权侵权的司法裁判展开数据调研，并尝试分析其成因，以期知不足，谋对策，求发展。

1 调研数据说明

1.1 检索范围

为保证数据的相对准确，笔者选取当前市场上最主要的三大数据库作为检索池，分别是北大法宝数据库、中国裁判文书网及威科先行数据库。以在同等检索条件下输出结果数量的平均值作为参考数据，数据更新时间截至 2020 年 3 月 25 日。

1.2 当事人名称

检索案件当事人名称为“图书馆”。输出结果不仅包括公共图书馆，还包含有“图书馆”字样的商业机构，如超星数字图书馆等，笔者在后期数据整理中已去除掉后者。中、高等院校及科研机构的内设图书馆，也多有此纠纷，但因其并非独立法人，不会以案件当事人的身份涵盖在本检索范围内。

1.3 案由和裁判日期

检索案由“侵害作品信息网络传播权纠纷”。分析输出结果发现 2015 年以前数据量呈现断崖式下降（见表 1），这是因为 2011 年以前法院立案案由中没有专门的信息网络传播权纠纷案由，此类案件一般放在侵犯著作权权属、侵权纠纷项下。直至 2011 年 2 月最高人民法院印发《关于修改〈民事案件案由规定〉的决定》，在第三级案由“著作权权属、侵权纠纷”项下增加第四级案由“侵害作品信息网络传播权纠纷”。虽然 2015 年以前的这类专门案件统计数量很少，但绝不意味着实际发生的案件数量少。

1.4 文书类型

检索文书类型包括判决书、调解书、裁定书和其他文书。判决书和调解书一般都涉及实体审理和结果，裁定书多为法院同意原告撤诉的相关裁定，“其他文书”主要是指不公开裁判文书说明和结案方式说明，仅在数据库中显示当事人、案由、裁判时间等摘要信息。裁定书和其他文书虽不能一窥案件真容，但基本也可推断出：涉及此类案件的图书馆或因私下与原告和解而致使原告撤诉，或虽经法院判决，主动申请不在互联网公布判决内容，因而也算在本次统计范围内。

通过上述检索条件的设定，制作表 1“三大数据库有关图书馆信息网络传播权纠纷案件数量汇总表”，同时考虑到威科先行数据库对案件的统计维度更全面，笔者在上述检索条件下对输出结果进行再细分，分别选取了“审理法院所在区域”“审理法院级别”“审理级别”“当事人类型”“聘请律师情况”“争议额”等 6 个维度进行统计，形成表 2“威科先行数据库图书馆信息网络传播权纠纷案件各项指标汇总表”。

表 1 三大数据库有关图书馆信息网络传播权纠纷案件数量汇总表

		数据库			平均值
		中国裁判文书网	威科先行数据库	北大法宝数据库	
案件总量		1064	867	918	950
占比图书馆知识产权案件		77%	83%	87%	82%
占比图书馆民事案件		57%	53%	55%	55%
文书类型	判决书	166	181	160	169
	调解书	6	6	1	4
	裁定书	807	582	755	715
	其他文书	85	98	2	62
裁判日期	2020	36	36	10	
	2019	171	168	73	
	2018	158	141	61	
	2017	690	449	665	
	2016	4	15	21	
	2015	5	51	52	

表 2　威科先行数据库图书馆信息网络传播权纠纷案件各项指标汇总表

项目一级指标	二级指标	百分比
审理法院所在地域（前三）	河南	48.15%
	北京	42.26
	上海	3.46%
审理法院级别	基层人民法院	39.03%
	中级人民法院	52.42%
	高级人民法院	3.12%
	专门法院	5.43%
审理级别	一审	89.38%
	二审	8.08%
	再审	2.54%
当事人类型	自然人	98.67%
	法人及其他组织	1.33%
聘请律师情况	双方聘请律师	67.78%
	未聘请律师	24.37%
	单方聘请律师	7.85%
标的额	小于 10 万元	75.61%
	10 万—50 万元	21.95%
	大于 50 万元	2.44%

2　调研结果分析——图书馆信息网络传播侵权的司法现状

2.1　图书馆涉诉纠纷主要以侵害信息网络传播权为主

在图书馆涉民事案件中，以知识产权纠纷案件为主，平均占比民事类案件的 55%。在知识产权纠纷案件中，又以信息网络传播权纠纷数量最多，平均占比知识产权类案件的 82%。从绝对数量上看，公共图书馆信息网络传播侵权的案件数量在 1000 件左右，考虑到上述案由和当事人等特殊情况，实际涉诉数量不止于此，可见此类案件的易发性和多发性。

2.2　案件数量逐年增多

从表 1 可看出，自 2016 年之后信息网络传播权纠纷案件数量逐年增加，2017 年至

2019 年呈现爆发式增长。但正如前文所述，2015 年之前此类型案件在公共图书馆界已屡见不鲜。究其原因，《信息网络传播权保护条例》自 2006 年颁布，经过一段时间的法律适用，特别是 2014 年后大幅提高文字作品的判赔额，加之惩罚性赔偿制度的加码，权利人寻求司法救济的意愿加强，而公共图书馆作为向公众提供服务的组织，其社会影响力和关注度，极易成为著作权侵权的取证地，自然也容易成为众矢之的。

2.3 以案外调解撤诉为主要结案方式

从表 1 中判决书、调解书和裁定书的数量可以看出，调解书与裁定书数量的平均值之和与判决书数量的平均值相对比，前者约为后者的 4.25 倍。由此可推断，图书馆涉诉的案件多以在法院调解下，或图书馆与原告庭下和解等方式结案。因为公共图书馆在此类案件中多居于被动地位，一般是受资源供货商版权审查瑕疵所累，但也因为有供货商作为直接责任人，图书馆可以通过采购合同等方式转嫁赔偿责任，因此也更倾向与三方调解结案，免于诉讼之苦的同时也维护了公共图书馆的社会声誉。

2.4 涉诉案情较为复杂

从表 2 审理法院所在区域分布可以看出，发生纠纷的主要地点以北京、上海、河南居多。主要是因为这些省市经济发达，信息网络传播比较迅速，容易引发纠纷。从审理法院级别来看，中级人民法院审理案件数量多达 50% 以上，这是因为考虑到此类案件多涉及互联网、计算机软件等高新技术手段，需要法官具有较高的专业素质，一些特定的案件需要以中级法院作为一审法院，也跟一些案件会因为争议较大引发二审有关；从审理级别看，一审结案占比接近 90%；从双方或单方聘请律师的比例看，一方或双方聘请律师的比例合计达到 92%；从涉案标的额看，75% 的案件争议金额在 10 万元以下，这是因为著作权侵权案件判赔计算标准一直很低的缘故，但尽管如此，也有 20% 以上的案件的涉案标的达到了 10 万到 50 万元之间，更有 2% 的案件的涉案标的达到了 50 万元以上。可见，此类案件涉及争议较多，案情也比较复杂。

2.5 侵权风险点多发

在对案例内容对比查重后，将涉案作品不同但诉讼当事人相同的案件进行整合，如将中国社会科学出版社与重庆图书馆之间因不同作品侵权所涉的 76 个案件归为一案，整合出不同案件数量 67 件。在这些案件中，90% 以上案件多是公共图书馆采购商业数据库而导致侵权，少数案件为图书馆通过网络链接的方式向公众提供了互联网侵权作品，也有部分案件涉及字体、图片和自建资源侵权。

2.6 判决结果从认定图书馆不侵权到承担连带赔偿责任

同样的外购数据库中涉及部分作品侵权纠纷，图书馆是否需要与供货商共同承担连带赔偿责任，在 2012 年之前之后司法判决截然相反，判决结果的趋势也是从认定图书馆不侵权到认定图书馆与供应商承担连带赔偿责任。如 2006 年樊元武诉上海图书馆等侵犯著作权纠纷案[①]，法院认为，被告上海图书馆采购的CNKI数据库，主要用于馆内网络学习室的局域网，因此被告上海图书馆系使用CNKI数据库的用户之一，且属于公益性使用，认定被告上海图书馆不侵权。但在2018年中国社会科学出版社与重庆图书馆等著作权权属纠纷中[②]，法院认为，超星公司与重庆图书馆签订的《数字图书馆共建协议书》，可以确认二被告通过分工合作的方式共同向网络用户提供涉案图书的在线阅读服务，侵犯了社会科学出版社对涉案图书享有的信息网络传播权，应承担连带侵权责任。

3 图书馆信息网络传播法律风险产生的原因分析

3.1 图书馆利用信息网络进行文献资源建设和服务是数字时代大发展的必然

进入21世纪，数字资源建设与服务成为图书馆的基础核心业务。以国家图书馆为例，经过数十年的数字资源建设，截至2019年12月，国家图书馆各类数字资源存储总量达2158.83TB，其中，通过馆藏文献数字化、征集、交存及网络资源采集等自建资源总量达到1914.13TB[③]，外购数据库数量251个[④]，总量244.7TB。文献类型覆盖电子图书、报纸、期刊、论文及视听文献。这些资源广泛通过官方网站、微信、微博、抖音短视频、移动App等多平台、多渠道推送，以国家图书馆官方抖音号举例，自2019年4月上线，已累计发布各类短视频97部，总播放量达到314万次[⑤]。这些资源和服务极大满足了广大读者和科研用户获取数字信息的需求，不仅提升了图书馆的服务效能，推动新媒体、新技术在图书馆建设与服务中的应用，也极大促进了我国科研文化事业的大繁荣和大发展，对消弭信息鸿沟、公平保障公民获取知识信息起到了重要的作用。2018年颁布的《公共图书馆法》更是顺应时代需求和图书馆事业发展现状，明确提出："国家鼓励和支持发挥科技在公共图书馆建设、管理和服务中的作用，推动运用现代信息技术和传播技术，提高公共图书馆的服务效能。"

3.2 当前著作权法律体系给予图书馆例外空间过于狭窄

《公共图书馆法》第10条强调：公共图书馆应当遵守有关知识产权保护的法律、行政法规规定，依法保护和使用文献信息。法条正义背后的现实是图书馆在向数字化、现代化服务转型的过程中处处受到著作权相关法律规定的掣肘，举步维艰，法律目的几欲落空。尤其是网络泛化下催生的信息网络传播权，作为网络服务至关重要的一项基本权

---

① 上海市第一中级人民法院民事判决书（2005）沪一中民五（知）初第306号。

② 北京市海淀区人民法院民事判决书（2017）京0108民初5303号。

③ 国家图书馆．国家图书馆年鉴2020［M］．北京：国家图书馆出版社，2020：144.

④ 国家图书馆馆藏主要数字资源一览［EB/OL］．［2021-04-01］．http：//www.nlc.cn/dsb_zyyfw/wdtsg/dzzn/dsb_gtzy/dsb_gcyl/dsb_szzy/.

⑤ 统计数据来源于国家图书馆微信公众号所发表的通讯文章《喜讯！"国家图书馆"抖音号荣获"2020年政务抖音号优秀创作者"》。

利，图书馆在获取和行使该项权利时，往往很难适用法定豁免条件。

《著作权法》第24第8款规定：图书馆、档案馆、纪念馆、博物馆、美术馆、文化馆等为陈列或者保存版本的需要，复制本馆收藏的作品。本条赋予了图书馆将馆藏文献数字化的权利，但仅限于保存之目的。图书馆如果将这些数字文献用于信息网络服务，则必须适用《信息网络传播权保护条例》第7条：图书馆、档案馆、纪念馆、博物馆、美术馆等可以不经著作权人许可，通过信息网络向本馆馆舍内服务对象提供本馆收藏的合法出版的数字作品和依法为陈列或者保存版本的需要以数字化形式复制的作品，不向其支付报酬，但不得直接或者间接获得经济利益。当事人另有约定的除外。前款规定的为陈列或者保存版本需要以数字化形式复制的作品，应当是已经损毁或者濒临损毁、丢失或者失窃，或者其存储格式已经过时，并且在市场上无法购买或者只能以明显高于标定的价格购买的作品。事实上，后者限定的条件过于苛刻且无具体实施细则指引，“已经毁损”“丢失或者失窃”又如何数字化？“濒临毁损”的标准又如何判定？能够达到如此严苛标准的文献又有几何？比起当前网民的数量和巨大的公众需求，这些能够合法提供信息网络服务的文献无疑杯水车薪，图书馆又凭借什么立足于网络服务空间？

无论是公共图书馆法还是著作权法对于图书馆的相关规定都过于保守，并不符合当今世界各国的立法趋势。如日本早在2009年修订著作权法时规定：在日本国立国会图书馆，代替图书馆资料的原件，为供公众使用，在认为必要的限度，可以制作电子记录本①。在2019年再次修订时，更进一步：允许互联网和高科技企业可以不经过著作权所有者同意直接使用著作物②。法国的《法国文化遗产法典》规定：以法国国家图书馆为代表的法定保存机构因文献采集、保存和馆区内阅览之需，对各类不同载体的文献进行复制加工，并在馆区内向通过认证的研究型读者提供阅览服务是为合法③。

对比国外立法中对图书馆合理使用的特别赋权和详细规定，我国现行《著作权法》对图书馆所代表的公共利益关注度远远不够，缺乏实践操作性，给图书馆运营带来极大风险。虽然《著作权法》规定图书馆为陈列或者保存版本的需要，可复制本馆收藏的作品，但对其具体实施做了严格限制。图书馆不是一个仅仅保存图书的封闭书库，图书馆的价值在于传播和利用，目前《著作权法》规定的合理使用框架不能有效地将图书馆的基本功用涵盖其中。

3.3 司法裁量中苛以图书馆的义务过重

如果说法律规定的权利限制与例外标准过于严格，那么，有没有可能在司法适用的

① 杨知义．日本著作权法律的新变化及其特征［J］．海峡法学，2010（1）：36-40.

② 王奥．论著作权的合理使用问题——以日本修改著作权法为例［J］．法制博览，2019（25）：174-175.

③ Code du patrimoine［EB/OL］．［2020-11-12］．https：//www.legifrance.gouv.fr/codes/section_lc/LEGITEXT000006074236/LEGISCTA000006159935?query=L132-4&typeRecherche=date&dateVersion=12%2F11%2F2020&nomCode=7UVP0g%3D%3D&searchField=ALL&tab_selection=code&page=1&anchor=LEGIARTI000006845526#LEGIARTI000006845526.

时候通过法院的司法裁量权予以适当修正呢？现实答案是否定的。从调研的数据可以看出，图书馆提供信息网络服务面临的风险点主要有两个：

一是采购商业数据库提供网络服务，但往往因商业数据库中含有未经授权或授权到期的作品而成为连带被告。据不完全统计，2002 年至 2017 年 7 月，至少有 464 起涉及公共图书馆的知识产权案件，涉诉图书馆达 29 家。案件起因多与公共图书馆购买数字资源提供在线阅览服务等有关，判决结果呈现从认定为不侵权到侵权、从不承担责任到承担连带责任。此类判决要求图书馆对数据库海量作品逐一审查从作者到最终用户每一环节的版权授权情况，这是任何一家图书馆都无法完成的。首先，面对海量数据的审核图书馆无相应的财力和人力支撑；其次，这也违背了图书馆通过建设数据库来解决授权问题的商业原则和初衷；最后，对于通过购买服务的形式引进的数据库，图书馆对数据库并没有实际的控制权，无法尽到审查义务。

二是通过馆藏文献数字化提供在线阅览服务，因文献尚在版权保护期被诉而成为直接被告。此类案件中，正如前文所述，《信息网络传播权保护条例》对数字化文献提供馆域网服务的条件过于严格，实践中图书馆往往未加甄别，考虑到投入流通的阅览本和外借本很快就会毁损，出于永久保存的目的，而直接将馆藏文献数字化后，研制数据库提供馆舍内服务，事出有因且情有可原，但可惜法律难容，法院直接判决图书馆侵害权利人复制权和信息网络传播权。判决书中明确表达：以数字化形式复制纸质图书必须满足“已经毁损或濒临毁损”，如果纸质文献出现较多缺页、脱页等情况，又无法通过简单修复方式修复，从而难以正常向公众提供借阅服务，才可以认定“已经毁损或濒临毁损”，如果纸质文献纸张机械强度明显减低，如不及时进行复制，则在可预计的一定期间后将难以对其进行复制，无法留存版本，亦可以认定[①]。司法裁量提出的这个审查标准，显然与图书馆的基本职能和业务需求相差甚远。首先，纸张已缺页脱页，如何完整数字化保存？其次，符合上述条件的纸本文献还需满足不能简单修复，才能进行数字化，无疑加大了图书馆的数字化成本。最后，图书馆的基本职能是保存与服务，用于存藏的保存本虽品相完好，但其并不提供服务，不能在流通本已毁损的情况下，以保存本的物理状态来界定，若如此，图书馆大可只采购流通本即可，入藏大约两三年以后就可以提供数字化服务了，但后世将不能再看到原始的纸本文献。

除此之外，造成图书馆提供信息网络服务种种困境的原因还有很多，比如商业授权难，公共图书馆的公益性质决定其很难像商业机构那样市场化运作，权利人自然惜售权利。另外，我国的著作权集体管理组织体系尚不完善，图书馆通过集体管理组织获取授权的途径虽有实践，但收效甚微。

综上所述，公共图书馆在从传统阵地服务向网络服务的转型过程中面临各种侵权风险，防控风险的关键在于：需要上位立法者从图书馆所代表的公共利益出发，给予图书馆在数字时代背景下可持续发展的例外空间，也需要司法者在行使自由裁量权之时，更

① 详见北京市知识产权法院（2019）京 73 民终 3382 号民事判决书。

多的考量著作权法的初衷和本质，注重保护公共利益，同时也需要图书馆积极探索，尽力寻求多元化的版权授权途径，采取更灵活的服务策略，扫清图书馆向“智慧图书馆”转型的障碍。如此，才是著作权制度保护个人私益和公共利益的平衡之道。

参考文献

[1] 吕淑萍，邱奉捷，张若冰，等. 图书馆数字资源版权管理实践与案例［M］. 北京：国家图书馆出版社，2013.

[2] 韩新月，吕淑萍，邱奉捷，等. 图书馆知识产权管理工作指南［M］. 北京：知识产权出版社，2020.

[3] 申庆月. 数字资源采访版权风险分析和防范［J］. 图书馆杂志，2014（6）：34-38.

[4] 秦珂. 我国与图书馆有关的网络版权纠纷案件举要与分析——《信息网络传播权保护条例》颁布实施十周年纪念（二）［J］. 图书馆论坛，2016（10）：69-80.

李大钊的马克思主义事业与图书馆业务建设探析

董　彦（典藏阅览部）

1　社会背景

自1840年中英鸦片战争爆发后，清政府被迫与列强签订了一系列丧权辱国的条约，中国沦为半殖民地半封建社会，国家动荡不安，民众苦难深重。历经1851年洪秀全领导的太平天国农民起义、19世纪60年代到90年代的“自强求富”的洋务运动，1898年康有为、梁启超等发起的戊戌变法改良运动，再到1911年的辛亥革命，中国有志之士苦苦探寻救国之道。辛亥革命成功推翻了清政府的统治，结束了中国两千多年的封建专制社会，但未能完成反帝反封建的任务。1912年4月1日，孙中山正式辞去临时大总统一职，1916年袁世凯复辟帝制失败，中国进入军阀统治的黑暗时期。史实证明，中国资产阶级不能完成救国危难之重任，唯有另寻良方。第一次世界大战的结束和俄国十月革命的胜利，中国先进的知识分子看到救国的曙光。

1899年英国传教士李提摩太在上海基督教广学会主办的《万国公报》上发表了题为“大同学”的文章，首次提到马克思的名字，第一次在中国介绍了马克思与恩格斯，称马克思为“百工领袖著名者”[1]，马克思主义被引入近代中国的文化语境中。1903年3月，上海广智书局出版了赵必振翻译的日本人福井准造所著的《近世社会主义》一书[2]，1906至1912年，朱执信陆续译述了《共产党宣言》《资本论》等著作的部分内容。直到1917年俄国十月革命的胜利，使得马克思主义在中国迅速传播开来。1919年，五四运动的爆发，进一步推动了马克思主义在中国的传播。毛泽东在《论人民民主专政》中说“十月革命一声炮响，给中国送来了马克思列宁主义”。

2　李大钊对马克思主义的启蒙和研究

2.1　李大钊早期经历

李大钊，字守常，1889年10月29日生于河北省乐亭县，1913年就读于天津北洋政法专门学校，同年东渡日本，就读于早稻田大学，期间初步接受了辛德秋水、河上肇等关于马克思主义的著作，开始接触马克思主义理论。1916年4月辍学回国，1917年底，经章士钊引荐，进入北京大学，1918年1月担任北京大学图书馆（以下简称北大图书馆）主任一职。1920年7月，北京大学将图书馆主任改为教授，聘李大钊为教授。1921年，李大钊公开提出建党的号召，他是中国共产主义的先驱与擎旗人。7月，中国共产党第一次全国代表大会在上海召开，李大钊因公务繁忙，未抵沪参会。1922 年 12 月，李大钊辞去图书馆教授一职，改任校长室秘书。在北大图书馆工作期间，李大钊积极投身新文化运动和传播马克思主义思潮中，同时进行图书馆改革工作。1924 年后为了专心党的领导工作和宣传马克思主义活动，他陆续辞去几所大学的教授职位。1922 年至 1924 年期间，李大钊帮助孙中山改组国民党，促成国共第一次合作，开创了革命统一战线新局面。1926 年 3 月 19 日，段祺瑞政府以“假借共产学说，啸聚群众，屡肇事端”的罪名“缉拿”李大钊[3]。1927年4月6日，奉军及“京师警察厅”疯狂大搜捕，逮捕了李大钊，4 月 28 日，李大钊被处以绞刑，就义前高呼“中国共产党万岁”，时年仅 38 岁。

2.2 李大钊思想的转型

1916 年 5 月 15 日，《民彝》创刊号刊载李大钊的《民彝与政治》，提出“民与君不两立，自由与专制不并存，是故君主生则国民死，专制活则自由亡”[4]。文中坚决反对封建专制和帝国主义的侵略，揭露军阀政客的罪行，这个时期的李大钊还较为憧憬西方的民主法治。1916 年 8 月 15 日，李大钊于《晨钟报》创刊号上发表《“晨钟”之使命——青春中华之创造》，鼓励青年不畏困难，思想要保持活跃与先进，勇于担当创造青春中华之大任。1916 年 9 月，《新青年》第二卷第一号发表了李大钊回国前在日本写下的《青春》，提出“实现建立青春中国的理想”。这个时期的李大钊积极宣传民主、科学精神，热情投身于新文化运动中。1918 年 11 月，李大钊在北京中央公园发表演讲《庶民的胜利》，12 月撰写《Bolshevism 的胜利》。他在这两篇文章中振臂疾呼“民主主义战胜，就是庶民的胜利。社会的结果，是资本主义失败，劳工主义战胜”[5]。“由今以后，到处所见的，都是 Bolshevism 战胜的旗。到处所闻的，都是 Bolshevism 的凯歌的声。试看将来的环球，必是赤旗的世界！”[6]这两篇文章极大地鼓舞了人民的士气，倡导民众新精神的觉醒，使人们看到了工人阶级的力量，为马克思主义在中国的传播奠定基础。同年 12 月，李大钊在《每周评论》上发表评论文章 46 篇，这个时期，李大钊已经是一位比较成熟的马克思主义者，以其赤诚的信念吸引着进步青年，身边经常围绕着进步青年探讨研究马克思主义理论。

1919 年 9 月、11 月，李大钊在《新青年》第六卷第五、六号发表《我的马克思主义观（上）》《我的马克思主义观（下）》两篇文章，上篇提纲挈领地阐述了马克思主义在经济思想史上的革新与地位，论述了马克思主义的理论体系，强调马克思主义是科学的理论。他指出“马克思主义是社会主义经济学的鼻祖，现在正是社会主义经济的新纪元”[7]。李大钊十分推崇“马氏独特的唯物史观”，文中鞭辟入里地论证“阶级竞争”与经济利益密不可分的关系，于文末从科学与时代的角度为被世人所非难的马克思主义平反。下篇李大钊向大众客观严谨地介绍了“余工余值说”和“资本集中说”。李大钊在这两篇文章中高度肯定马克思主义学说“是完全自成一个有机的有系统的组织，都有不能分离不容割裂的关系”[8]。这两篇离京避难撰著于昌黎五峰山的文章全面系统地介绍了马克思主义基本原理，极大地推动了马克思主义在中国的传播。

1919 到 1921 年期间，李大钊全身心投入马克思主义的启蒙与传播事业，“他发表的文章、讲义、演说，据目前所知，就在一百三十篇以上，平均每六天就要发表一篇。同时还在各学校上课，教授的课程，也在十门以上”[9]。1924 年李大钊的《史学要论》出版，这是我国第一部用马克思主义观点写成的史学概论[10]。他高举唯物史观的旗帜，不仅“打败了资产阶级思想的进攻”，更是对后世的历史学研究具有重要的启迪意义。

2.3 李大钊对青年的培养

1918 年 6 月，李大钊发起建立少年中国学会。该学会于 1919 年 7 月 1 日正式成立，是五四时期非常有影响的进步青年组织，会员有毛泽东、邓中夏、蔡和森等进步青年。它虽不是专门学习、研究马克思主义的团体，但由于李大钊、邓中夏、高君宇等人的参与，以及《少年中国》《少年世界》刊登了大量与社会主义相关的文章，因而，在马克思主义早期传播史上，其地位和作用依然不可忽视[11]。李大钊十分注重对青年思想的培养，先后参与或发起成立马克思主义研究会、社会主义研究会、少年中国学会等 15 个社团组织，指导帮助 30 多个社团组织开展活动[12]。

1920 年 7 月起，李大钊在北京大学教授课程，开设了“唯物史观研究”“社会主义与社会运动”“史学要论”等课程，又在北京女子高等师范学校开设与社会主义有关的课程，向青年们从各学科多角度传播马克思主义，马克思主义学说在青年学生中形成一股强大的进步思潮，进步青年们在李大钊的感召下结成同盟，励志认真研究学术，重振社会风气。

为实现一些学生半工半读的想法，李大钊不仅经常在校刊向各科先生介绍学生工作，自己也为青年学生安排工作。其中李大钊与毛泽东的相识相交成为一段佳话。1918 年 8 月，毛泽东和 20 多名湖南青年准备赴法勤工俭学，先抵达北京，也就是到了北京大学。此时的北京大学，正是先进文化与进步思想传播的前沿阵地，李大钊在校宣讲俄国革命和马克思主义学说，深深吸引了毛泽东，使他做出留在国内研究自己国家放弃留法的选择。在京期间，时任北京大学教授的杨昌济将毛泽东介绍给李大钊，李大钊为毛泽东安排图书馆书记一职。除了在图书馆工作，毛泽东更是得到在校自由旁听和参加各种学术活动的机会。他推崇尊敬李大钊，称李大钊的思想与观点使他“对政治的兴趣越来越大，思想也越来越激进”[13]。1919 年 12 月，毛泽东赴京请愿，“驱逐皖系军阀、湖南督军兼省长张敬尧”，第二次来到北京大学。这次毛泽东在北京大学停留了近半年，期间经李大钊等五人介绍，加入少年中国学会。离京后，毛泽东在长沙筹备创办文化书社，仍得到李大钊的大力支持。后来毛泽东回忆说：“到了 1920 年夏天，我已经在理论上和某种程度的行动上，成为一个马克思主义者，而且从此我也自认为是一个马克思主义者了。”[14]特别是 1949 年 3 月中共中央离开西柏坡进京，他感慨道：“三十年了！三十年前我为了寻求救国救民的真理而奔波。还不错，吃了不少苦头，在北平遇到了一个大好人，就是李大钊同志。在他帮助下我才成了一个马列主义者。他是我真正的老师，没有他的指点和教导，我今天还不知道在哪呢！”[15]充分肯定了李大钊思想对中国革命的正确指引作用。

2.4 马克思主义传播与实践的平台

李大钊接任北大图书馆主任后，极大地推动了马克思主义的传播，章士钊曾回忆说，“从五四说起，几无不为守常马首是瞻”，李大钊将北大图书馆作为宣传马克思主义的重要阵地，成为革命的中心。1919 年李大钊在《晨报》副刊上开辟“马克思研究”专栏，陆续刊载一些关于马克思主义的译文[16]。1920 年 3 月，李大钊和邓中夏等同志秘密发起组织了“马克思学说研究会”，即“亢慕义斋”（英文 Communism 音译），直到 1921 年 11 月才公开宣布成立。在此期间，李大钊积极广泛搜集、入藏有关马克思、恩格斯、列宁著作及其他马克思主义著作，有关社会主义的图书、有关俄国问题与俄国革命的图书。吴晞在《李大钊在北京大学图书馆》中指出：“亢慕义斋虽然在名义上不隶属图书馆，实际上却是李大钊主持的北大图书馆的一个重要组成部分，亢慕义斋的图书很多是由图书馆转来或代购的。”[17]

李大钊通过办刊、著述、教学、演讲传播马克思主义，通过与资产阶级改良主义、伪社会主义和无政府社会主义等小资产阶级思潮展开激烈争论，使得马克思主义得到进一步的传播，他批判无政府主义的“绝对自由”，同时李大钊等人也意识到马克思主义的传播需要结合中国的现实社会，重视研究中国的实际问题。1920 年 11 月 7 日，北京共产主义小组创办《劳动音》周刊，向工人宣传马克思主义。1921 年 7 月，李大钊领导北京党组织创办《工人周刊》，旗帜鲜明地宣传共产主义思想，鼓吹工人运动，刊物成为“广大工人阶级的喉舌”，积极报道各地工人活动与反抗压迫的斗争，鼓励工人学习，寻求自身解放。

为进一步推广马克思主义的传播，李大钊辞去高校教授职位，积极筹备与发起各类活动与组织。1925 年经中共中央批准成立中共北方区委党校，罗亦农任校长，李大钊负责课程设置和教学计划，学员经过短期课程培训，再派往各地工作。1926 年 3 月 18 日，李大钊组织领导学生和群众在天安门举行反对八国“最后通牒”的示威大会，会后，又组织请愿团赴“执政府”请愿，但遭受段祺瑞政府的暴力镇压，李大钊也因掩护群众而受伤。“三一八”惨案后，为了防范反革命的摧残、保存革命力量，李大钊领导北方党团组织，搬入苏联使馆的旧兵营内开展地下斗争。

3 李大钊的图书馆理论对现代图书馆的影响

李大钊曾被美国图书馆学会出版的《世界图书馆情报百科全书》尊称为“中国现代图书馆之父”，肯定了他在图书馆学方面的建树与举足轻重的地位。担任北大图书馆主任期间，他致力整改北大图书馆各项业务工作，注重馆藏建设，制定规章制度，培养馆员业务素质，提升读者服务水平，并发表《在北京高等师范学校图书馆二周年纪念会上的演说辞》《关于图书馆的研究》《美国图书馆员之训练》等多篇关于图书馆学思想的文章。1918 年 12 月 21 日，袁同礼、高罗题、李大钊等成立北京图书馆协会，这是中国第一个图书馆协会。该协会的成立，对当时高校图书馆间的交流有很大的促进作用。

3.1 图书馆的教育功能

李大钊最早将图书馆划分为社会图书馆与学校图书馆，他认为图书馆的作用不应仅仅局限于守着书，进行简单的借还与登记，而是应该承担教育的职能，为社会与学校教育提供支撑与帮助，他倡导全国民众都能拥有平等使用图书馆的权力，从而开启民智，加速民众反抗强权压迫的觉醒，推进现代中国思想的启蒙。

1919 年 12 月 13 日，他于《在北京高等师范学校图书馆二周年纪念会上的演说辞》中提出，“图书馆和教育有密切的关系。想教育发展，一定要使全国人民不论何时何地都有研究学问的机会。图书馆有两种：一是社会的，一是学校的。贵校是研究教育的，所以我希望贵校添设图书馆专科，或是简易的传习所，使管理图书的都有图书馆教育的知识”[18]。演讲中，他不仅指出图书馆的教育功能，更是眼光独到地指明国内高校需要设立图书馆学的专科，这与韦棣华女士于 1920 年发起创办文华大学图书科的理念不谋而合。在李大钊的倡议下，北京高等师范学校于 1920 年 8 月 3 日正式开办了暑期图书馆学讲习会，促成了国内“第一次对图书馆在职人员进行业务培训”之创举。报名参加此次讲习会的学员共 78 人，在开学仪式上，李大钊做了一场关于图书馆学教育问题的演讲[19]。1921 年《美国图书馆员之训练》一文中，他介绍了美国 17 所图书馆学校成立的略史，鼓励图书馆员学习与训练，“渐渐的证明了这经过训练的，比没有经过训练的有条理有组织的多”[20]，再一次提出开设图书馆学专业的必要性。

李大钊还吸取美国的先进经验，在北京大学实行助教制。这一举措不仅可以提升图书馆工作人员的业务水平，同时指导学生的文献阅读与使用。他不仅重视学校图书馆的教育功能，还十分注重社会图书馆对民众的教育功能，他提出“劳工聚集的地方，必须有适当的图书馆、报社，专供工人休息时间的阅览”[21]。在《北京市民应该要求的新生活》中，李大钊指出“多办市立的图书馆，通俗的尤其要紧。图书馆宜一律公开不收费”[22]。从一系列的理论与举措可见，李大钊借以图书馆普及民众的文化水平为积淀，再开展马克思主义启蒙教育的道路是正确且有意义的。

《公共图书馆宣言》将公共图书馆定义为“作为人们寻求知识的重要渠道，为个人和社会群体进行终身教育、自主决策和文化发展提供基本条件”[23]。百年前李大钊提出图书馆应具备教育功能的思想，而今图书馆更是开展“全民阅读”、实现“终身教育”的重镇。2014 年以来全民阅读已经第八次写入政府工作报告，习近平总书记在给国图老专家回信时指出，“推动全民阅读，更好满足人民精神文化需求，为建设社会主义文化强国再立新功”。《中华人民共和国公共图书馆法》明确定义“公共图书馆，是指向社会公众免费开放，收集、整理、保存文献信息并提供查询、借阅及相关服务，开展社会教育的公共文化设施”，提出“公共图书馆是社会主义先进文化前进方向，应当将推动、引导、服务全民阅读作为重要任务”[24]。强化图书馆的社会教育功能，有利于保障全民平等获取知识、提升科学文化素质和完成终身学习。李大钊倡导图书馆的教育功能和全民平等使用图书馆的权利是引领时代的，是具有前瞻性的。

3.2 图书馆的读者服务

李大钊在北大图书馆任职期间对图书馆的读者服务工作进行大胆改革，借鉴各国经验优化北大图书馆读者服务工作。延长服务时间满足读者要求，他提出“自十一日起，上午由八时至十二时，下午由一时至六时，晚间由七时至九时开馆”[25]。将闭架借阅过渡为开架阅览，他写道：“旧图书馆采文库式，取书的手续非常麻烦。阅书的人不能亲自拿书，只能在目录里查出书名填在单子上叫管理员拿来；若是拿来的不合用，又要按从前手续去换。”[26]并对开架与闭架的文献分类管理提出见解，“从前的目录是字典式，就是以书名的 A、B、C、D 排列，这种目录很宜于文库式，但是开架式的目录宜于分类，就是依书籍的性质去分别。因为图书馆就是研究室，阅览的能随时翻阅才好”[27]。李大钊支持开架阅览，他认为这样有利于读者零距离且快速地获取文献，在文献损失与文化普及之间，李大钊全力支持文化的普及，他认为少数的金钱损失，算不得什么。

为确保大多数人都能借阅文献，促进文献循环流通，李大钊制定了严格的规章制度，提出对超期不还者进行罚款和停止借阅。“拟定违约金办法，即过期一星期，每本书罚金一枚，二星期二枚，不出金者，教员扣止薪俸，学员停止入学资格”[28]，他科学有效的图书馆管理方法对现代图书馆的事业发展也是极具指导意义的。

国家图书馆饶权馆长在讲话中提到“以优质阅读服务满足人民日益增长的精神文化需求”。公共图书馆开架阅览有利于读者更快捷、便利地查询馆藏资源，便于图书馆工作人员开展面对面的文献咨询导读工作，提供有温度的读者服务。阅览空间又可展陈文献专题专架、开展丰富多彩的读者活动，例如典藏阅览部中文图书阅览组历年举办红色文献专架，打造服务品牌，向读者宣传马列主义、毛泽东思想、邓小平理论、“三个代表”重要思想、科学发展观、习近平新时代中国特色社会主义思想的继承和发展。科组按期陈设“全国党员教育培训教材展示交流专架”，集中展示全国党员教育培训教材建设优秀成果，自第二届举办专架活动，第五届获奖教材已于 2021 年 3 月展出。

3.3 图书馆的馆藏建设

接任北大图书馆主任一职后，李大钊着手摸清家底，参观清华大学图书馆，写信给友人咨询及读取文献，借鉴国内外先进的经验与理念。关于文献的入藏，他“兼容互需”的藏书方针为北大图书馆扩充了丰富的馆藏资源。他鼓励读者图书寄存，提倡文献捐赠，他潜心研究文献的分类法与编目工作。1922 年提出辞职后，李大钊以认真负责的态度又一次进行图书的清点工作。

李大钊利用校刊布告文献入藏情况，对于文献的入藏、分类及编目等图书馆事务在其《关于图书馆的研究》一文进行了较为系统的阐述，作为非图书馆学出身的学者，对图书馆业务的认知如此深入与相对全面，其钻研与创新令人惊羡。他曾指出：“登录盖章已毕，第三步即分类。若不加以整理，则如一盘散沙，不易检阅，不足应付阅书者要求，故必重分类。”[29]在《图书委员会致校长之报告书》（一九二〇年五月十日）中，关于图书馆业务管理的七项决议，对购书经费、设立购书科室、报刊目录整理、图书馆的消防安全、编目工作等方面做了合理的规划。李大钊作为一位学者，对图书馆学专业有敏锐的认知；作为一位图书馆管理者，对馆藏建设把握全面，推动北大图书馆的现代化转型。

完善馆藏建设是图书馆事业科学发展的基础，是图书馆提供知识与信息服务的根本。图书馆采访、资源组织与资源服务利用有机统一、相辅相成。现代图书馆馆藏建设工作，图书馆人需要以更加科学谨慎地态度开展文献的采选、编目与文献的深度整理开发等工作。国家图书馆是国家总书库，国家书目中心，履行国内外图书文献收藏和保护的职责，同时也有公共图书馆功能。对于国家图书馆中文求全、外文求精的采访原则，重复出版的图书比例激增，库房空间日渐不足与逐年渐增的文献量之间的矛盾，都是需要我们研究的课题。

“图书馆必须与时代同行”，万物互联的智能化数据化时代，数字阅读已成为大众获取信息的主要途径，碎片化、多元化、海量化的信息资源对纸质文献提出挑战，图书馆不仅需重视普通纸质文献的入藏管理，更亟须优化自身的知识库、语料库，关注古籍、民国时期文献的数字化与专题数据库的数字资源馆藏建设。

李大钊为人谦和大度，思想上博学广识、兼容并蓄，一生积极学习与传播先进的新思想，对待学术敏锐严谨、科学客观。在他的引领下，北大图书馆不仅成为马克思主义的启蒙传播重地，同时由偏向藏书楼模式转为真正意义上的大学图书馆，实践证明，李大钊的图书馆学理论是符合图书馆现代化发展趋势的。马克思主义学说传入中国百余年，新中国成立 72 年，图书馆人坚定初心，传承发扬“红色基因”，认真贯彻习近平总书记给国图老专家的回信精神，适逢中国共产党建党百年之契机，图书馆人深入开展党史资料研究项目，完善红色文献的数据库建设，开展图书馆马列文献专题线上线下展览，可利用人工智能技术打造智慧空间向大众传播马克思主义、中国建党百年之历程与新时代中国特色社会主义思想，坚定道路自信、理论自信、制度自信、文化自信。

参考文献

[1][2] 朱国明 .《共产党宣言》中文版是怎样诞生的 [J]. 档案与史学，2004（5）：2-4.

[3] 通知徐谦等之明令已下 [N/OL]. 社会日报，1926-03-20（2）[2021-04-08]. http：//bz. nlcpress. com/library/publish/default/paperDocView_pic. jsp?docID=86685&docLibID=30&dydocID=null&dydocLibID=null&keyword=%25E5%2595%25B8%25E8%2581%259A%25E7%25BE%25A4%25E4%25BC%2597&searchmatch=1&searchsynonym=2&userID=101.

[4] 李大钊 . 李大钊全集（第二卷）[M]. 石家庄：河北省教育出版社，1999：334.

[5] 李大钊 . 李大钊全集（第三卷）[M]. 石家庄：河北省教育出版社，1999：101.

[6] 李大钊 . 李大钊全集（第三卷）[M]. 石家庄：河北省教育出版社，1999：109-110.

[7][8] 李大钊 . 李大钊全集（第三卷）[M]. 石家庄：河北省教育出版社，1999：228-270.

[9] 韩一德，王树棣 . 李大钊研究论文集（下）[M]. 石家庄：河北省教育出版社，1984：341.

[10] 王酉梅. 中国图书馆发展史 [M]. 长春：吉林教育出版社，1991：271.
[11] 张卫波. 少年中国学会与马克思主义早期传播 [J]. 广东党史与文献研究，2020（6）：21-28.
[12] 朱文通. 李大钊与近代社团 [D]. 石家庄：河北师范大学，2008.
[13][14] 吴黎平. 毛泽东一九三六年同斯诺的谈话 [M]. 北京：人民出版社，1979：33-39.
[15] 李银桥. 在毛泽东身边十五年 [M]. 石家庄：河北人民出版社，1991：125.
[16] 马转玲. 李大钊对马克思主义的传播 [D]. 保定：河北大学，2004.
[17] 吴晞. 李大钊在北京大学图书馆 [J]. 图书馆理论与实践，1991（2）：38-44.
[18][26][27] 李大钊. 李大钊全集（第三卷）[M]. 石家庄：河北省教育出版社，1999：417-420.
[19] 曾凡菊. 民国时期图书馆学学术转型研究 [M]. 北京：科学出版社，2020：42.
[20] 李大钊. 李大钊全集（第三卷）[M]. 石家庄：河北省教育出版社，1999：663.
[21] 李大钊. 李大钊全集（第三卷）[M]. 石家庄：河北省教育出版社，1999：163.
[22] 李大钊. 李大钊全集（第三卷）[M]. 石家庄：河北省教育出版社，1999：323.
[23] IFLA and UNESCO. IFLA/UNESCO public library manifesto 1994 [EB/OL]. [2021-03-19] https：//www. ifla. org/publications/iflaunesco-public-library-manifesto-1994.
[24] 中华人民共和国公共图书馆法. [EB/OL]. [2021-03-19]. http：//www. npc. gov. cn/npc/c30834/201711/86402870d45a4b2388e6b5a86a187bb8. shtml.
[25] 李大钊. 李大钊全集（第三卷）[M]. 石家庄：河北省教育出版社，1999：314.
[28] 李大钊. 李大钊全集（第三卷）[M]. 石家庄：河北省教育出版社，1999：658.
[29] 李大钊. 李大钊全集（第三卷）[M]. 石家庄：河北省教育出版社，1999：657.

文旅融合视角下图书馆参考咨询业务助力革命老区红色旅游的发展路径探析

周　鑫（参考咨询部）

近年来国务院、文化和旅游部门出台大量政策，推动文旅融合，促进红色旅游，振兴革命老区。在此背景下，革命老区红色旅游应与红色文化资源深度融合，充分利用文化内涵这一支撑旅游业可持续发展的核心资源，发挥其教育属性，培养公共精神，创建旅游品牌，使红色旅游成为革命老区的支柱产业之一[1]。而在这一过程中，图书馆应借助丰富的馆藏资源和专业的咨询服务，主动与革命老区开展合作，践行文旅融合，助力革命老区整合红色资源，挖掘红色文化，改善旅游体验，同时也能够大大提升图书馆的社会影响力。

1　文旅融合进程

中国是历史悠久的文明古国，上下五千年的华夏文化在全国各地都留下了深刻的印记。想要推动国内旅游产业健康发展，满足人们日益增加的精神领域需求，离不开历史的沉淀和文化的挖掘。文化是旅游的灵魂，旅游是文化的载体，文化内涵决定着旅游品味、精神价值和人文含量，二者相辅相成、互相促进。

2009年《文化部　国家旅游局关于促进文化与旅游结合发展的指导意见》[2]中提出，加强文化和旅游的深度结合，有助于加快文化产业发展，促进旅游产业转型升级，推动中华文化遗产的传承保护。接下来的数年间全国各地纷纷出台关于推进文旅融合发展的指导意见，文旅资源在各地有序对接。

2018年3月国家文化和旅游部的新立，旨在增强和彰显文化自信，统筹文化事业、文化产业发展和旅游资源开发，提高国家文化软实力和中华文化影响力，推动文化事业、文化产业和旅游业融合发展，也标志着文旅融合跃升到了国家层面战略思维[3]。

最新发布的“十四五”规划纲要中明确提出推动文化和旅游融合发展，坚持以文塑旅、以旅彰文，打造独具魅力的中华文化旅游体验[4]。文旅融合已成为坚定文化自信，推进文化铸魂，发挥文化赋能作用的重要途径。

2　红色旅游兴起

红色旅游是指在开展红色教育的基础上，弘扬民族精神和时代价值，践行社会主义核心价值观，以红色景区为旅游目的地的旅游产品[5]。以红色资源为核心吸引力的红色旅游是文旅融合的重要形式，是红色文化与研学旅行结合的成果，是红色文化传承的生动课堂。

近年来国家相关部门出台诸如《国家旅游局关于进一步加快发展旅游业的指导意见》[6]《国务院办公厅关于进一步促进旅游投资和消费的若干意见》[7]《“十三五”旅游业发展规划》[8]等一系列政策，要求充分发挥红色旅游的独特作用，深入挖掘红色旅游思想文化内涵，大力推动红色文化精品创作，充分展示中华民族宝贵的精神财富，并鼓励各地依托红色旅游景点开展研学旅行活动，将红色旅游打造成常学常新的理想信念教育课堂。

截至2018年底，据文化和旅游部数据中心统计，全国已有红色旅游经典景区300个[9]，全国参加红色旅游人数由2004年的1.4亿人次增至2018年的14.3亿人次，年均增长超过15%，而且需求主体逐渐年轻化[10]。“十四五”规划纲要[11]中也再次明确，未来五年要大力推进红色旅游的创新发展，统筹推进革命老区振兴，传承弘扬红色文化。

3 革命老区振兴发展

中国革命老根据地简称革命老区或老区，是指土地革命战争时期、抗日战争时期，在中国共产党领导下创建的革命根据地。革命老区是新中国的摇篮，其革命传统和历史经验是非常宝贵的精神财富[12]。

2021年2月，国务院印发《国务院关于新时代支持革命老区振兴发展的意见》[13]，着重提及革命老区应弘扬传承红色文化，把红色资源作为坚定理想信念、加强党性修养的生动教材，围绕革命历史创作一批文艺作品，推动红色旅游高质量发展。

红色文化是中国共产党领导我国各族人民在长期的革命与建设中形成的宝贵文化遗产和精神财富，是我国当代社会主义核心价值观的重要源头，具有鲜明的创造性和时代性[14]。革命老区作为全国爱国主义教育和红色文化传承基地，应当重点挖掘其红色文化，用文化赋能旅游，用旅游带动发展，激发老区人民传承红色基因、致力振兴发展的巨大热情。

4 参考咨询业务助力革命老区红色旅游发展

公共图书馆应善于发挥融合优势，多元融合政府部门、学校、旅游公司、社会团体等力量[15]，将文献资源、专家资源、受众资源与旅游行业成熟的产业链及市场经验有机结合，推动研学旅行的发展。信息资源是公共图书馆服务研学旅行的主要媒介，图书馆海量的文献资源能为挖掘旅游文化内涵提供强大且持续的保障，提升旅游过程的文化附加值[16]。在研学旅行服务实践中，公共图书馆可基于自身的传统优势，加强研学旅行信息开发，为研学旅游者、研学旅游景点和旅游企业提供信息服务。

参考咨询是以客观社会需要为契机，以文献为纽带，通过各种方式搜集、存储、检索、揭示和传递信息的业务过程[17]，对红色旅游的发展有着积极的推动作用。通过参考咨询业务，可以帮助革命老区有效整合红色文献，深挖红色文化和知识内涵，让文献里的文字活起来，助力红色旅游产品的开发与创新。

4.1 文献类服务

文献提供是以公共图书馆馆藏资源和各类数据库为基础，经专业检索后，为用户找出所需文献资料，满足用户对所在地区缺藏文献的需求，实现最大限度的资源共建共享。文献提供可补充革命老区图书馆的红色文献服务。

红色文献在红色资源中占据着十分重要且无法取代的位置，通过文献的翔实记载，人们可以记录、保存、重现及研学红色文化和革命历史。革命老区应结合自身红色历史，加快建设红色主题图书馆，加大红色文献的搜集保护，推进红色文化资源的开发利用。商洛红色文化资料馆馆藏有近万册长征史料、根据地史料、革命回忆录、传记等[18]；粤北首家彰显红色文化元素的图书馆——仁化县图书馆城口分馆，馆藏共25600多册，报刊42种，地方文献125种[19]。这些红色主题图书馆除了具备公共图书馆的一些常规功能外，还具备更专业、核心的资源优势，集独具特色的文化内涵和独具魅力的旅游景观于一体，能够吸引更多、更深层次的旅游者，旅游方面的功能更加强大[20]。

然而一个客观现实是，很大一部分与革命老区历史相关的文献资料都较为珍贵，副本极少，很难通过采购的方式去获取。红色文化资源在空间分布上的分散性和载体形式上的多样性等特点，决定了红色文化建设是一项复杂的系统性社会工程[21]。

很多革命老区在建设主题图书馆的时候，仅通过本地的文化机构或民间团体及个人去获取资源，难度大且资源较少，不能较全地搜集获取相关文献也就难以完整地展示革命老区的历史和文化。而国家图书馆以及很多地方馆都有与革命历史相关的特色馆藏，如国家图书馆馆藏大量的抗战时期文献，其中不乏孤本和名家作品，除部分涉密文献外，民国馆藏基本都对外开放[22]；重庆图书馆是重庆中国抗战大后方历史文献中心，抗战文献是其三大特色馆藏之一[23]；湖南图书馆"抗战老兵口述史"项目也形成了一批珍贵的口述资料[24]。革命老区图书馆可通过文献传递业务与业界建立长期稳定的合作关系，在自觉维护知识产权的前提下，获取业界相关文献资源，助力红色主题图书馆建设，实现红色文化资源的共建共享。

4.2 专题类咨询

专题咨询是指针对用户个性化信息需求，围绕某一专题，将分散在各类型文献中的信息汇集、筛选、分析、再加工，提供符合用户需求的信息，最能体现图书馆参考咨询服务水平。

4.2.1 资料汇编，助力红色专题数据库建设

专题数据库具有明显特色性，对某一专题信息进行收集和汇总，并将特色资源数

字化，以提高检索效率，增加文献使用率。在推行全面数字化的时代，革命老区图书馆应积极筹建红色文化专题数据库，将红色文献数字化、网络化，使社会大众都可以便捷地研学革命老区红色文化[25]。国家图书馆出版社开发完成的“红色文献数据库”，广泛整合 1949 年前的红色书报刊文献，一期上线红色文献总量超过 100 万页，总容量 200GB，已成为研究红色文化的重要阵地[26]。

图书馆可以借助其丰富馆藏和数据库资源，通过专业检索策略和技巧，围绕红色主题查找中外文图书、报刊以及数字资源中的相关信息，并将各类型文献内容进行整合，提供书目索引和文献资料汇编，指导革命老区红色主题图书馆及专题数据库建设。

2009 年李大钊故居研究室为纪念李大钊诞辰 120 周年，委托国图查找相关馆藏文献，参考咨询部对有关李大钊的本人著作、他人研究、图片资料以及与其关系密切的人物和事件资料做了梳理，汇总 5272 条图文全文纸本资料，形成李大钊专题资料汇编，并搭建可检索的专题数据库，达到用户预期，具有重要的社会价值，成为参考咨询业务指导红色专题数据库建设的经典案例。

4.2.2　事实查询，用事实回击网络谣言

在当前全民积极学习红色文化，弘扬红色精神的大背景下，社会上也时有出现一些不和谐声音，少数不法分子将互联网当作发表和传播不当言论的场所，抹黑甚至恶意中伤抗战英雄烈士的舆论屡见不鲜。雷锋、狼牙山五壮士、邱少云、董存瑞等英雄先烈均遭到个别人的怀疑和虚构[27]，一些人以此哗众取宠，博眼球蹭热点，恶搞丑化英雄先烈，否定英雄行为，伤害社会公众的民族和历史感情，造成极其恶劣的社会影响。

对此现象，一方面国家相关部门完善法律法规，对违法造谣者进行法律惩治，2021 年 3 月 1 日，《中华人民共和国刑法修正案（十一）》正式施行，侮辱、诽谤英雄烈士将以侵害英雄烈士名誉、荣誉罪正式入刑[28]。另一方面做好社会公众的红色文化信息素养教育则更为重要和意义深远。公共图书馆肩负向社会公众传播知识和提供可靠信息的责任，《数字时代媒介与信息素养的巴黎宣言》提出图书馆应确保定期更新其信息素养策略和教育规定，而国际图联在 2016 年发布的“如何识别虚假新闻”[29]，被翻译成四十余种语言在全球广泛传播，凸显图书馆在培育公众信息素养方面的重要地位和实践价值。

事实查询可以根据需求，查找包含在一种或多种资料中的具体信息，包括事件、人物、图片、典故语录、事物起源、法规法条、统计数据等[30]。回答人们对于历史人物事件的质疑，最有效的办法就是用事实说话。通过权威文献的内容挖掘，对革命英雄及其事迹进行专业的事实查询，通过文献考辨事实，向社会公众严谨、完整、真实可靠地重现历史，加大抗战历史、革命先烈的知识普及、事迹曝光和精神传颂，扩大知晓率、消除误解和偏见，辟谣的同时也可以使红色文化更加深入人心，使人们铭记历史，尊重英雄。

4.2.3　图片查询，助力革命老区文艺活动开发

人们通过文字记载历史，传承文明，红色主题图书馆及资源库在红色文化的保存、传承过程中发挥着主要作用。但研学旅游一般时间较短，在短时间内通过文字资料系统

研学红色文化和革命历史，需要较强的理论基础和学习能力，具有一定门槛。各地革命老区在搜集红色文献的同时，也在通过形式多样的文艺活动和文创产品来宣传展示红色文化。

展览、纪录片、文艺表演和文创产品等形式，可以生动直观地反映红色文化，适用人群更广，给红色旅游注入新的活力，有效促进红色精神深入人心，广泛传播。要想把展览、纪录片、文艺表演和文创产品做好做精，真实展示红色文化，且形象立体不枯燥，文献中的图片资源是极为关键的，对于展览的呈现、纪录片的选材、文艺表演的舞台布置及演员定妆、文创产品的设计，都有着非常重要且直观的参考价值。

图片资源是图书馆重要馆藏，包括独立的图集、画册、舆图等，也包括在书、刊、报中刊登的图片，要想系统完整地挖掘收集，需要专业的检索技巧和丰富的检索经验。以央视纪录片《东方主战场》为例，其是为纪念中国抗日战争暨世界反法西斯战争胜利 70 周年特别制作的，国家图书馆于 2015 年参与该纪录片的资料查询工作，提供 286 张珍贵文献图片，构成节目中重要历史事件节点的定格画面，生动再现 70 年前抗日战争的伟大胜利。目前国图参考咨询部与央视已形成长期合作关系，为长征胜利 80 周年、建党 100 周年等大型纪录片提供图片查询服务。

4.3 产业信息服务

图情机构依托丰富馆藏资源和现代化监测技术，通过专著年鉴、报纸期刊、广播电视、网站论坛、两微一抖等信息来源，积极为各行业、各领域用户提供信息监测、跟踪、分析和研判的专业参考咨询服务，为用户决策提供智力支持。如广东省立中山图书馆的《决策内参》、上海图书馆为世博会开展的媒体监测分析服务、国家图书馆的《工作研判参考资料——旅行社发展的瓶颈问题和对策建议》等，都是这一参考咨询业务领域内的成熟咨询产品[31]。

4.3.1 决策参考，支撑当地政府决策研判

正确的决策来源于正确的判断，正确的判断来源于全面的信息收集与系统分析。文旅融合的实践中，相关政策法规逐步在完善，动态且全面地监测党中央、国务院及各部委出台的与革命老区发展相关的法律法规、政策文件，可以助力革命老区决策研判，有效地为当地政府发展红色旅游做决策支撑。

要把老区红色旅游发展壮大，需要不断地创新新产品以保持产业吸引力和生命力，对全国各地革命老区红色旅游的发展情况、经验做法、创新举措进行动态监测，提供时效性强、关联度高的动态监测报告，相互借鉴，取长补短，此举可以使地方政府和旅游部门更好地改进相关工作，有效推进政策实施。

4.3.2 舆情监测，及时处理突发旅游舆情

旅游网络舆情是指以网络为载体，以旅游事件为核心，广大网民针对相应旅游事件的情感、意见、态度及观点的表达，并且在传播与互动中做出反应，以及后续影响力的集合[32]。

旅游产业本质上是以人为本的服务产业，游客可获取的主观评价是影响其做出出行

选择的重要因素之一，加上移动互联网的飞速发展和自媒体时代的到来，网络负面舆情会制约旅游目的地的管理、损害旅游目的地的形象、影响游客的选择行为，对旅游业影响甚大，预防、减少和消除突发旅游舆情造成的负面影响成为旅游部门一项重要工作之一。

不少图情机构已将网络舆情的监控与分析作为一项重要的咨询服务。图书馆依靠丰富资源、专业人才队伍及专业咨询经验，建立完善的舆情监测体系，可及时发现突发及敏感舆情事件，及时预警并及时回应，开展定性与定量分析，了解事件发展态势，从而帮助当地旅游部门有效应对旅游危机事件，助力革命老区提升旅游形象、掌握品牌价值、塑造良好口碑、保障产业可持续发展[33]。

4.3.3 产业报告，全面分析老区红色旅游发展现状

图书馆参考咨询业务还可以为革命老区出具红色旅游产业分析报告，通过挖掘汇总专著、年鉴、报刊、论文等多文献来源中的权威数据，梳理红色旅游产业的管理政策、产业特点等，对市场需求状况、总体规模和主体情况等进行多维度的定量分析，在大量文献考究、新闻追踪和数据分析的基础上，对红色旅游品牌影响力进行全面系统分析，对产业现存问题误区和未来发展态势做出合理判断。如人民网舆情监测室发布的《2017年红色旅游影响力报告》[34]，综合舆论传播、搜索指数、游客评价等多项大数据，通过大数据透视红色旅游现状，全景展现我国红色旅游品牌发展趋势，对老区发展自身旅游产业具有积极的参考价值。

4.4 知识产权信息服务

公共图书馆作为国家构建知识产权强国规划中开展知识产权信息服务的第一主体[35]，应积极借鉴高校图书馆开展知识产权服务的经验，充分分析公共图书馆的受众、定位和优势，成立面向社会大众的知识产权信息服务中心，做好知识产权信息及相关数据文献的收集、整理、分析工作，开展知识产权相关知识及技能的宣传普及和教育推广活动，拓展专利查新、专利检索分析、商标检索、非遗资料汇编等服务。

4.4.1 非遗资料汇编，推进非遗保护工作

红色旅游资源既包含有形的物质文化，也包含了无形的非物质文化。革命老区都有着悠久的历史，沉淀了一批非物质文化遗产传承人及非遗项目。临朐革命老区的手绘年画[36]、泗溪镇革命老区提线木偶戏[37]、陕北革命老区的信天游非遗民歌[38]等，都是历史沉淀下来的宝贵文化财富。应当积极地将革命老区非遗文化与当地红色旅游结合，以文促旅，文旅融合，通过革命历史与非遗文化的活态展示，助力当地发展。

但由于传承人的核心性与不可取代性，少部分非遗项目存在“人在艺在，人亡艺绝”的危险。传承人所承载的技艺、经验、文化记忆与教学能力，是非遗保护与发展的核心内容与动力来源[39]。2015年国家级非物质文化遗产代表性传承人抢救性记录工作全面启动，国家图书馆受文化和旅游部非物质文化遗产司委托，作为学术咨询和验收机构，于2018年5月完成首批抢救性记录项目的验收工作，参考咨询部全程参与，对非遗传承人和传承项目进行专题检索，目前已完成5批非遗资料的查询，提供62位传承

人和55个传承项目，资料汇编130册，全面、真实、系统地记录非遗传承人所掌握的知识，为后人传承、研究非物质文化遗产留下宝贵资料，为非遗保护工作做出了建设性贡献。

4.4.2 加强文创产权保护，推动老区文创产业有序发展

随着文旅融合的深度开展，文化和旅游部门鼓励制作符合地方文化特点的文创产品，深度开发文化旅游工艺品。在相关政策支持下，在“大众创业，万众创新”的指引下，社会上掀起了一股全民参与文创产品开发设计的浪潮，其中围绕红色文化主题的优秀文创产品也层出不穷。

2019年10月第一届上海红色文化创意大赛启动，社会各界热烈响应，共收到参赛作品656件，其中涌现出了如初心锁、“红色之旅”桌游、“红忆·迹”系列、“文物新说·话解放”系列等充满创意的红色文创产品[40]。四川省红色旅游文创产品大赛也于2020年11月举办，200余名文创工作者参与其中，参赛作品达450余件[41]。

在文创产品开发的同时，加强对其产权保护对于推进文创产业健康有序的发展意义重大，可以激发和鼓励更多社会主体投身创新创业，弘扬工匠精神。加强文创产权保护，公共图书馆应充分发挥其社会教育属性，加大知识产权宣传力度，提高全社会知识产权意识，广泛开展知识产权普及型教育，并为文创工作者提供高质量的专业咨询服务，打造文创开发的理想环境，用精品文创助力革命老区红色旅游发展。

红色旅游可以提升公众的红色文化信息素养，培育爱党爱国情怀，增加民族凝聚力，依托专业参考咨询服务，挖掘馆藏史料内容，为革命老区注入文化内涵，凸显历史底蕴是非常必要且有价值的。图书馆参考咨询业务部门应全面分析革命老区红色旅游的发展策略，挖掘红色文化的创新举措，弘扬红色精神的方法路径，设计贴合革命老区实际需求的参考咨询服务，发挥图书馆文旅融合的自身优势，主动向革命老区的政府文旅部门、旅行公司、演艺集团、文创开发者等推广相匹配的服务，打造经典案例并发挥其示范作用，助力全国革命老区红色旅游发展，用文化提升旅游品质，用旅游带动老区振兴发展。

参考文献

[1] 骆高远. 中国文化旅游概论 [M]. 杭州：浙江大学出版社，2007.

[2] 文化部 国家旅游局关于促进文化与旅游结合发展的指导意见 [EB/OL]. [2021-03-10]. http：//www. gov. cn/zwgk/2009-09/15/content_1418269. htm.

[3] 国家文旅部新立，文旅融合跃升国家层面战略思维 [EB/OL]. [2021-03-10]. https：//www. chinatimes. net. cn/article/75507. html.

[4] [11] 划重点！关于文化和旅游，“十四五”规划纲要做出这些安排 [EB/OL]. [2021-03-11]. https：//www. thepaper. cn/newsDetail_forward_11742141.

[5] 陈晓艳. 陕西省红色研学旅游产品的旅游吸引力提升研究 [J]. 陕西学前师范学院学报，2019 (3)：121-125.

［6］国家旅游局关于进一步加快发展旅游业的指导意见［EB/OL］.［2021-03-12］. http：//www. gov. cn：8080/gzdt/2011-11/30/content_2007093. htm.
［7］国务院办公厅关于进一步促进旅游投资和消费的若干意见［EB/OL］.［2021-03-12］. http：//www. gov. cn/zhengce/content/2015-08/11/content_10075. htm.
［8］国务院关于印发“十三五”旅游业发展规划的通知［EB/OL］.［2021-03-12］. http：//www. gov. cn/zhengce/content/2016-12/26/content_5152993. htm.
［9］全国已有红色旅游经典景区 300 个　红色旅游蓬勃兴起［EB/OL］.［2021-03-13］. http：//www. xinhuanet. com/politics/2019-08/07/c_1124849177. htm.
［10］陈静静 . 红色文化产品消费需求分析［J］. 泸州职业技术学院・酒城教育，2019（2）：21-27.
［12］中国革命老区　革命老区概况［EB/OL］.［2021-03-13］. http：//dangshi. people. com. cn/GB/151935/164962/.
［13］国务院关于新时代支持革命老区振兴发展的意见［EB/OL］.［2021-03-13］. http：//www. mof. gov. cn/zhengwuxinxi/caizhengxinwen/202102/t20210222_3659981. htm.
［14］［21］郭雁，员立亭 . 革命老区高校图书馆红色文化馆藏建设与利用——以商洛革命老区为例［J］. 商洛学院学报，2019（6）：84-87.
［15］张巧娜 . 文旅融合时代公共图书馆研学旅行服务模式与策略研究［J］. 图书馆工作与研究，2020（6）：106-111.
［16］潘春辉 . 文旅融合时代公共图书馆与旅游共同体的构建探析［J］. 福建图书馆学刊，2020（4）：29-32.
［17］戚志芬 . 参考工作与参考工具书［M］. 北京：书目文献出版社，1988.
［18］商洛红色文化资料馆全新亮相　李豫琦、龙治刚共同揭幕［EB/OL］.［2021-03-17］. http：//www. slxy. cn/info/1081/10760. htm.
［19］粤北首家彰显红色文化元素图书馆正式开馆［EB/OL］.［2021-03-16］. http：//static. nfapp. southcn. com/content/201901/10/c1833147. html?group_id=1.
［20］赵静 . 文旅融合背景下专题图书馆发展路径研究［J］. 河北科技图苑，2020（3）：8-11.
［22］马赵扬 . 抗战文献存藏及出版情况调查——以国家图书馆为例［J］. 晋图学刊，2019（6）：49-52.
［23］［24］谭翠 . 公众史学视野下抗战文献资源建设与服务——以重庆图书馆为例［J］. 河北科技图苑，2018（5）：22-25.
［25］肖玲聪 . 互联网条件下革命老区高校图书馆红色文化建设研究［J］. 当代图书馆，2019（4）：16-18.
［26］中国历史文献总库红色文献数据库［EB/OL］.［2021-03-17］. http：//red. nlcpress. com/library/publish/default/bookplan. jsp.
［27］侮辱、诽谤英雄烈士将入刑［EB/OL］.［2021-03-12］. https：//xw. qq. com/cmsid/20200630A06DU800?pgv_ref=baidutw&ADTAG=baidutw.
［28］冒名顶替　侮辱、诽谤英雄烈士　暴力袭警等行为正式入刑［EB/OL］.［2021-03-11］. https：//www. thepaper. cn/newsDetail_forward_11679513.
［29］How To Spot Fake News［EB/OL］.［2021-03-11］. https：//www. ifla. org/publications/node/11174.
［30］科研参考——事实查询［EB/OL］.［2021-03-06］. http：//www. nlc. cn/newkyck/kyfw/201011/

t20101122_11695. htm.
[31] 王月娥，陈洁，王芳，等 . 图书馆发挥舆情监测分析功能的现状及对策［J］. 现代情报，2011（4）：23-25.
[32] 雷春，付业勤 . 旅游网络舆情事件的时空分布与演化规律分析——以海南旅游热点事件为例［J］. 韶关学院学报，2014（1）：114-119.
[33] 付业勤，纪小美，郑向敏，等 . 旅游危机事件网络舆情的演化机理研究［J］. 江西科技师范大学学报，2014（4）：80-87.
[34] 人民网舆情监测室发布《2017年红色旅游影响力报告》［EB/OL］.［2021-03-19］. http：//yuqing. people. com. cn/n1/2018/0131/c394872-29798399-2. html.
[35] 国务院关于印发“十三五”国家知识产权保护和运用规划的通知［EB/OL］.［2021-03-02］. http：//www. gov. cn/zhengce/content/2017-01/13/content_5159483. htm.
[36]【临朐革命老区行】重温红色记忆 探访非遗古韵［EB/OL］.［2021-03-20］. https：//www. sohu. com/a/260115506_122413.
[37] 壮丽70年 奋斗新时代 | 红色革命老区 用多彩非遗谱写新篇章［EB/OL］.［2021-03-20］. http：//www. tsxw66. com/system/2019/09/16/013606790. shtml.
[38] 王硕 . 陕北革命老区信天游非遗民歌传承研究［J］. 北方音乐，2019（8）：46-47.
[39] 国家级非遗代表性传承人抢救性记录工作成果首次发布［EB/OL］.［2021-03-22］. http：//news. cnr. cn/native/gd/20180622/t20180622_524279387. shtml.
[40] 首届上海红色文创大赛揭晓，呈现潮流化年轻化特色［EB/OL］.［2021-03-23］. https：//baijiahao. baidu. com/s?id=1670918684813195872&wfr=spider&for=pc.
[41] 四川省红色旅游文创产品大赛在广安举办［EB/OL］.［2021-03-23］. https：//baijiahao. baidu. com/s?id=1682610336890526050&wfr=spider&for=pc.

智慧图书馆理念下图书馆建筑空间布局的思考

李家云（基建工程办公室）

随着我国科学技术的快速发展，尤其互联网信息技术的优化更迭，信息获取与传输经历着3G、4G、5G的迭代变化，图书馆也迎合时代需求经历着传统图书馆、数字图书馆、智慧图书馆的发展模式。近些年来，图书馆建筑空间从小到大，从简到繁，从传统的砖混藏书阁（楼）发展为现代钢混多元化组合的馆舍，学者们对智慧图书馆建设的研究达到了前所未有的高度。智慧图书馆的出现源于智慧城市发展，也将是图书馆未来发展的必然趋势[1, 2]。关于智慧图书馆的提出，可以追溯到2003年，芬兰奥卢大学图书馆学者M.Aittola首次提到智慧图书馆的概念，它是一个不受空间限制且能够随时随地提供图书资料的移动知识服务平台[3]。随时随处即可享用图书馆资源是智慧图书馆服务与管控的空间拓展与阅读延伸，需要物联网及数字化技术上的支撑，更要融入图书馆建筑本身。同年，谭祥金[4]提出图书馆建筑空间需要融入哲学的智慧与思考，更需要正确的建筑方法。2004年，周进良[5]指出未来图书馆建筑设计要满足开放性、灵活性、人文化、智能化和艺术美原则。林文睿[6]从超智慧型大楼设备管理系统的角度介绍图书馆智慧型建筑大要与实践，智慧型图书馆建筑要有前瞻性的考量与设计。2013年，罗慧敏[7, 8]总结图书馆建筑空间从静态转变为动感、从清晰走向模糊、从艺术化到人性化的演变特征及规律。智慧图书馆建筑应设计充足的物理空间，如加拿大瑞尔斯大学图书馆设计灵感来源于古希腊拱廊和露天集市，提供了一个高层间、开放式与多主题的建筑空间。2019年，喇海霞[9]深度挖掘图书馆建筑形式和内容关系，提出了至简主义的空间策略。同年，中国未来智慧图书馆发展论坛上，上海图书馆馆长陈超提出智慧图书馆是由智慧服务、智慧业务和智慧建筑组成。新时代需求下智慧建筑也被赋予更多功能，智慧建筑逐渐向以BIM为基础的运行管理智慧化的方向发展。2021年，赵彦敏[10]探究智慧图书馆建筑空间再造策略，采用空间互嵌模式，增加物理空间，布局更多新型空间。本文选取近些年国内智慧图书馆的建设案例，归纳智慧图书馆建筑布局的策略与特点，思考智慧图书馆建筑空间布局的发展方向。

1　智慧图书馆建设策略

国内智慧图书馆工程建设开展如火如荼，许多地方政府和地方图书馆已付诸实践，通过把现有的智能技术运用到图书馆建筑中，实现“馆—书—人”三者的互通互联，打造智能建筑与高度自动化的智慧图书馆。据统计发现，目前国内智慧图书馆建设实际仍处于探索中，实现智慧功能单一，各自为战，建筑布局模式大体有以下几种策略。

1.1 散点式独立布局

和以往图书馆建筑不同，散点式的智慧图书馆以大化小，独立布局自成一体，完全利用智能自助类设备提供便捷的借阅体验，建立温馨、舒适和通透的借阅空间，打造成一座散落在城市各个角落的智慧图书馆（城市书房）。

2019 年，河南周口市建设了 8 座智慧图书馆（城市书房），散落在火车站广场、文化广场、道路交叉路口等地，每个馆建筑面积约 40 平方米，采用通透的钢构玻璃房，古典优雅装饰风格，建立一个开放式、有关联和独立式的阅读空间。2020 年，深圳盐田区规划布局了 10 个自助式、散点式、主题式智慧书房。其中，灯塔智慧图书馆建筑标新立异、布局设计巧妙，融入了小空间大智慧的理念。2021 年，河南驻马店市推出的 3 座"全天 24 小时智慧图书馆"，分散地布局在儿童公园、天中广场市民中心、世纪广场。据统计河南宝丰县、山西阳曲县、广西巴马县、西安、石家庄、重庆、上海等地也打造了"24 小时智慧图书馆"，实现无人值守全自助服务等特点。

"24 小时智慧图书馆"是新时代智慧图书馆的探索道路上的第一步，采用散点式独立布局，打破了传统图书馆大综合的封闭管理模式，极简风格的城市书房，建筑布局灵活，具有可装配式快速建设的特点。

1.2 展厅式重构布局

展厅式重构空间是散点式智慧图书馆在建筑空间上的一种延伸，图书馆建筑结构总体上决定其内部空间的基本形状和尺寸，原有建筑层高、开间的大小等因素都决定着内部空间的使用，需经常进行图书馆内部空间布局的调整和创新[11]。眼前智慧图书馆的建设方式更切合实际的是在原址上对空间进行改造探索，利用原有建筑物理空间，布置更多的软硬件设施，将阅读空间进行了整合重构，大都采用类似于展厅式的空间开拓智慧型图书馆空间。

2017 年，清华大学图书馆利用李文正馆一楼开辟了"清华印记"互动体验空间，给原本的物理空间赋能，搭建电子墙和数字展示墙，重建了知识交流的新范式。2019 年，长沙理工大学改建智慧图书馆，构建了新媒体体验室、电子阅览室、开会讨论空间等智慧化空间。同年，宁波图书馆也推出了 5G 智慧阅读体验空间。2021 年，江西省图书馆利用先进的技术配置，开辟了智慧教室、智慧阅读空间等。

智慧图书馆在原有图书馆建筑的层高和空间下，利用智能设备建立智慧系统，在现成有限空间内优化建筑内部与外部空间，引入智能交互系统，水、电、通风和采光等系统，将馆内阅读空间进行重构，实现了一个展厅式、灵活隔断以及富有弹性的智慧型体验空间。

1.3 整体式新建布局

往往传统图书馆定型的建筑结构很难满足在有效物理空间内布设智能化设施和提供

阅读服务的改造要求，重新选址立项，科学规划建筑布局，必将是整体式新建智慧图书馆的发展方向。

2019 年，合肥市中心图书馆开工建设。项目依据智慧图书馆建设理念和建筑设计，建筑鸟瞰呈“吕”字形布局，利用下沉广场、斜坡台阶以及二层城市观景台空间交错连接中心图书馆与文化展示中心。北侧中心图书馆地上 11 层，高 63 米；南侧文化展示中心，地上 5 层，高 33 米。从整体到局部，建筑方案设计了阅读文化空间、智慧书库、童话半岛、展示中心、文化驿站、文创走廊等六大功能板块以及 56 个多元文化休闲空间。整体式新建智慧图书馆坚持建筑使用的原则，将智慧化功能的实现融合到建筑物本身。2020 年，襄阳市图书馆（东津新馆）智慧图书馆开馆，建筑共 6 层（地上 5 层、地下 1 层），建筑设计灵感来自“智慧树”，建筑造型极具智慧，融入了“城市山林”的哲学思想。建筑结构采用双曲面树状混凝土剪力墙，营造了大层高、大悬挑、大跨度的整体式建筑空间，为提供智慧化技术创造了开阔的物理空间。2020 年 12 月，广州市南沙图书馆试运行。建筑共 6 层（地上 4 层、地下 2 层），建筑构思来源于中国“文房四宝”中的“墨砚”，结构外形端正。建筑方案设计了亲子阅读空间、视障阅读空间、智能功能室、音乐馆及书山外文馆。将人工智能、地磁导航技术与图书馆业务深度融合，打造了图书馆智慧服务新模式。

整体式新建的智慧图书馆在建筑布局上，能解决展厅式重构空间不足的问题，更打破传统图书馆的“土”“工”“王”等字形的藏、借、阅分离的固定格局，从无到有、从有到优的建筑空间和环境布置，为智慧图书馆实现智慧化服务奠定了基础。

2 智慧图书馆建筑空间布局思考

图书馆建筑空间是为满足读者阅读学习、获取知识、情感交流或文化休闲的需要，运用建筑要素所构成的限定空间，建筑空间布局的发展更是图书馆的蜕变发展史。国家图书馆的建设发展与馆舍变迁极具代表性地印证了图书馆的蜕变发展。1931 年，文津街馆舍落成（现为国家图书馆古籍馆），建筑布局呈“工”字形结构，共三层，抄手游廊环绕楼台殿阁；1987 年，白石桥一期新馆落成（现为国家图书馆总馆南区），建筑布局对称严谨、高低错落、馆园结合[12]，对称双塔高楼耸立在仿汉代建筑群中；2008 年，白石桥二期新馆暨国家数字图书馆落成（现为国家图书馆总馆北区），整个建筑布局呈“回”字形结构，建筑共 8 层（地上 5 层、地下 3 层），仿书本式巨型钢架下建立独立的大开间、大通透和大中庭。如今在这个由数字图书馆向智慧图书馆发展的窗口期，智慧图书馆建筑空间布局应思考以下几点。

2.1 感知需求是根本

传统图书馆建筑与现代图书馆建筑的主要区别是，前者是以“以书为本”，建筑空间布局着重藏书功能，设计着重考虑书册荷载；而后者更强调“以人为本”，功能丰富，提供优质的借阅体验服务。新时代背景下的智慧图书馆建筑发展，应具体到以读者为中心，要根据读者需求，正确布局建筑空间。方便读者是智慧图书馆的灵魂与精髓[13]，优先考虑不同类型读者的不同需要，无差别化让每一个读者都能有权免费进入图书馆建筑内阅读学习、获取知识与文化休闲等服务。读者需求会直接影响着图书馆建筑布局的发展。如20世纪70年代开始，美国图书馆开始关注环境和青少年的需求，在后续的新建、扩建及改建的图书馆建筑中倾向营造多彩、舒适和快乐的建筑空间，涌现了一批多分区、大窗口型和居家型的建筑布局。因此，国内智慧图书馆在建筑布局时要利用大数据分析人流热区优化空间布局，考虑特殊人群的服务空间，如少儿空间、盲文阅读空间、老人交流空间等。

2.2 功能组织要明确

传统图书馆建筑秉承藏、借、阅三线性的分区布局，大都采用封闭性流线型的矩形布局，从而实现书籍借阅功能。而智慧图书馆是利用物联网、云计算、大数据分析和AI等智慧化技术实现智慧化的服务和管理，对建筑布局智能化设计是更高的要求。通过近些年的实践探索不难发现，目前智慧图书馆大都采用将大化小的散点式和展厅式布局，其实就是在原有服务功能基础上对建筑布局的优化和拓展。从而提供自动化、便捷化和智慧化的服务功能，主要有：自助智能化借阅、智慧图书管理、智慧阅读交流、智能楼宇管控、移动终端的预约服务。现在实现智慧化功能的服务器、机器人、交互场景等设备产品，各自为战，对建筑空间尺寸、层高和流线要求不一。传统定型图书馆建筑很难迎合智慧图书馆多元化功能的布设要求，在建筑布局上需要侵占原有空间，甚至破坏原有的建筑格局。因此，建设智慧图书馆时需要对建筑空间提前设计、明确功能、预留发展，智慧功能空间的设计依附在主体空间，而不是待到建筑落成使用后购置智能设备堆砌到某一个物理空间，挤压原有的建筑空间。

2.3 阅读延伸是方向

图书馆建筑本身就是有限的物理环境，在内部框定的空间下，阅读的对象已不再局限纸质文献和电子资源，创新空间和提供泛在阅读空间已是图书馆用户行为趋势，实现阅读延伸才是智慧图书馆建筑所需要思考的方向。智慧的阅读空间要打破传统建筑分区空间，将信息资源利用融入图书馆建筑任何空间，如门厅、过道、庭院或阶梯相结合，最大化利用建筑物理空间，甚至发散到建筑空间外部一定范围内，建筑的空间布局不再是线性的、清晰的和封闭的。笔者认为智慧图书馆建筑形态需要创新，建筑外形要融入智慧思考且要足够吸引人，建筑空间需要借助某些空间设计手法将阅读空间延伸，大开间、无隔断和全开放的室内空间布局更有利于泛阅览和智慧空间的融合。现有的将几十平方米的智慧图书馆（城市书房）布置在城市中心、文化广场和社区公园等地的创新模式，仅是一种将大化小、以小见大的探索模式，将图书馆空间实体延伸到人流密集地，这种方式仅是探索的雏形，可持续的阅读延伸需要智慧图书馆建筑不断的创建和发展。

智慧图书馆建设推动各级图书馆业务工作和服务活动的全流程智慧化管理，也必定推动智慧图书馆建筑空间的创新发展。智慧图书馆是现代图书馆响应智慧城市理念而衍生的新方向，虽然建设智慧图书馆尚处在探索初期，但也涌现出散点式独立布局、展厅式重构布局和整体式新建布局的建设模式，多分区、大开间和全开放的建筑空间布局为逐步实现智慧化奠定了基础。在智慧图书馆建设中，始终要坚持“以人为本”的理念，从感知读者需求为出发点，着眼于利用建筑布局改变来实现智慧功能，着重于建筑智能、功能便捷与阅读延伸方向发展。智慧图书馆建筑布局的实践性探索经验，既能影响新建智慧图书馆建筑格局，又能指导传统图书馆的智慧化改扩建。

参考文献

[1] 初景利，段美珍. 智慧图书馆与智慧服务［J］. 图书馆建设，2018（4）：85-90，95.

[2] 初景利，段美珍. 从智能图书馆到智慧图书馆［J］. 国家图书馆学刊，2019（1）：3-9.

[3] AITTOLA M，RYHÄNEN T，OJALA T. SmartLibrary-Location-Aware Mobile Library Service［C］// 5th International Symposium on Human-Computer Interaction with Mobile Devices and Services Mobile HCI 2003 Sep 8-11，2003 Udine，Italy. 2003. Berlin：Springer，2003：411-416.

[4] 谭祥金. 图书馆建筑的哲学思考初探［J］. 图书馆论坛，2003（6）：199-202.

[5] 周进良. 现代高校图书馆建筑设计的五条原则［J］. 图书馆建设，2004（5）：102-105.

[6] 林文睿. 智慧型图书馆建筑思考［J］. 南方建筑，1999（3）：14-15.

[7] 罗惠敏. 近现代西方图书馆空间布局的历史演进［J］. 国家图书馆学刊，2013（4）：48-53.

[8] 罗惠敏. 图书馆空间设计理念研究［M］. 北京：社会科学文献出版社，2017：241-244.

[9] 喇海霞，朱丽，高力强，等. 天津大学郑东图书馆至简主义空间设计研究［J］. 工业建筑，2019（5）：193-196.

[10] 赵彦敏. 基于“智慧城市”建设的“智慧图书馆”空间再造探究［J］. 产业与科技论坛，2021（4）：38-40.

[11] 肖小勃，乔亚铭. 图书馆空间：布局及利用［J］. 大学图书馆学报，2014（4）：103-107.

[12] 胡建平. 国家图书馆不同历史时期三座建筑的设计［J］. 建筑设计管理，2010（9）：39-42.

[13] 王世伟. 未来图书馆的新模式——智慧图书馆［J］. 图书馆建设，2011（12）：1-5.

澳大利亚出版物交存法律规制与实践及对我国的启示

孙保珍［研究院（业务管理处）］

1　澳大利亚出版物交存法律规制

1.1　法律依据

澳大利亚的出版物法定交存政策由来已久，在联邦成立后不久的1912年颁布的《版权法》第40条中，法定交存被确立为一项法定原则，要求图书出版商向联邦议会图书管理者提供图书最好的拷贝件。

1968年通过的《版权法》第201条规定“任何在澳大利亚出版的且依据《版权法》规定具有版权的图书馆资料，出版商应当在出版后的1个月内，自费将该资料的复本交存给国家图书馆。否则罚款100澳元”。除要求向国家图书馆交存之外，该法还规定“任何各州或各领地的法律规定，要求其境内出版的图书馆资料向其指定的各州或各领地公共图书馆或其他图书馆交存，其执行都不受本条规定的排除或限制”。

在2015年的修订版中，对法定交存进行了新的规定，要求所有在澳大利亚出版或未出版的“图书馆资料”都须在出版后1个月内交存1份至澳大利亚国家图书馆，否则将处以10个罚款单位。交存的样本必须是该作品的完整的、最优的样本。比如，当该作品的精装版和平装版都出版了的情况下，精装版的样本也必须交存。样本的再版或其后续版本若有变化或在之前版本的基础上增加了内容，如增加了说明、文本内容等，则必须交存。如果一本书重新印刷后改了题名或者更改了内容、变更了出版者也被认为是新的版本。值得注意的是当一个作品或版本的复制品能够被公众获得时（通过销售或其他方式），这个作品就被认为已出版[1]。2015年修订版中最大的一个变化是将交存范围扩大到了电子出版物。

1.2　交存范围

《版权法》中的“图书馆资料”包括：网站、网页、网络文件、图书、期刊、报纸、小册子、乐谱、地图、平面图、图表或表格等，从内容上来说，可以是文学、戏剧、艺术作品，或是上述作品的一个版本（包括印刷出版物、电子出版物及其他出版形式的出版物）。包含文本或其他阅读材料、插图、图画、版画、照片或音频视觉元素有增加或更改，并且在早期版本中未体现的第二或以后版本。还包括国家图书馆部长规定的作品或版本。需要注意的是复制件形式和电子形式均在交存范围之内[2]。

1.3 电子出版物法定交存

1.3.1 电子出版物交存目的和原则

2015 年的修订版将法定交存范围扩大至电子出版物，包括在线资料。澳大利亚国家图书馆在 2016 年 6 月制定了《澳大利亚图书馆电子出版物交存规定》（出版商交存指南），对法定交存的目的、原则、范围和要求均做了明确的规定[3]。

根据澳大利亚《国家图书馆法》，澳大利亚国家图书馆有收集和保存澳大利亚文化遗产的使命。为确保对描述了与澳大利亚及其人民有关的资料的全面收集，并可以持续维护和长期保存，以供当代和子孙后代使用，发布商需按规定将电子出版物交存到澳大利亚国家图书馆。图书馆的法定交存遵循以下原则：经济高效的合规性，收集范围的全面性，与利益相关者的协商与合作，使用可用技术与及时、有效和可持续的保存过程。

1.3.2 电子出版物的交存要求

《澳大利亚图书馆电子出版物交存规定》（出版商交存指南）规定，交存的电子图书馆资料包括电子书、电子期刊、电子通讯、以电子形式发布的地图和乐谱、网站或网站的一部分，以及其他通过互联网传播的出版文件和信息，包括公共社交媒体。作品可以通过物理媒体或互联网或其他平台进行传播。出版物不受格式的限制，包括公有领域提供的在线资料。所交存的作品样本应为完整作品，包括所有插图和视听元素，如果有在线资料，则也包括在线资料。构成完整副本的其他元素将包括嵌入式计算机脚本、程序和软件，这些脚本、程序和软件对于提供和呈现作品的样式、表示形式和功能是必需的。

对不在交存范围的出版物也有明确规定，包括：主要是视听元素（录音，录像或电影）、游戏材料、应用程序（内容不符合图书馆资料的定义）、涉及侵犯版权内容的作品、机密、仅通过专用网络（例如内部网）共享的作品、由仅提供给有限人群的个人数据组成的内容、商业服务的交易记录，包括数据库等。对于同一作品的不同格式的版本，如果内容相同，只需交存一种格式的作品。如果内容有差异，例如一个版本包含其他材料，应该交存最完整、最佳版本。如不同版本包含不同内容，则两个版本都要交存。如果出版商不确定要交存哪个版本，例如不同格式的作品在内容上没有实质性差异，出版商应与图书馆联系，图书馆将确定要交存的首选版本。

交存的电子出版物包括在线和离线出版物。《版权法》赋予国家图书馆职能，即国家图书馆可以要求符合《版权法》规定的保留版权的任何在线资料交存至国家图书馆，其中包括通过澳大利亚境外的托管或在线发布服务提供的澳大利亚居民的作品，以及符合国家图书馆收藏目标的非澳大利亚居民的作品。

对于交存时限的要求，离线出版物的发行者需要自费在出版后 1 个月内将资料交存至国家图书馆。如果离线电子出版物的后续版本（包括部分、议题，数量或编号）出版，必须在出版后的 1 个月内交存至国家图书馆。在线电子出版物，则一般通过图书馆自动收集的形式获得，如果资料可在网站上找到，但不能免费获得，则发布者必须通过电子交存服务或图书馆同意的其他方式在图书馆提出要求后的 1 个月内交存。如果资料在网站上不可获得，但只要是在线材料，则发布者必须通过电子交存服务或图书馆同意的其他方式在规定时间内交付资料。图书馆可以在出版后的任何时间要求在线电子出版物的交存。如果发布的作品，既可以离线使用又可以在线使用，则离线版本应在规定的时间内（出版后 1 个月内）交存，除非图书馆要求将在线版本作为离线版本在要求的期限内交存。

《版权法》规定，如果要求交存到国家图书馆的电子出版物受到技术保护措施（TPM）的保护，出版商必须向国家图书馆提供不包含 TPM 的版本。无 TPM 的样本应尽可能接近“最佳样本”，即包含所有内容和功能。TPM 可能包括但不限于密码、加密、复制限制、时间限制、读取限制和加水印等。这项要求使国家图书馆能够实现保存和提供服务的目标。

如果发布商声明无法交存无 TPM 的资料，则国家图书馆将与出版商进行磋商，以了解现行保护措施的性质并考虑保存选项。如果国家图书馆认为该资料不能保存，国家图书馆可能不会收集该资料。

1.3.3 合作与自动化原则

国家图书馆承认电子资料的复杂性、多样性和动态性，并努力按照《版权法》的规定，以对出版商和国家图书馆都尽可能有效的方式存放这些电子资料。因此，国家图书馆提出交付要求以及出版商进行交付，均首选自动化流程的方式。但是，在自动交付存在限制和障碍或要交付的材料存在不确定性的情况下，图书馆将与出版商进行磋商并合作，以实现对最佳、完整样本的高效交付。

因交存出版物而产生的合规费用应由出版商承担，国家图书馆不会向出版商提供经济补偿，但会与他们合作以最大限度地降低成本并实现最大效益的工作流程。

2 澳大利亚电子出版物的交存实践

2.1 澳大利亚网络信息资源交存

澳大利亚网络信息资源同样遵循依法交存原则，国家图书馆对于网络信息资源一般通过自动收集的方式获得。国家图书馆为澳大利亚已存档网站提供了两个平台：“潘多拉”存档（PANDORA Archive，即“保存和访问澳大利亚的网络文献资源”的缩写）和澳大利亚政府网站存档（Australian Government Web Archive，简称 AGWA）。

“潘多拉”存档项目的目的是确保长期获取澳大利亚网站和在线出版物这种重要形式的澳大利亚文献遗产。国家图书馆自 1996 年开始，与州立图书馆和其他遗产组织合作，通过“潘多拉”存档项目对澳大利亚网站和在线出版物进行选择，收集和归档复本。存档内容小到单个的文档，如 PDF 形式的文档，大到网站，涵盖成千上万种不同形式的文档，如文本、声音、图像和视频。除了政府和学术出版物外，“潘多拉”存档项目还收集能体现澳大利亚文化活动、政治活动、体育活动等其他方面的内容[4]。目前，除了国家图书馆之外，还有 9 个合作机构，每个机构都编写自己的选择指南，并“确定其将负责的国家收藏部分”。

除澳大利亚一般性网站外，2014年3月，国家图书馆针对澳大利亚政府网站发布了一种新的网络存档服务，即澳大利亚政府网站存档（AGWA）。该存档项目自2011年起每年搜集联邦政府网站的内容，使用户能够搜索和获取这方面的资料。该项目是在政府出版物逐渐向网络转型，印刷型专著交存数量大约减少25%的背景下创立的。

2.2 国家电子交存网络（NED）

澳大利亚9个图书馆（含国家、州和地区）合作，于2019年启动国家电子交存系统，并已经建立了Ned.gov.au网站，用以托管国家电子交存系统。“国家电子交存系统是一项创新的在线服务，用于存放、存档、管理、发现和交付澳大利亚各地出版的电子材料”[5]，出版商能够使用该系统一次性交存其出版物，并履行其对州/地区图书馆和国家图书馆的法定交存责任。这是一个联合数字平台，可以简化澳大利亚出版业的交存，并扩展澳大利亚人民的访问范围。

3 澳大利亚交存出版物的保存和利用

3.1 澳大利亚交存出版物的保存

根据澳大利亚国家图书馆《文献保护条例》[6]及《馆藏发展政策》[7]，法定交存本作为保存本，但为了满足用户需求和兼顾图书馆效益，该保存本除永久保存之外，还要用于提供读者服务。

国家图书馆于2013年发布了第四版数字馆藏政策，其中规定了保存数字馆藏的目的、目标、挑战、方向和实施原则[8]。国家图书馆对一些数字藏品负有保存责任，包括其收集的网站和存放在实体载体上的澳大利亚数字出版物。馆藏政策强调，国家图书馆“有保存数字馆藏并积极发展收集、管理、保存的基础设施，以保持我们的数字馆藏在未来可用的使命和承诺。这被认为是图书馆的核心业务，对其未来的相关性至关重要”[9]。

3.2 澳大利亚交存出版物的利用

交存的电子出版物，其商业地位由出版商在交存出版物时确定。出版商开放《版权法》规定的对商业出版物的基本访问权限，国家图书馆用户只能在国家图书馆阅览室中查看，而不能下载或复制商业出版物。如果出版商允许免费提供出版物，则任何人都可以对国家图书馆已保存的交存电子出版物下载并保存[10]。

出版商还可以对书籍、乐谱和地图实施为期12个月的禁运，或对期刊和时事通讯实施为期6个月的禁运。在此期间，这些出版物只有获得《版权法》规定的基本访问权限，在禁运期结束后，才能被免费提供[11]。

交存电子出版物时，发布者还可以指定该出版物具有知识共享许可，然后选择适用的共享许可范围[12]。

4 对我国出版物交存工作的启示

4.1 应进一步明确、更新交存出版物的实施细则，完善相应处罚措施

我国出版物交存制度起源于1906年清政府颁布的《大清印刷物专律》。现行出版物交存工作主要依据两类法规，即出版法规和图书馆法规。

出版法规体系按颁布单位性质可划分为三类，即国务院颁布的行政法规、国家新闻出版署颁布的部门规章和地方政府颁布的政府规章和规范性文件。其中国务院颁布的《出版管理条例》和《音像制品管理条例》两个行政法规，是我国交存工作的基本依据。国家新闻出版署以部门规章形式对行政法规中的相关规定进行细化，主要有：1979年颁布的《关于征集图书、杂志、报纸样本的办法》、1991年颁布的《关于调整向北京图书馆缴送杂志样本数量的通知》以及2007年颁布的《新闻出版总署关于加强音像制品和电子出版物样本缴送工作的通知》等。

图书馆法规体系主要有两部分，分别为《公共图书馆法》中的相关规定、各地颁布的图书馆法规或规章中的相关规定。《公共图书馆法》第26条规定："出版单位应按照国家有关规定向国家图书馆和所在地省级公共图书馆交存正式出版物"，从立法上明确了接受交存本的除了国家图书馆外，还包括省级公共图书馆[13]。

在我国现有的出版物交存的法规中，对于出版物的交存范围有着基本的界定，为图书、期刊、报纸、音像制品、电子出版物等，没有明确提到网络出版物，且对于不同格式的电子出版物的交存没有进行规定。从实际执行来看，交存的电子出版物中没有数据库。这种对于交存出版物范围的界定属于原则性的，未进行详细约定。目前没有一个法规、规章或规范性文件集中将交存出版物的范围、类型及格式、交存方式等进行明确的约定。

另外，目前我国的交存法规虽然对于不交存或不按期交存的行为有相关罚则的规定，如《公共图书馆法》第51条规定："出版单位未按照国家有关规定交存正式出版物的，由出版行政主管部门依照有关出版管理的法律、行政法规规定给予处罚。"且在相关的规定中，有对拒不交存的出版单位的具体处罚措施，如"每半年通报一次音像、电子出版单位样本缴送情况，对不缴送样本或不按期缴送样本的出版单位，将视情节轻重给予通报批评、核减中国标准音像制品编码或中国标准书号，情节严重的，予以停业整顿或吊销出版许可证。此外，各音像、电子出版单位缴送样本的情况，将被列为考核和年检的重要内容，对不按期缴送样本或不缴送样本的出版单位，年检时将予以暂缓登记或不予以登记"等，但这些处罚规定属于行政处罚范畴，执行效果不佳，对于督促出版单位积极交存的作用有限[14]。提高交存工作效率，需要有配套的奖惩制度提供有力保障。在现有的处罚规定的基础上，进一步完善相应的处罚措施，如澳大利亚《版权法》中规定"处以10个罚款单位"，我国对拒不履行交存义务的出版单位，根据应交存出版物的价格处以相应的罚款，对于屡次故意不履行交存义务的出版单位，则加强处罚。实行行政处罚和经济处罚并举的处罚措施，加大交存工作的法律执行力。

4.2 进一步提升出版单位的权益，采取切实措施予以保障

在《公共图书馆法》颁布之前，我国出版物样本交存有着不同的名称，如“送交样本”“呈缴本”“缴送”等，均体现着一种由下向上的义务，即只体现出版单位对样本交存的义务。《公共图书馆法》始称之为“交存”，体现出版单位和接收样本单位双方的关系，即出版单位对样本“交”的义务，接收单位对样本“存”的义务，首次体现了双方的对等义务关系。虽然只是文字上的些许变化，但这种变化体现着思想和意识上的进步。虽然名称上的改变体现了交存双方的对等关系，但对于出版单位的权益保障还需进一步完善，尤其在数字资源迅速发展的环境下，新技术及新的传播方式的不断涌现，使数字资源的传播迅速而便捷。在市场经济环境下，出版单位向一个单位交存数字资源，很容易实现与其他图书馆及单位的共享，这对出版单位的经济效益无疑有着巨大的影响。应该有明确的法规对出版单位的相关权益进行保障，或像澳大利亚交存规定一样，由出版单位对于交存文献的使用权益做出相应说明，在不违背资源基本使用原则的前提下，接收交存的单位应按照出版单位对样本的使用权益说明进行存藏和服务利用。

4.3 电子信息资源交存系统亟待建立

随着信息技术的发展，电子资源、网络资源及多媒体资源迅猛发展，信息资源的类型日益多样且复杂，而且数量呈现海量级的发展趋势。随着信息资源载体形式的变化，需交存的出版物样本已从较单一的印刷出版物发展到纸质出版物、音像制品、电子出版物和网络出版物等多种类型并存。我国交存法规中规定了电子出版物的交存，但未对具体的载体、格式做相关交存约定。在具体的交存实践工作中，电子出版物的交存还仅限于有物理载体的资源，而对于数据库及互联网资源均没有实际的交存。这一是缘于法律法规中对此类型资源交存约定的缺失，另外也囿于实际交存工作的环境和条件。由于电子资源的形式多样、格式复杂，且发展变化快速，其交存问题更加复杂，目前还没有制定与之相适应的交存方式，没有建立与之相应的交存系统，能够统一接收多格式、多样化的电子资源。澳大利亚国家电子交存网络（NED）的建立为我们提供了很好的经验，我国应借鉴其国家电子交存系统建设的经验，建立我国统一的电子信息资源交存管理系统，实现对电子资源的“交存、存档、管理、发现和利用”一体化功能，简化出版单位的交存工作，方便用户的检索和利用。

参考文献

[1][2] 毛雅君 . 中外国家文献信息战略保存实践［M］. 北京：国家图书馆出版社，2018：108-109.

[3] Deposit of electronic publications with the National Library of Australia［EB/OL］.［2020-01-10］. https：//www. nla. gov. au/legal-deposit.

[4] 毛雅君 . 中外国家文献信息战略保存实践［M］. 北京：国家图书馆出版社，2018：114-115.

[5] The Law Library of Congress，Global Legal Research Center. Digital legal deposit in selected jurisdictions［EB/OL］.［2020-01-10］. http：//www. law. gov.

[6] Preservation policy [EB/OL]. [2020-01-10]. https://www.nla.gov.au/policy-and-planning/preservation-policy.

[7] Collection development policy 2016 [EB/OL]. [2020-01-10]. https://www.nla.gov.au//book/export/html/9244.

[8-12] The Law Library of Congress, Global Legal Research Center. Digital legal deposit in selected jurisdictions [EB/OL]. [2020-01-10]. http://www.law.gov.

[13] 许安标，钱锋，杨志今. 中华人民共和国公共图书馆法释义 [M]. 北京：中国民主法制出版社，2018：86-87.

[14] 任宋洁，金武刚. 呈缴本制度完善之路——《公共图书馆法》"交存"制度研究 [J]. 图书馆，2018（5）：11-16.

省级公共图书馆微信公众平台服务能力调查研究

王三珊（参考咨询部）

随着互联网技术和移动通信技术的飞速发展，人们的信息资源需求和获取信息的习惯也发生了很大改变。根据中国互联网络信息中心（CNNIC）发布的第 47 次《中国互联网络发展状况统计报告》，截至 2020 年 12 月，我国网民规模达 9.89 亿，互联网普及率达 70.4%，我国手机网民规模达 9.86 亿，网民使用手机上网的比例达 99.7%。微信、微博以及各种形式的客户端应运而生，变成人们日常生活中必不可少的信息获取渠道。

2018 年 7 月，《国务院关于加快推进全国一体化在线政务服务平台建设的指导意见》中指出："充分发挥'两微一端'等政务新媒体优势，同时积极利用第三方平台不断拓展政务服务渠道，提升政务服务便利化水平。"

图书馆作为公共文化服务机构，也在移动图书馆服务领域有了迅速发展。继 2013 年杭州图书馆首次开通微信公众平台服务以来，各地图书馆的移动端微服务纷纷涌现。而图书馆如何利用传统核心的信息资源能力进一步提升服务能力，在移动端服务的发展是逐步向智慧型服务转型路径中重要的着力点。

1 省级公共图书馆移动服务开展情况

通过对各省级公共图书馆（以下简称省馆）官网首页的查看，大多图书馆网站对于移动端有微信公众号、微博、移动阅读、移动客户端、移动 WAP 端等标识，提供二维码下载链接。其中微信公众号的普及率最高，所有的省馆都开通了一个或多个微信公众平台账号，其次是新浪微博平台账号和移动客户端，少数图书馆在首页上还有抖音、快手等视频平台的账号。所以本文主要针对普遍开通的微信公众号平台展开进一步的分析。

2 省级公共图书馆微信公众平台服务情况调查

微信公众平台是公共图书馆移动服务中占比最高的一个应用。由于近年微信的使用普及率最高，有大量的用户数量基础，公共图书馆通过微信公众平台可以最为快速便捷地把移动服务传递至每一位读者。

目前微信公众平台账号大多使用服务号和订阅号两种。两种账号类型定位和用途不同，服务号支持多种插件，更侧重于功能服务。而订阅号的信息推送频率更高，订阅号每天都可以推送消息，而服务号每个月能够推送 4 次消息。公共图书馆对于公众号类型的选择是与自身的服务定位息息相关的，如四川省图书馆、浙江图书馆、河北省图书馆等会同时运营两种账号，满足不同需求。由于服务号的发文频率比较固定，其发文内容和功能的参数更有比较意义，本文后续将对开通服务号的 19 家公共图书馆账号进一步展开调查和分析。

2.1 调查设计方案

2.1.1 调查对象

截至 2021 年 3 月，根据清博指数搜索结果显示，通过认证的“图书馆”公众号达到 3097 个。为了进一步了解我国公共图书馆微服务的建设情况，本文选取中国 32 个省馆中开通服务号的 19 个图书馆微信公众平台账号作为研究对象进行服务调查与分析。因为省馆一般具有一定规模而且能反映该地域对图书馆建设的重视程度以及人们对图书馆资源的利用情况。

2.1.2 调查方法

本文主要使用网络调查法，通过各公共图书馆官网和微信公众号了解情况，以及利用清博指数提供的数据从定量角度分析我国公共图书馆微信公众平台的运营情况。

2.1.3 调查内容

本文主要从两方面进行调查，一方面是针对公共图书馆官网首页的宣传情况，微信公众号的微信传播指数 WCI、阅读量、点赞数、预估粉丝数等指标进行研究。另一方面是针对公共图书馆微信公众平台提供的服务内容进行调查分析，包括馆藏资源查询、借阅服务、移动阅读、社交功能、个性化服务等。最后根据调查分析结果给出优化策略建议。

2.2 微信公众平台服务号调查评估

2.2.1 微信公众平台账号粉丝数预估

表 1 微信公众平台账号粉丝数预估表

省级公共图书馆	预估粉丝数	省级公共图书馆	预估粉丝数
江西省图书馆	129175	苏州图书馆	26865
天津图书馆	108555	辽宁省图书馆	23835
上海图书馆	88495	福建省图书馆	21830
浙江图书馆	88440	安徽省图书馆	19400
四川省图书馆	85435	广东省立中山图书馆	18270
重庆图书馆	38020	南京图书馆	14110
内蒙古图书馆	37560	江苏图书馆	11980
贵州省图书馆	36340	河北省图书馆	9675
海南省图书馆	32090	广西桂林图书馆	6490
山西省图书馆	31695		

根据清博指数提供的活跃粉丝数预估工具得到以上参考结果（表1），该数值是平台考虑行业、打开时间、文章位置、阅读、点赞、评论等多个因素综合计算评估。且预估的是微信公众号的活跃粉丝，排除了僵尸粉数值，所以不一定和公号的真实粉丝数完全一致。但可以看出，排名靠前的有江西省图书馆、天津图书馆、上海图书馆、浙江省图书馆、四川省图书馆，活跃粉丝数远高于其他图书馆，说明用户互动做得较好，推文数量和质量认可度较高。而部分省馆的活跃粉丝数不足一万，这应该引起图书馆一定的重视，提高移动端服务力和公众号的运营水平。

2.2.2　微信传播指数（WCI）评估

本文采用是业内具有较高公信力的微信传播指数（以下简称 WCI）评价微信账号的传播影响力。WCI 是清博指数的计算公式，由微信公众号的阅读量（R）、点赞数（L）、在看数（Z）等各项数据进行计算得出，其公式为：

WCI={0.6*［0.85LN（R/d+1）+0.09LN（Z/d*10+1）+0.06LN（L/d*10+1）］+ 0.2*［0.85LN（R/n+1）+0.09LN（Z/n*10+1）+0.06LN（L/n*10+1）］+0.1*［0.85LN（Rt/d+1）+0.09LN（Zt/d*10+1）+0.06LN（Lt/d*10+1）］+0.1*［0.85LN（Rmax+1）+0.09LN（Zmax*10+1）+0.06LN（Lmax*10+1）］}2 *1.2*10

一般而言，公众号的阅读量越高，点赞数越高，该公众号的 WCI 值就越高，传播力就越大。选取 2021 年 2 月份各个服务号的发文情况，得到各个省馆服务号的月均 WCI 如下：

公共图书馆	平均 WCI	公共图书馆	平均 WCI
上海图书馆	855.69	安徽省图书馆	625.07
浙江图书馆	852.75	辽宁省图书馆	620.36
天津图书馆	809.67	内蒙古图书馆	575.20
江西省图书馆	798.77	贵州省图书馆	574.10
重庆图书馆	729.17	海南省图书馆	564.85
南京图书馆	715.12	河北省图书馆	559.39
四川省图书馆	699.11	福建省图书馆	527.38
山西省图书馆	646.99	江苏图书馆	504.24
广东省立中山图书馆	636.73	广西桂林图书馆	467.76
苏州图书馆	633.44		

可以看出，在样本数据中微信传播指数靠前的省馆有上海图书馆、浙江图书馆和天津图书馆，均在 800 以上。19 家省馆服务号的 WCI 均值为 652.41，其中超过均值的图书馆仅 7 家。可以看出，各省馆的运营水平具有差异性，部分省馆的微信传播影响力仍然较弱。

2.2.3 移动服务功能调查

本文主要对借阅服务、移动阅读、资讯浏览、用户互动、在线咨询、图书荐购、特色服务等移动服务进行调查。通过对19家省馆服务号进行关注查询，调查结果如下：

公众号名称	菜单及子菜单
上海图书馆	我的图书馆：图书查询、预约入馆、图书续借、微阅读、手机借书；活动：跃+AR图书馆、上图讲座、读者培训、我的预定等；发现：咨询反馈、悦读账单、绑定解绑、二维码读者证等
浙江图书馆	服务：打不开；互动：浙图公告、入馆预约、活动预告、百廿浙图；阅读：移动阅读、21天阅读、2020借书榜、布可图书馆、云看展
天津图书馆	服务：读者证、书目查询、我的借阅、进馆预约、活动预告、线上活动、我要荐书、附近图书馆、服务指南、联系我们、常见问题、读者信箱；资讯：近期公告、天图简讯、京津冀图书馆；阅-听微平台；
江西省图书馆	赣图资讯，微主页：入馆预约、少儿区预约、读者注册、微主页；数字资源；
重庆图书馆	服务大厅：移动数字资源、检索、活动、座位预约、战役书柜、重图到家、微讲座、我的借还、在线办证、重图党建、阅读买单、去重图；重图发现：重图概况、新闻公告、手机阅读、“数”读重图、政府信息公开；我的重图：阅读之星、个人中心、23days、培训中心
南京图书馆	服务中心：预约进馆、免费办证、网上借书、云图有声、中文在线、电子期刊、馆藏检索、书香江苏、百馆共读、少儿悦读、京东读书、QQ阅读、懒人听书、少儿天地、馆情通知、陶风采、常见问题、新书推荐、已借续借；电子阅读：读联体、学术资源、电子书刊；网上借书：免费办证、网上借书
四川省图书馆	馆藏服务：办证、图书检索、图书续借、借阅记录、图书推荐、数字资源、川图活动、川图志愿者、川图导航、读者须知、逾期或丢失、川图新闻、川图官网、开馆时间、文创产品、个人中心；在线阅读：名师课堂、有声读物、电子书、学习资源、专题系列、期刊；在线资源：网上办证、云阅读、阅见美好、超星读书
山西省图书馆	读者服务：微服务大厅、入馆预约、问卷调查、手机借书、咨询和反馈；官方网站：政务公开、晋图网站；数字资源
广东省立中山图书馆	我要查询：馆藏查询、信息参考咨询、精彩活动查询、服务导引查询；我要办理：个人中心、我要办证、扫码借书、活动预定、预约进馆；发现：新书快递、文化E站、阅见美好、阅听图书等
苏州图书馆	网上借阅：首页、分类、借书架、我的；服务与活动：苏图纵横、苏图预约、书香声影；苏图资讯：苏图公告、馆内动态、苏州大讲坛、媒体报道、苏图规则
安徽省图书馆	微服务大厅：自修室预约、到馆预约、安图网借、证绑定、个人资料、我的借阅、书目检索、历史借阅、新书通报、借阅排行榜、个人阅读单、图书续借、二维码电子证、图书推荐、办证须知、开放时间、逾期费缴纳、专项外借；数字阅读：数字资源服务平台、E博在线、读览天下、博看期刊、QQ阅读等；交流互动：问卷调查、图书推荐、自修室预约

续表

公众号名称	菜单及子菜单
辽宁省图书馆	微服务大厅：借阅清单、预约进馆、辽图约书、书目检索、图书续借、智慧条码、过期使用费、二维码电子证、个人阅读单、证卡绑定挂失、个人资料、服务数据、超星阅读平台、流动图书馆、我要去辽图、我要咨询、微展厅、服务指南、活动报名；辽图活动：我的朗读、活动报名；辽图微悦：读者注册、知识发现、数字阅读、读联体
内蒙古图书馆	春节活动：微官网、文旅E家、春节活动；入馆码；阅读：数字阅读
贵州省图书馆	微服务大厅：阅读清单、读者证绑定、个人中心、二维码电子证、图书馆位置、图书续借、图书借阅排行榜、网上借阅、书目检索、财经信息、阅读单、活动报名、入馆预约、省图概况、实时服务数据、读者荐购、数字资源；活动讲座：通知公告、新闻动态、活动消息、贵图讲座、贵图展览；数字阅读：数字阅读、公共数字文化培训、一网读尽、读联体服务平台
海南省图书馆	读者服务：你读书我买单、读者活动、漂流图书馆、微服务大厅；微阅读：新语听书、QQ阅读等；读者指南：办证指南、入馆须知、开放时间、常见问题、资源远程访问
河北省图书馆	我的图书馆：我要找书、借阅续借、新闻公告；云阅读：阅见美好、微视少儿馆；常用服务：进馆预约、中华数字书苑、超星读书、数字文化资源推广
福建省图书馆	微服务大厅：读者证绑定、书目检索、入馆预约、我的借阅、图书续借、二维码电子证、证号查询、密码重置、馆内讲座、读者指南、决策信息、活动报名、数字资源、阅读报告单；测试中服务：咨询服务、微信录脸、读者荐购、智慧墙；数字阅读：阅见美好、数字资源、闽图微博、福建文化记忆、闽图小程序；活动资讯：网上注册、活动报名、活动抽奖
江苏图书馆	资源服务：全民阅读、超星读书、文化专题、南图悦读、百馆荐书；少儿阅读：少儿图书馆、少儿专题讲座、英文原版图书、中华小达人、少儿读者注册；活动发现：读者活动、预约入馆、网络直播、阅见美好、实时数据发布
广西桂林图书馆	微服务大厅：借阅清单、服务指南、公告通知、书目检索、图书续借、图书转借、逾期费、数字资源、个人中心；活动：阅见美好、党史学习、走读广西、亲子共读、网上展览；微阅读：特色视频、听遍桂林、两会专刊、新书推荐、数字资源

纵观一级目录，可以概括为三类：服务、资源、活动三个板块，服务部分内容比较全面，基本涵盖移动服务号所能提供的各项读者服务功能，重庆图书馆、南京图书馆、安徽省图书馆、辽宁省图书馆、贵州省图书馆、海南省图书馆、福建省图书馆、广西桂林图书馆等8家图书馆都是通过微服务大厅的方式集成各项读者基础服务功能，还提供包括一些微信录脸、咨询服务等个性化功能。资源部分包括图书馆数字资源及与图书馆合作的第三方移动平台电子资源，有效提高读者移动阅读信息服务体验；活动版块则是包括图书馆介绍、展览活动、通知公告等相关内容。

图1　二级目录词频图

将图书馆公众号设置的二级菜单中的词汇汇总（见图1），可以看到出现频率最高的是书目检索、预约入馆、图书续借，我的借阅，个人中心等，满足了读者在手机移动端对图书馆核心基础服务的使用。同时“数字资源”频次较高，其中“阅见美好”与图书馆合作最多，实现了读者移动阅读的功能，便于读者对图书馆数字资源的使用，提高了读者信息服务体验。还有部分图书馆提供个性化服务，如“读者荐书”“借阅排行榜”“自修室预约”“AR 图书馆”等特色服务。

3　省级公共图书馆微信公众平台服务情况特点分析

3.1　微信服务的普及力度不同

调查显示，参加调查的所有省馆均开通了微信公众平台账号，这表明了各公共图书馆利用微信服务的方式已经相当普遍。但是微信服务功能的嵌入程度不同，采用服务号的图书馆的微信服务功能已相当全面，但是只开通订阅号的省馆在服务功能上依然受限。

根据各图书馆的预估粉丝数可以看出，宣传力度的重视程度也影响微信服务的推广。有的图书馆如四川省图书馆、河北省图书馆等虽然拥有自己的微信、微博账号，但是并未将链接放在自身图书馆官网上，对于处在微服务发展初期或者粉丝量尚在累积阶段的公共图书馆，笔者认为自身官网仍然是宣传推广的一块重要阵地。

3.2　移动服务平台建设程度不一

各省的微信服务平台建设程度高低不同，包括功能建设和内容建设两个方面。在功能建设方面，开通服务号显然比开通订阅号的图书馆在移动服务的功能性上要优越，这是由账号类型的限制决定的。服务号可以支持将多种图书馆基础业务嵌入微信平台，还可以支持功能的拓展开发，而订阅号的功能性服务较弱。所以对于仅仅开通订阅号的图书馆来说，在移动服务的功能建设上肯定是有劣势的。

而在内容建设方面，通过比较各图书馆账号的发文频次、文章阅读数等都能看出其在内容建设方面投入的差异。例如WCI指数排名靠前的图书馆，如上海图书馆、浙江图书馆等，虽然受限于账号限制，但是都能基本保证每月推送消息4次，每次发文8篇，并且有固定的推送栏目，且多为原创文章，文章质量高自然阅读量会提高，能够吸引更多读者用户。而部分图书馆如果发文内容多为简单的通知公告类，或者转载文章较多，就容易会造成读者用户流失，减弱公众号的服务能力。

3.3 资源建设趋于同质化

实现读者手机端的移动阅读是移动服务的重点内容，各个图书馆微信服务号也把电子资源作为一项重要服务功能向读者开放。但是通过调查可以看出，很多图书馆将合作的第三方平台资源接入，比如“超星读书”“阅见美好”“QQ阅读”等，这样做法的优点是最快、最便捷实现资源共享，让读者有更多的资源库可以使用。但是缺点也是显而易见的，这样各地区图书馆的数字资源就会趋同，服务项目也会有同质化的倾向。

各省图书馆可以在经历移动服务发展的初期阶段后，开始强化差异化的资源开发。结合各地区自身的文化特点，加强建设图书馆的特色资源库，以及开发更多个性化的有针对性的读者服务。

4 有关省级公共图书馆微信公众平台服务的优化策略建议

4.1 找准自身定位，做好移动服务

省级公共图书馆是公共文化服务体系下重要的一部分，是向社会大众提供服务的机构，它既要具备一般公共图书馆的基本功能又具有自己的独特性和代表性。通常省级公共图书馆是全省最具规模的文化地标，省馆的服务能力和质量往往也代表着该地区对于图书馆人才建设、经费投入、资源建设等方面投入的重视程度。在信息服务这片飞速发展的领域，各地省馆找准自己的定位，对于内容建设和功能定位扬长避短，能够更有利开拓自己特色的移动端服务。

比如对于功能性服务号，将图书馆各项业务嵌入微信平台可以为读者提供更好的移动端服务，还便于以后做功能的拓展比如微信支付、逾期费用等。但是个性化的功能订制和开发往往需要投入更多的成本。而侧重于资讯传播的图书馆可以选择订阅号进行移动服务，应偏重于内容的建设，利用订阅号可以更高频率推送消息的功能，优化信息呈现方式。多个订阅号在用户接收端会统一显示在同一个文件夹内，起到类似于杂志的功能，供用户可选择性翻阅。

4.2 抓住移动端特点，发展图书馆服务

微信服务号的兴起是因为顺应了移动服务的发展趋势。移动端的图书馆服务相对于传统图书馆服务的最大优势在于可以不受时间和地域限制，随时随地满足用户的资源需

求，提供各项服务。例如读者可以随时进行访问电子资源，实现移动阅读，也可以进行借阅和续借等操作，还可以通过自动发送邮箱实现文献传递等服务，极大提升传统图书馆的文献服务效率。微信服务的显著特点是具有强大的社交互动性，能够非常友好地支持图书馆和用户之间建立起双向联系，甚至用户和用户之间也可以建立起社交网络。图书馆可以实现网络化的参考咨询功能，用户也可以及时地反馈需求，有助于图书馆实现服务智能化。

4.3 强化营销意识，推广移动图书馆服务

公共图书馆具有良好的社会群众基础，但是如何让读者知道和了解图书馆提供的移动端服务，是需要加强的部分。调查发现，具有相当规模的优秀的公共图书馆微信公众号在整体“文化—阅读”分类排名榜中都不是很靠前，证明公共图书馆对移动服务的营销还有待于加强。

公共图书馆采用微信公众服务平台推广移动服务，其实是有很好的用户基础。因为微信的用户数量多，渗透力强，如果能利用好微信做好移动服务的营销推广，能够更有利于图书馆打破线上和线下的活动界限，推送图书馆的各项活动也会受到良好效果，二者达到相辅相成、相互促进的良好效果。这需要各省馆强化营销意识，拓展多样化的营销渠道，对宣传工作由内而外做统一的部署规划，比如注重图书馆员的营销能力培训、举办推广活动鼓励读者通过手机访问图书馆资源等。

移动互联网的迅猛发展使得人们的生活和信息使用方式都发生了改变，而图书馆在这一背景下都必须主动或被动地从传统型服务往智慧型服务发展。正基于此，本文基于各省馆在微信公众平台上开展的移动服务做了一些调查分析，论述了各地区图书馆在移动服务上不同程度的发展，同时针对一些问题给出对应的策略，提供借鉴及参考，使得公共图书馆能够更好迎合微服务时代的发展，进一步提高移动端图书馆服务能力。

参考文献

[1] 速读第 47 次《中国互联网络发展状况统计报告》[EB/OL].(2021-02-03)[2021-03-25]. http://www.gsdata.cn/site/usage/.

[2] 微信传播指数 WCI(V14.2)[EB/OL].[2021-03-25]. http://www.gsdata.cn/site/usage/.

[3] 杨晓丰.“双一流”高校图书馆微信公众平台运营量化研究[J].图书馆学刊，2021(1):49-53.

[4] 陈茫，周力青，吕艳娥.大数据时代下的图书馆移动服务创新研究[J].图书与情报，2014(1):117-121.

[5] 陈晶晶.需求驱动视域下档案馆微服务研究[D].南昌：南昌大学，2020.

[6] 刘雨薇.高校图书馆移动服务现状的调查与分析[D].合肥：安徽大学，2020.

[7] 明均仁.基于用户感知的移动图书馆服务接受与使用行为研究[M].武汉：武汉大学出版社，2017.

智慧图书馆时代青少年经典阅读服务

王天琪（中文采编部）

1 智慧图书馆的时代

从实体货币和线下交易，到数字货币和线上交易，从人力的万里挑一到计算机个性化的优选推荐，从口口相传到产地溯源，技术随着人类的需求和智慧的探索而不断完善，整个人类正在逐步进入万物互联的智慧时代，图书馆作为文化和知识的重要存储和发展方阵也不例外。智慧图书馆正是传统图书馆面对新环境新需求的重要转型需求。

1.1 图书馆智慧服务

图书馆智慧服务的基础。图书馆智慧服务的基础是建在自动化管理系统的框架上，对用户及文献资源信息的充分收集与分析，在用户需求与图书馆文献、空间及其他资源之间建立有效的联系与互动。图书馆智慧服务的特征在于效率性、个性化和情感温度。

图书馆智慧服务最早是自动化服务，包括自主借还书、自助办卡等；后逐步加入智能化计算包括：书目自动推荐、多平台互通认证、智能书架等；力争要达到借助智慧计算系统进行跨越平台、媒介和空间，能够提供个性化的个人、群体问题解决方案和需求满足方案。

1.2 青少年智慧服务

青少年时期是机体快速成长发育的重要时期，生理和心理都处于敏感冲动状态，且对于新鲜事物接收和学习能力强，传统的图书馆服务已经无法完全满足其对知识和未知世界的探索，加之数字互联时代的获取信息和服务的便捷性、新鲜感，图书馆服务的被青少年使用频率在逐步降低。

目前各行业以青少年为目标群体的智慧服务基本处于发展和研究刚刚起步状态。以CNKI数据库为例，截至2020年3月，以“智慧服务”为关键词进行检索，结果为1143条，以“智慧服务”和“青少年”为关键词检索结果为零。与成年人的理性思维和行为模式相比，图书馆青少年智慧服务则具有趣味性、知识性、需求更为迫切等特点。

2 青少年经典阅读的新时代

2.1 青少年经典阅读的特点

经典作品作为人类跨越时间的智慧结晶世代传承到今日，其阅读价值对于青少年读者来说意义重大，但由于种种原因青少年读者对于经典作品阅读兴趣不高，虽然在整个社会的积极倡导下，经典书目已经成为青少年阅读热点，但实际阅读质量和效果不甚理想。一方面是部分青少年读者对于经典作品的阅读存在着一些障碍，缺乏有效引导，另一方面在快餐娱乐式的阅读大环境之下，经典阅读作品对于喜欢新鲜感、好奇心强的青少年读者来说缺乏直接简单的娱乐。

青少年经典阅读目前存在的矛盾是主动阅读与被动阅读之间的平衡，阅读兴趣和阅读任务之间的分配。经典文献作为中小学课内阅读任务，多伴有考试或考核评价，为青少年设置了一个硬性阅读指标。硬性指标的设置对于青少年经典阅读来说是一把双刃剑。首先，硬性指标的设定为经典阅读在青少年繁忙的学习生活中凿开了一扇大门，争取到了时间和精力，保证了青少年对经典文献的阅读时间和阅读量，潜移默化间养成了一定的阅读习惯。同时，硬性考核指标的设定也让很多青少年对经典文献的阅读由原来的自由主动阅读变成了老师要求家长监督的被动阅读。由阅读兴趣到阅读任务的转化，阅读目的的变化，阅读动机的改变容易引起青少年群体对经典阅读的逆反心理，降低其主动阅读兴趣。

2.2 经典读物的分解与多元化

随着数字化、智能化技术的普及，青少年的阅读习惯逐渐发生改变，碎片化的阅读和社交平台阅读逐渐成为现代人阅读的主要方式，各种各样的电子阅读设备也成为青少年手中的宠儿，与之而来的经典读物阅读方式也越来越多样化、碎片化。

经典读物的碎片化。经典读物的碎片化主要是对其章节或内容进行分解。部分略显晦涩的经典作品逐步被碎片化后会在阅读时更加容易、便捷，加之MPR、VR等技术在出版行业的运用，阅读主播对于经典阅读的趣味化解读，使得部分经典书目的阅读对于青少年来说体验更加丰富有趣。经过章节分解和内容解读的经典读物虽然趣味性大大增加，同时也让青少年在阅读过程中对知识和内容理解从主动思考变成了被动接收，不仅缩减了自我思考和内化的学习过程，而且对经典读物往往缺乏个性化理解和自我主张。

经典阅读方式的多元化。经典读物的多元化阅读得益于数字资源和青少年阅读消费市场的扩大与发展。随着付费有声阅读市场的不断扩大，青少年经典阅读也逐渐成为被发展对象，此外社交平台的普及使得经典书目阅读兴趣交流更加容易、范围更加宽广。因此当前青少年经典阅读已经不仅限于纸质图书的阅读，还包括有声图书、电子图书、视频观看等模式。多元化的阅读模式更易吸引青少年的注意力和眼球，同时如果缺乏有效引导，一些经典读物在阅读过程中有效信息和价值传递与交流可能被其眼花缭乱的附加形式和信息所淹没。

3 图书馆智慧服务+青少年经典阅读

3.1 技术与理念的融合

智慧时代原生信息无处不在，如何将原生信息根据自身需求进行个性化、有效的采集、分解、分析与融合是图书馆个性化智慧服务的重要部分。首先对青少年经典阅读数据进行采集，包括图书馆直接信息接收和对其他途径信息的主动获取。然后对其进行行为和动机分析，在图书馆智慧资源库中将文献资源和青少年阅读信息进行归类，包括：青少年需求层次分析、阅读能力分级、经典文献资源的归类、阅读行为方式的统计等。最后根据图书馆主体服务需求进行再次重组，进行智慧化决策服务。

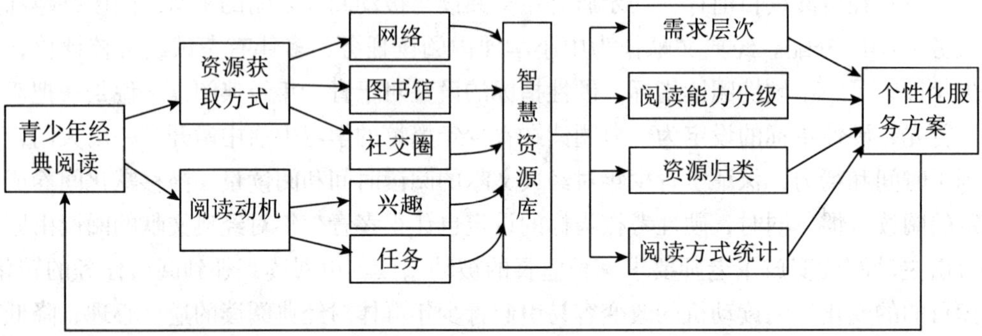

图 1　青少年经典阅读智慧服务系统

3.2　智慧服务的策划与品牌化

图书馆面对青少年经典阅读的智慧服务既要在内容和质量上含金量高，又要让青少年读者在经典阅读服务中“能找到兴趣点，能够读得懂”，这需要建立良好的服务体系，同时如果能够进一步构建图书馆青少年经典阅读智慧服务品牌，就更加能够利用品牌效应更好地扩大服务与宣传，丰富图书馆智慧服务数据库。

在青少年经典阅读智慧服务内容策划方面，基于青少年对经典文献的不同阅读目的，可以走服务内容策划两线并行策略。经典阅读智慧服务在内容上可分为两种，一种是经典作品的通识阅读服务，即面向基础阅读型青少年读者进行普适性的、最基础的阅读服务；另一种是针对兴趣点浓厚，对于经典文献有一定思考的青少年读者，进行特色鲜明的主题、专题阅读服务，即针对不同主题、领域的经典作品进行的具有一定专业性的特色阅读服务。这两种阅读服务一种是属于普惠性倾向，另一种是专业与兴趣的深入挖掘。两者合二为一，在基础服务和特色服务方面起头并进，打造图书馆经典阅读服务系列品牌。

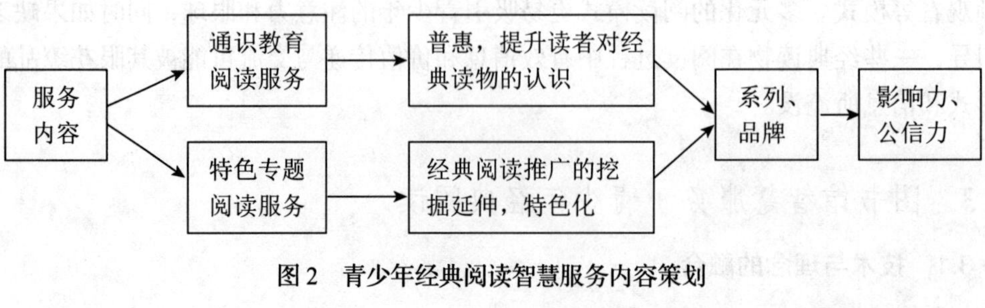

图 2　青少年经典阅读智慧服务内容策划

智慧服务时代，图书馆优质的资源和服务想要进一步深植于广大读者中，宣传是必不可少的程序，对于青少年读者也不例外。青少年经典阅读智慧服务品牌的打造一方面要有过硬的产品，即具有含金量的经典阅读智慧服务，另一方面也要有有效的宣传。

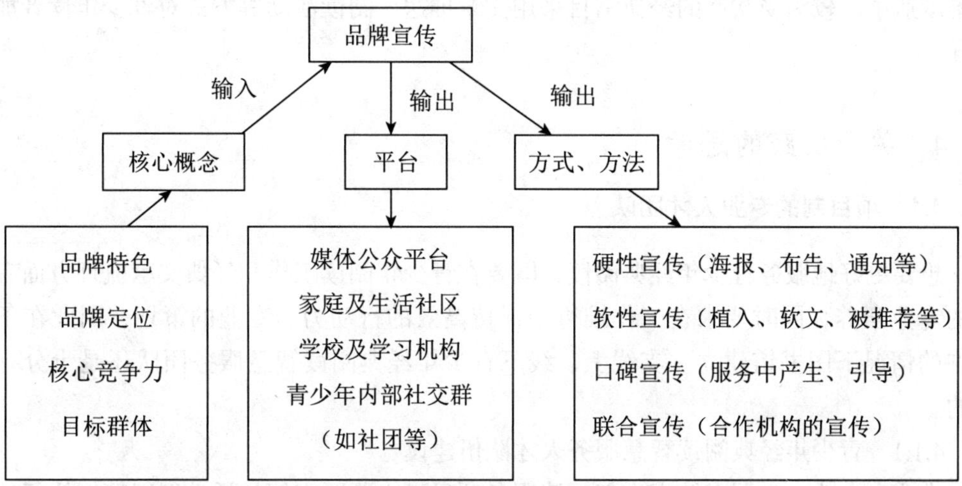

图 3　青少年经典阅读智慧服务品牌建设

3.3　阅读本源引导与刺激

需求是对行为的最好驱动，从根本上激发青少年对于经典文献的阅读需求是图书馆智慧服务提高青少年经典阅读质量的有效办法。经典阅读需求的刺激和引导可从以下几方面入手。

第一，图书馆大数据 + 个性化阅读推荐。一种是以青少年的短期、直接的阅读行为为契机引导其对于经典阅读的需求。即当青少年带着直接、短期目的（如：想要快速获取某些知识、完成某项任务等）对进行阅读时，可在提供直接文献资料的同时显示包含与此相关的历史资料、趣味事件、奇闻逸事等经典文献，刺激其阅读需求。另一种是当青少年读者带着强烈、明确目标进行有针对性的阅读时，图书馆可通过其检索行为，以专题形式采取引导、嵌入或者半捆绑的方法提供检索主题相关的经典文献，在广度和深度上进行挖掘，刺激青少年阅读。

第二，图书馆热点抓取 + 兴趣引导。利用青少年生活中网络热点与新技术，引导青少年阅读经典文献。主要理念是提高青少年对于经典书目的兴趣，增加经典书目阅读过程中的趣味性和娱乐性。例如时下流行的游戏王者荣耀，这款游戏虽然屡遭家长老师批评，但青少年对其热爱却是只增不减。游戏中有许多中国古典英雄人物，但其台词和对话却为了迎合时下网民的口味较多改编成网络用语，与历史真相不符。我们可以利用青少年对于游戏中人物的喜爱，引导其阅读与之相关的经典书目片段。或者利用 AR、VR 等技术加强阅读体验，增加其趣味性。让青少年在阅读经典文献过程中获得更多的乐趣和体验，改善其对经典阅读不感兴趣的现状。

第三，阅读难度分级＋图书馆适龄推荐。利用读者阅读数据统计，挑选难度适中的经典书目加以引导。目前书店、图书馆、学校等推出了各种青少年经典阅读推荐书目，从学生到教师、家长都已眼花缭乱。图书馆可以利用馆内青少年阅读行为数据统计，提取难度适中、较为受欢迎的经典书目采用文章推送、阅读活动等方式对青少年读者加以引导。

4 关于实践的思考

4.1 项目制的专业人才团队

想要更好地服务青少年经典阅读，既要在青少年阅读工作和经典文献梳理方面有过硬的专业素养，同时要求在工作推行中保持高效的行动力、专业的策划，因此在条件允许的情况下图书馆建立一支线上、线下青少年经典阅读智慧服务团队还是十分有必要的。

4.1.1 青少年经典阅读智慧服务人才队伍建设

术业有专攻，在图书馆青少年阅读服务项目组中既要有擅长活动组织策划执行的管理型人才，又要有丰富阅读经验及了解青少年阅读行为的知识型人才。管理型人才作为青少年经典阅读工作策划、执行的主动力；知识型人才则作为工作推进过程中的技术指导与知识支持。这两类人才是青少年经典阅读智慧服务团队中重要的组成。知识型人才把握青少年经典阅读工作的推进方向、难易程度等，管理人才则从市场角度出发，利用营销管理及相关媒介经验提高青少年经典阅读工作的效率和影响力度。图书馆青少年经典阅读智慧服务团队方案策划具体解析如下。

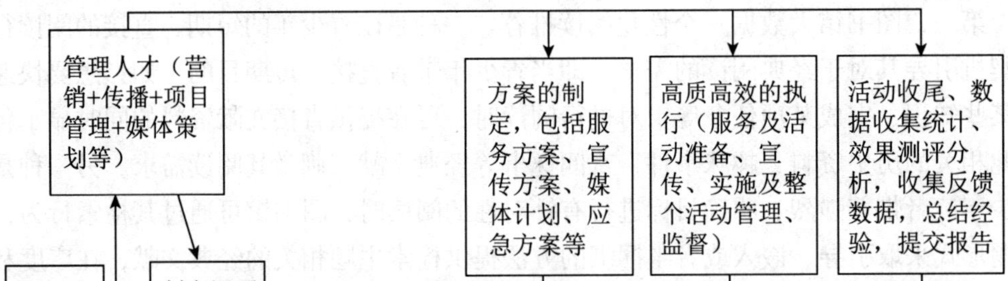

图 4 青少年经典阅读智慧服务团队方案策划

4.1.2　青少年经典阅读活动方式选择

数字阅读时代，线上阅读活动和线下阅读活动各自有着不可替代的优势，因此线上＋线下的青少年经典阅读活动模式必不可少。线上经典阅读智慧服务工作推进可以采用MOOC、线上活动比赛、线上交流等，线下活动则选择更加广泛，包括讲座、培训、参观活动、展览等。

4.2　阅读社区与更多交流

数字时代对于青少年经典阅读来说机遇与挑战并存，一方面青少年获取阅读资源的方式更加多样化，内容更加丰富，随时随地碎片化的阅读也提高了总体的阅读数量，另一方面由于目前互联网和数字读物市场还没有严格的管控机制，容易让部分劣质资源滥竽充数。因此以图书馆等机构为主导打造健康良好的线上、线下的青少年经典阅读文化社区不仅是经典阅读的一种有效引领，而且还能有效地满足青少年的文化社交需求。

经典阅读文化社区是围绕经典阅读，不局限于空间的限制，将具有类似兴趣爱好的读者聚集起来进行交流、互动及参与相关活动，形成的一种文化交流社区。目前类似组织如：豆瓣读书小组、线上书友会等，以经典阅读为主题的有影响力的阅读文化社区现在寥寥无几。由于青少年自发组织形成阅读文化社区的可能性较小，因此采用由其他专业人员进行主导搭建平台，读者自主进行阅读文化活动策划的方式实践起来相对简单。

文化社区交流活动可以分为相关主题及作品的线上线下活动，例如上海图书馆开展的“微阅读·行走”活动，探索经典作品中的人或物等相关元素在现实生活中的存在，寻找合适的契合点将阅读生动丰富起来。在文化社区交流平台方面，我们可以选择微信、微博及视频网站等有影响力的社交媒体平台，方便更多的读者参与。在文化社区管理方面，可实行严格准入及宽松环境的策略，严格把关进入文化社区的参与者，必要时可进行实名制认证，以防各种不良网络资源的进入；在文化社区日常交流运行方面我们可以采取宽松环境、交友分享等策略，让进入文化社区的读者能够在愉悦舒适的氛围下进行更加广泛的交流。文化社区主导管理方面可以是图书馆或者学校等公益机构独立管理运营，还可以与经典阅读方面有影响力的组织的合作。

经典文献作为中华民族的重要精神传承，在青少年探索世界、形成人生观、建立价值观等方面有着重大意义。图书馆作为重要的社会文化教育机构，肩负着向青少年传达正确价值、引导优质阅读的责任。在智慧时代的来临之时利用现有资源与优势，提升青少年经典阅读服务质量，推动个体、群体获得更优质的阅读服务，需要图书馆界同仁的大力支持和不断的努力与探索创新。

参考文献

［1］栾雪梅．经典阅读推广的误区及对策研究［J］．图书馆情报工作，2015（2）：51-55.

［2］方海燕．立体阅读：图书馆经典阅读推广的有效模式［J］．图书馆工作与研究，2014（12）：104-107.

国家图书馆立法和决策服务智慧转型中的数据库建设

——以智库报告专题数据库为例

梁　婧（立法和决策服务部）

2018年，党的十九大报告在论述加快建设创新型国家时，首次提出了"智慧社会"的概念，并将其与科技强国、质量强国、航天强国、网络强国、交通强国、数字中国并列，提升至国家战略的高度。智慧理念的普及和智慧社会的发展，为图书馆的智慧化转型带来前所未有的历史机遇和时代挑战，在智慧化建设的理论和实践探索引领下，图书馆正在逐渐走向一种适应技术变革的新发展形态。

2018年1月1日，《中华人民共和国公共图书馆法》正式实施，其中第22条规定国家图书馆承担"为立法和决策服务"的职能[①]，使立法和决策服务工作有法可依，有章可循，具有里程碑意义。自新中国成立以来，国家图书馆围绕这一职能，紧扣国内外时事，通过传统文献服务、建设国家图书馆部委分馆，开通"国家图书馆立法决策服务平台"等多种方式，为党和国家领导人、中央和国家机关等提供文献信息支持和保障，获得多方肯定与好评。随着智慧图书馆研究和建设的深入探索，图书馆智慧服务作为一种全新的服务形式，从服务理念、服务模式、应用技术等方面给图书馆传统服务带来了革命性变化。作为国家图书馆核心业务的立法和决策服务也面临着智慧转型的挑战：如何充分揭示数据资源的巨大能量，塑造多元立体的知识资源体系，如何将现代信息技术融入日常业务工作，发挥服务效能，如何通过需求引领充分利用"智慧技术"助力"智慧服务"，实现"智慧决策"，都是其中值得思考的问题。

作为立法和决策服务重要内容和产品的自建特色专题数据库，既植根于图书馆的资源建设属性，也承担着重要的服务职能。随着立法和决策服务的智慧转型，一方面，大数据、云计算、5G、人工智能等智能技术纷纷亮相，并快速更新迭代，为数据库的建设升级提供了可能的手段与平台；另一方面，政府决策的科学化也越来越重视对数据信息资源进行智能分析和深度挖掘的参考价值。这种技术与需求的双重驱动，促使立法和决策服务中的专题数据库建设也必然进行智慧化改造，以期能够依托自身资源优势为用户提供定制化的智慧服务。本文以国家图书馆立法和决策服务部[②]2014年开始建设的智

---

① 中华人民共和国公共图书馆法［EB/OL］.（2017-11-04）［2021-03-28］. http：//www.npc.gov.cn/npc/c12435/201811/3885276ceafc4ed788695e8c45c55dcc.shtml.

② 1999年，国家图书馆第29次馆长办公会议研究决定：参考研究辅导部加挂"国家立法决策服务部"牌子。2008年初，独立建制的立法决策服务部正式成立。2020年经第58次馆务会研究决定，立法决策服务部更名为立法和决策服务部。

库报告专题数据库为例，分析了专题数据库在立法和决策服务智慧转型中所面临的问题和可行的解决方案，希望能为今后更好地建设和应用专题数据库，做好立法和决策服务提供参考。

1　专题数据库在立法和决策服务中的重要作用

立法和决策服务离不开文献资源和数据信息的支撑，而专题数据库就是其中一种重要的文献信息载体形式，作为面向特定领域、满足特色化需求的“精品”数据资源，专题数据库因其聚类相似用户需求，汇集大量专深数据信息，有助于深入挖掘数据资源能量，提高服务水平和服务效能的特点，在立法和决策服务中发挥着重要作用。

第一，充分利用图书馆各类资源优势，搭建具有知识价值的数据信息网络。立法和决策专题数据库依托国家图书馆的宏富馆藏和多种信息搜集途径，以图书馆引入的现代信息技术和网络平台为支撑，借助咨询馆员的业务能力积累和个人智慧的发挥，对大量数据信息进行了搜集、分类、加工、存储和利用，集合成具有层次化、关联化的知识型数据总汇体系，为立法和决策服务的开展提供充分的文献信息保障。

第二，突出专业化、特色化，缓解信息爆炸带来的负面影响。相较于一般性综合数据库，专题数据库的主题更加明确，边界更加清晰。立法和决策服务的用户大多来自党政军单位，往往需要专业领域的知识资源和最新的舆论动态作为决策参考，这些信息资源既要全面准确，还必须及时权威。专题数据库的建设突出专业化、特色化，兼顾了立法和决策咨询服务的即时性与专深性，能够精准地对接用户需求，避免了用户在大量冗余信息中浪费时间精力。

第三，支持数据信息的深度挖掘探究，克服传统图书馆重藏轻用的弊端。专题数据库经过多年建设，积累了大量数据信息资源，通过咨询馆员发挥业务能力和个人智慧，对信息进行深度加工、提炼和分析，不仅能够应对即时突发的立法和决策咨询需求，还可以充分挖掘数据能量，提高知识信息服务效能，有助于立法和决策服务的深化与拓展。

2　智库报告专题数据库的实践与探索

智库报告专题数据库是国家图书馆立法和决策服务部自 2014 年起开始建设的专题数据库，由立法和决策服务部外交与国防组主抓负责。智库报告专题数据库系统收集了海外智库中国研究的相关内容，以期为党政军用户及时了解中国现当代问题的国际舆论现状，科学研判国内外时事发展走向提供参考依据。

2.1　智库报告专题数据库的创建缘起

从 2012 年起，中国的智库建设进入了发展的快车道，打造定位清晰、特色鲜明、规模适度、布局合理的中国特色新型智库体系，成为国家战略层面的重要任务。与中国的智库建设相比，海外智库起步早，发展快。特别是近年来随着中国的实力增长和全球地位的提高，海外智库投入了越来越多的人力进行中国研究，除了传统的汉学研究，更多的则是关注当代中国与时政热点。这些智库专家学者对于中国政治、经济和社会问题等多个方面的研究分析，以及前瞻性的长期跟踪和调研，在一定程度上反映了中国的国际形象及其所处的国际舆论环境，为国内决策者的政策制定提供了重要的参考。

海外智库机构的快速发展和中国研究的兴起，使国内决策者日益认识到智库研究的价值，针对某个时事热点事件，提供海外舆论背景资料和海外智库研究现状的咨询要求越来越多。立法和决策服务部敏锐地捕捉到这一讯息，开始系统梳理国外及港澳台地区主要智库和研究机构的中国研究成果。通过前期的用户需求调研和海外智库中国研究状况的全面摸底，从2014年起，立法和决策服务部外交与国防组开始筹划建设智库报告专题数据库，旨在不仅能够满足现阶段用户决策咨询需求，而且希望从长远的角度，搭建起海外智库中国研究的立体信息资源网络。

2.2 智库报告专题数据库建设和服务的实践与探索

智库报告专题数据库收录了多家海外智库和研究机构自2012年以来的涉华研究内容，较为完整系统地整合了这些智库机构现有的中国研究资源，并且对这些海外智库机构的最新成果进行定期跟踪。在智库报告专题数据库建设的近七年时间中，立法和决策服务部针对用户咨询需求，在数据库从搭建到应用的过程中进行了多种实践与探索，希望为今后立法和决策服务智慧转型中专题数据库的创新发展打下基础和积累经验。

一方面，利用现代信息技术，对资料搜集标准、文献标引和内容分类进行科学规范，最大限度地揭示文献内容，提高检索精度和检索效率。另一方面，对数据库中大量数据信息资源进行深度挖掘分析，研发和推送与之相关的咨询产品，以此增加数据库的知识附加值，拓展立法和决策服务的广度与深度。例如2020年，为在疫情闭馆期间更好地开展立法和决策服务，咨询馆员以专题形式对数据库中具有参考价值的信息进行回溯、整理和编译，围绕新冠肺炎、中美关系、疫苗外交等内政外交重点、热点议题，编制了海外涉华研究内参专报系列产品向用户推送，得到了用户的一致好评。

3 立法和决策服务智慧转型中专题数据库建设存在的问题

专题数据库建设是一项庞大的系统工程，目前，立法和决策服务部在专题数据库建设与应用方面的实践与探索还处于起步阶段，存在很多技术上和管理上的问题，成为立法和决策服务者亟待攻克的难关。

第一，建库目标模糊，未能跟上技术更新和智慧服务发展的脚步。从立法和决策服务部曾经建设的专题数据库来看，一些数据库仅停留在将纸质文献数字化的阶段，且选题为封闭式内容，数据质量不高，不利于数据库的持续更新和未来发展，到目前已经无法满足用户需求而停用。还有一些数据库建设时期较早，在缺乏信息检索途径的时候是用户了解相关内容的重要手段，但随着信息技术的进步与普及，用户已经能够轻易获取大量的类似信息，数据库的使用频率和应用价值下降，但仍需要耗费大量人力和时间成本更新，也因此陷入进退两难的境地。

第二，技术平台欠缺，无法充分发挥数据资源优势。目前，立法和决策服务部包括智库报告在内的十个专题数据库产品都集成在立法决策服务平台上，但由于平台建设和技术运用方面的欠缺，例如数据资源的标引技术落后，检索功能尚不健全，平台的兼容和稳定性不够，不仅给用户在数据库使用时造成不好的体验，影响用户黏度，而且也无法充分发挥出数据资源的优势，做到物尽其用。

第三，数据知识价值挖掘不够，数据库利用率有待提高。由于财力和人力成本的限制，立法和决策服务部的专题数据库在建设规模和资源数量上无法与一些大型综合数据库相比，一直以来都是以贴合决策咨询服务内容，满足用户实际需求为建设目标，走小而精路线。但目前对于数据库资源的知识价值挖掘不够，无法达到以专题数据库为依托，为用户提供精准动态知识服务。

第四，人力资源不足，是专题数据库建设和发展的瓶颈。专题数据库从选题、搭建、运作到更新、维护，都离不开咨询馆员的参与。特别是目前数据库建设中信息技术的嵌入和涉及多语种问题，更是需要有一定技术能力和语言优势的优秀咨询馆员助力。但目前立法和决策服务部的人员配置不足，部分语言类人才缺乏，针对馆员开展立法和决策智慧服务的职业能力培训不够，这些无不制约着今后立法和决策服务智慧转型中专题数据库的规模扩大与可持续发展。

此外，专题数据库的后期管理欠缺、更新和维护不及时、缺少数据库使用情况的跟踪和评价，这些问题都使得立法和决策服务专题数据库的宣传推广面临重重困难，难以形成有品牌效应的特色精品数据库。

4　立法和决策服务智慧转型中专题数据库建设的未来发展路径

4.1　以需求为导向，为用户量身搭建智慧化系统化数据源

智慧图书馆强调以读者和馆员为核心，为读者提供“以人为本”的个性化服务，这一理念同样适用于立法和决策服务的智慧转型。立法和决策服务面对的用户主要来自党政军单位，其需求与国内外时事、大政方针政策紧密相连，但由于某些涉密因素，一些核心用户往往泛化需求，这不仅需要加强同用户的沟通交流、认真揣摩用户需求，还可以通过各种信息技术手段和智慧化设备，将用户需求数字化、模型化，使立法和决策服务能够真正地懂人心、解需求。

具体到专题数据库建设，一方面，在数据库选题创建之初做好前期调研，具化和细化用户的兴趣关注点与咨询要求，利用各种智能感知设备从多种维度分析用户情境，绘制用户需求图谱，有针对性地搭建系统化数据源，为用户提供高质高效便捷智慧的数据库使用体验。另一方面，摸清用户检索习惯与数据库使用行为偏好，利用大数据对这些信息进行动态采集与量化分析，通过数据证据实现对用户的精准摸底，根据用户需求拓展数据库适用空间，并以此来评价专题数据库的应用价值。

4.2 加强数据库功能化建设，提升立法和决策智慧服务效能

数据库功能模块的开发与优化，是实现数据库价值的基础。在立法和决策服务智慧转型的过程中，加强专题数据库的功能化建设，解决好资源层面和技术层面所遇到的功能问题，才能更好地利用数据信息资源，发挥专题数据库的重要知识参考价值。

一是针对专题数据库的资源搜集、信息加工、标引著录、数据分类等基本功能建立一整套统一规范的标准，使跨库数据访问和利用成为可能，为今后立法决策服务平台升级，专题数据库整合做铺垫，这也是未来立法和决策服务专题数据库提升数据采集和共享功能，走可持续发展道路的基础。二是更新检索技术，提高检索功能。不仅满足于检索结果的查全率和查准率，而是更加注重检索结果的智能聚合和多维关联，从而构建起检索结果的智慧化知识图谱，有效提高用户知识获取和使用的效率。三是加强数据库自身定量分析设置，搜集整理数据库应用及用户行为数据，运用大数据、云计算等信息技术，从中量化分析用户特征，评估数据库运行管理情况。四是优化专题数据库下载等服务功能，通过网络化、平台化、远程化的多种信息化手段，使用户能够随时随地获得所需的数据库资源，享受立法和决策智慧服务的便捷。

4.3 运用技术手段创新数据库建设，为用户提供智慧化知识信息服务

智能技术是打造智慧图书馆的关键，在技术手段的助力下，人、资源和图书馆空间被串联成智慧的信息生态有机体，以实现为读者提供具有知识增值内涵的智慧服务的最终目标。在立法和决策服务智慧转型的过程中，大数据、云平台、人工智能等新一代信息技术也正在逐步融入和深嵌进数据库的建设与应用中，运用技术手段创新数据库建设，将为专题数据库的智慧化发展提供可行的平台和技术支撑。

首先，专题数据库建设将更加智能化、高效化，逐步摆脱全部依靠人力进行资源搜索、筛选、标引、上传和发布的流程，转型为以咨询馆员为核心，技术手段发挥主要力量，将咨询馆员智慧与人工智能程序相结合。不仅能够提高数据资源采集和组织的效率，而且会为咨询馆员节约大量的时间和精力，降低数据库建设成本。其次，传统数据库能够给用户提供的信息咨询服务将大大深化拓展，依托大数据等智能技术，对数据资源进行深度挖掘分析，为用户提供带有知识服务特点的各种定制化学科服务和情报服务，使国家图书馆的立法和决策服务边界进一步扩展，服务效能大幅度提升。最后，随着智能技术的普及和互联网云平台的发展，各级图书馆决策咨询部门和其他各类型决策咨询机构之间将建立起更加紧密的共建共享机制，各单位的自建数据库也将在联合建设的智慧平台上进行新的调整与整合，以实现异构数据库之间的互通，最大限度地拓展数据信息使用范围，提高知识复用率，发挥数据资源在决策支撑上的巨大能量。

4.4 确保数据信息安全，打造立法和决策智慧服务的安全信息环境

互联与共享是图书馆智慧转型的标签，互联网、云计算以及最新信息技术的应用，给用户利用数据库带来前所未有的便捷，但同时，也给大量数据和信息资源的安全造成

了很大威胁。由于立法和决策服务对象的特殊性，用户往往格外重视数据信息安全，因此需要我们在搜集、整理、存储和应用数据库资源与用户信息资源时，规避种种可能的风险，包括数据被更改、破坏或泄露，未授权访问与非合规权限等问题。

确保数据安全是立法和决策服务者在为用户提供数据库服务时首要考虑的因素，也是国家图书馆立法和决策服务智慧转型和健康持续发展的基石。我们不仅要进一步提高数据安保意识，与用户签订相关保密协议，明确权责，还要加强数据库建设和应用中的人员与技术管理，依托技术平台，建立起一整套包括数据加密、实时监控和主动防御等环节的立体的数据库安全体系，此外，还应制定完备的数据安全应急预案，以应对突发的数据安全事件。

4.5 培养智慧咨询馆员，为专题数据库建设储备人才

咨询馆员是智慧图书馆的核心，也是立法和决策专题数据库建设与服务的践行者。随着新的信息技术引入和读者需求的变化，立法和决策传统的服务模式被打破，对于咨询馆员的服务意识和服务能力也提出了新的挑战。

除了具备基本的通识能力和业务能力以外，咨询馆员还要特别注重培养技术应用能力和创新服务能力。前者需要馆员通过技术培训，熟练掌握各种智能化信息技术，具备大数据的应用和分析能力，不仅能够实现人机的良性互动，而且能够以技术为工具，参与专题数据库的建设和应用。后者则需要馆员有主动服务意识，努力探索和尝试新的服务模式，结合自身的学科背景与咨询服务经验，钻研数据深度分析，利用专题数据库，为用户提供立法和决策智慧服务，成为用户的“数据分析师”。除了依靠馆员自身学习，图书馆还需要进一步加强智慧馆员培训，建立良性的选拔和激励机制，培养出一支综合素质高、技术能力强、服务意识先进的智慧馆员队伍，不仅为专题数据库的建设和应用储备人才，也为立法和决策服务智慧转型提供源源不断的生力军。

总之，随着人工智能等信息技术的高速发展和立法和决策服务智慧转型脚步的加快，专题数据库建设也必须进行相应的智慧改造，克服资源层面、技术层面和应用层面的问题，通过对用户需求的精准把握和对功能模块的开发优化，以人机结合的方式对数据资源进行深度分析与挖掘，深化和拓展专题数据库在立法和决策服务中的应用，最终实现为用户量身定制基于知识咨询的立法和决策智慧服务，以适应图书馆未来信息化、网络化和智慧化的发展趋势。

参考文献

[1] 饶权. 全国智慧图书馆体系：开启图书馆智慧化转型新篇章[J]. 中国图书馆学报，2021(1)：4-14.

[2] 陆康，杜京容，刘慧，等. 我国智慧图书馆制度变革研究[J]. 国家图书馆学刊，2020(6)：11-19

[3] 吴昊. 人工智能技术赋能下图书馆史料数据库建设刍议[J]. 出版广角，2020(14)：86-88.

[4] 李嘉，卢海燕. 论国外智库的中国研究对我国政府决策以及决策服务的参考价值[J]. 情报资料

工作，2013（3）：81-85.
[5] 高岩，景玉枝，杨静，等.智慧图书馆信息化建设理论与实践［M］.北京：科学出版社，2020.
[6] 朱红涛，李姝熹.国内图书馆智慧服务研究综述［J］.图书馆学研究，2019（16）：2-8.
[7] 曾群，杨柳青.5G环境下智慧图书馆创新服务模式研究［J］.图书馆学研究，2020（22）：2-6.
[8] 顾佐佐，陈虹，李晓玥，等.智慧图书馆动态知识服务体系构建与平台设计［J］.情报科学，2020（10）：119-124.
[9] 高咏先.国内高校智库数据库建设现状及图书馆服务策略研究［J］.图书情报工作，2017（10）：43-49.

革命老区图书馆事业研究

王伟铭（典藏阅览部）

党的十九大报告指出："中国特色社会主义文化，源自于中华民族五千多年文明历史所孕育的中华优秀传统文化，熔铸于党领导人民在革命、建设、改革中创造的革命文化和社会主义先进文化，植根于中国特色社会主义伟大实践。"中国革命老区，是以毛泽东为代表的中国共产党人在领导人民推翻帝国主义、封建主义和官僚主义，争取民族独立和人民解放伟大斗争中建立的革命根据地。革命文化，是共产党人用血与泪建立新中国做出巨大牺牲的精神写照，是永不褪色的时代烙印，是顽强不屈的意志信念。继承、弘扬和发展革命文化，对社会主义文化建设具有极其重要的启示作用和深远意义。

1 革命老区图书馆历史沿革

1.1 中华苏维埃中央图书馆与苏区精神的传播

中国共产党自1921年7月23日成立起，领导中国人民进行新民主主义革命，推翻了帝国主义、封建主义和官僚资本主义，于1949年10月1日成立了中华人民共和国。28年中，用7年的时间创建和保卫以瑞金为中心的中央革命根据地（亦称中央苏区）。

1932年中华苏维埃临时中央政府在江西瑞金叶坪村创办的中华苏维埃共和国中央图书馆（即苏区图书馆），是中国共产党第一个国家级中央图书馆，是中国共产党领导苏区军民进行文化建设的一个重要成果[1]。1932年4月20日，毛泽东以中央政府主席身份率领中央红军东路军攻下闽南重镇漳州，在漳州图书馆和龙溪中学等处收集到一大批图书，着人运往瑞金，该批图书与报纸加上中央苏区自身出版的书籍和报纸杂志，成为中央图书馆第一批馆藏。

中央图书馆藏书的另外两个来源，一是团体或个人的赠书，二是采购。1932年11月7日的《红色中华》第8、9版中缝，曾刊登该馆一则启事。启事称："本图书馆为裨革命工作者有充分参考的图书材料起见，特函征各团体机关，赠送书籍刊物。"启事刊登后，图书馆接收到红军学校赠送《红军战士》第2期1册、《革命与战争》第2期1册，少先队总队部赠送《少年先锋》第1—4期各1册，红一军团赠送《簿记》1册，少共中央局赠送《青年实话》，中央发行部赠送《"左"派幼稚病》《职工运动指南》等。苏区中央图书馆针对采购图书、馆藏建设、借阅规则、归还借书等事项，在《红色中华》刊登过数次启事。

苏区中央图书馆读者群体主要是具有一定文化基础或研究能力的中央政府工作人

员，以及其他机关、团体、部队、学校的工作人员。毛泽东在此借阅了许多马列著作和文史类图书，他曾说“扎扎实实下功夫，硬是读了两年书”，“后来写成的《矛盾论》、《实践论》，就是在这两年读马列著作中形成的”。毛泽东不仅自己读，还介绍给彭德怀等人阅读。《彭德怀自述》一书中就提到过这事。由此可见，苏区中央图书馆在提高党和红军领导人的马列主义理论水平方面，发挥了重要作用[2]。

1934 年 10 月，苏区图书馆随中央红军离开瑞金。红军长征后，苏区中央图书馆的藏书一度散落各处。1935 年 11 月红军到达陕北后，在瓦窑堡恢复了中共中央党校，党校设有图书馆。1936 年 6 月中共中央移至保安县，在这里恢复了原中华苏维埃中央图书馆。新中国成立后，瑞金等老苏区的党组织、人民政府和群众，陆续把收藏、收集到的该馆藏书，交还给政府，并集中在瑞金革命纪念馆保存。现存于瑞金中央革命根据地历史博物馆的苏区中央图书馆藏书尚有 1429 册次，内含线装书 323 册次、报纸杂志 303 份（册）、其他文书 333 份（件）。藏书种类齐全，内容丰富，而且有不少善本、珍本。举凡马列著作、毛泽东著作、哲学、社会科学各科、自然科学各科以及综合性图书，无所不有。特别是当年苏区自中央至地方各级党政军机关、部队、学校、群众团体所编著出版的书籍报刊，红军和苏维埃政府发布或使用过的布告、标语、地图等，都是原件，弥足珍贵。图书上除盖有楷体“中华苏维埃共和国中央图书馆”椭圆形公章外，有的还盖有“漳州图书馆”篆体方印，或“福建省立龙溪中学图书馆章”楷体方印、“龙溪县县立图书馆”篆体方印等印鉴，表明它们现在和原本的归属[3]。

1.2 苏区精神与瑞金市图书馆建设

苏区精神是中国共产党在土地革命时期形成的优良传统和作风的集中体现，是中国共产党人政治本色和精神特质的集中体现，是中华民族精神新的升华，也是社会主义核心价值体系的重要来源。苏区精神既源自各苏区的共同培育，又在各苏区都有所展现。中华苏维埃中央图书馆的建立地点——赣南苏区最具代表性，是苏区精神和苏区干部好作风的主要发源地和集中展现地[4]。

1958 年 7 月正式成立的瑞金市图书馆，1965 年在八一路重建新馆。2004 年在老馆舍上重建，馆舍 1700 平方米。馆内设有外借室、报刊室、少儿室、资料室、电子阅览室、多功能报告厅等 8 个服务窗口，拥有阅览座位 120 个，书库面积 80 平方米。因原馆舍建筑时间过久且面积太小，设备设施过于陈旧，瑞金市图书馆经市委、市政府同意，重新规划建设新馆。新馆内设书库、采编辅导部、外界流通部、文化信息资源共享工程技术部、办公室。书库通过装修改造，扩大了读者的阅读空间，进一步丰富了馆藏，同时加强电子阅览室和多媒体报告厅配套施舍建设。2013 年 10 月在“县以上公共图书馆第五次评估定级”中被文化部评定为“三级图书馆”。瑞金市图书馆与文明办联合开办农家书屋项目，并开展农家书屋管理员培训工作，派出业务骨干到各乡镇进行指导，建立、健全、规范农家书屋建设，引导和帮助乡镇村民阅读各类书籍。2014 年，瑞金市图书馆向乡镇农家书屋赠书 3265 册，丰富了农家书屋各类书籍，带领乡镇村民实现文化脱贫[5]。

苏区精神随着革命老区图书馆的发展得到传承，革命老区图书馆着力弘扬红色文化精神，把革命文化转化为建设文化，把革命老区图书馆事业，建设成为初心使命的体验地、红色文化精神的教育基地和改革创新文化扶贫的实验区。

1.3 于都县图书馆的发展历程

于都，是中国工农红军第一方面军二万五千里长征前夕的主要集结地和出发地，是中央革命根据地南线的重要县份之一，是著名的革命老区。1934 年 10 月，中央机关、中央革命军事委员会和中央红军主力 8.6 万人集结于都，开始了二万五千里长征，于都作为“地球上的红飘带”的起点载入史册并闻名世界。于都为革命牺牲的有姓名可考的烈士达 16338 人，其中牺牲在长征路上的烈士达 1.1 万人，共走出了 16 位于都籍共和国将军。毛泽东、朱德、陈毅、项英、瞿秋白等老一辈无产阶级革命家，都在这里从事过革命实践活动。

于都早期的县图书馆，成立于 1937 年 2 月，当时馆址在今解放路。1942 年，县图书馆与县体育会合并，成立了县民众教育馆，馆址设在现县政府院内。馆内设有图书阅览室，当时藏书仅有 300 册左右。由于政局动荡，战事频繁，经济困乏，旧中国的于都县图书馆发展缓慢，于 1949 年 7 月闭馆[6]。现在的于都县图书馆，是在县文化馆图书室的基础上发展起来的。1951 年，县文化馆设立了图书室，配备了专人管理图书。1956 年开始办理借书证。到 1964 年已有藏书 2.4 万册。但是，“文革”期间，许多图书受到损坏，于都县图书馆又一次举步维艰。1979 年 8 月 1 日，于都县革命委员会发出《关于成立于都县图书馆的通知》。按照文件精神，正式成立了于都县图书馆。历史上经历了一波三折的于都县图书馆终于稳定了下来，开展业务和读者服务工作，继续发挥图书馆应有的作用。1982 年县图书馆与县文化馆正式分开，独立建制，馆址在县城交通巷的原图书室位置。1990 年 4 月 7 日，面积为 1728 平方米、投资近 40 万元、基础设施较为齐全的于都县图书馆大楼竣工剪彩，正式对读者开放。新馆建成后，于都县图书馆的其他基础建设也相应地得到进一步加强，服务功能进一步完善，服务效益日益提高。新建成的馆舍，设有外借、综合阅览、少儿阅览、老年阅览、科技阅览、视听、讲座、资料、文献检索、采编、图书辅导室及办公室。1993 年 6 月，为方便读者借阅学习，在馆舍门厅位置增设了求知书社，并在馆舍四周建立了阅报、宣传栏，每日更新报纸，成为广大人民群众学习政治理论、宣传爱国主义教育、博览科学文化知识、提高思想的一条红色之路。于都县图书馆还坚持常年送图书、报纸、科技资料下乡，将服务送向基层和农村，每年为基层和农村提供各类图书 1 万余册。专为农村整理、编印的《科技文摘》10 年不辍，免费发放，在种植和养殖方面扶植了一大批科技致富奔小康的典型，发挥了革命老区图书馆先进带头的模范作用。1995 年于都县图书馆完成了由县委批准的科研项目《馆藏文献面向经济建设服务》，科研成果和服务效益得到了社会各界广泛好评和充分肯定。历经沧桑巨变的于都县图书馆继续肩负起为革命老区宣扬红色革命精神的崇高使命、带领老区人民脱贫致富的重要任务。1999 年，县图书馆向客居全国各地的于都籍人士发出征集函，着手筹建地方文献库。至 2000 年 12 月，已征集到一大批具有保存价值和现实教育意义的宝贵文献。同时收藏大量于都县有关部门编纂的地方志、党史、组织史及其他文献[7]。

2019 年，于都县图书馆已有藏书 27 万册，其中古籍 481 册。全年开展青少年阅读推广活动40余场，进行馆外服务的延伸，充分利用好图书流动服务车，开展“流动图书服务车进入偏远地区小学”“流动图书车进社区”等一系列活动。全年图书车下乡30余次，进一步方便基层群众阅读。于都县图书馆认真落实总分馆制建设工作。截至2019年底，已建设10个分馆的10个服务点，总馆向各个分馆流通3000册图书，每个分馆都已按要求备好书架可开架1万册图书，座位50个，每个分馆都已安装UILAS系统，可以通借通还。全年编印《科技文摘》《读书生活》等书刊，向广大读者，尤其是向精准扶贫点村民发放[8]。

2020年8月1日，于都长征主题图书馆全面开馆。于都长征主题图书馆是以长征为主题开设的图书馆，由以长征为主题的图书和数据库组成。馆内书籍琳琅满目，藏书多达3000余册。《红军长征追踪》《二万五千里》等长征题材的书籍内容丰富、主题鲜明，广大读者可以详细阅读当年红军长征的史料、故事。借助长征主题图书馆新搭建起的数据库平台，读者还可以通过有关长征的各类电子书籍、视频影音、图像等大量资源真实生动地感受到红军长征这一伟大壮举。弘扬长征精神，传承红色基因。于都长征主题图书馆的建立开放，为广大市民追寻长征足迹，认知红色历史，了解长征文化提供便利。2020年9月3日，“赣州市红色文化研究会重走长征路暨创建长征沿线图书馆联盟出征仪式”在于都中央红军长征出发地纪念园举行。“长征之路”图书馆联盟筹建和发展规划，更好地满足人民日益增长的美好生活需要及精神文化需求，鼓励身体力行的“重走长征路”活动，促进人民的全面发展和社会的全面进步，对革命老区大力弘扬长征精神，传承红色基因，深化长征沿线城市交流合作，推动各方经济社会高质量发展，具有重要意义。

于都县图书馆的发展历程表明，国家政局的稳定、经济的繁荣、人民群众生活水平的提高，是革命老区图书馆事业发展必需的大环境；党和政府的重视和加大投入，是革命老区图书馆事业发展的关键因素；建设一支有文化、懂业务、干实事、讲奉献的共产党员工作队伍则是办好革命老区图书馆、促进革命老区图书馆事业发展的决定性因素。在党中央的领导和推动下，图书馆公共文化服务体系日益成熟，并不断提升公共文化服务水平，担负起传承中华文明、提高国民素质、推动社会发展的政治使命，让人民享有更加充实、更为丰富、更高质量的精神文化生活。

1.4 李大钊与汾阳铭义中学图书馆的渊源

1918年1月，李大钊担任北京大学图书馆（以下简称北大图书馆）主任一职，利用北大图书馆工作之便，传播新文化、新思想，研究马克思主义理论。北大图书馆成为马克思主义理论学习和研究的重要场地。李大钊提出图书馆的教育作用，倡导将封闭式的藏书楼变为开放式的图书馆，积极推行图书馆教育，为我国的图书馆教育做出了开创性的贡献。

五四运动的革命浪潮波及吕梁地区后，汾阳爱国学生和先进知识分子率先掀起反帝爱国运动，汾阳铭义中学就成为新民主主义革命的前沿阵地，涌现出大批革命志士。1923年夏，北方区和太原团组织创建起中国社会主义青年团汾阳支部。1924年秋，汾阳团支部改建为汾阳团特支。汾阳团特支书记武子程先前在北京求学期间，结识了李大钊等人。李大钊向铭义中学图书馆捐赠大量的革命书刊。同时，铭义中学图书馆邀请进步学者讲演，传播进步思想，马克思学说开始在进步学生和知识分子中传播。1925年初，北京中共组织批准武子程等团员转为中共党员。之后，汾阳数名团员相继转为党员，中共北方区委决定，成立中国共产党汾阳特别支部，为吕梁各地党组织的创建开展了宣传和组织工作。李大钊利用图书馆对群众的思想教育作用，将马克思主义先进学说和进步思想传播到吕梁地区。汾阳铭义中学图书馆对马克思主义理论的传播和党组织的建立做出了卓越贡献[9]。

2 革命老区图书馆事业对文化建设的意义

革命老区的图书馆肩负着革命渗透与宣传活动的重要使命，是进步学生和知识分子学习并传播新思想、新文化，传播马克思主义理论，接受爱国主义教育，接受先进革命观念，筹划并发起中国共产主义运动的启蒙之地。

革命老区图书馆具有强烈的政治责任感和历史使命感，记录并传承革命老区的奋斗历史和辉煌成就。铭记过去，引领未来，革命历史具有振奋人心、催人奋进的伟大力量，具有超越时空、经久不衰的永恒精神。历史昭示现实，现实辉映历史。新时期承担新使命，发展革命老区图书馆建设，全面推进红色文化的研究、交流与全民阅读推广宣传，保护和传承红色基因，积淀文化底蕴，续写光辉历史。

红色基因是革命精神的传承，是继承共产党人自强不息、艰苦奋斗的光荣传统；是凝心聚力、守正创新、鼓舞中华儿女为中华民族伟大复兴而奋斗的坚定决心；是中华民族薪火相传、生生不息的思想源泉；是不怕困难阻挠、敢于拼搏的顽强斗志；是不忘初心、牢记使命、坚定不移的理想信念。新时代的图书馆工作人员应守护红色基因，坚定文化自信，引领崭新时代，再创辉煌成就。

3 数字与人文组织结构关系在图书馆的应用

数字人文，是针对计算与人文学科之间的交叉领域进行学习、研究、发明以及创新的一门学科，是数字技术通过对人文研究领域的渗透和介入，带来的方法论革新。一般情况下，数字人文都被理解为以数字技术为方法、研究人文领域的相关问题。“数字”是方法，“人文”是对象。主要表现在信息管理、图书情报档案、历史学领域对各种数字技术的引入，以及人文经典文献的信息化、数字化处理等方面[10]。

数字与人文组织结构关系在图书馆的应用，是在数字与人文的交互关系中添加历史图片、影像资源与专业讲解，通过对比参照，进行交叉展示出组织形式和文化模型。充分运用计算机技术与人文知识开展的合作性、交互性、跨越性，进行解释、分析、评论、叙述、生成可视化的多媒体图像进行对历史环境、历史事件的多层次体验。由专业学者提供英雄人物生平事迹、革命老区地理地貌特征、遗址位置及保存情况等方面信息，读者通过交互式网页浏览，看到可视化文本，图片链接、动态影像，通过扩展延伸，就相当于置身其中看了革命老区红色精神主题的展览。展现方式具有直观化、便捷化、动态化、形象化的特点，方便读者了解和检索有关革命老区的红色文献资源和对该部分人文知识更深层次的理解和挖掘。数字与人文组织结构关系，具体如图 1 所示。

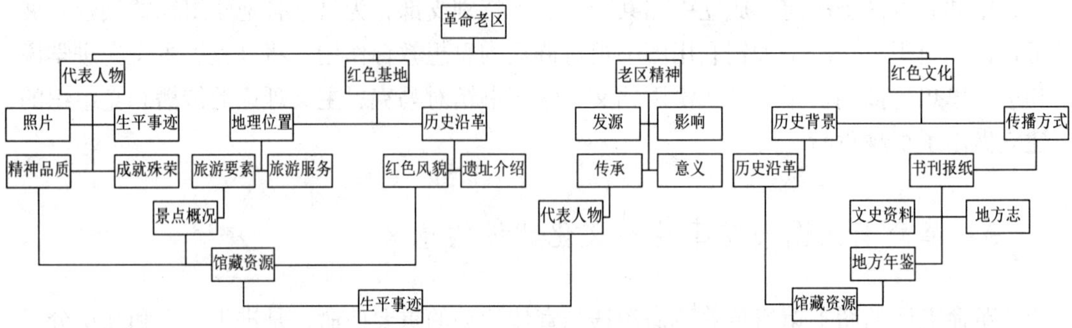

图 1　数字与人文组织结构关系

时值中国共产党成立 100 周年之际，为深入学习贯彻习近平总书记关于弘扬革命文化、传承红色基因的重要论述和指示精神，在文化和旅游融合发展的大背景下，通过革命老区红色文化的交互链接与旅游资源的开发整合，实现革命老区文化脱贫、经济脱贫双丰收。

新时代赋予新使命，新起点开启新征程。图书馆事业发展应以习近平新时代中国特色社会主义思想为指导，以技术应用进步为动力，以体制机制建设为保障，不断创新服务模式、拓展服务职能、提升服务水平，满足并引领广大人民群众的精神文化需求，促成全民的文化认同，坚定自身文化自信，加快构建现代公共文化服务体系，推动社会主义文化繁荣兴盛，实现“两个一百年”奋斗目标，实现中华民族伟大复兴的中国梦。

参考文献

[1] 曹春荣．红都瑞金首创［M］．北京：中共党史出版社，2018：139-140.

[2] 金冲及．毛泽东传：1893—1949［M］．北京：中央文献出版社，1996：323.

[3] 曹春荣．红都瑞金史略［M］．北京：中共党史出版社，2018：109-110.

[4] 陈昌保．赣州简史［M］．南昌：江西人民出版社，2018：308.

[5] 杨长勇，瑞金年鉴编辑委员会．瑞金年鉴：2015［M］．瑞金：瑞金年鉴编纂委员会，2015：244-245.

[6] 中国人民政治协商会议江西省于都县委员会文史资料研究委员会．于都文史资料．第 6 辑［G］．于都：中国人民政治协商会议江西省于都县委员会文史资料研究委员会，1996：80-83.

[7] 钟荣涵．于都县志：1986—2000［M］．北京：方志出版社，2005：467-468.

[8] 陈阳山，于都县地方志办公室．于都年鉴：2019［M］．于都：于都县地方志办公室，2019：211.

[9] 温抗战．中国共产党山西省吕梁地区组织史资料：1923—1987［M］．太原：山西人民出版社，1991：19.

[10] 曾军．数字人文的人文之维［N/OL］．[2020-08-28]．http://www.cssn.cn/wx/wx_bwyc/202008/t20200828_5175832.shtml.

基于数字孪生技术的智慧图书馆架构设计与应用场景研究

李晓鸣　任思琪（信息技术部）

2020年4月，国家发展改革委和中央网信办联合发布《关于推进“上云用数赋智”行动培育新经济发展实施方案》，方案中提到“加快数字化转型共性技术、关键技术研发应用。支持在具备条件的行业领域和企业范围探索大数据、人工智能、云计算、数字孪生、5G、物联网和区块链等新一代数字技术应用和集成创新”，启动“开展数字孪生创新计划”，要求引导各方参与提出数字孪生的解决方案”。数字孪生技术被纳入国家和地方发展战略体系中，随着数字孪生城市建设的广泛开展，打造数字孪生智慧城市新生态已成为城市发展新契机。智慧图书馆作为智慧城市的重要信息汇聚中心及组成部分，如何利用数字孪生技术更好的实现信息整合与知识服务，以何种方式构架基于数字孪生技术的更加智慧化的图书馆，将成为本文重点关注的内容。

1　数字孪生技术概述

数字孪生（Digital Twin），也被称为数字映射、数字镜像，最早于2003年由Michael Grieves教授在美国密歇根大学产品生命周期管理课程上提出的，是充分利用物理模型、传感器更新、运行历史等数据，集成多学科、多物理量、多尺度、多概率的仿真过程，在虚拟空间中完成映射，从而反映相对应的物理实体的全生命周期过程。

数字孪生技术最早被应用于军工航空航天及领域，美国空军研究实验室希望借助数字孪生技术实现对战斗机状态维护的数字化，希望通过对运行数据进行连续采集和智能分析，预测战斗机维护工作的最佳时间点，提供维护周期的参考依据，同时通过战斗机的数字孪生体提供故障点和故障概率的参考。随后数字孪生技术在该领域内得到广泛应用，美国国家航空航天局基于数字孪生开展了飞行器健康管控应用，美国洛克希德·马丁公司将数字孪生引入到F-35战斗机的生产过程中，用于改进工艺流程，提高生产效率与质量。

2　数字孪生图书馆概念、建设价值及意义

2.1　数字孪生图书馆概念

数字孪生图书馆是指通过运用智能采集传感技术、三维建模技术、多源数据计算融

合等各类信息技术，对物理实体图书馆场馆、资源、馆员、读者等所有要素的数字化，在数字虚拟世界实时构建一个与实体图书馆对应的“数字孪生图书馆”模型，通过对图书馆历史运行数据、实时运行流程数据以及图书馆场馆空间信息模型、资源信息模型、人员信息模型等的建模与分析，对图书馆运行情况进行模拟仿真、运行预测、实时交互调整，使物理实体图书馆与数字虚拟图书馆虚实交互、互为联动。

数字孪生图书馆是数字孪生技术在图书馆领域的应用，利用物联传感技术、传感芯片、可穿戴设备等各类信息采集设备，对物理实体图书馆的实时动态，如场馆温湿度、文献取阅情况、人员流动情况等均能精准、实时地反馈到数字虚拟图书馆中，实现“人—机—物—环境”的智能交互融合，从而实现物理实体图书馆与数字虚拟图书馆的双向映射，是智慧图书馆发展的一个新契机。

2.2 数字孪生图书馆建设的价值与意义

数字孪生图书馆的建设将通过采集图书馆物理实体各类数据，反映场馆实施运行状态，做到对物理实体场馆物联感知与及时操控；通过构建物理实体如场馆、文献资源、服务馆员等的信息模型，实现物理图书馆与数字孪生图书馆精准映射，将图书馆以数字化的方式在虚拟空间进行全要素表达；通过各类可视化呈现，将图书馆的资源与服务以可视化方式呈现给公众；同时数字孪生图书馆的建设将进一步提升智慧图书馆数据融合及供给能力，对运行数据、资源数据及用户数据等各类数据进行有序整合，重新规划数据资源关系，促进数据资源的高效开发利用；通过对图书馆各类物理实体的模拟仿真，将进一步提升虚拟图书馆与实体图书馆的融合互动能力，对场馆空间情况进行实时监控，通过数据采集设备扩大图书馆服务范围等；最后数字孪生图书馆的建设将通过知识图谱、深度学习等技术，进一步推动智慧图书馆发展，通过虚拟服务范围的扩大，发挥图书馆公共服务平台属性，支持知识服务能力拓展和知识资源的协同共建共享，推进知识内容生产、传播、利用环节的融合创新，加快培育集成化、一站式知识协同共享环境，提升我国在国际知识服务领域的话语权和主导权。

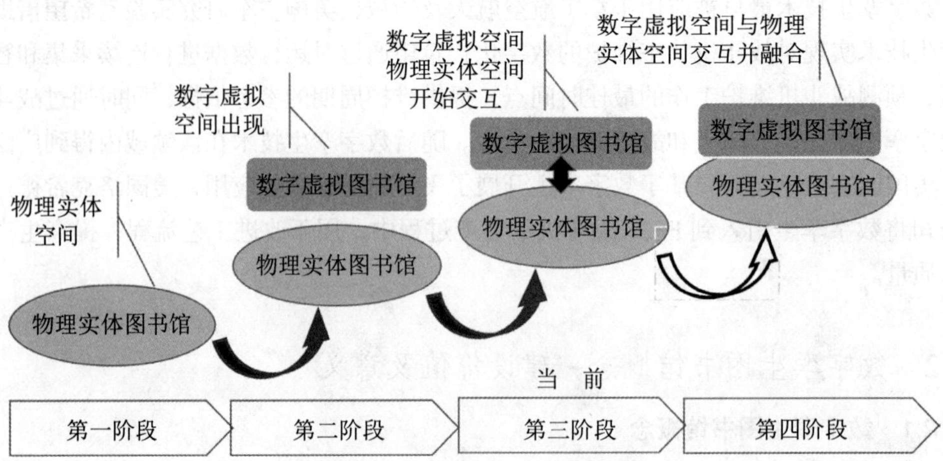

图 1 图书馆空间发展演变史

由图 1 图书馆空间发展演变史我们可知图书馆的发展由第一阶段最早的藏书楼为代表的实体物理图书馆发展到第二阶段数字虚拟图书馆出现的早期数字图书馆雏形，再到当前第三阶段数字虚拟图书馆与实体图书馆信息交互与共享，未来将进入第四阶段数字虚拟图书馆将进一步与物理实体空间融合与交互，而数字孪生图书馆的建设正是实现图书馆虚实全面融合的重要路径，必将推动智慧图书馆快速发展。

3 数字孪生图书馆体系架构及应用场景研究

3.1 数字孪生图书馆体系架构

关于数字孪生的应用模型目前已有许多研究，北京航空航天大学数字孪生技术研究团队提出的数字孪生五维模型得到了广泛的认可与应用，即数字孪生系统应由物理实体、虚拟实体、应用服务系统、孪生数据及各部分之间的连接五个维度构成。根据数字孪生五维模型，结合其他领域数字孪生应用实例与智慧图书馆通用体系架构模型，笔者认为数字孪生图书馆体系架构应如图 2 所示包含物理支撑层、数据互动层、模型分析层、服务应用层、标准规范体系及安全体系。

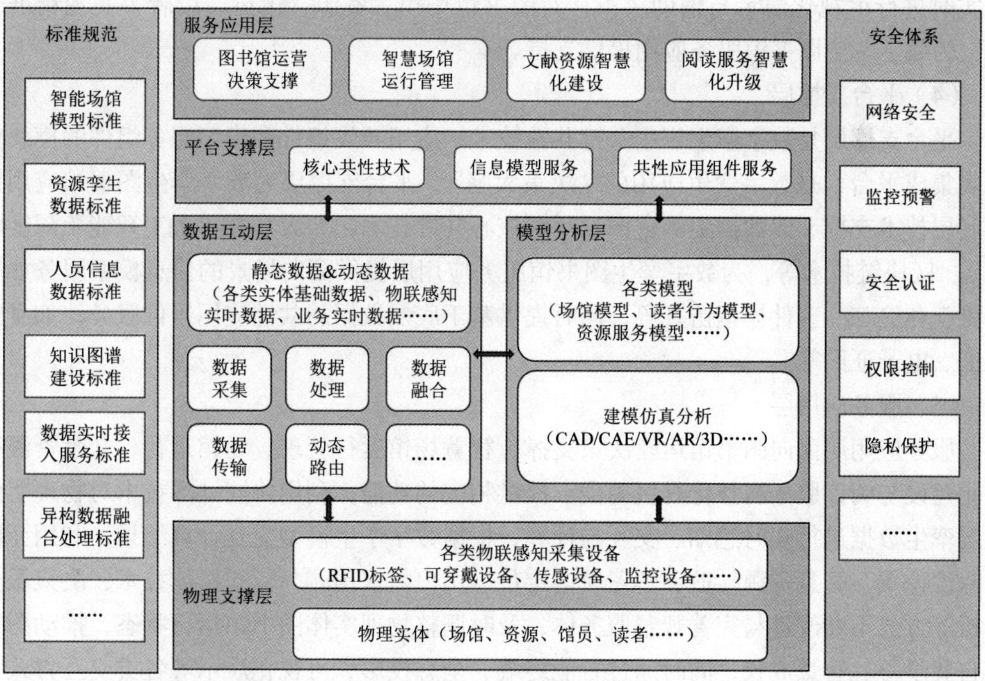

图 2 数字孪生图书馆体系架构

（1）物理支撑层

物理支撑层包含物理实体图书馆场馆、资源、人员、设备设施等实体，以及各类运行流程情况的集合。建立数字孪生体需要以大量相关数据作为基础的，因此将通过传感器、条码、RFID、智能化设备、监控设备、多媒体信息采集等对实体信息数据（如场馆信息、设备数据等）、环境数据（如温湿度、大气压力等）、流程数据（即描述流程之间的逻辑关系的数据，如读者在进行文献资源借阅过程中产生的各类数据、馆员在进行参考咨询服务过程中产生的各类数据）等进行物联感知、数据采集及传输。

（2）数据互动层

数据互动层是数字孪生图书馆的中心，主要包含实体基础数据、物联感知实时数据、业务实时数据等在内的各种静态数据和动态数据。数据互动层通过对孪生数据的融合处理，利用多元异构数据融合等数据技术对数据进行采集、处理、融合，利用5G技术等新技术对数据进行管理、存储及传输，为数字孪生图书馆物理实体图书馆、数字虚拟图书馆和图书馆运行管理系统提供了数据支撑。

（3）模型分析层

模型分析层同样是数字孪生图书馆体系的关键层级。通过构建物理实体的虚拟映射镜像，真实地在虚拟空间构建图书馆数字化模型，如虚拟场馆模型、资源服务模型、读者行为模型等，对物理实体图书馆实际运行状态进行仿真、模拟与优化，呈现当下运行情况、推演未来发展趋势。同时模型分析层还将利用云边协同计算等技术进行实时计算，通过对数据的整合汇聚、分析挖掘、共享开放等处理和分析，优化数字化模型，从而实时进行可视化演示与辅助决策，对图书馆场馆、资源、馆员、读者等实现精准管控，为数字孪生图书馆服务应用提供支持。

（4）平台支撑层

平台支撑层是数字孪生应用关键共性技术、应用开发组件和模型服务组件的模块化封装集成平台，是数字孪生应用的“决策大脑”，平台支撑层为数字孪生图书馆应用提供底层技术支撑、元数据集等资源，运用核心共性技术，如大数据、人工智能（深度学习）、区块链技术等，为数字孪生图书馆服务应用层提供面向场景的信息模型服务如服务更新和追踪、事件模拟仿真等，同时提供基于底层数据的共性应用组件服务，如身份认证、电子证照等。

（5）服务应用层

服务应用层面向图书馆运营决策支撑、智慧场馆运行管理、场馆运行、文献资源智慧化建设与阅读服务智慧化升级等需求提供相应的功能，利用协同计算技术对物理实体状况孪生数据进行实时感知、交互与计算，根据数字孪生模型交互计算结果，利用元数据深度挖掘、智慧资源导航、学习轨迹定位、用户需求预测、流式媒体技术、决策服务分析等方式不断改进与完善智慧服务体，及时调整物理实体图书馆运行状态，推动图书馆自我学习、智慧成长，同时通过智能终端、全息投影、可视化展示等各类交互方式将结果反馈给需求方。

（6）标准规范体系

数字孪生图书馆体系框架中需构架相应的标准规范体系，如针对图书馆领域确立智能场馆模型标准、资源孪生数据标准、人员信息数据标准、知识图谱建设标准等，同时引入数字孪生建设基础共性及关键技术标准，如数据实时接入服务标准、异构数据融合处理标准等，逐步建立基本的标准规范体系助力数字孪生图书馆建设。

（7）安全体系

数字孪生图书馆的基础建立在对物理实体数据的智能物联感知上，因此有别于传统的网络安全技术，数字孪生图书馆安全体系需要更加重视对设备、通信以及数据安全的保障。需要加强网络安全防护控制，加强对威胁行为的监控预警与防御，加强对设备和远程系统之间的通信加密与认证，加强对系统运行的权限控制、对数据存储的安全防控以及对各类隐私保护，建立安全可靠的安全防范机制，构架完善稳固的安全体系。

3.2 数字孪生图书馆应用场景研究

数字孪生图书馆将构建物理实体与数字虚拟共生共存的空间，将促进图书馆实现运营决策高效、场馆管理优化、资源建设智慧化以及阅读服务精准化，如图3所示，笔者认为数字孪生图书馆应用场景主要包含以下几个方面：

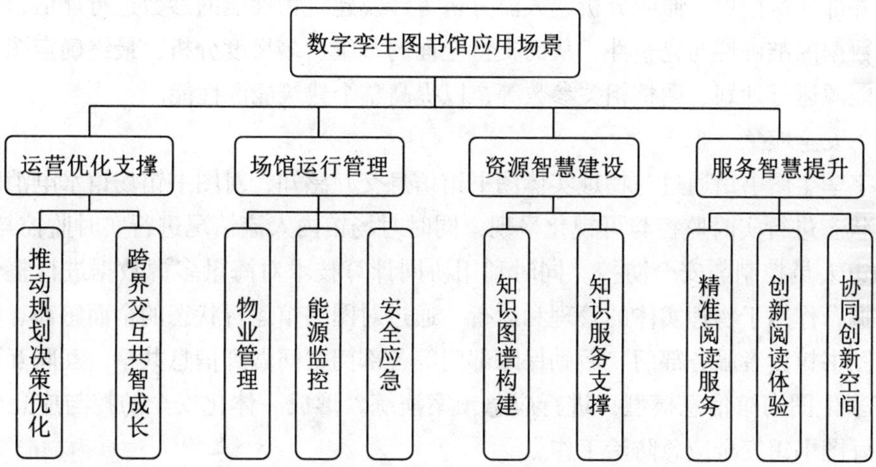

图3 数字孪生图书馆应用场景

3.2.1 运营优化支撑

（1）推动规划决策优化

通过数字孪生图书馆信息模型以及可视化系统，将各类数据进行有机整合，实时展示物理实体图书馆与数字虚拟图书馆运行全貌，根据规划决策需求，对运行情况数据进行分析，通过模拟运行、效果预测等对图书馆整体进行结果评估，发现过往运行规律并总结优化，保证资源建设、读者服务、阅读推广等各类活动合理化，形成优化决策方案并执行，实现综合效益最优，推动图书馆各类决策规划合理高效。

（2）跨界交互共智成长

图书馆是城市公共文化的重要组成部分，未来数字孪生图书馆将被纳入数字孪生城市系统中，同时图书馆作为知识共享服务中心，将进一步利用计算机视觉、机器学习、知识图谱等技术，满足各类群体对知识资源、智慧服务的需求，实现城市内各数字孪生体间的跨界交互共智，通过“数据感知—智能识别—知识图谱构建—数据深度学习—智能决策”的循环进一步促进数字孪生图书馆建设及其自我优化成长，推动图书馆运营决策迭代优化，实现精准阅读服务。

3.2.2　场馆运行管理

（1）场馆管理

数字孪生图书馆将对物理实体图书馆场馆内各类设备设施等运行状况进行实时系统监控，结合运营维护管理系统发挥空间定位和数据可视的优势，合理制定运行管理计划。通过场馆物理实体及真实运行情况与虚拟模型模拟仿真实时交互与比对的状态评估、判断图书馆物理实体运行状态是否存在异常，对基础设施设备进行故障检测、可靠维护、远程控制，提高场馆管理效率。

（2）能源监控

传统建筑设计对能源管理的关注程度不高，仅局限于对于数据的测量，在数字孪生体的帮助下，通过物理实体与数字虚体数据间的相互校准与融合，可以对建筑物能耗分析、内外部气流模拟、照明分析、人流分析等涉及建筑物性能的参数进行评估，提高能源监控数据的准确性与完整性，从而支持全面的多维、多尺度分析，最终确定图书馆实体场馆能源运行计划、调整相关参数等，以提高整个建筑能源性能。

（3）安全应急

数字孪生图书馆通过与物理实体图书馆信息交互感知，对图书馆场馆水电消防等设备运行状态进行实时监控与可视化呈现，同时对场馆内人流情况进行实时监控与预测，做好场馆人员控制与安全防控。同时利用协同计算技术对海量多源数据进行整合、分析、挖掘，作用于物理实体的管理和运行，通过对图书馆运行状态的全面感知、整体掌控，在图书馆读者服务部门、后勤保障部门等各部门之间做到信息共享、互联互通，利用数字孪生图书馆信息模型，进行应急预案演练，形成一体化安全防控与应急管理体系，做好图书馆安全应急防治工作。

3.2.3　资源智慧建设

（1）知识图谱构建

知识图谱本质上是结构化的语义知识库，数字孪生图书馆中各个单独的资源数字孪生体之间都具有多维度的指标属性，通过把资源多维度、不同属性的指标保存于图谱中，并且根据实时数据动态更新、扩展这些指标，即构建了资源的知识图谱，把非结构化信息转换成结构化的“知识”，对资源进行结构化的语义描述，为知识服务奠定基础。

（2）知识服务支撑

数字孪生图书馆将以知识具象化形式对资源进行展示及利用，将资源以知识单元为元素进行整合，利用抽取、标识等手段，将资源中信息转化为知识，同时根据物理实体图书馆运行现状及历史数据，在数字孪生图书馆中预测信息资源结构和知识服务需求变化规律，预测未来知识服务动向，同时通过不同数字孪生体之间交互，整合各种类型资源中的知识，引入不同知识创造数字孪生体，构建知识创造、发表、传播、储存、发现的知识服务全域生态。通过智能物联感知设备采集运营管理、读者行为等数据，将知识服务需求、图书馆运营管理与全域全要素进行有效关联，在数字孪生服务体系中对知识服务全生命周期管理过程进行模拟仿真，并利用人工智能技术预测分析其运行轨迹和发展规律，形成高度开放、高度集成、高度共享的知识服务新业态。

3.2.4　服务智慧提升

（1）精准阅读服务

在数字孪生图书馆中，每个读者都会生成独立的数字孪生体，这将会成为个人知识服务、阅读体验的新平台和新实验手段。通过对数字孪生体行为轨迹的精准映射、数据感知，整合读者信息行为数据，与其他孪生数据进行实时交互分析，进一步挖掘与分析个人阅读需求，使读者可以获知深度阅读需求。基于孪生模型，图书馆可将阅读服务由被动转为主动，根据各类数据和模型进行资源整合、服务虚拟设计与匹配，主动为读者推动需要的知识，及时调整知识呈现方式，进一步体现图书馆“为人找书”职责，实现对读者阅读情况的实时监控、预测分析和精准阅读服务。

（2）创新阅读体验

数字孪生图书馆将知识具象化，可将抽象的知识转化为基于数字平台的可视化模型，并且根据读者的阅读反馈数据，动态调节阅读体验方案和计划，让阅读转变形态，由“可视”拓展为“可听、可视、可感、可获”，从而让知识更易于理解和高效传播。利用全媒体技术，将知识以音频、视频等多种形式加以包装处理，让知识变得可听、可视，利用VR/AR/MR/全息投影等技术，在数字虚拟世界将知识进行全维度模拟情景展示，让读者能够通过沉浸交互等方式感受及体验知识，让知识变得更加可感、可获，加深用户对相关知识的认知，并根据所采集的读者孪生体数据，如行为表现、面部表情和反馈表达等，评估阅读方式满意度以支持推动对知识服务、阅读方案的优化调节。

（3）协同创新空间

数字孪生图书馆将成为集知识内容、设施设备、技术工具等于一体的数字虚拟阅读学习空间、交流共享空间和协同创新空间，在数字孪生图书馆平台基础上，将资源信息模型、数据集成服务等面向社会开放，让各领域各类群体都能利用图书馆这一知识内容仓储，优化认知，培育创新创造能力。同时，通过各类实体数据交互与反馈，对图书馆各类运行活动进行即时调整与优化，进一步提升图书馆运行服务效率。

4　数字孪生图书馆实施策略及建议

4.1　统筹推进，统一标准促进模型构建数据融合与应用

明确数字孪生图书馆发展方向，围绕未来图书馆管理智能化、服务智慧化的目标，将建设目标与需求目标统一，建立统筹推进的组织体系和管理机制，将数字孪生图书馆建设与图书馆知识服务中枢业务需求紧密结合，从上至下做好顶层设计。确立数字孪生图书馆各类标准如模型构建标准、数据融合标准等。研究制定数字孪生图书馆场馆运行、服务管理模型构建标准，实现多元异构数据的融合处理标准规范等。

4.2　探索应用，由小及大逐步推进数字孪生图书馆构建

数字孪生图书馆建设是一个巨大的系统性工程，因此首先可以进行示范性应用探

索，逐步拓展覆盖范围，从场馆、资源等物理实体开始，逐步向馆员、读者等其他物理实体过渡，充分考虑不同类型数据质量、数据大小等属性。综合运用大数据、云计算等支撑技术，统筹考虑数据安全、场景渲染、数据集成、空间计算、模拟仿真等技术能力成熟度，从智能基础设施入手构建数字孪生模型，分阶段、分步骤有序推进，形成示范性应用，由小及大逐步推进数字孪生图书馆构建。

4.3 开放合作，形成多方合力共助数字孪生图书馆建设

数字孪生图书馆的建设根本上是一个对知识、技术、数据、算法模型等集成的巨大工程，不仅需要在软硬件设备设施上的持续投入，还需要相关领域的深入研究、人才的大量参与，因此为了更好地推动数字孪生图书馆的落地实施与建设，图书馆领域应该积极引入社会力量，开放合作，在战略、技术、标准、数据、模型、人才培养等多个方面广泛开展合作研究与探索，齐心协力、共同助力数字孪生图书馆建设。

数字孪生作为践行智能制造、工业 4.0、智慧城市等先进理念的一种技术和方法，当前被企业、研究机构、科研人员广泛关注，目前已在多个领域开始应用探索。本文尝试将数字孪生技术引入智慧图书馆建设，在数字孪生五维模型基础上，通过参考其他行业数字孪生应用，构架数字孪生图书馆体系并对其在规划决策、场馆运行、资源建设、读者服务等方面应用场景进行分析，试图为数字孪生图书馆建设提供一定思路。未来随着数字孪生技术应用逐步完善，与智慧图书馆建设将进一步融合，它将重构图书馆知识组织与服务方式，使图书馆智慧知识服务的实效落实落地。

参考文献

[1] 国家发展改革委，中央网信办．国家发展改革委 中央网信办印发《关于推进“上云用数赋智”行动培育新经济发展实施方案》的通知［EB/OL］.［2020-04-10］. https：//www. ndrc. gov. cn/xwdt/ztzl/fkyqfgwzxdzt/fkgjdt/fgfc/202004/t20200410_1225542_ext. html.

[2] GRIEVES M，VICKERS J. Digital twin：mitigating unpredictable，undesirable emergent behavior in complex systems［J］. Transdisci-plinary perspectives on complex systems，2017（7）：85-113.

[3] 数邦客．思考 | 企业数字化转型的核心要素及能力框架构建思考［EB/OL］.［2020-12-30］. https：//new. qq. com/omn/20201213/20201213A09X0L00. html.

[4] GLAESSDEN E，STARGEL D. The digital twin paradigm for future NASA and U. S. air force vehicles［C］// The 53rd AIAA / ASME / ASCE /AHS / ASC structures，structural dynamics and materials conference-special session on the digital twin. Honolulu：AIAA，2012：7274-7260.

[5] 陶飞，刘蔚然，张萌，等．数字孪生五维模型及十大领域应用［J］. 计算机集成制造系统，2019（1）：1-18.

[6] 中国电子技术标准化研究院，树根互联技术有限公司．数字孪生应用白皮书（2020 版）［EB/OL］.（2020-11-18）［2020-11-18］. http：//www. cesi. cn/202011/7002. html.

[7] 陈志刚，方卉．基于多源数据融合的移动商务个性化服务研究［J］. 图书馆理论与实践，2018

（4）：90-95.
［8］饶权．全国智慧图书馆体系　开启图书馆智慧化转型新篇章［J］．中国图书馆学报，2021（1）：4-13.
［9］王璐，张兴旺．面向全周期管理的数字孪生图书馆理论模型　运行机理与体系构建研究［J］．图书与情报，2020（5）：86-95.
［10］饶权．现代图书馆越来越“智慧”［N］．人民日报，2020-11-13（20）.
［11］陶飞，张萌，程江峰，等．数字孪生车间——一种未来车间运行新模式［J］．计算机集成制造系统，2017（1）：1-8.
［12］刘大同，郭凯，王本宽，等．数字孪生技术综述与展望［J］．仪器仪表学报，2018，39（11）：1-10.
［13］秦晓珠，张兴旺．数字孪生技术在物质文化遗产数字化建设中的应用［J］．情报资料工作，2018（2）：103-111.
［14］孔繁超．基于数字孪生技术的智慧图书馆空间重构研究［J］．情报理论与实践，2020，43（8）：146-151.
［15］任萍萍．5G技术驱动下的智慧图书馆应用场景与智慧平台模型构建［J］．情报理论与实践，2020，43（7）：95-102.
［16］陶飞，程颖，程江峰，等．数字孪生车间信息物理融合理论与技术［J］．计算机集成制造系统，2017，23（8）：1603-1611.
［17］丁凯，张旭东，周光辉，等．基于数字孪生的多维多尺度智能制造空间及其建模方法［J］．计算机集成制造系统，2019（6）：1491-1504.
［18］陆雪梅．“图书馆+”思维的知识空间建设比较研究［J］．图书馆学研究，2017（8）：64-69，87.
［19］庄存波，刘检华，熊辉，等．产品数字孪生体的内涵、体系结构及其发展趋势［J］．计算机集成制造系统，2017（4）：753-768.

新时代文献缩微事业的环境友好建设

——以废弃胶片的安全处置为核心

邢　君（缩微文献部）

1 “环境友好”时代对文献缩微事业的新要求

人类社会发展到21世纪的今天，生态环境问题早已是文明社会的一个重大课题。甚至可以说，当代人类社会，已经是一个依靠科学技术、文化艺术、福利社会、心理认知、政治民主、生态环境等概念共同推动前进的综合性概念了。党的十八大以来，“五位一体”总体布局也已经逐渐扩大为全社会的共识。十九大之后，污染防治在三大攻坚战中也占有一席之地。在2021年4月22日全球气候峰会上，我国承诺将在2030年前实现“碳达峰”，2060年前实现“碳中和”。可以说，无论是时代的呼唤，还是民族的未来，都要求当今中国的每一个行业高度重视自身造成的环境与生态影响。

文献缩微技术从产生至今已经过了一百多年的发展历程，我国缩微技术的起点大致可以追溯到1936年。在这之后数十年的发展历程中，特别是改革开放以来，“全国图书馆文献缩微复制中心”成立后，随着业内历代同人艰苦努力，珍贵文献缩微胶片产量不断增长，缩微业界的环境保护意识也在不断增强。缩微中心就此做出的积极努力有目共睹。与此同时，国家环境与生态部门、立法机关对于与缩微文献事业相关的“感光材料废物”也有了更加明确的处置规定。这些共同构成了文献缩微事业“环境友好建设”的基础。

缩微胶片的理论寿命高达500年，在利用这一技术带来的优势、充分为我国的文献保护事业做贡献的同时，也该以发展和长远的眼光考虑其“身后事”。这主要是指各类废弃胶片的妥善处置问题。缩微胶片在其正常生产、加工、使用及存藏环节不涉及废弃胶片的安全影响问题。另外对于废弃胶片对环境的影响尚未有实验室论证。

废弃胶片，是文献缩微制品在特定工作环节或特定环境影响下产生的。它不属于缩微工作的主体，是工作流程中正常产生的极少量副产品。相应生产环节的工作规范中有明确规定的废品率，妥善处理废弃胶片能在很大程度上解决文献缩微工作全流程对自然生态与环境产生的整体不良影响。

除了废弃胶片外，文献缩微工作不可避免地要应用一些化学药品和试剂，完成显影、定影、冲洗等工作。相比于固体废料，这部分液体废料相对较少。缩微文献生产过程中多年来积累和养成的高度专业化、精细化的工作方式和工作作风。工作实践中的研究已经妥善地解决了冲洗药液过滤回收的问题，对环境有可能造成的不良影响有了早期的预防措施，并取得了实践性的成功。

文献缩微事业环境友好的工作任重而道远。要在几乎没有现成科技成果可以利用的前提下，开辟出废弃物治理的新路。为了达到这一目标，下文从最核心、最主要的废弃物角度入手，提出策略和改进设计方案，以期以小见大解决最为迫切的问题。

2 废弃胶片的安全处置

2.1 国家对于胶片废弃的总体要求

2016年8月1日起最新版的《国家危险物品名录》实施，其中第6条规定："家庭日常生活中产生的废药品及其包装物、废杀虫剂和消毒剂及其包装物、废油漆和溶剂及其包装物、废矿物油及其包装物、废胶片及废相纸、废荧光灯管、废温度计、废血压计、废镍镉电池和氧化汞电池以及电子类危险废物等，可以不按照危险废物进行管理。将前款所列废弃物从生活垃圾中分类收集后，其运输、贮存、利用或者处置，按照危险废物进行管理。"

由于缩微胶片的特殊性，存在两方面的安全因素需要控制。一是文献内容涉及的安全性，另一方面即废旧胶片的后期回收和处理的安全控制。

目前，在我国对于感光材料胶片这类废弃物的回收及处置已有明确的法律法规和正规化的运作模式。北京地区已有至少15家以上持有《危险废物经营许可证》的企业。这类企业对于废弃胶片的处置方式是将其进行焚烧和用其他改变其特性的方法，减少已产生的废物数量、缩小其体积、减少或者消除其危险成分，或者将其最终置于符合环境保护规定要求的填埋场进行处置。利用气质联用仪、荧光光谱分析仪等高科技仪器对危险废物中特殊物质做出定性或定量的分析；再根据其理化性质进行分类集中；最后对固态废物经过破碎、均质、加入稳定剂等一系列预处理工艺进行处理后，利用高液压输送系统输送至水泥回转窑系统进行高温和无害化处置。

2.2 缩微胶片的特点与废旧胶片分级处置办法

缩微胶片是用于记录和存储缩微影像的感光胶片，按照感光材料性质分为银盐缩微胶片和非银盐缩微胶片两大类，目前缩微行业普遍使用的缩微胶片是银盐缩微胶片①。

银盐缩微胶片是在透明的塑料片基上进行多道工序的涂布工艺后制成的。其结构大致分为：片基、结合层、乳剂层和保护层，外面附有防光晕层和防静电层。感光剂层的主要成分是明胶和卤化银。卤化银是氯化银、溴化银、碘化银的泛称。乳剂层中还含有微量化学补充剂，用于提升照相性能和物理化学性能。银盐缩微胶片所使用的安全片基是涤纶片基。它是20世纪50年代出现的一种新型片基，由聚酯材料——聚对苯二甲酸乙二醇脂（PET）制成。另一类安全片基是三醋酸纤维素片基，该类型的缩微胶片目前在馆内有少量存藏。

① 下文除特殊指明者外，凡称"胶片"者，均为银盐缩微胶片。

根据国际和国内对于废弃物的回收处置分级的应用，废旧胶片的处置也可分为以下四级，即：初级、二级、三级、四级。对于四个级别的解释如表 1 所示：

表 1　胶片回收利用分级

初级	对废材料进行处理，使之成为性能与原产品相同的产品
二级	对废材料进行处理，使之成为性能比原产品性能要求低的材料
三级	由废材料产生基本化学品和燃料
四级	力图通过燃烧取得废物质的能量成分

2.2.1　三醋酸纤维素缩微胶片的分级处置

缩微中心存藏有少量该类型的缩微胶片。根据其特定成分和上述的四级循环再生产规定，目前可参考执行的回收利用方式如下：初级回收，还原为三醋酸纤维素，重新用于同类型的产品用途。二级回收可以产生醋酸纤维素，三级是通过气化产生制备三醋酸纤维素的原材料，四级是焚烧用于发电或发热。

表 2 总结了各级回收的方式及特点：

表 2　三醋酸纤维素片基缩微胶片四级回收的方法及特点

回收级别	方法	特点
初级回收	将胶片漂白，去除明胶和染料。然后进行水洗，去除残余染料和增塑剂，再将胶片溶解，再添加其他增塑剂或必须添加剂后重新制成新的片基	对于影像质量是否有影响不容易被测量，所以将回收的胶片用于二次摄影几乎是不能实现的
二级回收	对片基中的三醋酸纤维素进行水解或甲醇分解，产生了二醋酸纤维素。将胶片剪碎，加入甲醇分解或水解处理，将残留的染料进行氢化作用，用于降低二醋酸纤维素产品的颜色	二级回收产生的二醋酸纤维素黄色更深。还原的二醋酸纤维素质量及性能还有待做出评估
三级回收	通过气化制成合成气。将胶片切碎，掺入水或者其他液体，制成浆水送入液化器，转化成一氧化碳和氢气	有二次污染的可能性
四级回收	将胶片焚烧产生热量。可用于供热或发电	需要特定的场所及专业设备完成

2.2.2　银盐缩微胶片的分级处置

银盐缩微胶片的成分中，片基部分的聚酯材料——聚对苯二甲酸乙二醇脂（PET）的回收主要有两大用途，一是制成食品级颗粒，以此继续生产该材料的制品从而节约石油原料。二是用于化纤行业。感光剂层含有的有少量卤化银成分在理论上可通过实验室操作手段，从感光材料中通过化学方式回收贵金属银，主要途径是利用焚烧、化学溶解法和酶处理法，但是由于回收机制或难以集中并没有普遍推行。

2.3 全国文献缩微复制中心对于废旧胶片的处理规范

胶片的剔除和报废是缩微中心的一项基础业务工作。随着缩微工作的推进，生产加工、质检和存储管理等过程会产生部分废弃胶片，这一问题得到了缩微中心的高度重视，中心根据实际工作情况制定了缩微胶片剔除、报废管理规范，旨在保证缩微文献资源的安全性、法律性，保证缩微胶片的剔除、报废顺利完成。

需要处理的缩微胶片数量虽不多但是情况却复杂多样。每种情况最终需要根据实际情况综合考虑其处置方式。例如新中国成立后早期拍摄的古籍善本《赵城金藏》《敦煌遗书》等，由古籍馆移交，胶片整体密度、解像力等技术指标未达到现行的质量标准，但是该批次的胶片整体保存完好，文献资料完整，很有留存价值。因此需要应用新工艺对其进行升级处理。

另外综合考虑该类胶片的类型，大部分为醋酸片基的醋酸胶片。在整体核查其数量及存储现状的情况下，进行抢救性保护。将该批次醋酸胶片进行单独存放，并逐一核实记录每卷胶片的实际情况，放置 pH 试纸实时监测其酸碱性，并放置除酸材料，中和胶片盒中的酸性微环境，优化胶片的存藏条件，达到永久保存的目的。

由于下达拍摄任务重复等原因造成的重复胶片，其文献的重复部分有些是完全重复，还有交叠重复的情况。例如：A 文献的 1—8 册在甲卷中完整存藏，A 文献的 3—4 册在乙卷又重复出现。剔除文献应在销毁前完成，并且应有可行性的标准保证工作的顺利进行。生片在未加工使用前也有可能因为存储不当等原因造成不能正常使用，也需要进行报废。生片在日常拍摄、冲洗等生产加工环节产生的废片、边角余料等直接按照销毁处理。质检或拷贝入库环节产生的不合格胶片需要进行人工剪断处理后进行报废销毁。

图 1 为缩微中心对于胶片在各环节可能出现的各种情况该如何处置的工程管理流程图，对于胶片在各环节的整体把控方式，中心仍在工作中进行着不断的摸索和探寻。

2.4 环境友好型的废弃胶片处置办法

缩微中心目前待回收的废旧胶片的数量较少，但考虑长远发展，应对该工作予以足够的重视。

缩微中心根据日常的工作实践，特提出以下几点建议以期未雨绸缪，实现好作为全国行业引领的示范作用：

（1）从各文献缩微单位做起，妥善处理废旧胶片，将其安全分类和包装，不得将废旧胶片与不同性质、不同类别的废弃物混放，应满足安全转移和安全处置的条件。标注废弃胶片的特性。

（2）与具备《危险废物经营许可资证》的环保科技企业合作，对废旧胶片按照数量、回收时间达成协议，由专业的公司进行胶片的后期处理。

（3）联合国内行业内相关各单位，尽早出台完善的废旧胶片管理办法，让废旧胶片的处理有明确的规则制度可遵循，形成系统的回收或利用机制。

再生资源回收利用的循环发展模式已经成为全球经济潮流。经济的发展，行业的壮大和环保之间达成平衡和良性循环是永恒的话题。目前废旧胶片的回收还尚未引起足够的重视，还需要多方合作和探讨。各个产生废旧胶片的企业和单位相对分散，废旧胶片不容易集中处置。因此，废旧胶片的废弃处理就更要综合权衡其经济性、回收材料的可用性，以期达到良性循环。

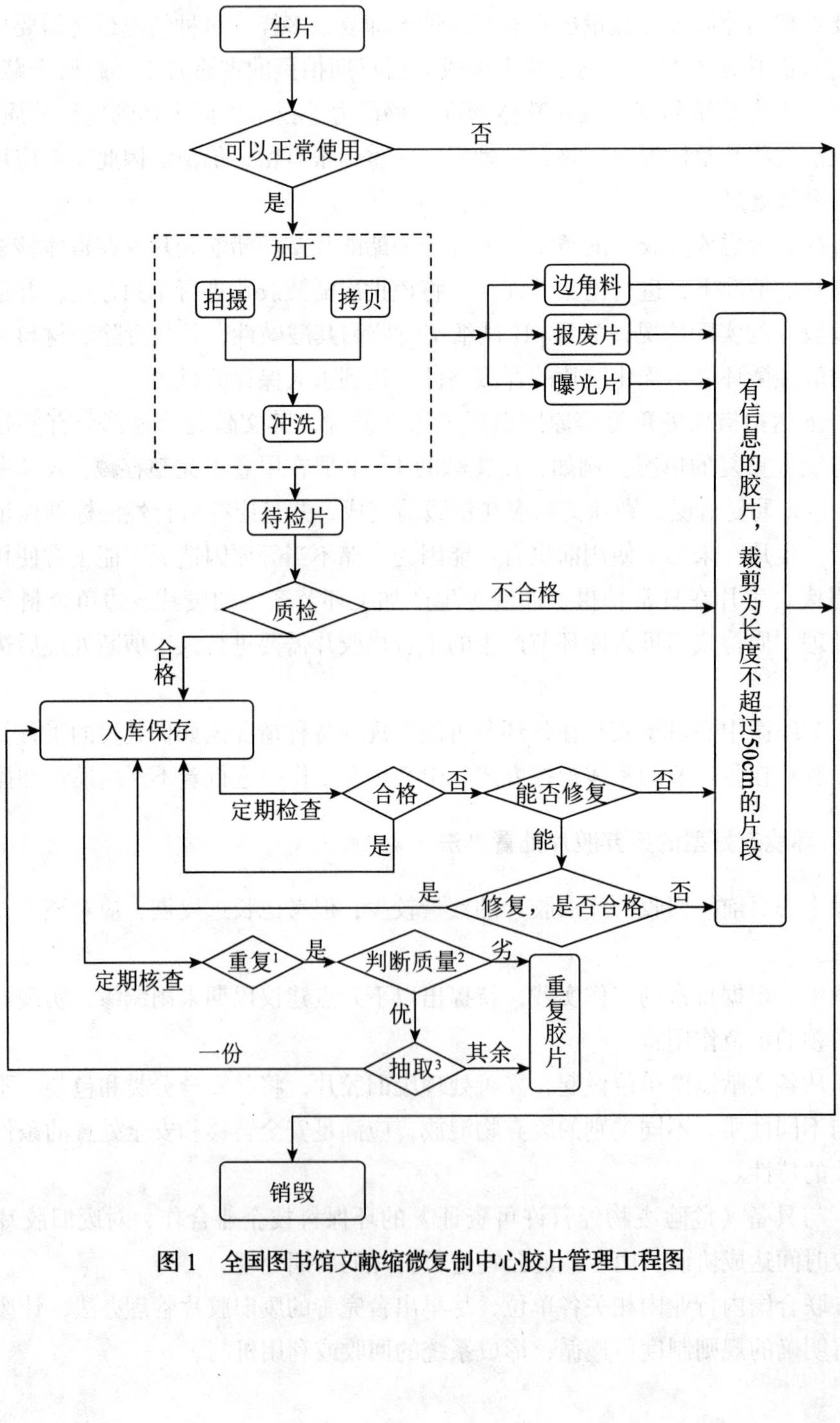

图 1　全国图书馆文献缩微复制中心胶片管理工程图

3 文献缩微事业的环境友好工作前景

全国图书馆文献缩微复制中心颁布了《全国图书馆文献缩微复制中心胶片销毁工作规范》，从源头上为建设环境友好型的文献缩微事业奠定了第一块基石。今后，文献缩微业界还需要在此基础上，在减少污染源、污染源再生、数字缩微、智能缩微等方面努力，实现文献缩微事业不可逆的环境友好化。

首先，要在整个缩微行业树立“环境友好”，特别是“业者与自然环境双友好”的观念。逐步探索出各项规章制度，建立同时保障业者的健康与环境的零排放、全回收局面的新型缩微业态。规章制度要包括激励机制和惩戒机制，运用经济的手段，逐步扼制和关闭产生污染物、有害物的渠道。

缩微工作的“环境友好建设”没有现成技术和经验可供借鉴，必须以缩微人为主体，自主创新、自主探索，走出“自己制造有害物、自己消化有害物”的路子，为社会做出表率。需要特别注意的一点是，这条道路走通后，不仅缩微行业可以环境友好化，相关的图书馆、档案、电影电视等行业，都可以借鉴。

其次，在树立观念、创立规章制度和激励机制的同时，要大力推广技术或设备改进及创新。逐步发展为本行业牵头，在行业内外多方通力合作的工作模式。

对废弃胶片要尽量提高其回收利用率。虽然废旧胶片的回收利用技术已经大大超出了文献缩微行业自身能掌控的范畴，但是，通过建立和运行与回收、再生产单位的新型联系，探索双方受益的模式，加强回收实际效果评估与监督等手段，我们希望最终达到一种废弃胶片零污染、全回收的模式。在不得不进行焚烧处理之前，我们准备尝试用废弃胶片作为盛具、量具、家具和办公用品填充材料，尽量减少其必须焚烧的比例，进而尽量减少二次污染的可能。对于胶片之外的废弃物，我们将逐步尝试全部二次回收、反复利用的模式，争取不再产生一次性废物。

再次，在坚持传统拍摄和数转模拍摄并举的前提下，探索利用数字技术、人工智能技术，实现对各个产生废弃物的操作环节的“精确控制”。将废弃物减少、回流、污染治理纳入缩微工作全流程和标准体系中。通过大力加强信息化建设，首先杜绝数字缩微领域的废弃物产生。通过打造人机协同、业者友好的操作环境，尽量把对人的身心健康有害的操作在不远的将来智能化、无人化。

21 世纪的文献缩微事业，应该是充分信息化、智能化、环保化、人本化的，这种“四位一体”的工作思路，其中各个组成部分是互相关联的。如果以环保化为核心来说，要通过信息化改变生产方式，通过智能化达到污染物精确控制与回收再利用，通过人本化强调小环境（日常工作环境）与大环境（生态自然）双重友好。新时代文献缩微事业的环境友好工作，是一项复合性、长期性的工作，并不能仅仅依靠单纯的环境保护思路、技术和设备，必须立足长远，为缩微事业的整体进步服务，成为缩微事业整体飞跃的一个组成部分。

我们相信，通过上述的全局与重点相结合、远景与现实相结合、缩微行业与相关行业相结合的模式，一定能尽早开辟出环境友好型文献缩微事业的新路。到那时，低能耗、高效率、零污染、全回收的缩微工作，才能让那些贮藏环境达到数百年的胶片，以一种更加骄傲、自豪的面貌屹立于祖国与世界文献传承与发展之林。

参考文献

[1] 杜庆坪 . 再谈缩微胶片档案的保护 [J] . 缩微技术，2001 (1)：30-31.

[2] 李晓明，王浩，齐子杨 . 中文字符数转模技术研究 [M]，北京：国家图书馆出版社，2017.

近十年国家图书馆科研态势分析*

袁　浩（参考咨询部）

2005年国家图书馆（以下简称国图）提出三大发展战略：人才兴馆、科技强馆和服务立馆，其中“科技强馆”战略强调科学研究与现代技术的应用，倡导加强图书馆理论与应用的研究，以解决发展的方向问题、政策问题以及业务中遇到的具体问题[1]。“科技强馆”战略的实施在改善国图学术氛围和科研环境，促进科研工作开展方面发挥了重要作用，从此国图的科研产出进入快速增长期。2017年颁布的《中华人民共和国公共图书馆法》规定，国家图书馆有开展图书馆发展研究的职能，这一规定从法律上认可并确立了国图的科研工作，并将其上升到了法律层面，自此国图的科研工作进入新的发展阶段。

国图作为图书馆领域的国家队，其科研成果是我国图书馆学研究的重要组成部分，对其情况进行分析，可全面了解国图的科研现状，并指导未来的科研政策和选题制定。孙一钢[2]和仲华[3]分别在2006和2013年对国图的科研项目和核心期刊发文状况进行了分析，时间较久，且未涉及其他文献类型，本文对2011至2020十年间国图科研态势进行梳理，以全面展示十年间科研状况，并为科研管理部门制定决策提供参考。

1　国图科研态势概述

为全面展示国图近十年的科研情况，在CNKI平台以“国家图书馆”及其下属机构为检索词进行检索，检索时间2021年2月20日，可知国图近十年主要的科研成果包括期刊论文、会议论文、专利、标准等。另外，图书出版和科研项目也是科研活动的重要方面，在国家图书馆科研支撑平台[4]以及《国家图书馆年鉴》中收集相关信息。对收集到的数据进行清理、去重，并删掉部分非学术信息后，最终得到的国图近十年的科研成果概况（见表1）。

表1　国图近十年的科研成果概况

科研成果类型	数量
期刊论文	3015篇

*　本文系2019年国家图书馆青年基金项目“全国主要公共图书馆科研态势分析与研究”（项目编号：NLC-KY-2019-32）的研究成果之一。

续表

科研成果类型	数量
会议论文	82 篇
专利	32 篇
标准	47 篇
图书[a]	331 部
馆内项目[b]	155 项
馆外项目[b]	40 项

注：a. 图书出版数据来源于《国家图书馆年鉴》，由于年鉴目前出版到 2019 年（数据披露到 2018 年），故此处图书的数量未能包含 2019—2020 年的数据。

b. 整合了《国家图书馆年鉴》和国家图书馆科研支撑平台的数据；项目分立项项目和结项项目，为反映科研成果，本文仅统计结项项目。

表中反映了国图十分丰富的科研成果，除了占主要部分的期刊论文外，出版图书和结项项目总量也十分可观，另外，还包括一定数量的专利和标准文献。进一步的分析表明，专利和标准文献的总量虽不大，但在以图书馆为机构名的所有单位中，十年间国图申请的专利占到了全部专利数的 20%，参与起草的标准数量占到了全部标准数量的 77%，占比十分显著。这说明十年来，国图自身的科研成果在引领行业制度和标准建设方面发挥了重要作用。

由于论文是各类科研成果的重要体现方式且可分析字段规范、完备，为精炼分析结果，增加分析深度，后文仅针对 3015 篇期刊论文展开分析。

2 科研生产力分析

2.1 时间趋势

经统计，国图员工为第一作者[①]的发文量为 2780 篇，占所有论文 92.21%，这显示国图具有较高的科研自驱力，并且在科研合作中发挥了较强的主导作用。总体来看，国图十年间共计发表核心期刊论文[②]1405 篇，在所有论文中占比 46.60%，基金论文 517 篇，占所有论文 17.15%。图 1 逐年展示了十年间国图的发文量，第一作者发文量、核心期刊论文比例、基金论文比例以及国图发文占图书馆学情报学整体发文比例[③]。

① 国图员工为第一作者的定义是该文只有一个作者且机构中含国家图书馆，或者有多名作者时，机构中国家图书馆为第一机构。

② CNKI 平台“核心期刊”或“CSSCI”检索结果中的论文，在本文中均被认为是核心期刊论文。

③ 图书馆学情报学十年间发文量从 CNKI 平台的文献分类目录→信息科技→图书情报与数字图书馆中获取。为使显示更加直观，此处将国图发文占比扩大 20 倍。

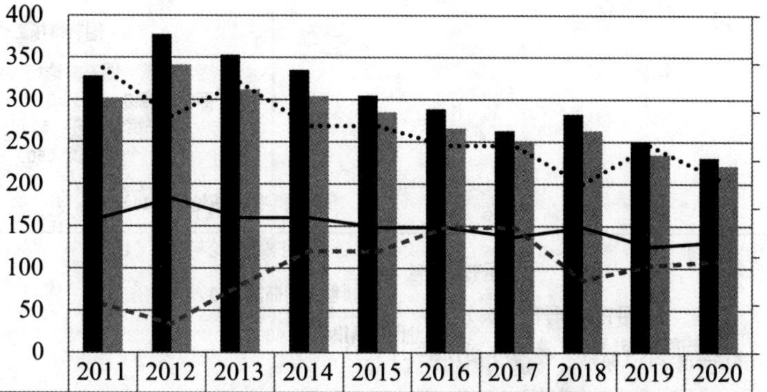

	2011	2012	2013	2014	2015	2016	2017	2018	2019	2020
发文量	328	377	353	335	305	289	263	283	251	231
一作发文量	302	341	312	304	285	266	250	263	235	222
占图情比例× 20	28	32	28	28	26	26	24	26	22	23
核心比例	59	49	56	47	47	43	43	35	43	36
基金比例	10	6	14	21	21	26	26	15	18	19

图 1　国图 2011—2020 年间发文时间趋势

从图 1 中可知十年间国图发文量在 2012 年达到峰值后有所下降，但从国图发文占图书馆学情报学整体发文比例来看，这种趋势并不算显著，国图发文的下降与图情整体发文量下降的大环境相一致。2018 年由于发文量的提升，核心期刊论文的比例有所下降，最近几年的核心期刊论文比例处于波动状态。基金论文比例经历了前期高速增长，于 2017 年达到高峰后于 2018 年显著下降，近三年处于稳定上升阶段。

2.2　期刊分布

3015 篇期刊论文发表在共计 551 种刊物上，其中，占全部期刊量 19.96% 的前 110 种期刊（发文 4 篇及以上），发表了国图 79.93% 的论文。而仅占全部期刊量 3.63% 的前 20 种期刊（发文 40 篇以上），发文占全部论文数的 50.32%，集中趋势十分明显。图 2 展示了前 20 种期刊影响因子①和国图在该刊上发表论文的篇均被引频次②，图中圆圈大小代表发文量。

可以看出，《国家图书馆学刊》《数字与缩微影像》《图书馆理论与实践》《图书情报导刊》是国图发文最集中的四本刊物，十年间发文均在百篇以上。期刊影响因子和国图发文篇均被引频次两者基本呈线性分布，说明二者变化趋势大体一致。与其他期刊相比，《国家图书馆学刊》和《图书馆杂志》的篇均被引频次显著高于期刊影响因子，说明国图的论文给这两本期刊贡献了更多的被引频次。

① 影响因子选用 CNKI 发布的《2020 中国学术期刊影响因子年报》中该刊的复合影响因子。

② 论文被引次数的数据通过 CNKI 平台获取，时间 2021 年 3 月 2 日。

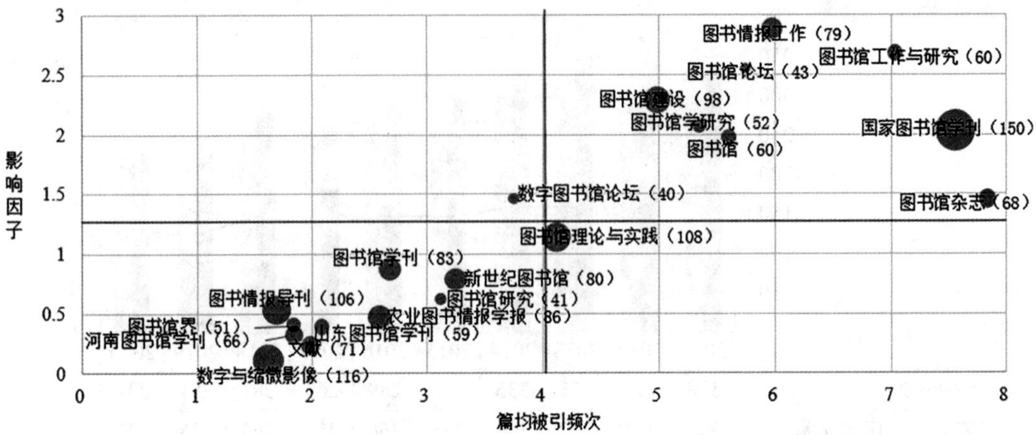

图 2　国图 2011—2020 年间发文前 20 种期刊影响因子和国图发文篇均被引频次

2.3　基金论文分布

基金论文 517 篇，其中核心论文 374 篇，基金论文中核心论文占比 72.34%，远高于全部论文 46.60% 的比例，基金论文的篇均被引频次 5.13，显著高于全部论文篇均被引频次 3.30，这说明基金论文在提升国图科研水平方面发挥了显著作用。表 2 展示了资助发表论文 10 篇以上的基金情况。

表 2　国图 2011—2020 年间基金论文的情况

序号	基金名称	发文数（篇）	核心论文比例（%）	篇均被引频次
1	国家社会科学基金	201	74.63	5.02
2	国家图书馆馆级科研项目	131	70.23	2.63
3	国家科技支撑计划	39	82.05	4.90
4	中国博士后科学基金	28	82.14	4.89
5	教育部人文社科基金项目	27	77.78	4.74
6	国家自然科学基金	15	86.67	6.53
7	文化部科技创新项目	11	72.73	3.00
8	国家文化科技提升计划项目	10	70.00	4.80

国家社会科学基金和国家图书馆馆级科研项目是基金论文产出的最主要来源，显著高于其他基金。各项基金资助论文的核心比例均在 70% 以上，保持了一个较高的比例。国家自然科学基金的表现十分亮眼，核心期刊论文比例和篇均被引频次均名列第一。而国家图书馆馆级科研项目的篇均被引频次仅有 2.63，显著偏低，进一步的分析表明，馆级科研项目发文时间与其他基金无明显差别，篇均被引频次偏低的原因是显著缺乏卓越的高被引论文以提升篇均被引频次，但馆级科研项目在核心期刊论文的比例方面并不

低，可以认为，馆级科研项目在鼓励受众少但高质量的科研选题方面发挥了独特作用。

2.4 部门分布

统计发现，国图发文中有约三分之二的论文以国家图书馆为单位名称，未明确具体部门，为详细考察各部门科研情况，利用内部通信系统获取员工部门信息，考虑到时间过长员工所在部门会发生较大变化，影响统计准确性，故仅选取近三年的发文765篇，手工添加作者的部门名称①。由于馆领导不属于具体部门，特增加馆领导这一类别。近三年发文量超过20篇的部门具体发文情况如表3所示。

表3 国图2018—2020年间主要部门发文情况

序号	部门名称	近三年发文量（篇）	人均发文量（篇）[a]	篇均被引频次
1	古籍馆	102	0.72	0.89
2	中文采编部	72	0.43	0.71
3	数字资源部	65	0.66	1.49
4	研究院	60	1.30	3.05
5	信息技术部	49	0.60	3.41
6	参考咨询部	43	0.26	1.00
7	典藏阅览部	41	0.21	2.39
8	立法决策服务部	39	0.74	1.51
9	外文采编部	38	0.37	0.68
10	缩微文献部	34	0.59	0.21
11	社会教育部	33	0.61	0.88
12	出版社	29	0.41	0.90
13	馆领导	28	4.00	5.14
14	展览部	20	0.45	2.25

注：a. 人均发文量中各部门总人数按照内部通信系统统计获得，馆领导人数按照国图官网上现有馆领导人数计算。

国家图书馆古籍馆近三年的发文量高居榜首。馆领导人均发文和篇均被引频次显著高于其他部门，显然馆领导的文章因较高的站位受到更多的关注。研究院较高的人均发文量和篇均被引频次，无愧其国图专业科研部门的地位。信息技术部较高的篇均被引频

① 添加部门的原则是之前有部门信息的遵照之前内容，没有具体部门的按照现有人员所在部门补录完整，同名作者按研究内容与所在部门的对应关系补充部门信息，存疑的保留原状不补充部门，由于离职或退休不在通讯录中的也保留原状，最终仍有43篇论文作者无法判断具体部门。

次显示了其出众的科研实力，而典藏阅览部和参考咨询部偏低的人均发文量提示这两个部门需要在员工科研方面投入更多的精力。2020 年 10 月参考咨询部正式成立十余个科研小组，采取师带徒的方式提升科研产出，这将会在未来几年彰显成效。

3 科研合作情况分析

3.1 合作类型

为研究合作类型对科研情况的影响，对所有论文的合作类型进行了分类，单位仅为国家图书馆无法判断合作类型为跨部门或部门内的，按其他处理（见表 4）。可以看出，无合作的论文量最大，但核心期刊论文比例和篇均被引频次显著低于其他类别。而无论合作的类型是部门内、跨部门或者跨机构，均可明显提升核心期刊论文比例和篇均被引频次，尤其是跨部门和跨机构合作有着更高的核心期刊论文比例，这提示科研管理者，要更加注重引导合作，尤其是更广泛的合作以提升科研质量，而跨机构合作在核心期刊论文比例较高的基础上，因满足更多潜在研究者需求，获得了更高的篇均被引频次。

表 4 国图 2011—2020 年间不同合作类型发文情况

合作类型	发文量（篇）	核心期刊论文比例（%）	篇均被引频次
无合作	1884	39.60	2.53
部门内合作	188	55.32	4.61
跨部门合作	61	65.57	4.62
跨机构合作	475	62.95	4.84
其他	396	52.02	4.23

3.2 合作机构

选取发文 10 篇以上的机构为研究对象，利用 VOSviewer 绘制机构最大合作子网络图，如图 4 所示，圈的大小代表发文量，由于未能将所有论文的单位对应到具体部门，故国家图书馆发文量最大。可以看出国家图书馆的合作网络被分为四个部分：第一部分是以国家图书馆及其大多数部门为核心的合作关系，包含的馆外合作单位有中国科学院、南京大学、新疆维吾尔自治区图书馆、中国人民大学等。第二部分是国图出版社、社会教育部、中国图书馆学会秘书处等为核心的合作关系，合作对象包括北京大学、武汉大学、河北大学、南开大学、山东大学等，还包括与北京天下溪教育咨询中心这一企业的合作，可以看出这些部门的合作关系更倾向于馆外且合作质量颇高。第三和第四部分的合作关系分别是以国图研究院和古籍馆为核心，研究院的合作者包括湘潭大学、福州大学等。就位置来看，研究院与第一部分的合作关系较为紧密，而古籍馆的合作关系较为独立，包括清华大学、古籍保护实验室等偏重技术的单位。

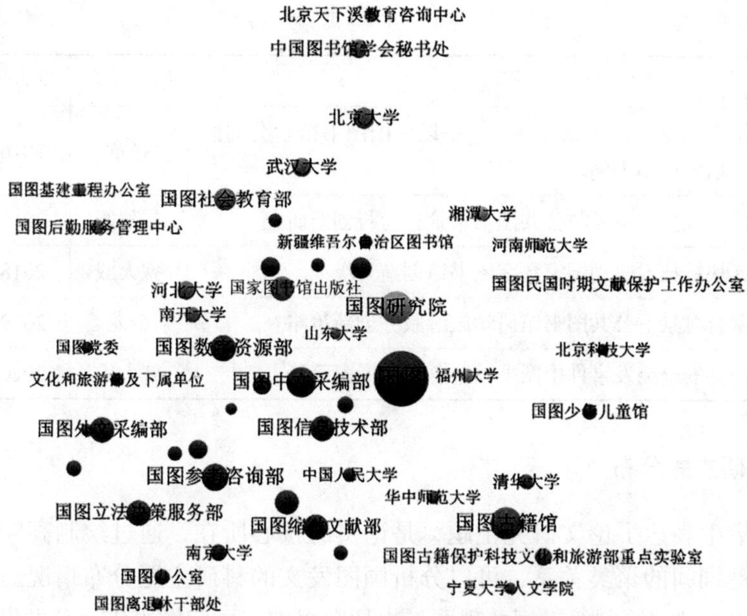

图 4　国图 2011—2020 年间机构合作网络图

4　科研主题分析

4.1　高被引论文

机构的高被引论文显示了该机构科研成果中最受人关注的主题，对机构高被引论文的分析一定程度上揭示了该机构处于引领地位的研究领域。为了平抑因发表时间不同造成的被引次数间的系统性差异，选取每年被引次数排名第一的论文予以展示（见表 5）。可以看出，国图的科研引领作用明显体现在其对图书馆事业发展，尤其是公共图书馆事业发展方面，十年来，图书馆界发生的每一个重大事件，如免费开放、五年规划、社会力量参与办馆、文旅融合、重大公共安全突发事件应对中，国家图书馆均有高水平研究受到业界普遍关注。除此以外，在文化领域普遍关注的全民阅读、阅读推广领域，以及万物互联、区块链等新技术应用领域，国图也均有高影响力的研究。

表 5　国图 2011—2020 年间每年被引次数最高的论文

序号	标题	第一作者	发表年	被引次数
1	以免费开放为契机　全面提升我国图书馆公益性服务水平	周和平	2011	43
2	关于“十二五”时期我国公共图书馆事业发展的战略思考——《全国公共图书馆事业发展“十二五”规划》解读	申晓娟	2012	39
3	全民阅读活动的背景、特色与推动	汤更生	2013	62
4	万物互联背景下我国公共图书馆新业态发展思考	魏大威	2014	64
5	社会力量参与公共图书馆服务体系建设现状简析	张若冰	2015	37

续表

序号	标题	第一作者	发表年	被引次数
6	阅读推广人培训的现状与展望——以中国图书馆学会阅读推广人培育行动为例	张章	2016	39
7	新环境下社会力量参与公共图书馆管理运行创新研究	霍瑞娟	2017	39
8	利用区块链技术驱动国家数字图书馆创新升级	魏大威	2018	28
9	文旅融合背景下公共图书馆研学旅游服务创新策略	金龙	2019	54
10	重大公共安全突发事件中图书馆应急服务专家笔谈	魏大威	2020	54

4.2 科研主题分布

关键词集中表达了论文研究主题，是论文的核心所在，通过绘制高频关键词共现图，利用关键词间的聚类关系，可以分析国图发文的科研主题分布情况。本文选取词频 7 次以上的关键词绘制关键词共现图，去掉图书馆、国家图书馆、公共图书馆、中国国家图书馆、数字图书馆五个极高词频的关键词以及对策、策略、问题等无实际意义的词，以防止产生过多无效关联，最终的共现图中包含 162 个关键词（如图 5 所示）。

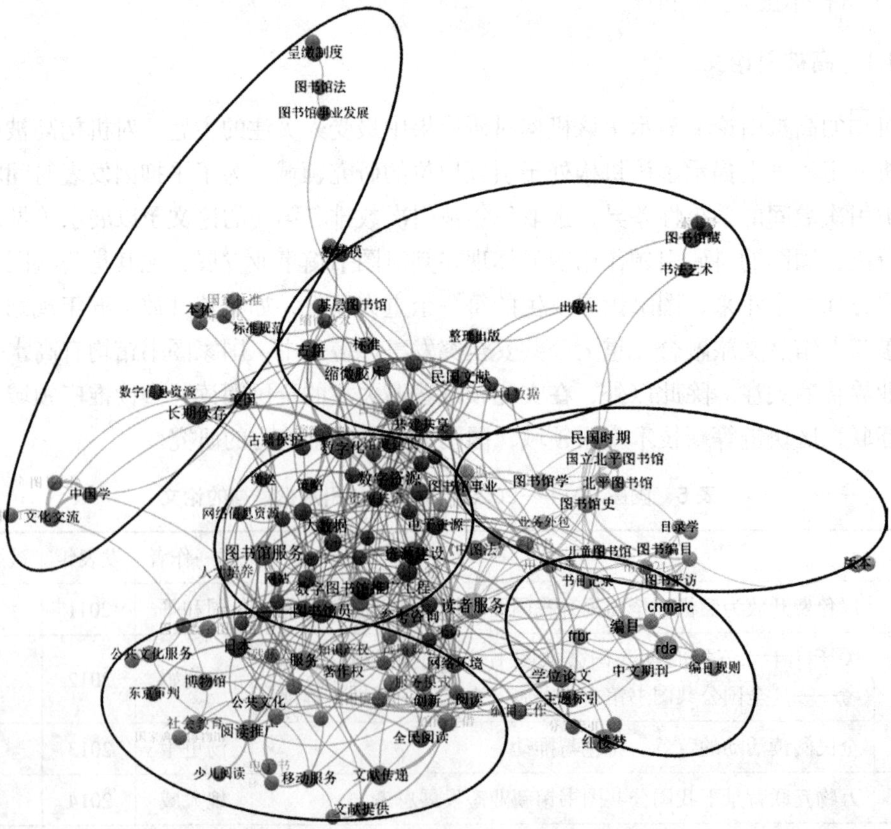

图 5　国图 2011—2020 年间关键词共现图

整体来看，国图十年间年发文集中在六个方面：①数字资源建设与保存，该部分主要包含数字图书馆推广工程、数字资源建设、长期保存等内容以及大数据、可视化等相关的数字技术；②图书馆服务与阅读推广，该部分主要与图书馆业务相关，既包含参考咨询、文献提供等传统服务，也包含阅读推广、知识产权和公共文化等新兴服务；③古籍保护与出版，包含古籍保护相关的数字化、数转模、缩微胶片等内容，以及民国时期文献的整理出版；④图书馆史与目录学，主要包含民国时期图书馆史和目录学、版本学相关内容；⑤图书馆编目，主要包括 RDA、FRBR、CNMARC 等编目规则相关的内容；⑥图书馆事业发展与对外交流，该部分包含图书馆立法、标准规范建设等图书馆事业发展研究以及中国学等文化交流内容。

4.3 主题变化情况

CNKI 重新加工了每篇文献的分类号，使其更加完整、精确，便于从宏观上了解科研主题的分布以及变化情况。笔者对国家图书馆近十年的分类号进行了整理，由于国图的发文主要集中在 G25 类目中，为保证各类数量均等且重点突出，笔者按照自定义的方式[①]对分类号进行了归并，并计算了相比于前五年，最近五年的变化率，发文量超过 100 或增长率超 100% 的主要分类号如表 6 所示。

表 6 国图 2011—2020 年间发文所属主要分类号及变化情况

分类号	分类名称	发文量	近五年增长率	该分类下主要研究内容
D	政治、法律	144	−40.00%	公共图书馆法和著作权法
G23	出版事业	89	34.21%	出版自动化
G251	图书馆管理	126	−44.44%	含图书馆员职业素质和继续教育
G252	读者工作	429	−21.25%	各种读者服务业务，含参考咨询和阅读推广
G253	藏书建设和藏书组织	211	2.88%	
G254	文献标引与编目	244	−34.01%	
G255	各种文献工作	204	−25.64%	古籍文献和缩微文献，及一定量的期刊报纸和视听资料研究
G256	文献学	103	−28.33%	
G258.1	国家图书馆	137	104.44%	
G258.2	公共图书馆	183	12.79%	

① G类以外的分类号归并到一级，G类中的分类号归并到二级，G2 中的归并到三级，G25 中的类归并到四级，G258“各类型图书馆研究”归并到五级。

续表

分类号	分类名称	发文量	近五年增长率	该分类下主要研究内容
G259	世界各国图书馆事业	265	0.76%	中国图书馆事业和图书馆事业史，还包含美日俄德英的图书馆事业
G26	博物馆学、博物馆事业	26	171.43%	陈列、展览工作
I	文学	160	−2.47%	中国古代文学、诗歌、小说的研究和评论
J	艺术	102	75.68%	中国书法和绘画
K	历史、地理	215	−28.00%	清史和地方志
TS	轻工业、手工业	29	525.00%	造纸工业

从表中可以看出，就图书馆具体工作而言，除藏书建设外，各项读者工作、文献标引与编目、古籍文献和缩微文献等的研究近五年均略有下降，而各种类型图书馆研究领域，中国家图书馆和公共图书馆是国图研究的重点，且近五年有显著上升。除图书馆领域外，国图的论文主要涉及公共图书馆法、著作权法，出版自动化，陈列、展览工作，中国古代文学、诗歌、小说、书法和绘画，清史和地方志以及造纸工业等多个与图书馆有关联的研究领域。其中，造纸工业、陈列展览工作、中国书法和绘画研究、出版自动化领域近五年有明显增长。

此外，笔者分析了国图发文中最近三年新出现的高频关键词，这为展示近期研究领域的变化提供了新的视角。近三年新兴高频关键词指向三类研究：①针对文旅融合、新冠肺炎疫情热点事件的研究；②针对区块链、人工智能、数字人文等热点技术在图书馆中的应用研究；③纸质文献、民国时期文献的保存和保护，新形势下图书馆的转型发展，以及县级图书馆的发展等图书馆自身发展研究。这些热点一定程度上预示了未来的研究方向，尤其是转型发展，国家图书馆馆长提出智慧化图书馆发展[5-6]，得到业界普遍关注和欢迎，这无疑会是未来的重要发展方向。

5 结论与建议

5.1 研究成果丰富，引领特定领域发展

十年间，国图科研成果丰富，除期刊论文外，出版图书和结项项目总量十分可观，尤其在专利和标准领域，国图的科研成果在引领行业建设方面发挥了重要作用。研究主题涵盖《中国图书分类法》图书馆学和图书馆事业所有大类，主要集中在六个方面：数字资源建设与保存、图书馆服务与阅读推广、古籍保护与出版、图书馆史与目录学、图书馆编目、图书馆事业发展与对外交流。在科研主题方面，国图的引领作用显著体现在其对图书馆事业发展，尤其是公共图书馆事业发展方面，十年来，图书馆界发生的每一

个重大事件国家图书馆均有高水平研究受到业界普遍关注。除此以外，在文化领域普遍关注的全民阅读、阅读推广领域，以及万物互联、区块链等新技术应用领域，国图也均有高影响力的研究。

5.2 研究总量下降，个别领域增长显著

十年间国图发文量有所下降，虽并不算显著，但需要予以关注，采取切实措施保持科研数量和质量的稳步上升。就主题而言，图书馆具体工作，除藏书建设外，各项读者工作、文献标引与编目、古籍文献和缩微文献等的研究近五年均略有下降，是需要着力提升的领域。也有一些领域发文增加明显，如国家图书馆和公共图书馆研究近五年有显著上升，除图书馆领域外，造纸工业、陈列展览工作、中国书法和绘画研究、出版自动化领域近五年有明显增长。近三年新兴高频关键词指向三类研究：文旅融合等热点事件、区块链等热点技术应用，以及纸质文献、民国时期文献的保存和保护，图书馆智慧化转型，县级图书馆发展等领域研究，这些热点一定程度上预示了未来的研究方向。

5.3 大力提倡合作，积极发挥基金作用

国家图书馆各部门科研情况大不相同，古籍馆、研究院和信息技术部科研实力出众，古籍馆、研究院也分别是国图合作网络中四个部分中其中两个部分的核心。剩下的两个部分核心分别为国图大多数部门以及国图出版社、社会教育部以及中国图书馆学会秘书处，各个部分均与馆外机构有一定合作基础。合作可明显提升核心率和篇均被引频次，跨部门和跨机构合作有着更高的核心率，跨机构合作还可获得更高的篇均被引频次，需要着力提倡。基金论文在提升科研水平方面发挥了显著作用，国家社会科学基金和国家图书馆馆级科研项目是基金论文产出的最主要来源，需要继续关注，另外馆级科研项目在鼓励受众少但高质量的科研选题方面发挥了独特作用，需要予以鼓励。

参考文献

[1] 詹福瑞 . 国家图书馆的 310 室 [EB/OL].(2017-07-11)[2021-02-27]. https://www.sohu.com/a/156256785_281966.

[2] 孙一钢，姚迎 . 营造学术氛围激发科研活力——国家图书馆“十五”期间科研工作综述 [J]. 国家图书馆学刊，2006(1)：56-60.

[3] 仲华 . 国家图书馆图情核心期刊发文统计分析 [J]. 合作经济与科技，2013(4)：92-93.

[4] 中国国家图书馆科研平台 [EB/OL].[2021-02-20]. http://keyan.nlc.cn/.

[5] 饶权 . 回顾与前瞻：图书馆转型发展面临的问题与思考 [J]. 中国图书馆学报，2020(1)：4-15.

[6] 饶权 . 全国智慧图书馆体系：开启图书馆智慧化转型新篇章 [J]. 中国图书馆学报，2021(1)：4-14.

抗战时期根据地报刊整理研究

——以国家图书馆馆藏文献为例

何　隽（缩微文献部）

抗战全面爆发后，中国共产党在敌后战场开辟抗日根据地，通过多种形式开展对日游击作战，沉重打击了侵华日军，并取得了最终的胜利。这一时期，党的各级组织及其所领导的机关团体在根据地编印发行了一大批报纸、期刊，这些文献全面记录了中国共产党及其领导的机关团体在斗争中不断壮大的发展历程。国家图书馆藏有大量抗战时期根据地报刊文献，而这些文献也为中国近现代史、党史、新闻传播等领域的研究保存了珍贵的历史资料，具有重要的文物和史料价值。

1　抗战时期根据地报刊整理出版情况

关于抗战时期根据地报刊的整理和利用，相关文献的出版与研究早在新中国成立之初就已经开展，如工人出版社、人民出版社在20世纪50、60年代曾影印过一大批珍贵的抗战时期根据地报刊文献，主要作为内部参考资料，80年代后也陆续有不少相关内容编印出版，将其中的部分成果按时间顺序列举如下：

1.1 《解放日报》[1]

《解放日报》是当时的中国共产党中央委员会机关报，1941年创刊于陕西延安。1955年，人民出版社对该报自1941年创刊号至1947年终刊的全部内容进行影印，总计2130号，共12册。该影印本保持了报纸原貌，按照原本大小进行复制，为内部发行，总体印刷数量较少，市面上难得一见。

1.2 《新中华报》（综合版）[2]

红军长征抵达陕西后，在原《新中华报》的基础上另起刊号，出版《新中华报》综合版（又称为刷新版）。该书对1939年2月7日至1941年5月15日出版的《新中华报》部分进行影印，共230期，缺第18期。印数仅为529套，印量较少，为内部发行。

1.3 《红色中华》[3]

《红色中华》是中华苏维埃共和国中央政府机关报，共324期，是土地革命时期中国共产党在中央苏区创办的第一份中央机关报，也是发行量最大的一份报刊。《新中华报》是抗战时期中共中央与陕甘宁边区机关报，延续《红色中华》。该书由中央档案馆整理影印，共包括《红色中华》及《新中华报》两种共474期，另附有“红色中华”第二次全苏大会特刊7期，共分为5册合订，总印数为300套，印量较少。1982年，该书再次影印出版，仍为内部发行[4]。

1.4 《抗敌报》[5]、《晋察冀日报》[6]

《抗敌报》《晋察冀日报》是《人民日报》华北版的前身。最初名为《抗敌报》，1940年12月后更名为《晋察冀日报》，至1948年6月后更名为《人民日报》。《抗敌报》创刊于1937年12月11日，是中共中央北方局以及其后中共晋察冀中央局的机关报。1984年，人民出版社影印该报，共26册，覆盖范围自1938年1月起至1948年6月止。

1.5 《抗日战争期刊汇编》[7]

该汇编收录了《抗战戏剧》《救亡》《前锋》《抗敌》《统一战线》《七七纪念特刊》《统一战线》等来自全国12家图书馆共42种抗战时期稀见期刊，共40册，为抗战时期期刊类文献影印集大成者，具有较高的历史文献价值。

1.6 《八路军军政杂志》[8]

该刊为抗战时期国民革命军第十八集团军的军队刊物，刊登有前线战地与战区通讯以及毛泽东等领导人的谈话和文章，报道了一线阵地的前沿动态，记录了国共两党在抗战时期合作与斗争的具体情况，是研究抗日民族统一战线的重要参考材料。

1.7 《1938—1948〈晋察冀日报〉通讯全集》[9]

该书收集了1938年至1948年十年间《晋察冀日报》刊登的通讯文章，总览政治、经济、军事、社会等各方面内容，记载了抗日战争以及解放战争时期晋察冀根据地军民抗战的综合情况，记载了根据地、解放区民众的生活状况，对于晋察冀根据地的相关历史研究具有重要价值。

1.8 《红色档案——延安时期文献档案汇编》[10]

该汇编收集了中国共产党在延安时期政治、经济、军事、文化、教育等方面的文献档案资料，收录有延安时期出版的期刊、图书以及个人日记、笔记、单位档案等史料，其中汇编的红色报刊文献包括《解放》《共产党人》《八路军军政杂志》《中国妇女》《中国工人》《中国青年》等，共计20余种60卷，该书填补了延安时期文献档案系统在出版领域的空白。

1.9 《红藏：进步期刊总汇（1915—1949）》[11]

该丛书共计428册，系统整理并影印了新中国成立之前，中国共产党中央及其领导和支持的各级机构、组织、团体主办创办的进步期刊类文献151种，如《新青年》《少年中国》《列宁青年》等，其中多数刊物系新中国成立以来首次出版，其收录的期刊文献底本主要来自于中央档案馆，具有特殊的史料价值。

1.10 《解放日报：临时刊》[12]

该影印本内容与1955年人民出版社所出版内容有所区别，主要为1946年12月5日至1947年2月10日间《解放日报》的临时刊，总共为52期，是1955年影印本的重要补充。《解放日报》为每日一刊，但每逢重要事件会增设一刊，本书影印的主要对象即为《解放日报》的增刊。

1.11 《中华抗战期刊丛编》[13]

该丛编是由江苏省档案局、南京师范大学抗战研究中心整理编辑出版，是国内首部多卷本档案文献彩色影印丛书，全书共67册，3万余页，集中收录了抗战时期敌后抗日根据地以及在重庆、上海两地出版的抗战期刊95种，682卷。该丛编所涉及大部分内容的时间范畴为1939年以后，收录了如山东军区编印的《战士》以及《抗敌周报》、《先锋杂志》等一批红色期刊文献，反映中国共产党在特定的历史时期如何向公众宣传政策，鼓舞民心士气。

1.12 《红色中华全编》[14]、《新中华报整理本》[15]、《新中华报综合版整理本》[16]

该书为以中央档案馆影印的《红色中华》、《新中华报》及刷新版文献为底本进行了二次整理，为排印本。相比于五六十年代人民出版社内部发行的影印版，在文献内容上补充了缺失的77期至144期的14个版面，并从《石叟资料》以及原瑞金革命历史纪念馆等收藏机构增补了中央苏区留守时期出版的4期11个版面，在内容上较为完整。该汇编对于研究中央苏区历史和党史研究具有重要的参考价值，是影印本的有力补充。

此外，还有《新华日报·华北版（1939—1943）》、《新华日报·太行版（1943—1949）》（山西日报社，1986年）、《〈解放日报〉文艺版目篇汇编》（中央文献出版社，2012年）、《晋察冀日报选录》（中共灵丘县委党史研究室，2005年）、《红色画典——〈红色中华〉漫画通览》（中共党史出版社，2015年）、《〈红色中华〉金融史料摘编》（中国金融出版社，2016年）、《〈新中华报〉金融史料摘编》（中国金融出版社，2018年）、《〈红色中华〉上海新闻整理汇编》（上海科学技术文献出版社，2020年）等出版物以不同的领域、不同的时间区隔以专题汇编、文献集成、单行本影印、编排整理等方式对抗战时期根据地报刊文献进行出版和整理揭示，在此无法一一列出。总体而言，相关类别的出版成果较多，大型出版项目主要集中于期刊、档案类，部分报纸也有影印、整理及摘编等成果呈现，但由于报纸底本自身的特殊性，与期刊类相比，出版种类相对较少，总体上仍有较大的发掘空间。

2　国家图书馆藏抗战时期根据地报刊综述

2.1　馆藏情况概述

抗战时期根据地报刊指的是抗战时期中国共产党的各级组织及其所领导和支持的各个机关团体，在敌后抗日根据地创建并编印的报纸期刊文献。这类文献存世数量有限，多为内部出版，具有很高的资料价值。由于当时出版所处环境困难，大多报纸期刊都是在前线编印发行的，因此在形制上具有比较显著的特点，许多报刊为不定期出刊，其中期号错漏等情况也多有发生，此外，在发行的范围上也比较有限，部分期刊为秘密印刷。由于环境的特殊性以及印量较少，这一时期的根据地报刊相对于同期国统区和沦陷区，以及解放战争时期的红色报刊，在完整程度上有所折扣，散佚情况也较为普遍。从内容上看，抗战时期根据地报刊是中国革命史的记录者，也是中国新闻史的重要组成部分，其记录宣传的内容都是紧密配合当时的斗争形势和革命任务，一切以革命斗争为中心，彰显出极其鲜明的战斗精神，内容通俗生动，扎根群众，服务大众，具有极强的可读性。

通过运用 Aleph 检索系统与丹诚数据系统，以中国共产党历史报刊名录为依托，对馆藏红色文献进行调查分析，经检索比对去重，国家图书馆藏有抗战时期根据地报刊文献共 158 种，其中期刊类 56 种，报纸类 45 种，编列为新善本 73 种，缩微品异质存藏 82 种[①]。从类别上看，抗战时期根据地报刊文献可分为中央机关、敌后抗日根据地、群众团体与人民军队报刊，根据地域情况或团体分类，又可做进一步划分，具体为：中央机关报刊 5 种，敌后抗日根据地 95 种、群众团体报刊 32 种，人民军队报刊 26 种。在敌后抗日根据地类别中，陕甘宁边区报刊 12 种，晋察冀根据地 13 种，晋冀鲁豫根据地 25 种，晋绥抗日根据地 11 种，山东抗日根据地 14 种，华中抗日根据地 19 种，华南抗日根据地 1 种。在群众团体报刊中，工人团体 2 种，妇女团体 4 种，青年团体 9 种，其他团体 17 种。在人民军队报刊中，八路军 21 种，新四军 5 种。

从文献出版地来看，根据编目信息，以所辖地区为单位进行划分，可识别创刊地的根据地报刊共有 129 种，其中山西 33 种，陕西 32 种，山东 21 种，河北 19 种，江苏 11 种，安徽 5 种，河南 3 种，浙江 3 种，广东 2 种。抗战爆发后，敌后抗日根据地经历了初创、发展、坚持到扩大四个阶段，其中陕西、陕西、山东、河北等地也是敌后根据地发展的重点。从某种意义上看，馆藏抗战时期根据地报刊的出版分布基本反映了抗战时期根据地发展的布局情况。从文献出版时间看，以创刊年为标准，可识别出版时间的报刊共有 148 种，从具体分布来看，1937 年 2 种，1938 年 22 种，1939 年 29 种，1940 年 26 种，1941 年 18 种，1942 年 7 种，1943 年 10 种，1944 年 16 种，1945 年 18 种，侧面反映了敌后抗日根据地从无到有、不断发展的历程。馆藏部分文献由于散失较多或长期处于流动状态，暂无法判断识别出版地或创刊时间。

---

① 同一种文献存在多种介质及类别存藏，因此不同类别的存藏数量之和大于总种数。

2.2 馆藏稀见根据地报刊选介

关于中国共产党在根据地发行的红色报刊，已有较多文献通过不同形式得到了开发，但仍有相当数量的馆藏红色小报由于其稀见性和完整性有待于进一步整理与揭示，其中具有代表性的有以下几种：

2.2.1 《冀鲁豫日报》

《冀鲁豫日报》是中国共产党冀鲁豫区党委机关报。1941 年，山东鲁西党委与冀鲁豫区党委合并，所属的机关报《鲁西日报》《卫河日报》随之合并，创立该报，并在山东菏泽、梁山县等地出版发行。由于受战时恶劣环境影响，该报刊期变化较为频繁，曾出版二日报和三日报，偶有周报，报纸的错号、重复号的现象较多。在抗战时期，《冀鲁豫日报》作为机关报，刊载了大量中央及区党委的政策指示以及毛泽东的论著，报道了冀鲁豫地区反扫荡斗争以及组织群众建设边区的情况，对人民武装斗争的政策方针进行了有力宣传。

2.2.2 《鲁南时报》

《鲁南时报》是中国共产党鲁南区党委机关报，发行量最高达一二万份。受战时环境影响，该报出版频率曾多次更迭，抗战时期为四日报，抗战胜利前夕更改为三日报，解放战争时期有日报、双日报、三日报的形式出版。该报于 1940 年创刊于平邑县油篓村，创办不久即休刊，1941 年该报复刊，报头由罗荣桓题写。战斗性强是该报的一个重要特点，该报的各级人员均为随军作战人员，始终处在对敌作战的环境中，报社人员在反扫荡和反围剿斗争中坚持办报，一方面向战士和民众宣传中央政策，一方面揭发敌伪势力压迫民众的罪行，办报特色非常鲜明。

2.2.3 《大众报》

《大众报》是中共胶东特委、胶东区党委机关报，也是中国共产党在敌后抗日根据地最早创办的报纸之一。该报于 1938 年创办于胶东黄县，报纸为铅印四开四版，在版面布局上，头版为社论要闻，第二版为国内时事，第三版为国际时事，第四版为地区新闻及副刊。该报出版频率不定期，重复号、错号较多，馆藏纸质文献破损严重，部分字迹较为模糊且有透字。由于身处一线，该报社在编印过程中多次遭到日寇扫荡，牺牲数十余人，但仍然采取灵活机动的斗争策略，不断转移，坚持出版，在胶东地区产生了极大的社会影响力。

2.2.4 《渤海日报》

《渤海日报》是中国共产党渤海区委机关报，最初为三日刊，后改为二日刊，在鲁北地区出版。1944 年，中共清河地委与冀鲁边区党委合并为渤海区党委，所属机关报《群众报》《冀鲁日报》合并后创立该报，期号延续《群众报》，附有画刊。该报同样有错号、重复号的情况存在。由于办报环境艰苦，该报印刷所采用的纸张为手工制作的土纸，质量较差，现存的文献中部分纸张透字、破损均较为严重。该报基本为自采自编，记者赴前线进行战地采访，报道了大量中国共产党在敌后与日军、伪绥靖军周旋作战的消息，极大地鼓舞了当地军民的士气。

2.2.5 《拂晓报》

《拂晓报》是中国共产党淮北苏皖区委机关报，二日刊。1938年，《拂晓报》在河南确山县竹沟镇创刊，是在彭雪枫的倡议下创办的，先后由新四军第六支队，八路军第四纵队和新四军第四师政治部主办。1942年，与中共淮北区党委机关报《人民报》合并，成为中共淮北区党委机关报。《拂晓报》报道了敌后抗日根据地人民军队艰苦卓绝的对敌斗争，向民众宣扬了中国共产党的抗日主张。除在当地发行外，《拂晓报》还发行至延安和其他抗日根据地，被誉为新四军第四师的“三大法宝”之一，深受根据地人民的欢迎。

2.2.6 《淮海报》

《淮海报》是中国共产党淮海区委机关报，1940年创刊于皖东北，称为《人民报》，同年9月迁往淮海区出版。1941年，苏皖区党委改为淮海区党委后，改称为《淮海报》，报头由陈毅题写。1945年8月23日，改称《苏北报（淮海版）》。受战争影响，该报曾多次临时休刊。在版面布局上，头版和四版为地方新闻，主要宣传党的方针政策和当地发展情况，第二版为电讯版，报道国内外重要时事，第三版为文艺版，刊登有当地军民创作的文学、快板等文艺作品。

2.2.7 《新路东》

《新路东》是中国共产党淮南区路东省委机关报，在安徽淮南出版，报头由邓子恢题写。1942年7月，《新路东》由三日报改为四日报，年底改为日报，后又改为三日报、四日报、双日报等多种形式出版，发行量最高达到5000份。1942年12月至1943年5月期间，报名为《新路东日报》。该报于1944年停刊，与《新六合报》合并为《淮南日报》。在版面布局上，头版为地方新闻，二、三版为国内和国际新闻，四版为文艺副刊。该报刊登有大量中国共产党在抗战时期的方针政策以及互助组等社会实践情况，并发行至国统区，对民众进行了广泛的报道宣传。

2.2.8 《博罗日报》

《博罗日报》是国民党广东博罗县党部机关报，实际是在中国共产党东江特委支持下进行编印发行的。该报初为油印本，1943年改出铅印版。1939年，中共东江特委委派黄惊白、张觉青协助国民党博罗县党部书记陈洁创办《博罗日报》，旨在通过办报了解国民党对共产党的真实态度并掩护当地共产党员的活动，开展统一战线宣传工作。受环境和掩护隐蔽等因素的影响，《博罗日报》曾发表如“剿匪”专稿等内容，但总体上在团结进步力量，宣传抗战上起到了重要作用，完成了预定的政治使命。由于背景及参与人员所具备的特殊性，因此该报具有十分特殊的价值。

2.2.9 《晋西大众报》

《晋西大众报》是晋西北抗日根据地的通俗类报纸，也是中国共产党在根据地创办的较早的通俗化报纸之一。该报创刊于1940年10月，报头由续范亭题写，其主要的面向对象是当地基层干部和普通民众，大众化的特色十分鲜明，时事报道和政策文章有的以章回体小说、快板书的方式，独具特色，在全国产生了重要影响。

3 馆藏根据地报刊文献史料价值

毛泽东说："报纸的作用和力量，就在它能使党的纲领路线，方针政策，工作任务和工作方法，最迅速最广泛地同群众见面。"[17]抗战时期根据地报刊不仅是向民众宣传政策，还是凝聚民心的动员号角，充分体现了其传播思想、宣传主张、组织动员、瓦解敌人[18]的功能，在中国新闻史上具有举足轻重的地位。从文献资料方面来看，馆藏主要有以下两个方面的史料价值：

3.1 对党史、现代史研究提供重要的史料支撑

历史如水，史料如舟，历史研究无法脱离对史料的分析和利用。作为一手的原始权威资料，根据地报刊一方面反映了中国共产党在敌后战场对敌作战的历史事实，另一方面也全面、系统地展现了抗战时期根据地的实际社会状况，勾勒出敌后根据地新陈代谢的基本轮廓，这对于相关专题领域或学科的研究而言，都是重要的资料参考。对于相关文献的研究回归到当时的历史环境来看，才能更好地理解把握报刊本身的建设基础与发展路径。国家图书馆作为全国最大的文献保藏机构之一，收藏有大量珍稀的红色报刊文献。通过对根据地报刊文献的整理，对于推进相关学科和专题的研究大有裨益。

3.2 对新闻传播研究提供生动的历史借鉴

五四运动以来，报刊一直是马克思主义在中国传播的重要媒介，涌现了如《觉悟》《新青年》《少年中国》等一批进步报刊。随着革命形势和国内外环境的不断变化，红色报刊的办报方式、办报区域和报纸内容也都随之发生了较大变化。全面抗战爆发后，中华民族与日本帝国主义间的矛盾上升为主要矛盾，红色报刊的使命也不仅仅停留在揭露中国人民同官僚资本主义和封建主义的矛盾，更富有战斗性。通过对抗战时期根据地报刊的梳理发现，大多数报刊的起步和发展都面临着很大的困难，基础十分薄弱。很多报纸的采编人员一方面既要负责新闻写作，同时也是一线的战斗人员，不少人员为了坚持办报而牺牲，办报环境十分恶劣。报刊的出版印刷常常随着环境的变化而变化，因此很多报纸的编印体现出无定所、无定期的特征。由于人员、资金、设备严重缺乏，很多报纸印量很少，而且所采用的纸张质量较差，因此目前所留存的报刊文献散失情况严重，现存的文献在整体上状况也欠佳。正是因为办报环境的恶劣与艰难，这些文献的编辑出版鲜活生动地体现出中国共产党人的新闻观以及党与群众之间的鱼水关系，这对于特定时期的历史研究和对当今中国的新闻事业同样具有重要的参考价值。通过对相关文献的整理发掘，既为红色报刊的沿革变迁提供重要的历史线索，也对当今新闻出版业的建设也有着借鉴和启迪作用。

参考文献

[1] 解放日报 [G]. 北京：人民出版社，1955.
[2] 新中华报（综合版）[G]. 北京：人民出版社，1955.

[3] 红色中华 [M]. 北京：人民出版社，1964.
[4] 红色中华 [M]. 北京：人民出版社，1982.
[5] 中共晋察冀中央局. 抗敌报 [G]. 北京：人民出版社，1984.
[6] 中共中央北方分局，中共晋察冀中央局. 晋察冀日报 [G]. 北京：人民出版社，1984.
[7] 姜亚沙，经莉，陈湛绮. 抗日战争期刊汇编 [G]. 北京：全国图书馆文献缩微复制中心，2006.
[8] 姜亚沙，经莉，陈湛绮. 八路军军政杂志 [G]. 北京：全国图书馆文献缩微复制中心，2010.
[9] 晋察冀日报史研究会. 1938—1948《晋察冀日报》通讯全集 [G]. 北京：中共党史出版社，2012.
[10]《红色档案——延安时期文献档案汇编》编委会. 红色档案——延安时期文献档案汇编 [G]. 西安：陕西人民出版社，2014.
[11] 中共中央华中局. 红藏：进步期刊总汇（1915—1949）[G]. 湘潭：湘潭大学出版社，2014.
[12] 延安新闻纪念馆. 解放日报：临时刊 [G]. 西安：陕西人民出版社，2014.
[13] 江苏省档案馆，南京师范大学抗战研究中心. 中华抗战期刊丛编 [G]. 南京：南京师范大学出版社，2015.
[14] 中国井冈山干部学院，中央档案馆.《红色中华》全编 [G]. 整理本. 南昌：江西人民出版社，2016.
[15] 中国井冈山干部学院，中央档案馆.《新中华报》[G]. 整理本. 南昌：江西人民出版社，2016.
[16] 中国井冈山干部学院，中央档案馆.《新中华报》综合版 [G]. 整理本. 南昌：江西人民出版社，2016.
[17] 毛泽东选集第 4 卷 [M]. 北京：人民出版社，1991.
[18] 高杨文. 新民主主义革命时期的红色报刊研究 [J]. 红色文化学刊，2019（2）：48-54，110.

公共图书馆法律文献信息资源建设路径探析

——以国家图书馆为例

武婧琪　第五鹏瑶（立法和决策服务部）

国家历来重视法治文化建设，从1997年党的十五大提出“以法治国”方略，2002年十六大提出“中国特色社会主义法律体系”目标、2007年十七大的“文化建设”方针到2014年十八届四中全会提出全面推进依法治国的总目标和重大任务的“科学发展观”，这些新时期的法治及文化建设方针对我国法律文献资源的建设起到了极大的推进作用。

法律文献资源作为法学专业文献的有机集合，从广义上来讲，是指国内外各类政治、经济制度、法律制度的物化知识财富在各类图书馆、信息中心、资料室内的存在方式。依托公共图书馆的功能定位，公共图书馆应成为提供法律文献资源服务、开展全民普法宣传活动、推进法治文化宣传建设的重要阵地和平台[1]。因此，研究公共图书馆法律文献信息资源建设具有十分重要的意义。本文在厘清我国法律文献信息资源建设的内涵与特点的基础上，从国家图书馆的馆藏为基点，对法律文献资源建设现状进行分析，以期从总体上摸索一条法律文献信息资源建设的路径。

1　法律文献资源建设的内涵与特点

文献资源建设（Document Resources Building），是指在一定范围内的图书馆及其他文献情报机构对文献资源进行有计划的积累和合理布局，建立具有特定功能的藏书体系的全过程，以期能够保障社会发展和国家建设的需要。随着藏书协调的发展，文献资源建设的内容也不断丰富，以满足社会发展和国家建设对文献资料的需求。

但是，我们也应该看到，由于我国在健全国家法治体系方面起步较晚，当前的法律文献资源建设还存在一定的问题。从资源分布方面来看，我国的法律文献资源按政府部门体制纵向排列，在职能上、业务上严格依照本部门职能行事。这种纵向发展造成资源割据，阻碍了法律文献资源的整体化建设[2]。从文献内容方面来看，法律文献因其学科自身的属性，涉及的部门广、系统多，文献资源分布庞大，从而也使我们对其文献资源工作的认识与展开增加了特殊的困难。

2 公共图书馆法律文献信息资源建设的意义分析

2.1 为法治中国建设提供重要保障

研究法律文献资源对于国家的法治文化建设有十分重要的作用。一方面，法律文献直接体现与衡量国家法制发展的进程，也是国家各级各类法制机构与工作部门在其立法、审议、实施法律法规过程中可靠的信息依据与主要保障途径。因此，法律文献资源建设必须纳入国家法制体系建设中。另一方面，法律文献也是各级司法部门进行法治教育和普法教育的主要来源之一，以此来提高和强化公民的法律意识。公共图书馆作为文化传播的重要窗口，其法律文献信息平台的发展将会为法治建设成果的保存、出版、传播创造更好的条件。

2.2 促进我国法律文献资源的建设

当前，我国法律文献信息资源建设主要以法律法规、司法案例等实务性内容为主，研究性、学术性内容建设较少。公共图书馆可以广泛收集法律法规和案例以外的文献，以弥补研究性法律数据库缺失的空白。同时，我国法律文献信息资源建设以北大法宝、北大法意等商业数据库建设为主导，缺少统一、权威、快捷的免费法律类数据库。公共图书馆可以发挥自身公益性的特点，向社会公众提供免费、高质量的法律文献信息资源。其次，在特色法律资源的建设过程中，对特色文献予以重新整理，将会从根本上提升公共图书馆的文献资源利用率。最后，我国法律图书馆的发展一直有不同政法系统各自为政的局面。公共图书馆可以在其中架起沟通的桥梁，广泛开展文献传递业务，并寻求更深层次的业务合作与交流。

3 国家图书馆法律文献信息资源建设分析

3.1 引进资源

3.1.1 中文资源

目前，国家图书馆已购买三个中文法律数据库的使用权限，分别为北大法宝、北大法意数据库以及月旦法学数据库。

表 1 北大法宝与北大法意收录数据对比

类别	重要数据库名称	北大法宝（条）	北大法意（条）
法律法规	大陆（内地）法规	2560346	2339425
	大陆（内地）法规（英译本）	无	3858
	国际条约	9285	7538
	香港法规	3600	2709
	澳门法规	26586	33282

续表

类别	重要数据库名称	北大法宝（条）	北大法意（条）
法律法规	台湾法规	10162	10559
	外国法规库	497	1118
	立法资料	9377	10159
司法案例	大陆（内地）案例库	114479028	101771484
	台湾法院案例库	无	714337
	香港案例库（中英文）	无	89814
	澳门案例库（中葡文）	无	17736
	精品案例	无	333915
学术资源	会议论文	无	40185
	报纸论文	无	236658
	期刊论文	257520	357337
	法学专著	无	33929
	学位论文索引库	无	258559
其他	法律文书库	5956934	2019
	中文合同范本库	9152	8210

从表1中可以看出，在法律法规与司法案例方面，北大法宝与北大法意收录的大陆内容均较为全面。在港澳台内容方面，两个数据库均提供法律法规的中文简体版本。经与港澳台立法机关网站数据对比，两个数据库法律法规的收录较为全面，而且更新及时。但是，在港澳台的司法案例收录上，北大法宝缺少这部分内容，而北大法意也仅有部分年份的数据。在国际内容方面，两个数据库均提供部分国家法规的中译本，但提供的数量较少。在国际条约方面，两个数据库均提供中译版的国际条约，但收录数量上均严重不足，而且内容上多为中国对外缔结的条约，缺少各个国际组织颁布的法律法规。

在学术资源方面，北大法意进行了会议论文、学术论文以及期刊论文等资源建设，但是收录年份较少，并且近两年的数据均未更新。北大法宝收录的法学期刊比较全面，更新及时。但是，缺少除法学期刊之外的其他重要学术资源建设。

在法律文书方面，北大法宝仅收录检察文书，缺少公安机关、法院等其他司法行政机关发布的文书。在中文合同范本库方面，两个数据库收录了买卖合同、担保合同等不同类别的合同范本，覆盖范围全面。

月旦知识库是台湾元照出版社开发、出版的法学专业数据库。月旦数据库主要收录台湾地区出版的法学学术资源，包括期刊、论著、硕博论文、教学案例四大类。月旦知识库收录数据量见表2所示。

表 2　月旦知识库收录数据

类别	数量（条）
期刊	397718
论著	47398
硕博论文	53172
教学案例	1487

综上所述，国家图书馆引进资源缺少港澳台的司法案例建设以及外国法律资源的中文建设。同时，在学术资源的建设上也略有欠缺。

3.1.2　外文资源

目前，国家图书馆引进五个外文数据库。其中，引进两个特色法律资源库 Kluwer Law Online 法律在线、MOML 现代法律之路，以及三个综合法律数字库 HeinOnline 法律数据库、Lexis Advance 法律数据库以及 Westlaw International 法律数据库。

Kluwer Law Online 法律在线资源库是国际法领域的权威数据库。该库由科威国际法出版社建设，收录了国际法领域 26 种重点期刊、9 种法学手册以及 25 种法学百科全书，涵盖欧盟法律、知识产权法、贸易法等 11 个法学类目。

MOML 现代法律之路收录 1800—1926 年间英美法系的各类法学文献，包括法学专论及著作，英美法及非英美法的经典法规法令，以及极具历史意义的案例资源。该库为 Gale 出版社收集及整理来自哈佛法学院、耶鲁法学院、约克大学法学院及哥伦比亚法学院的珍贵法学内容收藏。

HeinOnline 法律数据库收录美国联邦以及各州的法律文献、英国法律文献、加拿大法律文献、国际条约及协定、西方法学期刊以及法学著作等内容。

Lexis Advance 法律数据库收录美国联邦及各州的成文法和案例，以及阿根廷、德国、马来西亚、俄罗斯等 160 个国家的法律文献。

Westlaw International 法律数据库收录美国、英国、加拿大、澳大利亚等地区的成文法和判例，国际刑事法院、国际法院、世贸组织等判例报告，以及西方法学期刊和法学著作。

综上可见，外文数据库收录范围广泛、法律文献资料多样，基本可以满足读者对于国外法律文献资料的需求。国家图书馆特色法律资源库的引进可为公共图书馆法律资源的引进以及建设提供借鉴。除建设综合性法律数据库外，还可针对特定法学领域以及特定历史时期进行法学资源的建设。

3.2　自建资源

文献资源数字化是公共图书馆信息网络化发展的必然要求，同时也是公共图书馆在当前新时期呈现出的一种发展趋势。当前，国家图书馆积极投入到法律文献数字化建设，并根据用户的多样化需求以及馆藏特色资源，进行相关法律内容的数字化资源的开发工作。

3.2.1 馆藏特色法律资源数字化建设——民国法律数字化资源库

民国法律数字化资源库是国家图书馆自主开发的数据库。民国时期法律文献是国家图书馆的特色馆藏资源。民国法律文献的数字化不仅有效解决了文献资源的长期保护问题，而且极大地方便读者利用这类文献资源，并促进中国近代史以及中国法律史的研究。目前，民国法律数字化资源库收录 8113 条民国法律文献数据，提供民国法律文献的全文扫描版，涵盖了民国时期南京国民政府、北京政府等不同政权颁布的法律。

3.2.2 专题法学数据资源建设

国家图书馆除面向社会公众外，还为中央和国家领导机关，重点科研、教育与生产单位等机构提供服务。以国家图书馆立法和决策服务部为例，为满足不同用户对于法律文献的需求，立法和决策服务部依托国家图书馆丰富的馆藏资源、专业的服务水平以及强大的技术支撑，根据用户需求，已建成两个专题法律数据库。

中国历代判例数据库以传统法律为核心，展示中国传统法律中的案例古书籍内容、判例内容和文献概述。同时可以对图库、判例、文献进行检索等。

G20 国家法院数据库以馆内重要图书数据、文献资源、各国法院网站信息作为基础建设内容，对不同法系代表性国家的最高法院审判系统进行汇总和分析。

3.2.3 法学文献平台的建设

除了进行馆藏特色法律资源的数字化建设以及专题法学数据资源的建设，国家图书馆还在积极筹备法学资源平台的建设工作。依托国家图书馆法律参考阅览室的文献资源，计划推出法学文献资料中心网络平台。

其中，国家法律法规数据库为法学文献资料中心的重要自建内容，旨在整合国家图书馆文献资源，为社会公众提供一个统一、权威、快捷、免费的法律法规数据库。该库的法律法规数据来源于馆藏全国人大常委会公报、国务院公报等政府公报的扫描版，保证了数据的权威性和准确性。目前，法律库已完成数据库编码规则的确立，并逐步推进法律法规数据的加工工作。

国家法律法规库的建设只是法学文献平台建设的第一步。接下来，平台将会整合馆藏法律资源，并推出创新性服务，更好地服务于用户。

4 公共图书馆法律资源建设路径探析

4.1 建立完备的法律文献收藏体系

加强特色法律文献的补全与收集工作，是建立完备的法律文献收藏体系的重要内容。为了体现国家图书馆特色的法律文献藏用体系，按照国家图书馆“中文文献求全，外文文献求精”的馆藏原则，有必要通过各种手段补全馆藏缺少的法律文献，包括法学类非正式出版物、特色法律文献等。法学类非正式出版物因其自身性质受限，在各类馆藏文献中属于收集难度大、漏缺最多的法律文献之一。但同时，这类文献也是很多法律工作者研究及工作的重要参考资料，因此，应该加强法学类非正式出版物的收集与管理，尤其是学术性文献、会议资料以及内部刊物的收集。

4.2 加强法律图书馆间的合作

任何一个公共图书馆人力、财力、物力都无法实现对各类法学文献的全部收集。公共图书馆可积极采取图书馆联盟战略，基于“协作竞争、结盟取胜、双赢模式”，实现法律资源的共建共享，促使法律文献的流动跳出各部门体制、各系统格局的限制。如，美国法律图书馆已逐渐形成全球性的法律信息服务网络，运用最新科技为法律界的信息资源共享发展做出进一步贡献[3]。因此，公共图书馆可牵头建立法律文献资源平台，实现数字资源的共享，努力实现法律文献资源的统一处理、检索、传递以及导航服务，促进各个法律图书馆的协同发展。

4.3 集中力量进行特色馆藏资源的揭示

特色馆藏是指一个图书馆所收藏的文献资料具有自身的独特风格，它包含两个方面的含义，其一是指一个图书馆独具特色的部分馆藏，其二是指一个图书馆总的馆藏体系具有与众不同的特点[4]。公共图书馆法律资源的建设只有加强自身的特色性才更有立足和发展的希望。特色法学数据库的建立不应过分强调文献采集数量，而是要根据资源优势和建设需要实现“求精、求特”，以促进法律文献资源的丰富和进一步发展。

4.4 提高图书馆法律文献相关工作者的专业素质

图书馆法律文献相关工作者的专业素质对于图书馆法律文献资源建设、法律文献服务等方面有直接影响。一方面，在科学发展观的指导下，公共图书馆应加强文献采编管理体系建设，要让采编人员加强法律相关内容的继续教育，形成专业性、知识性、市场化并兼的文献资源采编队伍。同时，法律文献采编人员应从文献供应向文献选择逐渐转型，通过数字技术不断丰富图书馆资源。另一方面，对于图书馆直接面向读者的法律文献工作者，多开展法律文献数据库的培训，使其熟练掌握数据库的内容与检索方法，以便满足读者对于法律文献更深层次的需求。

参考文献

[1] 张婕 . 基于分众模式的公共图书馆法律文献信息服务［J］. 图书馆学刊，2015（10）：93-96.

[2] 朱岩福 . 新时期我国法律图书馆文献资源建设出路［J］. 出版广角，2016（2）：64-65.

[3] 祝玲 . 美国法律图书馆的发展及演变述略［J］. 晋图学刊，2019（5）：7-12.

[4] 白云峰，刘英赫 . 国内法律图书馆现状分析与思考［J］. 法律文献信息与研究，2012（1）：52-56.

浅谈文旅融合背景下公共图书馆志愿服务发展

——以国家图书馆为例

宣艺瑶（党群工作办公室）

党的十九大以来，文化事业、文化产业和旅游业融合发展，开启了从“文化志愿服务”到“文化和旅游志愿服务”的新阶段。近年来，我国文化和旅游志愿服务队伍不断壮大，志愿服务方式不断创新，志愿服务水平不断提高，志愿服务成效愈加显著。2019年，文化和旅游部与中央文明办联合印发了《2019年文化和旅游志愿服务工作方案》，对如何开展文化和旅游志愿服务工作提出了指导意见。国家图书馆积极响应号召，对在文旅融合发展背景下公共图书馆文化和旅游志愿服务进行“志愿服务 + 品牌建设”“志愿服务 + 研学旅行”“志愿服务 + 数字化建设”“志愿服务 + 应急机制”等积极探索，进一步发挥文化旅游在脱贫攻坚中的特殊作用，满足人民群众的美好生活需要。

1 “文化志愿服务”向“文化和旅游志愿服务”转型的基本概况

2018年3月，十三届全国人大一次会议审议通过了国务院机构改革方案，整合原文化部和国家旅游局工作职能，组建为新的“文化和旅游部”。2019年3月，文化和旅游部、中央文明办联合印发了首次以“文化和旅游志愿服务”命名的工作方案，开启了从“文化志愿服务”到“文化和旅游志愿服务”建设发展的新阶段。在促进文化与旅游融合发展的国家战略与发展机遇下，文化和旅游志愿服务呈现新的发展趋势，具体到公共图书馆志愿服务领域，文旅融合为图书馆创新服务提供了新的载体和思路。

1.1 “文化和旅游志愿服务”的延续点

对比《2019年文化和旅游志愿服务工作方案》与之前历年印发的《文化志愿服务方案》，“文化和旅游志愿服务”品牌项目、范围领域和主要服务人群与“文化和志愿服务”一致。

一是延续“文化志愿服务”原有的三个品牌项目。新方案中，继续实施原有的深具影响力的全国文化志愿服务品牌“春雨工程”——全国文化志愿者边疆行活动、“阳光工程”——中西部农村文化志愿服务行动计划、“圆梦工程”——农村未成年人文化志愿服务计划。继续通过“春雨工程”“阳光工程”等全国示范性活动以及基层公共文化机构志愿服务活动的广泛开展，推动服务区域、群体和层次的均衡发展。

二是都是以老少边穷地区为重点服务地域。与“文化和旅游志愿服务”与“文化志愿服务”相同，都是将服务重点放在老少边穷地区、贫困地区农村、基层地区，以促进优质文化资源在城乡之间、地区之间的均衡配置。

三是都是以弱势群体为主要服务人群。“文化和旅游志愿服务”与“文化志愿服务”相同，都是以服务弱势群体、保障人民基本文化权益为宗旨，特别是针对留守儿童、孤寡老人、残疾人和流动的农民工群体开展服务。

1.2 “文化和旅游志愿服务”做出的新调整

相较于“文化志愿服务”，“文化和旅游志愿服务”在多个方面做出了相关调整。

一是参与主体更加多元。除了广泛动员各类公共文化机构，新方案中，“文化和旅游志愿服务”强调了要鼓励和支持“企事业单位、旅游景区、社会团体等各方力量”，体现了对动员文化事业、文化产业、旅游业、社会力量以及文旅融合参与的高度重视。

二是服务覆盖范围更加全面。从2019年起，“‘春雨工程’——全国文化志愿者边疆行”活动调整为“‘春雨工程’——全国文化和旅游志愿服务行动计划”，并拟定了四个方面的项目。服务地域从之前的边疆地区、民族地区、革命老区、贫困地区调整为覆盖全国的四大类项目，即“新时代文明实践中心志愿服务、边疆民族地区志愿服务、基层公共文化机构志愿服务、文明旅游志愿服务”。

三是资源配置更加优化。新方案“春雨工程”项目中特别列出了“文明旅游志愿服务”，提出要围绕某些文旅资源，通过挖掘传统文化、增强旅游体验等，以旅载文、以旅传文，形成可长期开展的文化和旅游志愿服务项目，体现了文化志愿服务和旅游志愿服务资源优势互补，以文化和旅游志愿服务助力文化与旅游融合发展。

表1 “文化和旅游志愿服务”转型发展基本概况

比较项目	2019年前历年印发的《文化志愿服务方案》	《2019年文化和旅游志愿服务工作方案》
品牌项目	“春雨工程”“阳光工程”“圆梦工程”“大地情深”等	“春雨工程”“阳光工程”“圆梦工程”
参与主体	广泛动员各级各类公共文化服务机构	广泛动员各类公共文化机构、企事业单位和旅游景区、社会团体等各方力量
重点服务区域	老少边穷地区	老少边穷地区
主要服务人群	弱势群体	弱势群体
“春雨工程”服务范围	搭建内地与边疆地区、民族地区、革命老区、贫困地区和部分海疆地区横向交流的平台	覆盖全国

2 文旅融合背景下国家图书馆志愿服务新探索

国家图书馆结合资源优势，积极探索实践，新形势下对文化和旅游志愿服务新探索主要体现在以下几个方面。

表 2 文旅融合背景下国家图书馆文化和旅游志愿服务探索实践

<table>
<tr><th>“春雨工程”专项</th><th>线上志愿服务项目</th><th>研学旅行文化和旅游志愿服务活动</th></tr>
<tr><td>“网络书香”数字图书馆推广工程</td><td>“云读书”抗疫专题线上阅读推广活动</td><td>“我是小小讲解员”</td></tr>
<tr><td>“文津图书奖”阅读推广活动</td><td rowspan="2">中国学文献线上整理项目</td><td rowspan="2">海淀研学游之“悦读之旅”</td></tr>
<tr><td>中华古籍保护志愿服务行动</td></tr>
</table>

2.1 “春雨工程”专项文化和旅游志愿服务活动

文旅融合以来，国家图书馆继续通过组织实施“春雨工程”相关专项，创新网络书香阅读推广活动形式，扩大文津图书奖推广活动覆盖范围；继续深入开展中华古籍保护志愿服务工作，精准制定文化和旅游志愿服务项目，搭建起与边疆地区、民族地区、革命老区、贫困地区和部分海疆地区的文化交流平台，助力文化扶贫。2020 年，“春雨工程・网络书香”数字阅读推广活动荣获全国文化和志愿服务项目线上大赛三等奖。

2.1.1 “网络书香”数字图书馆推广工程

依托数字图书馆推广工程，开展“春雨工程・网络书香”数字图书馆阅读推广、公共数字文化走基层活动，以“大展台”“大讲堂”等活动形式，努力将优质文化资源推送到边疆地区，助力文化扶贫。2020 年疫情防控期间，国家图书馆根据疫情防控要求，开展了“网络书香”公共数字文化走基层活动，除了为基层图书馆捐赠实体图书，扩充其馆藏外，国家图书馆积极调集和整合数字文化资源，推出了名家讲座等一系列线上、线下阅读推广内容，不断丰富疫情防控期间人民群众精神文化生活，将优质安全的数字文化服务送到基层地区百姓身边。

2.1.2 “文津图书奖”阅读推广活动

开展“文津图书奖”阅读推广活动，进一步加强与边疆地区图书馆合作，扩大“文津图书奖”推广活动覆盖范围，围绕“文津图书奖”策划阅读拓展活动，举办获奖图书推广阅读体验活动、观展答题有奖活动，并根据各参与馆工作实际举办阅读讲座、读书沙龙等活动，多馆多地多平台联动，与国家图书馆携手文化共建共享，助力全民阅读。

2.1.3 中华古籍保护志愿服务行动

在国家图书馆、国家古籍保护中心的支持下，中国古籍保护协会组织开展中华古籍保护志愿服务工作，各基层馆、高校、科研院所、文博单位、志愿者组建起专业志愿服务队，在普查行动上形成合力，联手服务，助力各公藏单位古籍普查和保护，推动全国古籍普查进程。

2.2 疫情及后疫情时代的线上文化和旅游志愿服务活动

近年来，国家图书馆认真落实中宣部等七部门印发的《关于公共文化设施开展学雷锋志愿服务的实施意见》，在文化和旅游部的指导下，紧密结合本馆业务工作特点，调动各部门、各党支部和团支部青年力量，组织开展形式多样、内容丰富的文化志愿服务工作，为切实保障国图事业发展、满足大众精神文化需求发挥了积极作用。2020 年新冠疫情发生以来，线下志愿服务项目全面停止，国家图书馆紧跟疫情发展动态，围绕疫情防控要点，利用国家数字图书馆服务网络和平台，不断探索线上线下相结合的、具有图书馆特色的文化和旅游志愿服务模式。

2.2.1 “云读书”抗疫专题线上阅读推广活动

疫情防控期间，国家数字图书馆应用程序推出“用爱披荆斩棘　守护好时光”等多个移动阅读专题，向公众传递抗疫知识，传播正能量。依托国图公开课平台，推出“防疫在家　书香为伴”专题，精选国图公开课、文津讲坛、文津读书沙龙等精品音视频内容，陪伴读者度过特殊时光。与中国图书进出口总公司合作，引入全国 40 余家优秀出版单位的 200 余种优质正版电子图书，并在国家数字图书馆应用程序和微信服务号开设战“疫”书柜和新时代新经典书柜。积极争取扩大外购数据库访问权限，中华医学会学术期刊、中国医学科普文献、万方学术期刊、新东方多媒体学习等 30 余个涉及医药卫生、教育研究、知识服务的外购数据库，由原来仅限于局域网访问放宽至互联网注册使用，方便读者远程查询和下载，为居家办公查阅资料、在家学习辅助教学、科普医学知识、开展学术科研提供丰富的电子文献资源保障，通过互联网资源整合，使读者和观众共享线上信息资源。

2.2.2 中国学文献线上整理项目

2020 年，按照疫情防控常态化要求，依托国家图书馆服务阵地开展的志愿服务活动全面停止，尝试将线下志愿服务转为线上模式。以“中国学文献整理项目”为试点，采取“志愿北京”平台定向招募的方式，招募选拔培养小语种专业志愿者，参与中国学项目整理，将不涉密、不涉业务安全的相关内容转移到线上实施整理。2020 年全年参与志愿服务 261 人次，累计服务时长 5951.5 小时。

2.3 研学旅行中引入文化和旅游志愿服务活动

国家图书馆以“春雨工程”专项为引领，针对未成年儿童、青少年等特定人群，积极探索由图书馆传统服务型志愿活动向专业特色型服务拓展，广泛与文化、旅游、教育等相关专业组织机构建立联系，在研学旅行活动的“大公益”中引入“小文化和旅游志愿者”，为研学旅行活动提供志愿服务实践岗位，将文化学习与行动体验相结合，让参与者的学习体验在志愿实践中得到检验，推进文化、旅游、教育、志愿服务等多方融合，打造国家图书馆文化和旅游志愿服务品牌项目。

2.3.1 “我是小小讲解员”

国家图书馆（典籍博物馆）作为重要的青少年教育基地，肩负着传播典籍知识、弘扬传统典籍文化的责任。“我是小小讲解员”活动是针对7—15岁未成年儿童开设的文化和旅游志愿服务项目，志愿者在完成规定的课程学习内容并通过汇报考核后，可加入到“小讲解员”队伍，将自己的所学运用到展厅的实际讲解中，以孩童视角的讲解感染观众，做好典籍知识的传播者。

2.3.2 海淀研学游之“悦读之旅”

2017年起，国家图书馆（国家典籍博物馆）开展海淀研学游之“悦读之旅”活动。活动以利用典籍博物馆丰富特色的展览文化资源，充分融入国家图书馆（国家典籍博物馆）及海淀区其他重要研学资源特点，将优秀传统文化、自然景观、人文景观、科教资源充分整合，通过讲解、体验、互动融“学”“游”“志愿服务”于一体，比如，2018年策划开展的“《诗三百》里草木馨——读《诗经》，识植物”活动，国家图书馆与紫竹院公园建立合作，引导儿童将《诗经》中读到的植物与公园植物的观察相结合，提高学习效果。参与儿童既是游学课程的参与者，又是参与培训的文化和旅游志愿者，更是中华优秀文化的小小传播者。

3 文旅融合背景下公共图书馆志愿服务发展存在的问题

3.1 文化和旅游志愿服务应急服务机制和服务预案亟待完善

面对新冠疫情突发、公共图书馆线下服务全面停止的局面，志愿服务及志愿服务队伍组建的灵活性和专业志愿者队伍的储备对疫情防控期间的公共图书馆服务保障发挥了重要作用，也对后疫情时代加强和完善志愿服务常态化服务与应急服务机制和服务预案的制订提出了新的要求。

3.2 文化和旅游志愿服务体系亟待进一步完善

目前，文化和旅游志愿服务尚处于转型发展阶段，要推动建立起更加完善的文化和旅游志愿服务信息资源共享平台，让服务需求者和提供者充分交流互动，让文化和旅游志愿服务更专业、更高效、更有针对性，不断提高志愿服务的精准度。

3.3 依托公共图书馆阵地的文化和旅游志愿服务专业特色品牌亟待提升

在依托图书馆阵地开展的文化和旅游志愿服务中，国家图书馆紧密围绕读者服务、文化展览、文献整理等业务，建立起“志愿服务总队—各志愿分队—志愿者”三级管理体系，针对特殊时期、特殊人群，积极探索线上服务、研学旅行等相关项目。但是，缺乏了一些图书馆“特色品牌”的引领，需要逐步打造一些有影响力、有专业高度的“品牌化”志愿服务，带动公共图书馆文化和旅游志愿服务不断向着更高水平、更高专业化的方向发展。

4 文旅融合背景下公共图书馆志愿服务转型发展的经验与启示

4.1 “志愿服务 + 品牌建设”，突出公共图书馆文化和旅游志愿服务内容的特色优势

认真组织实施“网络书香”数字图书馆推广工程、“文津图书奖”、“中华古籍保护志愿服务行动”等品牌项目，充分发挥“春雨工程”专项的示范引领作用，在推动重大文化和旅游项目实施的同时，紧密结合文旅融合背景下公共图书馆实际，围绕“新时代文明实践中心志愿服务、边疆民族地区志愿服务、基层公共文化机构志愿服务、文明旅游志愿服务”四方面服务特色，立足新形势下基层群众的文化新需求，丰富志愿服务内容，推动培育具有图书馆特色优势的志愿服务品牌。

4.2 “志愿服务 + 研学旅游服务”，依托公共图书馆阵地，积极尝试多形式多载体的文化志愿服务

依托公共图书馆服务阵地，多层面开展有助于中华优秀传统文化传播与发展的研学旅行活动，在“大公益”研学旅行项目中引入文化和旅游志愿服务岗位，让更多未成年人通过研学项目了解、体验优秀传统文化，并且培养、支持、引导其中有能力、有意向的青少年加入文化和志愿服务队伍，参与到优秀传统文化的传承弘扬中，形成研学旅行、志愿实践的良性循环，打造“展厅讲解 + 旅行体验 + 目标研学 + 志愿实践”的全方位公共教育体系。

4.3 “志愿服务 + 数字化建设”，进一步提升公共图书馆数字化服务能力

文化和旅游志愿服务要适应新的发展要求，加快数字化服务形式和服务内容，培育数字化服务队伍，提升数字化服务能力，拓展线上惠民服务空间。一是在数字化管理方面，依托“全国文化和旅游志愿服务”信息管理平台，统筹整合线上线下文化、旅游资源，实现文化和旅游志愿服务项目供给与需求的合理对接。二是在保障公民公平、平等、自由享有图书馆服务方面，丰富线上数字资源载体，通过文化和旅游志愿服务，以特殊群体为重点对象，积极保障特殊群体文化权益，逐步缩小差距。

4.4 “志愿服务 + 应急机制”，探索建立公共图书馆文化和旅游志愿服务应急服务机制

新冠疫情的暴发，对公共图书馆文化和旅游志愿阵地服务、流动服务产生巨大冲击。要以此次疫情防控常态化为契机，把握公共图书馆文化和旅游志愿服务的规律特点，做好常态化服务与应急服务的预案，进一步提高文化和旅游志愿服务的安全保障。

参考文献

[1] 文化和旅游部、中央文明办联合印发《2019 年文化和旅游志愿服务工作方案》[EB/OL].[2021-03-01].http://www.gov.cn/xinwen/2019-03/28/content_5377630.htm.

[2] 文化和旅游部　中央文明办关于开展 2018 年文化志愿服务工作的通知 [EB/OL].[2021-03-01].

http：//zwgk. mct. gov. cn/zfxxgkml/ggfw/202012/t20201205_916608. html.
[3] 良警宇 . 从“文化志愿服务”到“文化和旅游志愿服务”：发展、转型与新探索 [J] . 中国志愿服务研究，2020 (1)：92-107，202.
[4] 刘颖 . 文旅融合背景下的图书馆志愿服务研究 [J] . 文化产业，2020 (33)：149-150.
[5] 王一萍 . 浅谈文旅融合背景下文旅志愿服务发展 [J] . 文化产业，2020 (18)：6-7.

基于区块链的图书馆版权管理系统研究

史　郡（数字资源部）

区块链技术是在《“十三五”国家信息化规划》中被定位为提供数字化、网络化、智能化服务的关键性技术之一[1]。区块链技术和理念与图书馆智慧化的发展理念相契合，为图书馆智慧服务的发展注入了新的引擎和活力，为更具魅力的知识生态、智慧互联环境和更大范围、更多样信息共享空间的形成提供了可能[2]。其中版权管理作为区块链技术的重要应用领域，将区块链技术引入图书馆的版权管理，能适应图书馆数字版权管理的现实需求与远发展，区块链将成为图书馆数字版权管理的新工具[3]。

1　传统图书馆版权信息管理系统

传统图书馆版权信息管理系统是数字图书馆时代技术发展的重要内容，也是整个数字图书馆运行的法律支持和核心基础构件[4]。其面向的是贯穿数字图书馆建设和利用全过程的数字版权问题，目的是为在图书馆进行数字资源采集加工、组织保存和发布服务的同时，图书馆能够有效管理馆藏资源的数字版权及其授权。

传统的图书馆版权信息管理系统的主要目标是建设图书馆版权信息库，实现馆藏信息、授权信息、合同信息三位一体的登记与管理，并提供版权相关信息的查询、检索和统计服务，建立各种资源之间的版权关联关系以及版权与馆藏资源之间的授权关系[5]。对于图书馆来说，传统的图书馆版权信息管理系统可以设计独立的应用系统的形式进行建设，也可以依靠原有馆藏管理系统添加版权信息管理模块。

2　区块链技术基本原理

2.1　区块链的定义和分类

根据工信部指导发布的《区块链技术和应用发展白皮书2016》的定义：狭义来讲，区块链是一种按照时间顺序将数据区块以顺序相连的方式组合成的一种链式数据结构，并以密码学方式保证的不可篡改和不可伪造的分布式账本；广义来讲，区块链技术是利用块链式数据结构来验证和存储数据、利用分布式节点共识算法来生成和更新数据、利用密码学的方式保证数据传输和访问的安全性，利用自动化脚本代码组成智能合约来编程和操作数据的一种全新的分布式基础架构和计算范式[6]。区块链技术基于对等节点组网技术（Peer-to-peer networking，P2P 网络）、非对称加密算法和数据库技术，在此基础上发展了共识机制、数据存储、网络协议、加密算法、隐私保护和智能合约等六类核心关键技术，同时安全与隐私保护、跨链、分片等技术也在快速发展之中。

根据参与者及应用方式的不同，区块链技术可以分为公有链、私有链和联盟链。公有链即任何组织和个人都可以加入、使用和维护，参与者多为匿名，信息是完全公开的。私有链和联盟链，则是引入参与者的许可机制。私有链，由集中管理者进行管理限制，只有内部少数人可以使用，信息不公开。联盟链，介于两者之间，由若干组织一起合作维护一条区块链，必须具有一定权限才可以访问、使用该区块链，相关信息会得到保护[7]。

2.2 区块链的技术特性

2.2.1 去中心化

由于区块链技术基于P2P网络技术发展而来。而P2P网络的特征就是在整个系统中任意节点的权利和义务是相同的，不存在中心化的服务器节点，所有节点通过特定的软件协议共享数据资源。如果一个节点的失效或者损坏都不会影响整个系统的运行，而每一个节点存储的数据都是整个系统的一个数据备份。

2.2.2 不可篡改

区块链的数据保证一旦经过验证添加至区块链时，会通过向全链广播的方式，让每个参与维护的节点都能同时获得一份最新的完整数据。除非能够同时控制整个系统中足以进行数据修改数量的节点（一般是整个系统节点51%以上的节点），否则单个节点对账本的篡改是无效的，也无法影响其他节点上的数据内容。区块链的“不可篡改”并非指不允许编辑区块链系统上记录的内容，而是整个编辑的过程都被记录在链上。

2.2.3 可追溯性

区块链本质上是一个分布式账本，因此区块链上的数据都可以是为一笔交易。而每笔交易数据记录时都会记录与其相关的所有历史交易的摘要信息。这使得对区块链上数据的任何操作都将记录并留存在区块链上。因此区块链的参与者可以看到数据变化的每一步，也可以根据任意一笔交易在区块链上追查与其全部相关的历史交易。同时，区块链的不可篡改特性保证了写入区块链上的交易很难被篡改，为可追溯性提供了保证。

2.2.4 透明可信

区块链系统是去中心化的，系统中的所有节点都是对等的，因此系统中每个节点都可以完整观察系统中节点的全部行为，并将观察到的这些行为在各个节点记录，因此整个系统对每个节点都具有透明性。对于公有链来说，系统数据甚至是全网公开的。另一方面，在保证区块链上的所有数据对所有节点都透明可见的同时，区块数据在添加到区块链上时需要由共识算法保证所有节点间的一致性，因为区块链系统的信息具有可信性。

3 基于区块链的图书馆版权管理系统

3.1 可行性分析

3.1.1 技术可行性

区块链技术中的时间戳等技术，其去中心化和不可篡改等特性，使区块链技术天然适合版权领域。权利人可以利用时间戳技术记录其进行版权确权的时间，不可篡改等特性则可以证明内容创建者和信息真实可靠，有效节省了传统知识产权确权中的权威机构认证时间和费用。中国区块链技术和产业发展论坛也提出了《区块链版权存证应用指南》[8]，给出了区块链版权存证的基本原则、相关方和业务过程。

3.1.2 业务可行性

现代图书馆从事数字信息服务是无法绕开版权问题的，责任风险和版权纠纷不可避免，数字版权管理已成为当代图书馆市场竞争力的核心要素[9]。掌握全面准确的版权主体（权利人）、客体（作品）和授权条件等信息是图书馆开展科学化、规范化版权管理的必要前提[10]。图书馆通常采用两种途径掌握版权管理信息，一是通过网络收集相关作品的版权信息；二是通过各种版权集体管理组织收集版权管理信息。这两种途径获取的版权信息要么信息分散难以收集全面，要么信息的透明度不高。图书馆通过区块链技术可以解决面临的问题。

3.2 要素分析

3.2.1 管理对象

版权管理分为确权、用权和维权三个环节。图书馆不是司法部门，也非著作权集体管理组织，维权不是图书馆核心需求。图书馆主要关注在确权和用权环节。对于图书馆来说，首先需要对图书馆自主创造的、具有明晰版权归属的知识成果全流程进行管理；其次对通过第三方数据机构、出版社或个人作者途径引进的资源，也可以利用区块链的技术特性进行适当管理。

3.2.2 技术选型

由于公有链的数据是对全网公开透明，而且公有链对匿名用户并无有效的控制手段，而且公有链系统的运行效率较联盟链和私有链更低。所以一般不选择公有链构建版权管理系统。相比于公有链，私有链和联盟链能够实现用户的灵活准入和监管限定，可以把数据信息共享控制在有限范围内，同时又保证系统安全。在运行效率上，私有链和联盟链也比公有链高。但私有链并不能完全体现区块链的技术特性，联盟链更适用有一定信任基础的行业内区块链构建[11]。因此一般采用联盟链作为系统底层系统框架。

3.3 基于区块链的图书馆版权管理系统功能模块设计

参考基于版权存证系统设计，结合图书馆版权管理的相关需求，可以构建基于区块链的图书馆版权管理系统，其总体功能结构如图 1。本系统的核心功能模块为版权存证、版权交易和版权溯源，其他功能性模块可以根据具体系统建设单位的实际需求添加。

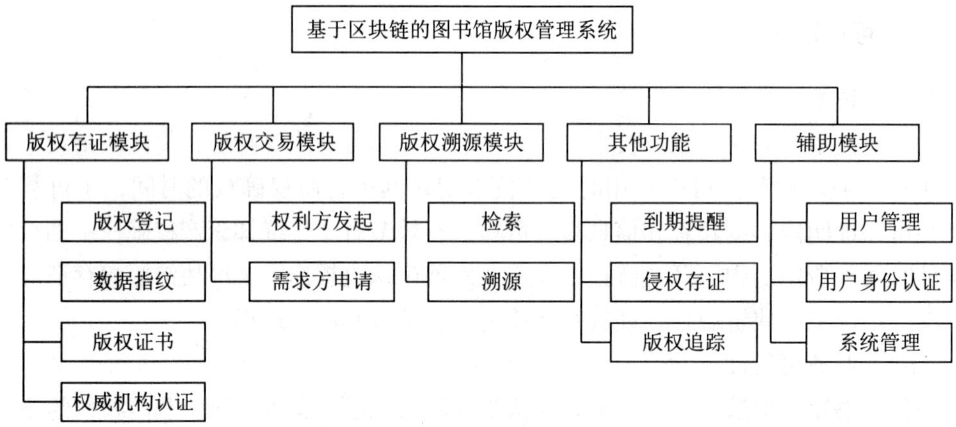

图1　基于区块链的图书馆版权管理系统总体功能结构图

3.3.1　版权存证模块

版权存证模块的基本功能是由作品权利人通过在系统中登记作品元数据及作品的相关权利信息，完成对作品著作权的确权，然后将存证数据写入区块链。图书馆相比于其他领域，会用丰富的元数据描述资源，但由于系统资源所限，元数据中哪些项目需要上链，图书馆需要根据实际需求决定。权利人和作品夫人相关数据上链后，根据权利人需求生成相应版权存证证书，可以为电子证书或纸质证明。

系统采用时间戳和数据指纹技术保证对权利归属宣称的有效性。时间戳是区块链的本身技术特性，可以明确作品的时间情况，做到入链即确权。数据指纹是提取作品相关特性摘要的技术，将通过摘要算法产生唯一数值串，是版权存证模块中必需且重要功能。通过数据指纹，可以明确权利人与作品的对应性和唯一性。如果他人使用已登记作品进行登记，系统应该可以通过数据指纹判断作品已登记，并拒绝重复登记。目前多数系统采用的是哈希值作为作品的数据指纹，但如果数据种类复杂多样，需要采用更加高级的特征提取技术。

除了基础版权存证功能外，如果需要增强存证的有效性和权威性，系统可以同步接入版权局等国家权威版权认证机构，对相关信息进行认证和备案。而是否引入权威机构的认证信息是作为背书，取决于系统使用运营方的需求。

3.3.2　版权交易模块

版权交易模块主要功能是用户通过区块链中账本的透明性，链上用户可以获取可用资源和权利信息，依托智能合约开展版权交易。权利方可以主动向链上其他用户发起交易。链上有资源需求的用户也可以向资源权利方申请发起交易。链上发生全部交易信息将生成新的区块数据写入系统账本。版权交易之所以能够实现，需要系统明确了作品权利的归属，又对作品版权的使用做到了可追溯。

对于图书馆来说，版权交易可以方便管理图书馆下面相关业务的版权。首先是图书馆购买数据库或从出版社等第三方机构采购数字资源，这在区块链版权系统里对应的就是版权交易。另一个业务是数字资源捐赠，这部分业务也涉及授权，相当于版权交易。不同的业务需要不同的智能合约，需要图书馆根据自身需求，对区块链的智能合约相关功能进行调整，实现成熟合理的智能合约。

3.3.3 版权溯源模块

版权溯源模块的基本功能是用户可以通过区块链的透明性特征查看作品权利的归属以及作品的授权和使用情况。版权溯源近似于传统系统的查询检索功能。权利人可以查到自身作品的版权每一次流转情况，即使交易不经过权利人本身。正是由于在区块链上每一条版权信息不能轻易篡改并且随时可追溯，才使版权存证和交易成为可能。

而且不同于别的区块链信息存证系统，用户不仅能使用作品描述性信息进行溯源，还应该可以利用作品本身的信息进行溯源和查询。利用作品的溯源需要利用数据指纹技术，系统提取待验作品的数据指纹信息，与链上存储的数据指纹比对后，即可判断数据的权利归属与流转情况。

3.3.4 其他功能

对于图书馆的版权管理系统来说，除了上述三个核心模块，还需要相关辅助模块，如用户管理、系统管理、统计模块等，其中必不可少的是用户身份认证模块，尤其是个人身份认证。为了保证版权存证的有效性及权利人的真实性，除了利用区块链的透明性和不可篡改性外，系统还需要接入相关政府部门的信息认证系统或接口。

除了辅助功能模块外，系统建设方可以根据本身需求，增添相应的功能模块。这些可扩展的功能包括到期提醒、侵权存证、版权追踪等。

版权到期提醒参考自传统的版权管理系统功能。传统管理系统一般以合同为中心，通常的到期提醒都是基于合同的授权到期提醒。基于区块链的版权管理系统除了类似的基于版权交易智能合约的授权到期提醒信息，还可以由权利人本身的自主权利提醒。

在版权存证标准中，还有侵权存证、版权追踪等模块。这些板块需要系统主动对相关网站进行监测，对侵权网站进行页面抓取取证。但这些功能对于图书馆的版权管理来说非必需，所以系统运营方需要根据实际需求，在建设系统添加相关功能。

4 基于区块链的图书馆版权管理系统与传统图书馆版权管理系统的差异

首先，系统的核心数据不同。传统版权管理系统以合同中心。在传统的版权管理系统中，作品的版权信息是不能单独存在的，必须与合同信息相关联。因为在传统的版权管理系统，作品的版权信息、授权信息都是来自于合同。例如图书馆购买的数据库电子图书的授权信息来自于数据库的采购合同。基于区块链的版权管理系统则是以作品的存证数据为中心。在区块链版权管理系统中，作品的版权信息是独立存在的，其版权信息是由版权所有者直接在系统中登记，是版权所有者对作品权利归属的宣称。如要在区块链系统中登记版权信息，可能需要出版社或作者直接进行登记。

其次，系统的侧重方向不同。传统版权管理系统保证的是作品版权获得的可靠性。

传统版权管理系统以合同为中心，通过合同条款明确作品版权的来源，授权的种类和范围，保证作品版权信息的可靠。基于区块链版权管理系统更加强调存证。通过个人身份认证保证权利人的真实性，作品的数据指纹保证作品的唯一性，区块链本身的时间戳和不可修改性保证有效性，以上共同保证了作品进行存证的可靠性。

最后，系统的使用范围不同。传统版权管理系统管理的数据是系统使用单位本身持有的资源的版权资源。系统的使用者一般是图书馆版权部门的工作员，不会对公众开放。而基于区块链版权管理系统是面向版权所有者、版权使用者等版权交易全流程。系统的使用者范围更广，既有作品的权利人，也是版权使用者。图书馆既可作为版权使用者接受授权，也可以作为版权拥有者向他人授权。

区块链技术为图书馆数字资源版权信息管理提供了新思路和新方法。笔者对基于区块链的版权管理系统的构建，是将区块链技术应用于图书馆版权管理的一次尝试。随着理论实践的分别成熟，区块链技术必然能够真正解决图书馆在版权管理领域面临的种种问题。

参考文献

［1］魏大威，董晓莉．利用区块链技术驱动国家数字图书馆创新升级［J］．图书馆理论与实践，2018（5）：98-103.

［2］只莹莹．5G+ 区块链技术在图书馆智慧服务中的应用研究［J］．图书馆工作与研究，2020（10）：12-17.

［3］［10］李振东．区块链技术：图书馆数字版权管理的新工具［J］．图书馆工作与研究，2020（6）：76-80.

［4］［5］吕淑萍，等．图书馆数字资源版权管理实践与案例［M］．北京：国家图书馆出版社，2013：151-157.

［6］华为区块链技术开发团队．区块链技术及应用［M］．北京：清华大学出版社，2019：21，34-37，136-138.

［7］杨保华，陈昌．区块链原理、设计与应用［M］．北京：机械工业出版社，2020：17-18.

［8］中国区块链技术和产业发展论坛．区块链版权存证应用指南［EB/OL］．［2021-03-26］．http：//www. cbdforum. cn/bcweb/resources/upload/ueditor/ jsp/upload/file/20201030/1604025149879072074.pdf.

［9］赵秋利．基于区块链技术的图书馆数字版权管理［J］．出版广角，2020（3）：49-51.

［11］刘晶晶．基于区块链技术的图书馆知识产权管理系统研究与设计［J］．图书馆学刊，2021（2）：76-81.

共建共享理念下社会力量与图书馆资源融合策略研究

——基于几种合作模式分析

刘芯会（社会教育部）

互联网技术的发展让智能化、交互式的资讯和服务逐渐被公众所熟悉和适应，促使公众的教育、审美等需求不断提升。图书馆以此为契机，主动探索创新发展、转型升级之路，用户、社区与智慧图书馆相互联动的共建共享模式应运而生，加快了图书馆资源的社会化应用进程。

1 社会力量与图书馆资源融合背景

近年来，在社会精细化服务和城市治理现代化的大背景下，国家陆续出台政策鼓励和引导社会力量参与公共图书馆建设。2015 年，文化和旅游部、财政部、新闻出版广电总局、体育总局联合出台了《关于做好政府向社会力量购买公共文化服务工作的意见》[1]，对政府向社会力量购买的公共文化服务的内容范围进行了框定，明确了政府在公益性文化活动、文化产品、文体设施和传统文化传承类活动等领域购买社会服务的合法性。2017 年 3 月 1 日施行的《公共文化服务保障法》鼓励支持社会力量参与公共文化服务。2018 年 1 月 1 日施行的《公共图书馆法》明确了鼓励社会力量参与图书馆建设的法律原则，将社会力量与图书馆资源的融合提高到法律的高度，也以立法的形式对公共图书馆资源利用与提供服务的灵活转型提出了新的要求。《公共图书馆法》与《公共文化服务保障法》形成立法衔接，共同构筑起“政府主导与社会参与相结合”的公共文化事业的新发展理念。

1.1 社会力量与图书馆资源融合的特点

国家鼓励社会企业、团体和个人参与到图书馆的管理与建设中，是其重视扩大图书馆在民众文化生活中的影响力，提高图书馆创新、创造活力的重要标志。从目前图书馆与社会力量合作模式中，不难看出其存在有别于一般合作项目的显著特点。

1.1.1 强调双方共建共享的公益性和普适性

图书馆作为公共文化事业单位，其资源开放权限与对外服务具备公益性的特点，这也就要求所有与图书馆合作的社会组织和个人应当遵循正确的价值导向。公益性强调图书馆的资源免费向公众开放，面向特定受众群体开放专业性资源，所有资源服务不能以盈利为目的，不以商业品牌露出等指标为手段，不存在硬性或软性广告输出等。普适性意味着图书馆资源的开放受众具有不特定性，面向全社会所有人群，不增设服务对象的地域、年龄、教育背景等筛选标准，不对参与者做选拔或评价。

1.1.2 力求满足大多数公众的文化需求

图书馆的资源是面向社会公众的，应当满足社会上大多数公民的文化需求。社会力量的加入不应影响图书馆传统资源建设和开放形态的性质，在资源建设、整理加工和存储等方面，图书馆的社会化项目应当一如既往面向公众。在社会力量策划、参与、执行的合作模式中，图书馆应把握主动权，着力解决风险控制问题，满足社会大众在传统文化、通识教育和审美情趣等方面的更高追求，积极发挥公共文化单位对社会大众的正面引导作用。

1.1.3 发挥各自资源特长，形成优势互补

在公共图书馆与社会力量合作方式中，合作双方要强调从各自本位出发，充分调动自身优势资源，提升外部合作的质量和效率，专人专岗，实现合作项目小组团队负责制。在文化资源丰富的图书馆，强调图书馆资源与社会力量资源充分融合，相互置换、平等互利地合作；在基层、社区图书馆，强调图书馆对外合作的灵活性，强化业务外包领域的质量把关和进度管理；在贫困地区、民族地区图书馆，要充分调动民间资本的实力，积极发挥慈善捐助、志愿服务作用，鼓励资金宽裕的民间组织加入图书馆的资源开发，扩大民间组织和个人的社会影响力。

1.2 社会力量与图书馆资源融合的意义

1.2.1 有利于图书馆资源建设和加工的集成化、专业化发展

图书馆作为智慧的集散地和文化的传播地，其资源的共建共享有利于增加图书馆馆藏资源的流通性与利用率，增强社会各界对知识的掌握和普及。同时，社会力量加入图书馆传统业务中，也是图书馆作为文化活动空间的活力的重要来源。社会力量参与图书馆的资源建设与加工存储，有助于其了解城市文化空间对于公众文化素质的重要意义，提升社会、企业、个人的文化素质和社会责任感，更广泛地动员社会公众的关注与参与热情。

1.2.2 有利于充分开发资源利用，增强图书馆对社会的影响力

书籍承载着知识，在互联网技术飞速发展和普及的今天，图书馆已超越了借阅实体书的场所，成为构建知识性社会的窗口，许多城市的公共图书馆都致力于将自身打造为一地的“城市书房”“城市文化空间”等交互式文化体验场所。社会上具备管理能力与创新实践的机构和个人，能够通过与图书馆的合作，在有限的城市文化空间资源基础上，开发出无限的文化服务，促成文化空间与城市规划、社会发展之间的深层次结合[2]。也可以通过社会力量参与开辟新场所，外包新场馆，形成总分馆的互动，开发出使城市规划与区域文化特色相匹配的图书馆文化。

1.2.3 有利于将互联网思维融入图书馆建设

“互联网 + 图书馆”是未来图书馆发展的必然要求，也是智慧图书馆的应有之义。近年来，各地、各级图书馆积极引入互联网技术，逐渐形成智能化、便捷化的服务理

念，如利用大数据分析、数据库管理系统等科技手段，根据馆藏资源的使用频次规划上架地点、展陈位置。实物资源的数字化转录、保存以及自动提取信息、自动校对等手段也陆续运用到馆藏资源的编目、整理之中，节省馆藏资源管理的成本，提高资源开发与复用的效率。

2 实践中社会力量与图书馆资源融合的几种模式

图书馆在资源开发利用的过程中，要主动联合社会力量积极创新发展，在多个个案项目中开拓创新，探索更加聚合自身优势的合作方式，形成几种具有示范作用的优势互补、资源共享的模式，补充图书馆在财力和人力上的供给实力。

2.1 整体外包式——海淀图书馆总分馆分立机制

整体外包式参与是指政府购买服务，将该图书馆的业务整体承包给社会组织运营，社会力量在上级主管机构的指导下直接参与图书馆的资源建设和加工、服务等工作，聘请社会人员组建人才队伍，形成公司治理结构的图书馆经营管理机制。整体外包式的代表案例为北京海淀北部图书馆及其运营管理机制。

北京市海淀区图书馆分为总馆和分馆，其中一分馆为海淀区图书馆北馆，是2016年新成立的一座综合性文化服务馆区。由于海淀区行政区划范围较广，海淀山后地区相对独立，海淀区图书馆北馆的成立缓解了多年来“鞭长莫及”之苦，为海淀北部居民和入驻当地的各类高新科技企业提供了城市文化空间和文化服务，并探索出文化馆和图书馆社会化运营的新机制。作为一家立足社区的基层图书馆，海淀区图书馆北馆通过向一家主营图书借还、处理自动化技术研发与服务的企业进行业务整体外包，将图书馆的运营管理全部交由专业的图书借阅、管理、服务团队，引入智能化的图书管理系统和智能图书借还、除菌设备，率先提升了海淀北部图书馆的信息化水平，切合当地高科技产业集中的文化氛围。

在灵活的社会化管理机制下，海淀区图书馆北馆依托海淀图书馆总馆的馆藏优势与师资优势，并发挥自身场地优势，开展诸多面向社区老年人、儿童和文艺爱好者的文化活动，以移动智能平台服务号、公众号等方式，定期引导公众远程参与馆区活动互动，智能阅读打卡。针对海淀北部区域内少儿读者众多、自然地理环境优越等特点，积极开展野外露营讲座、自然科学实验等主题活动，培养少年儿童对人文科学和自然科学的探索与兴趣。考虑到海淀北部地区居民较为分散的读者分布特点，海淀区图书馆北馆开发了在各个社区、街道流动服务的“流动图书服务站”，主动走出固有的图书馆馆舍，定期开展馆外图书流通阅览服务，形成社区内“互鉴好书，同读佳作”的良好阅读氛围，激发公众在书香校园、艺术鉴赏、地域历史等方面的热情。海淀区图书馆北馆因地制宜开拓利用海淀图书馆已有实体馆藏资源与数字资源、发挥场地资源和基础设施优势的资源融合模式，为图书馆业界提供了基层公共图书馆发展的有益参考。

2.2 项目合作式——国家图书馆当代追梦故事征集计划

项目合作式一般以一个固定项目的合作为周期，借助图书馆在资源存储、利用方面的业务能力，依靠社会力量在资金赞助、技术开发、互联网宣传、专业背景等方面的支持，促进公众参与互动的热情，为公共图书馆的社会化运作扩充发展渠道。项目合作式的代表案例是国家图书馆当代追梦故事征集计划。

国家图书馆作为全国个体记忆和集体记忆的汇集之地，为更好地展现新时代中国人为梦想奋斗的拼搏精神，激发全社会畅想未来、永不止步的追梦热情，在 2019 年新中国成立 70 周年暨国家图书馆建馆 110 周年之际，联合其他企业发起“我们都是追梦人——当代追梦故事征集计划”（以下简称“追梦人项目”），面向全社会征集新中国成立 70 年来各行各业、不同年龄和地域的普通人的追梦故事。该活动旨在以个体记忆带动汇集集体记忆，形成具有时代性和代表性的公众记忆。追梦人项目利用国庆前夕、正值暑期的一个半月的活动时间进行广泛征集，发动媒体与网络平台扩大影响力。活动以国家图书馆的记忆资源收集保存的公益属性和社会影响力为依托，共征集到覆盖全国 23 个省、直辖市、自治区的逾 3000 个梦想故事，并最终筛选出其中 70 个具有代表性的追梦故事，汇编形成《当代追梦故事纪念册》（非正式出版物），作为活动成果向社会发布。

此次活动中，国家图书馆充分利用自身馆藏资源和学术资源，组织内部文献专家形成编写委员会，收集、整理故事并编辑《当代追梦故事纪念册》，完成文献搜集与学术审校工作，在“梦想”主题的记忆资源征集、筛选，文化活动策划与组织，互联网技术研发与信息提取，公共阅览区域场地资源，图书馆业界及社会影响力等方面贡献劳动；企业方在资金供给、技术研发、设计制作等方面发挥了自身优势，保障图书馆馆藏资源及收集记忆资源的视觉呈现和传播力度。在诸如国庆、馆庆等重要时间节点，引领了时代正能量，履行了记录时代、传承文明、服务社会的公共文化服务示范作用。

2.3 资源共享式——国家图书馆与紫竹院“书香社区”合作项目

资源共享式旨在将不同性质社会主体间进行资源共享和交换，打破行政隶属关系与资源样态的界限，形成不同主体间的优势互补，推动各自资源利用最大化。代表案例为国家图书馆与紫竹院街道合作的“书香社区”项目。

国家图书馆地处北京市紫竹院街道，毗邻紫竹院公园，独特的地理位置让国家图书馆的文化氛围与紫竹院社区的自然风貌相互熏陶，适宜在阅读推广、社区文化课堂等领域开展多项深度合作。紫竹院公园和紫竹院街道具备较为优质的自然环境、活动场地和服务条件，而国家图书馆能够为文化公益活动的开展在传统文化、知识科普、智慧阅读等方面提供内容资源，二者的合作能够充分调动国家图书馆已有的阅读品牌资源、学者讲师资源、文化活动策划经验，为社区公众提供更好的社会教育服务。另一方面，合作也推动了创建集阅读经典、文艺赏析、展览培训等于一身的新型城市文化空间，为区域内公众养成高雅阅读习惯提供文化环境，形成文旅融合、文化惠民的有益尝试。

3 社会力量助力图书馆资源共建共享新常态现存的问题

在社会化合作过程中，图书馆创新、创造的活力被激发，但其在社会力量的准入机制、社会化管理过程中的风险防范、后期的绩效评估及监督以及从业人员的资质审核等方面仍存在不适应性[3]。具体而言，当前社会力量与图书馆资源融合主要存在以下问题：

3.1 项目合作的评价标准与价值观分歧

社会力量与图书馆的合作必然导致项目公益属性与商业属性之间的协调与抗衡。以往图书馆业务无须进行商业效益、广告价值和成本管理等方面的经营性考虑，容易与提供资金和资源支持的社会力量产生价值观上的分歧。双方在工作思维、工作方式上的步调不一致容易导致项目合作产生阻力，同时也会对图书馆社会化运作项目中的社会教育服务质量和其公众形象造成影响。商业品牌露出评价体系与运营回报率的计算方式与传统公共文化行业影响力评估方法也存在差异。

3.2 社会化运营管理效能的评估与监督有待建立

在图书馆与社会力量的深度合作中，尤其是在整体外包的合作方式下，社会化运营极易造成文化活动策划重数量而缺质量、欠缺活动的深度和内涵、为追求短平快的活动组织速度而忽视活动本身的深入策划和读者需求分析的情况。尤其在经营型图书馆中，虽然服务方式、服务时间、馆藏种类等灵活多样，但是容易造成图书馆运营的规范制度与监管机制上的杂乱无序。对于有偿参与的公共文化活动，组织者缺乏对除资金回报率以外的如社会影响力、好评度、商业合作积极程度等方面进行综合评价和后续跟进监督的能力。

3.3 缺乏常态化的资源服务衔接机制和人才机制

不同社会化项目运行周期可能存在重叠或空档，缺乏项目运营管理的图书馆常忽视不同项目间的衔接与融合。如线上平台的开发与利用，耗费大量人工、技术开发成本，如果缺乏延续性建设的长远考虑，就容易导致开发成本翻倍、资源浪费，难以形成一套可在不同项目间复用的方式。在人才培养上，一方面，在社会化运营与合作机制中，许多图书馆员存在对最新的技术手段和服务方式不熟悉、未掌握业界最新资讯等能力短缺，另一方面，与图书馆进行合作的社会机构工作人员在项目过程中，缺乏面向社会公众的服务意识，缺乏必要的专业的图书馆信息资讯与转换思维[4]。

3.4 互联网科技手段融入程度有待加强

目前，图书馆的文献类型多以传统纸质文献为主，采集与收集手段也多集中于线下。数字资源的购买与收藏缺乏线上广泛收集、捐赠的开放途径，数字化手段和文献修复手段依赖于技术公司的配合。在数字资源的整理、加工、编目流程中，数字资源的制作和存储等工作以及网络资源的甄别、筛选和存储等领域的技术，依然依托合作机构，图书馆在核心技术领域应进一步掌握话语权。

4 社会力量助力图书馆共建共享新常态的优化建议

在图书馆共建共享服务模式新常态的发展进程中，针对在与社会力量合作中出现的问题，应当发挥在工作技巧与服务方式上的智慧，改进工作方法和思路。

4.1 完善社会化合作的对象资质预审及沟通协调机制

社会力量的资质审核机制能够有效防范合作过程中的初期弊端，从而避免社会化合作中的基础问题，降低沟通成本。在价值层面，要坚持公共图书馆的公共性，遵循公益原则，防范社会力量在公益活动中以各种方式进行产品推广、市场营销等商业行为[5]。双方应当及时调整工作方法，在图书馆治理机制中设置理事会制度，简化汇报审批流程，及时解决项目执行中出现的问题，进行项目初衷的扶正与纠偏，保障图书馆业务开展与机构运营的公益性。

4.2 完善工作机制与绩效评估，防范社会风险

不同地方特色、不同规模、不同性质的公共图书馆，要因地制宜地引入社会力量参与公共图书馆管理。资金较宽裕的图书馆可以将部分业务外包，聚焦发展核心业务；社区图书馆应引入志愿服务参与图书馆管理运营，补充人力，解决成本短缺的问题；县市级图书馆应充分利用社会资本与众筹等方式，以解决资金不足难以开展工作的问题。同时，还应加强对图书馆员有关市场化、社会化的运营管理的培训，使他们在掌握图书馆专业知识的同时，熟悉项目制合作中常用的商务谈判技巧，了解人力资源管理等知识，防止在项目管理中出现“外行领导内行”的情况出现，补充相关知识储备，以加强对项目运行的监督与管控。

4.3 构建常态化的激励机制与人才培养机制

图书馆要加强资源置换，提高社会力量在地方文献征集、特色文献捐赠等资源建设工作中的积极性，激励社会机构和个人共同参与，将图书馆建设成为鼓励大众阅读、汇集公众智慧的文化共享场所。图书馆在掌握各方信息基础上，可凭借自身资源与技术优势，结合不同群体的特点，储备有针对性的资源，发挥对社会力量的正向激励作用[6]。同时，还应注重专门工作小组的筹建与专业人员的培养。在图书馆的传统业务领域，从业人员应具备图书资料、文献学、档案学等相关学术背景，确保文献采访、开架阅览、参考咨询等业务的专业性。在数字资源、信息技术等新型服务板块，则应当进行相关技术人员的岗前培训和职业技能培训。在资源的开发方面，图书馆可以与各领域专业团队进行合作，弥补公共图书馆因欠缺专业人才而无法深度利用地方资料的缺陷，在与社会力量的协调中提高公共图书馆馆员的专业素质和综合能力[7]。

4.4 促进图书馆信息技术发展，构建图书馆数字资源共享体系

技术的飞跃节省了人工与时间成本，提升了办公效率，也让信息传播和业务拓展实现指数级飞跃。尤其是区块链技术的引入，未来可为图书馆等公共文化领域的数字资源共享机制提供更多可能。区块链技术应用于公共文化，具有分布式开放获取数字资源、分布式数字资源存储、点对点相互传输、保障各提供机构权益以及共享数字资源建设成果的特征。在区块链技术去中心化的理念下，所有文化机构都是链条上平等的节点，在高度信任的共识机制下对数据信息进行集体维护与相互协作，推动了资源共享的真正开放，打破了因地域、经济、资金投入而带来的资源不均衡现象，减轻国家重复建设的负担[8]。

与社会力量合作完善图书馆文献资源和相关文化资源的共建共享，这一发展理念已逐步成为图书馆界的共识。由于社会力量能够参与的图书馆资源融合业务方式和范围存在局限性，这使得图书馆的社会化合作在深度和广度上都有待进一步提高。图书馆职能的公益性与大多数社会力量谋求的营利性之间存在不可避免的价值分歧，同时图书馆的社会合作过程中尚存在合作理念、工作与监督机制、常态化激励机制与新型技术手段等方面的问题。未来，图书馆应当强化资质审核机制、内部风险控制机制、评估与监督机制、常态化激励机制和人才培养机制的完善，在传统业务引入新型技术手段等方面形成图书馆社会化合作与运营的长效工作方案，促进社会力量参与图书馆资源共建共享这一新常态的持续、健康发展。

参考文献

[1] 关于做好政府向社会力量购买公共文化服务工作的意见［EB/OL］.［2021-04-08］. http：//www.gov. cn/zhengce/content/2015-05/11/content_9723. htm.

[2] 马艳霞 . 社会力量参助图书馆建设的基本模式［J］. 图书情报工作，2011（11）：27-30.

[3] 马祥涛，王威 . 关于“社会力量参与公共图书馆建设”的思考［J］. 新世纪图书馆，2016（3）：60-65.

[4] 王晴 . 社会力量参与图书馆建设：价值、模式与策略［J］. 公共图书馆，2014（2）：15-19.

[5] 褚树青 . 社会力量参与公共图书馆事业建设研究［M］. 北京：国家图书馆出版社，2019：174.

[6] 肖更浩 . 社会力量参与的图书馆地方文献典藏体系建设研究［J］. 图书馆学刊，2020（7）：35-38.

[7] 宁阳 . 社会力量参与公共图书馆地方文献工作研究［J］. 图书馆工作与研究，2020（1）：95-100.

[8] 只莹莹 . 新时代公共文化服务共建共享推进策略探析［J］. 图书馆，2021（2）：8-14.

现代图书馆商标信息服务研究

——稻香村系列案件之联想

刘　岭（参考咨询部）

1　引言

1.1　商标的历史沿革及功能

商标是商品经济发展到一定历史阶段的产物，其名字起源于古希腊作家对其作品所附的名称。早期的商标大多是在商品上刻印工匠的姓名或作坊、行会的名称，后来逐渐演变为我们今天看到的由图形、文字、符号或其组合构成的现代形式。

商标具有重要的显示性和宣传性功能，在商品交换和市场竞争中既可以表示商品的出处，有利于商品生产经营者凭借商标在市场上建立自己的信誉，从而顺利实现商品的销售，同时也促使商品生产经营者努力保持并提高商品的质量，以维护商标的信誉、保护消费者的权益，并且起到广告宣传和促销的作用[1]。随着市场经济的繁荣，商标已不仅仅是一种企业用来使自己的产品或服务区别于其他企业的标志，也在一定程度上代表着企业的信誉和形象，是企业所具有的重要无形资产以及知识产权，是参与市场竞争的有力武器。

1.2　商标纠纷案日益增多

知名企业和跨国公司都十分看重其商标，并用尽一切手段对其采取相应的保护措施。现如今我国大部分企业对于商标权的保护意识已经有所提升，但仍有企业没有充分重视商标权的维护，对商标权的保护没有进行长远的、科学合理的规划。这导致企业在商标被他人抢注的情况下陷于被动，要么放弃已有商标，要么花费巨资购回，无论如何对企业来说都是一笔巨大的损失[2]。其中，老字号商标纠纷引发了一系列的商标授权确权行政案件和商标侵权民事案件，前文提到的“稻香村”系列案可以说是此类案件中较为典型的案例。此类纠纷中因历史原因造成的不同企业在生产和商业实践中对同一商标的使用形成了长期的市场共存现象，使纠纷变得更为复杂和难解，给确权认定带来了更大难度，也在一定程度上造成了双方多次互诉，但认定结论相左的现象。

举证在这类纠纷案件审判中起着关键作用，许多相关证据存在于历年来公开出版物的记载中。《最高人民法院关于民事诉讼证据的若干规定》第十一条明确规定：当事人向人民法院提供证据，应当提供原件或者原物。如需自己保存证据原件、原物或者提供原件、原物确有困难的，可以提供经人民法院核对无异的复制件或复制品[3]。因此，在众多知识产权的纠纷案件中，相关佐证材料的复制件也具备一定的法律效力，可作为证据使用。目前，为了提供法庭认可的复制件，多数人还借助于公证处的办理。公证人员在办理过程中能很好地遵守相关法律法规，避免发生证据失效的情况，但此项服务周期较长且费用偏高，并且公证人员只履行第三方全程监督职能，证据需要当事人自行采集、收集。但对于公众、绝大部分的中小企业以及部分未及时重视商标权保护的企业而言，要全面、完整地采集和获取各时期的出版物，特别是早期出版物原件，具有一定的难度[4]。

1.3 稻香村系列案

2021 年 2 月 1 日出版的《求是》杂志发表了习近平总书记的重要文章《全面加强知识产权保护工作　激发创新活力推动构建新发展格局》。文章指出，当前我国正在从知识产权引进大国向知识产权创造大国转变，知识产权工作正在从追求数量向提高质量转变。知识产权在科研成果产出、转化，商业竞争等方面日益凸显它的重要作用。加强知识产权保护工作，对于我国吸引外商投资，全面走向世界舞台更显重要意义[5]。

知识产权受到前所未有的关注，伴随而来的专利权纠纷、商标所有权和企业名称所有权纠纷、版权纠纷等也日益增多且保持高增长的态势。例如近年比较著名的南北“稻香村”之争，商务部认定的两家中华老字号——北京稻香村（简称“北稻”）与苏州稻香村（简称“苏稻”）之间的纠纷最为复杂。双方在多地互诉，特别是北京知识产权法院和苏州工业园区法院在前后只间隔 1 个月的两份判决书中，分别认定北稻、苏稻侵害了对方商标专用权，更是引起了社会关注，成为热议话题。在北大法宝法律数据库“司法案例”的“案例与裁判文书”子库中，以“稻香村”为标题关键词进行检索，结果显示共 425 条记录；将案由限定为：商标权权属、侵权纠纷进行检索，结果显示共有 55 条记录。足见其引起的社会关注度之高[6]。

2　图书馆商标信息服务亟待发展

商标信息服务是图书馆公共文化服务的新领域。在信息化时代，图书馆为社会经济发展提供指向明确、专业咨询、信息参考和关键证据的公共服务，商标信息服务即其中一项内容。近年来，随着知识产权保护发展进程，越来越多的商标案件将图书馆信息服务所提供的资料作为重要证据，为图书馆挖掘此类服务潜能带来了契机。

例如国家图书馆开展多年的“馆藏文献复制证明”“专题检索证明（商标、品牌信息查证）”业务，前者根据用户需求，检索并提取用户指定的馆藏文献，根据馆内文献利用的相关规定，出具馆藏文献复制证明。后者对用户指定的商标、品牌、公司名称、产品等在中外文报刊中的报道情况进行检索，根据馆内文献利用相关规定，出具检索证明，为用户收集、整理商标或品牌的相关信息，满足用户知识产权保护等需求。

图 1 为“专题检索证明（商标、品牌信息查证）”业务流程：

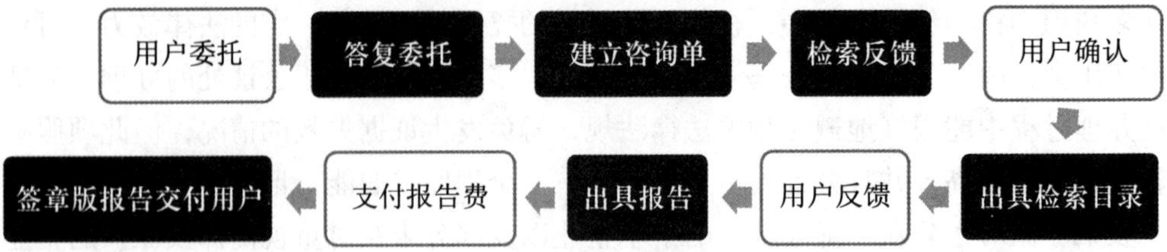

图 1　专题检索证明业务流程

这种集检索、复制并出示书面证明报告于一体的规范化服务模式已日渐成熟，目前的书面证明报告采用了电子签章、防伪纸等更为先进、安全的技术和材料，得到了法院或知识产权仲裁机构的普遍采信和认可，取得了良好的社会效益。

2.1　图书馆面向知识产权用户信息需求的问卷调查

为了提高商标信息服务能力，提供更加契合用户需求的商标信息服务，国家图书馆社科咨询组于 2020 年 10—11 月开展了一份面向知识产权用户信息需求的问卷调查。调查显示，在“商标知名度查询”和“商标侵权取证”这两方面，知识产权用户选择“需要”以及“经常需要”的比例高达百分之七十（见图 2），而在这两方面的信息服务满意度的结果“部分满足”的比例达到百分之八十七（见图 3）。

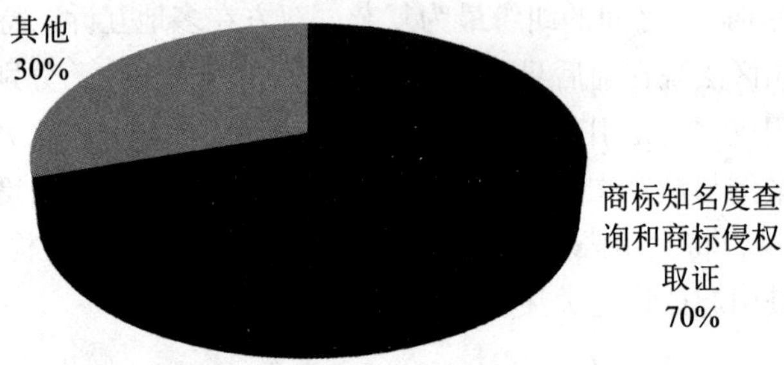

图 2　“商标知名度查询”和“商标侵权取证”在知识产权用户需求中所占比例

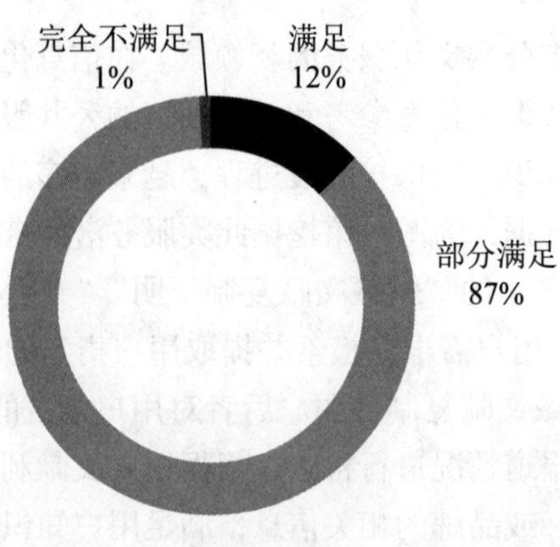

图 3　“商标知名度查询”和“商标侵权取证”两方面的信息服务满意度结果

调查所呈现的结果从一定程度反映了现有的关于商标的信息服务未能充分满足知识产权用户对商标信息服务的需求。开放性题目中关于服务的改进意见，诸如“希望还能增加行业市场调查报告、电子期刊、广告等”“希望能够提供统计型数据，例如微博热搜次数或者在报纸期刊中出现的次数”“对专题检索提供相关指导，最好能让我们自己能先简单检索一下看看是否有结果”“在检索技巧等方面希望能给予一些提示”等，均一定程度反映了用户关于商标信息的需求是现有业务无法完全满足的，图书馆应重视知识产权用户提出的诉求和意见，积极改善和发展现有业务，争取提供更加契合用户需求的商标信息服务。

2.2 高校图书馆知识产权信息服务网络调研

在国家图书馆开展的“知识产权信息服务用户需求及服务提升调研分析报告”这一调研课题中，笔者参与了“高校图书馆关于开展知识产权信息服务”的调研项目。课题选取9家高校图书馆为网络调研对象（选取标准为“高校知识产权信息服务中心联盟”简介中的9家高校图书馆），对调查获得的参考工作及信息服务项目数据进行统计。本文摘取信息服务项目相关数据，如表1所示。

表1 高校图书馆参考咨询信息服务网络调研统计表

序号	学校	服务项目	
		信息检索服务	信息分析服务
1	同济大学	科技查新、查收查引、论文查重	情报研究、研究前沿探索、人才评估、科研绩效分析
2	北京大学	科技查新、查收查引	学科竞争力分析报告、学科前沿报告
3	清华大学	科技查新、代检代查、文献调研	学科发展态势分析报告、学术影响力评价与科研绩效评估、中国期刊的国际影响力评价
4	上海交通大学	查证查引、科技查新、定题服务	学术竞争力分析、科研人员绩效评估、学科发展态势分析、期刊影响力评价
5	浙江大学	科技查新、查收查引	学科分析、信息调研分析
6	武汉大学	科技查新、论文收录引用	国际论文分析及投稿指南
7	华中科技大学	科技查新、查收查引、定题检索、代检索	科技情报服务
8	吉林大学	科技查新、查收查引	无
9	中山大学	科技查新、论文收录与引用	无

可以看到，无论是信息检索服务还是信息分析服务，这九家高校图书馆有关知识产

权的信息服务侧重于学科及专利服务，均未涉及商标信息服务领域。

2.3　图书馆开展商标信息服务优势

以上针对商标信息服务现有业务以及高校图书馆知识产权信息服务开展的调研，其结果一定程度反映了商标信息服务是我国图书馆公共文化服务的新领域，存在相当的空白及发展潜力。

图书馆收藏了丰富的文献信息资源，保存功能是图书馆的基本功能，有藏方能供用。图书馆的日常工作以及开展的很多活动都是基于提供信息服务功能的目的[7]。现代图书馆员重视信息素养、技术能力、服务意识等职业素质，能够为用户提供更高效、更个性化的信息服务。随着互联网技术的蓬勃发展，知识服务领域涌现出了更多的竞争主体，但相较于社会上其他商业信息机构，图书馆的社会影响更为广泛，权威性以及公信力都更具优势。另外，图书馆作为公共文化设施，相对于商业信息机构，服务费用较为低廉。因此图书馆完全可从文献信息的角度为此类商标纠纷案提供优质的信息服务。

3　图书馆商标信息服务发展方向

3.1　融入“智慧图书馆”理念

自 2010 年“智慧地球”概念普及以来，“智慧图书馆”成为图书情报界讨论的重要议题。国家图书馆馆长饶权于 2021 年 1 月 15 日发表在《中国图书馆学报》上的《全国智慧图书馆体系：开启图书馆智慧化转型新篇章》一文中指出：“全国智慧图书馆体系”将建设三个支撑保障体系：一是智慧图书馆评价体系，二是智慧图书馆标准规范体系，三是智慧图书馆研究及人才培养体系。着力培养一支包括学科馆员、数据馆员、交流馆员、科研信息助理、智库专家、知识产权服务专家、情报分析专家等专业人才在内的新型人才队伍，实现对智慧图书馆的可持续支持。”[8]知识产权服务专家为保护创新、保护知识产权问题诊断把脉、提供精准的高水平知识服务。

在现代智能技术、大数据技术、云计算技术的带动下，图书馆真正具备了“智慧化”的特点。图书馆在为用户提供商标信息服务时应融入“智慧图书馆”这一先进理念，精准分析用户行为偏好，精准预测用户的需求变化，针对用户一系列的动态变化特点，主动为用户提供商标信息服务[9]。

例如，图书馆可从用户的借阅记录、个人资料（专业或职业）、相关业务的历史档案中挖掘可用信息，加以分析，发现潜在用户，向其主动发送图书馆商标信息服务的业务推介。尤其是历史档案中的既有客户，可重点开展用户回访、满意度调查等，通过与用户的互动完善现有服务，激发出更多的商标信息服务业务创新。

3.2　加强商标文献资源建设

早期出版物由于时间久远，检索和获取都更为不便，并且由于早期商标法律法规未健全成熟，企业主或经营者未能及时重视商标权的维护，因此对早期公开出版物中记载的商标信息的需求更为迫切。图书馆界早有学者关注到早期出版物中商标文献的研究价值。杨秋燕在其《南京图书馆馆藏商标资料介绍》一文中重点介绍了民国时期出版的《商标公报》《东亚之部 · 商标汇刊》等刊物在南京图书馆的馆藏情况[10]。史双文、崔为通过调查吉林地区 4 家大型图书馆馆藏的清末民国时期的史志、卫生志等资料，调查出晚清至民国时期吉林省地方志中记载的中药店老字号有 78 家，获得了晚清至民国时期吉林省中药店老字号的珍贵的文献佐证[11]。

图书馆除了提供一次商标文献，还应大力开展二次商标文献的开发，梳理、整合、挖掘有关商标的馆藏文献资源，将分散的有关商标的信息资源整理为系统的专题，利用数字化、信息化技术建立相关数据库。在此基础之上，可有针对性地开展专题服务，例如可重点收集某一行业领域的商标信息文献，以综述、年度总结、市场调查报告、行业手册、大全等形式呈现给用户[12]。

例如，黑龙江省图书馆于 2012 年初成立“基于老字号文化内涵挖掘与保护的公共图书馆与非物质文化遗产研究”课题组，建立“龙江老字号数据库”，以黑龙江地区文献资源为研究对象，通过对地方文献的开发利用为地方的经济建设提供文化基础和信息保障[13]。上海浦东图书馆为了收集、整理、保存“浦东新区——上海现代化建设的缩影”相关的历史文献资料，于 2008 年开展了“浦东开发开放专题信息数据库”的建设[14]。西城区第一图书馆联合西城区多家单位，在北京市西城区政府的组织下成立了“西城区老字号课题组”，深入挖掘西城区珍贵的地方文献资源——老字号的资料。这不仅带动图书馆的地方文献事业的发展，对于保护民族原生态文化、增强文化软实力和促进首都经济发展都具有重要的意义[15]。

3.3 建立生长式业务模式

商标信息服务由于往往被应用于法律纠纷案件中，图书馆在提供相关服务时必然要秉持客观公正严谨等原则，相关业务也应制定规范的业务流程，建立完善的规范制度。

随着知识产权保护工作的推进，在错综复杂的现实情况中，现有的服务范围不可能完全囊括用户的所有需求。商标信息服务应积极拓展服务范围，建立灵活的服务流程，提供更为多样的服务模式。未来图书馆可基于知识产权生态链的概念，搭建以用户需求为中心的商标信息服务平台，汇集商标信息创造、运用、保护、需求等全链条资源，联合商标信息需求用户、图书馆、知识产权专家、知识产权合作机构等各方，以专家服务为重要支撑，为商标信息需求提供表达窗口，打造商标信息服务生态圈，在商标信息服务领域中衍生出更多不断发展的、更贴合用户需求的业务模式。

在服务能力、服务范围提升的同时，为保障服务效率，应编制相应的业务规范手册，建立多场景业务服务规范制度，实现分层次、多级别、立体化的商标信息服务体系。例如：设置常规业务服务流程及规范，满足常规大众化商标信息需求；设置非常规化业务指导及特色案例集合，遇到常规业务不能满足的情况，工作人员在提供服务时可有据可依、有案可循，提供更加个性化、更加高效的商标信息服务。业务规范是业务发展的基础，建议定期更新完善相关的业务规范，为商标信息服务业务的可持续发展注入生命力。

3.4 机构联动，融合发展

现代图书馆在商标信息服务领域应具备大局意识。不仅要挖掘单个图书馆自身的发展潜力，更要在图书馆界形成联合。例如在商标信息资源建设方面，各图书馆在建设商标信息资源库时，可以统一建设标准及规范，既能各具特色，又能资源共享、互通有无。或者在商标信息业务方面进行交流和推广，有商标信息服务经验的图书馆可总结经验，以培训或交流的形式向其他图书馆推广此类业务，这样可以对业界商标信息服务业务的发展起到带动和激发创新的作用，形成业界良性竞争和谐发展的局面。

融合发展是未来公共文化服务领域发展的一大趋势。知识产权保护是一个系统工程，覆盖领域多、涉及面广。因此，图书馆的商标信息服务不仅应在图书馆业界形成联合，更应把眼界拓宽，紧密联合从商标信息产生到运用等环节涉及的机构，进行跨界机构联合，并且建立长期的协作关系。图书馆应从单一的商标信息的传递者，升级为商标信息的创造者、商标信息需求方与供给方的协调者，成为企业、商标局、知识产权法院等商标权维护链条上的重要一环，联合其他机构共同打造商标信息服务的生态圈[16]。

4 结语

习近平总书记在文章《全面加强知识产权保护工作　激发创新活力推动构建新发展格局》中指出：创新是引领发展的第一动力，保护知识产权就是保护创新。全面建设社会主义现代化国家，必须更好推进知识产权保护工作[17]。近年来，国内很多图书馆将知识产权信息服务工作逐步上升为本馆的重要业务之一。

2018 年底，国家知识产权局与教育部以《高校知识产权信息服务中心建设实施办法》为指导，认定北京大学等 23 家为首批“高校国家知识产权信息服务中心”，这些中心于2019 年5月正式揭牌成立[18]。2019年初，由 WIPO 和国家知识产权局共同推广、旨在帮助中国知识产权用户和创新者提升技术信息检索能力、更快地掌握行业动态和新技术信息、促进其增强创新能力的 TISC 项目正式落户中国，国家知识产权局计划到 2021 年在中国建设 100 家左右的 TISC 单位，为国内的创新者和知识产权用户提供更好的知识产权信息服务[19]。随着国家知识产权战略的启动实施，我国相继推出一系列支持开展知识产权信息服务的重要举措，这些给图书馆提供了新的发展机遇。现代图书馆应顺时而变，抓住商标信息服务的发展契机，开拓现代图书馆的服务领域，赋予现代图书馆更立体、更丰富的内涵。

参考文献

[1] 中国大百科全书（第二版）[DB/OL]. [2021-04-01]. http://h.bkzx.cn/item/228400?q=%E5%95%86%E6%A0%87.

[2] 惠梦韬. 商标权的保护分析 [J]. 法制博览，2021（4）：75-76.

[3] 中华人民共和国最高人民法院 . 最高人民法院关于民事诉讼证据的若干规定 [EB/OL]. [2021-03-20]. http：//www. court. gov. cn/fabu-xiangqing-212721. html.

[4] 朱亮，辜军 . 图书馆新型文献检索业务的实践与探析——以国家图书馆的知识产权保护服务为例 [J]. 图书馆建设，2011（3）：92-95.

[5] [17] 习近平 . 全面加强知识产权保护工作　激发创新活力推动构建新发展格局 [J]. 当代党员，2021（4）：3-5.

[6] 张玲，李世耘 . 从“稻香村”商标系列案反思《商标法》第三十条的冲突标准 [J]. 兰州学刊，2020（10）：68-87.

[7] 朱炜民 . 浅议图书馆的社会功能 [J]. 黑龙江档案，2015（3）：115.

[8] 饶权 . 全国智慧图书馆体系：开启图书馆智慧化转型新篇章 [J]. 中国图书馆学报，2021（1）：4-14.

[9] 王思兵 . 以用户为中心的智慧图书馆“智慧层次”探讨 [J]. 中国中医药图书情报杂志，2020（4）：31-34.

[10] 杨秋燕 . 南京图书馆馆藏商标资料介绍 [J]. 科技情报开发与经济，2009（26）：71-72.

[11] 史双文，崔为 . 晚清至民国时期吉林省中药店老字号调查与研究 [J]. 世界中西医结合杂志，2015（8）：1037-1038，1041.

[12] Business & IP Centre. Advertising Industry Guide [EB/OL]. [2021-03-20]. https：//www. bl. uk/britishlibrary/~/media/bl/global/business%20and%20ip%20centre/documents/industry%20guides%20jan%2019/advertising_industry_guide. pdf.

[13] 马力 . 非物质文化遗产数字化探究——以“龙江老字号”的文化传承与开发为例 [J]. 黑龙江史志，2014（10）：38-39.

[14] 赵飞文 . 公共图书馆地方文献数据库的建设与思考——以上海浦东图书馆“浦东开发开放专题信息数据库”为例 [J]. 图书馆学刊，2020（10）：36-39.

[15] 蓝昕 . 基于地方文献视角下的老字号研究——以西城区老字号为例 [C] // 全国中小型公共图书馆联合会，中国知网 · 中国知识资源总库编委会，上海图书馆杂志 . 2017 年全国中小型公共图书馆联合会研讨会论文集（二等奖）. 北京：全国中小型公共图书馆联合会，2017：307-315.

[16] 冉从敬，宋凯，何梦婷，等 . 知识产权生态链下的高校知识产权信息服务平台构建 [J]. 图书馆论坛，2020（3）：63-72.

[18] 韩娟娟 . 高校图书馆知识产权信息服务现状调查——以国内首批授权“高校国家知识产权信息服务中心”的 23 家图书馆为例 [J]. 晋图学刊，2020（6）：41-47，64.

[19] 上海图书馆（上海科学技术情报研究所）获批成为世界知识产权组织技术与创新支持中心 [J]. 竞争情报，2020（6）：64-65.

基于数据包络分析法的国家图书馆经营效率分析与研究

黄　静（党群工作办公室）

中国国家图书馆经过多年的精心运营，已经成为世界上最先进的图书馆之一（也是亚洲规模最大的图书馆），具有丰富的馆藏品类和大量珍贵文献，为民众提供优质的公共图书馆服务。此外，根据《公共图书馆法》第二十二条规定，国家图书馆应为社会各界及公众提供文献信息参考咨询服务，并指导全国图书馆业务。

为了更好地履行上述职能，国家图书馆每年投入大量资源提升运营服务能力，在馆藏规模、借阅人数、服务质量等方面取得了长足的进步，同时积累了大量运营数据。为了进一步提升各类资源的利用效能，我们有必要借助运筹学方法开展资源投入和服务产出之间转换效率的分析，研究国家图书馆运营效率的实际变化，不断提升国家图书馆的服务和管理水平。本文借助运筹学中的数据包络分析方法构建国家图书馆运营效率分析模型，从经济学的角度分析国家图书馆资源利用与转换能力，并针对国家图书馆运营能力的提升给出改善建议。

1　基于数据包络分析方法的国家图书馆经营效率模型

本文运用运筹学中的数据包络分析法（Data Envelopment Analysis，DEA）分析国家图书馆的运营效率。DEA分析法可以分析多个相同类型决策单元的相对效率（或效益）。该方法将决策单元的多个投入指标（输入）和产出指标（输出）映射于坐标空间中，并借助线性规划等技术找寻对应边界。当决策单元的输入指标坐标点和输出指标坐标点正好位于边界线上时，该决策单元被定义为有效率，否则为无效率。

本文借用经济学的概念，通过研究国家图书馆总技术效率、纯技术效率和规模效率的变化情况实现国家图书馆运营效率的分析。文中技术效率是指国家图书馆在既定的固定资产、经费投入、人员总数、运营时长和生产规模之上，合理配置拥有资源，使用投入要素所创造的产出情况。总技术效率包含纯技术效率和规模效率。纯技术效率是指剔除企业规模因素后，国家图书馆通过管理、技术等手段，运用不同投入要素所获得的实际产出。规模效率是指国家图书馆对各年所拥有资源的配置情况，受企业规模影响。

本文选取DEA分析法中的C^2R和BC^2模型分析国家图书馆2010—2018年总技术效率、纯技术效率和规模效率的变化。C^2R模型假设决策单元的规模报酬（规模收益）均不发生变化，也就是投入指标增加多少，输出指标随之以同等幅度增加。这表示所有投入要素都被完全转化为产出，不存在浪费现象。因此，利用 C^2R 模型可以计算出国家图书馆运营的总技术效率。BC^2 模型则以规模报酬可变为假设，即投入要素未被完全转化为产出，此时存在一定程度的投入资源浪费现象。因此，借助 BC^2 模型，可以计算国家图书馆运营的纯技术效率和规模效率。下文中，假设有 n 个决策单元，其对应的输入指标和输出指标分别是 m 个和 s 个，则国家图书馆经营效率分析模型可构建如下。

1.1 基于 C^2R 的经营效率分析模型

规模收益不变的前提下，C^2R 模型可用于分析国家图书馆运营的总技术效率。假设 a_j 和 b_j 分别是国家图书馆第 j 个决策单元的投入和产出，国家图书馆总技术效率和规模效率分析模型可构建如下：

$$\begin{cases}\min h_j = \theta \\ s.t.\sum_{j=1}^{s} \lambda_j a_j + s^- = \theta a_0 \\ \sum_{j=1}^{s} \lambda_j b_j - s^+ = b_0 \\ \lambda_j \geq 0, j = 1, 2, \cdots, n\end{cases} \tag{1}$$

其中：θ 无约束，$s^+ \geqq 0$ 为松弛变量，$s^- \geqq 0$ 为剩余变量

h_j 表示第 j 个决策单元的总技术效率值；

λ_j 表示第 j 个决策单元所占权重；

上述模型可以判定国家图书馆是否同时实现总技术效率有效和规模效率有效。若 $\theta^*=1$、$s^{*+}=0$、$s^{*-}=0$，可判断为此年实现了 DEA 有效，说明该年国家图书馆的产出指标相对投入指标为最大，输入量已达到最优（此时输入的任何变化都不利于产出）；若 $\theta^*=1$ 或 $\theta^* < 1$，但存在输入或输出的松弛变量大于零的情况，说明该年的投入产出指标为弱 DEA 有效，表示该年国家图书馆的总技术效率或规模效率无效，存在投入浪费，可以通过减少投入保持产出不变。

除此之外，通过上述模型，还可以计算 λ_j 的最优值，以此值为标准能够判断该年决策单元的规模收益情况。

（1）如果存在 λ_j（j=1, 2, …, s）使得 $\sum\lambda_j^*=1$，则相应决策单元的规模收益不变。

（2）如果不存在 λ_j（j=1, 2, …, s）使得 $\sum\lambda_j^*=1$，则若 $\lambda_j^* < 1$，相应决策单元的规模收益为递增；若 $\lambda_j^* > 1$，相应决策单元的规模收益为递减。

1.2 基于 BC^2 的经营效率分析模型

在国家图书馆正常经营活动中，规模收益不一定能始终保持恒定，规模收益递增或规模收益递减状态也是经营过程中的常态。鉴于此，有必要开展规模收益可变条件下的 DEA 分析（BC^2 模型），分析国家图书馆纯技术效率，相关模型可构建如下：

$$
\begin{cases}
\min\theta \\
\sum_{j=1}^{s} a_j\lambda_j \le \theta a_0 \\
\sum_{j=1}^{s} b_j\lambda_j \ge b_0 \\
\sum_{j=1}^{s} \lambda_j = 1 \\
\lambda_j \ge 0, j=1,2,\cdots, \mathrm{s}, \theta \in \mathrm{E}^1
\end{cases}
\tag{2}
$$

经过转换，上式可变为：

$$
\begin{cases}
\min h_j = \theta \\
\sum_{j=1}^{s} a_j\lambda_j + s^- = \theta a_0 \\
\sum_{j=1}^{s} b_j\lambda_j - s^+ = b_0 \\
\sum_{j=1}^{s} \lambda_j = 1 \\
\lambda_j \ge 0, j=1,2,\cdots, \mathrm{s}, \theta \in \mathrm{E}^1 \\
s^- \ge 0, s^+ \ge 0
\end{cases}
\tag{3}
$$

通过与公式（1）比较发现，公式（3）多了一个限定条件，即$\sum\lambda_j^*=1$。当$\theta_0=1$且$s^{-0}=0$、$s^{+0}=0$时，该决策单元为纯技术效率有效，在投入基础上实现了最大产出。否则，该决策单元为纯技术效率无效，可以通过减少投入的方法保持产出不变。

通过上述模型计算国家图书馆2010—2018年这九年间的总技术效率、纯技术效率和规模效率等效率指标，可以全面地反映国家图书馆2010—2018年间的运营情况，有助于分析国家图书馆近九年来的投入要素使用情况和规模发展情况，以便国家图书馆认清自身发展现状，推动国家图书馆事业发展。

2 国家图书馆效率分析评价指标体系构建

对于量化分析方法，指标体系的构建直接影响计算结果的准确性与合理性。为了获得符合国家图书馆运营实际的分析结果，需要重点选取对国家图书馆运营效率有直接、重要影响的评价指标。综合考虑国家图书馆的运营实际，本文设计下列五个原则开展评价指标的选取工作。

2.1 综合性原则

选取的指标能够较为全面地反映国家图书馆的资产、经费和人员投入等生产要素情况，并且满足评价方法的最终目标。

2.2 相关性原则

选取的评价指标应直接作用于国家图书馆的生产经营，并对生产经营的诸多方面产生相对较大的影响。

2.3 可比性原则

选取的评价指标之间需满足核算内容、时间、单位等统计口径的一致性，便于计算结果的相互比较。

2.4 真实性原则

选取的评价指标真实可靠，必须反映国家图书馆真实运营情况，不能依据个人主观意愿等因素推测评价指标。

2.5 可获得性原则

评价指标的获得渠道必须公开、可靠且合法，不涉及信息安全、政策泄露等因素。

综合考虑上述原则，本文选取：输入指标（即投入的生产要素）包括总建筑面积、在编人员总数、固定资产总额、购书经费和周开馆时间，这些指标都是维持国家图书馆正常运转必须支付的成本；输出指标（即产出情况）包括馆藏文献总量、数字资源总量、到馆读者量、书刊流通册数、办理读者证卡数量和各类咨询量，这些指标是在投入基础上获得的产出。

表 1　2010—2018 年国家图书馆输入指标表

年份	总建筑面积（万平方米）	固定资产总额（万元）	购书经费（万元）	周开馆时间（小时）
2010	28	243537.20	13880.90	76
2011	28	263320.50	14070.70	76
2012	28	282156.30	12390.52	76
2013	28	281660.00	13451.49	76
2014	28	305499.00	13435.61	76
2015	28	323186.00	13867.44	76
2016	28	338939.53	13996.76	76
2017	28	353521.00	13997.92	76
2018	28	372661.00	14000.00	76

表 2　2010—2018 年国家图书馆输出指标表

年份	馆藏文献总量（册 / 件）	数字资源总量（TB）	到馆读者（人次）	流通书刊（册次）	办理读者证卡（万个）	各类咨询（万件）
2010	28979203	480.00	5329889	28263508	21.08	53.17
2011	29943139	561.30	4470421	25771966	19.11	54.89
2012	31195121	813.50	3783529	24616926	20.36	67.25
2013	32442773	874.50	4187352	27737517	23.22	103.41
2014	33778536	1024.45	3981706	24863517	23.67	103.26
2015	35181472	1160.98	3882927	23081232	21.15	101.95
2016	36459962	1323.35	5639886	24756125	50.76	104.46
2017	37686187	1603.87	5839300	25557962	37.61	104.92
2018	39011900	1960.91	5458500	25499500	23.69	112.57

表格说明：①周开馆时间以总馆北区开馆时间为标准；
②各类咨询包括一般咨询、代检索课题和编制文献三类咨询；
③受国家图书馆南区维修改造（自 2011 年 5 月 10 日起）的影响，读者到馆数量、文献流通册次、网站访问量、读者卡办理等数量均有所下降。

3　国家图书馆效率变动分析

基于已构建的国家图书馆经营效率模型和评价指标体系（含相关数据），下文将对国家图书馆 2010—2018 年间的总技术效率、纯技术效率和规模效率变动情况进行量化分析，并从经济学的角度加以阐释。

3.1　总技术效率分析

总技术效率是指国家图书馆在不同年份各自既定的总建筑面积、在编人员总数、固定资产总额、购书经费和周开馆时间水平上和既定的生产规模上，通过经营管理所创造出的产出情况（总技术效率值为 1，说明国家图书馆该年份的输出相对输入而言达到最大化）。经济学意义上，总技术效率最优是指投入一定时，决策单元的产出实现最大化（或者恒定的产出水平下，决策单元的投入实现最小化），此时国家图书馆的纯技术效率和规模效率同时有效。

依据选取的指标数据，运用 MALTAB 软件计算出的国家图书馆总技术效率变化情况如下：

表 3　国家图书馆各年总技术效率值

	2010	2011	2012	2013	2014	2015	2016	2017	2018
总技术效率	1	0.9832	0.9988	1	0.9994	0.9924	1	1	1

从表3中可以看出，国家图书馆2010、2013、2016、2017、2018年的总技术效率均为1，说明在投入恒定的情况下，这5年的产出已达到最优水平。2011、2012、2014、2015这4年的总技术效率值均未达到1，说明产出与投入没有实现生产可能性下的最优化。究其原因，可能是国家图书馆在运转过程中没有合理控制要素投入，制度运行不合理，导致投入与产出比例不合理；也可能是国家图书馆的生产规模不合理，未能调整到适合自身发展的投入规模。对于前一种浪费现象，国家图书馆可以通过提高工作效率、控制成本、完善管理结构等方式来改善；对于后一种规模不合理现象，需要国家图书馆根据规模效率计算结果，分析所处情况，合理甄别与其自身相适应的运转规模，减少或增加投入量。

3.2 纯技术效率分析

纯技术效率是指剔除生产规模因素后，国家图书馆不同年份运用各自投入要素所创造的产出水平。总技术效率受制于纯技术效率和规模效率，纯技术效率无效时，总技术效率不可能实现最优。在经济学意义上，纯技术效率最优是指在不考虑生产规模的前提下，将现有全部资源投入生产能够获得的产出，该值可以反映国家图书馆运营过程中相关制度的运行效率，衡量投入是否得到合理利用。

基于本文模型计算得到的国家图书馆2010—2018年的纯技术效率如表4所示：

表4 国家图书馆各年纯技术效率值

	2010	2011	2012	2013	2014	2015	2016	2017	2018
纯技术效率	1	1	1	1	1	1	1	1	1

据表4可知，2010—2018年国家图书馆的纯技术效率值均为1，说明这9年间的纯技术效率均达到有效状态，所有投入要素均转化为有效产出，不存在投入要素浪费的现象。

3.3 规模效率分析

规模效率是指国家图书馆不同年份对所拥有资源的配置情况。影响总技术效率的另一个重要因素是规模效率。一旦规模效率无效，即使纯技术效率有效，总技术效率也是无效的。与纯技术效率相比，规模效率的无效往往需要更长的调整时期。在经济学意义上，规模效率最优是指生产要素投入量合理，企业在规模经济曲线上组织生产，企业生产规模最优。

本文通过计算，得出国家图书馆2010—2018年规模效率值，如表5所示：

表5 国家图书馆2010—2018年规模效率值

	2010	2011	2012	2013	2014	2015	2016	2017	2018
规模效率	1	0.9833	0.9988	1	0.9994	0.9924	1	1	1

从表5中可知，2011、2012、2014、2015年的规模效率值均未不为1，为规模无效状态，此时国家图书馆存在部分投入无效、没有转成有效产出的情况。

从经济学的视角来看，规模效率有效表明决策单元的生产规模合理，投入规模处于最优状态，不存在投入过多或过少的现象，生产规模正好满足自身发展需要，与自身现有发展水平相匹配。当决策单元处于规模有效状态时，所获得的产出为既定投入的最大值，耗损比最低，成本浪费最少。经济学中规模经济分为三类：规模收益不变用CRS表示，此时处于最优生产规模上；规模收益递增用IRS表示，此时投入较少，应适度增加投入；规模收益递减用DRS表示，此时投入过多，应维持现有投入规模，不要盲目增加生产。

经计算，国家图书馆2010—2018年的规模收益情况如下所示：

表6 国家图书馆2010—2018年规模收益情况

	2010	2011	2012	2013	2014	2015	2016	2017	2018
规模收益	CRS	IRS	IRS	CRS	IRS	IRS	CRS	CRS	CRS

由表6可知，规模收益不变的年份为2010、2013、2016、2017与2018年。在这5年中，投入与产出处于最佳生产状态，每增加1单位的投入，产出同步增加1单位。2011、2012、2014与2015年处于规模收益递增阶段。在这4年中，每增加1单位的投入，产生增加大于1单位，因此应采取增加投入的方式提高产出量。

根据DEA计算结果可知，国家图书馆在2010—2018年这9年间，总技术效率、纯技术效率和规模效率较好，55%的年份实现了投入产出的完全转化。从总技术效率角度分析，2011、2012、2014、2015年的总技术效率值均未达到1，分别存在1.67%、0.12%、0.06%、0.76%的资源浪费，但资源浪费程度较低。从规模收益角度分析，2011、2012、2014、2015这4年间的规模效率值均未达到1，且都处于规模收益递增状态，每增加1单位投入，产出增加大于1单位，因此投入越多，产出越多，此时应扩大投入规模，增加在编人员总数、固定资产总额等投入要素，以实现规模效率的改善。

4 对策建议

为了进一步增加各类资源利用效率，不断提升国家图书馆的经营能力和运营效率，促进国家图书馆持续长远发展，结合上文分析结果，提出如下对策建议：

4.1 适当增加固定资产、购书经费投入，提升运营规模效率

根据DEA分析法的计算结果，可知影响国家图书馆DEA有效性的主要因素是规模效率。国家图书馆规模效率无效时，均处于规模收益递增状态，此时应加大生产要素投入量，促使产出增加。固定资产、购书经费是影响国家图书馆规模效率的重要因素。因此，在政策法规允许的范围内，国家图书馆应适时适当增加固定资产和购书经费投入，

促进国家图书馆实现规模效率有效。

4.2 增加人员投入，加大人力资本投入

通过规模效率分析可知，人员投入是影响国家图书馆规模效率的重要因素之一。因此，有必要适当增加工作人员数量，争取实现规模效率有效。与此同时，需要合理控制员工人数，避免人员投入超过合理比例，出现人员浪费的现象。此外，人才是第一资源，关系国家图书馆发展的方方面面，增加工作人员数量的同时，也要注重增强工作人员的素养，加强人才队伍建设，注重人才培训开发，提升从业人员素质，不断壮大国家图书馆人才队伍。

4.3 增强创新意识，提升服务能力

创新既包含技术创新，也包含服务创新。国家图书馆作为国内规模最大的综合性研究型图书馆，承担着面向国家重大战略和创新发展提供专题咨询、信息预测、决策分析等专业服务的重要职能。国家图书馆要发挥自身优势，不断增强创新意识，提升创新能力，积极为高等院校、科研院所、企事业单位、国家部委等提供专业文献信息支撑服务、科技查证查新服务、科研决策信息支撑服务等，有效助力科技创新发展。此外，也要立足国家图书馆服务阵地，不断提升读者服务质量，提升服务供需适配度，为广大读者提供高品质服务。

国家图书馆作为国内规模最大的图书馆，发挥着深入挖掘和弘扬中华优秀传统文化、支持公共文化建设、完善现代公共文化服务体系等重要作用。本文运用运筹学中的数据包络分析法分析了国家图书馆总技术效率、纯技术效率和规模效率的变动情况。未来的研究工作需进一步完善指标体系，分别分析各类输入指标对产出指标的影响程度，深入揭示国家图书馆发展现状，不断提升国家图书馆事业发展水平。

参考文献

[1] 余冬林，张嵛斐．基于 DEA 的我国东中西部地区公共图书馆的绩效评价［J］．中原工学院学报，2018（5）：38-42.

[2] 王楠．基于 DEA 方法的河北省地市级公共图书馆效率评价研究［J］．公共图书馆，2018（2）：60-64.

[3] 朱丽霞．基于 DEA 模型的高校图书馆投入产出效益评价研究［J］．四川图书馆学报，2016（2）：53-55.

[4] 傅才武，张伟锋．基于 DEA 模型的我国县级公共图书馆服务效率研究［J］．国家图书馆学刊，2018（2）：26-35.

[5] 万莉，程慧平，虎昭言．我国省域公共图书馆效率的 DEA 视窗分析［J］．图书馆论坛，2018（12）：127-135.

[6] 李建霞．省域公共图书馆绩效的 DEA 测算与评价［J］．图书馆论坛，2008（4）：49-52.

[7] 程慧平，周迪 . 美国公共图书馆评价体系在我国区域公共图书馆效率评价中的应用［J］. 图书馆学研究，2015（12）：15-20.
[8] 陈琳 . 公共图书馆制度的公平与效率问题研究［J］. 图书情报工作，2010（7）：26-29.
[9] 李高峰 . 公共图书馆发展中的效率因素分析［J］. 图书馆杂志，2011（4）：12-15.
[10] 高海涛，徐恺英，李晗 . 基于超效率 DEA 的高校图书馆评价体系研究［J］. 图书情报工作，2014（5）：17-21.
[11] 骆天阳，李志刚 . 基于 DEA 的高校图书馆效率评价及研究［J］. 农业图书情报学刊，2015（5）：9-13.
[12] 杨小丽，郑容森 . DEA 方法在高校图书馆效率评价的应用问题研究［J］. 现代情报，2013（8）：12-16.
[13] 郑晓虹 . 基于数据包络分析（DEA）的高校图书馆绩效评价［J］. 图书馆理论与实践，2011（11）：72-73.
[14] 白首晏 . DEA 方法在高校图书馆绩效评价的应用［J］. 情报方法，2002（6）：16-17.
[15] 李璐璐 . 基于超效率 DEA 模型的公共图书馆绩效评价研究［J］. 新世纪图书馆，2012（12）：74-77.

再论抗战时期的《浙江日报》

李　娟（典藏阅览部）

一、《浙江日报》性质之争

1937年底，杭州沦陷后，国民政府浙江党政机关迁移到金华、永康等地，大批进步知识分子以及文化名人云集于此宣传抗日，积极从事救亡图存运动，金华一时成为战时文化中心。1942年浙赣战役后，金华沦陷，丽水取代金华地区成为战时文化中心，大量书刊报纸纷纷出版发行。其中，发行量较大的刊物有《东南战线》《浙江潮》《民族日报》《东南日报》等[①]，它们不仅在当时产生了重要影响，其地位与作用也为现今学界所认可。其中，作为与国民党浙江省政府主席黄绍竑密切相关的刊物，《浙江潮》与《民族日报》的性质及作用，学界已有共识。但对同期产生的另一份刊物《浙江日报》，学界则说法不一[②③]。有人认为该报"为国民党浙江省主席黄绍竑操持"，是黄记刊物[④]。1990年出版的《新编浙江百年大事记》中记载该报："由黄绍竑主办的《浙江日报》在永康岭下张创刊。社长兼主笔为严北溟。"[⑤]针对此说，曾担任过该报编辑的林芷茵撰文指出，该报实则"由严北溟担任发行人和社长，自负经济和政治责任，成为一张独立经营的民办报纸"，并称赞其为进步报刊，希望"编写《浙省报业史》的同志们，不要用前些年的老眼光来看问题，而去找当时在那里工作过的人员了解一些真实情况"[⑥]。在随后的研究中，学界基本采纳了其主张。如《没有文凭的大学者——严北溟》一文中指出，"1941年3月，（严北溟）在黄绍竑支持下，复创办《浙江日报》，并担任发行人兼社长、总主笔。整个班底以地下党员为骨干，在战时艰难的环境下，坚持了近6年的艰苦斗争"[⑦]。赵晓兰在《抗战时期浙江报刊的类别与特征》一文中将该报定义为"国民党政府部门或要员出面创办，中共党组织派党员通过统一战线担任主编或参加编辑工

---

① 何扬鸣.抗战前期浙江国统区中共报刊活动再认识［J］.新闻与传播研究，2011（5）：89-98，113.

②④ 詹文元.从《杭州民国日报》到《浙江日报》——浙省报业史辑录［J］.浙江学刊，1983（1）：84-87.

③⑥ 芷茵.关于抗日战争时期的《浙江潮》和《浙江日报》——与詹文元同志商榷［J］.浙江学刊，1983（3）：119-120.

⑤ 浙江省政协文史资料委员会.新编浙江百年大事记（1840—1949）［G］// 浙江文史资料选辑：第42辑.杭州：浙江人民出版社，1990：314.

⑦ 李不敏.没有文凭的大学者——严北溟［J］.档案时空，1991（3）：26-28.

作的报刊，这类报刊往往为共产党所控制”[①]，并指出《浙江日报》为影响较大的刊物[②]。《浙江抗日战争史》给予了《浙江日报》较高的评价：“文化教育事业方面，比较突出的有实施教育年、创办和发行《浙江日报》、编修省志三个方面”[③]，“《浙江日报》的创办和发行有重要意义，《浙江日报》是黄绍竑委托原《浙江潮》主编严北溟创办的民办报纸”[④]。通观以上各说，基本采纳了林芷因的观点，相关的论证与材料主要来自《忆抗日战争时期的〈浙江日报〉》[⑤]、《关于抗日战争时期的〈浙江潮〉和〈浙江日报〉——与詹文元同志商榷》[⑥]以及严北溟所著《战时浙江回忆》[⑦]等文。作为该报的老编辑以及主办者，两位作者的论述自然是重要的参考依据，但与之相关的各方分析论证较少。黄绍竑与该报关系究竟如何，该报持何种立场与态度，其影响到底怎样，有必要根据该报内容，联系时代背景，结合同时代相关人物的言辞，以及各方对该报的反馈，做一番立体、综合的探讨。

二、《浙江日报》与黄绍竑关系之疑惑

“黄记刊物”的说法并非空穴来风。1937 年，在蒋介石的安排下，黄绍竑再度主政浙江。《浙江日报》在创办周年之时，呼吁政府增大对报纸的扶助支持，并对黄绍竑的“领导与爱护”表示感谢：“本报为一地方性之大报，政治进攻，文化突击，责无旁贷，义不后人，辄愿在黄主席英明领导与社会贤达多方爱护下，益矢其最善之努力，以报答各方之期待。”[⑧]《浙江日报》在重要版面与位置，对于黄绍竑主政思想及活动做了详细的系列报道，如《黄主席谈今后省政》[⑨]《浙江省一年来施政重要方针及其得失——黄主席九月十三日在省参议会报告》[⑩]《萧山县政讲评：黄主席四月六日在萧山县政府讲》[⑪]《坚定信念与建设个人（黄主席十月十三日行政会议闭幕词）》[⑫]《本省人事行政之趋向

① 赵晓兰．抗战时期浙江报刊的类别与特征［J］．浙江工商大学学报，2005（4）：184.

② 赵晓兰．关于抗战时期金华丽水文化出版中心活动［J］．出版史料，2004（4）：88-92.

③ 楼子芳．浙江抗日战争史［M］．杭州：杭州大学出版社，1995：277.

④ 楼子芳．浙江抗日战争史［M］．杭州：杭州大学出版社，1995：278.

⑤ 林芷茵．忆抗日战争时期的《浙江日报》［G］// 中国人民政治协商会议浙江省委员会文史资料研究委员．浙江文史资料选辑：第 28 辑．杭州：浙江人民出版社，1985：124-135.

⑥ 芷茵．关于抗日战争时期的《浙江潮》和《浙江日报》——与詹文元同志商榷［J］．浙江学刊，1983（3）：119-120.

⑦ 中共浙江省委党史研究室．浙江八年抗战：上册　回忆录［M］．北京：中共党史出版社，1996：46.

⑧ 本报一周年［N］．浙江日报，1942-03-12（1）.

⑨ 黄主席谈今后省政［N］．浙江日报，1941-07-26（3）.

⑩ 浙江省一年来施政重要方针及其得失——黄主席九月十三日在省参议会报告［N］．浙江日报，1941-09-28（1）.

⑪ 萧山县政讲评［N］．浙江日报，1941-10-13（1）.

⑫ 坚定信念与建设个人（黄主席十月十三日行政会议闭幕词）［N］．浙江日报，1941-10-23（1）.

（黄主席十月廿六日在省府纪念周报告）》等[①]。

皖南事变发生后，浙江的形势发生变化。在国民党顽固派的压力下，黄绍竑的政治立场开始动摇："黄绍竑对新四军入浙极为痛恨，认为新四军于一九三八年和平地离开浙江，现在是武装地回来了。五月廿五日曾叫我邀约《东南日报》（当时在云和出版）记者郑文蔚到他的公馆，发表了一大篇污蔑中共的谈话。国民党中央通讯社云和分社同时将这篇谈话稿发布电讯广播。"[②] 此期的《浙江日报》上，也出现关于国共摩擦的连续报道及评议，如刊布《舍弃小我利益　共谋国族生存　沪教界忠告毛泽东等　盼捐除成见履行诺言》[③]，对于谣传第十八集团军袭击林县某总司令部队一事，登载了《周恩来致大公报函》[④]《读周恩来先生的信》[⑤]，还在《抗敌与国家观》的社论中评论道："但现代世界政治之主流，仍为民族斗争之时代，而非阶级斗争之时代，则为不容否认之事实。……而自相倾轧之结果，徒与帝国主义以可乘之机，寖假国力益衰，国基益毁，分崩离析之兆见，而亡国灭种之祸迫矣！"[⑥] 后登载了《十八集团军不守军纪　竟向友军攻击　蒋委员长已令将部队撤回原防》等消息[⑦]，又以《十八集团军擅自行动　周恩来尚作辩论　军委会发言人告记者　周氏事先已接得军委会通知》等题目，继续报道了该事件[⑧]。并又登载《十八集团军擅派县长　侵夺政权　续有袭击友军行动》等消息[⑨]。对于此事，在社论《与中共谈抗战建国》中宣传到："我们决不能抛开国家而侈谈革命，而侈谈人民幸福，……在对付共同敌人的时候，要有共同的组织和统一的指挥，才能发扬伟大的力量。……然而，中国人民的美德呢？使我们不禁想起了在抗敌的阵营里，还有另一组织的军队存在着，以及最近几天来，接二连三的又有十八集团军抗命的事情发生。"[⑩] 报纸连续不断地发布指责中共的报道，是否可以理解为黄绍竑对《浙江日报》的操控？

---

① 本省人事行政之趋向（黄主席十月廿六日在省府纪念周报告）[N]. 浙江日报，1941-11-13（1）.

② 应占先. 黄绍竑第二次主浙与地方势力的争夺和勾结 [G] // 中国人民政治协商会议浙江省委员会文史资料研究委员会. 浙江文史资料选辑：第 10 辑. 杭州：浙江人民出版社，1978：59.

③ 舍弃小我利益　共谋国族生存　沪教界忠告毛泽东等　盼捐除成见履行诺言 [N]. 浙江日报，1941-03-19（2）.

④ 周恩来致大公报函 [N]. 浙江日报，1941-06-15（1）.

⑤ 读周恩来先生的信 [N]. 浙江日报，1941-06-15（1）.

⑥ 抗敌与国家观 [N]. 浙江日报，1941-06-15（1）.

⑦ 十八集团军不守军纪　竟向友军攻击　蒋委员长已令将部队撤回原防 [N]. 浙江日报，1941-07-19（2）.

⑧ 十八集团军擅自行动　周恩来尚作辩论　军委会发言人告记者　周氏事先已接得军委会通知 [N]. 浙江日报，1941-07-21（2）.

⑨ 十八集团军擅派县长　侵夺政权　续有袭击友军行动 [N]. 浙江日报，1941-07-20（2）.

⑩ 与中共谈抗战建国 [N]. 浙江日报，1941-07-22（2）.

三、《浙江日报》创办背景及与黄绍竑关系之分析

解答这一疑问，需要追本溯源，探究《浙江日报》的创办情况。

《浙江日报》是承袭《浙江潮》而来。“《浙江潮》旬刊是浙江省政府主办的刊物，由进步人士严北溟任主编，1938 年 2 月在金华创刊。”[①] 对黄绍竑而言，该刊是为对抗 CC 系（国民党内政治派系，名称来源于 1927 年在上海成立的中央俱乐部）《东南日报》而创设。“当时浙江的报纸、刊物全掌握在 CC 手里，大报有《东南日报》《正报》两家，黄第一次主浙时，是吃过他们的苦头的，这次重来，记忆犹新，所以下车伊始，就注意到要办报或办刊物的问题。”[②] 主笔严北溟在回忆中写道：“为了稳定自己在浙江的地位，并使得做事不受掣肘，黄企图从掌握一定军事实力和舆论工具着手，大干一番。”[③]“黄绍竑得悉我尚在金华，并和这些过往文化人、青年有接触，就通过贺扬灵约我面谈，目的在于邀我帮他搞联系青年和抗战文化宣传等方面的工作。”[④] 然而刊物并未掌握在黄绍竑手中，而是受到杜国庠等共产党员的支持与影响，“我带着问题去和新结识的杜国庠同志商量。……杜同志一听说黄绍竑留意拉拢在金华的文化人和青年，就赞成我来干这工作，他认为黄绍竑虽然基本上站在国民党立场来利用我们，我们也正可以‘反利用’，开展工作斗争；究竟谁利用谁，这不能由黄绍竑决定，而是由整个抗战形势，由我们的主管努力来决定的。”[⑤] 由于宣传抗日合作，报纸在中共的统战工作方面发挥了重要作用：“刊物的问世，使那些敌视它的人为之目瞪口呆，而广大读者则异常欢迎，初次印刷只五千份，远远不够分配，从第二期起就成倍地增长，直至发行到五六万份，打破了浙境内当时刊物的销售记录。”[⑥]“他们[⑦] 直接围攻黄绍竑，可举两次最显著的例子：一次是《浙江潮》创刊号刊载了杜国庠、王亚平等同志的文章，引起了他们对黄绍竑的第一次质问；另一次是《浙江潮》第七期刊登了我写的《从国内政治形势看国共合作的前途》，国民党省党部那些人指斥这篇文章宣扬民族统一战线，完全是‘共产党的论调’，是‘反动宣传’。在一次国民党党政联席会议上，他们对黄进行长达数小时的责难和辩论。”[⑧]“一九三九年，周恩来同志来金华时，曾特地找严北溟谈话，对他

---

① 金普森，陈剩勇．浙江通史：第 12 卷　民国下［M］．杭州：浙江人民出版社，2005：234.

② 严北溟．忆事怀人话浙江［G］// 中国人民政治协商会议浙江省委员会文史资料研究委员会．浙江文史资料选辑：第 26 辑．杭州：浙江人民出版社，1984：41.

③ 严北溟．忆事怀人话浙江［G］// 中国人民政治协商会议浙江省委员会文史资料研究委员会．浙江文史资料选辑：第 26 辑．杭州：浙江人民出版社，1984：39.

④ 严北溟．忆事怀人话浙江［G］// 中国人民政治协商会议浙江省委员会文史资料研究委员会．浙江文史资料选辑：第 26 辑．杭州：浙江人民出版社，1984：39-40.

⑤ 严北溟．忆事怀人话浙江［G］// 中国人民政治协商会议浙江省委员会文史资料研究委员会．浙江文史资料选辑：第 26 辑．杭州：浙江人民出版社，1984：40-41.

⑥ 严北溟．《浙江潮》创刊始末［J］．出版史料，1989（1）：64-65.

⑦ 笔者注：此处指 CC 系和复兴分子。

⑧ 严北溟．忆事怀人话浙江［G］// 中国人民政治协商会议浙江省委员会文史资料研究委员会．浙江文史资料选辑：第 26 辑．杭州：浙江人民出版社，1984：47.

的工作，给予肯定和鼓励。就在这次谈话以后不久，蒋介石也在重庆‘召见’了严，想借此进行‘安抚’和‘拉拢’，但并未达到目的。”① 故而《浙江潮》被“看做眼中钉”，“社里几个编辑，有的被捕送去上饶集中营去了，如沈任重、李士俊、钟明远（后在狱中壮烈牺牲）等；有的在顽固派威逼下自首变节。虽然《浙江潮》的封面还印上我的主编名义，但内容却已变质”②。

《浙江潮》停刊后，黄绍竑为继续对抗CC系《东南日报》，鼓励严北溟创办了《浙江日报》。“黄氏对我们的处境是完全了解的，仍然信任我们，叮嘱我组织更大的班底来办一个与CC系《东南日报》势均力敌的宣传阵地。这样，《浙江潮》从1938年2月创刊到1940年10月停刊，共出了120多期，以后就为《浙江日报》所代替了。”③与《浙江潮》相似的是，黄绍竑对于《浙江日报》并未过多干预，人员安排上，该报仍然受到中共党员的影响：“《浙江日报》是民办报纸，在经济上先由浙省府津贴一个短时期，后来即自给自足，由我担任发行人兼社长。”④“《浙江日报》的班底，比起《浙江潮》在未被破坏前的班底来扩大好几倍，……在编辑部这个重要队伍中，没有一个国民党员或三青团员。整个班底，仍是以地下党员为骨干和核心的。黄绍竑一般不过问报社人事，他并不知道社里的真实情况。我们对他也是坚守秘密的。”⑤

而彼时国共摩擦不断增大。“1941年春，皖南事变发生，浙江方面也有些人被捕，《浙西日报》总编辑王闻识、浙江妇女会秘书林秋若（后改名林琼）是我知道的两个。”⑥

联系《浙江潮》的创办经营经历，结合《浙江日报》的创刊背景和沿袭，以及当时国共摩擦的环境来看，《浙江日报》登载反共新闻以及社论，应为策略之举。正如严北溟所言：“在国统区办报，只能采用国民党中央社的电讯，所以在新闻上很难出色，但社论、通讯和副刊等园地，还是大可利用，提供些比较正确的言论、进步的通讯报导和文艺作品等，在解放区报刊被严密封禁的情况下，这对白区读者还是最感需要的精神食粮，所以报纸销数蒸蒸日上，成了CC报纸《东南日报》和《正报》的劲敌，引起了他们的仇视和打击，而国民党浙江省新闻检查处这个特务机构更随时扣留稿件，肆意挑剔，并不断强加警告、停刊等处分。随着反共高潮一次比一次高涨，他们对《浙江日

---

① 芷茵．关于抗日战争时期的《浙江潮》和《浙江日报》——与詹文元同志商榷［J］．浙江学刊，1983（3）：119-120.

② 中共浙江省委党史研究室．浙江八年抗战：上册　回忆录［M］．北京：中共党史出版社，1996：52.

③④ 中共浙江省委党史研究室．浙江八年抗战：上册　回忆录［M］．北京：中共党史出版社，1996：53.

⑤ 严北溟．忆事怀人话浙江［G］// 中国人民政治协商会议浙江省委员会文史资料研究委员会．浙江文史资料选辑：第26辑．杭州：浙江人民出版社，1984：46.

⑥ 中共浙江省委党史研究室．浙江八年抗战：上册　回忆录［M］．北京：中共党史出版社，1996：41.

报》的围攻越来越厉害。”[①]

这一策略，恰恰暗合了周恩来浙江之行对党领导下的抗日文化工作的指导。“他说，《东南战线》《浙江潮》不要搞的太‘红’，《青年团结》的封面上用红五角星没有必要，要讲究斗争策略，隐蔽一点。……他还说，无论办报办刊物，都要十分重视加强和读者的联系，了解群众的思想情绪和问题，吸引群众和我们站在一起。”[②]

四、《浙江日报》版面与内容之分析

《浙江日报》登载了反共新闻以及社论，是否为权宜之计，更需要深入到《浙江日报》的内容中去分析与论证。从内容来看，《浙江日报》也与《浙江潮》十分相似，即响应中共的号召坚决抗战，宣传团结抗战、全面抗战，关心民生，重视与读者的联系。

《浙江日报》一共设置了四个版面。第一版登载启事广告、社论以及每日文摘。第二版登载国内要闻、与日本相关的国际新闻以及社论。第三版登载与反法西斯战争相关的国际新闻以及浙江本地新闻。第四版为文艺版，设有“江风”“天下风”“政治服务”“文摘”等栏目，刊登的各类文章以反映现实生活为主。

新闻选材上，《浙江日报》虽出现了攻击共产党的新闻，但在整版新闻以及整份报纸中所占比例极少。而其所登载的各类新闻，有不少来自国统区各地电讯，在内容选取上却有所倾向，多以抗战为主。如大力宣传坚决抗战、树立抗战必胜的信心，报道我方军事上的胜利，“宜昌对岸西犯之敌已分三路崩溃，经我各路追击残敌完全肃清，赣北敌又蠢动不逞”，“深圳敌犯观澜，经我奋力击退，图在惠阳属登陆亦不逞”，“湖北我军向岳阳挺进，敌寇至为恐慌”[③]。揭示日方的失败：《倭三菱公司煤矿爆炸》[④]《敌兵厌战自杀》[⑤]。披露汉奸之下场：《汉奸下场　遭敌枪决》[⑥]。报道各国对中国抗战的肯定与援助，“外国报纸，对于我国之抗战胜利前途，更取乐观论调”[⑦]，“英继续援助中国，贷款五百万镑，协定已于五日签字”[⑧]。宣传世界反法西斯战争形势：《倭舆论公认，美参战期已迫，罗斯福承认日乃独裁之侵略国，华府传德美将绝交》[⑨]《纳粹内部严重分裂，希特

---

① 中共浙江省委党史研究室．浙江八年抗战：上册　回忆录［M］．北京：中共党史出版社，1996：53.

② 中共浙江省委党史研究室．浙江八年抗战：上册　回忆录［M］．北京：中共党史出版社，1996：107.

③ 宜昌对岸西犯之敌已分三路崩溃［N］．浙江日报，1941-03-19（2）.

④ 倭三菱公司煤矿爆炸［N］．浙江日报，1941-03-19（2）.

⑤ 敌兵厌战自杀［N］．浙江日报，1941-07-01（2）.

⑥ 汉奸下场　遭敌枪决［N］．浙江日报，1941-03-29（3）.

⑦ 外报对我抗战前途　均持乐观论调　中国为反侵略之重要份子　世界承认我团结力量伟大［N］浙江日报，1941-10-11（12）.

⑧ 英继续援助中国，贷款五百万镑，协定已于五日签字［N］．浙江日报，1941-06-07（2）.

⑨ 倭舆论公认，美参战期已迫，罗斯福承认日乃独裁之侵略国，华府传德美将绝交［N］.浙江日报，1941-03-19（2）.

勒已失民心，德必致陷入苏联泥淖》[①]。并发表了不少宣传抗战的社论，如《中英缅携起手来》[②]《建立战斗的政治　湘北再捷可为本省借镜》[③]《打回杭州去》[④]。

作为立足于浙江的报刊，《浙江日报》对于黄绍竑主政的报道，既是对黄绍竑支持的回应，也是对客观现实的正常反映。而在内容上，《浙江日报》选取了黄绍竑与中共合作的方面予以突出报道，如对于黄绍竑第二次主浙时的评价："较有眼光魄力，想干一番事业。而看到中国只有团结抗战才有前途这一点，更成为他走向进步道路的思想起点，当然也即是中共对他的统战工作易于生效之因。"[⑤]彼时政治上，黄绍竑所办的浙江省国民抗敌自卫团总司令部被撤销，浙江铁工厂的分厂被中央收回[⑥⑦]。故而《浙江日报》主要通过政工队和经济实验县方面的报道评议来体现国共合作抗日民族统一战线方面的宣传。

"浙江省战时政治工作队"是黄绍竑创办的从事抗战工作的青年组织[⑧]，受中共影响较大。"政工队成立后，浙江党十分重视争取对它的领导，派了大批党员和进步青年参加这一组织。从全省各级政工队的组成人员来看，共产党员、进步青年占了很大的比例，有的省队和相当多的县队由共产党人掌握政权。"[⑨]对该组织，《浙江日报》给予了一系列介绍与报道：在《怀殉难政工青年》中指出"政工队是浙江的创举，浙江政工青年是举国闻名的"[⑩]，以《本省政工人员之血　沦陷地区抗敌之花》为题登报刊载《四年来殉难队员题名汇录》[⑪]，并发表《浙江省政工制度之回顾与前瞻》[⑫]。实验县的构想来自于共产党员的提议，"当时在物调处任视察的共产党员张锡昌提出了建立'实验县'的设想，就是将处属几个县从省民政厅的管辖下划出来，由建设厅将大部分工作人员调到这些县去充实领导，以便把这些县首先建成抗日救亡的战略基地。黄绍竑接受了这个意见"[⑬]。"通过我党与国民党地方政府内进步人士的统战关系，地处浙东前哨的诸暨、义

---

① 纳粹内部严重分裂，希特勒已失民心，德必致陷入苏联泥淖［N］.浙江日报，1941-07-07（3）.

② 中英缅携起手来［N］.浙江日报，1941-11-11（2）.

③ 建立战斗的政治　湘北再捷可为本省借镜［N］.浙江日报，1941-10-5（1）.

④ 打回杭州去［N］.浙江日报，1941-12-24（2）.

⑤ 中共浙江省委党史研究室.浙江八年抗战：上册　回忆录［M］.北京：中共党史出版社，1996：45.

⑥ 金普森，陈剩勇.浙江通史：第12卷　民国下［M］.杭州：浙江人民出版社，2005：200.

⑦ 中共浙江省委党史研究室.浙江八年抗战：下册　回忆录［M］.北京：中共党史出版社，1996：42.

⑧ 黄绍竑.黄绍竑回忆录［M］.北京：东方出版社，2011：405.

⑨ 中共浙江省委党史研究室.浙江八年抗战：下册　回忆录［M］.北京：中共党史出版社，1996：27.

⑩ 怀殉难政工青年［N］.浙江日报，1941-07-03（2）.

⑪ 本省政工人员之血　沦陷地区抗敌之花［N］.浙江日报，1941-07-03（3）.

⑫ 晏忠承.浙江省政工制度之回顾与前瞻［N］.浙江日报，1941-09-24（1）.

⑬ 中共浙江省委党史研究室.浙江八年抗战：下册　回忆录［M］.北京：中共党史出版社，1996：35-36.

乌、余姚等县也诞生了非正式的‘实验县’。”[①]“义乌党组织派了一批党员干部参加了县政府，……人称义乌县政府为‘统一战线政权’。”[②]与之对应的，则有《义乌县政讲评——黄主席三月三十日在义乌县政府讲》等一系列黄绍竑关于县政的评议报道[③]。

对于浙江本省的抗战建设，《浙江日报》登载发表了大量本地新闻及评述，如：报道我方军事上的胜利[④]，世界反法西斯战争对我方的支持[⑤]；从日本俘虏的角度讲述民众对于抗战的贡献，坚定浙江民众抗战信心[⑥]；揭露日军在浙所犯暴行[⑦]；痛斥汉奸卖国贼的丑恶嘴脸，打消人们安于现状不反抗的现实，唤起民众抗争[⑧]。经济上，关注本省特色产业，如发布有关茶叶的新闻[⑨]，并发表评论[⑩]。财政上，就社会对政府专卖制度的抗议，以社论《战时专卖事业与平价》驳斥社会谣言，阐释支持战时专卖制度[⑪]。文化上，积极宣扬抗战文化建设，介绍沦陷区日伪所办的报纸以及民众和政府所办的小型报纸，驳斥敌伪的虚假宣传[⑫]；指出“我们在这个时候，要进行沦陷区的对敌工作，除军事方面应准备作积极的反攻外，最紧要的，还是需要以政治的力量，去争取多数的民心，加强对敌的观念”[⑬]。

严北溟所提的“社论、通讯和副刊等园地，还是大可利用，提供些比较正确的言论、进步的通讯报导和文艺作品等”[⑭]，在副刊予以了充分的阐释实施：“一年以来，无论环境是怎样的恶劣，我们是始终顽强的坚持着原来的主张，不屈不挠，向前奋斗。”[⑮]其响应中共抗战救亡主张的时代性、战斗性宣传报道的活动遭到了恐吓与威胁：“我们，一直记着本报创刊献辞中所指示的话：‘至一般无聊写作，低级趣味，无关抗战之旨，

---

① 中共浙江省委党史研究室．浙江八年抗战：下册 回忆录［M］．北京：中共党史出版社，1996：36.

② 中共浙江省委党史研究室．浙江八年抗战：下册 回忆录［M］．北京：中共党史出版社，1996：37.

③ 义乌县政讲评——黄主席三月三十日在义乌县政府讲［N］．浙江日报，1941-10-05（1）.

④ 诸暨寇成强弩之末 奉化我攻占鄞江桥豫南柏底镇北，血战激烈［N］．浙江日报，1941-05-10（1）.

⑤ 琅邪．浙东海面英艇歼灭日轮［N］．浙江日报，1942-04-07（4）.

⑥ 记西天目山晚会 行署谈话会出席人员欢迎会 日本俘虏小宫山已之吉讲词［N］．浙江日报，1941-07-14（2）.

⑦ 董仪容．劫后的莫干山［N］．浙江日报，1942-04-29（4）.

⑧ 新野．东南伪军面面观［N］．浙江日报，1941-11-06（4）.

⑨ 贸委员会决定本年茶叶管制法 全国预订箱茶六十万 仍由中国茶叶公司收购［N］．浙江日报，1941-03-19（3）.

⑩ 刘河洲．当前浙茶管理之目标［N］．浙江日报，1941-09-10（1）.

⑪ 战时专卖事业与平价［N］．浙江日报，1942-04-16（3）.

⑫ 吕城．宁绍前线敌我的文化斗争［N］．浙江日报，1941-07-25（4）.

⑬ 王鉴萍．绍兴敌伪近况［N］．浙江日报，1941-10-31（4）.

⑭ 中共浙江省委党史研究室．浙江八年抗战：上册 回忆录［M］．北京：中共党史出版社，1996：53.

⑮ 艰苦的旅程［N］．浙江日报，1942-03-12（4）.

有伤报格之尊，嗜者虽众，义所不取，盖重视本身之立场，非消极的迎合社会嗜好而在积极的完成广泛教育之功用。’……曾经有过不少数的好心地先生们，多次对我们提示过‘中国处世的传统哲学’的方法，叫我们要能‘识时务’，要能‘见风使舵’。然而纵然是临到了这种处境，我们也能坚定地审办和研考：那些‘时务’该‘识’，那些‘风’该‘见’；我们决不敢‘不顾是非，只讲利害；只尚浅见，不加深究’。我们宁愿做一只‘扑火的灯蛾’，或是‘挡车的螳螂’，却不愿做一个‘非党国之福’的‘顺水推舟’的‘聪明人’。因为，我们终极的目的是‘对一切的桎梏，抗击以图存，永远不屈服。’正因为这样，我们曾招徕了许多‘不知死活’旧势力的袭击。”①但同时也得到了支持与肯定：“到了三月十二日，我们的报纸在仓促的筹备中诞生了，当这新生的文化战士，以新的姿态活跃在社会人士之前，毕竟能使人括目看相，说声‘还不错’的评语，这却使我们引以自豪，亦聊以自慰！”②“一年间，我们在最大多数的读者群间，(特别是青年伙伴们)，已取得了信任与拥护。一年间，我们已发掘和发现了不少年青的、新的、更有前途的文化斗争底天才，并且紧密地跟他们握起了手。一年来，我们已尽了我们的可能，使自己得以倔强而且挺直地坚立在东南的一角。”③

副刊受中共发动民众全面抗战方针政策的引导，集中于宣传抗战、动员青年与妇女、关心民众生活，在团结全民族抗战中起到积极的宣传和鼓励作用。在宣传抗战方面，登载的《满江红》是黄绍竑与周恩来在天目山见面后所作诗歌④。报纸登载《黄季宽先生西巡天目感伤》诗：“收失地，从今始；越勾践，应师事。愿勿忘聚训薪胆滋味。逸豫有伤家国运，辛劳勤把戎行治。枕长戈，午夜警鸡鸣，扶桑指。”通过本诗呼吁大家坚持抗日收复失地：“愿大家重温一温岳飞的满江红吧，从他那里将可更锻炼成一个抗战到底的决心！愿大家再念一念上面所引的黄季宽先生的满江红吧，从他那里更明确地理解到怎样才配做一个现代的人；也更可坚决地相信：总有这么一天，碧绿的钱塘江水，会用‘匈奴’的血染红了的。别太‘逸豫’了！愿毋忘聚训薪胆滋味！”⑤《逃往何处去》描绘了普通人不抵抗、四处逃亡、苟且求生的悲惨状况，批驳不抗战的立场⑥。《箬帽山——劳军的故事》讲述了C城的百姓给前来抗战的将士赠送帽子的故事，以“这一天C城的箬帽以最低的价钱全部卖空了”刻画群众对于抗战的热忱支持⑦。副刊还持续关注沦陷区状况⑧，报道敌伪占领区民众所受的苦难等⑨⑩。

在青年工作方面，该报关心青年，为青年提供学业指导。“作为全浙江每个民众的

①③ 自省、自证、自励——一年来本报的副刊［N］. 浙江日报，1942-03-12（4）.
② 由总务到编辑［N］. 浙江日报，1942-03-12（4）.
④ 黄绍竑. 黄绍竑回忆录［M］. 北京：东方出版社，2011：411.
⑤ 薪胆滋味［N］. 浙江日报，1941-03-19（4）.
⑥ 罗一平. 逃往何处去［N］. 浙江日报，1941-03-19（4）.
⑦ 箬帽山——劳军的故事［N］. 浙江日报，1941-03-19（4）.
⑧ 光明与黑暗斗争中　国军西撤后的孤岛现状［N］. 浙江日报，1941-07-10（4）.
⑨ 今日的北平［N］. 浙江日报，1941-11-18（4）.
⑩ 华北敌寇的横征暴敛［N］. 浙江日报，1942-03-29（4）.

舌喉的《浙江日报》，应该有一个为失学青年呼号的园地——负起对失学青年读书写作指导。并让每个失学青年自由地在自己的园地里畅读和呼号（至于名义那是什么都可以的）。”[①]设置“学生笔会写作指导”栏目，指导新诗的写作[②]，登载文章介绍升学途径与方法[③]。呼吁争取青年：“我们不但要安顿这大批已从魔鬼的掌握逃亡出来的学生，而且还要去争取尚在敌区里的青年，使他们也仍能够回到祖国怀抱里来自由呼吸。”[④]

在妇女工作方面，该报组织妇女积极投身抗战：“发动慰劳前线战士，征募鞋袜，纪念日扩大宣传，演剧，义卖，发动大规模反奸运动，下乡访问……慢慢地，妇女会在民众中建立起了好感和信仰，‘皇军’听到了‘妇女会’三个字，都有点头痛呢。”[⑤]报道妇女投身抗战的情况[⑥]，为现有的妇女工作提供指导[⑦]。

在民众方面，该报关心民众的疾苦，如揭露囤积倒把的商人抬高米价、以次充好的现实[⑧]，反映房价过高（《希望政府从速压平房价》）[⑨]。对于私自贩卖盐米的民众，在同情他们的同时，呼吁“一方面需要在生产上救济义民，使他们有屋住，有工做，有饭吃，不要让他们流落街头。为了生活的逼迫，而走入迷途，另一方面，便是政府要迅速的解决东南的盐米问题，使浙赣盐米能互相交换，有无相济，供需问题一解决，价格也就无问题了”[⑩]。登载《疟疾的预防》等文，为战时民众健康提供指导。[⑪]

该报还积极与读者互动，宣传引导民众从事抗战文化活动，如《怎样组织读者小组》[⑫]《千里以外送来的回响　我们也成立了读者小组》[⑬]《学校回声：我们在这样做——关于组织读者小组》[⑭]。在栏目中解答读者来信，如登载热心妇女教育者问题的解答：“捐资创办书报室，应向县政府备案，如能编行定期刊物，则可大量搜集书报”[⑮]，搭建起读者沟通的桥梁。正因如此，该报得到读者肯定与支持：“这期刊出的嘉献先生的‘戏’，收到已有两月。……我们捧读之余，大为‘惊喜’。惊的是这类‘剧评’，居然肯屈身降临到江风编辑部来，喜的是，研究‘三看御妹’和‘十美图’的先生，也参加了‘抗

---

① 鲁．会场提案　一个呼声［N］．浙江日报，1941-07-02（4）．

② 老舍．论新诗［N］．浙江日报，1941-07-02（4）．

③ 胡大汉．我怎样进大学　浙江大学［N］．浙江日报，1941-07-09（4）．

④ 和敌人争取青年［N］．浙江日报，1941-07-11（4）．

⑤ 马青．我们怎样组织了吴兴妇女会［N］．浙江日报，1941-07-07（4）．

⑥ 黛茜．七七四周年　姊妹们活跃在伤病医院里［N］．浙江日报，1941-07-28（4）．

⑦ 石邨．“独立的妇女工作机构”应该注意的二三事——兼勉江西妇女指导处［N］．浙江日报，1941-12-08（4）；林溪．关于妇女干部的训练［N］．浙江日报，1942-03-30（3）．

⑧ 韫斯．买米记［N］．浙江日报，1941-07-07（4）．

⑨ 希望政府从速压平房价［N］．浙江日报，1941-07-11（4）．

⑩ 李琪．浙赣路上的生活挣扎者［N］．浙江日报，1941-11-12（4）．

⑪ 希实．疟疾的预防［N］．浙江日报，1941-03-19（4）．

⑫ 许明．怎样组织读者小组［N］．浙江日报，1941-11-03（4）．

⑬ 海燕．千里以外送来的回响　我们也成立了读者小组［N］．浙江日报，1941-11-03（4）．

⑭ 学校回声：我们在这样做——关于组织读者小组［N］．浙江日报，1941-11-17（4）．

⑮ 王道．捐资创办书报室，应向县政府备案，如能编行定期刊物，则可大量搜集书报［N］．浙江日报，1941-03-31（4）．

战工作’。……即使有人不大高兴，我们却必须声明，这篇文章的刊登，是抱着十分严肃的态度的。我们只希望这篇‘剧评’，能给站在时代尖端的戏剧工作者作一个参考材料。”① 有的读者还提出了更为具体深入细致的建议：“我希望贵报的选择材料能多注意到一些问题的内层，不管是思想与修养问题，生活与职业问题，恋爱与结婚问题，家庭与儿童问题，学校与教育问题，社会与社交问题，都能在这里以解答和批判的姿态出现。我是既不喜欢那些糊说乱道不关痛痒的故事；更不欢迎板起脸孔来谈不着边际的理论，这些有意做作，反使失去真实，不如说这样在这富于自然和真实的题材上，诚恳坦直地随心所欲地与大家姐妹们来谈谈日常的生活，与实际的问题，兴趣来时，让我们可以一而再，再而三的谈下去，检讨下去。”②

作为一份与国民党地方派系黄绍竑密切相关的报纸，《浙江日报》版面上集中体现了国民党中央、国民党地方派系、中国共产党三方不同的立场与言论。这种看似矛盾与冲突并存的状态及其广受读者欢迎的结果，源于该报的精心运营与正确策略，是当时浙江省国民党中央势力、地方实力派、抗日根据地之间相互联系、合作、斗争状况的真实写照，也是民心与市场的自然选择。故而，我们不能简单地将《浙江日报》归入“黄记”刊物之列，而是应该透过黄绍竑对于该报支持的表面，深入到报纸内部，发掘该报受中共指导与影响的实质，从中发现历史背后的真相。这恰恰是历史的具体复杂之处。

① 编者．关于“戏”［N］．浙江日报，1941-07-03（4）．

② 琴痕．我对“新女性”提出几点意见［N］．浙江日报，1941-07-03（4）．

国家图书馆马克思主义经典著作东南亚馆藏建设策略

张　薇（外文采编部）

马克思主义是马克思主义理论体系的简称，是关于全世界无产阶级和全人类彻底解放的学说。它由马克思主义哲学、马克思主义政治经济学和科学社会主义三大部分组成，是马克思、恩格斯在批判地继承和吸收人类关于自然科学、思维科学、社会科学优秀成果的基础上于19世纪40年代创立的，并在实践中不断地丰富、发展和完善的无产阶级思想的科学体系。自1848年《共产党宣言》发表以来，马克思主义思想在全世界范围内得到了广泛的传播，改变了人类历史发展进程。也正是由于马克思主义思想的广泛传播，国内外诞生了很多经典著作，包括优秀的译本及研究性图书、论文等。

国家图书馆外文文献建设已有百余年历史，经过一代又一代采编人的努力，形成了鲜明的馆藏特色。国家图书馆作为国家总书库，马克思主义经典著作一直是馆藏建设的重点。依据《外文文献信息资源采访工作手册》，国际共产主义运动著名领导人的著作（包括较大文种的全集、选集），以及中国党和国家领导人著作的各文种版本[1]，是需要全面采选的对象。

东南亚位于亚洲的东南部，共十一国。除东帝汶以外的其余十个国家组成的东南亚国家联盟，简称东盟，是我国重要的政治、经济合作伙伴。2020年，东盟第一次超越欧盟，成为我国最大的贸易伙伴。2013年，习近平总书记向世界提出了“一带一路”的合作倡议，旨在借用古代丝绸之路的历史符号，高举和平发展的旗帜，积极发展与沿线国家的经济合作伙伴关系，共同打造政治互信、经济融合、文化包容的利益共同体、命运共同体和责任共同体。东南亚是我国共建“海上丝绸之路”的重点地区，了解马克思主义在东南亚的传播与发展情况，对于我们相互了解、成为观念契合的高质量的合作伙伴具有重要意义。

东南亚地区不乏优秀的马克思主义经典著作。笔者长期从事泰文文献采编工作，对东南亚馆藏文献建设情况比较了解。本文将以国家图书馆东南亚马克思主义经典著作馆藏情况为切入点，详细分析馆藏现状与特点，梳理马克思主义在东南亚的传播情况，继而提出夯实和发展该部分馆藏建设的方向与策略。

1　东南亚马克思主义研究概况

国外的东南亚马克思主义研究起步较早，现在已经处于相对成熟的阶段。20世纪40年代末，随着源起于欧洲的冷战向亚洲扩展，以美国学者为首的西方学者开始关注东南亚地区各国的共产党活动[2]，期间产生了许多马克思主义研究的经典著作。例如1955年斯坦福大学出版社出版了 *Minority Problems in Southeast Asia*，作者为 Virginia Thompson 和 Richard Adloff，部分国内学者将书名译为《东南亚左翼》。1959年斯坦福大学出版社出版 *Marxism in Southeast Asia* 一书，当时正值东南亚各国共产主义运动高峰时期，该书从政府和政治的角度分析了马克思主义在东南亚的发展传播，以及这一传播对当地共产主义运动的影响。近二三十年也有非常优秀的研究文献，例如 Duke University Press 出版的 Tani Barlow 的著作 *New Asian Marxisms*。该书以社会主义与社会的关系为切入点，探究了马克思主义在亚洲的发展及对现在社会产生的深远影响，文中提到东南亚的部分对于马克思主义在东南亚的发展研究有很大参考价值。

东南亚各国因民族众多、地理环境复杂、文化信仰各不相同，因此不同国家对马克思主义思想的传播和研究阶段各不相同。东南亚国家政体几乎涵盖了世界上主要的模式：印度尼西亚和菲律宾是总统制，新加坡是议会制共和制，泰国、马来西亚、柬埔寨和文莱是君主立宪制，越南和老挝是社会主义国家，缅甸正在由军政府向民主化转变的进程中。因此马克思主义在东南亚的发展极不均衡。越南、老挝与我国同属社会主义阵营，对于马克思主义研究的文献较多，内容较前沿。例如越南语文献《马克思列宁主义经典著作中关于向社会主义过渡的经济和政治观点》，探讨了面对社会和经济发展中所遇到的问题，应如何从马克思主义先进思想中找答案，同时也再次确认了马克思主义的指导性纲领的地位。而在其他国家，马克思主义仍属于比较小众的思潮，但是也不乏优秀的研究人员和坚定的信仰者。泰语文献《马克思与社会主义》等均属于近年来非常优秀的马克思主义思想研究文献。

目前国内对于东南亚马克思主义研究起步较晚，这类研究属于马克思主义理论与东南亚研究的学科交叉。近年来由于中国与东盟关系发展迅速，经济、文化往来日益增多，相关研究也开始呈现蓬勃发展之势，也有一些成果转化成文献出版，例如：广西人民出版社出版、陈元中著《马克思主义越南本土化的理论与实践》，中国社会科学出版社出版、杜洁著《马克思主义在泰国的传播与影响研究》，社会科学文献出版社出版、靳昆萍著《东南亚社会主义的历史、现状及发展趋势》，等等。以上国家图书馆均有馆藏。其中成都大学教授杜洁所著的《马克思主义在泰国的传播与影响研究》一书，指出20世纪泰国马克思主义传播的两大主体脉络（泰国共产党与泰国左翼知识界）和三支基本力量（泰国共产党、泰国20世纪50年代左翼知识界、泰国20世纪70年代左翼知识界）[3]，通过对泰国马克思主义本土化历史逻辑和当代价值的系统研究，澄清了第三世界国家马克思主义传播与共产主义运动受到以偏概全的误读迷雾，总结了泰国马克思主义传播的宝贵经验和失败原因。专著同时还分析了当前泰国政治局势动荡和社会极化分裂的根本原因，对毛泽东思想在20世纪泰国的传播及产生的影响进行了介绍和评论[4]。

2 国家图书馆东南亚小语种马克思主义文献馆藏现状

2.1 国家图书馆东南亚语言文献馆藏历史与现状

国家图书馆东南亚语言文献建设的发展史与国家图书馆乃至国家的大政方针是息息相关的。新中国成立初期，图书馆建设百废待兴，小语种文献馆藏建设也非常薄弱。为满足外交工作和涉外任务的需要，国家开始重视小语种专业人才的培养，在二十世纪五六十年代陆续有印尼语、缅甸语、越南语的专业人才加入国家图书馆。后来随着国内外形势变化，又经历物价指数大幅上涨、人员变动等原因，东南亚语言文献建设一度落入低谷。直到进入 21 世纪，国家图书馆开始重视东南亚小文种文献建设，开始引进小语种专业人才，增加经费投入，迎来了小语种工作的又一个繁荣时期。目前，国家图书馆在编在岗的东南亚语言干部有越南语、泰语和印尼语各一人。每年完成采编图书上千种，能够从一定程度上满足读者需求，同时也实现了文献保障任务。总体而言，国家图书馆目前馆藏东南亚语言文献体系建设取得了一定成绩，但也存在不足，如何提升重点文献的比例是东南亚语言文献馆藏建设的一大难点。

2.2 马克思主义及相关研究文献梳理

根据《外文文献信息资源采访工作手册》，马克思主义文献属于全面采选范畴，相关研究著作属于重点采选范围，都是我们需要重视的对象。而实际上受制于信息来源不畅、采访断层、到书率不高等原因，我们的馆藏文献并不丰富。截至目前，国家图书馆馆藏越南语马克思、恩格斯著作共 33 种，马克思主义的学习和研究文献 5 种；泰文马克思、恩格斯著作 4 种，马克思主义的学习和研究文献 2 种。其他东南亚文种尚有一些馆藏，或由于没有语种干部尚未编目，或由于没有进行卡片目录回溯，从 Aleph 系统中无法查询。对于这些沉积的宝贵资源，我们仅靠现有人员可能无法将其开发利用，应通过对接承包商或者利用实习生等方式，让它们尽快与读者见面。

相比其他语言文献，东南亚小语种文献的数量还是十分有限的，国家图书馆现存外文马克思、恩格斯著作文献共 2212 种，马克思主义的学习和研究文献 1413 种，其中英文文献分别是 421 种和 363 种，占比最多；日文文献这两个数字分别是 437 种和 293 种。相比之下东南亚作为我们紧密相连的邻邦，所存文献数量可谓寥寥。

国家图书馆馆藏东南亚语马克思主义及相关研究文献以 20 世纪 70 到 80 年代外文出版社出版的外宣译本为主。以泰语为例，国家图书馆现藏马克思、恩格斯泰文译著分别是《共产党宣言》《社会主义从空想到科学的发展》《哥达纲领批判》《无产阶级革命的胜利》，均为中国外文出版社出版的泰译本。而研究评论性质的文献也以 20 世纪的作品居多。查阅泰国国家图书馆网站，我们能够发现，泰国的马克思主义尤其马克思主义经济学原理相关的研究文献还是相对丰富的。可见，我们对于现阶段东南亚国家的马克思主义文献馆藏十分不足，这会导致对于马克思主义在东南亚的传播发展研究难以进行。因此，进行查缺补藏是一个势在必行的工作。

3 马克思主义思想文献采选方向及补藏策略

依据《外文文献信息资源采访工作手册》，马克思主义及相关研究文献一直是我们重点采选的对象，但从实际馆藏角度来看又十分不足。因此要做好查缺补漏的工作。在经费有限的情况之下，如何选择质量优良的、既能满足读者的实际需求又能实现战略保障的意义的著作，是今后工作的重点难点，因此，有一个宗旨来指导我们进行未来文献采选及补藏工作是十分必要的。今年恰逢建党100周年，我们可以将马克思主义及其相关研究文献作为一个专题，进行采选补藏，深入地对东南亚各国所出版的文献进行梳理、收集和整理，多语种联动，形成东南亚小语种文献的馆藏特色。

3.1 现阶段采选工作的方式及难点

受东南亚各国国情不同导致的出版业发展不平衡、图书馆语种干部不足等条件所限，各文种的采选工作均有自身的特殊情况，也存在普遍问题。

采访工作可以总结为信息的收集与实现。我们现在常用的信息收集方式包括两大方面，分别是书商提供书单以及自主建单。自主建单是指采访员自己通过互联网、图书博览会、与出版社联系、读者推荐等多种方式获得信息，并向图书进出口公司下单的方式。从我们自身的经验来看，这两种方式都有其局限性，书商所提供书单多是对象国出版社、书店等图书出版发行机构的库存单，书目质量不高，而且没有经过初步的筛选查重，因此需要谨慎筛选。而自主下单可提高文献质量，但订到率不高。

我们所面临的困境包括内源性问题也包括外源性问题。内源性问题指小语种干部不足，对于像柬埔寨语、菲律宾语等没有干部的语种采选、补藏难度较大。外源性问题既包括普遍的到书时间长、到书率低，也有像马克思主义及相关研究这样的重点文献发行量小、文化娱乐类发行量大的因素。畅销书多为娱乐大众型，而符合我们要求的专业性较强的图书类型发行量小，加之我们采访到购买的周期长，因此对于我们实现馆藏优化很有挑战。还有一些特殊情况，东南亚各国社会发展阶段相差较大，某些国家互联网发展程度不高，图书出版消息来源不及时、不准确，如越南、老挝等国。由于某些原因，我们浏览国外的网页非常不稳定，加上部分欠发达国家互联网技术相对落后，图书出版发行信息并未及时更新到网上，这给我们信息收集工作带来了极大的不便。即使是书商提供书单，我们也需要到网络上查找相关信息，了解其主要内容。

另外由于社会、经济、文化等原因，某些国家整体出版业相对不发达，图书发行量小，而我们采访的时间比较集中，因此采到率较低。有时还会有受两国关系影响造成采访渠道不畅通的情况。面对以上困境，我们也采取了一些措施，例如加强与书商沟通、善用国际交换和捐赠、多批次补藏等，为提高馆藏质量而努力。

3.2 马克思主义及相关研究文献的重点采选补藏方向

首先，我们要对东南亚所出版的马克思主义相关著作进行全面的摸底调查，确定补藏方向，打通采选渠道，建立补藏书单，作为国家图书馆马克思主义经典文献建设的重要储备。除了书商提供书单外，可以选择自主建单的方式，提高重点文献采选比例。书目来源可以从各国国家图书馆官方网站、较大的图书交易网站等进行选择。对于各国图书馆官网，我们可以依据当地的图书馆分类法进行选择，而对于其他的网上资源，则可以通过关键词查找，筛选出马克思主义相关文献，并进行重点研究、筛选、整理。

其次，确定采选方向，尤其对一些重点国家的出版业进行重点关注。例如与我们同属社会主义阵营的越南和老挝，其马克思主义研究较为深入，相关文献出版较多，便于我们进行先进思想的交流。新加坡作为东南亚唯一的发达国家，在东南亚的马克思主义研究上起步早、投入大，研究较为深入，文献具有较高的价值；且新加坡出版文献以英文为主，易于国家图书馆进行采选入藏，同时读者接受程度较高。泰国作为二战期间东南亚唯一没有沦为殖民地的国家，思想言论相对开放，民众接受度高，马克思主义发展较为蓬勃，可以作为我们了解马克思主义在东南亚发展的一个缩影。

最后，加强小文种人才建设。国家图书馆目前小语种干部虽然已经达到历史高峰，但仍有一些无干部语种存在珍贵藏书、需要重点采选的经典著作等问题，无法满足馆藏建设需求。我们可以借助社会力量，通过引进承包商、借助实习生等方式，拓展馆藏资源建设的维度，为更好地完成文献保障工作添砖加瓦。

2021 年是中国共产党成立 100 周年。1921 年，中国共产党的诞生揭开了中华民族历史的新篇章，这离不开马克思主义对中国革命和发展的重要指导作用。同时，马克思主义在中国取得的巨大成功也为其他发展中国家提供了一条值得借鉴的道路。东南亚国家作为我们山水相连的友好邻邦，与我国关系密切，经济文化往来频繁。夯实和发展马克思主义经典著作馆藏建设，对于国家图书馆外文文献整体结构建设和丰富特色馆藏有着重要意义，同时也为我国的东南亚研究提供更好的文献保障。

参考文献

[1] 朱硕峰，宋仁霞 . 外文文献信息资源采访工作手册［M］. 北京：国家图书馆出版社，2014：86.

[2] 刘莲芬，施屹立，国外关于 20 世纪东南亚共产主义运动的研究述评［J］. 当代世界与社会主义，2015（6）：175-184.

[3] 杜洁 . 马克思主义在泰国的传播与影响研究［M］. 北京：中国社会科学出版社，2017：21.

[4] 杨先农 .《马克思主义在泰国的传播与影响研究》书评［J］. 中国四川省委党校学报，2017（4）：108-109.

媒介融合背景下图书馆舆情服务的转型发展

——以国家图书馆参考咨询部为例

闵　然（参考咨询部）

当前全媒体、大数据、云计算等信息技术深刻改变着社会公众获取信息与知识的方式，也改变着图书馆的发展形态。这为图书馆创新服务内容、方式提供了更多可能，也给图书馆的信息服务发展带来较大挑战[1]。作为图书馆特色服务的舆情服务也难以避免由其带来的冲击[2]。随着新一轮科技革命和产业变革蓬勃兴起，舆情服务的媒介环境发生了较大改变：广播、电视、报刊等传统媒体上的主流舆论场依然占据重要位置；微博、微信公众号等新媒体已成为舆情发展的重要舞台；抖音、快手、bilibili、小红书等平台作为自媒体发声的新舞台，日益受到政府、社会和企业的关注。在数字技术推动下，传播介质相互兼容并衍生出各种新媒体，引发传媒业态边界的消融[3]。在“媒介融合”现象纵深发展的背景下，图书馆舆情服务如何创新服务方式，为国家和社会发展发挥更大作用，成为实践工作中需要时刻面对的问题。

1　媒体融合对图书馆舆情服务的影响

图书馆在提供舆情信息服务方面具有独特的优势，而舆情服务受信息技术的变动影响极大。随着各类媒介的发展，图书馆舆情服务面对舆情信息数据量大、来源复杂、数据异构、数据处理快等新特点，在实践中面临新的挑战。

1.1　信息源多元化，增加信息采集难度

互联网技术的发展令媒介传播方式发生巨大变化，深刻改变着信息组织与传播特点。截至 2020 年 6 月，我国网民规模达 9.40 亿，其中移动互联网用户规模 9.32 亿，网民使用手机上网的比例达 99.2%，网络媒体受众规模不断扩大[4]。与此同时，获批互联网新闻服务许可的单位和服务项目数量不断增加，类型不断丰富：2019 年经各级网信部门审批的从事互联网信息服务的单位达 149 家，服务项目 4560 个，形式涵盖网站、应用程序、论坛、博客、微博、公众号、即时通讯、网络直播，以及未归类的其他服务形式[5]。

其中，以即时通讯为基础提供互联网新闻服务的微信，已成为网络舆情服务重要的信息源。截至 2019 年 9 月，微信月活达到 11.5 亿，较 2018 年同期增长 6%。仅 2019 年 8 月，微信产生了 24725 篇阅读量超过 10 万的文章，其中阅读量前十的文章中有 5

篇来自主流传统媒体《人民日报》开设的微信公众号[6]。此外，网络直播、弹幕网站等新兴移动互联网平台上也形成了新的舆论场。截至 2020 年 6 月，我国网络直播用户规模达 5.62 亿，占网民整体的 59.8%；网络视频（含短视频）用户规模达 8.88 亿，占网民整体的 87.0%[7]。直播平台和弹幕视频网站的内容和舆论影响力在一定受众群体中已接近甚至超越电视传媒。

新媒体和传统媒体边界的日益模糊，一方面加强了社会互动，提升了舆情服务的必要性，另一方面也给舆情工作实践带来困难。当前图书馆对新闻网站、论坛、博客等信息源的舆情监测已具备一定的能力。但新兴媒体平台数据开放程度不一、采集途径不同，使得信息采集的效率和效果严重受限。信息源的多元使舆情工作的开展难度不断增加。

1.2 复杂网络提高对服务时效性的要求

无尺度网络是带有一类特性的复杂网络，其特征是在网络中大部分节点依靠极少数节点相连接，使关键节点成为信息集散的枢纽，从而极大提高信息的传播速度[8]。伴随着媒体融合，个体用户可以利用移动互联网轻松成为信息发布和分享节点，人人都可成为自媒体，信息传播更加去中心化。互联网日益与真实社会关系网络趋同，成为一种符合幂律分布的无尺度网络，加速信息传播速度。用户对把握快速变动信息的需求更加凸显，舆情工作的时效性要求不断提高。然而，图书馆舆情服务产品往往受限于管理、人员、技术等因素，生产周期偏长。特别是就一些对分析深度要求不高的舆情产品来说，图书馆舆情服务与掌握更多相关数据资源的互联网公司的服务相比，在时效性上难以具备竞争优势[9]。

1.3 音视频内容增多，提升信息分析复杂度

媒介深度融合的影响之一是网络视频类信息的不断增长。根据腾讯企鹅智库发布的《2020—2021 中国消费互联网竞争趋势报告》，截至 2020 年 9 月，短视频月活跃用户达 8.65 亿，人均使用时长 38.9 小时[10]。凭借生动、形象的呈现形式，短视频作为信息传播载体的价值越来越被认可。可以说目前短视频已成为移动网民消获取信息的重要渠道，成为舆情服务必须关注的渠道。

音视频内容的特性使得处理、分析和利用相关信息的过程变得更加复杂。一方面，舆情服务需要相关人员具备更强的技术能力，将视频、音频、字幕等解析为易于分析处理的文字和数据。另一方面，在音视频平台上，网民的语言使用习惯也随着网络文化的发展逐渐改变，会采用更多网络用语、表情包等表达情绪，网络舆论环境更为复杂[11]，这对舆情服务人员的数据分析和研判能力提出更高要求，他们需要长期关注、深度理解特定领域的网络信息，才能准确把握舆情发展趋势、读懂网民的意见表达。

2 媒介融合背景下国家图书馆的舆情服务

2.1 服务现状及面临挑战

国家图书馆参考咨询部竞争情报组（国家图书馆企业信息服务中心）起源于1998年设立的对外开展简报服务的“国家图书馆简报中心”，2005年更名为“企业信息服务中心”，作为面向企业用户开展信息服务的窗口。2012年随着馆内机构调整，对内更名为“竞争情报组”，对外名称为“国家图书馆企业信息服务中心”，定位为面向社会公众与社会组织开展信息咨询服务的部门。目前科组主要信息服务用户涵盖政府机构、事业单位和企业单位，开展服务主要包含媒体监测、舆情分析和情报服务等，其中舆情服务分为长期舆情分析、行业舆情分析、事件舆情分析等。如表1所示。

表1 舆情服务主要类型及内容

舆情服务类型	服务内容	服务周期
长期舆情分析	对用户所关注的事件进行持续监测，通过定性与定量相结合的方式展现用户所关注的舆情的态势	对周、月、季、年等不同周期内的舆情动态做阶段性分析评估
行业舆情分析	对用户所关注的领域进行持续监测，通过定性与定量相结合的方式展现该领域舆情态势和热点事件排行	对月、季、年等不同周期内的舆情动态做阶段性分析评估
事件舆情分析	对舆情热度较高的事件进行有针对性的综合分析，客观全面展现其发展趋势、分布、传播链等。同时可根据用户需求提供检测预警、内容分析和应对服务	不定期，根据用户需求和事件发展周期而定

从服务对象的角度来看，舆情服务的开展根据用户的需求可以分为两类：第一类是面向政府用户的舆情分析服务，主要关注特定事件的报道情况及舆论倾向。这类服务一般更侧重对舆情事件的把握和深度解析。媒介融合使得面向多元信息源、复杂网络的信息研判难度增加，对服务人员素质及经验提出了更高要求。第二类是面向企业用户的舆情服务，既包括媒体监测也涉及舆情分析，侧重对各类平台上信息传播效果和舆情趋势的呈现和解析，帮助用户把握传播效果及市场动向。随着媒介融合的发展，这类用户针对广播电视、报刊等传统媒体的监测分析需求没有降低，同时还提高了对微博、微信、抖音、快手、小红书等新媒体平台的监测分析需求，甚至还会关注大众点评、携程等带有社交媒体性质的生活服务平台上的舆情状况。面对媒介融合的新环境，图书馆员开展相应舆情服务工作的工作量和难度陡然增加。

2.2 相关实践与探索

面对媒介融合带来的挑战，虽然市场上的舆情服务工具发展得越来越完善，但服务人员仍然难以单纯通过某一款工具或服务一揽子解决所有的舆情数据采集和分析问题。

同时，考虑到业务未来发展，图书馆也不能放弃自身服务优势，完全依赖外部采购的技术工具来发展业务。基于此，竞争情报组在实践中总结出一套较为实用，可以解决实践难点的方法，在已有技术工具的基础上，通过分析和整合资源、外购服务、加强人员素质等方式，逐步降低不同来源信息的监测难度，提高分析能力，为用户提供有特色、高品质的产品和服务，同时为信息服务向知识服务转型发展奠定基础。

2.2.1　分门别类，制定信息采集和组织策略

在舆情服务的信息监测策略方面，竞争情报组根据不同信息源的特点，分门别类地制订相关监测方案，在保证信息采集全面性的同时将需要人工采集的信息量尽量缩减，以减小多元信息源带来的监测和整理难度。目前，采集相关信息的途径主要有四种：一是采购舆情监测 SaaS 服务，目前该系统可以实现针对大部分网络媒体指定内容的采集和初步分析；二是通过购买第三方服务的方式，专门补充采集视频类内容；三是利用现有数据库和平台，通过人工检索的方式定期采集系统采集不到的生活服务平台上的信息；四是定期翻阅缺乏数字资源的极少数重点报刊，作为前三种方式的补充。最后，组织整理不同渠道采集的信息，为后续知识服务的发展建立基础。竞争情报组原有信息采集情况、当前信息采集情况如表 2 所示。

表 2　主要信息采集渠道情况

媒体类型	信息源	原信息采集渠道		现信息采集渠道
		采集方式	是否支持高级检索	
新媒体	微信公众号	人工检索	支持时间字段	系统自动采集
	微博	人工检索	支持时间字段、来源字段	系统自动采集
	新闻客户端	人工检索	否	系统自动采集
平面媒体	数字版	人工检索 / 浏览	支持时间字段、来源字段	人工检索 / 浏览
	纸质版	报刊订阅	否	人工检索 / 浏览
音视频媒体	广播电视	第三方服务 + 人工检索	指定来源、时间	第三方服务 + 人工检索
	短视频	人工检索	支持时间字段	系统自动采集
生活服务平台	小红书、携程、大众点评等	人工检索	否	人工检索

2.2.2　以人为本，开展个性化服务

在以人为本的发展观下，图书馆服务理念已从“资源本位”向“用户本位”转变[12]。与机器自动采集相比，舆情信息采集的全面性和快捷性并不是图书馆舆情服务的最核心的竞争力。日益完善的大数据平台和舆情监测工具永远只是辅助。在用户信息

需求日趋多样化的现代信息社会，只有开展小而专的信息服务才能深化信息服务能力，提高服务质量和水平[13]。在向知识服务转型过程中，竞争情报组以用户需求为导向，调整资源采集、组织和利用的方式，从而适应不断变化的用户需求。如，近年来科组基于长期服务文化和旅游领域用户的经验，针对该领域媒介融合特点，开发了相应的新媒体价值评估体系，为用户评估该领域新媒体传播效果提供更有力的参考决策支持，已发展成为国家图书馆信息服务的亮点之一。此外，竞争情报组根据用户特点可提供周报、月报、季报、年报和不定期专报等不同类型的舆情信息服务，根据不同用户需求提供舆情服务平台账号、推送报告等不同形式服务等。

2.2.3 抓住机遇，提高服务的知识附加值

舆情服务是了解用户信息需求的一个相对快速的切入口，也是图书馆开展知识服务、促进参考咨询业务转型升级的机遇。通过长期舆情服务，服务团队对特定行业用户的核心需求积累了较为深入的理解，也由此发展出更为深层的信息服务。特别是在文旅融合背景下，竞争情报组基于在相关领域的长期积累，以舆情服务为基础不断拓展信息服务，为下一步业务发展探索方向。例如，基于对文旅领域舆情的深入理解，竞争情报组深度挖掘用户需求，在决策参考类情报服务中增设舆情板块，对社会中近期发生的文化和旅游相关的热点事件、话题等进行舆论监测、梳理与分析，进一步发挥舆情分析方法在决策参考方面的作用，受到用户的好评。

3 媒介融合背景下图书馆舆情服务转型发展思考

面对媒介融合给图书馆舆情服务带来的信息采集难、时效要求高、分析复杂度大等难点，竞争情报组积极采取针对分门别类采集组织信息、开展个性化服务、增强服务附加值的等做法提升业务水平，提高相关产品的价值。而面对其他舆情服务机构乃至大数据平台带来的竞争，为实现服务国家战略和社会发展需求的使命，图书馆界开展舆情服务仍需不断创新探索，促进服务转型升级。

3.1 利用新技术和新工具，系统化信息资源

以先进技术为手段，对文献信息单元进行整序、存储并提供利用是图书馆知识服务的重要内容与价值所在。鉴于网络舆情监测特点，在开展监测的过程中，需要一套高效的采集、整理、分析的系统作为技术支撑，以充分解放人力资源，方便馆员从文献内部特征角度出发，系统化处理文献信息资源。如，国家图书馆当前采用的舆情监测系统，支持电子报纸、新闻网站、微博、视频网站等多类型的信息源，一定程度上减轻了信息采集方面对人工的依赖。同时，系统可以通过系统自动判断与人工调整相结合的方式将监控到的信息进行相似性排重以及关键参数智能提取等分析和加工，为节约人工以进行更加高层次的信息分析提供了可能[14]。此外，服务团队在工作实践中也发现，随着技术的发展，一些新一代大数据平台可采集的信息越来越全，分析功能不断增强，可以进行多语种的、全媒体平台的海量数据精准搜索、分析和可视化，完成信息的自动化采集

加工和产品的发布。这些技术将成为图书馆舆情服务转型升级的有力支撑。

3.2 整合图书馆界资源，构建知识关联网络

坚实的文献信息资源是图书馆提供知识服务的基础。特别是人无我有的特色资源，对提升舆情服务竞争力具有极大价值。很多图书馆都选择自行建设舆情信息数据库，而其所针对的领域恰恰是用户需要而市场中所缺乏的。例如，广州大学图书馆就以具有地方特色的馆藏资源为依托，针对境内外媒体对广州政治、经济、科教文卫事业的报告进行分类索引，建立了“媒体眼中的广州”全文数据库系统。这些舆情信息对于广东境内，乃至全国其他图书馆的相关领域舆情信息服务都具有再利用的价值[15]。目前，全国图书馆参考咨询联盟的建立已经实现了全国公共图书馆、高校图书馆和科研图书馆的跨系统合作和资源共享，全国文化信息资源共享工程建设顺利推进，各类图书馆的协作机制也逐步建立。面对新的媒介环境，图书馆的舆情服务工作可将公共图书馆、高校图书馆、专业图书馆等各方资源整合联结、形成合力，从文献内部特征角度出发，探索知识单元内部之间的关系，从而构建知识关联网络，回应用户的需求。

3.3 提高人员素质，发挥文化和旅游领域服务优势

在文化领域舆情信息服务方面，公共图书馆凭借更具深度的理解，已经具备一定的竞争优势。随着文旅融合的深入推进，针对文化和旅游领域的舆情信息服务需求不断增长，为公共图书馆舆情信息服务拓展了新空间。公共图书馆应抓住发展机遇，发挥文化和旅游领域舆情服务优势。2017 年以来，面对业务中不断增长的文旅领域信息服务需求，国家图书馆竞争情报组针对相关领域特点，不断完善员工业务培训计划，通过鼓励员工参加文化、旅游、竞争情报等多领域会议和培训等方式，提高员工对信息的数据分析、可视化分析、综合研判等方面的能力。同时，以文化和旅游领域舆情业务经验为依托，竞争情报组不断探索，逐步发展完善决策参考、行业报告等其他类型信息服务产品，增强服务深度和专业性。依托更新的技术支撑、更完善的信息资源组织和高水平的人才储备，媒介融合时代的图书馆的舆情服务将有更多机会向知识服务转型，迎来更大的发展空间。

参考文献

[1] 饶权 . 回顾与前瞻：图书馆转型发展面临的问题与思考［J］. 中国图书馆学报，2020（1）：4-15.

[2] 李娜，侯林丽 . 我国图书馆学研究热点的可视化分析［J］. 新世纪图书馆，2016（7）：85-90.

[3] 乔保平，冼致远，邹细林 . 再论媒介融合时代广播电视舆论引导能力的提升［J］. 现代传播，2014（1）：35-39.

[4][7] 第 46 次《中国互联网络发展状况统计报告》［R/OL］.［2021-01-18］. http：//www. cnnic. cn/hlwfzyj/hlwxzbg/hlwtjbg/202009/t20200929_71257. htm.

[5] 第 44 次《中国互联网络发展状况统计报告》［R/OL］.［2021-01-18］. http：//www. cnnic. cn/hlwfzyj/hlwxzbg/hlwtjbg/201908/t20190830_70800. htm.

[6] 微信公号 10w+ 报告：每天只有 200 篇原创 10w+ [EB/OL]. [2021-01-18]. https：//news. 163. com/19/0925/20/EPUQPOMB00019HUL. html.
[8] [15] 孙佰清，董靖巍 . 重大公共危机网络舆情扩散监测和规律分析 [J]. 哈尔滨工业大学学报（社会科学版），2011（1）：92-97.
[9] 伦宏 . 我国图书馆舆情信息工作的现状与服务方式创新——区域性图书馆舆情信息工作联盟构建设想 [J]. 图书情报工作，2014（1）：48-53.
[10]“流量重构”时代来临：2020—2021 中国消费互联网竞争趋势报告 [EB/OL]. [2021-01-20]. https：//xw. qq. com/cmsid/20210209A011OA00.
[11] 崔丽 . 大数据视域下图书馆舆情信息服务的挑战和机遇 [J]. 晋图学刊，2015（5）：20-24.
[12] 金胜勇，刘长迪 . 取舍之间：图书馆知识服务内涵再探 [J]. 国家图书馆学刊，2016（6）：32-37.
[13] 王知津，徐芳 . 论信息服务十大走向 [J]. 中国图书馆学报，2009（1）：52-58.
[14] 罗嘉 . 网络舆情监测的理论与实践研究 [J]. 图书情报工作，2016（S1）：163-166.

荷兰国家图书馆2019—2022战略规划对我国的启示

赵　梦（外文采编部）

1　研究背景

1.1　荷兰国家图书馆概况

荷兰人口1700多万，国土面积约为北京市的2.5倍，平均海拔不到一米。这样一个资源匮乏的弹丸小国，又是一个非英语国家，却凭借荷兰联合出版集团、爱思唯尔集团、威科集团、PCM集团等享誉世界，给整个欧洲乃至世界出版业带来持续且重要的影响。由于自古以来的土地匮乏、水患威胁以及小语种保护等问题，荷兰人对保存、研究本国语言文字有着特别强烈的紧迫诉求。正是这种危机感使得他们对本国文化遗产保护很早就开始予以高度重视并付诸实践。在数字图书馆方面的研究和实践中，荷兰也一直走在国际图书馆界前列。

荷兰国家图书馆的前身是成立于1798年法国大革命时期的荷兰皇家图书馆（Koninglijk Bibliotheek）。历经两百多年，荷兰国家图书馆已经成长为荷兰国内和国际上重要的科研机构，但其标志仍然保留着黄色的K、B两个字母，显示着其历史积淀。自1974年，荷兰国家图书馆开始收集所有在荷兰出版的报纸、杂志和书籍。一切源于荷兰和关于荷兰的出版物都进入了荷兰国家图书馆入藏的范围。从1990年，荷兰国家图书馆开始收藏电子出版物。由于历史悠久，荷兰国家图书馆馆藏类型丰富，既藏有珍贵的中世纪手稿、书信，也有十六世纪印刷的摇篮本；既有电子书、报纸数据库，也有保存的网页资源。至今，荷兰国家图书馆有藏品七百万件，员工四百余人，每年到馆读者约九万人。

2015年，随着《公共图书馆法案》（Wet stelsel openbare bibliotheekvoorzieningen，WSOB）的出台，荷兰国家图书馆被赋予公共图书馆系统中协调者的角色，负责统一采购、构建国家数字图书馆以及整合国家数字图书馆的资源内容，实现基础设施的搭建融通。同时，荷兰国家图书馆还负责规划、指导开展全国性的推广阅读和提高民众数字信息素养的大型项目活动。

1.2　荷兰国家图书馆战略规划的研究意义

2015年《荷兰高等教育研究法案》（Wet op het hoger onderwijs en wetenschappelijk onderzoek，WHW）赋予荷兰国家图书馆在公共图书馆体系的中心位置[1]。作为文献信息建设者，国家文化遗产的守护者，推广阅读、支持科研的服务者，荷兰国家图书馆负责制定图书馆战略规划，并统领国家数字图书馆的建设。这在履行国家公共图书馆职责方面，与中国国家图书馆有着非常相似的地位。研究荷兰国家图书馆的发展战略和数字资源建设、服务对我国图书馆的战略规划的制定有一定借鉴意义。智慧图书馆时代，图书馆需要以新发展理念为指引，加强战略构想和战略规划[2]。加强战略规划的制定、实施与评估是图书馆实现转型升级的理论源泉[3]。新兴技术对图书馆转型发展带来新的挑战和机遇。图书馆要科学制定战略规划，有危机意识，解决好主要矛盾[4]。“十四五规划”的开局之年，本文试以荷兰国家图书馆为研究对象，阐述其2019—2022年战略规划《与文字共同工作》[5]的核心内容，以期对我国图书馆战略规划的制订和相关工作的开展有所启发。

2 战略规划的核心内容

荷兰国家图书馆2018—2022年发展规划延续上一期规划的思路，重点突出了图书馆在应对数字化转型的社会大背景下，以文字为工作对象、立足于社会服务的工作特点。规划继续加强了发展数字图书馆、构建有力的公共图书馆服务网络的核心理念。

2.1 使命

荷兰国家图书馆作为引领数字化发展的先锋、推广阅读的多元化社会组织，一直以来都是荷兰社会中创新和灵感的重要源泉。其使命是保障荷兰国家馆藏，特别是荷兰出版物对于全体荷兰人民在当下和未来的可见性和可用性，确保人人都可以利用这些馆藏阅读、学习和进行研究。其机构宗旨是以文字的力量为源泉，与文化遗产领域机构、科研机构和公共图书馆紧密联系在一起，为构建更加智能、更具技能、更具创造力的荷兰而努力。

2.2 指导原则

荷兰国家图书馆以积极乐观的精神拥抱社会发展变化。其行动的指导原则是：

第一，为社会赋能是首要原则。作为受公共基金支持的组织，奉献社会是最高原则。故荷兰国家图书馆的一切活动与工作的进步与成功都应以此为监管和评判标准。

第二，电子为先原则。为了更好地在信息社会中扮演好自己的角色，荷兰国家图书馆必须以数字化的方式去思考和行动。

第三，合作思维原则。信息社会要求我们必须在工作中秉承合作共赢的思维，荷兰国家图书馆致力于与用户和合作者一道努力，联合保障共同目标的实现。

2.3 价值理念

开放、联结、革新、可靠是荷兰国家图书馆的核心价值。荷兰国家图书馆以这些核心理念去规划和发展其任务、使命，在相关的社会组织网络体系中保持活力。

开放是指以最简单的方式为每个人提供获取知识和信息的渠道。荷兰国家图书馆提倡言论自由，鼓励开放对话，关注荷兰国家图书馆内外的最新发展情况，以最优的方式联结人、技术、信息科学和文化遗产，创造多元互动的关系，以科技和社会发展为基础，不断创新，使数据显性化，激发新的科学问题。可靠指的是荷兰国家图书馆分享知识同时，确保其馆藏持续的可搜索性、可获取性，无论是图书馆用户、工作人员或是其合作伙伴都可以在当下和未来依赖荷兰国家图书馆及其提供的服务。

3 战略规划的核心内容解读

2019—2022 年度发展战略与 2015—2018 发展战略[6]的核心思想一脉相承，既有联系，也有变化和发展。它们都充分体现了荷兰国家图书馆在荷兰社会发展中法律所赋予的应有的社会角色与任务。2019—2022 年的战略规划更加强调荷兰国家图书馆与用户和机构网络间的交流互动，并且在坚持发展数字化馆藏及服务，打造数字化图书馆服务网络和广泛开展跨区域、跨领域、跨机构合作等方面，有更加明确、具体的现实分析和实践指引，详细内容解读如下。

3.1 精准定位

为不同人群提供便捷易得的数据资源服务是荷兰国家图书馆战略规划里贯穿始终的主线。荷兰国家图书馆通过明确不同目标人群范围，本着使图书馆馆藏更加可见、可持续发展和可反复利用的原则，为用户提供适合其需求的文献、数据和信息服务。他们将所有图书馆用户分为三大类：大数据研究者和开发者、对文化遗产或科学感兴趣的人群（研究机构学者、业余学术研究者及其自由作家和记者）、公共图书馆的用户（普通人群和儿童）。

通过公共图书馆网络和与学校、社区开展合作，荷兰国家图书馆的发展战略中覆盖了最广大的普通读者群体。对于用户体系中的普通及业余研究人员和大数据研究者的数据需求，荷兰国家图书馆主要通过改善数据资源组织形式、提高用户检索体验等更加多元的、深层次的方式来提供服务。

3.1.1 青少年用户服务

在整个图书馆用户主体中，公共图书馆注册用户占比最大，共有约四百万人，其中包括其中约两百万的成人和两百多万青少年。为构建建设知识型社会和推广全面阅读，荷兰国家图书馆非常重视开展对青少年用户的服务。图书馆用户在荷兰人十八岁以下人口中占到 68%[7]。从针对 0—4 岁孩子的“图书馆初计划”（Boek Start），到“校园图书馆”（Bibliotheek op school）项目，再到为初中生和青年提供的专享图书卡，荷兰国家图书馆充分利用公共图书馆网络和学校渠道共同推动为青少年阅读服务，形成了伴随孩子成长始终的、持续的阅读推广项目和服务路径。截至 2018 年底，荷兰全国已有超过 40% 的小学校加入了“校园图书馆”计划，并从中受益。作为全荷兰参观人数最多的公共设施——公共图书馆，2018 年约有 40% 的荷兰人访问公共图书馆 6000 多万次。

3.1.2 特殊群体服务

荷兰国家图书馆特别重视对特殊群体的服务，通过“适应性阅读”项目（Aangepast Lezen）对110余万残障人士开展服务，打造“无差别参与”的图书阅读体验。针对老龄化社会的来临，荷兰国家图书馆在图书馆总体发展策略和细节服务中都已经提前做出的预设和计划。面对即将由人口老龄化带来的20%视力阅读障碍人群的增长，荷兰国家图书馆在未来几年将扩充针对各年龄层次视障人士的馆藏资源建设，并且有针对性地对公共图书馆中辅助阅读设备和数字图书馆中相关功能设置和资源服务予以宣传和推荐。

总之，精准定位不同人群特点，制订相关促进其资源获取的实践方案，使得荷兰人全民亲近文字，更加乐于阅读。在世界范围内全民阅读问题越来越多，越发引起各国政府和社会重视的时代背景下，荷兰人的阅读量相对于其他国家仍然高出很多。

3.2 数字为先

随着信息资源量的急剧增长，特别是越来越多的资源以数字形式出现，原本到馆借还书的读者越来越多地演变成了对于数据获取的需求为全天全时段的用户。这一巨大的改变对图书馆实现自身机构价值和社会价值提出了巨大挑战。从1995年第一个数字化项目Metamorfoze的立项实施，到2009年荷兰国家图书馆首次提出“一切荷兰文（Everything in Dutch）”的数字化决策，再到2019年进一步明确“数字为先”（Digital First）的战略规划，荷兰国家图书馆一直以最大限度满足研究者和普通大众信息获取需求为目标。在与其他信息提供者的竞争中，荷兰国家图书馆一方面有计划地整合扩充自己的数字资源，一方面利用现有数据内容提供更多样化的数字新服务。同时，注重数据服务的用户友好性，积极推广数字资源，使更多人成为数字图书馆数据服务的体验者和忠实使用者。

3.2.1 加大数字资源采集力度

通过不间断地采购、整合和发展，荷兰国家图书馆数字资源得到了大量累积。数字资源用户群体在这过程中也得到了逐步的壮大。2011年，荷兰国家图书馆馆藏资源提供量数字资源部分首次超过了实体资源。2015—2018年，用户量从2014年的160000增长到2018年1797643；E-book借阅率增长了118%，从1600万增长到3500万。2018年底的统计数据显示，荷兰语图书、报刊等数字化资源的访问量占到图书馆网站总访问量的三分之二，数据服务覆盖率达到荷兰总人口的五分之一。

首先，公共图书馆协会提名并任命组成采购咨询小组，并由该小组提出具体的数字资源采购需求。荷兰国家图书馆、各公共图书馆和协会代表共同组成的采购委员会，在荷兰教育文化科技部拨付的年度财政预算内决定数字资源采购的内容。荷兰国家图书馆最终负责制定、实施采购提案，并与各出版商协商分别订立合同。由于荷兰没有国家呈缴本制度，荷兰国家图书馆的采购流程一直保持着与各出版社直接协议的形式。

3.2.2 加强数字资源整合力度

除了采购新出版的数字资源，荷兰国家图书馆还充分利用协调者的自身优势，对已存在的社会数字资源进行有效整合。由于荷兰数字化项目多由分散的公共基金和资源资助，为解决数字资源项目成果彼此独立、不相关联的状况，荷兰国家图书馆坚持不懈地与诸多主体进行沟通。截至 2018 年，图书馆已整合了十项数字资源产品及服务，关停了目标用户不明的数字图书馆在线课程，整合了功能类型重复的“荷兰国家图书馆oek”“Literatuurplein”两个项目，并将原本三个独立的青少年数字产品统一整合到网站www.jeugdbibliotheek.nl 上。

3.3 网络思维

网络不仅指各机构主体间客观上形成的行业网络合作的理念，更指以实现从不同图书馆终端都可以访问统一资源为目标的整个国家数字图书馆系统网络的搭建。通过协调各公共图书馆、数据服务公司、ICT 专业提供商，荷兰国家图书馆完成了大量数字图书馆项目。

3.3.1 加深与其他利益方的合作

荷兰社会拥有开放、包容的文化传统，协议、合作和共赢的理念渗入社会生活的方方面面。从荷兰国家图书馆战略规划的制定、公共图书馆体系的运行、数字资源内容的采购和服务硬件软件的搭建过程中，无不渗透着荷兰国家图书馆与商业机构、学术机构、公共图书馆乃至与其他文化遗产机构的合作，体现出图书馆界为迎接社会挑战、提高全民网络素养、促进大众终生学习所做出的共同努力。

3.3.2 完善全国图书馆网络体系

自荷兰公共图书馆法案赋予荷兰国家图书馆在公共图书馆系统中统一协调地位，荷兰国家图书馆便将“打造有力的全国图书馆网络体系”作为核心战略目标写入了图书馆发展战略中，明确了构建数字化社会，打造更加智慧（smart）、更具技术实力（skilled）和更加有创造力（creative）的荷兰的目标。通过“去中心化”和增强信息网路中单个组织机构的力量，加强网络中关键连接点的建设，从而达到完善国家数字图书馆数字基础设施的目的。

4 荷兰国家图书馆发展规划对我国的启示

智慧图书馆时代，互联网和智能移动终端的高速发展带来阅读方式的快速改变，用户对于数据质量和数据获取效率的要求越来越高。图书馆作为传统信息获取中介，使得如何统筹规划未来转型发展道路，更好地为用户提供可靠、高效的智慧信息服务，是图书馆面临的重要问题。图书馆作为公共服务机构能够承载和完成的价值使命既是崇高的，又是极具挑战性的。荷兰国家图书馆的战略规划给国内图书馆界的重要启示有以下几点：

4.1 用户友好性考虑

面对激烈的数据提供竞争，“你构建，用户就会来”的时代已经过去，取而代之的是“你构建并巧妙地邀请用户，用户才会来”。用户的有效信息获取，离不开图书馆针对用户需求特点所提供的有效资源内容，更离不开承载这些资源内容的友好的获得渠道和平台。

4.2 法律先行，理清版权关系

通过签写版权协议，荷兰国家图书馆理清了图书馆与出版社、作者等版权人的关系，这为荷兰国家图书馆数字资源的增长铺平了道路。2019 年 1 月由荷兰教育文化科技部、荷兰国家图书馆、公共图书馆协会与大众出版商协会、作家协会、文艺工作者版权协会、视觉作者版权协会（Stichting Pictoright）多方共同签署的数字借阅协定（E-Lending Covenant）正式实施。在该协定的推动下，更多的成人电子图书和青少年电子书源源不断地充实到荷兰国家图书馆的数字资源中。协定规范了图书出版业中多权利主体，如出版商、作者、译者、插图作者等在借阅电子书给数字图书馆过程中的责任和权利。该规定指出，荷兰出版商每出版上市一本荷兰语书写的或翻译的书，就要尽快向荷兰国家图书馆提供一本附电子借阅协议的电子书，期限不迟于 6—12 个月。借阅模式沿用“一书多借”模式，一本电子书可以同时被借给不同的用户。

4.3 借助技术公司，开放数字资源

图书馆应借助数据开发和整合公司的力量，合理整合、深度揭示已有数据资源和数据平台。荷兰国家图书馆在数字图书馆的建设实践中，一方面与出版商签订协定，保障电子书的入藏增长，另一方面借助专业的商业公司积极开展对已有馆藏的数字化。例如，荷兰国家图书馆与 Google 合作，对 18—19 世纪荷兰国家图书馆馆藏历史、法律和荷兰社会出版物开展了数字化工作，成果颇丰。

4.4 开放元数据，助力数字人文

面向大数据使用研究者，图书馆要以开放包容的姿态提供图书馆元数据，为数字人文研究助力。荷兰国家图书馆 LAB 网站上集中了大量该馆数字化项目内容和荷兰国家图书馆馆藏数据库中的数据包和应用程序，供数字人文研究者和其他对相关数据感兴趣的用户使用。

4.5 发展新技术，勇于实践

荷兰国家图书馆依据当下及未来社会需求，在扩增数字资源内容的同时，利用人工智能多新技术手段对其进行不断整合、合理组织，使更多的数据信息可见化，促进了新的科学问题的提出，引导了有效信息流向目标用户。对于关联数据、元数据自动 AI 生成等技术，图书馆要不断研究，并勇于尝试应用于图书馆工作实践中。

总之，开放包容的、可持续的、统一协作的发展理念，不仅是体现在荷兰国家图书馆的战略规划制定中，更始终贯穿于战略规划实施的整个实践过程中。荷兰国家图书馆的战略规划的最大价值在于能够发挥各主体的最大作用，并形成合力。

参考文献

[1] Artike 1.5. Wet op het hoger onderwijs en wetenschappelijk onderzoek [EB/OL]. [2020-02-04]. https://wetten. overheid. nl/BWBR0005682/2020-01-01.

[2] 饶权．全国智慧图书馆体系：开启图书馆智慧化转型新篇章[J]．中国图书馆学报，2021(1)：4-14.

[3] 刘桂锋，苏文成，卢章平．加强战略规划　实现转型升级——"图书馆战略规划与学科发展国际研讨会"综述[J]．图书情报研究，2020(1)：122-128.

[4] 王宇，谢朝颖，初景利．学术图书馆战略规划编制十大关键问题[J]．图书情报工作，2020(24)：9.

[5] Working with WORDS：Strategic plan of the koninklijke Bibliotheek，National Library of the Netherlands 2019-2022 [EB/OL]. [2020-02-04]. http://www. kb. nl/sites/defanlt/files/clocs/kbnb_beleidsplan-eng. pdf.

[6] 曲蕴，马春．荷兰国家图书馆发布2015-2018年战略规划[J]．公共图书馆，2015(3)：77-84.

[7] KWINK. Evaluatie Wet stelsel openbare bibliotheekvoorzieningen Eindrapport [EB/OL]. [2020-02-04]. https://www. kwinkgroep. nl/wp-content/uploads/2020/02/KWINK-groep-Eindrapport-evaluatie-Wsob. pdf.

国家图书馆文献提供服务满足率影响因素分析

张秉辉（参考咨询部）

1 国家图书馆文献提供服务申请量与满足量分析

国家图书馆（以下简称“国图”）文献提供服务主要分为文献传递、馆际互借、国际互借三个主要服务模块，全部都是通过信息系统进行管理和服务的。目前国图所使用的信息系统包括国图文献提供中心自有的“馆际互借与文献传递服务平台”，以及BALIS原文传递系统、BALIS馆际互借系统、OCLC系统。其中“馆际互借与文献传递服务平台”通过接口的方式嵌入了CALIS馆际互借与文献传递系统的部分功能，可以在系统中直接处理CALIS中心转发来的各高校图书馆读者申请。

BALIS原文传递系统、BALIS馆际互借系统主要是接收来自北京地区高校读者的申请，OCLC系统主要接收来自国际用户的申请，国图“馆际互借与文献传递服务平台”则主要是接收来自CALIS系统、科研机构、一般企事业单位和个人读者的申请。相比之下，国图自有系统覆盖读者面更广、接收申请量更大。

1.1 申请量分析

本小节将通过图表对2016—2019年国图文献提供中心所接收各系统的文献申请量进行比较。

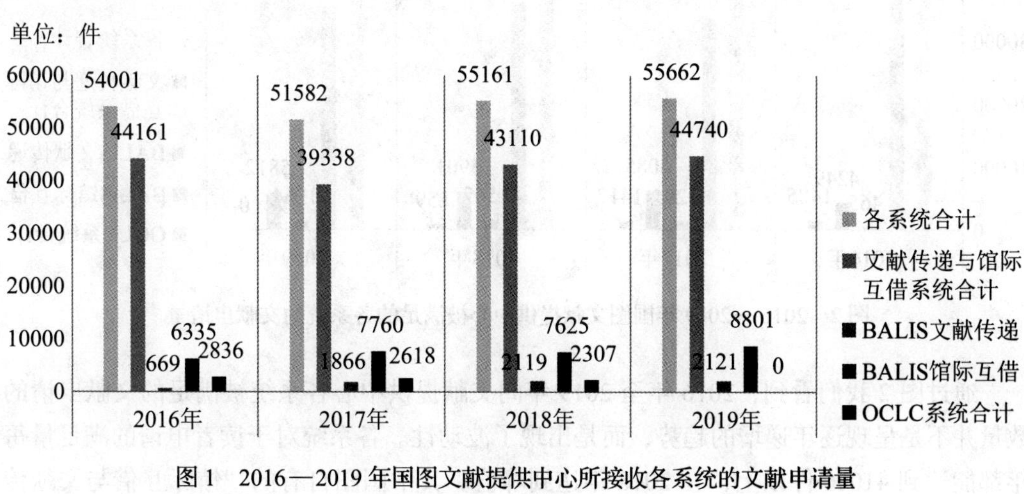

图1　2016—2019年国图文献提供中心所接收各系统的文献申请量

通过图1我们看到，国图文献提供中心各系统每年接收到的读者申请总量基本上保持在5万件以上，2018年开始达到了55000件以上，2019年达到峰值。其中国图自有的“馆际互借与文献传递系统”接收申请量在总申请量中占比较高，同样在2019年达到峰值。BALIS文献传递系统和BALIS馆际互借系统都有较为明显的上升趋势，并均在2019年达到峰值。这是由于文献提供中心近两年更加重视对于机构用户的挖掘，能将国图的资源有针对性地推介给需要它的读者，切实做到“为人找书、为书找人”。同时，文献提供中心还充分利用各种业内会议和“走进高校”等活动的机会，大力宣传国图资源和文献提供服务，让更多的读者了解服务并且能够尝试使用。尤其是科研机构用户和高校师生，作为文献提供中心的主要服务对象，他们对于文献提供服务的认识程度和使用情况往往起到了决定性作用。

通过BALIS文献传递系统和BALIS馆际互借系统的申请量数据对比可以看到，2016年馆际互借申请量达到了文献传递申请量的9倍，2017年和2018年两者之间的差距缩小到3倍，但在2019年再次达到了4倍以上。这是由于文献传递的申请需要读者对文献有非常明确的需求，要具体到篇名和页码，而馆际互借可以直接借到原书，读者利用文献更为灵活和便捷。BALIS成员馆都在北京，馆际互借的文献资料基本能够实现第二天送达，这样可以为读者节省大量的时间，提高效率，也使得文献资源的效能达到最优化。

1.2 满足量分析

下面通过图表的方式对2016—2019年国图文献提供中心各系统被满足的文献申请数量进行比较。

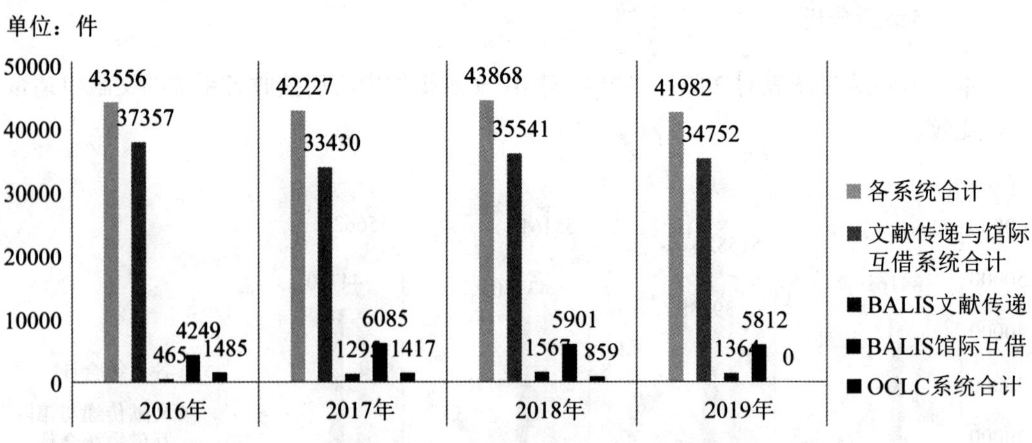

图2 2016—2019年国图文献提供中心被满足的各系统的文献申请量

通过图2我们看到，2016年至2019年间文献提供中心各系统被满足的文献申请的数量并不是呈现逐年递增的趋势，而是出现了波动性。各系统对于读者申请的满足量每年都能达到41000件以上，在2018年达到峰值。其中国图自有的“馆际互借与文献传递系统”每年被满足的申请数量均可达到33000件以上，在2016年达到峰值，后三年有升有降，但都没有再达到峰值或近似值，这主要是因为2017年开始国图文献提供中心加强了对于版权方面的保护力度，使得在申请满足量方面受到了一定的影响。BALIS馆际互借系统满足量也大体是BALIS文献传递系统满足量的四倍。这说明国图的文献保障能力还是比较稳定的，能够在现有馆藏的条件下最大限度满足读者的申请，对于高校的文献保障力度更加凸显。

2 国家图书馆文献提供服务满足率影响因素

通过上文申请量和满足量的统计，我们能够得到2016—2019年各系统满足率的数据，如图3所示。

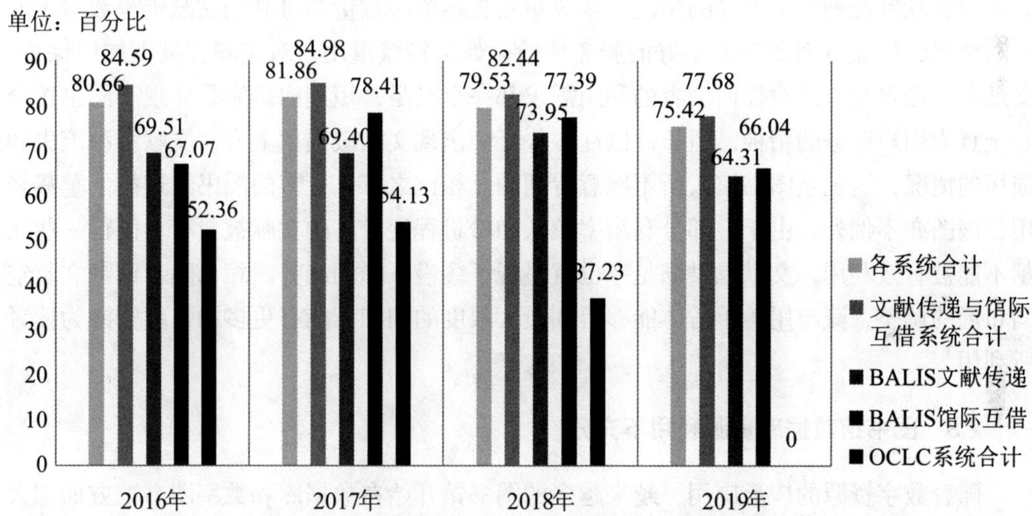

图3 2016—2019年国图文献提供中心所接收各系统的文献满足率对比图

从图3可以看出，各系统合计项目的满足率大体接近80%，但从2017年后呈现递减趋势。国图自有的“馆际互借与文献传递系统”满足率高于其他系统，2017年接近达到85%，但也呈现出逐年下滑的趋势。BALIS文献传递和BALIS馆际互借系统满足率都在70%左右，其中馆际互借系统满足率高于文献传递系统。OCLC系统受国际因素影响较多，除2019年以外，满足率大体集中于35%—50%。

造成这种情况的原因主要有以下几点。

2.1 服务对象对于文献需求的差异化

国图自有的“馆际互借与文献传递系统”是通过互联网向全球读者提供文献资源服务的，服务对象包括高校用户、科研机构用户、企业用户和个人用户，其中个人用户发来的申请比例较高。用户的申请多以中文图书、期刊、报纸、外文图书为主，一般馆藏即可以满足读者申请，如果不能满足，也可以通过各种文献传递联盟向其他机构索取，一般都可以得到满足。但BALIS系统主要面向高校用户，文献需求专业性较强，且用户一般是通过高校图书馆发送申请。高校图书馆的工作人员已经在本校图书馆或合作馆进行了检索，对于没有检索到馆藏的文献，才会转发给国图，这其中既有国图有馆藏的文献，也有国图无馆藏、需要进行外查的文献。国图无馆藏的文献以外文期刊和外文会议为主，一般都要通过多个数据库进行检索，检索难度比较大，满足率相应降低。由此可见，不同类型读者对于不同类型文献的差异化需求，将会直接影响到文献提供服务的满足率。

2.2 国图馆藏资源利用状态发生变化

对于任何一家图书馆而言，典藏和利用永远都是并存的矛盾体。如果重藏轻用，就会出现文献资源利用率下降的情况，造成馆藏文献资源数量与可利用文献资源数量不匹配的情况，给服务对象造成不好的服务体验；如果轻藏重用，对馆藏文献不加以保护，文献不分珍贵与否，对任何读者的利用需求都完全满足，短期内确实是体现了图书馆全心全意为用户服务的精神，但长此以往，势必会出现文献破损率上升、文献资源流失和损坏的情况，这也是图书馆人所不愿意看到的。相比之下，更多的图书馆选择了重藏轻用，国图亦不例外，由于一部分利用率较低和珍贵程度较高的文献被封存，使得一些文献不能被有效利用，文献提供满足率也就呈现了缓慢下降的趋势。相信随着馆藏文献空间布局的调整，藏与用的矛盾体能够得到最大限度的调和，能有更多的馆藏资源为读者所利用。

2.3 图书馆数据库资源利用不充分

随着数字资源的广泛应用，越来越多的图书馆开始在数据库和数字图书馆方面加大关注和投入。国图在馆藏资源数字化建设、数据库建设、数字图书馆建设等多方面都取得了丰硕的成果。由于国图是带有公共图书馆性质的国家馆，在数据库选择上，多会照顾到更广泛的读者群体，如音乐鉴赏类、语言学习类、讲座沙龙类、少儿阅读类的数据库占有一定的比重，而学术类、科研类、国外重要机构数据库则大多只购买了摘要库，读者大多无法远程在线阅读或者下载全文，对于一些依靠数据库跟踪本领域最新发展动态并进行科学研究的读者，稍显助力不够。相比之下，高校图书馆由于其重学术性和重学科性的特点，购买的数据库大多为全文数据库，且分布领域较广。国图读者群体中的高校师生和科研机构用户所需的文献，大多在高校图书馆和科研机构资料室即可获取，对国图的依赖性不高，国图对于发送到国图的文献申请，也会因数据库非全文库，而将申请拒绝或转发到其他图书馆，故而影响了读者在相关文献申请时的满足率。

2.4 馆际互借存在风险并具有不可控性

馆际互借是最原始、最直接的文献资源共享形式，很多读者，尤其是京外高校读者或机构用户，通过馆际互借的形式可以获取大量的本校图书馆没有馆藏的图书资料，尤其是外文文献。而国家图书馆，是国内收藏中文文献最全、外文文献最多的图书馆，文献提供中心每天收到大量来自高校图书馆、公共图书馆和机构用户的馆际互借申请，将馆藏文献通过物流的方式借出，到对方的读者手中进行阅读，再通过物流的方式进行归还。这个过程中要经历两次物流，具有风险，也存在借入馆馆员对于文献保护程度不同的情况，还面临对方读者对于文献利用方式的不可控问题。一旦归还的文献出现了破损、缺页、丢失等情况，对于文献本身而言是不可逆的损失，对于国图而言，则是文献资源的流失，对其他读者而言，更是失去了学习相关知识的机会。所以文献提供中心在进行馆际互借服务时，对图书本身的状态要进行考量，本身有破损情况的文献、超重文献、超大开本文献、丛书、珍贵文献、保存本文献都不提供馆际互借服务。这造成了馆际互借满足率维持在 70% 左右，但从保护文献资源的角度来说，这种满足率是可以接受的。

3 提高文献提供服务满足率的对策

3.1 积极加入文献保障联盟，拓展文献获取渠道

目前在我国，尤其是高校图书馆领域内，已经形成了一些具有较高影响力的文献保障联盟。中国高等教育文献保障系统（CALIS）、中国高校人文社会科学文献中心（CASHL）等都是全国性的文献保障联盟。还有很多地方性的文献保障联盟（如BALIS），大多是依托各高校图书馆馆藏资源和数据库资源，为本校师生和联盟成员提供文献传递和馆际互借服务。在科研图书馆和研究机构中，也存在同样性质的文献共享联盟，如国家科技图书文献中心（NSTL）、国家科学图书馆等，都可以为本领域内的成员馆提供文献传递服务。诸如此类的文献保障联盟，都会有一套比较成熟的文献传递应用系统，用户和馆员都是通过系统进行文献申请和文献传递的。国家图书馆文献提供中心已经加入到部分联盟当中，并且在一些联盟中成为重要的文献服务馆，同时通过联盟，也能为更多的国图读者提供国图无馆藏或数据库中不能下载的文献，拓展文献获取的渠道，提升读者申请的满足率。未来，文献提供中心将继续调研其他文献保障联盟，积极寻求合作，力争在更多领域能够获取更多的文献资源，满足读者多元化的文献需求。

3.2 努力打造全国公共图书馆文献传递平台，做好文献传递枢纽站

虽然高校图书馆和科研图书馆都有全国性的文献保障联盟，但在公共图书馆领域，这样的联盟还没有实现。公共图书馆之间还没有一个文献资源共享的平台。综合当前公共图书馆文献提供服务现状，笔者认为，未来最佳的发展方向就是以国家图书馆文献提供中心为枢纽，建设全国公共图书馆文献提供服务协作平台。将各公共图书馆文献传递业务统合起来，并且通过国图文献提供中心，与高校图书馆和科研机构图书馆建立联系，通过一个平台获取各级、各类型图书馆的文献资源，实现跨行业、跨领域的文献传递，真正实现“知识无边界”，使读者一站式获取文献资料。读者通过任意一个类型图书馆发送的文献传递申请，均可以在其他各级、各类型图书馆之间进行处理，使之前的“一对一”服务变为“多对一”服务，而国图文献提供中心在其中起到枢纽作用。这有

利于在读者服务中，进一步提高读者申请的申请量、满足量，对于满足率的提升也有一定的促进作用。

3.3 国图文献资源利用率需要进一步提升

通过对国图自有的“馆际互借与文献传递系统”、BALIS 文献传递系统未满足申请的统计和分析，我们看到，除了因版权问题不能满足读者需求的情况外，另一个不能满足读者需求的重要因素就是无馆藏和文献不流通。近些年受馆内服务空间的影响，藏书书库已经接近于饱和状态，馆方不得不在附近省市找到临时周转库，将利用率较低的文献进行封存。此举确实解决了空间问题，但对于这类文献的利用问题也同时凸显出来。对于这部分封存文献，有些可以通过其他文献保障机构或者联盟获取，读者只需要额外付出一些时间成本即可，但同样也有一些是孤本文献，尤其是科技类的外文期刊，很有可能国图的馆藏就是全国图书馆的唯一馆藏。这些文献的封存显然是不利于读者对文献的使用的，尤其是一些高校教师和科研用户，对于此类文献的需求还是比较强烈的。但目前的情况是，当读者提出此类文献的文献传递申请时，文献提供中心只有拒绝，满足率随即受到影响。对于此类文献，馆方应该在未来实现周转库文献的再利用，定期将封存文献进行流通，满足读者对馆藏文献全方位的利用，也可以采取缩微复制的方式，对孤本文献进行加工处理，这样既可以实现异地保存文献，也可以满足读者的文献需求，进一步提高文献传递服务的满足率。

3.4 适应时代发展，开发微信公众号申请渠道

随着互联网的快速发展，人们追求信息资源的迫切程度加深，传统的图书馆服务已经不能满足新时代人们对于信息资源的需求了。我们看到，在其他行业得到充分应用的微信平台，在图书馆行业也得到了广泛应用，并且受到了读者的欢迎和好评，实实在在为读者提供了方便，开拓了图书馆新的服务增长点。国家图书馆作为行业龙头，对于手机端早已开始了尝试和应用，国家数字图书馆 App、国家图书馆微信公众号、手机门户网站等都为读者带来了便捷高效的服务。可以说，手机端的应用使国家图书馆的读者服务工作开启了新的篇章。然而，国图文献提供服务目前还是依托于网页版服务，读者需要通过电脑才能发送申请，手机端的服务还是空白。国图参考咨询部在 2020 年推出了“国图参考”微信公众号，文献提供中心撰写了“国际著名文献提供机构及其服务特色”“如何获取馆外资源”“如何获取国外资源”等多篇文章在该公众号发表，受到读者的关注和好评。下一步，我们将进一步实现微信公众号与文献传递业务的结合，在微信公众号中推出文献传递服务，读者在手机端即可实现发送申请、接收申请、与馆员对话等相关功能，使更多的读者拿起手机即可获取文献资料。这种方式能增强获取文献的时效性、准确性和针对性，对于提高文献申请的满足率也具有一定的促进作用。

国家图书馆文献提供中心文献传递和馆际互借业务满足率受各种因素影响，其中既有客观现实情况造成的影响，也有主观观念变化造成的影响。相信通过我们在未来工

作中的不断创新和探索，文献提供业务定会找到新的亮点，为读者提供更加专业和全面的知识传递服务。也相信国家图书馆在未来的发展中，能够将读者服务工作做得更加出色，为我国图书馆事业的发展贡献新的力量。

参考文献

［1］刘庆财．馆际互借与文献传递若干问题研究［M］．北京：国家图书馆出版社，2017：82-108.

［2］唐晶．合作共享发展——图书馆文献提供服务［M］．北京：国家图书馆出版社，2009：57-66.

［3］赵星．国家图书馆文献提供用户行为浅析［J］．创意设计源，2019（5）：4-8.

［4］张文晶．数字时代提高图书馆文献传递满足率与服务质量的探讨［J］．林区教学，2009（11）：122-123.

［5］张森．我国图书馆文献传递工作的提高与发展研究［J］．办公室业务，2018（15）：158-159.

［6］胡菊芳，曹丽．高校图书馆文献传递服务的读者利用及满意度调查分析——以中国人民大学为例［J］．西部学刊，2019（8）：76-78.

［7］高宏英．自媒体环境下高校图书馆馆际互借与文献传递服务的宣传与推广模式创新［J］．内蒙古科技与经济，2019（18）：67-68.

基于智库理念的国家图书馆决策咨询服务

——以《海外涉华研究内参》为例

王　芬（立法和决策服务部）

为国家立法和决策服务是国家图书馆的法定职能之一①，国家图书馆立法和决策服务部（以下简称立法部）则是履行该法定职能、提供决策咨询服务的具体实施部门。决策咨询服务，本质上是文献信息服务和信息咨询服务的分支，具有从属性、时代性和综合性等特点。每一次社会的变革、理念的进步以及技术的更迭，都会为决策咨询服务带来转型挑战和发展机遇。

近年来，国家出台了一系列关于建设中国特色新型智库的要求、意见、指示，特别是 2015 年 1 月，中共中央办公厅、国务院办公厅印发的《关于加强中国特色新型智库建设的意见》[1]，明确了建设中国特色新型智库的基本原则、总体目标和制度保障，新型智库建设成为国家大力提升科学民主决策的重要载体。这为国家图书馆决策咨询服务的转型升级带来了新的历史机遇。

国家图书馆的决策咨询服务与智库具有天然联系。智库是专门为公共政策和公共决策服务，生产公共思想和公共知识的社会组织[2]。现代的决策咨询服务是为国家立法和决策机关提供知识、信息和解决方案的智力支持服务，这与智库的"支撑或影响公共政策""参与战略规划制定"等固有职能不谋而合。图书馆的决策咨询服务有条件、有基础、有必要朝着智库的方向发展或者承担智库的部分职能，打造智库化的新型决策咨询服务模式。《海外涉华研究内参》专报（以下简称《涉华内参》）即是这种新模式的体现。

1 《涉华内参》是决策咨询服务智库化的探索

《涉华内参》是国家图书馆立足于"为国家立法和决策服务"的本职，于 2020 年初制作推出的专报产品。该专报以海外涉华战略问题和公共政策为主要对象，选题前瞻，研究深入，且咨询馆员在策划编制过程中拥有较大的自由度和自主权，与智库机构的知

① 《中华人民共和国公共图书馆法》第二十二条：国家设立国家图书馆，主要承担国家文献信息战略保存、国家书目和联合目录编制、为国家立法和决策服务、组织全国古籍保护、开展图书馆发展研究和国际交流、为其他图书馆提供业务指导和技术支持等职能。国家图书馆同时具有本法规定的公共图书馆的功能。

识产品较为类似，是国家图书馆决策咨询服务智库化的典型案例。下文以国家图书馆立法部推出的《涉华内参》为例，介绍该专报的基本信息，总结编制过程中的经验，为未来决策咨询服务的智库化发展提供策略性建议。

1.1 源起

2020 年初，突如其来的新冠肺炎疫情成为新中国成立以来在我国发生的传播速度最快、感染范围最广、防控难度最大的一次重大突发公共卫生事件。一时间，与疫情相关的各类新闻事件不断演变成一波又一波的国内外舆情。立法部相关科组成员在长期跟踪国外研究中国问题的基础上，判断本次疫情将会深刻影响中国的国际形象与地位，因此立足本职迅速行动，全面收集整理国际组织、外国政府、海外媒体及智库发布的关于新冠肺炎疫情的声明、报道、评论和研究报告，为决策服务预先准备翔实丰富的参考资料。

在信息资源整理过程中，咨询馆员深感国外新闻报道或智库专家发表的评论经常利用此次公共卫生事件，制造出各种泛政治化、意识形态化议题，导致我国在国际平台话语争夺以及意识形态斗争中常常处于被动局面。特别是美国智库作为连接美国政治决策圈和公共舆论的枢纽，不仅在很大程度上左右着美国公共政策的走向，而且在国际事务上也拥有很大影响力[3]，其发布的大量评论文章大肆宣扬并反复讨论疫情之下的中国，鼓吹“武汉肺炎”“新冠病毒中国论”等言论，强力引导国际舆论氛围。为此，2020 年 2 月，立法部相关科组推出《涉华内参》，及时编译整理海外关于中国疫情的实时评论、报告，每个工作日推送一篇，为我国决策机关在国际舆论战中争夺国际话语权、制定应对政策提供信息参考与智力支持。

2020 年 7 月，随着国内疫情得到有效控制，形势逐渐好转，中国全力推进复工复产复市。而与此同时，国外疫情持续加重，在全球范围内掀起一股巨浪，西方国家自顾不暇，针对中国发动的疫情舆论战也逐渐偃旗息鼓。因此，后疫情时代的《涉华内参》将关注重点转为海外对我国政治、经济、外交、社会等领域的研究，结合自建信息资源——智库报告专题数据库，遴选具有重要参考价值的评论文献进行整理和编译，并围绕国内外热点事件策划选题。转型后的《涉华内参》每周上报三期（周一、周三、周五），截至目前，共计制作推出 184 期①。

1.2 优势

基于决策咨询服务“资政”“建言”的本质，以及长期以来决策咨询业务的沉淀积累，国家图书馆在制作《涉华内参》专报、推进决策咨询服务智库化发展方面具有以下优势。

1.2.1 丰富的决策咨询经验

丰富的决策咨询经验是精品信息服务的灵感来源和质量保证。随着国家治理体系和

---

① 数据统计时间截至 2021 年 3 月 30 日。

治理能力现代化的推进，决策机关的信息需求逐渐增多，国家图书馆的决策咨询服务也日益多元化，除了决策机关委托的专题咨询、事实查询、定题跟踪等传统咨询服务外，国家图书馆在长期跟踪专题文献、把握用户需求的基础上，围绕社会热点及前瞻性问题，推出了“信息报送”“决策参考”“舆情监测”等多个系列的专题服务产品，积累了丰富的决策咨询服务经验。以国家图书馆《两会专题文献信息专报》为例，该产品自2010年推出，围绕特定专题，从不同角度以论点摘编的形式提炼出各专家学者的主要观点，为参会代表、委员提供参政议政参考资料。在十多年的长期编制过程中，如何从诸多社会热点、重大事件、重要会议议题及重大战略部署中选题，如何编制符合代表、委员实际需求和使用习惯的信息产品，乃至采用何种方式推送提供，针对这些问题，决策咨询馆员已经形成一套经过实践检验的行之有效的服务体系和实施路径。

1.2.2 不断扩大的用户网络

国家图书馆在多年决策咨询工作中建立起稳固并不断扩大的用户群体，这是其区别于社会智库的优势所在，可以为决策产品的可持续发展注入源源不竭的动力。特别是《涉华内参》此类智库型专报产品以辅助决策为终极目标，决策机关等用户的批示、转载、选登，既是最大限度发挥产品价值和效用的表现，也是激发内参工作者优化产品服务的有效途径。国家图书馆通过“部委分馆”嵌入式服务模式，构建起中央和国家机关用户网络，并着力打造“国家图书馆立法决策服务平台”，进一步扩大用户资源，为众多决策机关提供个性化服务。随着用户数量的不断增多，国家图书馆逐步形成维护用户关系、分析用户需求的用户管理体系。例如，通过部委分馆馆长联席会议等制度加强与中央国家机关用户之间的工作交流[4]。又如，通过积极走访、调研，以及邀请用户前来参观交流，深入挖掘决策机关的潜在需求，不断拓展用户网络。

1.2.3 长期关注海外涉华信息

《涉华内参》集中关注海外涉华信息，掌握实时、准确、权威、有价值的外文资源是做好海外信息产品开发的物质基础。国外智库机构作为影响本国公共政策制定的重要角色，其涉华研究报告对于我们理解外国对华政策逻辑、预判对华战略前景极具参考价值。美国宾夕法尼亚大学“智库研究项目”（TTCSP）研究编写的最新《全球智库报告2020》（*2020 Global Go To Think Tank Index Report*）显示，美国是全球拥有智库机构最多的国家[5]。这些智库每年都会发布大量研究报告、分析评论等智库研究成果。国家图书馆在决策服务过程中有意识地长期跟踪关注国外智库机构发布的涉华研究报告，并进行初步分类汇总，为编制《涉华内参》、辅助对外政策制定提供了翔实的信息资料。

2 《涉华内参》的类型

根据内容与目标导向的不同，目前的《涉华内参》专报可以划分为四种不同类型。

2.1 事件回应型

事件回应型专报以国内及国际发生的重大事件、突发事件以及热点、焦点事件为核心，跟踪事件发展进程，从专业视角提供相应信息，扫除认知盲点，辅助科学决策。例如，针对新冠肺炎疫情这一重大公共卫生事件，内参工作者遴选了国外学界关于 SARS 研究的 9 部专著，涵盖医学研究、传媒研究、公共卫生、危机管理、社会纪实等方面，用“他者的眼光”为应对类似事件提供新视角、新思路。又如，中印边界爆发激烈冲突之际，《涉华内参》第一时间编译澳大利亚洛伊国际政策研究所的《携手救灾有助于停止中印边境冲突》（*Working Together on Relief Can Stop a China-India Border Disaster*），揭示中印两国通过人道主义援助和救灾开展合作、建立信任的可能性。

2.2 政策反馈型

任何一项政策的发布都会引起反响和回馈。政策反馈型专报聚焦中国国内政策和国外对华政策颁布后的效果，为决策机关检验国内政策的落实情况、了解国外对华政策的舆论反响提供有益参考。例如，针对我国提出的“双循环”战略，《涉华内参》以美国战略与国际问题研究中心（CSIS）报告《双循环与中国新的对冲一体化战略》（*Dual Circulation and China's New Hedged Integration Strategy*）为基础，对“双循环”战略做出评价，这是较为典型的国内政策反馈型专报。对华政策反馈型也是比较常见的种类，比如，美国前总统特朗普签署行政命令禁用 WeChat 和 TikTok 之际，《涉华内参》选取巴西智库 Igarapé Institute 和加拿大智库 SecDev Group 研究人员发表的《特朗普的 TikTok 和 WeChat 禁令可能破坏全球互联网》（*Trump's TikTok and WeChat Bans Could Shatter the Global Internet*），分析了该禁令可能引发一系列连锁反应。

2.3 政策建议型

顾名思义，政策建议型专报就是为决策者制定内外政策提供意见或建议，这类信息在《涉华内参》专报中也占有较大比重。值得说明的是，由于《涉华内参》选取的是国外智库机构的分析报告，这里所说的“政策建议”并非是对我国决策机关提出的政策建议，而是指外国智库对其本国决策层建议采取的对华政策建议，分析该类政策建议有助于我国决策机关在“知彼”的基础上预先做好应对准备。例如，基于《中国问题如何融入拜登的外交政策？》（*How Does China Fit into Biden's Foreign-Policy Framework?*）研究报告，《涉华内参》概括了：美国部分研究人员建议在对华政策方面争取欧洲支持，具体措施包括集中资源培育 5G 替代供应商、分享对华情报、协调对中国投资的审查等。诸如此类的情报信息对我国决策者恰当处理国际关系十分有价值。

2.4 预测示警型

预测示警型专报也是《涉华内参》比较常见的一种类型。预测，即对未来发展态势的预言预测；示警，则更倾向于一种负面、消极的预言，做出警示性的提示。预测示警型专报能够辅助决策机关判断未来政策趋势，及时揭示风险。例如，后疫情时代的中国经济备受国际关注，工作人员选译英国国际战略研究所（IISS）的一篇报告《中国面临疫情引发的“一带一路”债务危机重大风险》（*China Confronts Major Risk of Debt Crisis*

On the Belt and Road Due to Pandemic），指出“一带一路”沿线国家由于疫情影响已经面临高额外债，债务违约风险陡增，中国将可能成为在疫情导致的债务危机中受影响最大的债权国。又如，美国大选期间，根据俄罗斯国际事务委员会《未来一段时间中美难以恢复合作关系》（США надолго останутся трудным партнером）一文，《涉华内参》编译分析了美国大选对中美关系走向的影响。

3 《涉华内参》的编制经验

3.1 选题精准

选题事关用户需求的把握与产品的自我定位，是《涉华内参》编制的第一步，也是最重要的一步。不同于传统的被动式的解答咨询，《涉华内参》专报是主动为决策者提供咨政建言的信息产品，编制人员具有较大的自主权，是介于上层决策者与下层信息之间的中间层级，其对选题的把握是专报的核心要素。

3.1.1 选题思路与重点

《涉华内参》的呈报对象是国家各决策机关，因此很难就具体选题与最终用户进行常态化沟通对接。关于用户需求，更多依靠专报编写人员在长期决策服务中积累的经验，从服务对象的角度出发揣摩和把握。具体而言，《涉华内参》的选题重点集中于四个方向：一是紧贴形势、事关全局的宏观战略性问题。从全球及国内发展的宏观角度以及国家安全、对外关系、经济发展、社会稳定等视野进行选题。如《中国经济展望》《中国—印度—巴基斯坦三角关系：起源、当代认知和未来》《中国、印太地区与南极洲》。二是国内外重大事件。根据国内外近期发生的重大事件策划选题。如围绕美国大选，推出《美国对华政策人物系列》专题，介绍拜登政府的“中国问题智囊团”，梳理对华政策关键人物的个人背景和政策立场，透视美国政府对华战略的深层逻辑。三是国内外舆论热点。从国家层面关注的舆论热点问题中进行选题，既包括既已发生的舆论事件，也包括舆情调查。如《中美外交舆论斗争》《关于中国、俄罗斯与美国的国际舆论调查》。四是预判与预警问题。针对决策者关心的未来趋势发展进行选题，如《未来美国应对中国崛起的蓝图》《中国有望成为“绿色金融”的全球领导者》。

表 1 选题方向及案例

选题方向	选题案例
宏观战略性问题	后疫情时代的经济复苏，“十四五”规划，全球化与中国，中美关系
国内外重大事件	美国大选，RECP 贸易协议，中欧投资协定
国内外舆论热点	“病毒中国起源论”，“口罩外交”，美国思想领袖、公众对华观点调查
预判与预警问题	中美关系未来走向，面向未来的中欧气候关系，“一带一路”倡议前景

3.1.2 选题机制

对于《涉华内参》的编制，工作人员一定程度上扮演着“守门人”的角色，在错综复杂的舆情面前决定信息和事件是否进入内参报送渠道。而“守门人”把关的标准，与自身的经验、看法、立场息息相关[6]。为了降低个人选题判断的不确定性风险，《涉华内参》在编选定题过程中采用集体决策制度，形成了规范的内部决策体系。具体实施方法是：首先，科组成员依据重点选题方向，选择个人认为有价值的关注点及其外文信息资源，并对收集到的信息进行初步甄别和提炼，将意向主题上报负责人；其次，负责人将科组成员提交的意向选题进行汇总统计后，组织召开内部选题讨论会，科组成员在讨论会上逐一介绍自己的选题出发点及相关研究报告主要内容，由全组成员评议选题是否可行；最后，经过集体认可的选题进入到具体编撰环节，没有通过的选题则需在修改后重新提交或者重新选题。这种内部审核、集体决策的制度，有效把控了选题的质量。

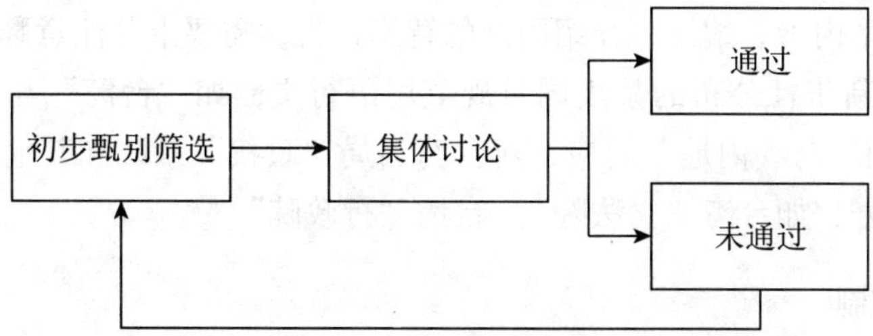

图 1　选题决策机制

3.2　提要简明

《涉华内参》在首页设置“核心提要”栏目，将当期专报内容做一简明扼要的交代，一般由两到三段组成，第一段列明有关报告的来源、作者等基本信息，第二段是对报告内容的高度概括，如有对报告的评价、提示等，则列入第三段。如此，决策者通过短短不到一页的篇幅，就能迅速获取当期专报的重要信息单元，提高了阅读效率。

案例　《关于中国、俄罗斯与美国的国际舆论调查》核心提要

1 月 7 日，美国战略与国际问题研究中心（CSIS）发表题为《让美国伟大？全球对中国、俄罗斯与美国的看法：国际积分卡》（*Making America Great? Global Perceptions of China，Russia，and the United States：The International Scorecard*）的文章，根据有关调查数据，总结了关于中国、俄罗斯与美国的国际舆论。

本文主要引用来自皮尤和盖洛普两大调查机构的民调数据，大致考察了近期国际社会（特别是西方国家）对中国、俄罗斯和美国的看法，以及相关看法的变化趋势。本文站在美国的立场上指出：虽然中国和俄罗斯受欢迎的程度并不高，但美国的国际威望近年来也严重受损，失去了曾经的国际领导地位；美国必须正视国际信誉问题、重构国际联盟关系，以正确心态面对与中国的竞争。

本文的论证和观点当然有不少可质疑的地方，但也提供了一些值得参考的数据和分析，有助于更多地了解以西方为主的国际舆论对中国的态度及其走向。

3.3 表达严谨

《涉华内参》的阅读对象是决策者，目的是为决策者提供决策方案和对策建议，是一种虽不属于法定公文种类但按公文流转上行的政务性文书[7]。除了在版式上尽量遵循《党政机关公文格式》，调整文本字体、字号、间距等通行规范外，还应在文本风格、标题设置、规范用语等方面尽善尽美。

文本风格上，由于《涉华内参》的公文属性，需要行文严谨，既理性平实，又专业深刻，同时注重引用翔实的数据、图表，丰富表达方式；标题设置上，尽量直观鲜活、对仗工整，例如某文章原标题“Between Opportunity and Unpredictability”，编撰人员起初直译为“机遇与不可预测”，斟酌后修改为“机遇与未知”，更加简明工整；规范用语上，由于《涉华内参》编译、介绍国外的智库报告，需要十分注意翻译过程中的用词严谨，严格依照新华社公布的禁用词及规范用语行文，如“台湾”与“祖国大陆”对应，“香港、澳门”与“内地”对应，对台湾当局“政权”系统和其他机构的名称，无法回避时应加引号，如台湾“立法院”、台湾“行政院”[8]。

3.4 篇幅控制

国外智库报告篇幅遵循“三分钟原理”，即三分钟就能看完。《涉华内参》的篇幅总体控制在2000字左右，简洁明了，便于决策者快速高效获取信息。对于一些篇幅较长的报告，为了全面呈现信息单元，同时满足决策者深度阅读需要，会依据行文结构予以拆分，分期提供。

4 未来决策咨询服务的智库化策略

未来以智库型信息产品推进决策咨询服务智库化，可以采取以下途径。

4.1 增强外部横向联系

据调查，中国智库的地域分布中，北京最为集中，共151个，占42%[9]。为数众多的智库机构便于图书馆对外横向交流合作，通过合作开展智库研究、提供战略规划和公共政策建议，实现优势互补和资源优化配置。外部智库机构发挥其人才与经验专长，图书馆发挥自身资源与用户渠道优势，以高品质的智库信息产品对决策制定提供建议，实现产品报送的互补和增益，以此推动图书馆的智库化转型，增强决策支撑力和公共影响力。

4.2 加强内部思考交流

专业能力对任何职业来说都是关键。决策服务的智库化发展，需要具有智库能力的专业人才。为此，图书馆内部应建立决策咨询馆员的智库能力培养机制，通过内部培训、思考讨论，提升决策咨询馆员的智库专业素养。一方面，在强化传统情报服务能力的基础上，加大对时代背景、政策方针、时事热点的跟踪关注与交流分享，使决策咨询人员逐步形成敏锐的分析视角和判断能力；另一方面，促进图书馆决策咨询人员的自由交流和平等讨论，从而加深对智库化决策咨询服务的认识，凝聚集体共识，确立共同的智库服务行为准则和价值理念。

4.3 知识重组升级为知识生产

从知识管理的角度，人类知识可以分为显性知识和隐性知识。显性知识是有物质载体、可保存和复制的知识；隐性知识是存储于人类大脑中或以口头形式、闲散会谈等形式存在的不易传播的知识[10]。智库型信息产品的制作过程就是显性知识和隐性知识不断转化的过程。以《涉华内参》为代表的智库型决策服务产品，目前是根据决策需要，以海外涉华研究报告中的信息单元和事实性知识进行重新组织与描述，属于显性知识之间的转化、挖掘，是知识重组的过程。未来的决策咨询产品及服务，可以逐渐升级为知识生产过程，即决策咨询馆员在长期跟踪特定专题的基础上，将头脑中的经验知识和智慧知识进行逻辑化梳理和书面化表达，将隐性知识转化为显性知识，使馆员兼具决策咨询馆员和智库人员的双重角色。

参考文献

[1] 中共中央办公厅、国务院办公厅印发《关于加强中国特色新型智库建设的意见》[EB/OL]．[2021-03-29]．http：//www. gov. cn/xinwen/2015-01/20/content_2807126. htm.

[2] 徐晓虎，陈圻．智库是什么：关于智库研究的新观点 [N]．中国社会科学报，2011-05-26（11）.

[3] 李东屹．南海问题中的国际话语逻辑——基于对美国智库文献的分析 [J]．国际展望，2018（5）：95-116，160-161.

[4] 谢岩岩．从历史档案看国家图书馆立法决策服务发展 [J]．国家图书馆学刊，2020（1）：35-43.

[5]《全球智库报告 2020》发布　强调新冠病毒对智库的影响以及智库界的应对 [EB/OL]．[2021-03-29]．http：//www. jjckb. cn/2021-02/01/c_139712794. htm.

[6] 刘果．组织传播视野下的内参创新发展研究 [J]．湖湘论坛，2020（4）：48-57.

[7] 周湘智．论内参型智库报告的撰写策略 [J]．图书情报工作，2019（18）：70-77.

[8] 新华社新闻报道中的禁用词（第一批 / 部分）[J]．中国地市报人，2016（7）：90.

[9] 陈安，贾传玲，李鹏杰，等．智库报告类型和特征研究 [J]．智库理论与实践，2017（4）：43-51.

[10] 任全娥．图书情报机构智库服务的不同实施路径研究 [J]．智库理论与实践，2018（6）：25-31.

公共图书馆与中小学合作模式探索

王　岩（典藏阅览部）

21 世纪以来，越来越多的独立建制少儿馆在各地建立并开始提供服务，截至 2015 年，全国少儿图书馆机构数 108 家，财政拨款 5.465 亿元，馆舍面积 34.22 万平方米，阅览座席 3.042 万个，馆藏图书 3392.29 万册，人员 2201 人[1]。同时，各级公共图书馆也在原有少儿阅览室的基础上不断深化针对少年儿童的资源建设和阅读服务。《中国图书馆图书分类法（儿童图书馆・中小学图书馆版）》和《中国少年儿童文献分类主题词表》编辑委员会的成立，也为少儿图书馆基础业务进入标准化、规范化和统一化明确了方向。另外，除独立建制的少儿馆和承担未成年人服务工作的各级公共图书馆外，中小学图书馆作为学龄阶段青少年触手可及的阅读场域，也最容易对少年儿童的身心发展产生深远影响，其重要性同样不容忽视。2018 年新颁布的第三版《中小学图书馆（室）规程》也明确指出要将中小学图书馆纳入社会公共文化服务体系。因此，本文旨在探讨如何促进公共图书馆与中小学图书馆实现合作，以更好地为学龄阶段青少年提供专业的图书馆服务，并以案例的形式分析各类合作模式的特征。

1　公共图书馆与中小学开展合作的合理性分析

随着少儿图书馆事业的蓬勃发展，各年龄段少儿读者阅读资源不均衡的趋势也逐渐显露出来，如偏重图画书为主的低幼文献建设而青少年读物相对薄弱；同时，针对低领儿童的阅读推广活动也较之中小学阶段的学龄儿童要更加丰富且频繁。

造成这一现象的原因有如下几点：首先，与青少年阶段的阅读特征趋向成人有关。青少年阶段的阅读指导书目除了青春文学、科幻文学、科普著作外，很重要的一部分是中外文学经典作品，而这类作品实际上并不存在阅读年龄的具体区分。青少年可读，成人亦可读，无论是中小学教师、学生家长还是读书馆员都在持续推荐并支持此类图书的推广。因此，这种阅读范围的模糊性和向成人阅读习惯趋近的现象，成为很多地区将青少年阅览与成人阅览放在一起不加区分的内在原因。其次，是公共图书馆普遍均等的服务理念的影响。由于我国不同地区经济发展水平并不平衡，对于儿童阅读的关注程度也相应存在差别，同一年龄段的少年儿童在阅读能力方面也呈现出不同的发展态势。因此公共图书馆的儿童阅读服务存在"就低不就高"的现象，即针对同一年龄段的读者，其阅读服务趋向于普遍水平或阅读能力较差者。再次，是公共图书馆针对青少年的阅读服务准备不足。青少年读者的阅读特征和青春期的身心发展特点都值得公共图书馆进行深入研究，为其配备相应的阅读资源和阅读推广服务。而公共图书馆在这一领域显然缺乏足够的文献储备、市场调研、资源建设和活动策划能力，存在亟待改善的业务短板。第四，学龄阶段青少年的课业压力是这一群体较少进入图书馆的实际因素。作为中小学在校学生，青少年的绝大部分时间在校园中度过，而随着年级的增长和课业压力的增加，周六日、寒暑假的课外辅导和各类兴趣班、特长班也不断挤占着青少年的课余时间，使得他们缺少闲暇进入公共图书馆开展课外阅读。面对上述原因，如何更多地为青少年阶段读者提供相应服务是公共图书馆未来发展中面临的重要课题。

从中小学图书馆建设的角度来看，中小学图书馆是社会主义公共文化服务体系的重要组成部分。但其主管机构往往是基层教育主管部门而非公共文化管理部门，根据2018年5月28日教育部最新修订实施的第三版《中小学图书馆（室）规程》，学校图书馆的管理机构由之前的“省级教育行政部门”调整为“县级以上教育行政部门”。经费保障方面，各地教育行政部门和学校是责任主体[2]。同时，我国中小学图书馆服务体系较之公共图书馆建设则起步较晚，基础相对薄弱，发展速度也相对缓慢，因此在制定相关规程和管理制度时也充分借鉴了公共图书馆实践与研究的最新成果。前文提到的第三版《中小学图书馆（室）规程》的内容也鼓励中小学图书馆与公共图书馆加强合作：一是加强馆际交流，通过合作与共享，充分发挥学校图书馆在资源整合、学科融合、阅读指导等方面的作用。二是加强与公共图书馆（少年儿童图书馆）、高校图书馆等各种类型图书馆的合作[3]。2017年底颁布的《公共图书馆法》第四十八条就专门提到“国家支持公共图书馆加强与学校图书馆、科研机构图书馆以及其他类型图书馆的交流与合作”[4]，这为中小学图书馆与公共图书馆合作提供了法律依据。

因此，现阶段如何实现市级公共图书馆与市内中小学的有效合作，将公共图书馆的管理经验和相关少儿阅读资源引入学校，通过馆校合作的方式提高校内图书馆的管理水平，同时开展适应青少年的阅读推广活动，是目前公共图书馆和中小学图书馆共同面临的挑战。

2 公共图书馆与中小学合作模式分析

本节以延吉市少年儿童图书馆、黑龙江省图书馆、上海少年儿童图书馆三个具有典型意义的公共图书馆与中小学合作的案例为调研对象，分析其中存在的各类合作模式及利弊，为今后的馆校合作实践活动提供借鉴和参考。

2.1 垂直管理模式——以延吉市少年儿童图书馆为例

延吉市少年儿童图书馆成立于1982年9月，是延边朝鲜族自治州唯一独立建制的少年儿童图书馆，同时也是市属唯一一家公共图书馆。

2.1.1 中小学图书情报工作委员会的成立

延吉市少年儿童图书馆1982年成立之初，就以在该市建立完整健全的中小学图书馆体系作为自身的工作目标。1983年6月2日至7月末，该馆对全市范围内的中小学、幼儿园图书馆（室）进行了调研，得到数据“全市41所中小学校、幼儿园，建图书馆（室）16所，藏书110442册，专职图书管理员29人，兼职13人”[5]。1984年10月9日，延吉市中小学图书馆工作会议召开并成立少年儿童图书馆工作研究组，制定了《延吉市少年儿童图书馆研究组简章》，通过了《延吉市中小学图书馆（室）工作条例》。上述研究组在1985年增设组织机构，并由当时的正副馆长许竹松、郭桂花分别担任该研究组正副组长，并下设中学、小学、幼儿园三个小组，有针对性地对不同层级的图书馆进行管理。这个研究组在1990年改组成为延吉市中小学图书情报工作研究委员会（以下简称图工委），图工委也成为指导并管理该市中小学及幼儿园图书馆工作的领导机构。而这个研究组也逐渐编制完成《中小学图书情报工作委员会章程》和《中小学图书馆（室）工作条例》，这两份文书成为指导该市中小学图书馆发展的纲领性文件，并在实践过程中被不断修订。到2002年，该市图工委将乡镇中小学图书馆建设也纳入到其指导和管理的范畴，使图书馆资源向远郊区县倾斜，延吉市少年儿童图书馆也越来越关注打工子弟学校、打工子女等弱势群体的阅读资源改善。

2.1.2 图工委与学校的合作

2002年4月起，延吉市少年儿童图书馆首批在该市北山小学、延河小学、进学小学率先建立起校外活动站，7月又在新兴小学、中央小学、延北小学建立校外活动站。活动站由延吉市少年儿童图书馆各派出一名辅导员负责学生们的校外阅读活动。此后，随着中小学图书馆（室）和校外活动站的逐渐普及，该市图工委可以有效地组织学校图书馆开展读书会、知识竞赛、讲座等阅读推广活动，活动开展频率也越来越频繁。以2018年为例，图工委至少在校外组织开展主题教育、文艺会演、文学诵读等阅读推广活动10余次。图工委还依托该市特征，将校园活动与社区、街道等基层机构或部队等单位相关联，探索更多元的阅读推广模式。

2.1.3 图工委对中小学图书馆工作的考核

1985年起，延吉市少年儿童图书馆就建立起市图工委每年召开例会并布置当年工作目标的制度。同时，每年还会对市内中小学图书馆进行统一评估。1985年有38所学校参与了评估，其中19所学校建有图书馆，14所学校建有阅览室，中小学图书馆总藏书量达99639册[6]。该年11月20日，延吉市少年儿童图书馆组织召开了延吉市中小学图书馆（室）联检表彰大会，对14个先进图书馆和10名先进图书管理员进行表彰。会后还组织各馆代表到先进学小学图书馆进行了参观学习。1989年开始，评估方式和指标也逐渐细化，除是否建有图书馆或图书室外，还具体考核书库和阅览室面积、专职和兼职图书管理员人数、藏书量等，例如当年有31所学校建立了图书室，书库面积1316平方米，阅览室1540平方米，专职管理员37人，兼职13人，藏书171063册[7]。2001年起，市图工委开始对参与评估的中小学图书馆（室）进行评级，当年评选出了8个一级图书室、6个二级图书室、8个三级图书室以及27名先进图书管理员。除对这些图书室和管理员进行表彰外，图工委还邀请延北小学、朝阳小学、延吉市第七中学、延吉市职业高级中学四所学校介绍先进的工作经验。

归结而言，延吉市少年儿童图书馆所成立的能够统辖全市中小学的图工委是突破原有图书馆分层分级管理体制的创新模式，在对中小学图书馆进行管理、培养、评估等诸多方面均取得了一定成绩，可看作一典型案例。这一模式使得市级图书馆能够将图书资源、管理理念和阅读活动直接下沉到学校，是从管理角度开展馆校合作的有益尝试。

2.2 活动导向机制——以黑龙江省图书馆为例

黑龙江省图书馆少年儿童服务部成立于2005年，经过十余年的积累，该馆逐渐形成以“用活动促读书、用活动造影响、用影响创品牌”为思路，积极策划开展以未成年人为中心的阅读推广活动。这些活动主要还是以图书馆为阵地，但也有部分活动已经走出馆外，其中比较典型的是下文将介绍的“我最喜爱的童书”阅读进校园活动。

2.2.1 活动的基本宗旨

我最喜爱的童书阅读推广活动是全国首个自主图书评选活动。该活动于2014年由深圳少儿图书馆率先发起，每年举办一届，推选出年度童书30种，并在全国范围少儿图书馆中进行推广和评选。截至2018年，包括黑龙江省图书馆在内的35所省市级图书馆携手数百所学校共同打造此项目，推出全国最具公信力的和影响力的图书榜单。2018年4月23日，黑龙江省图书馆主办“我最喜爱的童书”阅读进校园活动，旨在推动少年儿童的阅读事业发展，评选并推荐优秀的中文少儿图书，培养少年儿童的阅读能力、理解能力和表达能力。

2.2.2 活动的合作方式

该活动能够体现出黑龙江省图书馆作为公共图书馆普遍均等、惠及全民的办馆理念，签约合作的9所学校分别是哈尔滨市继红小学校、哈尔滨市虹桥小学校、哈尔滨市抚顺小学校、哈尔滨市尚志小学校、哈尔滨市公滨小学校、哈尔滨市台屯小学、黑河市第二小学、伊春市金山屯小学、绥化长江小学[8]。受益儿童不仅从城市扩展到乡村，更有缺乏阅读资源的留守儿童。同时，该活动将黑龙江省图书馆的丰富文献资源与优质服务送进校园，为孩子、家长、学校提供具有权威性和公信力的童书榜单。此外，该活动通过使少年儿童选择自己喜爱童书，改变传统的阅读指导理念，让孩子成为阅读的主角，营造浓郁的校园阅读氛围。

2.2.3 活动的具体流程

从2018年5月起，黑龙江省图书馆先期采购30种提名优秀童书各100册，将3000余册童书送进校园供孩子阅读。以该馆培养的阅读推广人和出版社编辑组成阅读推广宣讲团队，通过校园读书会的形式先后走进9所合作学校，不仅向少年儿童推荐图书，也和他们展开讨论。该年11月，黑龙江省图书馆汇报黑龙江省少儿阅读成果并公布入选的童书榜单，同时进行黑龙江区的颁奖。

归结而言，黑龙江省图书馆所举办的“我最喜爱的童书”阅读进校园活动是目前馆校合作中最普遍的一种模式，即公共图书馆对自身掌握的青少年阅读资源进行整合，以图书捐赠、公益讲座和阅读分享等具体形式在校园内举办活动，往往惠及偏远地区学校和少年儿童中的特殊群体。这种合作模式应更加关注活动效果的评估并在活动的持续性方面继续努力。

2.3 重点帮扶模式——以上海少年儿童图书馆为例

上海少年儿童图书馆的前身是1940年由应永玉等倡议、中华慈幼协会上海办事处等团体募捐筹办的上海儿童图书馆。1980年6月改为现名，1987年1月恢复独立建制，一直承担着上海地区少儿文献资源中心和少儿阅读推广与指导中心的职责。

2.3.1 上海少儿公共图书馆针对在校生的早期帮扶实践

上海市自20世纪80年代起就着力构建市、县、区三级少儿公共图书馆的服务构架。时任上海市图书馆学会副秘书长的车久植在1986年8月国际图联第82届年会上的报告指出："到1985年底为止，全市少儿图书馆（室）已发展到180所。其中市级少儿图书馆1所，区级少儿图书馆（室）11所，县级少儿图书馆（室）9所，街道少儿图书馆（室）113所，乡镇少儿图书馆（室）46所。比1980年增加5.9倍，比新中国成立前增加44倍。"[9]

随着上海市少儿图书馆体系的不断完善，上海各级少儿馆还注重走出馆门、深入社会、为更广大的少年儿童服务。而与学校图书馆合作开展重点帮扶正是他们一直秉承的服务理念。"农村地域广阔，小读者不能到城镇少儿图书馆来借书，因此县少儿馆和乡镇少儿馆把为少儿服务的重点放在送书下乡。条件好的少儿馆利用图书流动车送书下去，乡镇少儿图书馆没有车子，就用流动书箱送书下乡。南汇县祝桥镇少儿图书室的管理员自己制作了10只流动书箱，每箱装有连环画和少儿读物70册、杂志画报20册，定期送到偏僻的农村小学中去。不少少儿图书馆还把服务工作落实到对残疾儿童和双差学生（学习差、品德差）、工读学校（专门为正规学校无法教育的少年儿童办的学校）学生的特殊关照上。少儿图书馆的管理员组织一些读书骨干成立了'送温暖小组''关心小组'，定期为他们送书上门、送书到校，给他们进行'精神治疗'。少儿图书馆的工作人员和小读者的关心照顾以及优秀图书的启发，使一些由于生理残疾而陷入痛苦的孩子恢复了对生活的信心和希望，使一些学习成绩差、品德不好的双差生、工读生的心灵发生了震动，重新点燃了他们理想的火花。在学校、社会和家长的配合下，通过少儿图书馆的帮助教育，有些孩子考入了重点中学，工读生从工读学校提前毕业。"[10]虽然所谓"双差生"的评价方式在今天看来显得不够妥当，"精神治疗"的说法也值得商榷，但在20世纪80年代就利用图书流动车实现图书馆送书下乡的举措，以及图书馆员对困难学生的重点帮扶都值得肯定，至今对于其他地区仍然具有借鉴意义。

新世纪以来，上海少年儿童图书馆还积极与上海市教委合作，与市内1546家中小学建立联系，实现在校学生与上海少儿公共图书馆服务网络联动。而近来上海少年儿童图书馆与学校的重点帮扶主要体现在与打工子弟学校合作建设校内"图书服务站"。

2.3.2 "图书馆服务站"的定位

"图书服务站"是上海少年儿童图书馆将本馆服务向弱势群体倾斜的重要手段。在筹建"图书服务站"的过程中，上海少年儿童图书馆和市教委青少年保护办公室的领导达成了一个共识：以人为本，把好事做实，把实事做深。着眼于长效管理，用上海少年儿童图书馆丰富的人力、财力、技术的优势来扶持、推进打工学校的"图书服务站"建设，使“图书服务站”在学校的德育教育、素质教育中发挥长效作用。

2.3.3 建立“图书馆服务站”的起因

上海作为全国的经济中心，吸引着大量青年不断涌入。2006年前后，上海周边地区私人创办的打工子弟学校不断增加。为了改善这些学校办学的基本条件，上海市人民政府曾出资改造这些学校的食堂、公厕等基础设施，尽量减少与本地学校的差距。但其他硬件条件如图书馆、实验室等与办学相关的配套措施仍亟待解决[11]。上海少年儿童图书馆通过实地走访了解到如下情况：首先，很多打工者的居所流动性强，对于他们而言公办学校手续复杂，且转学又相对困难；其次，很多打工者收入微薄，经济基础较差；再次，很多打工者担心子女在公办学校受到同龄人的歧视。因此，子女在打工子弟学校就读也是一种无奈的选择。上海少年儿童图书馆本着共享、均等的图书馆职业理念，认为作为政府承办的公共文化机构的图书馆，理应关注和扶持这个群体的发展。作为生活在上海城市周边的社会弱势群体，图书馆的服务应该尽量向他们辐射。经过考察研究，上海少年儿童图书馆决定从2007年开始为20个打工子弟学校建立“图书馆服务站”，三年内完成50个。每个站点配送图书期刊300册，每学期更换一次，这样保证了每个站点每年能有600册图书期刊可提供给打工子女利用[12]。

2.3.4 “图书馆服务站”的筹建

为了更有利于服务在校打工子弟，上海少年儿童图书馆制订了详尽地图书馆服务站筹建方案，为这些学校营造图书馆氛围、培养图书馆管理人员、进行阅读指导示范。首先，在装饰陈设方面，上海少年儿童图书馆与合作学校积极沟通，选择采光、通风、位置最佳的场所作为“图书馆服务站”，并对服务站的外观进行装饰，请设计人员专门为服务站设计标志，意在吸引学生前来阅读。其次，图书管理员的培养方面，上海少年儿童图书馆向合作学校提出一系列管理员甄选标准，例如具有较好的亲和力和较强的责任心，并制定以图书情报为主题的管理员培训方案。再次，上海少年儿童图书馆还邀请这些学校的学生到馆内参加阅读活动和相关知识竞赛，用青少年喜闻乐见的形式培养他们的阅读兴趣。

归结而言，上海作为我国的直辖市和经济最为发达的地区，已经建成三级少儿公共图书馆服务体系，其建设构架和服务模式值得我国其他城市和地区借鉴。在这样的前提下，上海少年儿童图书馆同样注重向偏远学校和弱势群体进行服务倾斜，与中小学建立合作关系。但由于该馆不像延吉市少年儿童图书馆那样，建立了与中小图书馆之间的垂直管理关系，上海少年儿童图书馆与中小学的合作方式仍然是以重点帮扶为主。但即使如此，上海少年儿童图书馆还是通过自身的专业素养和文献资源为图书馆资源均等化进行了有益探索。

少儿类公共图书馆与中小学图书馆分属不同管理部门的实际情况，具有其行政管理的合理性，但公共图书馆缺乏针对青少年的阅读服务、中小学图书馆建设发展缓慢等问题也逐渐暴露出来。如何使公共图书馆通过资源共享和经验借鉴实现中小学图书馆的快速发展，对于提升图书馆行业服务水平和促进青少年阅读能力提升具有深远影响。本文所列举的黑龙江省图书馆“我最喜爱的童书”进校园是以活动为导向开展馆校合作，也是目前馆校合作中最为普遍的形式，此类活动的常态化和持久性在未来的发展中尤为重要；上海少年儿童图书馆针对打工子弟学校进行的“图书馆服务站”建设，是我国经济发达地区图书馆服务系统较为完善的前提下，针对弱势群体践行普遍均等服务理念的有益探索；而延吉市少年儿童图书馆所建立的中小学图书情报工作委员会，是对现行图书馆行业管理模式的突破和地方性尝试，在实际操作中促进了当地中小学图书馆的发展，值得其他地区吸收借鉴。

参考文献

[1] 段静焰 . 公共图书馆未成年人服务建设权重比较研究［J］. 传媒论坛，2018（19）：155-156.

[2] 中华人民共和国教育部 . 教育部关于印发《中小学图书馆（室）规程》的通知［EB/OL］.［2018-12-03］. http：//www. moe. gov. cn/srcsite/A06/jcys_jyzb/201806/t20180607_338712. html.

[3] 王鸿飞 .《中小学图书馆（室）规程》十五年后的新使命及愿景［J］. 图书馆杂志，2020（2）：74-86.

[4] 中华人民共和国中央人民政府 . 中华人民共和国公共图书馆法［EB/OL］.［2017-11-05］. http：//www. gov. cn/xinwen/2017-11/05/content_5237326. htm.

[5] 延吉市少年儿童图书馆 . 1983 年大事记［EB/OL］.［2012-08-02］. http：//www. yjseg. cn/usr/index. php?menu_id=88&mode=view_content&news_content_id=943&page=3.

[6] 延吉市少年儿童图书馆 . 1985 年大事记［EB/OL］.［2012-08-02］. http：//www. yjseg. cn/usr/index. php?menu_id=88&mode=view_content&news_content_id=945&page=3.

[7] 延吉市少年儿童图书馆 . 1989 年大事记［EB/OL］.［2012-08-02］. http：//www. yjseg. cn/usr/index. php?menu_id=88&mode=view_content&news_content_id=949&page=2.

[8] 黑龙江省图书馆 . 书香满校园，绿荫润童年——2018“我最喜爱的童书”校园阅读推广活动回顾［EB/OL］.［2018-06-28］. http：//hljlib. org. cn/fw/tsqt/wcnrfw/201806/t20180628_54934. htm.

[9][10] 车久植 . 发展中的上海少年儿童图书馆事业［J］. 图书馆杂志，1986（4）：8-11.

[11][12] 韩筱芳 . 与时俱进，创新服务——上海少年儿童图书馆为“新上海人”服务纪实［C］// 万群华，李小强 . 新环境下图书馆建设与发展——第六届中国社区和乡镇图书馆发展战略研讨会论文集（上册）. 武汉：武汉出版社，2007：655-657.

国家图书馆立法决策服务的智库化转型

孙　圆（立法和决策服务部）

近年来，中国特色新型智库的建设进入快车道，成为政府科学民主决策的智慧“外脑”。国家图书馆作为智力资源的重要文化载体，开展立法决策服务20余年，是新型智库共同体中不可或缺的组成部分。新型智库的建设浪潮，引发了国家图书馆对于如何实现立法决策服务与智库能力建设融合提升、相互促动的深入思考。在改革转型的风口期，国家图书馆立法决策服务立足优势，推陈出新，探索智库化转型的路径，为事业发展注入强大动力。

1　国家图书馆立法决策服务进入智库化转型期

1.1　国家图书馆开展立法决策服务的历程

20世纪90年代末至21世纪头十年，国家图书馆立法决策服务呈现快速发展态势。

1998年，经国务院批准，北京图书馆更名为国家图书馆。随着服务发展迈上新台阶，国家图书馆为中央和国家机关提供立法决策服务的工作量与日俱增。为满足日益增长的用户需求，1999年，国家图书馆参考研究辅导部挂“国家立法决策服务部”的牌子，正式成立专门的立法决策服务机构。1998年，国家图书馆首次开展“两会”服务，建立了与全国人大稳定的文献信息服务合作关系；1999年，以国家图书馆人事部分馆为发端，逐步建立部委分馆，走向了以用户群体需求为导向的图书馆“全”服务。2008年，国家图书馆成立独立建制的立法决策服务部，下设全国人大与政协服务组、中央国家机关服务组、中国学文献组、法律文献组。2009年增设系统保障服务组。

2011年至今，国家图书馆立法决策服务以专业为导向，细分服务领域，不断拓展决策咨询服务的广度和深度。

2011年，为适应用户的专业化咨询服务，国家图书馆对立法决策服务部进行内设机构优化调整，以专业划分服务科组，科组增加至7个，即综合服务组、教科文卫组、社会经济组、内务司法组、外交与国防组、部级领导干部历史文化讲座服务组、服务推广与保障组。

调整后的科组按专业领域对应服务对象，以需求为导向，招揽汇聚人才，集中资源精耕专门领域，形成本科组的核心竞争力。近年来，各科组着力打造特色信息服务产品，教科文卫组的《新书推荐》，社会经济组的《舆情监测》、外交国防组的《海外涉华研究内参》等，已成为用户市场的口碑产品。

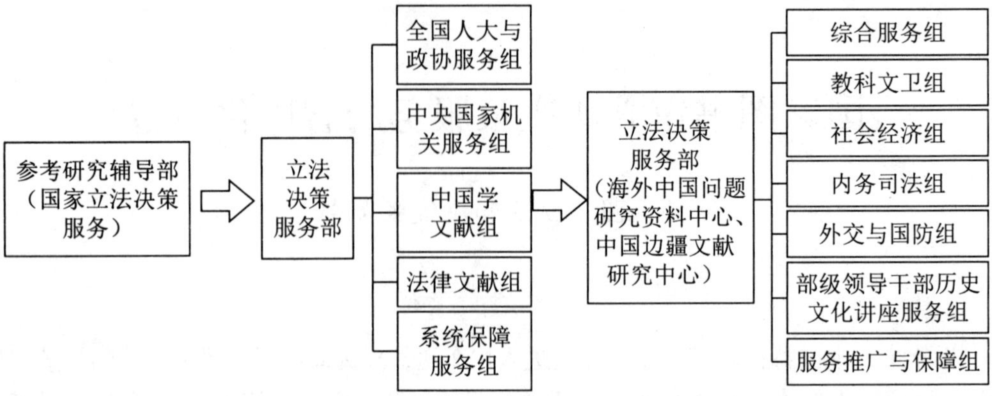

图 1　机构设置改革

进入 21 世纪的第二个十年后，在新一轮科技产业革命的冲击下，转型成为图书馆事业发展的主要特征。机构用户对决策服务提出了更高的标准，单一的信息提供远远不能满足需求，高附加值的融合性产品成为用户给立法决策服务提出的新命题。

面对又一次转型的风口期，国家图书馆立法决策服务亟须面向时代进行自我审视，积极参与新型智库建设，获得新的生长空间。

1.2　智库化发展方向是顺势而为的战略选择

国家图书馆立法决策服务的法定职能与新型智库体系的建设宗旨相一致。《中华人民共和国公共图书馆法》第二十二条规定，国家图书馆要“为国家立法和决策服务”[1]。2015 年 1 月 20 日下发的《关于加强中国特色新型智库建设的意见》指出，中国特色新型智库要“以服务党和政府科学民主依法决策为宗旨”[2]。国家图书馆立法决策服务和新型智库体系最终要实现的目标是一致的，即为党和政府的决策提供服务。

服务对象的高度重合让转型成为可能。国家图书馆立法决策服务的用户集中在中央国家机关，各部委以及两会代表、委员等，属于参政议政的决策层，《意见》明确要求新型智库要求服务于“党和国家工作大局”，二者的服务对象是一致的，都围绕着党和国家的政策制定机构。

用户需求逐渐具备智库产品的特征。专报是新型智库发挥决策服务作用的主要工具之一。近些年来，新技术让信息获取变得容易，基础的文献提供不再是用户的首选。在国家图书馆立法决策服务的产品体系中，讲求深度加工、具备智库化特征的内参专报需求急速增长。

以 2020 年国家图书馆决策咨询为例，截至 2020 年 12 月初，立法和决策服务部全年完成来自党中央、全国人大、国务院、全国政协、中央军委等重要机构委托的重点咨询共计 1800 余件，比去年同期增长 22%。其中舆情工作占比大幅提升，舆情专报需求从内容到频次都有很大增长。另外增设针对新冠疫情的信息专报和专题舆情报告，为多家机构用户提供应对疫情的定向服务；新增设的《海外涉华研究内参》全年完成 150

期，稳定向核心用户推送，得到高度认可。

多年的服务成效，使得国图立法和决策服务部和用户的关系不是偶然的、松散的、浅表化的合作，而是长期、可持续、深度化的双向联系。用户的满意度不断叠加，提高了之后的服务标准。某些产品需求由基础的文献提供逐渐转变为具有智库特征的专报服务产品，在其他服务中，也有具备智库特征的诸如定制化服务、重大课题研究等内容。国家图书馆立法决策服务在用户要求和自身发展的合力下，转型速度不断加快。可以说，智库化转型是其在法定职能语境下，提升服务层次，充分履职担责的自然选择。

2 图书馆立法决策服务智库化转型的意义和实践

2.1 图书馆信息情报服务与智库功能融合发展的重要性

智库研究是典型的信息密集型研究，信息资源建设是智库建设发展的基础，智库决策服务的实质是“信息战”“智力战”。发挥情报在智库工作中的前端功能是全球智库发展的普遍规律[3]。一个具备强大分析能力的信息服务机构可以为智库研究提供有力的前期服务。

国家图书馆信息资源中包含了大量秩序较好、分类得当、信息化程度较高的优质资源，这些资源很大一部分是基于图书馆天然的行业要求。图书馆收藏正式出版物时，文献资料要经过出版、加工、审核等多个漫长严格的流程，数字网络资源也需要经过归类、审核、备份等基本步骤。良好的保存手段、严格的分类体系、便捷的查找提供方式为智库研究提供了高质量、易利用的文献来源。

立法决策服务的文献信息产品，通过专业的技术手段将海量的文献资源进行数据加工和信息分析，形成可以直接或间接利用的成果。智库服务以问题意识、现实关照为基点，对上述成果加以更精准的提取和选择。如果将整个决策服务过程看作一个产业链，那么基本的文献信息内容是初始资料，也就是开始端产品；经过一定分析整合的成果属于中游产品，根据加工的深度，可作为一般情报资料，也可以直接应用于决策参考；投入更多智力附加值的研究成果可以是具有观点输出内容的政策咨询类产品，或者是具备综合研判特点的智慧情报。

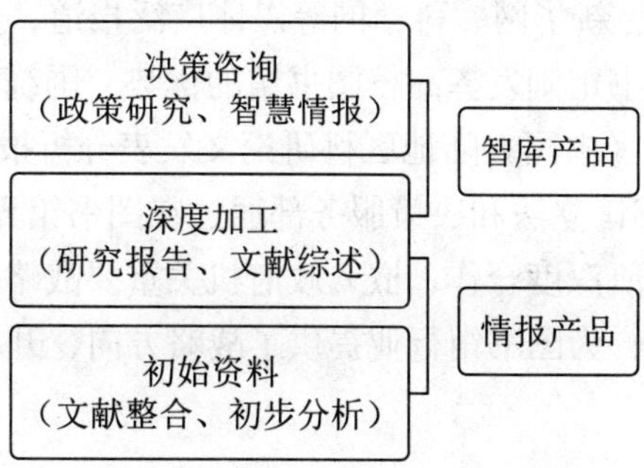

图 2 决策服务产品分类

瞭望智库的总裁吴亮指出：发达的情报信息网与判断力，是智库的两个核心[4]。具备建言献策、舆论引导功能的智库产品离不开信息情报的评估分析基础。文献信息产品和智库研究能够相互契合，前者是整个决策服务的支撑，后者是文献信息服务价值的延伸。两者在决策服务过程中深度融合，可以充分发展各自的价值和潜能，形成良性循环，使整个决策咨询服务过程更加流畅。

2.2 图书馆智库功能的实践探索

图书馆可以实现智库的相关功能，这一点在国内外图书馆界的众多实践中得到了充分的验证。

国外不少图书馆已经参与到智库研究中，通过其业务发挥着智库的一些功能。美国国会图书馆有悠久的立法决策智库服务历史，它内设的国会研究服务部（Congressional Research Service）专注于为美国国会服务，属于法定的享受国家拨款的政府智库。国会研究服务部的使命是向国会提供高质量的研究分析、信息和咨询服务。在美国宾夕法尼亚大学 TTCSP 项目编写的《全球智库指数报告 2020》中，美国国会图书馆国会研究服务部位列全美智库第 78 名，政府智库排名第 3 名[5]。美国著名的公共咨询政策研究机构胡佛研究所，是美国白宫研究亚洲及中国问题的权威咨询机构，它在美国国会和政府中拥有大量的会员，在主流社会具有相当大的影响力。而它的前身正是胡佛战争图书馆，其收藏了世界上最大规模的政治、经济和社会变化史料文献，这些海量文献成为它智库研究的重要基础。

国内的图书情报界也在智库研究方面做了很多工作，将业务和服务拓展到智库功能。上海图书馆 1995 年就与上海科学技术情报研究所合并，为决策层提供情报信息服务，例如《2015 年国际大都市科技创新能力评价》《综合把握政府开放数据中的发展机遇与潜在风险》等研究报告分别被时任中央政治局委员、上海市委书记韩正，上海市市长杨雄批示[6]；2019 年上海图书馆（上海科学技术情报研究所）内参、舆情专报获市委、市政府领导批示就有 8 次[7]。中国科学院文献情报中心同时也是国家科学图书馆，通过开展战略情报研究支持智库，成为具有科技智库功能的文献情报机构。由其参与发布的年度《研究前沿》和年度《研究前沿热度指数》报告成为业内具备相当影响力的成果，被《人民日报》、新华网、科学网等媒体广泛报道，为国家科研规划提供了决策参考信息。北京大学图书馆则发挥高校图书馆的优势，围绕学科进行专题型决策支持服务，完成教育部委托的《中国大陆地区科研论文发表分析报告》，为国家学科发展战略提供参考[8]。国家图书馆立法和决策服务部通过在图书馆界率先开展“两会”服务，和诸多国家机关、科研院所深度合作，嵌入政府机关重要战略研究课题，将图书馆文献咨询服务延伸到智库功能，为图书馆行业提供了战略方向，开辟了创新路径。

3 国家图书馆立法决策服务智库化转型发展策略探讨

3.1 把握建设方向，将转型定位为发展文献情报特长的思想库

国家图书馆立法决策服务在智库化转型的过程中，首先要解决好做什么、怎么做的定位问题。向智库功能迈进的前提是对自身条件的充分估量，要有所为、有所不为，突出自己的特色领域、特长学科，在自己的优势方面做大做强。就自身而言，立法决策服务既不能如商业智库一样，接收社会上分散的、以盈利为目的的咨询事务，也要区别于高校科研院所院在某个专业领域提供的学术类服务成果，要确立与自己资源禀赋相适应的方向，发展自己的核心竞争力。

国家图书馆立法决策服务以文献情报的分析见长，其智库化转型要在“定位明晰、特色鲜明、规模适度、布局合理的中国特色新型智库体系”[9]中突出发挥信息支撑的重要作用，体现出不可替代的文献情报功能。在立法决策服务的领域中，常举一个通俗的示例：用户需要选择一片农场养牛，研究院所类的智库会从特性、匹配等专业领域给出分析，提供养殖品种的直接建议，而情报类智库的做法是将品种、养殖经验的既有信息，进行收集、挖掘、关联，形成情报，让用户参考选择。对于用户来说，直接建议与情报资料在不同需求目标中，各有优长。

在产品服务方面，智库化转型要着重开发以信息情报支撑为基础的研究成果，呼应大数据、云计算、信息化时代的决策咨询需求。在专长领域中发挥最大效能，为决策服务治理提供有益助力。

3.2 进行信息化建设，牢牢把握文献资源的优势

《关于加强中国特色新型智库建设的意见》中明确要求新型智库需要具备“功能完备的信息采集分析系统”。在数字化信息资源成几何倍数增长的态势下，用户关注的不再是信息资源的有无，而是能否将原始无序、不可控的信息资源整合分析。智库建设越来越依赖于具备知识组织与知识服务能力的信息化建设，以实现智库研究所必需的信息关联和知识发现。

国家图书馆是国家总书库，承担着国家文献信息战略保存的职责，于2019年4月19日正式启动互联网信息战略保存项目。如果能在海量数据资源基础上搭建主题多元、提取方便的数据平台，这将成为图书馆参与智库建设不可替代的核心竞争力。

目前国家图书馆的立法和决策服务部已经开发了一批特色数据库，例如：关注海外研究中国问题的智库报告数据库，内容涵盖47个国家和地区259家智库的研究报告；集成馆藏海外中国学书目信息的中国学网站数据库，深度加工馆藏信息，经过多年的开发建设，在决策咨询服务项目中发挥了重要作用。

在海量的文献资源面前，信息化建设的潜力巨大。新型智库建设包含“智”和“库”两个层面，高水平的信息资源保障体系，构成了信息库的关键一环。在新型智库的建设中，有必要进一步强化图书馆的信息中介功能，建设数据管理平台，引入数据处理与分析工具，依托图书馆对信息的处理和服务能力，为智库研究者搭建高度集成、精

准服务的信息资源利用平台。

3.3　稳步推进业务，采取循序渐进的转型策略

参与新型智库的建设是一个循序渐进的不断实践、改进的过程。2015 年 12 和 2020 年 3 月，国家公布了两批高端智库试点单位，共有 29 家机构入选，图书馆行业无一入围。虽然国家图书馆开展决策咨询服务多年，在智库功能的探索上有了一些成果，但距离一个成熟智库还有不小的差距。在现阶段，国家图书馆的立法决策服务还是要精深自身基础业务，担负好信息情报保障职能，通过打造品牌产品带动发展，与高端智库机构协同合作，提升自身的智库研究能力和决策影响力，逐步实现转型。

3.3.1　以智库功能为导向，打造品牌型产品

智库产品是智库发挥决策咨询功能的主要方式，也是衡量其社会影响力、综合竞争力的重要依据。实现智库化转型要先做好有影响力、有“辨识度”的智库型产品。国家图书馆立法决策服务有多项反馈较好的决策咨询产品，例如 2020 年推出的“疫情防控决策专题信息”被国际图联评为“为公共卫生相关领域最佳实践”。之前的《食药决策参考》是某机构单位的定制委托产品，专报在用户反馈、社会效益方面表现非常突出。

在参与新型智库建设的过程中，现有条件无法实现快速转型，国家图书馆可以围绕重大需求，在专业领域深耕研究，致力于打造自己的品牌产品，逐步带动转型。通过产品影响力触发事业影响力，从一个产品带动一系列产品，由一系列产品影响整个服务，由点成线，由线及面，扎实业务能力，寻求转型突破。

3.3.2　借力优势互补，开展与智库机构的协同合作

在国家公布的 29 家高端智库中，目前有 8 家和国家图书馆立法和决策服务部有深度合作，多个重点项目正在进展中（见表 1）。其中上海社科院正在推进与国家图书馆的战略合作伙伴关系，共同推动智库建设。国家图书馆有与高端智库合作的良好基础，在实施智库服务决策咨询过程中，二者的融合可以实现功能的整合和升级，既保留各自原有的强势功能，又通过协同合作使整个决策服务流程更加顺畅、高效。

高端智库试点单位在研究实力、社会影响力方面有很大优势，这正是国图立法决策服务尚显不足的方面。国家图书馆可以利用其信息资源优势，与高端智库开展战略合作，以重大课题为抓手，集聚人才、发现人才、培育人才，实现合作创新，放大整体效应，提高社会影响力。通过协同合作，优势互补，彼此托举，达成“1+1 ＞ 2”的效果。

表 1　国家高端智库建设试点单位与国家图书馆立法和决策服务部合作情况

智库名称	与国家图书馆合作形式	类型
国务院发展研究中心	项目合作	党中央、国务院、中央军委直属的综合性研究机构
中国社会科学院	项目合作、咨询委托	党中央、国务院、中央军委直属的综合性研究机构

续表

智库名称	与国家图书馆合作形式	类型
中央党校（国家行政学院）	部委分馆、项目合作、咨询委托	党中央、国务院、中央军委直属的综合性研究机构
军事科学院	分馆筹建中、项目合作、咨询委托	党中央、国务院、中央军委直属的综合性研究机构
中央党史和文献研究院	项目合作、咨询委托	党中央、国务院、中央军委直属的综合性研究机构
中国现代国际关系研究院	咨询委托	依托大学和科研机构，形成的专业性智库
国家发改委宏观经济研究院	部委分馆、咨询委托	依托大学和科研机构，形成的专业性智库
上海社会科学院	推进战略合作协议	依托大学和科研机构，形成的专业性智库

3.4 围绕顶层设计，形成有活力的内在发展机制

3.4.1 制定质量监督和成果管理制度

成果质量是实现智库化转型的核心。在智库化转型的过程中，面临产品升级、人才成长的压力。一方面，要完善研究选题、研究过程的跟踪机制，充分利用用户反馈机制、引入专家指导意见，完成产品的升级迭代，实现决策咨询产品的精准性、前瞻性和战略指导性；另一方面，要完善成果的奖励机制，对于优秀成果予以经费、考评上的激励，挖掘现有研究的潜力，释放科研人员的创造力，提高成果转化率，最终成为推动决策服务效能的持续性力量。

3.4.2 健全绩效评价体系

健全绩效评价制度，将智库研究成果纳入考核。目前的图书馆专业评价体系尤其是职称评价关注的是发表学术论文、出版专著等，而对于智库成果来说，其评价标准往往在于获得领导批示、有关部门采纳、参与研究的贡献度等，由于涉密及呈报内容特点等原因，智库研究成果发表在公开出版物上的难度大。参与新型智库建设，最先需要调动人的积极性，要推进智库人员晋升与考核评价改革，设计咨政建言类成果的评判标准，制定符合智库发展和人才成长规律的考评体系。

3.4.3 建立人才培育机制

人员水平直接决定着智库化转型的成效。在队伍建设上，要立足长远，培育领域内未来的精英，包括下一代的战略咨询专家、情报信息专家等。国家图书馆可以依托人才培养基础和重大课题项目，系统规划和设计人才培养项目的实施运作路径。实行以老带新、内外结合的人才培育模式，一方面利用自有资深专家传帮带，另一方面吸纳外聘专家加盟培训新人，确保在科研成果转化和决策咨询成果产生影响力的同时，增强人才培养的系统性和长远影响力。

未来已来，图书馆业态的创新发展已迫在眉睫。国家图书馆立法决策服务参与新型智库建设是自身业务发展的需要，也是回应时代诉求的重要发展战略。智库化转型不是一蹴而就的，国家图书馆要正视自我，充分利用图书情报的专业优势，不断深耕，秉持建言资政的问题导向，在智库化道路上不断探索，为政府机关科学民主决策助力，为自身事业发展转型开辟新的道路。

参考文献

[1] 中华人民共和国公共图书馆法[EB/OL].[2021-03-20]. http：//www. npc. gov. cn/npc/c30834/201711/86402870d45a4b2388e6b5a86a187bb8. shtml.

[2] 中共中央办公厅、国务院办公厅印发《关于加强中国特色新型智库建设的意见》[EB/OL].[2021-03-20]. http：//www. gov. cn/xinwen/2015-01/20/content_2807126. htm.

[3] 王世伟. 试析情报工作在智库中的前端作用——以上海社会科学院信息研究所为例[J]. 图书情报工作，2011（2）：92-96.

[4] 毕晓研. 我国新型智库信息资源建设研究[J]. 大学图书情报学刊，2019（1）：39-42.

[5] James G. McGann. 2020 Global Go To Think Index Report[EB/OL].[2021-03-16]. https：//repository. upenn. edu/cgi/viewcontent. cgi?article=1019&context=think_tanks.

[6] 上海图书馆（上海科学技术情报研究所）2015 年工作年报[EB/OL].[2021-03-20]. http：//www. library. sh. cn/dzyd/rdsm/images/2015%E5%B9%B4%E5%B9%B4%E6%8A%A5. pdf.

[7] 上海图书馆（上海科学技术情报研究所）2019 年工作年报[EB/OL].[2021-03-20]. http：//10. 255. 248. 115：83/2Q2W564876A28ECA3D453EFE6EB2D7317F6FA6C2E5F1_unknown_7E0E744625D4B7FBBB4A976405B2F56ADB6252DB_7/www. library. sh. cn/img/2020/2019nb. pdf.

[8] 马芳珍，李峰. 高校图书馆智库型服务探索实践及思考——以北京大学图书馆为例[J]. 图书馆杂志，2018（9）：64-69.

[9] 中共中央办公厅、国务院办公厅印发《关于加强中国特色新型智库建设的意见》[EB/OL].[2021-03-20]. http：//www. gov. cn/xinwen/2015-01/20/content_2807126. htm.

智慧图书馆信息资源开放共享标准体系建设研究

李仕超（中文采编部）

1　智慧图书馆信息资源开放共享标准体系建设的意义和现状

1.1　研究意义

长久以来，图书馆肩负着传承文明、服务社会的重任，积累了大量宝贵的信息资源，开放和共享是馆藏信息资源“走出去”的重要举措。随着互联网技术的发展，网络资源已成为人们获取信息的主要渠道，图书馆不得不面对急剧增长的信息资源与用户日益复杂的信息需求的矛盾。馆藏信息资源日益丰富，用户却没有时间和精力去查找和甄选，反而更难获取所需信息，这也导致图书馆大量的资源难以被充分共享和全面利用，严重制约了图书馆教育大众、服务社会职能的充分发挥。

信息资源是智慧图书馆的基础。围绕智慧图书馆信息资源开放、共建、共享的目标，研究建立全面成套、层次适当、类别划分清晰的信息资源开放共享标准体系，确定信息资源开放共享的标准体系框架，在智慧图书馆的建设中有着重要意义：首先，其规范了信息资源开放共享的相关业务，提高资源的有效利用率，避免重复劳动，为图书馆智慧化服务奠定基础；其次，通过顶层设计进行统筹规划，让信息技术与信息资源建设通过系统有效的协同方式，相互促进，协同发展；最后，其为馆藏信息资源的开放共享提供明确的方向，使相关的研究和工作开展更为有序、规范，进一步促进图书馆智慧化的转型。

1.2　研究现状

在互联网开放共享的浪潮推动下，国际标准化委员会、国际图书馆协会联合会（International Federation of Library Associations and Institutions，IFLA）、美国国家信息标准组织（National Information Standards Organization，NISO）、全国信息与文献工作标准化技术委员会、全国图书馆标准化技术委员会等相关机构制定了很多促进信息资源开放共享相关的标准规范，但多从信息资源的描述、互操作协议等方面进行规范，例如：用于跨域资源描述的都柏林核心元数据 DCMI（Dublin Core Metadata Initiative）[1]、NISO 为图书馆信息资源的共享交换制定的 NCIP 和 NCIP 协议实施细则[2]、ISO TC46/SC9/WG8 工作组在 ISO 25964 中发布的叙词表与 SKOS 等其他词表的互操作[3]、面向数字对象的 OAI-ORE[4]、异构资源元数据检索接口（ODL）规范和开发指南、Open URL 资源调度规范[5]等。整体来说，针对信息资源开放共享标准的体系的研究内容较缺乏，目前，很多相关标准的建设工作还处于起步阶段，标准的数量较少，质量良莠不齐，缺乏标准体系的规划和指导。

2 智慧图书馆信息资源开放共享标准体系建设的原则

2.1 立足公益，服务社会

智慧图书馆的发展是为了给公众提供更加优质的信息服务，实现社会效益。因此，信息资源开放共享标准体系的建设，首先需要图书馆立足公益事业，以服务社会为总目标，结合智慧图书馆业务发展的实际需要，研究和借鉴国内外相关标准体系，做好顶层设计，明确馆藏信息资源开放共享的发展方向，带动整个图书馆行业的协调发展，提升图书馆服务水平。

2.2 需求牵引，技术推动

需求牵引和技术推动是智慧图书馆信息资源开放共享标准体系建设的两大动力。对于图书馆来说，智慧图书馆的最终目的就是将信息资源与用户需求进行匹配对接，解决目前海量馆藏资源难以满足用户日益复杂的信息需求这一矛盾。想要解决目前的困境，就要依靠先进的信息技术去推动图书馆的各项业务发展。现阶段，云计算、大数据、人工智能等新技术正不断地推动着图书馆智慧化的转型，馆藏信息资源开放共享标准体系的建设也应在以用户需求为导向的基础上，充分利用先进的技术，不断发展和完善。

2.3 建立机制，保障安全

智慧图书馆信息资源开放共享是依托在开放的网络环境下，在获得便利的同时也面临着多种安全威胁。因此建立长效机制，保障信息安全，是智慧图书馆信息资源开放共享标准体系建设中的关键。保障信息安全，需要在图书馆行业建立跨地区、跨类别和跨层级的信息资源开放和共享机制，坚持继承与创新相结合，完善相关标准体系和管理架构，在对信息资源的采集、加工、组织、存储、开放、共享、交换等进行统一规范的基础上，构建馆藏信息资源安全管理体系，提升图书馆信息安全防护水平。

2.4 统筹兼顾，逐步推进

以促进图书馆智慧化转型为出发点和落脚点，信息资源开放共享标准体系不仅要统筹不同地区、不同类型图书馆的发展需求，凝聚行业力量，夯实标准体系建设基础，还要兼顾与已有国家标准、行业标准，以及相关技术的协调，确保标准体系的综合性、扩展性和协调性。在追求科学性和合理性的基础上，统一规划、逐步推进，着重解决信息资源开放获取、共建共享、资源整合等重点问题以及瓶颈问题，在确保实用性和可操作性的基础上，通过循序渐进的方式一步步完善信息资源开放共享标准体系的建设工作。

3 智慧图书馆信息资源开放共享标准体系的框架和内容

通过对信息资源开放共享方面标准规范的调研，笔者分析了智慧图书馆信息资源开放共享面临的重点问题，在借鉴相关标准体系建设的经验的基础上，构建了多层次的智慧图书馆信息资源开放共享标准体系框架，由基础类标准、资源类标准、技术类标准、服务类标准、平台类标准以及管理类标准六部分组成，如图 1 所示：

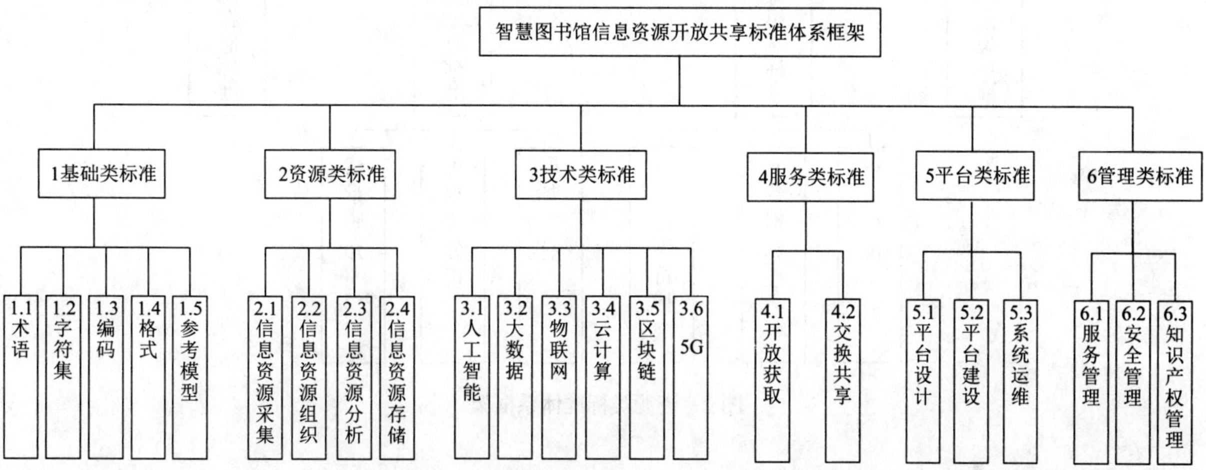

图 1 智慧图书馆信息资源开放共享标准体系框架

3.1 基础类标准

基础类标准是智慧图书馆信息资源开放共享的总体标准，适用于整个标准体系建设过程，主要针对术语、字符集、编码、格式以及参考模型五方面内容进行规定，为信息资源的开放共享和数据交换提供标准依据。术语是指对信息资源开放共享领域的基本概念、术语和定义等内容进行规定的标准，其目的是统一认识，避免引起歧义性理解。字符集是信息资源处理的基础，用来满足不同语言和平台的数据交换。编码标准主要包括字符编码和结构化信息编码，是制约数字信息可使用性和可持续性的最基本条件。格式标准主要规定了开放信息资源和共享信息资源的格式，其中，开放格式标准规定了参与开放的信息资源所需要满足的格式、内容、接口标准，共享格式标准针对信息资源在共享交换时应符合的数据结构等内容进行规定的标准。参考模型是指信息资源开放共享遵循的系统架构标准，主要包括技术参考模型、顶层设计和总体要求、基础设施、资源管理、开放共享服务、平台建设与接入、运行管理、信息安全以及各模块的关系与要求，用于为信息资源开放共享提供指导。

3.2 资源类标准

资源类标准主要针对开放共享资源的采集、加工、组织、存储等流程的相关内容进行规定，是信息资源开放共享标准体系建设中最核心的部分。主要包括信息资源采集标准、信息资源组织标准、信息资源分析标准以及信息资源存储标准，见图 2。

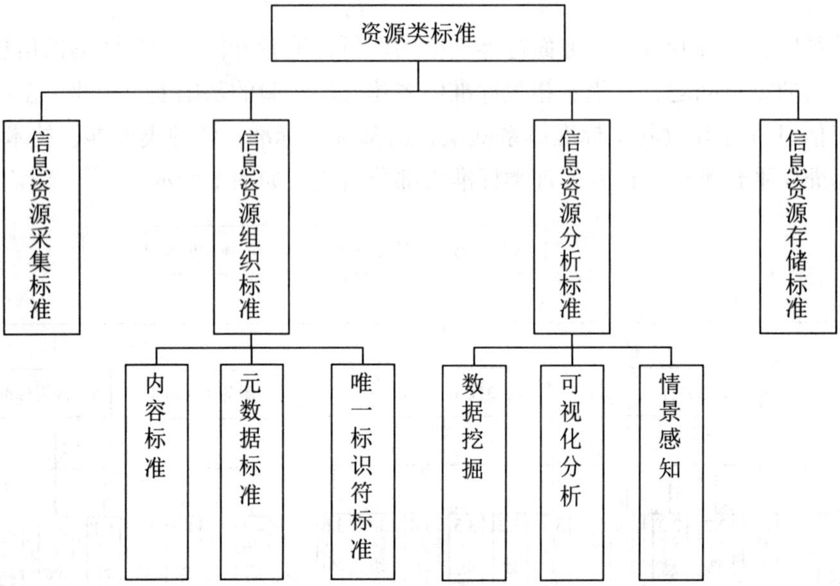

图 2　资源类标准体系框架

3.2.1　信息资源采集标准

信息资源采集标准对信息资源采集过程中资源的采集方法、采集流程、采集内容、采集途径及采集时效等内容进行规定。信息资源采集标准是信息资源开放共享标准体系建设的基础，也是获得高质量信息资源的保证。在互联网时代，图书馆的信息资源采集应该采取多渠道的采集方式，在现有的数字化资源基础上，通过爬虫等系统采集网络信息，获取结构化、半结构化和非结构化的信息资源。信息资源采集标准既要考虑数据采集信息资源的全面性，也要考虑其准确性和实效性，以确保信息资源的有效利用。

3.2.2　信息资源组织标准

信息资源组织标准是围绕对需要开放共享的信息资源进行加工、组织、描述而制定的相关标准，主要包括内容标准、元数据标准、唯一标识符标准三个层次[6]。信息资源组织是信息资源开放共享的先导，初始信息资源经过加工、描述等过程，能够达到可开放、共享的数据要求。

（1）内容标准

内容标准是为描述各种类型、载体和格式的信息资源特征及其关系而制定的相关标准，能够提供尽可能全面的信息资源描述规范，不仅涵盖能够描述信息资源基本的数据元素，还能通过标引等方法对信息资源的内容特征进行全面的分析、提炼和归纳，从而增加信息资源之间的相互关联，促进信息资源的有效利用，是元数据标准的基础。

（2）元数据标准

元数据标准是针对资源的结构、关联关系等内容进行规定的标准，为提高信息处理标准化与数据交换效率而制定，是内容标准的语义化表达。元数据标准可通过构建对语义内容的共同理解模式，生成各种类型的元数据集，定义元数据间的关系及其语义、语法和可选值等，实现信息资源的结构化描述[7]。其按照功能可分为知识描述型元数据、结构型元数据以及存储控制型元数据[8]。

（3）唯一标识符标准

唯一标识符标准是对信息资源唯一标识符的分配、标识等内容进行规定的标准。唯一标识符是信息资源在网络上唯一身份，不仅可实现对信息资源的持久识别和访问，还能加强资源之间的关联，促进资源的引用和共享[9]。常见的唯一标识符有 URI/URL/URN 以及标识数字对象的 DOI 等，在信息资源开放和互操作方面发挥了重要作用。

3.2.3 信息资源分析标准

信息资源分析标准针对信息分析的技术、方法等内容进行规定。互联网时代，图书馆海量的信息资源对信息分析方法提出了更高的要求，数据挖掘、可视化分析、情景感知等信息分析技术应运而生，其中数据挖掘主要是从大量的、无结构的信息资源中发现、抽取有价值的知识[10]；可视化分析是通过海量信息资源的视觉呈现，实现对信息资源的理解和分析；情景感知是依靠智能设备，对用户的情景信息进行“感知”和分析，提供个性化的、主动的信息服务。智慧图书馆的信息资源分析不仅包括对馆藏信息资源的分析，也包括对用户信息的分析，与时俱进的信息分析方法和先进的信息分析技术可以实现对信息的动态监测和分析评估，是图书馆智慧化发展的必要保证。

3.2.4 信息资源存储标准

信息资源存储标准是规定馆藏信息资源存储方式、存储介质及数据格式等内容的标准，不仅要保证数据存储的效率和控制力，还要保证存储体系的安全性。因此，需要针对开放共享信息资源建立存储标准，做出长期存储规划，统一存储策略，规范存储技术，在对各类形式资源进行有效管理的基础上保障数据安全，提升存储系统的可扩展性及实用性。对海量、多源、异构的信息资源进行有效存储，是信息资源开放共享的先决条件。

3.3 技术类标准

技术类标准主要包括大数据、物联网、云计算、区块链及 5G（第五代移动通信技术）等技术规范，是智慧图书馆信息资源开放共享的前提和技术保障。通过推进大数据、物联网、云计算、区块链及 5G 等新技术在智慧图书馆信息资源开放共享中的应用，一方面可以实现信息资源的自动采集以及跨地域、跨部门的开放共享，另一方面也可以精确匹配用户需求，在实现智能检索的同时也能够追溯用户使用记录，保障信息安全。借助先进的信息技术，图书馆可以充分发挥自身的资源优势，通过开放共享进一步提高智慧化服务水平。

3.4 服务类标准

服务类标准规定了信息资源开放共享用户服务方面的相关要求，包括开放获取服务类标准和交换共享服务类标准。开放获取服务标准主要规定资源的开放程度、使用规范、开放服务接口设计标准及使用标准；交换共享服务的标准针对信息资源在共享交换时应符合的体系结构、技术要求和管理要求、共享服务接口设计及使用等内容进行规定的标准。此外，服务类标准还应从用户差异性、服务类型、隐私保护等诸多角度全面布局服务标准，进一步提升用户服务水平。

3.5 平台类标准

平台类标准对信息资源开放共享平台的架构、功能和管理等内容进行规定。主要包括平台设计标准、平台建设标准以及系统运维标准。其中，平台设计标准主要规定信息资源开放共享平台的全国体系架构，确定平台的定位、功能框架、拓扑结构、服务方式及与相关平台的关系等；平台建设标准主要规定信息资源开放共享平台的建设流程、方法、技术及路线，此外也要明确各项基础设施建设要求以及平台接入等标准；系统运维标准包括对信息资源开放共享平台进行运行管理和维护的标准。

3.6 管理类标准

管理类标准从管理的角度针对信息资源开放共享的各个环节进行规定，例如服务管理、安全管理以及知识产权管理等。服务管理对信息资源开放获取服务的内容、服务质量、服务保障等内容进行了规定，在确定信息资源开放评价指标体系和共享评价指标体系的基础上，对信息资源的开放程度、共享程度、系统智能度等方面进行评估；安全管理类标准主要针对信息资源开放共享提供各种安全保障的技术、管理等方面进行规定，建立健全安全管理制度，对外部入侵和内部误操作等风险进行实时防范，为信息资源开放共享提供保障；知识产权管理，是指利用法律、技术、管理、规章制度等手段保护知识产权，在馆藏信息资源开放共享过程中通过对信息资源监管和知识产权风险评估，防范知识产权侵权问题的发生[11]。

4 智慧图书馆标准体系建设的建议

目前，我国图书馆事业发展正处于向智慧化转型的窗口期[12]，在信息资源开放共享标准体系建设的过程中，应注意以下几点。

4.1 急用先行，加快重点标准研制

围绕信息资源开放共享的需求，加快重点、空缺的基础性标准的研制工作进程，尽快填补行业空白。加快完善信息资源的加工和组织方式，应在已有信息资源建设相关标准基础上，建立、完善信息资源的采集、加工、组织、存储等方面的标准，确定共享交换的数据格式，促进形成完善的信息资源开放共享标准体系。

4.2 注重实践，推进标准广泛应用

将智慧图书馆信息资源开放共享标准与实际应用紧密结合，建立标准相关的培训体

系、评估体系与认证体系，发挥标准的最大价值。一是建立标准的培训体系，开展标准化培训，培养各级图书馆的标准化意识，宣传推广智慧图书馆信息资源开放共享标准广泛；二是建立标准的评估体系，依托重点标准，评估智慧图书馆信息资源开放共享效果，查找不足，促进智慧图书馆信息资源开放共享向规范化、体系化、标准化方向发展；三是建立标准认证体系，选取重点标准作为认证依据，开展标准的认证，验证智慧图书馆信息资源开放共享的关键环节与关键成果是否符合标准，将智慧图书馆信息资源开放共享落到实处。

4.3 以点带面，开展标准试点示范

智慧图书馆信息资源开放共享标准体系的建立，对智慧图书馆信息资源的开放共享具有重大的推动的作用。在研制重点标准与广泛宣传推广的基础上开展标准的试点示范，可以使标准真正的与实际建设相匹配。一是在重点标准研制过程中，广泛开展试验验证，选取不同的场合，验证标准是否可以对实际建设进行指导或规范；二是在重点标准发布后，在典型智慧图书馆信息资源开放共享情景中开展试点示范，选拔示范案例，形成示范效应，带动图书馆全行业的信息资源有序开放、有效共享。

实现智慧图书馆信息资源开放共享将是一个持久的、复杂的过程，建立完善的标准体系，有助于统筹规划，整合各类信息资源。目前智慧图书馆信息资源开放共享的标准体系仍处于探索阶段，今后应不断推进相关标准的制定、修订、增补、完善工作，在此基础上形成标准的周期性更新机制，对标准体系进行动态维护。希望通过标准体系的建设实施，图书馆能够不断推动信息资源的开放共享，激活馆藏资源，提升图书馆智慧化服务水平。

参考文献

[1] Dublin Core Metadata Initiative [EB/OL]. [2021-03-11]. http：//dublincore. org/.

[2] ANSI/ NISO Z39. 83-1-2012，NISO Circulation Interchange Part 1：Protocol（NCIP），version 2. 02 [EB/OL]. [2021-03-10]. http：//www. niso. org/publications/z3983-2012-ncip-pt1.

[3] ISO 25964-the international standard for thesauri and interoperability with other vocabularies [EB/OL]. [2021-03-10]. http：//www. niso. org/schemas/iso25964/.

[4] Open Archives Initiative Object Exchange and Reuse [EB/OL]. [2021-03-15]. http：//www. openarchives. org/ore.

[5] 王秀香. 我国数字图书馆标准规范建设内容及特点分析 [J]. 数字图书馆论坛，2016（9）：14-19.

[6] 宋文，朱学军.《资源描述》国家标准及对我国信息资源描述标准体系的思考 [J]. 数字图书馆论坛，2016（12）：21-27.

[7] 王志强，杨青海. 科技资源开放共享标准体系研究 [J]. 中国科技资源导刊，2016（4）：19-23，61.

[8] 马费城，赖茂生. 信息资源管理 [M]. 北京：高等教育出版社，2018：39-62.
[9] 魏大威. 数字图书馆推广工程唯一标识符体系构建研究 [J]. 图书馆，2014（3）：102-104.
[10] 李尚昊，朝乐门. 文本挖掘在中文信息分析中的应用研究述评 [J]. 情报科学，2016（8）：153-159.
[11] 徐龙顺，李婵，张文德. 网络信息资源知识产权风险管理研究综述 [J]. 图书馆理论与实践，2017（12）：40-45，71.
[12] 饶权. 全国智慧图书馆体系：开启图书馆智慧化转型新篇章 [J]. 中国图书馆学报，2021（1）：4-14.

试论突发公共事件中图书馆行业组织职能的发挥

——以新型冠状病毒肺炎疫情应对情况为例

刘　杨（典藏阅览部）

突发公共事件是指突然发生，造成或者可能造成重大人员伤亡、财产损失、生态环境破坏和严重社会危害，危及公共安全的紧急事件。近年来，在全球范围内，各类突发性自然灾害、公共卫生事件等紧急事件不断出现，如2003年的"非典"、2005年卡特里娜飓风、2008年的汶川地震、2020年的新型冠状病毒肺炎疫情等。当各类突发事件发生后，各国政府及各级公共管理机构通常需要切实履行各自的社会管理和公共服务职能，全力以赴控制事态发展，最大限度地减少突发公共事件造成的人员伤亡和危害。

公共图书馆是公共文化服务体系的重要组成部分。各级图书馆行业组织（本文专指图书馆学会、图书馆协会）则担负着组织协调各类图书馆活动的职能。在面对各类突发公共事件时，行业组织应如何协助政府积极应对各类突发公共事件，并在这一过程中充分发挥自己的职能，是我们应当关注的一个重点问题。

本文通过比对美国、日本、意大利等国图书馆协会在应对突发公共事件的应对措施，进而探讨图书馆行业组织在突发公共事件中的角色定位与责任担当。

1　国外图书馆行业组织应对新冠肺炎疫情的相关情况

1.1　美国图书馆协会应对新冠肺炎疫情相关情况

美国图书馆协会（American Library Association，简称ALA）成立于1876年，是世界上最早成立且规模最大的图书馆协会。其章程中规定协会的使命是"领导、推广和改进图书馆事业、信息服务及图书馆职业的发展，提升大众的学习能力及获取信息能力"。2017年，ALA理事会明确其首要任务就是对图书馆提供专业的指导。

2020年2月以来，美国图书馆协会在其官网"Tools，Publications&Resources"（工具、出版物和资源）频道上线了关于"Pandemic Preparedness"（针对流行性疫情的防范措施）的专题内容，对疫情相关资源进行了整合。此外，ALA还向各图书馆提供了包括疫情应对、关闭图书馆标准、居家办公措施等建议，同时提供了关于2019年C型流感和冠状病毒疾病的预防、治疗措施、美国疾病控制与预防中心相关信息内容及世卫组织的相关资源信息，以确保各级各类图书馆能够平稳应对此次疫情。

3月13日，ALA在其官网发布了执行董事Tracie D. Hall关于COVID-19的声明。声明指出，美国图书馆协会将致力于在疫情发生时期为其成员、工作人员以及所有图书馆员和图书馆工作者提供支持。除此之外，ALA 一直在为图书馆社区更新有关大流行预防的资源页面，并为会员及各级图书馆机构提供包括是否开放图书馆及如何做好防护、如何为所在地区提供信息服务、如何为政府决策提供支持等专业指导。

2020 年 5 月以来，ALA 致力于为各级图书馆争取拨款及经费以提供援助，并积极为疫情期间居家办公的图书馆员争取更多福利，在其官网提供应对新冠肺炎的宣传培训资源，供各类图书馆参考使用。同时，重点对各级各类图书馆恢复服务提供专业指导[1]。

1.2　日本图书馆协会应对新型冠状病毒肺炎相关举措

日本图书馆协会（Japan Library Association，JLA）成立于 1892 年，其前身是“日本文库协会”。作为代表日本图书馆界的全国性组织，JLA 在协会规程中明确了其目的是促进各类型图书馆事业的进步和发展[2]。

2020 年 2 月 21 日，JLA 在其官方网站发布关于防范新冠肺炎感染的通知。通知主要内容包括关于应对当前新型冠状病毒感染情况现阶段的基本方针，即各（图书馆）活动根据举办地、举办规模、参加人数等不同，应采取有针对性的对应措施，由各主办机构、委员会等自行判断活动继续开展或延期举行。

2020 年 2 月 28 日，JLA 发布关于新冠疫情学校停课期间相关图书馆应对措施的通知，要求各公共图书馆、学校图书馆与各地方自治团体、教育委员会、负责机构进行密切合作和信息共享，统一步调，根据各地区不同情况采取相应措施，防范感染扩大。

2020 年 4 月起，JLA 在其官网发布图书馆关于新冠肺炎的应对事例，发布“图书馆预防新冠肺炎病毒感染扩散预防指南”并及时公布各地图书馆恢复服务的公告，提供可在网上获取的资料集合、闭馆期间通过网络进行借阅的相关政策等，为后续各级图书馆恢复服务提供政策指导。

1.3　意大利图书馆协会应对新型冠状病毒肺炎相关举措

意大利图书馆协会（Associazione Italiana Biblioteche，AIB）成立于 1930 年，是意大利活跃于图书馆领域的最重要的专业协会。其宗旨包括：推动图书馆作为信息社会中公民的基本服务的发展、在国家和地方层面传播和协调图书馆服务、积极引导各级各类图书馆政策决策等内容。

2 月 24 日，AIB 在其官网发布消息称，图书馆不在因新冠肺炎暂停服务的公共场所之列。但该协会认为，图书馆属于各类人群聚集的公共文化场所，因此呼吁将图书馆列入关闭行列。

3 月 6 日，AIB 发布公告称图书馆不是学校机构，而是文化机构和场所。根据 3 月 4 日总统令，图书馆的基本服务不能中断。图书馆将根据访问情况，调节（到馆读者）流量。规定图书馆必须采取最适当的方法保护用户和馆员的健康。

3 月 8 日，意大利颁布总统令，宣布关闭所有文化机构和设施，包括图书馆。所有对用户或参观者开放的公共场所必须提供手部消毒措施。AIB 根据总统令发布公告，要求图书馆作为雇佣方，适当确保雇员远程办公或智能办公的条件。部分条件允许的图书馆可继续提供远程服务，并且希望在这种情况下，图书馆能够研究可持续的方法，在版权法允许的范围内加强服务。

意大利图书馆协会在疫情发生之初，采取闭馆的方式遏制病毒在公共文化场所传播。同时，指导各级图书馆通过远程服务等方式来确保用户可以通过网络方式获取所需信息，并在后续积极协助各级图书馆有序恢复服务。

2 我国图书馆行业组织对于突发公共事件的应对情况

我国重要的图书馆行业组织当首推中国图书馆学会（以下简称中图学会），其前身是成立于1925年的中华图书馆协会。中图学会作为全国最大的综合性图书馆社团组织，其宗旨在于倡导学术公正、独立和创新，繁荣学术研究，促进全民阅读，推动图书馆事业发展和社会进步。

中图学会在其成立之初定位于图书馆学学术交流组织，其所开展的业务活动主要围绕开展业界学术交流、组织学术研究、促进学科发展等方面进行。2000年前中图学会所开展的专业活动领域主要包括以各类学术会议、学术论坛、专题研讨等为主要形式的国内外学术研究与交流。2001年起，中图学会陆续开展图书馆员职业资格认证的调研，并启动图书馆员职业道德建设研究工作。这些活动的开展都表明中图学会的职能在从学术性社会团体逐步向行业性组织转变。2015年12月31日，经中国图书馆学会九届一次常务理事会审议通过《中国图书馆学会“十三五”规划纲要》，其中明确了“十三五”时期的主要任务之一是“发挥行业协调作用，促进我国图书馆事业协调发展”[3]。当前，中图学会在行业组织、标准制定、同行评议、学术规范等方面均起到了不可忽视的作用。

2.1 汶川地震发生后中国图书馆学会应对情况

2008年5月12日，我国四川省阿坝藏族羌族自治州汶川县发生了里氏8级的大地震。处在震中的汶川县图书馆及周边其他三个县级图书馆在地震时整体坍塌，26个县级馆受到严重破坏，损毁设备1.3万台（套），损失图书182.24万册。同时，“5.12”汶川大地震也使四川、陕西、甘肃、重庆等地的图书馆受到了巨大损失，各级公共图书馆的馆舍及文献遭受不同程度的破坏，地震给全国公共图书馆造成的直接经济损失超过4亿元[4]。

为了帮助灾区图书馆重建并及时疏导灾区人民的心理影响，中图学会充分发挥行业组织作用，迅速做出反应，不仅在第一时间发出倡议，且在后续开展了一系列积极有效的措施，发动国内外图书馆界一切力量对于受灾地区的图书馆开展全方位的救援工作。具体应对举措见下表所示：

表 1　5.12 汶川地震时期中国图书馆学会应对举措[5]

应对时间	举措
2008 年 5 月 16 日	学会向常务理事们发出《关于征集救助地震地区受灾图书馆建议的函》，很快得到了常务理事们的积极回应，图书馆界的专家学者们纷纷献计献策，并积极投身到抗震救灾的实际行动中。
2008 年 5 月 18 日	中国图书馆学会向各分支机构、各地方图书馆学会及全体会员和图书馆同人发出了《抗震救灾重建家园》的倡议书，并成立由理事长领衔的抗震救灾领导小组。领导小组办公室设在学会秘书处，负责募集钱物，征集重建良策，策划、实施援助方案，沟通、发布相关信息等工作。
2008 年 5 月 19 日	学会网站开辟了“抗震救灾”频道，分为“震区消息”“捐助信息”“图书馆在行动”“建言献策”“慰问及感言”“防灾知识”及“英文简讯”7 个栏目，是收录受灾图书馆相关信息最全面的网站。
2008 年 5 月 23 日	学会向国际图书馆联合会（IFLA）发出《公开信》，通报灾情，呼吁全球图书馆界的关注，启动“IFLA 灾难基金”；并与美国华人图书馆员协会积极沟通，联系在美募捐事宜。
2008 年 5 月 27 日	IFLA 秘书长皮特・乔汉・劳向中国图书馆学会发来邮件，向地震中受灾的图书馆和图书馆员表示慰问。随后，IFLA 在其网站首页发表了为汶川地震捐款的倡议书，并建立了汶川地震专项捐款基金。
后续	倡导设立 5.12 基金，用于救助那些需要救助的人。图书馆代表公共利益，在危难关头更应关注社会。5.12 基金还将作为种子基金引导图书馆一对一帮助重建，促进西部图书馆事业的发展。

从表 1 可以看出，汶川地震发生后，中图学会应对突发事件的行动稳妥有序。从 5 月 16 日向常务理事征集援助建议开始，所有救援工作均经过统一规划，5 月 18 日迅速成立了由理事长领衔的抗震救灾领导小组，明确了工作目标与任务，使得后续工作更加有组织、有规划性。

领导小组的具体工作分为几个方面：第一，组织图书界为灾区募捐；第二，举图书馆界之全力，充分征集各种援助计划、策划，组织实施援助方案；第三，利用学会官网开辟“抗震救灾”频道，积极追踪跟进报道受灾图书馆情况；第四，积极与 IFLA 联系，通报受灾图书馆情况并呼吁国际关注，争取建立援助灾区图书馆的汶川地震专项捐款基金；第五，持续关注后续进展，倡导设立 5.12 基金，呼吁引导受灾图书馆重建工作，促进西部图书馆事业的发展。

在此次针对受灾地区图书馆的援助活动中，中图学会以其行之有效、及时精准的行动，充分显示了其作为中国最大图书馆行业组织的协调能力，从而获得了图书馆界的一致肯定与赞誉。

2.2 新冠肺炎疫情期间中图学会组织活动情况

2020年初，湖北地区作为新冠肺炎疫情的爆发地，于1月22日开启了重大突发公共卫生事件Ⅱ级响应，1月23日武汉“封城”，24日调整为Ⅰ级响应。湖北省所有公共文化服务机构为防控疫情，纷纷选择关停线下服务，各类文化馆、博物馆、公共图书馆闭馆并取消春节期间文化活动。

2020年2月开始，在了解到武汉地区的疫情现状后，中图学会采取积极行动，开展了一系列援助湖北地区图书馆的行动，有力地支持了湖北图书馆人疫情抗击。具体应对情况如表2所示。

表2 新冠肺炎疫情期间中国图书馆学会应对举措[6]

应对时间	举措
2020年2月2日	转发中国科协《战“疫”有我，为决胜攻坚提供科技志愿服务——向全国科技工作者的倡议》
2020年2月10日	中国图书馆学会面向广大会员和图书馆工作者免费开放“会员学习中心”系列精品课程
2020年2月12日	转发《团结信任 创新争先 坚决打赢疫情防控人民战争——向全国科技工作者的倡议》
2020年2月15日	中国图书馆学会倡议书
2020年2月17日	驰援武汉 共克时艰——全国图书馆界捐赠疫情防控急需物资行动（一）
2020年2月18日	驰援武汉 共克时艰——全国图书馆界捐赠疫情防控急需物资行动（二）
2020年2月19日	抗“疫”期间，助推线上学习再发力——中国图书馆学会通过“读联体平台”推送免费资源
2020年2月20日	驰援武汉 共克时艰——全国图书馆界捐赠疫情防控急需物资行动（三）
2020年2月21日	驰援武汉 共克时艰——全国图书馆界捐赠疫情防控急需物资行动（四）
2020年2月21日	下沉社区守初心 坚守“疫”线担使命——武图党员在行动
2020年2月22日	方舱战“疫”，以读攻“毒”
2020年2月23日	“浦江伴读”今日上线！上图网聚优质资源驰援方舱数字图书馆
2020年2月24日	驰援武汉 共克时艰——全国图书馆界捐赠疫情防控急需物资行动（五）
2020年2月24日	让科学家精神光耀时代 让科技创造新的价值
2020年2月25日	千里驰援 精准对接 温暖太图在行动！——太图爱心捐赠湖北贫困地区恩施州图书馆

续表

应对时间	举措
2020 年 2 月 27 日	驰援武汉　共克时艰——全国图书馆界开展捐赠疫情防控急需物资行动
2020 年 2 月 28 日	线下闭馆严控疫情　线上服务以飨读者
2020 年 2 月 28 日	广西各级公共图书馆联动“战疫”
2020 年 3 月 7 日	同舟共济　执手迎春——中国图书馆学会协同全国图书馆界抗“疫”行动
2020 年 3 月 9 日	花开三月天，巾帼绽芳华——黑龙江省图书馆、武汉图书馆、江岸区图书馆三八节致敬黑龙江援鄂医疗队活动
2020 年 3 月 22 日	爱心捐赠暖人心，戮力同心战疫情

由表 2 可以看出，中图学会作为我国图书馆界权威的社会组织，能够充分发挥行业动员和组织协调作用，先后联合国家图书馆及有关机构，及时开展了倡议募捐活动“驰援武汉　共克时艰——全国图书馆界捐赠疫情防控急需物资行动”，并在随后组织开展“助力图书馆工作者线上学习行动”。全国各级各类图书馆积极响应学会号召，纷纷加入到援助湖北地区图书馆的没有硝烟的战役之中，共同守护人类的精神家园。其中，中图学会下属的未成年人图书馆分会自 2020 年 2 月 15 日起，发起“向武汉及武汉少儿图书馆捐赠物资的号召”，获得天津市少年儿童图书馆等 20 余家少儿馆的积极响应。

与此同时，在中图学会的动员下，各地图书馆学会也纷纷行动起来。江苏省图书馆学会、广西图书馆学会、重庆市图书馆学会、浙江省图书馆学会和陕西省图书馆学会或在第一时间发布援助武汉的倡议书，或在官网开辟专栏。2 月初，由太原市图书馆倡议发起、联合全国 471 家公共图书馆共同参与制作的《战疫不孤读》系列视频，在全国图书馆界开始了爱的传递之旅；2 月 24 日，太原图书馆精准对接需求，向地处湖北省最贫困、最偏远的恩施土家族苗族自治州图书馆捐赠防疫物资。3 月 5 日晚，上海、湖北、江苏、浙江、安徽四省一市及其他地区共 338 家图书馆共同举办了 2020“我的战疫”阅读马拉松线上快闪赛，全国乃至世界各地 15545 位读者携手参与，以特殊的方式展示了阅读之美，表达了每一个普通人抗击疫情的决心。上海市图书馆协会更是在 2020 年 2 月 19 日在官方微信平台发布《抗击病毒，图书馆的消毒设备准备好了吗？》一文，为后续图书馆复工开馆提供参考。3 月 17 日起，上图学会面向服务一线的图书馆员开办了在线的“公益云讲堂”，邀请上海图书馆领域的专家在线讲解图书馆基础业务知识并进行相关技能培训，已经开课的两讲内容获得了全国各地图书馆员的极大好评。

3 图书馆行业组织的职责担当与启示

在讨论中图学会的职能之前，首先我们需要简单回顾一下中图学会的前身——中华图书馆协会的职能、定位及其历史贡献。

中华图书馆协会，1925 年 4 月 25 日成立于上海，同年 6 月，在北京举行成立仪式，“专以研究图书馆学术、发展图书馆事业并谋图书馆之协助为宗旨”[7]。围绕这一宗旨，中华图书馆协会积极致力于发展图书馆专业教育，培养了一批图书馆专业人才；努力开展图书馆学术研究，提升了我国图书馆学的学术地位；组织引领，推动了我国图书馆事业的发展。中华图书馆协会在中国图书馆事业的发展史上占有不容忽视的重要地位，对图书馆界所做出的贡献也是不可磨灭的。

随着 2018 年《中华人民共和国公共图书馆法》的正式实施，我国图书馆界拥有了公共图书馆建立以来第一部图书馆专门法。总则第十一条指出：“公共图书馆行业组织应当依法制定行业规范，加强行业自律，维护会员合法权益，指导、督促会员提高服务质量。”鉴于以上情况，为中图学会可以更充分发挥行业协会的组织职能，笔者提出建议如下：

第一，进一步在学会宗旨中明确行业组织、协调职能。2015 年 7 月，中共中央办公厅、国务院办公厅印发了《中国科协所属学会有序承接政府转移职能扩大试点工作实施方案》。方案指出，围绕全面深化改革的总体部署，应充分发挥科技社团独特优势，有序承接政府转移职能。在政府深化体制改革、简政放权的大背景下，中图学会应当抓住机遇，充分拓展行业协会职能，成为兼备学术性组织与行业协会职能的图书馆行业组织。除了继续开展职业资格认证、图书馆评估、职业道德建设等工作外，还应担负起组织与协调各省市图书馆学会、支持和引导各级各类图书馆开展各类服务的重大责任，特别是要在发生各类突发公共事件之时，在组织与协调图书馆的应急服务中发挥领导作用。

第二，借鉴其他行业协会的发展经验。中国的协会最初是由“行会”发展而来，企业行业协会的发展历史更为悠久，覆盖面更加广泛，经验也更加丰富。企业行业协会在其发展过程中有一些成功的经验，是图书馆行业协会可以学习借鉴的。因此，在职能拓展时期，除了借鉴国外图书馆协会的运作经验外，还应充分借鉴其他行业协会的经验，取长补短，为图书馆事业服务做好充足的准备。

参考文献

[1] ALA Statementon COVID-19 [EB/OL]. [2020-03-13]. https: //American libraries magazine. org/blogs/the-scoop/ala-statement-covid-19/.

[2] 陈娟. 日本图书馆行业协会的发展、特点及对我国的启示 [J]. 图书情报工作. 2017 (4): 40-47.

[3] 中国图书馆学会“十三五”规划纲要. 中国图书馆学会简介 [EB/OL]. [2016-02-26]. http: //www. lsc. org. cn/contents/1299/8959. html.

[4] 陈力 . 汶川地震后的图书馆：公众文化权益保障机制的重建 [J] . 中国图书馆学会工作通讯，2008（6）：13-15.

[5] 程孝良，程艳丽，夏睿 . 图书馆在灾后重建中投入与运行现状分析及对策（上）[J] . 图书馆理论与实践，2013（1）：20-25.

[6] 图书馆人战“疫”行动 [EB/OL] . [2020-03-10] . http：//www. lsc. org. cn/cns/channels/1187. html.

[7] 中华图书馆协会组织大纲 [N] . 天津益世报，1929-02-10（16）.

国内智慧图书馆服务研究发展脉络及热点探析

关　月（典藏阅览部）

图书馆已经经历了由以管理收藏为主的传统模式向以用户为中心的、注重信息化资源传递的数字图书馆转变。在科技浪潮的推动下，图书馆的智慧化发展将成为必然。智慧图书馆建设已经被写入《中华人民共和国国民经济和社会发展第十四个五年规划和2035年远景目标纲要》。智慧图书馆是人的智慧与物的智能有机结合的产物，不仅指技术层面的创新与智能化，还指图书馆开展智慧化管理、提供智慧化服务。智慧服务是智慧图书馆建设的出发点和落脚点。因此，探究我国智慧图书馆服务的知识脉络和研究热点，对推动我国智慧图书馆服务发展具有重要意义。

1　国内重要研究回顾

笔者经过文献调查发现，国内关于智慧图书馆服务的综述类文献仅有一篇。朱红涛、朱姝熹[1]在《国内图书馆智慧服务研究综述》一文中，以中国知网（CNKI）为数据源，检索2018年12月31日之前发表的以“图书馆”和“智慧服务”为关键词的文献。在此基础上，对国内图书馆智慧服务研究现状进行梳理，归纳了重要研究内容、研究特点及存在问题，最后提出了研究建议。

2　数据收集及研究方法

2.1　数据收集及处理

对比CNKI和CSSCI可知，前者导出数据中不包含参考文献信息，但可以下载全文，而后者导出数据中包含参考文献信息，没有全文。因此，本文以CSSCI作为数据源，导出数据进行分析，并且通过CNKI下载相应文献全文，进行文本细读。

为确保检索的完整性，在CSSCI检索页面选择“高级检索”，在不限定发文年代、文献类型、学科类别、学位分类及基金类别的前提下，先以“智慧图书馆”与“服务”在“所有字段”进行检索，共得到112条检索结果；再以“图书馆”与“智慧服务”在“所有字段”进行检索，共得到88条检索结果。统计两次检索结果，去除重复及不相关文献后，最终得到与主题相关的文献155篇。检索时间为2021年3月23日。

本文提取每篇文献的篇名、作者及机构、来源期刊、年代卷期、关键词及参考文献等信息，构成本研究的样本。运用Citespace软件将中文数据格式转换为WoS数据格式。

2.2 研究方法

本文从时间维度对国内智慧图书馆服务研究的发展阶段进行梳理。结合可视化分析软件 VOSviewer，对该研究领域的文献共被引情况、作者合作情况及关键词共现等内容进行分析，从文献的外部特征和内容两个层面探析智慧图书馆服务的发展脉络和研究热点。

3 智慧图书馆服务研究的发展脉络

3.1 智慧图书馆研究发展阶段

我国智慧图书馆服务研究发文量年度分布如图 1 所示。整体来看，发文量随时间呈增长趋势。2011 年发文量为 1 篇，我国图书馆智慧服务研究发端，2012—2016 年发文量呈增加趋势，但增幅较小，每年发文量稳定在 10 篇左右。这表明该项研究处于缓慢发展阶段。2017 年发文量迅速增加至 20 篇，之后一直保持在高位，2019 年达到 35 篇。由此可见，智慧图书馆服务在学界的关注度逐年增加，且当前相关研究处于快速发展阶段。

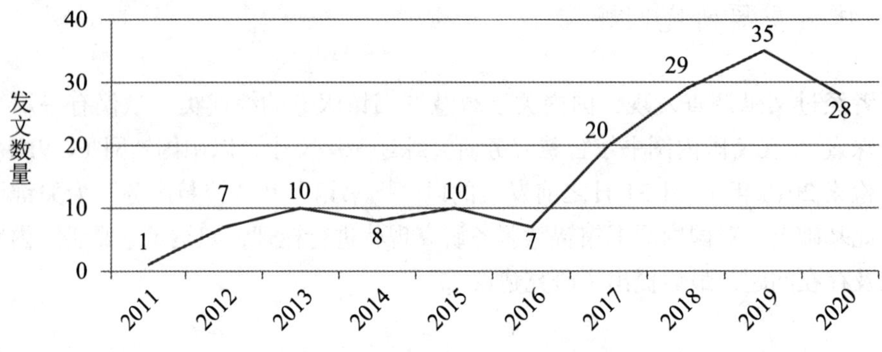

图 1 智慧图书馆服务研究文献年度数量统计

3.2 国内智慧图书馆服务研究的知识基础

在科学文献体系中，科学文献之间并不是孤立的，而是相互联系的。科学文献的相互关系突出地表现在文献的相互引用方面[2]。因此，要厘清国内智慧图书馆服务研究领域的发展脉络，清楚其内在的交叉与渗透，就要对相关文献的引证关系进行分析。

共被引分析（Co-citation analysis）是指两篇文献共同出现在了第三篇施引文献的参考文献目录中，则这两篇文献形成共被引关系。通过对一个文献空间数据集合进行文献共被引关系的挖掘的过程，就可以认为是文献的共被引分析[3]。国内智慧图书馆服务研究的知识基础就是由该领域的共被引文献集合组成的。

科技文献挖掘及可视化软件可以将这种复杂的内在联系以清晰的图示方式展现出来。笔者检索到的 155 篇文献共包含 2360 条参考文献，将这些数据导入 VOSviewer 软件中。为使关键结点更加突出，将引证次数设置为 7，绘制国内智慧图书馆服务研究共被引网络图，如图 2 所示。

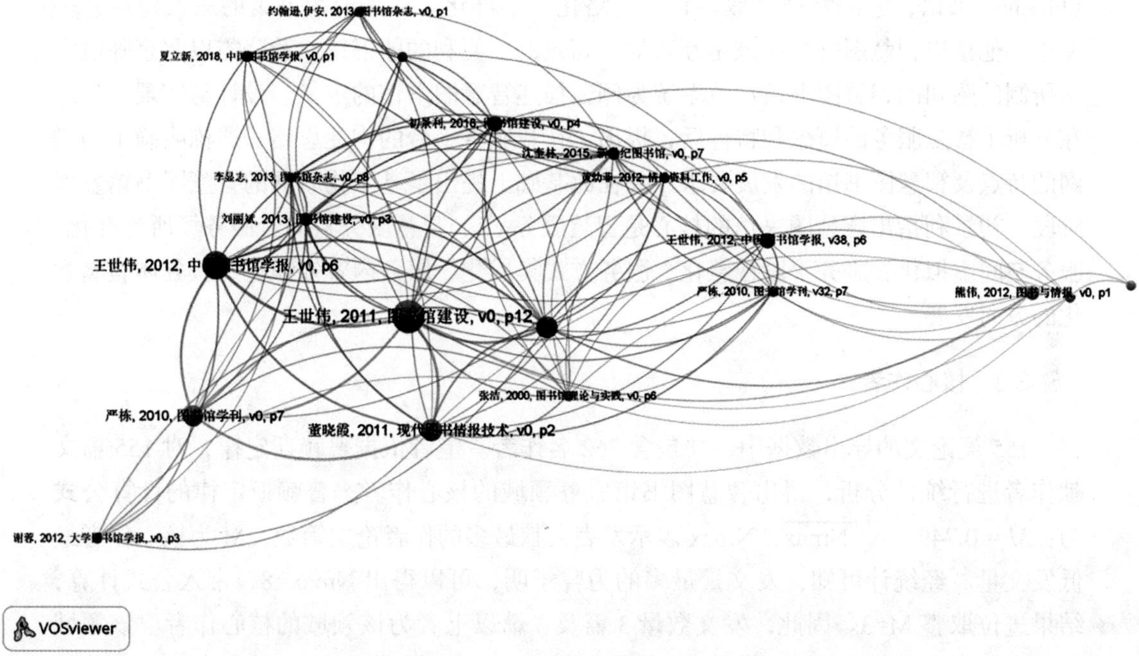

图 2　智慧图书馆服务研究共被引网络图

图 2 中节点大小代表该文章的引证次数，被引的次数越高，节点就越大。节点的颜色表示所属聚类。由图 2 可知，高被引文献始于 2011 年王世伟发表在《图书馆建设》上的一篇文章。在这篇文章中王世伟探讨了智慧图书馆的核心要素和主要特征，认为以人为本、绿色发展、数字惠民是智慧图书馆的灵魂与精髓。在此基础上，智慧图书馆服务相关的研究开始逐步发展，研究主题逐渐多样。笔者在共被引网络图基础上，结合文献内容，详细分析国内智慧图书馆服务研究的知识基础。

依据共被引网络图，表 1 列举了国内智慧图书馆服务研究的部分高被引文献。

表 1　国内智慧图书馆服务研究的部分高被引文献

作者	题名	发表时间	被引次数
王世伟	未来图书馆的新模式——智慧图书馆	2011	33
王世伟	论智慧图书馆的三大特点	2012	27
董晓霞	智慧图书馆的定义、设计以及实现	2011	20
乌恩	智慧图书馆及其服务模式的构建	2012	20
严栋	基于物联网的智慧图书馆	2010	19
初景利	智慧图书馆与智慧服务	2018	12

王世伟在《未来图书馆的新模式——智慧图书馆》一文中，提出智慧图书馆的核心要素是书书相联、书人相联、人人相联。智慧图书馆是任何时间、任何地点、任何方式可用的图书馆，它的特征是数字化、网络化、集群化。在《论图书馆的三大特点》一文中，他指出智慧图书馆应该是互联的、高效的、便利的图书馆。董晓霞以北京邮电大学研制的感知的智慧图书馆示范系统为例，描述智慧图书馆的定义、设计与实现。乌恩在分析了智慧服务的概念和特征后，提出了智慧服务平台的构建思路。严栋明确了物联网的特点及智慧图书馆的发展要求，并在此基础上提出了基于物联网的智慧图书馆发展阶段。初景利指出智慧图书馆的核心是智慧服务[4]。智慧服务将向着服务场所泛在化、服务空间虚拟化、服务手段智慧化、服务方式集成化、服务内容知识化、服务体验满意化的方向发展。

3.3 核心作者

155 篇论文的导出数据中，共包含 262 名作者。笔者依据普赖斯定律，对 155 篇文献作者进行统计分析，得出智慧图书馆服务领域的核心作者。普赖斯定律的计算公式为：$M = 0.749 \times \sqrt{\text{Nmax}}$，Nmax 表示发表文献最多的作者论文篇数，M 为核心作者最低发文量。经统计可知，发文量最多的为曾子明，可以得出 Nmax=8，带入公式计算，结果进位取整 M=3。因此，发文数量 3 篇及 3 篇以上者为该领域的核心作者。该领域发表 3 篇及以上论文的核心作者有 12 位（如表 2），共发表论文 54 篇，占论文总数的 35%，未达到普赖斯定律规定的占总论文数的 50%。从数据统计分析可以看出，国内智慧图书馆服务研究领域中研究者数量较大，但是在该领域进行持续研究不断发表论文的人很少，缺少具有代表性的核心作者。

表 2　发文量前 12 位的作者列表

作者	作者单位	发文篇数
曾子明	武汉大学	8
马秀峰	曲阜师范大学	5
王世伟	上海社会科学院	5
杨新涯	重庆大学	4
刘燕权	美国南康涅狄格州立大学	4
周玲元	南昌航空大学	4
王颖纯	天津理工大学	4
邵波	南京大学	4
段美珍	中国科学院大学	4
董同强	天津大学	4
许正兴	河海大学	4
黄幼菲	西安铁路职业技术学院	4

图 3　作者合作网络图

利用可视化软件 VOSviewer 对 155 篇论文的作者进行合作网络分析（如图 3），图中节点代表作者，节点的大小代表作者的发文量，作者发文量多则节点大，发文量少则节点小。节点的颜色代表按照默认的聚类方法得到的作者所属于的类群。网络中的连线代表了作者的合作关系。从图 3 可以看出，围绕发文量较多的作者曾子明、杨新涯、刘燕权、周元玲、马秀峰等形成了研究团体。由连线可知研究团体内部的合作较为紧密，但是各团体之间没有联系，未产生合作。另一些发文较多的作者如王世伟、许正兴、黄幼菲等在该领域的研究多为独立完成的。

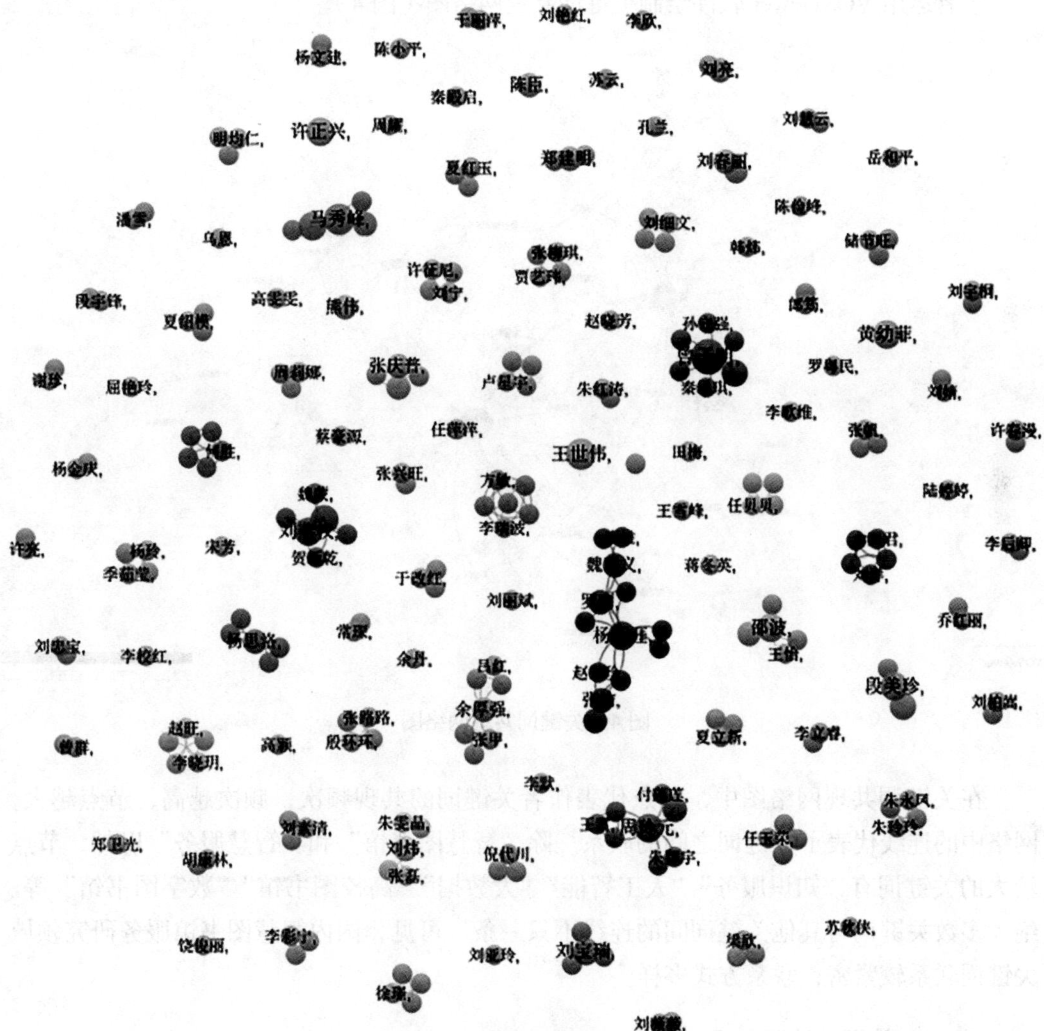

图 3　作者合作网络图

4 智慧图书馆服务研究热点分析

4.1 关键词共现分析

检索到的 155 篇论文数据中包含的关键词皆是作者关键词。作者关键词是作者在论文的写作过程中提取的、能够反映文章讨论的主题及核心思想的词汇。通过对这些关键词的内容及频次的高低分布进行分析，就可以得知国内智慧图书馆服务领域的研究热点。

笔者运用 VOSviewer 软件绘制关键词共现网络图（图 4）。

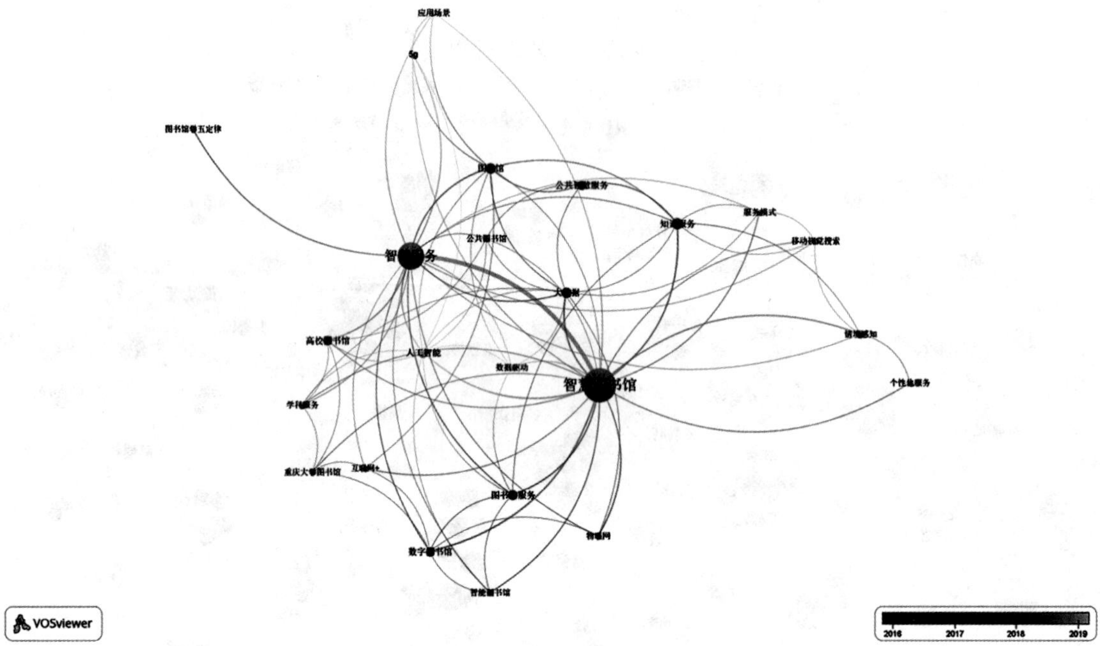

图 4 关键词共现网络图

在关键词共现网络图中，节点代表作者关键词的共现频次，频次越高，节点越大，网络中的连线代表了关键词之间的联系。除“智慧图书馆”和“智慧服务”以外，节点较大的关键词有“知识服务”“人工智能”“大数据”“高校图书馆”“数字图书馆”等。绝大多数关键词与其他关键词间的连线不只一条。可见，国内智慧图书馆服务研究领域关键词联系较紧密，联系方式多样。

4.2 智慧图书馆服务研究热点

结合关键词网络知识图谱，笔者细读相关文献后将国内智慧图书馆服务研究热点归纳为以下四方面，并细致分析每方面的研究现状。

4.2.1 智慧图书馆服务与大数据

韩炜认为大数据时代的信息不平等主要是数据不平等，其实质是信息控制权的不平等。公共图书馆可以通过维护并发展图书馆制度、倡导社会责任与社会包容、提供公共智慧服务等方式消除数据不平等[5]。图书馆读者行为数据具有海量、类型繁多、价值和处理速度快的特点。陈臣在此基础上，提出基于大数据的图书馆服务体系在构建时应注意发现读者需求及其变化趋势、提高个性化服务水平、提供定制服务和智慧阅读服务、保护读者隐私安全、协助图书馆的精准营销[6]。柳益君等提出基于 Hadoop 平台的图书馆大数据挖掘技术支撑体系，探讨大数据挖掘支撑下的场景化知识推荐服务和微知识自动问答服务[7]。苏云将大数据与人工智能相结合，构建了图书馆智慧服务框架体系[8]。洪亮等基于信息生态链理论，以图书馆的业务流程为导向，构建了大数据驱动的图书馆智慧信息服务体系[9]。宋维维等将 Spark 与 Hadhoop MapReduce 两个平台进行对比，得出 Spark 在运行速度、易用性、通用性和容错性方面占优，并在此基础上构建了 Spark 大数据处理技术支撑的图书馆智慧服务框架[10]。董同强、马秀峰综合大数据与人工智能的技术优势，构建学科服务平台，通过资源导航门户、定制推荐服务、交互研讨空间和资源管理助力高校一流学科建设[11]。

4.2.2　智慧图书馆服务与高校图书馆

对高校图书馆及其服务的智慧化研究，贯穿整个图书馆智慧服务研究，涉及面广，研究成果较多。卢志国等仔细分析了上海大学图书馆、上海交通大学图书馆及重庆大学图书馆的智慧建设，并且提出大学图书馆公共性应从学术服务和用户参与两方面来实现[12]。李民等对 116 所“211”高校图书馆馆藏推荐系统进行调研，发现存在个性化程度不高、过于依赖集成系统附带的推荐功能等问题，并提出完善建议[13]。张洁等提出建设课程图书馆以服务教学，建设研究专题图书馆以服务科研，建设虚拟专业分馆以服务学科建设，并介绍了重庆大学图书馆的实践及效果[14]。张庆普等构建影响高校馆员服务创新和智慧服务行为的模型，并运用该模型对 97 名“双一流”高校图书馆员进行实证分析[15]。曾光等对美国排名前三十的高校图书馆进行调查，并总结了其成功的关键因素有坚持智慧服务理念、提供丰富的智慧服务内容、多元技术设备和技术支持、完善的法律法规和重视平台宣传推广[16]。董同强、马秀峰对 42 所“双一流”高校图书馆的学科服务进行分析，提出了服务一流学科建设的学科服务平台。该平台运用大数据实现用户需求精准识别，基于人工智能提供个性化服务，利用融媒体创设交互式学科研讨空间，深度整合元数据提供多粒度学科服务[17]。

4.2.3　智慧图书馆服务与情境感知

曾子明、陈贝贝提出融合情境感知的个性化服务体系，具体分析了构建方法，并探讨了可能存在的问题[18]。周元玲等设计了“智慧图书馆”情境感知服务模式，并建立了基于 SERVQUAL 模型的评价指标体系[19]。曾子明、蒋琳构建了融合情境的智慧图书馆 MVS（Mobile Visual Search）服务模型，并分析了其动因、内在特征、体系和关键问题[20]。李慧等发现当前智慧服务类型较匮乏。鉴于此，他们从位置感知、空间感知和用户行为感知三方面设计了情境感知服务内容[21]。杨金庆、程秀峰认为智慧图书馆应“技术”与“人文”并重，以知识传播模式为基础，通过情境数据感知与馆藏资源整合、情境数据分析与人文感知和智慧资源匹配与服务拓展构建智慧图书馆模式[22]。

4.2.4 智慧图书馆服务与 5G

李歌维在分析了 5G 及时信息传输、终端设备、服务接口及处理对象变化的基础上，提出图书馆的应对策略。探索 5G 应用案例与场景、迁移更多服务以云计算为平台、加强沉浸式体验和完善数据管理[23]。刘炜等提出包括无感借阅、导览导航、超清全景式互动直播、智慧书房、云课堂等在内的 5G 技术在图书馆中的十大应用场景，并认为第三代图书馆服务平台 FOLIO 完全能够支撑智慧服务[24]。岳和平指出虚拟 / 增强现实、超高清视频、智慧阅读、智能场馆、智能安防和个人 AI 设备将是 5G 技术的六大智慧应用场景[25]。程冰等分析了移动信息技术演化及对应图书馆移动服务的发展，并指出 5G 环境下图书馆移动服务特征[26]。董同强、唐晓旺在分析图书馆管理系统发展历史的基础上，提出以 AI+5G 技术为基础的“智能 +”服务平台[27]。任萍萍依托 5G 技术，从基础服务、管理服务、拓展服务三个维度构建智慧服务场景模型，并构建了基于云平台的新一代智慧服务系统[28]。

5 国内智慧图书馆服务研究展望

国内智慧图书馆服务研究虽然在理论、技术、方法与应用等方面都取得了一定的成绩，但是从整体来看研究还不完善，目前仍处在发展阶段，尤其在智慧图书馆服务效能评估、弱势群体的智慧化服务研究和智慧图书馆间互联继而服务于整个智慧社会方面的研究还很欠缺，是将来研究的发展方向。

5.1 智慧图书馆服务效能评估

学者们不断将新技术、新理念引入图书馆服务，对接服务需求，设计全新的服务场景，搭建新一代服务平台，这些新的设想与策略已经在部分图书馆逐步落地并进入应用阶段。然而应用后的效果如何，是否能够达到预期，效能评估指标体系该如何构建，各级各类智慧图书馆评价体系有何异同，指标体系的可行性与有效性如何验证，学界目前对这些方面的研究很少。周元玲等基于 SERVQUAL 模型对情境感知服务模式进行评价，在问卷调查的基础上构建了智慧图书馆服务质量评价假设模型。

5.2 弱势群体的智慧化服务研究

社会弱势群体包括生理性弱势群体和社会性弱势群体两类，前者包含儿童、老年人、残疾人、长期患病者等，后者则指低下阶层、边缘化群体等。这些群体因个人因素或社会因素，在信息获取方面存在障碍。然而《公共图书馆宣言》指出，为弱势群体提供服务是公共图书馆义不容辞的责任。目前，蔡豪源[29]探讨了视障读者智慧化服务创新。弱势群体对图书馆的智慧化服务需求有哪些，通过何种方式及手段得以实现，在实现过程中存在的问题及对策等，都值得学界深入思考。

5.3 智慧图书馆间服务的互联，与智慧社会的互通

首先，智慧图书馆服务仅使书书相联、书人相联、人人相联在一馆之内得以实现是远远不够的，如何构建行业内、区域间的智慧图书馆服务互联网络，如何构建全国智慧图书馆服务体系，都是重要的问题。其次，图书馆是社会的有机组成部分，要将智慧图书馆置于整个社会中去考虑，智慧图书馆如何与智慧社会中的其他组织互通，如何服务于整个智慧社会的建设，都值得进一步深入研究。

参考文献

[1] 朱红涛，朱姝熹．国内图书馆智慧服务研究综述［J］．图书馆学研究，2019（16）：2-8.

[2] 邱均平．文献计量学［M］．北京：科学出版社，2019：252.

[3] 李杰，陈超美．Citespace：科技文本挖掘及可视化［M］．北京：首都经济贸易大学出版社，2017：139.

[4] 初景利，段美珍．智慧图书馆与智慧服务［J］．图书馆建设，2018（4）：85-90.

[5] 韩炜．大数据时代公共图书馆消除数据不平等的路径选择［J］．图书馆论坛，2014（3）：14-21.

[6] 陈臣．图书馆个性化智慧服务体系的构建［J］．图书馆建设，2014（11）：37-45.

[7] 柳益君，何胜，熊太纯，等．大数据挖掘视角下的图书馆智慧服务［J］．现代情报，2017（11）：81-86.

[8] 苏云．大数据与人工智能双驱动的图书馆智慧服务研究［J］．图书与情报，2018（5）：103-106.

[9] 洪亮，周莉娜，陈珑绮．大数据驱动的图书馆智慧信息服务体系构建研［J］．图书与情报，2018（2）：8-15.

[10] 宋维维，夏绍模，李赞．基于 SPARK 大数据处理平台的图书馆智慧服务探索与实践［J］．情报科学，2018（6）：45-56.

[11] 董同强，马秀峰．融合与重构：一流学科建设中高校图书馆智慧型学科服务平台的设计［J］．国家图书馆学刊，2019（3）：54-62.

[12] 卢志国，蒋燕萍，倪代川．论智慧图书馆服务与大学图书馆公共性的实现［J］．图书馆，2015（10）：46-49.

[13] 李民，王颖纯，刘燕权．“211 工程”高校图书馆馆藏资源推荐系统调查探析［J］．图书情报工作，2016（9）：55-60.

[14] 张洁，袁辉．智慧图书馆系统支撑下的学科服务实践［J］．图书馆论坛，2017（7）：27-32.

[15] 张庆普，陈茫，侯治平．智能情境、学习敏锐度与智慧服务的影响机制研究——基于 97 名“双一流”高校图书馆员的实证分析［J］．情报学报，2018（12）：1212-1223.

[16] 曾光，明均仁，邓梅霜．美国高校图书馆智慧服务发展现状调查及启示［J］．图书馆学研究，2018（13）：83-96.

[17] 董同强，马秀峰．融入“双一流”建设的高校图书馆智慧型学科服务平台构建［J］．现代情报，2019（5）：97-103.

[18] 曾子明，陈贝贝．融合情境的智慧图书馆个性化服务研究［J］．图书馆论坛，2016（2）：57-63.

[19] 周玲元，闫思琪，朱翔宇．“智慧图书馆”情境感知服务模式及评价研究［J］．图书馆学研究，2017（21）：23-30.

[20] 曾子明，蒋琳．融合情境的智慧图书馆移动视觉搜索服务研究［J］．现代情报，2019（12）：46-54.

[21] 李慧，付莲莲，周玲元．智慧图书馆情境感知服务内容设计研究［J］．图书馆学研究，2019（11）：93-101.

[22] 杨金庆，程秀峰．“技术”与“人文”并重：智慧图书馆实现技术路径及构建模式探析［J］．情报理论与实践，2020（11）：22-27.

[23] 李歌维．5G 时代的图书馆变革与发展策略［J］．图书与情报，2018（5）：94-97.

[24] 刘炜，陈晨，张磊．5G 与智慧图书馆建设［J］．中国图书馆学报，2019（5）：42-50.

[25] 岳和平．5G 技术驱动的图书馆智慧服务场景研究［J］．图书与情报，2019（4）：119-121.

[26] 程冰，于改红，孟连生．基于移动通信技术的图书馆移动服务发展演变［J］．图书馆学研究，2019（15）：60-67.

[27] 董同强，唐晓旺．5G+AI：构建“智能 +”时代的新一代图书馆服务平台［J］．图书馆学研究，2020（5）：81-86.

[28] 任萍萍．5G 技术驱动下的智慧图书馆应用场景与智慧平台模型构建［J］．情报理论与实践，2020（7）：95-102.

[29] 蔡豪源．智慧图书馆驱动下的视障读者服务创新探究［J］．国家图书馆学刊，2018（4）：85-90，95.

公共图书馆在大数据环境下的数据安全风险及其保障对策

许 璐（信息技术部）

伴随着国家大数据战略的实施，国内图书馆也在行业领域内开展了对大数据应用的研究。一般所说的大数据即是指涉及数据量巨大的数据，虽然定义并不统一，但是通常可以用数量（Volume）、多样性（Variety）、速度（Velocity）、精确性（Veracity）的4V特性概括大数据的特征[1]。

人们在互联网和图书馆网络中产生的大量结构性、非结构性数据分布在网络中的各个区域，再通过与大数据采集平台、图书馆文献资源元数据的整合，使大数据从广度、深度上融合到现实世界中，这就构成了图书馆的大数据应用。图书馆大数据应用在不断探索尝试的过程中，需要注意围绕大数据全生命周期流程进行安全保障和体系建设，因此本文将针对图书馆面临的大数据安全问题、大数据安全保障对策进行初步论述。

1 图书馆的大数据应用及其保护现状

随着国内公共图书馆逐渐开始智慧化转型，图书馆大数据挖掘与分析的重要性也日益凸显。目前已有部分公共图书馆开发了大数据整合应用，并为读者提供了信息服务，同时，对图书馆数据保护的研究也在同步开展。

1.1 图书馆大数据应用现状

公共图书馆正面临着互联网+大数据带来的体系建设冲击，需要将文化服务资源与民众的需求对接，了解读者偏好，才能够更好地迎合老百姓在公共文化服务方面的需要。图书馆作为信息化建设的前沿阵地，参与着信息从产生、收集、整理、加工、服务的整个流程，然而在飞速发展的互联网+大数据时代却落后于以搜索引擎、数据库厂商为主的互联网企业。

实际上，图书馆存在着极为丰富的数据资源，包括：①编目数据，反映了图书馆馆藏文献资源的个体特征；②读者到馆数据，读者到馆访问特定阅览室的次数和时间能够反映出读者的阅读、研究偏好；③资料借阅数据，包括读者的实体书借阅、音视频资料借阅、资料查询服务的记录；④图书馆网站或数据库访问记录，包括读者登录信息、访问页面、停留时间等数据，这种数据通常为非结构化数据，以关系型数据库为仓储介质的数据处理系统往往难以对其进行清洗、整合、分析；⑤采集的互联网公开数据，如中国政府公开信息整合服务平台采用机器自动采集的方式收集各政府网站上的公开信息[2]；⑥用户个人信息，图书馆的用户管理系统中存在大量的用户注册信息。通过对这些数据的统一管理与整合，图书馆可以帮助读者了解自身的阅读偏好，向读者推送感兴趣的图书馆服务讯息，这也利于图书馆规划自身的信息化建设。在相似的领域里，美国 Overdrive 公司通过对数据库访问记录、图书下载情况等进行分析挖掘，证明图书经销商和出版社可以基于电子图书的下载和浏览情况得到读者的偏好从而调整经营策略[3]。

国内公共图书馆也已开始开发大数据整合应用。上海图书馆每年都会推出“悦读账单”，读者在公众号绑定读者证后就可以领取“账单”。“悦读账单”中包括从借阅数据获取的读者阅读量排名、从微信公众号的 LBS（基于位置服务）获得的读者私人文化地图，还可以根据读者悦读偏好授予不同的称号[4]。2016 年，上海图书馆还举办了“开放数据应用开发竞赛”，提供来源为上海图书馆、CADAL 项目管理中心等多个单位、机构、公司的元数据，鼓励社会各界人士整合其他网络开放数据开发优秀的移动应用创意。2012 年，国家图书馆联合软件开发商自主研发了“文津搜索”系统，使用了 Hadoop 分布式系统架构和 NoSQL 数据库技术的资源发现与获取系统，是大数据技术在图书馆资源服务领域的应用实践，该系统对国家图书馆通过自建、购买、征集、互联网采集等方式获取的各种类型数据资源和传统文献资源元数据进行整合，提供了高效的元数据检索服务，并支持检索结果排名、检索建议等[5]。可以看出，大数据技术在元数据整合和大数据应用方面可以促进图书馆服务效率的提升以及读者服务的优化，大数据安全更是保证图书馆大数据应用安全可信发展的前提和基础，现阶段迫切需要分析大数据环境下图书馆面临的安全问题，构建图书馆大数据安全保障体系。

1.2　图书馆数据安全保护现状

在智慧图书馆的时代，图书馆的各种数据将得到进一步整合。读者对数字资源的访问产生了大量的读者浏览信息、借阅信息等，这些代表了读者在数字空间的访问轨迹，在大数据应用中将得到融合分析。然而，由于图书馆采用读者证的形式为读者提供借阅服务，便天然地留存着读者的个人隐私信息，因此，对于读者隐私的保护一直以来便是图书馆所关注的重点。本小节将从数据安全和个人信息保护两个角度对图书馆数据安全保护现状进行简述。

根据刘金哲对图书馆大数据相关文献发表数量的研究，自 2013 年起，图书馆大数据相关文献逐年增多，在 2018 年共有 811 篇相关文献发表，说明图书馆与大数据应用有着天然的相关性[6]。同理，伴随着图书馆大数据相关研究的兴起，对大数据时代下的图书馆数据安全也成为一个讨论主题。陈臣分析了图书馆在采集、存储和使用大数据资源的过程中所面临的安全威胁[7]。吕博对大数据时代图书馆的发展问题和应对策略进行了探讨，他认为图书馆面临的安全威胁包括了数据中心的网络安全架构设计、数据窃取、读者个人隐私被侵犯、数据管控难度大、非结构化数据存储以及移动端网络安全问题等，并提出了大数据背景下的安全策略[8]。

保护读者个人隐私一直是中国图书馆员应遵守的道德准则[9]，法律也明确规定了公共图书馆必须做到妥善保护读者个人信息[10]，在进入智慧图书馆时代以后，如何保护网络上的读者隐私和个人信息自然也就成为图书馆界的研究热点。随着个人信息保护相关国家标准的实行，学术界涌现出大量对比国内外隐私保护政策、隐私保护方法以及对比国内图书馆网站用户隐私保护条款的相关研究。大数据技术给图书馆数据的融合利用带来了巨大的变革，因此基于大数据背景的用户隐私、个人信息保护研究也存在多个方向。易红等对用户的隐私泄漏容忍度进行了调查，建议图书馆应合理、合法、有节制地使用用户个人信息[11]；崔燚等构建了图书馆数据隐私风险评估模型[12]；莫扬海通过调查高校图书馆员对于读者网络隐私保护的态度，认为各个年龄段的图书馆员确实存在不关心读者网络隐私的情况，应加强图书馆员的读者隐私保护教育[13]；等等。读者隐私保护虽然不是一个新的研究方向，但是近几年国内外个人信息保护的法律法规以及相关标准不断得到更新，图书馆的个人信息保护措施或隐私保护政策也必须适应相关规范的更新，并且兼顾读者的隐私披露意愿。

2　大数据环境下的图书馆安全风险和合规要求

2.1　大数据安全风险

随着互联网、大数据应用的爆发，数据乃至个人敏感信息泄露的事件不断涌现。2019年，国内重要数据泄漏风险与事件达到了3000余起，这些数据泄漏问题主要由MangoDB、ElasticSearch等主流数据库的弱口令或未授权访问漏洞导致[14]。而在2020年和2021年，国内外也发生了数起影响范围极大的数据泄露事件，包括：巧达科技涉嫌非法获取用户数据，使用爬虫技术窃取行业其他公司的用户简历、求职数据，并为招聘企业提供人员流失预警或精准营销[15]；雅诗兰黛公司官方服务器遭到黑客攻击，其未加密的数据泄漏，包括了数亿条客户记录、电子邮件地址和内部日志[16]；等等。诚如RiskBased Security的《2020年年度数据泄漏报告》所言，黑客入侵或未授权访问依旧是数据泄漏的最大原因[17]。

在大数据全生命周期的各个阶段，图书馆的数据安全都面临着安全威胁。当图书馆采集、处理海量非结构化数据后，数据量会面临爆炸性增长，这对图书馆数据中心的网络传输性能、数据仓储性能提出了更高的要求。图书馆网络的共享性也导致内网的数据实际上会暴露给来馆的读者以及互联网用户，使得数据安全也面临着更高的挑战。大数据分析应用的种类很多，访问需求将会更加复杂，因此也需要更灵活、更精细的访问控制策略。开放数据服务会使图书馆的数据所有权和使用权分离[18]，因此数据的传播与使用将不再一直处于数据所有者的控制范围之内。

2.1.1　采集阶段的风险

图书馆采集的大数据通常包括网络设备、网站中间件、数据库收集到的访问日志及从互联网采集的公开数据。对于内部信息系统而言，其需要对大数据系统开放相应的接口，此时源数据、用户的隐私数据存在被其他非法用户采集、流转到非可信网络中的可能性。对源数据的真实性确认也相当重要，由于图书馆采集的数据也会有来自互联网的公开数据，攻击者可能会伪造数据、诱导分析结果，需要采集者尽可能地对数据的真实性进行验证。

2.1.2　存储、传输阶段的风险

大数据往往需要依托于云计算平台，但公有云服务商提供的存储服务难以确定清晰的安全边界，在数据的访问控制、身份认证以及数据传输等方面也存在一定安全问题[19]，因此当图书馆使用公有云计算平台时会面临着额外的风险，有可能导致数据泄露或篡改。

2.1.3　发布阶段的风险

大数据平台上线之后，会不断有新的应用服务接入大数据平台，因此通常会进行细粒度的访问控制，控制用户权限和访问范围。然而大数据应用的用户多样性也同样带来了权限多样性的要求，可能会超过用户角色访问控制能实现的范围。在大数据应用的使用过程中，数据可能会被多种用户角色接触或进一步挖掘使用，所有者往往无法控制数据的使用与传播，因此可能带来数据盗用等一系列安全风险，甚至造成数据泄漏。

2.2　合法合规的要求

我国在近几年也发布了一系列和数据安全相关的法律法规，并开展了数据安全相关标准化工作。2017 年发布的《大数据安全标准化白皮书》从法律、政策、标准和应用的角度介绍了大数据标准化工作的现状，其中提到各行业大数据应用的安全也需要行业大数据安全标准支撑，才能指导各行业的大数据安全建设和运营[20]。该白皮书现已更新至 2020 版本。

图书馆收集的大量读者个人信息是图书馆进行数据挖掘分析的优势，但如何才能在法律法规要求的范围内对其进行合理利用也是图书馆所面临的难题。《中华人民共和国网络安全法》中要求网络运营者应对其收集的个人信息严格保密，并健全用户信息保护制度，采用技术等手段防止个人信息的泄露、损毁、丢失[21]。图书馆作为网络运营者，应当建立完善的用户保护制度，并将个人信息保护政策告知用户。2020 年，《GB/T 35273—2020　信息安全技术　个人信息安全规范》明确了个人信息保护政策展示要求、个人信息汇聚融合告知要求和个人生物识别信息收集使用的授权同意要求等，并且提供了一个个人信息保护政策的模板示例[22]。根据该标准，图书馆收集的个人信息包括个人基本资料、个人身份信息、网络身份标识信息、个人教育工作信息以及通过网站日志留存的个人上网记录等，部分使用了人脸识别技术的图书馆还涉及了个人生物识别信息。在读者注册图书馆读者卡时，均需要提供身份证才可实名注册，因此图书馆也保存了读者身份证件这种个人敏感信息。当个人信息与其他信息进行融合分析时，也应该提前采取保护措施，并需获得读者的授权同意。今年，《GB/T 39335—2020　信息安全技术　个人信息安全影响评估指南》也即将在 6 月 1 日实施，它可以指导个人信息安全影响评估工作的开展，判断个人信息处理活动的合法合规程度及其对个人信息主体权益的风险[23]。

图书馆的线上公共文化服务 App 已经十分常见，根据赖璨、欧石燕等 2020 年对中国国家图书馆、31 家省级公共图书馆以及 42 所“双一流”建设高校图书馆的调研，共有 19 个图书馆自行开发了 App 用于线上公共文化服务，为读者提供了读者证卡信息查询、借阅信息查询、数字资源阅读、馆藏推荐等服务[24]。读者证卡信息与用户个人信息挂钩，通过 App 也可收集个人浏览信息、检索信息乃至用户定位信息，并通过大数据平台进行采集分析。因此图书馆在提供线上公共文化服务时，也应注意遵守个人信息收集、使用的用户信息保护制度和相关标准。2019 年，《App 违法违规收集使用个人信息行为认定方法》的颁布为认定 App 违法违规收集使用个人信息行为提供了参考，未公开收集使用个人信息的规则、目的，未经同意向他人提供个人信息或未提供删除、更正个人信息功能等会造成违规[25]。

3　图书馆数据安全保障建议

大数据系统的安全比一般信息系统的安全更为复杂，需要针对不同的大数据应用，建立相应的安全模型。大数据应用常采用的第三方开源组件往往缺少严格的测试和安全认证，使其难以应对被爆出的软件漏洞，具有可能存在恶意后门[26]。在网络安全防护方面，除了可以使用传统网络安全保障体系中的技术手段，如防 DDoS 攻击设备、入侵防御设备、应用防火墙（WAF）、桌面防病毒软件等软硬件以外，大数据安全还面临着新的威胁，需要采取其他的防护手段。

3.1　大数据威胁检测

通过主动收集和网络攻击有关的数据信息，基于网络流量、日志信息和大数据分析手段，监测网络中是否存在安全威胁，提高网络安全态势感知能力。图书馆网络安全管理人员可以通过态势感知系统分析出安全威胁的影响范围、攻击目的、手段，从而进行快速的决策和响应。图书馆所采集的海量网络数据也容易携带由木马、后门等一系列安全隐患，在提升边界安全防护能力的基础上，也应当在内部网络关键节点部署安全检测设备检测网络流量中的可疑行为，并联动所有节点的检测数据，对网络安全状况进行综合分析。

3.2　隐私保护

避免对用户个人信息进行过度采集，谨慎采集用户位置信息。对大数据采集过程中涉及的个人隐私数据，如通过移动设备采集的用户位置信息、用户实名信息等以及相关的网络访问日志，大数据系统应在存储时对其中具有唯一性的敏感信息进行数据脱敏操作，例如姓名、身份证号码、手机号码等信息都需要进行替换，隐藏真实数据，禁止对个人隐私数据使用明文存储。当用户要求对个人数据进行销毁时，应保证能够清除数据的所有副本。

3.3 数据传输安全性保护

在数据共享、分析结果发布时应进行访问控制，配置访问控制列表，限制只有特定IP的应用客户端才可以访问数据发布接口。在发布时，大数据系统应对数据加密后再进行传输，接收端对数据解密后才能进行下一步处理。图书馆通常保存有用户的敏感信息，为了规避不可信的云服务提供商，尽量应使用私用云来保存大数据。

3.4 安全管理

大数据系统应确保用户对大数据平台、接口、资源、数据等具有可控的访问权限，避免越权访问，保证只有通过认证的用户才可访问相应权限的服务。系统应使用包括动态口令、生物识别技术在内的多因子认证机制，操作人员的账号应具有唯一性。敏感数据的使用应有申请、审批、授权流程，对用户的数据使用、操作行为等与大数据平台相关的活动进行安全审计、记录，对大数据全生命周期中的操作都进行记录，当出现信息的泄露、损毁、丢失的情况时，可以追溯丢失环节和使用者。对数据进行复制备份，有条件的图书馆应做到异地备份，防止由于单机损坏造成数据不可用。

3.5 行业数据安全标准建设

大数据应用往往在各个行业内具有不同的特点，相关行业组织应建立图书馆行业内统一的数据安全标准，解决行业内组织间的大数据共享问题，推动图书馆大数据应用快速、稳定发展。个人信息保护政策在不同图书馆之间有着极大的差异，而图书馆所面临的个人信息安全问题却存在着相似性，可在行业标准中提供个人信息保护政策模板，供各个图书馆参考使用。

图书馆在开发大数据应用的过程之中，大数据的采集、存储、发布三个阶段中都存在着安全威胁，使用户个人信息、数据面临泄露的风险。同时，大数据应用也应符合法律法规的要求，并参照相关国家标准进行建设。应尽可能建设大数据安全保障体系，在合法合规的前提下，保证图书馆大数据应用得到更好的发展。

参考文献

[1] IBM商业价值研究院．分析：大数据在现实世界中的应用［R/OL］.［2021-03-20］. https：//www. ibm. com/clownloads/cas/EDOJVO8Q.

[2] 梁蕙玮，王志庚．中国政府公开信息整合服务平台的现状与未来［J］. 图书馆建设，2010（1）：4-8.

[3] 易路杰．大数据背景下公共图书馆的信息服务研究［D］. 武汉：湖北工业大学，2016.

[4] 胡馨滢，陶磊．大数据视角下的阅读推广——以上海图书馆为例［J］. 情报探索，2017（8）：110-113.

[5] 张红．基于大数据技术的资源发现平台构建——以国家图书馆“文津搜索”系统为例［J］. 数字图书馆论坛，2016（1）：61-67.

[6] 刘金哲 . 大数据在图书馆中落地的现状、困境和对策 [J] . 图书馆理论与实践，2020（3）：1-4.
[7] 陈臣 . 大数据环境下数字图书馆安全威胁与对策研究 [J] . 图书馆工作与研究，2014（11）：34-38.
[8] 吕博 . 大数据背景下的图书馆发展问题与策略 [J] . 环渤海经济瞭望，2018（1）：132.
[9] 中国图书图书馆学会 . 中国图书馆员职业道德准则（试行）[EB/OL] . [2021-03-20] . http：//www. lsc. org. cn/contents/1260/2030. html.
[10] 中华人民共和国公共图书馆法 [M] . 北京：人民出版社，2017.
[11] 易红，任竞 . 图书馆大数据服务环境下用户隐私泄露容忍度的实证研究 [J] . 图书馆论坛，2016（4）：57-64.
[12] 崔燚，臧国全 . 大数据环境下的图书馆数据隐私风险评估模型构建及实证研究 [J] . 河南图书馆学刊，2019（7）：128-132.
[13] 莫扬海 . 大数据背景下高校图书馆员对网络隐私态度与实践的研析 [J] . 图书馆界，2019（3）：45-49.
[14] 国家计算机网络应急技术处理协调中心 . 2019 年中国互联网网络安全报告 [M] . 北京：人民邮电出版社，2020：18.
[15] 鲁畅 . 起底巧达科技 "黑产"：窃逾 2 亿简历 [EB/OL] . [2021-03-20] . http：//app. ceweekly. cn/?action=show&app=article&contentid=257675&controller=article.
[16] 雅诗兰黛泄露 4. 4 亿用户敏感信息，包括邮件地址和网络数据 [EB/OL] . [2021-03-20] . https：//www. sohu. com/a/373080711_99920976.
[17] Risk based security. 2020 Year End Data Breach Quickview Report [EB/OL] . [2021-03-20] . https：//pages. riskbasedsecurity. com/en/en/2020-yearend-data-breach-quickview-report.
[18] [19] 王丹，赵文兵，丁治明 . 大数据安全保障关键技术分析综述 [J] . 北京工业大学学报，2017（3）：322，335-349.
[20] [26] 全国信息安全标准化技术委员会大数据安全标准特别工作组 . 大数据安全标准化白皮书（2017）[R/OL] . [2021-03-20] . http：//cac. gov. cn/web-pclf/5583944. pclf.
[21] 中华人民共和国网络安全法 [M] . 北京：人民出版社，2016.
[22] 国家市场监督管理总局，国家标准化管理委员会 . GB/T 35273—2020 信息安全技术　个人信息安全规范 [S] . 北京：中国标准出版社，2020.
[23] 国家市场监督管理总局，国家标准化管理委员会 . GB/T 39335—2020 信息安全技术　个人信息安全影响评估指南 [S] . 北京：中国标准出版社，2020.
[24] 赖璨，欧石燕 . 移动图书馆 App 可用性测评研究 [J] . 图书馆学研究，2020（10）：46-57.
[25] 国家互联网信息办公室秘书局，工业和信息化部办公厅，公安部办公厅，等 . 关于印发《App 违法违规收集使用个人信息行为认定方法》的通知 [EB/OL] . [2021-03-20] . http：//www. cac. gov. cn/2019-12/27/c_1578986455686625. htm.

革命老区图书馆红色文化资源数字化建设探析
——以沂蒙革命老区为例

杜　晓（数字资源部）

2021 年 2 月国务院新出台了《关于新时代支持革命老区振兴发展的意见》（以下简称《意见》），明确提出要弘扬红色文化，加强革命历史教育，实施革命文物保护与利用工程，提升红色文化影响力，推动红色旅游高质量发展，形成红色文化繁荣的发展新局面。

图书馆作为人类文明的保存地和知识服务阵地，拥有着极为丰富的多载体、多样态的红色革命历史资源，秉承着传承文明、服务社会的宗旨。图书馆应发挥自身文献资源和专业服务优势，在传承红色基因、讲好中国故事、筑牢民族精神方面展现自身的职责与担当。

革命老区作为新中国的摇篮，革命铸就的红色精神薪火相传，延安精神、井冈山精神、沂蒙精神等红色精神鼓舞着中国人民前进。革命老区图书馆应借助自身地理、人文、资源优势和红色品牌影响力，突出文献资源优势，加强和创新地方红色资源建设、服务与共享。在红色文化和红色旅游相融合的社会环境下与智能化与智慧化发展的技术背景下，图书馆的资源建设、知识组织、展现形式、服务方式和用户需求都有了时代性的变化，建设新时代革命历史资源数字化资源，推动资源共建共享是革命老区图书馆应当深入探索的一个领域。

1　革命老区、红色文化资源的概念与意义

1.1　革命老区概念

革命老区即中国革命老根据地的简称，是指土地革命战争时期和抗日战争时期，在中国共产党领导下创建的革命根据地。从白山黑水到五指山麓，从东海之滨到黄土高原，革命老区疏密有间地分布在全国 27 个省、自治区、直辖市的 1300 多个县（市、区）[1]。

1.2　红色文化资源概念

关于红色文化资源的概念，在学界有一些讨论，笔者总结其概念如下：指中国共产党领导中国人民进行革命斗争中所创造的红色文化中，能够被我们所开发利用，并能在当今时代产生巨大社会价值的物质和精神活动及其产品的总和。

1.3 红色文化资源建设意义

在艰苦卓绝的战争年代，老区人民英勇抗争、无私奉献，为长期斗争革命提供了强大的人力、物力和财力，壮大了我党的革命力量，为革命的最后胜利提供了牢固的基础。革命老区所形成的革命精神薪火相传，是老区人民的精神食粮与骄傲。因而革命老区红色文化资源建设具有重要的现实意义。

1.3.1 有助于保护、挖掘和利用革命文物等历史文化资源

2021年3月，习近平总书记在全国革命文物工作会议中做出重要指示，强调要结合新时代新要求，将革命文物的保护与利用工作列入重要议事日程，统筹做好保护、管理、运用的各项工作，推动革命文物工作开创新局面。革命老区经过长期革命斗争，留下大量的可移动和非可移动的革命文物，它们真实地见证和记载了中国人民英勇奋斗的伟大历程和感人事迹，是我党领导下的各民族人民长期革命奋斗的宝贵财富和精神遗产。因而，如何进一步保护、挖掘和利用历史文化资源是需要关注的重点工作。

1.3.2 顺应新时代的党史教育学习的需要

2021年初，中央决定在建党百年之际，在全党开展党史学习教育。历史是最生动有力的教科书，百年来，革命老区在面对艰难险阻、生死考验时，涌现出一大批顽强奋斗、不怕牺牲、无私奉献的革命英雄志士，形成了各具特点的革命精神，这些精神财富跨越时空、历久弥坚。依托红色革命文化资源，系统地用好红色资源、讲好革命故事、厚植红色情感，用红色基因传承中国故事，是新时代党史教育学习的需要。

1.3.3 有利于提升“红色品牌”影响力，促进地方旅游高质量发展

革命老区多处于多省交界区，很多地区经济欠发达，因而积极寻求老区的振兴发展具有时代性意义。在文旅融合的背景下，革命老区的红色文化资源建设可借助当地历史特点，集中展示当地的红色文化，形成红色品牌效应，建成红色爱国教育阵地，展现老区新时代风貌，繁荣地区红色旅游业，推动红色文化旅游的高质量发展。

1.3.4 有利于为专业研究人员提供知识服务

红色文化资源建设有助于整合大量的史料文献、革命文物、历史图像、音视频资料等多载体的资源，借助知识组织和现代技术，打造一站式知识集市，建立立体化、多层次、多样态的数字资源库，为相关研究人员提供文献支持和知识服务。

2 革命老区图书馆红色文化资源建设和数字资源服务现状

2.1 红色文化实体馆藏服务

目前，各地老区图书馆结合自身红色文化特点，创新服务内容和服务形式，陆续开展了红色图书馆的实体建设，为红色教育提供文化阵地，推动红色文化精神的传承，收到了很好的社会反响。

江西省图书馆已建成我国面积最大的红色主题图书馆[2]。该馆在设立文献阅览区时，创新布置记忆展示区、文创展示区、视听区和场景体验区等8大区域；同时引进先

进技术，配备球幕影院和 VR 军事体验系统等，提供多元化、多载体、多样态的红色文化服务，成为江西省红色文化宣传与教育的重要场所。临沂市图书馆在 2014 年建立了沂蒙红色文献资料馆[3]，借助自身丰富的红色资源优势，提供菜单式、融合式、讲座式和观展式的服务，逐步形成该图书馆特色品牌，成为吸引公众和专业研究人员的红色文化阵地。杭州图书馆于 2020 年成立了浙江首家少儿红色书房[4]，通过红色文献与资源服务，使图书馆和学校相互联动，建立起文献、视听等多载体的儿童红色教育平台。太原市图书馆的马克思书房是全国首创的马克思主义中国化、时代化、大众化的学习交流空间[5]，实现了跨学科文献整合，组织开展相关社会教育活动与展览。其以优秀的空间建设和阅读推广效果，被中国图书馆学会评为“优秀案例奖”。

2.2 红色文化资源数字资源建设与服务概况

笔者通过文献调研、网站调研和电话访谈的方式，对几家具有代表性的革命老区省市级公共图书馆进行了调研，发现建设主体主要集中在省级图书馆，如表 1。

表 1 革命老区省（市）级公共图书馆红色文化资源数字资源建设情况

省（市）级图书馆	数据库名称	建设方式	主要内容形式
陕西省图书馆	陕甘宁边区红色记忆多媒体资源库（7 个子库分别为：人物库、事件库、延安精神库、纪念旧址库、研究文献库、图片音视频库、红色书报刊库）	自建	人物、著作、史料文献、历史图片、声像资料、历史旧址、全文图书、参考书目、论文索引、历史资料目录汇编
山东省图书馆	山东文化记忆	自建	视频为主
	红色讲坛数据库	试用	
临沂市图书馆	沂蒙红色文献数据库	自建	图片、视频，以旅游资源介绍为主
江西省图书馆	江西革命旧址系列专题片库	自建	视频为主
	江西籍共和国开国将军多媒体库	自建	
湖南省图书馆	陕甘宁边区红色记忆多媒体资源库	自建	分为重大事件、杰出人物、革命文献、研究评论、文艺作品、红色旧址、图片集锦、影音作品等板块
吉林省图书馆	吉林省红色历史文化专题库	自建	红色历程、事件、人物、旧址遗址、旅游、地方新时代建设
	东北抗日联军数据库	自建	背景、人物、大事记、音视频、相关书目目录、照片图像

经调研统计后发现，目前以上各馆均已陆续开展建设地方特色库红色文献库的建

设，建设内容主要包括人物、重大事件、革命文献、老照片、音视频影视资料等，几乎涵盖了所有的载体类型。同时，各库突出强调红色记忆、红色历史等概念，采用分类别、分层次的主题分类，结合技术手段，为公众提供不受空间和时间限制的访问服务。其中，陕西省图书馆数据库内容最为丰富、清晰和翔实，突出陕甘宁革命区的概念，组建了专业的专家和人员团队，打通了各文化单位之间的沟通壁垒，实现了红色文化资源数据库的共建共享，推动了陕甘宁地区的红色文化资源的保护、整合与利用。

2.3 目前存在的不足

在调研过程中，笔者发现各地图书馆数据库各有千秋，都有自身的突出优点，但在红色文化数字资源建设中还存在一些不足，总结为以下几方面：

2.3.1 未突出革命老区红色品牌概念

革命老区是一个人文概念，在地理分布上会有跨省、跨市的情况。但目前多数图书馆红色文化资源建设主要以本省的红色文化资源概念为主，未突出当地革命老区概念或建立革命老区的专门主题分类，因而不能精准聚焦到老区资源，形成红色品牌。

2.3.2 缺乏顶层架构设计和共建共享

部分公共馆、高校、科研机构从实际需求出发，自建了一定数量的红色专题库，但因为是单独建设，受人力、财力和文献数量限制，规模小、成本高，且常有访问限制，不利于长期的维护与利用。其次，部分数据库资源因自身馆藏和版权等因素的限制，虽然载体多元，但是相关历史文献资源不足，历史还原的丰富度不够，有的甚至只停留在旅游资源介绍的层面，缺乏关联性和可挖掘性资源的展示。再次，一些已建成的特色库内容会有重复建设的情况。

因而笔者认为，可以由国家或省级文化、教育单位牵头，组建专家和建设团队，完成地区资源的顶层设计，通过共建共享的方式，建立统一的标准规范，打通图书馆与文化馆、高校研究机构间及省市级馆之间的沟通壁垒，整合各类文化资源。同时利用自身号召力，完成全国范围内相关历史资源征集、合作、捐赠、授权许可、交换、版权购买等相关工作，共同建立一个权威、全面的红色文化数据库资源，节约建设成本，提升数据库价值和服务效能。

2.3.3 缺乏知识关联和新技术的创新型应用探索

部分数据库只展示出最基本的文字介绍和图片音像等，缺乏知识服务的系统性和揭示性。图书馆可尝试利用已有的元数据进行可视化、知识关联等，从中挖掘事实、知识和数据，把散落在不同地方的人、事、物关联起来。

3 红色文化资源数字化建设与服务框架构想——以沂蒙革命老区为例

沂蒙革命老区是一个人文概念。根据2011年国务院办公厅颁布的《关于山东沂蒙革命老区参照执行中部地区有关政策的通知》，沂蒙革命老区的范围涉及山东省的6市的18区县，分别为临沂市（12区县）、潍坊市（1区县），淄博市（1区县），济宁市（1区县）、泰安市（1区县），日照市（2区县）。

2021年3月，山东省在展望“十四五”主题新闻发布会上提出要学习贯彻国务院《意见》，深度挖掘阐释沂蒙精神丰厚内涵、时代价值，打造沂蒙红色文化传承示范区。沂蒙革命老区被称为“山东的小延安”，在抗日战争和解放战争期间，中国共产党在沂蒙老区建立了革命根据地，是山东省政府机关的发源地。沂蒙人民拥军支前，无私奉献，在这片热土孕育出沂蒙精神，代代相传。在这个历史背景下，图书馆积极主动构建以数字资源为中心的沂蒙特色革命文化数据库，形成共建共享新格局，具有必要性和迫切性。

3.1 沂蒙红色文化数据库建设目标与建设原则

沂蒙红色文化数据库的建设目标是：由省级文化单位牵头和主持，全面收集、整理和挖掘沂蒙革命区的红色文化资源，通过联合各级文化机构共建共享，组建专家团队，统一规划、统一部署，制定统一的文化资源数据标准规范，统一管理、统一维护，借助先进的技术，运用可视化展示手段进行知识组织和知识关联，为公众和专业研究人员提供全面、权威、特色、可共享的沂蒙红色文化资源数据库。

基于上述目标，要求数据库建设需要遵循以下原则：统一标准规范原则、共建共享原则、创新性原则。

3.2 设计思路

沂蒙红色文化数据库以本地红色文化资源收集、加工、整合、利用和推广为建设主体，以服务公众、文史爱好者和专业研究人员为目的，尽可能还原和展现革命区的风貌。具体见图1。

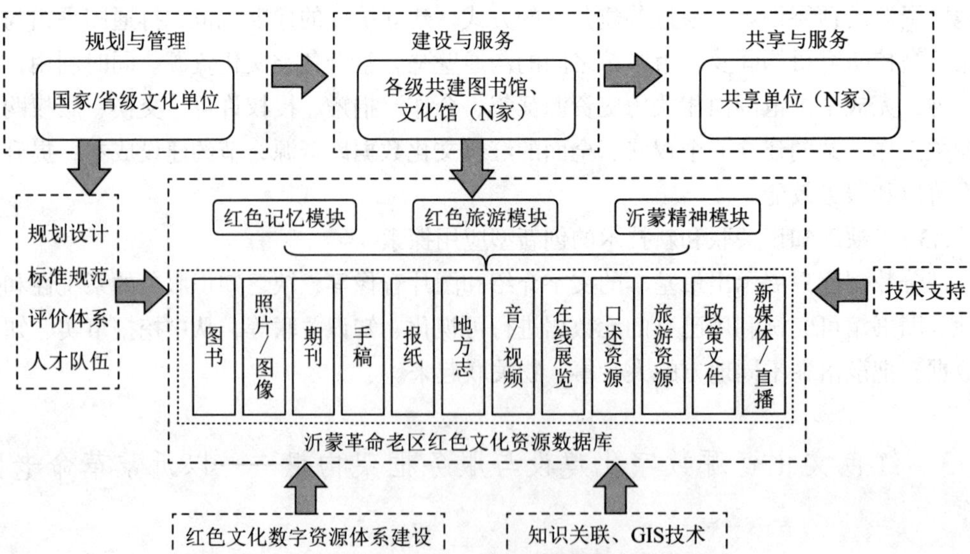

图1 沂蒙革命老区数据库设计思路

3.2.1　沂蒙红色文化资源分类

应国家革命文物保护的要求，山东省已全面梳理本地革命文物的家底，于近日发布了革命文物目录。笔者从沂蒙老区现有资源出发，整合革命文物目录，总结分类将需要建设红色文化资源类型，如表 2 所示。

表 2　沂蒙红色文化资源建设类型

分类	子项
红色文献	记录历史进程的图书、期刊、报纸、地方志、手稿、统计数据、照片图像、历史影音资料、政府公告、法律制度等
红色旧址、建筑	旧址、学校、故居、纪念馆等不可移动文物
红色文物	革命时期用品、器具、服饰、武器等革命文物
红色多媒体	红色文艺创作，包括文学作品、影视作品、纪录片、音乐、书法作品、绘画、戏剧等音视频资源、口述历史资源、在线展览资源等
红色研究文献	科学研究活动及其成果，包括科研论文、学术著作、专利、教学方案等

3.2.2　红色文化资源获取途径

红色文化资源包括沂蒙革命区成立以来的沂蒙革命区的全部相关资源。因战乱年间社会动荡，追溯时间长，很多资源都集中于各级文化馆，另有一些散于民间各地，因此需要向全社会多渠道获取，共通共享、打通沟通壁垒。

（1）馆藏资源自建

梳理和整合各级文化馆资源，通过统一的标准规范对现有馆藏资源进行数字化整理加工。

（2）征集

①联合区域内各级图书馆代为征集；②联合区域内各级档案馆、博物院、纪念馆和高校等，搜集相关的文献资源和历史线索；③对沂蒙革命区老干部、老红军等进行采访，征求同意后对老物件的拍摄复制和对口述历史资源进行采集；④通过图书馆联盟等组织进行征集联络。

（3）合作与购买

与国家图书馆进行合作，通过购买或是交换等方式获取原始文献资料，提高历史资源的丰富度和还原度。与知网、万方等商业科研数据库联系，购买资料，作为数据库的补充内容。

（4）制作

在当地红色旅游资源、红色文艺创造方面，可以联合文物、旅游和民政等相关的部门，通过影视制作、资源整合的方式进行自建，以此来补充资源。

3.2.3　知识组织架构

根据红色文化资源的分类，对数据进行统一的加工和标引，实现全文检索，并将资源整合成主题进行展示与服务。根据红色文化资源的特性和新时代红色文化开发与利用的要求，沂蒙红色文化资源建设将主要从以下三个模块进行：

表 3　沂蒙红色文化资源建设的三个模块

方向	主要主题
红色记忆模块	包括红色人物、重大事件、红色多媒体、学术研究等
红色旅游模块	主要主题包括旧址故居、民俗文化、老区发展、在线展览等
沂蒙精神教育模块	打造爱国主义红色教育基地，主题包括沂蒙精神的相关阐述和研究

这些模块和主题并不是独立存在的，而是通过数据加工和数据标引，利用已有元数据，建立关联关系，在此基础上形成知识地图，把散落在不同地方的人、事、物关联起来，在各个主题中以聚类或可视化的方式展现出来。

在建设中，可尝试探索用地理信息系统（GIS）技术将老区地理数据、人物社会关系数据进行处理，通过可视化技术展现社会关系在空间地理上的分布情况，使散落在大量文献资源的数据在空间可视化中得到直观有序的展现。

同时，在红色旅游和沂蒙精神模块方面，可加强新媒体建设，进行革命旧址的实时在线展览和直播，破除地域限制，提升服务效能。

3.3　支撑环节

3.3.1　加强人才队伍的组织和建设

因红色文化资源涉及学科广、专业性强、地域跨越性广、载体形态丰富，因而建立高水平、多层次的人才队伍是数据库权威全面性的重要保证。主持单位应组织各方力量共同合作形成人才队伍，其中主要包括三方面人员：一是历史专业研究学者、党史党建专家等，负责把握内容的方向性和深度；二是图书馆情报学专业人员、知识产权专家，负责数据加工、标引、利用和知识产权的筛查工作；三是技术支持人员，负责构建资源平台，提供技术支持。

3.3.2　加强政策性支持和经费保障

省（市）级牵头文化单位应抓住新时代老区建设的契机，在政策上争取有力支持，同时积极主动申请沂蒙老区文化建设的相关项目课题，制定长远规划，稳步推进资源库的建设，保证经费的长期稳定投入，促进沂蒙老区红色文化资源建设的可持续性发展，逐步焕发沂蒙革命文化的生命力，提升沂蒙精神红色品牌的影响力。

3.3.3　加强知识关联和新技术创新性应用

强调创新性，注重知识关联和新技术的使用，尝试使用 GIS 等先进数字人文技术进行数据揭示和空间可视化展示，为专业人员提供更多数据开发的新思路。

革命老区红色文化资源建设符合新时代的发展要求。我们迫切需要加强红色文化资源的统筹规划、整合和共享；迫切需要深化革命老区党史和精神的挖掘、阐释和传播；迫切需要传承红色基因，讲好中国故事，强化社会教育功能；迫切需要把红色文化资源利用好，打造红色旅游资源品牌，推出研学旅行红色精品路线，促进革命老区的振兴发展。虽然现阶段革命老区文化资源的建设还有很多现实约束条件，但当地省市级图书馆可以最大限度地发挥自身价值，共建共享，进行一些红色文化库的开发的探索。

参考文献

［1］中国革命老区建设促进会．中国革命老区［M］．北京：中央党史出版社，2007.

［2］杭州图书馆少儿红色书房［J］．图书馆论坛，2021（3）：161.

［3］太原市图书馆马克思书房［J］．图书馆论坛，2021（2）：161.

［4］江西省图书馆红色图书馆［J］．图书馆论坛，2021（1）：159.

［5］王东，孙宗伟．图书馆馆藏红色文献建设与服务途径创新研究——以临沂市图书馆为例［J］．山东图书馆学刊，2020（6）：38-41，51.

5G时代图书馆智慧化服务发展探讨

牛现云（信息技术部）

移动通信技术从最初的语音通信，到文本通信服务，再到3G、4G时代的图片、音视频等数据服务，在短短几十年的时间里，使人们获取信息的方式发生了翻天覆地的变化。移动网络的发展，最重要的特征是让服务无处不在，人们时时刻刻处于可连接状态，移动购物、移动支付、移动社交以及直播等应用场景在4G时代得到良好的发展。信息技术的发展一直是图书馆事业发展的有力推动力，从图书馆自动化时代到数字图书馆时代，再到移动数字图书馆时代，图书馆的服务已经突破围墙限制，走进人们的生活中，图书馆的自动化系统、咨询服务、知识服务、阅读服务等经过几代革新，满足了不同时期人们的信息需求。5G的超高速网络，结合人工智能、云计算、机器学习等相关技术在各行业渗透，使万物互联成为必然趋势，智慧化时代正在悄然来临。面对5G时代的到来，图书馆要做好准备，迎接新的机遇和挑战，探索图书馆智慧化时代的业务变革。

1 5G概述

5G，全称为第五代移动电话行动通信标准，也称第五代移动通信技术。作为新一代无线移动通信技术，5G主要用于满足高速发展的移动通信需求[1]。与4G相比，5G在传输速率、端到端时延等方面有了突飞猛进的发展。表1是5G和4G的关键能力指标对比。

表1 5G和4G关键能力指标对比[2]

	用户体验速率	连接密度度数（万/km^2）	端到端时延（ms）	流量密度（$Tbps/km^2$）	移动性（km/h）	峰值速率（gbps）
4G	10Mbps	10	空口10	0.1	350	1
5G	0.1~1Gbps	100	空口1	10	500	20

2013年，欧盟宣布开始发展5G技术，韩国、日本、美国、中国等陆续开始投入资金进行5G技术的研究。经过一段时间的关键技术研究、技术方案论证、网络测试，5G已经开始逐步走向商用阶段。2019年，中国工信部正式向中国电信、中国移动、中国联通、中国广电发布了5G商用牌照，意味着中国5G商用时代已经来临，2019年成为5G元年。

网络是一种基础性设施，从 1G、2G 到 3G、4G，各行各业随着移动通信技术的更新换代，发生了重大变化。在 1G、2G 时代，移动通信网络还主要以通信为主。到了 3G 时代，移动通信网络开始承载数据业务，人们可以通过网络连接获取图片、音乐等数据。到了 4G 时代，各种移动应用场景不断创新，移动社交、移动支付、移动购物、直播、慕课等将移动应用渗透到生活的方方面面，但受制于网络带宽限制，一些应用没有得到深入发展，如人工智能、物联网等。5G 的超高速、低时延、大容量等特点，为各行各业的发展提供了关键性技术支撑，提供了安全、稳定的网络基础。5G 时代，物联网、人工智能、大数据、云计算、区块链、虚拟现实、增强现实等技术必然将得到飞速发展，与各行各业的业务场景相结合，发展出 5G 时代的旗舰机应用。5G 不仅使人成为网络的主体，物也成为网络主体，无处不在的网络使万物可以进行互联，人类也许很快就会迈入智慧化时代。2017 年 12 月，华为发布的《5G 时代十大应用场景白皮书》[3] 提出了 5G 时代的十大应用场景，包括云 VR/AR、车联网、智能制造、智慧能源、无线医疗、无线家庭娱乐、联网无人机、社交网络、个人 AI 辅助、智慧城市。

2　5G 时代图书馆智慧化的几个方向

5G 完全不同于第 4 代移动通信技术，并非是 4G 基础上的演进，而是完全的革新和换代。对于 5G 带来的社会发展影响，在由美国电子消费品制造商协会（CTA）主办的 2018 国际消费类电子产品展览会（International Consumer Electronics Show, CES）上，全球通信巨头高通（Qualcomm）公司执行总裁克里斯蒂安诺·阿蒙就直言，从 4G 终端到 5G 终端的迁移，将成为一次非常积极的变革。5G 的革新换代将使各行各业发生变革，图书馆也必将进行自我变革，利用物联网、人工智能、VR/AR、大数据、生物识别、语音识别等技术，与自身业务深度结合，创新出不同的业务应用场景。

2.1　从传统基础业务开始探索 5G 技术应用

从传统卡片借阅时代，到互联网时代、移动互联网时代，图书馆基础业务一直是新技术应用的一个重要业务场景，需要适应不同时代的用户需求，拓展服务渠道。在 5G 时代，信息环境的变化、5G 应用场景的不断涌现，使得用户的需求必然发生变化。在用户需求驱动下，图书馆传统基础业务面临着更高的要求。5G 的高速率、低延迟网络，为人脸识别提供了可靠的网络基础。可以将人脸识别应用到图书馆的借阅服务、门禁系统甚至是身份验证服务，以生物识别代替传统的读者卡、身份证等验证方式。一些图书馆比如浙江理工大学图书馆、广州少年儿童图书馆等图书馆已经尝试使用人脸识别技术实现刷脸入馆、刷脸借阅服务。

检索服务一直是图书馆发现资源的重要入口。随着信息技术的不断发展，图书馆检索服务越来越便捷和易用，根据用户需求提供了包括文字、二维码、语音识别等不同方式的输入选择，但是语音识别一直没有得到大规模应用。在 5G 时代，随着语音识别技术、图像识别等技术的发展和成熟，可以提升语音识别的应用，开展图像检索模式，实现智慧化的对话式检索、图片识别检索服务。

在到馆服务方面，利用传感技术、智能摄像头等技术，可以实现智慧化到馆服务，从读者入馆开始，采集用户足迹，根据用户定位，提供智能化的到馆介绍、服务推介等。刘炜等在《5G与智慧图书馆建设》一文中提出的5G在智慧图书馆中的十大应用场景，其中就包括智慧书房、智慧场馆、导览导航[4]。在书架、图书等物体中安装适当的传感设备，利用RFID、Wi-Fi、iBeacon等技术实现智能书架系统，用户可以快速找到书架上的图书，实现人与书、人与书架、书与书架之间的连接。

机器人、人工智能技术可以应用到参考咨询服务，实现智慧化参考咨询服务。机器人可以作为图书馆面向用户的一个端口，在馆内区域配备机器人，对到馆读者提供一般性资咨询服务。在官网、微信、App等端口配置机器人问答服务，建立智能化问答系统，配置不同的机器学习算法，不断提升机器人问答服务质量，在减少人工参考咨询服务的同时提升服务效率。

2.2 5G助力图书馆移动阅读服务

阅读服务一直是图书馆的一项重要业务，长期以来，纸质图书一直是阅读的载体。经过互联网、移动互联网的发展，图书馆已经可以提供基于电脑、手机、平板等多种载体的电子阅读服务。随时信息技术、移动终端的变化，移动阅读内容的形式也在发生改变，从txt文本到图文结合再到epub格式，给予用户的体验也不尽相同。在5G时代，图书馆的阅读服务在阅读内容、阅读体验、内容组织、内容推荐等各方面都迎来重大机遇和挑战。

在内容形态方面，徐丽芳、陈铭在《5G时代的虚拟现实出版》一文中详细阐明了5G时代出版业与虚拟现实的结合[5]。出版业有望引入VR、AR技术，颠覆出版物的形态。在4G时代，已经有一些教材、教辅类图书采用了VR、AR技术，实现了多维角度的用户阅读体验。5G消除了VR+出版的基础性网络障碍，低时延、超高速的特点使VR体验大大提升，VR+出版将成为出版业的常态。这将为图书馆的阅读平台构建、阅读客户端的构建以及阅读服务的提供带来前所未有的挑战，图书馆需要提供多种形态融合、高质量、智能化的阅读服务。

在阅读服务方面，5G采用了新的技术和新的标准，而作为主要面向信息、数据、知识进行储存、组织、传播的图书馆，5G这一新的技术和标准都将为图书馆的信息组织、信息传播带来影响[6]。图书馆阅读服务建设过程中，可以引入大数据、人工智能相关技术，实现精准化的阅读推荐服务，真正实现为人找书、为书找人，加强知识化服务功能，而不仅仅是充当内容拥有者和内容消费者之间的中介。图书馆经过长期运行，已经积累了大量数据，其中包括读者信息数据、用户行为数据、资源数据等，在阅读服务构建过程中，应梳理各种数据描述标准，建立数据信息中心模块、数据分析模块，建立基于协同过滤、内容过滤、关联规则等多种推荐算法的大数据分析系统，持续对更多数据进行深度学习，使数据实现智慧化运转。

数字出版时代，图书馆作为阅读服务者，必将面对阅读生态环境的变革，图书馆在阅读生态环境中的定位是值得每个图书馆人思考的问题。移动阅读是一块大蛋糕，企业之间都在相互角逐，5G时代的移动阅读必将形成新的商业模式和服务模式。图书馆要紧跟时代发展，分析用户需求，找准自身定位，提供优质化移动阅读服务。

2.3 5G时代的创新服务

智能化交互、万物互联、云端服务是5G时代的主要特点，未来5G的旗舰级应用离不开这三个方向。图书馆可以从这三个方向考虑进行变革与创新，利用VR/AR、人工智能等技术，提升图书馆服务能力。

2.3.1 智能化场馆服务

无论是在传统图书馆时代，还是数字图书馆时代，图书馆场馆一直是重要的公共文化服务场所，是公众享受公共文化服务的方式之一。随着技术应用升级，图书馆场馆服务一直在发生变化，以适应用户需要。到馆服务主要有阅览服务、参考咨询、场馆导航、创客空间、多媒体服务体验空间等。5G时代，传感技术带来的万物互联、VR/AR技术带来的沉浸式体验都可以引入到图书馆的场馆服务，实现资源与读者之间、资源与资源之间的连接。利用人工智能服务技术，可以实现智能化场馆导航、机器人交互服务。5G的低延时、超高速特点大大提升了人脸识别应用的性能，图书馆可以结合人脸识别技术，实现人脸入馆、人脸借阅，免去携带身份证、读者证的麻烦，使到馆服务更加便利。根据笔者收的读者反馈，远程办证一直是读者呼吁比较高的一项业务。5G时代带宽的增加，图像识别技术更加精准化、实时化，为实现远程办证提供了可行性。

2.3.2 图书馆云端服务

2020年7月29日，中国信息通信研究院在可信云大会发布的《云计算发展白皮书（2020）》中指出，未来，云计算将迎来下一个黄金十年，进入普惠发展期。一是随着新基建的推进，云计算将加快应用落地进程，在互联网、政务、金融、交通、物流、教育等不同领域实现快速发展。二是全球数字经济背景下，云计算成为企业数字化转型的必然选择，企业上云进程将进一步加速。三是新冠疫情的出现，加速了远程办公、在线教育等SaaS服务落地，推动云计算产业快速发展[7]。云服务已经成为各行各业实现数字化服务的重要手段，5G的发展必将促进云服务的应用。目前云服务还是以IaaS为主，PaaS、SaaS也在快速发展中，图书馆云服务实现路径可以优先考虑IaaS，将一些不涉及隐私、需要大量计算服务的功能迁移到云环境中。图书馆服务云化路径需要进一步细分图书馆业务，将图书馆软件、资源、信息、服务按照云服务的特点进行分类，按照相关性、保密性、实现的难易程度分步骤实现云平台的迁移，同时开放自身平台的接口，方便系统集成。一些5G时代的创新服务，可以优先考虑采用云服务理念，这样也有利于快速集成，充分利用社会资源完成服务创新，提升服务效能。条件成熟时，可以建立图书馆文化私有云平台，形成图书馆联盟，为图书馆行业的业务发展提供支撑，也有利于各个图书馆的业务发展，解决部分图书馆技术和人员不足的困境。

2.3.3 VR/AR技术助力图书馆实现沉浸式文化体验

VR/AR技术具有沉浸（Immersive）、交互（Interactive）、直觉（Intuitive）三个显

著特征，改变了内容生产形态，内容生产呈现交互化、融合化特点，创新了读者的阅读体验，有助于提高信息内容传播力、引导力和渗透力。2018年12月26日，在由通信世界全媒体和华为联合举办的“中国首届5G云VR及云游戏产业论坛”上，百度教育事业部总经理张高博士表示，VR可以辅助知识传授，提高知识的传递和获取效率，提升认知和理解的效果[8]。VR/AR技术为图书馆进行知识传播、知识组织带来了新的机遇。图书馆拥有大量的传统文化素材，利用这些素材，结合VR/AR技术，可以制作成文化类的系列虚拟现实体验场景，在图书馆特定区域设定体验区，实现文化与科技的有效融合，用户可以从视觉、听觉融合角度感受文化，实现沉浸式的文化体验。同时这些虚拟现实场景可以通过网络提供服务。图书馆展览引入VR/AR技术，制作成沉浸式、交互式的虚拟现实展览，用户通过网络或者在展区可以进行全方位的体验，增强了展览效果，加强用户对知识的认知和体验。图书馆电子阅览室服务可以进行升级，加入VR/AR元素的体验，建设符合5G时代的电子阅览室服务。

3 5G时代图书馆面临的问题

3.1 传统自动化系统的升级改造

传统图书馆自动化系统已经使用了多年，虽然也有升级改造，但是在架构方面基本是不变的，这些系统往往缺少交互性、开放性，在资源整合方面缺乏灵活性，在4G时代已经明显跟不上发展需求，更不用说到了5G时代了。5G时代的图书馆自动化集成系统需要从根本上改变技术架构，使架构更加具有开放性、交互性、可扩展性，能够适应不断变化的图书馆需求；具备较强的资源整合能力，能够整合多种类型的资源；符合云服务理念，开放接口，能够较好地与其他系统进行集成。这种从传统自动化系统到下一代自动化系统的迁移对图书馆来说将是一个挑战，需要重新规划业务流程，其中历史读者数据、书目数据的迁移都是大问题。随着出版业出版内容形态的改变，新一代自动化系统还要能够管理新型出版物。

3.2 云端服务与用户隐私问题

信息安全和隐私保护是云服务发展需要解决的重点问题，也是用户是否考虑使用云服务的关键因素。云生态系统的发展和应用也必然涉及用户隐私问题的解决。5G时代，云服务将是一种趋势，云计算与边缘计算相结合，可以解决计算效率，实现更多创新服务。同时伴随着云服务的发展，用户隐私问题越来越引起关注，云服务厂商在技术和方案层面不断研究解决方案，保证业务的稳定和安全。图书馆业务在云服务迁移过程中，一方面在选择云服务平台方面要做好考察和对比，选择安全且隐私保护措施比较健全的云服务平台，另一方面要做好业务划分，对于涉及用户信息等的敏感信息，可以考虑采用云服务+本地服务的模式，做好隐私保护。

3.3 数据标准的建立

数据价值在5G时代将会得到充分的体现，关于大数据的应用已经讨论了很多年，在一些行业如电商领域得到了应用。图书馆界的大数据应用水平还比较落后，原因一是大数据清洗、处理、存储、分析各阶段的标准不统一,二是图书馆联盟的建立，在增加数据量的同时也增加了大数据应用的难度。图书馆应建立应用级别的大数据处理标准，包括资源数据标准、用户数据标准、系统标准，最大程度的收集用户行为数据，实现数据价值转换。

3.4 图书馆员的素质培养

面对产业融合，技术升级变化，应用模式、商业模式的不断更新，图书馆从业人员将迎来一个极大挑战，需要不断提升自身的信息素养与综合能力。图书馆员要不断学习新的知识，与自身工作经验相结合，提升服务意识和服务能力。尤其是创新意识在5G时代极为重要，需要从业人员密切关注和跟踪5G时代的旗舰级应用和创新的商业模式，从而创新图书馆的服务模式。

5G的到来对图书馆既是一个机遇，也是一个挑战。各种技术的融合应用以及万物互联应用的逐步落地，智慧化城市、智慧化社区、智能交通逐步变成现实，用户需求和习惯的改变，也要求图书馆提供更加智慧化的服务。图书馆从业人员需要密切关注这场变革，加强创新意识，积极引入新技术、新应用，为用户提供高效互联、更加便利、智能化、精准化、个性化的知识服务。同时图书馆之间密切联合，形成图书馆联盟，共同推进图书馆事业的发展。

参考文献

[1] 梁荣贤，张兴龙．图书馆5G技术应用策略探讨［J］．图书馆工作与研究，2019（12）：81-85.

[2] 曾剑秋，毛瑛倩．5G技术演进及其行业应用前景［J］．高科技与产业化，2017（10）：30-33.

[3] 5G时代十大应用场景白皮书［EB/OL］．［2020-03-16］．https：//www. huawei. com/cn/industry-insights/outlook/mobile-broadband/insights-reports/5g-unlocks-a-world-of-opportunities.

[4] 刘炜，陈晨，张磊．5G与智慧图书馆建设［J］．中国图书馆学报，2019（5）：42-50.

[5] 徐丽芳，陈铭．5G时代的虚拟现实出版［J］．中国出版，2019（18）：3-9.

[6] 赵子忠．5G对传播的影响［J］．新闻论坛，2018（4）：5.

[7] 中国互联网数据资讯网．中国信通院发布《云计算发展白皮书（2020）》，六大趋势透析云计算将进入普惠发展期，迎来下一个黄金十年［EB/OL］．［2020-03-16］．http：//www. 199it. com/archives/1092501. html.

[8] 王扬．5G+VR：出版业将迎来的六大趋势与挑战［J］．出版广角，2019（17）：6-8.

“新基建”环境下智慧图书馆的发展愿景和体系架构设计

王宇鸽（信息技术部）

党的十九大做出了网络强国、数字中国、智慧社会的重大战略部署。中共中央政治局常务委员会在2020年3月4日召开会议指出，要加快5G网络、数据中心等新型基础设施建设进度。未来随着国家新基建设施网络、人工智能、智慧城市等发展完善，人们的生活习惯和获取知识信息的习惯也将进一步发生深刻变化，面对人们学习与阅读方式呈现多渠道、多元化、多媒体的趋势，图书馆需要进一步以用户需求为中心，创新理念、创新服务，以科技赋能图书馆服务能力提升、加速图书馆发展与转型，推动图书馆进入全新发展的智慧时代。

1　新基建关键技术应用分析

被称为“新基建”的新型基础设施建设主要指以人工智能、工业互联网、物联网、云计算为代表的数字型基础设施建设。新基建技术侧重于数字化和智能化创新领域应用，未来图书馆的智慧化离不开新基建技术的支撑，新技术为数字图书馆的资源建设和服务方式拓展等提供了更多的可能性。在未来数字图书馆建设过程中要思考新基建关键技术在图书馆的应用，鉴于涉及的关键技术较多，本文只对以下关键技术进行分析。

1.1　物联网

物联网是通过射频识别（RFID）装置、红外感应器、全球定位系统、激光扫描器等信息传感设备，按约定的协议，把任何物品与互联网相连接，进行信息交换和通信，以实现智能化识别、定位、跟踪、监控和管理的一种网络，是在互联网的基础之上延伸和扩展的一种网络。物联网技术可以将各种信息融入图书馆，在人与人之间、人与图书馆（包括实体设备和虚拟空间）之间、人与资源之间、资源与资源之间、不同图书馆之间实现互通互联，人们在任何时间、任何地点，都能通过多种方式随心随意地访问利用图书馆资源。未来手机、电脑、可穿戴设备、PAD、RFID装置、红外感应器、定位系统、激光扫描器等设备都不再独立存在，而是由各种感知终端设备组成庞大的互通网络，实时对图书馆纸质资源、电子资源、图书馆运行状态以及用户需求等信息进行深度感知测量、智能分析，更好地服务读者。

1.2 云计算

云计算是在分布式计算、网格计算以及并行计算的基础上发展起来的分布计算技术，它将大量的系统基础资源连接起来共同提供服务，使得机构或个人只需通过网络租赁资源，而无须购置昂贵的硬件和软件设备。云计算具有强大的数据存储、处理能力，同时还具有极高的性价比，因此可以为不同的物联网应用提供统一的数据存储、处理方式和统一的服务平台，它是物联网应用层能提供众多服务的基础。

云计算发展已有十多年，已经深刻地影响了互联网的运作和服务模式，图书馆也受到这种技术的强烈冲击，将在管理、运行、使用方式等方面发生巨大的变革。云计算可以以低廉的设备获得极高的运算能力，很大程度上降低图书馆的数字化建设、运行、维护成本，提高图书馆服务的可靠性。同时通过构建“图书馆云”，读者在任何地方都可以查到自己想要的信息和数据，有利于资源的共享。未来还可以建立全国数字图书馆“云服务”体系，确立图书馆与互联网虚拟图书馆互联互通、共建共享服务体系，使图书馆服务辐射到更多有需求的群体中去，提供跨区域的创新服务，为用户提供更高层次的服务。

1.3 人工智能

人工智能技术的本质是计算机模拟人的意识、思维的信息过程。简单来说，就是能够做出和人类智能相似反应的智能机器，这个领域包括机器人、语言识别、图像识别、自然语言处理和大数据分析等。这将为图书馆服务带来深刻影响。图书馆围绕知识服务可以打造语音问答系统、提供网上虚拟智能咨询，利用微信、App 等业务终端与用户实现主动互动交流。当用户用自然语言表达期望获取的信息后，智能搜索引擎语音会识别用户需求，利用分词技术进行语义分析，准确理解语义后实时回答用户的各种问题，复杂问题则转人工解决。利用人脸识别技术和大数据分析技术可以识别用户，如果是熟悉的用户则自动进行信息聚类，同时推送知识库等内容。在未来人工智能技术会应用在图书馆的更多场景里，为用户提供更快捷、更多样、更立体、更方便、更精准、更即时的服务。

1.4 5G 技术

5G 是第五代移动通信技术的简称，指超高传输率、低延迟、支持大规模高密度高速度设备连接并具有高可靠性的新一代蜂窝移动通信技术，也即目前正普及的主流 4G 技术之后的下一代技术。它带来超越光纤的传输速度，超越工业总线的实时能力以及全空间的连接。5G 技术让智能的万物能够互联，实现了大规模机器间的相互通信，未来它将和大数据、云计算、人工智能等技术融合改变图书馆的服务模式。同时借助 5G 与 VR、AR、裸眼 3D、多屏多点触控交互、语音互动技术、体感传感技术等新一代显示和交互技术的融合应用，将彻底颠覆以往的图书馆人机交互模式。

2 未来智慧图书馆的发展

未来的图书馆是智慧化的知识宝库，也是连接人与人的精神空间。图书馆需要突破现有资源的服务界限，从资源的数字化服务转变为知识的智能化服务，下面笔者从资源、读者、图书馆三个重要维度去阐述图书馆在未来的发展。

2.1 资源的深度组织与知识关联

资源是知识服务的基础，大数据时代的到来使得图书馆知识关联的内涵发生了新的变化，图书馆对知识组织的需求向深层次、细粒度、多维度方向发展。与传统的文献数字化不同，未来文献在被数字化采集后，将被深度加工成各类数据最小的语义单元，计算机跟踪数据信息之间的语义链接，通过多类模型对知识数据信息进行组织和整合，进行知识数据关联，形成一张张广泛的语义关系图，最终在知识关联的基础上汇聚成海量、精准、权威的图书馆知识库群。图书馆的知识库群在支撑互联网共享服务的同时，也会和分散的外部信息与数据进行关联，在建立知识数据库仓储的基础上，利用关联数据分析技术从数据和其复杂的关系网络中挖掘数据事实和知识，通过智能手段渗透用户的生活、学习等各个场景中。

2.2 用户的智慧体验

未来人们更加注重用户的智慧体验，图书馆将会提供多终端融合、电子资源和纸质资源统一管理并揭示的服务平台。读者在进入图书馆的那一刻，图书馆会通过读者的生物特征主动的识别到读者身份，通过大数据技术分析出读者的个人喜好，对读者进行全面的个人画像，预测读者行为，为读者进行智能化推荐。当读者需要更具深度的知识服务时，可使用语音、语义、图像等智能搜索手段进行知识搜索，图书馆将推送更精准的知识到读者面前。图书馆提供的多元化服务，将使人们通过各种媒介和智能移动终端随时随地享受知识服务，帮助人们更快、更准确地做出决策。

2.3 图书馆的新型服务空间

未来智慧图书馆空间将从理念、思维上进行突破，形成一个交流、协作、创新的智慧服务空间，在这个智慧空间里将重点打造面向多元文化需求的学术空间、创新空间、社交空间、休闲阅读空间、文化体验空间五位一体的新型服务空间。所有的智慧空间服务也将虚拟化设置在网上，不同图书馆、文化馆的平台、资源、服务在云环境下连为一体，真正实现智慧线上线下服务的智慧互联，为公众提供更专业化、智慧化的服务体验。

3 智慧图书馆体系架构设计

在前文关键技术和未来智慧图书馆发展分析的基础上，笔者以5G、云计算、大数据、物联网等新基建技术为驱动，结合目前数字图书馆的建设现状，对构建丰富多样的智慧化、数字化场景的体系架构进行设计。未来智慧图书馆将采用云服务架构建立平台总体框架，包括应用即服务（SaaS）、平台即服务（PaaS）、数据即服务（DaaS）、基础架构即服务（IaaS）。该体系是一个开放架构，在设计上实现未来图书馆在全媒体管理、全流程管理和全网域资源发现方面的基本需求，构建以云计算、大数据、人工智能技术为支撑的智慧图书馆知识服务。整个体系架构以标准的服务和接口对外开放，突破现有数字资源的服务界限，从资源的数字化服务转变为知识的智能化、精准化服务，为用户营造更丰富多样的智慧化服务体验。如图 1 所示。

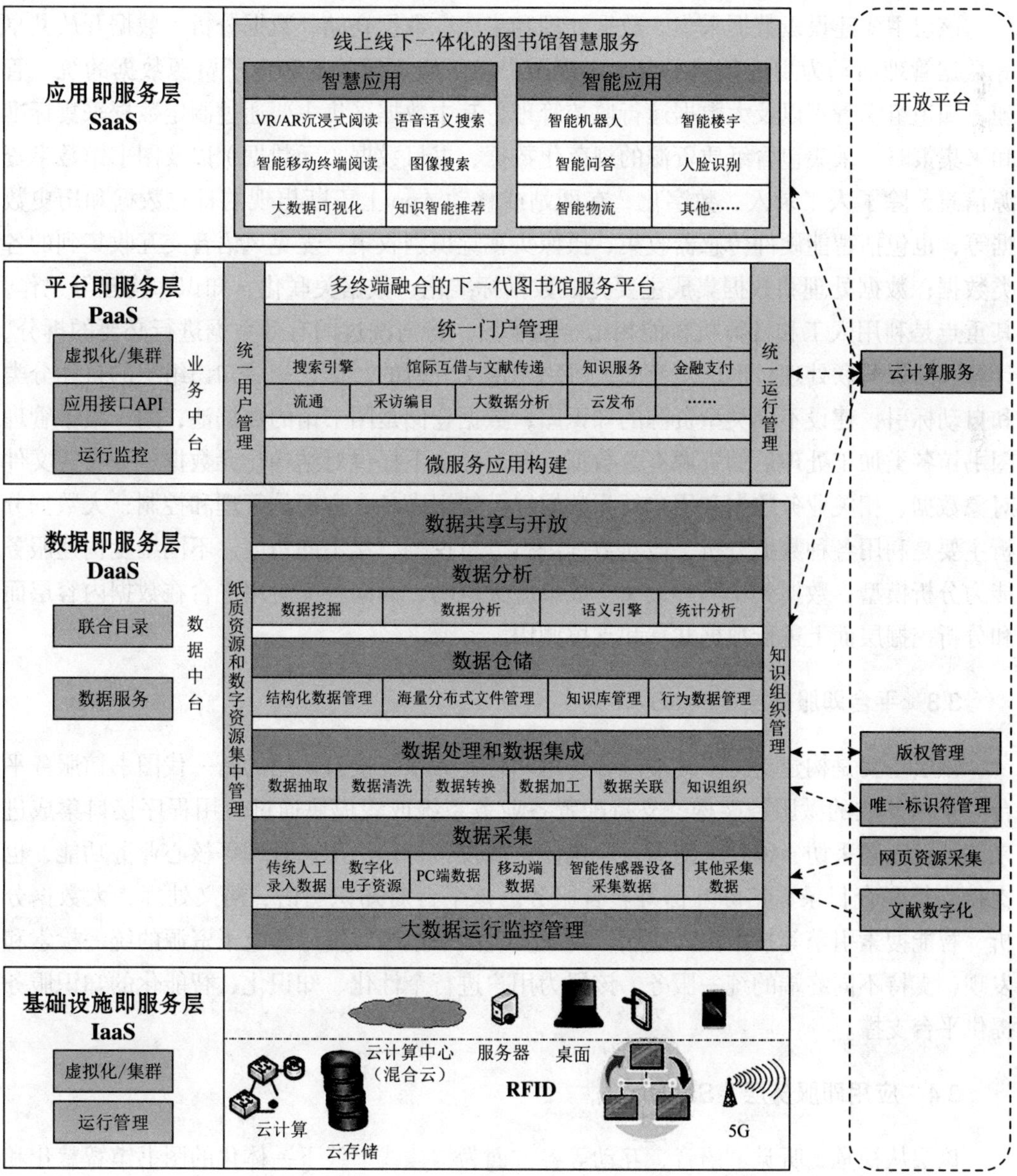

图 1　智慧图书馆体系架构设计

3.1 基础设施即服务层（IaaS）

图书馆依托云计算技术，构建以公有云为主体、私有云为补充的混合云计算中心。该层架构包括虚拟网络、虚拟存储、虚拟计算、云安全等，为图书馆的智慧终端应用提供基础网络链接、数据存储、运行计算、数据安全等服务。各种核心业务平台和智能应用的基础支撑还包括智能化机房、应用服务器、大屏幕、各种智能终端的运行监控设备等基础设施设备。

3.2 数据即服务层（DaaS）

该层主要建设以数据采集、数据处理和集成、数据仓储、数据分析、数据开放共享等数据管理活动为主的数据平台，实现图书馆纸质资源数据和电子资源数据的统一管理、知识组织管理以及大数据运行监控管理。其中数据采集主要通过制定数据采集标准和采集策略，采集包含纸质资源的规范化数据、书目数据（元数据）以及图书馆数字资源信息，除了人工录入、数字化、在网站或移动 App 上不断出现的日志数据和历史数据等，也包括智能硬件传感器收集、摄像头视觉识别收集、麦克风语音交互收集到的各类数据；数据处理和数据集成主要完成数据标准化、数据关联化、知识库构建等工作，其重点是利用人工和计算机智能相结合的手段，将清洗过的有效数据进行必要的拆分、计算和知识关联处理，形成规范的、可用于语义分析的数据，构建知识组织的自动分类和自动标引，建设不同类型资源的知识库；数据仓储是图书馆的数据池，用于集中管理图书馆各类加工处理后的资源有效数据，在云环境下提供对结构化元数据、分布式文件对象数据、相关业务数据和用户行为数据以及知识库各个方面的管理和控制；大数据分析主要是利用各种数据分析手段对数据进行分析挖掘，从不同角度、不同维度构建服务能力分析模型；数据共享和开放属于成果服务范畴，面向各类应用平台在数据内容层面和分析挖掘层面上进行数据共享和支撑调用。

3.3 平台即服务层（PaaS）

该层主要是构建支持多终端融合应用和各业务系统接口调用的新一代图书馆服务平台。采用开放的微服务架构，支持配置各业务系统或者模块通过应用程序接口集成进来，不仅涵盖采访、编目、流通、全媒体资源发布管理、用户管理等核心业务功能，也支持支持联合目录、馆际互借等整合服务。该平台对知识图谱、语义处理、大数据分析、智能搜索引擎等技术深入应用，真正实现图书馆纸质资源和电子资源的统一检索和发现，支持不同终端的统一服务，该层为用户进行个性化、知识化、智能化的知识服务提供平台支撑。

3.4 应用即服务层（SaaS）

该层从视觉、听觉、语音、互动等各方面为构建线上线下一体化的图书馆智慧化和智能化服务提供应用支撑。未来的智慧图书馆是一个需要体现图书馆智慧、智能的地方，智慧体现在大数据挖掘分析、智能搜索、知识服务上，智能体现在硬件呈现手法上，人机互联的智能体验是其目标。应真正以读者为核心，通过各种移动终端设备、穿戴设备以及云计算、人工智能和大数据分析的应用，为公众提供更加方便、快捷的知识服务。

未来，图书馆的创新发展要紧紧围绕 2035 年实现基本现代化的要求，依据十九大报告以及《国家创新驱动发展战略纲要》，加速 5G、云计算、大数据、物联网等新基建技术在图书馆的融合应用，积极构建基于新基建技术的智慧图书馆服务体系。一方面扩大图书馆的感知面和感知深度，实现图书馆万物智能互联；另一方面构建以云计算、大数据、人工智能技术为支撑智慧图书馆知识服务，以科技赋能图书馆服务能力提升。

参考文献

［1］张全林．用新思维推动新基建［N］．新疆日报（汉），2020-04-02（7）.

［2］彭健．当好领头羊　赋能新基建［N］．经济日报，2020-03-19（5）.

［3］王青．“新基建”浪潮下数据中心应该如何规划布局？［N］．人民邮电报，2020-04-09（3）.

［4］国网电动汽车服务有限公司党委．落实公司战略　抢抓“新基建”机遇［N］．国家电网报，2020-04-13（1）.

［5］达涌．“新基建”呼唤加快数字基础设施创新［N］．人民邮电报，2020-04-14（1）.

［6］本报评论员．快马加鞭，全面发力新基建［N］．南京日报，2020-03-13（1）.

［7］吴蔚．京东将在“新基建”升维空间中崛起［N］．经济参考报，2020-04-13（5）.

［8］许见梅，等．“圈”里的新基建“热火朝天”进行时［N］．南京日报，2020-04-10（B1）.

［9］梁丽雯．新基建，新动能［J］．金融科技时代，2020（4）：92.

［10］万物互联，时代新篇章——物联网行业深度报告行业研究类模板报告［R/OL］．［2021-04-20］．http：//www.360doc.com/content/16/1006/12/30466627_596141709.shtml.

［11］童忠勇，刘术华，李东杰，等．云计算环境下数字图书馆推广工程服务模式研究［J］．新世纪图书馆，2016（3）：57-60.

［12］刘喜球，王灿荣．可穿戴技术：构建智慧图书馆的助推器［J］．图书馆论坛，2015（6）：105-108.

［13］刘炜，陈晨，张磊．5G 与智慧图书馆建设［J］．中国图书馆学报，2019（5）：42-50.

［14］屈艳玲．面向微服务架构的数字化图书馆构建［J］．内蒙古科技与经济，2020（3）：150-151，155.

［15］林金瑞．数字图书馆个性化知识服务探析［J］．图书情报导刊，2020（2）：14-18.

［16］武洪兴．基于物联网的智慧图书馆应用构想［J］．图书馆工作与研究，2020（3）：85-91.

［17］徐蓓蓓，朱世伟，赵燕清，等．数字图书馆的未来之路［J］．图书馆学刊，2015（9）：12-15.

［18］张影．人工智能与图书馆产业深度融合的创新发展范式研究［J］．中国中医药图书情报杂志，2020（2）：53-56.

［19］王学婷．未来图书馆新形态、新功能展望［J］．甘肃科技，2017（24）：80-82.

［20］袁红军．我国智慧图书馆研究现状、热点与未来展望［J］．新世纪图书馆，2019（6）：73-77，

82.
[21] 李修全 . 当前人工智能技术创新特征和演进趋势［ J ］. 智能系统学报，2020（2）：409-412.
[22] 数据驱动的智慧图书馆建设与智慧服务——高校图书馆面向“十四五”战略规划学术研讨会暨论文写作研修班邀请函［ J ］. 图书情报工作，2019（23）：1.
[23] 李旭晖，凡美慧 . 大数据中的知识关联［ J ］. 情报理论与实践，2019（2）：68-73，107.
[24] 赵夷平 . 基于关联数据的机构知识库资源聚合与知识发现研究［ D ］. 长春：吉林大学，2018.
[25] 侯西龙，谈国新，庄文杰，等 . 基于关联数据的非物质文化遗产知识管理研究［ J ］. 中国图书馆学报，2019（2）：88-108.
[26] 赵捷，董微 . 面向发现服务的图书馆元数据集成管理系统构建研究［ J ］. 数字图书馆论坛，2018（7）：11-21.
[27] 温泉 . 国家数字图书馆建设进展与展望［ J ］. 图书情报研究，2017（4）：51-55.
[28] 张晗，毕强，李洁，等 . 基于用户画像的数字图书馆精准推荐服务体系构建研究［ J ］. 情报理论与实践，2019（11）：69-74. 51.
[29] 吕璐，高一弘 . 智能搜索引擎在数字图书馆个性化信息服务中的应用［ J ］. 科技文献信息管理，2018（4）：34-37.
[30] 王波 . 5G 时代传统图书馆面临的挑战、机遇及应对策略［ J ］. 图书馆研究，2020（1）：29-35.
[31] 范丽鹏，王曰芬，李堧 . 大数据与创新双驱动的知识创新服务需求与趋势研究［ J ］. 情报工程，2019（3）：22-32.
[32] 魏大威 . 看国家数字图书馆怎样跨入大数据时代［ N ］. 中国出版传媒商报，2015-01-27（18）.
[33] 魏大威，张炜 . 信息化环境下国家数字图书馆的创新与发展［ J ］. 图书馆杂志，2016（12）：4-9.
[34] 魏大威，董晓莉 . 利用区块链技术驱动国家数字图书馆创新升级［ J ］. 图书馆理论与实践，2018（5）：98-103.
[35] 陈瑛 . 从美国图书馆创新技术应用看我国图书馆“智能 +”发展［ J ］. 四川图书馆学报，2020（1）：84-87.
[36] 殷建文 . 数字图书馆知识构建与知识服务应用创新研究［ J ］. 图书馆学刊，2020（2）：71-75.
[37] 张晓霞 . 人工智能在图书馆的应用与发展［ J ］. 大学图书情报学刊，2020（2）：40-43.

传统数字资源库房向智慧库房的转变

戈　岳（数字资源部）

运用大数据、云计算、区块链、人工智能等前沿技术推动城市管理手段、管理模式、管理理念的创新，是当今城市发展的趋势，也是国家战略规划的重要方向。2017年党的十九大报告明确提出建设“智慧社会”，2021年《中华人民共和国国民经济和社会发展第十四个五年规划和2035年远景目标纲要》中“智慧”一词出现了22次。各行各业正朝着智慧化方向发展与变革，这是信息化带来的新机遇。图书馆是一个国家和城市文化软实力的重要体现，在文化传播与交流中有着不可替代的重要作用，也必将融入向智慧型图书馆转变的潮流与趋势中。

1　智慧图书馆与数字资源智慧库房

随着数字图书馆的蓬勃发展，数字资源已逐渐成为主要的知识资源载体，以数字资源为基础的数字图书馆将发展为图书馆服务与管理的主要表现形态。特别是在疫情防控期间，国家数字图书馆发挥了重要的作用，有效地满足了人民群众居家阅读的学习需求。

智慧图书馆与数字图书馆都实现了图书馆的数字化、虚拟化、信息化，打破了时空限制，随时随地都可以通过网络获取其所需要的信息。智慧图书馆是比数字图书馆更高一级的图书馆形态，数字图书馆所采用的信息技术为智慧图书馆的建设提供了前提和基础，但是智慧图书馆会更多地使用物联网技术、云计算及智慧化设备等。

从数字图书馆过渡为智慧图书馆，除了考虑技术、服务的问题，深入研究信息技术在数字资源管理中的应用，如何创建新的管理理念，建设节能、绿色、环保、高效、安全的数字资源智慧库房，也是建设智慧型图书馆需要考虑的问题之一。

2　国家图书馆数字资源库房管理工作

2.1　总体介绍

数字资源库房作为数字资源保存的最后一个阶段，是建设数字图书馆的重要一环。做好数字资源库房的建设和管理工作，可以有力地保障数据的安全与存储完整。国家图书馆现有三个数字资源库房，分别是南区G305库房、北区负118库房和负122库房，共451个柜子790个架位，由数字资源部负责统一管理。

2.2 自建数字资源入藏

数字资源库房为全馆各部门自建数字资源提供介质保存，做好自建数字资源入藏工作。截至 2020 年底，已为古籍馆、缩微文献部、社会教育部等多个部门提供介质保存数字资源，存放包括中文图书、学位论文、民国时期文献、特藏古籍、普通古籍、视听文献、音视频资料、质检迁移、数据库、新媒体资源、其他共 11 大类，包含少儿图书、博士论文、民国报纸、善本缩微胶片等 80 余个项目，72 万张自建数字资源光盘，数据总量约 2400TB。

对重要数据采用多介质备份、异地保存相结合的数据备份方式。其中，G305 库房存放第一套自建数字资源光盘；-118 库房存放第二套自建数字资源光盘；-122 库房存放第二套数字资源光盘和硬盘副本。制作多套副本，保障数据安全、准确、完整。

根据项目名称、光盘编号、项目时间，制作库房架位表。根据项目名称、文件格式、项目年份、光盘编号，制作统一的光盘柜签。库房架位表和光盘柜签能够较准确快速地导航到光盘放置位置。

严格遵守入库手续，须填写《数字资源入库交接单》，内容应包括以下信息：入库单编号、日期、相关经办部门经办人、入库对象描述、数量、格式、载体、容量、相关领导签字。

2.3 自建数字资源出库

配合业务需要提取光盘、硬盘，做好出库记录。严格遵守出库手续，须填写“数字资源提取单”，内容应包括以下信息：项目名称、提取数量、介质编号、数据格式与数量、提盘用途等，相关领导签字同意。出库与归还时，提取人员与出库人员需要签字。

2.4 自建数字资源定期维护、抽查、巡检

清点核查入库光盘数量，检查存储介质的健康状态。发现无法打开、损坏、数据错误等问题，重新进行备份并替换。首先提取备份光盘检验，如光盘有问题，则需要提取硬盘数据重新进行备份。

定期巡查数字资源库房，须填写“库房安全检查登记表”，内容应包括以下信息：日期、姓名、检查项目（电源、设备、灯、水、门）。安全检查有问题时，应尽力解决，及时向有关部门汇报并保护好现场。

非库房管理人员入库，须填写“出入库人员登记表”，内容应包含以下信息：日期、所属部门、姓名、入库事由、入库时间及出库时间。

2.5 自建数字资源库房管理制度

数字资源库房管理包括库房人员管理、数字资源接收与入库管理、数字资源介质流通管理、数字资源安全管理、卫生管理等内容。设置专门的岗位和人员负责数字资源的保存、管理、介质流通工作。针对以上方面，国家图书馆制定了《国家图书馆数字资源

藏品库管理细则》。

3 传统数字资源库房向智慧库房转变

3.1 存储载体转变

数字资源库房目前以光盘保存为主体，数量庞大、占地面积大，1000 张光盘要占用一个光盘柜。光盘容量小，一张普通光盘的存储量仅有 4GB，一些大项目需要几千张光盘，如中文图书项目，自 2007 年以来，光盘入库量达到 26 万张。提取大量光盘数据时，需用光盘塔，除了可擦写盘片外，光盘不可重复读写，并且读写速度较慢。

光盘一旦受到高温、潮湿、空气污染、划伤等影响，就会造成载体的损坏。以普通光盘为例，使用寿命在 20—30 年，保存环境、光盘质量、读取设备都会影响光盘的使用。而且光盘损坏后无法修复，只能废弃。除此以外，保存数字资源的设备会随着技术的发展更新换代，导致旧的载体不能被新的硬件设备读出，造成管理和使用上的不便。还有一些光盘标签由于年代久远脱落，需要人工重新粘贴标签，增加了库房管理员的工作量。

如图 1 所示，2020 年光盘入库量是近五年的最低，与 2019 年相比减少 4.4 万张。2021 年起，所有项目开始不再使用光盘备份，只使用硬盘备份。传统的光盘存储载体时代结束了。

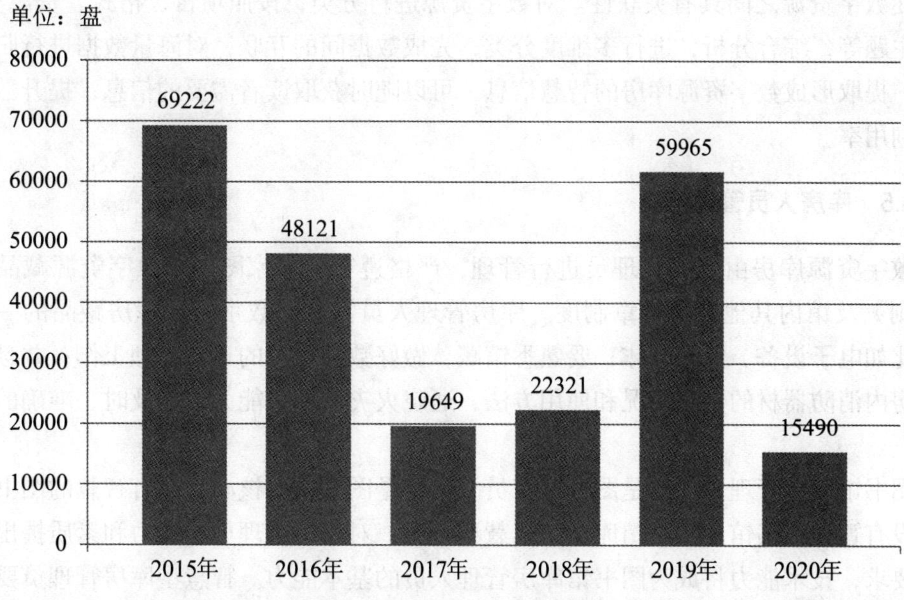

图 1　自建数字资源光盘入藏量

3.2 离线存储柜的应用

2015 年，离线存储柜进入数字资源库房开始硬件部署，2016 年完成软件部署，

2021 年完成了测试工作。离线存储柜采用高科技集成技术，实现数字资源硬盘离线存储的科学化、规范化。硬盘存储具有容量大、数据传输快、性价比高、具备历史传承性等优点，同时库房增设了安全柜体和系统环境监测，可以抗震、防磁、防尘，为大数据时代提供了更为便捷、科学、高效的存储方式。

3.3 转变理念

在向智慧图书馆转型的大背景下，图书馆需要不断提升服务能力，从人力服务向智慧服务转变。在数字资源方面，需要转变传统数字资源库房只用于保存数据的理念。数字资源库房管理并不是简单的一个保存数字资源的“房子”，它是一个系统化的工作。通过数字资源对象数据的规范保存以及元数据的规范性，统一数字资源标识号标准、规范题名，有序地将数字资源保存在数字资源库房内。

3.4 知识化建设

传统数字资源库房管理水平相对有限。库房管理工作以人工为主，基础设施建设不能满足新时期库房的功能，特别是存储设备方面，光盘数量众多，容易遗失，数据之间未建立联系，数字资源的优势不能得到充分发挥。

数字资源智慧库房在数字资源的利用与服务起着尤为重要的作用。现代化信息技术为智慧图书馆提供了条件，数字资源库房也应逐步实现信息化，通过建立库房管理系统，使数字资源之间具有关联性。对数字资源进行分类，按照项目、格式、资源类型、资源主题等，综合分析，进行多维度分类，完成数据间的互联，对海量数据进行归纳和分析，提取形成数字资源库房的智慧信息，可以随时获取读者需要的信息，提升数字资源的利用率。

3.5 库房人员管理

数字资源库房由库房管理员进行管理，严格遵守《国家图书馆数字资源藏品库管理细则》及馆内其他有关规章制度。库房管理人员需掌握数字资源库房藏品的一般知识，比如电子设备、保存载体；要熟悉馆藏，做好数字资源的日常管理工作；并且要掌握库房内消防器材的分布情况和使用方法，通晓火灾的四个能力，能及时、准确的处理问题。

图书馆库房管理人员也是图书馆馆员。馆员是图书馆的核心，没有智慧的图书馆馆员就没有智慧图书馆。图书馆库房向智慧型转变，对库房管理员的能力和素质提出了更高的要求，技术能力将成为图书馆库房管理人员的基本能力。智慧型库房管理员要通过技术手段，更好地保证数字资源保存的完整、安全。要强化智慧意识，培养学习习惯，通过深入学习与实践等多种方法，完成向智慧的转化。

4 建设数字资源智慧库房面临的问题

4.1 网络安全问题

与纸质文献的安全管理相比，数字资源安全管理涉及的内容更多、更复杂。随着智慧型图书馆的发展，馆藏资源建设中产生的数字资源越来越多，海量资源的生成和逐渐积累，意味着数字馆藏的增加，但也意味着这些宝贵的数字资源馆藏有可能会面临因安全问题而引起损失的危险。

互联网是一把双刃剑，数字资源保存的安全也会受到网络安全的影响。尤其是涉密的或者有敏感信息的数字资源文件，应当与其他普通级数字资源文件分开保存，专门有涉密数字资源保险柜。数字资源保存的网络安全问题是智慧型图书馆库房的重要问题之一。

4.2 安全问题

2019 年巴黎圣母院的一场大火，让这座世界文化遗产、建筑史上的经典建筑受损严重。站在图书馆行业的角度，图书馆是搜集、整理、收藏图书资料供人阅览的机构，是传承文明、服务社会的重要场所，在社会发展、经济建设中发挥着非常重要的作用，因此保护图书馆数字资源安全就是数字资源库房的底线。

在建设智慧型图书馆库房时，针对数字资源存放环境保护数字资源安全是重中之重。智慧库房建设应当满足防盗、防光、防高温、防火、防潮、防尘、防鼠、防虫“八防”功能。

库房的设计与施工优劣直接关系到数字资源是否有效地保存和利用。库房的环境必须满足各种存储介质的存放，对温湿度、洁净度、电磁场强度、防漏、电源质量、防雷和接地等有较高的要求。一个合格的数字资源库房，应该是一个安全可靠、舒适实用、节能高效的库房。

5 构建数字资源智慧库房管理系统

传统的数字资源库房采用人工管理的方式，主要依靠库房管理员巡视库房来判断其状态是否在规定范围内，不能及时发现问题。同时，自动化水平低，操作效率低，人工记录数据出错率高，查找记录需要追溯交接单，速度慢。构建数字资源智慧库房管理系统，能避免人工管理方式的弊端，提高库房管理的工作效率。

构建数字资源智慧库房应合理利用信息化技术和智慧库房管理理念，保障数字资源安全。应建立一套完备的库房管理系统，将视频监控、防火设备、电力系统、门禁、温湿度控制等独立运行的设备连接起来，实现数字资源库房的智慧化管理。

5.1 温湿度控制

温湿度情况是保障数字资源库房防止虫霉等危害文献寿命发生的重要指标，通过除湿机、空调等设备，温湿度可以自动调节。当库房温湿度达到预警阈值，温湿度感知设备触发预警信号，自动控制设备工作，调节库房温湿度，达到防潮、防高温的效果。

古籍馆于2019年在国家图书馆重点书库放置温湿度、虫霉害情监测设备，并每月提交一次温湿度、虫霉监测报告。数字资源库房已安装温湿度监控系统，但并不能改变温湿度，只起到监测作用。数字资源南区库房的温度在17℃—26℃，相对湿度在9%—74%。北区库房全年温度在18℃—26℃，相对湿度基本维持在20%—83%[①]。

5.2 防火防水控制

数字资源智慧库房应安装火灾烟雾探测器、漏水检测等设备，当库房出现烟雾、漏水等情况，管理系统自动发出警报，通知库房管理人员进行及时处理。

北区数字资源库房处于半地下，每到下雨时节，库房人员会加大巡视力度，重点加强防水工作，一旦出现问题，及时通报维修。

5.3 防盗控制

视频监控全覆盖，安装门禁系统，提升库房的安全。自动记录出入库人员ID、入库时间、出库时间，提取数据有记录，不符合规定的出入库会引发系统报警，保证数字资源安全。

5.4 数字资源出入库统计

数字资源智慧库房管理系统可以统计数字资源出入库情况，在提取资源的过程中更加安全有效。通过在系统中检索，快速查找数字资源存储位置完成数据提取并出库。出库过程中，提取人、提取时间、提取数字资源数量、存储量、格式等多种信息被记录到智慧库房管理系统中，为数字资源出库的统计工作提供便捷。

数字资源入库按照项目分类存储到相应位置内，数据内容相互联系，能自动测试损坏数据，加大了对数据资源信息的有效挖掘。

现在图书馆正向智慧图书馆迈进。我们对图书馆的期待不仅仅是在此阅读书籍，而是资源信息化带来的自由获取知识、馆库现代化带来的舒适环境。读者对一座图书馆的所有期待，图书馆都能实现，这才是智慧图书馆。

要让传统数字资源库房顺应时代的潮流，融入从传统数字资源库房向智慧图书馆转变的趋势中，就必须借助物联网、大数据、人工智能等为代表的新兴技术。

智慧库房管理系统可以对数字资源藏品、环境、藏品柜架进行高效管理，是建设智慧图书馆重要的一部分。目前国家图书馆的数字资源库房还处于传统库房的阶段，随着技术的不断变革与进步，相信未来数字资源智慧库房会不断完善，满足读者对图书馆的所有期待。

---

① 资料来源于《古籍馆关于2020年全馆重点库房温湿度、虫霉及有害气体监测情况的报告》。

参考文献

[1] 高岩，景玉枝，杨静．智慧图书馆信息化建设理论与实践［M］．北京：科学出版社，2020：95-120.
[2] 图书情报杂志社．智慧城市与智慧图书馆［M］．北京：海洋出版社，2018：143-155.
[3] 徐周亚，龙伟．国家图书馆数字资源对象管理规范［M］．北京：国家图书馆出版社，2013：38-39.
[4] 王璐．试论档案库房管理的现代化建设［J］．档案管理，2020（11）：56-57.
[5] 李莉．智能档案库房管理信息系统结构设计［J］．时代金融，2013（1）：57-58.
[6] 吴长静．智慧档案库房基本功能初探［J］．办公室业务，2019（23）：52-53.
[7] 初景利，段美珍．智慧图书馆与智慧服务［J］．图书馆建设，2018（4）：85-95.
[8] 李伟超，贾艺玮，赵海霞，等．近十年我国智慧图书馆研究综述［J］．现代情报，2018（3）：171-176.

关于图书馆网络 IPv6 技术应用的研究

任旭明（信息技术部）

中共中央办公厅、国务院办公厅印发了关于《推进互联网协议第六版（IPv6）规模部署行动计划》（以下简称《计划》）的通知，《计划》中指出："抓住全球网络信息技术加速创新变革、信息基础设施快速演进升级的历史机遇，加强统筹谋划，加快推进 IPv6 规模部署，构建高速率、广普及、全覆盖、智能化的下一代互联网，是加快网络强国建设、加速国家信息化进程、助力经济社会发展、赢得未来国际竞争新优势的紧迫要求。"[1]同时，网络智能化是建设智慧图书馆必不可少的基础支撑。因此，研究 IPv6 技术在图书馆网络中的应用具有重要的意义。

1 IPv6 的优势

1.1 IPv6 解决 IPv4 地址枯竭问题

非洲互联网信息中心（AFRINIC）在 2019 年 11 月 26 日将其 IPv4 地址分配完毕，正式宣告全球 43 亿个 IPv4 地址已全部分配完毕[2]。而 IPv6 地址采用 16 进制[3]来表示，理论上可以提供 2 的 128 次方约 340 万亿兆个地址，可实现超大规模组网，可使用几百年，满足未来物联网大规模部署需求。

1.2 IPv6 可构建安全可信的网络

构建安全可信的网络首先要有真实可信的 IP 地址。IPv4 网络普遍使用 NAT 转换技术和私有 IP 地址，造成 IP 地址不可溯源、管控困难。IPv6 则使用真实地址，有利于消除安全隐患。《计划》中明确指出"推进 IPv6 部署与网络实名制"，IPv6 地址的可追踪、可溯源、实名制特点可以为构建安全可信的网络创造很好的基础。

其次，构建安全可信的网络需要安全可信的 DNS 系统。重要信息系统的域名应该使用中国自主管理和控制的顶级域名管理系统，避免域名解析风险。目前，全球共有 13 个 IPv4 根 DNS 服务器，但没有一个在中国。在全球互联网治理机制仍然不够完善情况下，以及在当前我国所处的国际环境下，确实存在一些风险需要防范，而"雪人计划"[4]的出现打破了这种局面。在与现有 IPv4 根服务器体系架构充分兼容基础上，"雪人计划"于 2016 年在全球 16 个国家完成 25 台 IPv6 根服务器架设。中国部署了其中的 4 台，由 1 台主根服务器和 3 台辅根服务器组成，打破了中国过去没有根服务器的困境。

1.3 IPv6 通信效率更高

在全国范围随机抽取 12 个省市，分别通过中国电信、中国移动、中国联通对某互联网应用进行测试，12 个省市中除了山东电信外，IPv6 的时延均低于 IPv4 的时延[5]。

同时测试的大部分省市 IPv6 连接成功率均要高于 IPv4，加上 IPv6 时延低于 IPv4，这说明 IPv6 的通信效率要高于 IPv4。

2 互联网网站升级策略

目前，很多学者研究网站升级 IPv6 的策略，笔者总结大致有如表 1 所示的几种选择。

表 1 网站升级策略

	新建网站	刚建成三年内的网站	已建成老旧、复杂的网站
网站特点	从零开始新建	（1）结构简单 （2）代码修改量不大 （3）时间充裕 （4）预算充足，网站可以进行软硬件系统全面升级 （5）技术人员熟悉 IPv6 （6）有能力制定较完备的 IPv6 网络安全策略	（1）结构复杂 （2）代码修改量很大 （3）时间较紧 （4）预算紧张 （5）技术人员不熟悉 IPv6 （6）没有能力制定较完备的 IPv6 网络安全策略
策略	直接支持 IPv4/ IPv6 双协议栈	优先 IPv4/ IPv6 双协议栈转换方案作为备选	使用转换设备支持 IPv6 访问

从表 1 可以看出，网站升级支持 IPv6 主要是两种途径：一是支持双协议栈，二是使用转换设备。

2.1 双协议栈策略

2.1.1 双协议栈拓扑结构

双协议栈策略即对新建网站直接开发支持 IPv4/IPv6 双协议栈功能。网络设备、应用系统、运营商支撑系统的软硬件设备同时运行两套协议栈支持 IPv4/IPv6 访问。其拓扑结构如下图 1 所示。

2.1.2 双协议栈策略优缺点分析

双协议栈策略的优点是，它是一种比较彻底的网站 IPv6 升级改造技术，网站同时运行 IPv4/IPv6 两个协议栈，无须额外设备支持。缺点是其主要适用于新建网站或者架构简单的网站改造，对网站系统进行整体升级，投资较高，改造周期较长。对于老旧、系统复杂网站，改造的风险相对较大。

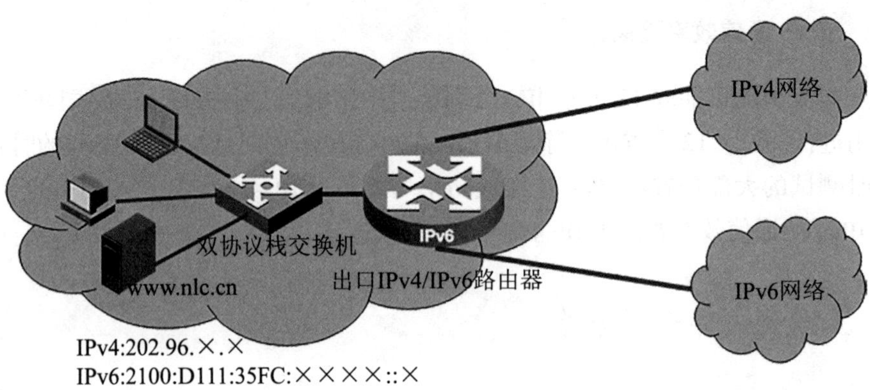

图 1　双协议栈拓扑结构

2.2　转换设备策略

2.2.1　转换设备拓扑结构

老旧网站及功能和架构较复杂的网站改造宜采用外挂 IPv4/IPv6 协议转换设备的策略。其拓扑结构如下图 2 所示。

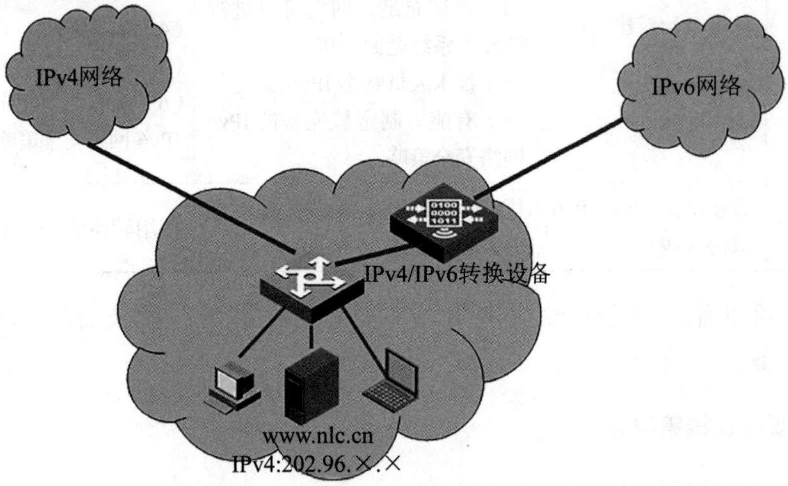

图 2　外挂转换设备拓扑结构

2.2.2　转换设备策略优缺点分析

其优点是：第一，简便易行，快速实施。IPv4 源站不需修改，不需对网站整个系统进行全面改造。大约 3—5 个工作日即可实现网站支持 IPv6 访问，时间短，难度小。第二，如果网站遇到来自 IPv6 网络的攻击，其只能攻击到转换设备，不会直接攻击 IPv4 源站。第三，不影响政府网站已有的安全等保三级认证。第四，技术人员的维护工作量基本不增加。第五，可以解决老旧网站、架构复杂的网站实现支持 IPv6 访问的难题。

其缺点是：第一，转换技术适用于IPv4/IPv6演进过渡期，仅实现web网站支持IPv6访问，不能代替真正的IPv4/IPv6双栈网站。第二，如果网站和应用涉及物联网应用部署、工业互联网应用部署，则不能使用转换策略，必须采用IPv4/IPv6双协议栈技术策略。

2.3 转换技术研究[6]

以清华大学研发的转换设备为例，IPv4/IPv6转换技术可分为4over6/6over4技术和IVI技术[7]，根据以上技术标准设计生产的转换设备可以支持1Gbps、10Gbps、40Gbps以及100Gbps接入和转换能力。

2.3.1 4over6/6over4技术

4over6/6over4技术简单来讲即IPv4/IPv6的用户在穿过IPv6/IPv4网络时转换设备给IPv4/IPv6报文封装IPv6/IPv4报文头部的技术，以达到报文数据在不同网络环境透传的目的。例如IPv6用户访问IPv6的网络期间穿过IPv4的网络可以采用6over4技术。

2.3.2 IVI技术

另一种IPv4/IPv6转换技术是IVI技术。4over6/6over4技术是直接封装IPv6/IPv4报文头部，而IVI技术是将接收到的IPv4/IPv6报文改变报文头部格式，将报文头部分别转换成IPv6/IPv4报文格式。

两种转换技术都已经成熟且都有应用，不同的地方在于4over6/6over4技术使得封装的报文更长，需要重新分片处理，从而增加了开销。而IVI技术需要深入报文头部转换报文格式，这同样需要一定的开销。

3 图书馆网络IPv6技术应用研究

3.1 双协议栈存在的问题

双协议栈策略无须增加转换设备即可解决IPv4向IPv6过渡的问题，但其本身也存在一些缺陷。

第一，双协议栈网络中的设备仍然需要配置IPv4地址，所以双栈策略并不能节约IPv4地址，NAT转换也将继续存在，转发效率也不会有显著提高。第二，双协议栈网络同时配置IPv4和IPv6两个通道，这增加了信息系统的暴露风险。第三，双协议栈网络因所有设备（如负载均衡、防火墙、行为管理、流量控制、入侵检测、核心交换机等）都要配置双协议栈，所有策略要做到既支持IPv4协议又支持IPv6协议，因此增加了网管人员工作的复杂程度。第四，双协议栈网络中，原来在IPv4网络存在的漏洞、网络攻击和病毒传播机制仍然有效。而且攻击者还可能利用IPv4和IPv6两者弱点组合起来攻击，因此双协议栈网络的安全管理复杂度可能不是简单的两者相加的关系而是更高。第五，有学者预测到2025年，IPv6网络将占主导地位[8]，互联网最终会演变成只有IPv6协议一种形态，双协议栈网络无疑为以后去IPv4协议化工作增加了一步工作量，需要将所有网络和网络安全设备以及信息系统的策略、代码都要重新配置一遍，这给后期的维护工作增加难度，尤其是随着时间的推移，设备、代码都已老旧，维护工作难上加难。

因此，单纯的双协议栈网络不管是从工作复杂度还是网络安全层面考虑，都不是一个最优的选择策略。

3.2 图书馆网络 IPv6 升级策略

3.2.1 升级策略

结合图书馆网络系统实际环境，图书馆不仅有很多新建的信息系统，还有很多服务多年的老旧信息系统。对于新建的信息系统，采取双协议栈的策略固然问题不大，但是如果对那些设备陈旧、系统复杂的信息系统也采取双协议栈策略，出现服务不可用、系统错误风险的概率将大大增加，因此老旧信息系统宜采用转换设备的策略以支持 IPv6 访问。既然已经采购转换设备，那直接将未建或已建不久的信息系统统一建设为纯 IPv6 网络无疑是最优的选择策略。

在纯 IPv6 网络中，图书馆馆外 IPv4 用户通过转换设备访问馆内 IPv6 的资源，馆内 IPv6 用户也可以通过转换设备访问互联网的 IPv4 资源。这主要是针对图书馆网络内存在大量设备老旧、系统复杂需要额外采购转换设备的情况，如果是一个新建的图书馆，综合考虑预算成本直接配置双栈协议也算是一种性价比较高的策略。笔者将以上研究的图书馆网站从 IPv4 到 IPv6 升级策略总结成一个流程图如下图 3 所示。

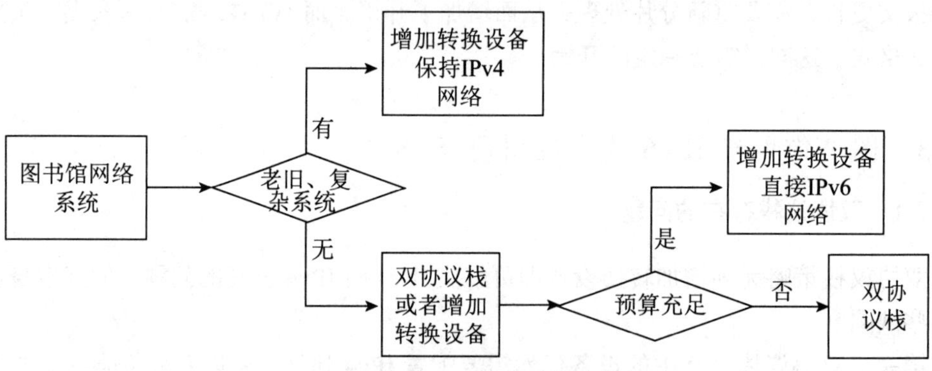

图 3 图书馆网站 IPv4 到 IPv6 升级策略流程

图书馆信息系统 IPv6 升级改造的时候，如何选择纯 IPv6 加转换设备、双协议栈、纯 IPv4 加转换设备这三种策略，要根据实际网络环境考虑，在确保用户便捷、快速迁移、不影响现有图书馆业务和最具性价比资金投入的前提下，实现图书馆网站 IPv4 到 IPv6 的升级，确保图书馆用户体验。

3.2.2 实施内容[9]

（1）图书馆采购 IPv6 专线

图书馆向运营商申请分配 IPv6 地址，向 CNNIC 申请自有 IPv6 地址，并在运营商做 BGP 广播或者代播。

（2）图书馆 IPv6 地址规划

在确定网站升级策略后，接下来要考虑 IPv6 地址规划的问题。图书馆 IPv6 地址规划要注意层次性，可根据物理位置、部门职能、有线网络、无线网络、服务器区等条件综合考虑做子网划分。在网关部分保证路由可汇聚[10]，简化路由配置。还应当注意地址的可扩展性，保留部分子网地址用于将来的扩展。

（3）图书馆应用的 IPv6 升级改造[11]

对于升级到纯 IPv6 网络的信息系统，图书馆可直接编写支持 IPv6 访问的代码，并采购转换设备；对于升级到双协议栈的信息系统，则要重写相关程序代码以支持双栈访问。对网站类软件系统可以部署反向代理服务器[12]与 DNS 服务器配合，将 IPv6 客户端访问请求解析为反向代理服务器 IPv6 地址，反向代理服务器收到请求后，将请求基于 IPv4 协议发给 IPv4 服务器，IPv4 服务器根据请求再将响应内容发给反向代理服务器，代理服务器再将该响应内容基于 IPv6 协议返回给 IPv6 客户端，完成访问。

（4）图书馆 DNS 系统升级改造及 IPv6 地址备案[13]

如果图书馆有自己架设的 DNS 服务器，则该 DNS 系统主要是增加 IPv6 地址指向的 AAAA 记录，并开启 IPv6 地址查询功能。如果是使用的是上级代理的 DNS 服务，则需要上级 DNS 开启 IPv6 地址查询的功能，并向上级代理请求配置图书馆网站对应的 IPv6 地址。与此同时，对图书馆的 IPv6 网站要做好备案工作。

4　图书馆网络 IPv6 技术应用面临的网络安全问题

任何网络协议都有一定的缺陷，存在一些潜在的风险，IPv6 协议本身也存在一些缺陷，比如 IPv6 报文中的下一报头字段安全缺陷[14]，攻击者可能将下一报头字段设置为特殊值进行 DDoS 攻击；还有 IPv6 扩展头安全缺陷，即在数据报文中多个扩展头可将载荷扩展到第二分片或者更靠后的分片，使得防火墙等网络安全设备检测难度增大。因扩展头中存在预留的数据空间，为基于 IPv6 扩展头的隐秘通信提供了便利条件。IPv6 协议允许个人自定义选项，且不存在某种机制对其进行认证，这些无疑将给 IPv6 网络带来安全风险。

图书馆的 IPv4 网络升级到 IPv6 后，原来做 NAT 的内部主机都直接暴露在互联网上，这需要更加注意网络安全防护。如果升级为双协议栈原有的 IPv4 网络的攻击机制仍然有效。IPv6 网络 DNS 系统不仅需要防护 DDoS 攻击，还要重点防护日志数据被泄露，一旦 DNS 系统日志泄露将导致大量用户 IPv6 真实地址被窃取，信息系统暴露在互联网上，增加网络安全风险。

除了以上 IPv6 网络都存在共通的网络安全问题之外，图书馆的网络有其自身的特殊性。比如，图书馆的网络除了给员工使用外，还需给大量读者提供服务，根据国家当前的网络安全相关要求，读者使用图书馆网络需实名验证，而且为了信息系统安全还要制定一定的策略来实现逻辑隔离。当图书馆的网络升级改造成 IPv6 网络后，针对读者所做的安全策略需要重新制定。由于信息系统的 IPv6 真实地址同样暴露在读者面前，但部分数据资源还要开放给读者访问，因此制定的安全策略必定繁杂，不能让不法分子冒充读者给图书馆的网络带来风险。另外，读者所分配的IPv6真实地址也将在互联网上传输，这要求图书馆网络同样不能泄露读者用户信息，避免给读者带来信息安全风险。

5 图书馆IPv6网络安全防护建议

当前我国对有关IPv6网络存在的风险和相对的网络安全防护的研究相对匮乏，对比关于IPv6组网部署、升级改造的大量研究工作还相对欠缺。现在的IPv6网络安全防护策略主要包括安全标准的制定、地址隐私保护、源地址验证等。

5.1 推动图书馆IPv6网络安全相关政策、法规的制定

图书馆应制定IPv6网络管理办法和IPv6网络安全管理办法，指导IPv6网络的建设、升级改造，指导图书馆IPv6网络安全策略的制定与实施，当图书馆IPv6网络出现问题时能依据制定的网络安全应急预案启动相关工作。应在制度流程上先做好图书馆IPv6网络安全的防护准备工作。

5.2 推进图书馆IPv6网络安全设备升级优化

IPv6网络安全设备升级优化是落实图书馆网络安全防护策略的重要举措。网络安全设备如上网行为管理、防火墙、入侵防御系统（IPS）、Web应用防火墙（WAF）等，都需要升级配置，保证其支持IPv6、兼容IPv4的网络安全策略。

5.3 IPv6协议与应用的漏洞挖掘、修补

挖掘IPv6协议与应用的漏洞，有助于IPv6协议栈及相关防护措施的逐步完善[15]。当图书馆的IPv6网络出现相关漏洞威胁时，相关人员应及时更新修补协议补丁，避免漏洞风险进一步扩大。

5.4 加强图书馆园区网络与共存网络的综合防护

图书馆内5G、DNS、云平台、数据中心、物联网等网络与图书馆园区网络之间应部署内部逻辑隔离、外部物理隔离等网络安全策略，对不同的网络、不同的用户采取不同的访问策略，防止威胁从内部入侵，同时也保护图书馆网络用户的信息安全。

5.5 对网络安全相关工作人员进行IPv6网络及网络安全知识培训

人是网络安全的第一要素。培养一批IPv6网络及网络安全专业技术人员尤为必要，有助于解决IPv6技术应用的短板问题。

5G、物联网时代的到来必将带动海量IP地址需求。发展智慧图书馆归根结底离不

开智慧网络的支撑，如果支撑网络不以 IPv6 技术作为基础又谈何智慧？云计算、大数据时代对未来网络低时延、高安全性的要求也越来越高，这些都将使得规模部署 IPv6 成为必然。《计划》是国家战略顶层设计，指导我国互联网未来的发展方向，图书馆推广应用 IPv6 技术是必然趋势。结合图书馆网络环境和预算的实际情况增加转换设备，不仅能为老旧、复杂的信息系统提供 IPv6 服务，还能给将要建设和新建不久的信息系统所建设的纯 IPv6 网络提供服务，是图书馆网络应用 IPv6 技术的首选策略。与此同时，要完善 IPv6 网络安全防护措施，避免 IPv6 网络带来新的风险。

参考文献

[1] 赖敬坤，梅洪．电子政务外网 IPv6 网络部署安全风险及对策探究 [J]．江西通信科技，2019（4）：32-35.

[2] 甄龙飞，马克．基于新一代互联网地址过渡转换技术的研究与分析 [J]．新一代信息技术，2019（24）：87-93.

[3] 王欣然．广电网络中 IPv6 地址分配浅析 [J]．有线电视技术，2018（6）：24-28.

[4] 帅涵华．网络助推强国路 [J]．国防教育，2018（5）：55-56.

[5] 葛坚，马丹妮．我国 IPv6 发展现状与问题分析 [J]．信息通信技术与政策，2020（6）：84-88.

[6] 赵锋．国内外 IPv6 标准进展及存在的问题 [J]．现代电信科技，2010（8）：4-8.

[7] 仝亚鹏，李振强，魏冰．IPv6 过渡技术分析 [J]．电信科学，2011（1）：58-66.

[8] 赵肃波．中国 IPv6 发展与网络安全挑战 [J]．信息安全研究，2019（3）：261-272.

[9] 王晓东．中国移动 IPv6 部署与演进思路 [J]．电信工程技术与标准化，2018（8）：1-7.

[10] 纪德伟，柏成勇．Pv6 地址规划及管理实践 [J]．信息通信技术与政策，2020（6）：95-100.

[11] 周强．高校 IPv6 网络升级改造探讨 [J]．网络安全技术与应用，2020（4）：110-112.

[12] 周军宏．关于校园网 IPv6 升级的思考 [J]．电脑编程技巧与维护，2019（12）：67-69.

[13] 金璇，揭凌雁，王荣．江西电信 DNS 系统 IPv6 改造及防护案例 [J]．江西通信科技，2019（4）：21-24，35.

[14] 张连成，郭毅．IPv6 网络安全威胁分析 [J]．信息通信技术，2019（6）：7-14.

[15] 钱福利．浅析 IPv6 网络的安全风险与应对措施 [J]．网络安全技术与应用，2019（7）：25-26.

关于优化 ISSN 办理工作的几点建议

金文昌（中文采编部）

2019 年 5 月 30 日，习近平总书记在全国科技创新大会、中国科学院第十八次院士大会和中国工程院第十三次院士大会、中国科学技术协会第九次全国代表大会上发出号召："广大科技工作者要把论文写在祖国的大地上，把科技成果应用在实现现代化的伟大事业中。"在这个号召下，我国的学术出版出现了前所未有的动力。同年 8 月 5 日，中国科协、中宣部、教育部、科技部联合印发的《关于深化改革培育世界一流科技期刊的意见》提出"到 2035 年，我国科技期刊综合实力跃居世界第一方阵"。ISSN 作为全球通用的连续性资源的识别代码，是国内优秀期刊登上世界舞台的"身份证"，ISSN 的办理工作是实现这一愿景不可或缺的重要环节。

ISSN 是 International Standard Serial Number（国际连续出版物号）的简称。1985 年，我国政府正式批准成立 ISSN 中国国家中心（以下简称"中国中心"），中国中心设在国家图书馆内，目前是中文采编部的一个科组，主要职责是全面负责中国境内连续性资源的 ISSN 咨询、分配、注册和管理工作。经过 30 多年的探索发展，中国中心已分配 ISSN 约 1.6 万个，几乎涵盖目前国内公开出版的所有期刊，对中国期刊国外发行、数据库收录、用户查询等起到了重要作用。但目前 ISSN 的办理流程也存在不够便捷、不够智能化等问题，严重影响了中国中心的服务水平，如何优化 ISSN 办理流程、提高服务水平和效能是目前亟须解决的一个问题。

1　ISSN 概况

20 世纪中期以来，科学技术的飞速发展带来了以期刊为主的连续出版物出版量的迅猛增长，如何迅速而准确地识别来自不同国家、不同语种、不同类型的成千上万的连续出版物是图书馆、数据库商、供应商、出版商等机构、用户迫切需要解决的问题。ISSN 的出现为这一问题提供了一种终级方案。因为 ISSN 系统是一项比较完善的计划，它计划将全世界过去、现在和未来的连续出版物都用阿拉伯数字代码表示出来，以达到控制、管理连续出版物的目的。

1976 年 1 月，联合国教科文组织和法国政府签订协议成立了 ISSN 国际中心，它与 ISSN 国家及地区中心共同组成了 ISSN 网络（ISSN Network），负责全世界 ISSN 的分配、注册和管理工作。ISSN 是由前缀 ISSN 和 8 位数字组成，结构格式为：ISSN ××××-××××，其数字不代表任何含义。近年来，ISSN 的分配范围由传统的连续出版物扩展到连续性资源，不仅包括期刊、报纸等连续出版物，还囊括了不断更新的集成性资源，如不断更新的网页、数据库等。注册完成的 ISSN 被统一发布在 ISSN 国际数据库——ISSN portal（https：//portal.issn.org/），方便用户查询。

中国中心隶属国家图书馆，业务上接受国家新闻出版署指导，其主要职责是承担给中华人民共和国境内出版的连续出版物及其他连续性资源分配 ISSN，完成与之相关的注册工作。ISSN 与 CN（国内统一刊号）共同构成中国标准连续出版物号。鉴于 CN 的限定对象为报刊（印刷版）、期刊（印刷版）、网络连续出版物（含网络报纸和期刊）、连续型电子出版物（含电子报纸和期刊），目前中国中心对 ISSN 的分配范围也限于上述 4 种连续出版物，且以印刷版期刊居多。

2 ISSN 中国中心办理流程特点

ISSN 的办理主要指 ISSN 的申请、分配、数据编制和注册。各国的 ISSN 中心因国情不同办理流程略有不同，但总体上都遵循上述 4 个步骤。目前，中国中心的办理流程为：申请单位将"ISSN 申请表"、国家新闻出版署批准文件、"期刊出版许可证"、"期刊登记表"、相关样刊等材料邮寄至中国中心，中国中心在 7 个工作日内完成材料的审核工作，如材料准确，则予以分配 ISSN 并通过寄送"ISSN 预先申请通知单"的形式告知申请单位，通知单上不仅注明了分配的 ISSN 及对应的识别题名，还包括 ISSN 使用事项等。申请单位可凭此通知单向新闻出版管理机构申请期刊条码。待申请单位将印有 ISSN 的刊物寄至中国中心，中国中心审核并通过刊物后再向申请单位颁发"ISSN 证书"，完成 ISSN 数据的编制、向 ISSN 国际中心报送数据、完成注册等相关工作。

目前中国中心 ISSN 的办理流程有以下几个特点：

2.1 申请材料较多

因 ISSN 只能分配给经国家新闻署批准的公开发行的正式出版物，所以申请材料不仅包括以搜集连续出版物元数据信息为目的"ISSN 申请表"，还包括国家新闻出版署的审批文件、"期刊出版许可证"、"期刊登记表"。申请单位需要集齐 4 份材料才能申请 ISSN，前期材料准备时间较长，较为影响出版进度。

2.2 主要以材料邮寄等线下方式进行

目前中国中心与申请单位往来材料均通过邮局、快递等方式，耗时耗力，材料还存在丢失的情况。中国中心自成立起，接收的纸质材料已堆积成山，存在着保存和再利用方面的困难。

2.3 无法有效利用申请单位提供的元数据信息

中国中心通过申请单位填写的"ISSN 申请表"获取相关元数据，并将这些元数据作为编制 ISSN 数据的基础。目前以纸制形式提交的申请表无法被有效转换应用到后续数据过程中，工作人员只能通过手动输入的方式将元数据著录到编目系统中。遇到民语、小语种期刊，由于无法直接提取相关字段的原文和拉丁转写，较为不便。

2.4 与交存工作有效衔接不够

中国中心规定，申请完 ISSN 的单位需定期向中心交存样刊，但交存情况并不好，且与国家图书馆的交存工作没有衔接。中国中心每年接收的样刊数据约在 8000 册左右，工作人员需从事大量的样刊收取、拆包、转移等工作，占用了大量时间。

国家图书馆馆长饶权曾撰文归纳智慧图书馆至少包含 4 个方面特征，其中一个特征就是图书馆业务的全流程智慧化管理。进入智慧图书馆发展阶段，图书馆的业务内容、业务架构将进一步面临全流程的智慧化重组，实现文献信息全生命周期的自动化、一体化管理，全面提升图书馆业务管理效率，同时使图书馆员从大量简单的事务性工作中解放出来，更多地从事面向高层次学习阅读需求的专业知识信息服务。目前 ISSN 的办理流程没有随着计算机技术的发展与时俱进，与目前倡导的智慧图书馆相去甚远。

3 国外主要 ISSN 中心办理流程

笔者查看了 2020 年 ISSN 各国家中心提交的年度报告，约有 70% 的 ISSN 国家中心使用了网络申请的方式办理 ISSN 业务，网络化的程度有浅有深。笔者通过登录 ISSN 国际中心及其他 ISSN 国家中心的网站，了解到各中心办理的一些流程，并选取 ISSN 美国国家中心、ISSN 国际中心和 ISSN 日本国家中心作为分析对象，希望通过介绍它们的 ISSN 办理流程，借鉴它们的先进经验，以提升中国中心的服务能力。

3.1 ISSN 美国国家中心

据 ISSN Portal 统计，截至 2020 年，ISSN 美国国家中心（以下简称“美国中心”）共注册 ISSN 265887 个，是仅次于 ISSN 法国国家中心的第二大中心。在 2020 年以前，美国中心的办理流程也较为原始，申请者从美国中心官方网站下载表格填写相关信息，然后将填写好的表格发至美国中心邮箱，美国中心审核并通过材料后将分配的 ISSN 及 ISSN 使用说明发至申请者邮箱，申请者将出版后的样刊通过邮寄等方式寄至美国中心，美国中心完成 ISSN 的注册工作。

在 2020 年 11 月召开的 ISSN 国家中心主任会议上，美国中心介绍了其新上线的 ISSN 办理系统——ISSN uplink，该系统实现了 ISSN 申请、分配、数据制作等业务的一体化办理，不仅方便申请者在线提出申请、查看申请进度，还方便 ISSN 工作人员提取元数据形成简单的 ISSN 数据、提醒申请者提交样刊并进行数据统计等。

申请者登录美国中心官方网站后创建账户，填写相关申请信息。工作人员在操作界面能实时看到申请者提交的申请信息，审核材料后点击“分配 ISSN”按钮即可根据 ISSN 号段分配相应 ISSN。工作人员根据申请者提供的元数据信息生成初步的 ISSN 数据，系统再自动向申请者邮箱发送通知，告知分配的 ISSN 以及相关 ISSN 使用信息。

该系统还可以根据申请者提供的出版时间设置提醒，当超过该时间而美国中心仍未收到样刊时，系统将提醒申请者尽快提交出版物否则将取消该 ISSN。

3.2 ISSN 国际中心

ISSN 国际中心是 ISSN 网络的常设行政执行机构，负责给国际组织出版的连续性资源及未设立 ISSN 国家中心的国家和地区分配 ISSN，目前，我国港澳台地区 ISSN 的申请就是由 ISSN 国际中心负责。

根据申请者所在国家不同，ISSN 申请费用为 25—50 欧元不等，ISSN 申请平均处理时间为 20 个工作日。如需加急处理，费用为普通的两倍。申请者登录网站 https：//portal.issn.org/requesting-issn 填写在线注册表、缴纳注册费用，以创建申请者账号，缴纳费用的金额决定了可以申请多少个 ISSN，申请者也可以随时给账户充值。

申请者可查看并下载所申请资源的 ISSN 数据，可请求修改或更新数据信息，咨询 ISSN 国际中心工作人员相关问题，此外，ISSN 国际中心可以根据申请者的需要在线生成 ISSN 证书，并实现连续性资源所有权的流转等。

3.3 ISSN 日本国家中心

ISSN 日本国家中心（以下简称“日本中心”）为 ISSN 申请者提供了较为多种的方式，申请者可在官方网站下载 ISSN 申请表，通过邮寄或发电子邮箱的形式申请，也可在官方网站通过在线填写相关信息的形式申请。申请者通过日本中心及其他一些国家中心的网站进行在线申请时，都不用创建账号，直接填写信息提交即可，较为方便。值得注意的事，日本中心将 ISSN 申请与交存政策相联系，值得中国中心学习和借鉴。

在申请表的第 11 项出版物的交存情况（除网络期刊外其余载体资源必填）中申请者需选择出版物是否已出版，如已出版则需选择是否已将出版物交存到日本国立国会图书馆。申请者可通过给出的 OPAC 链接查看出版物的交存情况，如未查到，则表明该出版物未交存，这种情况下，申请者需要尽快将出版物交存到日本国立国会图书馆，待图书馆确认收到后，日本中心再通知申请者申请 ISSN。

将 ISSN 的分配与交存相结合，有利于提升期刊等出版物的交存率，但后续如何规范出版单位持续交存是需要我们再深入思考的问题。

4 ISSN 中国国家中心优化 ISSN 工作的几点思考

4.1 精简申请材料

根据《期刊出版管理规定》第十三、十四条，在获得国家新闻出版署批准创办期刊后，公开发行的期刊即可向中国中心申领 ISSN。在实际工作中，中国中心定期收到新闻出版署抄送的批准文件，已具备开展 ISSN 预先分配的必要条件。因此，在 ISSN 申请时，可将申请材料精简为国家新闻出版署的批准文件和“ISSN 申请表”，这样可缩短期刊申请单位前期的准备时间，也可以减少 ISSN 办理工作的行政色彩。

4.2 采取网络办理方式

网络办理不仅能减少申请单位与中国中心之间寄送材料的不便，缩短办理时间和便于材料的电子化归档，同时，申请者提供的详细元数据信息的模式，有利于后续 ISSN 数据的编制工作。

ISO 3297 最新版也就是第 6 版已于 2020 年 10 月正式出版，最新标准列出了申请者需要提供的元数据清单有近 20 项，包括正题名（原文及其罗马化）、其他题名（副题名、并列题名等）、出版国、出版地（原文及其罗马化）、出版物载体类型（如印刷型、网络和其他有形载体）、语种、出版单位（原文及其罗马化）等。搭建网络申请平台后，出版单位可在网站上填写相关信息，随后系统会生成一条简单的书目数据，这条数据有利于工作人员提高编目效率。中国中心也可参考 ISSN 国际中心的做法，扩大申请单位修改数据的权限，出版物基本信息如发生变化，比如频率的变化、主办单位的变化等，申请单位可通过平台提出修改信息的请求，待工作人员确认后便可完成数据的维护、更新。

4.3 与交存工作加强横向业务管理

日本中心将 ISSN 的分配与交存情况挂钩给我们带来了重要启示。交存制度是国家图书馆丰富馆藏的最主要渠道之一，经过多年的努力，特别是 2010 年交存管理办公室成立以后，国家图书馆的交存工作取得了巨大进展，绝大部分期刊出版单位能按时将样刊交存，但笔者在 ISSN 办理过程中发现，仍有个别出版单位存在不交或漏交的情况。《中华人民共和国公共图书馆法》第二十六条规定，出版单位应当按照国家有关规定向国家图书馆和所在地省级公共图书馆交存正式出版物。将期刊交存作为申请 ISSN 的前提是国家图书馆确保交存政策有效落实的手段之一，国家图书馆可参考日本中心的做法确保期刊的交存工作。因我国期刊出版单位数量较多且分散，也可考虑将期刊主办单位作为交存主体加以考量。

ISSN 的办理工作虽然只是图书馆一项极小的业务工作，但对期刊出版单位，特别是学术期刊来说是最基本、最重要的。因种种原因，我国 ISSN 的申请还以纸质期刊为主，绝大部分网络期刊未申请单独的 ISSN，不符合 ISSN 使用规范。相信随着我国学术期刊的进一步发展，ISSN 工作将迎来新的机遇，优化 ISSN 办理工作是我们将来迎接新机遇所需要做的准备工作之一。

参考文献

[1] ISSN Manual [EB/OL]. [2021-03-05]. https：//www. issn. org/understanding-the-issn/assignment-rules/issn-manual/. [EB/OL]. [2021-03-04]. http：//www. issn. org/wp-content/uploads/2020/11/ISSN-Uplink_ISSN_DM2020_Item5_3. pdf.

[2] ISSN Application Form（web）[EB/OL]. [2021-03-24]. https：//www. ndl. go. jp/form/en/service/

issn/issn. html.
[3] 全国信息与文献标准化技术委员会 . 中国标准连续出版物号　第 1 部分：CN：GB/T 9999. 1—2018 [S] . 北京：中国标准出版社，2018：3.
[4] 全国信息与文献标准化技术委员会 . 中国标准连续出版物号　第 2 部分：ISSN：GB/T 9999. 2—2018 [S] . 北京：中国标准出版社，2018：11.
[5] 中国物品编码中心 . 中国标准刊号（ISSN 部分）条码：GB/T 16827—1997 [S] . 北京：中国标准出版社，2005：1.
[6] Informaiton and documentation–International standard serial number（ISSN）：ISO 3297：2017 [EB/OL] . [2021-03-31] . https：//www. iso. org/standards/73322. html.
[7] ISSN National Centres. 45th Meeting of directors of ISSN National Centres [EB/OL] . [2021-03-31] . https：//www. issn. org/wp-content/uploads/2020/11/DM_2020_item5. 3-NC-Reports-all. pdf.
[8] 崔明明 . ISSN 注册与管理 [M] . 北京：国家图书馆出版社，2013：1.
[9] 饶权 . 全国智慧图书馆体系：开启图书馆智慧化转型新篇章 [J] . 中国图书馆学报，2021（1）：9.
[10] 中华人民共和国公共图书馆法 [EB/OL] . [2021-03-24] . http：//www. npc. gov. cn/npc/c30834/201711/86402870d45a4b2388e6b5a86a187bb8. shtml.

民国时期纸质文献的酸化及其影响因素研究

马赵扬（典藏阅览部）

文献的酸化是指文献纸张酸度增加的现象，纸张的酸化程度用 pH 值表征，pH 值大于等于 7.0 时，纸张呈中性或碱性；pH 值小于 7.0 时，纸张呈酸性。pH 值越低表明纸张酸化程度越高。纸张 pH 值是影响纸张黄化和最终强度损失的重要因素。纸张酸化的原因包括内因、外因两个方面。内因是指纸张因造纸的原材料、添加剂、生产过程的不同而造成的含有酸性物质或者出现自体酸化的情况，如酸性造纸、纸张的木质纤维含量较高、纤维老化后产生的酸等。外因是指外部环境因素造成的纸张酸化，如空气中的酸物质、光照、霉菌分泌物等。有研究认为，纸张中的半纤维素和其他组分在酸的催化下水解会产生乙酸和甲酸，从而使纸张进入“自催化”的状态，并进一步酸化[1]。另有研究表明，暴露在光和空气中的纸张都会被酸化，无酸纸也不例外，空气中的氧气、氮氧化物、臭氧等氧化剂会与纸张纤维发生氧化反应，从而生成酸性物质[2]。文献纸张的酸化是内因、外因共同作用的结果，由于纸张边缘部分同时受环境因素和自体因素的影响，因此，一般认为文献边缘部分的酸化情况较中间部分严重。

民国时期文献是指 1912 年至 1949 年民国时期出版的文献，其严重酸化的问题作为业界共识，已经成为民国时期文献保护工作的重点。纸张 pH 值是影响纸张使用寿命的关键因素[3]，对民国时期文献酸化情况的研究，将有助于推进民国时期文献的保存保护工作，并以此为推手，助力未来纸质文献酸化机理的研究及文献保护工作。目前国内对民国时期文献酸化程度的调研有 2011 年国家文化科技提升计划项目“近现代文献脱酸关键技术集成研究与示范”的子课题“近代文献酸化情况调研”，对国内民国时期文献馆藏较丰富的南京图书馆、重庆市图书馆、福建省图书馆、贵州省图书馆、大连图书馆的民国时期文献酸化程度做了大量测试。调查发现这五家图书馆的民国时期文献 pH 值总体在 3.8—4.1 之间，封面平均 pH 值高于书页中间位置，书籍中间位置平均 pH 值高于书籍边缘位置，手工纸的平均 pH 值高于机械纸，装帧形式的优劣对书页纸张的酸化影响不明显[4]。

笔者希望在前人研究的基础上，通过对国家图书馆藏的民国时期文献的酸化测试分析，对比前人研究成果，进一步探讨民国时期文献纸张酸化特点，以推动未来的纸质文献保护。

1 实验部分

1.1 供试文献

供试文献为国家图书馆藏民国时期文献，包括 1912 年至 1949 年出版的文献（见图

1），共计 1995 册。

文献的纸张类型分为机械纸和手工纸，其中，纸张类型为机械纸的文献有 1888 册，纸张类型为手工纸的文献有 87 册。文献的装帧形式分为精装、平装、二次装订，其中，精装书 207 册，平装书 1271 册，二次装订文献 409 册。二次装订指的是对破损文献再次加装书壳，供试文献的二次装订时间大约在 2000 年以后。由于本次供试文献中手工纸文献多为平装文献，故在比较不同装帧形式对文献酸化程度影响时，所选文献的纸张类型均为机械纸。

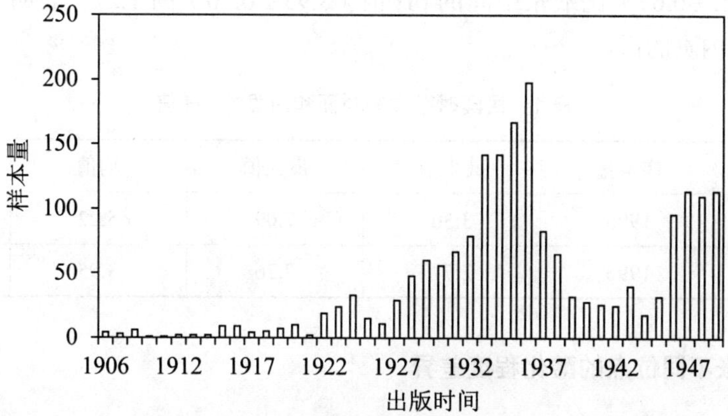

图 1　不同年份供试样本数量

1.2　pH 值测量方法

本次实验使用无损检测方法，pH 值测试机型为 HANNA HI99171，参照《GB/T13528—1992 纸和纸板表面 pH 值的测定法》进行测量，每测定 20 册文献对仪器做一次校正。为保证数据的客观性，测试点设置为封面边缘、中间各一个点，内页中间部分选取一页，其边缘、中间各测一个点，并在后几页破损较为严重的区域选一个点，每册文献计取 5 个测试点，共计 5 × 1995 个测定点。

1.3　数据统计分析方法

使用 SPSS 软件做数据的统计分析。

2　结果与分析

2.1　纸张酸化程度

表 1 为供试民国时期文献封面和内页的 pH 值。在文献保护领域，pH ≥ 7.0 时纸张为中性或碱性，7.0 ＞ pH ≥ 6.0 时纸张为低度酸化，6.0 ＞ pH ≥ 5.0 时纸张为中度酸化，pH ＜ 5.0 时纸张为严重酸化[5]。从表 1 可以看出，封面的 pH 值在 3.36—7.09 之间。其中 pH 值在 5.0 以下的有 729 册文献，占文献总量的 36.5%，为严重酸化；pH 在 5.0—

6.0 之间的有 1044 册文献，占文献总量的 52.3%，为中度酸化；其余文献为低度酸化。内页的 pH 值在 2.77—7.26 之间。其中，pH 值在 5.0 以下的有 1843 册文献，占文献总量的 92.4%，为严重酸化；pH 在 5.0—6.0 之间的有 90 册文献，占文献总量的 4.5%，为中度酸化；其余文献为低度酸化。综合来看，供试民国时期文献的酸化程度极高，酸度总平均值为 4.59，严重酸化占比 90% 以上。

通过对封面和内页两组数据的 pH 值做配对样本 T 检验，结果显示，P 值为 0.000，小于 0.01，故两组数据的差异具有统计学意义。因此，在文献的酸化程度上，由于封面的 pH 值（5.22 ± 0.65）比纸张中间的 pH 值（3.95 ± 0.70）高 1.27，表明文献封面的酸化程度较文献内页的低。

表 1　民国时期文献封面和内页的 pH 值

	样本量	最小值	最大值	均值	标准偏差
封面	1995	3.36	7.09	5.22	0.65
内页	1995	2.77	7.26	3.95	0.70

2.2　纸张不同位点的酸化程度差异

一般认为，文献纸张边缘由于与外界环境直接接触，所以酸化程度较高[6][7]。表 2 为供试民国时期文献封面和内页不同位点的 pH 值。封面边缘点的 pH 值在 3.03—6.94 之间，封面中间点的 pH 值在 3.32—7.23 之间，边缘点 pH 值的均值低于中间点。对封面不同位点的 pH 值做配对样本 T 检验，结果显示，P 值小于 0.01，封面不同位点的 pH 值具有显著性差异，但由于封面中间位点的 pH 值（5.31 ± 0.69）比边缘位点的 pH 值（5.13 ± 0.69）仅高 0.18，小于两组数据的标准偏差，故封面不同位点的酸化程度差异无统计学意义。

内页边缘点的 pH 值在 2.49—7.62 之间，内页中间点的 pH 值在 2.70—7.73 之间，边缘点 pH 的均值高于中间点，与一贯调查结果不一致。通过对内页边缘点 pH 值和中间点 pH 值两组数据差值的正态性假设检验，剔除数据中的异常值，对内页不同位点的 pH 值做配对样本 T 检验，结果显示，P 值小于 0.01，内页不同位点的 pH 值具有显著性差异，但由于纸张边缘的 pH 值（3.90 ± 0.70）比纸张中间的 pH 值（3.84 ± 0.76）仅高 0.06，小于两组数据的标准偏差，故内页不同位点的酸化程度差异无统计学意义。

表 2　同一纸张不同位点的 pH 值

	样本量	最小值	最大值	均值	标准偏差
封面（边缘）	1995	3.03	6.94	5.13	0.69
封面（中间）	1995	3.32	7.23	5.31	0.69
内页（边缘）	1995	2.49	7.62	3.90	0.70
内页（中间）	1995	2.70	7.73	3.84	0.76

由于纸张酸化时，其边缘部分同时受环境因素和自体因素的影响，且在表征上，酸化导致纸张纤维断裂，从而更易破碎，由于纸张边缘容易直接受到外力作用而破碎，因此，一般认为文献边缘部分的酸化情况较中间部分严重。但实验结果并非如此，文献纸张中间部位的酸化程度与边缘并无差别，甚至部分文献中间部分的酸化程度高于边缘，从表 2 的均值部分可以看出。有研究表明，纸张间的酸迁移会导致纸张酸性的变化[8]，本次实验结果与此观点相符，酸在纸张中的迁移可能是不同位点酸度差异的原因。试想，纸张在文献酸化的内因、外因的共同作用下，产生的酸离子经酸迁移的作用，由边缘扩散到纸张的内部，使得纸张整体的酸化程度均一化并逐渐加重，加速了纸张整体的破损进程。目前，国内外对酸迁移机理的研究还未有明确答案，但由酸迁移引起的文献酸化加重是我们需要重视的问题。在环境问题日益严重的今天，良好的文献存展环境和科学的维护方法，对文献的长期保存更加重要。

2.3 不同纸张类型文献的酸化程度差异

由于民国时期出版的文献以机械纸为主，故本次实验材质为手工纸的样本量较机械纸少。表 3 为两种材质文献的 pH 值统计，从表中可以看出，无论封面、内页，手工纸的 pH 值均高于机械纸。通过对两组材质的封面和内页 pH 值分别做独立样本 Kruskal-Wallis 检验，结果显示封面和内页检测结果均呈现显著性差异，其显著性水平为 0.01，表明机械纸的酸化程度较手工纸的酸化程度高。从造纸工业来看，民国时期生产的机械纸大多为酸性造纸法所制，在生产过程中有较多的酸性添加剂，导致纸张本身含酸。从原材料来说，近代为了加速造纸工业的发展，多使用木浆造纸，导致纸张中木质素的含量较高，也是导致机械纸酸化程度较高的原因。内外因共同作用下，加快了机械纸的酸化进程。而手工纸多由传统造纸技术制成，其原材料中酸性木质素的含量较低，且没有工业酸性添加剂，故酸化程度较机械纸轻。

表 3　不同纸张类型文献的 pH 值

纸张类型	封面			内页		
	均值	最大值	最小值	均值	最大值	最小值
机械纸	5.20	7.09	3.36	3.88	7.34	2.77
手工纸	5.63	6.41	4.38	5.68	7.25	3.81

2.4 不同装帧形式文献的酸化程度差异

表 4 是不同装帧形式下文献的 pH 值，从表中可以看出，封面 pH 值从大到小为：精装＞平装＞二次装订，内页 pH 值从大到小为：精装＞平装＞二次装订。对封面和内页不同装帧形式的三组数据分别做独立样本 Kruskal-Wallis 检验，结果显示，无论封面页还是内页，精装文献 pH 值分别与平装文献、二次装订文献封面页 pH 值呈现显著性差异，其显著性水平为 0.01，表明精装文献的酸化程度较平装文献、二次装订文献轻，

平装文献封面页 pH 值与二次装订文献封面页 pH 值无显著性差异。从文献的酸化程度来看，文献的原始装帧形式对文献酸化程度有一定影响，精装文献好于平装文献，二次装订是否能缓解文献的酸化进程，有待进一步研究。

表 4　不同装帧形式文献的 pH 值

纸张类型	封面			内页		
	均值	最大值	最小值	均值	最大值	最小值
二次装订	5.10	6.98	3.40	3.84	7.13	2.79
精装	5.89	7.09	3.97	4.16	6.46	2.89
平装	5.12	6.64	3.36	3.85	7.34	2.77

2.5　不同时期文献的酸化程度差异

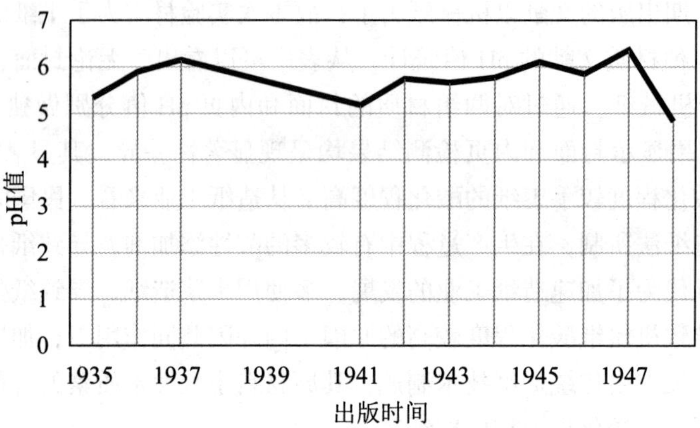

图 2　不同年份手工纸文献的 pH 值

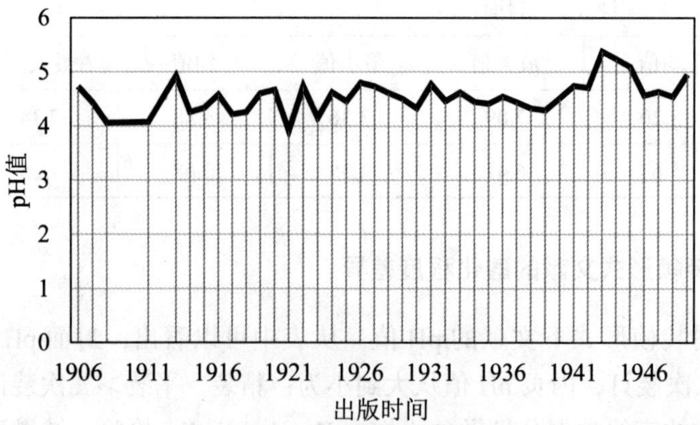

图 3　不同年份机械纸文献的 pH 值

不同时期机械纸和手工纸的 pH 值。从图 2、图 3 可以看出，手工纸文献的 pH 均值为 5.71。其中，1941 年出版的文献纸张酸度相对较低，机械纸文献的 pH 均值为 4.55。为了更直观地比较文献出版年份与其酸化程度的相关关系，对供试样本的出版时间和 pH 值做相关性分析，本次采用线性回归分析，如果两个变量的变化趋势一致，则相关关系为正线性相关，反之，则为负线性相关。

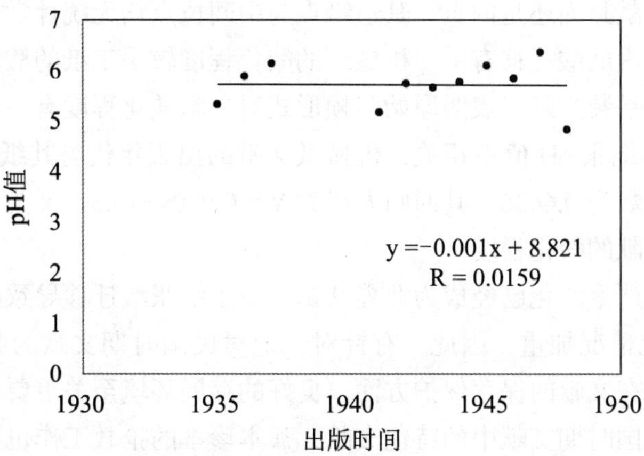

图 4　手工纸文献 pH 值与文献出版年代的散点图

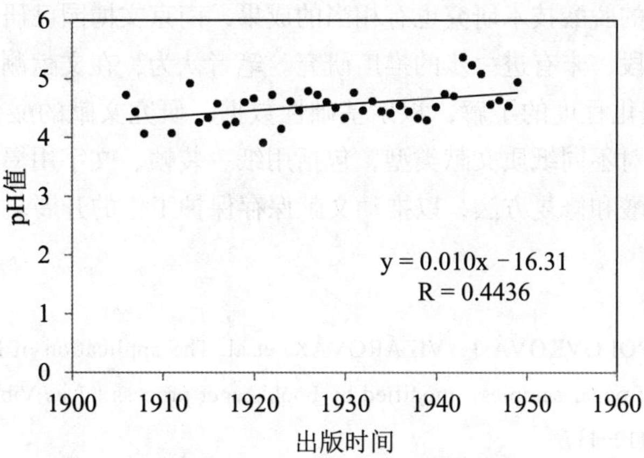

图 5　机械纸文献 pH 值与文献出版年代的散点图

由图 4 可知，手工纸文献的出版年代与其纸张 pH 值不相关，相关系数为 0.0159，显著性水平（P 值）为 0.9629>0.05。由图 5 可知，机械纸文献的出版年代与其纸张 pH 值具有显著相关关系，相关系数为 0.4436，显著性水平（P 值）为 0.0037<0.01，说明两组数据呈极显著相关关系，其回归方程为 Y = 0.010x−16.31，x 为年份，Y 为 pH 值，说明文献的保存时间越长，纸张的 pH 值越小，即酸化程度越高。有研究表明，民国时期新闻纸（报纸）的酸化速度为 0.0186[9]，道林纸的酸化速度为 0.0158[10]，与之相比，民国时期机械纸图书的酸化速度为 0.010，酸化速度较道林纸、新闻纸稍缓。由纸张酸化速度可以推测民国时期机械纸图书的酸度值降低了约 1.2—1.7。

3　总结

民国时期文献的酸化情况已经非常严重，根据文献酸化分类指标，pH < 7.0 时纸张为酸化状态，pH < 5.0 时纸张为严重酸化，本次供试民国时期文献中发生严重酸化的文献占 90% 以上。其中，内页酸化程度较封面酸化程度高。在对不同位点的酸化程度检测中，无论文献封面还是内页，其边缘点与中间位点均无统计学差异，与既往研究结果不同，与纸张内的酸迁移有关。机械纸的酸化程度较手工纸的酸化程度高。精装文献的酸化程度低于平装文献，表明原始装帧形式对文献酸化程度有一定影响。手工纸文献的出版年代与其纸张 pH 值不相关，机械纸文献的出版年代与其纸张 pH 值具有显著相关关系，相关系数为 0.4436，其回归方程为 Y = 0.010x−16.31，x 为年份，Y 为 pH 值，可以此预测相关文献的酸化程度。

民国时期文献严重酸化已经成为业界共识，由于纸张酸迁移导致内因、外因共同作用下文献整体酸化情况加重，因此，有针对性地对民国时期文献的脱酸保护和修复是亟待解决的问题。在文献的保存保护方面，良好的存展环境至关重要。在民国时期文献的抢救方面，对民国时期文献中的特色文献、孤本珍本的抢救工作也亟待开展，尤其需要关注具有保存价值且酸化更为严重的平装文献、机械纸文献的脱酸和修复工作。2012 年，我国就已经启动民国时期文献保护计划，主要做民国时期文献的登记普查工作。国内对民国时期文献的脱酸技术研究也有相当的成果，南京文博园已研制出脱酸设备，但开发止步于试验阶段，未有进一步的推广研究。笔者认为，在文献测酸的意义上，通过增强对现有文献酸化程度的了解，积累基础性数据，研究文献的酸化规律，并建立一定的方法体系，针对不同纸质文献类型，包括用纸、装帧、文字用墨、印章颜料、标记等，建立最佳的脱酸和修复方法，以推动文献保存保护工作的开展。

参考文献

[1] POLOVKA M，POLOVKOVÁ J，VIZÁROVÁK. et al. The application of FTIR spectroscopy on characterization of paper samples，modified by bookkeeper process [J]. Vibrational spectroscopy，2006，41 (1)：112-117.

[2] 张上镇 . 灯光对宣纸性质之影响及宣纸耐光性之比较 [J]. 浆与纸，1988 (2)：5-8.

[3] 刘家真 . 纸质文献酸化的维护策略 [J]. 图书馆研究与工作，2020 (5)：79-84，90.

[4][6] 陈立 . 民国时期文献酸化及保护的地域差异性研究 [J]. 图书馆界，2014 (3)：29-31.

[5] 李景仁，周崇润 . 对善本古籍特藏文献酸度的检测与分析 [J]. 图书馆工作与研究，2003 (3)：32-34.

[7] 陈绪军 . 国内民国时期文献酸化调研与思考——基于国内五家大型公共图书馆调研结果 [J]. 新世纪图书馆，2017 (9)：32-34，44.

[8] 娄文婷 . 档案纸张中酸迁移表征的研究 [J]. 档案学通讯，2016 (1)：73-76.

[9] 邵金耀，冯庆 . 民国报纸酸度调查与分析 [J]. 民国档案，2009 (1)：140-143.

[10] 王稹 . 民国档案中道林纸酸化特征分析 [J]. 档案学通讯，2021 (1)：89-95.

从人力资源管理的角度看图书馆阅读推广人队伍建设

张　章（中国图书馆学会秘书处）

图书馆阅读推广工作已经成为图书馆的主流业务之一，但图书馆阅读推广人队伍建设正处在起步阶段，需要从零散管理向专业化管理转化。阅读推广人队伍专业化管理还需研究和实践。吴国存、李新建在《人力资源开发与管理概论》中指出：人力资源管理指在一个组织内，形成、培养、配置、使用、周转、爱护、保全组织成员，建立组织与其他成员之间良好的劳动关系，充分挖掘组织成员的劳动潜能，调动其积极性、自觉性、创造性，以实现组织目标的全过程或活动。人力资源管理在一个组织内是非常重要的一项工作。阅读推广人队伍正是在图书馆行业内需进行规范管理的群体。针对图书馆阅读推广人队伍，如何进行人力资源管理，对阅读推广人发展及图书馆阅读推广工作都有十分重要的意义。因此，本文借助人力资源管理的相关经验，对阅读推广人队伍管理进行分析和研究，着力探讨阅读推广人力资源管理的方法。

1　概念分析

1.1　图书馆阅读推广人定义及分类

笔者在2016年发表《阅读推广人培训的现状与展望——以中国图书馆学会阅读推广人培育行动为例》，其中对阅读推广人的概念进行定义。广义的阅读推广人概念可以理解为无论通过何种形式，使用何种内容，出于何种目的，凡是从事阅读推广工作的人就是阅读推广人，无论是图书馆员、学校老师、作家、书店老板等从事相关行业的人，还是参与志愿活动，帮助阅读推广活动实施的人，或是由于个人爱好向别人推荐一本书的人，都可以是阅读推广人。狭义概念可以解释为出于促进他人阅读的目的，用具有专业性的方式，从事阅读推广工作，经过学习或培训以及实践，具有一定阅读推广能力的人。

狭义概念中的图书馆阅读推广人主要包括以下类别，图书馆阅读推广管理人和图书馆阅读推广实践人。其中图书馆阅读推广管理人主要包括国家阅读推广政策制定者、阅读推广管理理论研究学者、图书馆阅读推广行业协调者、图书馆馆长、图书馆阅读推广部门管理者等。图书馆阅读推广实践人主要包括图书馆阅读推广实践研究学者、从事面向读者进行阅读推广工作的图书馆员、志愿者等。这些人之间错综复杂、相互关联，又具有一定的流动性，因此，图书馆阅读推广人队伍的管理方法需要被研究并经过实践探索。

1.2 文献研究及实践现状

基于 CNKI 主题检索，我国图书馆界在 2003 年至 2010 年期间曾经热议图书馆人力资源管理。郁笑春在《中美图书馆人力资源管理比较与新探》中对比分析中美图书馆人力资源管理的现状，提出要树立“能本管理”理念，营造良好的工作环境，完善人才培养和考核机制，吸引和培养一批富有创新精神和活力的高素质人才。刘莹在《图书馆人力资源管理的发展研究》中从内向流动、内部流动和外向流动三个层面分析完整的人力资源管理流程。秦殿启在《图书馆人力资源管理模式研究》中指出，战略人力资源管理把人力资源管理活动与事业的战略管理过程联系起来，强调其协调性和一致性。针对图书馆人力资源管理，众多学者提出了自己的看法，图书馆也在实践相关理论。

但是针对图书馆阅读推广人力资源管理的研究较少。基于 CNKI 主题检索，阅读推广人的概念从 2009 年开始产生，2016 年以来逐步成为热点话题。由王余光、霍瑞娟主编的“阅读推广人系列教材”丛书六册《图书馆阅读推广基础工作》《图书馆阅读推广基础理论》《图书馆经典阅读推广》《图书馆时尚阅读推广》《图书馆数字阅读推广》《图书馆儿童阅读推广》于 2015 年出版，成为阅读推广人学习专业知识的第一套教材。笔者在《阅读推广人培训的现状与展望——以中国图书馆学会阅读推广人培育行动为例》中详细阐述、分析了阅读推广人的概念，以及我国阅读推广人培训的情况。2019 年，郑勇等在《图书馆阅读推广人的基本要求及培养方式》中分析了阅读推广人需具备的素质要求，从具体图书馆角度探讨培养模式。

由此可见，图书馆人力资源管理研究与图书馆阅读推广人的研究存在一定的时间差。虽然在阅读推广人的相关研究中涉及人员管理问题，但是缺乏系统完善的分析研究。图书馆人力资源管理与图书馆阅读推广人力资源管理是包含的关系。图书馆阅读推广人力资源从宏观管理来说，人员分散，水平不一，各具特色。从微观管理来说，阅读推广工作具有开放性、包容性、拓展性以及融合教育等多学科特性，因此，图书馆阅读推广人是一种特殊的复合型人才，针对图书馆阅读推广人力资源管理的研究还有待完善。

2 图书馆阅读推广人队伍建设的必然性

在互联网广泛应用，图书馆转型升级，国家呼吁全民阅读，图书馆传承中华优秀传统文化等因素的影响下，阅读推广工作成为图书馆的重要工作内容之一。为了配合图书馆阅读推广工作的顺利开展，图书馆阅读推广人队伍建设越来越重要。做好图书馆阅读推广人队伍的建设和管理，需借助人力资源管理的基本原理，科学、准确地把握人力资源规律，从而使管理规范化、制度化、成效性强。

2.1 阅读推广人队伍亟须有效管理

基于 CNKI 主题检索，有关图书馆全民阅读的研究在近 10 年间逐步发酵，2016 年关于图书馆全民阅读的论文达到716篇，其中大部分是基于实践的研究。图书馆的阅读推广工作逐步成为图书馆重要的业务及服务之一。随着图书馆阅读推广工作逐步开展，其受重视程度越来越高，工作的复杂性和难度越来越大，从事阅读推广工作的人员也越来越多，人员胜任工作的要求逐步提高。图书馆阅读推广工作人员如何适应工作的需求？阅读推广人队伍如何建设？这都需要对图书馆阅读推广人队伍进行有效管理。整体规划图书馆阅读推广人队伍，调配阅读推广人力资源，开展教育和培训，完善人员绩效考核和奖励机制，从而促进阅读推广人队伍良性发展。

2.2 图书馆阅读推广人队伍建设面临诸多问题

我国各级各类图书馆归口不一，公共图书馆多属于文化系统管理，高校图书馆属于教育系统管理，还有其他各类因单位归属不同，人员管理归口不同。在同一类型图书馆内部，所属部门也不尽相同，有的是社会教育部、社会活动部，有的是阅览部、少儿部，有的是咨询部等。图书馆对阅读推广人能力要求也不同，有的以组织活动为主，强调策划组织活动的能力，有的以组织文案为主，强调信息素养。各图书馆管理方式标准不一，阅读推广人的能力水平不一。有的图书馆属于事业编制，有的图书馆属于公务员编制，还有的阅读推广人属于派遣、外包，甚至是临时招募的志愿者，他们在人员录取标准、人员流动、继续教育、职称评定标准、考核标准等方面存在不同，阅读推广人才队伍管理难度大。

2.3 图书馆阅读推广人队伍建设对图书馆和社会具有较高价值

图书馆阅读推广人队伍建设能够为图书馆阅读推广工作提供专业人才，促进工作专业化、规范化，同时能够促进科研和创新发展，对图书馆拓展业务范围，更好地服务读者具有重要的意义。近年，国家大力提倡全民阅读，图书馆是全民阅读的重要阵地，图书馆阅读推广人队伍建设将有利于促进全民阅读，吸引、指导更多人爱读书、读好书，从而提升国民阅读率及国家人口素质。

3 对图书馆阅读推广人进行人力资源开发与管理的做法分析

通常来讲，人力资源开发包括挖掘潜能、提高智能、提高思想素质、调动积极性、改进行为绩效、合理配置与使用等。对阅读推广人力资源进行开发，不仅要通过招聘、引进、调配等形式对阅读推广人力资源数量进行开发，也要通过教育培训等按时进行阅读推广人力资源质量的开发，还要通过完善人员结构进行人力资源的结构开发。人力资源管理的任务是形成人力资源，调配人力资源，教育和培训人力资源。在阅读推广人力资源管理的过程中，获取、整合、使用、调整、评估、激励阅读推广人力资源可以从以下几个方面入手。

3.1 完善阅读推广人的构成

图书馆阅读推广人队伍建设要坚持管理人和实践人统筹兼顾的原则。国家阅读推广政策制定者、阅读推广管理理论研究学者、图书馆阅读推广行业协调者、图书馆馆长、图书馆阅读推广部门管理者等要占有一定的比例，从战略性和常规性两个方面规划图书馆阅读推广工作。同时，图书馆阅读推广实践研究学者、从事面向读者进行阅读推广工作的图书馆员、志愿者等是图书馆阅读推广工作的主要实践者，所占比例大，其人员构成和素质对阅读推广工作的具体实施十分重要。

从事图书馆阅读推广工作的志愿者也是图书馆阅读推广人的重要补充力量。2017年3月1日开始施行的《中华人民共和国公共文化服务保障法》提出“国家倡导和鼓励公民、法人和其他组织参与文化志愿服务”。该法对公共文化设施管理单位设立文化志愿服务机制，县级以上地方人民政府给予指导和支持进行了规定。2018年1月1日实施的《中华人民共和国公共图书馆法》第四十六条规定：“国家鼓励公民参与公共图书馆志愿服务。县级以上人民政府文化主管部门应当对公共图书馆志愿服务给予必要的指导和支持。”深圳龙岗图书馆以老师、学者、作家等为志愿者，利用志愿者职业属性和特殊专长，组织策划“书香遇”系列导读会，读者反馈良好。

以便于开展工作为前提，合理配置阅读推广人力资源的构成，有助于优化队伍结构，从而达到促进阅读推广工作更加高效的效果。人员之间流动转换是不可避免的，在保障结构合理的条件下，管理者、实践者和志愿者之间的流动可以促进人员知识结构和经验的完善。

3.2 加强阅读推广人队伍的规划管理

规划、调配符合图书馆发展与战略要求的人才，需提前统筹安排，从长计议。因此，图书馆阅读推广人队伍中的管理者要引导国家发展战略、政府方针政策向有利的方向倾斜，要促进政府制定方针政策，或者由行业组织制定相关规则，通过政策和规则调控图书馆阅读推广人队伍结构，对队伍长期性、稳定性和全局性有所把握。对于单一图书馆的阅读推广工作来说，图书馆馆长、图书馆阅读推广部门管理者也要对图书馆的阅读推广工作进行规划，制定中长期目标，分阶段逐步完成，在这过程中调配阅读推广人队伍，招聘、流动、培养相关人员，优化结构、提高绩效，促进工作的开展。

对阅读推广人队伍供给和需求的科学性预测有利于提高阅读推广人队伍规划的准确性。图书馆阅读推广人队伍规划要依据对阅读推广人的需求与供给的变化分析，这种分析要在实践和调研的基础上进行。由中国图书馆学会发布的《书香城市（县级）、书香社区标准指标体系》对阅读推广人的配比提出了建议：县级城市的阅读推广人数量要达到城市人口数量的2‰，县级公共文化机构从业人员每年参加脱产培训不少于15天，乡镇（街道）、村（社区）专兼职人员每年参加集中培训时间不少于5天。这个数据可以作为图书馆阅读推广人队伍规划的参考。此外，图书馆可以通过调研等方式，对图书馆阅读推广人的需求进行调查分析，并进行综合评定，优化人员结构，促进合理发展。图书馆可以分析量化自身阅读推广工作，计算出合理的阅读推广人数量需求、专业需求；通过问卷调查的方式，了解读者对于阅读推广人的合理性服务需求，量化任务指标，并配置相应的阅读推广人。这种调研工作应该是经常性工作，图书馆要依据阅读推广工作情况动态调整。

3.3 加强阅读推广人队伍培训，推动提高阅读推广人专业化水平

图书馆阅读推广人的综合素质是其从事阅读推广工作的首要条件，学历教育和继续教育都是影响综合素质的关键因素，除此之外，专业知识的定期培训和升级也是必不可少的，是已经从事此行业的人员快速了解相关知识和提升综合素质及专业能力的有效途径。专业培训要注意战略性与超前性，实践性与应用性，全员教育与重点教育相结合，因人施教。通过需求分析，确定培训目标，组织相关课程，才能尽量有效地做到学以致用。现阶段，国内图书馆阅读推广类培训，仍然以普适性和基础性为主，针对目标的专业化培训需加强。例如针对儿童绘本阅读通常适用的活动形式之一就是讲故事活动，做好讲故事活动的组织者需具备综合审美能力，了解书籍装帧，对文字、图片具有一定理解能力，具有朗读技巧、音乐搭配、综合表演等能力，还要了解儿童心理，具备现场掌控能力和突发事件处理的能力，等等。只有细化培训，才能进一步提高阅读推广人综合素质，将阅读推广工作做细做优。开展线下与线上相结合的阅读推广人队伍培训，为阅读推广人提供灵活多样的培训方式。可以尝试运用大数据、信息推送、VR 虚拟技术，开展智慧化的培训工作。

3.4 开展阅读推广人绩效管理

对阅读推广人开展绩效管理能够对人员的情况给出综合性的判断。绩效管理包括制订绩效计划、实施绩效评价、进行绩效反馈、指导绩效改进。实施图书馆阅读推广人的绩效管理，需在充分调研的基础上，首先制定合理的绩效评价指标。第六次图书馆评估定级标准中，对副省级、地市级公共图书馆的阅读推广与社会教育，包括年讲座、培训次数，年展览次数，年阅读推广活动次数，年数字阅读量占比（%），阅读指导，图书馆服务宣传推广等方面都规定了评分依据。对县（市、区）级图书馆还增加了年每万人参加读者活动人次的标准。对行政与人力资源管理中年度计划和年报、岗位管理、年员工人均教育培训（学时）、员工能力评估等方面进行了要求。这些评估内容对图书馆阅读推广工作和图书馆人队伍提出了要求。但是，针对图书馆阅读推广人的绩效评价并没有明确的指标，指标的设立和评价的实施有待设定，绩效管理有待完善。

对阅读推广人个人而言，绩效管理应通过一定的考核制度将其规范化，定期对阅读推广人的德能勤绩等多方面进行考核。考核指标的设定可以运用关键绩效指标（KPI）考核法，将考核工作与考核目标相结合，考核目标可以是综合评定，也可以是专业水平考核、工作（服务）效果的专项评定。考核过程中，要注重对阅读推广人的行为过程和工作结果相结合进行考核。考核的主体应该包括被考核人的上级、同事、下属、自我评价，以及受其服务的读者的评价。大数据时代背景下，要利用大数据拓展考核评价数据

的收集与整理。通过综合评定，给予考核结果。同时还要制定具有操作性的机制，使阅读推广人能上能下，以保证阅读推广人队伍质量。

3.5 在阅读推广人队伍管理中运用激励机制

在阅读推广人队伍管理中，图书馆可以运用激励机制，调动阅读推广人的积极性，形成流动机制，提高专业素质，促进良好工作环境。可以通过薪酬制度管理、荣誉体系建设、心理健康辅导、辅助职业规划、交流学习提升等方式进行激励。薪金和福利待遇的激励机制是最为直接的一种方式，能够有效调动阅读推广人的积极性。通过荣誉体系建设，可以表彰奖励做得好的个人或集体，以此增强动力，同时还能树立典型，为其他同行提供参考。心理健康辅导是舒缓压力，缓和冲突，增强正能量，提升积极主动性和创造性的一种方式，阅读推广人心理健康程度的提升还能为读者提供健康向上的积极观念。阅读推广人的职业发展对阅读推广人来说也是十分重要的，辅助进行职业规划能够帮助阅读推广人更合理地思考职业发展方向和路径，帮助阅读推广人成长和成才。通过提供更多交流学习机会的方式，为阅读推广人开拓眼界，此外，扩展交流空间也可以达到激励的效果，同行业、跨行业，同地区、跨地区的交流学习能够让阅读推广人获得更多的成功经验、案例，积累人脉，提升技能，从而更好地从事阅读推广工作。

3.6 加强阅读推广人信息化平台管理，开展智慧化阅读推广工作

信息化时代需用信息化管理工具进行阅读推广人力资源管理。统筹全国图书馆阅读推广人信息，建立信息库，掌握各类型人员的数量、分布和特点，才能优化阅读推广人力资源管理方案。信息库应包含以下内容：基本人员信息，如性别、年龄、学历、专业、特长、所在城市等；人员从事阅读推广工作基本情况，如工作年限、主要职责、继续教育证书、职业规划等；阅读推广工作需求，如急需学习、了解、解决的问题等。数据库综合分析可以基本了解一个图书馆、一座城市或者全国阅读推广人力资源的现状和需求，从而更加精准地进行阅读推广人力资源的开发和管理。依托信息库，逐步建立完善阅读推广人信息平台，信息平台可供分地区查询阅读推广人名单、从业年限、专长等，分析阅读推广人情况，为有阅读推广需求的单位、项目提供人选参考，也可供需求单位、项目招募阅读推广人。信息平台还应具备阅读推广人年度情况的数据分析功能，培训功能，评优、考核等功能，配合智慧图书馆建设，开展智慧化阅读推广工作，将阅读推广人的大数据收集、整理、分析和使用与阅读推广工作的现状和需求以及读者对于阅读推广服务需求关联，分析阅读推广工作的人员配比、使用、培训需求和推广效果，促进阅读推广人队伍建设与阅读推广工作双赢。

阅读推广人队伍的管理要从以人为本出发，充分调动人员的积极性、自觉性和创造性，提升工作满意度。阅读推广人队伍管理有对人力资源管理规律性认识的使用，也有对阅读推广工作行业特殊性的把握。合理开展阅读推广人队伍管理有助于形成优良的工作环境和社会环境，提升全民阅读的内在动力。

参考文献

［1］吴国存，李新建．人力资源开发与管理概论［M］．天津：南开大学出版社，2004.

［2］姚裕群．人力资源开发与管理概论［M］．4 版．北京：高等教育出版社，2015.

［3］张章．阅读推广人培训的现状与展望——以中国图书馆学会阅读推广人培育行动为例［J］．图书馆杂志，2016（8）：36-41.

［4］郁笑春．中美图书馆人力资源管理比较与新探［J］．图书馆建设，2004（2）：100-102.

［5］刘莹．图书馆人力资源管理的发展研究［J］．图书馆建设，2006（1）：74-76.

［6］秦殿启．图书馆人力资源管理模式研究［J］．图书情报工作，2006（5）：60-63.

［7］郑勇，胡冰倩，惠涓澈．图书馆阅读推广人的基本要求及培养方式［J］．图书馆论坛，2019（1）：138-144.

［8］中国图书馆学会关于发布书香城市（县级）、书香社区标准指标体系的通知［EB/OL］．［2021-03-15］．http：//www. lsc. org. cn/contents/1129/9116. html.

［9］文化部办公厅关于开展第六次全国县级以上公共图书馆评估定级工作的通知［EB/OL］．［2021-03-15］．http：//zwgk. mct. gov. cn/zfxxgkml/ggfw/202012/t20201205_916591. html.

［10］胡存凯．基于 KPI 和管理评价相结合的绩效考核办法研究［J］．现代商业，2020（2）：118-119.

［11］李妍妍．大数据背景下企业人力资源管理的改进研究［J］．河北企业，2020（2）：119-120.

国家典籍博物馆社教活动智慧化升级初探

刘羽冰（展览部）

2020年10月，党的十九届五中全会通过了“十四五”规划，其中明确提出了“智慧文旅”概念：“推动景区、博物馆等发展线上数字化体验产品，建设景区监测设施和大数据平台，发展沉浸式体验、虚拟展厅、高清直播等新型文旅服务。”[1]国家图书馆作为国家文化和旅游部直属的公共文化事业单位，理应在图书馆空间、资源、服务、管理等各方面探索智慧化升级的道路。

国家典籍博物馆于2014年9月9日，国家图书馆建立105周年之际正式开馆，负责国家图书馆所藏古籍的展览展示与社会教育工作。作为我国首家典籍博物馆，国家典籍博物馆除了常规的博物馆功能外，还为国家图书馆增加了一种全新的图书典籍阅览形式，这也是国家图书馆社会教育职能的新拓展。

1 馆内社教活动发展现状

国家典籍博物馆自2014年正式开放以来，如今已走进第7个年头。馆内的社教活动作为博物馆教育职能的主要表现方式之一，也在发展中日趋完善，形成了完整的社教活动体系，并建立了具有自身文化特色的活动品牌。丰富的活动和课程内容，不仅吸引了广大公众积极参与，更受到了各中小学与研学旅游机构的关注，国家典籍博物馆先后获得“青少年中华传统文化教育基地”“全国中小学生研学实践教育基地”“北京市海淀区青少年学生校外活动基地”等称号。国家典籍博物馆依据丰富的馆藏和展览资源，积极开展社教和研学活动，开展探究式、跨学科学习，不断开发各种主题的深度体验课程[2]。

1.1 活动内容丰富多样

社教活动的内容设计主要围绕展览和藏品进行深度挖掘和拓展。国家典籍博物馆的社教活动策划从文献典籍出发，探索其背后的人文历史内容，将讲解内容与体验活动相结合，开发不同主题的社教活动及课程。目前典籍博物馆已开发并成熟运作的社教活动可分为三大类：

1.1.1 典籍基础知识课程

此类课程主要从典籍相关的基础知识出发，以中国古代书籍的产生、发展、传播为着眼点，将典籍发展史及传拓、印刷、制作一本书等与典籍相关的手工体验活动融合在课程中。参与对象通过学习，认识、了解文献典籍知识，体验传统技艺，体会中国传统文化的传承与发展。

1.1.2 结合展览活动

此类活动主要结合重要展览同步开发。比如结合“甲骨文记忆”开发的“说文解字”活动，通过通俗易懂的方式讲解汉字的起源，并对简单的甲骨文字进行识读；结合“旷世宏编　文献大成——国家图书馆藏《永乐大典》文献展”开发的“描摹经典”“插图填色”活动，选取《永乐大典》中大众较为广泛熟知的内容进行复制、编辑后，让参与对象自行描摹、填色，体会书中内容之美。这类活动以展览内容为基础，进一步解读展览，加深参与对象对于展览的理解和认识。

1.1.3 与典籍文化相关的其他主题活动

此类活动以典籍文化为中心向外延伸，开发与典籍文化相关的其他主题。比如将古琴知识与诵读经典相结合的“琴韵书香”主题活动；了解书签的发展史并亲手体验制作书签的“古纸书签”主题活动；了解汉服知识并进行穿着体验的“汉服大观”主题活动等。这类活动的设计与开发丰富了典籍博物馆社教活动的知识架构，使参与对象在了解典籍文化的同时也能够接触到相关的传统文化，使典籍博物馆的活动更加丰富，打破了展品类型单一的局限。

1.2 活动形式较为单一

以上提到的课程与主题活动，目前多以三个环节加一份学习单的“3+1”形式呈现。三个环节即参观展览—讲授内容—互动项目。参观展览，工作人员根据活动内容需要，挑选出符合活动主题的指定展品让参与对象参观，并由讲解员进行深度讲解；讲授内容，则是以讲授 PPT 的形式将内容传递给参与对象；互动项目则更加直观，先由授课老师演示，再由参与对象自行动手体验。学习原则是根据活动内容和参与对象的年龄段有针对性地选取素材、设计题目，引导参与对象对活动内容进行回顾和总结。每一次社教活动涉及的展览、授课内容、互动项目不尽相同，但授课形式基本一致。

1.3 智慧化初步探索阶段

目前国家典籍博物馆在社教活动的预约环节引入了报名预约系统。该系统改变了国家典籍博物馆以往只能打电话预约活动的局限，将活动预约方式扩展到线上，既方便参与对象预约，也方便工作人员统计与现场确认。除此之外，活动预约系统的另一个功能就是对预约报名的参与对象属性进行统计分析。以国家典籍博物馆在 2019 年举办的“山海社的宝藏”实景解谜活动为例，根据参与对象预留的报名信息，可以得到参与对象的年龄、地域分布等数据，并对其进行分析，结果如图 1。

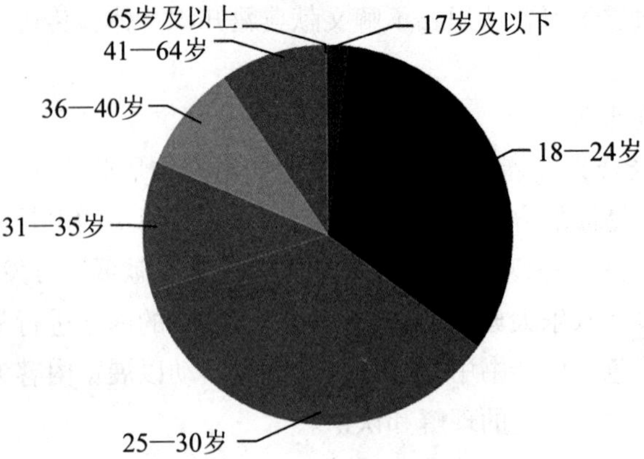

图 1　参与对象年龄分布统计

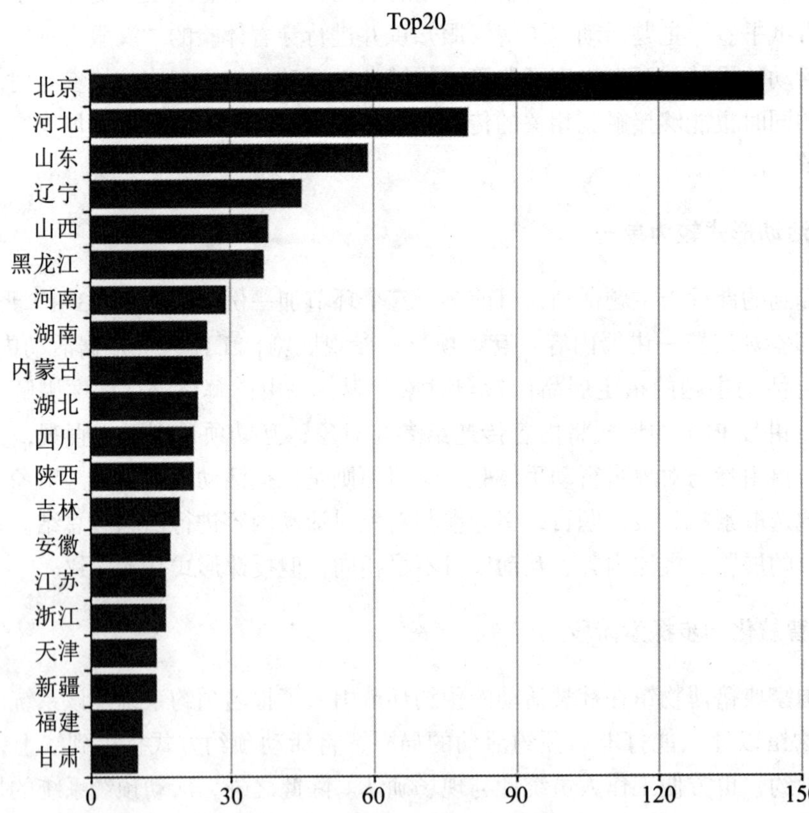

图 2　参与对象地域分布统计

根据图 1 的统计信息，可知 18—30 岁的社会公众占到了参与对象数量的近四分之三。这一年龄段多为大学生和初入职场的年轻人，时间相对充裕，可以在闲暇时间参与国家典籍博物馆的社教活动。根据图 2 信息可知，参与对象中来自北京的人数最多，其次是河北、山东、辽宁，都在北京附近，由此也可以大致得出国家典籍博物馆社教活动对周围地区的辐射强度。然而离北京最近的天津却不在辐射范围内，来自天津的参与对象人数仅排到了十几名。反倒是湖南、湖北、江苏、安徽等南方地区的参与对象数量还相对较多。这样的数据对于国家典籍博物馆在日后组织社教活动过程中进行内容设计、人员招募等工作时，具有很大的参考价值。

2 社教活动进行智慧化升级的意义及必要性

2.1 顺应发展趋势

随着互联网技术的快速更新迭代，云计算、大数据、人工智能等各种信息技术已经应用到了人们社会生活的各个领域。博物馆作为社会公众进行终身学习的主要场所之一，不仅要跟上技术发展的步伐，更应走在前面，将最前沿的科技手段应用到展览、活动中，使公众通过参观展览、参与活动，了解到信息技术发展的最新成果。

2.2 资源整合利用

国家典籍博物馆社教活动的开展前前后后涉及很多素材资源，如活动教案、课件素材、活动场景，以及参与对象的信息分析等。对这些资源进行分类整合，对于后期活动开发、内容更新以及与合作单位进行资源共享，具有非常大的意义。

2.3 更好服务公众

社教活动智慧化升级的应用，不仅体现在活动策划与实施的过程中，也体现在向公众提供的智慧化服务中。公众从选择到馆参观开始，预约、导航巡路、入场、观展、参与活动，每一环节都包含在智慧服务的范畴内，智慧化服务为参与对象提供更加顺畅便利的活动体验。

2.4 提高活动质量

传统的“3+1”活动模式在内容讲授时形式简单，难以长时间吸引参与对象的注意力。活动结束后，参与对象对所授内容的掌握也较难持续。在活动中引入智慧化技术手段，让参与对象能够在活动过程中有更为深入的活动体验，更好地掌握活动内容。

3 智慧化升级中的重点与难点

3.1 经费支持

智慧化升级涉及的信息技术开发、智能设备采购等高额费用支出是目前国家典籍博物馆的运营经费难以支撑的。如何在有限的条件中实现智慧化升级，是这一工作的一大难点。除了争取更多经费之外，还可以考虑与相关行业的央企、国企开展合作，通过资源互换的形式降低成本，实现智慧化升级的目标。

3.2 人才缺失

目前国家典籍博物馆在社教活动人才的招聘上，多倾向于选择历史学、教育学、文学等人文社科类专业的人才。要实现智慧化升级，势必需要相关专业的人员加入工作团队，从专业的角度提出智慧化升级的构想、需求，以及在后期的活动实施中提供专业的指导与培训。然而相关专业的人才在其自身领域的待遇水平与博物馆这类非营利性机构有着天壤之别。单位的招聘方向不对口是一个方面，薪资待遇则是另一个更加难以解决的问题。

4 设想与展望

笔者从实际工作出发，结合以往的活动经验，着眼于具体实施落地的角度，从社教活动的开发、公众服务、教育效果等方面提出了三项具有现实意义的社教活动智慧化升级方案，具体如下：

4.1 搭建社教活动智慧化网络构架

社教活动智慧化网络架构主要内容包含四个部分：活动预约系统、社教活动资源库、社教活动评估系统和人员管理系统（详见图 3）。

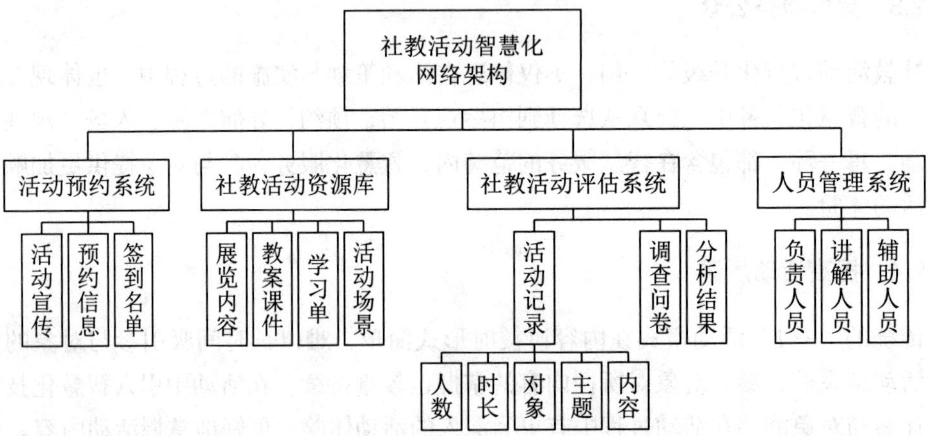

图 3 社教活动智慧化网络架构

活动预约系统负责发布活动信息与宣传公告，统计参与对象的预约信息，并生成活动现场签到名单；社教活动资源库则是将社教活动资源包括展览讲解词、教案、课件、学习单、活动现场情况等根据不同的活动主题、不同对象进行分类整合，形成可以实现资源共享的内部资源平台；社教活动评估系统主要记录活动信息，根据需要设计调查问卷，并形成问卷分析结果，为活动后的总结与更新提供数据信息；人员管理系统主要记录每次社教活动涉及的负责人员、讲解人员与辅助人员，落实责任到人，并确保社教活动从策划到实施再到记录的完整性。

社教活动智慧化网络架构基本将社教活动开展所涉及的各个环节涵盖在内，搭建了一个完整的社教活动开发流程体系，不管是为日后开发新的社教活动，还是更新已有内容，或是对社教活动进行总结分析，都提供了一个清晰明了的数据环境，为博物馆社教活动工作的开展提供了极大的便利。

4.2 将智慧化融入活动的不同阶段

前文提到博物馆社教活动的实施从公众选择到馆参观就已经开始。活动预约、导航巡路、入场、观展、参与活动等每一个环节都属于社教活动的范畴。根据每个环节发生时间的不同，可按活动前、中、后三个阶段进行划分。

4.2.1 活动前

社教活动的宣传与预约可作为社教活动开始的第一步。为了向参与对象提供便利，可以在预约界面弹出入馆须知和路线导航，导航过程中还可显示馆内剩余车位、排队情况等信息。除了提供便利服务外，预约系统还可以外接与活动相关的知识链接，作为活动前的兴趣读物提供给参与对象，使其对活动内容有一个大概的认知，调动其参与活动的兴趣与积极性。

4.2.2 活动中

活动现场可以放置一些智能设备，让参与对象随时记录自己在活动中的想法；也可将活动准备的学习单电子化，参与对象在智能设备上所做的一切记录都可以在活动结束后传输至自己的终端设备，永久保留。图书馆也可以在征得参与对象同意后保留其记录，作为社教活动评估系统的一部分进行参考。

工作人员还可以在活动现场布置几个摄像头，图像可以直接传输到智能设备上。比如在讲解人员进行示范时，远距离看不清的参与对象可以直接观看智能设备。参与对象也可以通过摄像头自行选择拍摄角度拍照留念。活动场景的记录也可以通过摄像头实现，避免了活动过程中拍摄人员频繁来往穿梭，破坏活动氛围。

4.2.3 活动后

活动结束后，参与对象除了可以将智能设备上的活动记录和照片传输到自己的移动终端外，还可以通过扫描智能设备上的二维码，进入社教活动评估系统，完成调查问卷或对活动进行评价，为工作人员对活动进行评估提供参考信息。参与对象还可以在智能设备上生成一个活动图片或链接，将其发布到社交账号上，增加国家典籍博物馆社教活动的宣传量。

4.3 通过社教活动智慧化尝试馆校结合

目前国家典籍博物馆社教活动与北京市各中小学的合作仅限于到馆参观、体验馆内现有的活动项目。但涉及关联中小学校课程的项目由于缺乏课本资源，一直处于暂缓开发的状态。社教活动智慧化升级可以搭建馆校结合平台，链接中小学课本、考纲，甚至合作学校的教师教案、课件、试卷，为国家典籍博物馆开发馆校结合项目提供明确的参考资料，使社教活动的开发有的放矢。

学生通过馆校结合平台，可以将活动中发现的问题、收获的知识等总结发布，在来馆参与活动的各个学校的学生之间进行交流讨论，也可以获得馆内工作人员对于问题的解答，打破了博物馆与学校、学校与学校之间的空间限制，和社教活动的时间限制，在网络上实现互通。

除此之外，学生在社教活动中的收获及成果也可以通过馆校结合平台呈现给学校，便于学校将活动纳入量化成绩等硬性指标的考核。

博物馆教育的内容，包括普及科学文化知识、传承中国传统文化、弘扬爱国主义教育等。博物馆对社教活动进行智慧化升级，最终目标是将博物馆教育的内容有效地传递给参与对象，同时增强其参与社教活动的体验感。国家典籍博物馆作为以收藏、展示典籍文献为主的博物馆，如何在典籍所承载的传统文化与高新科技手段中寻求完美结合，是国家典籍博物馆社教活动智慧化升级工作中十分关键的内容。国家典籍博物馆通过社教活动的智慧化升级，将博物馆的展览内涵、藏品信息以有效的方式传递给公众，利用智慧化的手段构建社教活动网络框架，在社教活动的每个环节中融入智慧化的设想，打破传统的社教活动方式，实现线上互动，拓展馆校结合的路径，这是典籍博物馆实现社教活动智慧化升级的有效探索。

参考文献

［1］中华人民共和国国民经济和社会发展第十四个五年规划和2035年远景目标纲要［EB/OL］.［2021-03-18］. http：//www. gov. cn/xinwen/2021-03/13/content_5592681. htm.

［2］国家典籍博物馆. 研学游［EB/OL］.［2021-03-19］. http：//www. nlc. cn/nmcb/shjy/yxy/index_1. htm.

国家图书馆基藏本图书修复工作之思考

王　芳（典藏阅览部）

国家图书馆基藏库（以下简称“基藏库”）是国家图书馆重点书库之一，存藏文献以中外文图书为主。基藏本图书兼具藏用双重功能，既承担提供文献信息的重任，同时作为国家图书馆永久馆藏肩负传承人类文明的重大使命。确保基藏本图书的绝对安全、延长图书使用寿命、妥善修复破损图书、发挥图书最大效用是国家图书馆应尽的历史责任。笔者长期在基藏库工作，近几年负责基藏本图书修复工作。笔者结合工作实践，介绍基藏本图书的破损现状与修复工作现状，分析修复工作存在的问题并提出对策与建议。

1　国家图书馆基藏本图书破损现状

近年来，读者对基藏本图书的需求与日俱增，借阅频繁，加之一些图书入藏年代久远，纸张已严重酸化、劣化，诸多因素共同导致基藏本图书频频出现破损现象，主要表现为掉页、散页、外壳与书芯分离、书脊断裂、开胶、撕裂、装订线断损、残破、局部缺损等。据笔者观察与统计，几乎每天都能发现数册图书出现破损现象，近几年每年需要修复的基藏本图书总量在千册左右，还有逐年递增趋势。

2　国家图书馆基藏本图书修复工作现状及存在的问题

2.1　国家图书馆基藏本图书修复工作现状

国家图书馆是国家总书库，履行国内外图书文献收藏和保护的职责。对于出现破损现象的基藏本图书，国家图书馆一向给予高度重视，积极组织修复。一方面，基藏库管理人员将每天发现的破损图书集中暂存，每一季度统一提交修复。另一方面，近年来国家图书馆通过招投标方式确定图书装订企业。中标的印刷厂或装订厂依据与国家图书馆签订的图书装订合同对基藏本破损图书进行硬壳精装修复。经硬壳精装修复后，绝大多数基藏本图书能够再次上架排列，取得了较好的典藏效果。

2.2　国家图书馆基藏本图书修复工作存在的问题

2.2.1　基藏库管理人员对破损图书的清查工作带有偶然性与随机性

目前，对破损基藏本图书的清查工作由基藏库管理人员完成。他们在为读者取书和归书上架的过程中发现破损图书后会立即停止该书流通并将其单独挑出。基藏库管理人员每天接触的图书相较于整个基藏库近千万册的藏书总量而言是极其有限的，再加之有些是重复性提书，所以必然导致破损图书的清查工作带有很大的偶然性和随机性。尤其是那些入藏年代久远并且已经出现破损或严重破损现象的图书，清查工作的偶然性和随机性表现得更加突出，因为这些图书极有可能由于流通率低或者长时间没有流通而未能被管理人员及时发现，进而得不到修补或错失最佳修补时机。然而，这些图书恰恰又是最亟须修复的。因此，仅靠基藏库管理人员在图书上下架过程中清查破损图书，不利于掌握基藏本图书尤其是老书的整体破损情况。

破损图书清查工作的偶然性与随机性必然导致图书修复工作缺乏统筹性、计划性与针对性。当一批图书修复完成后，接下来要修复哪些图书是无法提前计划的，只能被动等待近一时期基藏库管理人员发现破损图书。由此导致图书修复工作无法真正依轻重缓急来开展，甚至会贻误修复时机，造成图书破损程度的加剧。

2.2.2　图书装订企业采用统一的硬壳精装修复方式并不适宜所有破损图书

图书装订企业采用的硬壳精装修复工艺主要包括打书眼、缝订锁线、修裁书页、上环衬和硬壳、包漆布、烫字等二十多道工序。硬壳精装修复对于重塑图书物理结构、保持图书结构的完整性具有重要作用。尽管绝大多数基藏本图书经过硬壳精装修复后取得了较好的修复效果，但是也存在极少数图书未能被修复完好或者有些图书不适宜采用硬壳精装修复的现象。图书装订企业不加区别地、机械地对所有基藏本破损图书批量地、统一地进行硬壳精装修复，确实存在一些问题。

首先，采用硬壳精装修复方式无法修复某些特装书。硬壳精装修复工艺的特点决定了该修复方式较适宜普通装帧形式的图书的修复，然而像立体洞洞书、儿童手偶书、玩具书、册页装图书等特装书以及封面有特殊装帧设计的图书无法采用该修复方式。实践中就出现过图书装订企业因无法修复而将破损的立体洞洞书又原样返回基藏库的情况。同时，对于特装书等，其艺术性在很大程度上是由其装帧形式、封面设计体现出来的，如果人为地将这些图书改装成硬壳精装形式，那么其艺术性将大打折扣。如果将来有学者专门研究图书的装帧形式与封面设计，这无疑是一个很大的遗憾。

其次，图书装订企业重装订轻修复。目前，图书装订企业对破损图书做硬壳精装修复主要是围绕装订图书展开的，比较注重通过装订来重塑图书物理结构。然而，图书装订企业限于技术水平，无法对破损书页进行修复。书页撕裂、局部残缺、污损等情况几乎都被忽略，未加修复。如果将一本图书比作一个人的话，那么它的物理结构好似是骨架，书页好似是血肉，骨架与血肉的健康状况皆应受到重视。

再次，一些入藏年代久远的图书不适宜采用硬壳精装修复。基藏库中有些外文藏书已经有百余年的历史了，目前这些图书的纸张已十分脆弱，甚至一碰就掉渣，它们亟须抢救性修复，而不是批量做硬壳精装。

2.2.3　典藏条件有限

尽管基藏库是国家图书馆的重点书库之一，但是库内的空调系统至今仍无法实现恒温恒湿保证。由于空调系统只在夏、冬两季的白天办公时间内开启，因此基藏库内存在较大温差。比如，2021 年初北京遭遇极寒天气，1 月 6 日这天夜间最低气温骤降至 -19℃，白天空调开启后，基藏库内温度能够达到 25℃，昼夜温差在 40℃左右，巨大的室温波动极不利于图书纸张的保护。

此外，目前基藏库还未定期开展大规模图书除尘工作。那些入藏年代久远的图书，尤其是外文图书，不仅图书表面和书脊上覆盖着厚厚的灰尘，书页缝隙里也藏着大量的灰尘和污垢。灰尘和污垢会加速纸张老化，不利于图书的长久保存。

2.2.4 部分基藏本图书的借阅制度不合理

基藏库中入藏较早的图书主要是外文图书，如美国国会分类号西文图书（1966 年以前入藏）、日本十进分类号日文图书（1975 年以前入藏）、俄文十进分类号俄文图书（1954 至 1958 年入藏）。这些图书最少都有几十年的历史，其中有些图书甚至是 19 世纪出版印行的，至今已有百余年的历史。尽管依据国家图书馆外文善本划分标准，这些图书未被列为外文善本，但是它们的内容涉及各学科领域，有些还是汉学著作，具有一定的学术价值、艺术价值和文物价值。目前它们仍然被允许阅览、馆际互借、静电复制等。这些历经沧桑的老书，保存现状已十分不乐观，在出库前往往就已经岌岌可危，纸张严重酸化、劣化，有些书的装订线已经松动，面临即将解体的局面。经阅览、馆际互借、静电复制后再回库时，这些老书就更加“遍体鳞伤”，濒于散架的边缘，有些甚至被彻底损坏。此外，在版本上，这些外文老书不乏初版本、珍本，甚至是孤本，一旦丢失，其损失远非金钱所能弥补。

3 基藏本图书保护与修复措施建议

3.1 开展图书普查工作

图书馆通过普查来摸清基藏本图书的破损情况是开展基藏本图书修复工作的前提和基础。只有摸清了图书的破损情况，才能做到心中有数，有计划、有针对性地安排后续修复工作。在人员充沛、经费允许的条件下，可以对基藏库全库图书进行全面普查。若人员、经费有限，则优先对基藏库中入藏年代久远的图书进行调查，并随着图书入藏年代由远及近，逐渐铺开调查范围，直至推至全库。在普查时要着重摸清图书的破损情况、老化程度、用纸情况、装帧形式、印刷方式、版本特征、复本数量等，并逐一登记，记录在案，使之成为后续修复工作的重要参考依据。

3.2 对基藏本图书进行破损定级

首先，制定基藏本图书破损定级标准，实现标准先行。目前，我国只针对古籍特藏推出《古籍特藏破损定级标准》，对其他文献尚未制定破损定级有关的文化行业标准。建议国家图书馆在对基藏本图书普查的基础上，参考《古籍特藏破损定级标准》制定《国家图书馆基藏本图书破损定级标准》，将基藏本图书破损程度分为若干等级，并且每一等级对应列出若干具体的文献破损情况。

其次，依据该标准对国家图书馆基藏本图书进行破损定级。这项标准的制定与施用有利于明确基藏本图书的破损程度进而有针对性地选择适宜的修复技术，同时也为文献分块分级保护体系的建立奠定基础。

3.3 构建文献分块分级保护体系

一方面，在横向上构建基藏本图书分块保护体系，即根据以下几个要素给不同图书确定适宜的修复机构，明确哪些图书送至图书装订企业进行修复，哪些图书送至更加专业的文献修复机构进行修复。这几个要素，一是图书破损等级。将严重破损、严重老化的图书送至专业的文献修复机构修复，将其他破损图书送至图书装订企业修复。二是文献价值。对具有较高文献价值的图书应当送至专业的文献修复机构修复，将其他破损图书送至图书装订企业修复。三是图书装帧形式。将特装书送至专业的文献修复机构修复，将平装书、精装书送至图书装订企业修复。四是书页破损情况。将书页破损的图书送至专业的文献修复机构修复。五是图书装订企业的修复技术水平。对图书装订企业因受限于技术水平而无法修复的图书，应送至专业的文献修复机构修复。

另一方面，在纵向上构建基藏本图书分级保护体系，即根据以下几个要素，确定图书修复的先后次序，真正做到依轻重缓急来开展图书保护与修复工作。这几个要素，一是图书破损等级。经破损定级，被列为严重破损、严重老化的图书优先修复。二是文献价值。对具有较高学术价值、艺术价值、文物价值的图书应当尽快修复。三是流通频率。对读者频繁借阅、复制的文献，应当及时修复。四是复本数量。单本文献应优先修复。特别注意一点，基藏库的外文藏书虽然被称作基藏本，但实际上是第一本进入书库的外文图书，相当于保存本。因此，基藏本外文图书的修复应当引起足够的重视。

3.4 设立基藏本图书保护与修复部门

文献修复是一项专业性极强的工作，专门机构的设立有助于有效开展这项工作。同时，根据基藏本图书分块分级保护体系，有些图书也需要由专业的文献修复机构修复。因此，非常有必要在国家图书馆内设立基藏本图书保护与修复部门，打破目前这种完全依靠图书装订企业修复基藏本图书的局面。国家图书馆基藏本图书保护与修复部门与馆外图书装订企业联合起来，共同开展面向全部基藏本图书的全方位的修复工作。

除修复图书外，基藏本图书保护与修复部门还应肩负起文献保护的职责。目前，基藏库的管理人员都属于文献典藏岗，他们的业务专长在于图书排架、取归书等。对于文献保护与修复，他们并不十分专业。因此，基藏本图书保护与修复部门应定期向基藏库派驻文献修复专业人员开展基藏本图书保护相关工作，如调查图书破损情况、评估图书损坏性质、对破损图书定级、确定图书修复的先后次序与修复目的、图书修复完成后质检等工作都应当由专业的文献保护与修复人员来完成，基藏库管理人员不可越俎代庖。此外，基藏本图书保护与修复部门还应对图书装订企业进行业务指导。图书装订企业基本上都是印刷厂、装订厂，相较于旧书修复，他们更擅长新书印刷装订。尽管二者在技术上有相通之处，但是旧书修复有着诸多特殊情况，更加有难度。图书装订企业在图书修复过程中常面临一些棘手的问题，也需要有专业人员给予技术指导。遗憾的是，目前图书装订企业只能联系基藏库管理人员，向他们寻求解决方案。然而，基藏库管理人员由于不具备文献修复的专业资质，对图书修复问题的解答常感到力不从心。因此，建议基藏本图书保护与修复部门对图书装订企业直接开展业务培训、提供业务指导、解答疑难问题等，最大限度地提升图书装订企业的修复技艺。

3.5 建立基藏本图书修复档案

通常，修复古籍会建立古籍修复档案。虽然目前基藏本图书不如古籍价值高，但是随着时间的推移，若干年后，今天的基藏本也许就是那时的善本。所以，有必要对基藏本图书的破损情况、修复方案、修复操作过程、修复难点及解决办法、修复经验等进行记录，形成基藏本图书修复档案。这一档案是基藏本图书修复经验累积与总结的重要成果，能够为后人了解修复前的原书状况以及将来再次修复图书提供参考。

3.6 进一步改善库房环境

目前，基藏库已配有环境监控、消防、安防等多种设施，如温湿度自动监测系统能够对库房内的温湿度及虫霉病害情况进行监测。建议在现有基础上加大资金、设备等方面的投入，为基藏本图书创造更佳的存藏环境。首先，对基藏库空调系统进行升级改造，增配恒温恒湿空调系统，使基藏库能够保持恒温恒湿环境。其次，加装空气净化器。若经费有限，可以优先给存藏老旧图书的库房加装空气净化器。空气净化器对于改善空气质量，延缓纸张酸化速度具有积极作用。再次，添置专业的图书除尘器、细毛刷等，定期对图书进行大规模除尘。保持图书干净整洁，有助于延缓图书老化。

3.7 加强对图书微环境的监测

除库房大环境外，图书微环境的优劣也直接影响图书寿命。建议购置必要的仪器设备，如测酸仪、酸度计、生物显微镜、体视显微镜等对图书微环境进行监测。测酸仪、酸度计能够检测图书纸张的酸碱度。生物显微镜、体视显微镜能够检测图书纸张纤维情况。相较于传统的凭肉眼、靠经验，这些仪器设备更具科学性，能够为判断图书纸张状况、监测图书微环境、评估图书存藏条件提供客观依据。

3.8 对部分基藏本图书数字化并引导读者使用数字化资源

如前文所述，基藏库中藏有一些出版年代久远且目前保存现状不太乐观的老书，主要是一些外文书。为最大限度地保护这些具有一定学术价值、艺术价值和文物价值的老书，建议对这些图书进行数字化。具体而言，通过缩微拍摄、数码扫描等技术对这些图书进行载体转换。之后，以缩微复制件、电子复制件等数字化成果取代原书为读者提供阅览服务。同时，停止原书流通，将其妥善保存。

此外，对于基藏本图书，如果这些图书有对应的光盘或者在互联网上能够找到该书电子版，那么阅览室工作人员可以向读者大力宣传，引导他们查阅这些载体形式的图书，从而减少原书的流通压力、降低原书的破损概率。比如，基藏库内所藏的我国各地区的统计年鉴，由于经常被读者查阅、复制，因此常常出现破损现象。与此同时，近年来我国不少地区的政府统计局都在其网站上提供当地的统计年鉴，可供免费阅览、下载。阅览室工作人员可以将这些互联网上的免费信息资源或线索挖掘出来，告知、推介给读者，使读者无须翻阅原书即可获取所需信息，在方便读者的同时达到保护原书的目的。

相较于近年来古籍和民国时期文献受到的重视程度，基藏本图书的保护与修复工作很少受人关注。然而，从文献保护的规律看，基藏本图书在未来也会成为文献保护的重点对象之一。国家图书馆应当进一步加强对基藏本图书的重视程度，在积极采取预防性保护措施的同时及时采取补救性保护措施，尽量延长图书使用寿命、减少图书破损现象，妥善修复破损图书，把基藏本图书保护好，为今人也为后人留下坚实的文献资源。

“互联网 +”背景下国家典籍博物馆展览资源共享研究

全凤燕（展览部）

“互联网 +”是把互联网的创新成果与经济社会各领域深度融合，推动技术进步、效率提升和组织变革，提升实体经济创新力和生产力，形成更广泛的以互联网为基础设施和创新要素的经济社会发展新形态。近年来，图书馆和博物馆学界结合社会经济发展，提出了一系列改革举措，如数字化和智慧化的构建，“互联网 +”背景下各种技术融合等。国家图书馆也不断创新展览方式，以系统集合的方法，在信息化建设展开尝试，实现展览资源共享。

1　国家图书馆展览早期实践

1909 年 9 月 9 日，清政府批准筹建京师图书馆，调内阁大库、翰林院、国子监南学书，以及文津阁《四库全书》、敦煌劫余遗书作为基本馆藏。百年来，京师图书馆陆续更名为国立北平图书馆、北京图书馆，1998 年改称国家图书馆，读者服务不断升级，展览业务也逐步扩大。

1.1　发展历程

1912 年，清翰林院所存《永乐大典》由国务院交由京师图书馆储藏。大典到馆后，京师图书馆举办了“永乐大典展”。此后展览业务扩大到其他图书馆。1925 年，京师图书馆协会举办展览会，展出敦煌文献、宋金元明善本、《永乐大典》和《四库全书》。1926 年，上海图书馆协会举办展览会，展出古籍善本及罕见书报杂志等文献。据统计，从 1929 至 1936 年，国立北平图书馆先后举办了 14 个不同类型的文献展览，形式上有固定展览和巡回移动展览。除此文献展览外，还有西北科学考察团采集和发掘的文物展。1949 年 10 月中华人民共和国成立后，北京图书馆为配合国家需要和人民提升文化水平的需要，每年举办各种类型的专题展览。1987 年，北京图书馆新馆建成，专辟展厅用来展览，展览水平得到较大提升。随着时代的发展和数字信息的高速增长，人们对文化服务的要求不断提高，图书馆的服务范围也不断扩展。2003 年，展览服务被列入公共图书馆评级评估项目中，而近年来营建的图书馆新馆也都大多规划入馆大厅作为图书馆的展览空间。

1.2 展览共享实践

2002 年，国家图书馆开始推出线上展览“神秘的西夏王国”，这是国家图书馆第一次将展览搬到线上，观众跨过时间和空间的障碍，随意浏览展览内容。此后不断推陈出新，举办“西域遗珍——新疆历史文献及古籍保护成果展”“中国古代书籍史展览”“国家珍贵古籍特展”等。展览围绕着古籍保护、馆藏经典、书籍简史、历史名著等主题。这一时期线上展览主要是将文字和展览配图汇合在一起，以图片格式上传来反映展览主题和基本内容，缺乏展览资源共建共享的理论指导。共享方式主要是将展览直接置于网络，简单堆叠展览文字和图片，很多展览未能包含展品信息。但这是展览从线下走向网络信息资源，成为资源共享的积极实践，并且为以后多样化的共享方式提供了丰富经验。

1.3 资源共享经验

根据国家图书馆展览资源共享的实践，经过细致分析较为成功的实例，可以得出这样的结论：尽管由于早期网络速度限制和设备落后等问题，图片经过压缩再上传后清晰度不够，多媒体和相关展品也未能让观众通过网络一概全貌，但是展览资源共享已经成为国家图书馆举办大展、特展的必备选项。它们的特点是：①展览分属馆内不同部门承办，具有明显的主题风格差异，呈现出从内容到形式表达和艺术创作方面多元化的特征；②网络资源的丰富程度与实体展览的大小息息相关；③展览资源统一通过国家图书馆网站发布，网站有专门的管理人员负责维护，保证展览的可回溯性；④早期只有个别展览设置线上共享，随着社会发展和信息传播方式的改变，网络环境和新技术的发展，共享资源规模逐渐扩大，大量展览都可在线参观。

2 “互联网 +”背景下展览资源共享模式的发展

在早期展览资源共享阶段，尽管图书馆做了一些有益的探索，取得一些成效，但由于资源共享活动受制于网络速度和技术手段，共享资源实践主要局限于在线展览的方式，手段较为单一。图书馆的“互联网 +”展览资源共享应建立古代典籍和文化数字资源的中心，整合图书馆、博物馆的文化资源，并提供创新服务的平台，形成“互联网 +”展览资源整体优势。

2.1 “互联网 +”环境下的展览资源共享

2006 年 10 月，文化部全国文化信息资源建设管理中心、国家图书馆和上海图书馆共同主办“首届全国公共图书馆展览资源共建共享交流研讨会”，来自全国 80 家图书馆的专家就展览管理、策划、资源共享等问题进行探讨和交流，网上展览作为展览资源共建共享的重要手段受到关注。目前多家图书馆、博物馆都已认识到互联网创新成果对展览的重要作用。他们紧跟潮流，将物联网、大数据、人工智能等新技术应用到展览场景当中，带动新一轮信息化建设，展览业务实现高度信息化。辽宁省图书馆在传承原有资源优势的基础上，融合新技术与新理念，按照打造符合国际标准图书馆的功能定位，构建融文化休闲、图书阅览、资源展览等为一体的多功能服务平台，同时联合辽宁省各级图书馆开展展览资源共享工作，汇聚全省特色资源，形成以升级图书馆为中心的资源共享网络。上海图书馆在展览资源共建共享方面也做出多种尝试。该馆利用馆藏资源，开发多个可供巡展的展览项目，同时积极与各兄弟图书馆联络，将展览推向全国各地，走出一条“以展促藏”“以藏推展”的良性循环道路。同时上海图书馆积极推广在线展览，目前官方网站已列出九大主题、数十个网上展览供读者和观众在线选择。

故宫博物院和台北“故宫博物院”对《清明上河图》的主题展览也运用了多种技术实现资源共享。2018 年，故宫博物院“清明上河图 3.0”展览开幕。展览选用高科技互助艺术展演的形态，成为开创全球的先例。展览借助科技手段打造融合数字互动技术、4D 动感影像，以及众多艺术形态的多层次交互沉浸体验空间。文化与科技的融合吸引了大量观众，开展不到 3 个月，观展人流量已达到 100 万人次，同时创造单日突破 2 万人次的观展记录，连续 3 个月参观人数呈 1.5 倍增长的火爆场面。在实体展览以外，故宫博物院持续进行线上更新。观众可在其官网上放大观赏宋代绢本设色的《清明上河图》，图片下方还配有说明文字，详细阐述这幅举世名画的内容和特点。故宫博物院官方网站设有视听馆，放置研究员对《清明上河图》的细致解读。此外，观众还可以线上进行《清明上河图》资料检索，查阅数十篇相关的论文，进行深入了解和相关研究。展览实现紧密的线上线下结合，社会服务资源配置也不断优化，观众享受到更加高效、便捷、优质的服务。2019 年，展览走出故宫，到香港、广州进行巡展，实现多地资源共享。

台北“故宫博物院”与泰国曼谷河城艺术古董中心合作为《清明上河图》举办了新媒体艺术展。展览名称虽带有“清明上河图”字样，实为包含《鹊华秋色图》《自叙帖》《溪山行旅图》等名作的数字展览。展览以新媒体互动装置、虚拟现实装置、多媒体影片，以及复制文物为主。在“神游幻境”虚拟现实装置里，观众可以走入《鹊华秋色》的山水画中，于古黄河旧道间悠然摆渡，透过“笔墨行旅”高画质影片与高仿真复制文物的展示，将可欣赏古典书画美学，学习文人雅士游历于“可望、可居、可游”的山水世界。尽管展览在泰国展出，展出的全部藏品却被放置于官方网站平台，观众可在线浏览。

2.2 国家典籍博物馆的展览资源共享

2012 年 7 月，国家典籍博物馆在国家图书馆成立，成为横跨图书馆、博物馆两大行业的综合性展馆。既是依托于国家图书馆宏富馆藏，以展示中国典籍、弘扬中华文化为宗旨的博物馆，也是国家图书馆职能的新拓展。

在职能分工方面，传统博物馆各种业务需求之间缺少关联，也缺少业务流程的衔接，其组织架构是按照藏品、陈列和教育等职能来组建的，彼此的业务相对独立。国家典籍博物馆由展览部负责日常运营工作，内设综合、策展、设计、讲解与保管等科组，同时与馆内其他部门积极展开沟通与合作，实现更加高效的管理和运作模式。结合展览业务现状和发展需要，馆内古籍已实现互联网数字化资源管理，查找和利用极为便利。读者和观众既可以透过数据库查看展品版本等信息，还能突破实体展品展示中只能观看单叶的限制，随意查阅并研究典籍展示叶前后内容，充分体现典籍本身所具备的学术资料性的特点。这些数字资源不仅是古籍数据库对外共享的窗口，也是线上展览中展品展示的重要媒介。

"互联网+"环境下，信息技术的发展为展览服务的深入发展提供了新的契机，展览服务的内涵和外延不断拓展。国家典籍博物馆通过中国博物馆协会搭建的展览交流服务平台，将不同类别的展览上传到平台数据库，不仅为各地承办单位提供便利，也保证了展览资源的最大化利用。每年春节前夕，通过中国图书馆学会平台，国家典籍博物馆向业界推送新春文化展览资源，上千家合作图书馆可在线下载展览资源，直接喷印制作展览，同时还提供展览的网页版和展览活动数字资源用于宣传和推广，极大地扩展展览资源的传播范围，让更多的读者和观众了解展览的文化内涵，发挥国家图书馆的业界引领作用。此外，国家典籍博物馆积极拓展联展渠道，与中外文化交流中心合作，将展览推广到墨西哥、澳大利亚、西班牙等地。与多所高校进行合作，举办展览进校园活动，向高校推广数十场展览，不断促进国家图书馆和国家典籍博物馆社会影响力的提升。

通过手机应用软件和互联网，越来越多的人享受到展览服务。国家典籍博物馆在移动终端设置一站式服务系统，将展览预约、公众互动、最新动态等多种业务场景内容集成至服务系统中。读者和观众通过关注微信公众号，能够根据自身需求获取更多展览和活动信息，得到更加丰富有趣的观展体验。通过微信应用，移动终端与社会搭建起虚拟移动社区，以往博物馆与读者和观众之间的单项信息连接转化为观众之间横向连接的优势。读者和观众通过转发、分享各项展览，展览宣传与传播半径也不断扩展。

3 "互联网+"背景下展览资源共享模式的展望

国家典籍博物馆应依靠互联网最新发展技术，结合自身资源，制定具有本馆特色的展览资源共享计划和具体实施策略。①要进一步强调"传承文明，服务社会"的办馆宗旨，注重观众价值，坚持"读者第一，服务至上"，注重读者和观众的观展体验，依托互联网推出个性化服务。根据大数据分析年龄、个人偏好等情况，对读者观众群体进行细分，进一步对潜在读者和观众进行针对性策展。同时还可通过智能服务推送，将系统匹配的展览推送到读者和观众在线账号，为其观看展览提供方便。以读者和观众需求为导向，对读者和观众的反馈即时进行针对性的调整，提升展览承办水平和资源共享力度，使读者和观众能够充分参与图书馆事业发展，享受其发展成果。②突出展览资源共享理念，重视馆际之间的沟通和网络智能互联，实现网络资源系统整合。③充分利用互联网平台创新服务模式。举办线上阅读和展览推广活动。通过在线有奖问答、展览互动游戏等活动，提高读者和观众参与度。④国家典籍博物馆应结合自身优势，加强与其他机构的沟通合作，不断提升展览质量。在未来的智慧展示中，可以通过采用多媒体技术、信息网络技术和数字显示技术大幅提升公众的观展体验，包括建设智慧展厅、沉浸式体验场所等，实现展览信息的数字化协同管理，打造线上虚拟展厅，以及推出更多的云看展项目等。

参考文献

[1] 国务院关于积极推进“互联网+”行动的指导意见［EB/OL］.［2015-07-01］. http：//www. gov. cn/zhengce/content/2015-07/04/content_10002. htm.

[2] 京师图书馆展览会记［J］. 浙江公立图书馆第十期年报，1925（10）：99—101.

[3] 上海图书馆协会双周纪念之展览会［J］. 图书馆学季刊，1926（1）：356.

[4] 王致翔 . 国家图书馆早期（1929—1936）举办的文献展览［J］. 国家图书馆学刊，2005（2）：78-82.

[5] 西北科学考查团所获古物展览会略息［J］. 国立北平图书馆馆刊，1930（4）：80.

[6] 杨定华 . 上海文化年鉴［M］. 上海：《上海文化年鉴》编辑部，2007：282-283.

[7] 路海生 . 资源共享视角下公共图书馆展览服务的定位与创新［J］. 图书馆学刊，2016（3）：76-78.

[8] 杨泰伟 . 从“上图展览”全国巡展看资源共享在图书馆的实践［J］. 图书馆论坛，2009（4）：128-130.

[9] 郭梦彤 . 数字化时代下故宫展览的营销传播策略研究［D］. 保定：河北大学，2020.

[10] 黄青松 . 基于共享式的业务架构设计——以广东省博物馆智慧博物馆平台为例［J］. 文博学刊，2019（3）：41-51.

[11] 王春法 . 关于智慧博物馆建设的若干思考［J］. 博物馆管理，2020（3）：4-15.

智慧图书馆时代的台版电子书营销模式调研及启示

卜冬雪（中文采编部）

台湾地区图书出版资源丰富，出版信息畅通，形式多姿多彩，富有创意，版权贸易非常活跃。引进版权译著、历史、经济管理和法律方面的研究书籍具有一定的优势。由于历史原因，台湾地区还保存了很多珍贵的文史资料。引进台版图书对丰富大陆文化有着很重要的意义。

数字阅读市场的加速发展，智能手机、平板电脑等产品的普及，使得电子图书的需求量持续增长。在这样一个信息技术飞速发展的时代，图书馆作为传统的文献收藏机构，在迈向智慧图书馆的进程中，收藏纸质台版图书的同时，也要加强其电子图书的收藏。

1 台湾地区图书出版情况概览

1.1 发展轨迹

1987 年之前，台湾出版业处于戒严状态，图书出版受到严重的审查和限制。1999 年台湾“出版法”的彻底废止，将台湾出版业推向一个全新的发展时期。出版经营在法律上完全等同于其他商业经营活动，出版行为彻底商业化、市场化，出版品的内容多元化。目前台湾地区出版体制实行备案制，只要出示的有关证明符合条件就可申办出版资格。同时由于自由裁定的出版周期、出版范围，以及没有出版审查制度，台湾地区许多出版公司纷纷成立。

1.2 出版机构众多

台湾地区的出版机构按照类型可分为一般出版社、政府机关和个人。截至 2019 年，累计共有出版机构 34725 家，其中一般出版社 20909 家、政府机关 4261 家、个人 9555 家。

表 1 出版机构类型统计

（单位：家）

出版机构类型	2014 年	2015 年	2016 年	2017 年	2018 年	2019 年
一般出版社	17079	17861	18643	19453	20149	20909
政府机关	3473	3633	3775	3929	4125	4261

续表

出版机构类型	2014 年	2015 年	2016 年	2017 年	2018 年	2019 年
个人	7214	7667	8116	8589	9043	9555
累计出版机构总数	27766	29161	30534	31971	33317	34725
年度新增出版机构数	1512	1395	1373	1437	1346	1408

从表 1 可以看出，台湾地区出版机构数量众多，且每年以 1000 多家的速度递增，显示出台湾地区出版业的蓬勃发展。尤其是个人出版的风气，非常盛行，内容多以个人学术著作、回忆录与文学作品为主，也凸显出其出版环境的自由与宽松。

1.3 出版数量庞大

台湾地区书号中心的统计数据显示，台湾图书出版总量庞大，年出版量基本维持在 4 万种左右，尤其是 2010 年出版的图书总数，达 43209 种，约是大陆的 1/5。2019 年全年，共有 4952 家（单位）出版社申请 ISBN，较上一年增加 12 家，出版 36810 种新书（含电子书），但新书出版总量较上一年减少 2304 种，也是 2001 年以来再次低于 3.7 万种。

表 2 出版量与出版机构数

年度	ISBN 量（笔）	图书种数（种）	出版机构（家）
2010	46526	43209	4784
2011	46521	42570	4969
2012	46853	42305	5085
2013	47191	42118	5117
2014	46398	41598	5087
2015	44363	39717	5030
2016	43489	38807	4979
2017	45411	40401	4987
2018	43363	39114	4940
2019	41110	36810	4952

从每年申请 ISBN 的出版社数量来看，大概在 5000 家左右，约占全部出版机构的 1/6。在 2019 年申请 ISBN 的 4952 家出版机构中，一般出版社有 3310 家，合计出版新书 32652 种，其次为政府机关 827 家，出版新书 3070 种，个人为 815 家，出版新书 1088 种。

1.4 出版机构规模较小

就出版机构出版量的规模统计（见图 1），在 2019 年申请的 4952 家出版机构中，有超过半数的出版机构，即 2864 家出版单位仅出版 1 种图书，占全年图书出版量的 57.84%，出版量在 2 至 10 种图书的有 1513 家，占 30.55%，出版量合计占 15.7%。出版 11 种至 100 种的出版机构的合计 524 家，占 10.58%，其出版量合计占 41.34%。出版新书超过 101 种以上的出版机构为 51 家，占 1.03%。由统计数据来看，台湾小型出版社占绝对多数，合计有近九成的出版机构出版新书的数量不超过 10 种。

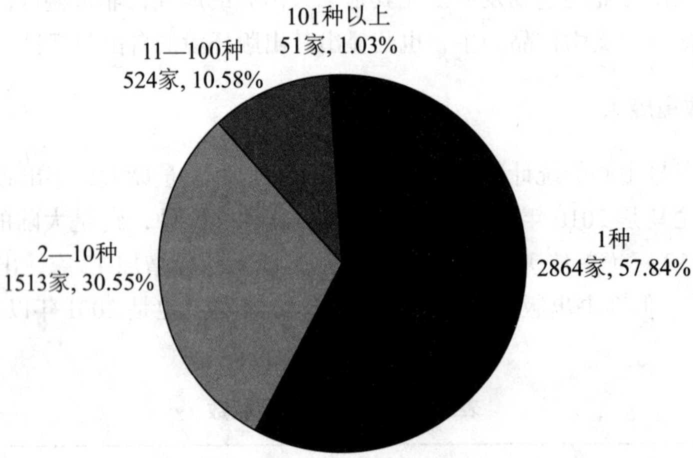

图 1　2019 年出版规模统计

2 台湾地区电子图书出版情况概览

台湾地区于 2011 年 8 月 23 日起开始启动“电子书刊送存阅览服务系统”（EPS），办理电子书 ISBN 申办、送存典藏、分类编目、授权阅览等，成为服务全台电子书的平台，并可借此统计分析各年度电子书的出版概况及其趋势。

2.1 电子图书出版规模

从近五年的统计数据看（见表 3），电子书的出版量并不大，2018 年达到最大量，出版了 4340 种，占年度新书总量的 11.10%。2019 年申请电子书的 ISBN 较 2018 年大幅减少，仅有 1591 种，但电子书的阅览及销售都呈现增长趋势。全台湾省公共图书馆 2019 年借阅统计数据显示，电子书借阅总册数大幅增长 81 万。根据台湾地区相关出版产业调查，2019 年上半年电子书消费金额较 2018 年同期增长 64.14%。

表 3　申请电子图书 ISBN 之出版机构类型与图书种数

出版机构类型	2015 年	2016 年	2017 年	2018 年	2019 年
一般出版社	1961	1576	3984	4168	1412

续表

出版机构类型	2015年	2016年	2017年	2018年	2019年
政府机关	132	333	71	91	113
个人	54	93	81	81	66
总计	2147	2002	4136	4340	1591
年度新书总量	39717	38807	40401	39114	36810
电子书百分比	5.41%	5.16%	10.24%	11.10%	4.32%

2.2 电子图书出版类型

以2019年为例，依据台湾图书馆分类法统计，电子书以“语言/文学”类最多，有284种，其次为“应用科学”、“社会科学”及“宗教”。如果依据台湾出版界常用的18个主题类型来看，2019年出版最多的是“人文史地”（含哲学、宗教、史地、传记、考古等），有305种，占电子书总数的19.17%，其次为“儿童读物”和“社会科学”。“人文史地”类电子书近3年统计数据显示，不论在数量和占比方面，该类电子书均有上升趋势；另外，“教科书”及“考试用书”的占比也都呈现增长趋势，与纸本书的趋势相符。

2.3 电子图书格式

电子图书格式主要以EPUB和PDF为主。多数出版机构在排版后要转换成PDF文档才能印刷，这也是目前国际上大部分电子书平台能接受PDF的原因。而目前台湾的电子书平台从业者都承认EPUB网页式编辑更适合电子书，但在电子书获利不明朗的状况下，出版社及电子书平台自然不会花太多的成本来转换排版格式。然而随着技术和需求的发展，EPUB也逐渐成为更多电子书从业者的选择。2019年申请ISBN的1591种电子书当中，EPUB格式有937种，占电子书总数的58.89%，PDF格式有589种，占37.02%，其他格式占65种，占4.09%（见表4）。

表4　电子书格式统计

电子书格式	2015年	2016年	2017年	2018年	2019年
EPUB	148	148	1970	3495	937
PDF	1753	2753	2117	823	589
其他	101	101	49	22	65
合计	2002	3002	4136	4340	1591

3 台湾地区电子图书的商业模式

电子图书的使用依靠阅读软件和系统平台。2010 年起，台湾出版业和科技业纷纷搭建起电子图书平台，大大小小的平台最多时有 40 多个。由于台湾地区出版机构多数规模较小，技术能力不足，因此几乎九成由科技公司建立。其商业模式主要有面向个人用户和面向机构用户两种。

3.1 面向个人用户的商业模式

在面向个人用户的电子图书提供商中，主要有 Google books、远传电信远传 E 书城、台湾大哥大 yBook 书城等。Google books 是目前进入台湾最大的外资电子书平台，采用单本购买的方式，出版社定价。内容部分由出版社及个人出版自行上架，并有许多国际内容，目前成为台湾针对个人市场最丰富的平台。远传 E 书城、台湾大哥大 yBook 书城等都依托于电信经营商，在内容部分并没有太多的限制，类型以畅销书为主。显然这部分平台的商业定位在台湾地区内的个人用户，并不适用于大陆的图书馆用户。

3.2 面向机构用户的商业模式

面向机构用户的资源平台提供商主要有凌网 Hyread、华艺 airiti、TWB 台湾学术书籍数据库、联合在线 UND 读书吧等。凌网 Hyread 主要客户为机构用户，也经营个人市场，目前是台湾市场占有率及营业额最大的电子书平台。主要内容为将近 9 万册各种不同类型的简繁体及外文的电子书。除此之外，平台中还包含杂志及学术期刊，其中学术期刊内容总量位列台湾第二。华艺 airiti 是综合性的资源平台，面向的主要客户为机构用户，除了经营电子书之外，还包含杂志、学术期刊及学位论文数据库，是目前台湾最大的学术期刊数据库，市场占有率超过一半，同时还成立了华艺学术出版社，自行出版学术书籍。TWB 台湾学术书籍数据库是台湾第一家取得原新闻出版总署批准引进的全学科台湾学术书数据库，收录了台湾、香港、澳门等地区的学术著作、政府报告、学术会议论文专著、地方志、史料等涉及台湾研究及港澳研究的重要学术文献。联合在线 UND 读书吧主要针对机构用户，同时也经营个人市场。其母企业为《联合报》。主要内容有电子书、电子报纸、杂志等。可以看出，这类平台的内容都不局限于电子图书一种资源，同时还包含杂志、期刊、报纸等多种资源类型，是综合性的资源平台。这部分资源平台比较适合大陆图书馆引进。

针对机构用户，资源提供商提供以下多种采购方案。

3.2.1 买断模式

买断模式是指图书馆一次性买断电子图书的使用权，需要一次性支付购买费。图书馆可以建立自己的本地镜像系统为读者提供电子图书访问服务，也可以通过电子图书提供商的在线系统平台为读者提供访问和使用。

在这种模式下，图书馆可以选择单本挑选、专题库采购、全库买断等。如 TWB 台湾学术书籍数据库可提供单本挑选模式，价格按照每本电子书价格总和计算。也可以按照专题库采购。这些模式使图书馆灵活地从某一电子图书平台中选择本馆所需的单种电子图书或某类图书，精准采购，经费可控，有利于图书馆建立起适合自身需求的台版电子书资源体系。不足之处是挑选过程比较费时费力，同时因为采购数量有限，价格优惠通常不太理想，单本均价较高。而在匹配度高、经费允许的情况下，也可以采用全库买断的模式。优点是可以争取最大优惠折扣率，使电子图书单本均价最低。缺点是图书品种未加挑选，可能会有部分电子图书无人使用，造成浪费。

3.2.2　租赁模式

租赁模式也称许可授权模式，是指图书馆支付平台一定费用，获得资源一段时间的使用权，通过访问平台提供商的系统进行阅读和使用，一旦停止付费，资源的使用权即告终止。通常是按照年度支付费用，也可进行单本租赁、专题库租赁或全库租赁。这种模式的好处是图书馆不需要投入服务器、系统等硬件设备，管理维护成本低，价格通常也比买断模式低。缺点是一旦停订就不能访问，对于有馆藏要求的图书馆不适合。

3.2.3　其他模式

除此之外，电子图书提供商还会根据机构的服务范围及并发用户数来确定具体的价格。服务范围越大，并发用户数越多，价格也就越高。

从目前的电子图书市场来看，很少有电子图书提供商采取单一的商业模式。为了能够更好地满足图书馆的购买需求，电子图书提供商通常会将两种或两种以上的定价模式进行组合，从而与图书馆建立合作关系。

4　大陆采购台版电子图书的主要问题

4.1　电子图书定价较高

电子图书的价格是图书馆最关切的问题之一。台版电子书的定价较高，通常是其纸本图书定价的三到五倍，对于台版电子图书提供商而言，图书馆买一本电子书等同于同时拥有了多个副本，可同时供给多位读者借阅，因此图书馆需要支付较高单价。相较而言，大陆电子图书的定价通常只有纸本图书的二分之一或三分之一。若在经费紧张的情况下，有些图书馆就不把台版电子书作为必备馆藏，这势必影响其在大陆的销售及流通。因此图书馆在采选台版电子书时要合理安排采选经费，用有限的经费购买到最适合本馆定位的图书品种。

4.2　严把内容审查，引进图书品种要慎重

台湾地区出版业的完全商业化和自由化一方面促进了台版图书出版业的蓬勃发展，另一方面也使得图书出版质量良莠不齐。台湾地区很多优秀的出版物不能被大陆读者所了解，某些领域的专家学者只是被同领域的大陆读者所熟悉。与此同时，宣扬邪教和迷信的所谓“宗教”类图书也不在少数。加之目前海峡两岸意识形态不同、时局不断变化，因此大陆图书馆在引进过程中一定要严格审查，遵循国家有关的法律法规，取其精华，去其糟粕。

4.3 引进程序严谨，时间成本增加

根据我国的《出版物进口备案管理办法》，通过信息网络进口到境内的境外数字文献数据库，必须由国务院出版行政主管部门批准的有境外数字文献数据库网络进口资质的出版物进口经营单位进口。因此台版电子书资源不能直接在大陆进行销售，需要进出口代理商代理销售。这一制度一方面确保了资源的正规安全，另一方面也使得台湾地区电子图书数据库的引进过程变长。大陆图书馆代理商招标工作、供货方式、货款结算、沟通协调等都无形中增加了时间与人力成本，因此大陆图书馆在采购计划中要做好时间预算和管理。

5 对台版电子图书采访工作的启示

5.1 立足本馆职能定位，保障台版电子书馆藏建设可持续发展

不同图书馆有不同的职能定位，在此定位之下，又会制订具体的采访方针。台版电子图书的采访工作亦要遵循本馆的职能定位，符合本馆的馆藏发展原则。因为任何一所图书馆，无论资金多么雄厚、实力多么强大，都不可能将市场上所有的台版电子图书全部购齐，而且也没有必要全部购买，否则不仅浪费大量资金，降低利用率，还浪费存储空间。图书馆在采购台版电子图书的过程中必须有所取舍，有所侧重，有所选择，按照一定的采访原则和标准，突出重点，才能取得最佳的实际效果，建立起本馆的馆藏特色。

5.2 统筹兼顾，合理安排购书经费

图书馆的资源建设经费是有限的，如何发挥资源建设经费的最大效能就是图书馆必须考虑的问题。台版电子书的价格普遍较高，这对经费有限的图书馆馆藏建设工作提出了更大的挑战。采访人员不仅要广泛了解台版电子书的价格行情，还要统筹考虑电子书与纸本图书之间、台版电子书与大陆电子书之间的平衡与协调，在统筹兼顾原则的基础上，合理安排经费分配，选准、选对、选深，充分发挥台版电子图书的价值和作用。既要满足读者对台版电子书的需求，也能平衡经费支出，更要考虑到馆藏建设的长远目标、资源的可持续性等问题。

5.3 提升采访人员综合素养

台版电子图书的采访工作十分复杂，涉及领域广泛，这要求采访人员要不断学习，加强自身业务水平，提升自己的综合素养。采访人员要关注台湾地区出版动态，加强对台湾地区政治、经济、文化与社会生活的了解，对重要出版社的图书出版情况做到心中有数。加强与台湾地区电子书供应商和代理商的联系，对数据库的更新变化信息做到及时跟踪了解。要定期评估电子书的使用情况，对于数据库中不符合馆藏要求或使用率低的图书进行剔除更新，为后续采购做决策依据。

电子图书的馆藏建设已经逐渐成为智慧图书馆馆藏的重要组成部分，但台版电子图书的建设一直是文献资源建设中的难点。台湾地区的数字出版蓬勃发展，台版图书也由单一纸本文献向多载体方向发展。在向智慧图书馆的转型建设中，图书馆更要做好台版电子图书与纸质图书相结合的模式，两者相互补充、并驾齐驱。随着两岸文化交流的不断深入，图书馆员要不断加强业务能力，提升自己的综合素养，使作为智慧图书馆服务项目之一的台版电子图书服务日趋完善，以便更好地满足读者对台版文献信息的需求，为大陆读者了解台湾架起一道沟通的桥梁。

参考文献

[1] 潘家武 . 台版图书出版发行现状及图书馆采访策略的转变［J］. 农业图书情报学刊，2005（10）：58-61.

[2] 108 年台湾图书出版现况及趋势报告［EB/OL］.［2021-03-30］. https：//www. ncl. edu. tw/downloadfilelist_307. html .

[3] 黄荣华 . 台湾电子书及平台现况介绍［J］. 出版参考，2015（18）：24-26.

[4] 黄荣华 . 电子书新商业模式探索——以台湾凌网科技 Hyread 独特的 B to L to C 模式为例［J］. 科技与出版，2014（7）：9-11.

[5] 各类调查统计报告［EB/OL］.［2021-03-30］. https：//www. ncl. edu. tw/downloadfilelist_307. html.

智能机器人在智慧图书馆服务转型中的应用前瞻

李　蓓（数字资源部）

继大数据、移动互联网等为图书馆信息环境带来巨大变化之后，人工智能技术的蓬勃发展形成了新一轮变革浪潮，使图书馆同所有线下经济实体一样，正面临着空间规划、服务创新和业务管理工作上的机遇与挑战。2021 年 3 月，《政府工作报告》提出要更好满足人民群众精神文化需求，创新实施文化惠民工程，倡导全民阅读[1]。万物互联到万物智能的时代，利用人工智能技术重构图书馆服务管理版图，加快推进图书馆的智慧化建设，是图书馆可持续发展的必然选择。智能机器人作为人工智能技术的最终载体，势必能够为图书馆服务转型提供新助力。

1　智能机器人在国内外图书馆的发展现状

1.1　国外图书馆的使用情况

国外图书馆率先对机器人技术在图书馆领域中的应用进行了探索和实践。早在 1991 年，基于自动化立体仓储系统（ASRS）的自动存取机器人在美国加利福尼亚州立大学奥维亚特图书馆中被投入使用，证明了智能技术服务于图书馆服务管理工作的可能性，开启了图书馆机器人在图书馆应用的先河。德国洪堡大学图书馆使用机器人上架和分拣书刊，实现了图书搬运和放置的自动化。美国康涅狄格州西港图书馆在 2014 年引用的人形服务机器人可以根据既定程序执行命令。随着物联网、人工智能的发展，图书馆机器人被融入了更多技术元素，较大范围地在国外图书馆实地工作中得以应用。2016 年，新加坡研发制造的机器人可以利用激光对书架进行扫描并报告缺失或错架摆放的情况。2020 年，无人配送机器人入驻日本熊本市的熊本森都心广场图书馆，开始了机器人负责书籍分发的实证实验，为读者带来无接触图书配送的服务与科技理念。

1.2　国内图书馆的使用现状

我国图书馆智能机器人的研究虽然起步时间较晚，但在新一代信息技术的驱动、一系列人工智能政策的支持下，机器人产业得以迅速发展。基于相关科研机构和机器人研发企业开展了大量工作，智能机器人技术取得积极进展并开始渗透到图书馆服务当中。国内对智能机器人技术在图书馆应用中的服务模式探索也逐步兴起。

1.2.1　智能咨询机器人

最早记录被图书馆投入使用的机器人是清华大学在 2010 年设计的虚拟咨询机器人，

以在线聊天对话的方式回答读者提问。随后几年，广西壮族自治区图书馆、太原市图书馆等也采用了虚拟咨询机器人用于参考咨询服务。相对于虚拟咨询机器人，实体智能咨询机器人开发时间较晚，但应用较为普遍。2019 年，实体智能咨询机器人“小图”作为国家图书馆首次引入的人工智能机器人，出现在“国家图书馆 110 周年公共数字文化展”中，带领读者参观、讲解数图体验区，提供人性化的随行阅读指导，并同时解答读者提出的图书馆相关业务问题，一经亮相便成了该展览的焦点之一。智能咨询机器人中除最具代表性的“小图”之外，还有业经研发就服务于部分国内图书馆的“小超”“晓图”等机器人。

1.2.2　智能图书盘点机器人

智能机器人技术广泛应用于咨询机器人的服务模式构建，对于智能盘点机器人、搬运机器人等实体机器人的建设在现代图书馆中也有较为典型的应用实例（见表 1）。2015 年，由南京大学研发推出的智能图书盘点机器人率先在该校图书馆部署使用。该机器人以超高频 RFID 感知、计算机视觉和智能机器人技术的有机结合为基础，可精确、高效地完成全自动图书盘点作业。据了解，其每小时能够盘点超 20000 册图书，漏读率不高于 1%，定位精确率可高达 98%[2]。帮助读者解决了因图书错架而找不到书的问题。目前，智能图书盘点机器人已在南京大学、同济大学、华东师范大学、武汉大学等多家高校图书馆中投入使用，国家图书馆，省、市级公共图书馆尚未引用。

表 1　智能机器人在我国图书馆的应用实例

<table>
<tr><th>使用类型</th><th>名称</th><th>图书馆名称</th><th>服务内容</th></tr>
<tr><td rowspan="3">虚拟咨询机器人</td><td rowspan="3">小图</td><td>清华大学图书馆</td><td>在线咨询</td></tr>
<tr><td>广西壮族自治区图书馆</td><td></td></tr>
<tr><td>太原市图书馆</td><td></td></tr>
<tr><td rowspan="4">智能咨询机器人</td><td>小图</td><td>国家图书馆</td><td>迎宾讲解、智能交互、书籍检索、读者卡信息查询</td></tr>
<tr><td rowspan="2">小超</td><td>河南省图书馆</td><td></td></tr>
<tr><td>嘉兴图书馆</td><td></td></tr>
<tr><td>晓图</td><td>杭州市萧山图书馆</td><td></td></tr>
<tr><td rowspan="7">智能图书盘点机器人</td><td rowspan="7">图客</td><td>南京大学图书馆</td><td>全自动图书盘点</td></tr>
<tr><td>中国农业大学图书馆</td><td></td></tr>
<tr><td>同济大学图书馆</td><td></td></tr>
<tr><td>华东师范大学图书馆</td><td></td></tr>
<tr><td>宁波大学园区图书馆</td><td></td></tr>
<tr><td>香港中文大学（深圳）图书馆</td><td></td></tr>
<tr><td>昆山市图书馆</td><td></td></tr>
</table>

续表

<table>
<tr><th>使用类型</th><th>名、称</th><th>图书馆名称</th><th>服务内容</th></tr>
<tr><td rowspan="5">智能图书盘点机器人</td><td rowspan="5">图客</td><td>浙江外国语学院图书馆</td><td></td></tr>
<tr><td>天津中新友好图书馆</td><td></td></tr>
<tr><td>成都大学图书馆</td><td></td></tr>
<tr><td>武汉大学图书馆</td><td></td></tr>
<tr><td>广州越秀区图书馆</td><td></td></tr>
<tr><td rowspan="2">智能分拣、搬运机器人</td><td rowspan="2">小智、若愚</td><td>深圳市宝安区图书馆</td><td rowspan="2">24 小时自动图书归还、分拣、搬运</td></tr>
<tr><td>天津中新友好图书馆</td></tr>
</table>

1.2.3 智能分拣、搬运机器人

2019 年，深圳市宝安区图书馆将智能机器人应用于图书分拣工作，实现了 24 小时图书归还、分拣、搬运的无人化场景。智能分拣机器人负责将经过 RFID 芯片识别的应还图书送往指定格口投放，搬运机器人接到指令后，再将装满的书搬运至工作人员处进行交接。深圳市宝安区图书馆通过服务器的科学调度，将繁重的图书分拣工作交由智能分拣机器人和搬运机器人共同完成，分拣效率相较于传统人工分拣提高 10 倍以上，可节约大量时间、大幅降低人力投入。2020 年，智能分拣、搬运机器人在天津中新友好图书馆开始投入运行。

除了以上 3 类智能机器人的服务形式，个别图书馆还使用了健康陪护机器人、智能清洁机器人等特殊类服务属性的机器人。总体上，鉴于人工智能技术的成熟度、图书馆专业语料库以及图书馆环境复杂性等因素，在国内进入图书馆真实场景运行的智能机器人并没有形成规模化。只有在广度和深度上继续丰富机器人技术的研究内容，在智能机器人的可行性及拓展方向上不断尝新，才能加快图书馆智慧化服务的转型升级进程。

2 智能机器人在图书馆应用的研究分析

2.1 智能机器人存在的问题

技术力量是图书馆智慧化转型的核心，图书馆机器人技术则是实现智慧服务的必要技术支撑。智能机器人涉及导航定位、人工智能等关键技术，多学科交叉、多种技术集成的特点决定了其开发难度较大、周期较长、资金投入高等属性，使得智能机器人在图书馆服务领域的落地应用受到了一定程度上的限制。

2.1.1 人工智能技术

目前我国图书馆机器人被使用最多的是智能咨询机器人，这种机器人可以实现简单的对话问询。然而智能技术开发尚浅、中文语料库不足、语法规则库更新不及时等问题导致机器人智能化程度较低，这就让智能机器人显得不那么智能。例如，智能咨询机器人因专业词库不足致使其答非所问，甚至出现不文明回复。智能机器人自主学习能力及语义理解、词汇分析过滤的能力亟待优化提升。

2.1.2 自主导航技术

目前在国内公共图书馆、高校图书馆投入使用的智能机器人多为移动性机器人，其工作过程需要一定的可移动空间，在可移动范围内实现自主导航是其最基础和最重要的功能。导航技术的革新推动着智能机器人自主导航方式进入更多样的发展空间。传统的磁条、二维码导航以其定位精准、成本较低且技术较成熟等优势被较多地采用。但二者在灵活性上，尤其是场地复杂时存在的路径维护问题也较为突出。激光导航作为新兴技术，能够准确灵活地规划行驶路径且适应含图书馆在内的各种使用环境。如上文所述的智能图书盘点机器人便采用的是激光导航，搭载双激光雷达感知系统可保障360度无盲区，适用于各类图书馆场景。尽管激光导航的综合性能优异，但碍于激光雷达的成本居高不下，使其价格相对较高，商用化进程缓慢。

2.1.3 网络数据传输

智能机器人难以在图书馆的实际服务工作中被规模化运用，数据互通能力也是至关重要的制约条件。例如智能图书盘点机器人，大部分是基于与云平台建立链接，对盘点数据进行大数据分析、汇总，再将丢失、错架、失效图书报表等信息通过邮件实时传送至图书管理员。图书馆要实现高效且高质量的机器人服务，必须要有足够的后台数据传输能力提供保障。但目前的网络传输速率不足以支持图书馆在同一空间场景下同步使用多种机器人开展智能服务。

2.2 智能机器人在图书馆应用中的发展趋势

2.2.1 硬件设备升级

根据《机器人产业发展规划（2016—2020年）》，围绕现代服务的需求、促进服务机器人向更广领域发展成为机器人产业发展的主要任务之一[3]。智能型公共服务机器人被列为重点发展的标志性产品，其导航方式、移动速度等技术参数也被规定了具体标准，未来智能机器人的自主行走、定位导航等性能将会有所提高。另外，在硬件生产方面突破关键零部件和高端产品的技术壁垒，未来智能机器人的质量稳定性和批量生产能力将得到全面提升，从而使生产成本降低。同时，保障机器人硬件设备的规范化、程序化生产，使智能机器人在图书馆等公共领域中具备更出色的表现[4]。

2.2.2 人工智能技术融合

不同学科之间、技术之间、科学与技术之间日益呈现出交叉融合的趋势。人工智能让包括机器人在内的新鲜技术进入图书馆领域，引发图书馆场景空间的变革，各技术之间应互相协作，相辅相成以促进智能服务体系建设[5]。如依托图书馆云端和5G通信技术，未来智能机器人能够随时通过数据互联将所有数据实时同步上传到图书馆云端，智能机器人与图书馆之间的全流程闭环数据传输分析系统将运行更加流畅。交互数据由此趋于完善，加之图书馆专业语料库质量升级，届时智能机器人更赋人性化、智慧化。又如，图书馆将服务于各区域的不同功能属性的智能机器统一管理，共同组成智能机器人服务体系，可真正地助力智慧图书馆提升管理和服务能力，达成实体智慧空间内智能、高效、便利的服务目标（见图 1）。

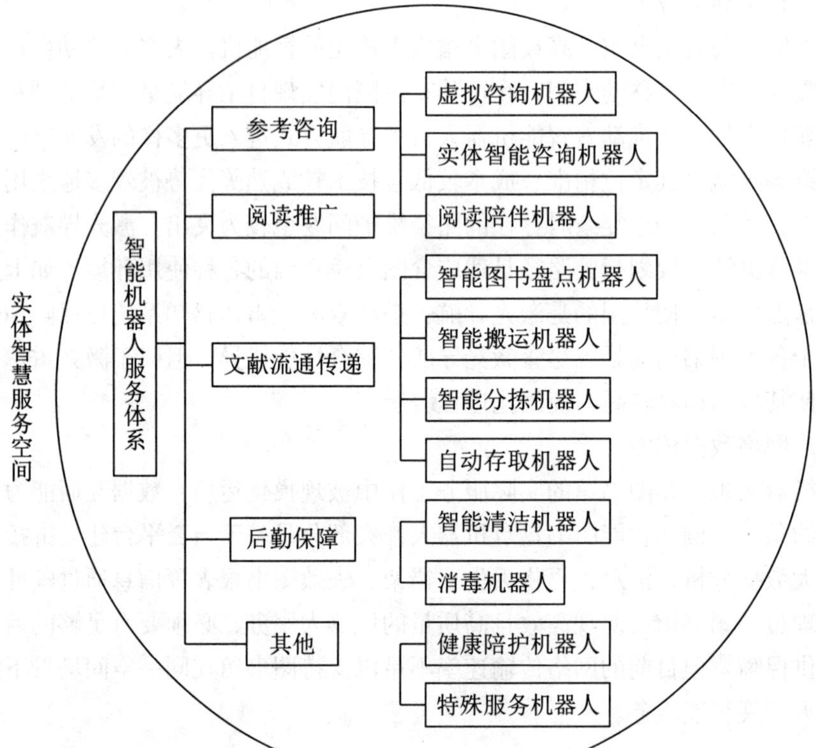

图 1　智能机器人服务体系

2.2.3　人机协作服务革新

随着人工智能从伪智慧、弱智慧到超智慧的逐步深入，未来图书馆智能机器人将承担更多导览、问询、引领等工作。图书馆中类似图书搬运、盘点以及图书检索、简单业务咨询等重复机械型的工作岗位，也可能被智能机器人取代。但在创新型业务、更加专业的参考咨询服务、学科指导等工作上，仍需要普通馆员的参与执行。为此，新技术背景下的图书馆馆员应充分发挥专业优势，弥补智能机器人在技术和突发事件灵活性上的不足，体现馆员重要性及个人价值，建立起馆员与智能机器人间的协同工作模式，促进人机协作下的图书馆智慧服务建设。

3　智能机器人应用于智慧图书馆服务转型的具体建议

3.1　参考咨询与阅读推广

参考咨询业务是目前国内图书馆智能机器人参与率最高的工作环节。智能机器人一方面能够替代馆员为读者提供准确的导读咨询服务，引领读者找到书籍所在区域，帮助读者节省大量的查询时间。另一方面，图书馆通过智能机器人积累读者对话数据，并以此为基础描绘读者的阅读画像，分析读者的个性化需求，可为精准阅读推广提供参考依据。比如智能咨询机器人可与图书馆资源数据建立链接，通过人脸识别、自助讲解等功能为读者实现预约、科普培训、读报读书等更加多元化的服务。此外，智能咨询机器人还可以在展览中充当不会累的解说员，在读者互动中扮演主持人角色，从而丰富和提升读者的学习阅读体验。在利用图书馆智能机器人的过程中，图书馆的文化教育职责及秉承的阅读推广使命不会改变，变化的只是其所提供的服务方式和手段。智能机器人呈现的先进、新颖、更符合潮流的服务形式，吸引了更多读者的关注，产生更好的活动效果，这无疑会为图书馆阅读推广前景注入新的活力。

3.2 文献流通

文献流通一直是图书馆的主要业务内容，图书馆馆员在目前的工作模式下需要耗费大量时间和精力从事图书分类、整理、上下架和搬运等日常事务性工作[6]。智能机器人的加入，可使图书搬运、盘点、排架及借阅的工作流程更加便捷，有效提升业务管理运行效率。针对搬运机器人，图书馆可以通过后台管理系统负责控制和调度，并根据算法优化为每个机器人安排最优路径进行图书投递。分拣运输过程中，分拣机器人可在无人工干预的环境下实现自动避让、避障、自主充电等功能。由此，图书馆可以将搬运、盘点、分拣机器人组成一体化操作体系，实现“7×24 小时”的文献流通借阅服务，不仅解决图书馆在控制人力成本上的问题，进而有助于智能机器人服务体系的搭建。

3.3 后勤保障

图书馆在应对新型冠状病毒肺炎疫情期间，后勤保障工作的重要性被凸现出来。以国家图书馆为代表，全国各图书馆针对此次突发性公共卫生事件做出了积极应对。在政策上实行预约制，严控到馆读者数量，防止出现“超饱和”状态。每日对各楼层办公室、阅览室分时段进行消毒清扫，保证场馆安全。后勤保障环节虽然不是影响图书馆服务效果的最直接因素，但也确是图书馆各项业务工作能够有序运作的基础保障。在 2020 年医博会（CMEF）展厅中，消毒机器人的出现获得了广泛赞誉。消毒机器人搭载多种消毒模块，能够根据环境特征自适应规划消毒方案，实现全自动消毒。图书馆可尝试利用消毒机器人对公共区域进行消杀作业，并建立消毒服务长效机制。一方面彻底解决了空气和物表消毒费时费力、消毒时间与消毒液用量无法精准量化的问题，避免职业伤害且减轻图书馆工作人员的负担。另一方面，消毒记录和消毒状况有证可查，能够有效分担后勤保障工作。

智能化是信息技术应用的高级形态，一个智能化的图书馆反映在服务上就是智慧图书馆[7]。人工智能的崛起给予了图书馆智慧化转型的技术保障，也激活了智慧服务空间的新动能。国家图书馆馆长饶权在“第十届上海国际图书馆论坛”上的主旨报告中指出图书馆事业发展进入智慧化转型的窗口期，要牢牢把握信息化新发展阶段带来的新机遇，高度重视智能化技术的发展与应用[8]。图书馆要利用智能机器人打破传统的管理和服务形式，打造技术领航下的智能化阵地体系，从而为公众提供更为便捷、高效和更加智慧化的公共文化服务。

参考文献

[1] 2021年政府工作报告［EB/OL］.［2021-03-10］. http：//www. gov. cn/zhuanti/2021lhzfgzbg/index. htm.

[2] 智慧盘点机器人［EB/OL］.［2021-03-14］. http：//lib. nju. edu. cn/info/1187/1855. htm.

[3] 机器人产业发展规划（2016—2020年）发布［EB/OL］.［2021-03-16］. https：//www. ndrc. gov. cn/xxgk/zcfb/ghwb/201604/t20160427_962181 _ext. html.

[4] 张文竹，邵波. 智能机器人技术在图书馆信息服务中的应用与研究述评［J］. 图书馆学研究，2018（12）：2-7.

[5] 焦洁. 图书馆智能机器人应用研究［D］. 郑州：郑州大学，2020.

[6] 王展妮，张国亮. 图书馆机器人应用研究综述［J］. 大学图书馆学报，2015（3）：82-87.

[7] 智能科技人文创新——智慧图书馆建设与发展［EB/OL］.［2021-03-25］. https：//www. sohu. com/a/193296043_748548.

[8] 饶权. 全国智慧图书馆体系：开启图书馆智慧化转型新篇章［J］. 中国图书馆学报，2021（1）：4-14.

出版物交存管理的责任内涵浅析

王桂杰（中文采编部）

出版物交存制度是全世界各国家和地区征集保存本区域文化遗产的重要方式，目前有150多个国家和地区制定了出版物交存制度或规定[1]。出版物交存制度极大保证各个国家和地区收藏本区域文献的全面战略性和系统性。中国国家图书馆履行接收出版物交存始于1916年教育部通令全国凡在内务部登记出版书籍均应以一部送交京师图书馆以重典册。2018年实施的《中华人民共和国公共图书馆法》颁布保障了国家图书馆和省级公共图书馆出版物交存。各个国家和地区无论是以出版物交存法、图书馆法、国家图书馆法、著作权法、出版法、新闻法、信息法等法律形式还是行政法规命令等方式保障出版物交存制度的实施，多是对出版机构进行出版物交存义务的约束和管理，对于各国家图书馆接收出版机构的出版物交存管理责任大多以国家设立国家图书馆或代表国家履行接收出版物交存的工作机构对出版物进行永久保存和提供读者服务来概括，对于具体履行接收出版物机构的交存管理的主体责任内涵研究较少。

建馆112年以来，国家图书馆不断改进其作为国家法定交存管理机构的职能。赵志刚、李伟、霍瑞娟、张鑫等学者对国家图书馆出版物交存制度历史现状、面临问题及与国家总书库建设关系进行了研究和建议[2-5]。本文拟对出版物交存管理的主体责任内涵进行梳理浅析，分析出版物交存管理办公室承担起5个方面的交存管理责任内涵，建议发掘出版物交存管理责任内涵的拓展实践，以进一步宣传提升国家图书馆文化品牌形象和提高国家总书库文献资源建设水平。

1 国家图书馆出版物交存管理的责任内涵浅析

1.1 坚守国家总书库历史与现实使命，全面收集保存全国文献出版物

全面传承保存文献是国家图书馆最初使命也是终极使命之一，国家图书馆出版物交存管理办公室全面接收交存文献遗产是国家总书库传承发展中华优秀文化遗产的重要途径之一。1909年，《学部奏拟定京师及各省图书馆通行章程折》中就明确图书馆的宗旨是“保存国粹，造就通才……”，1912年7月10日京师图书馆馆长江瀚呈文国民政府教育总长蔡元培审正《京师图书馆暂定阅览章程》中关于图书采访与收藏原则提出所采图书“一为保存之类，一为观览之类”要求[6]，保存与观览兼举并重的原则显然是国家总书库职能的最初萌芽。新中国成立后，1951年3月，文化部批准的《改造北京图书馆方案》首次明确了北京图书馆（国家图书馆前身）的性质是为全国广大人民群众服

务的国家图书馆。1955 年，《北京图书馆十二年工作规划纲要（1956—1967）》又明确提出“北京图书馆是我国的中心图书馆，是中外书刊及贵重善本书、手稿的国家总书库”，这也首次提出了北京图书馆是国家总书库[7]。1955 年《中华人民共和国文化部关于征集图书、杂志样本办法》和 1956 年文化部发文修订的《全国报纸缴送样本办法》更明确了国家图书馆利用接受的缴送本营建国家总书库的使命[8]。从 1909 年京师图书馆成立到 2010 年底出版物交存管理工作独立建制为“国内出版物呈缴办公室”，再到 2019 年更名为“出版物交存管理办公室”，国家图书馆出版物交存工作主体责任始终植根于我国出版物发展历程，及时调整出版物交存管理主体责任，紧紧围绕国家总书库资源建设中心使命。出版物交存管理职能先后在历次机构改革调整中承载于采访部、中文图书处、图书采选编目部、报刊资料部及目前中文采编部等各阶段时期的业务部门中。交存管理出版物载体形式也随时代变化发生较大改变，从 1916 年内务部以行政命令全国法定交存出版物为文书图画及国家机关出版物到 1955 年法定交存出版物包含了图书、期刊和报纸，再到 1996 年《关于缴送音像、电子出版物样品的通知》增加交存音像电子出版物。目前出版物交存管理办公室按照《中华人民共和国公共图书馆法》第 26 条规定接收交存所有正式出版物，交存管理工作责任明确，交存出版物载体不受限制，出版物交存登记核查制度化，出版物流转和入藏规则清晰，牢固树立起国家总书库建设使命以全面入藏保存我国出版物。

1.2 提高出版物全面交存数据，提升国际化交流话语权

2010 年，国家图书馆出版物交存管理和采购、调拨、捐赠、交换等其他馆藏建设正式分开进行，标志着国家图书馆出版物交存管理步入新使命阶段。出版物交存管理办公室的第一职能就是履行国内文献出版物的全面收藏保存职责。出版物交存管理办公室的职责和使命即围绕全国所有出版社、期刊社、报社和音像电子社年度出版物记到、登记、初编等业务开展交存管理，同时就日常出版物交送工作与出版机构进行业务联系沟通。

表 1　2010—2020 年出版物交存管理办公室接收交存图书数据表

年份	种数	册（件）数
2010	161592	504715
2011	228566	665703
2012	277959	735474
2013	297166	779960
2014	340537	912652
2015	367669	996944
2016	411472	1053605

续表

年份	种数	册（件）数
2017	407638	1009629
2018	428788	1049504
2019	448328	1052371
2020	385438	887402

说明：图书种数中含重印书种数。

数据来源：出版物交存管理组交存业务报表。

表1数据显示在2010—2020年间出版物交存管理办公室为国家总书库共接收全国出版社交存图书9647959册（件）数，极大丰富国家总书库馆藏资源建设。相比英国国家图书馆2017—2018年共接收的法定呈缴印本馆藏298000册（件）[9]，2017年中国国家图书馆出版物交存管理办公室仅接收交存图书就有1009629册（件），为中国国家图书馆恢宏馆藏文献资源建设贡献重要力量。

另一方面，国际图联确定现代图书馆首先是保存人类文化遗产功能[10]。国际图联也于20世纪80年代启动“保存与保护”（PAC）全球战略计划以全面保存和保护图书馆收藏的文献，2018年《国际图联全球愿景报告》更强调了图书馆是“世界记忆的守护者”，同时保障“最大限度地提供对于世界文献遗产的获取”[11]。国家图书馆作为国际图联重要成员，也是“国际图联保存保护中心中国中心”，对内要求出版物交存管理办公室要全面细致地落实国际图联关于世界各国全面入藏和保存出版物文献的决议内容，联合世界各国共同保存保护好全人类文献遗产，对外在国际图书馆界提高中国国际话语权。中国是出版大国，无论于内于外，出版物交存管理办公室要做好出版物全面入藏保存和保护使用，提高国家图书馆出版物文献交存数量、质量等管理水平，能更好提升国家图书馆馆藏资源建设和提升中国文化国际交流水平，这也是出版物交存管理工作重要职责所在。

1.3　传承百年文献资源建设方针，发扬不遗余力搜采精神

国家图书馆虽屡经风雨波折却能迎来今天庋藏弘富，屹立于世界知名国家图书馆之林，这与各时代职事同人对于“中文求全，外文求精”馆藏文献建设方针和不遗余力的搜采等“国图精神”的坚守传承分不开。国立北平图书馆甫一成立，便制定了“一为国家庋藏重籍”，“二为供给科学（报刊自然与人文科学）研究”的搜访购求政策，除收缴国内出版物外，对于中国旧籍尽量补充，以期造成中国唯一之图书馆，对于外文书籍，则注重供给科学研究之方便，这种文献搜访政策可视为国家图书馆“中文求全，外文求精”采访方针的先声[12]。1977年国家图书馆制定《中外文书刊资料采访工作试行条例》，强调采访工作原则是国内出版物求全、国外出版物求精[13]。“中文求全，外文求精”这八字方针经过多年微调修正一直作为国家图书馆馆藏资源采访原则。

出版物交存管理办公室把出版物“中文求全”作为工作根基，通过与图书在版 CIP 数据中心等机构进行数据信息互通，针对出版机构出版物信息进行实时跟踪和催交，及时并有针对性地督促出版机构交送和交全出版物，确保出版机构所有出版物及时全面入藏。

另外，国家图书馆历代有志之士为了馆藏文献资源建设方针、事业运行等各方面事业建设殚精竭虑。教育部佥事鲁迅先生为京师图书馆开馆馆藏资源建设操办与催调各省官书付出巨大努力；国立京师图书馆馆长梁启超先生在办馆极为困难时期将个人人寿保险单押借现款藉充馆用[14]。抗战期间，国立北平图书馆副馆长袁同礼先生实掌馆务时及时推动搜集中国人民抗日战争文献以记录中华民族伟大斗争过程[15]。国家图书馆各时代职事同人如冯仲云、徐森玉、向达、王重民、谢国桢、万斯年、赵万里等诸前辈于馆藏建设适时调整采访方针，高瞻远瞩，卓著勋劳[16]。国家图书馆出版物交存管理工作者时刻铭记并传承前辈同人们留下的不遗余力的搜采精神，通过多种渠道与全国出版机构建立联系进行出版物交存管理。催交出版物渠道从之前与出版机构通过邮件公函进行催交出版物到目前通过新闻出版署协助督导、电话、电邮、QQ 工作群、微信、外出实地走访催交等全方位联系出版单位推动出版物交存工作，最终目的是督促所有出版机构加大出版物交存力度，补全漏交、少交及未交出版物种类和数量以丰富国家总书库。经过历代同人 112 年培植的国家图书馆精神已完整传承为新时期“不遗余力的搜采精神，恪尽职守的守护精神，甘为人梯的奉献精神，爱岗敬业的道德精神”。无论是战火纷飞岁月还是和平建设时期，出版物交存管理者及同人们都为全面收集和保存文献出版物，建设国家总书库与文献战略储备库馆藏资源而全力搜采。

1.4 牢固把握出版物交存审读工作，强化交存工作意识形态把控

十九大报告指出意识形态决定文化前进方向和发展道路。国家图书馆历来把出版物意识形态工作放在重中之重，1951 年 3 月，文化部批准的《改造北京图书馆方案》七项任务中第一项就是收集、保藏、整理、利用图书、杂志、报纸，广泛宣传马列主义、毛泽东思想……[17]。1956 年 7 月 5—13 日，新中国第一次全国图书馆工作会议的《明确图书馆的方针和任务为大力配合科学进军而奋斗》报告就确定图书馆事业任务是向广大人民群众广泛流通图书，传播马克思列宁主义，进行文化教育工作，以提高他们的思想、政治和文化水平……[18]。2018 年，出版管理工作划归中宣部管理，出版物政治意识形态宣传上升到国家意识形态最高高度。把握提高出版物交存管理中出版物意识形态审读、加强工作人员政治责任和意识形态工作学习，是出版物交存管理办公室坚持长期不懈的工作方向。出版机构出版的图书等出版物涉及意识形态、民族、宗教、国家制度、历史疆域、法律等违规、政治责任和意识形态把握不严等问题偶有发生。新时期国家意识形态工作要求国家图书馆出版物交存管理工作人员在进行出版物登记、分流、初编工作中除了掌握图书馆学、文献学、新闻出版学等专业知识技能外，要更加着重严格落实意识形态工作责任制，增强政治敏锐性和意识形态责任敏感度，对出版机构交存图书的政治立场、插图、地图中反映政治倾向具有一定的鉴别能力，核对出版物印刷规范

及质量，把好出版物入藏国家总书库第一道关口[19]。做好交存管理出版物意识形态保卫工作也是落实习近平新时代中国特色社会主义思想的政治责任需求。

1.5 强化文献消防安全红线意识，筑牢树立交存出版物安全观

出版物法定交存极大提高了国家总书库文献馆藏数量。国家图书馆前40年积累藏书总量约140万册（件），就交存出版物数量而言，1936年国立北平图书馆（国家图书馆前身）接受呈缴本3496种4457册[20]，但到2019年初国家图书馆总藏书量已达到3901.19万册（件）。出版物交存管理办公室2018年接收记到全国法定交存的图书就有428788种1049504册。出版物交存管理办公室每年百万级交存文献在登记、记到、分流、初编等业务流程中流转通行至馆内中下游图书编目、图书加工、数据规范、保存本书库、基藏本书库、阅览室、借阅室、古籍馆等，出版物安全问题是极其重要的。在国家图书馆文献采编流程中，出版物交存管理办公室对交存图书进行登记初编分流后的“中下游”业务科组多、工作人员多、图书分流细则复杂、流转书库与阅览室多、涉密文献单独处理、特藏文献分流复杂等，即使存在这些流程协作问题，安全工作也必须放在至关重要的位置。2018—2019年巴西国家博物馆、巴黎圣母院和世界上最大原创手稿收藏地之一的美国卡佩尔斯手稿图书馆发生火灾，国家级公共文化机构的消防安全问题突出暴露出来。出版物交存管理办公室作为国家总书库资源建设流通主要机构，出版物文献安全是红线和底线，要按照“管行业必须管安全、管业务必须管安全、管生产经营必须管安全”的安全理念要求，对出版物登记人员安全意识教育、文献区域消防演练、库房消防安全注意事项、文献流转安全要求、出版物分流地等各个环节要做到零消防隐患排查，出版物交存管理工作要牢固树立“全覆盖，零容忍”安全观。

2 国家图书馆出版物交存管理责任内涵的拓展分析

作为交存制度与实践中枢的国家图书馆除提供中外文献服务外也是图书馆学、文献学等多学科重要科研机构，需要在交存管理责任内涵中做好拓展实践研究。

2.1 紧跟国外出版物交存管理技术发展，适时升级出版物交送管理平台

完善国家图书馆交送管理平台技术升级、数据服务、技术跟踪等工作是出版物交存管理办公室的重要职责。2012年完成并上线的国家图书馆出版物交送管理平台系统服务全国出版社、期刊社、报纸社、音像电子出版物社、各省新闻出版局等，实时更新日常缴送出版物登记数据，实现了全国新闻出版机构与国家图书馆之间样本交存业务工作规范化联系。国家图书馆出版物交存管理工作平台也实现完成信息化、交存数据规模化、登记著录便利化的系统实践平台要求，出版物交存管理平台也与国家图书馆编目管理系统 Aleph 系统平台保持数据实时抽取关联，还便于出版机构和出版管理机构的出版物交存数据实时查询、缺交数据核查及相关督导工作。出版物交存管理平台很大程度上支撑了全国出版机构交存数据服务工作，但相对于国外发达国家图书馆数字交存管理系

统平台而言还有很多不足和亟须升级的地方。比如对于数字出版物的法定交存工作，目前国家图书馆出版物交存管理平台无法支持出版物数字版交存上传功能，以及数字交存管理面临的数字版权保护、使用服务技术等综合性技术，需要进一步细致规划技术方案研究[21]。另外，对于出版物交存数据的管理和利用也有很大的空间可以发挥。目前出版物交存管理平台已经运行使用近10年，积累大量出版物信息数据，对于出版物交存数据开发保护、分析利用等也是出版物交存管理工作中可持续研究的课题。

2.2 引领全国省级公共图书馆，做好出版物交存管理实践交流

《中华人民共和国公共图书馆法》第26条规定出版机构需要向国家图书馆和省级公共图书馆交存出版物。但是我国省级公共图书馆出版物交存管理实际情况不理想，尽管目前已有10多个省市通过制定本省市公共图书馆条例、出版管理办法等法规办法、通知文件等明文规定出版机构向省级公共图书馆交存一定数量样本，但是各地的出版物法定交存情况不乐观[22]。针对目前出版机构出版物交存的问题，国家图书馆可以尝试与各省级公共图书馆等机构建立联系和沟通渠道，引领全国省级公共图书馆做好出版物交存管理。作为我国公共文化建设和传播高地，国家图书馆有引领全国省级公共图书馆做好出版物交存管理的责任，出版物交存管理办公室可以在出版物交存数据管理、工作方法、平台技术、数据开发实践等问题做到定期沟通交流，共同履行好《中华人民共和国公共图书馆法》出版物交存内容，提升我国公共图书馆出版物交存管理水平。

2.3 树立出版物交存管理工作服务新理念，拓展国家图书馆服务新方向

首先需树立服务意识。国家图书馆总体服务方针是“服务立馆”，国家图书馆的建馆定位是服务党政军民学兼具公众服务性质的“综合性研究型图书馆”。全国有1.3万余家出版机构，这些作为我国文化机构力量的出版机构除了有向国家图书馆交存出版物义务关系和采访出版物商务关系外，较少享受到国家图书馆公共文化服务的权利。出版物交存管理工作是属于和国家图书馆为全国读者线上线下服务、党和国家机关业务咨询服务等同样的一线图书馆服务工作，把服务全国出版机构交存工作的服务理念贯穿在出版物邮发物流接收、出版物登记、文献初编和分流等交存管理各环节、流程，把全国1万余家出版机构当成国家图书馆大型“机构读者”来服务，协助其完成出版物交存义务。其次树立共建共享理念。图书馆专家卢国邦认为图书馆重要的职责是资源共享，这是图书馆业的精粹与使命。出版物交存管理办公室应在国家图书馆总体服务工作框架内，积极与全国出版机构共同寻找资源和服务互惠共赢结合点，建立有效的出版机构出版物交存激励措施，相互促进交存业务和研究发展，共同提高出版物交存管理水平。贯彻执行服务好全国所有出版机构完成出版物交存管理工作和正确树立出版物交存管理服务理念是国家图书馆各项服务工作中衍生和拓展出来的新阵地和新方向。

2.4 加深外出催交出版物深度研究，探索互联网出版物交存实践

针对有少数出版机构由于缺乏责任感和法制观念不强、不向国家图书馆交存出版物

的现象，时任全国政协委员、国家图书馆馆长周和平在接受中国日报网采访时表示希望出版社能按规定向国家图书馆交送图书。针对出版机构不交、漏交等情况，国家图书馆于1961年采取主动外出催交等措施应对文献交送不全的现象[23]。1991年，针对交送不力的实际情况，国家图书馆数次派员与新闻出版署商洽解决办法，商请新闻出版物署发出《重申〈关于征集图书股、杂志、报纸样本办法〉的通知》。1993年，在新闻出版署和多数出版社支持下，组织了“首届北京图书馆和首都出版界关于中文图书缴送工作研讨会”，与首都出版界共同探讨交送出版物的重要意义、漏交原因和改善交送现状的办法，并取得一定效果。2010年，国家图书馆成立国内出版物呈缴办公室并开始组织大规模外出催交样本工作，国家图书馆的出版物催交工作完成了自建馆以后的制度化和专业化。自此，国家图书馆出版物交存管理办公室每年安排数人次赴相应省份完成和加强出版物外出催交工作。

数字互联网出版新技术的快速发展为出版物交存管理带来新的研究课题。一是互联网新媒体时代电子图书报刊、数据库、网络音乐、新媒体资源等数字出版物的交存管理目前未有明确法定交存规定，以及数字互联网出版物交存标准体系构建和实施等也需要深入研究和制定[24]，同时出版物交存管理办公室需要进一步明确数字交存主体、交存方式和交存范围，应主动进行相应探讨研究。二是对出版物交存主体和客体权利保护机制以及交存接收机构版权保护、义务责任、网络传播权界限等做深入研究。三是，对于出版物交存各关联方的监管协同工作机制和实践途径等也需要出版物交存管理办公室在实际交存管理中进行提升优化和研究总结。

出版物交存管理办公室需要在国家总书库建设中加强交存管理责任内涵探析研究，把全面保存文献遗产使命、严守出版物安全底线、树立国家图书馆宣传和服务新形象等主体责任内涵要义贯穿于交存管理实践中。新时期出版物交存管理要加大普及出版物交存法律意识，联合全国出版机构共同做好出版物交存与新技术研究，共同把国家总书库建设成为国家公共文化服务高地。

参考文献

[1] 张乃琪. 出版物呈缴者的权利内容及其保护［J］. 出版广角，2017（7）：34-36.

[2] 霍瑞娟，郭万里. 出版物呈缴制度与中国国家图书馆国家总书库建设［J］. 中国图书馆学报，2011（196）：113-119.

[3] 赵志刚. 国家图书馆国内出版物呈缴的历史回顾与现状分析［J］. 新世纪图书馆，2012（12）：12-16.

[4][23] 李伟，伍佳林. 国家图书馆接受中文图书缴送的回顾与现状［C］// 詹福瑞. 国家图书馆第八次科学讨论会论文集. 北京：北京图书馆出版社，2005：221-224.

[5] 张鑫，杨金奇，杨宝青. 新形势下国家图书馆接受缴送样本面临困境的深度分析［J］. 科技情报开发与经济，2013，23（24）：1-4.

[6] 李致忠. 中国国家图书馆馆史［M］. 北京：国家图书馆出版社，2009：13-14.

[7] 李致忠. 中国国家图书馆馆史［M］. 北京：国家图书馆出版社，2009：157-158.
[8] 李致忠. 中国国家图书馆馆史［M］. 北京：国家图书馆出版社，2009：162-163.
[9] British Library. British Library annual report and accounts 2017/18［EB/OL］.［2019-04-18］. https：//www. bl. uk/britishlibrary/~/media/bl/global/about%20us/annual%20reports/45th%20annual%20report%202017-18. pdf.
[10] 柯平. 文献资源是图书馆建设之本［N］. 新华书目报，2018-08-24（2）.
[11] 程焕文，曾文. 国际图联的文化遗产保护理念与保护策略研究［J］. 图书馆建设，2019（1）：47-54.
[12] 李致忠. 中国国家图书馆馆史［M］. 北京：国家图书馆出版社，2009：45.
[13] 李致忠. 中国国家图书馆馆史［M］. 北京：国家图书馆出版社，2009：270-271.
[14] 刘司斌. 梁启超先生对我国图书馆事业的贡献［J］. 中国图书馆学报（季刊），1992（2）：65-68.
[15] 戚志芬. 袁同礼先生与中日战争史料征辑会［J］. 国家图书馆学刊，1989（1）：58-62，70.
[16] 李致忠. 百年传承的国图精神［J］. 国家图书馆学刊，2008（2）：8-14，26.
[17] 鲍振西. 在解放初期的日子里——我的点滴回忆［J］. 国家图书馆学刊，1982（3）：10-13.
[18] 李致忠. 中国国家图书馆馆史［M］. 北京：国家图书馆出版社，2009：173-174.
[19] 王桂杰. 国家图书馆出版物交存管理现状问题及特征分析研究［J］. 新世纪图书馆，2020（7）：31-35.
[20] 李致忠. 中国国家图书馆馆史［M］. 北京：国家图书馆出版社，2009：75-76.
[21] 赵志刚. 数字出版物呈缴的相关主体及基本诉求研究［J］. 图书馆建设，2016（4）：28-33.
[22][24] 申庆月. 公共图书馆法定呈缴制度的法律研究［J］. 经济研究导刊，2011（2）：211-223.

智慧图书馆视域下的古籍数字资源建设思考

刘娉婷（数字资源部）

1　前言

中文古籍作为我国文化遗产的重要载体，对于传承和弘扬优秀传统文化具有重要的作用。古籍大多于1912年以前书写或印制，所以年代非常久远，载体具有脆弱性，是不可再生的，这使得对古籍的保护和利用非常重要。在计算机技术发展的推动下，古籍数字化成为古籍保护和利用的重要手段。

古籍数字化是指通过计算机技术将古籍的文献信息转换成可被计算机识别的数字信息，以对古籍进行揭示、利用和保护[1]。早在2007年，国务院办公厅下发的《关于进一步加强古籍保护工作的意见》就提出，加强古籍保护，要"制订古籍数字化标准，规范古籍数字化工作，建立古籍数字资源库"[2]。2017年，《国家"十三五"时期文化发展改革规划纲要》提出，实施中华古籍保护计划，统筹推进古籍整理出版数字化[3]。《"十三五"时期全国古籍保护工作规划》提出，鼓励和支持各古籍收藏单位率先对馆藏特色文献和珍贵古籍进行数字化，加快建立中华古籍数字资源库和中华古籍综合信息数据管理平台[4]。在"十四五"时期，传承弘扬中华优秀传统文化，加强文物古籍保护、研究、利用[5]。古籍数字化仍然是图书馆重要的业务方向。

随着信息技术的发展，智慧图书馆的概念被提出并逐渐成为未来图书馆的发展方向，由数字图书馆向智慧图书馆的转换必然对数字资源建设和资源组织产生了新的要求和挑战。我国开展古籍数字化工作已经多年，积累了丰富的经验，取得了较为丰硕的成果。本文梳理了近年来国内关于古籍数字化工作的建设实践，针对古籍数字化工作笔者提出了自己的总结和思考，希望能为同类型工作提供一定的参考。

2　我国古籍数字化建设实践

我国开展古籍数字化多年，涉及的古籍包括珍贵古籍、地方志、家谱、敦煌文书、清人文集、佛经、插图等多种类型，开展古籍数字化的方式有合作共建、馆藏资源数字化和国际合作等，积累了丰富的古籍数字资源。

2.1　中华珍贵典籍资源库建设项目

2012年，国家图书馆开展了中华珍贵典籍资源库建设项目，从五批《国家珍贵古籍名录》中选择存世量比较小的、文献价值比较大的、卷次比较少的珍贵古籍进行数字化，计划数字化1115部珍贵古籍。因珍贵古籍被收藏在全国各个古籍收藏单位，该项目由各个古籍收藏单位开展具体的数字化工作，第一批参与单位有27家[6]。中华珍贵典籍资源库建设项目与以往的古籍数字化项目相比，实现了统一规划、数字化标准的先行建设、多个单位合作共建和数字化成果的共享，推动了古籍数字化工作在全国公共图书馆的开展。

2.2 国家图书馆数字方志项目

地方志简称方志，是对一个地区的社会、自然、人文等的历史和现状进行的详细记录，具有明显的资料性、地域性和延续性等特征[7]。地方志是国家图书馆的特色馆藏之一。为了保存和传播方志资源、推动方志的开发和利用，国家图书馆在2002年启动了数字方志项目，对馆藏1949年以前编纂的地方志进行全文扫描，并分期分批进行全文化。全文化是指将影像转换为全文文本，尽可能多地保留文字、符号、版式等原书信息，以便支持全文检索和版式还原。目前已完成地方志全文扫描6868种约334万叶，地方志全文文本3181种约203万叶[8]。

2.3 国家图书馆藏家谱数字化项目

国家图书馆藏家谱数字化项目开展于2008年，最初是进行图像化扫描，随后对家谱进行文本化，最终构建家谱谱系图。家谱全文化包括两个方面，对家谱中的非谱系部分进行全文化，对谱系图、谱系表等谱系部分以谱系树的方式存储，谱系树中一个节点代表一个人物，记录了人物的主要信息，包括亲属关系、像赞、艺文等信息。通过谱系树进一步生成谱系图，谱系图中人物的信息用文字描述，人物之间的关系用连线表示[9]。在此基础上，国家图书馆建立了“中华寻根网”，主要提供姓氏源流和家谱资源服务，为海内外华人寻根问祖的活动提供了方便，目前提供500多个姓氏源流、2000多部家谱和6000种其他文献的阅览，以及自建家谱，交流联谊的互动服务[10]。

2.4 国际敦煌项目

敦煌遗书和丝绸之路其他考古遗址出土的文献，文种众多、装帧形式多样，具有极高的学术价值，是人类文明的宝贵遗产。国际敦煌项目（International Dunhuang Project，简称IDP）成立于1994年，对敦煌西域文献进行保护、编目和数字化，搭建了统一的平台发布数据，世界各地的使用者都可以通过该平台利用文献。该项目联合了全球的敦煌西域文献收藏机构，是一个成效卓著的古籍数字化国际合作项目[11]。该项目网站上发布了来自敦煌和丝绸之路上的绘图、地图、写卷、书籍、照片、织物等多种类型文献的数据条目和文献图像，其中数据条目约14万条，文献图像约53万拍[12]。

2.5 法国国家图书馆所赠敦煌西域文献数字资源加工项目

国家图书馆一直有计划地调查海外古籍资源情况，致力于将海外古籍以数字化的方式回归。2015年，法国国家图书馆与中国国家图书馆达成合作意向，由法国国家图书馆向中国国家图书馆赠送法藏全部敦煌遗书高清数字资源。该批资源中含有《温泉铭》《化度寺故僧邕禅师舍利塔铭》等重要文献，共计5300余号3.1万余拍[13]。国家图书馆在获得这批数字资源后，对资源进行了整理、元数据著录、图像转换和加工等处理工作，目前该项目的数字资源已经发布到国家图书馆网站上，读者可以在线阅览。

2.6 南京图书馆藏清人文集全文影像数据库

南京图书馆藏有大量的集部典籍，其中清人文集占了很大比例。南京图书馆藏清人文集全文影像数据库包括100部文集。从作者生存年代来看，涵盖清代的各个时期；从版本上看，主要为清代各时期的刻本，古籍质量较高，对古籍的标引较为详细，方便读者阅览使用[14]。

2.7 山东省图书馆佛经数据库

佛经专藏是山东省图书馆的特色馆藏之一，山东省图书馆有历代佛经两万余册，包括明代永乐南藏、永乐北藏、清龙藏等。山东省图书馆于2018年发布了《永乐南藏》，2019年发布了《永乐北藏》5050册数字资源，读者可登录佛经数据库平台浏览使用[15]。

2.8 首都图书馆古籍插图库

首都图书馆古籍插图库是从首都图书馆藏古籍文献中挑选古籍插图制作而成的图像数据库，包含一万条古籍插图数据，每条数据包括古籍插图的全文影像和内容标引。古籍插图库中的插图包括风景、建筑、人物、动物和植物等多个类别，读者可以按类别进行浏览，也可以使用题名、人物名称、地点、绘图者等多种方式进行检索[16]。

3 思考和展望

我国拥有丰富的古籍资源，目前提供的古籍资源服务大部分停留在图像展示阶段，缺乏对古籍内容的深入揭示和组织。智慧图书馆，顾名思义，要为读者提供智慧化的服务，利用大数据技术和数字人文技术等为读者提供专业化、个性化的知识服务，最大化地利用资源以满足读者需求，这就对古籍数字资源建设、人才培养和数字资源组织提出了新的要求。

3.1 搭建基于“互联网+”的古籍数字化建设平台

2020年5月22日，国务院总理李克强在第十三届全国人民代表大会第三次会议上做政府工作报告，提出全面推进“互联网+”，打造数字经济新优势[17]。“互联网+”是指利用互联网平台将互联网与传统行业进行融合，以充分发挥互联网的优势，为传统行业创造新的发展方向。在信息技术不断发展、数字化进程不断加快的大环境下，搭建基于“互联网+”的古籍数字化建设平台，可以满足日益增长的古籍数字化加工需求。

古籍因其珍贵性一般不能离开图书馆进行加工，这在一定程度上限制了古籍数字化的发展和合作共建，“互联网+”恰好可以打破这一限制，为古籍数字化工作开辟新的发展领域。基于“互联网+”的古籍数字化建设平台将打破时间和空间的限制，有效降低人工成本、优化加工流程、加强质量控制，对数字化成品数据进行统一管理和保存，不仅能够实现多单位合作共建，也有利于各种技术的共建共享，推动古籍数字化工作的不断发展。

3.2 开展古籍数字资源的文本化建设

古籍数字化可划分为三个层次，依次是古籍图像化、古籍全文化和古籍数据库化，其中古籍图像化是较为简单的数字化方法，古籍全文化能够进行全文检索，为学者提供方便[18]。目前国内的古籍数字化项目大部分处于古籍图像化的阶段，这是因为古籍的版式、文字书写方式、集外字等增加了文字识别的难度。一方面，学术研究人员对于古籍的文字内容更加感兴趣，另一方面，古籍数字资源的文本化建设是利用古籍实现知识创造和信息服务的基础，所以开展古籍数字资源的文本化建设是古籍数字化工作的必然趋势。

在开展古籍数字资源的文本化建设时，需要特别注意到古籍中的生僻字、异体字、避讳字、草体字等。集外字是指不包括在字符集中的文字，不能在计算机中输入、显示和输出。为了完整地保留古籍的内容信息，笔者建议建立集外字库，对集外字的信息进行收集和保存，包括集外字出现的古籍信息、集外字在古籍中出现的位置以及集外字的描述信息等，其中集外字的描述信息建议使用《汉语文古籍机读目录格式使用手册》中393字段系统外字附注的外字描述方法进行描述，如“淘－氵”表示“淘”字去掉左边的三点水、“澄（氵→扌）”表示“澄”字左边的三点水更换为提手[19]。

3.3 加强古籍数字化的人才队伍建设

自2007年实施中华古籍保护计划以来，国家图书馆以多种方式开展古籍保护人才培训，培养了一批具有较高水准的古籍保护专业人员。为了保障中华珍贵典籍资源库项目顺利开展，国家图书馆举办了三期古籍数字化培训班，来自全国各地的多家公共图书馆的百余名学员参加了培训班。但从古籍数字化工作的全流程上看，目前的人才储备还远远不够，人才队伍建设亟须加强。古籍数字化工作是一项跨学科的工作，在数字化前期需要古籍保护、古籍整理研究领域的专业人员，在数字化过程中需要熟悉古籍数字化流程和标准规范的专业人员，在后期古籍数字资源进一步开发利用的过程中需要古籍整理研究和信息技术领域的专业人员，各方面领域的专业人员共同配合，才能保障古籍数字化工作的顺利开展。

加强古籍数字化的人才队伍建设，在全国范围内培养一批古籍整理研究、项目管理、信息技术等领域的专业人才，注重领域专家的培养和引进，尤其是新兴技术方面高端人才的引进，以便为古籍数字化工作提供强有力的人才保障和技术支持，推动古籍数字化工作迈入一个新的阶段。

3.4 应用新兴技术方法开发古籍专题资源库

随着信息技术的不断发展，利用新兴技术方法对古籍数字资源进行开发、分析、挖掘，从而开创新知识、新服务，打造文献语料库，提供系统专业的知识服务，使读者更充分、更便捷地利用资源，这是古籍数字化工作的发展趋势。

为了向读者提供智能化服务，应用文本挖掘技术、地理信息系统、自然语言处理技术、语义网技术、增强和虚拟现实技术、社会网络分析方法等新兴技术方法开发古籍专题资源库，是对资源的深层次开发和利用。专题资源库是针对某一特定主题、学科或领域的数字资源库，将读者与资源内容联系起来，提供交互性以增强读者体验，将图书馆从提供知识服务转换为提供智慧服务。针对目前国内的古籍数字化建设情况，笔者做了如下几点设想。

（1）基于地理信息系统的地方志资源库。地理信息系统（Geographic Information System，简称 GIS）是指将空间信息与其他数据信息集成起来、对地理数据进行采集、存储、管理、分析、查询和显示的系统，利用地理模型分析方法提供地理信息[20]。地方志作为地方性的百科全书，内容非常丰富，能够比较全面地反映地方文化，具备时间和空间属性，利用地理信息系统开发地方志数字资源，以地图的形式呈现，使其变得立体化，可以更加直观、系统地展示文献信息。

（2）基于虚拟现实的重走丝绸之路系统。虚拟现实（Virtual Reality，简称 VR）是以计算机技术为核心，结合电子信息、仿真技术等技术，生成在视觉、听觉、触觉等方面与一定范围真实环境高度相似的虚拟环境，用户需要借助必要的装备与虚拟环境中的对象进行交互，能够产生身临其境的感觉[21]。利用与丝绸之路相关的数字资源，构建基于虚拟现实的重走丝绸之路系统，给读者沉浸式的体验，让读者亲身感受丝绸之路的相关历史和文化。

（3）基于图数据库的语义知识图谱。图数据库属于非关系型数据库，利用图形存储实体和实体间的关系信息，与现在常用的关系型数据库相比，能存储更加丰富的关系信息，是更高维的计算模式。语义知识图谱用节点表示实体，用连线表示实体间的关系，能够将零散的数据进行关联组织，着重于知识的发布与链接，在此基础上可以进行面向内容和知识的挖掘和计算[22]。我国有丰富的古籍数字资源，构建基于图数据库的语义知识图谱，例如各个朝代的人物关系、朝代的更迭信息、历史名人行迹图等，能为读者提供更加直观和系统的知识。

面对卷帙浩繁的古籍，我国在古籍数字化方面做了多种尝试，通过揭示和利用古籍来充分发挥古籍的文化价值。相信在国家政策的支持下，以智慧图书馆建设为契机，我国将对古籍数字化工作进行更多的探索和尝试，对古籍数字资源进行深层次的开发和利用，推动古籍数字化工作迈入一个新阶段。

参考文献

［1］毛建军．古籍数字化的概念与内涵［J］．图书馆理论与实践，2007（4）：82-84.

［2］国务院办公厅关于进一步加强古籍保护工作的意见（国办发〔2007〕6号）［EB/OL］．［2020-11-07］．http：//www. gov. cn/zhengce/content/2008-03/28/content_5888. htm.

［3］中共中央办公厅　国务院办公厅印发《国家“十三五”时期文化发展改革规划纲要》［EB/OL］．［2020-11-07］．http：//www. gov. cn/zhengce/2017-05/07/content_5191604. htm.

［4］文化部关于印发《“十三五”时期全国古籍保护工作规划》的通知［EB/OL］．［2020-11-07］．http：//www. gov. cn/xinwen/2017-09/06/content_5223039. htm.

［5］中共中央关于制定国民经济和社会发展第十四个五年规划和二〇三五年远景目标的建议［EB/OL］．［2020-11-07］．http：//cpc. people. com. cn/GB/http：/cpc. people. com. cn/n1/2020/1104/c64094-31913191. html.

［6］刘娉婷．古籍保护计划在行动——谈中华珍贵典籍资源库的建设［J］．图书馆学刊，2018，40（12）：61-66.

［7］王荟，肖禹．数字方志建设与思考［J］．中国地方志，2005（11）：51-55.

［8］国图年鉴 -2018 年年鉴 - 国家数字图书馆建设与服务［EB/OL］．［2021-03-30］．http：//www. nlc. cn/dsb_footer/gygt/ndbg/nj2018/201902/P020190218584922893988. pdf.

［9］肖禹．Lib2. 0 环境下谱牒文献的收集与整理——以全球中华寻根网项目为例［J］．科技情报开发与经济，2010，20（29）：17-19.

［10］中华寻根网［EB/OL］．［2020-11-13］．http：//ouroots. nlc. cn/index. html.

［11］刘波．国际敦煌项目（IDP）与敦煌西域文献数字化国际合作［J］．数字图书馆论坛，2010（1）：42-49.

［12］国际敦煌项目：丝绸之路在线［EB/OL］．［2020-11-16］．http：//idp. nlc. cn/.

［13］法藏敦煌遗书数字资源正式发布［EB/OL］．［2020-11-10］．http：//www. nlc. cn/dsb_zx/gtxw/201803/t20180306_166700. htm.

［14］［15］7. 2 万部古籍，网上免费阅览——国家图书馆等全国二十家单位联合在线发布古籍数字资源［EB/OL］．［2021-03-30］．http：//www. nlc. cn/pcab/zx/xw/201911/t20191113_184140. htm.

［16］古籍插图库［EB/OL］．［2021-03-30］．http：//query. clcn. net. cn/GJAndST/gjct1. htm.

［17］2020 年李克强总理作政府工作报告［EB/OL］．［2020-11-13］．http：//www. gov. cn/zhuanti/2020lhzfgzbg/index. htm.

［18］孙显斌，李伟．古籍数据库化工作浅谈［J］．图书馆理论与实践，2012（8）：23-25.

［19］中国国家图书馆．汉语文古籍机读目录格式使用手册［M］．北京：北京图书馆出版社，2001：84-85.

［20］吴茗．GIS 技术在古籍数字化资源建设中的应用［J］．图书馆学刊，2016，38（4）：55-58.

［21］赵沁平．虚拟现实综述［J］．中国科学（F 辑：信息科学），2009，39（1）：2-46.

［22］陈涛，刘炜，单蓉蓉，等．知识图谱在数字人文中的应用研究［J］．中国图书馆学报，2019，45（6）：34-49.

智慧社会背景下国家图书馆文献提供业务的SWOT分析

刘婷婷（参考咨询部）

中国共产党第十九次代表大会报告着重提出要“加快建设创新型国家”，要“为建设科技强国、质量强国、航天强国、网络强国、交通强国、数字中国、智慧社会提供有力支撑”[1]。智慧社会强调以智能技术为背景，汇聚人的智慧，推动社会创新，推进以人为本的可持续创新，开创全新的社会格局。

国家图书馆馆长饶权在第十届上海国际图书馆论坛上的主旨报告中提出关于“全国智慧图书馆体系”建设的初步构想[2]。图书馆各项服务要顺应新形势下发展的趋势，基于智慧社会新视角，努力探求智慧图书馆融合创新发展新路径，以实现智慧图书馆在服务理念与服务模式上的全新变革。国家图书馆作为全国图书馆信息网络中心，也要积极响应发展的新要求，各项服务都要向智慧化转型。本文将通过对国家图书馆文献提供服务中心的SWOT分析，以期为智慧社会背景下文献提供服务向个性化智慧化方向发展提供科学依据。

1　国家图书馆文献提供中心发展背景

国家图书馆开展馆际互借与文献传递服务的历史悠久，早在20世纪50年代，国家图书馆就与国内200余家图书馆建立了馆际互借关系。国家图书馆文献提供中心成立于1997年，凭借先进的互联网技术及Aleph 500等一系列现代化技术设备及文献传递系统，将传统咨询手段与先进的互联网技术有机结合，积极开展各种类型和载体的文献查询、广域检索、文献传递等工作。目前，文献提供中心的服务网络覆盖了国内各个地区，与500多家图书馆建立了业务联系，为国家重点教育科研生产单位、广大图书馆界及个人用户提供多层次、全方位的服务。据统计，近十年的年均申请量约32000件，满足率均在85%以上。截至2020年12月，馆际互借与文献传递系统内用户数量总计达595750人。2009年，馆际互借与文献提供系统的上线标志着文献传递业务从烦琐的手工操作逐渐实现了自动化和智能化。在智慧社会新形势下，文献提供服务要自觉融入智慧建设体系，突破传统的服务局限，对用户数据进行深入挖掘和利用，构建文献提供服务向智慧型知识服务发展的新格局。

2 基于国家图书馆文献提供中心业务的SWOT分析

2.1 SWOT分析的概念

所谓SWOT分析，就是将与研究对象密切相关的各种主要内部优势、劣势和外部的机会与威胁等，通过调查列举出来，并依照矩阵形式排列，然后用系统分析的思想，把各种因素相互匹配起来加以分析，从中得出一系列相应的结论，而结论通常带有一定的决策性。SWOT四个字母分别代表：优势（Strengths）、劣势（Weaknesses）、机会（Opportunities）、威胁（Threats）。

本文通过对国家图书馆的文献传递业务进行SWOT分析，分清优势劣势、找准自身定位，可以帮助国家图书馆文献提供中心全方位、多视角地了解用户行为特征和心理需求，将用户的需求作为服务的中心和导向，开展精准的个性化服务设计，在持续优化服务的过程中，推动文献提供服务向智慧型服务发展。

2.2 优势

2.2.1 宏富的馆藏资源是文献传递业务开展的保障

国家图书馆馆藏宏富。截至2020年12月，馆藏文献已达41079751册（件），馆藏总量位居世界国家图书馆第七位。其中中文书刊报已达22009384册（件），外文书刊报已达11637845册（件），目前123种文字的外国文献资料约占馆藏的40%，是国内最大的外文文献收藏馆。一直以来国家图书馆秉承着中文文献求全、外文文献求精的理念，同时重视国内非正式出版物的收藏。随着信息载体的变化和电子网络服务的兴起，国家图书馆不仅收藏了丰富的缩微制品、音像制品，还拥有了大量数字资源，数字资源总量2274.5TB，外购数据库达251个。

作为全球最大的中文文献保障基地及国内最大的外文文献查询中心，国家图书馆文献提供中心依托本馆丰富的馆藏资源，开展文献传递业务，极大程度满足用户申请的需求。从近五年的用户申请需求来看，西文文献的申请占主体（如图1所示）。对于在校师生、科研人员来讲，外文文献购买流程烦琐、价位高、邮购周期长等因素，使得获取外文原版文献变得困难。而国家图书馆的外文藏书极大程度地满足了用户的需求。另外国家图书馆拥有市面上难以获取的特色资源，如学位论文、缩微文献、台港澳文献。通过对机构用户在系统内借阅文献类型可以看出，特色文献需求度也很高，文献提供服务可以极大程度地帮助用户获取这些文献资源（如表1所示）。

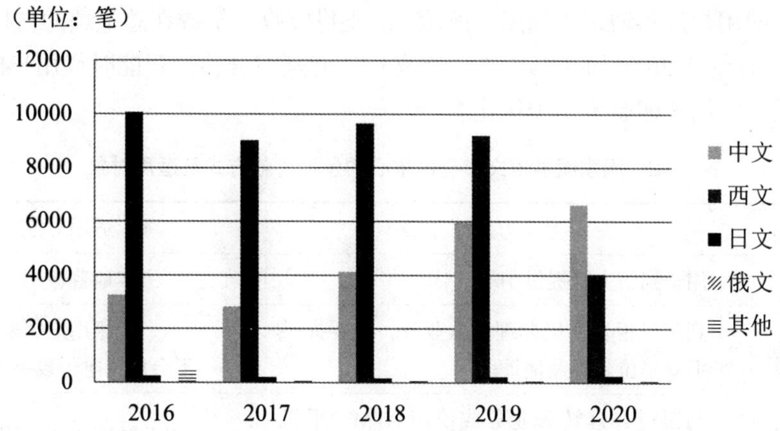

图 1　2016—2020 年国家图书馆文献传递服务中心外文文献申请量对比

表 1　馆际互借与文献系统内机构用户借阅文献类型

机构用户借阅文献类型								
期刊论文	图书	会议论文	学位论文	专利	标准	科技报告	数据库	其他
114148	400339	11362	1852	9280	922	275	2367	9756

2.2.2　智能化系统是文献传递业务有力的支撑平台

2009 年国家图书馆馆际互借与文献传递系统正式启用。这是从传统的手工操作形式向智能化形式的转变。2015 年国家图书馆馆际互借与文献传递系统全面升级，升级后的系统推出了电子文献自助下载服务、上传附件、留言板、支付宝支付功能等，新功能的添加提高了文献传递效率，优化了缴费流程，加强了与用户的交互。同时新系统升级了对用户信息和文献提供服务信息的数据统计功能，帮助用户发现需求。

国家图书馆馆际互借与文献传递系统的智能化体现在，用户进入馆际互借与文献传递系统可以自助检索文献信息，依据文献信息提交申请。除登录国家图书馆馆际互借与文献传递系统提交申请外，还可以通过国家图书馆主页的文津搜索、馆藏目录查询等检索系统接入口申请文献传递业务。工作人员在系统内接收到申请后会在两个工作日内做出回复。在用户选择接受服务并支付费用后，工作人员按用户委托方式将文献寄送给用户；电子文献可通过系统以附件的形式直接上传到用户预留的邮箱；用户登录系统后即可查收文件；最后结算归档，全部流程实现电子化。针对科研用户的多条信息申请，馆际互借与文献传递系统还提供了上传附件功能，用户以文本形式将所有申请汇总在文本中上传至系统，此项功能大大节省了用户提交申请的时间。在申请处理过程中，用户与工作人员可以通过留言板功能，实时咨询与回复，高效的沟通模式带来了高效的沟通体验。国家图书馆文献提供中心针对不同用户的需求，已开通多种支付方式（如表 2 所示）。支付宝支付功能的上线简化了付款流程，缩短了用户支付时间，提高了工作效率。而实时到账的模式方便工作人员快速查账。从 2015 年支付宝支付功能上线，使用支付宝支付功能的用户逐年增多（如图 2 所示）。支付宝收入笔数在总笔数的占比已从 2015 年的 41% 攀升到 2020 年的 92%。支付宝支付功能是迎合移动智能时代用户的交互需求和行为习惯，使用户体验进一步优化。

表 2　国家图书馆文献提供中心的多种付款方式及适用对象

支付方式	方法	适用对象
现金	用户到馆文献提供中心交款	本地普通用户
邮局汇款	到邮局柜台直接办理汇款业务，需要提供汇款单位名称及地址。	老年用户居多 不会使用电子设备的用户
银行转账	到银行办理转账业务或使用 ATM、手机 App 办理转账业务	公对公转账、普通用户转账
支票	用户到馆文献提供中心交支票	公对公业务
公务卡	用户到馆刷公务卡	需要使用公务卡报销的用户
支付宝	登录馆际互借与文献提供系统，通过支付宝充值	普通用户

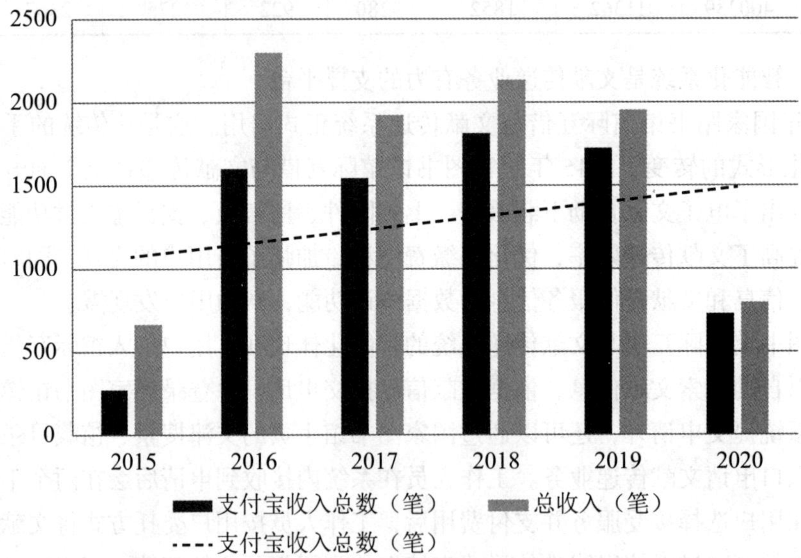

图 2　支付宝收入笔数和总收入笔数对比

2.2.3　按地域分工的工作方式提高了文献提供工作的效率

在集合了日申请量大、各地区申请分布不均衡等因素的基础上，文献提供中心对工作人员工作范畴进行了划分。一个中心、四个片区。一个中心是指文献提供中心，所有工作人员按照统一的服务规范、收费标准处理用户申请。四个片区分别为华北区、华中区、华东区、国际互借。根据省级行政区内申请量的情况按省市均衡分配给工作人员。换句话说，每个工作人员负责的省市内的工作不会有交叉。这样的分工可以有效地避免申请的重复处理，对申请的处理过程、追踪反馈更有针对性。这一分工在馆际互借与文献传递系统内也有体现。每个片区的工作人员登录自己的账户只能看到本片区的申请。避免了系统内申请量过多导致的申请遗漏问题，也使得各片区的工作更容易协调和管理。

2.2.4 庞大的用户群是实现文献传递功能的路径选择

根据统计，馆际互借与文献传递系统内现有用户数量总计 595750 人。华北地区占用户总量的 26%，华东地区占用户总量的 23%。华北地区包含京津冀地区的用户，而华东地区包括上海、浙江、安徽、江苏、山东地区的用户。高校密集、科研机构众多，是这两个地区的明显特点，其结果是系统用户数量多，申请量大。这里值得注意的是，系统划分的地区和文献提供中心业务划分的地区不一样，并不是严格地按照地理区域，而是结合各省市申请量，将临近区域进行统一管理。

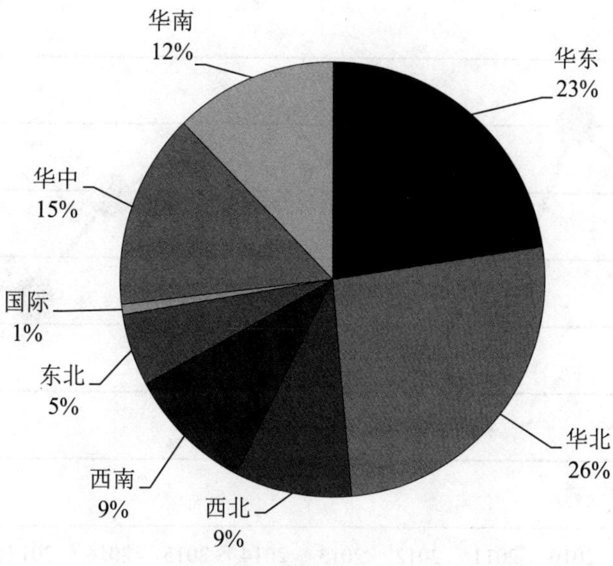

图 3 国家图书馆文献提供中心各地区用户数量

信息服务时代，确立了以需求为导向，用户中心化的理念。文献提供中心拥有庞大的用户群体，满足用户主动提出的基本申请需求已经远远超过智慧社会背景下的要求。文献提供中心通过记录用户的检索信息、申请信息，发掘用户的潜在需求，从而为用户量身定制个性化的需求。用户需求驱动文献提供中心通过服务用户来实现重要价值。

2.3 劣势

2.3.1 过于依赖馆藏文献

依托馆藏文献进行服务的特点是一把双刃剑，一方面可以充分利用国家图书馆宏富的馆藏资源服务用户，但一旦馆藏文献因各类情况无法调拨，文献提供业务将受到影响。

2011—2014 年国家图书馆南区闭馆维修改造、承德周转库建设、中文文献搬迁、疫情期间闭馆，间接导致了部分文献资源不能被使用，从而无法进行文献传递工作。外文文献中的前沿信息对科学研究具有重要价值，西文文献是科研人员使用频率最高的。西文文献无副本，使用频率高直接导致破损率高，而馆藏空间的有限也让一些有价值的早期西文文献暂时封存搬迁，以上都会影响用户使用文献传递服务。以下以北京地区科研机构——中国科学院文献情报中心为例。在对中国科学院文献情报中心十年间的文献传递申请量统计发现，申请量趋于下降趋势，2015—2016 年申请量增多也是囿于南区三年闭馆维修改造后西文文献重新开放使用导致的结果。在调研中，中国科学院文献情报中心工作人员描述，由于机构的特殊性，科研人员对外文文献，尤其是外文科技期刊的使用频率较高，国家图书馆馆藏中早期的西文、日文、俄文科技期刊有较高的使用价值，而这些外文期刊暂时下架搬迁，导致了中国科学院文献情报中心申请量呈现下降趋势。过于依赖馆藏信息，在一定程度上也会影响文献传递服务。

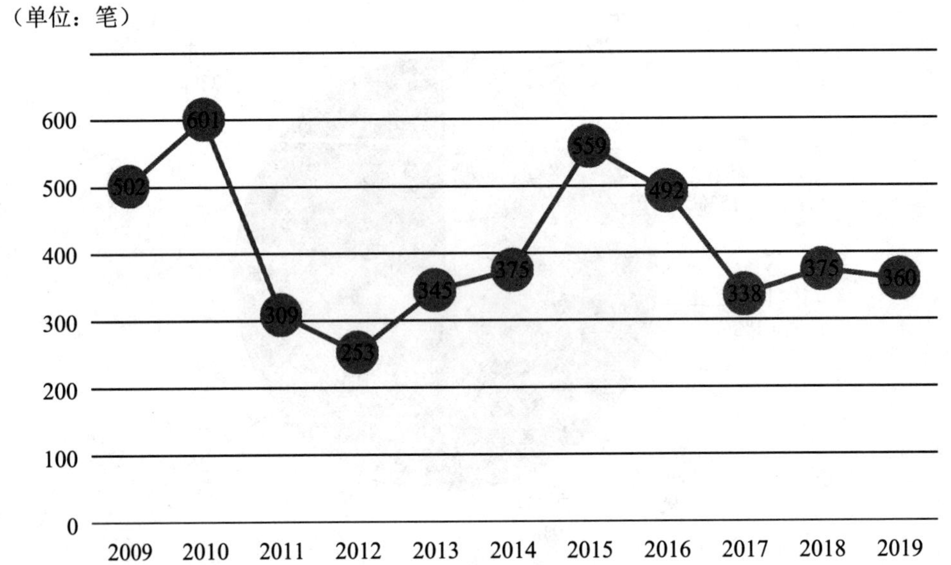

图 4　2009—2019 年中国科学院文献情报中心申请量

2.3.2　缺乏移动服务阵地

2021 年 2 月发布的《中国互联网络发展状况统计报告》显示，截至 2020 年 12 月，我国网民规模为 9.89 亿，互联网普及率达 70.4%。而我国手机网民规模达 9.86 亿，网民中使用手机上网的比例为 99.7%。网民手机上网比例继续攀升[3]。人们越来越多地使用智能移动终端和应用程序获取信息和资源。而目前国家图书馆文献提供中心还没有建立移动服务平台，用户只能通过 PC 端登录馆际互借与文献传递系统发送文献申请。这样一来，满足不了用户随时随地发送申请的需求，大大降低了文献传递服务的使用感受。

2.3.3　宣传推广力度不足

业界同人大都能够理解文献传递的含义，但是更多的人文献传递对于还知之甚少。

2014—2019 年，国家图书馆文献提供中心配合高校图书馆的馆际互借与文献提供服务宣传周活动，持续走进北京地区高校，开展馆际互借与文献提供服务的讲座。在沟通互动中发现，很多学生尚不了解文献传递的业务，更无从知晓文献提供的服务流程。日常业务工作中，我们也发现社会对于文献提供服务的认知度不够，图书馆对文献提供服务的宣传力度不够。

2.3.4 专业馆员缺失

智慧社会对图书馆馆员的综合素质要求越来越高，不仅要能运用新技术为用户提供服务，还要有大数据挖掘分析的能力，从而判断用户的潜在需求。国家图书馆文献提供中心目前拥有工作人员 28 人。30 岁以下工作人员 1 人，30—40 岁工作人员 11 人，40 岁以上工作人员 16 人。有检索经验的资深馆员面临退休，有专业背景的青年馆员少，这是文献提供中心正在面临的人员不足问题。

2.4 机会

2.4.1 国家重视建设智慧社会

2020 年 5 月 26 日，中央文改办下发的《关于做好国家文化大数据体系建设工作的通知》指出，建设国家文化大数据体系是新时代文化建设的重大基础性工程，也是打通文化事业和文化产业、畅通文化生产和文化消费、融通文化和科技、贯通文化门类和业态，推动文化数字化成果走向网络化、智能化的重要举措[4]。智慧化的转型，是图书馆新发展的机遇与挑战。面对智慧社会发展带来的机遇，文献提供中心也要突破壁垒，在智慧创新服务方面积极探索。

2.4.2 当代科研人员对专业文献的需求和渴望

科研人员在研究课题、研发项目时，需要获取大量的国内外参考文献。他们对于文献的需求量大、专业度高，注重快捷高效的方式获取文献。所以针对这部分用户群体，文献提供中心工作人员可以根据其需求实现推送文献信息服务。根据科研人员提供的关键词检索文献资源，将获取的文献信息推送给科研人员。

2.4.3 阅读市场潜力大，用户需求增长

目前，我国形成了以政府机构、各级各类图书馆为主，各种协会和民间组织、出版商、书店和传媒机构为辅的阅读推广格局，来共同完成对社会阅读的倡导功能。社会阅读的发展为构建知识型社会奠定了基础。人们广泛关注阅读、参与阅读，使阅读的形式多样化。过去以阅读效率的高低为标准，而随着网络的普及，生活节奏的加速，人们根据阅读的广泛性和深入性，又将阅读形式分为深阅读和浅阅读。国家图书馆文献提供中心面对不同用户的需求，应该发挥自己的优势，深入了解用户的阅读兴趣，挖掘用户的兴趣点，引导用户进入浅阅读，也就是说在处理文献申请时，可以发送文献目录或截取文献的片段传递给用户，用户读取部分内容后，可以选择进一步的文献申请。因此，浅阅读是深阅读的前奏，用户进入深阅读后，会找到更多书籍来阅读。激发用户的浅阅读，也是给文献提供的业务带来更大的发展前景。

2.5 威胁

2.5.1 多家文献提供机构并存并促竞争的产生

目前，图书馆文献保障机构蓬勃发展。比较有规模的如：中国高等教育文献保障系统（China Academic Library & Information System，CALIS）、中国高校人文社会科学文献中心（China Academic Humanities and Social Sciences Library，CASHL）、国家科技图书文献中心（National Science and Technology library，NSTL）等。但是各机构的学科侧重点、服务人群有所不同。各图书馆都在建设特色资源服务阵地，以满足用户日益增长的需求。多家文献提供机构并存的体系结构，也形成了竞争的模式，如何寻求发展，是国家图书馆文献提供中心亟待解决的问题。

2.5.2 数字时代对文献中心提供服务的冲击

在推动知识共创、知识共享的基础上，知识资源的免费和付费获取相结合的多元知识消费生态已集聚起广泛的现实需求。出版机构、互联网平台运营商、数字技术服务提供商等第三方主体进入知识服务领域，在新媒体网络平台运营方面形成了较为成熟的知识服务产业链条。数字化设施的装备情况和数字化、网络化服务水平，已经成为各图书馆的核心能力之一。数字资源的开放获取对文献提供中心传递知识信息服务中介功能带来严峻挑战。

2.5.3 版权问题

社会对版权保护的关注度日益提高，文献提供中心可持续发展亟待解决的问题是建立文献合理使用范围与文献提供服务之间的平衡点。目前，国内图书馆界还没有一个行之有效的措施和方法来解决文献提供中的版权问题。

3 基于SWOT分析的国家图书馆文献提供服务展望

3.1 培养智慧馆员队伍 满足智慧社会的趋势

在智慧社会的大环境下，文献提供业务逐步要从智能化向智慧化转型，建设一支智慧馆员队伍成了重中之重，要引进更多有专业知识背景的人才从事文献传递工作。培养现有馆员的信息敏感度，提升他们对文献的检索能力、对数据的挖掘的能力，使其形成自身的知识体系。为更好地帮助文献提供馆员强化意识，提高能力，应阶段性进行专业培训，提高整体的文化素养和专业知识水平。建立文献提供中心内部的“师带徒”制度，将资深馆员的经验和检索技能传递下去。着力培养学科馆员、数据馆员、知识产权服务馆员等专业的新型人才队伍。

3.2 建立移动服务平台 注重用户体验

移动服务平台是智能图书馆向智慧型图书馆跨步。国家图书馆文献提供中心应该把握当前智能化大环境的趋势，建立移动服务平台，满足日益增长的移动用户需求，更好地发挥文献传递服务的作用，提升用户的体验感。移动服务平台可以充分利用移动终端优势，全方位、多视角地采集用户行为特征和心理需求的数据，帮助文献提供馆员快速抓住用户需求，推送个性化服务，同时缩短咨询检索时间，与用户创造共同的价值。

3.3 建立跨地区跨系统合作 实现资源共享

文献提供服务的网络联盟作为一种合作组织，建立在文献提供服务机构之间。网络联盟的建立有助于实现知识共享、降低文献传递的交易成本，有利于资源合理分配。目前国内形成了几家文献传递的网络单位，都各具特色，虽然这些文献提供服务体系在图书馆业界都很成功，但也局限于某一特定地域或系统之内。到目前为止，国内图书馆界还未建立起一个跨地域、跨系统的全国范围内的文献提供网络联盟[5]。2010年至今，国家图书馆文献提供中心先后与BALIS、CALIS、NSTL、OCLC等服务机构合作，目的是通过建立系统的合作，使用户可以调度和获取的资源更为丰富。如今追求实体馆藏资源建设已不再是图书馆的终极目标，建立合作馆藏和战略储备库解决资源共享问题，将一个个图书馆个体有机结合起来，开创资源共建共享的新趋势。

3.4 采集用户画像 推送知识化服务信息

传统图书馆服务模式是以被动接受为主。当今的知识服务进入了全新时代，以智慧服务为核心，发展成数据—信息—智慧的智慧链[6]。因此文献提供中心必须建立知识服务的场域，开展具有智慧的情境服务。运用用户画像的方法，把握用户的属性、偏好、生活习惯、用户行为等信息，帮助用户发现和挖掘自身的潜在需求，推送精准的个性化、知识化服务，推动智能型服务向智慧型人性化方向发展。

依托丰富的馆藏文献资源，利用先进的系统平台，建立专业的人才队伍，与业界图书馆合作实现资源共享，满足用户获取文献的需求，一直都是国家图书馆文献提供服务追求的目标。《中共中央关于制定国民经济和社会发展第十四个五年规划和二〇三五年远景目标的建议》多次强调了文化建设与智慧城市[7]。要健全现代文化产业体系，推动文化和旅游融合发展，强化智慧文旅建设。在智慧社会下，人们对知识的需求在增长，关于智慧社会的想象在不断地拓展，文献提供中心的转型进入智慧化阶段。国家图书馆文献提供服务要以智慧服务为支撑，努力拓宽业务范畴，建立拥有自主知识产权的知识资源体系，加强跨地区跨系统融合的图书馆资源阵地建设，创建一支优秀的专业人才队伍。文献提供中心要以用户需求为驱动，提供更为全方位、专业化、多元化的专业知识服务。

参考文献

[1] 习近平．决胜全面建成小康社会 夺取新时代中国特色社会主义伟大胜利——在中国共产党第十九次全国代表大会上的报告［EB/OL］.［2021-03-22］. http：//cpc. people. com. cn/n1/2017/1028/c64094-29613660. html.

[2] 饶权．全国智慧图书馆体系：开启图书馆智慧化转型新篇章［J］. 中国图书馆学报，2021，47

(7)：4-14.
[3] 第 47 次中国互联网络发展状况统计报告 [EB/OL]. [2021-02-03]. http：//www. cac. gov. cn/2021-02/03/c_1613923423079314. htm.
[4] 关于做好国家文化大数据体系建设的通知 [EB/ OL]. [2021-03-22]. https：/ /www. gujianchina. cn/ news/ show-9194. html.
[5] 唐晶 . 合作共享发展 [M]. 北京：国家图书馆出版社，2009：1-10.
[6] 柯平，邹金汇 . 后知识服务时代的图书馆转型 [J]. 中国图书馆学报，2019 (1)：4-17.
[7] 中共中央关于制定国民经济和社会发展第十四个五年规划和二〇三五年远景目标的建议 [EB/ OL]. [2021-03-23]. http：//www. gov. cn/zhengce/2020-11/03/content_5556991. htm.

智慧图书馆时代的文献信息资源建设思考

平　安（外文采编部）

从传统图书馆到数字图书馆，再到数字图书馆的更高级形式——智慧图书馆，智慧社会带给图书馆新的历史机遇与时代挑战[1]。随着智慧图书馆时代的来临，“人工智能拯救图书馆，数字资源替代印本资源，图书馆可以脱胎换骨，图书馆需要转型发展”的声音不绝于耳。图书馆人需要辨伪存真、把握机遇、迎接挑战，既不能好高骛远，也不能故步自封。无论智慧图书馆有多么智慧，归根结底它仍然还是一个对文献信息资源的搜集、组织、保存、服务等系列活动，促进文化、教育、科学等多种知识的传播和利用，达到传承文明、服务社会的目的。无论智慧图书馆提供的服务有多么的智慧，仍然要以对文献信息资源的建设和组织作为基础，没有资源的采集和整合，服务将无法开展。国际图联《发展与信息获取 2019》报告[2]指出虽然随着数据时代的到来，图书馆会发生重大变革，但其提供文献信息资源的核心使命，可以说比以往任何时候都更加重要。图书馆只有立足于这个使命，才能长久存在。中山大学程焕文教授的“资源为王”[3]，南开大学柯平教授的“文献资源是图书馆建设之本”[4]，国家图书馆顾犇主任的“采访工作是图书馆最基础的工作”[5]，都强调资源建设是图书馆得以存在和发展的前提和条件。因此在智慧图书馆时代，文献信息资源建设依然是图书馆建设的核心要素，是智慧服务的基础保障。

智慧图书馆时代的文献信息资源建设，如何能够继续满足国家发展和社会进步的需要，如何满足各类型用户不断变化的新需求，如何提高馆藏质量和资源的利用效能，这些是图书馆需要认真思考的重要问题。有学者指出我国智慧图书馆建设面临五大问题[6]，告诉图书馆界不能好高骛远，不要盲目转型。从载体形态来看，印本和数字资源长期共存已经成为现实[7]，文献信息资源融合发展也成为图书馆界的共识[8]。脱离赖以生存的实际环境，一味追求新奇，盲目跟风搞馆藏建设，只会昙花一现，最终只会成为无水之源，必将动摇图书馆的根基。因此，在智慧图书馆时代，图书馆亟须重新审视社会环境、技术环境、出版环境，解决新环境下文献信息资源建设的难点问题，以及思考智能技术究竟能为资源建设提供哪些帮助。本文正是在这样的研究背景下，分析文献信息资源建设的新环境和新挑战，思考智慧图书馆时代文献信息资源建设的发展策略。

1 智慧图书馆时代的文献信息资源建设

1.1 智慧图书馆

北京大学信息管理学院教授刘兹恒[9]认为智慧图书馆的精髓是实现由信息服务、知识服务向智慧服务的提升，以满足读者日益增长和不断变化的需求。上海图书馆副馆长刘炜[10]认为，智慧图书馆是大数据时代图书馆服务的一种状态，提供智慧服务的图书馆就是智慧图书馆。国家图书馆馆长饶权[11]认为智慧图书馆不只是一种适应技术变革的图书馆新发展形态，同时更是一种面向未来的图书馆新发展理念。其核心在于广泛应用“技术智慧”，大力提升“图书馆智慧”，以全面激活创新创造过程中的“用户智慧”。专家们对智慧图书馆的解读，为智慧图书馆建设提供了坚实的理论依据，也为智慧图书馆时代文献信息资源建设奠定了基调。

1.2 智慧图书馆的文献信息资源建设

智慧图书馆时代文献信息资源建设的特点是馆藏内容高质量、资源载体多元化、元数据高度整合化、选书业务系统智能化、资源保障体系完善化、采访工作绩效评估成熟化，能够有效支撑图书馆开展智慧服务。在具体开展资源建设时，图书馆应该根据其性质和宗旨，以用户需求为导向进行馆藏建设，在采访中应平衡多种采访模式，采购与采集并重，做到馆藏虚实并包，纸电动态平衡。大力加强学科建设和特色馆藏建设，在智能技术和数字技术的驱动下，图书馆应该升级和改造文献信息资源建设平台，加强资源的精细化管理和动态可视化评估。

1.3 智慧图书馆文献信息资源建设与传统图书馆文献资源建设的关系

智慧图书馆时代的文献信息资源建设，它既不是凭空出现的，也不能割裂其与传统文献资源建设的关系，智慧图书馆是数字图书馆的高级阶段。智慧图书馆时代的文献信息资源建设是对传统文献资源建设的继承与发展，这种发展更多地体现为融合、重塑和创新。文献信息资源转型不是要从印刷型走向数字型，也不是相反，重走印刷型的老路，而是要求我们超越载体，把重心放在内容上。智慧图书馆时代仍然是“资源为王”，只有不断满足用户需求，提供更加智慧化、人性化的服务，才是真正的“智慧”图书馆。

2 智慧图书馆时代文献信息资源建设面临的环境及挑战

随着智慧图书馆时代的到来，图书馆的空间、资源、服务、技术、管理都发生了巨大变化，图书馆面临着前所未有的新环境和新挑战。在互联网、搜索引擎、社交网络和开放获取的背景下，用户经常绕开图书馆而直接获取所需要的文献，图书馆传统的资源服务模式已经不能满足用户的新需求，图书馆作为文献信息服务中心的地位已经下降。此外，随着书刊购置价格不断上涨与图书馆文献经费投入不足的矛盾日益突出，图书馆如何避免在资源建设上陷入被动局面，已成为图书馆人亟须解决的问题。下面将从社会、技术、出版环境入手，分析智慧图书馆时代文献信息资源建设面临的具体问题。

2.1 社会环境因素

2.1.1 当前文献信息资源建设还不能支撑对智慧社会的用户需求

智慧社会的发展目标是通过智能技术的广泛应用，促进社会的结构性变革和功能性再造，实现基本公共服务的便捷高效与普惠均等，推动经济社会高质量发展，更好满足社会公众美好生活需要[12]。在智慧社会，国家发展和社会进步、科技创新对高质量文献信息资源，尤其是知识信息的需求更加旺盛。科研用户和社会大众需要的是知识服务、智慧服务，目前的文献信息资源建设虽然朝着这个方向一直在努力，但还无法满足这样的智慧服务需求。

2.1.2 对照国际标准和国内法规，文献信息资源建设还有一定差距

2019 年，国际标准化组织推出适用于国家图书馆的绩效评估体系《信息与文献——国家图书馆质量评估》(ISO 21248：2019)[13]。对照此类国际标准，并对标国外优秀图书馆，能够发现图书馆存在的差距和不足。此外，随着国家法治化进程的加快，国家对图书馆行业提出了新的要求[14]，特别是《中华人民共和国公共图书馆法》的颁布和实施，对图书馆文献信息资源有了新的规定。例如《中华人民共和国公共图书馆法》第 22 条“国家图书馆主要承担国家文献信息战略保存、国家书目和联合目录编制”等职能。在图书馆实际工作中文献信息资源的交存、处置等一系列具体实施内容还未厘清，业务规范和采访条例也需要进一步调整。

2.1.3 复杂的国际政治经济竞争态势下，文献信息资源保障能力还不充分

近几年国家间的政治、科技、军事、企业竞争态势更加明显，国家文献信息资源安全受到了新的挑战。面对复杂多变的国际环境，在未来如果遇到“灰犀牛”事件或者“黑天鹅”事件，如何抵消未知危机的影响，确保国家文献信息资源的战略安全，是图书馆亟待解决的现实问题。目前虽然国家已经建立起一些地区联盟和院所联盟，如国家科技图书文献中心（NSTL）和中国高等教育文献保障系统（CALIS），但是国家文献信息资源的战略保障体系还不够完善，未来还需要在全国智慧图书馆体系的建设中加强实践探索。

2.2 技术环境因素

随着智慧图书馆时代的到来，人工智能、云计算、物联网和大数据等技术彻底改变了出版业和图书馆事业的传统格局，技术进步正在推动出版行业和图书馆行业的转型。技术变革意味着图书馆需要适时调整建设和服务内容，以满足不断变化的用户需求。

2.2.1 新技术更新换代加快，图书馆业务管理系统相对落后

图书馆自动化管理系统实现了传统图书馆跨入数字化时代，但是用户需求和技术更新的快速变化使原有的业务管理系统弊端显现，图书馆已经不能满足未来更高级的业务发展需求，需要新的技术和新的系统以支撑智慧服务。目前 CALIS 和南京大学等都在

研发下一代的图书馆服务平台，分别叫 CLSP（CALIS Library Services Platform，CLSP）和 NLSP（Next Library Services Platform，NLSP）。更多的图书馆如上海图书馆等，都加入了 FOLIO（Future of Libraries is Open）阵营，这是一个发展图书馆服务平台的协同社群，不但支持传统图书馆资源管理所必备的功能，也符合行业合作所需要的创新与成长。

2.2.2　智能选书系统亟待开发，采访方式日趋多元

在高质量发展理念的引领下，图书馆采访人员需要更加智能和高效的选书平台系统，智能选书平台的研发成为采访工作的热点趋势之一，很多书商也加入智能选书系统的开发中。在智慧图书馆时代，图书馆的采访工作必然会冲破传统模式和理念的束缚。读者驱动采访、询证采访等新兴采访方式也在不断改进和优化，为图书馆资源建设带来了新的活力。

2.2.3　馆藏数据的智能评估分析能力弱

馆藏的建设数据、用户利用数据以及图书馆运营中产生的各种业务数据，虽然这些数据量未达到大数据定义中的 PB 级别，但是仍可以把这类数据做成数据仓储，利用智能算法进行数据挖掘，进行动态可视化的馆藏分析评估，进而提高馆藏资源的建设质量和利用效能。目前国内图书馆比较缺乏这样的基于大数据技术和智能算法的分析工具和平台，不少知名的分析工具还集中在国外少数大出版集团手中，国内图书馆虽然也有涉猎，但是总体水平有限，研发能力较弱。

2.3　出版环境因素

近些年来数字出版发展较快，纸电同步是图书出版的大趋势，也是图书馆文献信息资源建设的大趋势。在纸电融合的大背景下，不少图书馆已经逐步取消印本资源订购，转而直接订购数字资源。尤其是新冠疫情对图书馆的服务产生了直接的影响[15]，数字资源使用的激增更加速了纸转电的进程。

2.3.1　多元出版态势下资源协调采访的问题

近年来自助出版、按需出版、开放出版、语义出版如雨后春笋般涌现出来，载体更加丰富多样。高校图书馆、公共图书馆、科研图书馆如何面对全媒体时代的来临，平衡纸电购置经费比例，构建符合本馆服务宗旨的馆藏体系是各图书馆需要思考的问题。

2.3.2　文献资源出版价格涨幅过快，文献购买能力下降的问题

图书馆是图书出版行业的下游环节，深受上游出版情况的影响。从国际出版市场看，取 2015 至 2019 年的 5 年涨幅平均值，北美学术图书的平均价格涨幅为 1.1%，而美国期刊的涨幅是 6.2%，连续出版物的涨幅是 6%。从国内看，以北京大学图书馆中文图书实际结算为例，平均单价从 2010 年的 36.76 元上涨到 2019 年的 94.71 元，平均每册中文纸质图书实际结算单价上涨了 157.64%，平均每年上涨 15.76%[16]。书刊、数据库价格涨幅过快，降低了图书馆可以采购的数量，进一步影响馆藏建设质量。

2.3.3　出版物书目信息渠道还有待拓宽的问题

随着政府招标工作的深化，图书馆文献招标采购工作越来越成熟、规范化。代理商

能够按照合同要求将出版书目提供给图书馆参考，这大大降低了图书馆采访工作的负荷，但是也会出现一些问题，如一些不易搜集的专题资源、一些不易采访到的资源以及一些利润率低的资源，都有可能被排除在代理商可供书目之外，这对于资源建设来说是不利的。图书馆需要思考如何能够平衡各方利益诉求，通过馆配商公司、出版社、旧书店、互联网电商，拓宽采访渠道，提高馆藏深度和广度。

3 智慧图书馆时代的文献信息资源建设策略

作为公共文化服务主阵地的图书馆，文献信息资源建设直接关系到馆藏质量、影响着服务水平，面对数字化和智能化浪潮，图书馆唯有正确研判信息技术发展趋势、出版市场变化特点和不断变化的社会大众需求，守正创新，锐意进取，才能立于不败之地。

3.1 秉承以用户需求为导向的高质量馆藏建设理念

为了实现高质量发展的建设理念，图书馆文献信息资源建设需要更加开放化、学科化、精细化。资源建设一定要融入国家经济建设发展大环境，以及社会关注的热点，尤其是要密切关心那些重点服务对象，如党政军、科研高校等。尝试用户驱动采购方式、循证采购方式等，发挥读者在参与采选图书方面的积极性，以用户需求为导向实现精准服务。

3.1.1 构建科学合理的馆藏体系，加强资源的评估能力

文献资源建设是图书馆事业发展的根基，构建并完善科学合理的馆藏体系，始终是采访工作者孜孜以求的理想目标。图书馆要实现各学科、各类载体（印本、数字、缩微等）、各种形式（图书、期刊、报纸等）文献的经费比例协调、藏书结构合理。另外注重馆藏评估工作，以评估为依据，修订完善文献信息资源采访条例，明确馆藏发展政策，制订馆藏发展规划。北京大学图书馆[17]提出的“学科化采访”方案，将学科资源评估作为资源建设重要环节，通过调研与数据挖掘等多种手段，考察分析一流学科师生对于学科资源的意见和建议，掌握一流学科资源的馆藏情况和利用率，展开一流学科文献保障率评估，推动资源建设向以服务和效益为中心转移。华中科技大学图书馆等[18]也通过 ESI 等指标不断加强“双一流”高校的馆藏评估力度。

3.1.2 建设特色馆藏，满足不断变化的用户需求

在数字出版环境下，一个不能忽视的问题是馆藏资源的同质化情况越来越严重，这其实对图书馆发展是非常不利的。在这种情况下只有突出特色馆藏建设，才能破解这个问题。特色馆藏是图书馆彰显自身存在价值和体现对外影响力的重要内容，一直是图书馆有效开展馆际互借、资源共享的基础资源，也是实现智慧图书馆之间互联互通的支撑资源。在智慧图书馆时代，围绕精准服务的目标，图书馆需加强重点学科领域、重点专题领域文献的采购、捐赠、交换与征集，让用户获得独一无二的专属资源服务。

3.1.3 利用新技术研发智能选书系统，优化采访流程，提高采访质量

智慧图书馆时代的文献信息资源建设，首先是要实现智能选书和订购。图书馆可以

通过大数据技术、知识图谱分析工具、数据挖掘算法和工具，开发新一代的文献信息资源建设平台，实现智能选书功能，进行印本和电子资源的对比，查重补缺、订单生产、书目评价等，全面快速地掌握出版信息、实现馆藏信息的动态可视化分析，并依托业务管理系统挖掘用户利用信息。同时注意将出版社、馆配商、图书馆联系到一起，形成从文献出版、订购、前置编目到馆藏入库的一体化智能化解决方案。

3.2 形成文献信息资源载体多元化入藏的融合发展格局

3.2.1 加快新兴资源的入藏力度

随着开放获取资源、网络原生资源、社交网络资源的蓬勃发展，互联网环境下用户可以完全绕开图书馆而直接获取所需要的文献，图书馆所发挥的信息服务中心地位已经被颠覆。这就要求图书馆及时准确把握出版环境变化，主动调整资源建设、避免陷入被动局面。因此，必须重新定义图书馆资源建设的内涵，重塑资源建设范式、业务布局和工作流程，加强对开放获取期刊、开放获取图书、开放科学数据、活态记忆资源、社交网络资源的入藏[19]。

3.2.2 深化传统资源和新兴资源的多元融合发展

纸本图书和电子图书的采访协调，并不是舍谁，谁取代谁的问题，而需要根据本馆的性质、馆藏发展规划、自身经费、用户需求、出版情况等综合考虑。理想的纸电融合是电子图书也可以与纸质图书一样按需采选。但目前电子图书的新书出版明显滞后于纸质图书的新书出版[20]。随着数字阅读的发展，电子书以其自身的优势，慢慢会成为读者喜爱的馆藏资源，也许不远的将来可以实现纸电同步出版、图书馆同步采选。但是在未来的一段时期内，传统纸质图书仍然是图书馆最主要的馆藏之一，纸电图书将长期共存。

3.2.3 利用智能技术加强资源整合

智慧图书馆时代，需要图书馆自动化集成系统、电子资源管理系统、各种数字仓储系统打通脉络，实现纸质资源、电子资源及数字资源的一体化管理，实现多种资源管理系统的高度集成，支持多种元数据标准，支持关联数据，实现数据融合与语义检索服务、实现跨机构的关联数据开放与复用。图书馆资源建设需要建立的新观念是要超越载体，把重心放在内容上，通过提高对文献篇目和内容的细粒度揭示，利用人工智能深度算法，进行数据挖掘和分析，融汇成智慧知识服务，最终以服务质量赢得用户群体。

3.3 引领国家文献信息资源战略保障体系建设

3.3.1 加快资源保障体系建设，做国家文献信息资源战略保障的总后方

面对复杂多变的国际政治经济关系，构建科学合理、实用高效的国家级现代化文献信息资源保障体系变得更加迫切[21]。这个国家层面的文献信息资源战略保障体系，要与国家实力相适应，要与国家教育科学文化事业的发展相适应。需要做好国家文献信息资源保障体系的顶层设计。公共图书馆、高校图书馆、科研图书馆等全国文献保障机构需协调一致，减少重复建设。国家图书馆要做国家文献战略保障体系中的总后方。

3.3.2　资源开放共享，加强图书馆间合作

文献资源价格上涨与图书馆经费紧张的矛盾这几年越发凸显，尤其是在后疫情时期，很多图书馆都受到经费减少的困扰。资源建设需要有取舍，图书馆要寻求最佳的平衡点。各机构应该加强资源的共享和合作，报团取暖。扩大馆际互借和文献传递受惠面，弥补本馆资源的不足，扩大文献利用的范围，实现文献信息资源的共享，提高文献信息资源的整体利用率。

3.3.3　资源配合服务，加强文旅跨界合作

利用智能技术，可以提升公共数字文化资源整合能力，未来可以将图书馆、博物馆、文化馆、美术馆等公共文化机构的数字文化资源整合到同一个平台，为公众提供方便、快捷、智能的“一站式”公共文化和信息服务。利用文旅融合发展的契机，实现跨界合作，形成跨界资源的协同发展局面，实现公共文化资源融合和服务共赢。多维度挖掘与整合跨界资源，推进馆藏资源建设创新，这不仅仅是图书馆的迫切愿望，也是博物馆、艺术馆等文化机构的真实需求。

总之，智慧图书馆的精髓是“资源多元融合化、服务智慧个性化、技术智能易用化”。智慧图书馆在信息资源建设方面还会出现很多新的理念和创新，也会遇到很多新的问题，需要不断思考和解决。但可以肯定的是，无论是传统图书馆时代还是智慧图书馆时代，文献信息资源建设的地位都不应该被削弱，而是需要进一步加强。

参考文献

[1] 饶权．现代图书馆越来越“智慧”[N]．人民日报，2020-11-13（20）．

[2] 高大伟，许丽丽．国际图联《2019年发展与信息获取报告》解读与启示[J]．情报探索，2020（6）：122-126.

[3] 程焕文，赵冬梅．资源为王　服务为本　技术为用——程焕文谈高校图书馆管理的理念[J]．晋图学刊，2020（1）：4-13.

[4] 柯平．文献资源是图书馆建设之本[N]．图书馆报，2018-07-23（2）．

[5] 顾犇．图书馆采访工作随想[N]．图书馆报，2020-12-25（3）．

[6] 李玉海，金喆，李佳会，等．我国智慧图书馆建设面临的五大问题[J]．中国图书馆学报，2020（2）：17-26.

[7] 陈力．数字时代图书馆的文献信息资源建设[J]．西华大学学报（哲学社会科学版），2020（4）：1-12.

[8] 饶权．回顾与前瞻：图书馆转型发展面临的问题与思考[J]．中国图书馆学报，2020（1）：4-15.

[9] 刘兹恒．智慧图书馆与智慧图书馆员[N]．图书馆报，2019-06-21（5）．

[10] 刘炜．建设开放、智慧、包容的第三代图书馆[N]．图书馆报，2019-06-21（5）．

[11][12] 饶权．全国智慧图书馆体系：开启图书馆智慧化转型新篇章[J]．中国图书馆学报，2021（1）：4-14.

[13] 毛雅君．国家图书馆文献信息资源建设的回顾与思考[J]．国家图书馆学刊，2019（5）：13-19.

[14] 申晓娟. 新中国图书馆法治建设 70 年 [J]. 图书馆杂志，2020（1）：10-31.
[15][17] 刘兹恒. 后疫情时期的图书馆文献资源建设 [N].《图书馆报》，2020-04-10（10-11）.
[16][20] 张美萍. 中文图书馆藏建设的纸电融合趋势初探 [J]. 大学图书馆学报，2021（1）：44-49.
[18] 袁青，施亮，陈梦. "双一流"驱动下高校图书馆服务能力建设——以华中科技大学为例 [J]. 图书情报工作，2019（1）：118-124.
[19] 平安. 图书馆 OA 图书资源建设与思考 [J]. 图书馆工作与研究，2020（S1）：65-69.
[21] 叶继元. 聚焦学科核心领域重构文献信息资源保障体系 [J]. 图书与情报，2020（5）：1-8.

人物信息检索的思路和方法

——以“张闻天专题文库建设”为例

马新蕾　罗　欢①（参考咨询部）

人物信息是关于人的信息，是在社会生活中产生和被广泛利用的一种信息，它既可以是诸如姓名、性别、职业、出生年月、从业单位等简单的身份确认信息，也包括较为详细的生平或传记资料[1]。人们在修家谱、补传记、建纪念馆、数据库和做研究时都会涉及人物信息检索。

1　人物信息检索的特点与难点

人物信息检索具有以下几个难点：

其一，人物称谓复杂。古代人物除本名（或正名）外，还有字、号、谥号、绰号、小名、室号、地望、官爵等。此外，帝王有庙号、尊号，僧侣有释名、法号，艺人有艺名，书画家有题署，藏书家有藏书馆（舍、楼、室等）号，唐人又称之以行第等[2]。近现代人物还有笔名、化名。由此可见，检索人名问题是人物信息检索首先要解决的问题。

其二，人物信息来源广泛、分散难觅。汇集人物信息的文献载体众多，形式各不相同。人物信息散见于文集、百科全书、年鉴、词典、各类史料典籍、人名录、家谱、宗谱、地方志、类书、政书、传记、日记、回忆录、书目、人物图谱、档案、墓志碑传以及数据库和各类人物的因特网网站中[3]。如此繁杂的信息源也常常让人不知从何入手。

其三，人物检索方法因人物类型、历史时期及影响力的不同而不同。皇亲国戚、名臣武将、学林人生、地方先贤，共产党、国民党、民主人士、知识分子和行业领军人等不同类型人物的检索源有很大差别。古代人物可以利用正史、年谱、族谱和传记资料索引等查找，比如《二十五史人名索引》《唐五代人物传记资料综合索引》等；近现代人物可以利用综合性词典、年谱资料、传记资料、回忆录来查找，专科性人物也有专门的人物传记资料，比如《共产党史人物传》《中国当代著名经济学家》等[4]。此外，名人可以查找的资料相对多一些，不太知名的人物可以利用地方志、家谱、回忆录、墓志碑传等信息源来查找。

其四，外国人物信息查询要了解的知识也很多，如外国人名的缩写规则、参考文献中的著录规则。此外，外国人名翻译的不规范会导致文献漏检，需要借助互联网、外国

---

① 本文由马新蕾设计论文整体研究思路和框架并撰写论文；罗欢为项目组负责人。

人名工具书来核对。

2 人物信息检索的案例分析——“张闻天专题文库建设”项目

国家图书馆社科咨询室承担过大量人物信息检索的委托，现以“张闻天专题文库建设”项目为例，分享检索的思路和方法，探讨人物信息检索的途径和方法。张闻天（1900—1976），原名张应皋，化名洛甫，上海南汇人，中国无产阶级革命家、理论家，中国共产党的重要领导人，理论宣传和干部教育工作中成绩卓著的领导人[5]。“张闻天专题文库建设”项目是上海某图书馆在进行地方文献补藏时提出的委托，最初对方的需求并不明朗。项目组用时 3 年，检索并提供了 30 册图书、23 册期刊、39 册报纸以及 65 册资料汇编，为“张闻天专题文库建设”项目提供了丰富翔实的资料。现将“张闻天专题文库建设”项目检索方法和经验总结如下。

2.1 了解人物基本信息

首先，通过百度、传记图书等途径了解张闻天。百度百科有张闻天的词条，从人物生平、人物轶事、家庭生活、人物评价和后世纪念五个部分比较详细地介绍了张闻天[6]，可以快速了解张闻天并提取检索词。除了张闻天的原名、化名作为检索词之外，张闻天参与的重大事件如遵义会议、西安事变、庐山会议等也要作为检索词。通过阅读张闻天传记图书，会对张闻天有更加深刻和全面的认识，前期扎实的准备工作对顺利完成项目帮助很大。

2.2 分析“张闻天专题文库建设”项目的明确需求

用户最初只是想充实张闻天文库，对“张闻天专题文库建设”没有明确的规划。项目组依据多年的工作经验以及初步了解的结果，将“张闻天专题文库建设”分为张闻天本人著述资料和张闻天相关研究资料两大部分。张闻天本人著述资料包括专著、译作、文章和手稿等，资料集中在民国时期和新中国成立初期，查找难度较大；张闻天相关研究资料包括期刊、报纸、学位论文、会议论文和图片等，资料集中在数据库中，相对容易检索，所以项目以此作为着手点开展。

2.3 张闻天相关研究资料检索

2.3.1 确定检索源

张闻天相关研究资料多数可在中国知网数据库获取，人大复印资料全文数据库、维普中文科技期刊数据库、万方数据库和中国大百科全书数据库可以用来查缺补漏。报纸还要关注《申报》数据库、《人民日报》全文数据库、《参考消息》以及一些民国时期的报纸。

对于重要领导人物，英文文献也有部分研究，需要借助英文文献数据库来检索。

需要注意的是，检索词、检索源和检索字段等检索策略都要提前和用户沟通确认。

2.3.2　检索、整理资料

张闻天相关研究资料很多，在中国知网的中国学术期刊网络出版总库中以“张闻天”为主题词进行检索，就有2500多篇文献，包含了39个子主题（见图1）。

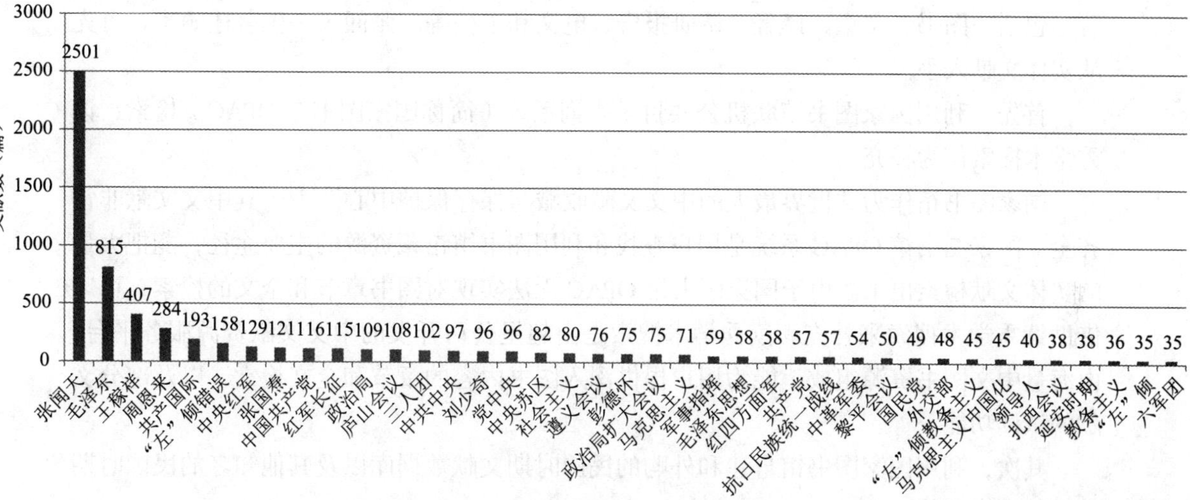

图1　张闻天相关研究资料主题分布图[7]

如此大量的文献，需要在粗略研读资料尤其是研究综述的基础上，对文献进行筛选、分类和整理，这是体现咨询馆员检索经验和知识服务能力的重要部分。项目组依据《中国图书馆图书分类法》第5版中“I210鲁迅作品及研究”的分类，并借鉴学者对张闻天研究的科学划分，对张闻天相关研究资料进行了分类，主要包括“综述”“生平事迹”“思想的学习和研究”“著作研究及其他”四大类（资料详细分类见图2）。

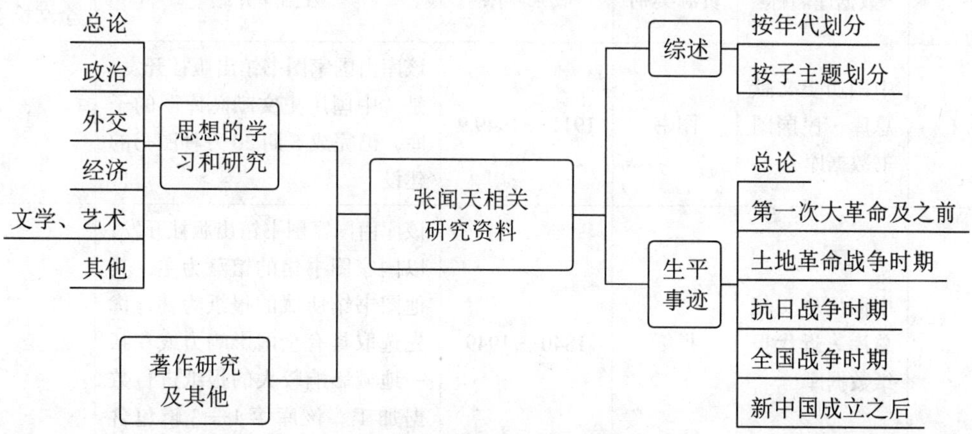

图2　张闻天相关研究资料划分

对检索资料的整理可以帮助咨询馆员厘清资料脉络，使资料井井有条，方便日后利用；另一方面可以在整理的过程中不断获取新的检索点和线索，为整理其著述资料积累线索。

2.4 张闻天本人著述资料检索

2.4.1 张闻天专著、文章的检索

张闻天本人著述资料的检索原则是求全。项目组通过相关研究文献的研读，明确其著述包括：图书、文章、译著、调研报告、电文和手稿等。张闻天一生著述颇丰，可先从实体文献入手。

首先，利用国家图书馆联机公共目录查询系统（简称国家图书馆 OPAC）检索，读秀学术搜索作为补充。

国家图书馆作为“世界最大的中文文献收藏与保存保护中心”[8]，其中文文献非常齐全。国家图书馆 OPAC 系统是用户查找和利用图书馆馆藏资源的主要途径，能把大量的实体文献检索出来。由于国家图书馆 OPAC 无法实现对图书章节和全文的检索，可以借助读秀学术搜索来补充。读秀学术搜索是由超星公司开发的中文文献资源服务平台，由海量中文图书资源组成，能为用户提供深入图书内容的章节和全文检索，以及部分文献的试读功能[9]。

其次，利用国家图书馆自建和外购的民国时期文献数据库以及其他知名的民国时期文献数据库查找。

随着国家对民国时期文献保护的重视，民国时期文献的整理与保护得到了各文献存藏机构的重视，各馆都加大了对民国时期文献的资源建设力度，丰富的民国时期文献数据库让查找张闻天著述资料的工作如虎添翼。（项目组检索的民国时期文献数据库列表见表 1）

表 1 “张闻天专题文库建设”项目用到的民国时期文献数据库列表

序号	数据库名称	资源类别	收录年限	数据库介绍	是否支持全文检索
1	中国历史文献总库 · 民国图书数据库	图书	1911—1949.9	该库由国家图书馆出版社开发，是“中国历史文献总库”的子库，已完成 5 期 20 万种图书的建设	是
2	中国历史文献总库 · 近代报纸数据库	报纸	1840—1949	该库由国家图书馆出版社开发，以国家图书馆的馆藏为主，其他图书馆所藏的报纸为辅，优先选取具有全国影响力或在某一地域影响较大的报纸进行数据加工。该库第 1—3 辑包含报纸 208 种，90 万版	是
3	瀚堂近代报刊	期刊报纸	1862—1949	包含《大公报》香港版、《益世报》《遐迩贯珍》等三百余种清末至民国时期的刊物	是

续表

序号	数据库名称	资源类别	收录年限	数据库介绍	是否支持全文检索
4	全国报刊索引数据库	报纸期刊	1857—	包含全国社会科学类期刊6000多种，报纸200余种，年更新量20余万条	否，支持作者检索
5	CADAL民国期刊数据库子库	期刊	1911—1949	该库是CADAL计划的子数据库，该库收录民国时期期刊2万多种，15.5万册	否，支持作者检索
6	大成老旧期刊全文数据库	期刊	清末—1949	该库是2010年由北京尚品大成数据有限公司推出，收录民国时期期刊7000余种，14万余期，180余万篇文章	否，支持作者检索

再次，利用中国共产党思想理论资源数据库检索，该库由人民出版社开发建成，被党政干部和专家学者称为“用科学技术传播中国化马克思主义的重大创新工程”[10]，内容覆盖党和国家主要领导人所有著作，还有代表性地收入了大量研究性著作、党史和国际共运史著作、重要人物资料，所有内容均可进行全文检索，是研究党和国家主要领导人的一个有力工具。

由于历史原因，民国时期文献保存比较好的三家图书馆包括国家图书馆、上海图书馆和重庆图书馆，所以，想把民国时期文献查找齐全，上海图书馆和重庆图书馆的馆藏也要关注。此外，张闻天曾经工作过的陕西、山西省图书馆都有可能保存珍贵的史料，这些图书馆的馆藏也要检索。

最后，还要翻阅工具书尤其是革命文献工具书，查缺补漏（详见图3）。

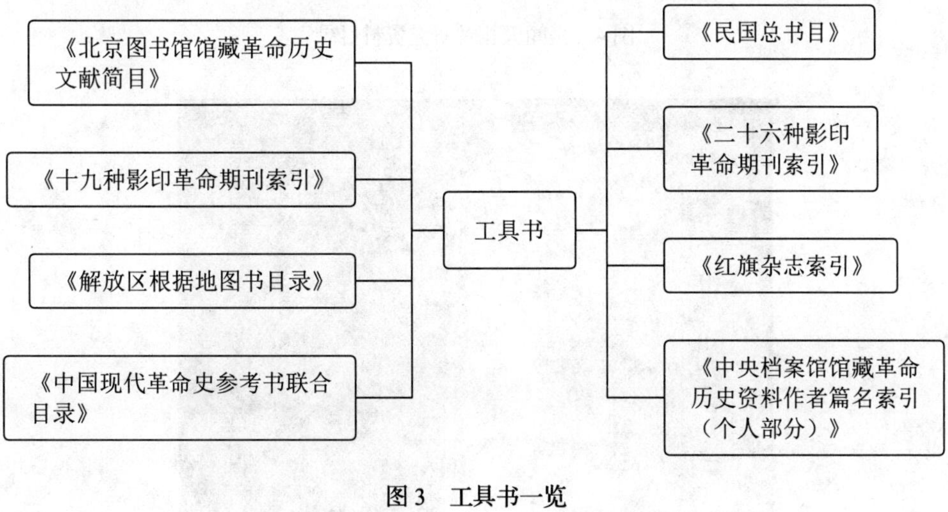

图3　工具书一览

2.4.2　张闻天其他著述资料的检索

张闻天其他著述资料包括编辑作品、翻译作品、电文、手稿和工作成果等，这些都是阅读文献的过程中得到的线索。

（1）编辑作品。收集了《南鸿》《夜鹰》《小说月报》《东方杂志》《斗争》《红旗周报》《红色中华》等张闻天参与主编、主办、主笔的相关报纸杂志。

（2）翻译作品。收集了《罗素论文集》《狗的跳舞》《琪珴康陶》等张闻天参与翻译的相关图书文章。

（3）电文、手稿、书信。项目组到社科院经济研究所、外交部档案馆等张闻天曾经主要工作过的单位调研，收集电文、手稿、书信等。

（4）工作成果。收集了《张闻天晋陕调查文集》《神府县兴县农村调查》等张闻天参与调查的调研报告，以及《合江日报》《辽东大众》等工作地主要省报。

项目组通过一步步地探索，查找的资料就越来越丰富了。虽然疏漏之处在所难免，但相对比较全面了（部分资料展示见图4和图5）。最终呈现的内容不仅用户非常满意，项目组在检索的过程中也实现了知识积累，感受到了知识服务的价值。

图4　张闻天相关研究资料目录

图5 《斗争》

3 经验总结

3.1 分析用户需求

图书馆服务的根本就是适应和满足用户多方面的需求，这种需求不仅是文献和信息需求，而且是知识需求，不仅是显性和现实的需求，而且是隐性和潜在的需求，不仅是适应用户的需求，而且是超越用户的需求[11]。图书馆在检索的全过程都要和用户充分沟通，站在用户的角度思考问题，这样才能挖掘用户的需求，甚至超越用户需求。

3.2 了解检索内容

收到用户委托，不能盲目检索，首先要通过百度、阅读图书、文章等方式熟悉检索内容。咨询馆员收到的委托五花八门，不了解检索内容很正常，但要有虚心的态度去学习研究检索内容，这样才有可能交出满意的答卷。

笔者曾经受委托检索“对越自卫反击战期间战士们戴的帽子的图片”，一开始盲目检索，搜索出很多越南战争的资料，但二者完全是两码事。

3.3 确定检索策略

所谓检索策略，就是在分析信息提问实质的基础上，正确地选择检索词（项）及相关数据库、科学地拟定逻辑提问式、合理地规划查找步骤的全过程[12]。

检索词不是一成不变的，需要随着检索的深入而不断调整和完善，善于利用百度和读秀学术搜索。

熟悉数据库内容和收录范围，知道不同时期、不同类型的资源去哪里查找。以国家图书馆为例，除了自建数据库，其外购的数据库就达到 251 个，如果对数据库不了解，就完全不知道从何入手。

“工欲善其事，必先利其器”，只有了解人物信息资源的分布规律，掌握基本的检索途径和主要的查找方法，才能有的放矢，一矢中的，一检即得。

3.4 整理加工

对检索结果进行整理加工也是不可或缺的工作，能够体现咨询馆员的检索经验和知识服务成果。对数字化文献要科学归类，对实体文献要汇编成册，甚至要自行设计版面和封面，缩微文献还原前要确定好版面、打印和装订事宜。

经验是在实践中不断积累的，唯有多尝试、多请教、多讨论，及时总结咨询案例，才能让检索水平不断提升。

参考文献

[1] 邢志宇 . 人物信息的网络检索途径与方法［J］. 河南图书馆学刊，2008（2）：39-43.

[2] 曹书杰 . 古籍中人物字号、别名的查考［J］. 古籍整理研究学刊，1989（4）：46-49.

[3] 王立诚 . 社会科学文献检索与利用［M］. 南京：东南大学出版社，2014：65.

［4］彭莲好，王勇．现代信息检索基础教程［M］．武汉：华中科技大学出版社，2013：81-82.
［5］张闻天［EB/OL］．［2012-11-08］．http：//www. gov. cn/gjjg/2008-10/16/content_1122305. htm.
［6］张闻天［EB/OL］．［2012-11-08］．https：//baike. baidu. com/item/%E5%BC%A0%E9%97%BB%E5%A4%A9/907797?fr=aladdin.
［7］张闻天相关研究资料主题分布图［EB/OL］．［2012-11-08］．https：//kns. cnki. net/kns/Visualization/VisualCenter. aspx.
［8］王菲．守护国家记忆　传承百年馆藏——开放共享的国家图书馆文献资源建设［J］．图书馆学刊，2020，42（3）：70-75.
［9］石光莲，侯艳，容军凤．高校图书馆文献传递利用研究——以读秀学术搜索为例［J］．图书馆学刊，2016，38（11）：41-45.
［10］中国共产党思想理论资源数据库介绍［EB/OL］．［2012-11-23］．http：//data. lilun. cn/index_custom. html.
［11］初景利，唐果媛．图书馆与智库［J］．图书情报工作，2018，62（1）：46-53.
［12］鄢百其．科技查新的检索策略及其失误分析［J］．网友世界·云教育，2014（19）：202.

突发公共卫生事件下图书馆线上服务实践与思考

——以“国家图书馆服务号”为例

廉洪霞（信息技术部）

根据《突发公共卫生事件应急条例》，突发公共卫生事件是指突然发生，造成或者可能造成社会公众健康严重损害的重大传染病疫情、群体性不明原因疾病、重大食物和职业中毒以及其他严重影响公众健康的事件。2019年底，新型冠状病毒肺炎疫情（以下简称“新冠疫情”）爆发并迅速蔓延至全世界范围，打乱了人们本来的生活、学习和工作节奏，对我国各行各业乃至全球政治经济社会都产生了重大冲击和影响，给人类社会造成了极大的恐慌和危害。截至2020年1月25日21时，我国共30个省、市、自治区启动重大突发公共卫生事件一级响应，涵盖总人口超过13亿，举国上下众志成城，联防联控，共同构筑抗击新冠疫情坚固防线。

新冠疫情的出现为各行各业带来了前所未有的巨大冲击和挑战。图书馆作为保障社会公众获取文化服务的基础性公共设施之一，在重大公共卫生事件突发时也难以幸免。2020年1月23日，国家图书馆（国家典籍博物馆）发布闭馆公告，自2020年1月24日起，实行闭馆，暂停到馆读者服务（含24小时还书服务）和展览、演出、讲座等各项活动。此次新冠疫情为我国图书馆领域再次敲响了警钟。图书馆作为公共空间，为社会公众提供活动场所，而当传统的到馆服务以及连续性活动无法正常进行时，如何继续履行图书馆社会教育职能，特别是在诸如新冠疫情这样的特殊时期，变得尤为重要。

互联网技术发展到今日，为人们的生活带来了极大的便利，而移动互联网的出现，更是为这种生活便利增添了随时随地随身的强大特性。人们获取资讯、服务的方式逐步从PC端向移动端倾斜和转变，而微信平台作为可以实时联结每位用户的移动端服务，已然成为大众最为喜欢的信息交流平台之一，深受社会公众的青睐。根据微信公布的《2019微信数据报告》，截至2019年9月，微信月活跃账户数达11.51亿。充分利用微信平台用户群体数量庞大的优势进行信息、资源及服务的传播、推广与宣传，是适应当前互联网发展趋势，迎合读者服务需求的一种非常有效且必要的手段。本文以国家图书馆微信服务号为分析对象，通过总结其在抗击新冠疫情时的种种举措，分析经验，提出读者服务优化建议，以期对突发公共卫生事件中图书馆线上服务提供一定的参考和借鉴。

1　国家图书馆微信服务号服务实践

1.1　国家图书馆微信服务号功能介绍

为了拓宽国家图书馆移动端服务渠道，充分利用微信平台用户优势，发挥国家图书馆社会教育职能，满足社会公众多元化服务需求，提供随时随地随身的移动服务，国家图书馆自2018年开始策划并筹备微信服务号建设，并于2019年春节期间正式上线“国家图书馆服务号”。

“国家图书馆服务号”上线初期，提供国家图书馆通知公告、讲座预告等最新资讯，方便社会公众随时了解国家图书馆最新动态；提供移动资源阅读及国图公开课视频在线观看服务；提供公共馆藏目录检索系统检索功能，显示查询结果和书籍架位信息；提供在借信息、历史借阅信息、预约信息等查询服务，并提供图书续借功能；提供实体卡绑定以及二维码读者卡生成功能，通过二维码读者卡，读者无须携带实体卡或身份证，就可以在馆区内实现扫码入馆等服务。“国家图书馆服务号”不断进行功能拓展，为公众提供更多多元化、人性化、智能化服务。

不同于微信订阅号每天都可以发布图文消息，微信服务号更多的是实现服务与交互，每个月最多可以发布4期图文消息。“国家图书馆服务号”根据当月国家图书馆重要活动以及社会热点，定期组织、策划、发布多条图文消息，以主动推送的方式向社会公众宣传国家图书馆重大活动，推广专题阅读资源，介绍展览演出讲座活动，弘扬中华优秀传统文化。

1.2　“国家图书馆服务号”服务实践

国家图书馆作为国家级重要公共文化服务阵地，近两年每年1至2月平均接待读者78万余人次，全馆书刊流通345万余册次。新冠疫情的爆发导致图书馆纷纷暂停到馆服务，各类连续性举办的展览、演出、讲座等活动都随着闭馆政策的实施而暂时停止，这对于图书馆领域而言是非常大的影响和挑战。在各类线下读者服务无法正常开展的情况下，如何将困难变成机遇，快速适应特殊形势、及时转变服务模式，根据当前形势提供契合社会公众需求的线上服务，充分发挥图书馆职能，是公共卫生事件突发时，每一座图书馆都迫在眉睫需要解决的事情。将读者服务重心由线下逐步向线上转移或倾斜，是图书馆领域面对新冠疫情等突发公共卫生事件时的一项必要且迫切的举措。

作为国家图书馆官方微信账号之一，“国家图书馆服务号”承担着消息传递、资源推广、知识传播以及读者互动等各类读者服务职能。在新冠疫情期间，“国家图书馆服务号”充分发挥平台优势及资源优势，通过以下多种方式向社会公众提供多层次多样化服务。

1.2.1　定期发布图文消息，履行社会教育职能

新冠疫情期间，“国家图书馆服务号”积极向读者传递国家图书馆相关通知公告，推广国家图书馆线上服务、资源，并组织策划疫情相关专题，向公众传递疫情防护知识，增强公众防护意识。本文对“国家图书馆服务号”2020年1月23日—2020年12

月31日期间发布的图文消息按照通知公告、疫情相关资源推荐、疫情相关活动、服务形式推荐、常规线上活动、常规资源推荐、诗词推荐以及综合8个类别进行梳理、归纳，具体情况见表1。

表1 "国家图书馆服务号"发布图文消息情况

类别	数量/条
通知公告	9
疫情相关资源推荐	6
疫情相关活动	2
服务形式推荐	9
常规线上活动	11
常规资源推荐	16
诗词推荐	18
综合	1

2020年1月23日—2020年12月31日期间，"国家图书馆服务号"共发布图文消息72条。其中，通知公告类图文消息9条，主要是包括2020年1月23日发布的新冠疫情期间第一条图文消息《国家图书馆（国家典籍博物馆）闭馆公告》在内的国家图书馆闭馆公告，以及随着疫情防控常态化国家图书馆分阶段有序恢复开放政策调整公告，向社会公众及时传递国家图书馆新冠疫情防控期间的各类最新读者服务政策。疫情相关图文消息共8条，通过推广线上疫情相关活动及疫情防护资源，向社会公众提供疫情防护知识，提高大家防护能力及防护意识，舒缓心理焦虑，缓解社会恐慌。服务形式推荐类图文消息9条，主要向社会公众推广国家图书馆各类移动端及PC端服务渠道，便于公众在国家图书馆实行闭馆期间可以通过线上渠道随时获取各类资源及服务。常规线上活动类、常规资源推荐类以及诗词推荐类图文消息共45条，主要是向社会公众宣传推广国家图书馆常规活动，以主题方式推介图书资源，并进行中华传统诗词文化的推广。综合类图文消息1条，是在4月23日世界读书日期间发布的题为"4·23读书日——开启阅读之旅"专题活动推广的消息，活动内容涵盖国图抖音上线一周年特别活动、国图公开课读书推荐、文津重读、诗云战疫情、哪吒闹海线上展览等多个板块。"国家图书馆服务号"充分发挥自身平台以及资源优势，通过以上8类图文消息的发布，实现了消息传递、疫情防护知识传播、活动推广以及资源推荐。

将统计时间内"国家图书馆服务号"发布的72条图书消息按照阅读量从高到低进行排序，并按照10%的标准取排名前7的图文消息（见表2）。

表 2　阅读量排名前 7 的图文消息

排名	标题	类别
1	国家图书馆关于调整预约入馆相关事宜的公告	通知公告
2	最新国图预约入馆服务调整来喽 ~~	通知公告
3	久违了，国图	通知公告
4	国家图书馆有序恢复开馆公告	通知公告
5	终于等到！国图开放服务“2.0 版”即将上线	通知公告
6	国家图书馆（国家典籍博物馆）闭馆公告	通知公告
7	国家典籍博物馆有序恢复开放	通知公告

由表 2 可以看出，社会公众在新冠疫情期间对国家图书馆的闭馆 / 开馆政策高度关注，在 2020 年 12 月 25 日发布的题为“国家图书馆关于调整预约入馆相关事宜的公告”的图文消息获得了超过 3.1 万次的阅读量。新冠疫情防控期间，“国家图书馆服务号”紧跟疫情防控动态，根据国家图书馆相关工作安排，及时、有效地向社会公众传递了各类通知公告以及开馆政策调整，较好地发挥了国家图书馆与社会公众之间消息传递的桥梁纽带作用。

1.2.2　建设微信预约系统，助力国家图书馆有序恢复开放

图书馆是滋养民族心灵、培育文化自信的重要场所，是推动全民阅读、支持社会公众终身学习的重要阵地，作为人员和文献高密度聚集地，在突发公共卫生事件时存在着较大的安全隐患。随着新冠疫情防控常态化，多地图书馆采取分阶段有序恢复开放政策，并通过预约限流的方式线上预约到馆名额，保障读者及工作人员人身安全的同时，使得读者获取服务最大化。“国家图书馆服务号”以自身平台为基础，于 2020 年 3 月初开始筹备微信预约系统建设工作，并于 2020 年 5 月 9 日上线，为读者提供自 5 月 12 日起的微信预约到馆服务。微信预约系统为社会公众提供分时段、分馆区、分事由的预约到馆服务，通过模板消息及时推送预约情况，并在系统中内置预约系统说明，同时提供预约信息查询等服务。在疫情常态化防控时期，“国家图书馆服务号”通过微信预约系统进行线上实名预约，避免人员大范围聚集，降低交叉感染风险，为有需要的人提供安全可靠的到馆服务，是利用现代技术发挥图书馆职能的重要手段，是落实“外防输入、内防反弹”的有效措施。

1.2.3　上线中图主题书柜，提供优质专题资源服务

积极引入社会力量是公共文化服务高质量的重要保障。国家图书馆以传承文明、服务社会为出发点，充分挖掘社会资源，通过交流协作，发挥双方平台优势，以高质、高效的方式为公众提供线上资源服务。国家图书馆积极筹备由中图公司策划的战“疫”书柜及新时代新经典书柜，在“国家图书馆服务号”内以二级菜单的形式提供试用，向社会公众免费开放。首批上线的两个书柜集合了全国 40 余家优秀出版单位的 200 余种优质数字资源，通过主题书柜的形式，为社会公众提供优质资源线上阅读服务，满足社会

公众日益增长的阅读需求，丰富大众的精神文化生活。

1.2.4　利用关键词回复功能，智能回复读者问题

微信服务号与订阅号之间另外一个非常大的区别在于，微信服务号拥有高级接口权限，可以通过高级接口实现更多读者互动功能。“国家图书馆服务号”利用高级接口优势，于2020年在账号内部实现关键词回复功能，可以智能回复读者留言，及时、有效地解决各类读者问题，帮助读者快速掌握所需信息，提升服务效能。新冠疫情防控期间，“国家图书馆服务号”通过梳理国家图书馆疫情防控相关政策，形成适应关键词回复后台管理系统的问答词条，并通过系统后台对关键词问题库进行更新配置。关键词回复功能不仅可以降低工作人员时间成本，更可以让读者在后台留言时自动智能获取相关回复。

2　突发公共卫生事件下线上读者服务思考

从新冠疫情暴发初期到如今疫情防控常态化，国家图书馆微信服务号多措并举、积极应对，迅速调整读者服务形式和服务政策，充分利用线上平台优势，有针对性地多渠道提供疫情防控相关专题知识，较好地履行了图书馆社会职能，充分展现了图书馆人紧跟时事、临危不乱、灵活应变、恪守本职的优良品质。然而，面对新形势下不断变化的群众文化需求，读者服务仍有可以优化和改进的空间，主要体现在以下几个方面：

2.1　加强人才队伍信息素养教育，提高危机防范意识

在新冠疫情暴发初期，社会公众因为对新型病毒存在太多的不了解，未知促使大家从心理上产生一定的恐慌，而此时在网络上又充斥着铺天盖地的消息和数据，导致公众无法从繁乱的资讯中快速甄别出真实、有效、科学的信息。为了更好地引导社会舆论，提供有科学依据的专业知识，消除大众恐慌，图书馆需要不断加强人才队伍信息素养教育，提高人员信息洞察力，增强人才队伍面对突发公共卫生事件时防控意识和防护能力的培训。只有读者服务工作人员做到自身能够有效辨别信息真假，才能帮助公众辨别是非良莠，提供科学、优质、贴心的服务。

2.2　深入挖掘优质馆藏资源，加大适用特殊时期的资源推广力度

当前新冠疫情在世界范围传播，虽然我国疫情防控取得了良好的成效，但是受到全球疫情防控形势的影响，公众仍然不能对疫情防控大意松懈，而长期处于不确定因素多、变化快的紧张环境中，会对人们的身心健康造成不良影响。图书馆作为承载海量文献资源的宝库，储存着丰富的文献资源，要充分发挥资源优势，深入挖掘、整合更多适用于突发公共卫生事件的运动健康、心理疏导等类型资源并大力推广，且宣传不能流于表面，要急公众之所急，才能有效缓解公众过度恐慌的情况，降低疫情对人们的影响，真正起到促进意义。

2.3 创新资源呈现形式，提升服务吸引力

互联网时代，公众审美有了明显提升，资源呈现形式对公众获取服务的意愿产生的影响越来越大，人们不再满足于通过单一、固定形式获取各类服务。图书馆需要紧跟公众审美变化，不断创新资源呈现形式，提供多种资源展示方式，以更加新颖、丰富、具有时代感的方式呈现各类资源，从而提高自身服务吸引力，激发公众阅读热情。

2.4 把握信息技术发展脉搏，助推线上服务能力提升

“互联网 +”时代，大数据、云计算、人工智能、物联网以及 VR/AR 等技术得到了空前发展，为人们的生产生活注入了前所未有的强劲动力。图书馆要抓住“互联网 +”时代发展机遇，把握信息技术发展脉搏，充分发挥信息技术赋能作用，立足公众服务，寻找更多利用信息技术提升图书馆服务能力的渠道，深入探索其与读者服务之间的完美契合点。

2.5 加强各界交流合作，实现共赢发展

图书馆作为提供公共文化服务最重要的基础设施之一，从来都不是单兵作战的独立个体。图书馆领域要加强交流合作，形成信息联动、资源共享、服务协作的合作机制，从而全面提升图书馆整体服务效能。此外，积极引入社会力量参与公共文化服务建设，充分利用社会平台人才、技术优势，能够提高资源整合及服务推广效率，也是新时代新格局下图书馆提升服务价值的必然选择。加强各界交流合作，联合创新，拓宽合作形式，才能实现共赢发展。

图书馆作为我国公共文化服务体系中的重要组成部分，是引领全民阅读的重要场所，建设更加开放、智慧、包容、共享的现代图书馆，更是“十四五”规划赋予图书馆的深刻内涵。突发公共卫生事件是对图书馆服务能力和服务机制的严峻考验，图书馆要勇于变阻力为动力，充分发挥线上平台优势，建立适用于特殊形势下的读者服务机制，改善读者服务质量，提高服务能力、竞争力和吸引力，以适应新时代的发展，为后续应对各类突发事件提供保障。

参考文献

[1] 突发公共卫生事件应急条例［EB/OL］.［2021-02-25］. http：//www. gov. cn/zhengce/2020-12/26/content_5574586. htm.

[2] 30 省市自治区启动重大突发公共卫生事件一级响应［EB/OL］.［2021-02-25］. https：//china. huanqiu. com/article/9CaKrnKp4e9.

[3] 国家图书馆（国家典籍博物馆）闭馆公告［EB/OL］.［2021-03-01］. https：//mp. weixin. qq. com/s/rf8B1aLC_Z6vhhEf0OMsEQ.

[4] 2019 微信数据报告［EB/OL］.［2021-03-01］. http：//www. 199it. com/archives/995970. html.

[5] 魏大威，廖永霞．国家图书馆应对重大公共卫生安全突发事件的举措与思考［J］．图书馆杂志，2020（3）：4-8.
[6] 孙波，杨茗惠，刘丁，等．基于微信公众号的高校图书馆应急信息服务研究［J］．图书馆，2020（9）：98-103.
[7] 王颖洁．“双一流”高校图书馆微信公众号在突发公共卫生事件中的作用［J］．图书馆工作与研究，2020（7）：77-84.

民国时期儿童图书馆阅读推广综述*

孟燕燕（典藏阅览部）

1 背景综述

阅读一直是人类永恒的命题，是人类文明中不可或缺的一部分。民国以来，民族危机遇上东西洋各国的进步思想，各界仁人志士意识到要想救亡图存，教育是根本，而儿童便是出发点，民国时期儿童图书馆的阅读推广工作就是基于这个大背景进而发展起来的，具体来讲主要得益于以下 4 点。

1.1 “儿童本位”观的诞生

民国以前，儿童是没有独立的人格和社会地位的，他们从属于成人，是“小大人”，“成人本位”的思想展露无遗。1840 年的鸦片战争，使得西方列强叩响了中国国门，伴随着炮舰和廉价的商品，西方文明纷沓而至。与此同时，许多仁人志士也开始寻求救国救民之道路。他们看到了西洋国家迥然不同的儿童文化、儿童教育、儿童生活之后，受到了极大的触动，更由此引发了思考。1919 年“五四运动”爆发之后，在许多先进知识分子的努力推动下以及以杜威为代表的学者的大力宣传下，“儿童本位”的思想开始盛行。这一观点打破了封建传统的“成人本位”，主张“儿童是教育的中心，要一切以儿童为中心，从儿童本身出发，关心儿童，重视儿童”。教育界人士，如鲁迅等，也率先发声，在抨击旧思想的同时，积极宣传、倡导新的儿童观。大批的思想家、教育家成了“儿童本位”思想的拥护者，如陈鹤琴、陶行知等。自此，“儿童本位”的新儿童观终于站在了中国历史的舞台上。

1.2 教育理念的转变

杜威的来华演讲，不仅带来了崭新的儿童观，更是有力地冲击了几千年来的封建教育思想。一是，他发起的平民主义教育运动打破了以往旧社会中“读书是权贵子弟之专有”的观点，倡导要使全体公民都接受教育，而且尽可能地受到良好的教育，不论男女老幼，穷富贵贱，不分地区差异，先进落后，都能够享受同等之教育。二是，他主张实用主义教育，即要摈弃“死读书”“灌注式”的教育方式，主张儿童之教育要以实际应用为基础，要以儿童之本能为基础，更要与社会实际相结合。对于杜威的思想理论，胡

---

* 此文为作者在 2019 年申请的国家图书馆科研项目（一般项目）“民国时期儿童图书馆阅读推广研究”的阶段性成果。

适在《杜威先生与中国》一文中评价到："自从中国与西洋文化接触以来，没有一个外国学者在中国思想界的影响有杜威先生这样大的。"[1] 教育理念的转变为后来的儿童图书馆阅读推广奠定了思想基础。

1.3 儿童读物的盛行

如果说民国以前的儿童读物是建立在把儿童当作国家和民族的未来和希望之上的话，那么，民国以来，尤其是"五四运动"之后的儿童读物才是真正站在儿童的立场上，以儿童本身为出发点，真正地为儿童服务。商务印书馆以及中华书局是当时出版界的两大巨头，出版了许多儿童读物，期刊方面有《儿童世界》《小朋友》《儿童画报》《儿童文学》《小朋友画报》等，其中 1922 年商务印书馆出版的《儿童世界》以及中华书局出版的《小朋友》将儿童读物的出版带向了高潮。这两种读物都坚持从儿童的精神世界、兴趣爱好出发，深受当时小读者的喜爱，并以刊行时间长、发行范围广、影响力之大著称于世，是我国儿童教育史上标志性的产物。此外，还有许多单行本以及丛书出版，如《儿童文学丛书》《少年史地丛书》《少儿百科全书》《儿童工艺丛书》《儿童世界丛刊》《歌舞表演曲》等，不仅数量繁多，而且种类也有所拓展。据 1935 年《全国少年儿童书目》统计，儿童读物的数量达到了 3000 多种。可见，当时儿童读物出版力度之强。儿童读物的盛行为后来的儿童阅读推广提供了阅读目标，实现了有书可读。

1.4 儿童图书馆的发展

儿童图书馆的发展是建立在中国教育之需要基础上的。民国元年之后，小学图书馆开始崭露头角，但因儿童读物的缺乏，并没有起到相应的作用。杜威的来华让初等教育界专家意识到儿童课外阅读的重要性，由此儿童图书馆逐渐兴盛起来。1921 年，中华教育改进社成立，这是第一个倡导儿童图书馆事业的社会机构，在连续三年的年会中均对儿童图书馆提出了议案。随之中华图书馆协会成立，《中华图书馆协会会报》以及《图书馆学季刊》相继创办，其中刊载了许多儿童图书馆相关的学术文章，是当时该领域水平较高的代表刊物。1928 年，大学院召集全国教育会议，提出了对儿童图书馆的建设规划[2]。随后，山东、陕西、云南、浙江、湖南等地十余个省立图书馆设置了儿童阅览室，公共图书馆附设的儿童阅览室大为增长，中小学图书馆大加扩充，独立的儿童图书馆也开始产生，儿童图书馆进入了辉煌时期。到 20 世纪 30 年代，以独立建制的儿童图书馆、公立图书馆附设的儿童阅览室、公私立中小学图书馆组成的三种类型的儿童图书馆体系已经初步形成。1936 年，教育部公布了《全国公私立图书馆一览表》，其中儿童图书馆多达一千多所[3]，虽然这一数据有相当的局限性，但当时儿童图书馆的发展态势也可见一斑了。儿童图书馆的发展为之后的儿童阅读推广提供了主要阵地。

2 民国时期儿童图书馆阅读推广概况综述

民国时期儿童图书馆的阅读推广工作受当时历史条件的影响，发展并非一帆风顺，而是经历了萌芽期（1912—1928）、发展期（1929—1937）、困境期（1938—1945）和修复期（1946—1949）四个时期[4]。

萌芽期阶段，“阅读”和“推广”逐渐被应用于图书馆事业中。1924年，义乌县教育局下函各学校、图书馆推广阅报社，首次将推广与阅读联系起来。发展期阶段，儿童图书馆达到了1949年以前图书馆数量最多的年份，各地图书馆刊物逐年增长，范围也逐渐向东北、西北、西南深入，随处可见有关儿童图书馆阅读推广活动文章的刊载。2014年，由黄洁编制的《民国时期图书馆学报刊资料分类汇编·儿童图书馆卷》收录了117种期刊，涉及儿童图书馆、儿童阅览室活动的文章有160余篇，其中发生于1929—1937年间的就有134篇[5]，由此可知此阶段儿童阅读推广活动的盛行。抗日战争全面爆发以来，图书馆事业受到了严重的摧毁，藏书、建筑以及设备损失严重。为保全图书馆事业，各图书馆纷纷内迁，内迁期间虽然也有图书馆逐渐恢复了一部分的阅览工作，但终是受限于当时的人力、物力及财力，未有太大的发展。1946年进入了三年解放战争时期，全国文化事业并未快速恢复，而是进入了缓慢的修复期，并且儿童阅读推广工作有了逐渐向“近代化”发展的趋势。

从具体的推广工作来讲，发展期（1929—1937）最具代表性和全面性，本文将主要以这一时期的阅读推广情况为基础，进行概况综述。

2.1 推广主体

这一时期的阅读推广工作主要以儿童图书馆为阵营，不论是独立建制的儿童图书馆还是中小学图书馆，以及公共图书馆下设的儿童阅览室，都是广泛意义上的推广者。具体来讲，独立建制的儿童图书馆主要以自身发挥作用；中小学图书馆依靠中小学校为基础，推广主体以学校主任、图书馆馆长、指导员及老师发挥作用；而公共图书馆下设的儿童阅览室则以公共图书馆为依靠，由图书馆的下设机构或组织，如推广股、流通股、教育部、流通站等具体实施推广。

2.2 推广客体

总的来说，儿童图书馆进行阅读推广的主要对象就是儿童，而鉴于民国时期特殊的历史背景，儿童又被具体分为在校学生以及失学儿童。笔者在查阅资料时发现，在具体实施推广时，又有年龄、年级、性别、会员及非会员之分，这与当时图书馆界与教育界对儿童心理、儿童阅读兴趣及阅读偏好的深入研究不无关系，对儿童不同层次的划分，不仅可以充分利用图书馆的馆藏文献，更能有针对性地具体实施阅读推广。说到这里，我们不得不提在阅读界极为盛行的“分级阅读”，可以说分级阅读的历史从这一时期追溯。

2.3 推广目的和内容

在阅读文献时笔者发现，各个图书馆在推行阅读活动时，总会提到“为引起儿童阅读兴趣起见”或“为激发儿童阅读起见”等类似的字眼，可见在当时，儿童还未养成自动、自觉到图书馆去阅读的意识，由此可知最初的阅读推广之目的即为引起儿童兴趣，让儿童到图书馆去。而在阅读内容方面，有识字教育、教学辅助、普及知识、升学辅导等。

2.4 推广方式

笔者根据资料，对这一时期的阅读推广方式进行了汇总，具体见表1：

表1 民国时期儿童图书馆阅读推广方式

<table>
<tr><th>推广方法</th><th>具体活动</th><th>具体方式</th><th>利用媒介</th><th>考察办法</th><th>给予奖励</th></tr>
<tr><td rowspan="5">宣传推广</td><td>新书公布</td><td>利用揭示牌，公布新书</td><td rowspan="7">利用集会、周年日、特定节日、周末、假期，通过广播、口头传播、广告等引起儿童注意</td><td rowspan="5">会员登记、人数统计等</td><td rowspan="7">学习用品、奖状、赠券等</td></tr>
<tr><td>广告标语</td><td>利用浅显的文字、滑稽有趣的图书、精美的印刷制成广告，粘贴、牌示，或散发给儿童</td></tr>
<tr><td>教育影片</td><td>播放相关影片</td></tr>
<tr><td>展览会</td><td>有实物展览和图片展览，展览内容为新书、杂志、画报等</td></tr>
<tr><td>图书馆（室）设备及布置</td><td>设备：根据儿童量身定做；布置：通风、敞亮，装饰美丽、整洁等</td></tr>
<tr><td rowspan="2">读者活动</td><td>读书会</td><td>制定读书会简单规则，分组进行，具体方式多种多样，有背诵、演讲、自由阅读等</td><td>口试、笔试、辩论会、阅读心得、报告等，选出优胜者</td></tr>
<tr><td>征文、征答</td><td>以固定题目征集儿童答案</td><td>投票选举，票多者为胜</td></tr>
</table>

展览会和读书会是这一时期最为常见和推广效果最为显著的两种方式。在展览会的具体活动过程中，常常因到访人数爆满而另增场次，力求让大部分儿童都能有所学、有所获，极大地引发了儿童的阅读兴趣。读书会则是利用儿童的竞争心理加以激励阅读。阅读方法方面，有专门的指导员从旁加以辅佐，进行有针对性的阅读指导；阅读材料方面，不单以学习教材为基础，更致力于拓宽儿童的阅读范围，从整体上提高儿童素养；在考察成绩方面，不仅以儿童阅读的速率、字数等进行考核，更注重儿童的理解力、口头表达能力、组织能力以及动作、面部表情，声音及姿态等方面的表现，从而判断儿童的自我阅读能力，激发儿童继续阅读的兴趣。

2.5 延伸服务

民国时期还处在一个民智待启、教育未申的社会状态，国民基础教育相当薄弱，儿童也不例外，再者儿童活泼好动，在阅读时难免磕磕绊绊，难以持续。为使儿童在接受教育的道路上少走弯路，用最少的精力，最少的时间，求得最大的效果，各个图书馆都开展了阅读指导工作，其指导内容包涵指导儿童如何进行阅读，如何利用图书馆，让儿童认识图书馆、爱护图书馆、遵守图书馆秩序等。

而阅读指导究其根本，还是人与人之间的沟通，是馆员与读者之间的沟通，阅读推广之成败，与馆员素质密不可分。陈训慈在《浙江省民众图书馆改进之管见》中提到：馆员“态度是否和善，精神是否振作，责任心是否浓厚，是图书馆事业成败的基石”[6]，由此可见，态度和精神是对馆员的第一要求。要做好阅读指导工作，除了馆员之精神和态度要求之外，还需要其具备相关领域的技术和常识，如教育学、图书馆学、心理学等。良好的精神状态以及文化素养能给儿童带来良好的印象和获取知识的安全感，这对推进阅读推广工作有极大的裨益。

此外，基于“儿童本位”的观点，儿童读物要符合儿童身心发展之需要，但儿童读物范围很广，种类很多，如何在有限的经济条件下为儿童的阅读创造有益的环境，儿童读物的标准就不得不提。当时的图书馆界及教育界专家也敏锐地注意到了这一点，由此在各书报刊中对儿童读物的标准都提出了各自的见解。总的来讲，分为两个方面：一是内容方面，要选择内容积极向上，贴近儿童心理以及生活的，可以增进儿童知识，具有启发效果的书籍，同时要摒弃不良书籍；二是形式方面，包括字体大小、字数多少，插图及封面设计要浅显易懂，美观简单，印刷格式段落分明、无错字等。

2.6 推广之成效

儿童图书馆的阅读推广是十分具有成效的。一是从实践方面来讲，我们从史料中可以看出，儿童图书馆的人数大幅度增加，以致有的图书馆为了让儿童有更好的阅读体验，进行馆舍的建造、迁移或扩充，设备的提升及改造。儿童的阅读能力也逐渐有所提升，阅读涉猎范围变广，到图书馆去阅读的意识变得更加强烈、更加主动等。二是从理论方面来讲，根据相关资料，1909—1949 年期间，有关我国儿童图书馆的学术著作有 32 部，除了不明年限的著作，发表于抗战之前的占了绝大部分，其内容涉及儿童图书馆的实施方法、儿童读物的选择法、儿童读物的编选，儿童阅读之研究等，论文刊载数量也在 1935—1937 年达到了顶峰。理论成果的发展足以表明儿童图书馆事业的繁荣，这与儿童图书馆的阅读推广实践活动是相互促进、互相影响、共生互存的[7]。

2.7 推广中的不足

儿童图书馆的阅读推广工作受到民国时期特定的政治、经济及文化因素影响，主要表现为：一是地域分布不均，儿童图书馆的阅读推广工作东南沿海较为发达，内陆省份次之，西北边疆则十分落后。二是发展不足，民国时期经历了北洋军阀统治时期、第二次国内革命战争时期、抗日战争时期以及解放战争时期四个阶段，虽然十年内战时期儿童图书馆的阅读推广工作有了一定的发展，但还不算发达，而后的抗日战争又将发展起来的图书馆事业几近摧毁，使得各图书馆事业不得已中断，出现了发展不足的局面；三是经费不足，政府扶持力度有限，民国时期图书馆的经费主要来自政府的财政支持和社会捐赠，但在时局动荡之下，经济发展缓慢，国家的财政经济内耗不断，各地的教育经费严重短缺，这在很大程度上影响了图书馆设备和文献的购置，进而各地的阅读推广工作也存在很大的差异。相比较下，国立、省立、市立图书馆的发展较为良好，乡镇图书馆却时常困于经费问题。四是缺乏专业指导人士以及专门的推广部门，虽说这一时期的图书馆界以及教育界已经意识到图书馆的重要性，并已开展了短期培训、专业教育以及图书馆教育普及等，但成效不大，难以满足当时图书馆对专业人才的需要。而儿童图书馆又缺乏专门的推广部门，许多推广工作没有系统性和组织性，缺乏专业组织的维护，阅读推广的效果也难以进一步延续。

民国时期儿童图书馆的阅读推广工作虽然一直受限于当时的历史条件，存在许多不足之处，但我们不能否认这一时期各界对儿童阅读推广工作所做的努力以及取得的进步，如阅读推广的方式方法、儿童的阅读指导、分级阅读、读物标准、馆员素质等都是值得我们思考、总结的宝贵财富和经验，我们要根据当下延续和进一步发展这些已经取得的成果。社会在前进，文明在延续，我们只有回望过去，才能更好地展望未来。

参考文献

[1] 胡适 . 胡适全集：第一卷 [M] . 合肥：安徽教育出版社，2003.

[2] 冯倩 . 社会教育视野下的民国时期儿童图书馆研究 [D] . 保定：河北大学，2018.

[3] 黄洁 . 民国时期儿童图书馆研究 [EB/OL] . [2019-02-15] . http：//keyan. nlc. cn/web/AchevementItem. aspx?Menu=19&Id=838#. 2014：7-20.

[4] 陈赫男，范并思 . 民国时期的阅读指导研究 [J] . 图书馆建设，2017（10）：68.

[5] 黄洁 . 儿童图书馆卷：下 [G] // 民国时期图书馆学报刊资料分类汇编 . 北京：国家图书馆出版社，2014.

[6] 陈训慈 . 浙江省民众图书馆改进之管见 [J] . 浙江图书馆协会会刊，1936（1）：14.

[7] 黄洁，张峰 . 民国时期儿童图书馆研究综述 [J] . 图书馆工作与研究，2014（1）：98-103.

智能时代民国时期报纸数字化方向探析

——以中国共产党发展史为主题

张　玮（数字资源部）

1　前言

民国时期报纸是民国时代政治、经济、法律、文化、教育等各方面的真实反映，其蕴藏的经济价值和科研价值极高，近几年民国时期报纸数字化技术①日趋成熟，各大图书馆及高校的专家学者对民国时期报纸的保存方法也研究颇多，比如：国家图书馆肖红等通过对民国时期报纸特点的分析，根据数字化实践中遇到的问题，从元数据和对象数据两方面系统地介绍了民国时期报纸数字化方法[1]；上海图书馆王玲丽具体介绍了数字化扫描技术，并指出扫描中需要注意的几点事项[2]；首都图书馆丁小蕾则围绕民国时期文献在数字化加工中使用的标准和规则提出自己的见解[3]；四川大学图书馆金彩虹结合具体实践，提出文献数字化过程中存在的一些问题[4]；在论文《民国报纸数字化加工流程研究》中，笔者结合自己多年的民国时期文献数字化工作，阐述了较为详细的数字化加工流程[5]，以上文献都是趋于介绍文献数字化技术的，对民国时期文献数字化内容的研究很少。

民国时期报纸的社会价值和科研价值极高，但是目前民国时期报纸数字化内容的选择基本都是分批、随机抽取，没有明确的数字化先后顺序、主题特征和数字化产品服务对象，比如：从国家图书馆近期要进行数字化的民国时期报纸中抽取几条报纸进行分析（见表1）。从表中报纸的出版地来看，没有任何规律可循，遍布全国各地；从报纸的创办时间上来看，有1912年袁世凯统治时期的报纸，也有新民主主义时期的报纸；从报纸的创办方来看，有袁世凯御用报纸，有国民党创办的报纸，也有共产党创办的报纸；从报纸内容来看，有反袁世凯、反国民党，有以宣传抗日为主，还有以社会生活、文艺类为主。通过以上粗略分析可以看出，国家图书馆本批选取的民国时期报纸带有随机性，没有明确的主题特征。虽然民国时期报纸的随机选择，时间久了也可以覆盖所有报纸全部完成数字化，但民国时期报纸的使用价值和利用率不高。

① 民国时期报纸数字化技术是把民国时期报纸或缩微胶片利用专业设备转化为数字化图像，然后经图像处理、版式分析、OCR识别、排版输出等一系列流程加工成可供读者利用关键词检索报纸内容的技术。

表 1　随机抽取的 10 种报纸

序号	报种	出版地域	报纸特征
1	西安日报	西安	创办时间：1930—1933，以政治、新闻、社会生活、文学为主
2	民权报	上海	创办时间：1912—1913，以反袁世凯为宗旨
3	蒙疆新报	张家口	创办时间：1936—1945，刊登有日本侵华证据
4	亚细亚日报	北京	创办时间：1912—1913，袁世凯创办御用报纸
5	绥远西北日报	内蒙古	创办时间：1935—1937，以抗日宣传为主
6	戏曲新报	沈阳	创办时间：1949—1951，以艺术、戏剧为主
7	新华日报	北京	创办时间：1938—1947，中国共产党的大型机关报
8	新疆日报	新疆	创办时间：1935—1949，以宣传抗日、全国人民团结，反对国民党为主
9	自强报	台湾	创办时间：1946—1947

为了提高民国时期报纸的使用价值，也为给同人借鉴参考，笔者在论文《民国报纸数字化开发畅想》中提到了民国时期报纸数字化内容的选择要遵循一定的原则或需求分阶段、分步骤地进行数字化[6]，本文对此内容进行进一步的研究。

2　民国时期报纸数字化内容筛选

在当今知识大爆炸的智能时代，信息的及时性和推送性特别重要，笔者认为应该优先选择一些顺应时代发展、高价值展示型的内容，本文以举例的形式介绍民国时期报纸的数字化内容如何进行优先选择。

2021 是建党 100 周年，以中国共产党发展史为主题进行筛选，可以从历史背景、年代、重要人物、重大事件、地域等多个方面进行数字化内容的筛选，具体思考如下：

2.1　历史背景

中国共产党的诞生是中国革命发展的产物，是马克思主义同工人运动相结合的必然结果，考虑其历史背景，可以从以下几点进行筛选（见表 2）：

表 2　从历史背景进行内容筛选

序号	历史背景	内容筛选
1	中国社会结构的演变	鸦片战争、太平天国农民起义、辛亥革命等
2	无产阶级的产生和发展	五四运动
3	马克思列宁主义的传播	各地建立共产主义小组、创办党的刊物等

2.2 年代

中国共产党成立于1921年，至今已走过百年的历程。按历史进程，可将这百年划分为新民主主义革命时期（1919年至1949年）、社会主义革命和建设时期（1949年至1978年）、改革开放和社会主义现代化建设新时期（1978年至今）。其中新民主主义革命时期又可以根据发展历程分为大革命时期（1919年至1927年）、土地革命时期（1927年至1937年）、抗日战争时期（1937年至1945年）和全面解放战争时期（1945年至1949年），根据民国时期报纸的特征，本文针对新民主主义革命时期的事迹进行筛选。

笔者从现有的民国时期报纸中选出中国共产党发展过程中具有转折性、对党的发展有重大意义的年代，比如：1921年中国共产党第一次全国代表大会在上海举行，正式成立了中国共产党，确定了中国共产党的党纲和党的名称；1923年京汉铁路工人大罢工，标志着工人运动的猛烈发展，巩固了党的阶级基础；1923年中国共产党第三次全国代表大会，确定建立国共合作革命统一战线的策略，促进了第一次国共合作；1927年中国共产党第五次全国代表大会在武汉举行，会议通过的《土地问题决议案》强调了土地革命的重要意义；1937年国民党的五届三中全会，中共中央致电国民党提出了五项要求并做出四项保证，主张国共重新合作，团结抗日；1937年七七卢沟桥事变后中国共产党发出《中共中央为公布国共合作宣言》希望筑成民族统一战线，共同抗日；1945年中国共产党第七次全国代表大会在延安举行，确定了党的政治路线、确定毛泽东思想为党的指导思想；1949年彻底摧毁国民党，取得全国胜利等。

从年代的角度进行民国时期报纸数字化内容的筛选是很常用的一种方式，对重要年代的事件筛选可以方便读者快速定位所需信息，上述仅从个例说明如何进行年代的内容筛选，供同人参考。

2.3 重要人物

中国共产党发展历程中，历届领导人的指导策略非常重要，比如：以毛泽东、邓小平、江泽民为代表的中国共产党人，领导全国各族人民前仆后继，英勇奋斗，创建了中华人民共和国，开创了改革开放现代化建设的新时期，走进了一个历史新时代，笔者认为可以从其在思想、组织和开展党的活动上给出决定性意见的内容及其生平事迹等进行数字化内容的筛选。

《中国中共党史人物研究会》党史人物传记中列举了党史上功绩卓越、影响深远的代表人物，可以参考其将历史人物按领袖人物、先驱人物、英烈模范、军事人物、政治经济建设人物等进行筛选[7]。

2.4 重大事件

在中国共产党前进征程中，有一些影响深远、具有重要历史意义的事件，比如：中国共产党第一次全国代表大会宣告共产党成立，中国共产党第二次全国代表大会制定第一部《中国共产党章程》，中国共产党第三次全国代表大会决定与国民党建立联合战线，南昌起义打响了武装反抗国民党反动派的第一枪，八七会议确定实行土地革命和武装起义，成立井冈山革命根据地，古田会议确定人民军队建设的基本原则等（仅给出个例说明，见表3）。

表3　从重大事件进行内容筛选

序号	事件	序号	事件
1	中国共产党第一次全国代表大会	10	红军长征
2	中国共产党第二次全国代表大会	11	遵义会议
3	中国共产党第三次全国代表大会	12	瓦窑堡会议
4	中国共产党第四次全国代表大会	13	国共二次合作
5	中国共产党第七届中央委员会第二次全体会议	14	中国共产党第六届中央委员会第六次全体会议
6	八七会议	15	整风运动
7	井冈山革命根据地成立	16	延安文艺座谈会
8	古田会议	17	南昌起义
9	中华苏维埃共和国临时中央政府成立	18	中华人民共和国中央人民政府成立

2.5　地域

以中国共产党党史为主题的民国时期文献数字化方向还可以从地域方面进行筛选，比如中国共产党第一、二、四次全国代表大会召开地是上海；中国共产党第三次全国代表大会召开地是广东；中国共产党第五次全国代表大会召开地是武汉；中国共产党第七次全国代表大会在延安召开；五四运动发生在北京；武汉、长沙、济南、广州等地建立起共产党组织等。笔者认为可以根据这些地域进行民国时期报纸的数字化内容筛选（仅给出个例说明，见表4）。

表4　从地域进行内容筛选

序号	地点	事件
1	上海	中国共产党第一、二、四次全国代表大会，四一二反革命政变，中国共产党第六届中央委员会第四次全体会议
2	广州	中国共产党第三次全国代表大会，建立共产党组织，中国国民党第一次全国代表大会，建立黄埔军校，国民政府成立
3	北京	五四运动
4	江西	南昌起义，井冈山革命根据地
5	贵州	遵义会议
6	陕北	瓦窑堡会议

3 揭示方式

上面从历史背景、年代、重要人物、重大事件、地域给出了如何进行民国时期报纸数字化内容的筛选，如何从茫茫数据中进行筛选，从哪些报纸中进行筛选，筛选的内容如何呈现给读者，这一部分从报种的选择以及揭示方式进行阐述。

3.1 报种的选择

民国时期报纸种类繁多，如进行一一查找，势必会浪费人力、物力。以中国共产党党史为主题的民国时期报纸内容筛选，在报种选择方面，杨宝青的《民国时期解放区报纸的历史价值及馆藏介绍——以国家图书馆馆藏为例》从抗战的不同时期挑选出几种报纸进行介绍，并列举了国家图书馆当年的馆藏情况[8]；笔者认为报种的选择可以从地域上进行思考，比如：上海是中国共产党全国代表大会的召开地、指导思想和指导方针的传出地，因此，上海及周边出版的报纸刊登的与中国共产党党史相关的内容就会多一些；北京作为我国的首都，是政治、思想、经济、文化的发源地，出版的报纸大多以刊登政治、经济和党务要闻为主；陕甘宁作为抗日根据地总后方，是全国抗日战争的指导中心，这些地区出版的民国时期报纸反应抗战及军民生活的比较多（表5给出个例说明，仅供参考）。

表5 报种筛选

序号	地区	报种
1	上海	《救亡日报》《中央日报》《申报》《申江日报》《南报》《崇光报》
2	上海周边	《正风报》《太仓新报》《泰报》《新中华报》《三民导报》《正风报》
3	北京	《华北日报》《益世报》《北辰报》《北京时报》《北京晚报》《晨报》《国民新报》《建国日报》《京报》《时事快报》《实报》《世界日报》《世界晚报》《新民报》《新兴报》《舆论》《阵中日报》《北平午报》《北平小报》《人民日报》《新民声》
4	河北	《冀中导报》《察省国民新报》《察省民国日报》《河北日报》《晋察冀日报》《抗敌报》
5	广东	《两阳民国日报》《时事日报》《四邑民国日报》
6	陕西	《西北文化日报》《博报》《陕北日报》《解放日报》《边区群众报》
7	其他	《抗战日报》《挺进报》《拂晓报》

3.2 揭示方式

筛选出来的民国时期报纸经过全文数字化①加工整合后，可以从历史背景、年代、

① 全文数字化是把民国时期报纸的版面内容除了图片和广告以外全部进行OCR识别，方便读者对标题及全文关键词的检索。

重要人物、重大事件、地域等多个入口进行检索，满足不同学者对资源的不同需求，且检索内容不仅可以图片形式展示，还可进行全文 OCR 文字展示，打破以往只用标题检索全文，实现全文关键词检索，方便更多的学者对民国时期报纸的研究。

4 建议与展望

在当今知识爆炸的智能时代，信息的及时性和共享性非常重要，基于各大图书馆和高校普遍存在的民国时期报纸数字化内容随机选择、没有明确的数字化目标或主题的问题，我提几点个人建议：

（1）信息共享。各大图书馆和高校之间进行民国时期报纸数字化内容的共享，以免同一份报纸内容重复数字化，浪费资源和人力。

（2）汇总后数字化加工。同一份民国时期报纸可能分散存于不同图书馆，各自进行民国时期报纸的数字化加工会存在信息不连续、无法真实反映民国时代的特征等情况，我认为各大图书馆之间可以进行协商，把同一种报纸进行汇总后再由一家图书馆进行数字化。

（3）民国时期报纸数字化加工内容的选择。在这一方面，我认为可以根据当年或者第二年的重大事件选择或根据主题选择，比如建党 100 周年，抗日战争胜利 80 周年等，也可以经过问卷调查或数据统计后，根据读者需求优先选择民国时期报纸的数字化内容。

目前各大图书馆和高校，基本已经能实现民国时期报纸的标题检索，民国时期报纸全文数字化、实现全文关键词检索是需要各图书馆进一步研究和探讨的，这也是笔者近期的研究目标。

参考文献

[1] 肖红，吴茗，曾燕 . 民国报纸缩微胶片数字化及服务探析——以国家图书馆为例［J］. 图书馆学刊，2015（10）：89-92.

[2] 王玲丽 . 民国报刊文献数字化建设探究——以上海图书馆为例［J］. 计算机应用技术，2015（2）：235-238.

[3] 丁小蕾 . 民国地方文献报纸数字化探索与实践——以首都图书馆地方文献民国报刊数字化为例［J］. 河南图书馆学刊，2016（12）：98-100.

[4] 金彩虹 . 民国时期四川地区报纸缩微胶片数字化——以四川大学图书馆为例［J］. 四川图书馆学报，2016（3）：17-19.

[5] 张玮 . 民国报纸数字化加工流程研究［J］. 信息化技术应用，2019（5）：30-31.

[6] 张玮 . 民国报纸数字化开发畅想［J］. 智富时代，2019（7）：331.

[7] 中国中共党史人物研究会 . 中共党史人物传［M］. 北京：中共党史出版社，2010：1-20.

[8] 杨宝青 . 民国时期解放区报纸的历史价值及馆藏介绍——以国家图书馆馆藏为例［J］. 新西部，2013（5/6）：114-116.

国家图书馆后勤的变革与智慧化建设

吕　贺（后勤服务管理中心）

1　后勤的历史变革与发展

1.1　勇于探索，基本确定改革思路（1998—2002 年）

1997 年，国家图书馆后勤系统试水改革，将行政处和房产处合并，成立行政房产处，这次改革仅仅是将原行政处和房产处的机构及相关职能进行了合并，对后勤的机制体制没有做实质的改变。

从 1998 年起，国家图书馆将行政房产处的房管科和家具科划归经营管理处后成立经营与后勤管理处，原行政房产处更名为物业服务中心。这次改革后，全馆的房屋出租，房产、家具管理等管理职能由经营与后勤管理处负责。房屋维修，水暖维修，供水供暖，食堂，车队，医务室，托儿所，读者服务部，招待所以及卫生、绿化等服务职能由物业服务中心负责。供电、空调以及相关维修由机电处负责。此次改革的初衷是把后勤的服务和管理职能分开，但是分割得不彻底，比如爱国卫生运动委员会等管理职能仍留在物业服务中心，节能减排等管理职能留在机电处，基建和水电等工程管理则分别由物业服务中心和机电处负责。

1999 年，国家图书馆继续进行部处调整合并。将经营与后勤管理处、物业服务中心、机电处等三个部处合并，命名为行政管理处，为职能部门。原物业服务中心及机电处下设的科组更名为中心或公司，归行政管理处管理，不定行政级别。这次改革，将原物业服务中心的工程管理职能划归新成立的基建办公室。三个部门合并后，把分散在这三个部门的服务、管理职能集中进行管理，有效减少后勤工作中的推诿扯皮现象，提高了效率。成立若干中心或子公司，在部门内部实现了管理与服务的分离，向服务社会化、管理企业化又前进了一步。

经过前一阶段的探索，后勤员工的承受能力进一步增强，同时改革的外部条件逐渐成熟。2000 年，国家图书馆馆对后勤系统的运行机制、管理体制等进行了彻底的改革，重新成立了行政管理处和后勤服务中心，行政管理处负责后勤服务保障的监督和管理，后勤服务中心则为运行、服务、保障部门，至此彻底将后勤的管理职能和服务职能分离，走服务社会化、管理企业化的道路。为了确保改革能顺利进行，馆方给后勤扎了一道“篱笆墙”，后勤的人员不可以回馆流动，确保后勤社会化的落实。

改革后行政管理处实质为综合管理机构，代馆方行使管理职能 。同时后勤服务中心组建若干子中心，如总务服务中心、房屋修缮中心、绿化服务中心等，这些子中心实际上是馆属企业的前身，即完成馆区的服务保障工作，又面向社会开展服务，实行对内对外双向服务。该阶段减员增效明显，在岗正式员工从1999年的276人精减为2000年的142人。国家图书馆通过转变机制，重组资源，激活队伍，管理的力度大大加强，服务水平明显提高，在获得良好经济效益的同时增强了生存发展的本领。

1.2 持续深化改革，实现保障经费"拨改付"

2003年7月31日，国家图书馆被文化部列为国家文化体制改革试点单位，按照公益性文化事业单位改革的总体要求，国家图书馆确立了"人才兴馆、科技强馆、服务立馆"的三大发展战略，以改善服务为最终目标，后勤改革作为这次社会化改革试点的重要组成部分，主要落实拨款改付款，同时逐步引入优秀企业的管理理念。

（1）推进后勤服务的社会化进程。行政管理处、计划财务处共同清点了国家图书馆所有的后勤服务项目，核算出每一个服务项目所需的经费，确定每一个项目的服务标准。经过行政管理处、计划财务处与后勤服务中心等部门多次谈判，最终后勤服务中心以722.6万元的价格承接了馆区后勤的服务工作。同时将后勤原有的国有资产委托后勤服务中心管理、使用、维护，实现了国有资产所有权和使用权的分离。至此基本实现了以拨款改付款为重点的后勤改革，为国家图书馆今后引入竞争机制，真正实现后勤社会化服奠定了基础。

（2）初步建立企业化管理模式。后勤服务中心在做好国家图书馆服务保障工作的同时，注重内部建设，探索符合自身发展要求的用人机制和管理机制。引入"权利统一、按劳分配、多劳多得、优劳优得"等先进企业的管理理念，建立具有后勤特色的"以岗位、贡献、效益为主，兼顾公平"的收入分配制度。后勤也初步建立起"自主经营、自负盈亏、自我约束、自我发展"的企业化运营模式，同时不断向社会拓展服务领域，占有份额。

（3）继续完善后勤管理模式。为了保证对后勤经费"拨改付"的真正落实，馆方出台了《后勤服务保障工作的具体内容和服务质量标准》《考核奖惩办法》等五个文件，明确了后勤服务保障范围、工作项目、质量标准。2005年的委托管理合同明确了保障维修工作的职责、标准和相应处罚措施，进一步加强了对后勤工作的监督检查。

1.3 引入物业等专业外包服务，探索自管与外包共同存在，相互竞争。

前两次后勤改革主要以服务社会化、管理企业化为方向，精简了机构，缩减了人员，经费实现"拨改付"，工资分配更加合理，在激活员工主动性、提高服务质量方面有明显提升。改革初期，馆方为后勤人员扎了一道不可回馆流动的"篱笆墙"，导致后勤部分技术骨干下岗，走向社会，也导致了部分人才的流失。自2000年起后勤系统基本没有新员工补入，其他部门人员也不愿意到后勤系统工作。2008年总馆北区建成，由于人员储备不足、骨干力量流失等问题，后勤系统已无力担负北区的后勤保障工作，此时国家图书馆馆探索引入社会力量完成部分后勤服务工作。

（1）2008 年，国家图书馆馆将基建办公室、行政管理处、后勤服务中心三个部门后并成立总务处，统筹总馆南区、北区和古籍馆的后勤保障工作。同年引进了物业公司，将总馆北区的后勤服务保障工作交由物业公司，总务处负责对物业公司的服务进行监管，总馆南区的后勤服务保障工作由总务处负责。这次调整，将部分后勤服务保障工作委托给社会力量，探索向社会购买服务的保障模式，后勤服务社会化改革又迈出了关键的一步。

（2）2011 年，为做好总馆南区大修改造，基建办公室再次从后勤部门独立出来。同时为进一步完善行政管理、后勤服务、物业监管的工作关系，将总务处一分为二，成立了行政管理处和后勤服务部。行政管理处代表馆方对后勤服务部和物业公司进行监管，形成了后勤自管与服务外包共同存在、相互竞争的新模式。

但在实际操作中，行政管理处由于没有水、电、暖、空调等相关专业人员，很难完成对物业公司的监管，只能将监管工作交由后勤服务部负责。形成了行政管理处对后勤服务部进行监管，而后勤服务部除了承担原有总馆南区的服务职能外，还要对物业公司进行监管，导致后勤的责任和权利不对等，产生了工作环节多、效率低等新问题。

（3）2014 年，行政管理处与后勤服务部合并成立后勤服务管理中心，一直延续至今。后勤在馆区环境建设、基础设施设备改造以及为员工解决实际困难等方面做了大量工作。完成总馆南区、北区夜景照明改造，修建“古籍保护传承宣传长廊”，完成集贤园、古韵北亭、文园、思园等 5 个景观庭院的修缮工作，使馆区环境得到整体跃升。完成新能源汽车充电桩建设，完成馆区大门和围栏的改造，完成二期数据中心和四库全书库空调系统改造，推进运行调度中心控制系统改造，启动总馆北区基础设施设备改造，馆区设施设备的运行保障能力大幅提升。积极推进职工宿舍区物业服务改革，转变食堂经营模式，做好员工体检和防暑降温药品发放等工作，努力为员工办实事，办好事。

2　智慧后勤的发展与展望

2.1　存在的问题

（1）后勤队伍严重老化，形成断层。受人才引进制度限制，后勤急需的工勤技术等中等学历人员无法参与国家图书馆招聘，相关岗位人员无法得到及时补充。目前可对设备设施进行熟练操作的工勤技术人员 90% 以上为 51 至 60 岁，十年后几乎面临全部退休的局面。在人员不足的前提下，如何提升服务管理水平，构建现代后勤体系成为首要问题。

（2）几经新建、改造和扩建，国家图书馆建筑面积已达 25 万平方米，建筑空间功能也日趋多样复杂，机电设备系统日趋庞大、结构复杂，涉及变配电、制冷、热力、空调、通风、采暖、给排水等多个系统，设备、管线遍布整个馆区。随着软硬件实力的不断发展，各项业务对基础设备设施的运行保障需求越来越高。然而目前国家图书馆设施设备运行管理还存在系统建设不到位、管理方式落后、运行维护成本居高不下等问题，甚至影响运行安全。

（3）缺乏整体架构规划，各部门各业务口分别建立自己系统（如门禁系统、售饭系统、就医系统），由于不同管理系统运行承载的平台不同，无法数据共享，不但前期采购费用高，后期运维成本也很高，也给员工的工作和生活造成不便。

（4）水、电、暖、空调、房屋等大多是传统的粗放型管理，日常运行和应急处置大部分靠经验，严重依赖经验丰富的技术人员，工作效率低，无法预判与避免问题。

2.2 智慧后勤建设的意义

2.2.1 主导线上服务，提升服务感受

国家图书馆后勤很多业务流程是通过纸张来完成的，如报修、空调预约、停车、用章、考勤、休假等，申请流程繁杂，工作效率低，服务体验差，且无法对数据进行有效分析。随着物联网等技术的推广，员工对后勤的服务也提出了越来越高的要求，如网上报修、网上充值、线上缴费、人脸识别等，现有的后勤体系远不能满足需求。后勤需要将物联网技术与运行系统、服务流程等相结合，打造智慧后勤服务体系，将人工服务转为线上服务，提升员工服务感受，转变后勤形象。

2.2.2 提升智能化水平，缩减运维人员数量

目前后勤的高压站、热力站、冷冻站、报修中心等班组仍采用传统的 24 小时值班制度，需要有经验的员工定期巡视检查各设备的运行状态，并及时进行处置。目前后勤运行值班人员老龄化严重，新员工得不到及时补充，采取业务外包的方式则需要大量的经费，亟须建立智慧后勤管理体系，将各系统设备的实时状态、运行参数、故障报警等信息汇集到监控管理系统上来，从而大大降低人工巡视的误差和不确定性，同时可以极大地减少值班人员的数量，促进后勤管理信息化、精细化、智能化、自动化，提升后勤服务保障能力。

2.2.3 推进后勤社会化进程，为科学监管提供依据

后勤自 2008 年引入物业公司后，在不断推进后勤服务的社会化进程中，也将非核心业务切块外包给社会上的企业，即企业自主承担该业务的运行和管理，后勤负责考核和监管。目前馆区物业服务、员工食堂、综合维修等已经实现社会化，由于监管人员有限，且管理模式陈旧单一，后勤无法实时有效地掌握企业运行管理状况，监管考核力度有限，亟须强有力的监管和考核手段。智慧后勤系统可以针对物业服务流程进行监管和考核，并将数据分析作为支付费用的依据。

2.3 智慧后勤建设的总体思路

后勤正在打造一个集线上服务、系统管理、集中监控、高效运维、自动派修，智能语音系统于一体的综合运维服务平台。

（1）线上服务。综合服务平台可以将后勤现有报修系统、库房管理系统、医药系统、售饭系统等进行整合，将故障报修、充值缴费、业务办理、服务预约等业务转为线上办理，同时保留现有后勤业务的服务方式，服务途径不变，待条件成熟后，再进行业务流程的重组和机构的调整。

（2）集中监控。综合服务平台将后勤现有的制冷系统、热力系统、楼宇智能控制系统（给排水系统、送排风系统、新风空调系统等）、智能照明系统、配电监测系统等子系统集中到同一个监控平台，将各监控子系统的运行参数、故障报警等信息汇集到该管理系统上来，安排专人定时巡视系统界面，及时发现故障报警，统筹协调值班人员现场查看或及时维修。

（3）高效运维。综合服务平台将“5555”报修专线接入综合运维服务平台，负责接听馆内外用户打来的报修电话，全面、准确、及时地记录用户反映的问题，及时安排维修调度、准确做好全程记录。由于国家图书馆规模较大，机电设备的数目繁多，状态参数、故障报警等数据类型复杂，人工运维耗时耗力，后勤可借助软件媒介代替人力实现设施设备管理、空间管理，对集成的各监控子系统获取的数据进行整合与分析，充分发掘数据的潜在价值。综合服务平台通过完善的工单系统强化对日常巡检、故障排查等工作的监管，提高工作效率。打造智能语音系统，通过人工智能来接听报修电话，处理线上咨询，可 24 小时在线为员工提供服务。

（4）自动派修。接到报修后，系统根据距离远近，自动将维修任务派发到维修人员的手机上，维修人员到现场进行确认，并进行维修。维修结束后维修人员扫码上传，维修班长对维修效果进行现场确认，同样通过扫码上传给系统。如遇难以解决的故障，系统可以跨馆区派单，从而达到整合维修资源，提高维修效率的作用。

（5）完美展示。目前国家图书馆各子系统的展示分散在各值班室中，新到岗值班人员培训、图书馆领导检查工作、下级图书馆同人参观学习都需要走很远的路，很不方便。分散建设的各子系统缺乏整体性的展示，各种服务器、工作站的显示器屏幕太小，不便于各系统的展示。国家图书馆可以通过 Autodesk Revit 软件建立三维模型将数据以饼状图、柱形图、趋势曲线、图标等多种样式灵活地展示出来，该三维模型最大限度地展示出建筑设备监控系统的基本组成和工作原理，还可随时通过 LED 显示屏调取集成的各监控子系统实时界面，极大地简化了值班人员的巡查工作，缩短新入职值班人员的培训时间。

参考文献

［1］周和平 . 深化管理体制改革　促进国家图书馆各项事业的发展［J］. 北京图书馆馆刊，1999（4）：9-15.

［2］胡莎，肖茶圆 . 新时代下智慧后勤建设的探索与思考［J］. 中国管理信息化，2020（23）：107-110.

智慧化视角下的乌克兰国家图书馆报纸资源研究

刁一卓（外文采编部）

乌克兰维尔纳茨基国家图书馆（以下简称“乌克兰国家图书馆”）是乌克兰馆藏最多、面积最大的图书馆，也是世界最大的国家图书馆之一。它是乌克兰国家书目中心、科研和文化中心、手稿和各种载体类型文献总库，为各类读者提供文献信息和参考咨询服务。乌克兰国家图书馆历史悠久，馆藏类型丰富，其中报纸资源因历史久远、数量繁多、入藏稳定而成为该馆极具特色的一类馆藏。

1　乌克兰国家图书馆报纸资源历史的简要回顾

作为保存各民族文化财富的重要机构，图书馆是伴随着人类文明的不断发展而产生的，乌克兰图书馆的历史最早可以追溯到基辅罗斯时期。基辅罗斯被历史学家认为是俄罗斯、乌克兰和白俄罗斯 3 个国家的前身，同时也孕育了东斯拉夫文化。1037 年，基辅大公雅罗斯拉夫一世在基辅索菲亚大教堂建成图书馆，它成为基辅罗斯历史上第一个图书馆[1]，同时也是乌克兰图书馆的发端。

经过数百年历史动荡和变迁，乌克兰逐渐形成了城市公共图书馆。1917 年，十月革命的胜利为苏联文化事业的发展开辟了广阔的道路，以列宁为首的布尔什维克党和政府对苏联图书馆事业的发展起到了巨大的推动作用。1918 年，乌克兰国家图书馆在基辅建成，1919 年即建立起报纸馆藏[2]，乌克兰国家图书馆的报纸资源开始在其轨道上蓬勃发展。

在苏维埃政府的领导下，乌克兰着手建立各种类型图书馆的系统网络。作为这个系统网络的中心，乌克兰国家图书馆由苏联集中管理。1920 年，该馆开始在乌克兰苏维埃社会主义共和国境内接受交存，报纸馆藏得到大量扩充。

第二次世界大战期间，基辅战役在乌克兰爆发，1941 年 9 月，基辅被德国法西斯侵略者占领，直至 1943 年才得以解放。在被纳粹德军占领期间，基辅的图书馆遭到了严重破坏，这对乌克兰的图书馆事业乃至整个文化事业造成巨大损失。二战结束后，乌克兰图书馆事业重回轨道，乌克兰国家图书馆的报纸资源建设也逐渐恢复。

1955 年，乌克兰国家图书馆开始接收其他社会主义阵营国家的报纸，但到了 1959 年，苏联政府规定乌克兰国家图书馆只能接受乌克兰地区的报纸交存，其他地区的报纸将交存至莫斯科，对于苏联其他加盟共和国的报纸，乌克兰国家图书馆只能收藏以俄文发行的中央报纸。这一大变化使该馆的报纸馆藏出现了大量缺失。1965 年，该馆被命名为乌克兰苏维埃社会主义共和国科学院中央科学图书馆，考虑到图书馆的重要性，政府批准了该馆接受其他苏联加盟共和国报纸交存的请求，此外，该馆也逐渐入藏世界其他国家的报纸，报纸资源建设工作真正得到了充分和全面的建设。

1988 年，该馆以维尔纳茨基院士的名字命名。1996 年，已脱离苏联独立存在的乌克兰正式恢复了该馆的国家图书馆地位[3]。

可以说，乌克兰国家图书馆报纸资源经过早期的蓄力沉淀，在十月革命后迅速成长，虽中途几经波折，但仍不断地顽强壮大。

2　乌克兰国家图书馆报纸资源的现状及特点

进入 21 世纪后，乌克兰国家图书馆报纸资源有了更广阔的发展空间，馆藏报纸资源在数量上居乌克兰全国之首，在内容上则具有无可比拟的科学、文化价值。与此同时，乌克兰国家图书馆拥有较为完善的从报纸资源建设到服务的体系，其报纸资源不仅是报纸馆藏目录的基础，也为参考咨询服务创造了条件。

2.1　乌克兰国家图书馆报纸资源建设的现状及特点

2.1.1　乌克兰国家图书馆报纸资源建设现状

乌克兰国家图书馆报纸资源建设工作主要由报纸科承担。在乌克兰境内，该馆采访基辅出版的几乎所有报纸以及乌克兰各地区的大量报纸（2014 年顿巴斯战争后，不再接收克里米亚和顿巴斯相关地区的报纸）；在乌克兰境外，则采访由乌克兰侨民出版发行的报纸，俄罗斯、白俄罗斯等邻国发行的俄文报纸以及其他国家报纸。

乌克兰国家图书馆报纸资源采访途径包括交存、订购、交换、赠送、报纸数字化等。其中，最主要的采访途径是交存。此外，对于缺藏的外文报纸主要通过国际交换补藏，缺藏的国内报纸则从乌克兰国内其他图书馆、博物馆、旧书店、拍卖行或个人处获取。

乌克兰国家图书馆报纸资源的年代从 18 世纪延续至今，时间跨度几近 300 年，其中不乏十分珍贵的资源。例如，馆藏中最早的报纸是 1732 年在圣彼得堡出版的《圣彼得堡公报》，它是俄罗斯最早的报纸[4]；此外，第一份乌克兰文报纸是 1905 年在波尔塔瓦出版的《农民》，它被公认为第一份从文字和出版角度而言都“纯正的”乌克兰报纸，这份报纸也收藏在乌克兰国家图书馆[5]。2021 年，该馆藏有超过 23.9 万套按年装订的报纸合订本[6]，每天到馆各类报纸约 2000 份，报纸馆藏每年增长约 3000 册（合订本）[7]。报纸到馆后，相关信息记录于卡片目录、印刷目录、电子数据库及各种索引，入藏资源在报库里以“字顺—时间”或“时间—字顺”两种顺序存放。

2.1.2　乌克兰国家图书馆报纸资源建设特点

交存是世界许多国家图书馆的重要工作，在乌克兰国家图书馆，交存是报纸资源采访的最主要途径，也是报纸资源建设中一项非常有特点的工作。

乌克兰的文献交存制度深受苏联影响。十月革命后，苏联政府非常重视文献交存，编制并多次修订相关条例，逐步完善了文献交存制度，最终形成了先交存至固定机构，再由机构分发至苏联境内图书馆的模式[8]。乌克兰作为苏联重要的加盟共和国，其国家图书馆的交存工作得到了这项制度的有力保障。

1991年苏联解体后，随着社会转型和经济改革，私有化全面推行，乌克兰的出版物市场呈现出无序状态，全国出版物书目信息匮乏，许多出版商没有履行交存义务。在这种情况下，考虑到乌克兰国家图书馆的特殊地位，乌克兰政府努力设法保障其交存工作的开展，并于1999年颁布了《乌克兰文献交存法》（以下简称《乌克兰交存法》），对不同文献向不同机构的免费、收费交存做出了规定。该法令经数次修订、补充，直至今日一直为乌克兰国家图书馆的报纸交存保驾护航。

2.2 乌克兰国家图书馆报纸资源服务的现状及特点

2.2.1 乌克兰国家图书馆报纸资源服务现状

乌克兰国家图书馆报纸资源服务主要有阅览室服务和线上服务两种形式。

（1）报纸阅览室服务

报纸阅览室开架资源包括政府最高机构出版报纸、全俄报纸、乌克兰中心地区报纸、乌克兰商业和金融杂志、公共联盟组织报纸、专门出版物、广告媒体等。在阅览室里，除了查阅报纸资源，读者还可以查看报纸科印刷目录、其他图书馆印刷目录、通用百科全书、各类型词典、有关乌克兰新闻史的文献等参考书，就报纸资源、馆藏报纸出版物历史等方面获得书面或口头参考咨询，通过卡片、印刷目录和电子数据库获取相应报纸馆藏信息。

由于报纸复本量少且极易丢失和破损，因此像大多数公共图书馆一样，乌克兰国家图书馆对于报纸资源不提供外借服务，只限室内阅览。阅览室根据乌克兰国家图书馆相关规定向读者提供报纸复印、扫描、摄制缩微胶片和远程服务等有偿服务。

（2）报纸在线服务

随着信息技术的发展，互联网成为乌克兰国家图书馆资源服务的另一个重要阵地，大量报纸资源可通过乌克兰国家图书馆网站在线获取。网站界面语言默认为乌克兰文，此外还提供俄文、英文等39个语种选项，读者可根据需要自行选择。

目前，乌克兰国家图书馆涉及报纸资源的目录有两类，分别是报纸资源电子目录和历史文化资源扫描目录，目录以数据库形式呈现。报纸资源电子目录含4个数据库：新到馆报纸数据库、1816—2016年乌克兰报纸数据库、1732—1916年俄罗斯报纸数据库、报纸上的乌克兰国家图书馆数据库。其中，新到馆报纸数据库提供2010年（含）以后的报纸。历史文化资源扫描目录下分为13种目录，对应1816—2016年乌克兰报纸数据库。数据库提供题名、字顺、主题、地区等多种形式的检索。

2.2.2 乌克兰国家图书馆报纸资源服务特点

与报纸资源建设工作相同，乌克兰国家图书馆报纸资源服务也主要是由报纸科承担：一方面，该馆在报纸科下专门设置了阅览室，依靠丰富的馆藏报纸资源向读者提供便捷的信息服务；另一方面，报纸科负责报纸资源数据库运行和维护的主要工作。报纸科集资源建设和服务于一身，这点从机构人员组成上也可以看出——报纸科共12人，分为资源建设和保存组、读者服务组。这种在提供服务的同时可以兼顾到资源建设的模式，是乌克兰国家图书馆报纸资源服务的特点。

报纸科在向读者提供参考咨询服务的同时，还经常举办线上、线下的主题展和新到馆报纸资源展。在与读者的互动过程中，报纸科人员可以及时获知读者意见，了解读者需求，并应用到资源建设过程中，这样有利于优化报纸馆藏，进而提升服务质量，最终形成从资源建设到资源服务的良性循环。

3 我国智慧图书馆报纸资源建设与服务初探

对于“为知识找人、为人找知识”的图书馆而言，资源建设与服务是永恒课题。今天，信息化发展再次进入新阶段，技术应用的智能化程度不断提升，数据资源蕴藏的巨大能量不断释放，信息技术正在从助力经济发展的辅助工具向引领经济发展的核心引擎转变，图书馆的智慧化转型迫在眉睫[9]。通过研究乌克兰国家图书馆报纸资源，笔者对新形势下我国图书馆报纸资源建设和服务进行了思考。

3.1 智慧图书馆报纸资源建设

乌克兰国家图书馆报纸资源建设的最主要途径是交存，这项工作遵照《乌克兰交存法》开展。现行《乌克兰交存法》为2019年修正版[10]，它对不同学科类别、不同载体类型资源的交存做了较为详细的规定，对乌克兰国家图书馆报纸资源建设起到了重要的指导作用。我国有关出版物交存制度的法律最早始于20世纪初的清朝[11]，距今已逾百年，然而我国的文献交存目前仍停留在行政法规和规章的层面，至今尚无一部专门的交存法。法律保障体系的不健全导致法律约束力弱，因此交存的实际效果相对而言不甚理想。

与此同时需要关注到，随着技术的不断革新，新的信息载体接连出现，在信息技术更加蓬勃发展的智慧时代，电子资源的角色愈发重要。不论是出于对后疫情时代图书馆经费问题的预判[12]，还是关于智慧图书馆资源建设更长远的考虑，都应加强我国报纸资源、特别是电子报纸的交存，这项工作可以先从两方面开展。

3.1.1 健全法律体系，采用智慧化的资源建设模式

2018年1月1日，《中华人民共和国公共图书馆法》正式施行，这是我国图书馆领域第一部国家层面的法律，它为我国图书馆事业的制度化、规范化、法治化，为公共图书馆融合发展、提升服务创造了良好的法律环境[13]。其中第二十六条规定：“出版单位应当按照国家有关规定向国家图书馆和所在地省级公共图书馆交存正式出版物。”[14]鉴于此，需要尽快制定我国的交存法，而今天的图书馆正面临着智慧化转型，因此我们希望，这项法律可以有助于智慧图书馆交存工作的推进。

传统意义上的交存法规定了交存主体、接收机构、交存形式、补偿机制、版权等问题。对于智慧时代的图书馆，用户的角色愈加重要，交存工作也应更加侧重于用户的实

际需求与使用情况。读者决策采购正是对图书馆传统资源建设模式的一种有益补充，它尤其适用于电子资源，那么可否为智慧图书馆开展电子报纸的读者决策式交存呢？

我国电子资源产业的现状是国内出版商一般只为图书馆提供包库订购模式，所以在国内，电子报纸的读者决策采购难以实现[15]。但是如果交存法对读者决策式交存做出相关规定，就可以实现单种或几种电子报纸的交存，使交存更加精准地补充馆藏。然而，对于交存主体来说，读者决策式交存将加重其工作负担，有损其经济利益，这种情况下我们可以参考《乌克兰交存法》，免费和收费交存并行，也就是说，通过收费交存对交存主体进行一定程度的补偿，促进读者决策式交存的顺利开展，形成智慧化交存。

3.1.2 探索交存形式，提供智慧化的资源建设保障

目前我国电子出版物的交存主要是使用光盘，由出版者在一定期限内邮寄到相关机构。我国学者曾经进行过调研，结果显示在个人（作者）、数据库商和出版社之中，通过接受交存机构搭建的在线系统平台提交的方式最受欢迎，占比65%以上，远远超过其他交存方式[16]。因此，可以建设一个在线平台，通过智能技术，实现智慧图书馆报纸自动化交存。

在线平台的建设需要注重解决两个问题。第一是版权保护问题，在线平台应为受保护的安全平台，交存过程中需利用智能加密等技术防止侵权。第二涉及平台的可持续发展问题，智慧时代的技术日新月异，而报纸资源种类多、时效性强，因此在线平台需不断加强对新技术的适应，确保交存资源随时可读。

这样一来，在线交存平台一方面将推进图书馆业务的一体化、智慧化管理，自动化交存可以使图书馆员从大量简单的事务性工作中解放出来，更多地从事面向高层次学习阅读需求的专业知识信息服务，另一方面，它将连通从出版到图书馆的知识服务生态链，有助于实现多渠道接入知识信息、多平台入驻知识服务体系[17]。

3.2 智慧图书馆报纸资源服务

智慧图书馆建设的重要落脚点是服务。乌克兰国家图书馆报纸科将资源从采到阅的工作集于一体，便于报纸资源藏与用的良性促进。在我国一些图书馆，报纸资源的采和阅是相对独立的，例如，国家图书馆的报刊采编和报刊阅览工作由不同部门负责。机构设置上的分立在一定程度上不利于藏与用的互通，这种情况下，我们更要紧密连接图书馆报纸资源的建设与服务。具体实施中需首先对藏与用分别做分析，从参与智慧服务的资源和用户两个角度出发进行特征区分，对看似杂乱无章的资源信息和用户群体抽丝剥茧、仔细分类，在报纸资源服务的基础上定期跟踪评估报纸资源建设。

3.2.1 梳理智慧服务中的报纸资源

作为广泛性和时效性都非常突出的一类信息源，报纸资源灵活适应着信息社会的发展。即使在自媒体快速壮大的今天，报纸也因权威、稳定、报道深入，占据不可撼动的地位，有着大量拥趸。

报纸可以提供丰富的信息，例如历史性资料和分析案例、最新政策和生活信息、新闻事件的客观分析与评论、各行业专类数据等，因此，报纸资源可以满足多种多样的阅

读需求。对于各种报纸资源的梳理应包括以下几方面。

（1）内容和主题

根据内容分析资源是综合性报纸还是专业性报纸，侧重的主题可能为教育、军事、财经、农业、旅游等。

（2）区域和语种

区域化发展是报纸资源的重要特点，为地区服务成为各地报纸设计版面和内容的一项宗旨[18]，而对于外文报纸资源，语种则无疑是区分资源的一大要素。

（3）载体类型

随着技术的发展，电子资源在馆藏中的占比越来越大，传统资源和电子资源已经成为报纸的重要分类标志。

3.2.2　分析智慧服务中的用户信息

根据智慧图书馆理念，不同载体类型文献需要与用户相关联。相对于提供知识的资源来说，用户是知识的接收端点，不同用户对应不同的资源目标定位。对用户信息进行分析有助于将资源与用户的关联具体化，调节智慧图书馆报纸资源建设方向，提升服务质量。分析用户信息应基于对用户的感知，为此，可以从两方面对用户接受智慧服务的过程做“画像”。

（1）用户的基本属性

用户的基本属性主要包括性别、年龄、学历、专业领域、职业等，它们是用于区分用户人群的基础信息。

（2）用户对服务的利用方式

图书馆资源利用方式有到馆、电脑、公众号、App 等，区分用户使用报纸资源的方式可以标记不同用户的习惯特征。

当然，对智慧图书馆报纸资源和用户的特征区分必须依靠一系列智能技术。举例来说，过去图书馆会使用发放问卷的形式进行用户调查，以便了解用户需求的满足情况，调查结果可以进一步用于馆藏评价，而智慧图书馆对于需要调查的很多问题则可以通过大数据、云计算、5G 等技术获取相关信息，其及时性和便捷性是传统型调查问卷无法比拟的，同时它可以深度挖掘出不同层次用户的潜在需求，紧密结合现代技术应用与人本服务理念，为各类用户定制智慧服务。

习近平总书记在 2019 年给国家图书馆老专家的回信中指出：“图书馆是国家文化发展水平的重要标志，是滋养民族心灵、培育文化自信的重要场所。”当前，人类社会正在经历新一轮科技和产业革命，经济社会发展进入“智慧社会”建设新时代。伴随着“十四五”时期的到来，我国图书馆事业面临前所未有的机遇与挑战。进入新的发展阶段，图书馆应以优化资源建设为基础、以应用智能技术为抓手、以提供智慧服务为宗旨，全面激活达成用户智慧，全力参与智慧社会建设，为增强文化自信、建成文化强国贡献力量！

参考文献

［1］Головина Ю. С.，Егорова Е. В. ПЕРВЫЕБИБЛИОТЕКИ НА РУСИ［C/OL］.［2021-03-31］. https：//scienceforum. ru/2021/article/2018027368.

［2］［6］Фонд відділу газетних фондів［EB/OL］.［2021-03-31］. http：//www. nbuv. gov. ua/node/70.

［3］Дригайло С. В. Газетный фонд Национальной библиотеки Украины им. В. И. Вернадского：формирование，моделирование и использование［J］. Научные и технические библиотеки，2012（4）：29-37.

［4］История «Санк т - Петербургских ведомостей»［EB/OL］.［2021-03-31］. https：//spbvedomosti. ru/history/.

［5］［7］Загальнаінформація про бібліотечні фонди［EB/OL］.［2021-03-31］. http：//www. nbuv. gov. ua/node/376.

［8］邵文杰 . 出版物缴送制度立法［J］. 中国图书馆学报，1995（1）：8-52.

［9］［17］饶权 . 全国智慧图书馆体系：开启图书馆智慧化转型新篇章［J］. 中国图书馆学报，2021，47（251）：4-14.

［10］ЗАКОН УКРАЇНИ Про внесеннязмін до деяких законодавчих актів України у зв'язку з прийняттям Закону України “Про стандартизацію”［EB/OL］.［2021-03-31］. https：//zakon. rada. gov. ua/laws/show/124-20#Text.

［11］霍瑞娟 . 出版物呈缴制度与中国国家图书馆国家总书库建设［J］. 中国图书馆学报，2011，37（196）：113-119.

［12］刘兹恒 . 后疫情时期的图书馆文献资源建设［N］. 图书馆报，2020-04-10（10）.

［13］刁一卓 . 中俄图书馆法的研究与对比［C］// 魏大威 . 2018 年国家图书馆青年学术论坛论文集 . 北京：国家图书馆出版社，2018：8-14.

［14］中华人民共和国公共图书馆法［EB/OL］.［2021-03-31］. http：//www. npc. gov. cn/npc/c30834/201711/86402870d45a4b2388e6b5a86a187bb8. shtml.

［15］林丽 . 读者决策采购在国内图书馆的应用探析［J］. 图书馆研究与工作，2016（5）：94-96.

［16］姜晓曦，冷熠 . 我国数字出版物呈缴制度完善建议——基于权利人呈缴意向调研［J］. 图书馆工作与研究，2016（250）：37-41.

［18］肖京 . 重塑报纸资源在读者服务中的利用方法［J］. 图书情报工作，2014（58）：100-106.

基于慧科数据库的战疫人物谱遴选

温　晶　王继峰（参考咨询部）

1　背景

2020年伊始，一场突如其来的新冠疫情席卷中国大地乃至全世界，在和疫情的战斗中涌现出很多可歌可泣的英雄人物和事迹。为保存全民抗“疫”的时代记忆，传递抗“疫”正能量，国家图书馆于2020年4月23日“世界读书日”正式启动中国战“疫”记忆库建设项目。

中国战“疫”记忆库为强调揭示资源的历史感、鲜活性，按内容组织呈现战“疫”人物谱，即在战“疫”中具有特定经历和特点的个人和群体。其中既包括在战“疫”中不幸牺牲的烈士，在战“疫”中担负特殊使命、做出特殊贡献或产生特殊影响的医护专家、医护人员，各地驰援湖北和海外疫区的医疗队代表，也包括宏观把控防疫进程的中央赴湖北指导组、国家卫健委、国家疾控中心等政府决策机构代表，各级政府应急管理系统战“疫”干部等各行各业代表。在此基础上，还将适时收录新冠肺炎患者及其家属，以完整呈现战“疫”群像。

2　规划与建设

战“疫”人物谱遴选评价标准包括贡献度、影响力两方面，具体遴选指标有九个（如图1所示）：

本文要讨论的内容基于慧科报纸数据库的检索，围绕其中的媒体报道指标。媒体报道，是舆论引导的重要抓手，是价值引领的重要载体。媒体报道包括报纸报道及广播电台及电视台的报道。馆藏“慧科全文报纸数据库”采取一站式方案，综合处理内各大报刊的新闻内容，涵盖我国及东南亚、欧美等国1500余家主流媒体新闻，新闻总量超过30000000条，每月更新超过500000篇文章。慧科搜索依托全球最大的中文媒体资讯库，接近1200多种报纸杂志随时提供各种信息，可根据特定媒体、版面新闻报道、作者、日期、标题、内文等进行检索[1]。所以，本次战疫人物谱遴选以慧科报纸数据库为依据。

项目建设流程共分两步，第一步是遴选指标的初定，第二步是遴选指标及人物清单的确定。

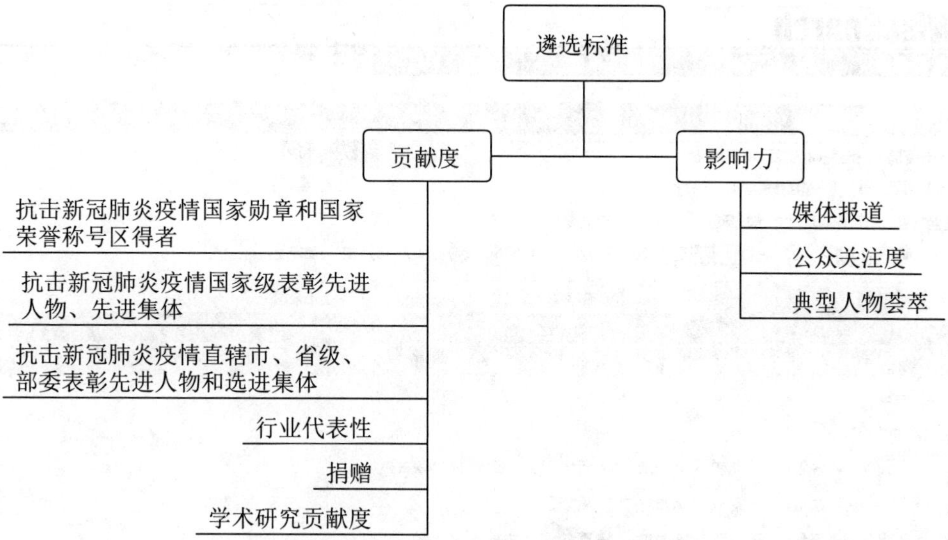

图 1 战“疫”人物谱遴选标准

2.1 遴选指标的初定

项目组选取一个日期，用相关主题词进行检索，浏览后各选取当日慧科媒体报道中出现的部分抗疫个人和抗疫集体作为样本，再把这些样本在同一时间段内分别进行检索，得到相应的检索结果，比对分析后，确定慧科全文报纸数据库有关个人、集体战“疫”相关报道文章（2020 年 1 月 1 日至 2021 年 3 月 31 日），命中 10 篇及以上为遴选标准。

2.1.1 检索日期选取

检索日期：2020 年 2 月 1 日

武汉市新型冠状病毒感染的肺炎疫情防控指挥部 1 月 23 日凌晨发布消息，为全力做好新型冠状病毒感染的肺炎疫情防控工作，有效切断病毒传播途径，坚决遏制疫情蔓延势头，确保人民群众生命安全和身体健康，自 2020 年 1 月 23 日 10 时起，武汉全市城市公交、地铁、轮渡、长途客运暂停运营；无特殊原因，市民不要离开武汉；机场、火车站离汉通道暂时关闭。在“封城”后短短的时间内，政府从全国各地调动了上万医疗人员、大批紧缺医疗物资支援武汉[2]。

生命重于泰山。疫情就是命令，防控就是责任。举国上下、各行各业，14 亿人民动员起来，全力以赴投入这场战“疫”，涌现出许许多多感人的故事和人物。2020 年 2 月 1 日是武汉“封城”后的第 10 天，媒体上已发表了大量的报道事迹，故选取这个时间点做为指标初定的检索日期。

2.1.2 检索范围及检索式确定

检索词：抗击疫情、抗疫、战疫、志愿者

检索式：标题及内文 = 抗击疫情 or 抗疫 or 战疫 or 志愿者

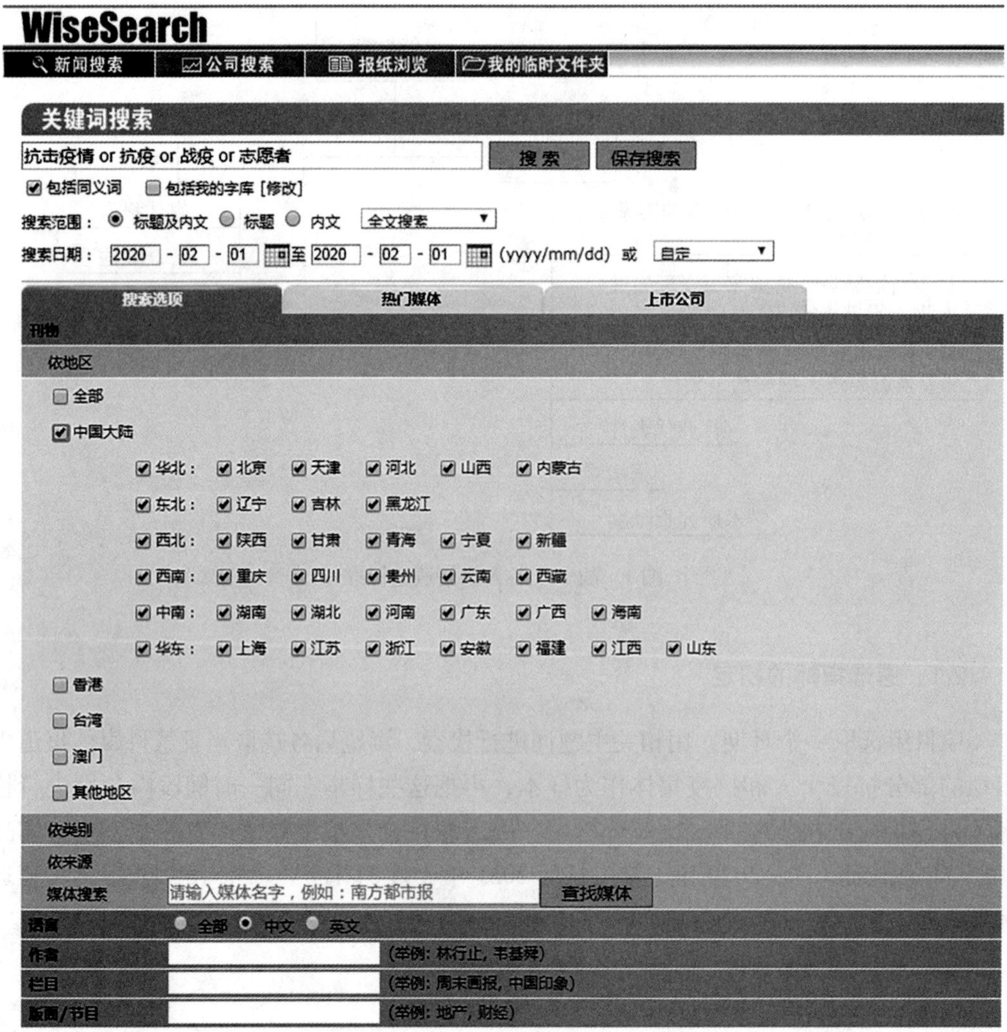

图 2　慧科数据库搜索示例

2.1.3　检索结果

浏览这些文章，筛选出当日报道中的抗疫人物和抗疫团体。由于得到的抗疫人物和抗疫团体的量比较大，故各选取其中 20 个作为样本。再将这些样本在 2020 年 1 月 1 日—2020 年 9 月 25 日的时间段内（遴选指标完成时间是 2020 年 9 月 26 日）分别进行检索，得到相应的检索结果如下：

表 1　20 个个人样本检索篇数汇总表

序号	人物	职务	战“疫”相关报道文章篇数
1	彭志勇	武汉大学中南医院重症医学科主任	205
2	托马斯	在成都的法国志愿者	144

续表

序号	人物	职务	战“疫”相关报道文章篇数
3	张汝峰	沈阳医学院附属第二医院医生	66
4	刘煜	重庆医科大学附属第一医院呼吸内科副主任医师	47
5	许诗琨	在武汉支援的上海医疗队队员	39
6	邵楠	全国青联常委、上海市新联会副会长	33
7	徐瑜	陆军军医大学新桥医院呼吸内科专家	30
8	饶曲	中国铁路武汉局集团有限公司天门东站员工	28
9	马卫芬	江苏省常州市钟楼区邹区镇卫生院副院长	23
10	徐璟	复旦大学附属中山医院重症医学科外科监护室A监护护士长	18
11	姚婷	湖南株洲市人民医院护士	10
12	林绵双	汕头大学医学院第一附属医院副护士长	7
13	向东	武汉云豹救援队队长	6
14	胡龙霞	华中科技大学附属协和医院护士	5
15	刘成添	参加防疫工作的80岁高龄老党员	5
16	陈蓉菁	浦江县人民医院医共体手术室护士	3
17	高国龙	四川国际旅行卫生保健中心卫生检疫综合实验室主任	3
18	王成伟	青岛洁施曼医纺科技有限公司总经理	2
19	何俊萍	空军军医大学唐都医院传染科护士	2
20	高悠婷	浙江瑞安市人民医院感染科护士长	1

表2　20个集体样本检索篇数汇总表

序号	集体	战“疫”相关报道文章篇数
1	i志愿	181
2	爱心车厢	165
3	兰州市防疫应急志愿服务队	45
4	上海市青年联合会	38
5	伦敦华埠商会	34
6	比扬医疗	28

续表

序号	集体	战“疫”相关报道文章篇数
7	山西鸿晋塑胶科技有限公司	27
8	安徽安龙基因科技有限公司	26
9	四川国际旅行卫生保健中心	9
10	武汉云豹救援队	8
11	泰阳光	7
12	武汉加油行动	5
13	中国爱心志愿者团队	5
14	天津市台企协会	5
15	广东省潮人海外联谊会	3
16	广东农企驰援湖北爱心群	2
17	阳光爱心的士群	2
18	湖南交通职业技术学院	1
19	福州市侨联	1
20	佛山禅城公安抗疫党员先锋队	1

表3　特定检索时段内选取样本战“疫”相关报道文章篇数统计表

检索时段（2020年1月1日—2020年9月25日）	选取样本（个）	战“疫”相关报道文章篇数20篇及以上（个）	战“疫”相关报道文章篇数10篇及以上（个）	战“疫”相关报道文章篇数5篇及以上（个）
个人	20	9	11	15
集体	20	8	8	14

通过以上三个表单，统计分析后初步确定遴选标准为10篇及以上慧科全文报纸数据库的报道为遴选标准。

2.2　遴选指标及人物清单的确定

2.2.1　检索日期选取

检索日期：2020年1月23日—2020年3月25日

1月23日：同上，不赘述。

3月25日：2020年3月25日零时，湖北省武汉以外地区解除离鄂通道管控。武汉市117条中心城区公交车恢复运行，地铁1号线、2号线、3号线、4号线、6号线、7号线恢复运行。

在这个时间段内，疫情形势严峻，全国各地医疗队驰援武汉，涌现出大量的战疫人物。

2.2.2 检索范围及检索式确定

检索时间：2020 年 1 月 1 日—2020 年 11 月 30 日（人物清单提交时间是 2020 年 12 月 31 日）

检索式的确定过程如下表：

表 4 基于慧科数据库的媒体报道指标人物遴选检索词确定

检索次数	检索式	检索结果
第一次	标题 = 抗击疫情 or 抗击疫情 or 抗疫 or 战疫 or 志愿者	39395 篇
第二次	标题 = 抗击疫情 or 抗疫 or 战疫 or 志愿者 or 爱心人士 or（武汉 and 支援）or（武汉 and 驰援）or 援鄂	44115 篇
第三次	标题 = 抗击疫情 or 抗疫 or 战疫 or 志愿者 or 爱心人士 or（武汉 and 支援）or（武汉 and 驰援）or 援鄂 or 防疫 or 疫情防控	100000 余篇
确定	标题 = 抗击疫情 or 抗疫 or 战疫 or 志愿者 or 爱心人士 or（武汉 and 支援）or（武汉 and 驰援）or 援鄂	44115 篇

根据最终确定的检索式，项目组共计浏览数据 44115 篇，提取人物 13522 个，其中个人 12792 个，集体 730 个。

由于小组分工合作，所以提取的人物有重复，进行人物去重后，剩余人物 11949 个，其中个人 11281 个，集体 668 个。剔除与第 5 个遴选指标捐赠指标已涵盖的集体，最终剩余“经开心语”心理援助志愿者服务队、武汉云豹救援队、重庆“雷锋的士”等 143 个集体。

去重过程中，有如下注意事项：

（1）同名不同单位，不要去重

例：

姓名	单位及职务	检索人
李红	福建省援助湖北护理专业医疗队领队、福建省立金山医院党委书记	王丽娜
李红	黄河医院 ICU 护士长	苏孟
李红	滨湖区驻无锡火车站抗疫志愿者小组长	韩惠
李红	山西医科大学第一医院感染病科副主任	邓茜
李红	北京积水潭医院院感科副主任医师	成斌琴

（2）无法判断是否为一人的，暂时都保留

例：

姓名	单位及职务
韩思芸	天津工业大学大四学生
韩思芸	太原省城桥东街道迎宾社区的青年志愿者

（3）人工录入错误，实际为一人的，保留正确信息并进行去重

例：

姓名	单位及职务
赖海峰	东莞市中医院呼吸科副主任中医师
赖海锋	东莞市中医院呼吸科副主任中医师

2.3 指标确定

检索抓取出全部个人和集体在检索时间段内的战“疫”相关报道文章篇数，通过统计分析，确定最终遴选标准。

分别检索上一步提取出的 11281 个个人和 143 个集体在慧科数据库中指定检索时段内的战疫相关报道篇数，并根据篇数进行排序统计，得出特定检索时段内人物战“疫”相关报道文章篇数统计表（见表 5）。

表 5 特定检索时段内人物战“疫”相关报道文章篇数统计表

检索时段（2020 年 1 月 1 日—2020 年 11 月 30 日）	人物数量	战“疫”相关报道文章篇数 50 篇及以上（个）	战“疫”相关报道文章篇数 20 篇及以上（个）	战“疫”相关报道文章篇数 10 篇及以上（个）
个人	11281	361	1031	2105
集体	143	1	5	16

根据表 5，绘制提取人物占总人数比例图，如下：

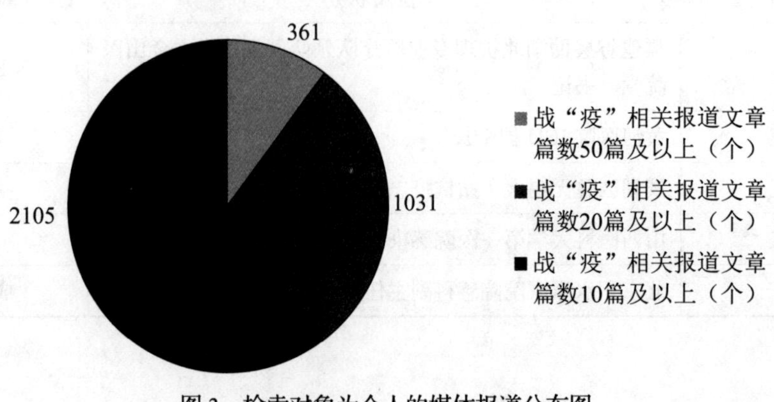

图 3 检索对象为个人的媒体报道分布图

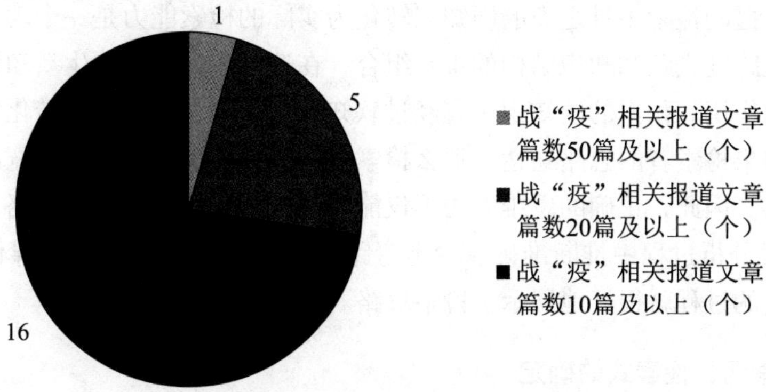

图 4　检索对象为集体的媒体报道分布图

根据战疫人物谱总规模、各指标提取人数之间的平衡等，确定 10 篇及以上为最终遴选标准。

2.4　人物遴选

按照遴选标准遴选出张伯礼（天津中医药大学校长，5172 篇）、张定宇（金银潭医院院长，2809 篇）、童朝晖（北京朝阳医院副院长，916 篇）等个人共计 2105 个，襄阳消防救援支队“119 党员突击队”（81 篇）、重庆“雷锋的士”（37 篇）、心疼武汉行动组（33 篇）等集体共计 16 个。

3　收获与思考

3.1　媒体报道指标的意义

战“疫”人物谱人物遴选力求达到以下几点：第一，具有示范作用。一个人物、一个集体就是一面旗帜，牢记“不忘初心、牢记使命”，展现“敬佑生命、救死扶伤、甘于奉献、大爱无疆”的崇高精神。第二，具有带动作用。发挥先锋模范的引领带动作用可以激发行业发展的内生动力，使人们奋发作为。第三，具有导向作用。一个国家提倡什么，弘扬什么，只要看入选的典型就一目了然，达到凝聚人心、弘扬正气，催人奋进的作用，而媒体报道为战“疫”人物谱提供了这样的人物。

3.2　检索思路

文献检索活动包含两种知识结构：一种是方法技能，也就是我们通常所说的工具、数据库的使用和检索技巧，被称为“硬知识”；另一种是思路，属于思维性、智能性，它是选择检索策略和检索手段的心智能力，被称为“软知识”。软知识是将硬知识组合成知识体系的规律、方法，或是硬知识运用的经验、手段，具有发展新的知识的再生能动功能。因此，想较好地检索与利用文献，有关的软、硬知识固然不可偏缺，但又以软知识更为重要，仅仅会使用若干种检索工具，并不等于就具备了文献检索与利用的能力。因为将掌握的检索工具之类的硬知识转化为实际的检索能力是一个动态的过程，需经过思维的大跨度飞跃和知识结构的重新组合，在这之中，具有再生新知识功能的软知识起着决定的作用。积累的硬知识只有经过软知识的调制，才有可能转化为检索文献的实际能力。如果检索者的思路通达，那么检索就会顺畅而少阻塞；思路宽广，检索就会灵便而多收效。因此，正确的思维方法不仅能够给检索者带来通达的思路，而且能够使检索者在检索分析过程中推断准确、少走弯路[3]。基于慧科数据库的媒体报道定量指标初定到确定的过程就很好地展示了检索思路。

3.3 检索词、检索式的确定

检索词是能概括要检索内容的相关词汇，是表达信息需求和检索内容的基本单元，检索词选择恰当与否，直接影响检索结果。检索词的选取是一门学问，也是最基础重要的一步，可以说是只有选好了检索词，才可以进行检索工作，获取检索结果。检索词作为重要的检索标识，具有简明、唯一、有层次和可组配的特点，它可以多角度、多层次地反映检索主题的内容特征。检索词中无用词过多，检索效果就会降低，导致零结果或文献量过少；检索词过少，文献数量就会庞大，不相关文献会加在其中，筛选起来会感到力不从心。因此，准确的检索词对提高检索效率，保证检索内容的查全率、查准率和提高检索速度起着关键作用。检索词选择的过程中要紧密联系检索内容，依据内容适当集中或扩展上位概念或下位概念，要避免遗漏相关的检索概念。

做检索分析时，选取了合适的检索词后，如何将检索词恰当地组合到一起构建相对完整的检索式？检索式是检索策略的具体体现之一，检索式一般由检索词和各种逻辑运算符组成。检索词是检索式的主体，逻辑运算符可以从不同的角度对检索词进行搜索限定。检索式构建对于检索结果来说至关重要，选择不同的检索词，通过不同的逻辑关系组合，检索结果大不相同。

在基于慧科数据库的媒体报道指标人物遴选过程中，针对不同的检索对象，我们多次尝试并总结了几个相对合理的检索式：

①人物涉及医生、护士等，推荐检索式：人物 and 医院名称

例：全文 = 杨乐 and 第三人民医院 and 大连市

②人物涉及市县镇村等，推荐检索式：人物 and 县名称

例：全文 = 王国辉 and 沈丘县

③人物涉及作品，推荐检索式：人物 and 作品名称

例：全文 = 徐进 and 风雨逆行者

参考咨询服务是现代图书馆的核心工作内容之一，也是体现一家图书馆信息服务水平和综合服务能力的最具代表性的业务工作。“图书馆在社会中的声誉，在很大程度上取决于她是否成功地处理好参考咨询工作。”这是美国图书馆学家马奇在 1936 年写下的一段话。参考咨询服务的价值在于通过对信息源的开发使其中信息的价值得到最大程度的体现，真正发挥其作用。这次战“疫”人物谱项目，就是参考咨询馆员发挥自身信息

检索、分析和整合的特长，利用国家图书馆丰富的馆藏资源，发掘在抗疫过程中的模范先锋人物，体现了图书馆的社会担当和社会责任感。

参考文献

[1] 国家图书馆 . 慧科中文报纸数据库 [DB/OL] . [2021-03-20] . http://dportal. nlc. cn:8332/zylb/zylb. htm#.

[2] 武汉市新型冠状病毒感染的肺炎疫情防控指挥部通告（第 1 号）[EB/OL] . [2021-03-20] . http://www. xinhuanet. com/health/2020-01/23c_1125496270. htm.

[3] 张红凌 . 论信息咨询服务的检索思路与检索技巧 [J] . 江西图书馆学刊，2006（1）：71-73.

知识图谱在智慧图书馆中的应用研究

台钰莹（信息技术部）

大数据时代，信息呈现爆炸式增长[1]，在丰富便利人们生活的同时，也出现了“信息超载”“信息迷航”[2]等现象。浩如烟海的信息海洋中，充斥着大量的重复信息、无效信息等，这使得人们快速获取所需知识变得越来越困难。图书馆也面临着同样的问题，作为一个公共文化机构，面对海量多元异构、结构松散的数字馆藏资源，如何对资源进行组织、管理和利用，主动为读者提供更为精准、智慧的知识服务，提升服务的效率和质量，是图书馆亟待解决的问题。知识图谱为解决这一问题提供了契机，它通过对真实世界中概念、实体、事件及其关系进行描述[3]，建立知识互联，对知识进行揭示和推理，将知识系统化呈现，实现人、知识和服务的连接，为智慧图书馆的建设提供基础支撑。

1 研究现状

知识图谱一经提出便迅速成为研究热点，其强大的语义处理和组织能力奠定了新时代智能化应用的基础[4]。知识图谱目前已经被广泛应用在金融证券、医疗生物、电商、出版等领域，如大规模知识图谱 Wikidata、出版知识图谱 SciGraph[5]、影视知识图谱 IMDB、百科知识图谱 CN-DBpedia、中文开放知识图谱 OpenKG、餐饮娱乐知识图谱“美团大脑”、企业知识图谱“量子魔镜”、医药知识图谱“中医药知识服务平台”等。

图书情报领域也对知识图谱的应用进行了积极的探索和尝试。如美国蒙大拿州立大学图书馆的“Linked People”项目[6]、上海图书馆的“家谱知识服务平台”[7]、中国科学院文献情报中心的“机构知识库”、天津中医药大学图书馆的“中国历代医家传记知识库”等。不过，大部分图书馆目前还是停留在资源数字化的阶段，尚未进行知识图谱的构建。因此，对知识图谱在图书馆中的应用进行研究，实现由传统资源服务到新一代知识服务的转变，具有重要的现实意义。随着大数据技术和人工智能技术的发展，知识图谱必将发挥越来越大的潜力。

2 知识图谱介绍

知识图谱的本质是一个语义网络[8]，它通过改进知识的表示和组织方式，把知识转换成数据存储到计算机，再把数据加工成知识提供给人们[9]，以此架起人机交互的桥梁，促进人与机器的交互和理解，目前已广泛应用在语义检索、智能问答、智能推荐等方面[10]。知识图谱涉及自然语言处理技术、图像识别技术以及语义网、深度学习技术等，是众多技术交叉融合的产物。知识图谱的构建过程主要包括知识获取、知识融合和知识加工[11]（如图1所示）。

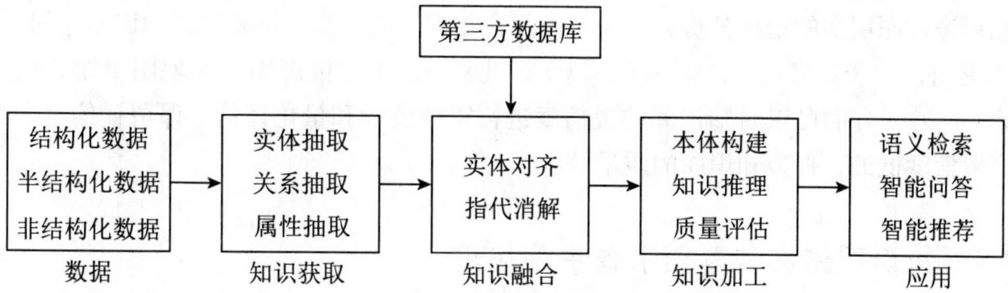

图1　知识图谱构建过程

3.1　知识获取

知识获取负责把不同数据源中的信息（含结构化数据、半结构化数据以及非结构化数据[12]），通过映射转换、包装器、信息抽取等技术抽取出来，然后通过RDF三元组模型进行统一的知识组织和表示，为建立知识连接打下基础。知识图谱的三要素就是实体（entity）、关系（relation）和属性（attribute），基本形式主要包括＜实体，关系，实体＞、＜实体，属性，属性值＞[13]，如＜国家图书馆，位于，北京＞，＜中国，首都，北京＞，就是典型的三元组表示方法。最后将结构化后的数据存储到数据库以便进行管理和查询，知识图谱可以选用关系型数据库进行存储，如Mysql，也可以选用图数据库进行存储，如Neo4j、OrientDB以及Jena等。关系型数据库灵活可扩展但维护困难，图数据库直观但代价高，可根据需求选择合适的存储方式。

3.2　知识融合

经过知识获取后的数据，知识的表示形式获得了统一，但是由于知识来源广泛，存在着知识重复、结构松散等问题，因此需要将来自不同数据库中的知识进行整合，增强知识图谱的紧密性。这其中有两个典型问题：一是实体对齐。同一实体在不同数据库中可能存在语言不同、名称不同等问题，需要判断是否指向同一实体，如外文数据库中的“National Library of China”和中文数据库中的“国家图书馆”，“NLC”和“National Library of China”，“京师图书馆”和“国家图书馆”等，这时候就需要根据判断结果进行实体统一，减少实体种类，降低图谱稀疏性。二是指代消解。如“她”“他”“它”到底指向哪个实体，需要根据语境做出判断。通过实体对齐和指代消解，可以获得实体的完整描述[14]，实现知识之间的统一标识和关联[15]，形成一个真正意义上合而为一的知识库。

3.3 知识加工

融合后的知识库虽然实现了知识的唯一标识和关联，但尚处于基础的事实表达阶段，可能包含着错误和冗余信息，要想得到高质量的知识，还需进一步的知识加工。一方面，可以从已有的知识库出发，通过各种算法、规则的加持，模拟人类的推理方式，对知识进行深层次的挖掘分析，从而发现隐含知识，进一步丰富和完善知识库，如<国家图书馆，位于，海淀>，<海淀，属于，北京>，可以推理出<国家图书馆，位于，北京>；另一方面可以对知识库的置信度进行审核校验和量化评估，保留置信度高的，舍弃置信度低的，保障知识库的质量[16]。

4 知识图谱在智慧图书馆中的应用

图书馆作为一个信息汇聚和交流中心，存储着大量的图书、报纸、期刊等信息资源，涵盖文字、音视频、图像等多种形式。新一代智慧图书馆不再是单纯的文献管理中心，而应向知识服务中心转变，因此图书馆迫切需要一种新的方式对这些资源进行管理、组织和利用。知识图谱作为一种基础数据服务[17]，对大规模多源异构数据的处理独具优势[18]，为新时期智慧图书馆的建设提供了一条行之有效的途径。本文从数据层、知识层、服务层、应用层、用户层五个层面构建了知识图谱在智慧图书馆中的应用体系（见图2），并结合图书馆的业务需求，提出知识图谱在智慧图书馆应用中的六大场景。

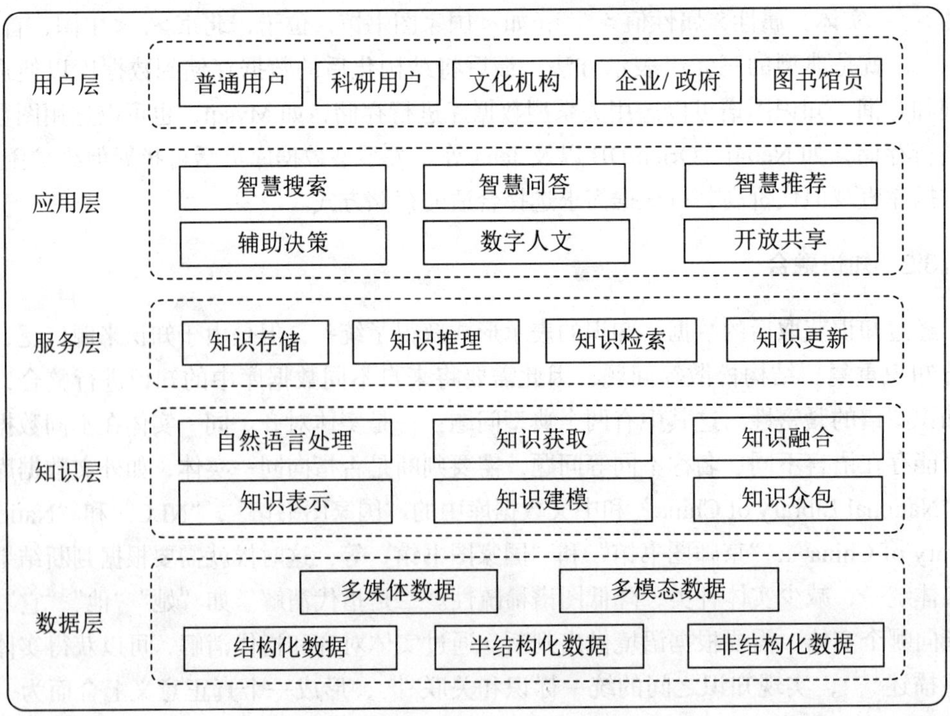

图2 知识图谱在智慧图书馆中的应用体系

4.1 智慧搜索

谷歌提出“知识图谱”这一概念的初衷是为了改善搜索质量[19]。传统的搜索引擎以元数据为基础进行资源的发现和揭示[20]，用户检索时输入的是关键词，传统搜索引擎下返回的则是含有关键词信息的网页，用户还需要对这些信息进行再次加工才能获得自己所需要的信息。基于知识图谱的新一代智慧搜索被称为语义搜索，通过建立知识之间的连接，结合自然语言处理技术、知识推理技术，计算机可以真正理解用户的意图[21]，以知识卡片、直观答案、推理分析等多种形式返回用户所需要的结果。目前，谷歌、百度等搜索引擎都对语义搜索进行了积极的探索和尝试。新一代智慧搜索可以有效提升信息检索质量和用户体验，非常符合大数据时代用户快捷高效获取知识的需求。将智慧搜索应用到图书馆中，首先是搜索方式的转变，用户输入的不再必须是关键词，也可以是图片、音视频甚至是自然语言，其次是搜索结果的转变，当用户对某个知识点感兴趣时，返回的结果不再是文献或书籍的简单罗列，而是将有关此知识点的热门书籍、专家人士、最新的研究成果等进行结构化组织，以知识卡片的形式系统化呈现给用户，用户可以选取感兴趣的内容进行学习，在图书馆的知识海洋中遨游。

4.2 智慧问答

问答系统是一种高级的信息服务[22]，输入的是自然语言，输出的也是自然语言，它通过模拟人与人之间的对话交流方式，为用户提供直观满意的答案。传统的问答系统（FAQ）基于问答的配对，首先建设一个标准的问题库，当系统接收到用户问题后，通过文本匹配在问题库中找到与之最为相似的问题，然后返回该问题对应的答案。这种方式只是简单的关键词匹配，不能完全解决用户问题，经常是答非所问，招致用户反感。随着知识图谱的出现，很多问答系统都引入了知识图谱，如阿里云小蜜、微软小冰、小度机器人等。基于知识图谱的新一代智慧问答（KBQA）可以通过语义解析、多轮问答等真正理解用户意图，借助知识图谱、知识推理给出答案。图书馆将智慧问答应用于图书馆参考咨询业务，有助于提高服务效率，提升服务质量，减少人力负担。譬如，当读者询问“国家图书馆怎么走？”时，系统可以结合场景、位置等信息，为用户快速规划最合理的路线。

4.3 智慧推荐

推荐系统可以通过筛选和过滤解决“信息过载”问题，满足用户的个性化需求。传统的推荐系统基于用户的历史行为数据进行推荐，不一定匹配用户当前的需求，而且容易出现数据稀疏、冷启动以及趋向单一等问题[23]。知识图谱的加入，可以为推荐系统引入大量的辅助信息，如用户的身份信息、社交信息、兴趣爱好、行为数据、场景信息等，全方位挖掘用户潜在需求，预测用户可能感兴趣的内容，保障推荐结果的精准性和多样性[24]。目前淘宝、微博等都推出了个性化的智慧推荐系统。图书馆引入基于知识图谱的智慧推荐系统，可以通过构建用户图谱、图书馆行业知识图谱、场景图谱等，建立人与人、人与知识、知识与知识之间的互联，实现全方位多层次的智慧推荐。譬如给科研人员推荐专业书籍，给普通用户推荐入门书籍，给少儿读者推荐少儿读物，给老年读者推荐老年读物。当用户关注智慧图书馆时，图书馆除了推荐智慧图书馆方面的知识外，还可以推荐知识图谱、微服务等方面的内容，辅助用户获取信息，拓宽知识边界。

4.4 辅助决策

辅助决策是借用行业知识图谱，对大数据进行分析，从而提供决策支持。信息爆炸时代，用户加工和处理信息变得艰难，迫切需要辅助决策将人们从纷繁的信息中解放出来，提高数据分析的效率。IBM Watson Health 正是基于医疗领域知识图谱，实现了辅助诊断与医疗。辅助决策在图书馆中的应用可以分为以下几个方面：①智库。主要用于参考咨询服务，图书馆通过建立行业知识图谱，可以利用知识导航帮助用户快速了解某一领域的知识，还可以方便快捷地获取行业动态信息，生成行业数据分析报告，以可视化形式展示行业热点趋势等，辅助党政机关和企事业单位进行决策。②个人图书馆管家。根据用户需求，结合用户图谱、场景图谱等，对多渠道多形态的信息资源进行整合，辅助用户制定个性化的阅读计划，解决“知识迷航”问题。③阅读推广。对图书馆员而言，利用知识图谱，结合推广主题、推广人群、推广地点、推广时间等，可以制订更为合理的阅读推广计划，获得更好的推广效果。

4.5 数字人文

数字人文即以信息技术推动人文研究。知识图谱的出现给传统人文研究注入了新的活力，武汉大学、清华大学、南京大学等都成立了数字人文研究中心，开展数字人文项目的研究。借助知识图谱，数字人文研究可以将分散的各个知识点连接起来[25]，通过对知识的统计分析和挖掘推理，厘清知识脉络并发现隐含知识[26]，给人文研究带来新的视角[27]。上海图书馆推出的“中文古籍联合目录及循证平台”就是利用知识图谱提供古籍循证及可视化呈现等[28]。图书馆同时肩负着收藏和服务的职责，馆内保存的大量古籍文献，经过多年的古籍数字化建设，目前积累了大量的数字化成果[29]，为数字人文研究奠定了基础。知识图谱的引入可以让尘封在古籍中的知识重新流动起来，提供一种新方法新工具[30]，辅助研究人员进行人文研究，实现图书馆弘扬传统文化，传承文明的使命。

4.6 开放共享

知识图谱为知识的开放共享提供了实现的可能，中文知识图谱 OpenKG 正在进行这方面的尝试，目前已有 77 个成员，167 个数据集[31]。以前的文化融合是基于元数据层面的融合，最后呈现给用户的只是资源链接的简单增加。知识图谱的引入，可以真正实现不同文化机构、不同媒体介质、不同资源形式的真正融合。当用户需要某类知识时，得到的结果是综合不同知识图谱、用户需求和当前场景，经过筛选过滤、分析推理后的系统化呈现。用户只需关注是否是自己所需要的知识，而无须关注来自哪个数据库，是哪种格式。知识图谱通过语义网络将知识连成一片海洋，真正解决“知识孤岛”问题，实现了知识的开放共享[32]。

知识图谱作为新一代人工智能的基础设施，能够打破数据隔离[33]，建立多源异构数据之间的语义连接，实现人、知识、服务互联，为智慧图书馆智能应用和智能服务提供技术支撑。本文构建了知识图谱在智慧图书馆中的应用体系，探讨了在智慧图书馆中应用的六大场景。在智慧图书馆建设中引入知识图谱，结合大数据技术、人工智能技术等，可以开展智慧搜索、智慧问答、数字人文等应用，有效提高服务效率、提升用户体验、拓宽服务边界，实现图书馆服务公众、传承文明的职责和使命。

参考文献

[1][4][31][33]陈涛，刘炜，单蓉蓉．知识图谱在数字人文中的应用研究［J］．中国图书馆学报，2019，45（6）：34-49.

[2][26]陈戈．基于知识图谱应用的图书馆知识检索服务构建思考［J］．新世纪图书馆，2020（12）：46-48，85.

[3][18]卢恒，张向先，尚丽维，等．基于知识图谱的网络社区学术资源深度聚合框架研究［J］．情报理论与实践，2021，44（1）：180-187.

[5]宋宁远．面向智慧数据的科学知识图谱构建——以 SciGraph 为例［J］．科技与出版，2017（11）：17-19.

[6][25]党洪莉，谭海兵．美国蒙大拿州立大学图书馆知识图谱服务研究与启示［J］．新世纪图书馆，2020（5）：76-80.

[7][12]陈玖瑜．数字人文视阈下民国报纸知识图谱构建研究［D］．长春：吉林大学：6-15.

[8]高龙，张涵初，杨亮．基于知识图谱与语义计算的智能信息搜索技术研究［J］．情报理论与实践，2018（7）：42-47.

[9][32]孙雨生，常凯月，朱礼军．大规模知识图谱及其应用研究［J］．情报理论与实践，2018，41（11）：138-143.

[10]许新龙，杨永霞．新一代智慧图书馆信息系统研究［J］．国家图书馆学刊，2018，27（6）：48-53.

[11][16]Walker. 知识图谱简介［EB/OL］．［2021-03-26］．https：//blog. csdn. net/fendouaini/article/details/80738054

[13][14]吴荣，段宏涛．知识图谱在图书馆推荐系统中的应用研究［J］．自动化应用，2020（8）：74-76，79.

[15][22]中国中文信息学会．知识图谱发展报告（2018）［EB/OL］．［2021-03-26］．https：//max.book118. com/html/2018/1023/6240214004001224. shtm.

[17]张肃，许慧．基于知识图谱的企业知识服务模型构建研究［J］．情报科学，2020（8）：68-73.

[19]张鹏举，贾永辉，陈文亮．基于多特征实体消歧的中文知识图谱问答研究［J/OL］．计算机工程：1-10［2021-03-26］．https：//doi. org/10. 19678/j. issn. 1000-3428. 0060438.

[20][27][30]夏翠娟，张磊，贺晨芝．面向知识服务的图书馆数字人文项目建设：方法，流程与技

术［J］. 图书馆论坛，2018，38（225）：5-13.

［21］胡潇戈，戚越，王玉琦 . 面向智能问答的图书馆参考咨询知识库体系设计及构建［J］. 图书情报知识，2019（5）：101-108，119.

［23］刘宇，赵宏宇，刘书斌，等 . 智能搜索和推荐系统：原理、算法与应用［M］. 北京：机械工业出版社 . 2021：361-366.

［24］知识图谱与推荐系统［EB/OL］.［2021-03-26］. https：//blog. csdn. net/jiayalu/article/details/100536068.

［28］张永娟，刘炜，于建荣，等 . 基于 IIIF 和语义知识图谱的印章资源整合与知识发现研究［J］. 图书情报工作，2020，64（7）：127-135.

［29］范佳 .“数字人文”内涵与古籍数字化的深度开发［J］. 图书馆学研究，2013（3）：29-32.

智慧图书馆服务提升方案研究

李兴芳（数字资源部）

1 智慧图书馆的概念

“智慧图书馆”一词，最早是于2003年由芬兰奥卢大学图书馆的学者在《智慧图书馆：基于位置感知的移动图书馆服务》的论文中提出的。作者认为，智慧图书馆是一个不受时间空间限制、可被感知的移动图书馆，它能帮助图书管理员和读者找到需要的资料[1]。智慧图书馆作为一个新概念被提出之后，学术界对其含义和特点的讨论从未停止。从技术角度来看，乌恩认为，智慧图书馆是建立在物联网和数字图书馆基础上的新型图书馆，具有物联网和数字图书馆的双重特征。数字化、网络化和智能化是智慧图书馆的技术基础，人物互联是智慧图书馆的核心构成，从而实现由知识服务向智慧服务的提升[2]。从哲学理念的角度来看，刘宝瑞和马院利认为，智慧图书馆是一个不断创新、能够满足人们各种需要，并使人们幸福没有烦恼的图书馆[3]。无论从智慧图书馆的设计理念还是技术角度出发，其最终目的都是能够让图书馆更好地满足用户需求，让图书馆更懂用户。因此，从服务的角度去理解和定义智慧图书馆，能更准确把握其内涵，也更方便探索智慧图书馆未来发展方向。

笔者认为，智慧图书馆是以物联网、大数据、人工智能、区块链等技术为基础，以满足用户需求为最终导向，建立用户与资源无缝链接的智慧空间。这个空间是虚实结合的，用户不受时间和空间的限制，可以随时取用智能空间提供的一切资源，满足个性化的需求。智慧图书馆以人的智能为主导，将技术与智慧有机结合，创造出富有生机和活力的图书馆智能空间。

2 图书馆智能化转型的必要性

2.1 社会发展的需要

党的十九大报告首次提出“智慧社会”的理念，我国“十四五”规划也提出要为公众提供智慧便捷的公共服务，积极推进智慧图书馆的建设。中央和地方政府也陆续出台了一系列有关智慧城市建设的文件。2021年1月，深圳市政府印发《深圳市人民政府关于加快智慧城市和数字政府建设的若干意见》，明确指出到2025年，深圳将打造具有深度学习能力的鹏城智能体，成为全球新型智慧城市标杆。在图书馆领域，自2016年开始，中国图书馆学会每年都会举办“中国未来智慧图书馆发展论坛”，为图书馆界搭建一个学术、业务、技术交流的平台，推动智慧图书馆理论和实践的发展。由此可见，无论从国家战略层面，城市发展角度，还是图书馆领域，智慧化建设都是其中重要的一环。因此，我们要加快建设智慧图书馆，为国家智慧化战略服务。

2.2 用户的需求

图书馆是信息、知识、文化的载体和保存者，有保存和开发信息的职能。信息社会，人们获取信息资源的方式越来越丰富，搜索引擎、App、网站、论坛、数据库等逐渐成为读者获取资源的首选方式。读者不再依赖图书馆去获取资源，图书馆的信息作用被不断削弱。数据显示，全国公共图书馆网站访问量近三年呈现连续下降的趋势，其中省级公共图书馆 2017 年网站访问量比前一年下降 22.42%[4]。由此可见，目前图书馆的服务形式已经无法满足用户的需求，图书馆的服务模式和服务能力亟待提升。智慧图书馆的智能化服务方案能够在满足用户需求、提高用户黏性方面给出不错的答案。

3 智慧图书馆智能化服务的特征

智慧图书馆要为用户提供个性化的服务，需要满足以下条件。第一，具有智能化的特征。这是一个十分宽泛的概念，从馆室温度的自动调节，到图书信息的采集、加工、整理，以及信息的查询等都与智能化相关，但其核心是可以准确预测用户的需求，并向其推送目标资源。第二，具有开放性的特征。智慧图书馆打破了时间和空间的限制，用户可以随时随地取用图书馆的资源。这种开放性是双向的、交互式的，图书馆与用户、用户与用户之间都能形成信息和服务的交换，形成一个互联共生的有机体。第三，具有高效性的特征。智能化是高效的前提，开放性为高效提供了便捷的途径。高效性使得图书馆能够及时处理海量的资源，第一时间发现问题，解决问题，及时调整服务模式，为用户提供最高效和便捷的服务。

智慧图书馆的智能化、开放性和高效性的三个服务特征是建立在大数据、人工智能、物联网等技术基础之上的。新技术遇到的问题和难题，智慧图书馆在建设过程中也会遇到。新服务模式的探索必然会遇到困难和阻碍，这些困难可能来自图书馆转型成本过高，对传统业务模式的颠覆或者馆员的职业素养等多个方面。如何解决这些问题，是智慧图书馆服务成败的关键。

4 智慧图书馆智能化服务面临的困境

4.1 转型成本

智慧图书馆时代，图书馆传统业务将发生变革，如借还书、图书采编、上架、信息咨询、文献传递等都能够实现完全的智能化，这对图书馆业务管理能力提出了很高的要求。智能化管理是一套完整的系统，图书馆的每一个业务流程都要嵌入其中，只有智能化程度达到很高的水平，图书馆才能够实现智慧化转型。但这个转型的成本是巨大的，需要有巨额资金的支持，以及技术、人力等多项资源的持续投入，只靠图书馆本身难以负担这个巨大的开支。特别是对于一些中小型的图书馆来说，其业务范围小，用户群体少，甚至只有基本的借还书功能，投入巨额的资金和人力成本建设智慧图书馆，在现阶段来说不太现实。

4.2 业务变革

智慧图书馆服务体系的建立涉及多个具体业务，新的技术场景会对图书馆文献资源分类、图书排架、馆区空间布局等方面提出新的要求。比如智能机器人和物联网的运用，使图书馆实现自动借还书、自动排架等自动化操作，无须人力即可完成。传统的人工借还书、图书上架、倒架等工作被机器取代将成为趋势，这必将带来图书馆业务上的巨大变革。智能化操作会对图书馆传统业务模式形成颠覆，而现有的习惯、观念还有待改善，理论体系的建设也有待加强。另外如何利用大数据进行深度语义挖掘，从而实现对用户的智能推送，从技术上对智慧图书馆的服务提出了新的要求。

4.3 数据安全

在信息化高度发达的现代社会，数据安全问题受到越来越多的重视。图书馆的数据安全问题涵盖数据的生产、使用、交易等多个环节，涉及个人隐私、保密数据等多项敏感内容，图书馆一旦处理不当，数据遭到泄露或恶意篡改，可能会面临严重的法律、经济风险。智慧图书馆是建立在大数据算法基础上的开放、交互式的系统，数据安全是建设智慧图书馆的重要问题，是图书馆智能化服务的基础。现实中有的图书馆受制于场馆、经费、硬件设施、人员等多种原因，对待数据安全问题往往有心无力，或者敷衍了事。这是智慧图书馆建设过程中不可忽视的安全隐患。

4.4 图书馆员工

4.4.1 员工职业素养

智慧图书馆的核心是人。馆员能力是智慧图书馆服务建设的核心。但目前图书馆员的素质参差不齐，有的人来到图书馆就是为了找一份稳定的工作，只愿意做一些借还书、整理书架等技术含量低的工作，不注重自身素质和能力提升。图书馆建设智能化服务体系，需要有一批掌握新技术、适应新环境、具有创新精神的图书馆员工队伍，不能停留在传统业务范畴里裹足不前。

4.4.2 员工培养体系

智慧图书馆员工队伍的缺乏，原因之一在于图书馆员工培养体系的不健全。图书馆不知道在智能化时代馆员应该具备什么样的职业技能，达到什么样的技术水准。图书馆缺乏一套完整的馆员选拔、培养机制和理论体系，因此，当馆员在面对工作业务和流程的转变时，就会无所适从，影响服务质量。

智能化时代，图书馆面临从技术、业务到人员等多方面的转变，需要从理论研究、业务转型、法律法规、员工培养等方面入手，建设并完善智慧图书馆服务体系。

5 智慧图书馆服务提升方案

5.1 加强智慧图书馆服务理论研究

作为公共文化机构，图书馆的智能化建设是"智慧社会""智慧城市"的重要组成部分。现阶段图书馆界对于智慧图书馆理论的研究重点涉及智慧图书馆的概念、特征、服务、5G区块链等技术的应用方面，但对智慧图书馆服务的理论研究不够深入，特别是关于新技术、新方法对现有图书馆服务的挑战及现有问题的解决方案等下面少有重量级的理论研究出现。

对于智慧图书馆服务理论的研究，应重点关注两方面：首先，数据分析与智慧图书馆服务的关系。图书馆的数据庞大而驳杂，涉及多个领域、学科和不同的机构，如何整合这些数据，进行深入的语义挖掘，为用户提供精准的服务，是智慧图书馆理论研究的一个重要方面。其次，智能化管理系统的运用会带来图书馆传统业务的变革，这种变革带来的图书馆业务重组急需理论方面的探索。只有不断加强和完善理论研究，才能继续指导实践，形成正向反馈。

5.2 建设智能化图书馆服务体系

智慧图书馆服务体系包括多个方面，其核心是以用户需求为导向，构建出完备的智能化操作体系。

5.2.1 用户画像

用户画像就是从大数据中抽取出与用户相关的信息全貌，包括用户的姓名、年龄、性别等固有属性，也包括用户的网络行为和习惯，如网购、阅读习惯等，为大数据进一步分析用户的行为习惯，精准地定位用户并提供个性化服务打下基础[5]。用户画像是智慧图书馆实现个性化服务的前提，通过用户画像，智慧图书馆可以准确把握读者特点，了解读者需求，为其量身定制优质的服务。智慧图书馆要将用户画像嵌入图书馆的空间、服务、技术等各个要素体系之中，建立以用户需求为导向的服务场景，为用户提供个性化的服务。

5.2.2 图书馆业务转型方向

图书馆智能化操作系统取代人工劳动是大势所趋，目前，借还书、图书的上架排架等简单的、标准化的动作都能由机器自主操作，或者借助少许人工协助完成。智慧图书馆未来的发展方向是实现全智能化操作体系，不仅能够完成标准化的动作，还能够实现个性化定制服务。比如以虚实结合的方式实现用户办公、学习、娱乐等个性化场景的定制，实现过程全智能化，无须人工干预。这种综合性的智能服务系统打破了图书馆传统业务之间的界限，实现了以业务为中心向以用户为核心的转向。

5G时代图书馆的智能化应用和服务场景的构建已经初步实现，如通过VR虚拟技术打造沉浸式阅读体验空间、基于用户检索为其推送感兴趣的内容等。但用户的需求是动态的，图书馆需要借鉴其他学科领域的成果，构建实时用户画像，加强对用户的时间序列分析、聚类分析、关联分析等数据挖掘，并采用深度学习算法提高智能计算的精准度，将有意义的数据变化存档[6]。这就需要我们在理论、技术等领域继续探索，实现真正的智能化服务。

5.3 完善法律法规，加强知识产权保护

5.3.1 保护数据安全

图书馆是信息的生产者和接收者，每天会生产和接收海量的数据，保护数据安全是建设智慧图书馆的重中之重。一方面，图书馆要保护用户的隐私不受侵犯，数据不会被损坏、丢弃、篡改，同时也要规范图书馆对数据的利用手段和使用权限，避免大数据被滥用。智能化时代，图书馆可以采用升级系统、区块链、加密算法等技术手段保护数据安全，同时也要从法律角度去采取有效措施。我国在个人数据和隐私保护上已经有了相关立法，比如《中华人民共和国网络安全法》《中华人民共和国民法典》，《中华人民共和国数据安全法（草案）》也于 2020 年 7 月开始面向社会公开征求意见。但对于数据的收集、使用等仍有很多灰色地带，涉及维权的成本、效益与损失的关系等多个方面，仍有待进一步探讨和研究。

5.3.2 加强知识产权保护

智慧图书馆是建立在大数据、人工智能、算法等众多技术基础之上的，这里面的每一项技术都涉及多个知识产权，说智慧图书馆是建构在知识产权基础上的也不为过。此外，智慧图书馆是一个开放的系统，图书馆之间、图书馆与用户、图书馆与其他社会机构是互联互通、资源共享的关系，图书馆要对这个过程中可能产生的侵权问题保持高度的警惕。我国已出台多项知识产权保护的法律法规，但图书馆对相关问题的处理仍然面临困境，比如对于快速发展迭代的新技术不能提供有效及时的保护等，这在智能化时代是亟须解决的问题。

5.4 培养智慧馆员

智慧图书馆服务提升的重点之一就是建设一支优秀的智慧馆员队伍。智慧图书馆把图书馆员从以往简单的、重复性劳动中解放出来，这使得员工能够从事更具有专业性、智慧性的工作。这支队伍中的馆员要具备一定的学科背景知识，并经过图书情报专业的训练，既能为用户提供个性化、专业化、集约化的知识服务，又能培养用户的智慧能力[7]。

智慧馆员应该具备熟练使用智能化工具的能力，这种能力包括操作智能设备和软件、利用数据挖掘等先进技术。因此在培养和选拔智慧图书馆员的时候，图书馆除了要考察其图书馆领域的相关知识，也要将物联网、数据挖掘、人工智能等技术知识纳入考核的范围。此外，要选拔不同专业的人才进入馆员队伍，平衡学科和专业比例。要不断加强对馆员创新能力、学习能力等综合素质的培养，提倡终身学习制度。图书馆要帮助馆员制订合理的职业发展规划，互相促进，共同进步。

智慧图书馆是近些年图书馆界的热门话题，获得了业界的广泛关注和讨论。目前关

于智慧图书馆服务理念和实践的探索仍然处于起步阶段，对于智慧图书馆的建设成本和转型问题、其他学科领域技术成果的采用等问题，都有许多值得进一步探讨和商榷的地方。智慧图书馆作为图书馆未来的发展方向，我们要不断完善理论基础，把握智慧图书馆服务理念的核心，不断优化升级关键技术和管理水平，为用户提供优质、高质量的服务。

参考文献

[1] 王世伟. 未来图书馆的新模式：智慧图书馆 [J]. 图书馆建设，2011（12）：1-5.

[2] 乌恩. 智慧图书馆及其服务模式的构建 [J]. 情报资料工作，2012（5）：102-104.

[3] 刘宝瑞，马院利. 基于智慧理念的智慧图书馆空间样貌探究 [J]. 图书馆学研究，2015（11）：26-29.

[4] 饶权. 回顾与前瞻：图书馆转型发展面临的问题与思考 [J]. 中国图书馆学报，2020（1）：4-15.

[5] 杨帆. 画像分析为基础的图书馆大数据实践——以国家图书馆大数据项目为例 [J]. 图书馆论坛，2019（2）：58-64.

[6] 单轸，邵波. 国内图书馆领域用户画像研究的冷思考：困境与出路 [J]. 图书馆学研究，2019（5）：8-30.

[7] 许春漫，陈廉芳. 高校图书馆智慧服务模式下智慧馆员队伍的建设 [J]. 情报资料工作，2014（1）：87-91.

Wi-Fi 6 技术在智慧图书馆建设中的应用初探

高　萌（信息技术部）

随着无线网络、人工智能、大数据、AR、VR 等技术的迅猛发展，一个万物互联的世界即将到来。在这些智能技术的驱动下，智慧型社会将应运而生。而图书馆作为信息密集型和服务型行业，也必将融入智能化、智慧化的趋势当中。从传统的纸本图书馆到复合型图书馆，再到数字图书馆、移动图书馆，我们可以清晰地看到，图书馆的发展与时俱进，其职能定位在不断地转变。伴随着智慧时代的到来，图书馆将进一步转型为智慧图书馆，成为未来图书馆发展的一种新的模式，一场新的革命[1]。在智慧时代下，图书馆要考虑如何更好地传承文明、服务社会，如何更便捷、更准确地提供借阅服务、参考咨询、立法决策、社会教育、文化遗产保存等职能。那么，Wi-Fi 6 技术将是智慧图书馆的一项重要的支撑技术，为图书馆行业带来一个新的机遇——智慧图书馆的建设。

1　Wi-Fi 6 技术介绍

Wi-Fi 是一种基于 IEEE 802.11 标准的无线网络技术。如今，我们能在几乎所有的移动设备中和大多数室内环境中发现 Wi-Fi，而且 Wi-Fi 正在快速扩展到电子设备、交通工具、物联网等之中。Wi-Fi 联盟为更好地推广 Wi-Fi 技术，参考通信技术命名方式，重新命名 Wi-Fi 标准，其中 802.11ax 被命名为 Wi-Fi 6[2]。Wi-Fi 的一大特征就是向下的兼容性，Wi-Fi 6 网络里完全兼容 Wi-Fi 家族以前的所有协议，如 802.11a/b/g/n/ac 等。Wi-Fi 6 是目前最新的第六代 Wi-Fi，除了提供更快的速度和更大的容量、更低的延时以及更加精细化的流量管理以外，Wi-Fi 6 还拥有更高的频谱效率、更大的覆盖范围、更节能的接入终端功耗需求、更高的安全性和可靠性，以及对流量消耗型和延时敏感型应用的接入能力，它将大幅扩展 Wi-Fi 网络的应用范围和场景。

Wi-Fi 6 技术继承了 Wi-Fi 5（802.11ac）的所有先进特性，并新增了许多针对高密部署场景的新特性，支持 2.4GHz 和 5GHz 频段。2.4GHz 频宽窄，且仅有 3 个 20MHz 的互不干扰信道（1、6 和 11），在 802.11ac 标准中已经被移除，但 2.4GHz 频段在很多场景下依然被广泛使用，因此 802.11ax 标准中选择继续支持 2.4GHz，目的就是要充分利用这一频段特有的优势，尤其是在高密环境下，能够扩大覆盖范围、边缘区域覆盖补盲、兼容老旧设备等。Wi-Fi 6 带宽可达到 9.6Gbps（160MHz 频宽下 8 条流），无线接入点的接入容量是 Wi-Fi 5 的 4 倍，支持更多的终端并发接入，每个 Wi-Fi 6 接入点最多可接入一千余个无线终端，并发用户数最大可达到七十余个，网络延时可低至 10ms，终端功耗节约 30% 以上，满足物联网终端对低功耗的要求，提高接入用户的体验。Wi-Fi 6 的关键技术主要包括正交频分多址技术、空分复用技术、高阶调制技术等[3]。

表 1 Wi-Fi 工作频段及传输速率

协议	工作频段	最高传输速率
802.11	2.4GHz	2Mbit/s
802.11a	5GHz	54Mbit/s
802.11b	2.4GHz	11Mbit/s
802.11g	2.4GHz	54Mbit/s
802.11n（Wi-Fi 4）	2.4GHz、5GHz	600Mbit/s
802.11ac（Wi-Fi 5）	5GHz	6.9Gbit/s
802.11ax（Wi-Fi 6）	2.4GHz、5GHz	9.6Mbit/s

2.1 正交频分多址技术

正交频分多址技术（OFDMA）是一种高效的数据传输技术，它通过将子载波分配给不同用户并在正交频分复用（OFDM）系统中以添加多址的方式来实现多用户复用信道资源。802.11ax 标准中将最小的子信道称为资源单位（RU），每个 RU 当中至少包含 26 个子载波，通过时频资源块 RU 区分出用户，首先将整个信道的资源分成一个个小的固定大小的时频资源块 RU，在这种模式下，用户的数据是承载在每一个 RU 上的，因此，从总的时频资源上来看，每一个时间片上，都有可能有多个用户同时发送。正交频分多址提供了更好的服务质量（QoS），分配更细致的信道资源，提供更多的用户并发以及更高的用户带宽等[4]。

2.2 空分复用技术

空分复用技术（MU-MIMO）使用信道的空间分集来在相同带宽上发送独立的数据流，与 OFDMA 不同，所有用户都使用全部带宽，从而带来多路复用增益。终端的天线数量受限于尺寸，一般来说只有 1 个或 2 个空间流（天线），比无线接入点的空间流（天线）要少，因此，在无线接入点中引入 MU-MIMO 技术，同一时刻就可以实现无线接入点与多个终端之间同时传输数据，极大提升了数据吞吐量。

2.3 高阶调制技术

802.11ac 采用 256-QAM 正交幅度调制，每个符号位传输 8bit 数据，而 802.11ax 采用的是 1024-QAM 正交幅度调制，每个符号位传输 10bit 数据，可以看出，从 8 到 10，提升了 25%，也就是相对于 802.11ac 来说，802.11ax 的单条空间流数据量又提高了 25%。

表 2 802.11n、802.11ac 和 802.11ax 关键技术对比

类别	802.11n	802.11ac	802.11ax
频分复用	OFDM	OFDM	OFDMA
资源单元	全信道带宽	全信道带宽	26、52、106、242…
空分复用	不可用	MU-MIMO，仅下行，最多 4 个	MU-MIMO，上、下行，最多 8 个
空间流数量	1—4 个	1—8 个	1—8 个
子载波间隔	312.5kHz	312.5kHz	78.125kHz
子载波调制	BPSK、QPSK、16QAM、64QAM	BPSK、QPSK、16QAM、64QAM、256QAM	BPSK、QPSK、16QAM、64QAM、256QAM、1024QAM

3 Wi-Fi 6 无线网络部署

Wi-Fi 6 技术在智慧图书馆得以应用，不能缺少无线网络系统作为支撑平台，因此首先需要在图书馆部署一个安全稳定、高效便捷的无线网络系统，实现图书馆 Wi-Fi 6 网络信号的全面覆盖。无线网络系统主要由无线接入、无线控制、无线认证管理等几部分组成。智慧图书馆无线网络系统拓扑如图 1 所示：

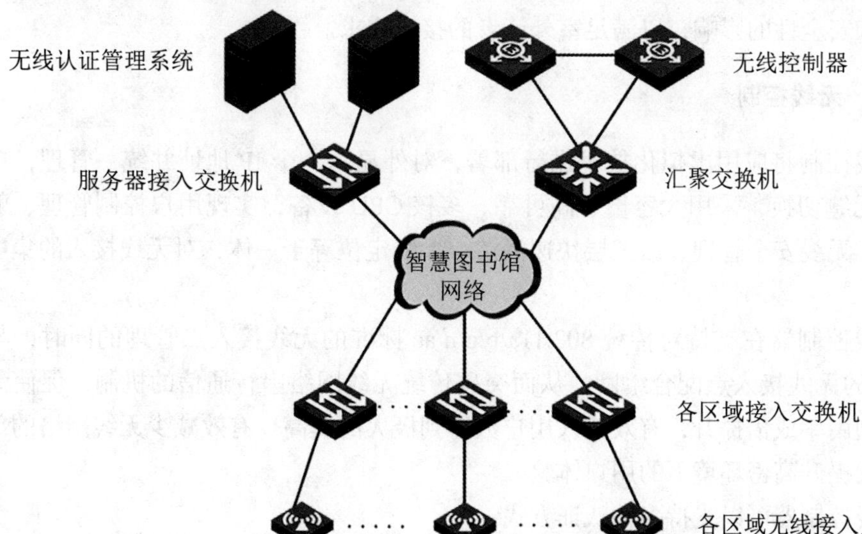

图 1 智慧图书馆无线网络系统拓扑图

3.1 无线接入

无线接入将采用 Wi-Fi 6 技术，实现无线接入点在同一时刻向多个用户终端发送数

据信息，突破传统无线网络串行通信的机制，使有效接入读者用户数得到最大限度的提升，有效减少无线网络的部署开销，提升高密度读者用户情况下的读者体验。空分复用技术以及双频段特性的应用，可以有效地从覆盖范围、接入密度、运行稳定等方面为读者及员工提供更高性能的移动云接入服务。正交频分多址技术的应用，将无线带宽更加细分，提高多用户场景下语音、视频等低延时应用的读者体验。采用绿色低碳设计，在确保数据信息能成功传输的前提下动态调节无线接入点和用户终端之间的双向功率，以达到减少设备能耗和延长移动终端待机时间的作用。采用本地转发方式，将数据信息在无线接入点上直接转化为有线格式的数据，使数据不经过无线控制器，而是在本地进行转发，能够大大节约有线带宽。能够按照接入用户数量和流量进行相应负载均衡。

无线接入点的类型大致分为室内普通放装型、室内高密型、面板型和室外型等。根据图书馆不同的地理区域、应用场景和具体需求部署不同类型的无线接入点。在读者借阅区，人员相对比较密集，空间开阔，且对无线接入质量要求较高，因此使用室内高密型和普通放装型无线接入点相结合的方式进行合理布局，以满足读者借阅区域的无线型号覆盖和接入质量。在会议室、报告厅等区域，人员较为集中，流动性不大，对连接质量和并发数要求很高，故主要使用室内高密型无线接入点进行部署。在办公区域，人员基本固定，空间区域相对较小，可在楼道区域部署室内放装型无线接入点，办公室内采用面板型无线接入点进行部署，此种部署方式基本解决了办公室内的信号死角问题，大大提高了办公区域无线接入能力。馆外区域相对空旷，人员流动性较大，信号覆盖范围较广，设备受天气环境影响很大，因此要采用室外型无线接入点，降低环境等因素对设备性能和安全性的影响，以满足室外读者的接入需求。

3.2 无线控制

无线控制将应用虚拟化技术进行部署，对外显示一个 IP 地址并统一管理，单台故障可以无缝切换，采用大容量、高可靠、多核 CPU 设备，实现用户控制管理、射频资源管理、无线安全管理、二三层快速漫游、无线定位等于一体，对无线接入的集中统一管控。

无线控制器在支持对传统 802.11a/b/g/n/ac 标准的无线接入点管理的同时，与基于 Wi-Fi 6 的无线接入点配合组网，从而突破传统无线网络串行通信的机制，促使无线频谱资源利用率成倍提升，有效接入用户数得到极大的提高，有效减少无线网络的部署开销，极大提升高密环境下的用户体验。

无线控制器可以支持多种认证方式：

Portal 认证：提供内置的 Portal 认证服务，无须客户端配合，直接通过浏览器 Web Portal 页面作为认证通道，当用户认证通过后，可以灵活跳转到指定访问首页并启动相应授权和计费，同时也可以根据策略要求，灵活推送定制 Portal 页面，达到信息推送、服务宣传的作用。

802.1x 认证：可以支持 TLS、PEAP、TTLS、MD5、SIM 卡等多种 802.1x 的认证方式，同时还支持 802.1x 本地认证方式，提供对 MD5、TLS、PEAP 等主流认证方式的支持，不需要再额外配置 AAA 服务器。通过 802.1x 认证后动态授权 VLAN 和 ACL，对用户策略可以事先设定好，用户认证时系统自动配置用户权限。

MAC 认证：对于一些不方便在终端上进行认证的移动设备，MAC 地址认证方式就可以轻松解决，在控制器或者 AAA 服务器上配置好合法的 MAC 地址，这些 MAC 地址对应的移动终端就可以被允许接入到图书馆无线网络，而事先没有被配置的移动终端则不能接入到无线网络，此种方式方便了例如无线智能设备的网络接入操作，MAC 地址认证可以确保只有馆内记录在案的无线设备接入无线网络，而拒绝其他人员或设备使用专用无线网络。

3.3 无线认证管理

无线认证管理将采用虚拟化技术进行部署，在无线网络资源集中管理的基础上，实现无线接入、认证管理、无线控制、无线终端以及结构、配置、性能、安全等的一体化管理。根据用户角色、用途、地理区域等采用多种认证方式进行无线认证，认证方式包括 Portal 认证、微信认证、短信认证、人脸识别等。针对到馆读者，采用 Portal 认证、微信认证或人脸识别等认证方式，确保读者相关信息可查，设立读者专用 SSID，覆盖所有读者区域，读者使用移动终端设备连接指定的 SSID，通过身份认证后方可使用图书馆无线网络。无线认证系统可与图书馆用户管理系统、智能书架系统、智能座位系统、门禁系统等以及其他行为探测系统进行互联互通，从而使读者能够毫无障碍地在各个阅览室取书、阅览，并完成借还操作，后台系统将自动处理相关验证和借还手续等流程，读者通过终端就能自动收到确认或帮助信息。针对馆内员工，采用 Portal 认证或人脸识别等方式，确保员工相关信息可查，设立办公专用 SSID，覆盖相关办公区域，员工使用移动终端设备连接指定的 SSID，通过身份认证后方可使用图书馆无线网络。针对会议人员及访客，采用微信扫码或短信验证等认证方式，确保与会者及访客相关信息可查，设立会议及访客专用 SSID，覆盖所有会议室及访客活动等区域，与会者及访客使用移动终端设备连接指定的 SSID，通过身份认证后使用图书馆无线网络。认证页面可根据用户角色、相关用途、不同地理区域等进行显示，展示或推送相关热点信息，包括读者提示、相关通知、所在区域介绍等，进一步增强用户体验，提升读者服务水平。

4 智慧图书馆 Wi-Fi 6 技术应用

智慧图书馆的建设离不开人工智能、大数据、物联网、AR、VR 等创新性技术的应用，然而这些技术几乎都要依托网络通信技术得以实现，尤其是无线网络技术，因此，可以说 Wi-Fi 6 是智慧图书馆最重要的基础性技术，会得到广泛应用。

4.1 无线定位及导航导览

Wi-Fi 定位主要包括基于 RSSI 的三角定位、指纹定位等。三角定位是利用信号强度的距离传输衰减模型，计算出当前位置离信号源的距离，然后再使用三角数学公式进行推算，这种方式只需要事先了解信号源的坐标，实现较为简单，不需要进行采样，但实际环境中的介质衰减情况较为复杂，信号存在一定范围内的波动，因此在距离估算上会有一些偏差。指纹定位的实现主要由前期采样和后期定位两个阶段构成，该方式是利用场景中各个点位的 Wi-Fi 信号分布的固定特征，就像人的指纹一样，且不随时间而变化，通过事先采样的方式，把各个位置上的信号特征记录下来，实际定位时只需要用“查表”的方式即可推算出位置信息，采样数据反映了真实场景的情况，如不同厚度的墙体、材料等。指纹定位相对于三角定位方式，不需要知道具体的介质衰减系数，因此具有更高的定位准确度[5]。在智能图书馆建设中，根据实际情况，可采用三角定位、指纹定位再结合蓝牙技术等混合定位方式来实现图书馆的定位服务。

读者来到图书馆，用自带的无线终端设备连接到 Wi-Fi 6 无线网络后，就可以享受到图书馆提供的无线定位和导航导览服务，提供方式包括文字、图像、语音、视频、甚至虚拟形象等，通过定位服务，读者利用无线终端设备能在阅览室、展厅、培训教室等馆内各个区域接收到相应的服务介绍、资源和活动推介，还可以进行功能区域和座位的导航以及参考咨询服务等。借助无线定位在图书馆多场景的全方位覆盖，图书馆可以根据人员、书籍、设备、展览品等的具体位置信息，解决在提供借阅服务、参考咨询等公共服务时遇到的各种问题，从而给图书馆无线场景应用带来革新。

4.2 大数据分析

采集分析人员、书籍、设备、展览品等的数据信息，包括定位信息、读者轨迹、区域热度，还有 Wi-Fi 接入点收集上来的上网记录、参数配置等信息，基于无线探针数据和网管探测数据，分析读者使用体验，构建读者无线网络体验画像等。

通过对读者人流情况的分析，图书馆可以更加清楚地了解到在不同时间段的人流情况，可以为后续的管理、信息推送、读者引流以及数据的进一步分析等方面提供相应的数据支撑，例如可以向人数较多区域的读者推送网络使用饱和等温馨提示，引导读者去人数较少的区域学习活动等。

通过对区域热点的分析，图书馆能够很清晰地看到不同区域的读者出现的累加情况，可以按照年、月、日或某个时间段等粒度来进行热图呈现，为确定热点区域，举办活动以及消息发布的选址提供了很有效的依据。

通过对读者行动轨迹情况和停留时间的分析，图书馆可以充分挖掘读者的行为和阅读习惯，比如读者最喜爱走的路径，根据实际情况沿途设立相关指引路标，推送相关服务信息等，并按照年、月、日等粒度进行累计分析。

通过数据分析，图书馆还可以快速获取和统计读者的异常网络行为，通过舆情关键字、用户上网行为溯源等技术手段定位读者或无线终端设备，进行必要的安全管控，实现无线网络环境的安全防护，保障无线网络服务的安全性、可靠性和体验性。

智慧图书馆的精准推送服务可以通过大数据分析读者阅读和活动行为，进行内容和服务的推送，同时还可以推动阅读服务的创新，例如多媒体阅读、听书、游戏化场景阅读和推广等。随着科学技术的不断升级，更多元化的阅读体验可能会带来更高的读者无线终端设备性能要求，但是依靠 Wi-Fi 6 技术的高速传输能力，图书馆可以将系统放在云端运行，然后将运行后的图像、音视频等和用户操作流压缩通过网络传递给读者，从而大大降低了读者终端设备的门槛和成本。

4.3 超高清全景互动及视频会议

利用 Wi-Fi 6 技术，图书馆能够向读者提供更便捷、更高效、更安全的免费上网体验，支持大规模人群和多设备的同时在线，开展超高清影视服务、视频直播服务等，适用于各类培训、讲座、展览等公共文化活动。

超高清视频可以说是 Wi-Fi 6 网络实现的重要场景之一，也会在智慧图书馆建设中得到更为广泛的应用。Wi-Fi 6 网络良好的承载能力能够很好地解决 8K 超高清视频以及 VR 视频的传输问题，图书馆举办的各类培训讲座、会议活动等可以通过多点定位网络摄像头进行全景互动直播，图书馆还可以把馆内的体验区空间进行全景拍摄，通过无线网络实现远程现场实时展示等，让读者通过 VR 装置体验沉浸式观看和虚拟互动。

图书馆可以在实体空间和虚拟空间同时举办培训、讲座、会议等活动，活动以 VR 方式进行直播互动，相关资料课件以 AR 方式呈现，授课全过程自动转录换成 MOOC 并存储或授权发布，还可以结合智慧教育系统引入 AI 教室等。高质量的 VR、AR 业务对带宽、延时的要求逐渐提升，而 Wi-Fi 6 高带宽、高速传输能力可以解决 VR、AR 渲染能力不足、互动体验不强和终端移动性差等诸多问题，最终提升读者服务体验和员工工作效率。

图书馆工作人员通过 Wi-Fi 6 网络进行单点、多点、双流等开展各类型视频会议就会变得更为高效、便捷、稳定和安全，不用再担心网络卡顿、音画不同步、延时过大等问题，真正摆脱有线网络的束缚。

4.4 智能机器人服务

随着人工智能的快速发展，各类型虚拟或实体智能机器人将会更多地出现在智慧图书馆的服务之中，Wi-Fi 6 技术中的多天线和频分复用技术可以支持图书馆内的无线定位和高宽带通信，毫秒级低延时技术将实现机器人之间和机器人与其他智能系统之间前所未有的互动和协调，在精确高效的控制下提供更完善的服务。图书馆的机器人服务包括自动参考咨询、盘点机器人等。盘点机器人通过高速稳定的 Wi-Fi 6 网络，利用定位导航技术，实现更高效、更准确的盘点工作，可以完全取代繁杂的人工操作，避免了频繁的图书取阅与上架导致的图书错架摆放，大大提升了读者服务效率和服务质量。

4.5 智能楼宇服务

利用 Wi-Fi 6 技术，智慧图书馆建筑中的所有设备设施都可以接入图书馆无线网络，包括灯光、空调、水暖、门禁、电梯、监控等各类子系统，图书馆通过楼宇设备设施管理系统进行智能控制和调度，感知、分析、汇总统计相关系统的运行数据信息，并对相关需求进行智能响应。Wi-Fi 6 的高速率、低延时、大连接等特性，能够将智能楼宇与图书馆各业务系统以及用户的智能终端互联互通，实现空间的智慧管理和智能设备的自动连接，为到馆的读者和员工创造更好的体验环境。

智能安防是智慧图书馆智能楼宇建设的重要组成部分，主要功能包括监控摄像头接入网络、监测人员流动、空间管理、消防安全预警、应急自动响应、联动控制等。Wi-Fi 6 有效提升监控视频的传输速度和反馈处理速度，实现远程实时控制和提前预警，能够更加精准高效地进行安全防范，而且可以使安防监控范围进一步扩大，获取更广泛多样的监控数据。另外在 Wi-Fi 6 技术和环境的支持下，智能巡检机器人也会越来越多地出现在智能安防的体系中，承担馆区巡检的工作。

从纸本书籍到数字屏幕，时代在变化，但是阅读的本质不变。在万物互联的智慧时代，Wi-Fi 6 技术将推动文化数字领域迎来新的变革，图书馆行业也在其中。多屏、多端的万物互联将会让阅读的界限越来越模糊，未来将是一个“万书互联、人书互动、纸电融合、人人阅读”的新时代，依托智慧图书馆的建设，阅读将变得无处不在，随着 Wi-Fi 6 技术应用的不断普及，现在看来在图书馆不可能或很难实现的智慧应用场景，在不久的将来都会得到很好的应用并广泛服务于大众。

参考文献

[1] 初景利，段美珍. 智慧图书馆与智慧服务［J］. 图书馆建设，2018（4）：85-95.

[2] Wi-Fi 6 与 5G 技术及应用场景白皮书［EB/OL］.［2019-10-22］. https：//e. huawei. com/cn/material/networking/wlan/b3f46485597c4d72b43a6a27c6480646.

[3] Wi-Fi 6（802. 11ax）技术白皮书［EB/OL］.［2020-12-22］. https：//e. huawei. com/cn/material/networking/wlan/ebffaacee5ad45ca84eecb7f2217615e.

[4] 郑磊. WiFi 6 与 5G 技术的性能对比与应用分析［J］. 科技创新导报，2019（16）：144-151.

[5] 王智刚. 基于 WIFI 室内定位技术的移动图书馆服务策略探究［J］. 图书馆理论与实践，2015（6）：105-105.

普通中文图书出版者著录方式调研探究

戴建武　王彦侨（中文采编部）

出版者是指印刷和发行出版物的团体或个人，在CNMARC书目数据中著录于210$c字段中。出版者对书目数据的查重有影响，《国际标目书目著录》（ISBD）将其列为必备的著录单元。在对中文普通图书进行编目时，选取出版者信息的规定信息源是图书版权页和题名页。

在普通中文图书著录过程中，由于图书题名页与版权页的出版者信息有时存在着差异，我们发现在选取210$c的信息时会存在一定的困惑。出版者与图书ISBN号之间密切的联系，出版者信息著录的混乱必然导致书目数据的混乱。为保证著录的准确性、便于著录人员进行出版者信息的选取，特展开此次关于出版者名称差异的调研。本次调研按照"是什么，为什么，怎么做"的逻辑思路进行，调研内容包括出版者信息源上存在的差异、差异产生的原因并分析，以及根据现行国内外著录规则提出解决建议。

1　信息源上出版者信息存在的差异

图书题名页与版权页的出版者信息有时存在着一定的差异，具体的情况如下：

1.1　独立出版社

（1）题名页信息为"某某出版社"，但版权页信息为"某某出版社有限责任公司"。

例：2001#$a线性代数$f辛荣环主编

版权页信息：辽宁大学出版社有限责任公司

题名页题信息：辽宁大学出版社

出版单位前缀	978-7-5610
出版物单位名称	辽宁大学出版社有限责任公司
地区	辽宁
主管单位	辽宁省教育厅
主办单位	辽宁大学
类型	图书出版单位

图1　辽宁大学出版社有限责任公司相关信息[①]

① 信息来源：http：//www.gapp.gov.cn/zongshu/serviceSearchResultbve.shtml?ID=14131。

（2）XX 出版社已经完成转企改制，但信息源显示内容未变。

例：2001#$a 企业能力视角下产业价值链价值创造研究 $f 何文章主编

版权页信息：东北大学出版社

题名页信息：东北大学出版社

图 2　东北大学出版社有限公司相关信息 [①]

（3）出版者信息简称、全称混用导致信息源内容存在差异。

例：2001#$a 我在碧桂园的 1000 天 $f 吴建斌著

版权页信息：中信出版集团股份有限公司

题名页信息：中信出版集团 · 北京

1.2　出版集团和下级出版社

（1）题名页同时出现出版集团和下级出版社的信息，而版权页上只单独出现出版集团或下级出版社。

例：2001#$a 杜尚词典 $f（英）托马斯 · 哲思特（Thomas Girst）著 $g 闫木子，石雅云译

版权页信息：生活书店出版有限公司

题名页信息：生活 · 读书 · 新知三联书店生活书店出版有限公司

① 信息来源：http: //www.gapp.gov.cn/zongshu/serviceSearchResultbve.shtml?ID=14012。

出版单位前缀	
出版物单位名称	生活书店出版有限公司
地区	中央
主管单位	生活·读书·新知三联书店有限公司
主办单位	生活·读书·新知三联书店有限公司
类型	图书出版单位

图 3　生活书店出版有限公司相关信息[①]

（2）题名页单独出现下级出版社信息，但版权页同时出现出版集团和下级出版社的信息。

例：2001#$a《美术博览》丛书

版权页信息：上海世纪出版股份有限公司上海书店出版社

题名页信息：上海书店出版社

出版单位前缀	978-7-5458
出版物单位名称	上海世纪出版有限公司上海书店出版社
地区	上海
主管单位	上海世纪出版股份有限公司
主办单位	上海世纪出版股份有限公司
类型	图书出版单位

图 4　上海书店出版社相关信息[②]

（3）题名页单独出现出版集团信息，但版权页同时出现出版集团和分社的信息。

例：2001#$a 欧洲如何使非洲欠发达 $f（圭亚那）沃尔特·罗德尼（Walter Rodney）著

版权页信息：社会科学文献出版社当代世界出版分社

题名页信息：社会科学文献出版社

① 信息来源：http：//www.gapp.gov.cn/zongshu/serviceSearchResultbve.shtml?ID=13912。

② 信息来源：http：//www.gapp.gov.cn/zongshu/serviceSearchResultbve.shtml?ID=14181。

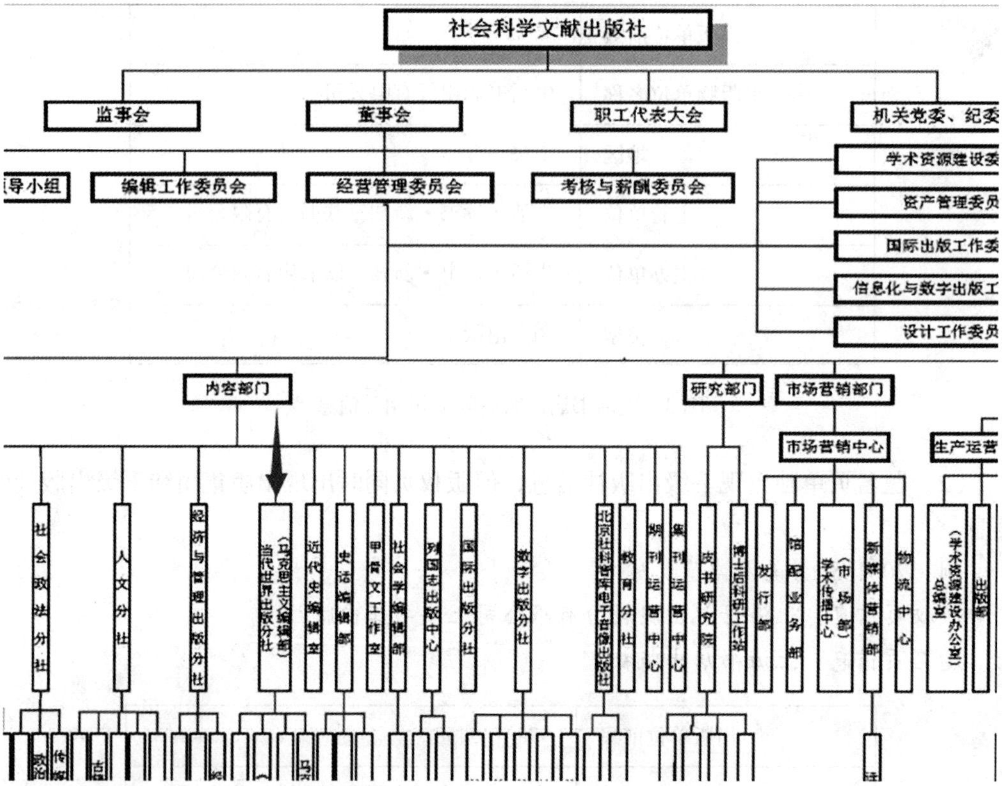

图 5　社会科学文献出版社组织结构信息

（4）题名页单独出现下级出版社，版权页仅出现出版集团的情况。

例：2001#$a 中医儿科临床家王玉玲 $f 姜润林，吕红粉主编

版权页信息：凤凰出版传媒股份有限公司

题名页信息：江苏凤凰科学技术出版社

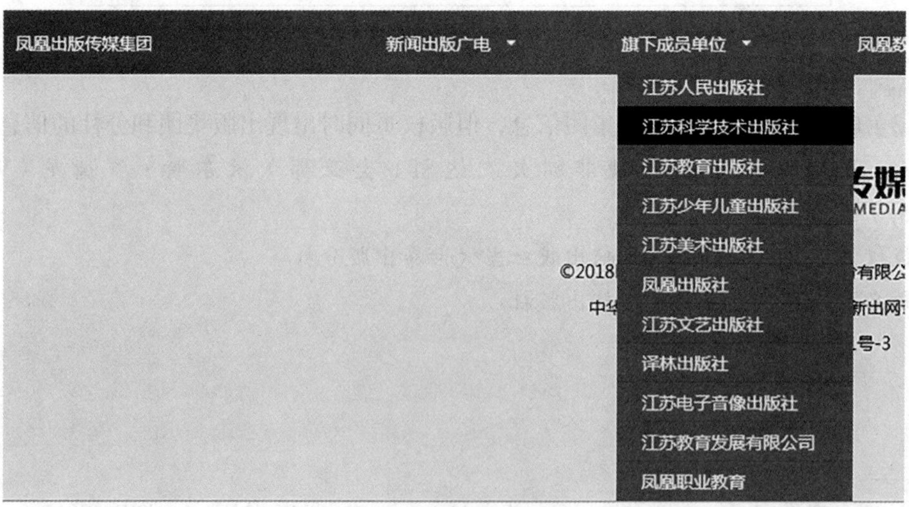

图 6　凤凰出版传媒集团隶属关系信息

1.3　合作出版

在实际著录过程中，发现书目出版者存在合作出版等形式而导致题名页与版权页存在差异。

例：2001#$a 镜花水月 $e 西方时尚里的中国风 $f（英）安德鲁·博尔顿（Andrew Bolton）编著 $g 胡杨译

版权页信息：湖南美术出版社　后浪出版公司

题名页信息：湖南美术出版社

2　出版者信息差异产生的原因分析

笔者深入研究了造成图书题名页与版权页出版者信息差异的原因并对其进行了分析，详情如下。

2.1　出版不够规范

图书的出版遵照国家标准《图书书名页：GB/T 12450—2001》，该标准的 4.1.3 项中规定了出版者名称应采用全称，并标出其所在地；3.5 项中则强调了出版者是对图书的编辑、出行和发行负责的机构或组织。该标准于 2001 年 12 月发布，并于 2002 年 8 月开始实施。该标准并未对同一出版物有多个出版者的情况做相关的规定。根据前往出版社调研的同事们提供的反馈情况来看，出版社在进行图书出版工作时，因为没有相应的标准对同一出版物有多个出版者的问题进行规范，编辑人员对该部分内容的处理具有一定的随意性。各出版社往往根据习惯或者某些特殊要求来书写出版者信息，这样就导致图书的题名页与版权页中关于出版者信息的书写方式比较混乱。对于这一现象，出版社的通常处理原则是：不影响图书正常出版即可。

2.2　转企改革要求

根据《国务院办公厅关于印发文化体制改革中经营性文化事业单位转制为企业和支持文化企业发展两个规定的通知》（国办发〔2008〕114 号）以及《关于印发〈关于进一步推进新闻出版体制改革的指导意见〉的通知》（新出产业〔2009〕298 号）的要求，包括地方出版社、高校出版社、中央各部门各单位出版社在内的全国所有经营性出版社已全部完成转企。完成转企的出版社，其法人名称通常由"某某出版社"转变为"某某出版社有限公司"，但是出版社从业人员仍习惯使用"某某出版社"的用法。原因有二：一是因为出版社从业人员习惯使用前一种用法；二是出版社从业人员认为用"某某出版社有限公司"较为商业化，而传统名称更能拉近与读者之间的距离。因此在图书出版时常会出现题名页与版权页出版者信息不一致的现象。

2.3 集团效益驱使

目前，我国许多出版企业在政府推动下合并组建成大型出版集团，出版集团的运行模式为出版产业稳健有序的发展提供了新的动力。根据 2020 年 10 月国家新闻出版署发布的《2019 年新闻出版产业分析报告》中的数据显示，106 家图书出版、报刊出版和发行集团共实现主营业务收入 3476.2 亿元，占全国书报刊出版和出版物发行主营业务收入的 75.8%，拥有资产总额 7929.6 亿元，占全国出版发行全行业资产总额的 91.9%，实现利润总额 354.0 亿元，占全国出版发行全行业利润总额的 73.0%。从这一系列数据我们不难发现，出版集团集群基本形成，产业规模化集约化程度逐渐加深。在这一趋势下，大部分出版社不再是独立单一的市场个体，它们多归属于大型出版集团而存在，出版社在出版图书时必然会在出版者信息处体现集团的名称，因此会出现在图书题名页或版权页中出版集团和出版社信息共同出现的情况。

3 国内外著录规则及参考建议

目前，中文图书编目主要遵循文献著录系列国家标准（GB/T 3792 系列标准）[①]。标准未涵盖的，参照国际标准（ISBD），著录细则执行《中文文献编目规则（第二版）》中的相应条款；从国际上来看，更新后编目规则主要是《国际标准书目著录》（2011 年统一版）（International Standard Bibliographic Description，ISBD）、《资源描述与检索》（Resource Description and Access，RDA）。下文将梳理文献编目规则中对于出版发行项信息源的规定。

3.1 国内规则

（1）《中国文献编目规则》（第二版）

根据《中国文献编目规则》（第二版）第 2.0.5 项的描述，普通图书的主要著录信息源为题名页，而出版、发行项的规定著录信息源为版权页、题名页。在此，版权页是出版发行项的首选信息源。

（2）中国高等教育文献保障系统（CALIS）的《中文图书著录规则》

CALIS《中文图书著录规则》没有做主要信息源采用的有关规定，而是按顺序列出了规定信息源。出版发行项的规定信息源依次为题名页、其他序页、书末出版说明。在这里题名页是出版发行项的首选信息源。

（3）《普通图书著录规则：GB/T 3792.2—2006》

该标准在“7.1.2　规定信息源”项中指出，出版、发行（等）项的规定信息源为版权页、题名页。该标准中关于出版项的著录规定与《中国文献编目规则》（第二版）一致，都是以版权页作为出版发行项的首选著录信息源。

---

① 《信息与文献　资源描述：GB/T 3792—2021》将于2021年10月1日正式实施，届时将替代有关文献著录的系列国家标准。

3.2 国际规则

（1）《国际标准书目著录》（2011 年统一版）[ISBD（统一版）]

该著录规则规定的关于著录出版发行项的规定信息源为题名页、其他正文前书页、书末出版说明页。

（2）资源描述与检索（RDA）

根据 RDA2.8.4.2 信息源的描述，出版者名称取自下列来源（按优先顺序）：a. 与正题名相同的来源；b. 资源本身内的另一来源；c.2.2.4 指定的其他信息源之一。

综上所述，目前 CALIS《中文图书著录规则》与 RDA 的相关规定一致，即出版发行项的规定著录信息源首选题名页；而 ISBD、《中国文献编目规则》（第二版）、《普通图书著录规则：GB/T 3792.2—2006》均将版权页作为出版发行项的首选著录信息源。

3.3 参考建议

根据以上调研结果，并结合国内外现行著录规则，笔者建议编目员在工作时对于出版者信息的著录应选用采用题名页信息作为首先信息源。理由如下：

（1）符合出版习惯

在实地调研过程中，出版社的工作人员也意识到了题名页与版权页中出版者信息混乱的问题。尽管因法律及客观条件要求，出版社应使用经注册的正式名称，但在日常表达中，原来的社名更具识别性；出版工作中也更习惯将原出版社名称放置在题名页上。在调研过程中出版社工作人员也表达出建议图书馆采用出版社名称进行著录的意向。

（2）符合著录趋势

通过对国内外有关书目著录规则的梳理，我们不难发现国际上对于出版者信息的著录主要是将题名页作为首选信息源。在国内，关于出版者的著录也有将题名页作为首选信息源的趋势，CALIS 已率先实行这种规定，在高校图书馆的文献著录工作中此种规定已得到一定的推广。

（3）便于读者检索

出版项的著录，一方面是为了更好地揭示作品的信息，另一方面也是为了方便读者进行更有效的检索。图书题名页上的信息通常一目了然，是更容易让读者获取信息的来源，普通读者更偏向于利用题名页上的信息进行检索图书。因此，采用题名页上的出版项信息进行著录，更加便于读者准确地找到该著作。

出版者信息著录首选信息源的统一，对于书目数据的完整、规范和精准有着重要的意义。针对普通中文图书题名页和版权页上出版者信息不一致的问题，本文结合编目数据实例，将其归纳总结。并针对这些问题，结合在出版社实地调研所得到的反馈信息，分析这些问题发生的原因。参考国内和国际上现行著录规则中有关出版者信息源选取的相关规定，建议在著录时从题名页选取出版者信息。

参考文献

[1] 陈松喜 . 出版社著录不规范的原因及其控制 [J]. 图书馆杂志，2015（6）：53-57.

[2] 李丽芳 . 浅谈同地旧志责任者项、版本项及出版发行项的著录 [J]. 新世纪图书馆，2017（7）：31-34.

[3] 张期民 .《中国文献编目规则》与 RDA 条款的比较分析 [J]. 新世纪图书馆，2013（2）：38-41.

[4] 曾伟忠 . 我国文献编目规则著录信息源条文存在的问题述评——以图书为例 [J]. 图书馆学研究，2018（4）：67-72.

[5] 曾伟忠，何乐 .《中国文献编目规则》（第 2 版）与 ISBD（统一版）、AACR2R—2002 著录方式比较 [J]. 图书馆建设，2015（6）：48-51.

疫情防控常态化时期国家图书馆到馆读者调查研究

陈　攀　杨　靖（典藏阅览部）

1　调查背景及目的

受新冠肺炎疫情影响，国家图书馆自2020年1月24日起实行闭馆，暂停到馆读者服务；5月12日起有序恢复开放总馆南区；7月28日起有序恢复开放典籍博物馆；10月1日起扩大开放总馆北区、少年儿童馆和古籍馆区域；开放期间，各服务点按比例实行预约限流入馆。新冠肺炎疫情防控时期，国家图书馆到馆读者服务工作的内容及形式都与以往有较大不同。了解读者需求和读者行为的变化是积极应对特殊时期图书馆服务优化调整的重要工作，读者调查则是了解读者需求的重要调研方法。

《GB/T 28220—2011　公共图书馆服务规范》（以下简称“服务规范”）在其第8部分“服务监督与反馈”中指出“公共图书馆每年应进行一次读者满意度调查……向馆内读者随机发放读者满意度调查表”，并“应对回收的读者满意度调查表进行分析，针对薄弱环节提出整改意见”[1]。服务规范指出了图书馆读者调查工作的必要性，明确了读者调查的价值及方法。由于该标准规范的对象是全国各级各类图书馆，考虑到各馆调查能力等因素，标准仅给出了“满意”“基本满意”和“不满意”三项评价指标，以及对满意度和回收率的基本要求，对于读者行为和需求的分析研究并未做出指示。国家图书馆作为具有公共图书馆性质的国家馆，有必要按服务规范要求开展读者调查。国家图书馆具备资源优势与人才优势，具备对读者需求及读者行为开展的研究能力，对于读者调查的设计也应参考更为专业的理论依据。

国家图书馆有良好的读者调查传统，每年定期开展读者问卷调查或召开读者座谈会，收集读者意见反馈，对服务工作进行分析评估。笔者所在的调查团队自2014年起每年定期开展读者问卷调查工作。早期的调查问卷设计参考《〈公共图书馆服务规范〉应用指南》书中的调查问卷样例设计[2]，采用5级量表评价读者满意度，增补了读者阅读需求等相关调查内容。随后几年，调查小组成员对国内外图书馆读者调查体系做了较为全面的调研，并开展了相关实证研究[3-4]。2017年起，结合国家图书馆读者调查需求及服务绩效评估的需求，调查小组选择参考LibQUAL+和Insync指标体系设计本馆的调查问卷指标条目池。LibQUAL+与Insync是图书馆领域两种重要的服务测评工具，二者均采取“核心指标+本地指标”的设计原则。LibQUAL+采用9级量表三列问卷调查表进行测评，对每个测评指标进行最低期望、理想期望、实际感知、服务合格度和优秀度的基本描述，整体结果采取算数平均计算。Insync采用7级量表两列调查表进行测评，指标评价基于感知测评理论，认为“服务感知绩效 = 服务质量 = 用户满意度”，因此也被称为“关注度 - 满意度”二列问卷调查[5]。调查小组考虑到本馆调查需求及读者配合度等因素，在参考两种体系设计理念的同时简化问卷结构，降低问卷填写难度，制定了基本满足本馆读者调查需要的指标条目池。经过三年的实证研究，形成了较为科学有效，适应本馆服务绩效评估以及读者现实情况的调查方案。

2 调查基本情况

2.1 问卷设计

2020 年是特殊的一年，虽然困难重重，但经过研究讨论，调查小组仍然决定在国家图书馆的多个服务空间以量表测评形式开展随机抽样调查，实现读者对疫情防控常态化时期图书馆服务情况的有效反馈。本次调查重点关注两个方面的问题，一是疫情防控常态化形势下，读者对服务的满意度，包括环境设施、资源获取、馆员服务等评价维度，并征求读者对服务的意见与建议；二是重点关注特殊时期读者到馆行为以及需求与以往相比有哪些特点和变化，为优化读者服务提供参考依据。

调查问卷的设计在上述指标条目池的基础上通过征求一线图书馆员的意见，根据当前特殊服务环境变化进行筛选和修改，形成本次调研所使用的图书馆服务质量评价指标及读者行为需求调查的内容设计。评价指标划分为文献资源、馆员服务、图书馆环境和资源获取便利性 4 个维度，指标总数为 21 个。为满足公共阅览室问卷发放要求，最大限度回收有效问卷，调查问卷采用李克特 5 级评分方式，请读者根据自身感受对每个指标做出评价。取值范围为 1—5，1 为最低，5 为最高。同时，设置开放式问题收集读者对到馆服务的主观意见及建议。

2.2 问卷发放及回收

本次调查问卷采用现场随机发放形式。2020 年 10 月 31 日至 11 月 15 日期间，陆续在国家图书馆北区中文图书区、中文图书借阅区、综合阅览室、年鉴新方志阅览室、缩微阅览室等服务区域发放读者调查问卷共 460 份，回收问卷 437 份，其中有效问卷 419 份，有效回收率 95.88%。

参与调查的读者中男性占比 36.3%，女性占比 63.7%，性别比例有一定差异。调查样本的年龄在 17 岁至 83 岁之间，主要集中在 20 至 29 岁、30 至 39 岁这两个年龄段的青年读者，分别占样本总数的 44.6% 和 30.8%。其次是 40 至 49 岁、50 至 59 岁这两个年龄段的中年读者，分别占样本总数的 11.7% 和 6.0%。60 岁以上的老年读者占比 4.3%。调查样本的学历构成以大学本科和硕士研究生为主，分别占比 43.4% 和 33.9%，这两种学历水平的被调查读者占样本总数的 77.3%，调查对象的学历水平较高。调查样本的职业构成以学生和企业职员为主，分别占比 30.7% 和 32.4%，两类人群占样本总数的 63.0%。

3　调查分析

受篇幅所限，本文仅对本次调查重点关注及有较明显变化的评价指标进行分析。在读者行为方面，仅对具有明显特征或变化的读者行为进行论述。

3.1　调查信效度分析

使用SPSS分析软件对调查问卷进行信度检验，各维度及问卷总体的Cronbach α系数在0.757—0.919之间，内部一致性较好，整个问卷具有较好的信度。相关系数分析结果表明，问卷各维度之间及各个维度与总分之间均具有显著相关关系，问卷具有良好的结构效度。此外，问卷编制以现有相关研究成果为基础，结合调查实际情况进行调整，并请从事读者服务工作的馆员提出意见并进行修改，保证了问卷的内容效度。

3.2　读者到馆行为及需求分析

由于社会环境及服务现状的特殊性，本次问卷对读者在2019年和疫情常态化防控时期两种不同阅读情景下的到馆频次、到馆目的分别进行了调查。调查显示，疫情防控期间，读者到馆行为整体来看无显著变化，不同年龄段读者的到馆行为存在较大区别。

3.2.1　疫情期间读者到馆目的无显著变化

调查显示，疫情常态化防控期间，读者到馆行为与以往相比没有显著变化。调查问卷设置多选题对读者到馆目的进行调查。大部分被调查读者的到馆目的是复合型的，通常是以查找资料、使用数据库和自习为主，占被调查样本总数的88.1%，该百分比构成与2019年的调查结果（87.4%）较接近。其中，以查找文献资料、使用数据库为到馆目的的读者与2019年相比有所增加，以自习为到馆目的的读者与2019年相比略有减少。以参观展览、参加活动为到馆目的的读者比例减少幅度较大，与2019年相比减少2.5%，这与特殊时期线下展览及读者活动的减少有较大关系。同时，预约入馆制度的实行可能在一定程度上提高了读者到馆的目的性，无明确到馆目的的读者比例有所减少，与2019年相比减少1.3%。

表1　2019年到馆目的与疫情防控期间到馆目的的对比

到馆目的	2019年		疫情时期	
	个案百分比	百分比	个案百分比	百分比
查找文献资料	64.5%	40.3%	65.2%	43.3%
自习	56.6%	35.4%	53.0%	35.2%
使用国图提供的数据库	19.9%	12.4%	20.8%	13.8%
参观展览、参加活动	8.6%	5.4%	3.8%	2.5%
随便看看，打发时间	7.7%	4.8%	5.3%	3.5%
其他	2.6%	1.6%	2.6%	1.7%
总计	160.0%	100.0%	150.6%	100.0%

3.2.2　疫情防控期间到馆读者的忠实度稳中有升

调查显示，调查样本中有43.3%的读者在2019年到馆频次较高，每周至少到馆一次，2020年疫情常态化防控期间到馆频次较高的读者比例增长至57.9%。从2019年和2020年疫情防控期读者到馆频次的交叉分析来看，在2019年到馆频次较高的调查样本中，有超过八成的读者在今年疫情防控常态化形势下仍保持着较高到馆频次，是图书馆的忠实到馆用户。此外，在2019年到馆频次较低的调查样本中，有约两成读者的到馆频次提升，正在成为国家图书馆的忠实用户。

表2　2019年到馆频次与疫情防控期到馆频次交叉分析

			疫情防控期到馆频次		
			基本每天都来	每周至少1次	疫情防控期间第1次来
2019年到馆频次	基本每天都来	占2019年到馆频次中的百分比	5.30%	36.8%	5.30%
		占疫情防控期到馆频次中的百分比	1.00%	3.5%	1.00%
	每周至少1次	占2019年到馆频次中的百分比	13.00%	75.3%	13.00%
		占疫情防控期到馆频次中的百分比	20.80%	61.6%	20.80%
	半年或更久1次	占2019年到馆频次中的百分比	37.50%	36.8%	37.50%
		占疫情防控期到馆频次中的百分比	56.40%	28.3%	56.40%

3.2.3　不同年龄段读者到馆目的差异显著

为分析读者需求与读者年龄的关系，笔者将读者到馆目的按年龄段分组进行比较分析。从各年龄段读者到馆目的的个案百分比统计来看，不同年龄段读者的到馆目的存在较大不同，在文献资料查找需求、自习需求、数据库使用需求、休闲需求等方面均存在差异。

（1）青年读者是到馆自习的主要群体，随着读者年龄的增长，读者到馆自习的需求不断下降。50岁以上读者的自习需求相比前一年龄段读者显著下降。自习不再是中老年读者群体的主要到馆目的。

（2）中年读者到馆查找文献资料的需求在各年龄段中最强烈。以查找文献资料为到馆目的的读者，随着年龄增长该需求不断增大，峰值出现在40至49岁年龄段，随读者年龄的增长该需求逐渐回落。

（3）老年读者群体对于国图数据库的使用需求在各年龄段中最高。以使用国图数据库为到馆目的的读者各年龄段分布较平均。值得注意的是，老年读者群体表现出较其他年龄段读者更为强烈的对于新型数字阅读方式的需求，这与我们印象中对老年读者阅读行为的认知并不一致。

（4）老年读者群体到馆具有较强烈的休闲消遣需求。疫情期间，到馆读者的目的性比以往更加明确，与此同时我们也注意到，以“随便看看，打发时间”为到馆目的的60岁以上老年读者群体比例比往年有较明显增加，是各年龄段中休闲需求最强烈群体，这与调查样本中该需求整体比例减少的结果相反。

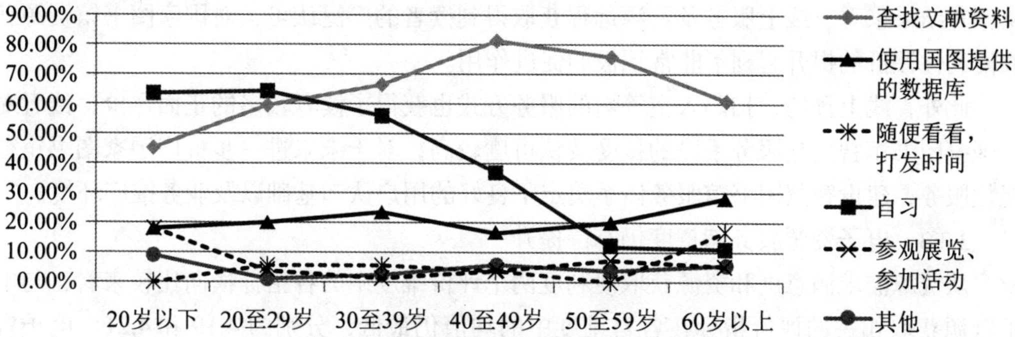

图1　各年龄段读者到馆目的比较分析

综合所述，青年读者、学生群体是国家图书馆的主要到馆读者群体，他们往往更看重图书馆提供的空间价值，对于国图提供的资源、服务的需求反而没有中老年读者群体的需求强烈。馆员应该对读者进行分众研究，并给予中老年读者群体更多的服务引导与研究关注。

3.3　读者满意度分析

3.3.1　读者服务满意度整体评价提高，疫情防控措施获得普遍认可

本次调查问卷四个评价维度的简单满意度从高至低分别为：图书馆环境和设施＞馆员服务＞资源获取便利性＞文献资源，维度间存在一定差异。与2019年读者满意度评价相比，综合评价及各维度评价均有提升。综合评价比去年综合评分（4.24分）提高0.28分，整体评价有较大提高，各维度评分也均有较大提升。从各维度评分的标准差来看，图书馆环境和设施评分的内部一致性更高，读者普遍对图书馆环境设施给予较高的评价。在疫情防控常态化形势下，环境设施的安全可靠是影响图书馆到馆服务评价的重要指标。在开放式读者意见反馈中，大部分读者对于图书馆疫情应对措施明确表达了支持，还有部分读者建议图书馆可以采取更加严格的防控措施，这些反馈再次验证了环境设施安全对于特殊时期到馆读者服务的重要意义。详见表3。

表3　各维度评分与综合评分的均值及标准差

	文献资源	馆员服务	图书馆环境和设施	资源获取便利性	综合评价
均值（满分5分）	4.28	4.60	4.63	4.32	4.52
标准差	0.740	0.608	0.539	0.740	0.588

3.3.2 资源获取便利性显著提升，智慧化服务初步形成推广基础

本次调查中，资源获取便利性维度评分首次超过馆藏文献资源维度评分，比去年该维度评分（4.03 分）提高 0.29 分。从 2017—2019 年的读者满意度调查结果来看，图书馆资源获取的便利性一直是四个评价维度中得分最低的维度，特别是电子资源获取的便利性往往在各评价指标中排名垫底。2020 年，受新冠肺炎疫情影响，国家图书馆暂停到馆服务，同时大力推进线上服务的开展，扩大 30 余个外购数据库的远程使用权限[6]。从调查结果来看，线上服务及资源远程获取得到读者的广泛认可，对国家图书馆资源获取便利性评价的提升起到了非常积极的促进作用。

此外，线上预约、扫码入室等新的服务方式也获得了读者较多的正面评价，读者对于国家图书馆智能化服务手段的接受及认可度较高，对于未来进一步推广国家图书馆智能化服务，建设智慧图书馆服务体系奠定了良好的用户认知基础以及业务推广环境。

3.3.3 电子资源服务满意度仍有待提升

从资源需求满意度和资源获取便利度两个评价维度中的各指标横向比较来看，与电子资源获取相关的评价指标在各自维度中的均值仍最低，分别为 4.19 和 4.21。电子资源服务满意度受资源质量因素、资源获取因素的双重影响，仍是制约国家图书馆服务质量全面提升的重要原因。

表 4 各维度评价指标均值及标准差

维度	指标	均值（满分 5 分）	标准差
馆藏资源	新书上架速度	4.27	0.839
	资源布局合理性	4.55	0.634
	纸质资源需求满足度	4.42	0.752
	电子资源需求满足度	4.19	0.891
馆员服务	馆员关注个性化需求	4.46	0.646
	馆员态度友善	4.69	0.521
	馆员业务熟练	4.71	0.536
	馆员愿意随时帮助我	4.70	0.530
	馆员能够正确指引图书位置	4.68	0.548
环境和设施	室内各方面条件适宜	4.62	0.589
	馆内环境安全可靠	4.69	0.521
	配套设施方便整洁	4.49	0.730
	图书馆是学习和研究的好去处	4.82	0.433
	馆内标识清晰	4.53	0.664

续表

维度	指标	均值（满分 5 分）	标准差
资源获取便利性	网页设计合理	4.25	0.852
	入室扫码便捷	4.43	0.809
	检索系统合理方便	4.33	0.811
	自助服务设施方便	4.48	0.682
	电子资源检索和利用便利	4.21	0.890
	线上预约方便快捷	4.53	0.716

3.4 读者主观意见反馈

从主观意见反馈的整体情况来看，与往年相比读者对疫情期间国家图书馆到馆服务与给予了更多地支持与感谢，大部分读者反馈无意见或对服务表示满意，对图书馆在特殊时期坚持服务表示感谢。意见反馈的内容也比以往更加集中，主要针对疫情带来的服务变化。本文将读者提出的意见及建议主要归纳为以下几个方面：

一是希望适当延长图书馆开放时间。大部分提出该类意见的读者对因疫情防控需要调整服务时间表示理解，但希望可以适当延长开放时间，如建议取消中午闭馆，下午延后闭馆等。

二是对于网上预约入馆的建议。大部分读者对于预约入馆表示理解，但希望疫情过后可以取消预约入馆。读者提出最多的建议是希望开放当日预约的功能。此外，关于综合阅览室预约难的问题也是读者意见反馈的焦点，提出希望增加综合阅览室预约号或取消阅览室预约的限制等建议。另外，有读者反馈希望可以取消上下午分时段预约或是增加预约全天的选项。在预约系统的稳定性及便捷性方面，有读者提出如存在无线网络信号不好、扫码不便等问题。

三是希望扩大开放空间。目前国家图书馆仍有部分区域由于施工改造、业务调整等原因尚未恢复服务，如报刊阅览区、数字共享空间、保存本服务等，读者希望可以尽快恢复这些区域的服务业务。

四是希望进一步加强环境卫生的清洁。读者对于阅览室的防疫安全问题提出建议，如希望加强阅览室消毒，卫生间增加洗手液，存包处消毒，不断提醒读者注意防护，戴口罩等。此外，对于热水饮水机清洁、卫生间清洁等也提出一些建议，希望图书馆环境可以更加卫生安全。

4 结论及建议

（1）环境安全是特殊时期到馆服务的重要基础

从社会大环境来看，图书馆将在未来相对长的一段时间内保持疫情防控常态化下的服务模式。从调查反馈来看，读者对于国家图书馆的环境安全、卫生给予较高的评价，认为图书馆安全可靠。从主观反馈来看，环境安全问题是读者关心的核心问题。安全是特殊时期图书馆到馆服务满意度的基础支撑要素。国家图书馆应时刻保持警惕，保障读者安全，维护读者信任度。

（2）推进分众化、个性化服务是到馆服务的发展趋势

从本次调查结果来看，国家图书馆服务群体呈现出明显的分层分众特征，不同年龄、不同背景的用户需求迥异，制式化、一刀切的读者服务方式已无法满足日益复杂的读者服务要求。特别是在国家图书馆向智慧图书馆转型的当下，进一步研究用户群体的特征与需求，推进服务理念的配套转型至关重要。分众化服务、个性化服务是未来几年一线馆员应重点关注和研究的问题。

（3）应重点关注老年读者群体的需求

国家图书馆正在成为老年人的重要出行目的地，是丰富其退休生活的重要场所之一。推进图书馆老年读者服务的深度，是图书馆在学习型社会中实现“全民终身学习”价值和意义的重要体现。2020 年 11 月，国务院办公厅印发《关于切实解决老年人运用智能技术困难的实施方案》，对为老年人提供更周全、更贴心、更直接的便利化服务作出部署[7]。国家图书馆更应在老年读者服务上做出表率，在充分考虑老年读者群体对于融入智能化社会的强烈渴望的基础上，大力推进适应老年人需求的便利化服务。从本次调查结果来看，老年读者对于图书馆的数字化服务和数字资源有着强烈的需求，其需求程度甚至是各年龄段中最为强烈的。从“关爱夕阳”老年课堂的广受好评即可看出该项工作的重要意义。今后，国家图书馆应进一步加大对于老年读者群体特征及需求的研究，充分发挥图书馆作为“终身学习”场所的作用。

（4）加强智慧图书馆服务体系的政策研究

本次调查显示，读者对于国家图书馆数字化服务、智能化服务给予了肯定，对于新技术的接受程度也较高。但是，与智能化、数字化服务相关的评价仍然是服务满意度评价中的短板，仍有较大的提升空间。智慧图书馆建设不仅是资源建设和馆员服务优化，还需要切实解决服务政策层面的诸多问题。随着我国民法典的颁布实施以及著作权法的修订，国家图书馆面临着越来越严峻的资源建设与资源利用之间的博弈问题，数字资源获取存在多方面的法律隐患，如何平衡个人权益与公共权益之间的关系势必成为国家图书馆今后需要重点关注的政策研究方向。

截至 2021 年 3 月底，本次读者调查中读者反馈的许多问题已经得到解决或正在研究、落实之中，如已调整入馆预约政策、调整馆区开放时间并扩大了服务开放区域。国家图书馆对于读者意见反馈的重视程度可见一斑。读者调查作为重要的服务反馈机制对于图书馆的服务优化调整起到了积极的促进作用。调查小组将持续对国家图书馆读者服务及读者行为进行跟踪研究，为国家图书馆服务优化提供及时有效的意见反馈。

参考文献

［1］全国图书馆标准化技术委员会 . 公共图书馆服务规范：GB/T 28220—2011［S］. 北京：中国标准出版社，2012：7-8.

［2］王世伟，张涛 .《公共图书馆服务规范》应用指南［M］. 北京 ：国家图书馆出版社，2013.

［3］杨靖 . 读者焦虑实证研究——以国家图书馆为例［J］. 图书馆杂志，2018（6）：52-60.

［4］杨靖 . 公共阅览情境下图书馆焦虑量表修订与验证［J］. 图书情报工作，2019（7）：72-79.

［5］杨广锋 . LibQUAL + 与 Insync Surveys 对比分析［J］. 情报资料工作，2011（1）：88-92.

［6］凝聚业务力量，共筑文化堡垒——业务管理处有序组织各部门开展线上服务、推进业务建设［EB/OL］.［2021-03-27］. https：//mp. weixin. qq. com/s/iR0yAvbmJq8faQTPFboYSw.

［7］国务院办公厅印发《关于切实解决老年人运用智能技术困难的实施方案》［EB/OL］.［2021-03-27］. http：//www. gov. cn/xinwen/2020-11/24/content_5563861. htm.

公共图书馆特殊群体智慧信息服务模式构建探析

杨柳青（缩微文献部）

伴随着21世纪信息化的浪潮，特别是数字、物联网、人工智能、5G等应用层面的新兴技术不断涌入图书馆的发展中，图书馆交流、共享信息和知识的能力得到了极大提高。信息环境的巨大变革，必然带来公共图书馆服务的人群学习成本的提高，甚至成为某些特殊用户群体在图书馆获取信息的阻碍。这部分特殊用户群体由于自身或社会的原因，难以掌握信息技术的操作或者不具备操作物理设备的某些条件。在构建图书馆智慧服务时，对于这部分人群的服务应要得到重视。19世纪末至20世纪初欧美国家的一些图书馆开始提供特殊群体服务。1994年，联合国教科文组织与国际图联（IFLA）共同拟订《公共图书馆宣言》。该宣言明确指出："公共图书馆应不分年龄、种族、性别、宗教、国籍、语言或社会地位，向所有的人提供平等的服务。还必须向由于种种原因不能利用其正常的服务和资料的人，如语言上处于少数的人、残疾人或住院病人及在押犯人等提供特殊的服务和资料。"该宣言除了进一步定义公共图书馆的职能外，还明确指出公共图书馆应该具备保障各种特殊用户群体在图书馆搜索和获得信息的能力。除此之外，国际图联还多次陆续制定有关图书馆特殊群体服务的工作手册和指南并专门成立了特殊群体服务组，旨在提高服务意识和质量，优化图书馆的特殊群体服务。与国外相比，我国图书馆的特殊群体服务开展的比较晚，但从无到有，从少到多也已经到了快速发展的阶段。中国政府对特殊群体的关注一致在持续加强，如在第九届人民代表大会第五次会议上宣读的《政府工作报告》中正式在国家级的发展纲领性文件中提出"弱势群体"的概念，明确指出弱势群体包括"少年儿童、老年人、智力障碍者、残疾人、下岗职工、农民"等群体；随后，我国政府更进一步将对弱势群体的关爱落实在法律中，如2017年颁布施行的《中华人民共和国公共文化服务保障法》第一章总则的第九条就提及"各级人民政府应当根据未成年人、老年人、残疾人和流动人口等群体的特点与需求，提供相应的公共文化服务"。2021年年初，习近平总书记在《中华人民共和国国民经济和社会发展第十四个五年规划和2035年远景目标纲要》中提到"提升公共文化服务水平、完善公共文化服务体系"。这一系列政策法规的颁布、纲领性文件的出台，正逐渐推动公共图书馆提高服务特殊用户群体的能力。

1　公共图书馆特殊群体服务理论

国内关于特殊群体的研究在逐渐增多，时下人们的学习、生活等越来越网络化、多样化，公共图书馆特殊群体服务也在蓬勃发展。

1.1 概念

关于特殊群体的界定不能是静态的、绝对的，它应为一种在不同社会环境的变化中处于动态的相对概念。就本文而言，图书馆特殊群体主要指受自身和外界因素制约，在获取及利用图书馆信息资源处于劣势地位的人群。

1.2 内涵

人们获取数字信息的方式越来越多元化，但随之产生的“数字鸿沟”现象也越来越明显。图书馆的特殊群体由于缺乏某方面的能力，他们在利用图书馆各类型资源的过程中会出现各种各样的困难，因此图书馆有义务提供特殊服务，尽量避免“数字鸿沟”带来的诸多问题。而此，图书馆特殊群体服务，是指图书馆对特殊群体进行具体分类，分析各类群体的检索信息需求，进而利用现代化科技手段对所需信息进行采集、加工、整合，通过各种方式满足各类人群的信息需求，以此来帮助他们丰富精神世界，发挥最佳社会效益，促进和谐社会的建设，也呈现出所有人都能平等地获得所需图书馆信息资源的服务。

1.3 现状

自20世纪末，我国一线城市的公共图书馆最早开始调整图书馆馆内格局和引入无障碍设备，此后关于不同类型特殊群体的相关设施和设备陆续投入使用。2011年，国家图书馆、中国盲文出版社和中国残疾人联合会信息中心共同投入建成中国残疾人数字图书馆。不少发展较好的图书馆还陆续设置了少儿图书馆、盲人阅览室等。同时，图书馆服务形式也在不断增多，如开办展览、少儿亲子活动、开展不同专题的讲座和培训等寓教于乐活动。目前，虽然不同地区的图书馆都实现了一定程度的智能化，但大多数情况还都需要读者到馆咨询，继而开展指引性的服务；还缺乏针对不同人群的远程精准化和个性化需求服务，例如再教育与技能培训互动平台，定期发放阅读包、触摸包、量身定制包，激励阅读障碍者学习，达到扫盲和教育的目的；公共图书馆还应多加强与社会机构的交流合作。

2 公共图书馆特殊群体的智慧信息服务模式的架构

在“以人为本”的核心发展理念下，构建特殊群体读者的智慧信息服务模式框架要针对这个群体的特点，按需分类，充分考虑他们生理、心理等方面的需求，探索与普通读者模式的不同，提供满足多样化类型的服务，实现人性化、个性化、无障碍化服务。

2.1 智慧图书馆系统下架构特殊群体智慧信息服务模式的优势

特殊群体智慧信息服务模式是借鉴智慧图书馆的核心概念，深度融合物联网、大数据和人工智能等新技术，充分整合图书馆各方面的数据，以特殊群体读者为服务中心，将知识和智慧通过更加智能的服务方式呈现出来，最大限度地满足各类型特殊读者的不同层次的需求，将图书馆服务做到更精准高效和细致全面。服务模式的运作，需要在技术上实现各种技术协作运行不受时间、空间和环境的限制；在服务上充分了解特殊群体中各类型的特点，进一步优化服务手段和服务方式；在业务管理上能够实现资源内容合理调配，最大限度地满足不同层次、不同类型的需求。简而言之，该模式的目的就是要实现各环节之间的有机结合，充分发挥环节中各要素的最大作用，以期获得特殊群体对图书馆的高度认可。

2.2 公共图书馆特殊群体智慧信息服务模式的架构原则

"智慧图书馆"这一概念的提出，表达了图书馆人迫切想利用最新技术为一般读者和特殊群体提供便利服务的愿望，实现上述愿望须符合以下原则。

（1）针对性原则

面向特殊群体的信息咨询服务，是图书馆读者服务工作的重要方面。图书馆面对各式各样的读者，其所需的资源也是千差万别，即便是特殊群体也分别很多不同类型。虽然图书馆所提供的读者服务是基于一般读者的共性需求，但也应该积极分析不同类型的特殊群体的特征，对各种不同的读者开展有针对性的服务。

（2）便利性原则

图书馆读者服务工作的便利性是所有图书馆都应遵循的基本准则，包含读者到馆和线上远程交互式交流的形式。特殊群体因自身生理原因，如果不能便利地访问信息资源或馆内设备不方便，构想中的智慧图书馆及其智慧服务模式的效果便会大打折扣，所以特殊群体智慧信息服务模式应充分考虑便利性这一重要环节。

（3）长期性原则

特殊群体是全社会长期关注的对象，满足其信息不断更新的需求是图书馆工作人员应该密切关注的，因此智慧信息服务模式的构建应该考虑到可持续应用。数字技术、计算机技术等的不断更新发展，使得任何信息资源的加载更新都是动态的，所以特殊群体的智慧信息服务模式构建目标应是灵活的、动态的和可更新的。

（4）服务首要原则

构建公共图书馆特殊人群智慧信息服务模式，需通过技术手段提供解决方法，通过资源建设提供所需内容，最终达到智慧化服务。技术是该模式运作的动力支撑，缺乏技术支撑，智慧信息服务模式不可能实施；资源是整个模式运作的前提，没有资源，构建的智慧信息服务模式就达不到有效效果和目的。因此，服务首要是整个智慧信息服务模式系统的最终目的和重中之重。

2.3 构建公共图书馆特殊群体的智慧信息服务模式框架

该模式的体系框架包括资源层、服务层和管理层三个层次，具体由智能控制系统、智能服务系统和智能管理系统组成。第一层是资源层，由智能控制系统通过智能采集、智能处理系统对特殊群体所需的信息资源进行采集分析、加工组织和存储整合，建立特殊群体读者自身数据库和所需信息数据库，是整个系统搭建的基础模块；第二层是服务层，智能服务系统主要指为满足特殊群体的信息咨询、个性化服务等需求而提供参考咨询服务、信息推送服务和延伸服务等的子系统，是体现图书馆价值和水平的关键层面。第三层是管理层，通过对读者、图书馆双方进行整体管理，以实现用户管理、服务管理、技术管理的良好运行。同时，云计算技术、数据挖掘技术、语义技术等高新技术，是搭建智能服务信息服务平台的技术支撑，能为开展弱势群体服务提供支持与保障。

3 公共图书馆特殊群体智慧信息服务模式的运行

由于该服务的特殊性，要实现前文所构建的特殊群体智慧信息服务模式的运行，还需要详细分析、描述每个子系统，目的是管理及利用好资源，提供更好的智慧服务。

3.1 智能控制系统

特殊群体智慧信息服务模式的运行，应将物联网、计算机等高新技术运用到智能控制系统上，对图书馆各个环节进行整体的调控，以确保特殊群体智慧信息服务模式的各个子模块正常运转。信息采集是图书馆工作的基础，包括为特殊群体读者提供的咨询服务、知识服务等。随着智能技术的高速发展，智能采集系统能将特殊群体读者、馆员和所需的文献连成互联的整体，通过感知实现远程读者服务与到馆服务的一致，并延伸至全社会。信息采集包含两部分，一是对特殊群体的基本信息和图书馆咨询服务情况进行数据采集和监测，构成特殊群体自身数据库。特殊群体自身数据库包含读者基本个人信息库和浏览借阅信息库，这两个数据库需要动态实时更新数据，做到对特殊群体的读者进行分类。二是根据文献资源种类和类型不同，进行对应的纸质资源和数字资源采集。纸质资源除传统的常规纸本书籍外，还包括大字体书籍和有声书籍等特殊资源；数字资源包括电子文献、光盘、影像音视频；以上资源包含到馆访问的数据库和远程数据资源。如表 1 所示。

表 1 特殊群体所需信息资源内容和形式

特殊群体类型	所需信息资源内容	所需信息资源形式
少数民族读者	1. 国内外经济新闻、民生政治； 2. 乡土文献； 3. 生活指南； 4. 旅游育儿等	1. 特定文字的经典民族书刊； 2. 汉字书刊； 3. 影视资源； 4. 网络资源等

续表

特殊群体类型	所需信息资源内容	所需信息资源形式
老年读者	1. 国内外新闻、民生政治经济； 2. 乡土特色文献； 3. 生活指南； 4. 保健旅游； 5. 法律福利等	1. 大字体书籍； 2. 有声读物； 3. 视听影像资源等
儿童读者	1. 少儿书刊； 2. 外语学习； 3 故事类、益智类	1. 少儿书刊； 2. 少儿数字资源； 3. 益智类视听资源等
残障人士	1. 手语视频学校； 2. 盲人读物； 3. 法律咨询信息； 4. 就业指导信息； 5. 继续教育学习内容	1. 点读书刊资源； 2. 大字体印刷书； 3. 触觉书刊等； 4. 盲人、听障网站； 5. 手语视频； 6. 音像资源等
无业人员、农民工、服刑人员、病人等	1. 求职信息； 2. 继续教育学习内容； 3. 外语学习； 4. 技能培训内容； 5. 医疗	1. 纸质书刊； 2. 音视频资源； 3. 网络资源； 4. 流动图书车等

智能处理系统可按照读者类型和需求将网络上的信息资源进行采集、分类、标引，形成各种特色数字资源，继通过云服务平台，针对不同类型数据库选择不同的存储路径，构建分布式服务网络。特殊群体读者能通过检索平台快速获取到相关的资源，达到易于存取、利用和共享的目标。

3.2 智能服务系统

智能服务系统是基于智能信息资源基础上，实现服务的智慧化升级。智能信息资源层是信息资源的基础，技术层是将读者所需信息呈现出来的重要途径。个性化服务以读者需求为中心，可满足各类读者多样化的需求。该服务根据特殊群体的特殊性，主动提供该群体的针对性服务，分析其目前信息需求和潜在需求，同时完善专门的服务设施，以体现优质高效的服务。读者咨询服务是在云计算虚拟平台环境下，读者和馆员的双向交互式交流沟通，是读者获取知识的一个重要途径。读者借助云端表达个性化需求，对行动不便的读者应着重提供虚拟参考咨询。信息推送服务主要是指为特殊群体提供智能化的推送、定位和上门服务。通过 RFID 定位标签可以对特殊群体读者在图书馆利用文献的情况进行统计，智能感知读者的阅读喜好，进行深度挖掘，还可以根据读者的服务预约、平台留言和互动信息等数据，进行分析读者的需求，对其进行图书馆资源的推送。定位服务是利用位置服务技术为特殊群体提供馆内外定位服务，进入馆内的特殊群体读者可以利用移动端来查找需要前往的阅览室，实现馆内导航的应用服务。上门服务是指对于不能像普通读者正常到馆借阅图书和享受其他服务的特殊群体，需考虑其的需求为其提供不同的上门服务措施，如物流快递送书上门、流动图书馆送书至社区等，为不方便出行的读者提供便利的服务，以确保他们获得优质的知识信息。读者延伸服务是指结合特殊群体的自身特征，开展不同内容和形式的延伸服务，例如培训、讲座、比赛和交流会等。

3.3 智能管理系统

智能管理系统是整个服务模块中最重要的部分，关联着整个智慧信息服务系统的正常工作。它管理着各种信息集合，并监测其他几个模块运行的情况，还连接着不同图书馆之间读者服务工作的交流沟通。该系统管理着各个模块之间的相互传递信息，从而确保咨询服务工作有序高效的开展。

公共图书馆作为公益性的文化机构，更应特别关注特殊群体的需求，这也是和谐、文明社会的价值体现。特殊群体智慧信息服务模式的构建能扩大图书馆读者咨询服务工作范畴，同时也可通过不断创新服务方式和完善公共图书馆特殊群体服务，实现图书馆信息资源惠及每一个人。

参考文献

[1] 联合国教科文组织 . 公共图书馆宣言［J］. 图书馆学刊，1996（6）：41，45，47.

[2] 王萍 . 国外公共图书馆的服务特色及其启示［J］. 江苏教育学院学报（社会科学），2012（6）：108.

[3] 王思斌 . 社会转型中的弱势群体［J］. 中国党政干部论坛，2002（3）：19-22.

[4] 王世伟 . 再论智慧图书馆［J］. 图书馆杂志，2012（11）：2-7.

[5] 宁璐嘉，李桂华 . 当代阅读行为研究：研究导向与概念构成［J］. 国家图书馆学刊，2017（4）：3—12.

[6] 初景利，段美珍 . 从智能图书馆到智慧图书馆［J］. 国家图书馆学刊，2019（1）：3-9.

公共图书馆志愿服务研究
——以国家图书馆志愿服务为例

王　娟（典藏阅览部）

1　公共图书馆志愿服务研究背景

1.1　志愿服务发展历程

自新中国成立以来，志愿服务不断发展，其中有组织地开展志愿服务活动的最早记录是1955年。经历了“学雷锋”活动热潮、各级各类志愿组织的成立，我国志愿服务从萌芽到普及，2008年汶川地震和奥运会这两个大事件促进了我国志愿服务事业的展开，这一年也被中国志愿服务从业者被视为“中国志愿服务的元年”[1]。

公共图书馆引入志愿服务，在国内外图书馆界由来已久。美国、加拿大、英国、日本、新加坡等国家的公共图书馆志愿服务已经形成了完整的服务体系和成熟的管理模式，志愿者职业覆盖了教师、律师、艺术家、学生、工人、农民等各个领域。国外对图书馆志愿者的定义，不同时期有不同看法，多针对某一具体类型的志愿者。如：1968年M.J.Carter认为图书馆志愿者就是为小学图书馆无偿奉献自己时间的人[2]。2011年P.Driggers和E.Dumas认为图书馆志愿者指来自于社区，在帮助图书馆的过程中，无偿奉献个人时间、能力和服务的人[3]。随着时代的发展，图书馆志愿者的含义也不断丰富，近年来在国外出现虚拟图书馆志愿者（Virtual Library Volunteer），指利用现代通信和网络技术为人们服务的图书馆志愿者。相较国外，国内的图书馆志愿服务还有待更进一步的发展。

我国图书馆界开展有组织的志愿者活动始于20世纪90年代。1995年，北京图书馆（现国家图书馆）青年志愿者服务队就已经开展了志愿服务活动，1996年福建省图书馆也建立了一支自己的志愿者队伍[4]。此后，上海、辽宁、河北、浙江以及深圳等省市公共图书馆相继开展了志愿者活动。图书馆志愿者亦被称为义务馆员、图书馆志工、图书馆义工、义务管理员和业余馆员等，按服务类型划分属于文化志愿者。文化志愿者是指利用自己的时间、知识、技能等，自愿、无偿为社会或他人提供公益性文化服务的个人。与普通志愿者不同之处在于，文化志愿者的专业性更强，强调公益文化艺术服务。近年来我国图书馆界的志愿者活动发展迅速，社会参与面广，活动形式多样。但与国外相比，在志愿者服务体系与管理模式上仍存在较大差距，需要进一步规范志愿者招募程序，细化志愿者相关法律法规，完善激励机制。

1.2 公共图书馆志愿服务法制化建设发展历程

近年来，国家陆续发布一系列政策文件，支持和鼓励公民参与文化志愿服务。党的十八届三中全会通过的《全面深化改革若干重大问题的决定》明确指出要“支持和发展志愿服务组织”。党的十九大报告再次提及志愿服务，报告指出“推进诚信建设和志愿服务制度化，强化社会责任意识、规则意识、奉献意识”。党和政府的高度重视，推动了我国志愿事业的发展，加快了一系列相关政策文件的出台。2013 年 12 月，共青团中央印发《中国注册志愿者管理办法》；2015 年 1 月，中办、国办印发《关于加快构建现代公共文化服务体系的意见》明确提出要大力推进文化志愿服务；2015 年 9 月，民政部出台志愿服务的第一个行业标准《志愿服务信息系统基本规范》；2016 年 7 月，为推动文化志愿服务规范化、制度化，构建参与广泛、内容丰富、形式多样、机制健全的文化和资源服务体系，文化部制定《文化志愿服务管理办法》。公共图书馆志愿服务是文化志愿服务的重要内容，公民参与公共图书馆志愿服务受上述政策文件的支持和保障。2017 年 12 月 1 日，国务院发布的《志愿服务条例》正式施行，其中就志愿者和志愿服务给出了定义：志愿者是指以自己的时间、知识、技能、体力等从事志愿服务的自然人；志愿服务是指志愿者、志愿服务组织和其他组织自愿、无偿向社会或者他人提供的公益服务。条例的颁布保障了志愿者、志愿服务对象的合法权益，鼓励和规范了志愿服务工作，为志愿服务工作提供了有力保障[5]。

2018 年 1 月 1 日施行的《中华人民共和国公共图书馆法》(以下简称《公共图书馆法》) 的第四章第四十六条特别提到“国家鼓励公民参与公共图书馆志愿服务。县级以上人民政府文化主管部门应当对公共图书馆志愿服务给予必要的指导和支持”[6]。《志愿服务条例》和《公共图书馆法》的顺序出台，将图书馆引入志愿服务形成的共识和理念转化为法律规定，为开展公共图书馆志愿服务提供了法律保障，让公众更多参与到公共服务中来。同时，法律的出台也推动图书馆提升对志愿者服务的认识水平，创新公众参与方式，建立健全的志愿服务激励机制，实现可持续发展。

1.3 公共图书馆志愿服务相关研究

我国图书馆志愿者服务相关领域研究也是从 20 世纪末开始，且随着各个图书馆志愿服务工作的不断推进，相关实践经验总结和理论研究也随之增加，并在 2015 年前后涌现出大量研究成果。文献研究主题中关于“志愿者服务实践及思考”，即服务中存在问题与解决对策研究类主题的文章居多。其次，“志愿者团队建设”“志愿者管理”“国外图书馆志愿者服务的经验”等也逐渐受到学者们的重视。

研究内容大致包括图书馆志愿者服务理论研究、各个图书馆志愿者服务实践案例总结、国外图书馆志愿者服务实践成果综述，以及面向残障人士、未成年人、RFID 技术等领域的有针对性的图书馆志愿者服务研究。粗读国内外研究成果，国内研究更偏向于实践和总结，且实际志愿者工作的开展参差不齐，国外研究更注重理论和实践，实际志愿者工作开展较为成熟，对志愿者的自身的培养考虑较丰富，值得借鉴。

2 国家图书馆文化志愿服务现状

2.1 国家图书馆志愿服务管理政策

国家图书馆构建了以党组织为核心、以党员为骨干，团员青年、社会力量共同参与的文化志愿服务工作格局。国家图书馆于2006年印发了《国家图书馆馆外人员来馆实习和志愿服务管理办法》(以下简称"《办法》")，开启了志愿服务规范化管理的序幕。为方便管理，这一版《办法》中将馆外人员来馆实习和志愿服务一并考虑制定管理办法。2010年，国家图书馆印发了该办法的修订版(以下简称"2010版《办法》")，从申请条件、手续及志愿服务项目、志愿服务人员、志愿服务接待和国家图书馆有志愿者服务证书四方面对志愿者服务加以规范，对于志愿服务类型、时长、志愿者的权力及义务，志愿服务接待的具体部门等内容均有明确规定。2014年，因应新时期社会环境下社会公众对志愿服务的需求，国家图书馆印发《国家图书馆文化志愿者服务工作管理办法(暂行)》(以下简称"2014版《办法》")。该办法共六章，分别为总则、申请和登记、权利和义务、志愿者服务事务、组织和管理以及附则。

与2010版《办法》相比，一方面2014版《办法》的格式遵照法规条例，体例更加严格和规范，另一方面，对于志愿者的定义更加宽泛，对志愿服务内容及管理办法的规定也更加完善。在志愿者招募方面，2014版《办法》有三个重要突破：一是将来馆实习与志愿服务区分开来，体现了志愿服务工作的重要性和规范性。二是将志愿者分为馆内志愿者和馆外志愿者两类，并分别对两类志愿者做了具体规定。2010版《办法》的志愿者招募范围仅针对馆外人员，随着图书馆员志愿服务意识的增强，图书馆人主动要求投身到图书馆志愿服务活动中，并积极参与社会志愿活动，体现了图书馆员公共服务意识的提升。三是在志愿者申请年龄上，2010版《办法》规定馆外人员满18周岁可申请志愿服务，在2014版《办法》中降低了年龄门槛，规定"未满18周岁者，经监护人同意并签署承诺书，也可申请志愿服务"。年龄门槛的降低，是为满足国家图书馆未成年人志愿服务需求做出的相应调整。自2014版《办法》实施起，国家图书馆少年儿童馆开始在寒暑假期间招募10至15岁"小馆员"开展图书馆志愿服务活动。该项活动的开展受到广大家长和少年儿童的热烈欢迎，由此揭开了国家图书馆志愿服务的新篇章。

2.2 国家图书馆志愿服务的管理模式

通过积极探索，国家图书馆形成了一套行之有效的文化志愿服务管理模式，主要包括志愿者的管理和志愿项目的管理两方面。

2.2.1 志愿者的管理

国家图书馆志愿服务工作由党群工作办公室统筹管理，国外及港澳台地区志愿者服务申请人员由国际交流处负责资格审核。志愿者管理包括志愿者招募和选拔、岗前培训、上岗实践、督导与评估、保障与激励五个方面。

目前，国家图书馆通过线上、线下结合招募志愿者，线上志愿者主要来源与"志愿北京"网站，线下志愿者主要来源于各大高校志愿者组织。选拔标准和流程根据志愿服务内容而定，如一般读者服务辅导类志愿岗位选拔条件较宽松，而参观讲解类志愿岗位就要经过相应的综合能力考核。在志愿者申请和登记方面，根据2014版《办法》规定，所有志愿者在上岗服务前需要提交《国家图书馆馆外志愿者服务申请登记表》以及有效证件复印件以备留存，此后可进入培训程序。岗前培训是将志愿服务岗位所需的知识、技能、能力和态度讲解给志愿者，以便服务更专业、更贴近读者需求。上岗开始服务后，为保证志愿者服务质量并维持其较高的工作效率，管理者需要对志愿者在岗位实践过程中的表现进行督导和评估，同时，有效的督导也是对志愿者工作的肯定与鼓励。最后是对志愿者的保障和激励，这也是管理中最容易忽视的环节。国家图书馆所有录用的志愿者都需要提前在“志愿北京”网站完成注册，并加入国家图书馆建立的志愿服务项目中，由此可得到相应志愿者保险保护[7]。对于志愿者的激励机制，国家图书馆为表现优异的志愿者出具优秀服务证明，还会提供例如馆区参观、优先取得其他志愿服务岗位的机会。

2.2.2 志愿项目的管理

在组织建设方面，馆内志愿者组织称为“国家图书文化志愿者”，馆团委是国家图书馆文化志愿者服务总队的组织部门，活动的具体策划和实施由各个团支部以及具体部门和处室负责。为了完善志愿者审核和保障工作，自2018年起，国家图书馆正式在“志愿北京”平台成立了“国家图书馆文化志愿团队”，根据实际志愿活动建立项目定向招募志愿者，自此进一步扩大招募规模、完善志愿者的招募程序，更为重要的是，“志愿北京”平台的引入填补了志愿服务中风险性保障工作的漏洞，为今后志愿活动的开展提供了有力支持。

2.3 国家图书馆志愿服务内容

随着文化志愿服务事业的不断发展，国家图书馆文化志愿服务工作也在不断扩大项目形式和内容。国家图书馆新馆于2008年9月9日面向公众开放，在扩大馆藏面积的同时，新馆的建成打开了更加开放的服务大门，开放式阅览室的设置、各种文化活动、公益活动的增加，为社会大众参与到图书馆活动中来提供了更多机会。

2.3.1 馆内志愿者服务

国家图书馆馆内志愿服务具备较为全面的组织架构，设有总队及四个分队，分队包括展览服务、外事服务、敬老服务、综合服务四个方向。志愿者团队中有党员、团员也有群众，有中层干部、科组长、也有基层员工，有高级职称人员也有新员工力量，人员结构的多层次为志愿服务工作的开展提供了有力保障。展览服务分队接待典籍博物馆展览讲解任务以及来自图书馆业界、高校、企事业单位等组织机构的社会团体参观讲解任务。例如2018年国家典籍博物馆开馆，馆内志愿团队承担了《馆藏善本古籍》《样式雷图档精品》等部分展览的参观指引和讲解工作。外事服务分队负责馆外活动的志愿服务，例如“4·23读书日”宣传活动、国际图联大会会议会务和翻译，社区绿色清扫活动等。敬老服务分队主要针对馆内离退休员工提供服务，例如春游活动、团拜会、离退休员工慰问活动等。综合服务包括图书整理、读者服务辅导，以及馆内临时性工作，例如2018年国家图书馆文献搬迁项目，全馆百余名馆员志愿者都参与了图书押运、库房清点等工作。

2.3.2　馆外志愿者服务

社会大众参与公共图书馆志愿服务，主要包括读者服务辅助管理、社会教育和专业服务几种类型。其中，读者服务辅助管理主要是对公共图书馆的日常借阅和运行维护工作进行辅助管理，比如阅览室图书整架、自助借还设备辅导使用、秩序维持等。社会教育主要指讲解导览、公共教育、文化活动等，志愿者可为到馆读者介绍国家图书馆的宏富馆藏资源，讲解国家图书馆"四大镇馆之宝"的背后故事；公共教育可以体现在专家学者志愿者来馆进行公益性讲座、培训；文化活动包括每年的"4·23读书日""读者服务周""科技周""读书周"等特殊活动。区别于馆内志愿者，馆外志愿者更多承担的是辅导和指引工作。专业服务主要是参与文创开发、专业研究、讲座培训、文献翻译等，各行业的专家、学者不计报酬的将自身知识、技术优势投入图书馆建设，更多体现了社会责任和公益使命。凭借着权威性和号召力，大量专家、学者的不断加入也同时引导社会大众去了解图书馆，这是极其有价值的。

另外，参与国家图书馆志愿服务队伍的群众中还有未成年人志愿者。2011年国家图书馆少年儿童馆（以下简称"少儿馆"）正式对外开放，志愿服务工作也随即展开，短短几年间少儿馆已有"小小馆员""小小讲解员"等多项志愿服务品牌活动，10—15周岁的小志愿者在活动中承担图书整理、参观讲解、讲故事等工作。相对于学生志愿者和成人志愿者来说，未成年人参与志愿服务的意愿更加强烈，图书馆在设计未成年人志愿服务项目是更应关注志愿者的社会体验和实践指导。

2.4　国家图书馆志愿服务存在的问题

2.4.1　志愿服务相关政策尚不完善

多年来，公共图书馆在志愿服务管理上取得了一定的进展，有较完善的管理办法，但与国务院颁布的《志愿服务条例》的要求相比，国家图书馆2014版《办法》仍存在许多不足，如缺少对志愿服务促进措施、法律责任等问题的规定；对于志愿者的义务有较明确规定，但对于志愿者安全、个人隐私等问题没有明确阐述，缺少人文关怀。

2.4.2　志愿服务专职管理人才欠缺

目前，国家图书馆没有专职人员负责志愿服务的管理工作，而是由业务管理部门或党、团委组织兼管负责。志愿者群体作为图书馆内一项重要资源，如果能对其进行有效管理，志愿者不仅会成为组织的人力资源提供者，也会成为组织的支持者。因此，投入时间和精力培养专业人才队伍管理、服务和研究志愿服务工作，对于公共图书馆来说是极其有意义的。

4　对于公共图书馆志愿服务的发展建议

志愿服务在公共图书馆各项公共服务中提供了有益补充。为推动公共图书馆志愿服务事业发展，规范志愿者管理工作，提升志愿者队伍水平，笔者提出以下发展建议。

4.1 志愿服务项目设立的多元化、常规化

目前，公共图书馆志愿服务项目的设立尚需开拓创新，力求活动内容的特色化、品牌化。创建志愿服务项目可以从特殊藏品、特殊服务群体、特殊志愿者身份出发，在服务内容上体现特色，例如根据各个图书馆特藏文献招募讲解服务志愿者，针对少儿故事活动招募“故事妈妈”，针对视障读者招募有声读物录制志愿者等。

另外，建立较为稳定且专业的志愿者队伍，保证公共图书馆志愿服务开展的常态化、规范化。总结各项临时性志愿服务项目的服务形式和内容，尽可能固定服务时间、服务岗位，逐步完善项目，设立长期有效的志愿服务项目。建立稳定的志愿者队伍，长期志愿服务项目建议与一个或多个志愿服务组织形成合作关系，临时设立的短期志愿服务项目则随时招募个体志愿者。

4.2 志愿者激励机制的完善

为长期开展制度化、规范化的志愿服务活动，必须把靠热情开展活动转变为靠规范的制度来促进活动开展，建立回馈激励机制。关注志愿者的自身成长和实际感受，在志愿服务活动中分阶段收集服务实效和体验，并及时进行反馈。对于表现优异的志愿者给予相应奖励，可在图书馆服务范围内提供特藏文献参观，观看各类讲座、展览、演出等的机会。

4.3 志愿服务保障和支持

制定保障措施和支持措施，以保证志愿者队伍的不断壮大和健康发展。志愿者活动中的安全保障工作极其重要。目前对于志愿者本身缺乏一定的机制保障，由于志愿服务都是自愿无偿的，没有通过活动赚取利润，因而在发生不可抗力或意外事件造成志愿者重大财产损失和人身伤害时，就面临着资金方面的困扰。建议政府依法大力发展志愿服务基金，积极引导社会资金参与支持公共图书馆志愿服务发展。鼓励多渠道筹资为志愿者购买保险，为公共图书馆的志愿服务建康持续发展提供保障。

对于公共图书馆来说，志愿服务工作还处于探索阶段，无论是在项目策划还是管理方法上，仍存在许多问题，需要借鉴成熟的志愿服务管理经验，在理论上、制度上不断完善，在志愿服务伦理、内涵上不断提升，探索一条有公共图书馆特色的志愿服务发展道路。

参考文献

[1] 陈洁，金武刚．引导公民积极参与图书馆服务提供——关于《公共图书馆法》中“志愿服务”条款研究［J］．图书馆，2018（4）：7-11，17.

[2] CARTER M J. Volunteer workers inelementary school libraries［D］. Irvine，CA：The Graduate

Faculty Chapman College，1968.
[3] DRIGGERS P，DUMAS E. Managing Library Volunteers [M] . 2nd，ed. Chicago：American Library Association，2011.
[4] 梁立青 . 对公共图书馆开展志愿者活动的思考 [J] . 福建图书馆理论与实践，2003（4）：1-3.
[5] 志愿服务条例 [M] . 北京：法律出版社，2019.
[6] 中华人民共和国公共图书馆法 [M] . 北京：中国法制出版社，2018.
[7] 北京市志愿服务联合会 [EB/OL] . [2021-03-10] . https：//www. bv2008. cn/show/272570. html.

5G 技术在智慧图书馆中的应用场景初探

杜　鹃（信息技术部）

随着 5G 技术的发展，一个万物互联的时代正在到来。在 5G 技术的加持下，大数据、云计算、物联网、VR/AR、人工智能、超高清视频等热点技术的发展及应用也将得到新的突破，我们的社会也将朝着“智慧化”转型。

图书馆作为重要的公共文化服务机构，肩负着促进文化产业繁荣、提高国民素质的重大责任，每一次信息技术变革都会给图书馆服务模式转变带来新的机遇与挑战。在 5G 通信技术的潮流下，图书馆服务模式必须进行创新和改革，以适应时代发展的新需求。基于以上背景，本文概述了 5G 技术的优势和发展现状，分析了基于 5G 技术的图书馆智慧化服务的几大应用场景。

1　5G 技术及其优势

5G（5th-Generation）指第五代移动通信技术，是目前普遍使用的 4G 技术之后延伸的下一代移动通信技术。5G 的性能目标是高数据速率、减少延迟、节省能源、降低成本、提高系统容量和大规模设备连接。5G 移动网络与之前的 2G、3G、4G 移动网络一样，是一种数字蜂窝网络，在这种网络中，供应商覆盖的服务区被划分为许多小区域，被称为蜂窝。不同的是，5G 网络的数据传输速率远远高于以往的蜂窝网络，最高可达 10Gbit/s，是 4G 网络的 100 倍；5G 网络另一个优势是较低的网络延迟，也就是响应速度更快，低于 1 毫秒，4G 是 30 毫秒—70 毫秒；5G 网络还有一个特点是连接密度高，可达 100 万 / 平方千米。以前的网络只适用于手机的低数据率互联网接入，不能提供足够的带宽作为家用计算机的一般互联网供应商。由于 5G 拥有较高的传播速度，所以 5G 网络不仅能为手机提供服务，还可成为一般家庭和办公网络提供商。5G 设计了 eMBB（增强型移动宽带）、mMTC（海量低功耗连接）和 uRLLC（低延时高可靠连接）三大应用场景，其核心优势是：更快速度、更多连接、更低时延、更高可靠。随着网络能力的不断提升，实现了语音通话到短信文本、再到图片、音乐、视频等的网络传输。5G 网络能力“质”的飞越，能够满足未来虚拟现实、超高清视频、远程医疗、自动驾驶等用户和行业的应用需求，开启“万物互联”的时代。用户可以随时随地在线观看高清视频，即使在高密度人群中也同样不会受到影响；而物联网应用场景中，物与物之间的连接数量大幅提升，可支持更高移动速度下使用，时延效果达到 1ms 级别，终端能够及时做出反应动作。

5G的出现为人类设想中的场景变成现实提供了可能，随着5G的大规模应用，越来越多的领域将向智慧型发生转变。

2 5G技术在国内外的发展现状

5G已经成为全球关注的热点技术，很多国家都在积极推进本国5G技术的发展和网络覆盖程度，希望抢占5G技术的先机。5G技术将给我们带来一个前所未有的时代，未来的生产和生活方式都将发生巨大的变革，它不光影响通信行业、网络建设的发展，由它衍生的万物互联、智慧时代等，在促进国家经济增长、增加就业机会、支持社会智慧化发展、改善人民生活方式等方面都会做出巨大贡献。

2.1 韩国

2018年12月1日，韩国三大运营商SK、KT与LG U+同步在韩国部分地区推出5G服务，这也是新一代移动通信服务在全球首次实现商用。2020年上半年，韩国三大运营商计划投资总计4万亿韩元（33亿美元）用于扩建新的5G基础设施。截至目前，韩国的5G基站数量已经超过12万个，覆盖首尔等大中城市，5G用户超过737万，占到全国移动用户总数的10%。同时，为了降低网络部署成本，韩国科学和信息通信技术部表示，韩国三大运营商将在广大的农村地区共建共享5G基站，利用节约下来的投资成本加快5G的全国普及和提升5G网络质量，预计2022年实现全国范围的5G网络覆盖。

2.2 中国

2019年6月6日，工信部正式向中国电信、中国移动、中国联通、中国广电发放5G商用牌照，中国正式进入5G商用元年。2019年10月，5G基站入网正式获得了工信部的批准。工信部颁发了国内首个5G无线电通信设备进网许可证，标志着5G基站设备将正式接入公用电信商用网络。在2021年2月23日开幕的上海MWC展会上，工信部副部长刘烈宏介绍，中国在5G网络建设方面的累计投入已经超过2600亿元。未来将继续加强政策引导，推动5G网络的研发、建设和应用。2020年，新冠肺炎疫情暴发期间，5G技术在疫情防控中发挥了重要作用。通过5G基站，火神山、雷神山两个医院的建设实现5G高清实时直播，网友们实现“云监工”。基于5G技术的远程会诊、医务人员视频会议、人群密集区域“热成像人体测温”等应用，有效支撑了疫情防控。

2.3 美国

在2G和3G时代，美国都落后于欧洲或者日本，损失了大量工作岗位。直到3G向4G演化时，美国才逐渐领先，创建了诸如Apple、Google、Facebook等大量的移动互联网公司，创造了大量就业机会。4G的成功，使美国成为通信行业的领头羊。2018年12月21日，美国12个城市开放5G网络服务，5G网络开始商用。但就目前的5G

发展速度和规模，美国落后于韩国、中国，主要是美国地广人稀，5G 建设成本高昂，不利于 5G 部署；另外，与广泛部署中频段网络设备的韩国、中国不同，美国早期选择了毫秒波方案，在建设基站上需要比其他方案更高造价以及数量更多，导致美国的 5G 建设发展缓慢且平均网速降低。2021 年 2 月美国拍卖中频段网络，或将加速美国 5G 网络建设，但是美国在 5G 中频段的网络建设上比韩国、中国晚了两年时间，而且美国以安全为由拒绝华为、中兴等通信设备进入美国市场，也将增加美国 5G 网络建设的运营成本。

综合 5G 发展较领先的韩国、美国的情况，中国 5G 的发展速度和规模已经超过其他国家，处于世界领跑地位。此前，工信部副部长刘烈宏介绍，我国已建成全球最大 5G 网络，累计建成 5G 基站 71.8 万个，其中共建共享 5G 基站 33 万个，5G 终端连接数已经超过 2 亿，所有的地市都有 5G 覆盖，已遥遥领先于国外。2020 年，国家投资 34 万亿加码新基建（新基建是指以 5G、人工智能、工业互联网等为代表的新型基础设施），提出“加快 5G 网络、数据中心等新型基础设施建设进度”。5G 网络将成为未来最重要的基础设施之一。北京邮电大学信息与通信工程学院教授孙松林曾在采访中说：“从技术上讲，5G 是人工智能、工业互联网等其他数字经济基础设施和应用的基础；从经济上讲，5G 可以直接带动大规模的信息消费增长，而且会对产业结构、经济形态产生巨大影响。因此无论从哪个方面看，以 5G 为代表的现代信息通信网络都是数字经济的重要载体，也是最根本的基础设施。”据赛迪顾问、新华网联合发布的《2020 5G 通信产业创新与投资趋势》指出，2020—2025 年，中国 5G 通信产业将迎来爆发式增长。

随着 5G 技术的发展，新基建的建设完善，设备、运营及终端层面共同发力，一个万物互联的时代正在到来。

3 智慧图书馆概念

党的十九大报告提出建设智慧社会，这是科学判断信息社会发展趋势做出的战略部署，为我们带来新的历史机遇与时代挑战。当整个社会走向“智慧时代”，用户已经习惯了“智慧服务”，那么图书馆行业也应该转变服务模式，向“智慧化”转型。早在 2003 年，芬兰奥卢大学图书馆提出“智慧图书馆”这一概念，并以“Smart Library ”命名，指出智慧图书馆是一个不受空间限制，且可被切实感知的移动图书馆。智慧图书馆是在 5G、物联网、大数据、云计算、区块链等新技术基础之上，演变出来的新的图书馆服务模式和理念。智慧图书馆把所有知识有机地整合在一起，让读者在这个体系中能体会到更加贴心的服务。智慧图书馆是未来新型图书馆的发展模式，能实现广泛的互联和共享，它“以人为本”，提供智慧化的管理和服务。

智慧图书馆的概念已提出多年，也是近几年图书馆学研究的热点方向，但智慧图书馆的理论研究和应用实践仍处于起步探索阶段，相关的标准规范还没有明确定义。随着智慧服务在整个社会中的发展，图书馆界也应加快对智慧图书馆的相关研究和实践，将理论研究逐渐转化为应用。2020 年 10 月 15 日在“第十届上海国际图书馆论坛”上国家图书馆馆长饶权提出建设“全国智慧图书馆体系”，并规划出了具体的体系架构，以推动数字图书馆向智慧图书馆转型，计划在“十四五”期间完成全国智慧图书馆初步框架体系的建构。还有一些图书馆正在探索智慧化转型，例如无人图书馆、参考咨询机器人、自动用户感知和个性化推送等服务的应用。

4 5G技术在智慧图书馆中的应用场景

随着5G技术的发展和应用，结合物联网、云计算、大数据等高新技术，图书馆的智慧化服务将呈现天翻地覆的变化，继数字图书馆之后将迎来新一次图书馆服务模式的变革。本文结合5G技术的特点，以及图书馆的业务需求，对以5G技术为基础的智慧图书馆应用场景加以探索，分析其可能提供的服务内容和服务模式。

4.1 AI智能机器人

AI（Artificial Intelligence，人工智能）是计算机科学的一个分支，是包含多个学科知识（计算机科学、心理学、语言学等）的一门综合性较强的学科。人工智能想要了解智能的本质，生产出一种能用近似人类智能的方式做出反应的智能机器，人工智能研究包括机器人、语言识别、图像识别、自然语言处理和专家系统等。随着5G和AI技术的发展，图书馆智能机器人将逐渐普及，并发挥巨大的作用。图书馆智能机器人包括参考咨询器人和盘点机器人。参考咨询机器人可以提供问路指引、图书检索、智能导览、智能问答、读者管理、自动借还书、语言翻译等功能。盘点机器人可以提供智能仓储、盘点、物流等功能。与人工盘点相比，盘点机器人准确度更高，也节约了大量时间和人工成本。5G技术高带宽、低延时的特点使智能机器人与其他智能系统之间高效精准的互动和连接，提供完善的服务，且使机器人的行动更加灵活，反应更加准确和迅速，让AI机器人成为馆员和读者的得力帮手。

4.2 智慧场馆、智慧安防

智慧场馆基于智慧楼宇技术，打通业务系统和用户终端，实现空间的智慧管理和用户的互动参与。智慧场馆是以人为核心，通过新一代信息技术的智能化应用和场馆业务的知识化应用，通过空间形态、场馆业态和信息生态的高度融合，实现人物结合、人人结合和人机结合的智慧生态系统。以5G网络为基础的智慧场馆可以对图书馆的物理环境实时的智能监控，对图书馆的温度、湿度、电路、漏水、亮度、人流密度等情况进行实时监测，可以联动空调、新风、灯光等设备进行自动调节，对于异常情况及时做出报警。在图书馆举行讲座、展览等活动时，智能场馆将给读者带来更好的智能化体验。

智能安防包括视频监控实时应急响应、人流监测、安保巡逻、风险预测、网络报警等功能，是智慧图书馆智慧楼宇的重要组成部分。5G技术的高速传输速率和低延时特点有效提升了视频监控的传输速度和应急响应、安全报警的反应速度，做到远程控制和提前预警，给系统充足的时间做出合理的判断和采取有效的措施。同时，安防机器人也将出现在图书馆场馆中，进行巡逻、应急处理、安防工作，减少人工成本。

4.3 VR/AR（虚拟/增强现实）

VR 全称 Virtual Reality，即虚拟现实技术，又称灵境技术，通过计算机模拟的虚拟环境，给人沉浸式体验。AR 全称 Augmented Reality，即增强现实技术，是一种将虚拟信息与真实世界巧妙融合的技术。VR 与 AR 的区别是 VR 需要用户佩戴专用设备体验沉浸在虚拟世界中；AR 则是将一些虚拟元素加入现实世界中，并与用户进行互动。由于网络速度、技术发展、设备的限制，现在的 VR/AR 体验还是一种初级沉浸、部分沉浸式的体验，随着 5G 的到来，将大大提升用户的体验度，实现深度沉浸、完全沉浸式的体验。5G 的大带宽特性能支持 VR 在线观看 5K 以上分辨率的全景视频。5G 低时延特性提升画质，降低网络时延，使 VR/AR 成像达到 20 毫秒以内，增加视觉流畅度。5G 将有利于解决现在虚拟现实的主要问题：设备重、移动范围小、有眩晕感、成本高、普及率低等。5G 加持下的 VR/AR 技术的运用，可使读者通过 VR 设备拥有亲临现场的体验效果，提高了读者的体验度、增加了读者的学习兴趣。读者通过 AR 设备，图书馆的资源不再只是图文的体现，图像、音频、视频等信息均可通过 5G 网络呈现在读者面前，加深读者的阅读体验。导航定位服务中，可以通过 AR 技术与地图软件、图书馆方位模型相结合，为读者提供到达其所需资源位置的最优路径，并为读者提供查询、借阅、参考咨询等一站式的可视化、实时交互的服务。

4.4 无感借阅

在 5G 高速网络的支持下，通过人脸识别技术快速识别和认证读者身份，不需要读者携带和出示各种证件即可在图书馆中“畅通无阻”地浏览。同时，与图书馆的智能书架、闸机、智能座位系统等相连接，实现读者无障碍借阅文献。读者只要把所需图书带出阅览室，后台系统就可以自动完成借阅办理和流通手续，相关借阅信息会自动发到读者的终端设备上。

4.5 精准推送

近年来，大数据技术不断发展，在各行各业得以应用，图书馆作为公共文化服务的窗口，如何利用海量的数据信息，进行深入分析，提高读者服务水平和业务分析能力，也成为图书馆关注的热点。通过大数据分析读者的阅读活动行为，智慧图书馆可以精准地向读者推送资源内容和服务，同时拓展服务形式的多样性。受网络通信技术、云计算技术、数据采集技术的限制，图书馆对于海量数据的采集、整理、深度分析和利用的能力不足，还停留在表层。随着 5G 技术、云计算技术的发展，图书馆大数据分析的能力被大幅提升，能更加深入地分析资源数据、读者数据、服务数据，把多元化的阅读资源，按读者的需求和喜好，个性化地推送给读者，同时也提升了读者的阅读兴趣和对图书馆的喜爱度。

4.6 超高清全景互动直播

随着 5G 技术以及超高清视频技术的发展，两者结合的应用场景大量涌现，比如自由视角、2D 转 3D、8K VR、裸眼 VR 等的应用。在 5G 赋能下的高清视频应用不只是把视频的清晰度从标清、高清提升到 4K、8K 超高清，更是将内容形式从平面推向了空间，以沉浸式的新体验打开人们的新视野。未来，5G+ 超高清视频技术将在智慧图书馆各种活动、会议、讲座直播、安防监控、远程资源实时展示、读者沉浸式体验等方面发挥巨大作用。

4.7 总分馆体系

图书馆总分馆建设是未来智慧图书馆的发展趋势。图书馆总分馆是由同一个建设主体资助、同一个主管机构管理的图书馆群，其中一个图书馆处于核心地位作为总馆或中心馆，其他图书馆处于从属地位作为分馆。总分馆体系可以有效扩大图书馆服务的范围，也能使图书馆服务向基层延伸。网络通信的传播速度是总分馆体系建设的主要技术壁垒，5G 技术的特点恰恰解决了这一问题，使总馆与各分馆之间的网络通道打通，即便是偏远地区、设备相对落后的分馆地区也能通过 5G 网络与总馆连接，共享总馆的先进技术和技术人才，获取云平台上丰富的图书资源和数据资源，读者可就近获取优质的服务资源，提升基层读者的服务体验。

随着 5G 时代的到来，5G 技术一定会助推大数据、云计算、人工智能等高新技术的应用和普及，加速整个社会向“智慧化”的转型。图书馆行业也面临着由数字图书馆向智慧图书馆过渡这一重要转折点。图书馆界应积极应对这次机遇和挑战，提高认知、抓住时机、尽早规划、改革创新、深化服务，在“智慧化图书馆”建设中赢得主动权，在 5G 等高新技术的驱动下把中国图书馆事业推向新的高度，从而推动公共文化事业繁荣发展，也推进文化强国和学习强国建设，为读者提供互联、高效、便捷、个性化的智慧服务。

参考文献

[1] 任广阔 . 5G 时代下智慧图书馆的发展［J］. 信息通信，2019（6）：98-100.

[2] 我国已建成全球最大 5G 网络［EB/OL］.［2020-12-16］. https：//baijiahao. baidu. com/s?id=1686186208238964708&wfr=spider&for=pc.

[3] 5G 领跑“新基建”谁是“关键”的新型基础设施？［EB/OL］.［2020-03-18］. https：//baijiahao. baidu. com/s?id=1661460268101661460&wfr=spider&for=pc.

[4] 冯贞翔 . 浅议 5G 时代公共图书馆的机遇和挑战［J］. 数字图书馆论坛，2020（6）：56-61.

[5] 何沃林 . 智慧科技馆建设的研究与总体设计［J］. 数字技术与应用，2019（7）：162-165.

[6] 李路 . 5G 关键技术及其在公共图书馆的应用前景［J］. 图书馆学刊，2019（12）：128-132.

[7] 岳和平 . 5G 技术驱动的图书馆智慧服务场景研究［J］. 图书馆与图书馆事业，2019（4）：119-121.

[8] 刘炜，陈晨，张磊 . 5G 与智慧图书馆建设 [J]. 中国图书馆学报，2019 (9)：42-50.
[9] 徐向东，王方园 . 公共图书馆智慧服务体系建设研究 [J]. 图书馆学刊，2021 (1)：23-27.
[10] 饶权 . 全国智慧图书馆体系：开启图书馆智慧化转型新篇章 [J]. 中国图书馆学报，2021 (1)：4-14.
[11] 刘炜，刘圣婴 . 智慧图书馆标准规范体系框架初探 [J]. 图书馆建设，2021 (1)：91-95.

读者阅览行为习惯及满意度研究

——基于对9位读者的访谈

杨　靖（典藏阅览部）

行为是指人在与外借相互作用时为实现某种目的而用自身机体所做出的连续反应或连续的过程。人的行为可以分为外显行为和内隐行为两种。外显行为是指能被观察到的一切外在活动；而内隐行为则特指内在的意识过程和潜意识过程，通常只有当事人才可以意识到，外人很难直接做出观察或预测[1]。心理学认为，行为由需求引起，以动机的形式得以激励和推动。当人们产生某种需求时，会产生一种紧张的心理状态，这种心理状态会推动人们产生某种行为从而使需求得到满足。

阅览行为是读者为满足其某种需求，在图书馆查找、阅读文献的过程，包含外在的身体表现和内在心理活动两部分内容。了解读者阅览行为、探索并分析读者的阅览需求、心理需求和到馆体验，有利于图书馆审视自身服务质量，提升服务效能。

1　相关研究回顾

读者行为一直是图书馆相关研究的热点之一，从现在的研究成果来看，多数研究关注的研究重点主要集中在以下三个方面。

第一，对读者借阅行为和检索行为的研究。陈添源[2]以某学科读者最近6年的读者阅览行为数据为研究对象展开实证研究，借鉴Apriori模型探究借阅规则，并通过使用主题词和题名的方法探究读者在借阅图书行为中的行为偏好，最终发现读者的借阅行为存在一定的季节性规律。康娜等[3]使用山西医科大学图书馆的读者借阅记录为数据源，使用K-modes算法、Apriori模型以及K-modes算法+Apriori等三种方法对读者的借阅行为展开分析，并提出了图书馆应加强个性化推荐、馆藏推荐和阅读推广等相关工作建议。杨爱华、李子霄[4]通过使用行为学实验和问卷调查得到的数据作为模型研究中的参数依据，以读者的检索行为作为主要依据对图书馆开架书库的排架方式展开实证研究，并根据分析提出最优化开架书库的排架方式。

第二，读者的阅读行为及其相关研究。郝琳娜[5]根据“阅读时间保障”和“阅读需要迫切程度”两个维度，将图书馆的读者阅读模式划分成技能引导阅读、研究导向阅读、鉴赏导向阅读以及愉悦导向阅读等四种类型，并提出了公共图书馆应通过线上线下相互结合的公共服务平台引导读者的碎片化阅读向整体性阅读转变、促使预约导向阅读向鉴赏导向阅读发展、技术导向阅读向研究导向阅读发展、浅层次阅读逐步向深层次阅读的相关研究建议。欧丹杨[6]详细阐述了移动阅读所具备的优势和劣势，并对移动阅读对读者行为和公共图书馆服务产生的影响展开研究，提出了组建复合型馆员服务团队、建设移动阅读服务平台和将公共图书馆服务功能逐步向终端设备延伸等服务优化策略。曾宇琼[7]在其学位论文中，以浙江图书馆的读者为研究对象开展实证研究，使用问卷调查的方法得出“馆藏服务”与“馆员服务”对读者满意度、感知价值和行为意愿都存在正向显著关系，感知价值对读者满意度和行为意愿存在正向显著相关关系，读者满意度和行为意愿之间也存在正向相关关系。

第三，读者在阅览过程中出现的违规越轨行为研究。李琳[8]以公共图书馆应对读者越轨行为为研究对象，以德国行政法相关理论作为理论基础，界定公共图书馆所具备的行政主体地位，对公共图书馆应对读者越轨行为的公法属性和使用规范等问题展开系统探讨，并提出应该逐步完善公共图书馆应对读者越轨行为的使用细则。刘冰洁[9]以河南省图书馆少儿阅读中心为例，对读者出现的拒绝阅读“读者须知”、多次借书逾期、拒绝将物品存放在规定区域、盗窃损毁图书、影响他人阅读、不爱护公共设施等不文明行为进行描述，剖析其背后的产生原因，并提出了法律约束、加强读者引导力度和引入征信制度建立借还图书诚信体系等多种的工作建议。

2 研究方法

本研究为质性研究，主要运用访谈法搜集相关原始资料，从中了解读者在到馆阅览过程中的具体行为习惯，并由此深入探究其阅览需求、到馆目的以及个人体验。同时，在数据收集方面，还运用电话、邮件等多种访谈形式，结合已有的相关文献资料，从而有效把握研究的有效性。

2.1 访谈对象

在访谈对象的选取过程中遵循“有目的抽样”的原则。“有目的抽样”（Purposeful Sampling）能够为研究问题提供最大的信息量[10]，在选取访谈对象时更偏向考虑对所要研究的问题是否具有重要意义，所有受访对象需符合下列要求：

①具有平均每个月到馆一次的阅览频次，熟悉图书馆阅览的一般方法和流程；

②具有近期的到馆经历；

③对自己近期的到馆阅览经历有较为清晰的记忆。

本次访谈从前期问卷调查的样本中选取具有一定到馆频次的读者，通过电话与他们取得初步联系，向其说明了此次研究的目的，并保证严格遵守研究伦理，并在访谈开始之前签订访谈知情同意书。经过沟通，笔者最终从自愿参与访谈的对象中确定了9位受访者。

表 1　受访对象基本资料

受访对象	年龄	学历	职业
张女士	55	专科	退休编辑
付先生	29	博士研究生	学生
李女士	26	硕士研究生	网站编辑
罗女士	25	本科	个体工商人员
马先生	24	大专	学生
杨先生	24	本科	IT 公司职员
袁女士	46	本科	自由职业
孙女士	25	硕士研究生	学生
钟先生	64	专科	退休职员

2.2　访谈过程

本研究采用结构化访谈的形式，在访谈前拟定访谈提纲，请相关研究领域的学者和图书馆一线服务人员对拟访内容提出意见并进行相应的修改。根据修改后的访谈提纲，询问受访者的到馆阅览行为及其限制因素。访谈内容包括以下问题：第一，通常情况下，您的到馆阅读习惯是什么？第二，哪些因素会影响您的到馆阅览行为？第三，就图书馆的文献资源而言，您会存在哪些需求？这些需求是否得到了满足？第四，您在使用图书馆的过程中产生的负面情绪和问题有哪些？

在得到受访者同意的情况下，对访谈过程进行录音，同时建立访谈笔记，记录和补充相关信息。

2.3　资料整理

将收集到的音频、邮件等所有材料转化为统一格式的文字资料，根据研究目的，对资料进行分类整理。

3　研究结果与分析

3.1　阅览行为习惯

新读者需要经历“到馆—办卡—进入阅览室—阅览或外借”这个常规顺序，而保持一定到馆频次的读者与新读者不同，他们往往凭借自己的经验和需求，拥有较为独特的阅览过程。由于对多数阅览室的服务内容有所了解，这些读者在阅览区域的选择上具有一定的综合性。

付先生（博士在读，29 岁）：“（一般到馆是为了）找论文，书的话主要是开架阅览室里经济方向的专著，还有外文阅览室的一些外文专著，我们学校图书馆没有，专业性比较强。（随便浏览的话）比方说文学方面的，有时候看到自己感兴趣的就借回去看一下，还有经管类的，觉得写得比较好的也会借出来看一下。”

马先生（本科在读，24岁）：“我来回跑，乱跑。一般的话在北区。……跟上学一样，早上五六点钟起来，到这里是七八点钟，九点开门就进来了。走的时间不太固定，看得比较困了、乏了就回去，没有固定的几点。有时候（南区）的书全一些，看得比较杂，还有很多在自媒体上推荐的书。（专业方面的资料看的）很少，学校里面的图书馆都有。”

学生、科研类读者对专业性文献资料的需求较强，往往具有较为精确的文献查找目标，但是他们的阅览路径并不仅仅局限在单一阅览区域，在“目标阅读”的同时也常伴有“随机阅读”。

老年读者作为图书馆内的特殊阅览群体，出于一定的生理原因，他们在到馆后的行为路径相对单一。

钟先生（退休人员，64岁）：“基本上比较固定，不会随意跑。就是在北区的二层南这边。偶尔上去（北区四层）查查报纸和杂志，但不会太多。”

张女士（退休人员，55岁）：“活动范围就是新馆的二层，报刊去过但很少。……我觉得去老馆不方便，自从新馆建成以后老馆只去过一次。”

在访谈中，很多读者呈现出了较为固定的到馆习惯，但却认为自己没有固定的阅览活动范围。

罗女士（个体工商人员，25岁）：“……进来（图书馆）之后，如果有（学习上的）疑虑直接上四楼，解决自己心中的疑虑，因为电子的东西能针对性地解决问题。第二需要长时间去磨合，比如需要长时间训练听力技巧，我就去找纸质书（做题）。……主要看雅思考试方面的资料，也会坐在那个（书架）附近。……同时还会看从来没有接触到的书籍，比如说人的品格，还有世界之谜等。老师从来没有推荐过，所以能拓宽自己的视野。”

袁女士（自由职业，46岁）：“有的时候我会先去查（书），找一些感兴趣的……查得到就借，查不到我就再去看别的。有的时候比较随意，我去中国文学或是外国文学那儿，现场去看（浏览）。”

工作时间较为灵活的读者在到馆后经常出现“随机阅读”行为，其随机性在一方面体现在到馆后的阅览地点选择上，另一方面则体现在阅览目的上。

3.2 到馆阅览目的

目的是指想要达到的地点和境地，想要得到的结果[11]。读者到馆阅览的目的，就是读者根据自身的需求，在图书馆里想要得到的某种结果。

杨先生（IT 公司职员，24 岁）："刚工作那会儿，有时候会做点东西，因为这里有自习室的性质，也比较方便，可以带电脑过来，一边查点东西一边做工作、项目上的事情。"

李女士（网站编辑，26 岁）："我之前会经常到中文阅览室看自己感兴趣的书，就是文学类的书籍。……（现在）因为我刚刚工作不到一个月，感觉没有那么多时间了，自己还有好多要学的。所以现在只会看工作上需要的。"

由此可见，多数受访者到馆的阅览目的明确，出于工作、学习的需要使用图书馆内的文献和硬件资源，而也有一些受访者的到馆目的更偏向休闲和社交需要。

袁女士（自由职业，46 岁）："应该是我觉得这一天我没地方去了，我想找一个安静的地方待着，我就会来图书馆。"

孙女士（硕士在读，25 岁）："需要和朋友见面时，国图的环境很好，有氛围。"

由此可见，当今读者到图书馆来的目的并不仅仅局限在查找文献或自习，休闲、社交这些多元化的到馆行为已经成为一些读者的生活需要，即使是保持相对稳定到馆频次的读者，其到馆的阅览目的也可以是复杂多变的。

3.3 读者满意度评价

3.3.1 馆员服务

无论是新读者还是老读者，在进入图书馆后或多或少都会有与图书馆员接触的经历。在访谈中发现，即使是到馆频次较高的读者在刚来到国家图书馆时会存在一定"角色"压力，而这种"角色"压力常常是与自己的目标是否实现，需求是否满足相关。通过访谈发现，到馆读者对于馆员服务的认知和对馆员服务的满意程度并不会因为到馆频次的增加发生显著性的变化，也就是说，经常到馆阅读的老读者从首次到馆至今，对图书馆员服务的满意程度会基本保持在较为稳定的水平。

李女士（网站编辑，26 岁）："因为在中文阅读这方面基本没有和管理员交流过，就是去上网，有一次获得了一个机位，但是发现那个人在我的机位上上网呢。我就去找管理员，但是管理员说不可能，最后发现是系统的问题……他说'不可能啊'的时候我确实紧张，担心是不是因为自己不懂。"

孙女士（硕士在读，25 岁）："我首先会认为他们是主人，我是客人。前两年我有些书不太会查，会比较依赖工作人员。有时候机器出故障或者需要高级搜索，当时找不到的时候会有一点压力，但是还好，不是很严重，我也会咨询工作人员。"

3.3.2 阅览环境

图书馆的环境是许多老读者最为满意的地方，在访谈中，读者对图书馆特有的文化氛围表示了肯定。

马先生（本科在读，24 岁）："阅读环境是最满意的地方。……之前，去各种书店，经常坐在那看看书，一会儿来一帮这个机构的，一会儿来一个樱花日语的问你学不学日语……我觉得这个特别烦人。（不被打扰）对我来说挺重要的，一个可以坐着舒舒服服读书的环境也挺重要。”

与此同时，当图书馆的环境不能够满足读者的需求时，读者会明显改变他们的到馆频次，甚至是改变阅读习惯。

罗女士（个体工商人员，25 岁）：“以前是天天都来，但是逢周六、周日人会特别多。图书馆里面人有时候不是特别自觉，会在馆里面接电话。这个会对周围人产生干扰……就会比较嘈杂……我会选择在这边借书然后回学校。”

张女士（退休人员，55 岁）：“因为我不会使用查询机，每次查的很慢，周末排在查询机前的人特别多，这种无形的压力这就让我很崩溃。这就会直接影响我找不到我想要的书，我得一本一本地看，耽误时间，这个很影响效率……那面墙很大，你要一本一本地看就很费时间，以后我就不怎么仔细找了。”

3.3.3 馆藏资源

访谈发现，读者对于图书馆馆藏资源具有信任感，相信馆藏资源的准确性和权威性。

孙女士（硕士在读，25 岁）：“一般需要查阅有关图书和期刊时回来，并不是特别需要经常到图书馆查阅资料，但有些关键性的资料必须要进馆查找。”

杨先生（IT 公司职员，24 岁）：“我学的计算机，跟数据分析（现在的职业）上还是有很大不同，基础上还是有漏洞，所以想通过国图的资源来补充一下知识。（另外的书包括）企业、职场……各方面都有，外借区我一般一个月至少来一次，借书或者还书。我借的例如三本里面有两本是专业方面的，还有另外一本可能就是感兴趣的。”

就受访读者而言，图书馆的纸质馆藏资源基本可以满足他们的阅览和外借需要，馆藏电子资源特别是学术类期刊资源可以满足学生读者的使用需要。

孙女士（硕士在读，25 岁）：“数字版（资料）的最佳。……纸质有质感，可以迅速浏览全页，对内容有个大概了解；电子资源方便易得，便于保存和查找。”

付先生（博士在读，29 岁）：“找资料，找论文，找书。在其他图书馆找不到，在知网也找不到，来这边的话，可能馆藏比较丰富。”

4 结论与建议

4.1 关注行为研究，满足读者多样化需求

根据阅览行为和习惯、阅览目的的研究，发现读者到馆后的阅览区域、阅览目的呈

现多样化发展趋势。即使是保持一定到馆频次、阅览目的比较明确的读者，也会保持“目标阅读”和“随机阅读”兼具的状态。除此之外，很多读者已经养成较为固定的到馆习惯，但却认为自己没有固定的阅览活动范围。因此，相关学者和服务人员应多关注读者行为研究，挖掘其多样化阅览行为，不断完善服务内容，以满足读者日渐多样化的到馆需求。

4.2 加强对“副阅读行为”的关注，开展全面性读者研究

通过访谈可以发现，除阅读行为和心理之外，读者在阅览和查找文献的过程中会出现多种个人情绪的体验，读者到馆的目的也不仅仅局限在查找、阅览和外借文献范围内，还会在阅读以外出现多种“副阅读行为”和心理。“副阅读行为”主要是指读者在阅读过程之外的心理、读者到馆行为、读者反馈行为、移动互联网用户行为、读者焦虑情绪以及反馈行为等，与阅读行为呈间接行为。读者进入图书馆后，除了阅读相关的心理与行为之外，还会出现多种心理现象，包括需求多样性心理、接触和使用方便心理、需求及时性心理、“马太效应”心理、不信任图书馆员心理以及违规失范心理[12]。因此，除了对读者到馆阅读目的、动机、行为等方面展开研究外，还应对“副阅读行为”和心理予以关注，使得读者服务相关研究不断得到发展和完善。

4.3 完善服务质量评价机制，丰富读者调查方式

国家图书馆是具有公共图书馆性质的中央图书馆，无论是服务性质和读者特点，与其他公共图书馆和高校图书馆都存在一定差异。科学研究国家图书馆的服务特征，明确服务定位及服务方向是提升服务质量、完善服务质量评价机制的基础。在读者调查方式的选择上，除文献研究、数据分析之外，在实证性研究不断受到重视的今天，以问卷调查和访谈等方式定期开展读者调查，也是准确了解服务现状、提升服务效能的重要方法之一。

参考文献

[1] 徐从淮 . 行为空间论［D］. 天津：天津大学，2005.

[2] 陈添源 . 基于学科特性的高校图书馆读者借阅行为实证研究［J］. 图书馆界，2020（3）：67-74.

[3] 康娜，李雪琴，贾子文，等 . 关于医科类高校图书馆读者借阅行为的分析与研究［J］. 晋图学刊，2019（3）：73-79.

[4] 杨爱华，李子霄 . 基于读者检索行为的智慧图书馆开架书库排架方式实证研究［J］. 图书馆杂志，2019（7）：44-49，57.

[5] 郝琳娜 . 公共图书馆读者阅读分型与整体性阅读行为引导研究［J］. 新世纪图书馆，2019（8）：41-44.

[6] 欧丹杨 . 移动阅读对读者行为和公共图书馆服务的影响研究［J］. 河南图书馆学刊，2019（12）：66-68.

[7] 曾宇琼 . 公共图书馆服务质量与读者行为意愿研究［D］. 杭州：浙江大学，2007.

[8] 李琳．公共图书馆应对读者越轨行为的理论阐释及使用规则研究［J］．图书馆工作与研究，2020（12）：32-38.
[9] 刘冰洁．基于读者不文明行为的公共图书馆管理与服务策略研究——以河南省图书馆少儿阅读中心为例［J］．河南图书馆学刊，2020（4）：120-121，125.
[10] 陈向明．质的研究方法与社会科学研究［M］．北京：教育科学出版社，2000：110.
[11] 中国社会科学院语言研究所词典编辑室．现代汉语词典［M］．5版．北京：商务印书馆，2005：971.
[12] 梁宏霞．读者阅读心理、行为与图书馆服务［M］．镇江：江苏大学出版社，2016：136-138.

浅析智慧图书馆服务

——以国家图书馆学位论文阅览室读者服务研究为例

孙东月（典藏阅览部）

2021年是我国建党100周年，是“十四五”规划的开篇之年。习近平总书记于国家图书馆110周年华诞前夕给国图老专家回信。总书记的回信是一份指明我们前进方向的纲领性文件，为当前推动全国公共图书馆事业发展提供了重大机遇[1]。近年来，互联网+、云计算等技术的迅猛发展加速了新型社会生态系统的变革。信息产业、信息化工业带动、信息技术应用、信息资源开发利用等方面都有显著增加[2]。社会信息化分为生产工具信息化、生产力系统信息化、社会生活信息化。我国信息化正由经济产业信息化逐步向社会生活信息化延伸。2017年10月18日，习近平总书记在党的第十九次全国代表大会上报告中将建设智慧社会列入加快建设创新型国家所提出的发展新目标[3]。结合我国图书馆行业的发展现状，“智慧图书馆”作为智慧社会的重要组成部分，将引领着图书馆事业的发展。

我国自建立学位制度以来，十分重视对学位论文的收藏与知识传播工作。国家图书馆建立学位论文阅览室，为论文发展与学术研究提供了良好环境。学位论文与出版物不同，虽然它不具有出版物的系统、严谨，却有着独特的学术性质，是我国学术研究成果的重要部分。智慧图书馆的提出指导着图书馆学位论文服务工作的前行。构建互联、高效的学位论文智慧服务体系将是开展学位论文服务的新方向。

1 国家图书馆学位论文阅览室的发展与服务困境

1.1 学位论文的定义与建立

学位论文是高等学校或研究机构的学生为取得学位，在导师指导下完成的科学研究、科学试验成果的书面报告。我国在1980年颁布了《中华人民共和国学位条例》。该条例的颁布标志着我国现代学位制度的建立。1981年1月，《中华人民共和国学位条例》开始施行，学位分为学士、硕士、博士三级。1982年2月至1983年5月间，我国先后授予18人博士学位，有马中骐、谢惠民、黄朝商等17名理学博士和1名工学博士。这18位优秀学者也是我国自主培养的第一批博士。

1.2 国家图书馆学位论文收藏中心

国家图书馆学位论文收藏中心是国务院学位委员会指定的全国唯一负责全面收藏和

整理我国学位论文的专门机构，肩负着收藏、发展学位论文的重要职责。目前，国家图书馆收录的学位论文种类分5种：硕士、博士、博士后、台港澳博士、海外华人华侨论文。收藏范围涉及哲学、经济学、法学、教育学、文学、历史学、理学等学科门类。收藏总量已有70余万册。其中，博士论文最早收藏年限为1981年；台港澳与海外华人华侨论文为2003年；国内博士后研究报告为1985年；硕士论文为2000年。收藏文献中最宝贵的要数新中国成立以来我国首批自主培养的博士撰写的论文以及党和国家领导撰写或指导的博士论文等特色文献。这批宝贵的学位论文文献是我国重视学位与教育发展的反映。

1.3 学位论文阅览室服务发展与问题

1.3.1 读者服务的发展

国家图书馆学位论文阅览室的前身是国内资料室，为读者提供学位论文、政协文史资料、国家标准、人大报刊复印资料、软科学资料、民间文学集成等资料。建室以来，国内资料室经历了两次大规模调整。2000年，国家图书馆首次将国内资料室更名为博士论文文库阅览室。博士论文作为本室的特色文献为读者提供服务。随着2000年后硕士论文服务的加入，博士论文文库阅览室于2008年11月正式更名为学位论文阅览室。除论文外的其他文献逐渐剥离，阅览室的读者服务工作更具专业性。

1.3.2 新时代背景下的学位论文服务工作中的问题

（1）文献整合混乱

学位论文阅览室在2014年9月正式作为特色阅览室搬迁至国家图书馆南区D427室。阅览室内提供近两年博士、博士后、台港澳与华人华侨博士论文的“中文闭架”阅览服务与硕士论文、两年前博士论文的“中文基藏”阅览服务。读者需提前发送预约请求。中文闭架最多预约2本，等待时长为15分钟；中文基藏最多预约2本，等待时长为40分钟。随着我国近年来学位教育的开展，各大高校培养的硕士、博士、博士后人才成倍增加。每年缴送的学位论文大大增加了收藏空间压力。阅览室不得不于2017年3月再度搬迁至北区新馆4-73室。部分硕士论文在2018年被迁至承德战略储备库。文献的调整与服务空间的变更导致学位论文线下资源过于分散。读者在寻求服务时很不方便。如：读者不清楚“中文闭架”与“中文基藏”的收录区别，误认为不能同时预约或不清楚可约多少。搬至承德战略储备库的文献可在国图数字资源链接到清华同方知网数据库（以下简称知网）上看电子版，但读者预约时看到“无法提供”便放弃，并不知道可在国图其他途径查阅。

（2）服务形式单一

学位论文阅览室发展至今，读者服务工作一直局限在借还论文、论文扫描复印等基础业务。新冠肺炎疫情期间，读者服务工作暂停。随着疫情逐渐得以控制，学位论文阅览室也逐渐有序开放预约。但读者服务工作仍没有任何实质上创新与进展。线上服务方面，国家图书馆自建的馆藏博士论文与博士后研究报告数字化资料库（以下简称国图自建学位论文数据库）只收录约25万篇博士论文，并仅提供论文前24页的浏览服务。国家图书馆购买的知网、万方、ProQuest、IEEE 等数据库使用权限多数情况下不能满足读者远程访问浏览。例如知网，读者在家不能通过国图链接到想看的文献。部分可以阅览的论文需要读者再自建知网账户、按篇收费。读者们深受时间、空间、形式的制约，只能在指定的时间预约来馆查阅。大部分的学位论文只能在阅览室看电子或纸质版。

（3）缺少个性化服务

相比较到图书馆借阅，读者更倾向于通过不受空间制约的方式获取论文资源，如网络获取。所以阅览室的读者统计数据有很大的局限性，不能反映读者的真实需求或偏好，使得开展个性化读者服务无从谈起。

（4）利用率持续下降

根据开放存取知识库目录（Directory of Open Access Repositories，OpenDOAR）2020 年数据显示，学位论文已经成为仅次于期刊的全球第二大 OA 文献来源类型[4]。但事实上，学位论文文献的出现和传播相较其他类型文献更晚，种类数量上相对较少。加上学位论文的读者门槛高，专业性强，因此对于学位论文的利用非常需要打破“文献孤岛”，应被重点推广。从近年来学位论文阅览室读者到馆人数变化来看，由于 2014 年学位论文阅览室作为特色阅览室在国图网页重点宣传，此后一年内的读者人数增长最为迅速，增长率约 110%。此后由于阅览室服务的不断整合调整，对外少有宣传，2015 年后流通量下降趋势明显。尽管每年入藏的博硕士论文数不断增长，但每年到馆读者仍呈下降趋势。馆藏学位论文一直得不到很好的利用。

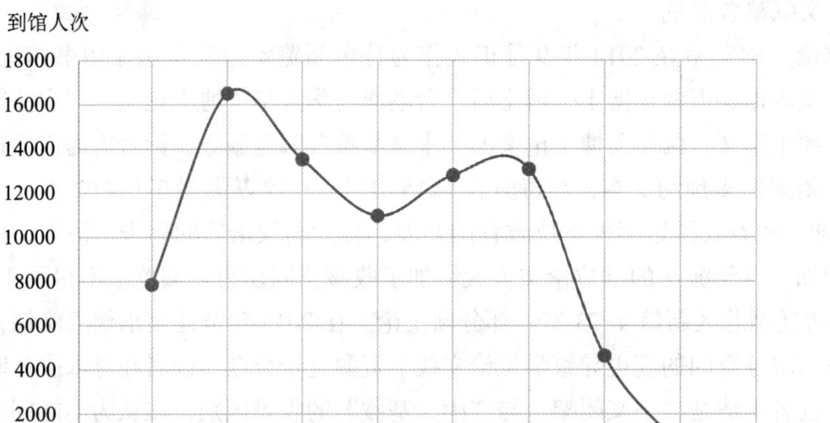

图 1　2013—2015 年学位论文阅览室读者到馆人次变化趋势图

2　关于学位论文智慧服务体系的构想

2.1　国内学位论文智慧服务体系建设现状

笔者调查了 34 个省级图书馆、台港澳地区图书馆、中国科学院、中国社会科学院、73 所高校学位论文读者服务后发现，现在各省级图书馆均无法提供学位论文纸质版阅览服务，各图书馆的学位论文提供服务开展主要依托购买数据库。除上海图书馆提供的 iDoc 目录查询可以很便捷检索链接资源外，其他大部分图书馆还要间接在目录检索中链接到数据库再检索文献。中国科学院搭建的中国科学院学位论文数据库（CAS Thesis&Dissertation Database）收录自 1983 年以来中国科学院授予的博士、硕士学位论文及博士后出站报告约 172372 篇。中国社会科学院图书馆可提供知网与 ProQuest 学位论文阅览服务的链接。73 所高校图书馆多数可通过校内链接看到自己学校的优秀学位论文。部分高校图书馆，如北京师范大学图书馆，也收录其他学校优秀的纸质博士论文。但因高校并不主要承担社会文化服务传播，且由于与利益相关者开发协同度较低、版权管理体系不完善等缘故，面向校外读者提供学位论文服务存在着一定阻碍。

香港中央图书馆、香港公共图书馆、澳门公共图书馆和台湾中央图书馆这四家图书馆的学位论文服务也多基于本馆自建或购买的电子数据库开展。例如，澳门公共图书馆提供万方数据库链接；香港中央图书馆和公共图书馆提供 ProQuest、中国博士学位论文全文数据库、中国优秀硕士学位论文全文数据库的链接；台湾中央图书馆自建台湾博硕士论文知识加值系统中收录可看全文论文约 559509 册。

根据以上国内的调研结果可以看出，我国的学位论文智慧服务还处分散、不成体系的状态。

2.2 学位论文智慧服务体系创建重点

2.2.1 信息通信技术（ICT）与物联网

建设学位论文智慧服务体系，首先应着重发展 ICT 硬件设备，为资源发展与传播增加动力，为读者提供更多的服务方式。通过发展 ICT 技术，图书馆可与各大学位论文提供高校建立更多通讯、合作的可能，打破封闭，解决“信息孤岛”问题。图书馆 ICT 技术的增进还对图书馆自动化、Library 2.0 和移动图书馆的发展有着巨大推进。在此基础上，智慧服务系统可将学位论文各元素连接入物联网体系，实时主动地获取数据，并对感知数据进行分析和处理，力求为用户提供一个多元化、智慧化的服务与环境。

以英国 EthOS 博士学位论文服务平台为例，平台通过“中心枢纽”与高校机构合作，实现高校机构储存库中的元数据与 EThoOS 数据库兼容，从而更加系统、规范各项线上线下服务，并在基础服务的同时增加各项增值服务[5]。在这个发展方向的引导下，学位论文线下阅览室服务的制约可被轻松打破。这对于解决现实中 CALIS 与 BALIS 高校间馆际互借平台不能用于学位论文使用的问题提供了参考方案，使得学术交流更加方便、畅通。

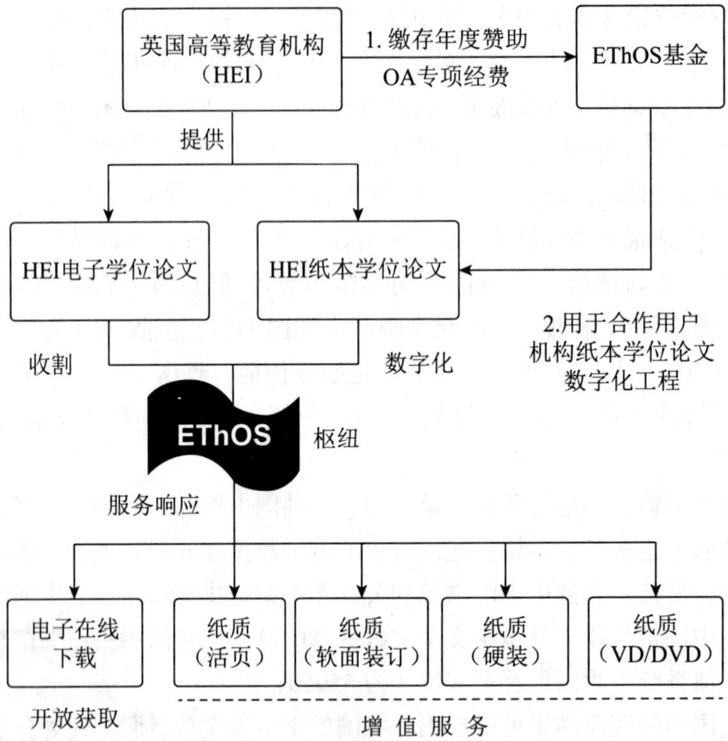

图 2　英国 EthOS 博士学位论文服务平台体系[6]

2.2.2　资源整合与平台搭建

深度整合资源、搭建线上服务平台是学术论文智慧服务的最新发展方向。笔者考察了美国、日本、法国、英国、俄罗斯、加拿大、乌克兰、新加坡和以色列共 9 家国家图书馆，发现目前只有俄罗斯和日本大量保存纸质学位论文并提供服务，其中日本国立国会图书馆可在 OPAC 系统中查询博士论文并提供全文在线阅览。法国国家图书馆拥有自己的大型在线数据库门户 thess.fr。新加坡国家图书馆作为调研结果中的离群值，在调研的所有国家图书馆中是唯一没有学位论文管理的国家图书馆，新加坡的学位论文由该国教育部的大型大学数据库进行统一管理，彻底脱离了线下物质媒介。通过以上调研可知，国图自建学位论文数据库的建设工作应得到更加重视与大力推进。学位论文数字化、清理冗余碎片资源、整合线上数据库是建立线上服务平台的必要条件，并可以此为基础面向更多用户开展服务。联系各方渠道，结合数字化立体资源体系、知识关联图谱、AR 等创新技术来推动知识共创、共享，搭建针对学位论文的线上服务平台。这也可避免国内个别学位论文电子数据库的资源垄断现象，为用户创造福音。

2.2.3　云计算服务模式与智能感知服务

基于学位论文现状，我们可以利用云计算服务，使用其提供的基础设施平台、分析软件，将云计算分析成果与智慧服务体系收集的海量用户数据进行比对，最终得出最优服务。通过这一方式可弥补传统阅览室数据不足、分析手段落后的缺陷。学位论文阅览室可整理分析出更多有价值的数据来判定其与读者间的关联和重要性，并通过云计算与智能分析手段来寻求读者的共性与特性。图书馆工作人员还可根据海量数据分析结果针对读者身心评估、阅读习惯、专业热点等进行智能感知服务的开发。依托多媒体、智能语音识别等功能，为读者打造个性化阅读体验空间，提供沉浸式阅读体验和个性化智能服务。

2.2.4 智慧化运营

在学位论文智慧服务体系构想中，智慧化运营是需要单独被关注的。如何打破封闭式学术共享环境，加快图书馆社会化利用是近年来研究的热点。有观点认为，优秀的图书馆和无法达到目标的图书馆之间最为显著的差别在于营销的品质[7]。在国际图联发布的 2018 年《全球愿景报告》中提到资助者和利益相关者不理解图书馆价值已成为图书馆面临的严峻挑战，甚至影响到图书馆的生存与发展，特别强调了营销推广对图书馆事业发展的重要意义[8]。所以学位论文阅览室应因应这一挑战，提升宣传意识，开拓更多营销渠道，结合自身情况制定智慧化运营战略。智慧化运营的核心是针对每个用户进行个性化运营管理，根据不同用户的需求及状态，提供不同形式营销服务。例如，运用社交网络创建、推广国家图书馆学位论文阅览室公众号与小程序，开发服务 App。线上线下学位论文服务平台可针对不同读者进行智能分析与推送，图文结合、虚实交互。通过吸引公众的关注，提高学位论文服务的普及率，甚至可打造服务品牌、研发相关服务产品。

在大数据、云计算等智慧技术推动下，我国的图书馆建设正在朝着数字化、网络化、智能化的方向迈进。国家图书馆学位论文阅览室在近年的发展过程中，也暴露出读者服务过程中的诸多困境与问题。如何利用智慧图书馆建设搭建智慧服务体系、规范服务标准、规范学位论文收藏、提高文献价值与使用率是需要持续研究的重点。智慧图书馆的建设仍在摸索中前行。学位论文阅览室应以智慧图书馆构建为引导，实现自身服务转型与发展。

参考文献

[1] 饶权 . 回顾与前瞻：图书馆转型发展面临的问题与思考［J］. 中国图书馆学报，2020（1）：4-15.

[2] 周淮 . 论 NIQ 与我国国家信息化战略［J］. 科技情报开发与经济，2003（8）：212-213.

[3] 习近平 . 决胜全面建成小康社会夺取新时代中国特色社会主义伟大胜利［N］. 新华每日电讯，2017-10-28（3）.

[4] Open DOAR［EB/OL］.［2020-04-13］. https：//v2. sherpa. ac. uk/view/repository_visuali-sations/1. html.

[5][6] 张思梦，傅文奇 . 中美英博士学位论文资源开发现状的比较和思考［J］. 国家图书馆学刊，2021（1）：84-98.

[7] LEISNER T. Should libraries engage in marketing?［EB/OL］.［2020-01-13］. http：//archive. ifla. org/IV/ifla61/61-leit. htm.

[8] IFLA. Global vision report［R/OL］.［2020-01-06］. https：//www. ifla. org/globalvision/ report.

基于文献计量开展诊断试剂产品影响力评价的智慧服务新模式

徐冰冰（参考咨询部）

1 研究背景

生物技术是科技发展的重要推动力，关乎人口、健康、粮食、能源、环境和安全等重大问题，是列入《国家中长期科学和技术发展规划纲要（2006—2020年）》的前沿技术之一[1]。诊断试剂作为重要的生物技术制品，是生命科学研究、临床检验、疫苗研发、动植物检验检疫的重要辅助手段。2010年国务院发布《关于加快培育和发展战略性新兴产业的决定》将生物产业列入战略性新兴产业，提出要大力发展用于重大疾病防治的生物技术药物、新型疫苗和诊断试剂等创新药物大品种[2]。2012年国务院下发《生物产业发展规划》，指出大力发展新型体外诊断产品[3]。2017年，国家发展改革委发布《"十三五"生物产业发展规划》，提出"创制一批新型动物疫苗、生物兽药、动物疫病诊断检测试剂、植物新农药等重大产品"的具体要求[4]。目前诊断试剂已广泛应用于医药、卫生、食品、农业、化工、海洋等领域。

诊断试剂产品种类繁多、应用广泛。根据国家食品药品监督管理局《体外诊断试剂注册管理办法》，诊断试剂产品上市前需经过相关性能分析和评估，对拟上市人体样本的体外检测试剂、试剂盒、校准品、质控品等产品进行安全性、有效性研究及其结果的系统评价[5]。动物疾病诊断试剂产品则依据《兽药管理条例》的相关规定开展评估管理[6]。虽有政策把控质量关，但市场竞争日趋激烈。不少生产企业打出"恭喜使用我司试剂盒客户文章发表""关于使用XXX产品发表科技论文奖励方案"之类的广告争取客户[7-8]。诊断试剂产品服务于医疗、生命科学、畜牧等专门领域，发表论文对研究人员的吸引力自然不小，但产品评价的角度和方法有很多，比如生命周期评价法、四象限评价法、产品系列平衡法、获利能力评价法、数据包络分析、层次分析法等，评价角度有的侧重管理与市场应用，有的侧重质量和标准性，对生物试剂产品也有很多研究侧重应用效果评价[9-11]。上述评价方法或管理办法都未涉及产品学术影响力指标，而本文研究的来源案例中，委托人希望对公司生产的动物疫病诊断试剂类产品的使用范围、产品种类和应用效果等做出多角度评价，评价的依据就是使用其产品发表的学术论文。

为解决用户需求，本文结合国家图书馆文献资源，借鉴文献计量分析方法和学术影响力评价指标体系，设计了动物疫病诊断试剂产品影响力评价的办法，并探讨建立针对诊断试产品影响力评价的智慧服务新模式。

2 数据和方法

文献计量分析是科研、图情、知识产权服务等领域的常用方法。如发表学术论文的收录和引用情况、特定主题或领域的研究态势分析、研究热点发现，专利分析，机构对标分析等。本文评价对象是学术研究中使用的诊断试剂产品。数据选用方面，研究论文一般会在文中注明所使用试剂的来源，可以在全文字段检索诊断试剂名称或企业名称获取待分析文献。本案例中委托人提供了已筛选过的部分文献，为确定文献来源，我们以企业名称为检索词，在中国知网的中国学术期刊（网络版）、中国博士学位论文全文数据库、中国优秀硕士学位论文全文数据库和中国重要会议论文全文数据库的全文中检索2005—2016年中文文献，对已有文献进行核对和补充，最终确定待分析中文文献351篇。

评价指标方面，学术论文常用的发文数量、发文时间、作者、署名机构、国别、主题词等都由数据库标引，但诊断试剂产品和类别划分、研究结果都需要人工判读。本文从三个维度设计了动物疫病诊断试剂产品影响力评价指标（表1）。其中应用广泛度指标反映客户群体和产品应用的分布，还可以发现权威机构和竞争对手。产品丰富度指标可以发现公司的明星产品、优势产品以及产品应用新对象，发现特定领域生产同类产品的优势企业。应用有效性包含产品应用效果的正面或负面评价。

表1 动物疫病诊断试剂产品影响力评价指标

一级指标	二级指标	设置标准
应用广泛度	逐年发文量	使用诊断试剂产品发表论文的逐年数量变化
	署名机构类型	机构类型分为四类 1. 检验检疫、疫病预防控制和监察相关机构 包括各级各类动物疫病预防与控制中心、动物卫生监督所、畜禽防治技术服务中心、畜牧兽医工作站以及农业、畜牧水产相关政府单位。 2. 科研院所和实验室 包括各级农业科学院下属研究所、各级重点实验室、研究中心和各类技术研究中心。 3. 大专院校 包括各大学和专科院校以及校内各院系、图书馆等。 4. 企业 包括各养殖及兽用生物制品公司和依托公司成立的实验中心、技术中心等。
	署名机构地区	划分至省级行政区
产品丰富度	来源动物种类	依据选用试剂盒的来源动物分类
	动物疫病种类	依据动物感染的病毒名称分类
	试剂类型	依据检测的生物学原理和方法分类

续表

一级指标	二级指标	设置标准
产品有效性	应用有效评价	“有效”或“效果最好”等关键词
	应用无效评价	“无效”或“效果不好”“不如其他”等关键词
	效果比较评价	“更有效”“更准确”等关键词

在统计署名机构时，每篇论文的每个单位各记一次。来源动物种类、动物疫病种类、试剂盒类型直接从文献中归纳的难度较大，因此产品丰富度的分析方法和标准参考用户建议，通过阅读文献，提取其中相关内容逐一标引后进行统计分析。

3 动物疫病诊断试剂产品影响力评价

3.1 应用广泛度评价

本文设计了3个二级指标反映产品应用的广泛度，其中发文数量和年代反映随时间变化，是体现产品被使用情况，市场占有持续性的指标。署名机构类型和地区体现产品的客户群体和地区分布广泛程度。

3.1.1 逐年发文量

在351篇论文中，有期刊论文296篇，学位论文38篇、会议论文17篇。2005至2016年逐年发文数量如图1。2007年使用该公司诊断试剂产品发表论文数量比前两年明显增加，但2009—2011年使用该公司诊断试剂产品发表的论文仅各有1篇，2012—2016年又达到较高发文量。

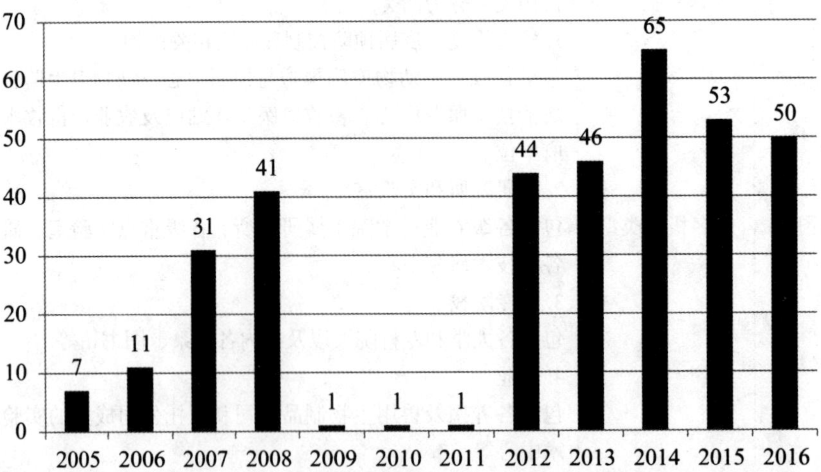

图1 2005—2016年使用该公司诊断试剂产品发表论文的数量

3.1.2 署名机构类型

统计论文所有署名机构的出现频次（图2），其中检验检疫、疫病预防控制和监察相关机构发文最多，其次为大专院校、科研院所和实验室，养殖和兽用生物制品企业发表论文较少。

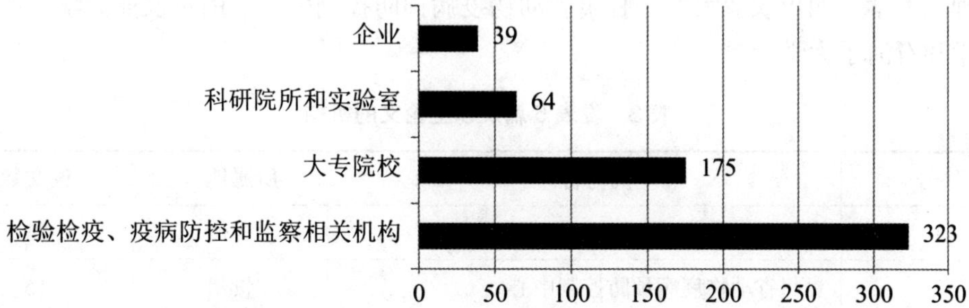

图 2　署名机构发文量统计

3.1.3　署名机构地区

按名称合并整理后的署名机构共 335 个，遍及我国 31 个省、自治区和直辖市。发文机构最多的前五个省份分别是贵州省、山东省、河南省、广东省、江苏省（表 2），在这些地区，有较多的机构使用该公司动物疫病诊断试剂产品开展相关研究工作。而在宁夏、海南和西藏，使用其产品并发表的研究极少。

表 2　不同地区的署名机构数量

排名	地区	机构数	排名	地区	机构数
1	贵州省	31	17	山西省	9
2	山东省	30	18	上海市	9
3	河南省	23	19	四川省	9
4	广东省	21	20	安徽省	8
5	江苏省	19	21	陕西省	8
6	辽宁省	17	22	浙江省	7
7	新疆维吾尔自治区	17	23	吉林省	6
8	重庆市	14	24	青海省	5
9	甘肃省	13	25	云南省	4
10	黑龙江	13	26	江西省	3
11	广西壮族自治区	12	27	内蒙古自治区	3
12	湖北省	10	28	天津市	3
13	湖南省	10	29	宁夏回族自治区	2
14	北京市	9	30	海南省	1
15	福建省	9	31	西藏自治区	1
16	河北省	9		合计	335

发文数量5篇及以上的机构共有24家，其中有18家所属地区在表3中同时也排在前十位（表3）。发文数量最多的机构依次为贵州大学、贵州省动物疫病预防控制中心、华南理工大学、四川农业大学、甘肃省动物疫病预防控制中心、南京农业大学、山东农业大学和石河子大学。

表3　发表5篇及以上论文的机构

序号	机构名称	所属地区	论文数
1	贵州大学	贵州	23
2	贵州省动物疫病预防控制中心	贵州	15
3	华南理工大学	广东	12
4	四川农业大学	四川	10
5	甘肃省动物疫病预防控制中心	甘肃	8
6	南京农业大学	江苏	8
7	山东农业大学	山东	8
8	石河子大学	新疆	8
9	广东大华农动物保健品股份有限公司	广东	7
10	河南农业大学	河南	7
11	信阳农林学院	河南	7
12	东北林业大学	黑龙江	7
13	安徽省动物疫病预防与控制中心	安徽	6
14	甘肃农业大学	甘肃	6
15	辽宁省动物疫病预防控制中心	辽宁	6
16	山西省动物疫病预防控制中心	山西	6
17	安徽农业大学	安徽	5
18	中国农业科学院兰州畜牧与兽药研究所	甘肃	5
19	河南科技学院	河南	5
20	河南省新乡市动物疫病预防控制中心	河南	5
21	郑州牧业工程高等专科学校	河南	5
22	中国农业科学院哈尔滨兽医研究所	黑龙江	5
23	湖南省动物疫病预防控制中心	湖南	5
24	山西省农业科学院畜牧兽医研究所	山西	5

3.2 产品丰富度评价

3.2.1 来源动物种类

根据委托人的建议，动物种类依据研究选用试剂盒的来源动物划分，并选定对猪、禽（以鸡为主）、牛、羊和马 5 种来源动物的诊断试剂使用情况开展进一步分析。其中猪 308 篇、禽 26 篇、牛 11 篇、羊 9 篇、马 1 篇。

3.2.2 动物疫病类型

论文研究的动物疫病主要有 36 种（表 4），包括猪 18 种、禽 7 种、牛 7 种、羊 3 种、马 1 种。涉及的猪疫病病毒的论文最多，主要有猪圆环病毒 PCV，142 篇；猪繁殖与呼吸综合征病毒 PRRSV，94 篇；高致病性猪繁殖与呼吸综合征病毒 HP-PRRSV，51 篇；猪瘟病毒 CSFV，99 篇；猪伪狂犬病毒 PRV，65 篇；猪口蹄疫病毒 FMDV16 篇。禽类疫病病毒以禽流感病毒 AIV 和新城疫病毒 NDV 为主，分别为 19 篇和 9 篇。

表 4　五种动物疫病类型及论文数量

动物	疫病和病毒种类	论文数量	动物	疫病和病毒种类	论文数量
猪	PCV	140	禽	AIV	19
	PRRSV	91		NDV	9
	HP-PRRSV	50		IBV	1
	FMDV	16		禽白血病	1
	CSFV	96		禽网状内皮	1
	PRV	64		禽贫血病	1
	PPV	17		禽呼肠弧病毒	1
	SIV	2	牛	BVDV	4
	PEDV	13		BPIV-3	2
	TGEV	12		BHV-1	3
	PRoV	9		FMDV	2
	MHP	4		牛冠状病毒	2
	MHR	1		牛布鲁氏菌	2
	猪乙型脑炎病毒	6		牛支原体	1
	猪布鲁氏菌	1	羊	小反刍兽疫病毒	4
	猪传染性胸膜肺炎	1		羊支原体	4
	弓形虫	2		羊布鲁氏菌	1
	副猪嗜血杆菌	1	马	马支原体	1

3.2.3 试剂类型

诊断试剂目前尚没通用的分类体系。《体外诊断试剂注册管理办法（试行）》将体外诊断试剂按产品风险程度划分为I、II、III类[12]。按检测原理和方法，体外诊断试剂可分为生化试剂、免疫测定试剂、分子诊断试剂、微生物检测试剂四大类[13]。本文参考委托人意见，把诊断试剂分为PCR试剂盒、ELISA试剂盒、核酸提取试剂盒、胶体金试纸条、免疫组化试剂、试剂或阳性血清六大类统计（表5）。

表5 使用不同类型动物疫病诊断试剂发表论文的数量

试剂盒类型	主要用途和原理	论文数量
PCR试剂盒	PCV、CSFV、PRRSV抗原检测	242
ELISA试剂盒	抗原、抗体检测	105
核酸提取试剂盒	FMDV等病毒的核酸提取	12
胶体金试纸条	AIV的胶体金检测	3
免疫组化试剂	PRRS免疫酶组化试剂	1
试剂或阳性血清	阳性对照	1

3.3 产品有效性评价

关于使用诊断试剂的用途，有的论文用于疾病检测和诊断，有的论文重在对比不同诊断试剂的实验效果，还有的论文目的是建立检测方法。但由于不具有相关专业知识和资质，在咨询中未提供产品使用的正面或负面结果评价，只对部分论文中关于产品应用效果摘录展示。

此处列举口蹄疫病毒FMDV、猪繁殖与呼吸综合征病毒PRRSV、猪圆环病毒PCV和猪瘟病毒CSFV相关文献的报道。

如FMDV，在《4种ELISA方法检测牛口蹄疫非结构蛋白抗体的ROC评价》一文所述：综合评估，在优化临界值后的ELISA A、ELISA B（委托方产品）和ELISA D的敏感性和特异性都大于90%，同时有着很高的检出率，均可用于大规模临床样本的初筛试验[14]。

又如PCV，在《猪圆环病毒2型几种ELISA抗体检测试剂盒的比较与应用》一文所述：试剂盒A（委托方产品）以PCV2-Cap蛋白合成肽作为包被抗原具有良好的纯度和浓度并且特异性较好[15]。

针对PRRSV，《美洲型和欧洲型PRRSV RT-PCR鉴别检测方法的建立》一文所述：该文用XXXX（委托方产品）的PRRSV（Nsp2 1594-1680变异株）RT-PCR检测试剂盒做比较试验，评价该试剂盒为国内优秀商品化试剂盒[16]。

4 分析和讨论

4.1 不足和难点

由于时间有限，也无现成模式，本文的研究方法还有待完善之处。在检索方法上，一般思路是先用特定检索词在数据库中检索，再对检索结果进行去噪和筛选，但本案例的数据是对用户提供文献的核实和补充。另外，本文未涉及对外文文献的分析。在产品类别划分方面，由于缺乏专业知识，对文献所涉及的产品、来源动物种类、动物疫病种类统计可能不全面。

开展诊断试剂产品影响力评价的难点主要有：①数据选择。诊断试剂名称、企业名称和应用效果都需要在全文中检索，需在全文型数据库检索，并能获取全文。②分析方法。产品丰富度和产品有效性的各项指标都未经数据库标引，需要阅读全文，且需要用户协作完成专业性内容的分类和判断。③服务能力。全文判读花费较多时间，需要与用户协调并提前设置各项指标的判断依据和标准，还要兼顾评价客观、准确、全面和服务时效，对图书馆员的服务能力要求较高。未来若能通过语义识别、内容分析、人工智能等技术方法，实现对全文文本的有效分析，将大大提高评价的精细度和效率。

4.2 智慧服务新模式探讨

当前，图书馆已进入智慧化转型的时代，智慧服务强调以人为本，以用户和用户需求为中心和导向，主动提供更加专业、精准的知识信息服务，构建新型服务格局[17-18]。国家图书馆一向重视用户个性化需求，探索参考咨询服务升级，开展基于数据挖掘与分析的智慧内容服务，如高水平论文分析、学科竞争力分析、专利分析。本文秉承国家图书馆服务社会的理念和智慧服务的要求，通过文献计量分析，以学术论文为对象，从三个维度，对单一企业生产的动物疫病诊断试剂产品进行影响力评价。将来视用户的需求，也可对不同生产企业的同类产品开展评价，增加专利文献，形成更加完整的评价指标体系。作为图书馆，还可以将服务对象推广到使用产品的用户，如医院、科研院所、检验检疫部门等，通过影响力评价，为产品全面画像，为有需求的用户开展更具个性化、专业化，能满足用户多样化知识需求的智慧服务。

参考文献

[1] 国家中长期科学和技术发展规划纲要（2006—2020 年）[EB/OL].[2021-03-23]. http://www.gov.cn/jrzg/2006-02/09/content_183787.htm.

[2] 国务院关于加快培育和发展战略性新兴产业的决定 [EB/OL].[2021-03-23]. http://www.gov.cn/zwgk/2010-10/18/content_1724848.htm.

[3] 国务院关于印发生物产业发展规划的通知 [EB/OL].[2021-03-23]. http://www.gov.cn/zhengce/content/2013-01/06/content_2754.htm.

[4] 国家发展改革委 ."十三五"生物产业发展规划 [EB/OL].[2021-03-23]. http://www.gov.cn/xinwen/2017-01/12/5159179/files/516df96cc5254eb4976d14708e14056f.pdf.

[5][12] 体外诊断试剂注册管理办法[EB/OL].[2021-03-23]. http://www.moj.gov.cn/Department/content/2015-06/25/594_204936.html.

[6] 兽药管理条例[EB/OL].[2021-03-23]. http://www.gov.cn/zhengce/2020-12/27/content_5574629.htm.

[7] 苏州格锐思生物科技有限公司. 恭喜使用我司试剂盒客户文章发表[EB/OL].[2021-01-12]. http://www.geruisi-bio.com/news/newsshow/id/9.

[8] 西宝生物科技(上海)股份有限公司. Abcam 特色试剂盒用户发表文章奖励通知[EB/OL].[2021-01-12]. https://seebio.biomart.cn/news/2845640.htm.

[9] 王兴元. 企业产品评价与决策新方法及其应用[J]. 系统工程与电子技术, 1995(2): 29-37.

[10] 夏苏捷, 李永吉, 吕沈亮, 等. 层次分析-模糊综合评价法在免疫胶体金定性快速检测产品综合性能评价中的应用[J]. 上海预防医学, 2020(5): 360-367.

[11] 付溥博, 张西萌, 韩笑, 等. 食品微生物检测试剂盒评价方法建立与应用[J]. 中国公共卫生, 2015(6): 837-841.

[13] 包雯. 体外诊断试剂注册变更的路径探讨[J]. 生物技术通讯, 2020(4): 502-504.

[14] 王欢, 张润祥, 李迪, 等. 4 种 ELISA 方法检测牛口蹄疫非结构蛋白抗体的 ROC 评价[J]. 中国人兽共患病学报, 2013(2): 162-165.

[15] 张志慧, 危艳武, 吴洪丽, 等. 猪圆环病毒 2 型几种 ELISA 抗体检测试剂盒的比较与应用[J]. 中国预防兽医学报, 2014(2): 129-133.

[16] 戴光文, 谢丽华, 江精华, 等. 美洲型和欧洲型 PRRSV RT-PCR 鉴别检测方法的建立[J]. 动物医学进展, 2014(6): 32-35.

[17] 饶权. 全国智慧图书馆体系: 开启图书馆智慧化转型新篇章[J]. 中国图书馆学报, 2021(1): 4-14.

[18] 龙军, 向宏华. 智慧社会视角下的智慧图书馆服务策略研究[J]. 图书馆工作与研究, 2019(2): 12-17.

大数据时代少儿智慧图书馆的阅读推广研究

——基于少儿敏感期的精准化服务空间打造

姚　昕（数字资源部）

智慧图书馆是继数字图书馆、移动图书馆后在“互联网 +”时代应运而生的新型图书馆模式。“智慧图书馆”一词是由“智慧地球”“智慧城市”理念衍生而来。2003 年，芬兰奥卢大学图书馆学者 Aittola 等人在一篇名为《智慧图书馆：基于位置感知的移动图书馆服务》的会议论文中首次提出了“Smart Library”一词。Aittola 认为，智慧图书馆是一个不受空间限制的、可被感知的移动图书馆服务，它可以随时随地帮助读者找到所需图书和相关资料[1]。与此同时，奥卢大学图书馆也开始了新的探索，提供智慧服务。自此以后，国内外各领域专家学者不断展开对智慧图书馆理论和实践的研究、探索。我国开展对智慧图书馆的研究和实践探索始于 2005 年，而较早的科研成果为 2010 年严栋发表的《基于物联网的智慧图书馆》一文，他认为智慧图书馆是物联网、云计算、大数据等技术的集合体，通过新一代信息技术的运用，改变图书馆系统和用户的交互方式，进而提高交互的精准度、灵活性和响应速度[2]。王世伟在《未来图书馆的新模式——智慧图书馆》一文中提出智慧图书馆是未来图书馆发展的新模式，在智能技术的支持下，图书馆能够无时不在、无所不在地实现书书、书人和人人相联[3]。

近十年来，随着我国学者、专家、图书馆工作人员对智慧图书馆模式探索的不断深入，开展的智慧服务也在不断落地；借由 5G 移动通信技术，图书馆正在突破原有空间和形态的限制，打造适合自身良性发展的生态系统。同样作为少儿知识集散地的少年儿童图书馆，承载着图书馆阅读推广和知识获取职能的源头工作。少儿期是人生命的起点，少儿期的快乐阅读能促进人终身阅读习惯的养成，少儿成长过程中出现的独一无二的敏感期和阅读习惯的养成息息相关。如何抓住儿童的生长特点和成长敏感期，融合少儿智慧图书馆的虚实空间，开展精准化定制服务，是大数据时代少儿图书馆开展智慧服务的灵魂一问。

1　少儿图书馆阅读推广服务现状

少年儿童图书馆有着丰富知识资源和多元的体验空间。少儿图书馆的实体和虚拟馆藏、支撑技术和馆员队伍始终要以用户为中心，构筑阅读推广服务的良性生态系统，大数据背景下少儿图书馆如何为用户提供优质、精准的智慧服务离不开对馆藏资源现状、技术现状和馆员服务现状的研究。

1.1 馆藏资源现状

1.1.1 实体馆藏

以国家图书馆少年儿童图书馆的馆藏资源为例，馆藏资源分为实体馆藏和数字馆藏，就实体绘本刊物而言，其摆放多以中国图书馆分类法或者出版社为依据排列，辅以色标贴纸区分，而没有根据儿童年龄、知识水平进行区分，对儿童尤其是幼儿而言，其实就近乎无序排列。儿童大多随手取书，随意翻读，下次进馆再要找到就比较困难。尤其0—3岁婴幼儿，他们是阅读推广服务的第一批对象人群，多以亲子共读形式进行，婴幼儿反复听读同一本喜爱的书可以给他们带来安全感，是培养阅读兴趣的关键一步；而杂乱无章的绘本查找起来不仅麻烦，而且容易使他们失去阅读兴趣，就像随手丢掉的普通玩具一样，父母错失了幼儿对图画书的阅读敏感期，绘本世界的大门没有被叩响。

1.1.2 虚拟馆藏

笔者检索了包括国家少儿数字图书馆[4]、首都图书馆少年儿童图书馆[5]、上海少年儿童图书馆[6]和广州少年儿童图书馆[7]等少儿图书馆网站，大多数少儿图书馆网站主要面向中小学生，资源种类丰富，但非一站式服务，网站入口多，整合程度低；实体馆藏的数字化程度低，绘本多不能在线阅读；自建绘本库缺乏，专题推荐特色不突出；英文、日文等外文资源匮乏；网站数据单向流动，除了上海少儿图书馆设有“网上点书台”之外，大多图书馆网站缺乏与小读者和家长的交互。

馆藏实体资源和数字资源是图书馆服务的基础，从儿童阅读发展的方向来看，定制化、数字化和体验至上将成为少儿图书馆发展新趋势，所以丰富而有序的纸本资源和灵活多样、交互性强的多媒体资源在“互联网 +”时代有待深挖、重组[8]。

1.2 技术力量支持

5G时代带来了高速快捷的移动通信技术和智能终端设备，物联网、云计算、大数据给图书馆带来了新的生命力，他们共同支撑起智慧图书馆的技术框架。大数据技术主要应用于图书馆数据采集、数据存储、数据管理和数据分析等流程，借由大数据技术出现的图书馆用户画像使图书馆更了解用户需求，及时、有效、精准地提供靶向服务，可以说大数据技术在图书馆的定制化阅读推广服务中起着基石作用[9]。云计算使得数据资源突破时空限制，大数据技术和云计算为智慧图书馆的发展提供了一个智能化的、跨时空的资源管理与阅读推广服务平台[10]。而物联网技术通过RFID技术使得人机交互、AI智能、VR沉浸式阅读活动得以实现。

少年儿童的成长有其固有规律和阶段特点，在以人工服务为主的年代，少儿接受阅读建议、获取知识多为被动的、延时的，尤其在遇到类似“可怕的2岁”“入园分离焦虑症”“青春期”等问题时，阅读疗法本可以缓解甚至治愈问题，但由于信息的不对等、家长育儿知识的缺失等原因常常错失解决问题的最佳时间。如今全覆盖式信息技术日益普及，图书馆如何利用这些技术和数据流探索智能化服务的新模式是摆在每一位馆员和图书馆学学者面前的新问题。

1.3 智慧馆员队伍现状

智慧馆员是构建智慧图书馆体系的核心力量。图书馆的服务能力一方面依赖于资源储备及服务拓展，另一方面则更加依赖于馆员的能力水平，尤其在智慧图书馆环境下，智慧馆员的能力将直接决定了智慧服务的效率和社会价值[11]。

当下，图书馆馆员能力参差不齐，不少馆员缺乏少儿服务意识，低幼儿教育心理学知识匮乏，与儿童沟通能力较弱。图书馆学专业人员不懂幼儿教育学、心理学，教育学出身的馆员信息文化素养能力又较弱，并且图书馆员普遍信息技术开发和使用能力不够，所以当前环境下，少儿馆员的综合服务能力低与智慧图书馆馆员高素质要求的矛盾日趋尖锐，亟待解决[12]。

综上所述，少儿图书馆普遍存在馆舍布置较单一，常年不更新；馆藏资源无序、主题不突出；技术应用单一，交互性程度低；推送服务单一，馆员综合服务能力不高等问题。这些问题迫切借由大数据时代的东风寻找突破。

2 少儿敏感期研究

被称为“幼教之母”的蒙台梭利女士，在她的儿童早期教育法中提出了要重视儿童的“敏感期”。所谓敏感期，是对儿童一生的学习、成长有及其重要作用的关键期，是儿童在生长过程中出现的独一无二的特别生命力。处于“敏感期”的儿童会表现出比其他任何时候都强烈的对某方面知识的好奇心和钻研的热情，而对其他事情则无动于衷[13]。在儿童成长过程中出现的九种敏感期中，与阅读习惯形成有关的就有五个阶段:手的敏感期、语言敏感期、对细小事物敏感期、秩序敏感期和社会文化敏感期。就绘本而言，小手翻翻书和触摸书促进儿童手部精细动作的发展；经典绘本故事的优美语言和图画能给孩子带来语言发育的指导和艺术感熏陶；优质绘本中无处不在的小细节是孩子最喜闻乐见的快乐，找不同、走迷宫，培养儿童的观察力，提升他们的注意力。虚构类绘本能激发儿童无尽的想象力，非虚构类绘本则丰富了孩子们的科学知识，并可辅助学校教学[14]。

既然儿童敏感期的出现和阅读习惯的培养息息相关，那么图书馆就应针对敏感期儿童，提供适合的绘本故事和阅读活动。根据年龄划分，我们多将儿童分为幼儿（0—3岁）、少儿（3—6岁）、小学（6—12岁）和中学（12—15岁），不同年龄阶段儿童的敏感期和成长任务不同，所需要的阅读指导也不同，笔者将不同年龄阶段儿童的特点和图书馆所应采取的阅读推广活动归类，如表1所示：

表1 不同年龄阶段儿童的特点与阅读指导活动

年龄	特点	阅读指导
幼儿（0—3岁）	安全感建立期；手欲期，空间探索期；自主意识萌芽期	亲子阅读为主；为新手妈妈提供阅读指导建议；借由绘本全方位开发幼儿感官

续表

年龄	特点	阅读指导
少儿（3—6岁）	秩序敏感期，容易“无理取闹”；进入幼儿园，可能出现“分离焦虑”；开始喜欢交朋友，重视人与人的关系；好奇心和创造性强	阅读习惯养成的关键期；走出家门，读大自然这本书，进行体验式教育和研究性学习，为未知而教，为未来而学；多途径激发少儿阅读兴趣
小学（6—12岁）	课程紧张，自由时间减少，阅读时间压缩；兴趣广泛	名著、经典诵读；开发文创产品，寓教于乐，增强儿童对图书馆的认同感
中学（12—15岁）	学业重，课外阅读时间更少；音视频等数字资源需求增加	优化资源内容，推送精准化知识服务；阅读之乐，教学相长

敏感期是自然赋予儿童的生命原动力，使儿童像一条可爱的小鲸鱼，悠游于知识的汪洋，汲取自然的能量，促成自己的成长。敏感期不仅是儿童建立安全感、学习、生活、适应社会的关键期，更是影响其创新能力和身心健康、全面发展的特别生命力。成人应尊重自然规律赋予敏感期儿童的行为和动作，把握恰当的学习时机，为其提供最佳环境和条件，用阅读的力量、知识的力量，陪伴他们的终身成长。

3 大数据时代少儿智慧图书馆阅读推广策略

少儿智慧图书馆建设是大数据时代儿童图书馆建设的新趋势，它的智能化、精准化、个性化、交互性将使图书馆成为一个良性运转的生态系统。基于对少儿敏感期的研究，我们更加坚信：儿童智慧图书馆建设对阅读推广活动有着重要意义，儿童智慧图书馆建设的策略和模式理应得到不断探索。

3.1 优质馆藏资源建设

3.1.1 分级阅读空间打造和服务推广

要想吸引这条“小鲸鱼”游进图书馆的“书海”，打造温馨、童趣的阅读空间至关重要。幼儿和少年因为年龄不同，喜好和认知水平也不同，所以对图书馆服务的需求也不同。对0—3岁宝宝来说，安全的可供探索的阅读空间（暖色系布置、书架安全少棱角、绘本易取封面可见）和温馨有趣的可随意触摸的机关小书（如《小鸡球球》触摸书、《偷偷看里面》系列翻翻书等）是图书馆实体空间和纸本资源建设的重点，他们的空间布置更改频率无须太高，以建立和维护宝宝们的安全感为原则，营造阅读氛围，吸引宝宝兴趣，让他们看到绘本是一种可以带来快乐的、不同于玩具的存在[15]。创造亲子共读环境和对父母的阅读指导是此阶段图书馆的工作任务。据此，可借鉴张家港市少儿图书馆的“文化超市”项目中“宝贝启蒙”行动，开展手指谣亲子读书会，开设绘本课堂，引导家长如何读故事，如何引导孩子的观察和思考，父母孩子其乐融融。值得一提的是，从语言启蒙的规律出发，婴幼儿的馆藏绘本应增加优质的、多语种绘本的购置。

对于 3—6 岁幼儿来说，他们开始强化的自我意识和交朋友的热情，要求图书馆的空间布置要紧跟孩子们的兴趣做主题上的改变，例如，儿童节可以在馆舍内增添孩子们喜欢的卡通元素等并经常更换；在中国传统节日期间（例如中秋节、春节等），除推荐相关优秀绘本书单（例如《喊月亮》《年》《团圆》等）之外，还可以组织形式多样的主题活动，和家长、幼儿园合作开展主题阅读推广活动，此阶段是幼儿培养阅读习惯的关键期。此阶段儿童的特点是活泼、好动，所以图书馆内部在布局上可以规划出一片单独区域，并做绿植等物理隔断，给孩子们一定空间，而不仅拘泥于安静的自习室。

对于 6 岁以上的小学生和初中生而言，学习任务日益繁重，尤其进入高年级后，课外阅读时间逐渐减少，应试阅读和功利性阅读占据主导地位，数字阅读量增加。对图书馆而言，如何抓住孩子们课后的几个小时和寒暑假时间，让学生们爱上图书馆，继续愿意深耕阅读这片纯净的土壤是我们工作的突破点。对图书馆而言，优秀的文创产品能够吸引儿童阅读相关书籍的兴趣，在寓教于乐的同时增强少儿对图书馆的认同感[16]。例如，开发《幼水浒》《幼三国》等文创产品，馆内主题活动室组织面向中小学生的舞台剧表演，孩子们乐于收集水浒好汉、三国人物，参与表演的同时，也是对经典名著的学习，寓教于乐。

3.1.2 优质数字资源建设

少儿数字图书馆资源建设的重点在于特色化。从保护儿童视力角度以及尽量推迟儿童接触电子产品的时间原则出发，利用数字资源的儿童范围并不广，多为 6—15 岁儿童，所以图书馆在开发少儿数字资源时，要抓好此阶段儿童的心理、身体成长特点，提供主题资源（例如“青春期密码”专栏）推送；利用少儿馆馆藏资源丰富的优势，开发特色化馆藏。以国家图书馆少儿数字图书馆为例说明，网站书刊阅读部分主要分为“文津图书奖图书”“新闻出版署推荐图书”“小人书”“新书推荐”“专题推荐”“少儿图书”，就其类目而言，除了“文津图书奖图书”主题鲜明，其他几类特征并不明显，“专题推荐”栏目进入后并无明显主题特征区分；“新书推荐”库中推荐绘本的最新出版年份却为 2014 年，时效性较差；在此，可借鉴上海少年儿童馆的“小书虫电台”绘本推荐栏目，每期推荐的绘本的音频和图画内容同时展示，感兴趣的儿童在浏览过网站后就会迫切进馆精读，线上线下渠道连通，虚实空间融合，阅读价值翻倍。

少儿数字图书馆也应加强外语资源的建设。优质的外语资源是儿童数字资源不可或缺的部分，以国家图书馆少儿馆为例，网站的英语资源还仅为剑桥彩虹英语分级，比较单一，而市面上更加受大小朋友热爱的牛津树、海尼曼、培生等优秀的分级读物资源却少有涉及，有趣的英文原版绘本和英文原版动画片资源也亟待补充，适量的点读书和点读笔也应配给语言启蒙期的宝宝们。

一站式数字资源获取方式提高了资源检全率和利用率。少年儿童的信息检索能力往往较弱，所以简单明了的网站设计要能够满足不同年龄段儿童检索和浏览的双重需求。例如上海少儿图书馆网站的“读者指南”栏目分为“低幼部读者须知”“小学部读者须知”和“中学部读者须知”，明确的年龄区分节省了读者使用时间，提高了使用效率。

3.2 利用技术优势开展阅读推广

大数据给图书馆带来丰富的数据流信息，用户的喜好、需求都可以通过大数据和云计算技术呈现在后台，图书馆可以对用户行为和喜好进行深度剖析，从而为用户提供个性化知识推送服务。在少儿智慧图书馆服务平台设计方面，图书馆可借鉴微博、小红书、抖音等众多媒体平台用户注册界面，设置勾选感兴趣知识模块，填入孩子年龄、性别等信息以便获取精准化的书单推送和活动预约通道；与此同时能够根据用户的浏览记录和停留时长及时调整推送信息，增加用户黏度，提高使用效率。

对 3 岁以上的儿童，馆内可开展丰富多样的 AI 体验和 VR 沉浸式阅读活动，通过可穿戴设备，让幼儿得到纸本书之外嗅觉、味觉、触觉、视觉和听觉的多方位体验，有效激发了他们的求知欲。例如《大排长龙的蚂蚁蛋糕店》这一系列绘本故事充满了孩子们喜爱的美食元素，VR 体验式阅读仿佛使孩子们站在了獾主厨身边，闻到了面包的香味，尝到了浓郁巧克力……相信每个孩子都能享受到阅读的快乐。

多元媒体时代，图书馆馆员应打破传统媒介的限制，积极为教育和文化宣传开创顺应时代潮流的新途径。微博、微信等社交媒体，抖音、哔哩哔哩、小红书等短视频 App 以及慕课，都可以出现我们的身影：0—3 岁书单推荐、亲子共读指导示范、图书馆主题活动推荐……发散思维走出去才能赢得关注，吸引用户走进图书馆、走进智慧空间。面对幼儿普遍信息检索能力较弱的现状，图书馆实体空间可分区安置智能机器人，及时回答孩子们关于图书馆使用和索书号等相关问题。

3.3 完善阅读推广人才体系

少儿图书馆员不只是单纯的工作人员、管理人员、服务人员。他们要在孩子们面前扮演着多重身份：既是广博的“老师”，又是慈爱的“妈妈”；既是小朋友的故事姐姐，也是大朋友的知识向导。他们了解馆藏资源，如数家珍，同时又是小读者的知心朋友，能够灵活运用信息技术，实时推送所需；能够策划组织丰富多样的阅读推广活动而不做生硬、冷漠的知识传教士。这就给我们的馆员提出了更高的要求。

对于 0—3 岁婴幼儿，少儿图书馆的智慧服务除了构建温馨安全的阅读环境来吸引宝宝们外，最重要的服务指向应为孩子的家长，馆员对家长的培训和指导将成为少儿智慧图书馆阅读推广活动得以顺利展开的关键。面向读者和馆员，图书馆应定期开展幼儿心理健康、家庭教育和亲子共读的普及类讲座；开展图书馆馆藏资源、检索工具、交互技术等的使用培训；开展少儿数字图书馆网站、微信公众号、App 等平台的宣传和推广，借此培训，馆员更了解服务受众，用户也更了解图书馆服务，一举两得。

鉴于服务所需，少儿智慧图书馆馆员需要具备专业的图书馆学知识外，还应及时补充幼儿教育学、心理学等相关学科知识，同时敢于啃信息技术这块硬骨头，积极参与图书馆系统的功能设计、论证和调试过程，并负责后期的运作与维护。“互联网 + 图书馆”的智慧时代，一切服务的宣传和推进都离不开技术的支持，每个智慧馆员都要注重自身综合技术能力的发展，搭乘数字媒体服务的顺风车，进行多元化阅读推广活动[17]。

4 模型构建——基于少儿敏感期的图书馆分级空间打造

基于以上研究，笔者在此试图构建少儿智慧图书馆服务空间模型，以期能对少儿智慧图书馆建设有所裨益。图 1 为虚实空间结合的智慧图书馆服务生态系统模型，图 2 为基于敏感期的少儿图书馆分级空间模型（图中机器人图标为智能机器人）。

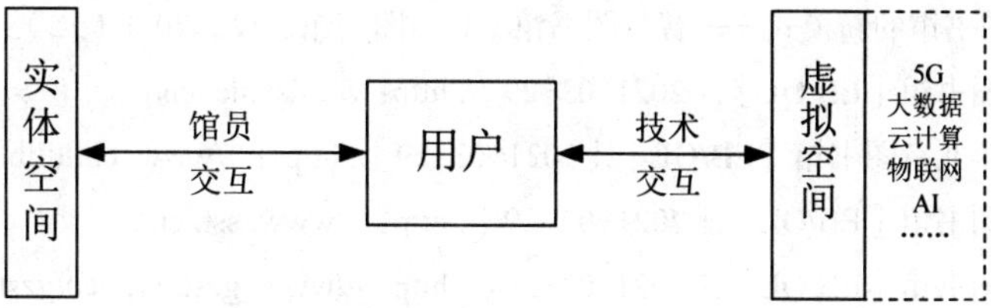

图 1 智慧图书馆服务生态系统

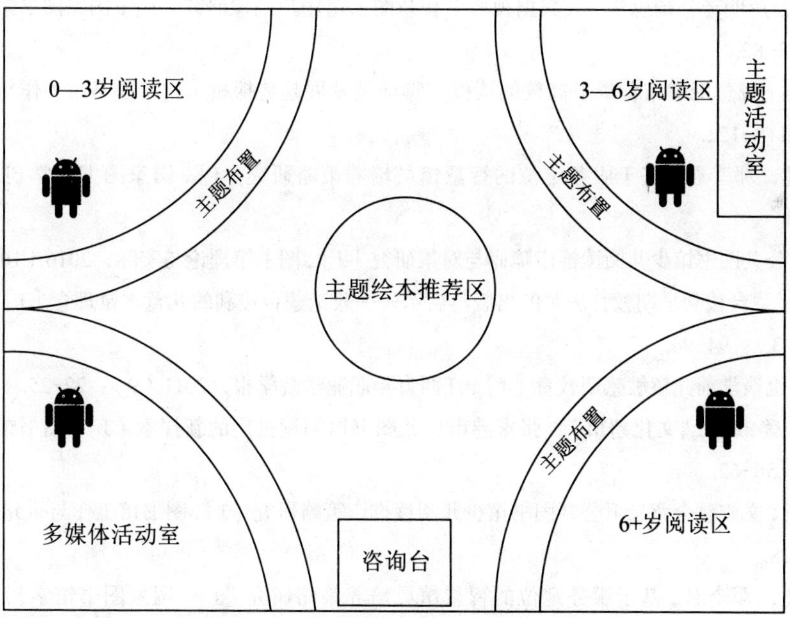

图 2 基于敏感期的少儿图书馆分级空间模型

少儿智慧图书馆是大数据时代儿童图书馆建设的必然选择，技术的变革将持续推动智慧图书馆服务的深化，不断更新的信息技术为儿童图书馆的阅读推广服务带来了机遇和挑战。关注儿童成长过程中出现的敏感期，为儿童提供个性化阅读服务，打造专属阅读空间，是新时代儿童图书馆服务工作者应始终坚持的中心。探索儿童智慧图书馆建设模式和实现路径，积极推进新技术新方法在实践中的应用，作为图书馆人，我们任重道远。

参考文献

[1] AITTOLA M, RYHÄNEN T, OJALA T. Smart Library-Location-Aware Mobile Library Service [C] // Proceedings Fifth International Symposium on Human Computer Interaction with Mobile Devices and Services, Udine, Italy, 2003. Berlin: Springer, 2003: 411-415.

[2] 严栋. 基于物联网的智慧图书馆 [J]. 图书馆学刊, 2010 (7): 65-68.

[3] 王世伟. 未来图书馆的新模式——智慧图书馆 [J]. 图书馆建设, 2011 (12): 1-5.

[4] 国家少儿数字图书馆 [EB/OL]. [2021-03-29]. http: //kids. nlc. cn/.

[5] 首都图书馆少年儿童图书馆 [EB/OL]. [2021-03-29]. https: //www. childlib. org/.

[6] 上海少年儿童图书馆 [EB/OL]. [2021-03-29]. http: //www. sst. cn/.

[7] 广州少年儿童图书馆 [EB/OL]. [2021-03-29]. http: //www. gzst. org. cn/gzst/portal/index. html.

[8] 房建玲. 5G 时代少儿智慧图书馆的建设研究——以国家少儿数字图书馆为例 [J]. 出版广角, 2020 (14): 83-85.

[9] 廖运平, 卢明芳, 杨思洛. 大数据视域下智慧图书馆用户画像研究 [J]. 国家图书馆学刊, 2020 (3): 73-82.

[10] 吴渊渊. 智慧图书馆背景下高校阅读推广特征及发展趋势探析 [J]. 图书馆工作与研究, 2021 (2): 118-122.

[11] 杨文建, 邓李君. 基于服务定位的智慧馆员培养策略研究 [J]. 国家图书馆学刊, 2020 (3): 64-72.

[12] 罗玲. 公共图书馆少儿阅读推广障碍与对策研究 [J]. 图书馆理论与实际, 2016 (10): 16-19.

[13] 李颖.《蒙台梭利早期教育法》的出版与启示——兼论蒙台梭利的儿童本位理念 [J]. 出版广角, 2019 (3): 94-96.

[14] 杨静. 也谈学前儿童敏感期教育 [J]. 江西青年职业学院学报, 2011 (9): 22-25.

[15] 张丽, 姜淑华. "文化超市": 张家港市少儿图书馆阅读推广的新探索 [J]. 图书馆杂志, 2018 (11): 56-62.

[16] 张纳新. 文旅融合背景下公共图书馆少儿阅读推广策略研究 [J]. 图书馆工作与研究, 2020 (8): 123-128.

[17] 杨文建, 邓李君. 基于服务定位的智慧馆员培养策略研究 [J]. 国家图书馆学刊, 2020 (3): 64-72.

图书馆智慧化转型期馆员智慧服务发展探究

张　茜（中文采编部）

当前，人类社会正在经历一场以人工智能、大数据、区块链、5G 等技术为引领的新一轮科技和产业革命。2008 年美国 IBM 首次提出“智慧地球”概念，随后几年中“智慧城市”“智慧社会”乃至“智慧国家”的理念应运而生，并迅速发展为一项重大议题。我国也高度重视智能化技术的发展与应用。2016 年颁布的《中华人民共和国国民经济和社会发展第十三个五年规划纲要》中首次提出要“建设一批新型示范性智慧城市”[1]。十九届五中全会更是对信息社会发展前景和发展趋势进行了前瞻性部署，强调要把科技自立自强作为国家发展的战略支撑，对并建设数字中国、加快数字化发展等做出重要指示[2]。进入智慧化时代，作为信息密集型产业的图书馆，在技术革命浪潮与用户需求改变的双重驱动下迫使公共图书馆必须转变观念，积极融入智慧化战略体系以适应国家宏观战略布局。这是公共图书馆落实国家文化战略，实现自身文化使命和社会责任的首要之务[3]。对于图书馆人这既是机遇又是挑战，本文将探讨图书馆转型期馆员智慧服务的发展及培养。

1　智慧图书馆背景下馆员服务面临的新变化

“智慧图书馆”一词，最早由芬兰奥卢大学图书馆 Aittola 等人提出的，代表一种不受空间限制、可感知的移动图书馆服务，旨在帮助用户快速便捷地找到所需要的文献信息资源[4]。笔者认为智慧图书馆是在大数据的背景下，智慧型馆员通过物联网、云计算等核心技术的支持下为读者及用户提供智慧服务的新型图书馆。经历了传统图书馆、数字图书馆的发展后，处于智慧化转型期的图书馆在所提供的服务模式、资源形式以及馆内业务运行流程等方面都有极大的延伸和拓展。

1.1　服务模式转变

传统的图书馆服务模式受制于有限的人力和技术相对被动，与读者和用户之间沟通内容简单，其服务内容基本都是模式化的，所提供的服务大多是建立在用户已提出的需求上。相较于此，智慧图书馆借助 RFID 这类物联网技术和云计算可以在任何时间、任何地点以合适的方式向读者提供其所需的资源或服务。整个过程以一种自动的、个性化和交互式的方式提供[5]。智慧图书馆呈现给读者的文献数据服务不流于表面，更具有广度和深度。其服务模式则更加精细化，将“以人为本”作为其核心，用户相对于馆员来说具有更多的自主权。特别是应用了大数据分析技术之后，智慧图书馆能够实现用户需求的提前感知，在读者还未提出服务请求前就能被推送相关信息。在这种新的服务模式下图书馆员应及时更新服务理念，将现有的业务基础与智慧技术相融合，为用户和读者提供一种具有需求分析功能和发展创造性的更高层次的服务。同时图书馆要构建立体化的服务环境，进一步扩大服务范围，用更能体现人文情怀和人文智慧的服务满足和超越用户的期望，让用户将图书馆列为自己搜索引擎的首选[6]。

1.2 资源形式转化

进入智慧图书馆发展阶段，图书馆的资源建设将突破现有格局。其首要任务在数字图书馆的基础上将现有的文献资源从粗放的文献单元转化为更深层次的精准知识单元。图书馆会更强调用户行为收据收集，通过智能设备或系统采集和存储用户在检索、阅读、浏览学习、与馆员互动、馆内行走路线等个性化数据；同时还可纳入互联网环境下网络原生资源、科学数据、开放存取资源、个人创作资源等多源知识内容[7]。将上述所有的资源进行整合再生后，建立庞大而覆盖全面的资源数据库，在人工智能和大数据技术的支撑下实现细粒度知识关联，从而真正从海量的数据中提取转化以用户服务为目的的智慧和知识产品的功能。

互联网蓬勃发展的新技术让读者接收信息的途径多样化，智慧图书馆的资源将不会拘泥于馆舍内。通过 VR、流媒体等技术可将知识数据带到用户的眼前去，有鉴于此，资源存储和传递形式要更丰富以适应这种泛在化服务。智慧图书馆的数据每时每刻都将有大量更新，整合分散、异构化的资源需要馆员既掌握宏观把控的技术又具有抽丝剥茧的数据能力。建设资源消耗大量的人力和高成本是毋庸置疑的，因此各馆各机构间应共建共享，避免资源重复性的建设以及分布不均匀，促进国内智慧图书馆的发展与应用。

1.3 业务流程及管理模式转变

进入智慧图书馆发展阶段，图书馆全流程的业务内容、运行管理模式将面临进一步的智慧化重组。一方面以新的视角深入开发利用数据资源使其与智慧化的知识生产和服务流程相匹配[8]。另一方面图书馆需根据智慧服务的建设标准重新打造可融合的线下设施和线上平台，并据此对业务流程进行重新设计和完善。实现文献信息全生命周期的自动化、一体化管理，全面提升图书馆业务管理效率，同时使图书馆员从大量简单的事务性工作中解放出来，可以更多地从事面向高层次学习阅读需求的专业知识[9]。对于图书馆管理者而言，智慧图书馆需要集约化、智慧化管理，因此要重新整合业务部门，设立新的业务准则，着力培养创新型、技术型的馆员。

2 智慧图书馆构建中馆员素质能力新要求

实现智慧服务需要多方面的配合，人员是调度各方面资源技术的核心。智慧馆员是具有一定学科背景知识并经过图书情报专业训练，既能为用户提供个性化、专业化、集约化知识服务，又能培养用户智慧能力的图书馆员[10]。处在变革时期，新的信息观念、新的用户诉求、新的沟通方式对馆员的知识和能力也提出了更高的要求。

2.1 知识服务能力

知识服务指的是根据用户的学习特点来提供个性化的知识服务，意在帮助用户掌握更多的知识和技能，进而开发用户自身的信息资源学习能力[11]。传统的图书馆知识服务更加侧重于提供文献服务，即馆员通过咨询交流后为读者提供所需的文献资源，服务流程相对简单。智慧化的知识服务是文献服务的进一步引申。服务形式如图 1 所示，馆员在服务前通过收集用户历史行为数据精准掌握他的需求和偏好。在服务过程中根据服务前的相关分析报告提供多样化的资源，并依据过程中的互动数据随时调整服务。服务后在系统中整合全部数据，进行后续的跟踪服务为用户提供多样的检索和阅读报告，帮助他们挖掘自身的需求[12]。自始至终都要以用户的目的作为方向，收集、组建以及设计对应的信息资源。智慧馆员需要借助自身的资源搜索能力、敏锐的观察力来为用户提供个性化的、创造性的服务，最终达到帮助用户提高学习知识的能力、运用知识的能力以及创造新知识的能力。

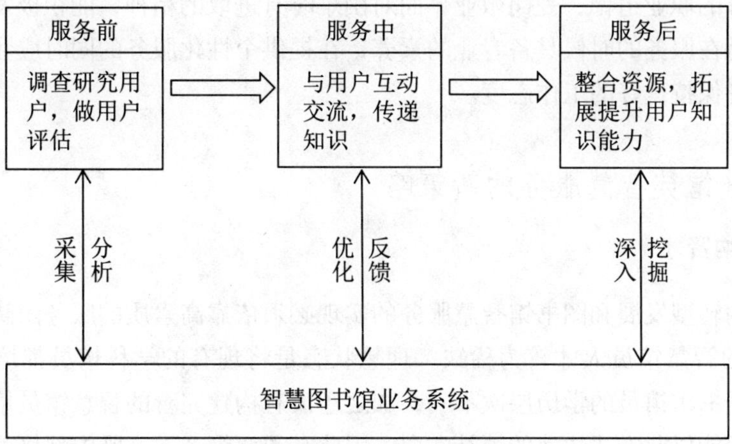

图 1 智慧图书馆业务服务流程示意图

2.2 技术能力

智慧图书馆势必是在技术驱动不断创新发展，智慧服务中人和技术是不可分离的，智慧馆员作为核心应该不断调整自身以适应快速变化的新技术环境。但若只单纯提升技术而不培养能理解并使用这些技术进行服务的馆员，那么智慧化服务就只是一纸空谈。目前智慧服务在“互联网 +”的基础上采用多样化的智能化技术，如在馆内采用 RFID 技术实现图书实时定位，智能查找；将云计算结合开放数据、关联数据整合分类资源，实现资源描述和检索的互操作性；利用多媒体和物联网实现服务场所泛在化，使图书馆服务在空间上无限延伸，达到用户所在既是图书馆所在的；通过 VR 等虚拟现实技术实现服务空间的虚实结合。其他包括 SOA、P2P、RSS、WiBro、IPv6、Web2.0、Mashup等也都在智慧服务中广泛应用[13]。以上诸多技术并不要求每个馆员都个个精通，应该结合自身的优势及负责的业务选择所必需的，在此前提下横向拓展知识面，做到一门精样样通。

2.3 职业素养

随着信息技术的快速更新迭代，人们关于获取信息方式的想象仍然在不断拓展，在众多的媒介中决定用户是否会在第一时间选择图书馆的是图书馆自身所具有的能力[14]。图书馆馆员作为图书馆最重要的资源和财富决定着图书馆生存与发展的方向，智慧服务又对馆员的职业素质能力提出了新求。一是具有完备知识结构，且能开展全方位分析、判断的综合型人才。图书馆员除应掌握图书馆学专业知识还要有广博的文化知识，包括扎实的工具书知识、文献检索技能、良好的文化修养、宽阔的学科知识面和一定的外语水平[15]。二是对物联网、大数据、语义网等有一定的认知能力，熟悉信息技术知识并始终保持对新技术的学习热情，具备数据挖掘、碎片信息整合传递的能力。三是具备创新服务意识，不固守成规，能够实时优化服务手段确保提供高质量高效率的用户服务。四是具有良好的职业道德，爱岗敬业，面对困难时有进取的精神，能积极发挥自身的独特价值。五是在服务的时候具备专业的素养，在提供个性化服务的同时应注重保护用户的隐私，始终保持良好的工作态度。

3 推进馆员智慧服务的新策略

3.1 广纳贤才

图书馆的转型发展和图书馆智慧服务的实现必须依靠高素质的服务团队，然而到目前为止我国的智慧馆员人才较为稀缺。理想状态是将现有的学科馆员都培养成智慧馆员，但由于图书馆馆员的学历层次不一，加之还没有构建完善的智慧馆员培养和选任机制，因此并不能以此方式快速的填补空白。因此必须双管齐下，既内部培养有要外部引进，外部人才来源可以是高校图书馆或相关图书公司等。

近年来知识内容消费市场呈现多元化的态势，出版机构、互联网平台运营商、数字技术服务提供商等进入市场并形成了较为成熟的服务产业链条。图书馆如果想要在知识服务领域占得头筹，必须要大力吸收来自其他行业的技术人才，注重除图情领域外其他学科的专业化人才的引进。图书馆应通过优化馆内岗位设置、均衡馆员队伍的学科和技术专业比例等方式，着力培养一支包括学科馆员、数据馆员、交流馆员、信息技术馆员、智库专家、知识产权服务专家、情报分析专家等专业人才在内的新型人才队伍，实现对智慧图书馆的可持续支持[16]。

3.2 构建培训机制

馆员培训是提升能力开阔眼界的有效方式。培训内容方面应紧跟智慧时代需求，针对馆员具体岗位特点科学定制突出业务特点且内外兼修的培训计划。智慧馆员应该与智慧图书馆一样具有不断更新、学习的属性，因此馆员培养是一个渐进式的、常学常新的过程。要根据业务需求定期或不定期的参加学习培训，帮助其掌握新知识、新系统、新设备。在培训方式上，除专题培训、专家讲座、训练式培训等内部培训方式，更应该鼓励馆员走出去接受培训。图书馆技术类产品的研发大多是由相关科技企业完成的，他们既有科技创新能力又有产品服务经验。让馆员（特别是技术型馆员）走进企业，一是能实地从根源体验、了解、学习图书馆的管理系统和技术设备；二也是可以有效地建立图书馆与企业的沟通机制，帮助技术公司理解智慧图书馆的切实需求。

培训后还应注重建立完整的培训测评机制，及时对培训的效果进行评估，形成培训管理回路。通过分析培训数据，适时地调整馆员的岗位，确保每名馆员都能够各尽其责，各展其才。为有能力的馆员提供充分的学习平台和转型机会。

3.3 合作交流

图书馆智慧化转型是一个长期渐进的过程，从发展模式来说看是不可能仅靠单一图书馆闭门造车，就可以独立实现的，需要各方力量共同推进，群策群力合作完成。

深化公共图书馆馆际之间的馆员沟通机制，以合作协议、联盟章程、规范标准为基础，通过图书馆联盟的方式实现资源共建共享、信息无障碍检索等方面的合作。

高校图书馆在应用“互联网 +”新媒体技术实现线上线下智慧阅读活动方面经验丰富。公共图书馆应强化与高校图书馆合作，借调有经验的高校图书馆员到公共图书馆工作，借鉴其经验推出多元化的智慧阅读活动，鼓励读者的阅读行为，吸引越来越多的读者走进图书馆。

在国外，一些图书馆已经率先在智慧空间建设、智慧业务管理和服务标准规范等方面进行了大量的探索。应积极搭建国际智慧图书馆间馆员沟通桥梁，拓展国际合作，将国外的先进服务理念与自身实际发展相结合，构建符合我国国情的智慧图书馆体系。

除了图书馆外还可以与其他关联性部门合作，如博物馆、档案馆、科技馆等。2021年河南卫视的春晚节目“大唐夜宴”，其生动的“人 + 文物”的表演让人印象深刻。这种沉浸式的体验亦可应用于文献表达，通过沉浸式体验更加形象直观的向读者传播知识。诸如此类的例子不胜枚举，智慧馆员应保持时刻敏感，在不同行业间挖掘突破点。

现代智能技术正在快速推进整个社会的智慧化发展，图书馆作为信息资源传递者也必须融入智慧化的潮流之中，以当前的趋势来看其未来发展更是不可限量。Scott Nicholson 曾指出：图书馆界过去五年的变化确实超过了前面一百年的变化，而未来五年的变化将使过去五年的变化微不足道[17]。馆员作为推动巨轮前进的核心所在，更要紧随发展的步伐，不断挖掘和探寻自身潜力。在创新中谋发展，于变局中开新局，为推动我国图书馆由数字化向智慧化转型发展做出新的贡献。

参考文献

[1] 中华人民共和国国民经济和社会发展第十三个五年规划纲要［EB/OL］.［2020-09-30］. http://www.Xinhuanet.com/politics/2016lh/2016-03/17/c_1118366322.htm.

[2] 徐向东 . 公共图书馆智慧服务体系建设研究［J］. 图书馆学刊，2021（1）：23-27.

[3][7][9][16] 饶权 . 全国智慧图书馆体系：开启图书馆智慧化转型新篇章［J］. 中国图书馆馆学报，2021（1）：4-14.

[4] AITTOLA M，RYHÄNEN T，OJALA T. Smart Library-Location-Aware Mobile Library Service［C］// Proceedings Fifth International Symposium on Human Computer Interaction with Mobile Devices and Services，Udine，Italy，2003. Berlin：Springer，2003：411-415.

[5] 刘炜 . 智慧图书馆标准规范体系框架初探［J］. 图书馆建设，2018（4）：91-95.

[6][15] 黄幼菲 . 公共智慧服务——图书馆知识服务的高级阶段［J］. 情报资料工作，2012（5）：83-88.

[8] 李玉海 . 我国智慧图书馆建设面临的五大问题［J］. 中国图书馆馆学报，2020（3）：17-26.

[10] 许春漫，陈廉芳 . 高校图书馆智慧服务模式下智慧馆员队伍的建设［J］. 情报资料工作，2014（1）：87-91.

[11] 陈莉 . 智慧图书馆及其服务模式的构建［J］. 兰台内外，2021（2）：70-72.

[12] 朱纯琳 . 基于数据流动的图书馆智慧服务生态系统构建研究［J］. 图书馆，2021（1）：49-55.

[13] 黄幼菲 . 泛在知识环境下后数字图书馆发展的思考［J］. 情报理论与实践，2011（3）：39-44.

[14] 初景利 . 智慧图书馆与智慧服务［J］. 图书馆建设，2018（4）：85-95.

[17] 张晓林 . 颠覆数字图书馆的大趋势［J］. 中国图书馆学报，2011，37（5）：4-12.

“十四五”规划指导下公共图书馆的必然发展趋势
——智慧图书馆

文英子（缩微文献部）

2021年是中国共产党建党100周年，也是“十四五”布局的开启之年，在这历史交汇的节点，回顾历史，我国的公共图书馆事业如今已取得了令人瞩目的成就。未来，公共图书馆将面对诸多挑战。新时代，公共图书馆如何转型、升级是我们面临的重大课题，每一位图书馆人应利用当前之发展机遇，开拓创新，为建设多维度的智慧型公共图书馆贡献自己的力量。

1 传统公共图书馆向智慧图书馆转型

现今大多数的图书馆仍以实体书为工作中心，向读者提供传统的图书借阅服务。但随着科学技术的蓬勃发展，新兴科技和多元化的产业变革正在迅猛崛起，各行各业的资源整合，促使了知识信息服务领域和其他领域的跨界融合。公共图书馆承载着信息时代的文化发展重任，在技术革命和读者需求的双重驱动下，公共图书馆在经历了传统型图书馆、数字型图书馆、复合型图书馆阶段之后，正在向智慧型图书馆的新方向转型。

1.1 智慧图书馆的来源

2008年11月“智慧地球”（Smart Planet）概念首次由IBM提出，并得到美国政府的肯定。在2009年8月IBM又颁布了《智慧地球赢在中国》的计划书，揭开了“智慧地球”中国战略的序幕[1]。如今“智慧地球”这个概念已经被多数国家认可。之后“智慧”概念逐渐拓展到各个行业，传统的公共图书馆服务方式面临挑战和转型机会，数字化、网络化、智能化成为开展图书馆事业的新方向。与“智慧”密切相关的物联网、云计算、AI智能等高新科技成为公共图书馆升级改进的有效手段。“智慧图书馆”这一全新的理念正是以“智慧地球”为基础建立的。智慧图书馆是传统图书馆、数字图书馆深度融合智能科技发展而成的，是公共图书馆发展的必然结果。

1.2 智慧图书馆的含义

智慧图书馆是由自动化管理系统、智能化技术服务两大基础构成的新形态公共图书馆服务模式。智慧图书馆是一个不受空间和时间限制的、同时可以被真实感知的一种概念[2]。智慧图书馆将运用物联网完成智慧化的服务和管理，其实还包括云计算、智慧化的设备，通过这些来革新我们传统意义上的图书馆。

智慧图书馆可以实现和优化馆际数据的互联、多馆图书资源共享、信息的全面感知、服务的高度智慧化、“以人为本、绿色发展”等图书馆功能。智慧图书馆不仅可以支持社会化智慧服务体系的建设，更是完善现代化公共文化服务体系、建设智慧社会的重要体现之一。

1.3 智慧图书馆的特点

智慧服务体系是智慧图书馆的中心，其特色体现在以用户为核心的互联、便捷、高效。这三大特点密切关联，智慧图书馆以互联为基础，高效为目的，便利为服务宗旨，依靠现代科技的支撑达到智慧服务的目的。其中，“互联”是指通过智能感知、人工智能等现代科学技术将用户需求数据进行计算和预测，从而深度渗透于图书馆服务与内部管理的各项业务、各个领域和各个细节中。“便利”是指通过全面立体感知满足读者的内外部需求，使读者在任意环境通过其需要的任意方式获取需求信息、数据。公共图书馆对读者的服务体现在一体化的简单流程，形成虚拟和现实的有效互动，使读者不受时间与空间的限制感受智慧图书馆的服务。“高效”体现在图书馆内部和外部的深度协同，各类资源的深度整合，将智慧服务体系融入硬件与软件、前端与后端，达到书书共连、书人共连、人人共连的目的，为读者提供方便快捷的服务，提升图书馆内部的管理能效。

1.3.1 互联

互联网、数字化、智能化等现代科学技术构成了智慧图书馆互联的外部特征、这些技术主要运用在对服务对象的全面感知上，在全面感知的基础上进行全面的立体互联，最终达到信息数据的深度协同。

（1）全面感知是将读者以及图书馆馆员的信息和各类文献的信息联结，将各类信息串成互联信息数据网络，从而达到全面覆盖的目的，使读者与图书馆前后端智能连接。

（2）立体互联是指图书馆内部外部的交叉多维互联。内部体现在物理空间的互联、各类文献的互联、图书馆工作人员与读者的互联、互联网与使用者的互联；外部则体现在各个公共图书馆之间的互联、跨行业的互联和跨区域的互联等方面。

1.3.2 便利

传统图书馆的转型将给读者带来很大的便利。一体图书馆、互动图书馆、无线图书馆将会成为新时代图书馆的代表。5G 时代移动互联网的飞速发展深深植入到人民的生活中，加快了建设智慧图书馆的进程。在这一方面智慧图书馆主要体现在利用互联网或移动网络，在任何时间任何地点对资源提取和使用；或在同一空间内，利用信息技术的整合、连接互联网，将想要获取的文献进行阅读、传输、下载、印制等一体化服务。这将大大节省读者的时间成本，避免了读者在传统图书馆各阅览室之间的奔波，使读者自主、自由、便利地利用图书馆资源。

1.3.3 高效

低碳节能、便捷灵敏、全面整合是建设高效能智慧图书馆的核心理念。低碳节能是全世界各国的共同倡导，是各行各业的发展趋势，也将成为智慧图书馆的核心灵魂。低碳节能应体现在图书馆各个细微之处，例如内部设计、材料运用、用水用电、纸张消耗等各个环节。智慧图书馆要运用各种科学技术达到“绿色”的目的，同时还能够通过各种展览、讲座，向广大群众宣传倡导低碳理论。便捷灵敏和全面整合是相辅相成的，智慧图书馆各部门、各馆际之间的信息整合和共享，各行各业的数字一体化共享平台都能成为智慧图书馆便捷灵敏、高效率的具体体现。

2 智慧图书馆事业的发展与探索

图书馆的服务对象一直是广大人民群众，在科学技术快速革新、迭代的时代，现代化科学技术的应用是图书馆提供服务的必要手段。20 世纪 90 年代，计算机和互联网的急速崛起，促使公共图书馆内部业务管理系统和外部读者服务系统的发展，实现了内外联合的电脑化作业。近 20 年来，RFID 技术的应用在图书馆中普及甚广，体现在自助借阅、自动分拣、数字服务、文献导航、掌上图书馆等图书馆服务中，使得图书馆内外部业务效率有效提升，节省了人力、物力成本。物联网、云计算、人工智能、大数据、5G 等新科技不断的应用于社会各个领域中，公共图书馆必须适应时代潮流，改变发展战略，以读者需求和社会发展为宗旨，探究数字图书馆、复合图书馆的转型晋级发展，以便适应新时代的社会环境，并在功能、服务、空间等方向创新发展，迈向智慧图书馆时代。

2.1 打造智慧文化交流中心

文化交流应该是智慧图书馆的新型服务职能之一。传统图书馆主要以书库、阅览室为服务载体，而这些单一性的布局和服务已经不能充分满足服务对象的要求，多功能、综合的现代化环境是图书馆发展的新布局。现代化的图书馆增加了视听展览、培训活动、学术交流等功能区，承担多种类的服务。例如：广州市图书馆以知识中心、信息中心、文化交流中心为自己新的升级要点，设立了广州纪录片研究展示中心，并在每年举办国际纪录片节；芬兰的赫尔辛基中央图书馆，建设之初向社会大众公开征询意见，以社区服务为建设宗旨，成为新时代下公共图书馆转型发展的典型之一。可见交流、体验、互动、分享在世界各国的图书馆界已经成为服务核心和潮流。

2.2 打造具有行业特色的图书馆

新形势下的公共图书馆正经历新的机遇和变革，将新技术与图书馆业务深度交融，努力塑造多元化的读者服务新空间，打造成为具有特色功能的图书馆。早在 20 世纪初，美国的西雅图中央图书馆就提出“城市书房”和“城市客厅”理念，建议公共图书馆的建设应围绕为全民服务为中心理念。如今世界各国建设了一批融包容性学习、沉浸式体验、集深度交流休闲为一体的特色图书馆。例如，荷兰的 LocHal 图书馆，其历史最早追溯到 1932 年，该图书馆位于蒂尔堡车站旁，这里曾经是一座火车站的候车大厅，后被改造建设成为蒂尔堡的“城市客厅”，成为一座公共图书馆。这里融合了公共图书馆、文化创意产业、公共工作空间和文化艺术中心等功能区在这里多维融合。这些功能区域的组合不仅可以满足各年龄段读者，交流、学习和聚会的需求，还可以为创作者们提供新产品的研发、测试、展示和推广的空间。在这里，历史元素与新兴科技、现代化功能完美结合，为服务对象提供了温暖的空间氛围。

图 1　LocHal 图书馆休闲区

我国的国家图书馆、上海市图书馆、山东省图书馆、广西壮族自治区图书馆、长沙市图书馆、扬州市图书馆等各级各类图书馆也已加快改革步伐。例如，国家图书馆不仅可以为读者提供优越的阅览和学习空间，还新建成了国家典籍博物馆，该馆于 2014 年 9 月正式对外开放，是中国首家典籍博物馆，为国家图书馆增加一种全新的典籍阅览方式。典籍博物馆集典籍文物的珍藏中心、中华文明展示中心、学术研讨中心、交流中心、文化教育基地、大众文化休闲中心为一体，使得国家图书馆的服务功能更加强大[3]。广西壮族自治区图书馆也开展了“城市客厅”的建设，将学习中心、信息中心、休闲中心、交流中心结合为一体，为读者提供多元化文化服务，成为城市的新地标。

图 2　国家典籍博物馆展览——甲骨文记忆

2.3 公共图书馆的转型升级

智慧图书馆强调“以人为本”，将社会大众的需求信息汇集，根据每个人的需求生成适合个人的服务需求体系，以促成人与信息资源的有效互联，增强人与人之间的交流分享。5G 时代的来临，使得人工智能、物联网、大数据等新型科技成为现代智慧图书馆的信息传输载体，成为现代图书馆发展的主要趋势。目前很多图书馆开始投入人工智能的使用。如机器人馆员基于 AI 标记语言结合人工智能技术，可以为读者提供智能导航、智能预约、智能推荐、智能质询等服务。人工智能同样可以优化图书馆内部的工作流程，并完成智能分拣、智能出入库等业务工作。

图书馆系统化的建设也是图书馆服务提升的一种重要体现。例如广东省公共图书馆体系化建设已经成为全国图书馆中的典范，在优化社会服务方面取得了巨大成效。2019 年，广东省立中山图书馆联合省图书馆学会，通过主办或参加组织系列高规格学术研究活动，约请全国著名专家学者来粤讲学，打造高端学术交流平台，大大提高了广东图书馆界的学术地位和影响力。在政府提倡主导、社会力量参与的新形势下，为读者提供多元化、多业态的新型图书馆服务，完善了图书馆服务体系和服务内容。

3 智慧图书馆的发展挑战

当今形势下，公共图书馆事业的发展遇到巨大的挑战，资源融合、技术创新、服务转型都是亟待解决的问题。在“互联网 +”迅速发展的时代，图书馆不再是社会大众获取信息的唯一路径。读者可以随时随地从网络上获取免费或付费的信息资源服务。书店、出版社等商业企业有时会比公共图书馆更加贴近读者、深入市场，公共图书馆的作用正在被大幅挤压或替代。

目前，公共图书馆的服务读者的手段还较为传统，主要以读者借阅和文献检索等传统服务为核心。公共图书馆应结合当今的云计算、大数据、互联网、5G 等新型科技，深层次地挖掘与运用图书信息，实现智慧图书馆服务体系。公共图书馆的服务保障基本的职责功能外，应更多开展面向读者的展览、讲座、培训等服务，改变传统服务模式，创造多元化的智慧图书馆。

近 20 年来，各级政府对于公共图书馆的建设提供了大力支持，逐步实现了法制化、规范化的发展路径。公共图书馆应确保自身高质量的发展，为推进民族文化自信做出贡献。

4 智慧图书馆的使命与功能

“十四五”时期，是我国公共文化建设的关键五年，党和政府把文化建设摆在愈加突出的位置，同时明确了图书馆事业的历史使命，为公共图书馆革新发展指明了方向，公共图书馆的改造升级将是实现文化强国目标的重要手段。

公共图书馆的发展是国家整体人文发展水平的重要标志之一，公共图书馆的良好发展，有利于提高人民文化自信和社会素质、滋养民族心灵。有了图书馆，民族的文明才能够延绵传承。同时公共图书馆也是民族文化的根据地、传播知识的主阵地，保证人民对于文化需求的根本权利，满足人民对生活的美好向往。在中国共产党和中国人民政府的率领下，公共图书馆事业在资源融合、技术创新、服务转型等社会大背景下，勇于迎接挑战，承担使命，把握机遇，在继续履行公共图书馆职责的同时，以智慧图书馆为发展目标，提升智慧服务，支持技术创新，为人民提供有价值的文化服务，为民族的文化发展提供有力支撑。

参考文献

[1] 徐晔，郭铁成 . IBM“智慧地球”战略的实施及对我国的影响 [J]. 中国科技论坛，2014(3)：148-153.

[2] 陀向明 . 智慧图书馆的服务模式的探索研究 [J]. 内蒙古科技与经济，2014(19)：123-124，126.

[3] 国家典籍博物馆介绍 [EB/OL].[2021-04-03]. http：//www. nlc. cn/nmcb/bwgjj/djbwgjs/.

东部地区公共图书馆自建数据库建设研究

孟　然（数字资源部）

随着互联网、大数据、云计算等信息技术的高速发展与广泛应用，传统的信息服务已无法满足公众碎片化、深度化、个性化的知识需求，以高度知识化和柔性化为特点的后知识服务时代已经来临[1]。在这场因技术升级而导致的行业环境变革中，图书馆转型与发展不可避免地成为下一代图书馆发展的主要方向。自建数据库作为图书馆进行知识服务的重要载体之一，不仅可帮助公共图书馆进行信息乃至知识的传递，更可通过建设高质量、优质化的自建数字资源，促使资源从单一的服务工具向有价资产转化，并在信息化浪潮中实现图书馆转型与发展的目标。2002 年开始实施的全国文化信息资源共享工程以及 2005 年实施的数字图书馆推广工程都将公共图书馆自建数据库建设纳入工程项目的年度任务之中，一定程度上推动了我国公共图书馆自建数据库的建设[2]。上海图书馆、首都图书馆、南京图书馆等多家图书馆在本馆的“十三五”时期发展规划中明确表明，将加强本馆自建数据库建设，并通过打造特色资源品牌化、特色数据库群实现服务效益水平的有效提升。本文通过对东部地区公共图书馆自建数据库进行网络调研，分析现阶段公共图书馆自建数据库的建设现状、存在问题，并提出相关建议。

1　东部地区公共图书馆自建数据库建设现状

为了解我国东部地区公共图书馆自建数据库建设的最新情况，本次调研选用了我国东部地区 9 个省市的 144 家公共图书馆，于 2020 年 8 月至 9 月对其官方网站所列的自建数据库进行网络调研。所调研的 144 家东部地区公共图书馆中，包括 133 家地市级公共图书馆和 11 家副省级公共图书馆（金陵图书馆、济南市图书馆、青岛市图书馆、厦门市图书馆、福州市图书馆、广州图书馆、深圳图书馆、杭州图书馆、宁波市图书馆、沈阳市图书馆和大连市图书馆）。

本次调研分别设置数据库名称、资源类型、服务范围、主要内容、访问地址、调研日期、数据库首页截图、检索方式 8 个指标进行调研，并从自建数据库总体情况、资源类型、服务范围、资源内容、检索方式五个方面对数据库建设现状进行梳理展示。

1.1　总体情况

通过对调研名单的初步筛查，东部地区 144 家公共图书馆中，26 家图书馆未查到官方网站，19 家图书馆经核查未建设自建数据库，7 家图书馆官方网站无法打开，12

家图书馆仅有数据库商依据当地特色整合的商购数据库，故不放在调研范围内。因此，符合调研要求的公共图书馆共有 80 家。

通过对上述符合调研要求的 80 家公共图书馆进行网络调研，查询到自建数据库共计 354 个（如表 1 所示）。其中徐霞客研究古今集成数据库等 21 个数据库在调研期间进行维护工作或服务器出现问题，未能查询到相关信息，不计算在调研对象中。

表 1　东部地区公共图书馆自建数据库建设概况

省份	调研馆数	自建数据库数量
江苏省	9	61
天津市	6	25
山东省	13	67
福建省	7	33
北京市	8	19
广东省	10	36
浙江省	9	67
辽宁省	7	25
上海市	11	21
总计	80	354

其中自建数据库数量最多的公共图书馆有金陵图书馆（30 个）、济南市图书馆（27 个）、厦门图书馆（22 个）、嘉兴市图书馆（20 个）、温州市图书馆（17 个）、大连图书馆（15 个）、绍兴图书馆（14 个）、苏州图书馆（10 个）以及青岛市图书馆（10 个）。

1.2　资源类型

通过对数据库资源类型进行调查分析，不仅可以展现公共图书馆自建数据库建设的类型倾向，也一定程度上反映了数据库的内容深度[3]。本次调研将公共图书馆自建数据库资源类型分为文本、图像、音频、视频、知识库、多种类型六种。其中书目库作为知识组织的产品计入知识库类型，部分数据库中含有多种类型资源，本文将超过一种资源类型的数据库归类为多种类型资源。

由图 1 可知，当前东部地区公共图书馆已建成的自建数据库类型多集中于文本类数据库（包括图书、期刊、报纸、论文、古籍、家谱、方志、拓片、手稿、网络信息、政府信息等），占比为 41%；其次是多种类型资源数据库，占比 30%；而图像类、知识库、视频类以及音频类数据库占比则较少，分别为 12%、10%、5% 和 2%。说明对于东部地区公共图书馆来说，自建数据库仍以单一资源类型为主，但随着图书馆数字资源量的进一步提升，以及对资源内容的深入挖掘与整合，包含有音频、视频、文本等多种类型资源的综合性数据库随之出现，例如苏州图书馆的苏州记忆数据库、清远市图书馆的清远连南瑶族壮族文化数据库等，通过将多种类型的数字资源集中展示，生动形象的呈现了本地区的文化特征。

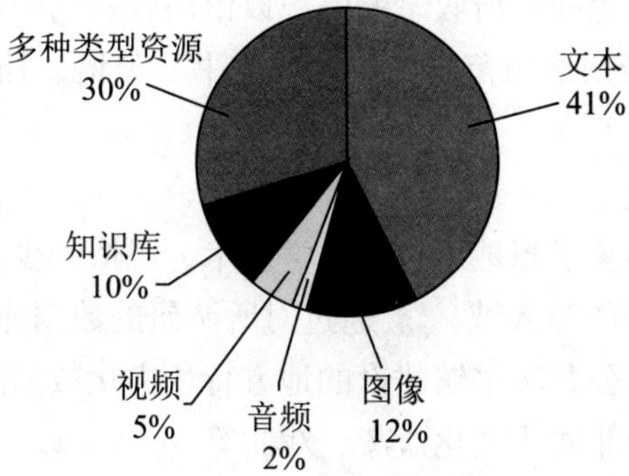

图 1　各类型自建数据库数量分布

1.3　服务范围

图书馆官方网站是公众获取图书馆信息资源的第一入口，也是自建数据库首要的、最快捷的访问渠道。一般公共图书馆数据库的访问权限分为两种，互联网访问与局域网访问。但随着数字资源开放服务理念的逐步深入，网络技术手段的迭代更新，服务半径的扩大，远程认证访问成为现代图书馆数字资源服务的主要手段。针对部分数据库资源元数据和对象数据访问方式不一致的情况，在本次调研中以对象数据来确定访问方式。通过对自建数据库的调研可以发现，支持互联网访问的数据库共有 259 个，占比 77%，远超于局域网访问（59 个，占比 18%）和馆内认证访问（15 个，占比 5%），这说明读者可以通过互联网直接访问东部地区公共图书馆大部分的自建数据库。但结合数据库资源内容和对数字资源的揭示方式来看，优质的数据库，例如馆藏数字化古籍、地方文史资料、家谱等，大部分为局域网访问或远程认证访问，而互联网访问的数据库则多以资源简单罗列为主，缺乏对资源内容的深入挖掘与展示。

1.4　资源内容

自建数据库的主题一般受地域影响较大，并且随着全国文化信息资源共享工程和数字图书馆推广工程在全国的实施，两者在数据库建设方案中都提出开展地方特色专题资源建设，建设体现地域特色与文化内涵的专题资源。因此，地方特色文献与地方特色文化成为自建数据库建设的主要方向。

1.4.1　地方特色文献

地方特色文献是指用文字、图像、符号、音视频等存储介质记录某一地区的自然现象和社会现象的有历史价值的图书文献资料，具有地方区域性及历史资料性的特点[4]。当前，46% 的公共图书馆通过对本馆所在地域的地方文献进行收集、整理和组织，形成了一批地方特色文献数据库。根据对数据库的资源内容进行分析，可以发现公共图书馆通常以馆藏文献及征集文献为基础，建立全文或索引数据库，以供读者浏览使用。而数据库的类型多以地方古籍文献、地方志、地方文史资料以及地方出版物为主。例如泰州图书馆的泰州历史文献特色库，所收录的资源以馆内收藏的纸质历史地方文献为主，通过数字化的形式展现了泰州地域范围内的历代志书、家谱、档案图片等各类文史资料，并提供全文阅读。

1.4.2 地方特色文化

地方特色文化主要涵盖了当地历史、文学艺术、民俗、少数民族、宗教、非物质文化遗产、风景名胜、土特产等领域[5]。通过对所调研的数据库的关键词进行词频分析，可以看出，我国东部地区公共图书馆建设的地方特色文化数据库的内容类型主要以人物和历史建筑为主，其次为非物质文化遗产、戏曲等。

图2 地方特色文化数据库主题词云

人物作为展现地域文化特色的一张名片，成为公共图书馆自建数据库建设的主要方向。根据调研，34% 的公共图书馆以地方名人为主题建设人物库，其描述对象一般分为单个人物和群体人物两种形式。单个人物是指以某一个人物为中心，对其家世生平、事迹贡献、个人著述、研究文献、媒体报道等信息进行收集整理。例如济南市图书馆的一代词人李清照数据库，不仅介绍了李清照的家世生平，并集合了李清照的词集、诗集、文集、研究资料以及人物研究的声像资料，通过多种类型的资源全面且系统的展示人物信息。而群体人物则多以籍贯或居住生活在本地区的人物为中心，进行信息资源的收集与组织。例如珠海市图书馆的珠海历史名人多媒体数据库，以多媒体的形式详细记录了珠海名人的生平、著作等信息。而从人物库建设的建设数量上来看，济南市图书馆建设的数量最多，除单个人物库外，还建设了“济南名仕”等群体人物库。

24% 的公共图书馆以建筑为主题建设数据库，建筑是延伸历史文脉和彰显文化特征的重要载体，也是一个地域的精神符号。建筑类型的数据库主要围绕当地各式历史建筑、特色建筑等进行建设，并多以老照片的形式展现，辅以文献资料。其中内容资料较多的有金陵图书馆与温州市图书馆，其中温州市图书馆的温州古民居数据库，以温州地区的古民居和名人故居为对象，以图文资料展示该地区的建筑特色与建筑文化。

1.5 检索方式

自建数据库中有65%的数据库提供检索功能，35%的数据库仅仅是资源展示，并没有提供检索功能。在提供检索功能的数据库中，92%提供仅简单检索，8%提供高级检索功能。从检索的有效性来看，26%的数据库存在检索功能失效的问题，部分数据库检索的查准率也存在偏低的现象；并且存在部分数据库只支持精确检索，不支持模糊检索的情况，一定程度上影响了数据库检查功能的使用。但随着公共图书馆技术水平的提高，部分数据库提供了一站式的跨库检索服务。例如金陵图书馆的自建数据库群已经实现了跨库检索功能；东丽区图书馆的各自建数据库本身虽没有检索功能，但可通过跨库检索实现各库的关键词查询。

2 东部地区公共图书馆自建数据库现存问题

2.1 自建数据库建设存在区域性不平衡问题

公共图书馆自建数据库的数量和质量受到地区经济发展、学术科研、政策扶持等社会因素的影响。从调研结果来看，数据库建设水平在省与省之间，乃至各省内部各区市之前仍存在着发展不均衡的问题。经济发展较好、学术水平较高的地区的自建数据库，其资源内容呈现多元化的特征，选题更具创新性，且与本地区社会焦点结合较紧密。而其他地区受制于诸多因素，自建数据库多呈现出资源无序堆积、质量参差不齐等问题。省级图书馆数据库建设的水平以及各省级图书馆对本省资源库建设是否有序规划直接影响了地市级图书馆自建数据库的建设情况。

2.2 自建数据库过于依赖商购资源的整合

根据对自建数据库的调研可以发现，东部地区部分公共图书馆在建设数据库时存在过分依赖商购资源的现象。主要表现为：一是部分公共图书馆的自建数据库仅仅是数据库商根据图书馆的要求，将商购数据库中关于本地区相关文献，例如图书、论文等资源，进行收集并建立成数据库的形式供读者访问；二是部分自建数据库中公共图书馆馆藏资源占比极少，绝大多数来自于商购数据库。过于依赖商购资源来增加数据库资源的数量，而忽视对本馆馆藏资源的挖掘，将导致公共图书馆资源建设能力下降，大大降低了图书馆的核心竞争力和馆藏资源的利用率。

2.3 自建数据库资源组织形式单一，质量良莠不齐

为有效收集、组织、开发、利用信息资源，数据库建设需要构建良好的信息资源组织体系，才能有效整合资源，充分发挥数据库应有的功能[6]。但目前，东部地区公共图书馆的大多数自建数据库仅仅是按照资源类型划分，对资源进行简单罗列，未考虑

资源之间的关联关系。更有图书馆将某一主题的资源拆分成论文、书籍、手稿、文章等多个类型各自建库，而非对数字资源进行深度挖掘与整理揭示，形成相互关联的知识体系。部分图书馆在建设数据库时注重对象数据的展示，而忽视了元数据的著录与管理，不仅出现数据库内资源层次结构及分类混乱的现象，更缺少统一的元数据著录标准和著录格式，甚至存在以资源流水号作为正题名的现象。

2.4 自建数据库缺乏日常维护与更新

公共图书馆的自建数据库建设存在“重建设、轻管理”的问题。公共图书馆所发布的自建数据库中存在一部分内容陈旧、停止更新、检索失效的数据库，这些数据库通常以某一主题建设，后因经费、人力以及读者访问量降低等原因停止了对数据库的维护与升级。对其内容进行分析，则发现数据库大部分以新闻信息、重大事件等时效性强的数据库为主，会出现信息过时，部分对象数据链接出错、失效，访问速度过慢等问题。

2.5 自建数据库开放服务有待提升

虽然 77% 的东部地区公共图书馆自建数据库可以通过互联网访问，但大部分内容优质、制作精良的数据库仍局限于限定区域内的读者使用，无法实现全国范围的资源共享，其中以古籍类全文数据库更为突出。图书馆因版权问题或出于保护本馆数字资源优势的目的，致使部分优质的数字资源只能在局域网内或为本馆认证用户提供服务。虽然通过数字图书馆推广工程的系统和网络部署，可以实现部分数字资源的互联互通[7]，但仍存在一部分自建数字资源不能完全开放共享，一定程度上缩减了图书馆数字资源的服务半径。

2.6 自建数据库宣传方式有待改善

大部分公共图书馆的自建数据库埋藏过深，几乎很少能在图书馆首页看到自建数据库的链接。且与商购数据库能提供丰富且翔实的资源介绍与内容展示不同，公共图书馆常常忽略自建资源库的宣传与推广。仅有 28% 的数据库有内容简介，其余的自建数据库多仅有一个名称和网址链接，读者无法在进入自建数据库前了解数据库的资源内容，也就无法达到吸引读者使用的目的。大多图书馆日常的资源宣传推广也以商购数据库为主，很少涉及自建数据库的数字资源，这也是导致自建数据库访问量低于商购资源库的原因之一。

3 建设对策

3.1 提升公共图书馆资源挖掘及组织能力

随着读者对数字资源需求的不断提升，商业性信息咨询公司的涌现，公共图书馆应认识到只有提供优质的、资源组织科学的特色资源，才能在这场技术升级引起的行业升级中站稳脚跟。第一，公共图书馆在自建数据库选题与总体规划中应注重前期的用户需求调研，建设符合公众需求的自建资源库。第二，应向国家政策、公众焦点、社会热点等领域倾斜，结合本地区特色文化、学科特点，深入挖掘本馆特色资源，形成具有地方特色、学科特色、量多质优的品牌化自建数据库。第三，公共图书馆应注重并通过进一步加强多种类型资源的综合性应用，促使纸质馆藏资源与数字资源的有机融合，建立以多媒体资源库、知识库、数字人文为主的资源服务新模式。第四，应注重数据库建设的连续性与关联性，公共图书馆可通过建设基于同一知识体系的自建资源库，形成可以完整展示地域文化的特色数据库群，为读者构建完整的知识网络。第五，公共图书馆在进行特色资源挖掘的同时，更应重视自建数据库的专业化建设，从用户的角度入手，提升数据库的交互性与易用性；还应加强数字资源的组织与揭示能力，通过对收集的信息进行理解、提取和分类，深入发现资源与资源之间存在的关联，以实现知识的有效获取、组织以及调用，而不仅仅只是对资源的简单罗列展示。

3.2 建立自建数据库建设与管理评价机制

公共图书馆应对自建数据库建立统一且完善的建设、管理与评价机制。通过规范数据库建设流程、制定对象数据与元数据等建设标准，促使公共图书馆自建数据库从追求数量向追求质量转变，并通过建设统一的元数据标准，提高数字资源的互操作性与可持续性，以实现图书馆资源的统一检索与再利用。同时，公共图书馆应规范数据库管理机制，保障数据库的日常维护与更新。针对展现形式单一、内容过时的数据库及时改版升级，以满足社会公众的资源需求。而针对数据库访问速度慢或访问失效等问题，公共图书馆应及时查找原因，通过技术手段优化数据库的访问速度和界面展示方式，以提升读者的可用性和易用性。建立高标准的数据库评价机制，通过评价标准对自建数据库的规范性、实用性、创新性进行审核，限制低质量数据库的发布，整体提高公共图书馆优质数据库的数量。

3.3 增强自建数据库开放服务能力

资源的共建共享是知识服务下图书馆资源建设的发展趋势，公共图书馆应借机加强数字资源的协作共享，提升自建数据库开放服务水平。公共图书馆应对自建数据库最大限度地推动开放服务，协调数字资源中开放获取与版权保护的关系，加强版权管理的能力，针对图书馆拥有自主知识产权或已进入公有领域的数字资源实现完全的开放获取，而针对部分存在版权问题的数字资源则可实现元数据的开放服务。针对没有能力建设资源开放服务平台的公共图书馆，可利用相关的资源服务平台，例如“网络书香”资源检索平台，针对不同资源展示需求的图书馆提供定制站点、开放接口、模块部署三种方式[8]，以实现本馆特色数字资源的开放服务和统一检索。

3.4 拓展自建数据库的宣传推广手段

全媒体时代下，公共图书馆应积极开展自建数据库的宣传与推广，提升其品牌价值。公共图书馆除制作网站首页的横幅广告、资源宣传手册等传统宣传手段外，还应积极开拓思路，通过对自建数据库内资源的深入挖掘，与本馆或企业宣传推广活动进行合作，借助其市场占有率和宣传优势，通过商业化的营销手段，引导读者访问并使用数字资源，进而推广和普及本馆自建资源。同时，利用抖音、微信等新媒体手段，通过VR、AR、游戏、音视频等形式与馆藏资源进行有机融合，拓展数字阅读的应用空间及场景，进一步提高自建数据库的知名度和访问量，让资源“活”起来。

3.5　扩宽自建数据库访问渠道

终端阅读方式的改变，使得读者对于传统的、纸质的甚至是电脑的依赖程度越来越低，移动终端成为获取资源的主要媒介。公共图书馆应及时适应并抓住流媒体优化升级的时机，将自建资源库中优质的、适合移动终端阅读的、深度整合的特色资源在微信小程序、公众号、官方 App 等平台进行展示并提供服务，拓宽数据库访问渠道，让读者可以随时随地发现、获取图书馆特色资源。

3.6　建立完善的数据库合作共建机制

公共图书馆应借助科研院所、高校、专业图书馆的专业力量，联合在数据库建设上具有实力的公共图书馆，积极与企业及旅游产业开展商业合作，打造一批群众喜闻乐见的自建数据库。通过积极拓展合作机构与渠道，公共图书馆不仅可以实现数字资源与人才的共享与良性互动，保障数据库的科学性、结构性、规范性与创新性，还能最大限度地减少因重复建设而造成的资源浪费，进而形成资源合作建设的新局面[9]。

参考文献

[1][9] 柯平，邹金汇 . 后知识服务时代的图书馆转型 [J]. 中国图书馆学报，2019（1）：4-17.

[2] 丑楚 . 公共图书馆自建数字资源库的发展路径分析 [J]. 图书馆，2017（8）：83-87.

[3][5] 杨思洛，杨依依 . 省级公共图书馆特色数据库建设调查分析 [J]. 图书馆，2019（8）：104-111.

[4] 邹华享 . 地方文献工作若干问题的再认识 [J]. 图书馆论坛，2004（6）：150-154.

[6] 冯冰 . 我国公共图书馆自建数据库建设对策研究 [J]. 新世纪图书馆，2017（4）：72-76.

[7] 王天亮 . 公共图书馆自建数字资源的开放服务研究 [J]. 图书馆学刊，2018（11）：60-64.

[8] 韩萌 . 数字图书馆推广工程资源整合平台构建 [J]. 数字图书馆论坛，2018（2）：7-13.

发展智慧图书馆对"全民阅读"的推进作用研究

刘子珺（典藏阅览部）

随着人类文明的进步和科学技术的发展，我国各图书馆在馆藏资源和服务方式上都在不断地变化。单纯的馆舍规模和馆藏数量已经不能再成为图书馆的核心竞争力，包括国家图书馆在内的全国各级各类图书馆，都面临着全新的挑战。随着21世纪的到来，智慧城市的概念逐渐成为现实，公共图书馆作为城市中的重要组成部分，将其发展为智慧图书馆也成为一项逐渐被人们重视的课题。

自20世纪90年代末起，我国就对"推进全民阅读、提升国民综合素质"这一议题就一直非常重视。胡锦涛同志在党的十八大报告中指出："要丰富人民的精神文化生活。……开展群众性文化活动，开展全民阅读活动。"将"全民阅读"作为行动指南首次写入党的报告，意义深刻而长远，这表明开展全民阅读在我国已经成为一项国家战略。2021年3月17日，中宣部办公厅印发《关于做好2021年全民阅读工作的通知》一文，也能充分说明"推进全民阅读"在我国是一项非常具有现实意义的工作。

随着近些年互联网技术的不断发展，各种各样的新媒体平台层出不穷，旧时代的信息传播方式已经隐隐有了被时代淘汰的趋势。微博、抖音等互联网平台逐渐成为大多数人的信息汲取通道，更多人在生活、学习、工作中都倾向于选择更加符合时代发展的、更加智慧的平台作为获取信息的渠道。这种情况下，图书馆应该紧跟时代步伐，充分利用大数据和人工智能等创新型技术，向智慧化方向发展，为读者提供更加便利全面的服务。

1　智慧图书馆

智慧图书馆是以传统实体图书馆和数字图书馆为基础，以物联网为载体，以智慧馆员、用户为核心要素，应用先进的技术设备，由资源服务向智慧服务转变的图书馆；是用户可以不受空间、时间、地域等因素限制，随时随地获取所需资源的共享图书馆；是既有人机互动、广泛发展融合又具有人文情怀的新型图书馆。它是未来图书馆发展的新方向，是图书馆界的一种学术期待[1]。

1.1　智慧图书馆的概念

早在智慧图书馆的概念正式被提出之前，已有学者从构建角度对未来图书馆进行了一定的构想和论述。2003年芬兰奥卢大学图书馆的M. Aittola在"人机交互移动设备"

会议上发表了论文《智慧图书馆：基于位置感知的移动图书馆服务》，文中指出，智慧图书馆是“不受空间限制，能够被人们感知的移动图书馆”[2]。

智慧图书馆概念的正式提出，是源于“智慧地球”的构建。2008 年，美国 IBM 公司基于物联网技术，在一次外交关系委员会的演讲中第一次正式提出“智慧地球”一词。基于这一想法，2009 年奥巴马上台后，在他与工商界领袖的一次座谈中，IBM 首席执行官再一次提出“智慧地球”这一概念。他以此为基础，建议政府对建设新世纪的新形态“智慧城市”进行投资。其中，“智慧社区”“智慧校园”等想法都被囊括在“智慧城市”这一范围内，作为城市公共文化的重要组成部分，“智慧图书馆”也在其中占据了一席之地。

2010 年后，随着我国国内对于智慧图书馆相关项目研究的开始，国内众多学者对于智慧图书馆的概念也都有自己独特的解析。如严栋认为智慧图书馆是传统实体图书馆、智能技术、智能设备的结合[3]。这种观点在笔者看来实际上更像是智能图书馆而非智慧图书馆，具体区别笔者将在下文具体论述。

1.2 智能图书馆与智慧图书馆

智能图书馆在一定程度上可以看作是智慧图书馆的前身。它早于智慧图书馆出现，又为智慧图书馆的诞生打下了坚实的基础。国内研究者普遍认为智能图书馆是应用了物联网和人工智能等多种技术的现代图书馆的一种存在形式[4]。它在一定程度上实现了图书馆的全面感知，形成了一个集服务与管理于一体的泛在化、智能化的环境[5]。智能图书馆是物联网和人工智能等技术发展下所诞生的必然联想，属于图书馆在技术层面的一种升级。与智能图书馆截然不同的是，智慧图书馆的诞生更类似于是“智慧城市”“智慧校园”等概念提出后的一种附加产物，属于全方位建设“智慧地球”计划中的一个重要组成部分。它不仅需要人工智能及物联网等技术作为支持，同时也更加侧重于让城市在运行发展过程中，能够实现全面感知互联和智能融合应用，从而推动全社会的创新和可持续发展[6]。在这个发展过程中，人、物和技术都是需要被考虑在整个智慧化建设中的关键要素，这一发展过程的终极目的是实现服务能力的升级。一言以蔽之，在智慧图书馆的建设中，人的智慧和物的智能需要共同成为构建智慧图书馆的核心要素。智慧图书馆既不是数字图书馆，也不是移动图书馆，数字图书馆、移动图书馆只是智慧图书馆的基础，智慧图书馆是图书馆发展的顶级形态[7]。仅仅就提升效率和通过技术手段来解决图书馆发展问题的构想终究要归类于智能图书馆的范畴，发展智慧图书馆，需要的不仅仅是技术层面的升级，还要将人文关怀融入图书馆的服务中，利用智能技术，面向用户提供智能分析，从而满足用户更高层次服务的需要。

1.3 智慧图书馆的发展前瞻

图书馆作为城市必不可少的基础公共设施，自诞生以来，就跟随着城市建设的发展不断改变着自身的形态，以求适应城市居民日新月异的需求。从最早的藏书阁到如今各式各样的现代化图书馆。到了 2021 年，随着互联网和人工智能技术的极大发展，发展智慧图书馆将成为社会发展的一个必然趋势。

一方面，互联网所带来的数字化和泛在化趋势为图书馆提供了新的发展方向和发展基础。另一方面，“智能+”的智能革命则驱动数字化图书馆向智能化乃至智慧化转变。目前，智慧图书馆主要依赖的技术包括：物联网、大数据、VR技术、社会化本地移动应用、射频技术以及其他智能设施等[8]。图书馆通过这些技术将人与物、物与物、人与人、人与空间相互联系起来以突破时间空间的局限。

与技术同步发展的是面向用户阅读习惯和需求的改变。在当前时代，知识传播载体的改变使用户的阅读习惯正在逐渐从传统的纸质阅读转化为更加多元化的阅读方式。网络平台正在逐渐成为大多数人选择的信息获取渠道，随着生活节奏的加快，人们的阅读行为也逐渐碎片化。抽出一整天来到图书馆进行纸质材料的阅读已经渐渐成为一种时间上的奢侈行为。在这样一个快节奏的社会中，图书馆原有的职能正在逐渐弱化。五花八门的数据检索平台，无所不包的网络阅读资源，正在逐渐削弱传统图书馆的存在价值。在这种情况下，图书馆需要与时俱进，及时变革管理和服务方式，以求满足现代用户的需求。

2 智慧图书馆在“全民阅读”推广工作中的实践

自2014年起，“全民阅读”已经连续三年出现在政府报告中。在2016年的国务院《政府工作报告》中，李克强总理指出：“要深化群众精神文明创建活动，倡导全民阅读，普及科学知识，提高国民素质和社会文明程度。”[9]随着全民阅读逐渐上升为国家战略的一部分，图书馆在这其中需要充分利用自身优势，从知识化资源、多元媒介、智慧化服务和智能化活动出发，打造全新的阅读推广模式，同时还要建立相应的、规范化的阅读推广评价体系来保障阅读推广的效果。在智慧时代，做好“全民阅读”推广工作不仅需要创新技术的推动，更需要专业化的管理，专业人才的培养以及系统化的“全民阅读”推广体系。

2.1 我国的“全民阅读”推广工作现状

1997年，文化部发起了知识工程项目，我国的阅读推广活动也由此开展。1997年1月，中央宣传部为主的9个部委共同发出了《关于在全国组织实施“知识工程”的通知》，通知内容包括以“倡导全民读书，建设阅读社会”为主要发展方向的“知识工程”计划[10]。2000年，全国知识工程领导小组将每年的12月确立为“全民读书月”。2004年，全国知识工程领导小组将每年的“全民读书月”活动交由中国图书馆学会负责承办。除此之外，2006年，全国知识工程领导小组办公室又在全国开展了主题为“倡导全民阅读，构建学习型社会”的图书馆服务宣传周活动。这一活动的目的主要在于通过倡导全民阅读，使所有公民树立起正确的荣辱观，建设学习型社会[11]。

在这一活动开展后，为响应并且贯彻落实党的十六大中关于建设学习型社会的要求，全国各地都开展了各种各样的“全民阅读”活动并且加以推广。中国图书馆学会在全民阅读活动中扮演了重要角色。学会不仅每年都开展相应的“全民阅读”活动，设置“全民阅读”优秀组织和先进单位奖，还通过自身的资源优势，向读者大力推荐书目，发展讲座等在线展示平台，为读者提供了更多的阅读渠道。

2013 年的“两会”期间，多位全国政协委员联名签署了《关于制定实施国家全民阅读战略的提案》，提案内建议政府立法保障阅读并设立专门机构来推进“全民阅读”计划。在此之后，“全民阅读”立法小组草拟了《全民阅读促进条例》[12]。

2021 年，深入推进“全民阅读”，推进公共图书馆数字化进程，建设书香中国被写进“十四五”纲要[13]。这是“全民阅读”第八次被写入政府工作报告，充分体现了国家对推进“全民阅读”工作的重视。

2.2 新媒体环境下“全民阅读”的新发展

进入 21 世纪，随着互联网技术的发展，新媒体逐渐成为人们娱乐和生活的重要组成部分，成为人们获取信息的主要平台。它凭借纸质媒体无法比拟的即时性、可移动性以及对信息的综合整合能力，满足了用户对于碎片时间的填补需求，成功地在当今这个节奏越来越快的时代占据了一席之地。

诚然，新媒体凭借其信息海量性和超文本链接等特征，占用和分散了用户大量的时间和精力，使得人们无法再静下心来进行传统的阅读。这看似对“全民阅读”的推进工作造成了一定的冲击，但是新媒体的蓬勃发展意味着新技术、新环境的出现，这对于“全民阅读”工作的推进来说，也是一个良好的平台和契机。这个平台和契机的钥匙就是智慧图书馆的建设。

新媒体的极大发展使得用户用于阅读的时间和机会相对增多。这就需要图书馆与时俱进，发展移动平台的资源提供服务，使得用户可以利用手机等移动设备开展阅读活动。在中国出版科学研究院组织实施的第十次全国国民阅读调查中显示，由于获取信息便利、收费少、方便分享、音画俱全等原因，手机阅读和网络在线阅读等新媒体阅读的比例逐年递增，手机阅读的比例由 2008 年的 12.7% 上升到了 2012 年的 31.2%，网络在线阅读则由 2008 年的 15.7% 上升至 2012 年的 32.6%。

与此同时，纸质图书对国民的吸引力正在持续下滑。2011 年，75.3% 的国民倾向于“拿一本纸质图书阅读”。这一时期，纸本阅读仍是当时国民的主要阅读方式。但这之后，纸本阅读便呈现出逐年下降的趋势。2018 年，倾向于阅读纸质图书的国民所占比例已经下降到 38.4%。而同一时期，倾向于手机阅读的国民比例正在不断攀升。

目前我国国内已经有一些公共图书馆拥有了自己的移动平台，支持读者使用手机等移动客户端进行阅读和查阅文献等行为，如国家图书馆的官方平台 App——国家数字图书馆。但是相比于市面上五花八门的阅读软件，公共图书馆开发的客户端普遍存在新手导览不够清晰明确、使用方式不够简便、优化较差、用户使用界面不够舒适等问题。因此，在有阅读需要的时候，大多数用户依然会选择市面上的其他阅读软件，如 Kindle、微信读书、全球学术快报、道客巴巴等。

总的来说，新媒体环境对于“全民阅读”工作的推进而言是一把双刃剑。一方面，新媒体的发展对于传统阅读产生了一定的冲击；另一方面，对于数字化乃至智慧图书馆的发展而言，新媒体也是一针促进其发展的“催化剂”。如何把握住机会，发展智慧图书馆建设工作，从而继续推进“全民阅读”，才是图书馆工作中应该着重考虑的问题。

2.3 新时代下推进“全民阅读”需要发展智慧图书馆

虽然学界对于智慧图书馆的概念一直以来都存在争议，没有形成统一的定义。但是在各式各样的定义中都可以看出智慧图书馆具备以下特征：知识共享性、服务高效性和使用便利性[14]。在新技术的支持下，智慧图书馆可利用新时代的各种创新技术来提供更多更加人性化的服务，如不受时间和空间限制的资源共享服务，以及在大数据和云计算下更加精准定位用户需求的推送服务等。通过各种智能技术，图书馆的管理能够更加科学高效，同时也能为读者提供智能化、人性化的服务。

在笔者看来，“智慧化”阅读推广是目前公共图书馆新的发展方向。“智慧化”阅读推广的重点在于发现用户数据和资源数据背后的规律，掌握用户的兴趣偏好，通过细分用户群组，实现大众阅读推广和定向阅读推广的结合。事实上，这一技术在各种新媒体平台已经实现了广泛应用。如近年来抖音的蓬勃发展正是基于这种精准定位用户的定向推送。大数据计算不仅使得用户在使用的过程中对软件的黏度增加，也让用户对短视频这一新型的信息获取形式产生了更多的依赖。除了抖音、快手等新媒体平台，淘宝等购物平台也充分利用了这一技术，并且都取得了不错的成绩。

相比于以上几个软件，图书馆能够获取的用户信息更为单一。笔者认为，可以借鉴上述软件的做法，用借阅信息和身份信息等行为数据，在保障读者隐私的前提下为读者制定个人标签画像，利用人工智能技术，为读者实现更加精准，更加符合读者阅读兴趣的阅读推广。然而这一做法也要求图书馆具备庞大的数据计算能力、储存能力和分析能力，能够快速处理海量的信息。

此外，与上述软件不同的是，公共图书馆在公共文化领域的社会责任和担当也是必须要考量的问题。智慧图书馆系统下的阅读推广工作，需要具备相应的社会价值取向和社会规范取向，不仅要符合读者的个性化需求，也要充分平衡这种需求和社会阅读导向之间的关系。

通过发展智慧图书馆来推进“全民阅读”是基于时代需求的一种发展方向。目前我国大多数图书馆都面临着被新媒体资源冲击的发展困境，发展智慧图书馆是为了避免“头痛医头，脚痛医脚”的单向思维困境。从根源出发，把握读者的深层次需求，从而促进阅读推广工作的顺利开展。

参考文献

[1] AITTOLA M, RYHÄNEN T, OJALA T. Smart Library—Location-Aware Mobile Library Service [C] // Proceedings Fifth International Symposium on Human Computer Interaction with Mobile Devices and Services, Udine, Italy, 2003. Berlin: Springer, 2003: 411-415.

[2] 严栋. 基于物联网的智慧图书馆 [J]. 图书馆学刊, 2010 (7): 8-10.

［3］张洁，李瑾．智能图书馆［J］．图书馆理论与实践，2006（6）：12-13.

［4］李峰，李书宁．基于物联网技术的智能图书馆发展研究［J］．图书情报工作，2013（5）：66-70.

［5］张小娟．智慧城市系统的要素、结构及模型研究［D］．广州：华南理工大学，2015.

［6］初景利，段美珍．从智能图书馆到智慧图书馆［J］．国家图书馆学刊，2019（1）：3-9.

［7］杨利超．智慧图书馆发展趋势和策略研究［J］．河南图书馆学刊，2019（11）：61-63.

［8］李晨赫．91.2% 的受访者会在节假日读书［N］．中国青年报，2016-03-25（7）.

［9］政府工作报告［EB/OL］．［2021-03-30］．http：//www.xinhuanet.com/politics/2016/h/2016-03/17/c_1118364353.

［10］全国知识工程领导小组办公室关于在全国开展 2006 年度图书馆服务宣传周活动的通知［EB/OL］．［2021-03-30］．http：//www.lsc.org.cn/contents/1132/6797.html.

［11］《全民阅读促进条例（征求意见稿）》公开征求意见［EB/OL］．［2021-03-30］．http：//www.gov.cn/xinwen/2017-04/03/content_5183139.htm.

［12］中华人民共和国国民经济和社会发展第十四个五年规划和 2035 年远景目标纲要［EB/OL］．［2021-03-30］．http：//www.gov.cn/xinwen/2021-03/13/content_5592681.htm.

［13］储节旺，李安．智慧图书馆的建设及其对技术和馆员的要求［J］．图书情报工作，2015（15）：29-36.

［14］李琼．中外智慧图书馆的发展比较研究［D］．太原：山西大学，2018.

公共图书馆红色阅读空间建设与服务研究

张　婧（中国图书馆学会秘书处）

红色文化是中国共产党以马克思主义为指导，吸收中外优秀文化创造的先进文化，是中国人民价值观念体系中的重要组成部分，更是凝聚国家力量和社会共识的重要精神动力。图书馆在“滋养民族心灵，培育文化自信”方面发挥着重要作用，《中华人民共和国公共图书馆法》要求各级公共图书馆应当传承发展中华优秀传统文化，继承革命文化，发展社会主义先进文化[1]。随着社会公众对于多元文化体验需求日益旺盛，图书馆也在不断从阅读学习空间向多元文化空间转型发展，不再仅仅是一个阅读书籍的场所，更是人们感知和体验多元文化、交流思想、共享知识的场所[2]。

在这样的环境和背景下，各级图书馆打造和建设了一批各具特色的红色主题空间，通过开展基于空间的多元文化服务，在弘扬和继承优秀革命文化、提升文化自信方面发挥了积极作用。本文将对目前我国公共图书馆已经建成的红色阅读空间实践进行分析，归纳总结出公共图书馆建设红色阅读空间的模式路径。

1　研究综述

为了最大限度获取国内学者对于公共图书馆红色空间建设与服务的研究成果，以中国期刊全文数据库（CNKI）为数据来源，通过如下检索式：TS=［图书馆 +（红色 * 空间）］or TS=［图书馆 +（红色 * 服务）］，获取相关文献。程远等人[3]认为各地公共图书馆建设红色阅读空间需要根据当地文献资源和社会文化需求等多方因素，有的放矢设计规划空间功能。鲁祎[4]认为公共图书馆需要从满足读者对于资源服务、空间服务的需求角度出发，同时也要因地制宜开展和完善红色阅读空间工作内容和方式。王晨铃[5]提出公共图书馆应充分利用自身空间优势和资源优势等，将红色文化资源进行科学的、真实的、客观的、丰富的整合与揭示，引导读者主动学习红色文化、感悟红色内涵、传承红色血脉、发扬红色精神。现有研究成果对单一红色阅读空间的建设情况展开了研究分析，但是尚未对各地红色阅读空间情况进行归纳性分析，本文将对我国公共图书馆已建设的红色阅读空间进行研究，总结其工作模式，以期为各地红色阅读空间建设和服务发展提供参考。

2 公共图书馆红色空间实践案例分析

2.1 江西省图书馆红色图书馆

2.1.1 馆中馆建设

江西省图书馆的红色图书馆是以空间再造的方式，在江西省图书馆新馆内部重新设计建造的红色主题空间，面积 1017 平方米，是目前我国面积最大的红色主题图书馆。图书馆内设置了图文展览区、文创展示区、红色场景体验区、红色影音欣赏区、红色文献阅览区等多元功能空间[6]。红色图书馆的装饰设计上以红色为主要色调，无论是文字还是线条设计等，都重点体现端正大气的简约风格；展陈方式上以文献展陈为主要切入点，辅以声、光、电等现代化展现手段，将空间打造的活泼生动，引人入胜[7]。红色图书馆内还设置了党旗、入党誓词墙等区域，用于开展党建教育活动。江西省是革命老区，全省各地市都有丰富的红色文化资源。作为省级图书馆，江西省图书馆充分发挥了引领全省图书馆事业的作用，在南昌、瑞金等 5 个地市建立了红色图书馆分馆，装修风格与总馆保持一致，文献资源实现统一编目，形成了江西省内的红色图书馆总分馆体系[8]。

2.1.2 文献资源建设

江西省图书馆的红色图书馆文献资源依托专门建立的红色图书馆总分馆体系，将分馆馆藏的红色文献资源和地方文献资源进行统一编目，极大地丰富了馆藏体系，也提升了服务效能。作为省级图书馆，江西省图书馆的红色图书馆在建设之处就确立了“藏阅文献为主，活动体验为辅”的原则，除了向普通读者提供文献借阅服务，还着重在图书馆内专门开设了红色文献研究阅览室，便于科研人员利用馆藏文献开展学术研究。红色图书馆虽然是“馆中馆”，但是为了便利开展专题阅览服务，江西省图书馆专门建设了独立的红色主体文献资源体系，读者进入到红色图书馆内就可以“一站式”获取包括纸质文献、电子文献以及网络资源在内的所有红色文献资源。同时，江西省图书馆还积极与省内其他红色文化机构共建共享，整合数字资源，形成了较为完整的红色馆藏体系，既起到了引导大众阅读的效果，也能提高服务专业研究人员的能力。

2.1.3 智慧化互动体验空间

红色图书馆的建设目标之一就是成为江西省党建教育基地，因此在功能空间的建设上也跳出了建设普通图书馆的思维模式，大胆运用了高科技设备设施，通过声、光、电的配合，营造沉浸式体验空间；在互动体验区，通过现代博物馆常见的展示屏、多媒体互动体验屏、VR 体验设备、4D 体验设备等手段，打造了图书馆内的红色场景体验区[9]，讲好红色故事，吸引广大读者走进图书馆，通过智慧化方式深入了解红色文化，极大地提高了读者体验，提升了红色文化弘扬效果。除了多媒体互动体验，红色图书馆的数字资源也可以通过智慧化手段开展便利的借阅服务。

2.2 太原市图书馆马克思书房

2.2.1 旧空间改造

2018 年是马克思诞辰 200 周年，太原市图书馆内部的红色阅览空间“马克思书房”

正式向公众开放。马克思书房是在太原市图书馆内部利用已有空间改造而成的。在总面积240平方米的空间改造过程中，充分考虑了其作为阅览空间、交流空间、展览展示空间、创意互动空间等多重功能空间的需求，利用书架、展示墙等进行了分区。同时，围绕“马克思”及“红色”两个主题，内部装饰采用了红色、人物头像、代表性“金句”等元素，并参考了国内流行书店的布局，在中间区域搭建了代表“think（思考）”的T字形岛台作为青少年专区，周围摆放阶梯式座位。与此同时，由于是在图书馆的内部空间，马克思书房的书架、家具、整体氛围与太原市图书馆其他区域的整体调性保持统一。

2.2.2 文献资源服务

马克思书房的定位是“为帮助读者更加系统地学习马克思主义，推动习近平新时代中国特色社会主义思想大众化、通俗化”[10]。围绕这一服务定位，太原市图书馆在马克思书房集中展示了关于马克思主义、列宁主义、毛泽东思想、邓小平理论、习近平新时代中国特色社会主义思想等相关文献，通过设置主题专架、开展新书推荐等方式，向广大读者推荐优秀读物。马克思书房的另外一项特色服务是设立了青少年专区，选取了相关主题的青少年读本，便于青少年更好的阅读、学习和理解习近平新时代中国特色主义思想。除了纸质文献，马克思书房内也开辟了电子借阅专架和多媒体阅读机等数字阅览专区，读者通过扫描图书上的二维码就可以非常便利地将电子书借阅到手机上。

2.2.3 文旅融合服务

配合马克思书房的开放，太原图书馆研发设计了书签、明信片、《共产党宣言》等主题文创产品，并在马克思书房外紧邻区域专门开设了“马克思书房邮局”，提供明信片邮寄、纪念戳盖章等服务。文创产品的开发和主题邮局的开设将马克思主义传播、公共文化场馆、主题阅读空间与邮政服务集于一体；同时，马克思书房内还开辟了展览专区，通过图文、影音展览的形式，生动描绘马克思的一生。通过将文创产品、展览展示、邮政服务等以文旅融合的方式嵌入马克思书房的空间和服务中，将红色思想和文化用大众喜闻乐见、易于接受的方式，深入浅出地进行了传播和弘扬。

2.2.4 品牌阅读推广服务

马克思书房自开放以来，充分发挥红色阅读空间主题优势，同时结合读者服务需求，举办了丰富的阅读推广和社会教育活动。例如2021年正值中国共产党成立100周年，太原市图书馆推出了马克思书房“党史公开课”活动，利用马克思书房的专题展览、文献资料、交流空间等，开展党史宣传教育活动，用喜闻乐见的授课方式面向广大党员和读者开展党史宣传教育[11]。此外，还面向少年儿童开展了马克思书房“少年朗读者”“少年党史故事汇”等形式多样的活动，通过鼓励少年儿童朗诵马克思主义经典著作、中国共产党奋斗故事和爱国主义诗文，观看红色动画片等多种方式，利用马克思书房新时代、新思想的阵地优势，向广大少年儿童传递红色文化资源，传承红色基因，让少年儿童充分体悟爱国精神、奋斗精神[12-13]。

2.3 嘉兴市图书馆“红船 · 书苑”

2.3.1 充分利用红色文化资源，创建品牌空间

“红船 · 书苑”项目是嘉兴市图书馆依托遍布城乡的总分馆体系和城市书房体系，充分融合嘉兴市红色文化特色，打造的城市阅读空间品牌项目。2005 年 6 月 21 日，时任浙江省委书记的习近平同志发表《弘扬“红船精神” 走在时代前列》一文，首次提出并阐释了“红船精神”的深刻内涵是“开天辟地、敢为人先的首创精神，坚定理想、百折不挠的奋斗精神，立党为公、忠诚为民的奉献精神”[14]。嘉兴市图书馆充分利用和发挥了这一红色文化 IP，建立了“红船 · 书苑”这一既能体现本地红色文化特色，又能显示出红船书苑作为城市阅读空间、交流空间的功能属性。“红船 · 书苑”实施的是 24 小时自助服务模式，空间内的门禁系统、自助借阅机、互动体验屏等全部为自助使用模式，读者可以 24 小时非常方便的自助来到书苑阅读。

2.3.2 设置专题书架，建设红色特色资源

“红船 · 书苑”本质是图书馆阅览空间在城市、社区和街道的拓展延伸，文献资源建设及服务是其必备属性。作为红色主题阅览空间，“红船 · 书苑”在文献资源方面着重建设红色文献资源和地方文化资源，包括习近平新时代中国特色社会主义思想、红船精神、党史研究等党建图书，并通过设置专题书架等方式，对文献资源进行宣传推广[15]。同时，嘉兴市图书馆还依托本馆数字资源，建设了“红船 · 数字书苑”。读者可以通过扫码阅读方式，借阅电子图书，也可以通过红船书苑内的电子阅读器阅读[16]。数字书苑的建设既便利了读者，也能扩大文献使用群体，起到了很好的阅读推广效果。

2.3.3 多元化空间服务

作为城市阅读空间，“红船 · 书苑”的服务内容之一就是空间服务，即为读者提供学习阅览、交流思想的空间。而作为红色主题特色空间，除了城市阅读空间应具备的图书区、阅览区，“红船 · 书苑”还规划设立了交流空间，作为党建主题空间。按照规划，除了已经建设完成并开放的“红船 · 中心书苑”，嘉兴市图书馆还将在下辖 5 县建立“红船 · 书苑”；同时还将建立街道、乡镇层级的“红船 · 书苑”，将服务延伸至基层社区[17]。基于这一深入城乡的总分馆体系，“红船 · 书苑”内的交流空间也作为基层党建空间使用，党员群众可以利用这一空间开展交流学习；同时党建文献资源也能为党员提供丰富的学习资源，发挥图书馆及其阅览空间的阵地作用，传播“红船精神”。

2.3.4 开展品牌文化活动

为了扩大“红船 · 书苑”的品牌影响力，传播“红船精神”，提升服务效能，服务全民阅读，“红船 · 中心书苑”建设完成后，嘉兴市图书馆联合有关单位启动了“嘉兴故事”地方文化讲坛活动，通过讲座、沙龙等形式介绍嘉兴本地文化故事，包括历史、人文、古籍、名人、美食等 5 个系列。“嘉兴故事”活动的开展，吸引了市民、游客走进书苑，了解嘉兴地方文化[18]；同时，由于中心书苑位于南湖景区，市民游客在讲座结束后，也会游览周围景区，间接促进了旅游业的发展，体现了文旅融合的效果和优势。

3　公共图书馆红色阅读空间建设及服务分析

3.1　空间建设方面

（1）红色文化主题元素突出

总结发现，无论是老空间改造，还是新空间建设，红色阅读空间的设计中都对文化内涵进行了深入挖掘。嘉兴市是南湖会议的召开地点，在中国共产党的历史上具有重要意义。嘉兴市图书馆“红船·书苑”项目充分继承弘扬了“红船”这一能够体现地方特色的红色文化精神内涵，用来命名城市阅读空间。无论是在内部装饰还是品牌项目运营中，都在突出红色主题，强化“红船精神”内涵，对“红船精神”的传播和弘扬发挥了作用，也提升了嘉兴市图书馆“红船·书苑”品牌项目影响力。太原市虽然没有嘉兴市得天独厚的红色文化优势，但是图书馆红色空间的打造也充分围绕主题，彰显了习近平新时代中国特色社会主义思想，并在相关工作开展中不断强化和突出这一主题，并发展成为了党建教育基地。

（2）空间多元化利用

随时经济社会的不断发展变革，图书馆也发展进入了“第三代图书馆”。吴建中提出，第三代图书馆应突出“以人为本”的理念，突出图书馆作为第三空间的功能，成为城市的交流中心、学习中心和知识中心，服务城市创新，助力人的全面发展[19]。因此，图书馆要实现自身的变革和高质量发展，就需要跳出传统的文献服务模式，充分发挥图书馆的空间优势和文献资源优势，创新服务内容与模式，向公众提供高质量服务。

上述三个红色主题空间在空间建设时，就专门开辟了专门的交流空间，即可以在日常提供给读者作为阅览空间使用，也可以依托红色主体，用作党建空间，开展党史教育；同时还可以开展讲座、沙龙等阅读推广活动，也是地方文化的特色展示空间，一举多得，充分发挥和利用空间效能，提升阅读空间服务效能。

3.2　服务建设方面

（1）紧密围绕图书馆功能职责

图书馆建设的以红色文化为主题的特色空间，其本质还是图书馆的空间，因此其最基本的功能应是文献资源服务功能，以及法律要求图书馆应当承担的阅读推广职能、社会教育职能等。江西省图书馆红色图书馆、太原市图书馆马克思书房和嘉兴市图书馆“红船·书苑”等的资源建设都紧密围绕图书馆服务职能和空间主题开展，包括纸质文献和数字资源。尤其是数字资源建设方面，这些红色阅读空间都在馆藏数字资源体系的基础上，开辟了数字资源专区，贴合空间主题。与此同时，它们也都在各自的基础资源之上有进一步的发挥。江西省图书馆通过总分馆体系将地市级文献资源进行了统一编目；太原图书馆开展了分众阅览，提供了青少年阅读资源；嘉兴市图书馆则在资源体系上增加了地方文献资源，将地方文化与红色文化进行有机结合，提升文化宣传推广效果。它们组织开展的读者活动也都紧密围绕阅读、文化等内容开展。

（2）基于文旅融合背景，拓展服务内涵

文旅融合背景下，江西、嘉兴在红色文旅这一主题上具有天然优势。尤其是嘉兴市图书馆，充分利用了文旅融合发展政策优势和地方资源优势，将“红船·书苑”建设到南湖景区，与旅游资源有机融合，即发挥了图书馆的文化内涵和精神引领作用，提升旅游品质，又吸引了游客利用图书馆文献和空间资源，提升图书馆服务效能，二者相互促进，共同高质量发展。太原虽然不具备这样的资源优势，但是也积极适应文旅融合发展新环境和新业态，通过开发主题文创产品、开设主题邮局等方式，积极推动图书馆与旅游资源的融合发展，通过相关举措促进图书馆红色主题空间及其精神内涵的传播，吸引社会大众走进图书馆，探索和利用图书馆各类资源和服务。

（3）发挥红色主题优势，开展党建教育

上述红色阅读空间在发挥公共图书馆阅览空间功能的基础之上，还充分发挥了“红色”主题功能，与党政机关、院校团体等合作，开展党建主题教育活动，成为党建教育基地。红色阅读和学习可以对党的建设工作起到支撑作用。图书馆丰富的文献资源为党员干部提供了丰富的学习资料，而多媒体互动体验、展览展示等也丰富了党建教育形式，激发学习热情。太原图书馆的“少年党史故事汇”更是利用红色主题空间，引导和鼓励少年儿童从小了解革命故事和中华优秀传统文化，弘扬爱国精神、奋斗精神以及中华民族的优良品格，培养少年儿童成长为合格的接班人。图书馆充分利用红色阅读空间，与相关机构合作发展，可以实现功能融合，形成服务合力，提升了综合服务效能[20]。

（4）打造智慧化图书馆服务空间

随着移动互联网、5G、VR 等新技术的普及应用，信息化发展再次进入新阶段，图书馆也亟须向智慧化转型，为社会提供更便捷高效、更具智慧化的信息与知识服务。在当前全国智慧图书馆体系建设背景下，图书馆需要利用智慧化技术打造更具价值的馆舍空间，包括图书馆业务的全流程智慧化管理、学习阅读空间的线上线下虚实交互等[21]。为了更好地开展服务，红色主题空间也都在探索打造智能化空间。“红船·书苑”实施的是 24 小时自助服务模式，空间内的门禁系统、自助借阅机、互动体验屏等全部为自助使用模式，读者可以 24 小时非常方便的自助来到书苑阅读。江西省图书馆的红色图书馆引进了多媒体互动体验设备，读者可以在馆内将线下阅览和多媒体触屏线上体验结合起来。无论是哪种模式的智慧化建设，都是当前图书馆红色空间建设实现高质量发展的有效途径。

红色文化是中华民族的优秀文化之一，继承和发扬红色文化对于弘扬社会主义核心价值观，培育社会主义文化自信都具有推动意义。文旅融合和智慧化图书馆建设背景下，图书馆在建设红色阅读空间时，应充分做好馆藏资源体系建设，紧密围绕图书馆职责功能开展服务；同时也应适应新环境、新业态，创新服务模式，提高服务效能，进一步发挥图书馆“传承文明、服务社会”的职责，为提升文化自信、推动社会主义文化繁荣兴盛起到应有的作用。

参考文献

［1］中华人民共和国公共图书馆法［EB/OL］.［2021-02-25］. http：//www. gov. cn/xinwen/-2017-11/05/content_5237326. htm.

［2］饶权 . 回顾与前瞻：图书馆转型发展面临的问题与思考［J］. 中国图书馆学报，2020（1）：4-15.

［3］［7］程远，陶涛，杨志强 . 空间再造老区红色图书馆助推常态化悦读服务创新实践［J］. 老区建设，2020（8）：60-67.

［4］［16］鲁祎 . 文旅融合背景下"红船书苑"体系建设探析［J］. 图书馆研究与工作，2019（9）：5-9.

［5］王晨铃 . 公共图书馆红色文化资源建设与服务推广探析——以广西桂林图书馆为例［J］. 河北科技图苑，2020（6）：64-67，79.

［6］［8］［9］《图书馆论坛》编辑部 . 江西省图书馆红色图书馆［J］. 图书馆论坛，2021（1）：159.

［10］山西日报 . 全国首创主题书房"马克思书房"亮相太原市图书馆［N］.［2021-03-28］. http：//www. shanxi. gov. cn/yw/tpxw/201805/t20180511_411946. shtml.

［11］太原市图书馆 . 太图马克思书房"党史公开课"今天开讲［EB/OL］.［2021-03-27］. http：//www. tylib. org/web/information/5948.

［12］太原市图书馆 . 马克思书房"少年朗读者"［EB/OL］.［2021-03-27］. http：//www. tylib. org/web/information/5984.

［13］太原市图书馆 . 太图马克思书房"少年党史故事汇"今天开讲［EB/OL］.［2021-03-27］. http：//www. tylib. org/web/information/5976.

［14］弘扬"红船精神"走在时代前列［N］.［2021-03-27］. http：//topics. gmw. cn/node_115855. htm.

［15］［17］［18］中共嘉兴市委直属机关工委 . 嘉兴市图书馆"红船 · 中心书苑"正式开放［EB/OL］.［2021-03-27］. http：//www. jiaxing. gov. cn/art/2019/4/9/art_1592438_33111546. html.

［19］吴建中 . 从"书的图书馆"到"人的图书馆"——赫尔辛基中央图书馆给予我们的启示［J］. 国家图书馆学刊，2019（5）：93-97.

［20］李国新 ."十四五"时期公共图书馆高质量发展思考［J］. 图书馆论坛，2021（1）：12-17.

［21］饶权 . 全国智慧图书馆体系：开启图书馆智慧化转型新篇章［J］. 中国图书馆学报，2021（1）：4-14.

浅议智慧图书馆建设大背景下馆员的智慧化转型

赵　燕（外文采编部）

随着以人工智能技术为代表的新兴技术的蓬勃发展，智慧地球、智慧城市、智慧校园等概念不断被提出并推进实践。图书馆作为知识信息服务的核心机构，必然要迎接科技进步带来的新的机遇和挑战，智慧图书馆注定是未来图书馆发展的方向和新形态。2018 年 1 月 1 日起施行的《中华人民共和国公共图书馆法》第八条规定："国家鼓励和支持发挥科技在公共图书馆建设、管理和服务中的作用，推动运用现代信息技术和传播技术，提高公共图书馆的服务效能。"文化和旅游部在 2021 年工作的主要任务和要求中提出要推进数字公共文化建设，建设智慧图书馆体系、国家公共文化云[1]。"十四五"期间公共文化服务体系和文化产业体系将会更加健全，人民精神文化生活会更加丰富。在这样的时代背景下，建设智慧图书馆、构建智慧服务体系、培养智慧图书馆员是以国家图书馆为代表的公共图书馆升级转型的必然选择，是图书馆更好地适应智慧社会发展需求的必由之路。国家图书馆馆长饶权曾指出："要抓住当前国家大力推动智慧社会建设，扶持 5G、物联网、大数据等新基建的契机，谋划好'十四五'时期图书馆事业的智慧化转型发展，依托人工智能技术，对图书馆的空间、资源和服务进行全方位重塑，构建起从空间感知与知识的细粒度组织到智慧服务的全新流程。"[2]图书馆事业已经迈入了智慧化转型的新时代。

1　智慧图书馆与智慧馆员的概念

何为智慧图书馆？王世伟曾提出："智慧图书馆是以数字化、网络化、智能化的信息技术为基础，以互联、高效、便利为主要特征，以绿色发展和数字惠民为本质追求，是现代图书馆科学发展的理念与实践。"[3]他也曾指出："智慧图书馆应该是书书相联、书人相联、人人相联，任何时间可用、任何地点可用和任何方式可用的图书馆。"[4]总的来说，智慧图书馆是综合了传统图书馆的资源、新兴信息技术、智慧图书馆员的更高形态的图书馆，是智能技术和智慧馆员作用于图书馆业务和管理体系所形成的智慧化的整体，目标是为用户提供更加深入和便捷的智慧服务。

那何为智慧馆员？金敏婕曾作如下表述："智慧图书馆员是能将知识结构完全嵌入到工作中，能充分利用对知识资源结构和知识分析规律的深度理解，以用户目标为驱动，以专业的角度、专家的视角来协助用户进行知识挖掘从而对知识进行有效、集成的再加工，为用户提供情景化、个性化、智能化的知识增值服务专业人员。"[5]简单来讲，智慧馆员应该是具有一定学科背景、较高信息素养和技术能力，能满足读者更深层次需求的专业人员。

2 馆员智慧化转型的必要性

2.1 文献资源建设需要智慧馆员

无论图书馆发展到什么阶段，“资源为王”是图书馆界的铁律，文献资源建设是图书馆存在和发展的基础条件，也是智慧图书馆建设的根基。文献资源的收集和组织离不开图书馆员的付出，即便是智能化发展到一定高度，各个环节也需要图书馆员去协调。以笔者所处的外文文献采编岗位为例，在文献采访方面，目前以实体馆藏为主，主要是纸质书籍，也包括少量实体电子资源。而智慧图书馆会收集全领域、全网络、全形式的资源，不仅包括实体资源，也包括电子资源，不仅局限于文字资源，也会扩展到音视频资源等。总之，文献资源的载体形态会更加丰富多样，馆藏会更加多元化和多样化，甚至会涉及所有形式的人类文明的收集与传承。智能技术的应用无疑会代替部分人工选书，但智慧图书馆时代的文献采访方针的制定、文献资源建设的布局以及特色资源建设的选题等都需要采访人员的经验与智慧。编目方面，目前外文文献是由编目员逐本分编，智慧图书馆时代将会实现自动标引，此外编目工作还需要跨出图书馆的藩篱，打破行业间的壁垒，将馆藏数据与网络外部数据最大限度地关联起来。但是自动标引并非直接取代了编目员，而是将编目员的知识和技能进行更高层次的利用，比如标引的法则仍然需要信息组织人员去建立，与外部的关联也需要信息组织人员去统筹协调。由此可见，在智慧图书馆时代，图书馆的形态和业务结构与现在会有很大的不同，智能技术的应用确实能减轻馆员的工作强度，但并不意味着不需要图书馆员，而是需要馆员紧跟时代潮流，适应智慧图书馆这一新形态，用自己的知识和智慧推动智慧图书馆建设，向智慧馆员转型。

2.2 智慧服务的提供需要智慧馆员

在智慧图书馆的环境下，用户的需求也会向个性化、深入化、知识化方向发展。传统的到馆引导式服务完全不能满足用户需求，他们更希望馆员为他们提供更加方便快捷、更加精准化和人性化的服务，即智慧服务。广义的智慧服务不仅包括服务内容的智慧化，也包括服务场所的泛在化和虚拟化，即用户可以在任何时间、任何地点利用图书馆的服务且可以通过网上虚拟图书馆享受到馆体验。狭义的智慧服务主要指服务内容的智慧化，即馆员能在人工智能、大数据等技术的支撑下，对信息和知识进行深度挖掘，“想用户所想”，提供在前，即根据对用户行为的分析和规律的把握，准确预期用户的需求，智慧地理解并把握用户的心理，从而有效地满足其需求，是一种有价值的高层次的服务。智慧服务的提供需要由馆员来完成，是基于馆员的知识和智慧的服务，需要馆员拥有较高的服务意识、技术能力，能创新服务方式，最大限度地满足用户需求。馆员智慧服务的水平决定着智慧图书馆的建设水平。因此，从智慧服务的角度来讲，馆员的智慧化转型十分必要。

2.3 智慧化管理需要智慧馆员

在这里，智慧化管理主要指馆舍空间的管理和文献资源的管理。在技术和需求的双重驱动下，图书馆的馆舍空间必然要进行升级改造，一方面场馆体验将更加突出现代技术应用，如人脸识别、机器人导览、VR 体验等；另一方面会更加注重人本服务理念，基于用户需求、行为数据及其与图书馆空间、资源、设施、工具等的实时匹配分析，制定个性化、智慧化的服务方案。其目的都是为用户提供更好的线下阅读环境与服务体验，最大限度发挥其空间价值，提升用户对图书馆的认同感。另外，在文献资源管理方面，智慧图书馆时代必然会建成智能立体书库，依托 RFID 等技术，通过智能书架和文献搬运机器人实现文献的自动存取、自动分拣传输和自动盘点，文献资源管理的效率会大大提高。而这些先进技术在馆舍空间管理和文献资源管理中的应用都需要馆员的参与，如文献搬运机器人导航路线的设计、文献在智能立体书库中的摆放排架、迎宾导览机器人的文案设计等都要依托馆员的基础业务能力，但是又对馆员的技术能力和创新能力提出了更高的要求。

从以上三个方面的论述中可以看出，在智慧图书馆时代，构成图书馆业务的最基本的三个方面，即文献资源建设、服务、管理都需要智慧化的馆员。馆员的知识、智慧为智慧图书馆建设提供了强大的动力和支持。初景利也曾在《智慧图书馆与智慧服务》一文中指出："馆员是图书馆的核心，没有智慧的图书馆员就没有智慧图书馆。只有智能技术和智能设备，没有理解智能技术并会利用这些技术进行服务的图书馆员，图书馆就无法实现真正的技术对接，那么图书馆就不能实现真正意义上的智慧化，也就难以转变为智慧图书馆。"[6]馆员智慧化转型的必要性毋庸置疑。

3 馆员队伍目前存在的问题

3.1 转型动力不足

图书馆智慧化转型的大幕早已拉开，作为图书馆员应具有一定的职业敏感度，积极主动地参与其中，接受新事物，审视自我，进而提升自我，以便更好地为读者提供智慧服务。现实中，部分馆员缺乏危机意识和变化意识，变革的主观能动性不足，对智慧图书馆建设及业界动态缺乏关注，习惯传统的工作模式，认为智慧化转型没有直接反映到自己的岗位上就可以不予关注。比如像采编岗这样的非直接服务于读者的馆员，受工作性质的影响，习惯于传统的采编工作模式，对智慧图书馆建设和智慧服务的敏感度普遍较低，缺乏转型的内驱力。而内驱力是更新、补充、积累新知识的根基，直接影响智慧服务体系构建的进程。馆员的智慧化转型首先要有积极的心态，提高主观能动性，养成持续学习和终身学习的习惯。

3.2 技术能力不足

智慧图书馆的建设主要依托于人工智能、物联网、大数据、云计算、移动互联网等先进的信息技术，各类新兴信息技术的出现和发展不断推动图书馆的智慧化转型。作为提供智慧服务的主角，图书馆员不仅要有较高的文化素养，也应对已经出现并应用在智慧图书馆建设中的技术有一定的了解，甚至应熟练掌握这些智能技术，为读者提供更好的服务；同时，应该关注技术的发展动向，以便技术真正运用于智慧图书馆的建设时能更好地接受和适应。而现实情况却是除了技术部门的部分馆员以外，很多馆员不仅不懂技术，甚至对一些技术方面的基本术语一无所知，技术能力严重欠缺。馆员技术能力的欠缺制约了个人向高层次复合型人才方面的发展，也制约了各部门之间的交流，直接影响为读者提供智慧化服务的质量，影响图书馆智慧化转型的进程。所以为更好地适应时代发展的需要，不同专业背景、不同业务环节的图书馆员都应进行知识的补充，以提高技术能力。

3.3 科研能力不足

在智慧图书馆建设的大背景下，用户需求也向更深更细的方向发展，这就要求馆员不仅要有过硬的业务能力、信息素养和一定的外语能力，科研能力也需要进一步提升。由于大部分馆员教育背景单一且走向图书馆工作岗位以后一直从事单一的业务，馆员的流动性不强，以及前文中提到的各种限制，很多馆员存在科研能力不足的问题，尤其是跨学科研究能力欠缺，在选题、查阅文献、分析归纳以及科研表达等各个方面的能力都有待提高。另外，从目前状况来看，馆员队伍还普遍存在创新能力欠缺、用户心理预判能力不足、协作沟通能力有待提高等问题。

4 馆员智慧化转型的几点建议

4.1 提升危机意识和转危为机的能力

馆员能否成功走上智慧化转型之路关键在馆员自身。首先，要有危机意识。馆员要深刻认识到经济社会发展已经进入“智慧社会”建设的新时代，图书馆的智慧化转型是技术和用户双重驱动的必然结果，是历史机遇和时代挑战。作为智慧图书馆的主要建设者，馆员必须要有危机意识，勇敢面对挑战，有了危机意识才会有转型的动力。其次，要提高转为危机的能力。要夯实图书馆学基础理论知识，主动学习技术变革带来的新理论，从根本上了解图书馆事业的原理和发展脉络；要关注业界动态，积极参加专业的业界学术交流会以及业界讲座、培训等，积极创造与业内专家交流的机会，为自主学习提供方向和动力。通过对图书馆事业的宏观了解和对业界发展方向的把握来指引知识更新方向，从而提高自身转危为机的能力。从图书馆的角度来讲，可以针对馆员的智慧化转型设置激励机制，比如与薪酬挂钩的智慧化服务绩效考核机制，以增强馆员的危机意识，调动馆员的积极性，激发馆员的转型动力。

4.2　增强技术兴趣和利用技术的能力

从馆员自身的角度来讲，兴趣是最好的老师。对新兴技术、互联网行业的陌生以及对其他公共服务机构服务模式的不了解限制了馆员的兴趣方向，制约了馆员的智慧化转型。首先，馆员要关注新兴技术在图书馆界的应用，切身体会技术带来的便利，如南京大学研发的第四代智能图书盘点机器人“图客”在多家高校的图书馆部署使用。该机器人每小时可扫描图书20000册，定位精度高达98%，漏读率低于3%[7]。“图客”背后的技术支撑就是物联网感知、计算机视觉、大数据处理、人工智能、移动机器人等高新技术。其次，要关注并积极参与图书馆与互联网行业及其他公共文化服务单位的交流合作。以国家图书馆为例，2021年3月国家图书馆、中国图书馆学会与中国科技馆签署战略合作框架协议，双方将会增进信息技术合作与交流，联合推动数字图书馆、手机图书馆与中国数字科技馆的相互嵌入，探索应用AR、VR及人工智能等技术，共同打造科普资源服务平台等[8]。这些交流合作为馆员近距离接触技术、体验技术提供了良好的平台。从图书馆的角度来看，可以通过制定培训制度来培养和提升馆员利用智能技术为用户提供服务的能力，比如针对非技术部门的馆员开展技术培训以普及基本的技术术语及技术技能等。另外，也可以借与其他单位交流合作的机会，利用好外部资源，组织学习，向馆员普及相关知识，让馆员切身体会到新兴技术在图书馆业务中的应用，减少对智慧图书馆建设的距离感和畏惧感，有效促进馆员的智慧化转型。

4.3　树立科研意识提高科研能力

从馆员角度来讲，首先要树立科研意识。要深刻领会到研究型馆员将会是智慧图书馆时代对全体馆员的新要求，开展学术研究有助于馆员信息获取和分析能力、学科咨询能力以及协调沟通能力等的提升。其次，要立足本职，深耕细作。以笔者所处的资源建设岗位为例，与传统工作模式有所不同，智慧馆员应对现有馆藏、馆藏建设目标、文献购置经费以及读者需求变化等有一定的掌握，能够及时调整文献采选方案和结构；也应具备馆藏资源评价能力，主动了解馆藏资源的利用情况，为文献资源采访策略的调整提供参考。只有在业务方面深耕，才能发现问题、总结经验、积累数据，为科研积累素材。最后，要积极参与科研课题，向科研带头人学习科研方法，勤动笔，多尝试，以提高科研能力，促进自己向智慧馆员转型。从图书馆的角度来看，图书馆可利用馆员培训再教育的机会调动馆员的科研兴趣，提供科研方向，补充论文写作和投稿相关知识，引领年轻馆员开启科研之路；可制定科研奖励机制，鼓励馆员重视科研、参与科研，进而推动馆员的智慧化转型，提高为用户提供更深层次服务的能力。

习近平同志在2019年9月给国家图书馆老专家的回信中指出：“图书馆是国家文化发展水平的重要标志，是滋养民族心灵、培育文化自信的重要场所。希望国图坚持正确政治方向，弘扬优秀传统文化，创新服务方式，推动全民阅读，更好满足人民精神文化需求，为建设社会主义文化强国再立新功。”[9]可以看出习总书记对以国家图书馆为代表的图书馆界抱有殷切希望。人类历史的发展靠创新来推动，智慧图书馆建设也是传统图书馆和数字图书馆基础上的创新发展，图书馆要创新服务方式离不开馆员的智慧化转型意识及能力的提升。智慧图书馆建设是一个长期的复杂的过程，但可以肯定的是馆员的智慧化转型是智慧图书馆建设和智慧服务体系构建的必要因素。本文仅对智慧图书馆建设起步阶段暴露出的馆员能力的欠缺和需要改进的方向进行了探讨并提出了几点不成熟的建议。随着智慧图书馆建设进程的不断推进，智慧馆员的培养模式和方向也需要进一步跟进研究。

参考文献

［1］开好局起好步　推动文化和旅游工作开创新局面——2021 年全国文化和旅游厅局长会议工作报告摘要［EB/OL］.［2021-03-12］. https：//www. mct. gov. cn/whzx/whyw/202101/t20210118_920807. htm.

［2］饶权 . 面向智能化时代的图书馆事业转型发展［N］. 新华书目报，2020-12-25（22）.

［3］王世伟 . 论智慧图书馆的三大特点［J］. 中国图书馆学报，2012（6）：22-28.

［4］王世伟 . 未来图书馆的新模式——智慧图书馆［J］. 图书馆建设，2011（12）：1-5.

［5］金敏婕 . 融入、提升、超越——智慧图书馆员素养与价值［J］. 图书与情报，2014（6）：130-133.

［6］初景利，段美珍 . 智慧图书馆与智慧服务［J］. 图书馆建设，2018（4）：85-95.

［7］图客机器人化身图书馆员轻松打造智慧图书馆［EB/OL］.［2021-03-26］. https：//tech. ifeng. com/c/7sV7sOpfZi0.

［8］国家图书馆、中国图书馆学会与中国科技馆签署战略合作框架协议［EB/OL］.［2021-03-23］. http：//www. nlc. cn/dsb_zx/gtxw/202103/t20210317_200304. htm.

［9］习近平给国家图书馆老专家回信［EB/OL］.［2021-03-23］. http：//www. nlc. cn/dsb_zx/gtxw/201909/t20190909_181731. htm.

浅析智慧书屋在我国公共文化服务中的现状及前景

卫萌萌（国际交流处）

随着上海首个混凝土3D打印智慧书屋的落成，书屋发展在公共文化建设又向智慧化方向迈进了一步。从2016年城市书屋在我国各大城市的出现，到2020年智慧书屋的纷纷建立，再到2021年3月19日3D打印智慧书屋的落成，书屋作为图书馆的服务延伸，在当今公共文化领域的发展速度越来越快。与此同时，随着5G、大数据、云计算、区域链等智能化技术的出现及使用，图书馆事业的发展也进入了智慧化转型的窗口期[1]。在这个转型期间，智慧书屋因其规模小、易转型等先天优势能够更好地在图书馆智慧化转型过程中发挥探索功能。正如印度学者阮冈纳赞在著名的图书馆五定律中指出"图书馆是一个成长中的有机体"，图书馆的发展也应与时代同步。智慧书屋作为构建全国智慧图书馆体系中不可或缺的一部分，对于图书馆事业发展以及公共文化建设有着重要意义。

1 智慧书屋的特征

与传统书屋相比，智慧书屋在书屋建设、空间布局以及设备投入上都采用了更多的智慧化手段，同时在资源提供上形式更加多样、内容也更为丰富。智慧书屋能够最大限度地利用高科技设备及便捷性服务，向公众提供智慧化产品服务，成为兼具科技型、知识性、社交性及娱乐性的重要公共文化服务场所。具体而言，智慧书屋具有以下特征。

1.1 科技性与智慧性是智慧书屋的根本特点

面对智慧社会发展带来的历史机遇和挑战，包括智慧书屋在内的国内外一些图书馆在智慧空间、场馆建设以及业务管理等方面进行探索。目前无论是在城市还是乡村中建成的智慧书屋都采用许多新技术。智慧书屋基本上都提供一些自动化的设备，如自助借还一体机、智能门禁系统、智能视频监控等，在服务设备中使用电脑、电子读报机、平板电脑和数字借阅机等设备并借助线上线下数字资源相结合的方式提供文献资源，甚至在书屋建设中采用3D打印技术，如刚刚建成的上海首个混凝土3D打印智慧书屋就是将智慧化手段运用到书屋建设中的典型案例。此外，将科技手段融入书屋建设中的例子还有江西省图书馆新馆与高新技术企业合作建设智慧阅读空间，对读者进行人脸识别，经大数据分析推送文献、实现读书、品书"各种所好"[2]。

1.2 区域性与便捷性是智慧书屋的基本要求

书屋本质上是一种地域性图书馆，不论是城市书屋还是农村书屋，其服务半径普遍较小，面对的用户群体是社区居民和附近村民，其中城市书屋的区域性更为明显，其位置主要是社区周边、主要街道以及文化中心等人流量较大地方。智慧书屋在区域性与便捷性上具有其他类型图书馆无法比拟的优势。以北京市为例，目前北京推动“书店与社区结对子”，鼓励每家书店对接周边 5 至 10 个社区，打造完善 15 分钟阅读圈。朝阳区图书馆大力推行“城市书屋”惠民项目，与社会力量合作，根据空间性质、主题配送不同书籍，截至 2021 年已开办了 37 家各具特色的城市书屋[3]。此外，2020 年 12 月底建成的兰州市安宁区的首个智慧书屋、2021 年 3 月建成的潮州市首座智慧“潮书屋”都强调实现打通公共文化服务“最后一公里”的文化服务。

1.3 多样性与自主性是智慧书屋的显著特征

近年来，具有不同地域、运营主体、服务对象以及风格特色的智慧书屋纷纷涌现。与传统书屋不同的是，智慧书屋建设打破了标准化、统一化模式，更加注重设计的个性化和创意化，结合不同区域特色、经营理念和受众群体形成了具有多种类型的、不同特色的书屋。首先，在区域划分上，城市智慧书屋不断涌现，农家智慧书屋作为“全民阅读”在乡村的主阵地也进入试点阶段。2020 年 9 月，贵州省剑河县建设首个农村智慧书屋，为新时代智慧农家书屋引入了“云阅读”微信小程序、远程“面对面”阅读活动组织系统、智能家居“云管理”系统等智能化管理系统，深入推进移动数字阅读，让农家书屋华丽“变身”智慧书屋[4]。其次，在运营主体上，智慧书屋打破了传统的构建模式，出现了政府主导建设、与书店合作、企业与个人经营等多种主题的书屋。例如，2018 年 6 月以来，在中宣部对外推广局的指导和支持下，科技部国外人才研究中心联合广东、广西、山西、甘肃、江苏等 13 个省（自治区、直辖市）先后设立了 40 余家外国专家书屋（书架），该书屋是典型的政府主导构建模式；上文提到的 2021 年建成的“潮书屋”则是以公共图书馆为中心管理运作模式；北京市东城区图书馆近年来也先后跟 4 家实体书店合作推广书屋，这种类型则是书屋与书店合作的典型运营模式。再次，在服务对象上，出现了以服务社区居民、专注儿童发展、关注残障人士以及针对医务工作者、警察等多种职业人群服务的智慧书屋。如 2020 年建成的甘肃武都区公安局的“智慧书屋”就是针对公安干警建设的智慧书屋。最后，在风格特色区别上，形成了具有多种风格、兼具艺术特色的书屋，如有科技特色的民国风范的宸冰书坊、有艺术特色的 798 尤伦斯馆等多种特色的书屋。

2 智慧书屋在公共文化服务中的地位及现状

2.1 文化传输的“毛细血管”

越来越多的城市书房成为全民阅读的精神地标。全民阅读需要庞大的公共文化资源支撑与保障，如果说各地公共图书馆是全民阅读的主体，那么城市书房就是一条条“毛细血管”，它的出现推动着百姓从“阅读”到“悦读”的转变[5]，为人民群众提供身边的公共阅读和学习交流空间。在传统书屋的基础上，智慧书屋更是通过无线 WiFi、自助借还一体机、智能门禁系统、智能视频监控以及舒适座椅、便民雨伞，以及咖啡饮品等服务吸引读者、社区居民等群体来书屋体验。智慧书屋的建设对打造“城区十分钟文化圈”和市民“家门口的图书馆”、提升公共文化服务能力、践行文化惠民利民起到了积极的推动作用，真正的形成了百姓家门口的“精神粮仓”。

2.2 智慧图书馆体系建设的“探索者”

2020 年底，国家图书馆正式提出了建设“全国智慧图书馆体系”的工作发展方针，图书馆智慧化转型发展进入了一个前所未有的新阶段。包括智慧书屋在内的公共文化服务机构也进入了智慧化探索的新时期。首先是将高科技手段运用在智慧书屋的建设中。例如上文提到的上海首个混凝土 3D 打印智慧书屋由清华大学建筑学院设计，在建设中通过 3D 技术把造型设计转化成打印路径等一系列程序建造出的具有高科技感的智慧书屋。其次是书屋的空间设计。随着技术发展以及用户需求提高，智慧书屋在空间设计方面能够提供线上线下、虚实结合以及沉浸式阅读等多种体验方式并在发挥交互式学习、资源共享等领域尽最大可能发挥空间的有效性能。2019 年 9 月，首家杭州智慧书房诞生，在空间布局上设立 5G 阅读角，运用了最新的 5G+AR、5G+VR 应用技术，通过 VR 眼镜、AR 智能魔镜俯视空中全景、探索文化活动新体验。再次是服务流成的智能化管理。多数智慧书屋基本配备自助借还一体机、智能门禁系统、智能视频监控等设备，提供自助办证、查询、借还图书业务以及电子资源下载等智能化服务。最后是数字化服务。大部分城市书屋都增添了电脑、电子读报机、平板电脑和数字借阅机等电子设备，方便读者体验多媒体视听服务，更有部分书屋提供智能机器人咨询服务以及智能书架等设备。

2.3 文化资源和智慧服务的“推送者”

不论是传统书屋还是智慧书屋，作为公共文化服务的基础机构，其服务归根结底还是要提供包括书籍在内的线上及线下资源来满足公众对文化资源的需求，因此资源建设仍然是其核心服务内容。首先，在资源供给上，智慧书屋更强调利用“互联网 + 大数据 + 云计算”等功能实现共享便民、自助借还、约书取书、远程控制、24 小时无人管理等功能。其次，智慧书屋根据其位置及服务区域内的受众者的生活、休闲娱乐等习惯，充分了解受众的阅读喜好，选择与读者需求相适应的资源推送。再次，智慧书屋利用空间设计等优势，更注重受众对象的体验感受，在阅读推广、文化讲座等活动上能更大程度地吸纳多元人群，促进文化传播。最后，智慧书屋与公共图书馆等文化机构相结合在提供通借通还以及数字资源共享、推动数字阅读等领域发挥重要作用。

3　推进智慧书屋建设的建议

在提倡阅读、鼓励学习、重视国民素养提升的背景下，智慧书屋对于满足基层群众阅读需求、营造良好阅读氛围、实现知识传播的提供了有效路径。目前，智慧书屋已经在各大城市甚至乡村陆续建成，尤其是在2019年底至2020年，各种类型的智慧书屋纷纷落成。但目前来看，智慧书屋建设也存在着系列问题，例如，建设参与主体单一，缺少统筹规划，过于追求外部环境建设而忽视文献资源建设，先前资金投入较大而后期维护投入较少，以及与群众需求不匹配、利用率不高等问题。为此，针对智慧书屋的发展，笔者从以下几方面提出建议。

3.1　推进多元主体共同参与，实现共建共治共享

从目前智慧书屋的建设主体来看，主要是以政府主导、公共图书馆为依托的传统建设模式。但智慧书屋作为文化发展的公益事业，要想取得长远发展需要在原有模式基础上引入更多的发展模式及社会力量参与。第一，推动公共图书馆、书店、智慧书屋相结合模式。与社会力量合作，充分参考公共图书馆图书加工模式，根据空间性质、主题配送不同书籍，有利于在盘活沉睡书籍的同时充分了解读者的喜好，提高采购图书的利用率。第二，建立总分馆模式，其本质是将“个体化”的书屋联结成一个整体，整合资源、提高服务效能。此外总馆还可以对阅读资源进行统一采购、编目、配送和统一数字化建设，方便公共阅读资源在总分馆服务体系内有序流转。例如，2020年12月兰州市安宁区建设的首个智慧书屋就启用“1+N”总分馆制全域建设新模式，即以图书馆为总馆，结合实际情况，逐步推进社区、学校、机关、企事业单位、景区景点等处分馆建设，最终实现分馆服务的全覆盖。第三，鼓励多种社会力量参与建设。除政府、公共机构等建设主体以外，鼓励企业、社会公益机构等加入，形成多层次的建设渠道，拓展资金来源，形成相互带动的良好运营模式。

3.2　将智慧发展贯穿于书屋建设发展的整体过程

智慧书屋应具有智慧化沟通、智慧化管理以及智慧化服务等功能。但从总体来看，我国目前的智慧书屋甚至是智慧图书馆目前都处于建设的探索初期，智慧方式的运用实际上处在建设中的某一个环节或某一个场景或者单独采用智慧化设备的初级阶段，并没有形成建成真正的智慧化。因此在现代书屋的智慧化建设中不但需要在技术上（硬件）努力同时也需要在服务（软件）上下功夫。第一，通过智慧化手段，筛选图书及电子资源。智慧书屋在发展过程中资源永远都是最重要的因素。通过对用户及数据分析，针对书屋的不同群体推送针对性资源。第二，在智慧书屋的建设中，积极探索将人工智能技术运用到智慧书屋的建设以及设施配备以及智慧服务的各个环节。第三，加强书屋工作人员的技能培训。无论书屋的硬件设施智慧化程度如何，终归都离不开人的参与与服务。因此需要加强对书屋工作人员在参与设计以及了解读者需求、进行资源收集以及采选等方面的能力培训。第四，加强对用户智慧化设备及资源使用的培训。书屋建设的最

终目的是更好地服务用户，因此对用户使用技能的培训也是智慧化发展必不可少的环节，只有让用户体验到智慧化设备的优势，才能将书屋的智慧化功能发挥到最大。

3.3 丰富资源供给，加强智慧服务创新

图书馆智慧服务创新的本质即图书馆存在的价值所在，这就是图书馆给予读者的文献资源支撑以及知识导航与服务，及其基于其上的服务创新[6]。智慧书屋的建设也同样如此，它不仅是向用户提供文献资源借阅的提供者，更应该是基于对信息和知识的深度挖掘，以及对用户需求进行分析的专家式服务，是一种有品质、有价值、有内容的高层次服务。因此智慧书屋应充分利用专业的设备以及服务理念，积极发掘用户的需求，从被动的服务逐步向主动提供有针对性服务方向转变，依靠业务创新使包括文献资源在内的各类资源具有更高的价值。与此同时，由于书屋受众群体的多样性，智慧书屋的建设绝不能“千人一面”，应注重特色资源、特色功能的开发，在建设与发展中充分展现其多样性、自主性以及探索性等特点。

参考文献

[1][2]饶权.全国智慧图书馆体系：开启图书馆智慧化转型新篇章[J].中国图书馆学报，2021(1)：4-14.

[3]周明杰，魏婧.当公共图书馆与实体书店联手，北京将打造完善“15分钟阅读圈”[EB/OL].[2021-03-10].https：//news. bjd. com. cn/deep/2021/03/10/59036t115. html.

[4]李桢.新时代智慧农家书屋首批试点在贵州剑河建成启用[EB/OL].[2020-09-29].http：//www. wenming. cn/dfcz/gz/202009/t20200929_5805390. shtml.

[5]城市书房百姓家门口的“精神粮仓”[EB/OL].[2020-11-27].https：//baijiahao. baidu. com/s?id=1684469451911845447&wfr=spider&for=pc.

[6]贾志城，图书馆智慧服务要素分析[J].中国有线电视，2020(10)：1228-1230.

基于社会责任的智慧图书馆建设刍议

孙 阔（立法和决策服务部）

近年来，有关智慧图书馆的概念建构、建设模式、体系标准等文章层出不穷，从行业层面体现了业界对于这一概念的重视。但通过梳理相关文章不难发现，研究者普遍认为智慧图书馆发端于信息技术手段的进步，可以视为“智慧地球”或“智慧城市”的延伸，相关文章普遍围绕5G、物联网以及人工智能技术来论述智慧图书馆的建设。

技术手段进步是智慧图书馆得以诞生的基础，这固然是正确的。但是笔者认为这种认识会从客观上将智慧图书馆“技术化”，不自觉地使业界对于智慧图书馆的探讨聚焦于技术，而忽视了图书馆行业不断发展的另一要件——社会责任在推动行业整体向智慧图书馆转变中发挥的作用。

图书馆自建立之初，知识收集与传承就是其天然不可分割的功能。在现代社会中，图书馆又负担着促进知识传播与知识平等的重要责任，天然具有社会责任属性。2017年通过的《中华人民共和国公共图书馆法》中就明确规定了公共图书馆“保障公民基本文化权益，提高公民科学文化素质和社会文明程度，传承人类文明，坚定文化自信”的重要使命。笔者认为，在建设智慧图书馆的过程中，图书馆应该负有的社会责任不可缺位。技术进步是推动智慧图书馆建设的外因与外在条件，社会责任才是推动智慧图书馆建设的内因与内生动力。是图书馆内在的完成社会责任的需要才促成了图书馆结合技术走向智慧图书馆的最终结果。

故此本文想探讨基于社会责任的智慧图书馆理念究竟为何，梳理目前智慧图书馆研究上存在的不足，并阐述笔者关于智慧图书馆的具体构想。

1 基于社会责任的智慧图书馆理念探讨

关于从社会责任视角来探讨智慧图书馆理念，业界目前尚无直接的成果。研究者多以“人文”作为关键词，论述人文与技术在智慧图书馆建设中的关系。杨金庆与程秀峰探讨了“技术”与“人文”并重的智慧图书馆模式，认为“技术”与“人文”相统一是智慧图书馆知识传播模式双重要素[1]。李凯旋着重强调了馆员在智慧图书馆中的作用[2]。侯淑香认为未来智慧图书馆的建设和研究应该实现技术与人文的并行发展，以技术为支撑实现人文化的服务[3]。李燕波则较为系统的反思了目前智慧图书馆研究过于“技术化”倾向，提出智慧图书馆“不应该也不可能否定图书馆的基本原则和固有属性”[4]。笔者认为，从人文与技术关系的角度出发探讨如何建设智慧图书馆这一具体问题太过宏观，很难获得较为全面深入的结果。而图书馆的社会责任恰恰是图书馆人文精神的重要体现，因此在建设智慧图书馆的过程中，总结阐释其所要担负的社会责任就显得尤为重要。笔者认为，在当前社会条件下，智慧图书馆所必须承担的突出的三项社会责任分别是弥合数字鸿沟、突破信息茧房与促进知识共享。

1.1 弥合数字鸿沟

美国学者阿尔文·托夫勒在其《权力的转移》[5]一书中提出了“数字鸿沟”的概念。近二十年间，互联网、移动互联网、大数据、人工智能等技术在飞速发展创造出无数成果的同时，也在不断地加深数字鸿沟。人们不得不暴露在海量的信息之下，不断地学习新生事物，才能享受当今时代由社会发展所产生的福利。数字鸿沟就像一张入场券，成为当代人必须跨越的一道槛。部分民众由于年龄、学历、经济状况、学习能力、社会阶层等种种原因，无法跟上技术的脚步，当社会的方方面面都被各种“智能”所裹挟时，他们便无所适从，更由此伴生了许多社会问题。在新冠肺炎疫情期间，“健康码”在推广使用过程中所产生的一些矛盾与问题，恰恰是数字鸿沟的具体体现。

图书馆作为知识平等传播的重要平台，是服务于全体民众的。知识的传播当然不应该设置有门槛，也不应该存在数字鸿沟。在应用技术使图书馆“智慧化”的同时，更应考虑的是最大限度地弥合数字鸿沟对全民知识获取的影响。智慧图书馆在加强读者教育，不断努力提高部分人群对技术认识与使用能力的同时，也要不断反思目前技术应用当中的机器思维，应减少技术化术语在读者接触层面的频繁使用，努力构建使用自然语言的知识获取方式。至少在智慧图书馆的场域内，应使技术与机器为人服务，而不应该让人受到技术与机器的百般刁难。

目前业界此种声音也十分强烈，2021 年《图书馆杂志》“专家笔谈”栏目特别邀请国内外图书馆界知名专家学者，就“图书馆与数字包容”为主题展开讨论，形成了《弥合数字鸿沟　促进数字包容：信息社会中图书馆的新使命》[6]的主题文章，这充分表明弥合数据鸿沟是图书馆的重要社会责任之一，应该是未来指导建设智慧图书馆理念的题中之意。

1.2 突破信息茧房

2006 年哈佛大学教授凯斯·桑斯坦在《信息乌托邦》中提出了“信息茧房”的概念[7]。他认为人们在接受信息时，只会选择其最需要和感兴趣的信息，久而久之，信息的获取就越来越局限，最终导致人们像是生活在一个个由自身所设置的信息茧房中无法自拔。目前，随着大数据以及各种算法在技术手段中的运用，这一现象越加突出。

选择最需要和感兴趣的信息本就是人性的体现，然而一些商业产品基于获取竞争优势，提升资本盈利的目的，通过技术手段极大增强了这一需求的反馈效果。他们通过大数据与算法的加持使得信息茧房效应越来越突出。长此以往，将会极大影响人们获取新知的能力。人们的知识获取渠道变得愈加狭窄，容易与他人观点产生较大分歧。最终信息茧房将致使群体间对于同一问题的矛盾与冲突越加深刻，逐渐缺乏共情与保持客观的能力。

智慧图书馆是海量信息流动的枢纽，因此其必然要为使用者进行信息筛选，判断使用者的需要。但是，智慧图书馆在这方面的技术选择与应用相较于商业机构应更加谨慎，不能够简单地照搬商业机构以用户需要为核心的推送模式，而应该建立起内生的知识关联逻辑，按照知识的结构化构成潜移默化地引导使用者的知识认知与知识需求，从而促成知识延展的正向循环。这对于打破信息茧房，担负社会责任，解决社会问题有着十分重要的意义。

1.3 促进知识共享

王世伟是目前业界研究智慧图书馆的代表性学者。在其《再论智慧图书馆》[8]一文中，着重强调了智慧图书馆广泛互联，融合共享的特征。他阐述了广泛互联的图书馆，包括馆馆相联的图书馆、网网相联的图书馆、库库相联的图书馆、人物相联的图书馆；融合共享的图书馆，包括三网融合的图书馆、跨界融合的图书馆、新旧融合的图书馆、多样融合的图书馆。如从建设智慧图书馆所需达成的社会责任来分析其内容，其根本就是要促进信息的共享，实现信息在图书馆与图书馆、图书馆与其他行业间的流动。

在纸质书时代，图书馆在相当程度上达成了促进知识共享的使命。当前，由于数字技术的广泛应用，数字图书逐渐成为人们获取新知的重要渠道，图书的数字化也是促成知识流动的重要基础。然而基于数字版图书的无限复制性，图书馆的知识共享职能在版权问题上明显受制于数字资源提供商，已有多起数字资源提供商状告图书馆侵权并胜诉的案件。故此，王文中所描绘的图景，在当前环境下，恐很难实现。

笔者认为，促进知识共享是图书馆行业的永恒社会责任与使命，是未来的智慧图书馆建设所必须达成的目标之一。因此，如要达成这一目标，我国智慧图书馆的建设需要进行深度的全局谋划，将每一座智慧图书馆的建设纳入国家整体的信息网络规划中，建立以智慧图书馆为节点的、整体性的知识共享体系，最大限度发挥智慧图书馆在知识传播中的集散站作用。在国家的整体协调下，在行业内与行业间，充分论证数字版权在智慧图书馆中的利用以及数字呈缴机制，从而消除人为障碍，达成知识共享的社会责任。

以上三点是笔者认为目前智慧图书馆应优先负担的三项社会责任，也是建设未来智慧图书馆所需包含的建设理念。当然，笔者在此也仅仅做了较为初步的探讨，随着智慧图书馆理论体系构建的不断成熟，可能在未来会需要新的理念加入，自然也需要对每项理念的实现加以更加深入的分析工作。

2 当前智慧图书馆研究中存在的问题

如前文所述，当前智慧图书馆研究对于社会责任的讨论较少，这是笔者撰写此文的原因。从更加宏观的角度来看，当前的智慧图书馆研究也存在着的一些共性和宏观问题，而这些问题对于智慧图书馆未来承担社会责任也同样是不利的背景因素，因此笔者将就当前智慧图书馆研究中出现的一些共性问题进行梳理。

2.1 概念尚不明确

当前对于“智慧图书馆是什么”这个基础性的问题，在行业间尚无一个明确的普遍意义上的共识。

关于智慧图书馆的起点，研究者普遍都会追溯到2003年芬兰奥卢大学图书馆学者所发表的《智慧图书馆：基于位置感知的移动图书馆服务》以及2008年IBM提出的以物联网为技术支撑的“智慧地球”（Smarter Planet）这一概念。然而，无论是“不受空间限制的、可被感知的移动图书馆服务”，还是“基于物联网技术的‘智慧地球’”，或是国内学者所普遍讨论的“智慧图书馆＝图书馆＋物联网＋云计算＋智慧化设备”[9]，以及书书相联、书人相联、人人相联、任何时间任何地点任何方式可用的智慧图书馆组成要素[10]，似乎都是在建立各自的理论体系。这当然体现了这一新生概念的鲜活度，但是这也从另一方面表明智慧图书馆理念仍处在形成阶段。虽然已经历经十多年的探讨，但目前尚无一个确定的行业标准，包括本文，都是在探讨智慧图书馆的建设理念。而要将理念落地，笔者认为仍需要同业者做出大量的工作，亟须制定相关行业标准或直接通过实践建设样板型项目，从而带动智慧图书馆体系的整体构建。这同时也是智慧图书馆完成其社会责任的大前提。

2.2 技术权重失衡

目前业界关于智慧图书馆的讨论，大多将技术作为构建智慧图书馆的核心。而一个关键问题是：目前的研究进展，或者说智慧图书馆的建设速度是明显跟不上技术发展速度的。十几年前的“智慧图书馆”研究所讨论的还是RFID技术下的借还书自动化的实现，而现今我们讨论的则是如何利用人工智能构建知识共享体系。这之间存在着十分明显的代差。此外，尽管研究的内容变为了人工智能等高精尖技术在智慧图书馆当中的应用，但是由于这些技术本身还处于发展阶段，都属于极为艰深的前沿技术，这就使图书馆业界研究者很难提出较为具体、可实际操作的方案，大多研究文章在谈到技术实现层面时均是蜻蜓点水，甚至有的结论可以说是研究者出于对新技术的较高期待而造就的不切实际的空想。

另外，目前关于大数据、人脸识别、人工智能等技术的法律和伦理规则尚未健全。如果“智慧图书馆”就是将读者变为了一串串可分析的数据，依靠数据画像来提供服务，那么是否在某些程度上侵犯了读者的隐私，也忽视了图书馆应承担的社会责任。这些问题都是在智慧图书馆建设过程中所不能忽视的。

因此，笔者认为图书馆业界对于智慧图书馆当中的技术应用研究还应保持理性，真正从图书馆本身固有的社会责任出发，审慎考虑技术路线的选择。并且应加强行业间、跨学科、跨领域的联动，尤其是加强与技术部门和技术人员的合作，使更多在技术前沿的专家参与到构建智慧图书馆的工作中去，与专业人士共同解决智慧图书馆建设中所面临的各类问题。

2.3 消解固有优势

有不少研究者都把“不受空间限制的、可被感知的移动图书馆服务”作为其“智慧图书馆”的立论基础，因此“虚拟空间”“云”等概念，不断地出现在智慧图书馆的相关研究文章之中。对于“虚拟”“线上”的研究以及相关构想远远超出了对于图书馆实体部分的提升构建。这在无形中消解了图书馆的固有优势。

图书馆区别于其他机构的根本在于其宏富的文献资源、固定的馆舍以及一大批专业的图书馆员。此外，图书馆还是发展公共文化重要的公共空间，承担着传承文化的重任。馆舍、馆藏与馆员，不但不是建设智慧图书馆的阻碍，恰恰是图书馆区别于其他知识载体的重要优势。基于社会责任，图书馆应该把关于智慧图书馆的研究从由实向虚、以实辅虚转向虚实共建、虚实融合的方向，要充分重视智慧图书馆馆舍的设计改造、馆藏的以数字化为基础的智慧化整理以及馆员利用技术工具提供更强知识服务的能力。智慧图书馆只有立足于图书馆业已奠定的基础，才能够形成未来向上发展的空间。

3 基于社会责任的智慧图书馆的具体构想

上文中笔者已对基于社会责任的智慧图书馆理念以及当前笔者认为智慧图书馆研究当中存在的一些问题进行了说明，那么基于社会责任的智慧图书馆应该实现怎样的效果？达成什么目标？笔者认为应该从以下三方面进行相关建设。

3.1 再造公共空间

图书馆是一座城市当中非常重要的公共空间。自改革开放以来，国家十分重视图书馆的建设，新建的一些图书馆馆舍经过了精心的设计，成为当地重要的文化景观，承担着区域知识与文化集散中心的角色。基于社会责任的智慧图书馆理念实现自然需要重视对这一公共空间的智慧化建设，实现整体公共空间的再造。

传统图书馆以实体文献浏览，开放式书架为主体，配置有桌椅，从而形成一套以实体文献为中心的空间结构。笔者认为，智慧图书馆的空间结构应该以抽象化的知识为中心，一切以读者能够有效率地获取知识为前提，鉴于知识载体的丰富形式，应配合以一整套沉浸式的检索和查询系统，打破现有的以机器逻辑为基础的检索查询结构，从技术源头起就应尽量采取自然语言的查询结构从而更好地服务于读者的知识需求。

此外，智慧图书馆馆舍应具有更加丰富的知识服务功能，提供良好的讨论交流环境以及数字人文展示区域，以多样化的形式丰富馆舍功能，最大限度地提取馆藏资源所蕴含的价值创造更加丰富的公共文化服务产品，让智慧图书馆馆舍成为各年龄、各阶层、各行业均能找到其知识需求的公共空间。

3.2 人机交互融合

人工智能等技术的出现，一度使社会出现了什么职业会被人工智能替代的大讨论，其中图书馆员也成为讨论对象之一。而以人工智能为代表的技术又恰恰是业界普遍认为的智慧图书馆建设的基础。所以，智慧图书馆与图书馆馆员的关系也成为一个较为热点的问题。

笔者认为，智慧图书馆与图书馆馆员绝不是一对矛盾的关系，智慧图书馆反而丰富了图书馆员的工作内容与工作价值。就传统而言，图书馆员是读者与文献的媒介。到了智慧图书馆环境下，图书馆员是人机之间交互的媒介。以目前的技术发展而言，人工智能技术要完全取代人还有十分漫长的路要走，远没到达自我独立思考处理复杂信息的能力。而前文提及的"建立内生的知识关联逻辑"恰恰是需要图书馆员在智慧图书馆建设中需要进行的一项极为重要的基础性工作。此外，在智慧图书馆环境下，也一定会诞生新的知识服务需求。在理想的条件下，技术一定是图书馆员提供知识服务的手段和工具，而不是消灭图书馆员的存在，这不应是智慧图书馆的发展方向。

当然，这也为图书馆员自身的能力提出了新的要求，对于其知识的复合性要求显著增强。图书馆员必须掌握一定的技术知识，了解各项技术的原理，依靠自身的能力，利用各种来源的海量知识资源，重新架构智慧图书馆的知识体系，从而加强人机交互，更好地服务于公共文化事业，体现智慧图书馆的社会责任。

3.3 传承服务精神

从藏书楼到图书馆，从图书馆到数字图书馆，再从数字图书馆到智慧图书馆，图书馆需要承担的是社会责任，而贯穿其中的则是一代又一代图书馆人服务精神的传承。

基于社会责任，"以人为本"的智慧图书馆建设绝不能仅仅是一句空话，无论是图书馆标准与规则的制定，还是行业模范标杆的树立，服务精神必须走在前头。智慧图书馆绝不是一座由冷冰冰的机械语音以及赛博朋克般的光影效果所构筑的一座机械丛林，或者是"看不见、摸不着"只存在于网络的"空中楼阁"。与技术进步相比，更重要的是服务精神与服务理念的"智慧化"。作为新时代的图书馆人，要把握好服务方向，守好技术边界，恰到好处地为读者提供知识服务；要利用各种形式，立体化地丰富服务内容，开创更多的服务门类；要打通知识壁垒，构建智慧知识体系；要联络各行业，建设智慧知识网络。总之，要继续最大限度地发掘馆藏以及超越馆藏的知识资源，使它们为社会发展发挥更大更高的价值，这就是未来的智慧图书馆最为重要的社会责任。

智慧图书馆是时代的产物，是图书馆人基于社会责任而做出的时代选择。本文是笔者试图丰富智慧图书馆中社会责任内涵的一种尝试。由于智慧图书馆的建设理念尚在发展之中，因此本文的许多讨论可能并不成熟，也不系统。但笔者真切的希望，未来的智慧图书馆建设能够使我国的公共文化水平上升到一个新的高度，图书馆业也能够在新时代的社会知识体系构建中找到属于自己的位置。

参考文献

[1] 杨金庆，程秀峰．"技术"与"人文"并重：智慧图书馆实现技术路径及构建模式探析［J］．情报

理论与实践，2020（11）：22-27.
［2］李凯旋 . 人文视角下“智慧图书馆”定义的再思考［J］. 图书馆界，2013（6）：14-16.
［3］侯淑香 . 浅析智慧图书馆技术与人文的整体把握［J］. 当代教育实践与教学研究，2016（2）：90.
［4］李燕波 . 国内智慧图书馆研究中的“不智慧”［J］. 国家图书馆学刊，2014（1）：63-68.
［5］托夫勒 . 权力的转移［M］. 北京：中信出版集团股份有限公司，2018.
［6］饶权，麦肯齐 . 弥合数字鸿沟　促进数字包容：信息社会中图书馆的新使命［J］. 图书馆杂志，2021（2）：4-19.
［7］桑斯坦 . 信息乌托邦［M］. 北京：法律出版社，2008.
［8］王世伟 . 再论智慧图书馆［J］. 图书馆杂志，2012（11）：2-7.
［9］严栋 . 基于物联网的智慧图书馆［J］. 图书馆学刊，2010（7）：8-10.
［10］王世伟 . 未来图书馆的新模式——智慧图书馆［J］. 图书馆建设，2011（12）：1-5.

智慧图书馆读者管理系统升级方案研究

——以国家图书馆北区中文图书区为例

杨　光（典藏阅览部）

目前，机器视觉服务、视频超清技术已广泛应用于社会生活的各个角落。公共领域人群流量统计与分析是当前热点问题。密闭区域内人数及其流动密度的统计与分析在社会学、公共服务、安全、大数据和机器视觉等多个学科上引起了科研工作者的广泛关注[1]。公共图书馆也不例外，实时监测读者流量，分析读者行为模式，可以更好地了解读者需求、优化服务布局、提升服务质量、保障公共安全。

本文探讨的主要内容是通过对智能视频监控和人流量统计技术的研究，提出智慧化读者管理系统的构想，实现到馆人流实时检测、人流动线分析等功能，并通过可视化呈现为读者提供服务空间的推荐与导引。

1　概述

1.1　研究背景及意义

公共图书馆作为社会信息文化的枢纽，应当充分发挥其信息资源的优势，为读者提供文化学习、科学研究、社会情报等多方面的信息获取和多元的知识共享空间。随信息化进程的加快、新技术的革新、读者服务需求的不断升级，读者管理难度也随之加大。传统的管理模式、老旧的服务设备、低效的人工服务与现今技术环境脱节，这就要求图书馆及时更新设备，节省读者的非阅览时间成本，满足读者对信息服务的需求，提高读者满意度，进而拓展图书馆的生存和发展空间。

有关智能化人数统计的研究备受关注，它比传统的人数统计方法更具优势，如准确性更高、适用范围更广，且具备后期维护升级等功能[2]。基于视频的出入口人流量统计方法，可以智能分析和处理视频图像，获取监测区域内的读者流动信息，是目前最具发展潜力的人数统计方法。准确、高效、适合多维场所的人流量统计系统是这项技术的未来发展方向，具有广阔的市场空间和极高的科研价值。

1.2　相关概念

1.2.1　人流量统计技术的概念

人流量统计技术是通过智能视频监控系统对设定区域进行可视化统计，然后处理视频信息。计数方向可设置为单向或者双向。基于普通视频的人流量统计技术是计算机视觉领域一个重要的方面，计算机视觉[3]（Computer Vision）是视频监控系统的基础，通过在重点区域、出入口上方安装摄像头获取人流视频图像，结合计算机视觉技术对行人目标检测，在此基础上实现人流量统计[4]。

1.2.2 基于单摄像机视频的人流量统计

智能化数字统计系统，以行人为重点对象。国内外的许多学者都从事此方面的研究，并且已经取得比较好的研究成果。在现有的国内外人数统计方法中，有多种的研究分类形式[5]。

人数统计按采集摄像机数量，分为单摄像机下的人数统计和多摄像机下的人数统计，简称"单摄像机识别"或"双摄像机识别"。双摄像检测多采用三维深度信息，提取视频图像中的人头信息，完成人流计数，使行人在图像中的位置分割更加精确，很好地解决了行人遮挡问题，但同时也增加了数字图像数据的处理量，增加了系统的成本，不利于实时性。现实中很多视觉技术都是通过单摄像机来完成的，如 Kim 和 Choi 采用单摄像头对行人跟踪与计数，并且可以识别行人的运动方向，通过建立感兴趣区，利用估计值分析图像中的重要特征信息，采用矩形框围住目标，然后进行计数[6]；王哲等人采用立体视觉技术进行目标检测，并根据目标在立体图像前景区域的位置分布，确定行人完成任务的统计数据[7]；Beymer 利用立体摄像机对某区域进行行人检测，建立高斯模型对行人进行跟踪，通过不同的结果来决定是否对行人进行计数[8]。

1.2.3 基于头肩边缘特征的人流量统计

视频监测以单摄像机采集信号源，后台通过数字信号加以分析统计。摄像机以人的头部和肩膀的特征（简称"头肩"）为分析对象，利用人的头部和肩部的空间位置关系以及头部的形状、面积等为约束条件。通过计算经过目标区域和方向的人数，实现"头肩"个数的精确统计。硬件要求不高，软件分析精准快速，准确率高于 95%。

完整的行人数量统计系统主要包括三个步骤：图像背景静态观察过程、目标移动跟踪与特征提取、目标动态识别与行为解析。第一，读取视频，提取出运动行人图像，在对视频背景数字处理，对行人形态处理后，获得轮廓信息，从而获得行人图像；第二，对提取出的行人目标识别分类；第三，计算跟踪目标在当前画面一帧下识别得到的特征向量，计算出二者的质心距离，如果距离小于设定的阈值，则两个行人不是同一人，否则就被判定为同一行人。

流量统计前端是系统的核心，根据需要配置前端人数、统计区域和流动方向，输出实时人数信息，系统的后台计算也在此完成。管理人员可以随时观察人数，更精确地获取数量信息，便于打开数据分析模式，为决策提供强有力的数据支持。

1.3 国内图书馆应用现状

图书馆的发展历程划分为传统图书馆、现代图书馆和智能图书馆三个阶段。传统图书馆是纯手工统计，登记管理时间长，耗费人力、物力，还易出现错漏记现象。当前我国大多图书馆采用磁条和条形码系统，办理读者卡刷卡入馆，这种人数统计存在数据延迟，且通行不便。多个出入口分散，不能确定进出人数总和，也不能实时统计在馆读者数量。

国内一些图书馆已经开始采用智能化管理手段。如浦江县图书馆采用的远望谷公司“图书馆统计系统”，是一套为图书馆阅览区提供图书流通统计和读者流量统计的一体化方案。这一系统可以使馆方更准确地管理文献借还和读者流量数据。此套系统通过双目智能摄像头监测图书馆客流状态，对区域进行分块计数处理，有效的解决读者排队、重复进出等行为导致的误差计数，将合理化数据反馈后台管理。

首都图书馆、北京盲文图书馆等图书馆及高校图书馆大多使用北京安吉升客流系统，合理精准的读者流量管理对图书馆的日常服务起到了重要的辅助功能。以单目客流统计一体摄像头为前端，自动获取摄像头监控区域客流数量，通过以太网或局域网链接交换机，并与图书馆显示屏外连，读者了解图书馆动态，同时管理人员也能掌握读者动态。

2　国家图书馆读者管理现状

2.1　国家图书馆读者管理系统的现状

国家图书馆的读者门禁系统自 2008 年新馆建成开馆以来一直沿用，图书管理员通过“身份验证客户端”进行读者信息流量监测。管理员提示读者到咨询台计算机处刷卡（包含读者卡、身份证或者已绑定读者卡的二维码），系统页面显示照片、姓名、卡号等个人信息，管理人员核实后，准允进入。

读者流量的增加，使得该系统日益不能满足读者管理与流量统计。平台需在平稳的网络下运行，当读者在高峰期进入阅览区，会造成客户端卡顿、系统短暂瘫痪，以致无法完成身份验证，管理员不得不手工登记录入。此管理模式理论上可以录入每个读者进馆信息，但实际操作起来难度很大，面临诸多问题，如：刷卡形式单一；读者错刷、无效刷卡过多，造成进馆拥挤；首次到馆读者不知进馆要身份登记，没有排队入馆，造成秩序混乱；读者因个人事由反复进出阅览室，需要管理员多次提示重复刷卡；读者忘带有效个人证件，无法办理读者卡，则需要填表登记个人访问信息……图书馆员面对巨大的读者流量，需要处理大量数据，手续烦琐，还要应对各种突发事件，出错率极高。这导致原有的咨询工作很难正常开展，难以满足读者的咨询诉求。因此，将统计读者流量、验证读者信息的工作智能化，使得馆员回归咨询导读工作，成为一项迫切需求。

2.2　国家图书馆读者管理系统升级的必要性

2.2.1　互联网对于服务升级的需要

互联网成为时代的主流技术载体，对图书馆服务也有着质变影响。一方面是互联网加速了在线办公学习与电子阅读；二是互联网技术加深了电子设备在图书馆管理及运营中存在量变的需求；三是技术变革带来对于传统图书馆服务管理的冲击。互联网的进步，设备的更新，图书馆的运营管理也要摒弃过去的传统模式，接受新的思维，既是挑战也是机遇。

2.2.2 读者结构变化对于服务升级的需要

到馆读者年龄结构的变化对于图书馆服务提出新的课题。社会的人口老龄化程度不断增加，老年读者的学习动力、消费能力、对电子设备的使用都有了新的变化，老年人到访公共图书馆的比重逐年加大，公共空间技术化的运用和入馆智能化管控，对于公共图书馆定位升级提出了新的课题。

2.2.3 图书馆员职业发展对于服务升级的需要

图书馆工作人员众多，学科背景、专业知识、业务素养、信息意识不尽相同。但信息的标准化、规范化限制了图书馆员的创新思维和主观能动性。图书馆技术服务升级的根本是图书馆员思维的升级，设备的升级带动服务人员学习新知识和新管理方法，科技型服务人员的主动创新思想，也能打破静态的服务模式。在流动的场景下，建立网络化、市场化的图书馆服务价值体系。

2.3 现有管理模式存在的问题

图书馆现有管理模式在读者服务的过程中存在如下问题：读者在入馆信息登记时浪费大量时间和精力，会影响了精神状态和学习效率；周末和节假日读者访问量众多，阅览室门口过度拥挤，会增加安全事故的发生概率；现有工作系统效率偏低，软硬件设备无法合理利用，运营维护成本偏高，造成资源浪费，人机无法分离。

图书馆作为国家文化事业单位，是为广大人民、社会公众服务的。国家图书馆的发展一定程度上反映了国家文化事业的发展。图书馆应该从单纯的知识空间向复合型空间场景转变，以读者的视角思考真正的服务价值，建立人与人、人与知识、人与空间的互动型智慧服务体系。

3 智能管理系统的解决方案

3.1 系统设计概述

图书馆的传统功能始终存在，信息服务功能需求日益增强。现有读者管理系统形式单一，统计功能不稳定且偏差较大。图书馆应升级客户端，增加视频流量监控，建立一套完整的图书馆信息管理系统，实现一站式智能化服务。

智能管理系统由人流量监控、门禁查询和大数据展示三部分组成，人流量监控系统通过安装在各出入口的摄像头对出入读者识别和统计；门禁查询系统以现有“身份验证客户端”为技术基础，读者可在入口设备上持读者卡、身份证、二维码查询其个人信息和馆内文献信息；大数据展示系统作为拓展工具，将人流量监控和门禁查询收集到的流量数据和信息进行多维度的可视化展现。

从实际需求出发，实现各功能平滑对接，系统架构遵循国际常用框架搭建，主要包括用户层、应用层、应用支撑层、数据资源层和基础设施层以及标准规范体系和安全运维体系，如图 1 所示。

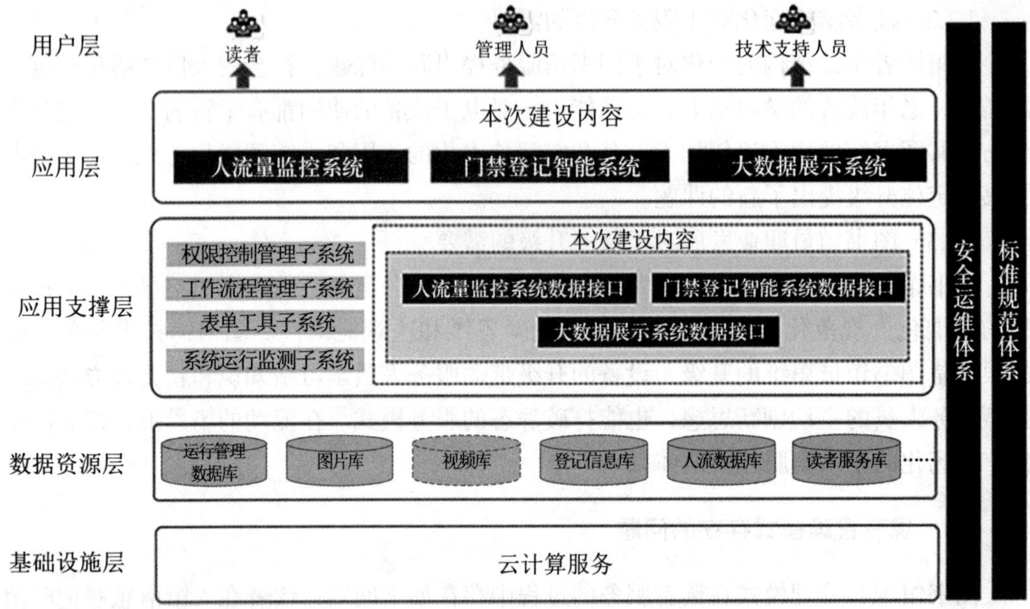

图 1　智能管理系统总体架构图

3.2　人流量监控系统

3.2.1　系统概述

本方案是对行人头肩信息识别跟踪，为最大限度避免障碍物及行人遮挡，摄像头统一安装在出入口顶部，垂直拍摄采集行人运动轨迹，如图 2 所示。系统在摄像头视野范围内虚拟一条计数线，当目标通过计数线时统计一次，并跟踪行人目标走过第二根虚拟线，根据行人通过两根线的顺序进行方向判断，统计各方向的进出数量。

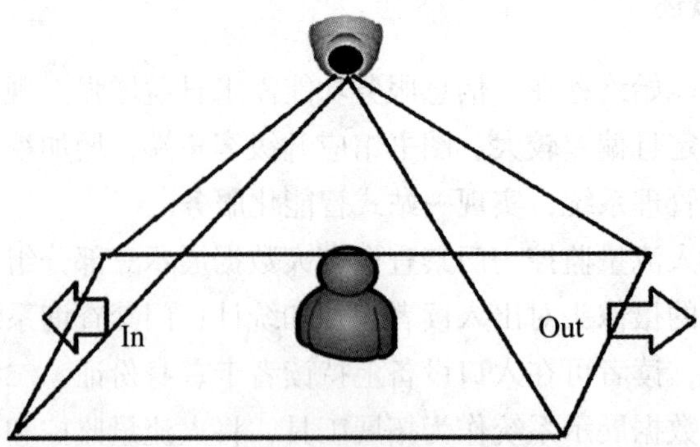

图 2　摄像头模拟拍摄方案

行人目标检测基于质心特征跟踪算法，能够较好的对人头目标提取、检测及跟踪，如图 3 所示。首先监控视频中目标行人运动，根据目标检测部分获取目标质心，然后匹配同一目标行人相邻两帧质心之间最小距离的相似性，再采用深度解析对提取的目标进行检测，识别出人头目标，最后实现人流量的计数。

图 3　行人目标跟踪简图

人流量监控系统可采集当日内图书馆读者访问数量，并通过数量采集接口链接读者管理系统，可调用监控视频采集读者访问数据，从读者来源、阅读数据、阅读区域、表单统计、服务对象、在线阅读等分析读者访问情况，分析读者访问行为。系统遵循两个“全覆盖”原则：一是读者行为过程的全覆盖，分析读者数量、阅读区域内轨迹、访问阅读内容、综合判断读者的行为逻辑；二是访问渠道的全覆盖，全面覆盖和分析读者的访问路径，作为判断读者行为依据。

3.3　门禁登记智能系统

在现有“身份验证客户端”技术基础上，升级软件系统，保留现有识别功能，读者在刷卡操作后，输入设备收到信息，控制设备识别其身份真实有效，输出文本信息供读者查询。流通信息包含：文献、期刊的借出、归还、续借、预借、丢失等历史记录；证卡信息包含：建卡时间、有效日期、欠款明细、卡内余额等信息。

图书馆管理人员监控门禁查询系统，拥有后台管理权限，可对系统设置调用。通过门禁系统，图书馆管理人员可以查看各出入口通行对象及出入时间、阅览区非法进入等情况，并进行相关的实时控制或改变程序目标，最终由计算机后台程序完成监测工作。计算机管理软件可传导门禁历史数据，包括刷卡识别记录、开门记录、操作日志等，所有数据资料均可以导出，利于存储备份。

门禁系统基于视频系统数据，配合读者咨询行为，整合数据资源，掌握读者的属性特征、行为特征和需求特征，总结读者行为规律，挖掘读者需求热点，以探寻图书馆现有服务短板，提升用户到馆体验。

3.4　大数据展示系统

3.4.1　系统概述

图书馆大屏幕数据显示系统作为拓展设备，基于可视化 3D 物联网，可满足数据海量化、精细化、专业化、自动化的要求。系统以可视化实时数据作为重要管理手段，对展示数据及运行状况等进行全面监控。通过采集系统、传输系统和管理系统，将分散的多系统数据信息融合于数据中心，提供规范化的展示效果，并可后台调节，满足多样化展示要求。

3.4.2 功能模块介绍

表 1 大数据屏幕模块功能

模块	功能
3D 引擎	驱动图形显示的核心 3D 组件
图形接口	将其他 3D 工具创建的模具进行整理导入接口
场景编辑器	可自由添加 3D 场景资产资源
模型管理	模型库管理
权限管理	开通关闭权限功能
数据接口	将其他系统或格式的数据导入对接
监控展示	保存监控记录和系统历史数据
盘点管理	规范化日常管理过程，监控、告警、任务盘点管理以及报表管理
客户管理	对读者信息统一维护管理

系统可提供前端软件更改控制管理，对列表菜单、图形按钮、控制面板、可视图层进行调整，并可根据用户偏好调整 3D 场景角度。系统可设置模型加载方式（全息加载或缓冲加载）、3D 操作灵敏度、初始摄像机视点、功能按钮锁定或隐藏、图标、告警级别颜色、告警图标的大小等。

新建多画面管理，实现多区域统一界面展示，管理人员无须在各区域间切换，也无须登录新的系统，即可实现各区域场景操作监控；通过设备总路查看整个系统所有设备，可调取所属楼层或阅览区域当前视域，实现视角定位；整个阅览区域全局统揽，统一预警，为管理人员整体把控提供直观依据。在需求分析工作的基础上，借助大数据，进行内容架构分析，利用读者访问数据及时、准确的优势，弥补服务上的短板，以期实现有特色的图书馆大数据平台。

虽然目前国家图书馆综合管理系统仍停留在理论探讨的阶段，完全适合国家图书馆馆情的系统方案还在实验阶段，但是读者的需求、馆员的知识储备、相关技术发展等因素都已万事俱备，相信不久之后，一套完整的、成功的管理系统即将投入使用。

本文所探讨的读者管理系统将围绕信息资源库开展整体设计，严格遵守行业数据标准规范，融合图书管理系统、综合管理服务平台、物联网管理平台、智能卡管理平台、AI 人工智能等新功能，最终实现现代化智慧图书馆的建设。

参考文献

[1] CAO L，ZHANG X，REN W，et al. Large scale crowd analysis based on convolutional neural network [J]. Pattern Recognition，2015（10）：3016-3024.

[2] 隋立林 . 视频人数统计方法研究 [D]. 北京：华北电力大学，2010.

[3] 何楠楠 . 智能视觉监控中人形目标检测［D］. 北京：北京邮电大学，2010.

[4] YE W，XU Y，ZHONG Z. Robust people counting incrowded environment［C］//IEEE International Conference on Robotics and Biomimetics. IEEE，2007：1133-1137.

[5] 赖勇 . 出入口人数统计系统的设计与实现［D］. 成都：电子科技大学，2010.

[6] KIM J W，CHOI K S，CHOI B D，et al. Real-time system for counting the number of passing people using a single camera［M］//Pattern Recognition. Springer Berlin Heidelberg，2003：466-473

[7] 王哲，常发亮 . 一种基于立体视觉的运动目标检测算法［J］. 计算机应用，2006（11）：2724-2726.

[8] 程栗 . 基于视频监控的人流量统计系统研究［D］. 绵阳：西南科技大学，2015.

智慧图书馆环境下国家图书馆缩微文献馆藏资源建设探析

唐宏伟（缩微文献部）

“智慧图书馆”的理念和实践率先出现在欧美的大学图书馆、公共图书馆和博物馆中[1]。至今，图书馆界对于智慧图书馆的定义，暂无统一的定论，但对智慧图书馆的总体认识已基本一致，即以信息技术和智能化为基础，以高效的互联互通为显著特征，旨在实现惠民阅读与绿色发展相结合[2]。正如国家图书馆馆长饶权所说，随着信息技术的快速更新迭代，人们关于智慧社会的想象仍然在不断拓展，图书馆的智慧化转型也必将是一个长期渐进的过程[3]。

自“智慧图书馆”这一理念被提出后，就受到了图书馆学界广泛的关注，这也开启了我国图书馆人对智慧图书馆的探索和研究。笔者在中国知网 CNKI 资源总库中用篇名字段检索“智慧图书馆”，统计了自 2010 年至 2020 年该主题学术期刊论文的总量（图 1）。我们可以看到，从 2010 年的 2 篇到 2020 年的 316 篇，在这短短的 11 年之内，智慧图书馆这一概念已经从“新理念”变成了“真热门”，从最初的理论探讨发展到了现在的实际应用。然而从这些文章的主题上来看，绝大部分都是有关智能技术的，可以看出我们现在更多的是停留在技术层面，也就是把相应的信息技术，比如物联网、5G、人工智能、虚拟现实（VR）等应用到图书馆。新闻中也经常有类似报道，某城或某校完成了智慧图书馆的建设等，可是仔细阅读报道的内容，大多也只是实现了基于物联网技术上的自动借还等功能，这大部分属于智能技术在图书馆的引进，并不是真正意义上的智慧图书馆。智慧图书馆是一个全新的理念和实践，其内涵远远超越了技术层面。智慧图书馆是综合运用大数据、互联网、物联网、云计算等现代信息和通信技术，来感知、分析集成图书馆运行核心系统的各个关键信息。智慧图书馆的触觉已经延伸到图书馆管理和服务的各个方面，已经对图书馆建筑、物理空间、网络服务空间、社会协同空间等产生了积极的影响。

馆藏资源的利用是智慧图书馆信息资源文献实现其价值的有效途径[4]。从用户的角度来说，智慧体现在注重用户的感受。因此笔者认为，基于智慧图书馆理念开展的图书馆馆藏资源建设，尤其是有特色的馆藏资源建设更应该被关注。1985 年，全国图书馆文献缩微复制中心（以下简称缩微中心）成立，目的是开展中华古旧文献抢救工作。目前，缩微文献按文献类型可分为善本、普通古籍、民国图书、民国期刊、民国报纸等。智慧图书馆的发展正是这些珍贵文献资源，尤其是缩微文献这种相对小众的文献资源被全方位开发利用的大好时机。在刚刚发布的《中华人民共和国国民经济和社会发展第十四个五年规划及2035年远景目标纲要》中关于社会主义文化发展工程特意列举了七点工作，其中第五点就是中华典籍的整理出版，也可见国家对珍贵典籍资源建设的重视程度。

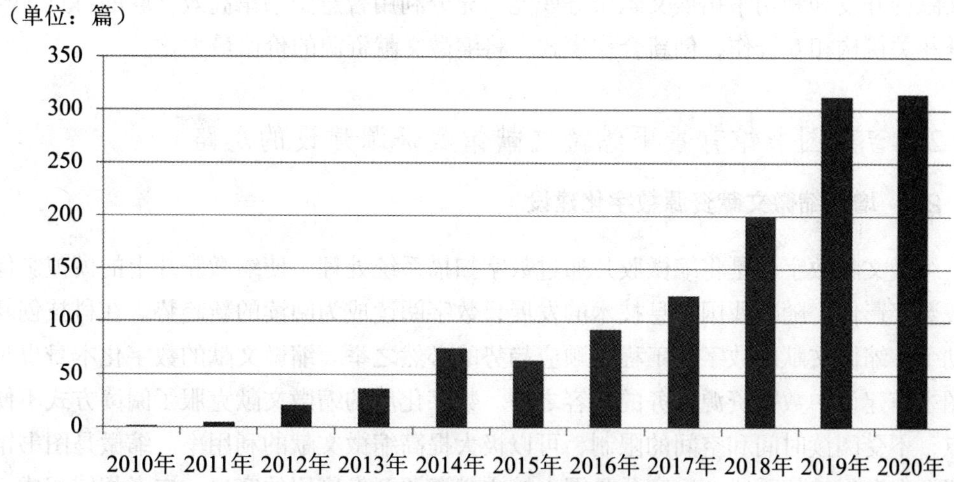

图1　中国知网资源总库收录智慧图书馆相关期刊论文统计表

1　智慧图书馆环境下缩微文献馆藏资源建设的必要性

1.1　智慧理念下坚定文化自信

文化是一个国家、一个民族的灵魂。图书馆作为文献信息收集整理存储和利用的重要机构，对人民的文化意识有着重要的塑造作用。因此，对于缩微馆藏资源的建设，既是时代发展的必然要求，也是缩微工作自身发展的必然选择。在智慧环境下，我们应该利用信息科技高速发展的契机，充分发挥缩微文献在传播优秀传统文化方面的作用，塑造其在智慧图书馆中的新形象。

1.2　激活缩微文献的特色学术价值

缩微文献的种类众多，同时又因为文献出版年代的特殊性，具有极高的学术价值。目前国家图书馆缩微文献中收藏的特色资源有：国家图书馆前身北平图书馆馆藏善本中的珍品《平馆藏书》，还有《赵城金藏》、《敦煌遗书》、美国哈佛燕京图书馆藏中文善本、犹他家谱等。在智慧图书馆的环境下，科技的发展、理念的进步，既可以给作为珍贵国家资源的缩微文献的保存提供更安全的保障，又可以为未被发掘的文献价值再放异彩提供支持。

1.3　发挥缩微文献科研价值，促进缩微服务职能突破

不同于普通文献，缩微文献的受众读者群大部分集中在高校、机构、图书馆等专业

科研人员。智慧图书馆能挖掘出缩微文献资源最深层的价值，不仅能辅助科研人员开展研究，为其提供资料基础，还能通过特色馆藏资源的开发、专题资源的建设，提升科研人员的研究水平，发挥缩微文献在科研中独有的价值。同时，图书馆可以进一步围绕缩微文献的开发和利用来拓展文献服务职能，充分利用智慧图书馆高效互联的特点，与国内外相关机构相互合作，创新合作模式，将缩微文献资源的价值最大化。

2 智慧图书馆背景下缩微文献馆藏资源建设的思路

2.1 增强缩微文献资源数字化建设

缩微文献数字化是将缩微胶片通过数字扫描系统处理，使缩微胶片上的模拟影像转换成数字影像。随着我国信息技术的发展，数字阅读成为阅读的新趋势。在科技创新的推动下，缩微文献的数字化工程是顺应趋势的必然之举。缩微文献的数字化本身也是智慧图书馆建设中数字资源服务的内容之一。数字化后的缩微文献克服了阅读方式不便等缺点，不受阅读时间和空间的限制，可以极大提高缩微文献的利用率。缩微是图书馆文献资源保存保护的手段，数字化是图书馆文献资源开发应用的窗口，二者相辅相成，都是图书馆整体业务格局不可或缺的一环[5]。

缩微中心自 2014 年起开始在全国公共图书馆内开展了数字缩微建设工作，引进了全套缩微胶片数字化设备，年数字化产量近 500 万页。在此基础上，缩微中心带动 10 余家成员馆共同开展了缩微胶片数字化工作。例如山东省图书馆选取山东地区地方志具有地方特色的文献《栖霞县志［康熙］》、《青州府志［万历］》等进行数字化的加工[6]；福建省图书馆建立的“见证历史——福建最全、最完整的地方报纸缩微文献数字化资源库”的专题项目[7]。

国际上，以美国国会图书馆为例。2018 年 10 月 1 日，美国国会图书馆馆长 Carla Hayden 宣布了“国会图书馆 2019—2023 战略计划”和数字战略。该战略规划了美国国会图书馆未来五年包括资源数字化任务在内的战略，决定了图书馆向“更加以用户为中心、强化数字赋能和数据驱动”运行理念的转变[8]。该馆现将馆藏的历任 23 届总统，自乔治·华盛顿到卡尔文·柯立芝的纸版总统文件全部数字化，共计有 330 万张数字扫描图片在网上公布，免费供读者使用。美国国会图书馆还遴选了不同种类的总统文件中具有代表性内容的文件整理成专题，发布在其官网首页，读者点开专题链接，便可以看到整个专题文件的数字化图片。

2.2 缩微文献的特色馆藏资源建设

相比于有休闲属性的普通图书来说，缩微文献因其历史年代性和知识专业性，价值仍然没有被全面挖掘。然而文献利用率不高并不意味着读者不需要，而是现在的缩微文献服务无法完全满足读者对图书馆新型个性化服务能力的要求。图书馆智慧化的趋势促使缩微文献服务走向新形态、实现新功能。特色馆藏建设就是满足个性化服务最重要的切入点之一。

2.2.1 专题汇编的整理与出版

国家图书馆现藏缩微文献按历史时期可分为善本古籍类文献与民国时期文献，另外还有少量新中国成立后文献。善本古籍类以《赵城金藏》和《敦煌遗书》为例。自1984年开始，在任继愈先生主持下，中华大藏经局以《赵城金藏》为底本，整理并出版了《中华大藏经》(汉文部分)，使这部稀世珍宝《赵城金藏》得以广泛流传[9]。另外，国家图书馆曾于20世纪50年代及70年代末两度将馆藏的部分《敦煌遗书》摄制成缩微胶卷，以《国家图书馆藏敦煌遗书》的形式陆续出版，将馆藏敦煌遗书全部公开[10]。

缩微中心馆藏缩微文献中的另外一种，也是数量最多的一种，就是民国时期文献。民国时期作为中国特定的社会转型时期，这一时期的文献极具历史文物价值和学术研究价值，也是在种类和版本完整度上最有优势的一部分缩微文献，因此可以称为缩微文献资源建设的最优之选。缩微中心馆藏民国时期文献反映了该时期政治、经济、文化、军事、生活等各个方面的内容，大到国家军事法律，小到名人传记、生活百科，可以满足多学科、多专业的研究人员阅读和研究的要求。民国时期文献中具有代表性的丛编有《丛书集成》《时事丛刊》《世界名著译本》等；已影印出版的有《民国珍稀期刊》等多部民国时期文献丛书。我们可以继续开拓工作思路，利用这些资源制作各学科领域的专题汇编。

2.2.2 地方特色馆藏资源建设

自成立以来，缩微中心在全国公共图书馆建立了23个缩微拍摄点。每个成员馆的缩微文献都有着自己独有的地域特色，这些特色源自于独有的历史、文化、地理等因素。比如安徽省图书馆收藏的安徽地方缩微珍品《皖北日报》《安徽白话报》，还有《歙西岩镇百忍程氏本宗信谱》等徽州地区家谱[11]；山东省图书馆收藏的名家精校钞稿本和稀见山东地区地方文献如明崇祯刻本《春秋左传典略十二卷》(民国王献唐跋)、《十三经古注》等[12]。这些珍贵的文献资源和当地的政治经济文化紧紧相连，极具开发价值。

过去由于文献资料整理、收集的局限性，大多数文献资源还未被以专题的形式开发出来。随着物联网、大数据等技术的发展应用，智慧图书馆可以利用信息技术对缩微文献的数据资源进行统一集成化分析，挖掘文献与文献之间的内在关联，了解读者潜在的阅读需求，对文献的利用进行二次开发。以美国弗吉尼亚大学图书馆为例，该馆利用馆藏资源——美国《人口和住房普查》的历史卷宗的数据和术语开发了一个美国历史人口统计数据浏览器(Historical Census Browser)，在该网站可查询1790年至1960年关于美国人口与经济的统计数据，为对当地专业科研人员提供了极有利用价值的文献信息[13]。我们可以吸取同行业图书馆的类似实践经验，在图书馆智慧化的今天探索更深层次的个性化服务模式，提高缩微文献的服务质量。

2.3 打造缩微特色馆藏数据库与共享平台

在智慧图书馆的时代，我们要站在更高的视角去思考缩微文献的开发利用。当今世界，各种类型的信息资源都处在高度透明和共享的状态，因此缩微工作要清晰自身的定位。我们可以通过建设特色的缩微数据库和共享平台，把缩微自身的独特价值展现出来并推广出去。

2.3.1 打造缩微特色馆藏数据库

由于各个成员馆隶属关系不同，导致很多特色数据库标准不够统一，影响了资源的共享性。缩微中心作为全国缩微工作的带头人，应该注重发挥自身的“中心”作用，加强规划和协调的能力，组织协调各个成员馆建立统一的数据库标准。通过标准的统一化，不仅能把不同数据库完整汇总到统一的平台，还能通过“物联网 + 云计算”的智能分析，整合不同数据来源里相同主题的资源，建立统一的专题数据库，优化重组资源，从而解决缩微特色文献资源因标准不统一而无法深度开发的问题，有效提高缩微文献资源的利用率。另外，还可以对数据库用户的借阅需求进行跟踪统计，更好地整合资源为读者提供信息服务，体现智慧图书馆“以人为本”的服务理念。

2.3.2 进一步提升资源共享的水平

智慧图书馆的建设是实现缩微文献特色资源共建共享的重要契机。我们要着力于打造缩微文献特色馆藏数据库的共享平台。目前，缩微中心收缴和制作了各个成员馆拍摄的母片和书目数据，而这些资源是不提供阅览服务的。我们是否可以考虑利用智慧图书馆的运行扩大文献的共享范围，或者针对专业科研人员的需求开放使用权限，通过共享平台共享缩微文献信息资源，提高资源共享的效率，开展以读者为中心的智慧化服务。

2017 年 8 月 23 日，IFLA 在其网站上发布了《保护文化遗产国际图联指南》（Preserving Cultural Heritage：An IFLA Guide），明确了图书馆在保存和保护人类文化遗产领域的核心职能。缩微文献作为国家宝贵的文化资源，价值毋庸置疑。正如国家图书馆馆长饶权所说，随着信息技术的快速更新迭代，人们关于智慧社会的想象仍然在不断拓展，图书馆的智慧化转型也必将是一个长期渐进的过程[14]。2021 年是“十四五”规划开局之年，启动“全国图书馆智慧体系”建设也是国家图书馆 2021 年工作的重点之一。因此，缩微行业应该借助智慧图书馆发展的契机，在重视缩微文献保存与保护的同时，着力于缩微文献的馆藏资源建设，明确发展理念，发掘文献利用的新方法。通过有选择、有组织的文献资源建设工作，打造文献共享平台，把智能技术应用于文献开发中。并进一步开展缩微资源数字化工作，对缩微文献资源进行深层次的开发。这不仅能使缩微文献资源借助“智慧”的东风在众多文献资源中脱颖而出，同时也彰显了图书馆人传承和发扬中华民族传统文化的使命和担当。

参考文献

[1] 王世伟 . 未来图书馆的新模式——智慧图书馆［J］. 图书馆建设，2011（12）：1-5.

[2] 孟晓丹 . 智慧图书馆建设与智慧阅读推广研究［J］. 信息记录材料，2019（9）：231-232.

[3][14] 饶权 . 全国智慧图书馆体系：开启图书馆智慧化转型新篇章［J］. 中国图书馆学报，2021（1）：4-14.

[4] 肖莉杰 . 科研机构智慧图书馆特色馆藏建设模式研究［J］. 文化创新比较研究，2019（24）：140-

141.
[5] 李晓明，张阳，王浩．全国公共图书馆文献缩微复制工作的创新与发展——兼论“十四五”时期文献缩微工作关键词［J］．数字与缩微影像，2020（3）：1-4.
[6][12] 公瑾．山东省图书馆缩微文献建设研究［J］．数字与缩微影像，2019（2）：10-12.
[7] 巫晓萍．缩微文献数字化工程试析——以福建省图书馆缩微文献数据库建设为例［J］．数字与缩微影像，2017（1）：13-16.
[8] 陈瑛．美国图书馆数字化建设新策略及新技术应用［J］．图书馆研究与工作，2020（1）：80-83.
[9] 谢德智．赵城金藏［J］．图书馆学刊，2008（1）：2.
[10] 方广錩．《中国国家图书馆藏敦煌遗书》前言［J］．文献，1999（4）：8-24.
[11] 朱开忠．馆藏缩微文献珍品考述——以安徽省图书馆藏3部明代徽州家谱为例［J］．数字与缩微影像，2020（2）：27-30.
[13] 宋家梅，白如江，王芳．北美高校图书馆地理馆藏建设与服务调查研究［J］．图书馆，2021（2）：36-42.

数字时代给予西文图书采访业务的机遇与启示

陈　澂（外文采编部）

图书采访业务是图书馆资源建设的核心部分，随时代更迭不断创新发展，始终坚持以人为本，为读者奉献精神财富，为社会积累文化瑰宝。如今，网络技术、移动通信、社交媒体呈现势不可挡的发展趋势，智慧图书馆成为图书馆转型发展的目标之一，传统的采访业务在新形势下遭遇诸多的挑战与困难。

1　数字时代发展，传统业务面临冲击

全民信息时代，数字化发展影响着生活的方方面面，人们通过互联网平台和移动通信足不出户知晓全球实事，以往单纯从书本和报纸等媒介获取信息的时代已发生巨变。数字人文、全媒体、云计算、5G、智能机器人等新生力量正发展壮大，这是全社会也是图书馆未来发展的大环境。

1.1　传统采访业务遭遇挑战

20 世纪 60 年代起，纲目选书（approval plans）成为国外图书馆界普遍采用的主流采访模式[1]，图书馆与供应商之间的关系日益联结。国家图书馆西文图书入藏有呈缴、购买、交换、捐赠等方式，其中购买是最大来源。图书馆与馆配商签订合约履行义务，通过上级决策后，馆配商提供服务，包括书目制作、查重、购买等，由专业岗位人员进行主体业务流程，包括采选、审校、发订、验收登记等，馆配商则积极配合，实时跟进，定期处理长期订单和过时订单，并解决突发问题。这一流程已形成稳固的传统采访模式，采访人员相对依赖馆配商提供的选择，但馆配商的书目也良莠不齐，双方的动态思维都受到限制，更多局限于固化模式带来的稳定高效。这套流程虽然适合大型综合性图书馆，却在一定程度上制约了采访业务的多元化发展，信息时代的智慧转型给这种传统模式带来不小的冲击。

1.2　数字人文兴起趋势大好

数字化是一场信息记录的变革，它实现了“声音”“影像”的记录与传播，为无形的信息搭建载体使其流通，又将语言文字等有形信息引入虚拟世界转化为数据，从而发展形成数字人文这一多元融合的理念。

数字人文致力于将科学技术融入学术研究，其作用并不在于加速人文学科进步，而

在于为其研究领域中长期存在的问题提供新的思路和方法，例如资源的获取、保存、开发与传承。LIBER 作为欧洲研究型图书馆的代表机构，与超过 450 家图书馆进行合作，其下属的数字人文与数字文化遗产工作小组在 2019 年的调研报告中指出欧洲有超过 64% 的图书馆已有超过 5 年的数字人文研究历史，三分之二的受访者表示已将数字人文发展列入图书馆战略计划之中[2]。所有受访者都表明图书馆的实体馆藏构成了创建数字复制品的基础，由此可以看出传统采访业务与新兴数字人文之间相辅相成，前者为后者带来资源建设的基础，后者又为前者提供获取资源的动力，二者协同平衡发展才能取得共同进步，这就要求图书馆的采访业务必须适应新生的数字环境。

1.3 阅读习惯改变形式多元

数字化发展引起媒体形式的更新，内容、渠道、功能层面的融合创造了“全媒体”概念。表现形式、媒介形态、传播渠道和接收终端的协同作用实现了信息的完全传播。“全媒体”最大的特点就是充分感知用户需求，根据受众的个性化需求以及信息表现侧重，提供超细分服务，同一信息可有文字、声音、图像、视频等多种表现形式，用户能自行选择最便捷的平台和终端获取信息，这大大提升了用户黏性。

自 1999 年起，由中国新闻出版研究院组织实施的全国国民阅读调查已持续开展了十七次，最新调查结果显示，2019 年我国成年国民各媒介综合阅读率保持增长势头，各类数字化阅读方式（网络在线阅读、手机阅读、电子阅读器阅读、平板电脑阅读等）的接触率达 79.3%，较前一年上升 3.1 个百分点。手机成为人均接触时间最长的媒介，平均每天接触时长达 100.41 分钟，而信息获取功能受到越来越多网民的重视，有 59% 的成年网民将“阅读新闻”作为主要网上活动。值得注意的是有声阅读继续较快增长，成为国民阅读新的增长点，我国三成以上国民有听书习惯，成年国民和未成年人听书率分别为 30.3% 和 34.7%，移动有声 App 平台是国民听书介质的主流选择，比例达到 16.2%[3]。

当今，新闻、报纸、书刊等不再仅以文字发布于纸质介质，阅读不再受限于单一形式，一个更加依赖数字化、高新技术、通信发展的智慧领域正悄然形成。无论是适应变化的社会环境还是阅读趋势，都提示图书馆的传统业务将走上一条机遇与挑战并存的转型之路，使其更好地为图书馆服务夯实顺应时代、顺应民心的根基。

2 抓住转型机遇，优化图书采访业务

采访业务涉及内容广泛，各环节之间联系紧密，资源、用户、服务都对业务发展起重要作用。资源的获取和开发引领业务流程优化，而读者的阅读习惯和需求又影响资源的选择，积极建设开放资源，提升资源利用率，能够为丰富馆藏提供更多适应转型的灵感和选择。

2.1 内外兼顾丰富资源获取

LIBER 数字人文与数字文化遗产工作小组的报告中提到了数字研究过程的六个步骤，即数据的捕获、创建、丰富、分析、解释和储存[4]。图书馆在数据的捕获、丰富和储存中起核心作用，也就是资源的获取和保存。充足的文献资源是各项工作开展的基础，拓展和丰富文献资源类型是图书馆转型发展的重要环节。

目前西文图书采访涉及的文献资源仍以纸本图书和期刊为主，数据库、电子期刊、电子书、缩微平片为辅，以及少部分实体音像、黑胶唱片等小众资源。纸本图书与期刊一直都是采访的重点资源，读者利用率远超其他种类的文献资源，这也造成了资源的不平衡。资源获取渠道和阅读方式的改变使读者不再拘泥于传统形式的文献资源，无须到馆实地查阅就能通过在线搜索引擎检索、下载所需文献，对网络的依赖日益加深。移动互联平台作为载体，不同类型资源能以更适合查找、阅读的方式呈现，因此利用网络环境对用户的积极作用，大力发展开放存取，对各类平台的开放资源进行整合与揭示[5]，才能在巩固传统模式的基础上最大程度丰富文献资源类型。同时，也要深度挖掘和利用图书馆已有资源，将馆藏资源数字化，建设符合自身特色的数据库，最终使文献资源在信息网络中高速流通，促进数据共享，提升资源利用率。德国巴伐利亚州立图书馆早在2007 年便与谷歌建立了合作关系，将该图书馆与巴伐利亚地区其他 10 家图书馆的无版权限制收藏数字化，超过 190 万册 17 世纪至 19 世纪的图书资源都可以通过谷歌图书和图书馆自身检索系统免费获取[6]。

2.2 双管齐下优化采访路径

资源类型的丰富和获取渠道的增多也要求采访流程转型发展，与资源合理匹配，具体应集中在两个方向，一是单一流程的优化，二是多条路径的配合。上文提到传统采访流程的线性化，一个环节出现问题往往波及甚广，而图书馆与馆配商分工明确，并不利于整体的沟通协调。针对流程的各个环节设置智能评估机制，分析优势和短板，考虑用户需求和技术服务，合理优化流程，将采访过程的参与主体通过智能网络联结起来，会极大提升采访效率。传统采访模式周期较长，不适用于所有形式的资源，在优化单一流程的基础上，开发多条路径能更有效地助力文献资源建设。

采访人员借助网络平台实现在线采访，可以缩短采访周期，提升采访质量。EBSCO 旗下 YBP 图书馆服务于 2016 年转型为全新的 GOBI 图书馆解决方案，充分支持全球各大学术、研究型图书馆以及专业图书馆的馆藏发展需求。采访人员可以按需通过 GOBI 平台从高质量学术出版商订购印刷书籍和电子书，同时可设置偏好参数，在新书上线时收到通知，还能利用平台的共享文件夹与同事协作采访[7]。除此之外，为读者提供在线平台，让其参与到采访环节之中，不仅能充分调动所有参与者的积极性，也能合理分配资源，减少采访成本，最终达到提高馆藏资源利用率的目标。因地制宜进行实地采访也是可以考虑的出发点，近年来西文图书采访人员曾多次前往读者家中接受赠书，在现场对图书进行筛选、分类。这种方式的弊端显而易见，即对时间以及人力、物力、财力要求较高，未来若配合网络及智能服务的发展或许能开辟出一条崭新的采访路径。

2.3 把握方向提升用户参与

图书馆的现实意义在于为读者提供阅读材料，采访内容的选择必须准确严格，如何在纷繁复杂的信息中获取所需资源，使其得到合理开发和利用，在如今注重“以人为本”的大环境下，最重要的就是了解用户需求。

用户需求不仅是采访的内核，也是业务流程优化的参考指标。用户群体的身份、背景多样，使得采访工作首先要以满足包罗万象的用户需求为出发点，在此前提下注意维持文献资源平衡发展，保障资源建设的结构连续性[8]。传统的采访流程偏向采访人员定义用户需求，且被动接受馆配商安排，未能更全面地掌握用户的实际需求，这会影响图书采访的精确度，久而久之易使资源与用户之间形成割裂状态，提升用户参与迫在眉睫。从本质上看，用户参与是采访人员了解用户需求的最有效形式，数字时代发展则为用户参与创造了更加便捷和智能的环境。

读者推荐是西文图书采访最常见的用户参与形式，但参与程度有限，首先形式单一，即推荐渠道单一，没有最大化利用图书馆的对外通道；其次后续信息反馈欠佳，用户在参与过程中更多处于被动等待状态，长此以往有损用户热情[9]。如今，用户对互联网和数字信息颇为敏感，也更愿意参与信息互动，这就需要图书馆开放适当的交流窗口，在信息资源与用户的多样化需求之间构建一座坚实的桥梁，在维持线下荐书渠道的同时发展网站、手机平台等线上荐书渠道，建立沟通、分享和互动机制，对用户推荐的资源进行标示、整理、分析，让用户与资源紧密联结，促进形成相互推动、协同成就的关系。

3 注重人才培养，馆员能力紧跟时代

采访人员在业务流程中起到承前启后的关键作用，对周身环境应具备高度敏锐。数字时代为采访人员提供了提升业务能力的机会，无论是培养专业素养，还是拓展交流合作，或是掌握高新技术，都是助力智慧图书馆发展的必备条件。

3.1 多方吸收拓宽知识层面

图书采访主要是依据馆藏要求对书目进行内容和质量审核，挑选符合条件的书目，简而言之就是甄别信息。步入信息大爆炸时代后，采访人员面临的首要挑战就是信息的分辨、筛选和整合。

图书馆本身发展节奏较慢，而信息却瞬息万变，采访人员要充分调动自己的灵活性以适应外界的变化。要想快速准确地抓住信息的核心内容，就要在日常工作中积累经验，关注世界范围内的学科发展态势，倾听多方声音，无论是专业学者，还是跨界人士，或是普通大众，每一种声音都能带来不同思考。另外，也可以通过吸收非相关领域的专业知识，诸如版权法、著作权法、知识产权法等法律相关知识，大数据、云计算等

高新技术领域的科技知识，为工作提供辅助帮助[10]。采访人员应充分借助互联网和移动通信获取所需的任何信息，但要避免在筛选过程中过度依赖自身的主观思维，要将自己的工作置于整体业务范畴考量，而非孤立的囿于自我意识，特别要注意垃圾信息的干扰。

3.2 掌握技术提高工作效率

身处科技飞速发展的年代，采访人员面临的最大挑战便是学习并利用数字化高新技术手段辅助工作，提升工作效率。欧洲在推进图书馆数字人文发展的过程中，积极培养相关人员使用数字网络技术和工具，以解决人文资源的数字化问题。LIBER 数字人文与数字文化遗产工作小组的调查显示，其调研对象中将近九成都有安排员工进行数字人文工作的经历。隶属英国牛津大学博德利图书馆的泰勒学院图书馆，会及时在"数字人文 @ 牛津"网站上更新从研究人员和社会各界收到的前沿信息，帮助图书馆员工了解数字学者使用的研究方法和技术手段等[11]。但是，依赖技术支持是一把双刃剑，技术手段使用得当不仅能加快信息检索速度，也可以智能分析用户需求，提升工作效率；反之，操作不当可能会扰乱正常工作秩序，影响后续流程，甚至打击员工的积极性。因此，采访人员可按自身需求参与涉及技术层面的相关培训，获取业界的新观点和新技能。当然，这也需要图书馆提供相应的支持，合理配比采访人员的工作与学习时间，定期举办馆内相关讲座，或组织培训、参观等，为采访人员提供动力支持与保障。

3.3 合作交流开放全局视野

采访人员不是孤立存在的，他们与馆配商、读者、学科专家等共同构建整个业务流程，各主体间交流合作有助于业务的可持续发展。良好的沟通能力不仅能够提升个人自信心，也能开拓采访视野，有效了解外部需求，为业务发展提供建设性意见。当前，采访人员更倾向于自身作为单一主体，这会影响采访的时效性和采访质量。

沟通涉及内部和外部两方面。首先，不同学科的采访人员应定期汇总所负责学科的动态信息，建立内部交流机制，使每位采访人员不局限于单一学科知识的获取，而能纵观业界整体环境；其次，采访人员可与其他业务部门人员互通有无，了解周边工作内容及其对采访任务的需求。同时，采访人员也可以"走出去"与读者进行交流，知晓时代变化对他们产生的影响，从而准确把握用户需求，完善采访工作。更为重要的是加强与其他图书馆业务人员的沟通联络，了解自身的优势与不足，取长补短，形成互惠互利的良好格局。国外的图书馆联盟体系建立较早，现已进入稳步发展时期，近二十年来我国也陆续成立区域图书馆联盟以及高校图书馆联盟，包括首都图书馆联盟、中国数字图书馆联盟、北部湾图书馆联盟、长三角高校图书馆联盟等，成员间秉持资源共建、共享、共赢的理念，积极合作服务大众[12]。在全球化背景以及大力发展开放存取的推动下，未来可期待构建形成多元融合的国际合作交流体系。

4 立足政策根基，适应智慧时代需求

图书馆采访业务在新形势下应运用科学管理方法，合理匹配人才，改造采访模式以支撑业务发展；利用科技进步建设创新型平台，升级采访方式，为采访业务适应时代发展增添动力。图书馆决策应掌握全局观念，优先制定合理的战略规划，统筹部署全局，才能切实地将理想付诸行动。

4.1 自我分析部署战略规划

传统业务的改造升级不可能是一蹴而就的，政策的制定首先应考虑到以下几点：一、建立愿景和目标，这是一切行动的框架，是后续工作制定的依据；二、评估风险和影响，衡量目标与行动的关系，找准合适的实践方法；三、结合实际条件，明确自身的优势和不足后将行动落到实处；四、构建馆内协作网，调动全员参与的积极性，为专家学者和研究人员提供理论和技术支持；五、加强外部沟通和互动，及时获取前沿信息，争取互惠互利、合作共赢的机会。

信息高速传播、媒体形式多变、用户需求多样的大环境要求图书馆采访方针政策的制定必须紧跟时代，认清图书馆作为个体的身份与作用，明确采访策略的发展理念，从客观角度出发，结合科学管理方法发散思维制定全局规划，包括组织方式、管理方法、工作形式、技术手段等，建立健全采访决策保障机制。单一业务的转型，必须背靠图书馆整体发展，无论是公共图书馆还是高校图书馆，每年都会依据形势制定年度战略目标和计划，不可脱离框架。政策的制定不能是空中楼阁，而应切实为业务创新奠定坚实的理论基础。

4.2 科学管理完善采访模式

以科学的管理方法作为指导，优化升级采访模式，是采访工作有序开展的前提，将采访工作涉及的各主体紧密联结，转型为网络聚合型模式，为重点环节配置符合要求的高精尖人才与技术手段，建立采访结果反思机制，确保采访工作在时代变迁中保持良性循环。

首先，采访模式从直线型向网络聚合型转变，图书馆、馆配商、出版社、读者、采访人员、学科专家等参与主体通过网络平台互联互通，既能与时俱进扩展书目来源，为资源累积提供丰富选择，也增强了信息的开放性和流通性，避免工作出现不必要的错误和遗漏，防微杜渐，及时发现问题并进行处理。其次，利用计算机技术和大数据分析等数字化手段保障资源整合的精确度，创造用户感知的交互性体验[13]，改善并推进用户参与决策，强化用户参与的完成度，可以实现采访人员的职能转变。近年来，欧美高校图书馆普遍发展读者决策采购（Patron-Driven Acquisition），即图书馆根据读者实际需求与流通情况购入图书，视读者阅读需求为采购标准，打破了采访人员主导的传统采访模式。这一高效、先进的采访模式在丰富馆藏，提高资源利用率，提升读者满意度，减轻采访人员工作压力等方面有着重要意义。最后，针对采访流程每个环节各自的特点，

建立绩效评估和反馈机制[14]，如信息收集是否符合要求、用户需求考量是否及时且合理、技术应用能否提高效率等，从不同主体角度出发分析实践结果，反复完善采访决策以保证业务的可持续发展。

4.3 创新尝试发挥智能优势

采访方式的运用直接影响工作效率和质量，基于互联网技术和理念建设创新型线上智能采访平台，将资源、技术、人才和用户相结合，合理布局突破传统的单一线性采访流程，能够促进采访工作高效优质的进行。

采访部门应积极与书商、出版社合作，在采访平台嵌入多渠道资源信息链接，包括出版社网站、电商平台、社交网站等，确保全面获取书目信息及相关资料，如面向人群、使用评价、采购情况等。技术部门利用数据技术录入图书馆采访标准信息，设置后台分析处理程序，通过在线数据分析进行大致的一次筛选，以便采访人员后续参考。同时设置集成用户需求的交互系统窗口，采访人员可以查询读者检索关键词、历史借阅记录、推荐书目等信息，再利用移动客户端或电脑网页，如手机 App、微信小程序、应用软件等向读者推送备选书目信息，再参考读者反馈并倚靠自身经验进行详细的二次筛选，最终交由学科专家审核完成平台采访工作[15]。这种以互联网为载体，智能科技手段为助力，推动资源全面整合、用户高度参与、技术充分利用、馆员能力发挥的方式是未来图书馆采访业务创新发展的思路。当然也不能轻视发展成熟已具规模且效益稳定的传统采访模式，只有将传统与创新协同作用，二者优势互补才能为采访工作稳步向前发展铺设坦途。

智慧时代中的图书馆应紧跟数字化发展步伐，充分运用科技智能手段，在政策指导下促进采访方式和采访模式改革，精进采访人员业务水平，引领基础业务演变创新，这是时代给予的机遇和挑战。社会环境瞬息万变，人类生活将迈向前所未见的崭新世界，图书馆作为精神文明殿堂也定能在前进道路上不断探索创新，为文明发展留下宝贵经验。

参考文献

[1] 冯彩芬 . 采访业务外包——图书馆与书商关系的选择［J］. 图书情报工作，2006（1）：10-13.

[2][4][6][11] WILMS L，DERVEN C，O'DWYER L，et al. Europe's Digital Humanities Landscape：A Study From LIBER's Digital Humanities & Digital Cultural Heritage Working Group［EB/OL］.［2021-03-05］. https：//zenodo. org/record/3247286#. YEGOboMzbX6.

[3] 第十七次全国国民阅读调查成果发布［EB/OL］.［2021-03-05］. http：//www. nationalreading. gov. cn/ReadBook/contents/6271/414891. shtml.

[5] 蒋冬英 . 开放科学环境下的图书馆资源建设与服务创新［J］. 图书与情报，2018（6）：106-109.

[7][14] GOBI. YBP Library Services-GOBI Login［EB/OL］.［2021-03-22］. https：//gobi3. com/Pages/Login. aspx.

[8][15]郑秀玉．数字出版环境下高校图书馆采访业务流程重组研究[J]．图书馆学刊，2016(11)：20-22.

[9]周建芳．基于“互联网+”的图书采访模式优化及创新思考[J]．四川图书馆学报，2019(6)：61-65.

[10]刘乾凝，马俊云．参与数字人文的图书馆学科服务模式研究[J]．农业图书情报学刊，2018(6)：175-179.

[12]刘巧英．国外公共图书馆服务创新创业的实践分析及对我国的启示[J]．图书馆学刊，2021(2)：39-44.

[13]吴越．面向知识服务的高校图书馆图书采访业务流程重组研究[J]．农业图书情报学刊，2017(9)：185-188.

缩微母片质量检查标准化流程设计

——以民国时期图书母片质检为例

樊向伟　房　明（缩微文献部）

缩微摄影技术应用于古籍文献的抢救性保护已成熟开展几十年了，缩微胶片以其稳定的介质状态、高度的存储密度、超长的保存期限以及法律凭证效应，在文献的长期保存领域具有无可比拟的优势。但只有合格的缩微胶片才有保存价值，而严格的质量检查是确保文献完整性和有效性的先决条件。因此在缩微工作中打造一支专业的缩微品质检团队，不断提高质检人员的业务水平和综合素质，不仅可以严格把控对缩微品的质量，还能对缩微人才培养和人才队伍建设进行有益补充，更是对缩微事业可持续发展的有力保障。

1　缩微母片质检概况

缩微母片的加工流程包括计划、前整理、拍摄、冲洗、质检、入库等，质检作为承上启下的环节，不仅要对缩微品进行质量检查，精准定位质量问题，还要和前整理、拍摄、冲洗、库房等环节进行协调，通力合作解决质量问题。质检的要点有解像力、密度、著录、内容检查、外观等项目，还有标签打印等，细分为几十项之多。传统的质检培训主要以“传帮带”的形式进行，体系化程度不够，质检框架不清晰，质检要点不连贯，重要质检点被忽视。

不统一的质检流程造成质检参考标准不唯一、对标准的理解参差不齐，质检人员难以精准定位和熟练掌握各种分散的标准规范。因此建立标准化的质检工作流程、解读和解释质检标准规范是缩微事业不断发展的强力基石。

2　缩微母片质检相关研究

母片质量检查以相关标准规范为依据，检查项目涉及前整理、拍摄、冲洗等工序，质检人员需全部了解和熟悉，以更好地完成质检工作。

2.1　缩微质检标准规范研究

自 1985 年全国图书馆文献缩微复制中心（以下简称：缩微中心）成立以来，制定了一系列的缩微品著录条例、技术标准、加工规范等，这些标准和规范保证了缩微品高质量加工，也为缩微事业长足发展提供了制度保障。

常慧慧[1]回顾了《缩微摄影技术标准汇编》的具体情况并详述了这些标准的现状，与质量检查的标准目前还有4个在实施，为GB/T 6160—2003、GB/T 6161—2008、GB/T 8987—2008、GB/T 17739.2—2006。质检工作中具体指导质检的规范有《缩微摄影技术等级标准培训教材》[2]第八章的相关内容，以及其他标准细则，如《缩微原底片质检检查细则》《确定文献缩微品原底片质量等级的标准》[3]等。

2.2 缩微前整理研究

质检很重要的步骤就是对照整理清单进行信息验证，比如题名、责任者、出版机构等。何彦平[4]、程积安[5]、古韶军等[6]已对民国时期图书的整理、信息摘录、数据制作做了详细的分析，其中对信息的摘录根据著录标准规范和实际工作作了详细的情况分析和说明，信息的摘录涉及题名、责任者、版本项、出版地及出版机构、出版年、载体形态、丛编项、附注项、页码及清点情况等。

2.3 缩微拍摄研究

缩微拍摄是缩微工作中最重要的一个环节，是将文献信息通过光学特性反映在胶片上的过程。拍摄时不仅要严格调整曝光量，把握拍摄的力度和节奏，更需要纠正一些前整理错误。严萍等[7]以试片为基础研究了不同纸张及颜色在不同曝光下的电压差异，说明了拍摄人员的个人经验、原件反差对密度有较大影响。马玉峰[8]、严萍等[9]还研究了传统缩微拍摄的流程以及提高拍摄质量的应对方案和措施。

2.4 缩微冲洗研究

冲洗是胶片制作的最后一环，也是不可忽视的一环，保证冲洗的稳定正常对胶片质量至关重要。张红兵等[10]梳理了缩微胶片冲洗过程中的四个环节，并对工作中经常出现的问题给出了具体的解决方案，其中对药液的配方、冲洗时间、药液的温度、冲洗速度、显影过程中的搅动等做出了详细的分析，比如药液温度要保持在一个比较恒定的范围，要让拍照人员依照冲洗效果调整拍摄参数设置等。孙跃军[11]研究了胶片密度和冲洗温度和冲洗速度的关系，说明了胶片密度与冲洗速度也存在一定关系。

2.5 缩微质检研究

穆梓[12]将排除缩微品质量事故总结为“七步法”，意在通过发现、判断、查找、验证、解决等环节排除故障，该方法系统性地给出了缩微工作中出现问题的一般思路。肖建萍等[13]从胶片外观、质量、内容三个方面对质检环节进行了详细的分析，同时对质检过程中存在的一些常见问题给予了解释和解决。齐淑珍等[14]在缩微摄影技术标准的回顾分析中将胶片质检归纳为检查环境、外观检查、解像力检查、密度检查、内在检查、补拍和接片等。

2.6 缩微人员素质研究

缩微品质量的好坏不仅取决于缩微设备的配置，还取决于缩微技术人员的技术素质。陈婷[15]、张丁[16]、齐淑珍[17]、方嘉[18]对缩微工作人员的素质提出了较高的要求，其中关于质检人员的素质有：熟悉业务、责任心、认真细心、团队精神、善于学习和思考等，这些都是作为一个合格质检人员的必要素质。

3 缩微母片质检标准化流程设计

标准化的质检流程需符合标准性、系统性、创新性以及简便性，要兼具回归已有标准规范，又要做创新性调整，既要统揽所有质检环节，又要简单便捷。

结合传统质检流程的质检要点、质检检查细则以及质检经验，本文将缩微母片的质检工作总结为八个步骤，如图 1。质检八步骤列举了母片从冲洗间到质检间再到库房的操作步骤，依据该框架可快速对胶片进行质量检查，避免质检要点掌握不全、质检要求不达标、质检过程混乱等。可根据“八步骤”在倒片台上第一次绕片时检查解像力、密度、标板；第二次将药膜面绕在外面以便在阅读器上检查并检查外观；第三次是在阅读器上检查胶片内容，包括著录检查、内容检查；第四次为在倒片台上将胶片片头在外、药膜面朝内，以上四次绕片即可基本完成胶片检查工作。该质检标准框架也对质检环境、质检工具，以及质检素质做出要求，本文主要对质检的环节和质检要点进行分析，图 2 为标准化质检流程的主要质检要点。

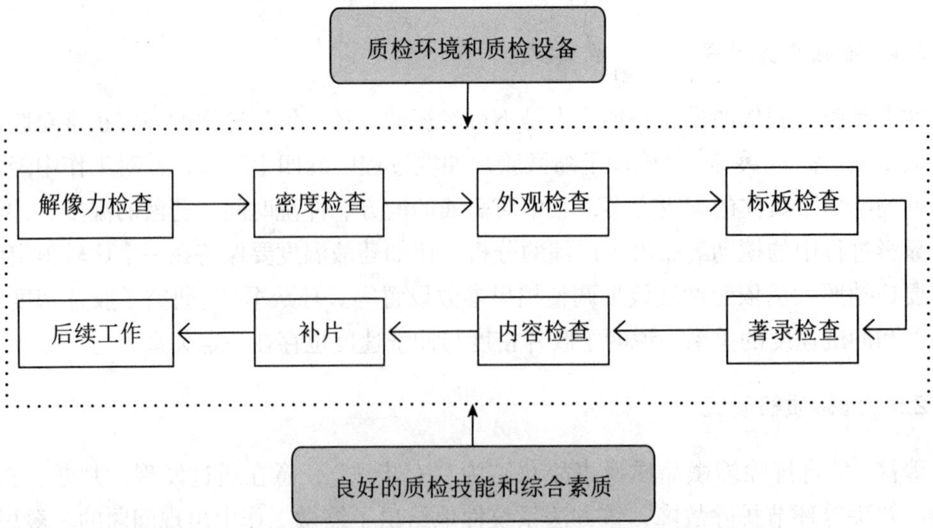

图 1 缩微母片质检“八步骤”示意简图

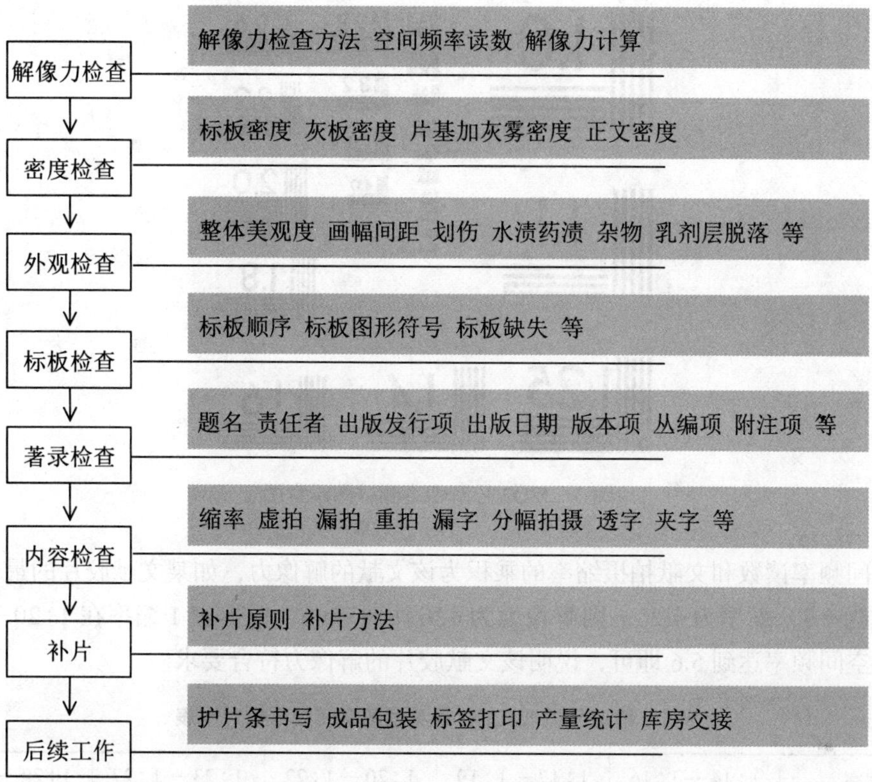

图 2　缩微母片质检标准流程检查细项示意图

4　缩微母片质检标准化检查细项

4.1　解像力检查

解像力是缩微胶片最重要的一个检查指标，解像力不合格的胶片需对整个批次胶片进行补拍。

解像力是指胶片对拍摄文献细部的表现能力，即胶片上 1mm 长度内所能分辨开的线条对数，单位为线对 /mm。解像力检查需要和 50% 灰板的密度结合，灰板密度在 1.0 左右时解像力数值为最佳[19]。技术标版上有 5 块 ISO2 号测试图，每个测试图有 26 组相互垂直的线对图并按递增顺序排列，分布在标版的中心和四角，如图 3。检查解像力时，使用消色差显微镜分别对 5 块测试图进行观察，在每个测试图上依次观察线对图是否可清晰分辨成 5 条，记下能清晰分辨的最小线对图对应的空间频率数，取 5 个读数中的最小读数即为该文献的空间频率读数。

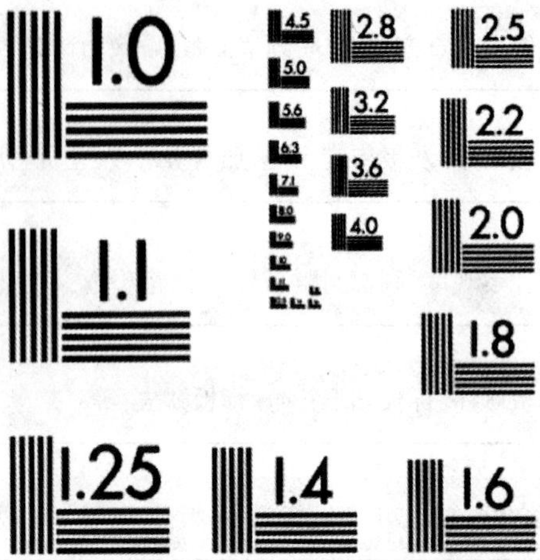

图 3　ISO2 号解像力测试图示意图

空间频率读数和文献拍摄缩率的乘积为该文献的解像力，如某文献胶片的最小空间频率数为 6.3，缩率为 1/20，则解像力为 126 线对 /mm，根据表 1 缩率在 1∶20—1∶22 之间的空间频率达到 5.6 即可，说明该文献胶片的解像力符合要求。

表 1　缩率与最低 ISO2 号测试图空间频率数对照表

缩率	1∶14—1∶16	1∶17—1∶19	1∶20—1∶22	1∶23—1∶27	1∶28—1∶32
空间频率	7.1	6.3	5.6	5.0	4.5

4.2　密度检查

胶片密度检查需要借助密度计进行，检测时，将胶片药膜面朝上，避免与稿台、密度计等接触过多，选择密度均匀及字里行间的区域测量，避免测量到空白区。对于同一画幅内密度不均匀的情况，可适当选取多个测量点，确保密度差在规定范围内。

4.2.1　标板密度

开始标板、机构标板、技术标板、结束标板的密度范围为 1.40—1.60，题名标板、著录标板密度与正文密度相同。检查时需观察标版密度是否均匀，密度不均需要调试拍照机。

4.2.2　灰板密度

灰板密度是技术标板上 50% 灰板的密度，为使解像力达到最佳读数，需要控制密度在 0.90—1.10[20]。选取灰板方框的中心位置为测试点，灰板密度正常再进行解像力检查。

4.2.3　片基加灰雾密度

缩微胶片的未曝光区域成白色透明状，主要在片头、片尾及文献内部空拍处，其密度为片基和灰雾的密度和，密度值不大于 0.10。

4.2.4　正文密度

文献正文的影像密度包括片基和灰雾的密度。民国时期图书的优质密度范围为0.80—1.20，对一些低反差、透字、纸张很薄的文献，密度可在0.70—1.10；对于有色彩的页面，需加大曝光量，尽量呈现出页面文字信息。正文密度差应在0.40内，同一画幅内密度差也需在0.40内，页面色彩变化较大时需采用变光拍摄。文献原件质量较好时需保证密度差较小，不超过0.20。密度不合格的文献需要进行局部或整体补拍，有接头的需降档使用。

4.3　外观检查

第二次绕片时可进行胶片外观检查，包括美观度、划伤、水渍药渍、杂物等。新拍出的母片可用以下方法快速鉴别药膜面：将胶片自然垂直，弯曲方向即为药膜面；将胶片对光从侧面观察，无反射亮光的即为药膜面。

4.3.1　整体美观度

优质的胶片画幅整体美观，整体密度均匀，画幅间距一致，画幅扇形小于2度，画幅上下左右居中。

4.3.2　影像划伤

细微划伤可根据冯蕾[21]的方法进行修复，严重划伤需重新补拍。片基面的划伤需酌情补拍，划伤直视可见则需要补拍。胶片制作的每一个环节都可能产生划伤，一般来说，黑色的划伤为显影前生成的，显影后为白色划伤；片基面划伤多为拍照机输片机构不灵活导致；药膜面划伤多为冲洗机出入片口有异物不光滑；同时应保持阅读器、倒片台等的洁净，避免质检环节的划伤。

4.3.3　水渍和药渍

冲洗过程中水洗、烘干不彻底可产生水渍或药渍，大面积的水渍药渍胶片需要调试好设备后再次水洗，水洗效果不佳的需重新拍摄。

4.3.4　杂物影像

拍照、冲洗、质检过程中都无法避免在胶片上留下非文献影像：拍摄过程中误入画幅的手掌、侧光头、杂物等，冲洗过程中的漏光等，质检时近距离接触胶片留下的指纹、尘埃等，因此拍摄时要注意避免异物进入影像区，质检时需佩戴棉质手套，减少和胶片的直接接触。

4.3.5　乳剂层脱落

乳剂层是分散在明胶内的卤化银晶体颗粒、增感剂和其他补加剂均匀涂布在片基上形成的薄层，显影、定影后形成金属银。乳剂层的脱落会造成胶片显影定影不稳定，对于脱落的部分需要重新补拍。乳剂层脱落一般是由于定影液中坚膜剂失效或药液温度过高，也可能是胶片过期或者不合格。

4.4　标板检查

民国时期图书的标板检查包括开始标板、摄制机构标板、解像力标板、题名标板、著录标板、结束标板。标板图形符号出现问题，需补片头尾，常见的标板问题有：片盘代号错误、标板顺序错误、未放置标板、题名错误、责任者错误、著录错误、标板使用不规范、缩率错误等。题名、责任者、著录错误需要结合著录检查和内容检查，三者需严格一致。

4.5 著录检查

著录检查要结合标板检查、内容检查和摄制清单对题名标板和著录标板进行核对，同时根据正文内容定位著录源查看信息摘录是否正确。摄制清单摘录的信息包含题名、责任者、版本、出版地及机构、出版年、页码、载体形态、丛编项、附注项、米数拍数、缩率等。检查时，原书、摄制清单、著录标板、题名标板要四者一致，并以原书信息为依据。何艳萍、程积安、古韶军等已对民国时期图书的整理、信息摘录、数据制作做了详细的说明，以下简要说明在质检过程中需要注意的著录项目。

4.5.1 题名

选取题名的优先级为：题名页、版权页、封面、书脊、卷端、序言等。正题名必须根据优先级原封不动的依照原书文字和格式摘录，其他题名可根据原书情况著录。多语种对照书籍用“=”与正题名连接，目前仅摘录英文题名。题名中的特殊符号等也需要逐项摘录。质检过程中需要题名标板、著录题名、摄制清单题名、原书题名需要完全一致，不允许摘录错误。

4.5.2 责任者

责任者的摘录优先级同题名，书中出现的“校对者”“校阅者”等也需要摘录；责任方式随同责任者摘录，责任方式后的“者”不著录；著录标板上各责任者需要根据“著”“著作”“编”“校对”等优先级著录；个人责任者写在团体责任者前；当一个责任方式的责任者大于两个时，只需摘录第一个责任者并在其后加“[等]”。推测的责任者和责任方式需要对摘录信息加“　”以示区别。

4.5.3 出版发行项

出版发行项的摘录主要依据版本页信息，同时根据出版机构责任方式的优先级选择：出版者、发行者、印行者、印（刷）者等。出版者的摘录以“出版”“版”“铅版”“藏”等标识为依据，无须摘录“出版者”等字样；其他责任方式需要在出版机构后面标注“[** 者]”；其他情况需酌情摘录，如“经售处”等。

出版机构依据原书摘录，出版机构中带地名的，不可自行断开摘录，除非有其他信息显示可拆开。无法确定出版机构的，摘录为“[出版机构不详]”。出版地的摘录首先在出版机构附近查看是否有信息标识，要注意分辨离出版机构最近的地名或地址；对于没有明确出版地标识的需要结合书中的信息查看是否有地名缩写、版本信息等；无法确定的，摘录为“[出版地不详]”。

4.5.4 出版日期

出版日期一般在版权页，需要原字摘录，并换算为公元纪年，公元纪年以“　”标识。对于其他地方出现的日期，可推测为出版日期的应只摘录公元纪年，推测不出的摘录为“[出版日期不详]”。

4.5.5　版本项

版本项一般和出版日期在版权页出现，“一版”“首版”等不摘录，摘录时需将中文数字改为阿拉伯数字，如为“2 版”等。对于带地名缩写的、修订版等也需原字摘录。

4.5.6　从编项

从编项为书籍的丛书项，表示该书存在一系列类似相关的书籍，有丛书项的可摘录相关信息。

4.5.7　附注项

对于原书中无法归类的摘录项，需要进行辅助性说明。比如，原书中的题名、责任者、出版信息等有多处不一致情况，可在附注项进行说明，以便有据可查。对于在书名页、版权页、封面等处辅助信息或英文题名时也需要摘录，英文原名的摘录为“书名原文：***”。

4.6　内容检查

内容检查和著录检查是同时进行的，著录检查主要针对前整理人员的整理情况，内容检查针对拍摄人员和冲洗人员的工作情况。内容检查根据整理清单逐拍检查影像，包含以下项目：

4.6.1　缩率

民国时期图书的拍摄要求同一部书采用相同的缩率，在封面书口处放置缩率尺。拍摄时采用的书籍尺寸和缩率对照表如表 2。民国时期图书技术标板缩率有两种：15 倍和 20 倍，文献正文根据清单上的缩率拍摄，著录标板上的摘录缩率为文献实际拍摄缩率。正文拍摄缩率在 18 倍以下时用 15 倍技术标板，18 倍及以上时用 20 倍技术标板。

表 2　拍摄书籍尺寸和缩率对照表

缩率	1/9	1/10	1/10	1/11	1/12	1/12	1/13	1/14	1/15
尺寸	10cm	11cm	12cm	13cm	14cm	15cm	16cm	17cm	18cm
缩率	1/16	1/17	1/17	1/18	1/18	1/19	1/20	1/21	1/22
尺寸	19cm	20cm	21cm	22cm	23cm	24cm	25cm	26cm	27cm

4.6.2　虚拍

产生虚拍的主要原因有：一是翻书过快或者玻璃板没有压实；二是原书印刷质量较差，笔迹不清楚或者纸张吸水严重导致墨水蔓延；三是书籍装订较紧中缝无法打开，产生中缝局部虚拍。可用通过整体局部法、线条虚实法判断是否是虚拍：如果一拍内部分影像清晰，部分影像模糊发暗则为虚拍；如果某拍整体有重影，略微发暗，这时字体笔画边缘清晰则可能是印刷问题，否则是虚拍。对于第一种虚拍需要进行补拍，后两种情况需要附注说明。

4.6.3　漏拍

拍摄时需保持拍摄环境的安静，减少对拍摄人员的干扰，同时拍摄人员需要建立良好的拍摄习惯，减少拍摄错误。对于有漏拍而前整理没有提示的，需要核对原书，并判断是缺失、漏拍还是页码错误等。如果是缺失则需修改缺失项，页码印刷错误依照原书拍摄即可，漏拍则需要补怕。

4.6.4　重拍

一种文献内重拍画幅不宜过多，变光拍摄不计入重拍：重拍占实际拍数 0.5% 以下的为优质品，0.5%—1.5% 之间的为合格品，高于 1.5% 的需补拍或重拍。原书有重复页的，原则上需前整理人员清点出并提示无须拍摄，或以重拍计入比例确定等级。

4.6.5　漏字

漏字是由于图书页面部分缺损导致，需前整理人员在清点时标识提醒，以防重拍。拍摄时需在页面下衬纸拍摄。

4.6.6　分幅拍摄

页面较大的图、表、页面需进行分幅拍摄，分幅拍摄时需各分幅页面重叠部分大于 20cm。分幅拍摄的顺序应与文献影像画幅走向一致，如竖版图书，分幅拍摄需从右向左，从上到下，保持页面的连贯性。

4.6.7　透字

透字基本是纸张太薄，或者由于印墨原因使两页互印文字。纸张太薄时需衬纸拍摄，减少两页纸之间的透光性；对于页面互印的情况，可适当降低拍摄曝光度，降低实际页面和印迹的反差。

4.6.8　夹字

民国时期文献有较多中缝较紧的情况，目前缩微中心依据最小限度损害文献和最大限度保存文字的原则，不拆书脊拍摄，但需拍摄人员在拍摄时酌情最大限度压平中缝。

4.7　补片

不符合质量要求的胶片需根据补片要求补片。补片的过程中需注意补片原则，如重 3 拍原则、接头个数满卷不超过 4 个、100 拍内文献不许有接头、优质合格的比例要求等。开具补单要详细书写问题及补拍内容等信息。接片时要检查接片上下边缘是否对齐，确保接片牢靠。

4.8　后续工作

质检的后续工作包括成品包装、产量统计、标签打印及粘贴、入库等。

质检合格的缩微母片需用护片条裹紧放入胶片盒保存，并在胶片盒顶部和前方贴上包含胶片片盘代号、质检月份、文献名称等信息的标签。护片条为 16mm 宽的白色无酸纸纸带，缠绕在胶片外围，起到遮光防潮等作用

产量统计表一为标签打印，二为报表统计。目前已开发标准化产量统计表模版，子产量统计表可自动化实现数据校对、数量统计、标签打印等功能，主产量统计表可自动

化实现子产量统计表合并、数量统计、报表生成等功能。

和库房交接胶片时需产量统计表、整理清单以及缩微母片三者一致，避免三项不一致、清单混乱、胶片摆放错位等。

本文从缩微母片质检工作的实际出发总结质检工作流程，以上列举的操作流程可根据质检人员的工作习惯略有调整，但具体的质检要点缺一不可，以本质检流程为质检工作标尺，严把质量关，可最大限度减少不合格胶片。

本文提出的母片质检工作流程对其他文献类型的缩微母片也适用，具体细节参数略有不同。本文可作为新质检人员的质检培训方案、日常质检学习，并对缩微工作的标准化进程有一定的启发作用。因本文涉及的质检项目较多，无法一一详述，但总体质检框架为“八步骤”，希望质检人员在实际工作中多查阅相关标准，以补充本文涉及的内容。

参考文献

[1] 常慧慧，李铭．被遗忘的缩微标准［J］．数字与缩微影像，2019（1）：29-33.

[2] 本书编委会．缩微摄影技术等级标准培训教材［M］．北京：北京图书馆出版社，1997.

[3] 全国图书馆文献缩微复制中心．缩微原底片质量检查细则［G］// 缩微品制作标准汇编．北京：全国图书馆文献缩微复制中心，1992.

[4] 何彦平．简述缩微拍摄前民国时期普通图书的整理［J］．数字与缩微影像，2013（2）：15-18.

[5] 程积安．探讨民国时期文献整理工作的问题与改进措施［J］．数字与缩微影像，2015（3）：20-22.

[6] 谷韶军，郭琳．民国书前整理中的信息摘录与数据制作［J］．数字与缩微影像，2016（3）：23-29.

[7] 严萍，马玉峰．原件反差对缩微胶片密度的影响［J］．数字与缩微影像，2015（1）：26-28.

[8] 马玉峰．传统缩微拍摄的质量控制体系研究［J］．数字与缩微影像，2020（4）：10-12.

[9] 严萍，马玉峰．民国时期文献缩微拍摄的问题探讨与改进方案［J］．数字与缩微影像，2014（2）：9-11.

[10] 张红兵，肖波，曹宏．浅谈缩微胶片冲洗注意事项［J］．数字与缩微影像，2018（2）：17-19.

[11] 孙跃军．浅谈如何保证缩微胶片冲洗的密度质量［J］．数字与缩微影像，2001（4）：16.

[12] 穆梓．按七步法排除缩微品制作质量事故［J］．缩微技术，1997（1）：38-40，43.

[13] 肖建萍，张莉．民国图书16mm银盐缩微胶片质检经验谈［J］．数字与缩微影像，2015（4）：3-9.

[14] 齐淑珍，李进．缩微摄影技术国家标准在缩微母片质检中的应用［J］．中国科技信息，2013（9）：155-156.

[15] 陈婷．缩微品质量检验之体会［J］．贵图学刊，1997（2）：61-62.

[16] 张丁．提高缩微品质量把好检验关［J］．缩微技术，2001（4）：27-29.

[17] 齐淑珍．缩微工作人员应具备的素质［J］．数字与缩微影像，2013（2）：25-27.

[18] 方嘉．图书馆缩微品检验人员素质之我见［J］．内蒙古科技与经济，2015（10）：154-155.

[19][20] 孙跃军．缩微胶片解像力检测及实施方法［J］．数字与缩微影像，2009（3）：16-17.

[21] 冯蕾．缩微胶片划痕修复研究综述［J］．数字与缩微影像，2019（2）：1-5.

公共图书馆线上线下智慧化服务融合模式探讨*

童忠勇（信息技术部）

1　背景

早在2015年,《国务院关于积极推进"互联网+"行动的指导意见》中就指出:"互联网与各领域的融合发展具有广阔前景和无限潜力，已成为不可阻挡的时代潮流。"[1]如今"O2O"（Online To Offline，简称O2O）服务模式早已渗透至大众生活的许多方面，如共享单车、美团外卖、电商购物等。伴随着互联网的迅猛发展，我国图书馆的服务模式也发生了变化，从原始的到馆卡片目录查询发展到现代互联网、移动互联网服务，再到以App、微博、微信为代表的"O2O"服务模式逐渐兴起[2]，图书馆的服务功能不断拓展。近几年，在数字图书馆工程和数字图书馆推广工程的带动下，我国公共图书馆在线上线下服务融合的实践工作中也开始了积极探索，如：国家图书馆将慕课带入公共图书馆领域，借力社交网络，提供了线上教育的新体验，同时在线下也开设现场讲座，将读者从线上引导到线下，再从线下引导到线上，有效提高了网站的活跃度和用户黏度[3]。长三角地区图书馆依托物流平台积极开展网借图书的线上线下服务融合的探索[4-6]。当前，图书馆正经历传统媒体和新媒体融合发展带来的海量异构资源的巨大考验以及数字网络环境下多元信息服务平台的强势竞争，图书馆行业面临转型发展的"窗口期"[7]。公共图书馆线下服务受时间和空间约束，在这个信息技术高度发达的时代越来越需要互联网服务支撑，线上服务快速发展，也需要拓展线下服务，本文将重点对公共图书馆线上线下智慧化服务融合模式及体系框架进行探索。

2　线上线下智慧化服务融合概述

对于读者而言，线上与线下是其在图书馆行为的不同表现形式。线上服务是线下服务在网络空间的一种延伸，线下服务作为面向读者的直接窗口，为读者提供最为真切的服务体验。图书馆的"O2O"模式本质是将线上系统和线下服务进行融合，构建支撑运行体系的协同平台，以创新发展线上功能，完善线下服务，吸引读者，提高信息服务竞争力[8]，进而促进全民阅读和图书馆服务创新。公共图书馆应顺应时代发展的潮流，深化推进图书馆智慧化进程，充分利用互联网前沿技术，以公共图书馆为核心，社会力

* 本文系国家社科基金青年项目"公共图书馆线上线下服务融合研究"（项目编号：16CTQ004）的研究成果之一。

量为补充，加快建设公共图书馆线上线下智慧化服务体系，打造线上线下融合的服务新业态。

公共图书馆线上线下智慧化服务融合包括智慧化数据融合、智慧化用户融合、智慧化平台融合和智慧化渠道融合四个方面。数据融合是前提，通过对来源于各省、市图书馆线上、线下多来源的资源信息、活动信息以及场馆信息等进行全域整合，在大数据环境下进行数据治理、知识组织和传播利用，构建公共图书馆智慧化的知识体系。用户融合是基础，对分散在各图书馆各应用系统中的用户进行汇聚，构建线上线下统一的公共图书馆用户体系，通过智慧决策分析构建用户画像。平台融合是核心，以互联网思维构建公共图书馆一体化的综合性服务平台，整合“采、编、借、阅、购”等全流程服务，将用户从线上引流到线下，再从线下回归线上，实现线下、线上服务的闭环[9]，提供全面开放性服务。渠道融合是线上线下服务融合的保证，选对合适的服务渠道，开展多渠道的服务融合，提供多元化的创新服务，才能真正提高公共图书馆智慧化服务能力。

3 线上线下智慧化服务融合体系框架

3.1 数据描述体系

元数据是图书馆数字化建设的关键技术，也是图书馆进行数字资源知识组织和管理的工具[10]。我国公共图书馆历尽几代人的发展，数据类型多样，包括但不限于图书、期刊、报纸、论文、图片、音频、视频、网页采集等，资源来源渠道也不尽相同，包括原生的数字化资源、改造加工的数字化资源、商购的数字化资源以及来源于互联网的信息资源等，各省、市图书馆的元数据描述框架各具特色，只有在统一的元数据框架下，才能实现多来源元数据的统一整合。国家图书馆在建设数字图书馆工程期间，制定了一系列数据标准规范[11]。我国数字图书馆内容体系基本框架包括数字资源对象、数字资源元数据、数字资源组织管理、数字图书馆服务、数字资源长期保存、数字图书馆系统平台、数字图书馆管理与评价[12]。我国公共图书馆线上资源的描述框架基本成型。然而，随着公共图书馆知识化、智慧化服务的进程，线上线下服务融合的数据描述需要综合考虑纸质、电子、活动、场馆等多元化信息，提供馆内馆外、线上线下、物流、生活便利等全方位泛在化服务以及全资源管理。

基于传统图书馆信息资源组织方式的 MARC 数据难以表达关联数据，已不能适应互联网发展的时代需求[13]。DC 元数据标准规范体系可以实现元数据的拓展、关联资源的著录以及资源权限的限定。公共图书馆应结合数字资源的内容和形式特征，对元数据进行扩展，采用语义描述，构建线上资源与线下资源、线上活动与线下活动以及资源与活动之间、图书馆场馆信息之间、图书馆与其他行业数据之间的多角度多层次融合的关联数据描述框架，形成知识化的数据描述体系，为互联网环境下的万物互联以及加快融入智慧城市建设提供数据支撑。

二维码已成为线上服务和线下服务连接的桥梁，智慧图书馆环境下，资源的描述体系也应纳入二维码。通过扫描二维码，公共图书馆可以把现实世界和网络世界连接起来，实现网站快速获取、活动信息推送、个性化服务推送、电子资料获取、音视频讲解以及支付等服务。公共图书馆通常采用二维码来描述资源信息和活动信息。资源的二维码用于描述资源的特征属性、资源相关网址等信息，应包括资源信息、读者个人信息、位置信息等数据，扫描该二维码可以获取资源的书名、作者、出版社、ISBN、摘要等基本信息以及在馆状态，馆藏位置等，读者还可以了解阅读此书的人的年龄分布、职业爱好、阅读数据分析等。活动的二维码用于描述活动的特征属性、活动相关网址等信息，如网站快速获取、活动信息推送和个性化服务。围绕二维码可以快速实现公共图书馆“图书馆—读者—图书”线上线下服务的融合。

数据描述上，还需要考虑公共图书馆内部以及公共图书馆与其他行业数据交换问题，实现各图书馆应用系统之间以及与其他行业应用系统的数据共享及集成，需要在不同标准间建立映射关系，统一化数据交换规则，将各种类型、各来源渠道的数据按照一定标准规范进行数据交互，形成统一的数据交换框架。唯一标识符是数字资源的唯一标识符是数字资源的条形码，可贯穿资源生命周期，通过使用唯一标识符技术，可以将采集、加工、组织、检索、服务以及保存等各环节中的数字资源进行统一编号和规范管理，实现资源的精确定位，保证数据在互联网上的稳定性。国家图书馆以数字图书馆推广工程为契机，建设了数字资源唯一标识符系统，并在在全国各省、市图书馆进行推广使用，公共图书馆现有唯一标识符数量达 300 余万条。唯一标识符可作为公共图书馆线上线下服务融合以及与其他行业或机构服务融合的触手，为全国图书馆之间的数据交换和应用系统之间的互操作提供标准支撑。

3.2 用户管理体系

公共图书馆用户包括各省、市图书馆的原生注册用户和微信、微博、支付宝等第三方推送用户[14]。为保证各地图书馆通过统一的用户界面提供服务，通过统一的平台协同和高效地服务读者，公共图书馆需要建立统一的用户管理体系，首先需要面向各省、市图书馆提供统一的、标准化的多来源用户信息汇聚，实现全类型用户信息的集中管理；其次，需要实现用户的统一认证和用户的单点登录、单点登出服务，使用户登录 / 登出一次就可以访问 / 退出所有相互信任的应用系统，提升读者服务满意度。此外，用户管理体系应形成用户画像，通过对用户数据的分析和挖掘，对用户进行多维标签分类，全方位地反映用户的阅读习惯、阅读兴趣以及阅读需求，对用户线上和线下行为深度洞察，构建全面、精准、多维的用户画像体系，实现千人千面运营。公共图书馆在服务中，可借助大数据技术抓取用户行为等个性化数据，进行读者细分、区域细分和服务细分，为用户提供个性化服务，比如通过分析不同区域（城市与农村）的读者倾向于什么服务，不同类型的读者通过什么渠道阅读资源，公共图书馆可以根据不同服务渠道，为读者提供不同类型的服务。

3.3 平台标准体系

公共图书馆应基于物联网、云计算、大数据等核心技术，建立统一的信息化服务平台，接轨智慧城市，面向不同读者，提供灵活的、人性化的、可定制的知识服务。平台底层应考虑各图书馆线上业务的弹性扩展，采用云架构建设，可随时调整云服务器、云存储等计算资源，降低技术开发成本，利用CDN技术和视频处理技术实现资源的快速传输、加密控制和安全服务，保证各地图书馆可以在任意位置使用各种终端获取服务。在系统架构上，建议采用微服务架构，通过服务解耦，提升系统扩展性和服务独立性。在业务层面，构建数据中台和业务中台，对数据进行统一治理、统一调度，为第三方平台提供标准化的元数据接口和对象数据调用接口，支持加入平台的机构开发自己的应用程序，可基于此平台形成一个强大的公共图书馆的协作平台，向公共图书馆各成员馆提供综合性的一体化服务，从各个方面强化图书馆行业的整体性和服务协作性。在服务层面，依托门户网站、移动终端、自主一体机、短信、新媒体、实体馆等多种服务渠道，实现公共图书馆集中平台一体化服务。伴随着云计算、移动互联网、物联网的快速发展，越来越多的开发平台和第三方服务给图书馆的读者服务带来很大的便利，同时，应用程序编程接口（API）也随之越来越多，随着API数量的不断增加，导致了应用开发和API之间的碎片化。在系统接口上，应支持异构异域数据之间的格式和数据转换，提供数据交换标准化的规则定义接口，建议公共图书馆采用RESTful接口设计，统一技术规范，兼容异构技术框架，降低业务微服务化的复杂度，使得业务可以快速接入平台，实现业务互通，为第三方机构接入以及不断增长的图书馆应用生态体系的构建提供支撑。在数据传输上，应实现数据在网络中的可靠传输，并支持断点续传，支持HTTP、HTTPS、TCP、TCPS、JMS、SOAP、FTP等多种协议传输数据；在数据安全性上，应与安全防护体系集成，实现基于SSL通道加密，保证传输通道的安全性，同时应提供身份认证功能，防止非法调用。

3.4 渠道融合体系

渠道融合包括内部渠道融合和外部渠道融合。内部渠道由自有实体渠道、互联网渠道、新媒体渠道、公益服务渠道、增值合作渠道等五块构成。其中，自有实体渠道主要是各省、市图书馆构成，承担了人类文化遗产保护和文献服务传承的职能；互联网渠道由公共图书馆的资源检索服务、资源阅读服务、资源借阅服务等构成，其应用和推广正逐渐占据着越来越重要的地位；新媒体渠道由微博、微信、抖音等新媒体服务构成；增值合作渠道是指通过与公共图书馆合作建设的部委图书馆、机关图书馆以及企事业单位合作图书馆等，开展定向的用户服务。外部渠道融合是指公共图书馆与出版社、资源提供商、资源集成商等渠道的合作。

从互联网服务营销的角度来看，公共图书馆应进行全渠道的无缝连接和服务融合。线上服务优势在于拉新和促活，可以通过线上渠道快速累积用户数据，通过线上渠道的广泛影响力进行服务推广，吸引读者，进而引导他们进入实体馆服务。线下服务优势在于体验，进行用户留存并培养忠实用户。在线上线下服务融合的形式上，应实现线上线下服务的闭环，形成线上、线下服务的相互引流和良性循环，真正意义上实现图书馆与读者的深入交流和沟通。

随着移动互联网、人工智能、大数据、云计算等新一代信息技术加速发展，技术驱动下的图书馆服务模式创新层出不穷，线上线下智慧化服务融合已成为当前最具活力的文化发展形态之一。公共图书馆应抓住图书馆智慧化带来的新发展契机，加强图书馆线上线下的融合发展，拓展图书馆的服务空间和服务半径，将现实空间与虚拟空间融为一体，为用户提供泛在的、精准的、智能的、快捷的服务，实现图书馆服务模式的完善和提升。

参考文献

[1] 国务院关于积极推进“互联网 +”行动的指导意见［EB/OL］.［2020-05-04］. http：//www. gov. cn/zhengce/content/2015-07/04/content_10002. htm.

[2] 肖花 . O2O 模式下图书馆服务融合策略研究［J］. 图书馆工作与研究，2019（6）：60-65.

[3] 汪静 . 我国图书馆界关于 MOOC 的研究综述［J］. 图书馆建设，2016（6）：51-56.

[4] 张静 . 关于“网借投递”创新服务的探讨：以苏州图书馆为例［J］. 贵图学苑，2015（1）：50-52.

[5] 李倩，毛婕 . O2O 模式下宁波市图书馆流动服务新探索——以“天一约书”服务项目为例［J］. 图书馆研究与工作，2019（1）：93-96.

[6] 许群毅，韦卫 . O2O 网络预约借书服务平台建设及运行探析——以浦东新区陆家嘴图书馆“易悦读”网借服务为例［J］. 河南图书馆学刊，2019（5）：113-115.

[7] 饶权 . 中国图书馆事业的历史经验与转型发展［J］. 中国图书馆学报，2019（5）：15-26.

[8] 陶姝成，豆洪青 . 图书馆 O2O 服务模式探析［J］. 情报资料工作，2014（6）：95-97.

[9] 钱宇 . 二维码与图书馆的深度结合：二维码替代条形码［J］. 国家图书馆学刊，2015（6）：1-7.

[10] 朱俊波，梁光德，高尧，等 . 图书馆元数据拓展和关联著录方法研究［J］. 情报杂志，2011（8）：109-112.

[11] 赵悦，申晓娟 . 国家数字图书馆标准规范建设［J］. 数字图书馆论坛，2008（8）：37-42，12.

[12] 张文亮，敦楚男 . 我国数字图书馆标准规范内容体系构建［J］. 图书馆，2019（1）：30-34.

[13] 卢笑明，唐琳，李学鸣 . 元数据与图书馆数字资源组织管理［J］. 农业网络信息，2010（12）：70-71.

[14] 王婵婵，高宏 . 国家图书馆统一用户管理系统设计与实现［J］. 新世纪图书馆，2018（4）：69-72.

容庚《颂斋藏印》考略

宋　凯（古籍馆）

一、容庚及《颂斋藏印》概说

容庚（1894—1983），原名容肇庚，字希白，号颂斋，广东东莞人。著名古文字学家、收藏家、鉴赏家，精篆刻、善书画，为享誉海内外的大学者。容庚出生于清末书香世家：祖父容鹤龄为同治二年（1863）癸亥恩科进士，掌教东莞龙溪书院数十年；外祖父邓蓉镜乃同治十年（1871）辛未翰林，官江西督粮道、三署按察使，晚年任广雅书院院长；父亲容作恭为光绪二十三年（1897）丁酉科拔贡；四舅邓尔雅是著名书法篆刻家，治印有黔山派遗风；叔父容祖椿亦为知名画家。容庚自幼深受传统文化的熏陶，随容祖椿习绘画，后经邓尔雅的指点，引发了对金文研究的兴趣，28岁携稿本《金文编》游京师，得王国维、罗振玉称赞，入北京大学研究所国学门，《金文编》书成，罗振玉、王国维、马衡、沈兼士、邓尔雅为之校订，颇受学术界推崇。容庚曾在燕京大学国文系任教授，兼任北平古物陈列研究所鉴定委员，后南下任教，任岭南大学、中山大学教授。曾主编《燕京学报》《岭南学报》等，著有《金文编》《商周彝器通考》《丛帖目》等。容庚善收藏，以独到眼光收藏青铜器、古籍书画、金石拓本，搜罗宏富，量大质精，后将所藏多次捐献国家，容庚先生辞世后，其子女又陆续捐出先生旧藏，进入公藏机构，使一人私藏为千万人服务、瞻仰。

《颂斋藏印》，2020年钤印本，一函四册，每册书衣均有“颂斋藏印”浮签，开本高28厘米，宽17厘米，版框高15.5厘米，宽9厘米。第一册前有容庚受业弟子中山大学教授陈永正题诗，华南师范大学教授张桂光墨笔书迹，云：

> 方寸精镌鉴古今，千秋取信意何深。从知大道存乎技，月印中天石印心。敬题，颂斋藏印。受业陈永正诗，张桂光书。①

书名页墨笔题“颂斋藏印”，次为中山大学教授曾宪通序，尾有中山大学教授田炜跋，云及容庚先生治印、藏印辑成印谱事，先后有《颂斋藏石》一册、《颂斋印存》二册、《容庚印存》二册、《颂斋藏印》四册，并品评优劣，交代甚详。

① 《颂斋藏印》，第一册，陈永正诗。

二、印人及篆作考察

《颂斋藏印》共收印章177枚，主体为邓尔雅、徐星州、寿石工、简经纶、方介堪、商承祚、罗福颐、韩登安、金禹民、叶潞渊、钱君匋、康殷、马国权、吴子健、张牧石等好友为容庚镌刻及自刻字号印、斋号印等，另有部分容庚旧藏陈鸿寿、黄牧甫、陈师曾等名人篆刻，兹述如下。

（一）容庚

是谱收容庚自刻印6方：民国十九年（1930）二月刻“容斋所得金石”朱文方印、民国十九年三月刻“容庚私印”白文方印；民国二十七年（1938）夏刻“希白”朱文方印；不署年月刻“颂斋”朱文方印，“容庚秘箧”“容庚私印”白文方印。

（二）邓尔雅

邓尔雅（1884—1954），广东东莞人，原名溥霖、贺春，更名万岁，字季雨，号尔雅、尔疋、祟恩，别署绿绮台主、风丁老人，有斋号“绿绮园”“邓斋”，为岭南著名学者邓蓉镜四子。邓尔雅生于北京，幼承家学，以治小学最为用功，后习篆刻、书法及文字训诂，师从何邹崖学印，得黔山派真传。1899年入广雅书院就读，1912年与黄节等创办贞社广州分社。

是谱收邓尔雅刻印34方：民国三年（1914）刻“帝遣奇文出”朱文长条印，民国六年（1917）三月刻“肇庚收藏”朱文方印，民国七年（1918）二月刻“容肇庚印”白文方印、“容斋”朱文方印，民国八年（1919）闰七月刻“容肇庚印”白文方印，民国九年（1920）二月刻“容庚之印”白文方印，民国九年刻“容庚所藏殷周秦汉文字”白文方印，民国十年（1921）十二月刻“容希白”白文方印，民国十一年（1922）三月刻“清河书画”朱文方印，民国十一年五月刻“容斋金石”白文方印，民国十三年（1924）三月刻“别存古意”白文长条印，民国二十六年（1937）六月刻“颂斋”朱文方印，民国二十六年六月刻“容斋吉金”朱文方印，不署年月刻“睎白”朱文方印、“容庚所藏殷周秦汉文字”朱文方印、“容庚希白”白文方印、“容庚之印”朱文方印、“肇庚藏书”朱文长条印、“容徐”白文方印、“庚祖”朱文方印、“肇庚审定”白文方印、“肇庚手斠”白文方印、“肇庚”朱文方印、“长”白文方印、“肇庚所得”朱文方印、“有饭蔬衣练，穷遐方绝域，尽天下古文奇字之志”白文长条印、“容庚”朱文方印、“肇新诵铭”“容千秋印”白文方印、“希白”朱文长条印、“容庚之印”朱文方印、“容庚之印”朱文方印、“吉祥花馆”白文方印、“容斋”朱文椭圆小印、“坤”朱文方印、“容庚之印”白文方印。

（三）徐星州

徐星州（1853—1925），名新周，号星周、星州、星舟，江苏苏州人。师从吴昌硕，有《徐星州印存》等，与邓尔雅交，近现代著名国画家高剑父、高奇峰用印多为星州所制。

是谱收徐星州刻印 5 方：清光绪二十八年（1902）四月刻“老渔所作”朱文方印[①]、民国六年（1917）七月刻“横山庐”朱文长条印、民国七年（1918）正月刻“容肇庚印”白文方印、民国七年（1918）刻“横山庐”朱文方印、不署年月刻“希白”朱文方印。

（四）寿石工

寿石工（1885—1950），名玺，字石工，号印侯、悲风、珏公、园丁，别署硕公等，斋号有“蝶芜斋”“铸梦庐”“辟支堂”“绿天精舍”“玄尚精庐”等，浙江绍兴人，定居北京。工诗词，善书法、篆刻。

是谱收寿石工刻印 3 方：民国三十三年（1944）刻“甲申”白文方印，不署年月刻“容庚”朱文方印、“颂斋所藏”朱文方印。

（五）简经纶

简经纶（1888—1950），字琴石，号琴斋，别署千石楼主，广东番禺人。近代书法家、篆刻家。书法得康有为指点，善章草，专甲骨，著有《千石楼印识》《琴斋印留》《琴斋书画印合集》等。

是谱收简经纶刻印 2 方：不署年月刻“庚印”朱文方印、“希白”朱文方印。

（六）莫铁

莫铁（1899—1977），广东新会人。从邓尔雅游。以“铁篆”闻名印坛，斋号“铁书楼”，曾于民国二十一年（1932）与陈大年等成立天南金石社，1956 年受聘为广州市文史馆馆员。

是谱收莫铁刻印 2 方：民国三十八年（1949）九月刻“容庚”朱文方印、无年月刻“容庚”朱文方印。

（七）周希丁

周希丁（1891—1961），名康元，又名家瑞，字希丁、西丁，号墨盦，浙江金溪人，久居北京。以篆刻和古器物传拓享誉京城，著有《石言馆印存》《古器物传拓术》等。周希丁曾传拓故宫博物院武英殿、宝蕴楼古器物，由容庚编辑出版。

1944 年容庚因得晋栾书缶，甚宝爱之，颜其居曰“晋缶庐”，请周希丁于民国三十五年（1946）刻“晋缶庐”白文方印，是谱所收，即为此印。

（八）张庄

张庄（1898—1977），生平事迹不详。

是谱收张庄刻印 1 方：不署年月刻“容庚之印”朱文方印。

---

① 笔者按：据此印刊刻时间来看，当是徐星州旧作赠与容庚者。

（九）张鲁庵

张鲁庵（1901—1962），原名锡诚，又名咀英，号鲁庵，斋号“望云草堂”，浙江慈溪人。精篆刻，师从海上名家赵叔孺；富收藏，收集古玺、两汉官私印及明代至近代篆刻家印章1000余方，印谱500余部，后捐赠西泠印社；善治印泥，为海内闻名的“鲁庵印泥”创始人。

是谱收张鲁庵刻印2方：1961年8月刻“希白”朱文方印、1961年9月刻“容庚之印”白文方印。

（十）方介堪

方介堪（1901—1987），原名文渠，更名岩，字介庵，别署玉篆楼，浙江永嘉人。善治印，得赵叔孺真传，一生治印不下二万方，尤擅长细朱文印，曾任西泠印社副社长，著有《玺印文综》《两汉官印考存》《古印辨伪》《介堪论印》等。

是谱收方介堪刻印2方，皆不署年月，一“希白”朱文方印，一“容庚”白文方印。

（十一）于海晏

于海晏（1902—1999），字安澜，河南滑县人。曾任河南大学国文系教授，编著有《六书浅释》《历代文学家传选》《古书文字类编》等，在语言文学、美术学、书法史等领域较有影响。

是谱收于海晏刻印1方：1975年9月刻“希白老人八十有二以后所作”朱文方印。

（十二）商承祚

商承祚（1902—1991），字锡永，号驽刚、蠖公、契斋，广东番禺人。古文字学家、书法家。善篆刻，早年从罗振玉习甲骨文字，任教东南大学、中山大学，著有《殷墟文字类编》《商承祚篆隶册》等。

是谱收商承祚刻印2方：1953年8月6日刻“容庚长年”白文方印，不署年月“容庚之玺”白文方印。

（十三）关寸草

关寸草（1903—1948），原名报，更名善，字藻新、春雷、寸草，斋号“南越木刻斋”“益斋”，广东南海人。篆刻工朱文小印，有《益斋印草》等。

是谱收关寸草刻印1方：民国十九年（1930）六月“容庚庚午得来”朱文方印。

（十四）罗福颐

罗福颐（1905—1981），字子期，别署梓溪、紫溪，晚号偻翁，斋号“待时轩”“郼庵”，浙江上虞人，罗振玉第五子。幼承家学，嗜金石文字，通古器物学，善篆刻，学问涉猎广泛，以《汉印文字征》《古玺文编》《古玺印概论》《罗福颐印选》闻名印史。

是谱收罗福颐刻印 2 方：民国十三年（1924）五月刻“容庚之印”白文方印，不署年月刻“容庚之印”白文方印。

（十五）韩登安

韩登安（1905—1976），原名竞，字仲铮、仲诤，号登安，别署登庵、印农、耿斋、无待居士、饮禅，浙江杭州人。书法家、篆刻家。曾任西泠印社总干事，有《韩登安印存》《西泠印社胜迹留痕》等印谱。

是谱收韩登安刻印 1 方：1959 年 6 月刻“容庚”朱文方印。

（十六）金禹民

金禹民（1906—1982），原名马金澄，字禹民、宇民，号宜斋、西桥、自耕老人，斋号有“籀汉簃”“谦牧堂”“长年馆”，北京人，满族镶黄旗。篆刻从寿石工学，兼采吴让之、赵之谦、黄士陵、吴昌硕诸家之长，并擅长印纽雕镂。

是谱收金禹民刻印 7 方：民国三十二年（1943）刻“颂斋”朱文方印，不署年月刻“容庚之印”白文方印、“容庚”白文方印、“容庚之印”白文方印、“容庚”朱文方印、“希白”白文长条印、“容庚长寿”白文方印。

（十七）叶潞渊

叶潞渊（1907—1994），原名丰，字仲子、潞渊、露园，别署露园园丁、潞翁、寒碧主人、石林老人，江苏吴县人。治印以赵叔孺为师，工书法、绘画，精通古器物文字，为西泠印社理事，有《中国玺印源流》《静乐簃印稿》《叶潞渊印存》等。

是谱收叶潞渊刻印 1 方：1962 年 3 月刻“容希白”朱文方印。

（十八）钱君匋

钱君匋（1907—1998），名玉堂、锦堂，字君陶，号豫堂、禹堂、午斋，有斋号“无倦苦斋”“抱华精舍”等，浙江桐乡人。善篆刻，生平治印不下 2 万方，曾任西泠印社副社长，有《钱君匋印存》《鲁迅印谱》《长征印谱》等。

是谱收钱君匋刻印 3 方：不署年月刻“容庚”白文方印、1964 年秋刻“颂斋”朱文方印、1966 年刻“容庚”朱文方印。

（十九）顾铁符

顾铁符（1908—1990），江苏无锡人。著名考古学家。民国时期执教中山大学、中正大学，中华人民共和国成立后主要任职故宫博物院，著有《楚国民族述略》等。

是谱收顾铁符刻印 1 方：民国三十七年（1948）一月刻“希白所得”白文方印。

（二十）张奔云

张奔云（1910—1969），原名明文，广东龙川人。早年参加左翼文联运动。擅书画、篆刻，师从岭南著名书法篆刻家吴子复。

是谱收张奔云刻印 1 方：不署年月“容庚”白文方印。

（二十一）张祥凝

张祥凝（1921—1958），号作斋居士，广东番禺人。善篆刻，初学黄牧甫，兼采丁敬、赵扔叔诸家之长，尤擅朱文小玺，后受邓尔雅影响，得黔山派真传。

是谱收张祥凝刻印 5 方：民国三十五年（1946）六月刻“容庚”白文方印，民国三十五年（1946）八月刻“容庚印信”朱文方印，1950 年 3 月刻“容庚”白文方印，不署年月刻“容庚”朱文方印、“容庚之印”白文方印。

（二十二）张大经

张大经（1910—1990），广东东莞人。书画俱能，尤擅篆刻，治印多学邓石如、黄牧甫。

是谱收张大经刻印 11 方：1954 年 8 月刻“容庚”白文方印，1963 年 4 月刻“容庚长寿”白文方印，1963 年 4 月刻“容庚七十岁后作”白文方印，1964 年 9 月刻“容庚之印”白文方印，1964 年 9 月刻“希白”朱文方印，1965 年 8 月刻“希白长寿”白文方印，1973 年 8 月刻“希白八十后作”朱文方印，1973 年 8 月刻“容庚长寿”白文方印，1974 年 5 月“人书俱老”朱文方印，不署年月刻“容庚之鉥”朱文方印、“容庚”朱文方印。

（二十三）黄文宽

黄文宽（1910—1989），又名黄玄、黄言，号賨石道人，别署萍庐、刚斋，有斋号“瓦存室”，广东台山人。善诗词文史、书法篆刻、金石考古，晚年被聘为广东省文史馆副馆长。

是谱收黄文宽刻印 10 方：民国七年（1918）刻“容庚”朱文方印，1952 年春刻“颂斋”朱文长条印，1954 年 6 月刻“容庚”白文方印，1962 年刻“容庚之印”朱文方印，1963 年冬刻“东莞容庚希白父颂斋七十岁以后所得三代秦汉金石文字之记”白文方印，“东莞容庚颂斋所藏书画”朱文方印，1963 年冬刻“容希白七十以后书”白文方印、“容斋印信”朱文方印，1973 年刻“颂斋八十后作”朱文方印、1973 年大暑刻“容庚之鉥”白文方印。

（二十四）李骆公

李骆公（1917—1992），又名李英、李立民、黑沙驼，福建福州人。毕业于上海美术专科学校，从刘海粟、王个簃、褚乐三诸名师，擅长书法、篆刻，著有《李骆公书法篆刻集》。

是谱收李骆公刻印 4 方：不署年月刻“容庚”白文方印、“希白”朱文方印、“容庚八十以后所作”白文方印、“容庚”朱文长条印。

（二十五）侯福昌

侯福昌（1918—1976），号玉川子，江苏苏州人，久居上海。拜萧退庵为师，篆刻得赵古泥指点，醉心于鸟虫奇字，篆刻亦多受影响，所整理《鸟虫书汇编》十五卷，较有影响。

是谱收侯福昌刻印 7 方：1962 年 8 月刻“容庚之印”白文方印、1962 年中秋刻“容庚”朱文方印、1964 年中秋刻“容庚”白文方印、1973 年 8 月刻“容庚之印”白文方印、1973 年仲夏刻“容庚”白文方印、1973 年中秋刻“容庚长寿”白文方印、不署年月刻“容庚”朱文方印。

（二十六）温廷宽

温廷宽（1919—1997），字景博，名井白，北京人，满族。篆刻从寿石工学，遍摹赵之谦、吴让之、吴昌硕治印，并深受黄士陵影响。

是谱收温廷宽刻印 2 方：民国三十四年（1945）刻“容庚”朱文长条印、不署年月刻“颂斋”朱文方印。

（二十七）郭若愚

郭若愚（1921—2012），字智龛，上海人。文博专家、古文字学家。师从郭沫若、邓散木、阮性山等名家，涉猎古文字、考古、书画、金石、篆刻等领域，曾任上海博物馆馆长。

是谱收郭若愚刻印 1 方：1981 年 8 月刻“容庚”朱文长条印。

（二十八）康殷

康殷（1926—1999），河北乐亭人。著名篆刻家、书画家。曾聘为中央文史馆馆员，有《古文字形发微》《文字源流浅说》《古文字学新论》《印典》等。

是谱收康殷刻印 3 方：不署年月刻“容庚”朱文方印、“容庚私印”白文方印、“容庚”朱文方印。

（二十九）张牧石

张牧石（1928—2011），字介盦、扬斋，号邱圆，别署月楼外史、眉翁、麋翁，天津人。工诗词，善篆刻，从寿石工游，与张伯驹交厚，张伯驹晚年用印多出自张牧石之手。有《茧梦庐诗词》《篆刻经纬》《张牧石印谱》等。

是谱收张牧石刻印 3 方：不署年月刻“颂斋”白文方印、“颂斋八十岁后篆”朱文方印、“八十以后所作”朱文方印。

（三十）肖厂

生平事迹不详。是谱收肖厂刻印 4 方：民国三十年（1941）三月刻“容庚之印”朱文方印、民国三十年（1941）六月刻“容庚之印”朱文方印、不署年月刻“希白”白文方印、不署年月刻“颂斋”白文方印。

（三十一）李浩泉

李浩泉，生于 1928 年，广东高州人。善篆刻，著有《浩泉印赏》。

是谱收李浩泉刻印 1 方：不署年月刻“希白长寿”白文方印。

（三十二）吴子玉

吴子玉（1930—2017），原名灏，字玉、子玉，号迟园、迟居士、退园词客，广东佛山人。岭南书画家、篆刻家。曾拜沪上谢稚柳为师，著有《大笑草堂印存》《吴子玉书画集》《梦帘香阁词》等。

是谱收吴子玉刻印 3 方：1979 年冬刻“容庚八十五以后书”朱文方印，不署年月刻“容庚长年”朱文方印、“容庚长年”白文方印。

（三十三）马国权

马国权（1931—2002），字达堂，广东南海人。师事容庚，曾任中国书法家协会学术委员会委员、西泠印社理事等，著有《广东印人传》《近代印人传》《马国权篆刻集》等。

是谱收马国权刻印 3 方：1964 年 8 月刻“容庚长年”白文方印，不署年月刻“希白七十以后所书”朱文方印、“容庚八十以后所书”白文方印。

（三十四）梁扶冲

梁扶冲（1933—2000），广东台州人。治印师从容庚、黄文宽。

是谱收梁扶冲刻印 1 方：1979 年夏刻“容庚八十五岁以后所书”白文方印。

（三十五）何天喜

生平事迹不详。是谱收何天喜刻印 2 方：1969 年 9 月刻“颂斋所墨”朱文方印、不署年月刻“容庚之印”白文方印。

（三十六）吴子建

吴子建（1947—），名建，斋名“长屋”“从因楼”，祖籍福建福州，生于上海。当代金石名家。曾得吴湖帆亲炙，又问学于张伯驹、容庚、谢稚柳、来楚生、方去疾、陈巨来等名家，治印功力深厚，尤擅长鸟虫篆。

是谱收吴子建刻印 2 方：1974 年刻“希白”朱文方印、1974 年刻“容庚”白文方印。

（三十七）卢炜圻

卢炜圻（1944—2005），广东东莞人。治印师从黄文宽。

是谱收卢炜圻刻印4方：1974年11月刻“希白长年”朱文方印、1974年11月刻“容庚之印”白文方印、1974年冬刻“容庚印信”白文方印、1974年冬刻“希白”朱文方印。

（三十八）刘一闻

刘一闻（1949—），祖籍山东日照，生于上海，斋号“别部斋”“得涧楼”。篆刻受教于苏白、方去疾、方介堪等名家，有《刘一闻印稿》《别部斋朱迹》《中国篆刻》等作品。

是谱收刘一闻刻印1方：不署年月刻“容庚之印”朱文方印。

（三十九）邝景三

邝景三，广东江门人。与邓尔雅、容庚交好。治印细腻，颇见功力。

是谱收邝景三刻印2方：1957年12月刻“容庚”朱文方印、1957年12月刻“容庚”朱文方印。

（四十）振千

生平事迹不详。是谱收振千刻印1方：不署年月刻“容庚”白文方印。

（四十一）代哲

生平事迹不详。是谱收代哲刻印1方：1978年5月1日刻“容庚长寿”白文方印。

（四十二）张瑄

张瑄，曾任美国大都会博物馆东方部主任，与容庚交好。是谱收张瑄刻印2方：不署年月刻“容庚”白文方印、“容庚私印”白文方印。

（四十三）张静

生平事迹不详。是谱收张静刻印1方：不署年月刻“容庚”白文方印。

（四十四）程与天

程与天（1950—），辽宁沈阳人。擅篆刻。

是谱收程与天刻印2方：1975年5月刻“容庚八十岁后作”朱文方印、1975年夏刻“容庚”白文方印。

此谱还收有容庚自藏印数种：陈曼生刻“道恒安报”朱文方印、“芑田书画”朱文方印；王尔度刻“我心如称”朱文方印；霞仙刻“淡远”朱文圆形印；黄牧甫刻“宗室盛昱”白文方印、“伯义”白文方印、“稚甫”朱文方印、“行己有耻”白文方印；谢曜咸丰九年（1859）五月刻“话雨楼钤记”朱文长条印；陈师曾刻“颖生”白文方印；冯康侯民国三十二年（1943）冬月刻“高桥居士”白文方印。郝则彝刻“郑衡”白文方印。不具姓名印：“参斋”“绍武鉴赏”“孔广陶印”“容庚藏书记”“容庚藏金石文字记”“东莞容庚所藏金石书籍”。另有古玺印2方。

三、后记

通过《颂斋藏印》的考察，可见容庚与时贤之间的交往：与北京印人寿石工、周希丁、金禹民等，与浙江印人张鲁庵、方介堪、韩登安、叶潞渊、钱君匋等，与岭南印人邓尔雅、简经纶、黄文宽等，时间跨越民国初年到20世纪80年代，在当代篆刻史上极为少见，颇具学术价值。

《颂斋藏印》钤制精美，附拓边款，线装装订，制作考究，又具有很高的艺术价值。是谱共钤制32部，尤为珍贵，2020年12月《颂斋藏印》入藏国家图书馆，很好地补充了国家图书馆的馆藏，实为难得。笔者有幸经手此事，研读印谱，略有感言，记叙如此。

参考文献

[1] 李一．至元述林：隃麋四记［M］．北京：北京联合出版有限公司，2018：267.
[2] 周川．中国近现代高等教育人物辞典［M］．增订本．福州：福建教育出版社，2018：555-556.
[3] 池长庆，郑利权．民国印论精选［M］．杭州：西泠印社出版社，2018：259.
[4] 郑逸梅．世说人语［M］．哈尔滨：北方文艺出版社，2016：19-20.
[5] 章用秀．民国书法鉴藏录续编［M］．上海：上海远东出版社，2017：310-314.
[6] 刘云鹤．现代篆刻家印蜕合集［M］．上海：学林出版社，2013：60.
[7] 陈红彦．金石碑拓善本掌故（二）［M］．上海：上海远东出版社，2017：71-76.
[8] 彭大馨．西泠印社先贤肖像印选［M］．上海：上海书店出版社，2016：81-82.

智慧图书馆环境下公共图书馆推动老年读者服务的探索

谢春花（离退休干部处）

在社会飞速转型、信息迅猛发展的新形势下，传统图书馆逐步向智慧图书馆过渡。智慧图书馆是数字图书馆在大数据环境下的提升与转型[1]。与此同时，人口老龄化已经成为当今社会乃至全世界不容忽视的一个话题。根据国家统计局数据显示，截至2019年底，我国65岁以上人口数量约为1.76亿，占全国人口总数的12.6%[2]。人口老龄化对社会各界提出了新要求和新目标。在智慧图书馆与老龄化社会的相互加持下，公共图书馆在智慧时代如何因地制宜地为老年读者服务，满足老年群体精神文化需求，从而保障老年群体基本公共文化权益是目前公共图书馆面临的新机遇和新挑战。

1 公共图书馆老年读者服务现状

在政策法规方面，为适应时代发展，我国逐步加强对老年读者服务工作的重视程度，多部涉及老年读者服务的法规、服务标准及地方性政策相继出台，如全国性法律法规《中华人民共和国老年人权益保障法》《中华人民共和国公共图书馆法》，全国性标准《公共文化服务保障法》《公共图书馆服务规范》，地方性条例《北京市图书馆条例》《上海市公共文化服务保障与促进条例》等，这些政策法规的颁布与实施，充分体现了当今社会对公共文化事业发展的重视程度，同时为保障老年群体在新时代享受公共文化服务做出了积极的贡献。

在图书馆使用情况方面，2015年国家图书馆老年教育研究课题组针对文化部老年大学西区分校（现文化和旅游部老年大学西区分校）的老年学生发放的《对图书馆服务情况调查问卷》的统计结果显示：参与调查的248人当中，有234位表示会去图书馆，占94%，但是也有60%的人承认去的频率不规律，只是偶尔为之。只有19%的人保持每月1—3次的频率[3]。由此可见老年群体对图书馆使用并不是很充分。究其原因，除老年人自身身体限制的客观因素以外，公共图书馆在硬件和软件上缺乏针对老年群体的倾斜化服务和举措，也是导致老年群体使用图书馆频率较低的重要原因。

在图书馆服务方面，各地图书馆也根据多年宝贵工作经验的积累，逐步优化改善老年读者服务体验。如提供放大镜、老花镜等辅助设备改善老年群体借阅体验；安装自动体外除颤器（AED），配置创可贴、云南白药喷雾剂等基本药品为老年读者突发身体状况保驾护航；在疫情期间，提供人工帮扶帮助老年读者查询健康码、预约码等更加人性化、适老化的服务。但是随着自助办证机、自助借还机等自助设备的出现以及智能环境的应用，老年读者在智能服务上遇到了难题：不熟悉操作系统、不敢于尝试智能技术的应用让老年读者与智慧图书馆渐行渐远。

在图书馆馆藏资源使用上，时事新闻类、养生保健类、历史文化类、文学类等书籍是最受老年读者关注喜爱的馆藏资源类型。在使用文献类型上，与数字资源相比，报纸、杂志、图书等纸质文献是老年读者获取信息最常用的文献类型。如果想要查询馆藏文献资源，与年轻人在自助查询机上查询不同，大多数老年读者因为无法掌握线上浏览检索等相关技能，只能向图书管理员寻求帮助。由此可见老年群体在信息化时代获取文献信息的途径依然局限在比较传统的媒介方式上。

2 公共图书馆开展老年读者服务的意义

随着全民阅读活动的逐步深入开展，越来越多的老年人愿意走进图书馆享受文化盛宴。老年群体已经成为公共图书馆中一个不容忽视并且稳步壮大的特殊群体。大多数的老年读者已经离开工作岗位，退休后的他们有更加充裕的时间去追求自己的精神文化生活，但是孤独感与不适应感随之而来。再加上由于年龄逐年增长引起的记忆力下降、理解能力减弱、身体反应迟缓等多种客观原因造成社会对老年群体的不认同。但是不服老不服输的老年群体渴望得到社会的尊重与认可，渴望群体交流，渴望将自己丰富的学识和宝贵的社会经验传递给下一代。

公共图书馆是公共文化服务体系的重要组成部分，应当将推动、引导、服务全民阅读作为重要任务[4]。公共图书馆具有公益性和服务普遍性，因此公共图书馆成为当下老年群体精神文化生活较为理想的场所之一。公共图书馆开展老年读者服务对于提升老年群体认同感与获得感、倡导全民阅读、实现公共文化服务体系建设均等化有着重要意义。有学者根据老年读者使用图书馆目的将其分为以下三类：一是老有所乐型，这类老年读者以来图书馆为乐，在这里享受的阅读乐趣；二是老有所学型，这种老年读者本着“终生学习”的理念，不断学习新技能以防和社会脱节；三是老有所为型，这类老年读者愿意用其丰富的专业知识和精神财富来发挥余热，实现其人生价值[5]。公共图书馆应当充分利用其丰富的馆藏文献资源，开展丰富多彩的活动，满足老年读者的不同需求，这也就决定了公共图书馆开展老年读者服务的必然性与重要性。

3 公共图书馆老年读者服务在智慧图书馆环境下面临的挑战

3.1 图书馆发展的智慧化让老年读者望而却步

智能技术飞速发展的今天，互联网+、人工智能、大数据、物联网、云计算，一个又一个陌生的信息化名词让部分老年人在接受新事物时出现了抵触畏惧心理。与此同时，种类繁复的生活类 App 大量涌出；复杂多变、动态更新的操作界面更是让老年人眼花缭乱；使用操作系统的不顺畅导致他们对图书馆智慧化发展望而生畏，踌躇不前。

虽然其中不乏渴望获取智能技术跟上时代脚步的老年读者，但是因为自身原因的限制，如新信息处理速度慢、记忆力不佳、手脑反应不协调等多重因素导致学习效果欠佳，甚至会失去学习的信心与耐心。因此如何帮助老年读者克服心理障碍，学习掌握应用智能手机、平板电脑等智能设备是公共图书馆不可忽视的新难题。

3.2 宣传方式媒体化使老年读者服务受限

目前老年群体获取信息的媒介方式主要依赖报纸、杂志、新闻、广播等传统媒体。然而随着传统图书馆的不断转型，智慧图书馆的信息传递方式逐渐向新媒体平台转变，以微信为代表的即时通讯平台、以微博为代表的开放式推荐平台以及以抖音、快手为代表的视频平台都成了当今智慧图书馆的主要宣传手段。新媒体的宣传方式丰富了当代人获取信息的方式，同时具有信息传递速度快、传播范围广的优点。但是对于老年群体来说，新媒体的流行加剧了"数字鸿沟"的出现，对于不会使用新媒体平台的老年读者来说，宣传方式的改变导致他们接收服务信息受到了限制。他们更倾向于如活动海报、信息指南、调查问卷等传统信息传递方式。因此在信息宣传方面如何兼顾老年读者这一特殊群体，充分保障他们在公共图书馆获取公共文化权益的均等化、公平化是公共图书馆目前面临的新挑战。

3.3 网络环境复杂化，老年读者防护力低

智能技术的出现，改变了人们赖以生存的传统生活，提升了人们的生活质量，然而人们在享受智慧生活带来的便利的同时，还面临着复杂危险的网络环境。对于新入智能世界的老年读者来说，面对网络舆论复杂化、传播平台多样化的繁杂网络环境，如何预防他们在网络环境中上当受骗，加强对网络信息的过滤筛选，提高网络风险安全意识，是当今老年读者和公共图书馆在智慧环境下共同面临的新考验。

4 智慧图书馆环境为公共图书馆老年读者服务提供新途径

4.1 充分利用大数据分析，有的放矢地满足老年读者需求

大数据技术加快了智慧图书馆的发展，与传统图书馆相比，智慧图书馆在业务流程、信息传递方式、服务管理模式以及借阅体验等方面逐步从以人工手动模式为主过渡到以智慧技术为前提的自助模式。为优化老年读者服务，公共图书馆可以深度利用大数据分析，从而更加高效地、快速地分析出老年读者在智慧图书馆环境下的需求点、兴趣点等，精准对接老年读者需求，有针对性地优化老年读者服务，为老年群体提供更多满足其需求的公共文化服务。

4.2 加强组织技术培训，循序渐进地提升老年读者智能技术水平

为满足老年读者日益增长的精神文化需求，激发他们学习智能技术的热情，公共图书馆应充分发挥其丰富的馆藏资源和人才资源，就老年读者运用智能技术高频事项和服

务场景进行专题培训，并将培训或讲座内容制作成电子资源，方便老年读者反复观看复习。以国家图书馆为例，自2014年推出“关爱夕阳”老年课堂公益培训以来，广受欢迎，课程名额一座难求。目前，老年课堂已形成“常规化+”的课程体系，每年8个系列24讲课程，其中常规课程16讲，再根据老年读者需求灵活增加8讲新课程[6]。与此同时在国家图书馆官方网站上有上千场包含公开讲座、业界培训、数字馆藏等内容的视频资源。通过线下集中培训与线上分散学习相结合，让老年读者充分利用正式学习时间与非正式学习时间，尽快掌握智能技术，跨越“数字鸿沟”，共享信息化发展成果。

4.3 深度开发适老服务体系，层层深入地改善老年读者体验

作为将大数据、物联网、云计算、AR、5G等高新技术与图书馆业务场景深度融合的神经系统，智慧图书馆致力于馆区智能化服务和智能化体验。在老年读者服务上，公共图书馆一方面要在智能技术的研发与应用上适度向老年群体倾斜，通过加大字体、语音导航、语音检索等设计降低老年群体使用智能设备的难度，帮助老年读者无障碍享受智能化服务。另一方面，考虑到老年读者的特殊性，公共图书馆应注重传统服务模式的保留与延续：在信息传递方式上坚持新媒体开发与传统媒介并行；在到馆预约方式上坚持线上预约与现场预约并行；在服务模式上坚持自助服务与人工帮扶并行；在老年教育培训方面坚持线下集中培训与线上分散学习并行。通过多项措施并举，逐步改善提升老年读者到馆的体验感。

4.4 积极开展网络安全宣传，加强老年读者网络安全意识

老年群体因为缺乏网络安全知识而转发不明来源链接等不安全行为极大地加剧了黑客入侵、病毒感染的可能性。面对错综复杂的网络环境，公共图书馆在注重老年人智能技术培训的同时，应加强网络安全宣传，如开展网络安全主题讲座、网络安全专题资源建设、网络安全有奖问答等吸引老年群体的文化活动，提高老年人防范网络诈骗的敏感性和警惕性，从而做到文明“冲浪”。

4.5 重视开发老年人力资源，因地制宜地发挥老年读者优势

国家统计局2019年8月发布新中国成立70周年经济社会发展成就系列报告之二十，报告中指出：随着老年型年龄结构初步形成，中国开始步入老龄化社会[7]。老龄化并不是一无是处，对于身体健康状态不错、文化水平较高、专业技术较强并且具有志愿精神的老年群体，公共图书馆可以为他们提供志愿服务平台，通过设立老年志愿讲解员、老年志愿服务岗、老年课堂助讲师等多种形式让老年读者在充分发挥余热的同时，充分展现老年人的正能量，提升他们的获得感与幸福感。

只争朝夕，常学常新；时不我待，不负韶华。“积极老龄化”和“健康老龄化”是当今老年群体的生活目标。公共图书馆作为国家文化事业的重要组成部分，担任着传承民族文明、推动全民阅读、共建书香社会的重要职责，同时承担着填补“数字鸿沟”，

促进老年群体共享信息化成果的重要任务。在智慧图书馆的大环境下，公共图书馆应当在保留传统服务经验的同时，充分开发利用适用于老年读者的智能化服务模式，形成既适应新时代发展要求又满足老年群体适老化需求的服务新模式。通过大数据精准分析老年读者需求、组织信息技术培训提升老年应用技能、开展网络安全宣传为老年人“冲浪”保驾护航等多项措施，切实解决老年人运用智能技术的困难，助力老年读者共享时代发展成果。

参考文献

[1] 王静，宋迎法，都平平，等 . 基于协同理论的智慧图书馆服务过程控制研究［J］. 图书馆工作与研究，2018（10）：42-46.

[2] 国家统计局 . 中国统计年鉴 2020［M］. 北京：中国统计出版社，2020：33.

[3] 汤更生，全根先，史建桥 . 公共图书馆与中国老年教育［M］. 北京：国家图书馆出版社，2015：191.

[4] 中华人民共和国公共图书馆法［EB/OL］.［2021-03-08］. http：//www. gov. cn/xinwen/2017-11/05/content_5237326. htm.

[5] 李雅璐 . 福州地区公共图书馆老年读者服务研究［D］. 福州：福建师范大学，2018：15-16.

[6] 国家图书馆：填补“数字鸿沟”让老年人乐［EB/OL］.［2021-03-04］. https：//baijiahao. baidu. com/s?id=1688022818190040012&wfr=spider&for=pc.

[7] 国家统计局：中国开始步入老龄化社会［EB/OL］.［2021-03-06］. http：//www. ce. cn/xwzx/gnsz/gdxw/201908/22/t20190822_32985939. shtml.

图书馆数字资源应急保障实践

——以国家图书馆中文引进数据库服务为例

蓝　羽（中文采编部）

2020年初，新冠肺炎肆虐全国，在此期间各图书馆均采取了闭馆政策。闭馆期间，在纸质资源无法提供服务的情况下，读者可通过网络获取的数字资源发挥了重要作用。本文重点调研了国家图书馆在数字资源保障方面采取的应急服务措施，并以中文引进数据库疫情期间使用数据作为具体案例进行分析，观察服务效果，最后提出对数字资源应急保障工作的思考。

1　国家图书馆中文引进数据库建设情况

截至2020年底，国家图书馆共引进中文数据库134个，主要包括全文型、索引/文摘型、数值/事实型、多媒体型、工具型、复合型等六大类，其中100个已镜像至本地；69个数据库授权开通远程访问，实现方式包括物理卡认证及实名注册认证；121个可提供统计功能，数据来源方式包括自主查询数据库后台及数据库商提供，统计指标参照《图书馆数字资源统计标准和应用指南》，包括访问量、被拒访问量、检索量、下载量。

2　国家图书馆应急保障措施

2.1　整体部署闭馆期间疫情防控工作

为在闭馆期间做好服务保障工作，国家图书馆第一时间部署落实各项工作，召开会议提出四项具体举措[1]：

第一，提高思想认识，强化组织领导。

第二，坚持闭馆不停工，做好春节假期结束至恢复开馆前的各项工作安排。

第三，加强协同联控，科学高效做好疫情防控工作。

第四，全面压实责任，确保各项防控措施落实到位。

以这四项工作精神为指导，全力协调各部门工作，为读者服务做好基础保障。

2.2　积极整合推送优秀数字资源

在无法提供到馆服务的情况下，国家图书馆及时梳理整合馆藏数字资源，并制作了官方指南[2]在公众号上予以推送，点击量破十万，推送资源中包括本馆百余个引进数据库产品及其他各类数字资源。

（1）整合推出抗疫资源专题网站[3]。由专业馆员精心整理了关于疫情防控与健康防护的各类型资源，包括电子图书、公开课视频、科研数据库等，使读者可以一站式查询专题信息，简单直观。

（2）编辑录制疫情防控微视频。针对疫情易造成心理焦虑等负面情绪的问题，国家图书馆编辑推出《理性防疫·从“心”开始》——“疫情之下的心理与健康”系列微课程 13 讲视频，通过国家图书馆微信公众号、国家数字图书馆 App、国图公开课平台（open.nlc.cn）、国家图书馆视听服务中心专题页面（http：//www.nlc.cn/stfwkj/）同步推出，旨在帮助读者找到适当的方式对抗压力。

（3）制作系列推送文章宣传数据库资源。闭馆期间，国家图书馆充分利用新媒体方式，在“国家图书馆”公众号陆续发布多期中外数据库推送文章，形成“在线数据库陪你‘疫’战到底”系列专题，推荐了包括少儿、经济、诗词、古籍、外文文献等多个主题数据库，以简洁明了的图文介绍数据库概况及使用方式，方便用户发现利用所需资源。

2.3 联络沟通助力拓展数据库服务

闭馆期间，引进数据库资源承担了读者服务的关键职责。为尽可能满足读者文献需求，减少受影响的用户群体，数据库采购部门即时响应，与数据库资源商紧急协商，力争疫情期间为读者提供远程服务，扩大授权用户服务范围，也得到了数据库商的积极反馈，从而为保障资源服务提供了坚实基础。

2.4 适时启动中国战“疫”记忆库建设项目[4]

国家图书馆于 2020 年 4 月 22 日正式发布《国家记忆　共同守护——国家图书馆关于启动中国战“疫”记忆库项目暨征集抗击新冠肺炎疫情主题资源的公告》，联合全国图书馆界和其他合作伙伴共同启动中国战“疫”记忆库建设项目，面向社会各界收集和保存具有历史价值或特殊意义的抗疫资料，留存全民战“疫”的国家记忆。征集内容囊括手稿、照片、书画墨迹类资料、数字资源及版权、口述史料及其他具有保存和利用价值的战“疫”相关资源等。

2.5 移动端多渠道联动发布活动

疫情期间，通过多部门联合整合馆藏资源，组织数字服务内容，通过 App、微信、微博、短视频等多种移动端新媒体形式推送书刊阅读、在线展览、公开课、专题数据库等系列精品内容，例如国家图书馆微博新增“数字阅读推荐”“中华人民共和国大事记馆藏报纸展”专题资源[5]；App 及服务号上线“战‘疫’书柜”及“新时代新经典书柜”满足读者阅读需求[6]；“4·23 世界读书日”期间联合抖音推出了特别活动——“#全民 dou 阅读”话题活动，以“短视频 + 话题”的方式推动大众加入阅读行列[7]。

3 疫情期间数据库使用分析

（1）拓展权限，助力服务

疫情暴发初期，国家图书馆及时暂停读者到馆服务，闭馆期间，为尽量保障中文引进数据库的正常服务，采购人员紧急与各数据库商进行沟通，共协调了45个数据库在疫情期间临时拓展馆外服务模式，包括由持卡认证拓展至实名认证，或由局域网拓展至实名用户等形式。此次拓展资源中，38个可获取本年使用数据，其中23个资源可获取同比数据，有14个实现正增长，且多数涨幅比较明显，实现了一定的拓展价值，但同时，也有部分资源未体现出拓展效果，可能由于其平时馆内用量占优，此次受闭馆影响导致馆外增幅不足以弥补馆内降幅，从而产生数值倒挂。详见表1，选取部分全文数据库为例，表中隐去数据库真实名称，统计周期为2020年1月1日—12月31日。

表1 临时拓展服务资源2020年用量同比①

（单位：次）

资源类型	资源名称	访问量			检索量			下载量		
		2020全年	2019全年	2020涨幅	2020全年	2019全年	2020涨幅	2020全年	2019全年	2020涨幅
图书全文	图书数据库1	—	—	—	—	—	—	34859	26249	33%
	图书数据库2	1515388	860851	76%	—	—	—	—	—	—
	图书数据库3	—	—	—	—	—	—	15502	4175	271%
期刊全文	期刊数据库1	—	—	—	—	—	—	106269	74976	42%
	期刊数据库2	736890	1937293	-62%	—	—	—	—	—	—
	期刊数据库3	—	—	—	—	—	—	34590	5587	519%
报纸全文	报纸数据库1	209112	34016	—	—	—	—	—	—	—
	报纸数据库2	251284	—	—	—	—	—	—	—	—
学位/会议论文全文	论文数据库1	—	—	—	—	—	—	48735	47484	3%
	论文数据库2	—	—	—	—	—	—	9448	6473	46%
	论文数据库3									

（2）馆外用量增减不均

由于疫情期间到馆用量有限，本次也重点观察了馆外用量转移趋势，发现并未出现全面增长的情况，部分数据库馆外使用与馆内综合叠加显示整体用量仍呈减少态势，总用量的倒挂说明馆内使用量并未完全转移至馆外，造成这一现象的原因可能如下：①部分资源的用户或更倾向到馆使用，更为便捷；②用户在馆外使用时不完全依赖于图书

① 数据来源为《2020年国家图书馆外购数据库使用情况统计报表》。

馆，可通过其他途径获取资源；③在馆外使用图书馆资源的设备或者网络无法满足，用户感觉使用不便。从具体数据来看，馆外平均正增长接近5成，降幅仅约1成，总体呈现稳中有升、需求不均的情况。详见表2，样例数据仅展示部分全文数据库，表格底部“2020年馆内/外涨幅同比”以全部可获取数据计算；表中隐去数据库真实名称，统计周期为2020年1月1日—12月31日。

表2 2020年馆内外同比统计表①

（单位：次）

比对指标	资源名称	2019年度总量		2020年度总量		2020同比涨幅	
		馆内	馆外	馆内	馆外	馆内	馆外
下载量	期刊数据库1	1848092	731945	405545	753100	−78%	3%
	期刊数据库2	56101	18875	12710	93559	−77%	396%
	期刊数据库3	650	4937	557	34033	−14%	589%
	期刊数据库4	1101157	2843174	140309	4319253	−87%	52%
	论文数据库1	465017	23814	58930	31429	−87%	32%
	论文数据库2	132543	7517	14888	8954	−89%	19%
	论文数据库3	31279	16205	7496	41239	−76%	154%
	论文数据库4	25028	8298	6593	7383	−74%	−11%
	论文数据库5	4320	2153	1247	8201	−71%	281%
	论文数据库6						
	图书数据库1	1765	54078	1477	53613	−16%	−1%
	图书数据库2	134937	213060	3722	286974	−97%	35%
	图书数据库3	212867	751461	16501	1293829	−92%	72%
	图书数据库4	1828987	1060373	227957	1006549	−88%	−5%
2020年馆内降幅同比		7464732	—	1846582	—	−75%	—
2020年馆外涨幅同比		—	5424852	—	7823858	—	44%
2020年馆外降幅同比		—	1932856	—	1712934	—	−11%

（3）馆内使用缓慢回升

2020年因受闭馆影响，馆内整体使用受到明显冲击，从表2数据可以看出同比降幅近8成，但后期随着陆续复工开馆，用量缓慢回升。为了更清晰地反映馆内用量变化趋势，我们重点选取常用的全文类数据库为例，根据闭馆及分阶段开馆时间分为三个周期，即自1月底闭馆后至5月初开馆前、5月初开馆后至9月底扩大开馆前、10月起扩

① 数据来源为《2020年国家图书馆外购数据库使用情况统计报表》。

大开馆后至年底。从图 1 趋势线可以明显看出，随着开馆范围的扩大，用量均基本保持上行，可以从一定程度反映出开馆服务对资源利用的作用，也说明用户到馆需求较高，但由于长期闭馆及限流影响而可能导致的用户流失能否全面回流，仍需继续观察。

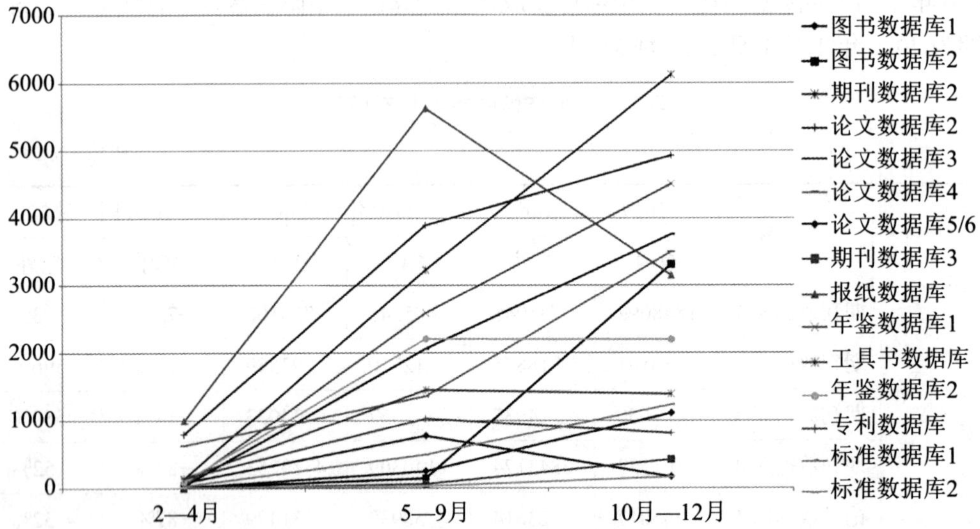

图 1　2020 年馆内用量变化趋势①

通过对拓展服务的资源、馆内的使用量等代表性数据进行分析，同时也观察了其余数据库的使用情况，笔者发现实际使用效果并未明显达到预期，这也给我们的资源服务提出了一些警示，除用户群自身具有不稳定性这个因素以外，多种服务相关因素对于资源利用率的影响也值得思考。

4　对数字资源服务保障的思考

4.1　强化完善应急机制

新冠疫情的影响之广不容小觑，各级图书馆全面闭馆停止到馆服务也可谓极其罕见。在此情况下，即使能够紧急制定临时工作方案，但在具体实施中，包括对内的馆员工作及对外的读者服务等仍然会出现不同问题。因此，建立一个长效动态应急机制十分必要，主要应当从预防、实施、总结三个方面予以完善。

首先，根据风险评估制定预案，其中又主要包括资源应急保障与服务应急处理。资源保障方面，从经验来看，图书馆由于收藏有大量实体资源，通常会针对实体馆藏保护做出应急保障预案，而数字及网络资源的出现又带来了新问题，尽管数字资源具有易复制的特点，但通常并不会像纸质资源一样保存多个复本，因此，假如某个数据库因存储载体或软件系统故障造成数据损坏，而原始资源提供商已不复存在，便相当于这个数据

① 数据来源为《2020 年国家图书馆外购数据库使用情况统计报表》。

库永远失去了存在价值。可见，对于数字资源的应急保障方案值得探讨，例如数据的安全存储与备份、存储设备的维护与检修、日常风险监控评估、故障应对的流程机制等。

做好了资源保障，才能提供资源服务。在服务应急方面，从人员配置、技术支撑、设备维护到内外联络等方面，均有必要明确各自职能。值得注意的是，由于突发事件的类型不同，影响力不一，所涉及的各方面保障服务可能会有不同侧重，因此，有必要在构建一个整体应急预案框架的前提下，针对不同类型突发事件制定应急细则[8]。例如是否有必要全部或部分禁止读者到馆、是否安排全部或部分馆员值班、根据不同应急方案确定主导人员或部门、根据应急需求组织调动资源等。

第二，在应急机制实施过程中，既应当整体上严格履行各环节职责，也应具体问题具体分析，灵活处理。发生紧急事件时，应当及时反应，判断采用具体应急方案，各部门应当积极沟通，协调联动，并根据问题反馈及时调整相关策略，确保信息正确流动，切勿在慌乱中误传谣传错误信息，影响工作处理效率。在具体操作过程中明确责任到人，如有必要还可建立奖惩机制，强化执行效果。

第三，突发事件结束后，应当做好复盘工作，总结经验[9-10]。每次发生非常规情况后，都应及时记录，形成风险台账，将出现的问题与解决方式以及反映出的应对不足及时汇总补充至原有应急预案中，不断加强应对能力。同时，对事件影响进行评估，并制定后续恢复方案，推动工作回归正轨，保障正常的读者服务工作。

4.2 注重软硬件及网络环境保障

数字环境下，软硬件的维护保障工作不可忽视，并且随着各馆数字资源的增加及相关服务的拓展范围增大，各资源对软硬件环境的需求日益增长。数字资源可能因服务器故障、服务器性能老化无法适配资源升级、不明原因无法适配网络等情况导致服务长期中断，对用户使用造成严重影响，造成资源浪费。此外，对于引进数据库还可能存在资源因服务器或存域网空间不足，长期无法将已购的数据镜像至本地，需长期使用外部服务器链接提供服务，若出现外部网络故障则无法保障灾备应急等。综上可见，对于服务器性能、网络环境、存域网空间的需求是迫切且长期的。另外，对于引进的数据库，尽管应尽量保证版本的稳定性以避免频繁改版造成服务中断，但随着技术的发展进步，对于确有必要的技术升级以及为明显提升用户体验而做出的数据库产品版本升级，仍应予以支持，并在软硬件条件上保证适配，包括对网络环境的提速优化、服务器系统的更新或机器的更替等。只有做好基础环境保障，才能确保在诸如本次疫情期间对于数字资源服务的快速反应，平稳应对用户增长对网络及服务器造成的压力风险，否则反而会导致用户流失，无法发挥数字资源的应有作用。

4.3 深入推动资源挖掘

由于数字资源具有检索便捷，编辑简便的特点，便于进行资源挖掘、组织推送，是特殊时期资源服务的有力支持。本次闭馆期间，国家图书馆公众号也针对中外文数据库资源推出了多篇推送文章进行介绍，在一定程度上扩大了资源影响力、提升了利用率。

但略显不足的是，推送文章仅对资源概况进行描述，对于单一资源内容的主题挖掘不够充分，因此呈现在读者面前的资源可能不够生动具象，会影响对新用户的吸引力。对此，笔者选择了几篇案例，以作借鉴。“全国报刊索引”公众号发布的部分推送文章选择不同主题，深入挖掘了近代报刊库中的相关文献，在介绍资料的同时引入背景故事，丰富了推送文章可读性。例如，《面对灾情，百年前的图书馆在做什么？》[11]讲述了百年前灾情中图书馆的义举，展现了图书馆的温暖与力量；《春日趣话——在近代报刊中同游赏春》[12]选择了与春日有关的散文、歌曲、游记等内容，为身处疫情焦虑中的读者带来了些许暖意；重庆图书馆公众号发布的《放大招！〈清平乐〉里的这部书，你看“懂”了吗？》[13]，结合热播影视剧介绍了馆藏古籍资源，读之有物、不失趣味。可见，资源推介不是简单的介绍，如能通过更有意义的背景知识引出资源，或通过资源中的一点引申探索，无疑更可充分展现资源价值。

4.4 多方合作保障用户服务

笔者还对各省级图书馆做了调研，可以看出在这次疫情期间，图书馆间、图书馆与资源商间的合作对资源保障发挥了重要作用。例如中国图书馆学会联合有关企业理事单位及数字资源提供商，通过“读联体＋数字共享阅读服务平台”向广大图书馆工作者和读者免费推送各类型学习资源，有数百家省市级图书馆参与该项目；还有部分图书馆联合数据库资源商通过微信公众号、微信小程序或支付宝小程序等方式提供互动活动推送资源等，充分利用发达的网络环境保障了数字资源远程服务。因此，这次突发事件对于数字资源服务建设也可谓是一个契机，更应依托社会化、行业化合作，加强资源共建共享，依托大数据云计算等技术，深入挖掘整合信息资源、分析用户需求、设计多种活动、增加图书馆与读者互动，从而更有针对性地向不同用户群体提供相应服务，在当下纷繁的信息获取环境中，创造畅通的信息渠道与营销环境，为图书馆争取权威影响力，提高用户黏性。

4.5 提升馆员服务保障能力

图书馆作为重要的文献信息中心，承担着为各级机关、科研教育生产单位、图书馆业界、社会公众服务的职能，是权威科学情报的重要来源地，例如湖北省科学图书馆的“开展 COVID-19 科研动态监测，提供最新科研线索”[14-15]等信息支撑服务，正是依托于馆员的专业技能助力科研工作者加速攻关，因此，馆员服务能力是影响图书馆服务质量和服务水平的重要因素[16]。数字时代面对实时海量的信息，是否能够迅速获取、高效整合、正确输出需求信息，都对馆员专业素养和技能提出了高要求。中国图书馆学会于疫情期间通过“会员学习中心”官方网站和应用程序向全国会员及图书馆工作者免费开放共享 100 余门专业课程[17-19]，为馆员专业化教育创造了有利条件。因此，新环境下对馆员的新要求，也对行业技能培训提出了更大需求，尤其是针对互联网新技术、热点话题与图书馆界的融合、智能技术发展与在图书馆的应用等内容，可以为馆员更好地应对图书馆智慧化转型提供更深更广的学习平台，强化自身素质，形成专业队伍，进而为智慧图书馆建设提供支持。

在重大突发公共事件面前，任何个人和机构都无法置身事外。图书馆在此中应当扮演何种角色、展现何种能力、履行何种责任，始终值得图书馆人深思。如我国图书馆学家沈祖荣所言：“办理图书馆的人，有一件首先要认识到的，就是己立立人。而我们素来造就、熏陶、锻炼、培植所求的学问，所得的学问，不是为自己做招牌，乃是要为社会服务，为群众谋利益。”我们应当在每一次事件、每一件工作中坚持总结经验、推动机制完善、提升应对能力，通过突发事件发现日常服务中未发现的问题，并通过日常服务的增强以更好地应对突发状况，始终以社会服务为己任，实现图情机构在应急管理体系中的应有价值。

参考文献

［1］坚决打赢疫情防控阻击战——国家图书馆研究部署闭馆期间疫情防控相关工作［EB/OL］.［2020-04-01］. https：//mp. weixin. qq. com/s/WldccgIgYJQdJuqQnvnRlg.

［2］官方最新指南来了！服务不打烊，在家免费看！［EB/OL］.［2020-04-01］. https：//mp. weixin. qq. com/s/Svmg6QXp3xlnem5DLNeyGA.

［3］服务不打烊，战“疫”进行时——国家图书馆抗击新型冠状病毒肺炎疫情资源专题［EB/OL］.［2020-04-01］. http：//www. nlc. cn/dsb_zt/xzzt/gtxgfy/.

［4］国家记忆　共同守护　中国战“疫”记忆库项目正式启动［EB/OL］.［2020-04-01］. https：//mp. weixin. qq. com/s?__biz=Mzg2MDI0MTU0MA==&mid=2247488234&idx=1&sn=f11a5cf20c4b1555cef454fb9bd6041c&chksm=ce283901f95fb017d578c8cee5f0fccb3ba6d4dca500e2f94b8d11f75be6f8108180f54969b4&mpshare=1&scene=1&srcid=031707F4eetI0oaUcxF9G73D&sharer_sharetime=1615945693851&sharer_shareid=b013114cdf70ef789e875cdb432906b7#rd.

［5］战疫不孤“读”——国家图书馆微服务助力读者以“读”攻“毒”［EB/OL］.［2021-03-01］. https：//mp. weixin. qq. com/s?__biz=Mzg2MDI0MTU0MA==&mid=2247487352&idx=1&sn=a6d73a3ff85d02761264b3a94060ef9d&chksm=ce282493f95fad85e676ba302426fee8e85aaecd7f13ff374a04387dbb8c5f90d250aaaa8d29&mpshare=1&scene=1&srcid=03172dOiE6asnYGjJSBBNpco&sharer_sharetime=1615945470221&sharer_shareid=b013114cdf70ef789e875cdb432906b7#rd.

［6］好消息！主题书柜上线，静待花开疫［EB/OL］.［2021-03-01］. https：//mp. weixin. qq. com/s/UyEwl8FdNEVebiV3xXU_LQ.

［7］读书日百馆集结　抖音共话全民阅读［EB/OL］.［2021-03-01］. https：//mp. weixin. qq. com/s?__biz=Mzg2MDI0MTU0MA==&mid=2247488298&idx=1&sn=f50bbce382bca8cfe17c936f69ba72ae&chksm=ce2838c1f95fb1d7d124eddd35a96319c9aeec90534f65ed85a52a291170a6ac6fc51f7d5584&mpshare=1&scene=1&srcid=0317XmVdgDhuT2yJ7p4mKBNF&sharer_sharetime=1615945883650&sharer_shareid=b013114cdf70ef789e875cdb432906b7#rd.

［8］曾建勋 . 推进图书馆应急服务体系建设［J］. 数字图书馆论坛，2020（3）：1.

［9］魏永丽，韦汉淬，罗燕萍 . 图书馆突发公共卫生事件应急机制构建探索［J］. 图书情报工作，2015（6）：1-2，8.

[10] 王天津 . 国外图书馆对突发事件的管理及借鉴研究［D］. 北京：中国人民解放军军事医学科学院，2012.
[11] 面对灾情，百年前的图书馆在做什么？［EB/OL］.［2020-04-01］. https：//mp. weixin. qq. com/s/M5iyYXYXtWmRqSs2spP96g.
[12] 春日趣话——在近代报刊中同游赏春［EB/OL］.［2020-04-01］. https：//mp. weixin. qq. com/s/o17w6X-GcrqtcKNcjEz2CA.
[13] 放大招！《清平乐》里的这部书，你看“懂”了吗？［EB/OL］.［2020-04-01］. https：//mp. weixin. qq. com/s/1yCJgONCznPiAFY3n_16kw.
[14] 抗击 2019-nCoV 病毒，支撑科技攻关，我们在行动！［EB/OL］.［2021-03-01］. http：//www. whlib. ac. cn/ver/hm/xinwzx/tpxw/202002/t20200206_5497541. html.
[15] 刘爱敏 . 新冠疫情下公共图书馆对于履行社会职能的思考［J］. 江苏科技信息，2020，37（36）：7-10.
[16] 佟艳泽 .“后疫情时代”公共图书馆应急服务体系建设的若干思考［J］. 图书馆学刊，2020，42（12）：1-6.
[17] 魏大威，廖永霞，柯平，等 . 重大公共安全突发事件中图书馆应急服务专家笔谈［J］. 图书馆杂志，2020，39（3）：4-18.
[18] 蔡迎春，吴志荣 . 高校图书馆信息资源应急保障体系［J］. 图书馆杂志，2020，39（5）：43-54.
[19] 中国图书馆学会面向广大会员和图书馆工作者免费开放“会员学习中心”系列精品课程［EB/OL］.［2021-03-01］. http：//www. lsc. org. cn/contents/1342/14766. html.

基于OMO模式的后疫情时代图书馆人才培训研究

刘晶晶（数字资源部）

图书馆员是图书馆开展各项工作的基础和关键。开展广泛、持续、专业的人才培训，构建专业化的高素质图书馆人才队伍对于保持行业活力、推进技术创新、促进公共文化事业可持续发展具有重要的意义。图书馆界历来十分重视人才队伍建设与培训，各馆依托国家及地方公共文化工程项目、全国性及区域性行业联盟、本馆自身开展形式多样的培训。2020年初新冠疫情的突发和未来其影响的持续性，不仅对图书馆的人才培训工作带来了巨大的挑战，也为图书馆探究未来人才培养新模式提供了契机。本文在分析后疫情时代图书馆人才培训现状和发展挑战的基础上，引入OMO模式探索未来人才培训发展方向。

1　后疫情时代的图书馆人才培训及面临的挑战

1.1 疫情影响下的图书馆人才培训

2020年初，伴随着新冠疫情的暴发，全国的图书馆都受到了重大的影响。各图书馆秉承“闭馆服务不打烊”的宗旨，纷纷依托资源、技术和人才优势，开展实体书配送、决策咨询服务、数字资源推送、在线培训以及线上活动等应急信息服务，极大地丰富了人民精神文化生活，彰显了图书馆人的时代风采[1]。与公众服务相比，新冠疫情对图书馆线下人才培训工作的影响更为严重，据统计2020年上半年各图书馆均未开展大规模的线下人才培训。为了有效减少疫情影响，满足沟通交流和业务提升的需求，各馆积极开展多元化的人员培训探索，将目光转至线上方式。

2020年新冠疫情暴发以来，图书馆人才培训主要转向以下三种模式：第一，传统线下培训转换为线上直播培训。如国家图书馆依托公共数字文化工程开展面向全国省市级图书馆、区县级图书馆的2020年创新服务线上培训班和基层数字图书馆建设线上培训班。这是公共数字文化工程首次开展的全国性线上专题直播培训，培训人数近500人次，是历年来同专题线下培训人数近5倍。第二种，提供在线学习平台，营造浓厚的线上学习氛围。如，中国图书馆学会通过搭建专题网站的方式，面向全国图书馆员开展为期3个月的馆员业务能力提升专题讲座，视频以直播和回放观看两种方式开展，单场讲座播放次数（含回放）均超过1万次[2]。此种模式中，图书馆员注册后即可依据自己的时间随时开展线上学习，不受课程直播时间的限制，辐射面更广、学习更为灵活。第三种培训模式是线上线下结合的培训。根据疫情防控要求控制线下培训人员数量，通过设置主会场与分会场的方式，最大限度实现培训规模效应。如广东省省文化和旅游厅主办的 2020 年全省公共数字文化建设及专项工作培训班，在省文化和旅游厅设主会场，北京全国公共文化发展中心、各地级以上市文旅局设分会场，共计 4000 多人次参与培训[3]。疫情期间各图书馆多样态培训取得巨大成效的同时，线上教育的固有弊端也逐渐凸显出来。课堂互动性差，难以长时间保证高效关注度，学习效果缺少监督，线下培训线上化后的水土不服等。

线下培训与线上培训的固有问题，在疫情防控的特殊时期变得异常敏感，但同时也倒逼图书馆必须顺应数字化学习时代的新型人员培养模式的发展，开展新型的线上线下深度融合的培训模式探索，进一步加强培训的灵活性、敏锐度和柔软度，提升面对突发事件的应急反应能力，优化人员知识结构、加强技术赋能、提升培训体验。

1.2 后疫情时代图书馆人才培训面临的挑战

随着新冠疫情进入常态化，图书馆人才培训工作面临着越来越多的不确定性，也为未来工作带来了更多的挑战。

1.2.1 突发卫生事件倒逼图书馆人才培训创新升级

新冠疫情的突发到来，不仅对人们的生活工作带来了巨大的影响，居家办公、远程操作、数字化学习逐渐进入人们的生活并呈现快速发展态势，也为开展新型人才培训模式提供了环境基础。图书馆传统的培训模式主要以线下实体培训为主，通过公共文化工程项目（如公共数字文化工程）培训、行业或区域联盟（如中国高等教育文献保障系统，CALIS）内培训、本馆培训等方式开展。此种培训模式虽然能实现授课老师与学员的深层次交流，便于开展业务教学，但是线下实体培训受时间、空间、防控政策影响较大，存在灵活度低、成本高等严重的问题。新冠疫情的突发倒逼图书馆不得不开展新型人才培训模式的探索，不仅仅是单纯的线下或是单纯的线上，而是一种更为灵活、更敏锐的柔性人才培训模式。也可以说，后疫情时代的图书馆迎来了新型人才培养模式的发展契机。

1.2.2 智能时代催生培训内容革新

后疫情时代面对图书馆智能化、智慧化转型发展，以及技术革新、疫情刺激和国家政策推动，图书馆人才培训必然面临培训内容的革新。首先，需要加强图书馆基础理论知识培训，这是图书馆开展各项学术研究与业务实践的根基[4]。其次，要进一步提升智慧图书馆新技术、新理念的普及应用，以及云计算、5G、大数据、区块链的新兴技术培训提升。最后，各图书馆在取得疫情防控特殊时期服务成效的同时，也反映了应急反应能力的巨大差距和不足。未来突发公共卫生事件发生的概率依然存在，应急知识与能力的有效补充则成为后疫情时代人才培训中必不可少的重要内容。

1.2.3 经费紧张需要寻求规模化发展和科学化管理

新冠疫情对经济产生了较大的影响，国家财政压力明显。各图书馆经费都出现了或多或少的缩减，并且这一情况在未来的几年还将持续[5]。经费的缩减使原本就已经非常紧张的图书馆运行经费更加捉襟见肘，也不可避免给图书馆人才培训工作带来巨大的影响。同时，由于疫情的不确定性，线下培训大幅度缩减，更直接影响培训工作的规划实施。后疫情时代，经费紧张和实施效果难以为继的双重压力下，图书馆不可避免的将迎来人才培训工作的经费危机。面对特殊时期图书馆员迫切的沟通交流和培训提升的需求，图书馆更需要加大顶层培训的整体规划实施，依托规模效益实现有限经费的效益最大化。另一方面，加强培训资金的科学化管理，通过有限经费的科学管理、线上与线下内容的协同互补，有效节省培训经费。

2 线上线下深度融合教育模式——OMO

随着互联网、人工智能和大数据等为代表的信息技术的日趋成熟，一种将线上线下深度融合教育模式——OMO（Online Merge Offline，OMO）模式逐渐进入人们的视野并呈现快速落地发展态势。

2017 年 11 月，李开复在《经济学人》杂志 *The World in 2008* 特辑发表专栏文章“Meet OMO sapiens”，在新零售领域提出了 OMO 概念，引起了社会的广泛关注[6]。简单来说,OMO 模式是原有 O2O 模式的迭代升级，其依托互联网、人工智能、大数据、5G 等新兴信息技术，将线上的便利和线下的服务进行优势整合、相互赋能，从而使用户能够跨越虚拟现实界限，依托各种载体及终端无缝地进行交易和消费，打造全时空、全场景、全产业、全渠道的经济新生态。

OMO 模式良好的线上线下融合策略吸引了教育领域的极大关注，已成为了一种新的教学样态。原有单纯的线上培训或线下培训面临着运行成本大、获利难、课程体验不足、发展固化等发展问题，严重影响其发展。与此同时，近年来我国出台的“教育息化 2.0 行动计划”“中国教育现代化 2035”等一系列利好政策，进一步加速教育信息化改革，促进科技与教育的深入融合，推动人工智能在教学、管理方面的全流程应用，发展智慧教育等[7]。《中共中央关于制定国民经济和社会发展第十四个五年规划和二〇三五年远景目标的建议》中更是提出要“发挥在线教育优势，完善终身学习体系，建设学习型社会”。在政策推动和疫情倒逼的双重影响下，很多教育机构和科研院校开始探索实施 OMO 教育模式[8]。OMO 教育模式通过技术赋能传统培训模式优化升级，一方面构建全方位、全场景、全过程的无缝学习环境，另一方面创设多维的、零时差的学习服务，从而促进精准、开放、共享的智慧化学习[9]。2020 年 4 月爱学习发布的《K12 教育培训机构 OMO 专项调研报告》[10]显示，疫情期间 OMO 教育理念在 K12 教育培训行业的渗透率大幅提升至 91%，且线下复课后准备使用 OMO 教学产品的机构比例从 2 月底的 53% 提升到了 72%。好未来、新东方、猿辅导等教育头部企业纷纷制定了其 OMO 发展战略并加大投资，深耕新模式发展。

3 后疫情时代 OMO 模式的图书馆人才培训模式构建

OMO 在商业领域和教育领域的发展成果为图书馆引入 OMO 模式开展人才培训奠

定了坚实的理论、技术和实践基础。图书馆在后疫情时代更新升级人才培训模式的迫切需求更为 OMO 模式在图书馆的落地提供了现实可能性。基于 OMO 模式的人才培训模式构建需要从教育场景、组织管理结构、学员角色、教学教研及师资团队建设等方面开展深入研究。

3.1 加强技术赋能，构建全景化教育场景

与传统的图书馆人才培训模式不同，OMO 培训模式更加注重物联网、大数据、人工智能、5G、区块链等新兴技术的应用，从而打造全景化高效能的图书馆人才培训平台。

3.1.1 打造全景化教育场景

5G、VR、全息术等技术的广泛应用，使得数据传输速度、远程交流互动变得更加便捷高效，也为开展大规模远程培训提供了技术可能性。OMO 模式的图书馆人才培训模式需要积极开展以上技术的应用，通过构建全景化培训场景打破线上与线下、虚拟与现实间的界限。让学员以沉浸式学习体验提升学习关注度、注意力，从而进一步提升高质量教学，加强教学互动、强化学习体验、提升培训效果。

3.1.2 技术赋能数据流通与分析

可以通过数据智能收集、分析、跟踪技术提升培训科学性、有效性和个性化。传统的图书馆人才培训模式往往只能对单次或单主题内容的培训开展需求调研、效果评估，同时调研方式也以主观性较强的问卷调查、访谈为主，数据来源单一、规模有限、主观性强，对实践的指导意义有限。而在 OMO 模式的人才培训模式下，可利用人工智能、大数据等技术对系统内海量异构学员学习行为、学习时间、学习时长、学习效果等数据自动收集与分析，打通培训设计、教学、服务之间的信息与数据，为个性化、精准化教学决策不断提供数据分析基础与正向反馈。

3.2 搭建系统性人才培训组织管理结构

3.2.1 构建中心管理机构，加强对分支机构的统筹管理

OMO 模式下，需要机构间良好的合作沟通和统一高效的规划实施，因此需要进一步提升中心管理机构的统筹管理能力。图书馆 OMO 模式的人才培训体系可以在图书馆已有的较为完善的全国性、区域性组织或行业联盟的合作和管理优势的基础上，进一步强化中心机构多环节统筹协调作用。由中心管理机构统筹承担培训的计划制定、过程控制、人员管理、效果评估等顶层工作，以规模效应进一步促进图书馆人才培训提质增效。

3.2.2 深化各分支机构间的协同合作

OMO 模式的人才培训系统中依托中心管理机构开展系统顶层管理的同时，各地方分支机构承担面向区域内线下实体培训的主要工作。同时 OMO 模式秉承的线上线下深度融合，要求学员可实现线上线下、不同地区的无缝转换，因此需要各地方加强协同合作，在保证培训规范性的同时，及时共享学员数据并可提供高质量培训与服务，使学员

不因学习物理空间的转换影响学习体验。

3.2.3 注重基层工作人员素质提升与培养

OMO 模式对培训工作人员的专业素养、信息技术具有较高的要求，除了需要具备培训工作实施中基本的统筹管理、沟通协调等能力以外，还需要熟悉图书馆基本业务知识、熟练掌握培训系统与教学教研工具，以便有效指导学员学习、辅助教师开展教学教研。因此基层工作人员整体能力直接影响系统培训效果，需要注重 OMO 模式下基层工作人员素质提升与培养。

3.3 以学员为人才培训核心

3.3.1 增加培训中学员的参与互动

传统模式下的图书馆人才培训，基本遵循教师授课、学生提问的被动学习模式，互动性时间短、无法实现随时随地沟通，沟通效果也十分有限。在 OMO 模式的人才培训体系中，5G、大数据、全息技术应用使在线高效沟通成为可能，学员可突破时空的限制随时随地开展线上线下交流，交流的过程和交流的时间都不再受限。学员的个人参与、教学互动将成为重要人才培训方式。

3.3.2 设计更有个性、灵活的培训方案

OMO 培训模式下，学员可以更加自主灵活地进行课程内容、授课形式、学习时间的选择。学员可以选择线上学，也可以选择线下学，可选择全部学完整体培训课程，也可根据自身需求设计更有针对性的培训计划。同时，系统依托人工智能和大数据分析技术更加智能地进行教学数据分析，进一步形成用户画像，通过智能推送、精准服务等方式为学员提供个性化的学习设计帮助。

3.4 以教学教研为人才培训关键

3.4.1 线上线下培训内容深度融合

OMO 模式是线上和线下培训模式的深度融合，线上课程成为线下教学在网络世界中的扩展，线下课程则有效补充线上模式在实操、交流中的不足。因此，需要进一步加强线上课程的研发，通过充分开展学习模式、用户行为、效果效能分析，实现线下课程的线上赋能转化。线下课程转以更需实操性、交互性的教学内容。以线上线下培训内容和服务的无缝链接，实现协同发展、优势互补和互相赋能。学员可根据需要进行线上线下课程的随时随地无缝转换。例如，将传统的线下以 2 小时培训为主的课程细分为更能吸引学员注意力的小节内容，以数字化复制减少线下教学成本。同时依托线下开展实践教学、增强交流辅导，进一步提升学员黏性。

3.4.2 构建更丰富的课程体系

从课程内容上，后疫情时代，图书馆需要更具复合型的人才队伍。除了需要继续开展公共图书馆基础理论知识培训，还需要积极补充数据挖掘知识图谱、关联数据等智慧图书馆知识培训，以及大数据、人工智能、5G、AI、区块链等新兴技术培训。除此之外，应急管理、公共安全处理等基础性知识伴随新冠疫情的常态化，也成为 OMO 课程体系

中的有机组成部分。从课程设置上，根据学员的职业发展规划和身份细化课程研发，分别开展面向管理人员、技术人员和新员工的课程设计，切实满足学员需求、提升学习效果。

3.4.3 开展多形式创新的教学实践

随着信息技术的发展和人们学习环境的改变，数字化学习迅速发展，移动学习、泛在学习等新形态先后出现，逐渐成为教学策略的重要组成部分[11]。OMO 模式的图书馆人才培训更加注重吸收数字化学习发展成果，积极应用双师教学、翻转课堂、小组研讨、实际操作等形式，构建全维立体的教学实践形式，不断提升学员的培训参与度、调动学习积极性，让学员在学习和沟通中思考，在实操中提升工作技能。

3.5 打造专业素质强、教学水平高的师资团队

3.5.1 整合现有师资力量，打造多元化师资体系

高素质、专业化的优良师资团队是图书馆开展各项培训工作的重中之重，因此必须高度重视教师团队的建设。图书馆应积极扩展授课教师来源，优化教师结构并开展师资力量、教学成果的共建共享，从而打造更为多元的师资体系。首先，整合高校、科研院所、高新技术企业及其他社会力量中优质师资力量，使学员在掌握专业基础知识的同时，紧跟行业发展前沿；其次，依托已有培训成果，在优质学员中培养具有一定教学能力的业务骨干，承担区域性教学任务，形成人员培训的有生力量；第三，建立图书馆人才培训讲师资源库，不断完善更新教师资源并在 OMO 模式中进行资源共享，以共建共享提升区域性教育水平、减少教育不公平。

3.5.2 提供教师专业发展支持和交流沟通平台

OMO 模式的人才培训需要教师能提供时效性强、更新速度更快、科技含量更高，以及更具专业深度的培训内容。因此需要为教师提供更为持续的发展空间，以技能提升和技术辅助协助授课老师不断提升教学水平。首先，积极倾听培训讲师发展需求，为其职业发展提供支持。在对教师的职业发展需求进行广泛调研的基础上，为其提供可持续的专业素养、教学能力的培训，创造行业沟通交流的平台和机会，进一步加强教学教研基础队伍建设。其次，积极开展教学教研技术辅助。积极辅助教师开展 OMO 教学平台和工具的教学工作，收集使用反馈、优化系统功能，为其开展教学教研工作提供有利的技术保障。

目前 OMO 模式还尚未有一个统一的界定，其在教育领域的发展也处于探索初期，这为图书馆开展 OMO 模式人才培训的模式构建带来了一定的挑战。同时，图书馆界开展 OMO 模式人才培训的体系构建，还存在技术、资金、人才等方面的困难。但不可否认的是，随着数字学习时代的到来，更富有科技含量的智能化、个性化和专业化的 OMO 模式必然成为图书馆未来开展人才培训的发展方向。

参考文献

[1] 姜晓曦．新冠肺炎疫情背景下公共图书馆应急信息服务的策略［J］．图书馆学刊，2020（11）：12-18.

[2] 开讲了！图书馆员业务能力提升专题讲座深受欢迎！［EB/OL］．（2020-05-10）［2020-12-26］．http：//www. lsc. org. cn/contents/1342/14832. html.

[3] 2020 年全省公共数字文化建设及专项工作培训班在广州举办［EB/OL］．（2020-05-28）［2020-12-26］．http：//whly. gd. gov. cn/news_newzwhd/content/post_3004285. html.

[4] 刘炜．"后疫情时代" 图书馆加速转型的人才需求［J］．图书馆建设，2020（6）：8-14.

[5] 蔡颖，蔡迎春．后疫情时代大学图书馆数字资源建设的转型与思考［J］．数字图书馆论坛，2020（10）：11-17.

[6] 李开复：OMO 将引发中国经济新风暴［EB/OL］．（2017-11-23）［2020-12-03］．http：//mb. yidianzixun. com/article/0HlNeoSw.

[7]［10］2020 年 K12 教育培训机构 OMO 专项调研报告［EB/OL］．（2020-04-09）［2021-02-15］．https：//mp. weixin. qq. com/s/1eM5vff6Gr2_MlTxglvWbA.

[8] OMO 教育模式下，基于教学改革、融合信息技术的新型"教与学"［EB/OL］．（2021-01-15）［2021-02-15］．https：//new. qq. com/omn/20210115/20210115A02GJC00. html.

[9] 祝智庭，胡姣．技术赋能后疫情教育创变：线上线下融合教学新样态［J］．开放教育研究，2021（2）：13-23.

[11] 王建虎，童名文，王芸，等．全球数字化学习：挑战、趋向及思考——《2020 数字化学习现状》报告的解析［J］．远程教育杂志，2020（5）：52-60.

国内开放获取出版的研究综述

沈绚楠（中文采编部）

20 世纪 90 年代，随着科技水平的不断提高和互联网技术的不断发展，科研成果爆发式增长。在当时的出版发行模式下，这些科研信息主要掌握在出版商手中。社会大众想要阅读这些科研信息，必须通过订阅的方式进行。随着采购成本不断增加和采购经费的不断减少，机构购买获取学术信息的方式陷入困境，一种共享型的信息获取方式应运而生——开放获取模式。

一般的，开放获取出版（Open Access Publishing，OAP），简称“开放获取”或“开放存取”（Open Access，OA），是基于订阅的传统出版模式以外的另一种选择，其核心特征是在尊重作者权益的前提下，利用互联网为用户免费提供学术信息和研究成果的全文服务。目前已成为科学界、出版界和图书情报学界高度关注的发展方向，国内近年开始关注并展开相关研究。本文梳理了目前基于开放获取出版的研究成果，以期为未来研究提供研究基础。

1 国内学者研究总体情况

为全面了解国内开放出版研究发展情况，以“开放获取”“开放存取”“开放出版”为检索词，在中国知网数据库进行中文主题高级检索，共检索到 6809 条结果。在万方数据库进行题名或关键词的高级检索，共检索出 9125 条结果，检索时间截至 2021 年 3 月 2 日。

1.1 发表趋势

2005—2007 年是开放存取研究的早期阶段，论文数量呈直线上升，原因在于 2004 年 5 月 24 日中国科学院和国家自然科学基金委员会分别签署了《关于自然科学与人文科学资源的开放使用的柏林宣言》，标志着我国正式参与国际化的开放获取运动中。2007—2009 年是开放获取学术研究进入第一个小高峰，因为 2009 年被视为开放存取年。2012—2013 年进入第二个研究高峰，原因在于 2012 年中国举办了第一届开放获取周。总体来说，学界对于开放获取的研究和关注度比较高。如图 1 所示。

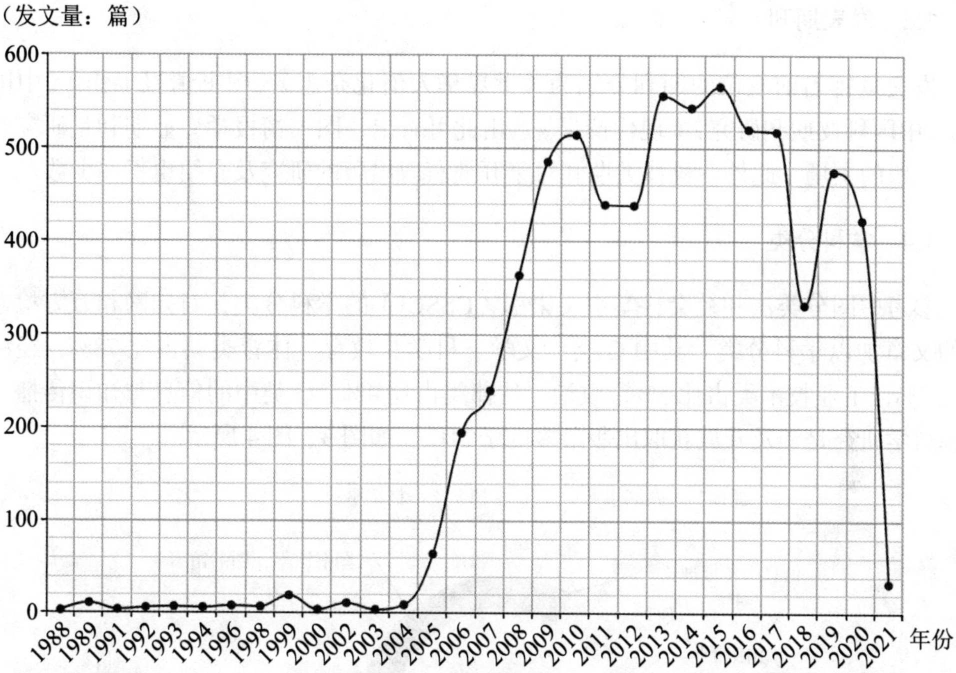

图 1　文献发表趋势

注：来源于中国知网总库

1.2　资源类型

按照类型，这些论文可分为期刊论文、学位论文、会议论文三个部分。知网收录学术期刊论文 5910 篇、学位论文 400 篇、会议论文 121 篇。万方收录期刊论文 7725 篇、学位论文 723 篇、会议论文 576 篇。可以看出，目前对于开放获取出版的研究以学术期刊为主，博硕士论文为辅。

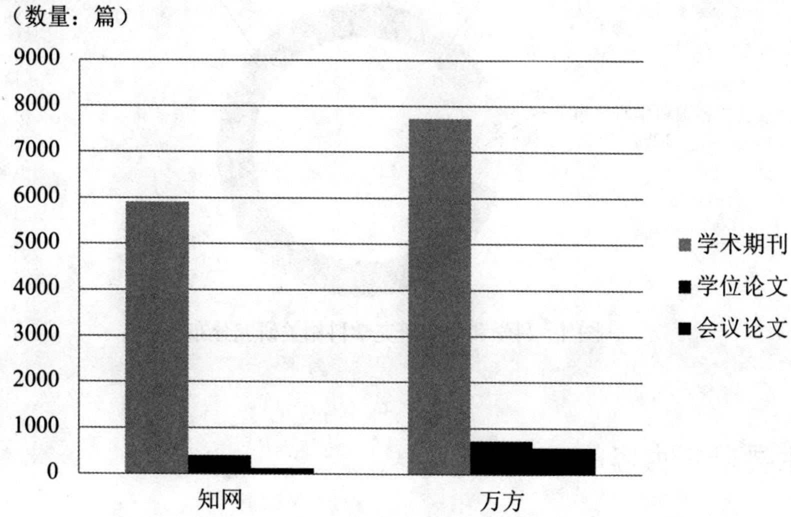

图 2　资源类型

1.3 发表期刊

发文量排名前五位的期刊分别为《世界华人消化杂志》《图书情报工作》《中国出版》《中国科技期刊研究》《现代情报》。由此可看出，图书情报学专业期刊是研究开放获取出版的主场。此外，科技类期刊对于开放获取出版的研究及介绍也不在少数。

1.4 学科分类

参考中图分类法和社会科学引文索引（CSSCI）的学科分类，对知网和万方检索出来的文章加以学科分类。其中 G 类：文学、科学、教育、体育类共占比 78%，经济类占比 7%，工业技术类占比 5%，政治、法律类占比 4%。G 类中的信息与知识传播、科学和科学研究是涉及开放获取出版最多的子学科。如图 3、图 4 所示。

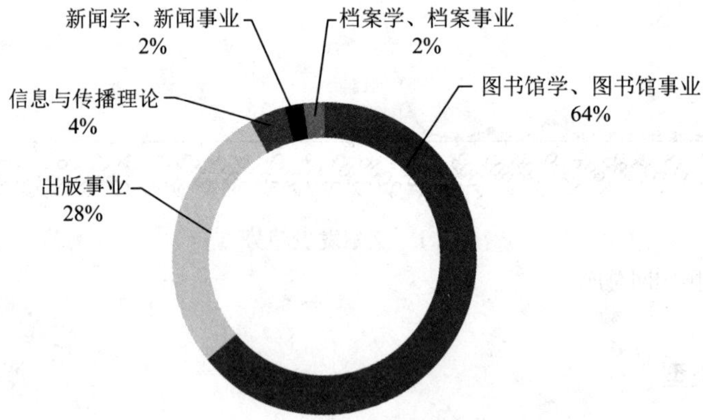

图 3　信息与知识传播学科相关研究分布

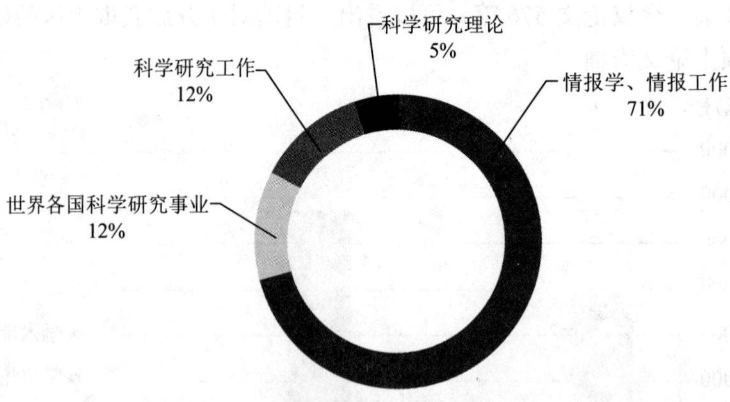

图 4　科学和科学研究学科相关研究分布

2　主要研究内容

国内学者们最初关注的是对国外开放获取出版文献的研究，从 OA 期刊（金色开放存取）和 OA 仓储（绿色开放存取）两种途径入手，进而从概念上建立起一个新的学术出版模式和学术交流模式。后来，越来越多图情界的学者开始将开放获取出版与图书馆事业联系起来，研究在此背景下的图书馆资源建设与服务。随着对开放获取概念及实践研究的不断深入，全方位、多角度的研究开始围绕开放获取展开，其中包括：开放获取政策的制定与实施，开放获取的资源类型拓展，开放获取质量把控，开放获取出版的知识产权问题等。国内学者对开放存取的研究主要体现以下六个方面。

2.1 开放获取出版模式方面

开放存取运动于 20 世纪 90 年代末在欧洲兴起,《布达佩斯开放存取先导计划》正式启动后，开放获取正式在国际图书情报界、出版界大规模地传播。学者们研究了国外典型国家的开放获取出版模式，为我国开展开放获取出版提供依据和参考，主要集中在：金色 OA、绿色 OA 和混合 OA 三种。

任翔和肖超等人研究了英、美等国采用的开放获取模式，偏重于商业运行模式：依然保证出版商的作用，通过向作者征收文章出版费的形式，进行文章出版，但对于出版的文章免费向大众提供阅读服务，实现开放获取。

齐巍、李国俊、许林玉等人研究了日本、荷兰等国采用的开放获取模式，他们弱化了出版商的作用，利用科研机构或者大学、公共图书馆建立联盟的形式，通过免收作者出版费的方式进行出版，并免费向社会公众提供免费阅读服务，这一模式需要政府及企业的赞助方能顺利开展。除了上述提供全部文献开放获取服务外，还有提供部分文献的服务模式，此模式是一种过渡形式，可以降低传统出版模式完全转型为开放出版模式可能存在的风险。

目前我国关于开放获取模式的研究还处于初级阶段，但是通过对国外典型国家开放获取模式的研究，发现目前出版模式的区别主要体现在作者是否支付出版费，以及出版商在开放获取中所起作用上。我国可以借鉴开放获取先行者们的经验和成果，加快开放获取在我国的推进。

2.2 开放获取政策研究方面

制定相关政策是保障开放获取顺利实行的关键，国内学者对于开放获取政策方面的研究主要集中在政府层面、行业层面两个方面。

政府层面方面，肖冬梅、冯朋举、廖建军等学者重点剖析了英、美、加、德、日等典型国家的开放获取政府策略，根据他们采取的相应措施和实施方案进展效果，探讨了开放获取政策对当地各界产生的影响，以期对我国制定开放获取政策有所借鉴。国内关于开放获取的政策较少，主要集中在政府层面提出的鼓励性政策上，如：2014 年，李克强总理在全球研究理事会北京大会上发言表示，我国将采取多种方式支持全球开放获取发展，促进科学知识的广泛传播与共享。

行业层面方面主要集中在机构和图书馆这类情报行业，它们依据国家宏观层面上对开放获取所制定的政策，结合行业特点进行细化，落实到微观层面上，是实现开放获取运动的重要保障。刘文云、杨茗溪等人根据对我国机构知识库、图书馆（包括公共图书馆和高校图书馆）关于OA政策的调研，发现各类机构对开放获取政策的具体制定与实施仅处于起步阶段，且各机构制定的政策有内容雷同、政策相关信息单薄的情况，暴露出政策制定观念不强，政策内容不明确的问题。

今后，我国对于开放获取的政策研究应该围绕知识在社会中转移过程的各个环节，涵盖数字科研成果的开放获取范围、开放获取途径、存储方式、利益相关方责任、产权界定、数据安全等方面。行业应当作为OA运动的支持者和倡导者，逐步提升业界人员的OA意识，加快学术研究成果的获取利用。

2.3 开放出版的版权研究

开放出版模式使得开放资源在复制、传播、利用等过程中的版权保护变得更加复杂，传统版权保护已无法契合开放获取的发展需求。为保护作者的著作权，避免纠纷，促进开放获取发展和作品的共享交流，学者们对开放获取环境下的版权问题进行研究。研究的内容主要分为对开放出版利益相关方、许可协议、让渡模式的研究。

开放获取出版主要涉及作者、出版商和读者这三方利益相关主体，在实际的运行过程中，应当引入和完善合理使用、法定许可、版权集体管理、避风港原则以及相关技术措施，建构以保护作者版权为核心的利益平衡机制，促进开放获取出版的顺利开展。

2.4 开放出版的资源类型拓展研究

随着开放获取期刊研究和实践的深入，开放出版的资源类型也在不断扩大。除了期刊、数据这些资源类型外，学术图书、教育资源的开放获取也逐渐成为开放获取研究的主要内容。

其中，马小琪、金涛等学者对于学术图书的研究主要集中在对于学术图书概念的确定及其开放获取出版可行性分析，邱进友、涂志芳、刘兹恒等学者提出了图书馆提供开放出版服务的建议，指出图书馆可以利用自身优势，参与到开放图书索引系统的建设和图书在线出版平台的开发中，为编目和读者服务工作提供便利。

无论是从著作者版权获益的角度还是文献信息价值的角度分析，学术图书和教育资源均具备开放获取出版的可行性，目前国内学者也提出了尝试利用图书馆机构，对学术图书、教育资源等信息进行开放获取出版的建议。未来图书馆会具备出版商的作用，参与到图书的出版过程，这为图书馆更快捷、更高效地获取图书信息提供了可能，但与此同时，随着图书的线上化，图书馆也将面临线下读者流失等问题。如何解决这类问题的发生，也是未来图书开放获取进展的重要课题。

2.5 开放获取出版的质量问题研究

开放获取出版不同于传统出版方式，因建立在网络环境基础之上，使得部分学者认为此种模式出版的学术成果质量得不到保障。目前，我国关于开放获取出版质量研究有两种。

其一，吴昌政、张红芹等学者以某个特定开放获取期刊为例，论述出版质量评价情况，并构建评价体系。其二，刘锦宏、李若男、夏莉霞等学者对影响出版质量的因素具体分析，此类研究主要从稿源质量、稿件质量、编审3个方面进行介绍，从而为提升和保障开放获取质量提出建议。

开放获取出版的文献，其质量的评价与提高：一方面可以为读者获取高质量的学术成果奠定基础，促进读者对开放获取文献的关注和认可；另一方面，严格的质量控制是对作者投稿的一种负责体现，这会打消作者投稿的顾虑，激发他们的创作热情，OA也会得到持续稳定的发展。因此，加大同行评议的支持力度，同时加强评审要求，是保障开放获取文献质量的重要举措。

2.6 开放获取下的图书馆资源建设方面的研究

随着开放获取运动的不断开展，图书馆业界也逐渐开始关注这一活动，并试图通过开放获取模式寻求一种适用于图书馆的资源建设新模式。研究集中在开放获取环境下图书馆转变角色定位，以及对开放获取环境下图书馆开放出版如何进行资源获取及利用的摸索。

陈传夫、吴建中等专家学者认为，在开放获取环境下，图书馆不应只是信息资源的采购者和访问渠道的搭建者，应该是开放出版与获取的推广者和开放科学可持续发展的维护者。对于开放出版，应该从支持向参与、执行的角色变换。

田晓迪、刘金玉、麻思蓓等学者们对于图书馆参与开放出版后资源的建设问题进行思考研究，探索了图书馆开放获取出版新模式。内容集中在打造图书馆开放出版服务上，对开放获取的宣传、资源获取方式、资源管理平台、配套管理制度等提出了相应对策。

图书馆是开放获取运动中重要的参与者、执行者，业界从业人员应当转变思维定式，树立开放获取意识。对于OA资源，图书馆要从对它的采访、编目、提供读者服务、宣传等多个层面进行思考，组织专门人员进行工作，打造基于开放出版模式的图书馆资源建设和服务新形态。

开放获取出版，不同于传统出版模式，它利用互联网技术推动科研成果的传播，促进了学术信息的交流与共享，为科研成果创造更多价值提供了条件。

通过对国内有关开放获取出版研究文献的梳理，笔者发现近年来对其的研究热度一直稳定在高位，且文献大多发表在图书情报学专业期刊和科技类期刊上，信息与知识传播、科学和科学研究是涉及开放获取出版最多的子学科。这些数据反映了我国越来越多的学者、科研机构，开始关注并投入到开放获取出版的研究中，但是对其的研究还处于较浅、较窄的阶段，有待进一步的全面和深入。

文章重点从开放获取模式、相关政策、版权保护、文献质量、资源类型、图书馆资源建设等六个方面对国内开放获取出版研究的主要研究内容进行分析，发现国内对于其的研究取得了一定的成果，为开放获取出版在我国的发展和应用提供了一定的支撑，但是研究过程中仍有一些不够完善的地方需要得到进一步的研究解决。①国内对于开放获取的政策支撑，还处在支持性文件阶段，仍需加快关于开放获取的指导性文件的研究和制定；②目前对于开放获取的理论研究，主要停留在单一行业或者单一研究团体自行研究的阶段，但由于开放获取出版模式的开放性以及互联网技术下的信息共享性，未来必然需要开展跨越行业界限的开放获取合作，对这方面的研究也有一定的意义；③随着开放获取的逐渐发展和实践，这一新型出版模式必然对传统出版模式产生冲击，传统出版模式中的各参与主体如何采取合适的方式进行转型以规避这些影响，也是学界需要研究的重点；④对于开放获取应用的方面，应该围绕知识在社会中转移过程的各个环节、各个方面进行自上而下的细化落实研究，如：开放获取范围、开放获取途径、存储方式、利益相关方责任、产权界定、数据安全等方面。

参考文献

[1] 陈传夫，李秋实 . 开放社会与图书馆发展［J］. 中国图书馆学报，2020（1）：16-37.

[2] 刘锦宏，李若男，阳杰 . 基于内容质量的开放获取期刊知识传播效果影响因素研究［J］. 科技与出版，2019（11）：108-114.

[3] SIVERTSEN G，孙异凡，丁念 . 关于开放获取出版模式转型的观察与思考［J］. 图书情报知识，2019（4）：113-121.

[4] 李国俊，邱小花 . 金色 OA 模式的典范：荷兰开放获取模式研究［J］. 大学图书馆学报，2019(3)：43-49.

[5] 马小琪 . 图书开放获取权益分享机制研究溯源与现状分析［J］. 图书情报工作，2019（5）：77-83.

[6] 肖超 . 英国大学出版社数字学术出版转型探析［J］. 出版科学，2019（1）：99-105.

[7] 刘聃，高波 . 加拿大大学图书馆开放获取现状分析［J］. 图书情报工作，2018（19）：129-137.

[8] 杨茗溪 . 美国高校机构知识库开放获取政策调查［J］. 图书馆建设，2018（8）：33-39.

[9] 刘金玉 . 开放出版模式下图书馆资源建设探究［J］. 中国管理信息化，2018（10）：180-181.

[10] 廖建军 . 美国政府“开放获取”政策及其对美国的影响［J］. 图书馆，2018（4）：58-62，105.

[11] 吴建中 . 推进开放数据　助力开放科学［J］. 图书馆杂志，2018，37（2）：4-10.

[12] 杨杰，张新鹤 . 美国高校图书馆开放获取政策研究［J］. 图书馆学研究，2017（23）：86-91.

[13] 王涵，许洁，叶阳 . 近十年来我国开放获取政策及其实施效果研究［J］. 图书馆学研究，2017（22）：7-13.

[14] 徐速，张新鹤 . 我国机构知识库开放获取政策体系与内容研究［J］. 图书情报知识，2017（6）：42-49，97.

[15] 邱进友 . 学术图书开放存取驱动的图书馆资源建设研究［J］. 图书与情报，2017（4）：61-64.

[16] 涂志芳，刘兹恒 . 国内外学术图书馆参与开放存取出版的实践进展述略——从出版途径的视角［J］. 图书与情报，2017（3）：61-71.

[17] 冯朋举，刘青 . 日本强制性开放获取政策调研与分析［J］. 图书情报工作，2017（4）：31-39.

[18] 田晓迪，李书宁 . 开放出版模式下的学术图书馆资源建设［J］. 图书馆论坛，2017（1）：66-70.

[19] 许林玉 . 欧盟呼吁免费开放所有科学论文［J］. 世界科学，2016（7）：30，37.

［20］刘文云，陈美华．国际开放获取政策实践进展研究——基于 RAORMAP 系统数据分析［J］．情报杂志，2015（12）：146-151，206.
［21］麻思蓓．开放获取对图书馆信息资源建设的影响［J］．图书馆，2015（1）：78-80，84.
［22］金涛，张强．学术图书开放存取策略选择［J］．图书馆理论与实践，2013（6）：9-11.
［23］谷秀洁，王颖洁．支持 OA 的国外期刊版权模式研究［J］．图书与情报，2012（4）：62-69，119.
［24］王宇红，倪玉莎．自存储机构知识库运行中的版权利益平衡机制研究［J］．情报科学，2012（5）：665-669.
［25］夏莉霞，方卿．国外开放存取期刊的质量评价与控制研究综述［J］．信息资源管理学报，2011（2）：49-54.
［26］马海群，王英．开放存取期刊中的版权问题分析及解决策略［J］．国家图书馆学刊，2010（2）：49-54.
［27］付晚花，肖冬梅．国际开放获取政策及其研究进展综述［J］．图书馆杂志，2010（3）：23-27.
［28］张红芹，黄水清．开放获取期刊质量评价的指标体系构建与评价实践——以化学类期刊为例［J］．情报理论与实践，2008（3）：386-390.
［29］江俊鹏．开放获取资源版权元数据构建研究［D］．北京：中国科学技术信息研究所，2017.
［30］齐巍．日本开放获取研究［D］．长春：东北师范大学，2010.

一起数字出版著作权纠纷案引发的思考

朱　武（中文采编部）

近年来，随着信息网络技术和传播媒介的不断发展，数字化出版模式异军突起，随之而来的是阅读方式正变得更加多元，而阅读形式的改变可以更灵活多样地满足民众对知识的需求，极大地丰富了人们文化消费体验，在一定程度上已经影响了很多人的阅读习惯，数字出版产业可谓是方兴未艾。然而任何新生事物的发展必然会面临新的问题，数字出版业也不例外，在产业发展步入快轨的同时，由于产业链中各方利益主体存在着法律意识淡薄，对著作权有关法律法规未能准确理解并运用的情况，出现了不少的著作权侵权行为，导致数字出版领域的著作权纠纷也进入了频发状态，这给产业加速崛起造成了不小的阻碍。据统计，2010 年至今，全国各地法院历年审结的知识产权案件总体上呈现快速增长的态势，其中著作权侵权纠纷案件占到半壁江山，且其中著作权的侵权纠纷，绝大多数侵犯的权利类型为信息网络传播权，如 2019 年 1 月 1 日到 2019 年 9 月 30 日，已经审结的著作权侵权纠纷中约 80% 的纠纷是侵害信息网络传播权纠纷，达到了 13624 件[1]，数量庞大，可见数字网络环境下著作权保护问题已经不容忽视。本文以“某数字出版著作权纠纷案”为背景，对该案案情做了简要回顾，介绍了该案件的缘由及法院审理与最终判决情况，分析了该案件在审理过程中关注的焦点问题，并在此基础上，分别对数字出版方、出版社以及作者三方利益主体在处理著作权相关权利事宜过程中应注意的若干问题进行了思考，以期与业界同人交流，共同探讨，也希望文中所述能为数字图书馆在建设发展过程中对于版权问题的处理提供一些借鉴。

1 “某数字出版著作权纠纷案”案情简介

原告张某某为某小说的作者，原告发现被告某数字公司和某网络公司未经许可将其小说收入由该家数字公司研究开发并经营的某数字图书馆系统中，且被告将该系统销售给了某大学，在该大学校园局域网内提供在线阅览和下载服务。原告诉称，二被告的行为侵犯了其著作权，对其造成严重损失，请求判令二被告停止侵权、赔偿其相应经济损失并承担公证费用。经法院审理查明：原告委托某公证处在某大学图书馆电子阅览室进行公证，登录该大学图书馆网站主页后，点击进入注明有被告某数字公司开发的数字图书馆系统名称标记的栏目，输入作者姓名进行检索即可搜索到该小说，并可进行在线全文阅读和下载。经调查，被告某数字公司拥有该数字图书馆系统以及系统专用阅读器的软件著作权，是该系统技术的所有者和经营者，该数字公司对有关该系统的纠纷承担法律责任，被告某网络公司为该系统的内容提供版权支持，二被告虽有证据证明是通过与某出版社签订合同的方式，获得涉案图书的信息网络传播权，并协议约定如出现数字版权纠纷问题，由该出版社承担给其造成的损失，但事实上原告作者并未将涉案图书的信息网络传播权授予该出版社，被告某数字公司亦承认其并未审查该出版社取得作者授权的实际情况，因此法院认为被告某数字公司对涉案图书的使用行为仍存在着未尽合理注意义务的过错，应承担相应的侵权责任；由于被告某网络公司取得涉案图书的信息网络传播权，并授权给该数字公司使用，即数字公司使用的涉案图书内容来自网络公司，故数字公司与网络公司应共同承担侵权责任；另因二被告与某出版社签订有合作协议，则二被告在承担相应的侵权责任后，可依据协议向该出版社主张相应的权利，要求出版社对其损失进行赔偿。法院最终依照《中华人民共和国著作权法》（以下简称《著作权法》）第五十二条第（一）项、《信息网络传播权保护条例》第二条、第十八条第（一）项之规定，综合考虑作者知名度、二被告未经作者许可使用的情节轻重以及大学局域网内使用的影响范围等因素，判决被告将原告作品收入其开发的数字图书馆系统，且销售给某大学通过局域网传播的行为没有取得作者许可，侵犯了作者对于其作品享有的信息网络传播权，被告应当停止在该系统内使用原告所著某小说的内容并赔偿原告经济损失及合理费用。

2 “某数字出版著作权纠纷案”在审理过程中的焦点问题

本案被告某数字公司将原告的作品通过信息网络向公众提供的行为，是否已经取得了作者的许可，是判断被告有无著作权侵权行为的关键，亦是本案在审理过程中关注的焦点问题。《著作权法》第十条第（十二）项规定：信息网络传播权，即以有线或者无线方式向公众提供，使公众可以在其选定的时间和地点获得作品的权利[2]，信息网络传播权是著作权中财产权的重要内容。《著作权法》第五十二条第（一）项规定：未经著作权人许可，发表其作品的[3]，有此项侵权行为的，应当根据情况，承担停止侵害、消除影响、赔礼道歉、赔偿损失等民事责任。《信息网络传播权保护条例》第二条规定：权利人享有的信息网络传播权受著作权法和本条例保护。除法律、行政法规另有规定的外，任何组织或者个人将他人的作品、表演、录音录像制品通过信息网络向公众提供，应当取得权利人许可，并支付报酬。《信息网络传播权保护条例》第十八条第（一）项规定：通过信息网络擅自向公众提供他人的作品、表演、录音录像制品的[4]，有此项侵权行为的，根据情况承担停止侵害、消除影响、赔礼道歉、赔偿损失等民事责任。《最高人民法院关于审理侵害信息网络传播权民事纠纷案件适用法律若干问题的规定》第三条规定：网络用户、网络服务提供者未经许可，通过信息网络提供权利人享有信息网络传播权的作品、表演、录音录像制品，除法律、行政法规另有规定外，人民法院应当认定其构成侵害信息网络传播权行为[5]。《中华人民共和国民法典》第一千一百六十五条规定：行为人因过错侵害他人民事权益造成损害的，应当承担侵权责任。依照法律规定推定行为人有过错，其不能证明自己没有过错的，应当承担侵权责任[6]。《最高人民法院关于审理著作权民事纠纷案件适用法律若干问题的解释》第二十条规定：出版物侵害他人著作权的，出版者应当根据其过错、侵权程度及损害后果等承担赔偿损失的责任。出版者对其出版行为的授权、稿件来源和署名、所编辑出版物的内容等未尽到合理注意义务的，依据著作权法第四十九条的规定，应承担赔偿损失的责任。出版者应对其已尽合理注意义务承担举证责任[7]。法条中所述合理注意义务（出版）是指：出版者所从事的出版行业要求其在出版行为的各个环节上，理应对不违法侵权负有比他人更强的注意义务，不尽到义务就表明其在经营中存在过错，造成他人损害的，应当承担民事责任[8]。

由上述法律规定可知，本案被告虽然主观上认为其已通过与某出版社签订合同的方式，获得了涉案图书的信息网络传播权，但事实是原告并未将该书的信息网络传播权授予该出版社，被告某数字公司作为数字出版方因在经营中对涉案图书的数字出版行为的授权未尽到合理注意义务而存在过错，以致在实际未取得作者授权许可的情况下，便将其作品通过信息网络向公众提供，侵权事实存在，则著作权侵权行为成立，应当根据其过错程度、侵权程度以及损害后果等承担相应的侵权责任。

3 “某数字出版著作权纠纷案”引发的思考

本案原、被告双方以及案情所涉之某出版社，均存在着法律意识淡薄，对著作权保护问题重视不够，未能准确理解并运用著作权有关法律法规的现象，其结果最终导致了这起数字出版著作权纠纷案的发生。笔者在了解该案审理情况的基础上，对数字出版产业链的三方利益主体，即数字出版方、出版社以及作者在处理著作权相关权利事宜过程中应注意的若干问题进行了思考，以下逐一对各利益主体可以采取的一些著作权保护措施加以说明：

3.1 数字出版方的著作权保护措施

我国数字出版产业蓬勃发展，2018 年被列入国家战略性新兴产业目录[9]，在政府的大力扶持下，从事数字化出版业务的企业如雨后春笋般纷纷涌现，相比较传统出版社和作者而言，由于受自身技术、资本、销售理念、盈利渠道以及政策等多方面因素的影响，数字出版方往往表现得更为强势，且其著作权侵权行为具有实施简单、侵害结果在社会上传播迅速广泛的特点，这就要求数字出版方应具有极强的著作权意识和社会责任意识，要充分尊重作者以及数字内容提供方（出版社）的合法权益，遵循先获得授权后使用的著作权保护基本原则，在利益分配上，也应考虑给予作者及数字内容提供方合理的回报。《最高人民法院关于审理著作权民事纠纷案件适用法律若干问题的解释》第十九条规定：出版者、制作者应当对其出版、制作有合法授权承担举证责任，发行者、出租者应当对其发行或者出租的复制品有合法来源承担举证责任。举证不能的，依据著作权法第四十六条、第四十七条的相应规定承担法律责任[10]。根据上述司法解释的规定，数字出版方应当对其出版是否有合法授权承担举证责任，另据《最高人民法院关于审理著作权民事纠纷案件适用法律若干问题的解释》第二十条之规定，数字出版方应对其是否尽到了合理注意义务承担举证责任，如果举证不能则应承担民事责任。因此，对于数字出版方来说，为防止自己在著作权纠纷案件中处于不利地位，事先做好风险防范工作是至关重要的。笔者认为数字出版方可采取如下措施来规避版权侵权风险：

3.1.1　提高版权意识，认真履行合理注意义务

数字出版方在与数字内容提供方签订数字版权转让合同时，不可单方面听信数字内容提供方，而应认真履行自己的合理注意义务，要求数字内容提供方出示其拥有所供作品数字版权的真凭实据，用以确保所签转让合同内容真实有效，否则如果合同存在虚假内容，数字出版方又没有进行核实，就可能会发生在未经作者授权的前提下就将作者的作品通过信息网络向公众提供的情况，则数字出版方也会因未尽合理注意义务而存在过错，从而构成对作者信息网络传播权的侵权行为。

3.1.2　妥善保存数字版权归属证明

数字出版方在审查数字内容提供方是否拥有所供作品数字版权时也要注意留存相关权利凭证，以备日后发生纠纷之需，这些原始的有关权利归属的证明将可成为其主张已尽合理注意义务从而无过错可以免责的重要证据。

3.1.3　加强版权保护人才队伍建设，成立涉版权事务专门机构

为维护自身与著作权有关的合法权益，数字出版方应考虑强化内部版权人才队伍的建设，成立涉版权事务专门机构以处理著作权相关事宜。

3.1.4　委托著作权代理机构办理

数字出版方可以委托著作权代理机构办理其著作权相关事宜，著作权代理机构在委托权限范围内以委托人即数字出版方的名义处理有关事务。

3.1.5　建立版权保护联盟

数字出版业可建立版权保护联盟，成立版权保护平台，共享版权信息，合作维权，共获利益。

数字出版方遵守著作权相关法律规定，不仅是对作者的尊重，同时也能有效地保护自身的合法权益不受侵害。

3.2　出版社的著作权保护措施

在数字出版产业链中，出版社一般是数字版权代理人的角色，与作者是委托代理关系。现实中，很多出版社因自身法律意识不强，未能很严格地按照著作权相关法律规范的要求与作者签订出版合同，出版合同对数字版权的约定往往不是很清晰，甚至在内容表述上不符合法律规定，这样很容易导致双方对数字版权约定的理解出现偏差，从而引发数字版权纠纷。《著作权法》第十条第二款规定：著作权人可以许可他人行使前款第（五）项至第（十七）项规定的权利，并依照约定或者本法有关规定获得报酬。《著作权法》第二十六条规定：使用他人作品应当同著作权人订立许可使用合同，本法规定可以不经许可的除外。许可使用合同包括下列主要内容：（一）许可使用的权利种类；（二）许可使用的权利是专有使用权或者非专有使用权；（三）许可使用的地域范围、期间；

（四）付酬标准和办法；（五）违约责任；（六）双方认为需要约定的其他内容[11]。《最高人民法院关于审理侵害信息网络传播权民事纠纷案件适用法律若干问题的规定》第二条规定：本规定所称信息网络，包括以计算机、电视机、固定电话机、移动电话机等电子设备为终端的计算机互联网、广播电视网、固定通信网、移动通信网等信息网络，以及向公众开放的局域网络[12]。根据上述法律规定，笔者认为出版社要想维护自身的著作权权益，可采取以下应对措施来防范版权侵权风险。

3.2.1　与著作权人签订规范的出版合同

出版社应与著作权人签订规范的著作权许可使用合同即出版合同，在出版合同中应明确约定数字版权的归属，确保数字出版有合法授权，同时保证著作权人的数字版权收益。规范的出版合同中有关数字版权的约定内容应包含如下几个方面：①许可使用的权利种类，即为信息网络传播权；②许可使用的权利性质，即出版者获得的是专有使用权还是非专有使用权。一般来说，出版者应通过出版合同取得作品数字版权的专有使用权，要求作者将合同约定的出版作品的数字版权排他性地授予出版者，出版社有权排除包括著作权人在内的任何人以同样的方式使用作品[13]；③许可使用的方式，即可通过哪些信息网络进行传播；④许可使用的地域范围、起止时间，即出版者在何种地域范围内拥有数字版权以及拥有的期限；⑤作者著作权及作品合法性保证条款，前者是指作者对于其著作权无瑕疵的保证性承诺，后者是指作者对于其作品不含有侵犯他人名誉权、肖像权、姓名权等人身权内容的保证性承诺。由于在发生著作权纠纷时，法律规定将原本属于作者的证明出版者有无过错的举证责任分配给了出版者，而作者著作权及作品合法性保证条款是出版者对作者权利正当性的提示条款，同时也是出版者对作者的著作权是否存在瑕疵和作品的合法性是否有瑕疵履行合理注意义务的必要形式和记录之一，一旦发生出版物侵犯了他人著作权的情况，出版者可就已经履行了相关的合理注意义务提出抗辩，主张其自身不存在过错从而免除侵权赔偿责任，而如果出版者在向被侵权人承担了相应的侵权责任后，还可以凭这两个条款向作者追偿损失，行使追偿权[14]；⑥出版社向著作权人付酬标准和办法；⑦违约责任，就著作权人的违约责任而言，包括侵犯他人著作权的违约责任、作品内容违反法律禁止性规定导致不能出版发行的违约责任、不能按时交付作品的违约责任、违反专有性授权的违约责任等。对作者的违约责任做出明确约定之后，即使将来出版社被法院判决承担民事责任，也可以依据出版合同中违约责任条款向作者追偿，从而减少自己的损失。含有上述条款的数字版权许可使用合同，权责利约定清晰明确，能有效保障出版社自身的合法权益。

3.2.2　加强版权管理，严把出版作品的审校关

出版社在与著作权人签订规范的数字版权许可使用合同的同时，也需要加强自身管理，不断提升工作人员的版权意识，严把出版作品的审校关，以便发现作品中可能存在的著作权瑕疵，预防可能发生的侵权问题。

3.2.3　妥善保管有关证据

出版社还应妥善保管出版合同、审稿记录等原始资料，一旦发生侵权纠纷，这些原始资料都将成为其主张免除侵权赔偿责任的直接证据。

3.3 作者的著作权保护措施

相较于出版方，作者一般处于弱势地位，这也是法律规定在发生著作权纠纷时，将原本应该属于作者的举证责任倒置给出版方承担的原因。现实中很多作家法律意识不强，对数字版权概念不清，在与出版方签订出版合同时，往往忽略了对数字版权归属的约定，或者是有关约定不符合法律规定，以致出版方在未获得作者许可的情况下，便将数字版权越权授权给数字出版方，造成事实侵权，而当作者发现其数字版权被侵犯时，又因诉讼成本较高且获赔数额不高而选择放弃维权。笔者认为，作者作为著作权人可采取以下应对措施来规避版权侵权风险。

3.3.1 不断提高自身法律意识，签订规范的著作权许可使用合同

作者应不断提高自身法律意识，在保证其作品不含有侵犯他人著作权内容的基础上，与出版社签订内容规范的著作权许可使用合同，从而有效获得法律保护。

3.3.2 向著作权中介服务机构寻求帮助

作者在处理著作权相关事宜时，可向著作权中介服务机构寻求帮助，或可委托著作权代理机构代其处理。

3.3.3 符合条件的作者可考虑加入中国文字著作权协会

如果作者发表文字作品的情况符合申请加入中国文字著作权协会的条件，也可考虑加入该协会以维护自身利益，该协会是我国目前唯一的文字作品著作权集体管理组织，是以维护著作权人合法权益为宗旨，从事著作权服务、保护和管理的非营利性社会团体[15]，作者成为该协会会员后可将其作品享有的著作权和相关权利授权协会管理，并依协会报酬分配办法获得自己文字著作权使用的报酬，当自己的文字作品著作权受到侵犯时，该协会可依法为其维权，处理作品的著作权纠纷事宜。

我国数字出版产业作为一个朝阳产业呈现出高速发展的态势，随之而来的数字版权保护问题也是层出不穷，版权保护已经成为制约数字出版产业健康发展的一个瓶颈问题，产生了巨大的产业法律风险。如何有效规避风险，加强数字版权保护，这是数字出版产业链中各方利益主体共同的责任，任重而道远。希望文中所述能为数字图书馆在建设发展过程中对于版权问题的处理提供一些借鉴。

参考文献

[1] 2019年度知识产权纠纷大盘点[EB/OL].[2021-03-06]. https://m. sohu. com/a/347686058_120197976/.

[2][3][11] 中华人民共和国著作权法[EB/OL].[2021-03-11]. https://m. thepaper. cn/baijiahao_9967515.

[4] 信息网络传播权保护条例[EB/OL].[2021-03-13]. http://www. gov. cn/zwgk/2006-05/29/content_294000. htm.

[5][12] 最高人民法院关于审理侵害信息网络传播权民事纠纷案件适用法律若干问题的规定[EB/

OL］.［2021-03-16］. https：//www. 66law. cn/tiaoli/6661. aspx.

［6］中华人民共和国民法典［M］. 北京：中国民主法制出版社，2020：216-217.

［7］［10］最高人民法院关于审理著作权民事纠纷案件适用法律若干问题的解释［EB/OL］.［2021-03-16］. https：//www. 66law. cn/tiaoli/8017. aspx.

［8］合理注意义务（出版）［EB/OL］.［2021-03-15］. https：//wiki. mbalib. com/wiki/%E5%90%88%E7%90%86%E6%B3%A8%E6%84%8F%E4%B9%89%E5%8A%A1（%E5%87%BA%E7%89%88）.

［9］陈雪. 我国数字出版产业极具活力［EB/OL］.［2021-03-17］. https：//baijiahao. baidu. com/s?id=1686846034715712534&wfr=spider&for=pc.

［13］［14］汤腊冬. 如何防范著作权纠纷风险［J］. 中国编辑，2007（5）：64-65.

［15］中国文字著作权协会［EB/OL］.［2021-03-21］. https：//baike. baidu. com/item/%E4%B8%AD%E5%9B%BD%E6%96%87%E5%AD%97%E8%91%97%E4%BD%9C%E6%9D%83%E5%8D%8F%E4%BC%9A/10326493?fr=aladdin.

智慧图书馆视角下国家图书馆参考咨询服务发展策略探析

张 帆（参考咨询部）

2020年，国家图书馆提出了建设“全国智慧图书馆体系”的建议，并对转型时期的图书馆知识服务提出了全新的架构与要求[1]。参考咨询是图书馆的传统业务类型，《图书馆参考咨询服务规范》[2]定义参考咨询服务（Reference Service）为针对用户需求，以各类型权威信息源为依托，帮助和指导用户检索所需信息或提供相关数据、文献资料、文献线索、专题内容等多种形式的信息服务模式。随着图书馆自身不断发展，社会功能不断延伸，传统的参考咨询业务也不局限于最初的“四代”服务——代查、代检、代译、代印[3]。基于分析和基于内容的参考咨询服务是图书馆开展知识服务的良好基础，以参考咨询为代表的信息服务也逐步向知识服务的方向转变。在参考咨询业务工作中，对情报学方法论和工具的应用也愈发普遍，图情一体化趋势日渐明显[4]，分析智能环境下图情领域知识服务的发展趋势，对国家图书馆参考咨询服务的转型与创新具有借鉴意义。

1 智能环境下图情领域知识服务的发展趋势

2017年，《新媒体联盟地平线报告》指出大数据、人工智能、数字学术技术等新兴技术在图情领域的应用将会在未来五年中成为主要技术趋势[5]。如今新兴技术与智能环境的发展，确实在重塑图情领域的知识服务中承担着重要角色。笔者将智能环境下知识服务的发展趋势归纳为以下三个方向。

1.1 发展基于数据的情报服务模式

2009年，微软出版的 *The Fourth Paradigm: Data-Intensive Scientific Discovery*[6]对数据密集型的科学研究进行了阐释。2015年8月，国务院印发《促进大数据发展行动纲要》，提出“着力推进数据汇集和发掘，深化大数据在各行业创新应用”。2018年3月，国务院办公厅印发《科学数据管理办法》，进一步促进科学数据的建设与共享。数据，毫无疑问已经成为当下对整个图书馆学和情报学产生最显著推动力的创新趋势[7]。在这样的大趋势下，图情机构纷纷开始探索基于数据提供知识服务的新模式。

中国标准化研究院基于自身资源打造了“国家标准文献共享服务平台”[8]，该平台既提供标准文献的检索及获取，同时提供基于标准文献的各项知识服务。基于“标准化＋大数据”的创新思路，中国标准化研究院探索出基于标准大数据的新型服务模式，并在 2017 年世界标准日公众开放周期间发布了国家标准起草单位大数据分析系统[9]，该系统采用大数据的技术分析标准起草单位对国家标准的贡献程度。中国医学科学院建设的“国家人口与健康科学数据共享服务平台”汇集了包括生物医学、基础医学、临床等七大类 237 个数据集，数据量达到 49.1TB[10]。目前该平台已经形成一套完备的科学数据汇交和共享流程规范，并受到国际权威组织的认可。在科学数据出版方面，中国科学院地理科学与资源研究所以《全球变化数据学报》期刊为依托，实现元数据、实体数据及数据论文关联一体出版，为推动我国科学数据共享和科学数据出版模式推广提供了可借鉴的实践经验。

1.2 加快人工智能技术在知识服务的应用

2015 年 7 月，国务院发布《国务院关于积极推进互联网＋行动的指导意见》将人工智能列入发展目标。2016 年 3 月，人工智能被写入《国家十三五规划纲要》。2016 年 8 月，国务院印发了《“十三五”国家科技创新规划》的通知，将人工智能列入重点开发技术。2017 年 3 月“两会”期间，《政府工作报告》提出加快人工智能的研发与转化。《2018 全球人工智能产业地图》报告指出“AI+”，即 AI 在各领域中的应用，仍然是我国人工智能企业重点布局与融资的方向。AI 在图情领域的应用具有广阔前景。

人工智能技术在图情领域的主要应用包括：智能检索，如谷歌发布的“与书对话”检索引擎，实现句子层级的图书检索；机器翻译，如微软宣布机器翻译技术取得突破，中译英可媲美人类，中译语通基于神经网络算法实现 37 个语种、1332 个语言方向的机器翻译，并将其融入跨语言的语义化大数据处理方案中；自然语言处理及自然语言理解，如中国科学院计算技术研究所基于 TensorFlow 开发出深度文本匹配开源工具 MatchZoo，助力促进智能信息检索、智能问答与智能对话新进展；咨询机器人，如清华大学“小图”、德国汉堡市公共图书馆虚拟聊天机器人“Ina”等。

1.3 推进基于知识图谱的细粒度知识发现服务

自然语言处理技术的发展与资源数字化的普及，使基于篇章级别和语句级别等更细粒度的文本挖掘效果显著提升。借助信息抽取、实体标注等技术手段细化文献分析粒度，可以挖掘细粒度知识单元之间的潜在关联，揭示文献内部蕴含的潜在知识。

中科院文献情报中心打造科技大数据知识发现平台[11]，实现了 PB 级别的科研论文、咨询、报告、项目等多维度数据的挖掘与呈现。基于 STKOS 的全领域知识关联组织方式，实现科研实体、科研咨询、科研成果等覆盖科研全流程的知识发现。刘玉琴、汪雪锋等[12]对现有文本挖掘及计量软件进行分析后，发现现有工具无法完全满足数据处理和分析的需求，因此开发了 ItgInsight 科研关系构建与可视化系统，在传统数据处理过程中引入知识图谱的概念，进一步诠释学科结构和研究热点，在此基础上对学科发展前沿和趋势进行预测。

2 国家图书馆参考咨询服务现状SWOT分析

2.1 内部优势分析

2.1.1 馆藏优势

国家图书馆具备宏富的馆藏中外文文献资源，并购置了各专业学科领域的国内外数据库与检索工具。截至2019年底，馆藏总量达到4036万册件，古籍特藏总量达到330.24万册件，数字资源总量达2158.83TB，外购数据库共计255个，包括中文数据库127个，外文数据库128个[13]。历经百余年发展，国家图书馆已成为世界最大的中文文献中心、中国最大的外文文献中心。国家图书馆丰富的馆藏实体资源、数据库和参考工具为参考咨询服务的开展提供了良好的资源保障。

2.1.2 人才优势

咨询馆员是参考咨询业务的核心要素，其智能成果始终贯穿着参考咨询服务的全链条。在需求沟通、资源检索与获取、咨询产品交付等各个环节，都与咨询馆员的学科背景知识、检索技能、信息分析与组织能力密不可分。国家图书馆拥有一支具备化学、生物学、法律、政治等学科背景的专业参考咨询馆员队伍，熟悉学科文献资源并具有丰富的信息检索经验。此外，国家图书馆十分重视对人才队伍的能力提升，每年都会选派参考咨询馆员参加专业性的学术会议及业务培训，为馆员能力提升以及参与业界交流都提供了很好的平台。

2.1.3 服务品牌优势

从国家图书馆（当时名为国立北平图书馆）于1928年设立“参考科”，提供参考咨询服务至今，参考咨询服务规范和流程日益成熟和完善，参考咨询馆员的业务能力和服务水平逐步提升，参考咨询业务类型和服务范围界定愈发清晰，致力于为中央国家立法决策机关、教育科研机构、企事业单位以及社会公众提供个性化、多层次的高质量信息服务。在国家图书馆众多的参考咨询服务案例中，不乏社会影响力与口碑俱佳的经典案例。如为中央电视台纪录片《东方主战场》《长征》等提供大量的历史图片，为国家级非物质文化遗产项目申报提供深度咨询以及与文化和旅游部合作开展的“文化领域舆情咨询系列项目”等[14-15]，都为国家图书馆树立了良好的社会形象，同时为国家图书馆参考咨询服务品牌影响力提升发挥了重要作用。

2.2 内部劣势分析

2.2.1 市场竞争意识薄弱

在事业单位分类改革中，明确划分公共图书馆为公益一类，公益性是国家图书馆的本质属性。为社会提供公益性的信息服务是国家图书馆的重要社会职责，但科技查新、文献综述、舆情监测等深度咨询服务，为用户提供融合了咨询馆员隐性知识的服务产品，是面向增值的知识服务。一方面，国家图书馆属于公益性事业单位，政府财政为国家图书馆的发展提供了重要保障和支撑。另一方面，公益一类的属性限制了国家图书馆深度咨询服务和产品进入知识服务市场环境的积极性。图书馆对知识服务市场的了解不够充分，主动营销意识和竞争意识较为薄弱。随着众多商业机构参与到信息服务和知识服务的市场中，国家图书馆参考咨询服务的生存空间也在被进一步压缩。

2.2.2 智能化技术应用欠缺

“数字图书馆推广工程”全面推广阶段，国家图书馆布局和规划了一批自动化系统，如虚拟参考咨询系统、参考咨询管理系统、企业信息服务平台等。自动化系统很大程度上提升了传统参考咨询业务的服务效能，将咨询馆员从简单性、重复性的咨询业务中解脱出来，使咨询馆员可以在个性化的深度咨询中投入更多精力。另一方面，参考咨询服务支撑系统和平台研发以专项委托方式为主，自主开发咨询服务系统的能力有所欠缺。系统开发完成后，现有业务模式之外的新需求和新调整无法完全满足，系统的可扩展性和灵活性较差。此外，各类应用系统相互独立，各司其职，不能从宏观层面对参考咨询服务所需功能进行全面的规划与整合。

2.2.3 高端咨询产品和成果不足

国家图书馆当前开展的参考咨询服务中，仍以基于文献的信息服务为主。参考咨询服务满足用户文献需求的服务宗旨一直没有改变，但随着用户信息素养的提升，用户对深层次、高质量信息产品的需求被进一步激发。用户的信息需求也从获取文献中的特定知识，逐步转化为寻求特定问题的整体解决方案。近年来，国家图书馆检索证明类咨询服务（如专题检索证明、论文收引查证等）所占比重较大[16]，这类咨询工作流程固定，对咨询馆员的智力投入和专业技能要求不高，而综合性的研究分析报告和智库资政类成果占整体业务比重较小。回顾国家图书馆的经典参考咨询案例，其中不乏高端咨询产品和战略性成果。而馆员的精力和时间有限，在大量精力被检索证明类业务所牵制时，投入到高端咨询产品研发和编制的精力必然有所限制。

2.3 外部机遇分析

2.3.1 政策发展机遇

“十四五”时期我国将进入新发展阶段，党的十九届五中全会对我国“十四五”时期经济社会发展作出了全面规划，对公共文化服务体系和文化产业体系的建设也提出了新的要求。国家图书馆是公共文化服务体系的重要组成部分，图书馆参考咨询服务在满足全社会的信息需求，促进各区域信息服务均等化中承担着不可替代的重要作用。在全面推进智慧社会建设的新阶段，应紧紧把握数字化和智能化给图书馆发展带来的新机遇，充分借助大数据、物联网、人工智能等技术手段，加快渡过向智慧图书馆转型的窗口期。

2.3.2 高质量信息服务的需求增加

泛在网络环境下，海量数据和信息的开放性、交互性和可获取性已达到了前所未有的程度，深刻影响着用户对信息和知识的需求不断发生变化。用户信息获取和信息利用的技能也在日常工作、研究和学习过程中得到充分的锻炼和提升。在信息与知识高速流动与转化的新环境下，围绕馆藏资源开展的传统参考咨询服务已无法完全满足智能时代用户的知识需求，用户对交互式、半自助式的细粒度知识挖掘与知识发现产生了浓厚兴趣[17]，对高质量信息服务和知识产品的需求也与日俱增。

2.3.3 图书馆领域跨界融合的新局面

技术手段的发展与互联网的深度融合不断刺激各行各业的新业态形成，不同行业之间不再“泾渭分明”，而是呈现出相互渗透、相互融合、相互竞争的趋势，跨界协作与融合已成为行业之间共同发展和共同繁荣的新风尚。未来相当长的一个时期内，图书馆行业也都会面临各行各业之间不断跨界融合和竞争的趋势[18]。“十三五”时期，国家图书馆与新浪、阅文集团跨界合作，共同启动国家图书馆互联网信息战略保存项目。此外，国家图书馆还与中国银行、中国科技馆等机构签署了战略合作协议。通过跨界合作，国家图书馆与合作机构达成优势互补、协同共进的发展趋势。从双方的实际需求出发，整合多方资源，打破国家图书馆传统信息服务模式，充分发挥国家图书馆信息贮藏、信息传播与信息服务的职能，为国家图书馆参考咨询服务新业态发展与服务模式创新打开了良好的局面。

2.4 外部威胁分析

2.4.1 信息服务竞争加剧

互联网与数字技术的普及与发展，信息服务竞争者接连涌现，都将促使图书馆作为信息提供者的作用发生范式转变。国内外大型出版商都在加速向知识服务平台转型，从单纯的资源提供逐步向资源整合与情报服务方向转变。如 WOS 平台 ESI 和 Incites 两项以引文数据为基础建立的科学评价工具已被各大高校及图情机构广泛使用，施普林格自然将服务范围延伸到为全球科研界提供知识服务并介入学术研究全流程[19]，CNKI 打造了行业知识服务与知识管理平台、研究学习平台、专题知识库，整合与重组平台自身底层资源，以用户需求为导向提供知识服务。数据库商与出版商等持有元数据的机构，凭借对数据资源的深度加工，已经成功在知识服务市场中占据一席之地，其数据产品和知识产品甚至已经渗透到了科研战略的决策领域[20]。

2.4.2 数据驱动的新型服务模式

《全球趋势 2035》报告指出，数字技术将为技术转型带来无法预测的变化，数据驱动的多样化平台将成为新趋势[21]。十九届四中全会明确将数据作为重要的生产要素。在此背景下，部分图情机构已经开展基于数据的各项知识服务，使用户随时随地都能从高效、智能、友好的数据服务中获得良好的知识服务体验。数据驱动的知识服务同样成为图书馆领域的研究热点，如袁红军[22]、李世国[23]等人都提出了以数据驱动图书馆参考咨询服务创新与决策，杭哲等人[24]将关联数据引入图书馆参考咨询服务，提出了一套基于关联数据驱动的参考咨询服务架构，但该模型只是一个构想，并未有实践应用。目前来看，大部分图书馆实现的是“基于数据进行决策”[25]，而并非真正意义上实现了数据驱动。面对全行业数据渗透的环境，图书馆数据处理和数据分析的能力有待进一步提升，进而为支撑数据驱动的知识服务与决策服务奠定数据基础。

2.4.3 知识产权与版权风险

知识产权与版权风险长久以来一直伴随着图书馆传统参考咨询服务[26]，如何在知识产权许可范围内最大限度地利用馆藏资源，为用户提供优质信息服务，已成为图书馆参考咨询服务不可忽视的重要议题。随着数字图书馆的迅猛发展，图书馆数字资源种类愈加丰富，在馆藏资源中的比重日益增加。就国家图书馆而言，“十三五”期间数字资源相比实体馆藏增长更加迅速。对比实体馆藏，数字资源更利于借助文本挖掘的技术手段，开展深入文献内容、细粒度的信息挖掘与知识组织。一旦图书馆试图从细粒度对数字资源进行分析时，在信息分析的各个阶段都面临着著作权侵权风险[27]。如何走出智能时代的版权困境，找到版权风险与知识服务的平衡点，将成为智慧图书馆时代发展智慧参考咨询服务首先需要考虑的问题。

3 国家图书馆参考咨询服务发展策略探析

国家图书馆作为中国公共图书馆事业的推动者和排头兵，应充分利用智能化技术手段，在促进全国公共图书馆信息服务与知识服务方面发挥引领作用。笔者认为发展智慧环境下的图书馆参考咨询服务应从以下方面考虑。

3.1 发挥知识重组与知识关联的牵动力

学科交叉融合已成为科技创新与发展的新增长点，用户对知识的需求也经历着从文献需求到信息需求再到知识需求的转变。信息服务应打破文献载体基本单元，向着深入文献内部的细粒度知识共创与知识共享转型。尽管国家图书馆当前开展的深度参考咨询服务，如专题咨询、科技查新、科学评价、舆情监测等已初步涉及知识服务的范畴，但是仍然以对馆藏信息资源外部信息（如题录信息）的组织或计量为主。为了提升文献内部知识单元被有效识别与快速定位的效果，应进一步对知识单元进行提取、加工、分析和计量。在此基础上，对知识单元进行重组、标引与关联，进而帮助用户快速定位所需知识点及相关的知识单元，为用户揭示文献内部的潜在知识，提供更高质量的知识服务产品。

3.2 积极发展数据驱动的参考咨询

国家图书馆历年累积的丰富数字资源和图书馆数据，所蕴含的巨大潜力亟待挖掘与利用。当前主要由馆员智能驱动的图书馆深度咨询服务，已无法满足知识高速流动环境下用户深层次的知识需求。下一代智慧图书馆将成为用户实现自我学习和提升、开展知识创造和创新的场所，通过协同和整合馆藏数据、用户数据、业务数据、历史档案数据等多维异构数据，借助语义关联、数据挖掘、深度学习等技术手段，实现数据驱动的用户精准知识服务，最大程度挖掘馆藏资源的知识价值，为用户提供面向解决方案的决策性增值服务。通过对异构数据进行语义处理、分析与预测、时序分析、关联规则挖掘、可视化分析等，进一步拓展参考咨询服务在个性化知识定制服务、领域学科分析、智能循证决策等方面的服务潜力。

3.3 全面布局 AI+ 参考咨询服务场景

目前，人工智能技术在图书馆的应用较为分散，在资源整合与检索、资源导引、智能咨询等[28-29]不同图书馆业务环节都进行了独立的应用。在进行参考咨询智慧化转型过程中，首先应从图书馆资源、空间、馆员、用户等多个维度整体布局和设计，使人工智能技术能够有机地融入整个参考咨询服务闭环。其次，综合利用各类传感器，收集、整合和分析用户数据和环境数据，借助人工智能技术实现智能感知，结合用户个性化需求与习惯，针对特定场景提供不同类型和深度的参考咨询服务，打造覆盖参考咨询服务全流程、线上与线下相结合的智能咨询服务场景。

国家图书馆是国家的重要信息基础设施，在《国家图书馆“十三五”规划纲要》中明确提出服务“科技强国”战略、“一带一路”倡议等。“十四五”时期，迈入高质量发展新阶段的国家图书馆知识服务在支撑科技创新与社会经济发展中大有作为。在持续发挥当前参考咨询服务优势的基础上，进一步提升馆员的数据素养和知识服务技能，打造数字化、信息化、智能化的知识服务新生态，为推动我国新时代科技创新和产业升级提供坚实的文献支撑和高质量的知识服务。

参考文献

[1] 饶权 . 全国智慧图书馆体系：开启图书馆智慧化转型新篇章［J］. 中国图书馆学报，2021，47（01）：4-14.

[2] 中华人民共和国文化部 . WH/T 71—2015 图书馆参考咨询服务规范［S］. 北京：国家图书馆出版社 . 2016.

[3] 张素敏 . 新技术时代公共图书馆参考咨询的变革与发展［M］. 长春：吉林出版集团有限责任公司，2014.

[4] 王磊，卢海燕 . 新信息生态环境下的图书馆参考咨询服务策略［J］. 新世纪图书馆，2017（8）：32-36.

[5] BECKER S A，CUMMINS M，DAVIDS A，等 . 新媒体联盟地平线报告：2017 图书馆版［J］. 图书情报工作，2018，62（3）：114-152.

[6] Hey T. The fourth paradigm—data-Intensive scientific discovery［M］. Berlin：Springer，2012.

[7] 王世伟 . 数据驱动的图书馆学情报学——2019 年图书馆学情报学热点鸟瞰［J］. 情报资料工作，2020（1）：39-44.

[8] 国家标准文献共享服务平台［DB/OL］.［2021-03-02］. http：//www. nssi. org. cn/.

[9] 国家标准起草单位大数据分析系统［DB/OL］.［2021-03-02］. http：//bigdata. cssn. net. cn/.

[10] 国家人口与健康科学数据共享平台发布 237 个科学数据集，揭开人口与健康大数据“面纱”［DB/OL］.［2021-03-02］. http：//www. most. gov. cn/kjbgz/201701/t20170116_130488. htm.

[11] 科技大数据知识发现平台［DB/OL］.［2021-03-02］. http：//discovery. las. ac. cn/.

[12] 刘玉琴，汪雪锋，雷孝平 . 科研关系构建与可视化系统设计与实现［J］. 图书情报工作，2015，59（8）：103-110.

[13] 中国图书馆学会．业界十馆同庆建馆 111 周年精选寄语——国家图书馆［EB/OL］．［2021-03-29］．http：//www. lsc. org. cn/contents/1435/14946. html.
[14] 赵红．知识服务环境下的参考咨询［J］．图书馆建设，2010（11）：74-77.
[15] 梁田丽．国家图书馆参考咨询服务发展现状与思考［J］．河南图书馆学刊，2020（2）：77-80.
[16] 张莉，辜军．国家图书馆科技参考咨询服务定位的再思考［J］．新世纪图书馆，2013（7）：20-23.
[17] 江波．面向数据密集型科研范式的数字图书馆参考咨询服务研究［J］．农业图书情报学刊，2018，30（9）：161-164.
[18] 饶权．回顾与前瞻：图书馆转型发展面临的问题与思考［J］．中国图书馆学报，2020（1）：4-15.
[19] Springer Nature［EB/OL］．［2021-03-30］．https：//www. springernature. com/cn.
[20] 王维佳．基于 SWOT 分析的数据科研环境下图书馆数据素养教育策略研究［J］．图书与情报，2017（5）：104-113.
[21] Global trends to 2035［EB/OL］．［2021-03-26］．https：//www. europarl. europa. eu/RegData/etudes/STUD/2018/627126/EPRS_STU（2018）627126_EN. pdf.
[22] 袁红军．大数据时代下图书馆参考咨询服务创新机制探究［J］．图书馆工作与研究，2017（1）：16-19.
[23] 李世国．大数据环境下图书馆参考咨询服务改进研究［J］．河南图书馆学刊，2020（10）：102-103.
[24] 杭哲，李芙蓉．关联数据驱动下的数字图书馆参考咨询服务模式研究［J］．高校图书馆工作，2019（5）：50-53.
[25] 顾婷，郭春淼．数据驱动下公共图书馆用户信息服务闭环系统研究［J］．图书馆研究与工作，2020（8）：30-34.
[26] 潘小枫．参考咨询中的知识产权问题研究［J］．现代情报，2005（11）：29-31.
[27] 王文敏，高军．人工智能时代图书馆信息分析的著作权例外规则［J］．图书馆论坛，2020（9）：60-68.
[28] 杨焱，屈义华．人工智能赋能专业服务：广州市南沙区图书馆新探索［J］．图书馆论坛，2020（12）：137-142.
[29] 凡庆涛，杜赟，谢海涛，等．人工智能在我国图情领域的研究现状与启示［J］．新世纪图书馆，2020（9）：86-93.

我国基层图书馆智慧服务空间建设的思考

——美国“Small Libraries Create Smart Spaces”项目的启示

姜晓曦（数字资源部）

随着5G、大数据、物联网、AR/VR、人工智能等新技术手段在不同领域的应用和普及，图书馆面临着从数字图书馆向智慧图书馆发展的转型期。用户对图书馆空间功能的期待日益多元，对整合空间设施、文献资源、技术工具等服务的需求日益增长，对线上线下交流互动的文化体验需求日益凸显。为了顺应新技术时代发展，同时满足用户的新需求，国家图书馆以及全国许多省、市级公共图书馆在制定“十四五”发展规划期间，均提及未来要考虑服务空间的智慧化转型，推动图书馆服务空间向虚实结合的智能化、多元化方向转变，为用户提供更加专业化、智慧化的沉浸式服务体验。

对于基层图书馆来说，很多处于发展落后阶段，虽然我国脱贫攻坚战取得了全面胜利，区域性整体贫困得到解决，完成了消除绝对贫困的艰巨任务。但是文化相对落后状态依然存在，区域发展不平衡、不充分的问题依然需要重视。在未来乡村振兴战略下，基层图书馆如何开展智慧服务空间建设，在全国智慧图书馆建设进程中不掉队、赶上来，是值得探讨的问题。

1　图书馆服务空间建设的发展历程

图书馆空间服务最早是从国外开始兴起的，随后慢慢传入我国。通过对国内外图书馆空间服务研究文献的调研，发现国内研究主题与国外相似度极高，但国内学者在具体实践中做了本土化处理。国内外对图书馆空间服务的研究按发展阶段主要集中在信息共享空间（Information Commons）、学习空间（Learning Commons）、创客空间（Maker Space）和智慧空间（Smart Space）等主题。

图书馆信息共享空间（Information Commons，IC）最早来源于美国爱荷华大学图书馆建立的开放信息走廊（Information Arcade，IA），后来随着新技术和新理念的不断发展，逐步成为图书馆服务的重要组成部分，并引起图书馆界专家和学者的关注[1]。2005年“信息共享空间”这一概念引入我国，国内越来越多的学者开始关注服务型空间的建设以及图书馆空间改造，以更好地发挥图书馆作为“第三空间”的服务价值。2005—2012年，信息共享空间研究在我国图书馆界成为热点。经历数十年的发展，学习空间逐步取代信息共享空间，成为图书馆特别是高校图书馆空间发展的主流。2012年开始，国内对图书馆信息共享空间的研究开始过渡到学习共享空间[2]。笔者调研显示，“信息共享空间”和“学习共享空间”是高校图书馆主要研究对象，研究成果产出远超于公共图书馆，这与其服务对象和需求密不可分。高校学者对“信息共享空间”和“学习共享空间”的研究主要集中在对国外理论的分析，对空间要素的构建，以及基于某个学校用户的实际需求，提出对该校空间服务的设计与后期评估等内容。

2006年芝加哥公共图书馆建立了一个名为“You Media”的数字媒体实验室，之后创客空间便在美国各州公共图书馆广泛流行。OCLC（Online Computer Library Center）副总裁邓普西曾提出，如今图书馆的空间正在被重置，空间正在从基础设施有效地向参与转变，造成这种变化的并非是纸质馆藏的管理，而是越来越广泛的科研和教育需求[3]。在当时，创客空间被认为是未来图书馆发展的主要方向。2015—2018年是国内图书馆创客空间研究发展的激增期，受到学界的广泛关注，研究学者不断增加，研究成果也不断向纵深发展。公共图书馆侧重“创客空间”的理论研究与实践，上海图书馆2013年投入使用的“创·新空间”，开创了国内图书馆创建创客空间的先河。随后国内一些公共图书馆相继推出了创客空间服务。理论研究集中在对国内外创客空间服务的调研、现有服务的使用情况分析等方面。

近几年，国外学者积极探索，鼓励和支持图书馆为应对新时代的机遇与挑战而做出转型，智慧空间（Smart Space）逐步成为研究热点。在我国，随着“智慧城市”“智慧社区”“智慧服务”等一系列智慧名词的提出，“智慧空间”开始受到图书馆界学者的关注。国内学者们从理论层面探讨了图书馆智慧空间的内涵、要素和价值，分析了人工智能、大数据等新技术对图书馆智慧空间建设的影响，提出了智慧空间变革的模式与路径。可见，原有的图书馆服务空间在智慧图书馆建设大趋势大背景下，即将面临智慧化转型阶段，而现有的国内研究局限在理论层面，尚缺少基于用户实际需求调研的、更具实际操作性的转型对策与方案。

2 美国“Small Libraries Create Smart Spaces”项目分析

美国“Small Libraries Create Smart Spaces”项目是为小型（乡村、社区）图书馆构建智慧服务空间，从图书馆规模、服务对象、服务用户数量等基本情况综合考虑，与我国基层公共图书馆颇有相似之处。分析这个项目的建设内容、成果和方法对我国基层图书馆构建智慧空间有一定参考价值。

2.1 项目整体介绍

美国博物馆与图书馆服务研究所（Institute of Museum and Library Services，IMLS）认为，小型图书馆过去几年不断发展，逐步增强了其为社区用户提供终身学习方面的效能。已经成为社区用户的学习协作中心。小型图书馆提供空间和服务，使得每个年龄段的人都能参与实践活动，共同探索和解决问题，并加强社会联系。IMLS与OCLC合作，于2016年6月宣布启动“Small Libraries Create Smart Spaces”项目并给予资助，第一批共有15家小型公共图书馆获得了资助。2019年3月，该项目启动第二批申报，再次遴选了 15 家小型公共图书馆开展该项目。该项目在推动小型公共图书馆智慧空间构建方面发挥了重要作用，开创了一条“项目驱动式”建设路径[4]。

该项目采用申报和审批制度，项目组制定申报要求，对象为服务人数小于 2.5 万人的图书馆，美国各州的小型公共图书馆参与申请，项目组评选出符合条件的图书馆，并给予一定的经费支持。被选中的公共图书馆将在 15—18 个月的时间内，完成该图书馆的智慧服务空间改造任务。除了经费支持外，项目组还将对他们进行专门的培训和指导，以此保证顺利完成空间建设以及人员素养的提升。

2.2 项目建设成果

“Small Libraries Create Smart Spaces”项目相关的个案研究报告、总结和评价报告在美国乡镇与小型图书馆协会（Association for Rural & Small Libraries，ARSL）、联机计算机图书馆中心（Online Computer Library Center，OCLC）和 WebJunction 的官方主页等媒体渠道进行广泛传播。同时，在 WebJunction.org 上发布相关音频和其他项目资源等可供参考的信息，用户可以免费开放地获取。目前第一批 15 家图书馆的建设成果已经公开发布。笔者参考 WebJunction 的划分，按类别简单介绍以下几个图书馆的改造成果[5]。

在儿童智慧空间改造方面，Glenns Ferry 公共图书馆将一个 DVD 储藏室改造成了一个制造者空间，专门为 8—13 岁儿童开辟科学创作空间，提供无人机、3D 打印、绘画、种植等实践活动[6]。Norelius 公共图书馆创建了三个不同的服务空间：学前教育空间、儿童空间和创客空间。在学前教育空间每天组织学龄前儿童活动，促进共同游戏和探索。在儿童空间提供了乐高墙，供小学生们使用。在创客空间提供各种各样的用品，包括串珠、彩纸、蜡笔、油漆等，甚至还有缝纫机[7]。

在青少年智慧空间改造方面，Cornwall 公共图书馆把原有的参考咨询空间改造成了一个充满活力的空间，每天下午 3 点后专门供青少年使用，里面硬件如桌椅、沙发和电脑等可以随意挪动，按青少年的需求来打造各类培训、交流的活动场地[8]。Madison 公共图书馆先是在图书馆、咖啡厅、医院、学校等地征集社区群众对图书馆空间改造的需求，调研结果显示青少年空间需求率最高。因此，图书馆将一个图书阅览室改造成为 12—18 岁青少年提供服务的智慧空间，里面配有摄像机套件、数字多声道录音机、播客麦克风、专业耳机等多种设备，供青少年开展科技学习、戏剧表演等活动使用[9]。

在面向全年龄段的通用空间改造方面，Greenwich Free 图书馆为所有年龄段的用户提供了计算机实验室空间，为青少年和成人提供编程、平面设计等课程；为老人和儿童提供两三人的学习小组，辅导网页设计等课程[10]。Ignacio 社区图书馆创建了一个创意实验室，促进各个年龄段的用户之间的合作。实验室提供照相机和图片编辑软件，还有视频编辑器等，方便用户对自己的图片和音乐作品进行创作编辑[11]。Town Creek 公共图书馆利用他们的空间改造为社区注入了新的活力。小组学习空间为当地居民提供交流、学习、讨论的场地；儿童游乐空间配有儿童专用桌椅和画板；为青少年打造新的工作台，提供完成项目制作展示的空间。新的空间提供专业培训和讨论，包括心肺复苏学习、儿童安全保护等主题，未来还计划开展成人教育等培训[12]。

在户外空间改造方面，Wilton Public & Gregg Free 图书馆创建了一个户外智能公园。它是 15 个参与项目者中唯一一个将改造目标集中在图书馆外的户外物理空间。该图书馆在馆舍南面的空地上修复了草坪和道路，开拓一片长条形花园，供孩子们种植植物。在人行道两侧立牌上分享图书馆馆藏图书，并定期更换。在草坪上搭建空间，为社区用户提供音乐节、DIY、阅读等交流的空间[13]。

2.3 项目建设路径与特点分析

通过对整个项目相关材料的翻译、整理和分析，笔者梳理出该项目在建设过程中采用的具体方法路径和重要特点，为国内基层图书馆智慧服务空间建设提供借鉴。

2.3.1 管理机制健全

该项目责任分工明确，由美国博物馆与图书馆服务研究所发起并给予经费支持，由 OCLC 和美国乡镇与小型图书馆协会（Association for Rural & Small Libraries，ARSL）管理，由 WebJunction 主任监督执行。在项目推进过程中，特别重视构建合作关系，积极吸纳政府组织、商业机构、规划组织、志愿者等利益相关群体参与。同时也依托多种渠道开展项目宣传。该项目在项目制定和推进过程中，采用分阶段进行的方式，每个阶段都对项目组织者和参与者提出了任务要求。项目组织者负责制定项目申报标准、邀请专家负责项目评审、为参与项目的小型图书馆提供智慧空间建设的相关技术和方法支持、提供顾问服务，指导图书馆改造空间、宣传和推广最终建设成果、做好最终的评价研究和案例报告等工作。而参与者需要承担的责任有：学习智慧空间建设相关的工具、概念、方法；准确了解用户实际需求；创建智慧空间的模型，制定工作方案，招募合作者和志愿者；将建设进度及时向项目组织者汇报；最终建成智慧空间配合组织者开展总结和宣传[14]。

2.3.2 重视用户参与

公共图书馆一直以来服务人群都存在类型复杂、年龄跨度大等特点。如何能满足不同类型用户需求，打造利用率高、实用性强的智慧服务空间，用户需求和兴趣调研是必不可少的一步。调研显示，参与该项目 15 家图书馆都很重视用户参与。项目前期，通过重点人群调研、个人访谈、问卷调查、投票等方法，挖掘社区用户的实际需求，吸引和鼓励用户参与本地图书馆的智慧服务空间设计。项目后期，在智慧空间投入使用后，也不断收集和整理用户使用反馈和数据，对空间进行调整，进一步提高空间的实用性[15]。例如，Wilton Public & Gregg Free 图书馆通过调查问卷和投票的方式了解该地区用户对图书馆户外空间改造的建议；Cornwall 公共图书馆将参考咨询空间改造为青少年服务空间，正是结合了青少年咨询组和董事会意见；Ignacio 社区图书馆通过个人访谈和头脑风暴的方式，根据用户需求改造了玩具模型存放空间等。这些项目的用户需求和建议在项目完成后最终的智慧服务空间都有所体现。

2.3.3 制作工具包以指导实践

WebJunction 为项目参与者提供了一个工具包（Toolkit），用以指导小型和农村图书馆如何构建智慧服务空间，为图书馆提供重新配置物理空间、重新规划服务，以促进用户积极参与学习娱乐的方法和思路。该工具包共有10个学习模块，分别为：了解社区驱动的智慧空间、发现社区用户需求和兴趣、寻找社区合作伙伴、根据需求提出可操作性方法、重新思考物理空间的使用、开展原型测试、创建并实施项目计划、改造图书馆空间、保持空间可持续发展、案例资源等。工具包里的资源是随取随用的，里面的短篇文章和小视频可以为图书馆馆员方便快捷地获取技能和知识。馆员通过在线学习，了解该项目“社区参与、以人为本”的空间和服务设计原则，以及实际工作中所需要的技术指导[16]。如果想更加深入地学习智慧服务空间的建设，WebJunction还提供了较为系统的三套课程，共计22小时学时，来提升馆员在智慧空间建设方面的信息素养[17]。

3 我国基层图书馆智慧服务空间建设的建议与思考

多年来，公共图书馆建设存在地域、地区发展不均衡等问题，“十三五”时期，图书馆界开展文化扶贫取得了一定的进展，基层图书馆总体有了一定的提升和改观。但在乡村振兴战略时代背景下，基层图书馆的智慧化建设进程应该纳入“十四五”时期图书馆界思考的问题。基于上述对美国“Small Libraries Create Smart Spaces”项目分析，笔者对我国基层图书馆智慧服务空间建设展开了思考，提出了一些本土化的对策和建议，供未来实际操作时参考。

3.1 建立健全管理机制

基层图书馆在智慧服务空间建设中，必然要增加新设备、新服务、新体验，以吸引用户利用图书馆，因此，原有的管理机制应该随着智慧服务空间的建设而补充和完善。在经费支持方面，基层图书馆是公益性服务单位，其建设发展主要靠中央财政支持。智慧服务空间的建设势必会增加经费投入，因此，除了国家在财政上有所支持外，更应该重视社会资金的投入与引进，以此弥补经费不足的问题。在空间改造、设备搭建、技术使用等方面，基层图书馆重在“推广应用”而不是“自主建设”，即采用社会化合作的模式，充分利用现有的成熟技术和路径，借助其他机构或省市级图书馆等多方力量，促成新技术、新设备在本地落地实现。在人员的培养和管理方面，智慧空间服务对馆员会有更高的新媒体素养要求。但对基层图书馆来说，难度较大，建议通过专人培训、志愿者服务等模式提高工作人员的能力，为读者提供更好的服务。基层图书馆智慧服务空间的管理机制应该因地制宜、循序渐进，随着具体业务的开展不断修订、完善，逐步趋于正规化、程序化。

3.2 利用技术手段精准识别用户需求

用户需求一直是图书馆考虑的核心问题，公共图书馆的用户具有类型复杂多样的特点，包括不同年龄段、不同职业、不同素质等各种层次的用户。目前，大部分基层采取了“一刀切”的方式提供公共文化服务，而没有充分考虑和把握公共文化服务需求的多样化和层次性特征，并没有对基层用户进行精准识别和精准需求分析。5G、大数据、云计算等技术的飞速发展，为图书馆用户信息数据分析和挖掘提供很好的技术支持。基于“用户画像”的信息智能推送服务在京东、阿里等领域都得到了有效深入的应用。许多省级公共图书馆已经采用大数据来挖掘用户信息特征，计算出用户画像，来为用户提供个性化服务。一些东部、中部地区发展较快的市县级图书馆也已经采用了大数据用户画像的服务。在智慧服务空间建设时，基层图书馆应及时应用这些先进技术，充分深入地了解本地用户的不同文化信息需求、偏好、使用习惯等，将这些碎片化信息整合起来，塑造用户的文化需求画像，从而提供更精准的智慧服务。

3.3 提供丰富多样的智能文化服务

基层用户需求具有多样性，这对智慧空间服务的全面性也有很高的要求，有人是对空间的布局格调和舒适度的需求，有人是对服务设备功能的需求，有人是对某类资源的需求等，这就需要基层图书馆在开展智能服务空间建设时，充分听取社会公众的需求和建议，再根据整体实力协调发展，不能盲目照搬其他地区已有的馆舍布局和设备服务。比如，某一地区需要为当地农户开展网络直播，来销售农产品，图书馆的智慧服务空间可以借助社会力量，搭建直播室，提供相应的设备，满足农户的实际需求。基层图书馆要与省市级图书馆开展资源共享，平台的互联互通；同时要重视智能书房、智能服务终端的建设与部署，使基层用户能方便快捷地使用文化资源。

3.4 重视智慧空间服务的宣传推广

搭建基层智慧空间是为了给用户提供阅读、文化、体验、学术交流的场所，既然投入了财力、人力和物力，为了更好地为当地用户提供服务和体验，基层图书馆肩负着宣传推广的责任。基层图书馆因为人员有限，很难成立专门的团队开展推广工作，可以与政府、企业和学校等各类社会机构团体合作，引入志愿者模式，通过“借力”来实现宣传推广。在基层实物宣传资料依然是很适用的宣传途径，比如通过印刷一些低成本的海报和宣传折页，张贴在社区、乡镇街道和村里，让当地用户生活中能随处看到，继而产生对智慧服务空间的兴趣，来图书馆体验。还可以借助成熟的互联网平台，比如微博、微信、抖音等媒介，播放生动、短小精悍的实景展示小视频来吸引用户。总而言之，不能让智慧服务空间成为摆设，而是真正让用户利用起来。

面对“十四五”时期省、市级图书馆大力推进“智慧图书馆”建设的机遇，基层图书馆应理性思考，切勿盲目跟风，须立足本地用户需求和本馆的实际情况，有针对性地进行合理的智慧服务空间搭建。既要满足新技术环境下用户的使用习惯和各类需求，也要避免过分追求创新服务而影响传统服务功能等误区，同时还要考虑各类资源的节约利用，打造生态、智能、绿色的基层图书馆服务空间。

参考文献

[1] 任欣 . 后数字图书馆时代的图书馆新空间服务模式研究 [D]. 郑州：郑州大学，2015.

[2] 唐先辉 . 图书馆空间服务研究综述 [J]. 图书馆学刊，2019（2）：133-136.

[3] 张亚雄 . 高校图书馆空间服务及功能构建 [D]. 保定：河北大学，2016.

[4] Small libraries create smart spaces [EB/OL]. [2021-03-10]. https：//www. webjunction. org/explore-topics/smart-spaces. html.

[5] General resources on design thinking and transformation [EB/OL]. [2021-03-10]. https：//www. webjunction. org/news/webjunction/general-resources-design-thinking-and-transformation. html.

[6] Glenns Ferry Public Library story [EB/OL]. [2021-03-10]. https：//www. webjunction. org/content/dam/WebJunction/Documents/webJunction/Topics/smart-spaces/glenns-ferry-public-library-story. pdf.

[7] Norelius Community Library story [EB/OL]. [2021-03-10]. https：//www. webjunction. org/content/dam/WebJunction/Documents/webJunction/Topics/smart-spaces/norelius-community-library-story. pdf.

[8] Cornwall Public Library story [EB/OL]. [2021-03-10]. https：//www. webjunction. org/content/dam/WebJunction/Documents/webJunction/Topics/smart-spaces/cornwall-public-library-story. pdf.

[9] Madison Public Library story [EB/OL]. [2021-03-12]. https：//www. webjunction. org/content/dam/WebJunction/Documents/webJunction/Topics/smart-spaces/madison-public-library-story. pdf.

[10] Greenwich Free Library story [EB/OL]. [2021-03-12]. https：//www. webjunction. org/content/dam/WebJunction/Documents/webJunction/Topics/smart-spaces/greenwich-free-library-story. pdf.

[11] Ignacio Community Library story [EB/OL]. [2021-03-12]. https：//www. webjunction. org/content/dam/WebJunction/Documents/webJunction/Topics/smart-spaces/ignacio-community-library-story. pdf.

[12] Town Creek Public Library story [EB/OL]. [2021-03-12]. https：//www. webjunction. org/content/dam/WebJunction/Documents/webJunction/Topics/smart-spaces/town-creek-public-library-story. pdf.

[13] Wilton Gregg Library story [EB/OL]. [2021-03-12]. https：//www. webjunction. org/content/dam/WebJunction/Documents/webJunction/Topics/smart-spaces/wilton-gregg-library-story. pdf.

[14] Libraries chosen smart spaces [EB/OL]. [2021-03-16]. https：//www. webjunction. org/news/webjunction/libraries-chosen-smart-spaces. html.

[15] 马骏 . 项目驱动的美国小型公共图书馆智慧空间构建启示 [J]. 图书馆学研究，2020（12）：94-101.

[16] Toolkit for creating smart spaces [EB/OL]. [2021-03-16]. https：//www. webjunction. org/news/webjunction/toolkit-creating-smart-spaces. html.

[17] Making space for active learning in your library [EB/OL]. [2021-03-16]. https：//learn. webjunction. org/course/index. php?categoryid=54.

延安时期[①] 陕甘宁边区图书馆事业的发展及其在革命斗争中所发挥的作用

白　婧（外文采编部）

党的十八大以来，党中央高度重视学习党的历史，提出了一系列要求。在庆祝中国共产党百年华诞的重大时刻，在"两个一百年"奋斗目标历史交汇的关键节点，全党集中开展党史学习教育，意义重大。作为文化工作者，我们应当抓住党史学习教育契机，把握"学党史、悟思想、办实事、开新局"的要求，在学习党史的同时，注重将党史学习与党领导下的图书馆事业发展紧密结合起来，真正做到"学史明理、学史增信、学史崇德、学史力行"。

回顾党的发展历史，延安时期是我党逐渐走向成熟、领导民族独立和人民解放事业实现伟大转折的关键时期。习近平总书记在致中国延安精神研究会第六次会员大会的贺信中指出：延安是中国革命的圣地，老一辈革命家和老一代共产党人在延安时期培育形成的延安精神是我们党的宝贵精神财富。本文旨在总结、回溯延安时期内，党领导下的图书馆事业发展的光辉历程，剖析其在延安革命时期所发挥的作用，从历史中汲取经验、从延安精神中汲取力量，为谋划推动新时代图书馆事业高质量发展提供参考。

1　延安时期陕甘宁边区图书馆建设发展背景

延安时期跨越土地革命战争末期、抗日战争时期。从1927年毛泽东同志在井冈山开辟第一个革命根据地后，党在政权建设时，就十分重视根据地的文化教育改革和建设，在改善人民群众的物质生活的同时，提高文化生活水平，巩固革命根据地和红色政权。到1934年10月红军北上抗日这几年内，党领导的文化教育事业蓬勃发展，取得了巨大的成绩。1935年10月，党中央达到陕北开启延安时期，中国处在被日本侵略的水深火热之中。毛主席多次强调文化教育的重要性，在会议报告中指出党领导的抗日根据地在开展政治建设、经济建设的同时，还需"实行必要的文化建设"，文化教育事业，始终以为无产阶级政治服务、教育与生产劳动相结合为方针[1]，适应抗战要求，培养各级干部，提高人民的文化水平。

① 指1935年10月中共中央随中央红军长征到达陕北吴起镇，到1948年3月毛泽东、周恩来、任弼时在陕北吴堡县东渡黄河这近13年时间。

1.1 陕甘宁地区文化水平极低，急需启迪民智

20世纪30年代，以农村为主体的陕甘宁地区人口稀少，发展落后，原有文化水平极低。对此，陕甘宁边区政府秘书长李维汉曾回忆："反映在文化上，就是封建、迷信、文盲和不卫生。知识分子缺乏，文盲达到99%……文化设施很缺，人民缺乏文化生活。"[2]工农群众作为社会发展的基本力量，其文化水平的高低，对陕甘宁边区整体文化的发展有着重要的影响。积极转变和改造他们的价值观念和思想文化，有利于党中央稳固抗日根据地，有利于陕甘宁边区政权的巩固和发展，为新中国的建立和发展奠定思想基础。党中央达到陕北后，十分重视工农群众的文化教育，把传统文化与学习马克思列宁主义相结合，同时结合党自身的发展情况以及农民自身文化发展现状，制定和实施了一系列适合农民自身的文化政策和策略，以达到提高农民科学文化认知水平的目的。其中，图书馆作为教育广大民众的重要机构场所，发挥了极其重要的作用。

1.2 必须培养大批干部，领导广大工农群众进行革命抗战

毛泽东同志曾指出："指导伟大的革命，要有伟大的党，要有许多最好的干部。"干部是党的政策执行者，为保证贯彻党的政策和取得革命战争和抗日战争的胜利，首先必须通过提高他们的政治理论水平和文化程度。自建立革命根据地开始，党中央就非常重视干部的教育工作，制定了干部教育重于群众教育的方针政策，并积极执行贯彻。抗日战争全面爆发后，面对空前深重的民族危机以及第二次国共合作以来复杂国内政治形势，我党迫切需要培养出大批能将马克思主义理论同中国革命实践相结合的、具有坚定共产主义信仰的优秀干部，以指导伟大的革命民族战争。边区作为抗日战争的指挥中心，担负着重要的干部训练任务。图书馆作为文化教育事业的重要一环，也积极地发挥了相应的作用。

1.3 抗日战争爆发，需要建立抗日民族统一战线

面对日本帝国主义的侵略，中国共产党坚决主张实行抗日战争，号召全国人民为建立抗日统一战线而斗争。抗日战争能否取得最终胜利，与民众的民族觉悟、参与热情和抗战能力有极大关系，而民众的民族觉悟、参与热情的高低和抗战能力的强弱又取决于民众动员和抗战宣传的深度及广度。动员一切革命力量战胜日本侵略者，是陕甘宁边区一切工作的出发点和落脚点。社会教育作为战时边区教育事业的重要一环，承担着培养民众抗战热情、提高民众抗战能力的重要责任[3]。

2 延安时期陕甘宁边区图书馆发展概况

作为社会教育的重要阵地、传播革命文化教育广大民众的重要机构场所，延安时期的图书馆是在党的直接领导和关怀下建设与发展起来的。毛泽东等中央领导同志曾多次对图书馆的建立进行支持批复，亲笔为图书馆题写条幅和匾额，多次为图书馆捐款捐

书；林伯渠、董必武、徐特立等多位老一辈无产阶级革命家都曾在图书馆担任过要职，为图书馆的资金筹措和图书募集牵头呼吁。在边区教育厅印发的《社会教育工作纲要》中，明确将图书馆列入社会教育的范围，对怎样办民众图书馆有具体的指导，要求每县、区、乡、村，都要有图书馆的设立。

在党中央和边区政府的大力支持与直接领导下，短短的十几年间，边区图书馆从无到有，从小到大，呈现蓬勃发展的繁荣局面，创建的各级各类图书馆达到100多个[4]。大至公共图书馆、机关图书馆、高校图书馆，小至民教馆、农村、工厂、企业、俱乐部等基层图书馆（室），其数量之多，分布之广，发展之迅速，工作之活跃，令人惊叹，谱写了中国图书馆事业的辉煌篇章。

2.1 公共图书馆

公共图书馆的服务对象是公共机关和社会公众，在陕甘宁边区规模和影响比较大的公共图书馆是延安中山图书馆、绥德子洲图书馆。

中山图书馆是延安时期影响最广泛的公共图书馆之一，始建于1937年5月，为纪念孙中山先生而命名，馆址在延安城内凤凰山东侧半山腰的两孔土窑洞中。1938年中山图书馆遭日机轰炸损毁，馆务陷于停顿。1939年，经边区政府决议，该馆开始整顿、扩建，先后召开了两次重大会议，邀请延安各界人士参会讨论，确定重建规模、馆址选择、经费筹措等问题，修改该馆章程，确立理事会成员，推举边区政府主席林伯渠为馆长。1940年7月，中山图书馆正式向读者开放，馆内藏书约5000本，报纸杂志100种左右[5]。经过不断扩大规模和健全机构，由最初的图书、材料、读书顾问、编刊4部发展至开设图书室、参考室、阅报室、杂志室和馆外阅览室、少年图书部等服务部门。1941年春经中央青委批准，又在延安大砭沟另建新址。新馆建成后，毛泽东为其题写了“中山图书馆”馆名。1942年初，为了方便读者，又在文化沟青联旧址修建了书报阅览室。经过各方协调筹措，到1943年，中山图书馆的藏书达到三万册[6]。

子洲图书馆的前身是绥德县图书馆，位于今绥德县内，始建于1925年，是李子洲同志任陕西省立第四师范学校校长时建立的。李子洲是陕西革命的先驱者和陕北共产党的奠基人，1929年2月被国民党当局逮捕，同年6月在狱中病逝。1942年，为了纪念李子洲烈士，经县议会呈陕甘宁边区政府批准，将绥德县图书馆改名为“子洲图书馆”，并于1942年8月30日在图书馆阅览室正式举行了易名典礼，为此毛泽东主席还亲笔题写了“子洲图书馆”匾额。子洲图书馆主要服务对象是绥德分区的党政军干部和市民群众，成立时只有图书1000多册，但在中央领导和边区各方面支持下，藏书发展很快，到1945年10月，已有藏书6000多册，报纸杂志160余种[7]。

2.2 机关团体图书馆（室）

当时边区的机关、团体大都设有自己的图书馆或图书室，数量众多，如鲁迅图书馆、中央图书馆、青年流通图书馆、边区医院图书馆、边区文协图书馆、延安中医院图书馆、关中国防教育研究班图书馆、文化图书馆、中共中央组织部图书室、中共西北局图书室、陕甘宁边区政府财政厅图书室、延安卫生人员俱乐部图书室、边区印刷厂工会图书室等，其中最为有名、影响力最大的是鲁迅图书馆。

鲁迅图书馆主要服务机关干部，其前身是1932年在江西瑞金成立的“中华苏维埃共和国中央图书馆”，是当时中央政府的附属机构。其后随中央政府几经迁徙，在1936年7月迁入保安城（今陕西省志丹县）中，直属中共中央领导。1936年10月19日，伟大的文学家、思想家、革命家鲁迅先生逝世，为纪念鲁迅先生，中共中央、中华苏维埃共和国中央政府决定改中华苏维埃共和国中央图书馆为鲁迅图书馆。1937年初，鲁迅图书馆随党中央迁往延安。1937年9月，鲁迅图书馆由陕甘宁边区政府接管，成为陕甘宁边区教育厅图书馆，董必武任馆长，馆址迁至延安南门外。1939年边区教育厅决定修建新馆址，并划拨经费购买新书。扩建后不久，于1941年10月，闭馆集中整理馆藏图书。1942年6月7日，鲁迅图书馆重新开放，设“图书室”和“阅览材料室”两部，馆藏图书达1万多册[8]。

2.3 高校图书馆

延安时期边区的高校主要进行干部教育，其图书馆面向干部和教职人员，为培训教学和科研服务。陕甘宁边区早期的高校图书馆主要有中央党校图书馆、“抗大”图书馆、陕北公学图书馆等，后随着抗日战争形势发展的需要在延安又相继建立了众多高校，随之相应地建起了鲁迅艺术学院图书馆（简称“鲁艺图书馆”）、华北联合大学图书馆、中国女子大学图书馆、延安大学图书馆、马列学院图书馆、自然科学院图书馆、医科大学图书馆、行政学院图书馆等，数量众多，类型齐全，体系完备，藏书充裕，可以说在当时边区图书馆中占有相当大的体量。其中比较有规模、有特色的有鲁艺图书馆和马列学院图书馆等。

鲁迅艺术学院是中国共产党为培养抗战文艺干部和文艺工作者而创办的一所综合性文学艺术学校，建立于1938年。其图书馆的设立为的是服务文艺教学、创作和研究的需要。鲁艺图书馆在建设发展的过程中，受到中央领导和社会进步人士的关心与支持，藏书数量增加很快，而且富有特色，成为延安规模较大的图书馆之一。鲁艺图书馆藏有丰富的中外文学、艺术类图书，有许多中外文学和艺术方面的名著，不仅类型品种多，而且质量也很高。何其芳、萧三、周立波、萧军、艾青、贺敬之、冼星海、吕骥等很多中国著名的文学家和艺术家，都曾经在这座知识与艺术的殿堂中汲取知识的甘泉[9]。

马列学院开设于1938年5月5日即马克思诞辰120周年纪念日，是抗日战争时期中共中央在延安创办的为党培养理论干部的高级研究机关。学院图书馆的设立，为学员深入学习马列主义理论提供了便利的条件。通过中央直接拨给、委托延安光华书店购买，以及相关干部同志代买、捐赠等方式，马列学院图书馆的藏书在当时的延安达到了比较大的规模，据统计，到1941年有六七千种、三万余册[10]，并且十分有特色。一是有丰富的中外文马列主义经典著作，其中由中央调拨的所有延安解放社出版的马列著作都有充足的复本，以保证学员在学习培训期间能够借阅研读原著。除此之外还有很多英文、德文、俄文、日文的原版书籍及资料，数量也比较可观。马列学院图书馆还保存了当时红军长征及地下党同志历经千难万苦送到延安的党的相关文件资料和党报党刊。报纸杂志的收藏也很丰富，既有边区出版的各种报刊，还有国民党统治区出版的主要报刊，开架供大家自由阅读。

2.4 基层图书馆（室）

边区的基层图书馆（室）数量众多，广泛分布在边区各县、区、乡、村，有的是专门的儿童图书馆、农民图书馆、妇女图书馆，有的是设在人员密集地区的阅报室、阅览室，工厂、企业、俱乐部也有自己的图书室，作为民众社会教育机构的民众教育馆也都设有图书阅览室。这些基层的图书馆（室）紧密联系群众，提供书刊阅览，出版民众墙报，组织读书会、读报会、文字班，传播科学文化信息，广泛深入地开展了边区群众的文化教育活动。

3 边区图书馆的文教活动以及在革命斗争中发挥的作用

边区图书馆坚持中国共产党的领导，践行为人民服务的宗旨，紧紧围绕中央的要求，开展了多种多样文化教育活动，可归纳如下。

3.1 提供广泛的借阅平台，以书籍滋养大众

（1）馆藏结构合理，紧扣时代主题。高校图书馆以满足高校专业性需求的藏书为主，而公众图书馆面向公众，藏书涵盖范围广，涉及哲学社科、自然科学，既有政治理论性论文，也有科普读物，既有马恩列斯和毛泽东等中央领导同志的著作以及边区和各根据地出版的政治理论书籍，更多的是适合社会大众阅读的小说、戏剧、歌曲、鼓书词等大众读物。除图书外，还有多种红色报纸刊物。如子洲图书馆报纸有《解放日报》《边区群众报》《晋绥日报》《新中华报》《抗战报》《大众报》等，还有不少从边区外和国外寄来的书报杂志和画报，以及自己编印的抗敌宣传材料。又如中山图书馆还会根据读者需求，定题整理材料、定期出版刊物：为了帮助延安各界研究宪政问题，搜罗各种宪政材料、编辑《宪政论文选集》《宪政论文索引》；定期出版《时事资料》《世界大事表》和《每日全国报纸杂志论著索引》三种刊物。这些材料都为延安各机关干部学习研究提供了便利。

（2）服务人群明确，规模数量可观。各图书馆在建立之时就有明确的目标服务对象，公共图书馆服务机关和社会公众，高校图书馆服务干部和科研，基层图书馆服务基层群众，体系十分清晰明确。子洲图书馆因为读者服务工作开展得好，吸引了很多民众甚至是绥德附近各县的干部、学生以及过往的群众到馆阅览报刊和借阅图书。《解放日报》曾报道子洲图书馆的书刊借阅流通情况："阅览室每天平均有 40 人左右前往阅读书报，书籍每月流通达 270 册，文艺书籍借出数量最多。"[11] 又如鲁迅图书馆在 1942 年重新开放后，服务能力进一步提高，从 1942 年 4 月到当年年底，读者增加到 684 人，借阅量达 4104 册[12]。毛泽东、林伯渠、谢觉哉、李鼎铭等领导人经常到馆借阅书刊

资料。

（3）结合实际情况，借阅形式多样。图书馆日常有阅览室提供室内阅览，也提供外借服务，门槛低但要求严格。如鲁迅图书馆和中山图书馆，在验证借阅和逾期处罚方面规定了严格的制度以保护图书促进流通。有的地方因为图书资源紧张，实行了流动图书的办法。例如延安市东关乡流通图书馆由政府人员把存放在政府的一部分公书与另外募集的书报整理起来，外出时随身携带几本，顺路散发，顺路收回；为了使广大群众都能随时有阅读报纸的机会，青年流通图书馆在中山大街设立阅报栏，阅览人极多。

3.2 举办多样的社会教育活动，以文化丰富生活

除了基础的借阅职能外，边区图书馆还组织了丰富多样、具有时代特色的社会教育活动，可总结如下。

（1）文化补习班：如子洲图书馆曾举办面向各机关团体低文化水平人员的文化补习班，授课内容包括国语、常识、音乐、算术，并且会围绕学员生活、工作中的诸问题进行指导讨论。后经成功实践，学校的影响逐步扩大，除机关干部外，一些市民、家属也前来报名参加学习。清涧图书馆组织过民众夜校，学员大半是商店的学徒和店员，学习内容有国语和算术，还有劳动英雄的故事及边区的情形和时事报告。

（2）直观宣传的板报：子洲图书馆在绥德城内民众活动比较集中的不少地方办黑板报，以当地群众喜闻乐见的形式，宣传党的方针、政策，介绍国内外重要时事，普及文化科学知识，深受群众欢迎。西北局图书室办过“大后方剪报”，摘录大后方报纸上的消息或文章，写在黑板报上竖立在机关人员必经的楼旁，节省人们翻报纸的时间，帮助大家了解大后方动向。

（3）开阔视野的展览：1941 年，各机关图书馆共同提供资料举办革命文献展览，展出了经过长征保存下来的红军时期各苏区根据地出版的文献资料。1943 年 4 月，120 师政治部在子洲图书馆举办为期 5 天的摄影照片展览，据报道参展观众达三四千人。

（4）丰富精神生活的文艺活动：子洲图书馆经常组织文艺晚会、秧歌、猜灯谜等活动；中山图书馆经常参加边区文化组织举办的各种文艺活动，约请延安文化名人举行文艺报告会，举办图片展览、读书会、研究会等。

（5）为前线捐书，提供精神食粮：中山图书馆曾多次向前线官兵捐献书籍。1938 年夏，中山图书馆率先响应朱德总司令视察指示，和边区有关单位一起向前线将士捐赠各种书报 7000 多册；为了庆祝八路军 120 师 359 旅作战胜利，捐赠 200 本战地刊物给该旅官兵；1941 年 4 月 7 日，向关中警备团保安队的将士们发慰问信，赠送书籍杂志及时事资料百余份。

边区图书馆作为党领导下的文教事业机构，所开展的文化教育活动与边区政治斗争和经济建设密切结合，具有无产阶级革命文化事业的鲜明特色，体现了在革命圣地延安人们所特有的革命面貌，在开展民众政治和文化教育、丰富民众文化娱乐生活、宣扬爱国主义与抗战精神等方面发挥了积极的作用，极大地促进了马列主义和党的路线方针的传播，有效地提高了广大干部战士的理论与文化水平，广泛地教育和动员了人民群众，

为巩固根据地的政权和夺取中国革命胜利作出了重要历史贡献。在当下，作为文化事业建设的重要组成，新时代图书馆要始终坚持党的领导，以人民为中心，传承与弘扬革命文化，发展社会主义先进文化，贯彻十九大以来关于新时代文化建设的基本方略，坚定文化自信，推动文化繁荣，服务于中国特色社会主义事业的总体布局，凝聚起实现中华民族伟大复兴的精神力量。

参考文献

[1] 陈元晖 . 老解放区教育简史 [M]. 北京：科学教育出版社，1989：53.

[2] 李维汉 . 回忆与研究（下）[M]. 北京：中共党史资料出版社，1986：436.

[3] 赵玮 . 陕甘宁边区民众教育馆研究 [D]. 西安：陕西科技大学，2015.

[4] 杜克 . 宛若平凡亦辉煌——为《陕甘宁边区的图书馆事业》序 [J]. 理论导刊，1998（12）：48.

[5][6] 高巧玲，赵亚娜 . 风雨兼程八十载，宛若平凡亦辉煌——延安中山图书馆史海钩沉 [J]. 当代图书馆，2017（2）：51-54.

[7] 赖伯年 . 陕甘宁边区的子洲图书馆 [J]. 图书与情报，1997（3）：53-55.

[8] 张慧珍 . 抗日战争时期陕甘宁边区的图书馆事业——纪念抗日战争胜利 50 周年 [J]. 图书馆工作与研究，1995（5）：55-57.

[9] 贾翠玲 . 陕甘宁边区图书馆的历史风貌 [J]. 图书与情报，2014（2）：141-144.

[10] 赖伯年 . 延安马列学院图书馆 [J]. 图书馆工作与研究，1998（2）：13-16.

[11] 赖伯年，田林艳，任成录，等 . 陕甘宁边区图书馆纪事（下）[J]. 图书馆理论与实践，1998（2）：51-55.

[12] 鲁迅图书馆读者增加 [N]. 解放日报，1943-02-24（2）.

基于“世界咖啡”模式的馆员培训方法探析

唐　睿（典藏阅览部）

随着当今社会大数据、人工智能、物联网、云计算等信息技术的飞速发展，全国各地图书馆也逐步向智慧型图书馆转型。智慧图书馆的发展离不开智慧馆员的培养。智慧馆员是在智慧图书馆背景下，具有参考馆员或学科馆员等服务阶段的经历，具备丰富的知识和学科经历且接受过专业训练，为用户提供集约化、专业化的知识服务，培养用户智慧能力的馆员，是智慧图书馆提供服务的主体，是智慧型服务的核心要素[1]。

智慧馆员应该是专业方面的“全才”或“通才”，不仅有着较为丰富的图情专业知识和学科背景，还要有深厚的“内功”和学识，有不断学习和勇于开拓创新的精神[2]。而传统的馆员培训模式存在着种种弊端，无法很好地满足智慧馆员培养的需求，因此探索一个更为高效的，更能激发出馆员创新力和自驱力的培训模式变得尤为重要。“世界咖啡”模式作为一种团队学习的优秀方法，让每一个参与者摆脱个人性格和理论背景等重重限制最大限度地投入团体智慧的创造中。此前“世界咖啡”模式已在企业界和教育界的培训中获得了较多的成果和认可，因此将该模式用于智慧馆员的培训是一个值得探索的方案。

1　传统馆员培训的现状和问题

1.1　培训的安排缺乏调研，没有贴合馆员的实际

有学者通过问卷调查发现，当前我国馆员培训存在着随机性强、计划性差的问题。①培训需求调查分析的缺失。据了解，大多数馆员培训的流程包括拟定培训有关事宜、发布培训通知、准备开展培训活动等几个环节，往往忽略了培训需求调查分析，不能真正了解图书馆和馆员所需要的培训内容，导致馆员培训与图书馆的长远发展目标和馆员职业生涯规划相脱节。②馆员培训专项计划较为少见。详细具体的馆员培训计划和人才培训专项规划极为少见，较为常见的是培训项目通知、相关报道等。缺少从队伍整体建设考虑的具有规划性、指导性的专项培训计划，培训安排就显得比较随意，培训内容的相关性、连续性不强，馆员培训的系统性和延续性难以得到保障[3]。

1.2　培训形式过于单调，难以调动起馆员的积极性

传统馆员培训和交流模式多以单方面的宣讲为主，内容多为理论知识或宣讲人自身的研究或工作经验，由于缺乏互动，仅靠单方面枯燥的讲授无法激发馆员的学习兴

趣，因此，许多馆员仅将培训和交流活动当作任务来完成，而没有将学习成果真正融入个人的工作实践中[4]。而且在这种培训方式中，馆员虽然可以在短时间内接收到大量经过提炼的知识和信息，但没有相关的指导和持续的帮助就难以保证一个高效的知识吸收率。

1.3 难以调动起馆员的深度思考，无法激发业务创新积极性

图书馆馆员培训的目的不仅在于普及新概念、培养新的工作技能，更在于通过培训交流产生适合于本馆特点的“新思想”，从而实现服务或技术上的创新。但大部分馆员培训和交流学习活动的主要形式是主办者邀请主讲人进行单方面宣讲，虽然会设置参与人员的提问解答环节，但仅限于解决馆员在听讲过程中的疑难问题，缺少参与者之间就主讲内容的互动。因此无法产生思想上的“碰撞”，难以激发参与人员产生“新思想”或“新创意”[5]。尤其在智慧图书馆构建的背景下，如果馆员缺乏创新力和深度思考力，就无法将新理论很好地运用在服务提升上。

2 馆员培训中运用“世界咖啡”模式的可行性分析

2.1 “世界咖啡”模式的概念

“世界咖啡”模式起源于 1995 年美国学者 Juanita Brown 和 David Isaacs 在加利福尼亚组织的一次学术会议讨论，是指参与者在一种轻松的氛围中，通过具有组织弹性的小团体讨论而产生集体智慧的方法。“世界咖啡”模式可以带动参与者进行跨界对话、分享知识，甚至产生创新思维和方法。由于这种交流模式具有组织参与的灵活性、对环境较小的依赖性和参与者学习的有效性，被广泛应用于各种问题的讨论，如企业管理、社会问题解决、商业开发计划及战略制定等，并在诸多方面取得了良好的效果[6]。

学习型组织理论创始人彼得·圣吉盛赞“世界咖啡”的学习方式：团队学习的最有效方式就是世界咖啡深度会谈。当深度会谈成为一种氛围与习惯，团队学习带来的集体智慧，将会给组织带来持续的创新与发展。现代管理学之父彼得·德鲁克也表达了高度认可：世界咖啡交谈提供了能将分析转变为深刻变革的工具和将天才人物紧密相连的结构[7]。一项典型的“世界咖啡”模式必须遵循 7 个核心原则：①必须有一个明确的背景或目的；②必须处于一个好客的空间；③必须是探索一个重要的问题；④让每个人都参与贡献；⑤主持者要连接不同的观点；⑥参与者共同听取见解和发现；⑦参与者集体分享发现[8]。“世界咖啡”的标准流程由以下 4 轮组成（表 1）。

表 1 “世界咖啡”的标准流程

第一轮 20—30 分钟	对主题进行初步探索	4—5 人围坐在一个讨论区，先互相进行自我介绍，然后就主题问题进行讨论
第二轮 20—30 分钟	对观点进行交换分享	除每个讨论区的招待人外，其余参与者自由转移到其他讨论区，重新自我介绍，各讨论区招待人向变换后的新成员说明该讨论区上一轮主题会谈的成果，然后大家就该主题继续探讨，并探索两轮会谈观点之间的关联性
第三轮 20—30 分钟	对观点和发现进行整合	参与者回到原来讨论区，互相介绍在其他讨论区得到的各种观点，并继续进行会谈，最终用思维导图进行观点整理
第 4 轮 20—30 分钟	全体对话活动收获并分享群体发现	各讨论区接待人作为宣讲者上台呈现讨论成果。待宣讲完毕所有参与者可自行进行交流讨论

2.2 “世界咖啡”模式的图书馆应用现状

目前“世界咖啡”模式在国外的图书馆界已经有了一些应用。如爱尔兰的梅努斯大学（Maynooth University）图书馆举办关于图书馆一线服务的“世界咖啡”交流会，参与人员结合自己的工作经验，在馆员技能培训、图书馆营销和服务促进等方面提出具有实践意义的观点[9]。而反观国内图书馆界关于“世界咖啡”模式在培训中运用的文献研究则很少。

2.3 “世界咖啡”模式应用于馆员培训的优势

2.3.1 有利于增强馆员之间的交流，创造集体智慧

“世界咖啡”模式不认为智慧只来源于某些特定的人，而认为智慧是属于会谈参与者群体所有，当每个人的智慧和思想相互连接起来后，就能激发出超过每个人能力的新知识和智慧。该模式倡导每个参与者不论职位和背景都能在平等自由的氛围中畅所欲言。如今，图书馆的各职能部门的分工越来越细，这很大程度上提高了各项业务的处理效率。但是值得注意的是当一些新技术要进行落实的时候，各部门之间在行动方案的协调配合上总会出现一些偏差，这正是由于各部门长期的各司其职，将整个馆员的想法和立场上给分割开了。如果“世界咖啡”模式应用于馆员的培训和交流中，将有助于打破馆员各自身份和部门的限制，增进馆员之间的互相认同和理解，促进馆员们形成一个可持续发展的智慧群体。

2.3.2 有利于提升馆员参与培训的积极性，激发学习热情

“世界咖啡”模式要求在休闲舒适的环境下进行，所有的发言者可以在轻松的氛围中获得足够的安全感。在流动的讨论中，当参与者接触到与自己不同的观点时，往往能重新审视自己的观点，然后形成一种全新的见解。“世界咖啡”模式运用到馆员培训中，

能够帮助馆员摆脱各自思想上的束缚，通过交流来实现更多的自我认可和自我成长，让陈旧和固有的观点在一次次思想的碰撞中，产生新的工作反思与创新。这些积极的心理体验，会促使馆员更主动地参加到每一次的培训中，在持续的深度思考中逐渐将思想理论转化成可指导实践的有益经验。

3 “世界咖啡”模式的馆员培训方法设计

根据“世界咖啡”需遵循的7个核心原则和基本流程，各图书馆在馆员培训运用中可根据实际情况进行适当的调整，使该模式可以在智慧馆员的培养中发挥更大的效用。相较于传统的培训模式，“世界咖啡”模式需要更为专业详尽的筹划安排，所以最好成立一个专项小组来进行各项筹划工作，且要特别注意以下几个方面。

3.1 调查需求进行问题设计

由于“世界咖啡”本身具有的开放式、流动式的特点，因此在问题设计上应该偏向于探讨一些在图书馆界仍处于探讨研究阶段的前沿问题，培训筹备期间，培训小组通过调查问卷的形式向馆员进行意见征求，再根据反馈意见对主题问题进行适当修改。培训开始前，工作小组还可以提前给参与者提供一些与主题相关的文献的推荐，让所有参与者可以对主题有一个先期自我学习和思考。

对于“世界咖啡”模式下馆员的培训而言，设计问题时可运用ORID的框架来进行设计。ORID于20世纪60年代由美国人约瑟夫·马修开发，用文化事业学会和国际引导者协会等经常使用的一种提问形成框架。它的名称由“客观事件、事实、信息、数据”（Objective）、“发生于内在的事情、感情、记忆”（Reflective）、“价值、重要性、分析、解释”（Interpretive）、“结论、决策、行动”（Decisional）的首个字母构成。我们可以按照这个顺序设定会谈中的系列问题[10]。以下是将ORID框架运用在现在反思类和未来规划类问题的例子（见表2）。

表2　ORID在现状反思类和未来规划类问题中的应用示例

	现状反思类	未来规划类
Objective 客观事件、事实、信息、数据	最近我们举办的是一个怎样的读者活动？ 活动上发生了什么？ 参与者有什么反应？	图书馆所面临的外部环境产生了什么变化？ 馆员工作面临什么机会和挑战？
Reflective 发生于内在的事情、感情、记忆	这次活动中让你最触动的一点是什么？ 最让你觉得遗憾的一点是什么？	你对未来的图书馆的变革抱有哪些期待？ 你期待的未来馆员是何形象？
Interpretive 价值、重要性、分析、解释	这次的读者活动带给你哪些启发？	期待的未来与现实状况之间差距是什么？

续表

	现状反思类	未来规划类
Decisional 结论、决策、行动	从这次读者活动中你看到了未来有哪些可能性？ 你想要做什么新的尝试？	为实现你期待的变革，需要有哪些行动和措施？ 你自己需要做哪些努力？

3.2 营造开放自由的会场环境

区别于传统的培训模式，“世界咖啡”模式需要打造一种安心自由的交流空间，会场布置方面尽量选择一个宽阔的培训场所。根据参与人数确定设置讨论区的数量，每个讨论区以一张桌子为中心，配备4—6把椅子。桌上配备彩色马克笔和大幅海报纸以用于参与者在海报纸上进行随意书写和记录，记录方式可采用思维导图、表格、图画等多种形式，准备海报展示墙、投影设备等物资，条件允许的情况下可在会场内可适当地布置一些绿色植物和主题海报，营造出宜人好客的环境氛围。

3.3 会谈主持人的职责

为了确保每个参与者都能参与其中，需提前安排会议主持人，主持人不仅仅是交流现场的气氛活跃者，还应是会谈策划和筹备的重要参与者和设计者。主持人发言是会谈开始的重要仪式环节。在培训开始时主持人需要向参与者们解释“世界咖啡”培训模式的流程和当天所要讨论的主要议题。一个富有启发的开场发言可以让会场上所有人都获得全新的参与感，在讨论开始后主持人应始终注意维持会场轻松愉悦的氛围，根据各讨论区的进度和成果实时调整每一轮的时间。

3.4 讨论区招待人的职责

讨论区招待人存在的意义是欢迎每一个讨论区的参与者，并给予他们足够耐心的倾听，帮助他们将注意力始终集中在讨论主题上，打造让与会者无所顾虑，进行坦率交流的会谈区域。在整个会谈期间，招待人应该始终做一个观点倾听者和信息收集者，不对任何人的观点加以评判。在第一轮会谈时招待者要帮参与者明确讨论主题的背景及意义，促发大家打开思路，进行积极思考和发言，在第二轮会谈时，讨论区参与者发生轮换，招待人就需要向新成员解释上一轮的会谈内容，并鼓励新成员发表新观点或看法。

3.5 观点呈现和成果汇报

“世界咖啡”模式的每一轮讨论都是为了激发馆员的内在潜能，实现业务创新，所有的观点不论成熟与否、正确与否，都应该被倾听和记录。整个会谈期间，新的观点和思想总是在源源不断地涌现，因此除了最终直接书写到海报纸上的讨论区核心观点，每个参与者还可以将突然闪现的想法写在便签纸上，贴到集体展示海报上加以补充。当会谈进入后期阶段，各活动区的参与者需要一起对几轮会谈的观点进行分析整理，寻找观点之间的联系，努力得出可用于指导实践的行动方案。在会谈的最后，每个讨论区的招待人需要拿着最终的集体展示海报上台去宣讲自己小组的会谈成果，并充分接受大家的提问和意见补充。

3.6 会谈的总结和反馈

所有讨论结束后，工作小组在现场发放调查问卷，了解所有参与者对于会谈的真实意见，还可随机抽取几名馆员进行培训效果的会后访谈。综合各种意见和信息，工作小组可在会谈后的几天内将所有讨论成果总结成条理清晰的文字材料，并整理打印成文件或小册子，分发给每一个参与者。

智慧馆员的培养离不开培训模式的创新，“世界咖啡”模式作为一种开放式的培训方案，能够促成馆员之间的合作性对话，加深馆员对业务知识的思考。目前该模式已经在国外图书馆界有了一些实践尝试，尽管该模式具有局限性，不适用某些已经固定的理论知识的培训，但它无疑给馆员培训工作的创新提供了一种切实可行的行动方案。在未来的智慧图书馆的发展过程中，我相信该模式能够给馆员培训带去更多的启发和思考。

参考文献

［1］孟银涛．泛在环境下高校智慧图书馆研究［M］．北京：中国农业大学出版社，2018：61-65.

［2］唐乐．智慧服务视域下智慧馆员培养与队伍建设研究［J］．传媒论坛，2020（22）：109-110.

［3］刘宛珍，惠涓澈．图书馆员培训中的问题与对策研究［J］．山东图书馆学刊，2020（1）：42-46.

［4］［9］李金永．地方院校馆员培训中的“软抵抗”分析［J］．新世纪图书馆，2016（10）：33-36.

［5］杜文龙，陆溯，谢珍基．于“世界咖啡”模式的图书馆馆员培训与交流模式探析———以爱尔兰梅努斯大学图书馆为例［J］．图书馆工作者研究，2018（12）：28-29.

［6］［8］［10］香取一昭，大川恒．一起世界咖啡：创造集体智慧的会谈实践［M］．北京：电子工业出版社，2020：70-72.

［7］陈万思，周伯承，杨百寅，等．世界咖啡：一种有效的团队学习方法——以中粮大悦城行动学习为例［J］．清华管理评论，2019（12）：38-39.

试论图书馆智慧空间的布局及服务策略

蔡　颖（信息技术部）

2008年IBM首次提出"智慧地球"的概念，随着人工智能、物联网、大数据、5G等新兴技术的发展，"智慧地球"和"智慧城市"的建设已经成为各国信息化发展战略中的重点。2021年"智慧图书馆"被写进《中华人民共和国国民经济和社会发展第十四个五年规划和2035年远景目标纲要》，其中提出要推进线上线下公共服务共同发展和深度融合，积极发展智慧图书馆。

在全球智慧化的浪潮中，图书馆作为保存资源、传播知识和传承文明的重要场所，应该把握发展机遇，积极向智慧图书馆转型。而空间体验是图书馆的核心价值之一[1]，在走向智慧图书馆的进程中，智慧空间的再造、应用与服务是图书馆界需要探索的方向。

1　图书馆空间的演变过程

图书馆的空间形态是指以用户为中心，整合服务、资源、技术，具有某种功能的空间[2]。随着图书馆的不断发展转型，图书馆空间形态也随之变迁。总的来说，图书馆空间的形态从低级走向高级化，从单一走向多元化。

从古代的藏书阁到未来的智慧空间，图书馆空间随着图书馆的发展和技术的迭代经历了空间形态和功能特点的演变。藏书阁正如其名，空间结构和空间功能注重一个"藏"字，藏书阁主要用于妥善地存放和保管书籍。图书馆出现以来除了书籍的保存，还为大众提供了查询、阅览文献的场所。伴随着信息技术的发展和普及，20世纪90年代图书馆出现了信息共享空间，图书馆空间首次加入虚拟空间的概念，通过实体空间与虚拟空间的联通，为读者提供资源和空间的集成信息服务。21世纪初图书馆空间发展为学习共享空间，它是在信息共享空间的基础上衍生而来。与信息共享空间相比，学习共享空间以学者为中心，强调学习支持和学习帮助，凭借信息化手段满足读者的学习需求[3]。十年前创客空间的理念悄然兴起，创客空间又称众创空间，是"大众创业，万众创新"的载体，可以提供实现创意的场所、材料、工具、资源和服务[4]。

从图书馆空间的演变史可以看出，现代图书馆空间的演变与信息技术的发展和大众不断变化的需求密不可分。5G、云计算、物联网、大数据以及人工智能等新一代技术的兴起为图书馆发展提供源源不断的动力，推动着图书馆空间向智慧空间走去。智慧空间为读者营造普惠便捷、互联互通、智能高效的知识共享空间的同时，还将延续图书馆空间文献流通、信息共享、学习交流、创意孵化的服务，并将已有空间进行有效集成和融合，以便捷高效的方式和途径服务于更大范围的用户。

2 智慧空间的定义

目前对图书馆智慧空间没有一个统一的定义，不同学者从不同的研究角度出发给出了各自的定义。从图书馆空间的形态的来看，智慧空间可以看作是继创客空间之后一种新的空间发展形态；从智能建筑角度看，智慧空间是智能建筑与高度自动化管理的有机结合和创新[5]；从服务功能来看，智慧空间是对图书馆现有知识、信息的重组和整合后打造的知识立体化空间服务平台[6]；从技术角度来看，智慧空间是通过机器、设备、网络，可以进行任何资源的交互计算，形成信息分享的智能化、泛在化知识情境。也有学者通过多角度的定义梳理，融合智慧空间的各方面特点，给出了综合性的定义。单轸和邵波认为图书馆智慧空间是智慧图书馆的有机要素，它以用户体验为核心，通过有效整合 WEB3.0 技术、设备、资源、服务、环境及网络，感知、分析、存储和服务用户，是由物理空间、虚拟空间、用户感知空间等构成的多维自优化系统[7]。翟秀凤，刘宝瑞认为智慧空间是图书馆服务泛在化、功能智慧化、空间创意化的综合体，借助人工智能技术实现图书馆人与书、人与馆、人与空间的紧密相连，具备用户感知性、互联性和智能化的特点[8]。

总的来说，图书馆智慧空间通过物联网、大数据、人工智能等新一代信息技术手段为用户提供泛在化、智能化、个性化的服务。智慧空间是由技术发展和用户需求双向驱动的空间变革，是具备万物互联、情境感知、自我革新能力的有机生态体系。

3 智慧空间布局及功能特点

图书馆智慧空间由实体空间和虚拟空间共同构成[9]。实体空间或称物理空间即肉眼所见的图书馆建筑，虚拟空间包括网络、数字资源等构成的虚拟环境。物理空间与虚拟空间密不可分，协同发展，将用户、场所、空间三大要素在多维度进行深度交互，实现智慧空间服务。

3.1 智慧管理空间

图书馆空间从用途上大致区分为管理空间和服务空间，优质的服务离不开良好的管理。服务赋予管理实质和内涵，管理为服务提供支撑和保障。管理和服务相辅相成，脱离管理，空谈服务，无异于纸上谈兵；忽视服务，只讲管理，会触发受众的质疑和不满。图书馆必须寓管理于服务之中，才能进一步提升读者服务水平，为避免片面追求服务而忽略管理，图书馆应注重智慧馆舍、智慧机房、智慧书库等管理空间的研究与建设。

未来的图书馆管理空间将是一个集故障分析、能耗管理、设备监控、物业管理等为一体的综合管理空间，能够实现对设备、环境、照明、安防等设施的智能化控制及统一管理调度[10]。在图书馆空间内放置温度、湿度、照明、烟雾等传感器，形成环境传感网络，进行环境数值的实时采集与监控。对于书库、阅览室或机房可根据需求预设不同的预警数值，实现对馆舍环境的智能调节和报警[11]。例如阅览室的照明，采用智能控制技术可根据当前亮度与读者需要自动调节光源强弱和窗帘的开启程度；馆内的烟雾传感器结合视频监控能对火情进行监控，一旦发生火情，会在第一时间自动警示管理人员，并对消防设备进行控制，自动开启喷水器，在最短的时间内控制火情，保障人员、文献和馆舍的安全；通过智慧空间的监控管理，实时接收读者的精确位置信息，能够实时地对馆内不同区域的人流量进行监控，当人流过密时，自动提示管理人员，预防人流拥挤或群体事件的发生。

智慧管理空间可以更为妥善地保障人员、书籍，设备、馆舍的安全，使图书馆的安全性得到提升，同时也通过智能化的手段减轻图书馆工作人员的劳动，合理优化人力和资源配置，达到绿色环保、节能高效的目的。

3.2 知识服务空间

知识服务是在充分挖掘用户的需求基础上，依靠专业化知识，结合搜集、梳理的有效信息，帮助用户获取知识、解决问题、理性决策的过程。智慧图书馆的知识服务空间依靠现代化信息技术，通过情景感知、交互计算，形成信息共享的泛在化和智能化的知识环境，主动为用户提供知识服务[12]。

情景感知是知识服务空间的核心功能，在图书馆中情景感知是采集并利用读者的地理坐标、时间信息、活动轨迹、习惯偏好、行为记录、周围环境等情景信息，然后向用户提供适当的服务[13]。知识服务空间应具备情景感知采集器和情景感知处理器，通过情景感知技术多维度挖掘用户的情景信息，产生情景模型库，经过反复迭代计算，将情景需求与资源信息相匹配，为用户主动推送满足其个性化需求的信息推荐集合，最终帮助用户获取知识和解决问题。实现读者、资源、环境的交叉感知，提升了服务的主动性，实现了服务空间的协同感知发展。这对提高用户黏性和忠诚度具有重要作用[14]。

3.3 多功能集成空间

图书馆空间不仅仅是信息共享中心，还是学习共享中心、创客中心，未来还可以是社交中心、文化交流中心等。在着力打造知识服务空间的同时，还应筹划其他功能空间的布局与再造，为大众提供多功能集成的综合性服务场所。为了贯彻绿色节能、循环利用的发展理念，智慧图书馆应具备功能健全的、可灵活调整的多功能集成空间，重视空间规划与空间再造的灵活性[15]。借助智能技术与设备营造一个能够满足用户学习、交流、科研、创新等各种行为需求的综合性智慧空间，可以根据不同活动的特点提供与之匹配的环境氛围和互动服务。同时还需要配合推出公众参与度较高的线下活动，切实地加强人与人之间、人与图书馆空间的紧密联系，将公众的社会活动与公共文化服务集中一体，满足各式场景和用户的需求。

图书馆对智慧空间的功能定位、布局规划、配套设施等因素进行合理统筹设计，形成多功能集成空间，可以有效防止重复性建设。多功能集成空间应具备多元化的特征，可以根据用户需求或图书馆的活动灵活调整，促使图书馆空间成为可持续发展的有机的生命体。

4 图书馆智慧空间的服务策略

智慧图书馆的发展给图书馆服务带来了新契机，智慧空间的构建与实现最终要通过服务来体现其价值。图书馆界应积极拥抱智慧空间带来的机遇与挑战。在研究智慧空间理论基础、历史沿革、技术发展的同时，积极进行服务策略的研究。以服务为核心，以读者的满意度为宗旨，使服务与智慧空间的环境及特点相匹配，充分发挥智慧空间在服务创新上的优势，打造线上线下协同的新型服务体系，进一步推进公共文化服务的普惠性、均等性和便利性。

4.1 服务理念的转变

随着智慧图书馆的发展和空间再造，图书馆空间的服务理念也必须随之革新，才能够激发图书馆服务功能的重组转型，充分发挥智慧空间的作用，提升服务效能。

图书馆的主要职能之一是向读者提供免费的文献信息查询、借阅及相关服务，传统图书馆以文献为单位向读者提供服务。读者面对海量的文献资源，无法快速地从中获取有效的信息。而从定位一本文献，到从文献中获得所需的信息还需要再消耗大量的时间成本。未来当读者置身图书馆智慧空间，图书馆不能停留在为读者提供文献的传统服务理念，还需要提供更深层的知识服务。图书馆的服务由资源型服务向知识型服务转变。智慧空间为知识服务提供了空间载体，通过情景感知所采集的读者信息，结合读者发出的查询请求，利用智慧图书馆的“大脑”进行快速的运算和分析，从海量文献中匹配相关文献，并从文献中匹配有效的数据信息，最终形成知识集合反馈给读者。

传统型图书馆的服务围绕纸质文献的“流通”来开展，数字图书馆实现了文献资源的线上服务，而这些服务全部以资源为重心来开展。在智慧图书馆中需要逐步将服务理念转变为以用户为中心，注重以人为本。智慧空间的核心竞争力是可以根据读者不断变化的需求而不断学习和自我更新，脱离了以人为本的服务理念，智慧图书馆将失去生命力。智慧空间通过为读者量身打造个性化服务，可以有效提升用户体验。

4.2 图书馆从“弱智”到“强智”

目前复合图书馆中广泛使用的 RFID、自助借还等智能服务并不等于智慧服务。图书馆可以通过物联网、RFID 等技术进行感知，同时采集和保存数据，在某些特定场景中可以实现智能化的应用。例如图书馆的智能人脸识别门禁系统、智能架位导航、机房自动报警系统等都是图书馆空间的智能应用，它们都属于典型的弱智能应用。这些应用将固定场景下的固定流程转变为自动化、机械化的操作，提升了服务效率。人工智能、大数据等技术使图书馆拥有了“强智”，在智慧图书馆空间中不仅拥有感知和存储能力，同时还具备认知、学习和决策的能力，应用的场景也不只是单一特定的情景，还能够实现综合场景的智能应用。区别于弱智能服务，智慧空间的“大脑”通过主动思考、学习，结合用户行为数据和所处的情景，分析判断出用户的需求，使读者享受更为主动的、个性化的服务[16]。

4.3 满足读者的长尾需求

从统计学角度来看，读者的需求符合正态分布曲线，在曲线中部凸起的部分称为“头部”，两端平缓的部分称为“尾部”。大多数通用的需求集中在“头部”，而差异化的、精细化的零散需求分布在曲线“尾部”。这部分个性化的少量需求在需求曲线上形成一条长长的尾部，统计学家形象地称之为“长尾效应”。而所谓长尾效应就在于容易被忽略的“尾部”需求，其数量累加起来会形成一个比“头部”还大的需求市场。目前图书馆经过多年的信息化建设与实践，可以为读者提供一些自动化、智能化的服务来满足读者的“头部”需求。例如到馆读者可以享受自助办证、自助借还、智能导航等服务，这些服务为广大读者提供了更为便捷的阅读体验。但这仅仅是对图书馆人工服务的自动化、对图书馆业务流程的机械化，图书馆需要主动了解、回应和解决读者的个性化“尾部”需求。

图书馆智慧空间的情景感知能力，可以很好地解决上述问题。情景感知即通过获取人物、时间、地点、兴趣、习惯和事件等综合信息主动发现读者的需求，并建立自动适应和学习的机制，从而提升服务的精准性[17]。情境感知技术结合人工智能、物联网、大数据、云计算、语义搜索等技术，可以采集并保存读者的动态情境信息，经过对这些数据的分析、挖掘，在推演出读者需求的同时匹配图书馆的智慧知识库，最终产生满足读者长尾需求的知识推荐集合。具备情景感知能力的智慧空间是根据读者不断变化的需求而不断自我革新的有机体，是图书馆服务由智能转变为智慧、变被动为主动的重要推动力，是智慧图书馆提高服务效能的重要支撑手段。

4.4 打造 O2O 模式的协同服务体系

随着数字图书馆的建设发展，图书馆的线上服务已经逐渐普及，大众可以足不出户，通过互联网方便快捷地访问丰富的电子资源，图书馆的物理空间似乎失去了往日的吸引力。O2O 是 Online To Off line 的缩写，指线上线下相结合的商务模式，这种模式把线上和线下的特点相互补充协作，充分发挥联动优势，从而提高资源的整合效率和企业的核心竞争力[18]。《中华人民共和国国民经济和社会发展第十四个五年规划和 2035 年远景目标纲要》中也明确要求推进线上线下公共服务共同发展和深度融合。为了实现这一目标，智慧图书馆空间的服务可以借鉴 O2O 的概念，将在线读者重新吸引到图书馆，对到馆读者则将其引导到线上平台，打造 O2O 模式的协同服务体系。

智慧图书馆将提供一个立体互联、虚实结合的智慧空间，借助 5G 通信技术大宽带、低延时的特点，结合 VR、AR、MR、裸眼 3D、全息投影等新一代可视化和交互技术，突破传统的借阅方式和阅读场景。深入挖掘传统文化呈现、文献资源展示的创新形式，在传统文献变得立体生动的同时让阅读环境变得舒适智能，打造全新的沉浸式阅读体验空间。让读者身临其境般置身知识的海洋，获得沉浸式的阅读体验和互动式的文化服务，有力提升到馆服务的吸引力。

从功能上来说，智慧图书馆空间不仅仅是信息共享空间和学习空间，还是众创空间、社交中心和知识共享空间。图书馆除了提供沉浸式阅读体验服务外，还应提供科普知识宣传、社会教育培训、文艺展览演出、大众协同创新、科研教育服务、趣味社交活动等丰富多彩的线下文化活动。采用 O2O 模式的协同服务体系，图书馆首先在线上宣传吸引读者到馆，读者到馆后在线下活动中优先体验各种服务，再将服务效果反馈到线上，图书馆同时引导读者在系统平台上享受图书馆的相关资源。线上、线下服务融合发展，无缝衔接，形成图书馆服务的 O2O 闭环。通过 O2O 模式的应用，打破了单纯线上服务或单纯线下服务的局限性，结合双方优势，通过充分融合和有效互动，用线上平台的优势拉动线下服务的数量和质量，同时线下的智慧空间还可以使线上服务尽快落地。

图书馆的发展和信息技术的发展密切相连，信息技术每一次小的发展都会对数字图书馆的发展方向产生巨大的影响。图书馆要以智慧图书馆的转型发展为契机，紧跟物联网、情景感知、人工智能等相关技术的革新发展，思考智慧空间与传统空间的融合发展，积极开展图书馆空间智慧服务，努力实现空间服务的价值。在本文探讨的图书馆智慧空间的演变过程、内涵定义、空间布局和服务策略以外，还应在智慧空间资源的共享、服务的质量、技术的应用、用户的体验、馆员的培养等多角度进行研究和实践。要将智慧空间充分融入智慧图书馆体系之中，以空间的重构推动图书馆向智慧图书馆的转型，以智慧图书馆的发展带动图书馆空间的再造。

参考文献

[1] 郎杰斌 . 空间体验——图书馆的核心价值之一 [J]. 大学图书馆学报，2013（2）：42-48.

[2] 单轸，邵波 . 国内图书馆空间形态演化探析 [J]. 图书馆学研究，2018（2）：20-26.

[3] 张田力 . 图书馆学习空间的设计 [D]. 上海：华东师范大学，2011.

[4] 吴刚，薛浩 . 高校众创空间制度“碎片化”问题及其对策—整体性治理理论视角 [J]. 高校教育管理，2020（5）：76-82.

[5] 徐以斌 . 试论智慧图书馆环境下图书馆智慧服务 [J]. 农业图书情报学刊，2015（6）：194-197.

[6] 邓李君 . 高校图书馆空间再造与智慧服务融合研究 [J]. 图书馆研究与工作，2018（12）：62-65.

[7] 单轸，邵波 . 图书馆智慧空间：内涵、要素、价值 [J]. 图书馆学研究，2018（11）：2-8.

[8][14] 翟秀凤，刘宝瑞 . 融入情景感知的图书馆智慧空间实践调查分析研究 [J]. 图书馆研究，2020（2）：111-117.

[9] 白苏红，王爱霞 . 智慧图书馆空间融合的模式与路径研究 [J]. 图书馆学研究，2020（16）：9-16.

[10] 李晓君 . 智能图书馆建设途径探析 [J]. 河北科技图苑，2013（6）：33-35.

[11] 李晓月 . 物联网时代的图书馆及其智能化 [J]. 科技资讯，2012（23）：60-62.

[12] 李霞，樊治平，冯博 . 知识服务的概念、特征与模式［ J ］. 情报科学，2007（10）：1584-1587.
[13] Yang S J H，Shao N W Y. Enhancing pervasive web accessibility with rule—based adaptation strategy［ J ］. Expert Systems with Applications，2007，32（4）：1154-1167.
[15] 高协，王昕，张心言，等 . 智慧图书馆的空间设施构想［ J ］. 数字图书馆论坛，2018（6）：17-22.
[16] 刘柏嵩，豆洪青，杨春艳 . 从数字化到数据化——关于"图书馆大脑"的思考［ J ］. 数字图书馆论坛，2018（3）：2-6.
[17] 袁静 . 国内外情景感知服务研究综述［ J ］. 国家图书馆学刊，2018（3）：39-47.
[18] XLLE，PEI，LI. Research on comprehensive evaluation of network marketing performance in O2O model-measuring by GIOWA Operator［ J ］. Journal of electronic commerce in organizations，2014，12（4）：13-22.

探索传统阅览室向智慧服务空间的转变

——以国家图书馆中文报刊阅览区为例

段萌婕（典藏阅览部）

当今，人工智能、物联网、区块链等智能技术正引领新一轮的科技和产业革命。智能技术在医疗、交通、制造、教育、文化等领域得到广泛应用。2008年，美国IBM公司推出了“智慧地球”项目，随后“智慧国家”“智慧城市”“智慧服务”等概念在不同社会领域应运而生。世界上主要国家和地区都围绕经济社会的智慧化转型做出了一系列重要战略部署。在党的十九大报告中也提出了建设“智慧社会”，加快发展创新型国家的方针。随着Beacon、NFC、RFID、机器人以及智能空间等智能技术在公共图书馆领域的运用，极大地改善了公共图书馆的运作机制和服务模式，带动了传统图书馆向数字图书馆转型，推进了智慧图书馆的建设。

1　智慧图书馆与智慧服务空间

1.1　智慧图书馆

2003年，芬兰学者Markus Aittola等在《智慧图书馆：基于位置感知的移动图书馆服务》中首次提出了“智慧图书馆”的理念。文章指出“不受时空限制，能够感知的移动图书馆服务，可以通过连接无线互联网帮助读者查找图书馆中的图书和其他类型资料”[1]。2010年，美国图书馆协会推出了《智慧图书馆业务通讯》（*Smart Libraries News-letter*）杂志，开辟了“Smarter Libraries Through Technology”专栏，密切关注“智慧图书馆”研究与实践进展。2004年，国内学者刘志勇在《现代情报》上发表了《智慧服务——网络时代图书馆员的崭新职业理念》一文，强调智慧服务理念不仅是利用智慧技术提供智慧服务，还要实现知识管理和信息增值[2]。从2018年起，国内的图书馆智慧化转型研究和实践开始井喷式增长，加速推进了传统图书馆的智慧化转型。2020年，国家图书馆正式提出建设“全国智慧图书馆体系”的构想：“此体系的项目建设可以归纳为1+3+N，即‘1’是指一个‘云上智慧图书馆’，‘3’是指搭载其上的全网知识内容集成仓储、全国智慧图书馆管理系统和全域智慧化知识服务运营环境，‘N’是指在全国各级图书馆及其基层服务点普遍建立线下智慧服务空间”[3]。

1.2　智慧服务空间

智慧服务空间是“全国智慧图书馆体系”的“神经末梢”。“智慧图书馆”是基于宏观理论的顶层设计，“智慧服务空间”将图书馆的智慧化进程落到实处。

在硬件上，图书馆服务网点需要建设智能座位、智能书架、智能问答服务系统，打造多媒体智能交互阅读场景，实现线上线下的虚实交互，利用 VR、AR 等现代技术使读者获得沉浸式的全景阅读学习体验。

在人性化服务上，智慧服务空间要基于读者的需求、行为，设计与之匹配的空间、资源、设施、工具等。馆员根据大数据，针对不同类型的读者，定制个性化、智慧化服务方案。

智慧升级后的图书馆对读者而言，就不仅仅阅读空间，更是交流共享、知识创新、智慧创造和精神文化享受的空间。智慧服务空间的最大意义就在于实现了空间、资源和服务的智慧化融合，超越物理空间的局限，提供以大数据资源为依托、读者需求为导向的新型图书馆智慧服务，满足现代人更高的精神文化需求。

2　中文报刊阅览室现状分析

传统的报刊阅读室的智慧升级，既有自身的资源优势与空间优势，又存在着数字化、信息化方面的短板。公共图书馆的报刊阅览室的报刊资源丰富，却重藏轻用，服务形式单一，主要满足借阅需求，服务人群十分有限。数字阅读的蓬勃发展极大地冲击了纸质报刊的阅读，越来越多的人倾向于在个人电脑或移动设备上阅读报刊。传统报刊阅览室的主要服务人群为对智能技术使用率不高的老年读者。这些都是传统报刊阅览室智能化升级前不得不考虑的问题。

2.1　国家图书馆中文报刊阅览区读者群分析

相较于其他各级图书馆的报刊阅览室，国家图书馆的中文报刊阅览区拥有丰富的馆藏资源，从晚清民国直至当今的海量中文报刊资源，能满足休闲阅读、专业研究等不同读者群的需求。大体来说，国家图书馆的中文报刊阅览室的常驻读者主要分为三类：

第一类是周边高等院校的师生群体。他们查阅从民国到当下的各类期刊，从事课程学习和学术研究。此类读者需要较为独立的小空间进行深入研读。他们常结伴而来，一边分工查阅，一边进行小型研讨。这类读者群大致可分为两类。一类以本科生、硕士研究生为代表，他们的借阅有明确的课程学习需求，或个人职业规划需要等。部分读者需要阅览室提供专业的参考咨询业务。另一类以博士研究生、高校教师为主，他们以学术研究为主，常常根据自身研究领域，细致查阅相关文献资料，展开专业研究，具有较强的知识创造能力。

第二类是老年读者群。他们到馆时间规律，以阅读现报、现刊为主，希望阅览室的硬件与服务能适应老年群体的身心状况。他们希望阅览室内的环境（通风、温度，光照等）和配套服务设施（卫生间、饮水、指引标志、残障通道等）舒适便宜。他们的阅读目的在于了解当下最新时事、信息，只有少数文化层次较高的有研究型阅读的需求。

第三类是偏爱纸质阅读的其他读者。这类读者群身份多样、复杂，出现的随机性强。他们热衷于阅读纸质报刊，享受阅览室空间。这类读者群一般出于休闲娱乐目的，进行浅层次的阅读，不展开知识挖掘。他们对阅览空间和阅读服务的要求随机而庞杂，常因时而需。

最后一类是非阅读型读者。他们利用阅览室的空间和资源进行个人活动。例如，中学生自备资料自习，社会人士上网冲浪等。这类读者的空间选择并不能突显出报刊阅览室的特质。阅览室可以提供丰富的文献资源辅助他们的活动。他们重在享受场景空间与信息资源，对空间服务要求灵活多变。

2.2 国家图书馆中文报刊阅览区优劣势

国家图书馆的中文报刊阅览区拥有丰富的纸质报刊资源，可以依托国家图书馆北区的数字共享空间和南区的缩微文献阅览室，共同为读者提供不同载体的报刊资源。国图中文报刊资源极大，分为开架管理与闭架管理。由于地面空间有限，大量的报刊资源只能放置在地下库房。读者查阅必须通过工作人员办理借阅手续，等待时间较长。读者常常因此而产生不良情绪，易引发与馆员的矛盾。

目前，国家图书馆的中文报刊阅览区内，依据读者的阅读方式与阅读习惯配置了书桌、沙发、看报桌等不同类型家具，但空间功能划分仍旧不够明晰。休闲式阅读群体与研究性阅读群体无法分开，不同类型的读者混杂在一起，常常在空间资源争夺上产生冲突和矛盾。

抓住图书馆智慧化升级的契机，整合已有资源，实现智慧化服务，充分挖掘自身优势，提升服务效率与能力，满足不同类型读者的需求，实现传统阅览室向智慧服务空间的转型，是目前阅览室升级的首要任务。

3 智慧服务空间的空间形态及空间融合

3.1 智慧服务空间的空间形态

智慧服务空间分为实体空间和虚拟空间两种形态。智慧服务空间中不同主体与空间内的资源、系统之间交互频繁，主体与主体之间亦可进行信息交流与合作。在智慧服务空间内，图书馆可以借助大数据技术更加细化地收集、分析读者群体，提供更有针对性和预见性的智慧化服务，加快两种空间和资源的利用、流转、贯通和融合。

3.1.1 实体空间

实体空间是智慧服务空间的基石，是读者在图书馆学习、阅读、休闲最主要的场所。既是个人研究、群体研讨的创客空间，也是小型主题培训的共享空间。随着人性化、体验式图书馆空间设计理念的流行和现代信息技术的有力支持，图书馆实体空间中的物理隔断、界限也日渐让位于更加自然、衔接更密切的文化分类空间。阅读、学习和资源利用可以突破实体空间的限制，读者在智慧化实体空间中可以享受更加灵活、更加智能、功能更加多元的服务。

国图中文报刊阅览区资料丰富、读者群体多样，在空间划分上可以采用物理隔断与开放空间相结合的方式，利用实体书架，建立半开放、半封闭的空间区域，有效降低不同读者间的相互干扰和影响。

图书馆可以尝试划分出适合休闲娱乐的“悦读”区，服务老年读者与大众读者。“悦读区”可引进“局部温控系统”，满足对温度敏感的老年读者。该系统能够在个体周围创造个性化的温度环境，并根据人体生理需要提供最舒适的温度。老年读者对阅览室内的光照条件也有更高的要求。智能照明系统通过识别读者手势来提供针对性的照明方案。“悦读区”还可以引进智能化色彩控制系统，读者可以对光照颜色和亮度进行自动调节，选择自己最喜欢的颜色，打造独属于自己的“悦读空间”。

智慧服务空间系统可自动采集和分析读者的使用记录，经由云服务器计算，预测读者的习惯，进而为读者提供智能化和个性化的支持。传统阅览室内的硬件设施融合 AI 技术后，可对个体生命体征进行监测，为读者尤其是老年读者提供人体健康警示。

针对利用报刊资源进行深入阅读的专业读者，阅览空间可划分出研读区，配备相应的研讨设备。此类读者深度学习的时间较长，智慧服务空间可以引进智能书桌，记录读者的使用行为和习惯，自动调整书桌的状态来满足读者的需要。智能书桌还可以收集人体的生理数据，分析使用者的坐姿，提示使用者调整坐姿。

最后，如何分配国图丰富的资源，哪些报刊开架，哪些资源闭架；闭架资源如何能高效快速地提供给读者，也将是智慧空间服务系统必须解决的问题。开架资源，阅览区可以引进智能书架，收集图书离架、归架信息以及取阅时长和取阅次数等数据。结合图书和读者的动态信息，加深对读者取阅行为的了解，为不同读者提供个性化报刊推荐服务。闭架资源，我们可以依托 RFID 电子标签管理系统，以 RFID 读写器及手持数据采集器管理海量闭架资源，从而实现纸质报刊的快速上架、准确定位、便捷借阅等功能，简化借阅流程，降低读者检索、等待借阅闭架资源的时间，有效缓解矛盾。

3.1.2 虚拟空间

虚拟空间是实体空间的辅助、延伸和拓展，包括在线服务平台、虚拟系统和 AI 技术空间等。在智能技术的支持下，虚拟空间的功能会越来越丰富，实现线下空间和线上空间的融合，提升读者使用图书馆的场景体验。

虽然中文阅览区主要提供纸质的报刊资源，但读者若在阅览区进行局域网访问，阅览室亦可提供海量的电子报刊资源以及国图所藏的报刊缩微胶卷资源。这不仅满足了大众对数字阅读的需求，还弥补了纸质资源更新慢、不够全面的弱点。目前，读者在中文报刊阅览区进行在线的数字资源阅读，往往是自备个人电脑等移动端，与进行纸质资源阅读的读者混杂在一起，既不便于管理，也不利于提供个性化的数字阅读服务。因此，需要划分出单独的数字报刊资源阅读区。

在专门的数字阅读空间内，除了提供已经广泛普及的数字报刊阅读服务，还可以提供 AR、VR 技术等技术服务，实时呈现实物或实景，实现多媒体智能交互阅读。图书馆机器人的智能问答等服务系统则可以帮助读者传递概念性的知识。读者可以在图书馆服务平台上进行个性化的学习，馆员也可以通过在线平台与读者进行互动交流，推送信息，分享知识等。

图书馆还需要积极开展老年读者的信息素养服务，让报刊阅览室的忠实读者群也能享受到技术进步带来的便利，满足有更高层次知识追求的老年读者。虽然老年读者在体力、视听觉、记忆力以及对新鲜事物接受能力等方面远不如中青年读者，但他们日常时间充足，到馆时间相对固定，这非常有利于我们开展有关计算机基础、互联网、智能手机、各类智能阅读设备使用等方面的培训，提高他们的信息获取能力。

图书馆还可以整合本馆现有的各类数字报刊资源，开发出老年读者感兴趣且具有鲜明馆藏特色的数字报刊资源，满足其对数字资源的需求。图书馆可以结合老年读者信息需求特征，通过建立老年特色报刊数据库、打造老年读者专题阅读网页等方式，并为其构建方便、舒适的数字阅读空间，引导老年读者逐渐爱上数字阅读。对于一些不便到馆的老年读者，我们可以通过短信、微信等公众平台将最新的特色数字资源及时推送给他们，使他们足不出户就可享受最新资讯。

3.2 智慧服务空间的空间融合

传统图书馆实体空间囿于物理特性，对读者有一定的时空限制。不同实体空间的功能不同，资源和服务具有相对独立性，难以对读者的行为和需求进行全面评估。图书馆的虚拟空间中拥有海量的资源和信息，容易造成读者的信息迷失，使其在利用过程缺少系统性和连续性。馆员和读者交互不足、反馈不及时，影响读者的体验和学习效果。

智慧服务空间充分利用智能技术努力构建一种“融合”空间，以促进读者学习和发展为目标，设计配置智慧服务空间，对图书馆实体空间和虚拟空间进行有机融合。在融合空间内，强大的信息技术随时随地为读者的阅读学习提供支持。读者可以根据自身的喜好和需求选择个性化学习模式。

3.2.1 实体空间融合

不同图书馆阅览室散布于不同的地理空间，布局、功能、规模、环境、服务方式等都会影响读者的使用和学习。实体空间的融合分为本地空间融合和异地空间融合。本地空间融合是指整合距离相近、功能相似的空间。异地空间融合是指运用现代信息技术整合相距较远、无法直接物理连接的空间。异地融合可以通过视频直播系统实现连接，使读者可以突破空间限制，在具有沉浸感的情境中实现跨空间的资源整合利用。

传统报刊阅览室的服务活动和读者的学习行为都在本地空间中展开。本地空间的智慧融合，形成功能多元的组合空间，实现空间利用的最大化，提升图书馆服务，可以更好地帮助读者学习。纸质报刊借阅空间、缩微文献借阅空间、数字资源共享空间和研读讨论空间的智慧融合，可提供报刊不同载体的借阅服务、文献复印服务、参考咨询服务。

对老年读者群，智慧空间不仅可以创造良好舒适的阅读空间，还可以打造以老年群体日常生活、爱好等方面为主题的专题培训空间和趣味活动空间，进一步丰富老年群体的精神文化生活。

智慧服务空间在智能技术的武装下，可提供多样化阅读场景体验，激发大众的创造创新活力，为未来的“智慧社会”添砖加瓦。

3.2.2 实体、虚拟空间融合

信息技术的驱动使得智慧图书馆实体空间和虚拟空间的融合变得更加便利，形式也更加多样。实体与虚拟空间的融合可运用物联感知技术实现空间联通融合与全程监控。新型的智慧报刊服务空间可以引进RFID一卡通系统收集和分析读者的信息、阅读习惯、借阅记录、学习偏好、数字资源的使用等信息，通过面部识别或语音识别向阅览室空间中的智能系统或设备发出指令，定制针对不同读者的个性化空间方案。

智慧服务空间通过运用 VR、AR、DT 等技术，可以构建游戏化、电影化、故事化的拟真场景来提升读者在报刊阅读时的信息获取能力和深加工能力。这些智能技术虽已发展成熟，但在实体的阅览室空间的落地运用还远远不够。传统报刊阅览室可以考虑引进第三方力量，强化与互联网科技公司、移动运营商和智慧阅读服务商之间的协同合作，拓展智慧服务空间的技术和资金来源，有效降低运行成本。

智慧服务空间的实体、虚拟空间融合还可以整合线上线下的资源、服务和活动，打通线上线下的阻碍，提升空间融合过程中阅览室服务和读者需求匹配的精准性，实现不同资源、服务的深度融合。报刊阅览室在利用本馆所藏的特色报刊资源开展各类读者主题阅读活动时，可以积极开展线上活动，推送多样信息，录制讲座视频，在数字化图书馆和官方微博上进行共享，推出阅读话题，供目标读者讨论。读者还可以加入微信群，随时与主讲者进行互动交流。对线下阅读活动，则注重深入挖掘读者的个体特征、心理状态和行为习惯。读者的社会身份不同，对各类知识的体会和探究也不同，对这些信息的收集和分析，则能建构一种隐性知识，便于对人的把握。“人”的资源与图书馆资源相结合，有助于促进图书馆知识的传播和人类知识的创新发展。

4 作为“场所”的智慧服务空间

4.1 “图书馆消亡论”

虽然图书馆的智能化进程蓬勃发展，但我国国民的阅读情况却不容乐观。中国新闻出版研究院发布的第十七次全国国民阅读调查报告显示，2019 年成年国民人均纸质书阅读量仅为 4.65 本，远低于发达资本主义国家。纸质期刊、报纸阅读率呈逐年下滑的趋势。网络报刊阅读的情况也差强人意，网民上网主要浏览新闻、进行社交和观看视频，仅有 20.5% 的网民选择阅读网络书籍、报刊[4]。

“图书馆消亡论”甚嚣尘上。美国芝加哥图书馆学派的兰卡斯特在 1972 年出版的《电子时代的图书馆与图书馆员》一书中预言，2000 年人类逐渐进入无纸化电子社会，图书馆最终将走向消亡。2011 年美国的一位大学辅导馆员 Brian T. Sullivan 在《2050 年高校图书馆尸检报告》中指出：“传统馆藏的过时、信息素养成为普通教育的一部分、图书馆工作被纳入信息技术部门、参考咨询服务的消失、服务质量屈服于经济压力等将是使高校图书馆走向灭亡的关键因素”[5]。这些都促使我们深入思考如何构建智慧服务空间，以确保图书馆的核心竞争力，使图书馆在信息化浪潮里继续传承文明，服务社会。

4.2 打造新型公共文化空间

在人们可以获取海量电子报刊资源的当下，依然有大量读者钟爱报刊阅览室。不完全统计，国家图书馆的中文报刊阅览室日均读者达五六百之多，节假日高峰时段可突破千人大关。每日开馆前必有读者排长龙以便抢到理想的位置与心仪的报刊。可见，图书馆作为“场所”，不只能让人“得到”，还能让人在“得到”的过程中获得积极的情感体验和精神享受。

美国社会学家雷·奥登伯格在《绝好的地方》中提出：“就城市日常生活空间而言，家庭居住空间是第一空间，职场是第二空间，在这两者之外的不受功利关系制约的公共空间，如酒吧、咖啡馆、图书馆、城市公园等，为第三空间”[6]。“第三空间”自由、宽松、便利，人际关系也真正实现了平等。没有严苛的等级观念束缚，也没有重任要承担时，人们才可以真正释放自我。在节奏不断加快的现代都市里，“第三空间”是人们在家庭和职场之外构建非功利性关系的理想场所。智慧图书馆是第三空间的理想形式。智慧图书馆实现了多空间融合，并以“读者为中心”，是理想的“第三空间”。读者在智慧服务空间内便利而广泛地获取信息，自由地进行知识的生产、转化和共享。

图书馆的智慧化转型有助于最大化利用其文化底蕴，将其打造成为联结人与社会、文明、知识的文化空间，重构智慧图书馆的独特人文价值。未来，智慧图书馆的基层网点除了借阅报刊、提供数字资源以外，还可以举办讲座、展览、聚会等社交活动，满足人们学习、娱乐、休闲、交流、沟通等多种需求，使得公共图书馆成为日常生活中最重要的公共文化空间。智慧服务空间通过向社会公众提供舒适温馨的环境、丰富多样的资源、充满人文关怀的服务，从更深层次上促进了人民群众的沟通与交流，加深了不同人群之间的信任关爱，增强了社会的凝聚力，从而促进了社会团结稳定与和谐发展。

信息技术的高速发展将使传统图书馆行业大跨步进入巨变时代。在我国，图书馆事业可以借助国家大力建设公共文化服务事业的东风，获得更好的发展环境与政策支持。智慧图书馆作为公共文化服务体系的重要阵地，可以满足人民对美好生活的精神追求。智慧服务空间的创造与融合是智慧图书馆建设智能服务模式的必经之路，是图书馆智慧化转型的关键。基础图书馆服务网点的空间升级秉持以人为本、传承文明、服务社会的理念，从实体空间、虚拟空间、服务、功能等层面出发，努力将图书馆打造成舒适、自由、包容、充满活力的新型公共文化空间，将更好地满足人民群众多样化、多层次、多方面的文化需求，切实提升人民群众文化方面的获得感、幸福感。

参考文献

[1] AITTOLA M，RYHÄNEN T，OJALA T. Smart library-location-aware mobile library service [J]. Proceedings FiFth International Symposium on Human Computer Interaction with Mobile Devices and Services，Udine，Italy，2003. Berlin：Springer，2003：411-415.

[2] 刘勇 . 智慧服务——网络时代图书馆员的崭新职业理念 [J]. 现代情报，2014（2）：140-141.

［3］饶权．全国智慧图书馆体系：开启图书馆智慧化转型新篇章［J］．中国图书馆学报，2021（1）：4-14.

［4］第十七次全国国民阅读调查结果发布［J］．国家图书馆刊，2020（3）：18.

［5］Academic library autopsy report，2050［EB/OL］．（2011-01-04）［2011-01-06］．http：//chronicle.com/article/Academic-Library Autopsy /125767/.

［6］OLDENBURG R. The great good place：cafés，coffeeShops，bookstores，bars，hair Salonsand other hangouts at the heart of a community［M］. Cambridge，MA：Da Capo Press，1997：232.

中国文化中心数字图书馆实践与思考

谭　烨（信息技术部）

1　概述

中华文化源远流长，博大精深，有着五千年的文明史。发展和弘扬中华优秀文化，将中华优秀文化推向世界是时代赋予我们的一项使命。十九大报告指出“推进国际传播能力建设，讲好中国故事，展现真实、立体、全面的中国，提高国家文化软实力”[1]。

近几年来国家非常重视中外文化的交流与合作，主要提供了“孔子学院”和“中国文化中心”两个公益性的对外文化交流平台。“孔子学院”[2]由国家汉语国际推广领导小组办公室（以下简称“国家汉办”）主办，侧重于教授汉语，在汉语的学习中传播中华文化；“中国文化中心”[3]由文化部主办，侧重于两国文化交流与合作，增进两国人民之间的相互了解和友谊，主要提供文化活动、教学培训、思想交流、信息服务等，内设图书馆，向驻在国公众介绍中国的历史、文化、发展和当代社会生活。经过近10年的发展，已在亚洲、非洲、和北美洲、大洋洲建成30余个中国文化中心。

为了进一步加强“中国文化中心”的服务能力，2016年“中国文化中心”与国家图书馆合作建设了“中国文化中心数字图书馆”，充分利用国家图书馆丰富的馆藏资源和数字图书馆信息传播的便捷性，传播中国优秀传统文化和当代文化，让驻外中国文化中心的用户感受中国文化的魅力。2019年对系统的功能进行了升级，对数字资源进行了更新。目前提供了包括古籍、当代图书、期刊、音视频、公开课、图片、展览等种类丰富、内容多样的资源，以主题分类、资源导航、资源推荐等形式为用户提供检索、浏览、在线阅读等一站式的信息资源服务。

2　中国文化中心数字图书馆的资源建设

2.1　资源建设原则

中国文化中心数字图书馆在资源建设过程中，既要弘扬中华优秀传统文化，也要展现中国现代文化的进步与发展；既要服务好对中华文化感兴趣的普通外国民众，也要服务好深入研究中华文化的海外汉学家；既要体现中国文化的博大精深，也要兼收并蓄，吸收优秀的外国文化。

（1）中华传统文化与现代文化的融合

在中华传统文化资源建设方面，中国文化中心数字图书馆选择了列入世界文化遗产的甲骨文资源、代表中国古代智慧的经典古籍和有中国文化特色的年画等资源。在现代文化资源建设方面，重点选取了反映中国当代社会、经济、科技、文化等方面的资源，如文津图书奖的获奖图书、优秀的期刊数据等。

（2）满足不同层次人群的服务需求

考虑到不同层次人群的文化需求，中国文化中心数字图书馆提供了适合大众用户阅读的现代文献、讲述中国非物质文化遗产和中华文化精髓的公开课视频资源等，也为青少年提供了连环画、少儿国学、展览等符合青少年特点的资源。另外，提供了英文、法文、西班牙文、阿拉伯文等语种的视频资源，满足不会汉语的用户需求。

（3）中西文化的交融

在资源建设上，以中华优秀为主，兼收国外的优秀文化。特别是结合“一带一路”倡议，中国文化中心数字图书馆应加大“一带一路”沿线国家“丝绸文化”的整理，重现古丝绸之路的文明。

2.2 资源建设方式

资源建设方式包括馆藏资源数字化、购买商业数据库、合作建设三种。馆藏资源数字化主要对国家图书馆馆藏的优秀传统文化资源、公开课讲座、展览等资源进行整理、数字化，这部分资源是国家图书馆自有版权，可以公开使用。现代文献资源商业数据库，如现代图书、期刊、音乐等，购买后可通过账号登录授权的方式使用。资源合作建设指可以与文化馆、驻在国的文化机构等合作建设优秀的文化资源，特别是典籍博物馆收藏了大量反映中国传统文化的古籍资源。

2.3 资源组织方式

资源组织方式包括元数据仓储、资源分类组织、专题组织等。

元数据仓储将商业数据库的元数据和国家图书馆自建数字资源的元数据进行集中组织，设计规范的元数据表，并对元数据进行清洗、转换、加载，形成元数据仓储，可以实现资源的统一检索。

资源分类组织对所有资源按图书、期刊、图片、音视频、展览等类型进行一级分类，对单个类型下的资源再进行二级分类，比如公开课视频资源按语种分成英语、法语、阿拉伯语等。

专题组织是在元数据仓储的基础上，从不同类型的资源中抽取与专题相关的资源，组成专题资源库，如春节楹联专题等。

3 中国文化中心数字图书馆的服务建设

3.1 服务需求

（1）系统界面的易用性

由于主要面向海外文化中心驻在国的读者使用，有些读者不懂中文，因此用户界面至少要提供中、英文两种语言。未来随着用户量越来越多，系统应提供更多语种支持。

（2）资源访问的便捷性

通过资源导航、统一检索、资源推荐等三种方式为海外的读者提供便捷的资源发现服务，特别要提供拼音检索，方便外国读者的使用。

（3）良好的用户体验

由于中西方文化差异、用户使用习惯等，在读者服务的各个环节，如注册登录、资源发现、资源阅读、个性化服务等方面要提供操作便捷、清晰明了的服务，读者能准确理解各个服务的功能。

3.2 服务流程

读者通过资源检索、资源导航和资源推荐等方式查找所需的资源，查看资源的元数据信息，若该资源没有版权限制，则无须登录即可阅读全文；若该资源来自商购数据库，则需要登录认证，认证通过后即可阅读全文。登录用户可在个人中心查看个人信息、历史阅读信息等。中国文化中心数字图书馆服务流程如图 1 所示。

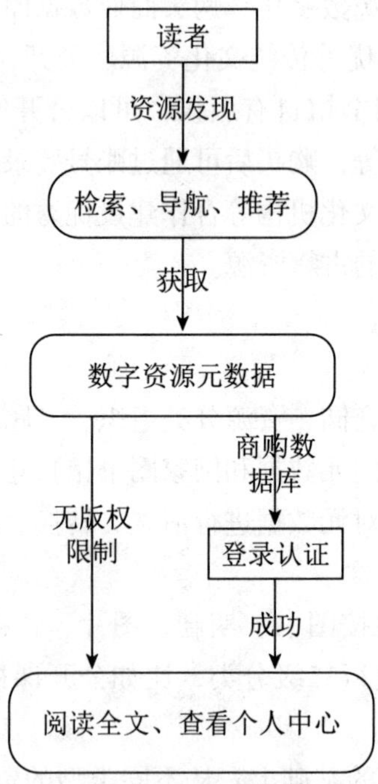

图 1　读者服务流程

3.3 服务内容

中国文化中心数字图书馆提供基于互联网的线上服务和线下展览、推广、培训等服务。

3.3.1 线上服务

线上服务包括资源导航、统一检索、全文阅读、资源推荐和专题资源服务等。

系统对所有数字资源按图书、期刊、音视频、图片、专题等类型进行分类导航，读者通过导航进入相应的资源库，再根据资源库内容的特点提供二次分类导航，帮助读者找到所需的资源。读者也可以通过统一检索功能，输入检索词进行资源检索，检索结果按资源类型进行分面；也可以在单个资源库中根据相应检索字段进行检索，获取想要查询的资源进行在线阅读，包括图书全文在线阅读、音视频资源在线播放、图片在线浏览等。对于登录用户，系统可记录其阅读历史，方便下次登录后继续阅读。根据活动或者读者喜好，系统面对读者提供了资源推荐，可以由管理员向读者人工推荐最新或想突出宣传推广的资源；也可以由系统根据用户的历史阅读记录和用户的个人信息，向用户自动推荐其感兴趣的资源。在举办主题活动时，系统会聚集各种不同类型的资源，以专题页面的形式面向读者提供专题服务，比如春节期间，开展春节专题活动，提供佳联赏析、年俗展、楹联文化展、经典诵读等。

3.3.2 线下服务

线下服务包括展览服务、参考咨询、实体图书馆与数字图书馆的融合服务、宣传推广等。

除了线上的数字展览资源，各个文化中心图书馆可以从中精选展览资源，如中华文字展等，制作展板，介绍中华文字的起源、发展、演变等，宣传中华优秀文化，提供线下展览。也可以通过咨询人员为读者提供数字图书馆使用方面的咨询，解答用户使用过程中遇到的问题，特别是帮助到馆不熟悉汉语的读者查找资源。读者在数字图书馆网站上登录成功后可以查看图书借阅信息，办理图书的续借，实现实体图书馆的图书管理系统与数字图书馆进行用户系统的对接。各个文化中心图书馆可以利用数字图书馆的资源开展宣传推广活动，如定期开展非物质文化遗产宣传活动，讲解、播放非物质文化遗产的视频资源，宣传推广中华优秀文化。

4 中国文化中心数字图书馆的平台建设

4.1 系统框架

中国文化中心数字图书馆的系统框架如图 2 所示，分为资源层、系统支撑层和服务层。

资源层主要汇聚来自国家图书馆特色数字资源、商购数据及第三方机构提交的数字资源。

系统支撑层主要包含资源整合模块、资源服务模块、个性化服务模块和业务支撑模块。资源整合模块主要负责元数据仓储的组织、资源的管理及异构数据库的集成；资源服务模块主要负责资源的检索、专栏 / 专题资源的组织与管理、资源的展现与获取等；个性化服务模块主要负责个性化资源的推荐、断点续读及收藏、点赞等交互行为；业务支撑模块主要为系统全局模块服务，提供统一认证、单点登录、数据调度及统计分析等功能。

服务层主要面向读者提供资源导航、资源检索、资源推荐、资源获取及单点登录的一站式资源发现服务，并提供集成了个人信息、借阅信息、历史阅读记录、收藏等信息的“我的图书馆”服务。另外，面向不同国家人群，提供多语种服务，可进行不同语言版本的切换。

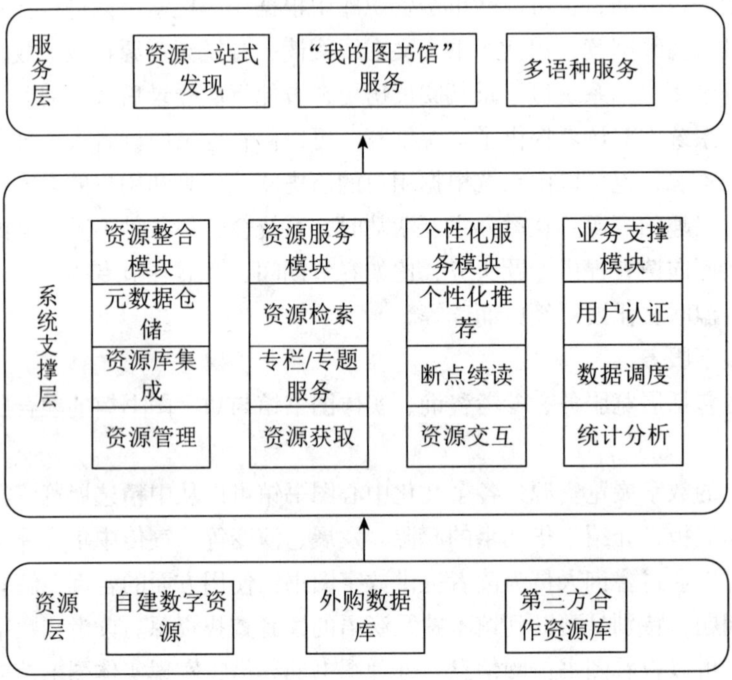

图 2　系统架构图

4.2　系统关键技术实现

4.2.1　统一搜索

在元数据仓储的基础上，利用开源软件 Solr[4] 实现元数据的全文搜索。Solr 是基于 Lucene 的全文搜索服务器，对外提供类似于 Web-service 的 API 接口，实现增加、修改、删除、查询索引库。建立索引时，用 POST 方法向 Solr 服务器发送一个描述 Field 及其内容的 XML 文档，Solr 根据 XML 文档添加、删除、更新索引。Solr 搜索时，发送 GET 请求，然后对 Solr 返回的 XML、JSON 等格式的查询结果进行解析，组织页面布局。

在利用 Solr 建立索引时，考虑到各类型资源元数据字段的差异性，主要选择在题名、作者、出版单位等通用字段上建立索引，这样就可以在题名、作者、出版单位字段上进行全文检索。同时在 Solr 中利用 IK Analyzer（开源的中文分词包）进行中文分词。

4.2.2　单点登录认证

由于系统中有来自不同数据库厂商的异构数据库，为了实现单点登录，采用开源软件 Ucenter 进行单点登录认证。Ucenter 作为信息传输桥梁，可以无缝整合异构系统，实现用户的一站式注册、登录、退出。

中国文化中心数字图书馆的单点登录认证架构分为 UcenterServer 端和 UcenterClient 端，如图 3 所示：

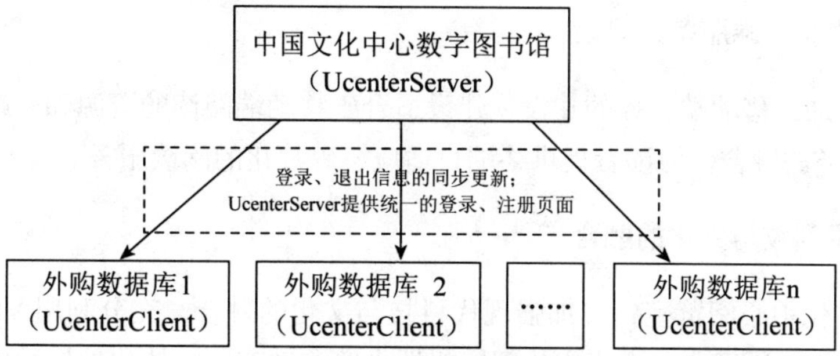

图 3 单点认证架构

UcenterServer 部署在中国文化中心数字图书馆主站上，主要负责提供统一注册、登录界面，与部署在外购数据库上的 UcenterClient 进行用户登录、退出消息的同步传递，对外购数据库的信息进行统一的管理；UcenterClient 负责与 UcenterServer 进行通信，获取用户的登录消息，向 UcenterServer 传递退出消息。

读者的使用流程：若读者在文化中心网站上进行了注册、登录，则 UcenterServer 自动向外购数据库所在的 UcenterClient 传递用户登录消息，这样用户访问外购数据库时就无须再次登录；若用户在未登录状态下直接访问外购数据库，则跳转到文化中心数字图书馆提供的注册、登录页面，登录成功后，自动跳转到外购数据库系统。

4.2.3 资源智能推荐

系统提供基于资源的推荐和基于用户协同过滤算法的资源推荐服务。

基于资源的推荐主要根据资源的元数据信息，发现资源之间的相关性，然后基于用户以往的阅读记录，推荐给用户相似的资源。

基于用户协同过滤算法的推荐[5]主要是根据用户对资源的偏好（比如收藏、评分），发现与当前用户偏好相似的“邻居”用户群，采用“K-Nearest Neighbor”的算法，基于 K 这个邻居的历史偏好信息，为当前用户推荐资源。

系统结合上述两种推荐算法，为读者提供了“相关资源”“看了又看”两种推荐服务。“相关资源”是指读者在阅读某本书时，为其推荐与这本书内容相关的资源；“看了又看”为其推荐看了这本书的其他读者看过的资源。

5 中国文化中心数字图书馆下一步应用的思考

5.1 加强数字资源的建设

下一步应继续加强数字资源的建设，在内容上建设，不仅要在“量”上下功夫，更要在“质”上下功夫，精选反映中国古老文明与现代科技进步的资源。在资源渠道建设上，一方面可以与孔子学院、博物馆等文化机构合作建设，另一方面可以与文化中心驻在国的出版单位、作家等合作，吸收当地国家的优秀文化作品进行展示，体现中国与世界多元文化的融合。

5.2 加大移动端服务的建设

下一步应加大移动端服务的建设，建设适合于移动端阅读的资源和网站，加强移动端和 PC 端服务的融合，为读者提供终端自适应、碎片化的阅读服务。

5.3 加强科技与文化的融合

在驻外文化中心阅览室，应加强现代科技与文化的融合，充分利用 VR、人工智能等方式，比如 VR 诵经典、中华文化问答机器人等，动态、立体化地展示中华优秀文化资源，展现中国科技的发展进步。

5.4 加强实体图书馆与数字图书馆的融合

下一步可继续加强驻外文化中心实体图书馆与数字图书馆服务的融合，将实体图书馆内的图书都进行数字化并提供网上服务，用户在实体图书馆看书，扫描书上的二维码就可以阅读数字图书或者预览数字图书时可方便地借阅实体图书。

参考文献

[1] 中共十九大开幕，习近平代表十八届中央委员会作报告（直播全文）[EB/OL].[2020-12-16]. http：//www. china. com. cn/cppcc/2017-10/18/content_41752399. htm.

[2] 洪晓楠，林丹. 孔子学院的发展历程与文化意蕴 [J]. 文化学刊，2011（5）：30-32.

[3] 中国文化中心介绍 [EB/OL].[2020-11-01]. http：//cn. cccweb. org/portal/pubinfo/001002011/20150210/0c793f933c364d4c90f8fffb54771d00. html.

[4] 李戴维，李宁. 基于 Solr 的分布式全文检索系统的研究与实现 [J]. 计算机与现代化，2012（11）：172-173.

[5] 董坤. 基于协同过滤算法的高校图书馆图书推荐系统研究 [J]. 现代图书情报技术，2011（11）：44-45.

试论智慧图书馆建设体系背景下的古籍数字缩微工作发展

吴小溪（缩微文献部）

近年来，随着人工智能、云计算、物联网、大数据、5G 移动网络等新一代智能技术的迅猛发展与广泛应用，“智慧化”一词越来越多地出现在人们的眼前。图书馆作为信息存储与交流的重要媒介，也受到了新技术浪潮带来的根本上的影响。现有的数据加工技术、信息生产管理方法、信息提供服务方式等都越难越难以满足新变革的需求，图书馆的智慧化转型迫在眉睫。

1 智慧图书馆的产生

“智慧图书馆”这一概念，最早于 2003 年，由芬兰奥卢大学的 Markus Aittola 等在《智慧图书馆——位置感知的移动图书馆服务》一文中给予了简单的描述，他认为智慧图书馆，是“不受空间限制，能够感知的移动图书馆服务，可以通过连接无线互联网帮助用户查找图书馆中的图书和其他类型资料”[1]。此后，智慧图书馆便受到国内外专家学者们的关注，引发了关于其概念、发展的各种讨论。总体来讲，智慧图书馆被认为是以物联网、大数据、区块链、智能计算等设备和技术为基础，将图书馆的专业化管理和智能的感知、计算相结合，有效、精准、快捷地为用户提供所需的文献、信息、数据等资源，提供经过深加工的知识服务，提供用户需要的智能共享空间和特色文化空间，是虚实有机融合的图书馆[2]。它将前沿智能技术运用到图书馆的建设中，从而使图书馆进化为一种智能化建筑，配合高度自动化的智慧管理模式，为用户提供没有时空限制的个性化智慧服务。智慧化图书馆具有知识共享、信息整合互联、服务高效、使用便利、以人为本、服务特色化个性化等特点。

2 古籍数字缩微概述

“数字缩微”是指数模互转技术，既包含数字文献缩微化保存的数转模技术，即 COM 技术，又包含缩微文献数字化技术，即 CIM 技术，是缩微技术与数字技术相结合的综合技术发展方式[3]。

将数字缩微技术运用到古籍文献保存与再利用中的古籍数字缩微工作，包含数转模与模转数两个方向。一是古籍模转数，也就是古籍缩微品数字化工作，是先将纸本古籍文献用专业拍照机拍摄成缩微胶片，再利用特殊的缩微胶片扫描仪，将胶片中的模拟信息数字化转换为无损数据影像，并对数字影像进行图像处理、格式转换、看图著录、编写书目数据与元数据信息，最终存储在硬盘、光盘、磁带等不同存储介质上，并将做过版权保护的数字影像发布在网页上，供读者在线阅览使用。二是古籍数转模，也就是古籍数字存档工作，是将纸本古籍文献用高清晰度数字扫描仪制作为高清无损数字影像，或使用外购数字资源，通过数字存档机将数字影像转换为缩微胶片，经过冲洗、拷贝等工序制作出母片、拷底片、拷贝片，用于长期保存和胶片阅读。

古籍数字缩微工作在古籍保护与再利用方面起到了非常重要的作用。古籍数字存档，凭借其节约人力、方便利用、受限较少、缩微胶片保存时间长、存储空间小、不易损坏、数字影像来源范围广等优势成为古籍文献抢救的最有效方法之一，在文献信息长期保存领域发挥着不可替代的作用。古籍数字化生产出的数据影像，既可以直观地反映纸本古籍原著的原貌，又减少了对原纸本书籍的重复使用频次，延缓了纸本文献的破损速度，大幅度降低人为破坏风险，对珍贵纸本文献起到重要的保护作用。此外，发布在互联网上的数字影像不受时间与空间的限制，更方便读者随时随地阅读使用，尤其是如去年因为疫情闭馆停止线下服务期间，数字线上服务的优势发挥异常明显。

随着数字缩微技术的兴起与广泛应用，全国各地图书馆、古籍收藏单位机构都逐渐开展了古籍的数字缩微工作。在建设出大批资源，方便用户服务的同时，也暴露出了一些问题。如我国古籍数量庞大，古籍形式多样，且收藏分散在世界各地，部分收藏单位因为资金限制、缺乏技术支持等因素尚无法开展数字缩微建设。开展建设的各收藏单位也因为缺乏行业普遍性的统一标准与互联沟通，形成了各具特色相互独立的古籍资源建设“信息孤岛”，这些资源库的建设质量与文献挖掘深度参差不齐，资源服务提供方式与发布系统平台多种多样，部分单位对自身馆藏珍贵文献进行垄断保护从而造成部分文献无法大范围流通，且由于缺少整体规划，各资源库间存在着大量的重复建设资源浪费，种种缺点为读者使用造成了极大的不便。以上种种问题都迫切地需要通过智慧图书馆的智慧、互联、高效、便利、统一的建设方向来得到有效解决。

3 古籍数字缩微的智慧化发展

随着社会的信息化、数字化、网络化发展，大量的数据资源产生，其蕴含的巨大信息能量也呈爆发式增长态势，旧有的数字图书馆已经逐渐不能满足用户的需求，人工智能、大数据、物联网等一大批智能化程度超高的新技术的快速发展与广泛应用，推动着数字图书馆向智慧图书馆转型。在此背景下，给本就存在诸多不足的古籍数字缩微工作带来了重要的发展方向与契机。如何充分利用现代智能技术手段、管理方法对海量信息进行整合分析，使古籍资源建设更加智能，让古籍中蕴含的宝贵信息得到充分的挖掘与利用，搭建更有效的统一的互联共建共享平台，为用户提供便利的针对性的个性化服务，使古籍资源的价值得到更好的利用，推动古籍数字缩微工作的可持续发展，是目前最重要的研究课题。

笔者认为，古籍数字缩微工作的智慧化发展必须突出其“智慧性”，而智慧性的体现主要表现在智慧化建设、智慧化管理与智慧化服务三个主要方面。

3.1 古籍数字缩微资源智慧化建设

利用智慧图书馆技术与理念，构建古籍数字缩微资源生产建设体系，实现集成化、网络化、智慧化建设。通过人工智能的应用，让生产建设过程中的各项操作更加精准，减少人工干预，简化制作步骤，提高建设效率，并建立长效保存机制，保存好海量资源，实现资源的可持续发展建设。搭建基于行业标准的共建共享平台，让参与者在统筹规划下合理分配建设任务与建设资源，按照用户需求建立专项标准，有效建设资源，避免重复建设。引进大数据技术，精准感知、获取、整合海量信息，从多角度分析古籍中蕴含的文献信息资源，深入挖掘其知识价值，建立多维度立体式关联，实现古籍内容的全面揭示，使文献价值得到最大化利用。通过智慧资源管理系统将存储文献重新组织，将具有内在联系的各类专题资源单独筛选出来，加强特色特藏数据资源库的建设，并通过多种方式如虚拟现实技术、可视化图形效果展示出来。利用云计算技术建立能兼容多种异构资源的整合平台，容纳除自建资源外的联合共建资源以及外购资源，便于扩大资源收藏范围，丰富馆藏资源。搭建存储量大、传输迅速、便捷沟通的共享共建平台，实现多用户跨地域跨时间的资源的高效互联共建。

3.2 古籍数字缩微资源智慧化管理

利用物联网、区块链等智慧互联技术，配合以 RFID、NFC 等传感设备，构建古籍数字缩微资源智慧化管理体系，通过机器学习等人工智能技术进行智能化物体识别，实现流程内各类资源（收藏文献、缩微胶片、数字资源存储媒介、人员、设备等）的智慧感知、精准识别、定位追踪，建立自动化的智能库房管理系统、数据信息跟踪系统，实时监督控制各类资源的动向，全面把控整个采集、整理、生产、存储、分析、服务流程，科学地调度资源，最高效地发挥现有资源的最大功效。建立智能云上办公系统，实现无纸化网络办公。配合软硬件设备升级与建筑空间改造，构建智能建筑，实现库房、拍照间、冲洗间、数据加工车间等各类具有特殊环境需求的办公区域的智慧检测、智能调节、危机预警，使机器设备的运行、维护、保养更加科学智能化，降低生产成本，达到节能减排的目标。

3.3 古籍数字缩微资源智慧化服务

在完善缩微品阅读使用与数字影像网络发布的基础上，通过大数据分析处理等技术，对现有数字资源进行更深层次的加工处理，实现文献的深度挖掘揭示，建立多维度文献互联，利用可视化技术提供给用户智能化立体式检索，通过空间技术的应用提供立体的多维度资源展示方式，使用虚拟现实技术为用户提供沉浸式阅读体验，应用 AR、VR 技术为用户提供全景式阅读体验。建立一站式整合资源服务平台，扩大珍贵古籍文献的知识共享，拓展服务空间，多渠道多方向地采用多种形式为用户提供服务，根据用户需求，自主地提供个性化信息推送与特色化订制服务，通过人机交互引导帮助用户完成任务。

4 古籍数字缩微工作智慧化发展的实现

为实现古籍数字缩微工作的智慧化发展，还有大量的工作与问题亟待解决。

4.1 基础资源建设升级

基础资源建设是实现古籍数字缩微智慧化发展建设的基础，也是为用户提供智慧化服务的有力支撑，由于需要升级改造的建设工序过多，以下仅举几点例子说明其升级的必要性。

古籍的全文数据库是读者利用古籍文献的重要途径，利用现代化文字识别与处理技术，并附加自动添加标点、繁体字转简体字、异体字识别、文字错误检查等自动化处理手段与功能，古籍的繁体字全文识别率已经得到大幅度提升，从而使建设全文数据库更加容易。由于馆藏文献体量较大，短时间内很难做到全部实现全文识别，可先选取个别专题，针对某些特藏善本先行实现全文识别，配合高精度数字扫描影像，附以详细书目信息，建立多维度检索点，制作出专题古籍影像全文数据库。

有着强大空间定义能力与空间关系查询能力的GIS技术的运用，可以为读者提供全新的立体的可视化的资源展示方式，使古籍尤其是具有明显地域与年代关联的家谱、方志、传记、舆图类的文献，在横向的地理位置的空间坐标信息上与纵向的年代跨度的时间坐标信息上，建立密集的信息检索点，实现辐射式检索、多维度数据统计，生成数字化地图、全景线路图、疆域变迁等的图形演示，更加直观地展示资源信息[4]。

使用可视化图像检索工具，让谱录类文献、金石拓片、木版年画等传统文字信息检索库难以实现的资源类型得到更为便利的检索，通过AR、VR等虚拟现实技术的应用让平面的影像活起来，在虚拟的空间中全方位地为读者展示还原器物原状、建筑模型、场景现场，为用户带来更丰富的全新阅读体验[5]。

在建立好自身馆藏资源的同时，联合各古籍收藏单位，建立强大的一站式数据整合平台，将馆内自建资源与外购资源及各地方图书馆、各研究单位、相关文献提供中心的各类异构资源，按照一定的行业通用标准和技术整合于一个平台上，集合全部文献信息，实现知识的互联共享，方便用户的阅读、开发与使用。

通过大数据采集以及用户信息的分析，做好用户需求分析，精准提供个性化信息服务。配合智能代理技术的使用，实现用户与系统的人机交互，不经过人工干预，解答用户疑问，接受用户指令，引导用户完成任务，自主地为用户提供自助型服务。

4.2 保障环境的提升

为保障基础资源建设的完成，先进技术手段与机器设备的顺利使用，应密切注意保障环境的建设，满足建设的合理需求。海量数字化数据的存储、异质备份等所需的软硬件设备，大量实体缩微品需要的具有智能监控调节的存储空间，支持海量数据信息整合、分析、计算的云空间，提供信息数据高速快捷准确传输的5G网络全覆盖，带有智能化识别的各类机器设备，供读者享受可视化服务的全息影像设备、VR眼镜、便携式阅读器，人性化的办公服务环境等保障环境建设，都应随着智慧化改造的进行而得到提升。

4.3 标准与规范的建立

标准化是实现资源整合、数据共建、成果共享的基础。由于古籍类型众多，拍摄成的缩微品有各种规格，数字化后的影像更是在格式、尺寸，数据库字段、元数据信息上存在着较大的差异，且往往互不兼容，因此，应在共建平台构想之初，从数据、接口、存储、应用、开发程度等多层面进行统一规范，制定行之有效的具有普遍指导意义的、基础性的、可扩展细化细节的、可根据技术进步而随时调整的、动态的、可持续化的行业标准和操作业务手册，为保证数据资源建设质量与合作共建提供保证。同时，为保证建设成果的质量合格，应建立标准评估体系，对成品数字资源数据、缩微品、各类元数据，进行生产前的价值评估与建设后的质量评价，提高资源建设的科学性，维护资源建设转化的可持续性发展。

4.4 管理制度的完善

新技术的引入、新管理模式的应用，势必会使得现有的传统管理制度无法完全覆盖流程的每个角落，数据保障、网络安全、用户隐私、版权保护等方面都面临着新的问题与风险，需要与时俱进地完善管理制度来保障智慧化发展的精细化管理，对技术服务的创新与业务的实施进行有效的约束，避免纠纷的产生，实现智慧化改革的有序可持续发展[6]。

4.5 复合型人才的培养

智慧化的发展给古籍数字缩微事业带来巨大变革的同时，也对参与其中的数字缩微工作人员的职业技能与道德素养提出了更高的要求。工作人员需要更加专业化，不仅要具备相当水平的古文献阅读挖掘水平，还要能熟练使用智慧系统所需的相关技能，除此以外，还应具有良好的沟通能力、敏锐的洞察力与技术敏感度，以及智慧服务意识。除引进复合型技术人才外，还应制定综合技能培养机制，组织在岗员工进行专业培训与实践，督促员工自主学习，培养全新智慧馆员服务意识，全面提升综合能力，不断创新发展，推动智慧化进程。

4.6 广泛合作的开展

古籍数字缩微资源智慧化建设涉及的内容与技术众多，若想尽快跟上环境变革的脚步，开展全方位的合作共建是非常必要的。这不仅能够加强各部门、各合作单位间的沟通交流，促进彼此的互助进步，实现各项资源的合理分配、优势互补、建设成果共享，更能在共同开发中促进前沿技术的全面展开，实现更高效更全面更合理的建设与服务。

图书馆作为重要的知识的存储与服务机构，是智慧国家的重要组成部分，是文化软实力的重要体现，起到了存储、管理、传播、应用知识的重要作用，古籍数字缩微事业更是承担着弘扬传统文化、传播知识的重要责任，在新的科技浪潮中应更加科学地建设，更加智能地为用户服务，不断探索实践、总结完善，持续不断地促进实现智慧化转型与发展，让这项事业更好地发展下去，为社会做出更大贡献。

参考文献

[1] 初景利，段美珍. 智慧图书馆与智慧服务［J］. 图书馆建设，2018（4）：85-90，95.

[2] 李玉海，金喆，李佳会，等. 我国智慧图书馆建设面临的五大问题［J］. 中国图书馆学报，2020（2）：17-26.

[3] 曹宁，张阳. 数字缩微：理念创新与发展路向［J］. 数字与缩微影像，2011（4）：22-25.

[4] 吴茗. GIS 技术在古籍数字化资源建设中的应用［J］. 图书馆学刊，2016（4）：55-58.

[5] 徐清，石向实，王唯. 古籍数字化资源的深度开发［J］. 图书情报工作，2007（3）：95-97，79.

[6] 陆康，杜京容，刘慧，等. 我国智慧图书馆制度变革研究［J］. 国家图书馆学刊，2020（6）：11-19.

我国公共图书馆关于智慧图书馆的研究初探

徐晓辰（数字资源部）

近年来随着大数据、人工智能、云计算、5G 技术的运用和发展，我们迎来了一个智能时代，传统图书馆已经不能满足读者个性化和多样化的需求，图书馆只有与时俱进、转型发展，才能不断满足读者日益增长的精神文化需求，2019 年“智慧图书馆”入选中国图情学界十大学术热点，随着国内对智慧图书馆研究的不断深入，智慧图书馆正在引领图书馆发展的一场新的革命。

1 政策背景

2021 年《中华人民共和国国民经济和社会发展第十四个五年规划和 2035 年远景目标纲要》中共提及“智慧”一词 22 次，在提供智慧便捷的公共服务方面，报告提出推进线上线下公共服务共同发展、深度融合，积极发展智慧图书馆等[1]。2021 年 3 月 8 日，文化和旅游部等三部委联合发布《关于推动公共文化服务高质量发展的意见》，在主要任务中提出要加快推进公共数字文化服务数字化，加强智慧图书馆体系建设，建立覆盖全国的图书馆智慧服务和管理框架[2]。全国第六次公共图书馆评估指标设计中关于图书馆服务智能化、智慧化和智能机器人的应用全部是加分项，这反映出未来图书馆事业发展的方向。

2 智慧图书馆概念

“智慧图书馆”这一概念最早在 2003 年由芬兰奥卢大学学者艾托拉（Aittola）等发表的《智慧图书馆：基于位置感知的移动图书馆服务》中提出，指出智慧图书馆是一个不受空间限制的、可以被感知的移动图书馆[3]。我国最早关于智慧图书馆的研究来自严栋[4]发表的《基于物联网的智慧图书馆》一文，文中首次对智慧图书馆的概念、特征、发展阶段等进行了研究，他认为智慧图书馆 = 图书馆 + 物联网 + 云计算 + 智慧化设备，通过物联网来实现智慧化的服务和管理。随着智慧地球、智慧社会、智慧城市、智慧医疗等一系列智慧概念的提出，智慧图书馆应运而生，智慧图书馆是在物联网、云计算等技术的环境下，通过智慧化设备，在任何时间、任何地点、通过任何方式实现书书相联、书人相联、人人相联，为读者提供智慧化服务的图书馆。

3 国内公共图书馆关于智慧图书馆的探索实践

“十三五”期间，江西省委、省政府斥资近10亿打造江西省图书馆新馆，作为全国第三大馆，新馆的定位是具有代表性、布局合理、功能全面的现代化智慧图书馆，为读者提供无感借还、智慧分拣、智慧座席、智能机器人问询、4D全景观摩、虚拟讲解员等智慧化、便捷化、个性化的智慧服务方式[5]。江西省图书馆新馆在馆内试听空间中设计了包含直播间、音乐体验区、5D影院、多媒体体验区等区域，读者可以通过VR、智能球幕等设备感受交互式的智能体验，在“红色图书馆”区域配置了球幕影院、VR军事体验系统等。上海图书馆的参考咨询机器人——图小灵于2018年元旦正式上岗，不仅可以帮助读者解决一些基础的业务问题，还可以帮助读者查询天气、路线、陪读者聊天等。作为广东深圳首个实体智慧图书馆，深圳市盐田区图书馆已在图书推荐、图书盘点、借阅导引方面开发出智能场景应用，让读者在智慧墙、智能书架、智慧座席、借还书腕带等前端应用中体验智慧服务[6]。苏州第二图书馆通过智慧墙、智能机器人、智能立体书库、电子书瀑布流、虚拟现实学习系统为读者提供了丰富的阅读体验，人脸识别自助借还图书、机器人“旺宝”提供的参考咨询业务、沉浸式音乐图书馆、虚拟解说员、心理关爱自助系统、智能投影互动墙、3D立体书体验等十多个高科技体验项目极大地丰富了读者的阅读体验，通过打造“苏周到”App让更多读者享受线上借阅、线下取书的智慧服务[7]。以上这些案例均是国内公共图书馆在智慧化进程中的积极探索和尝试，随着文献数据化、知识图谱、综合智慧空间等概念和技术的发展，越来越多的图书馆投入到智慧图书馆的建设中来，共同推动图书馆在资源建设、读者服务、人才培养、空间利用等全方位的智慧化。

4 文献发表情况

4.1 文献发表年度分析

笔者通过中国知网（CNKI）期刊数据库，对“智慧图书馆”主题进行检索，排除与主题不相关的文献，共检索到文献856篇，如图1所示，我国公共图书馆最早关于智慧图书馆的研究产生于2010年，并随着年份的增长而逐年提高，尤其在2017年“智慧社会”提出后，智慧图书馆的研究热度直线上升，并在2019年达到高峰，结合近年来一系列“智慧”概念的提出，可以推测出我国公共图书馆界关于智慧图书馆的关注和研究将会持续保持增长的态势。

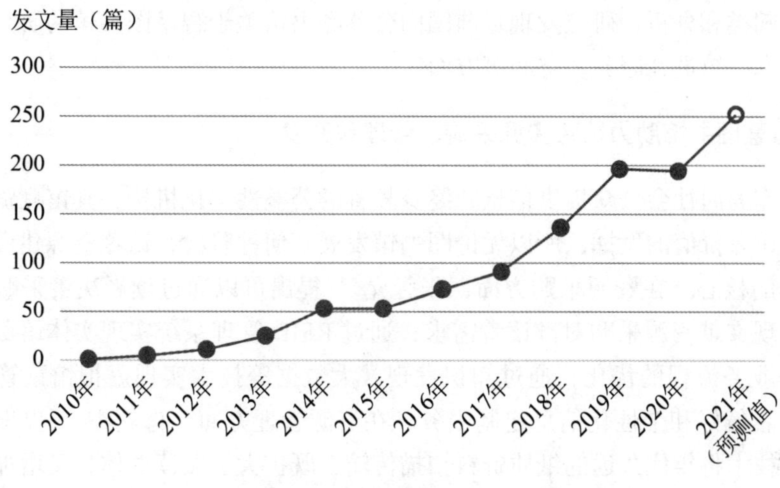

图 1　国内公共图书馆关于智慧图书馆论文发表情况表

4.2　关键词分析

856 篇文献中共涉及 1256 个关键词，按出现频次排名前十的关键词如表 1 所示，除“智慧图书馆”外，其中“智慧服务”“物联网”“大数据”出现的频次较高，由此可见，技术和服务作为两大重点研究领域被相关研究者所广泛关注。

表 1　频次排名前十的关键词

序号	关键词	频次
1	智慧图书馆	778
2	智慧服务	112
3	物联网	90
4	大数据	73
5	云计算	33
6	数字图书馆	32
7	服务模式	29
8	人工智能	27
9	智慧馆员	26
10	RFID	25

5　国内关于智慧图书馆研究的主要内容

笔者对中国知网（CNKI）期刊数据库中公共图书馆智慧化的相关学术论文进行采

集、筛选、归类和分析，研究发现目前国内公共图书馆关于智慧图书馆的研究主要体现在资源、技术、馆员、服务、空间等方面。

5.1 智慧图书馆助力馆藏资源采购、管理和开发

图书馆作为向社会公众提供信息和终身教育的公益性文化机构，其馆藏资源的质量直接影响到馆藏价值的发挥，所以无论图书馆发展到何种阶段，馆藏资源建设都应该是图书馆工作的核心。在资源采购方面，张馨允[8]提出可以通过读者决策采购和图书馆荐购系统实现文献资源采购对准读者需求；通过 RFID 管理系统实现实体馆藏采编、排架、流通等业务流程的优化；通过知识发现、大数据等技术实现虚拟馆藏管理的智慧化，针对读者偏好和个性化信息定制服务。在资源管理方面，肖莉杰[9]提出智慧图书馆利用信息技术将年代久远的纸质资料扫描传输，既扩大了阅读群体，又增加了资料阅读和使用率，使特色资源推广更加便利；智慧图书馆通过 24 小时展示特色馆藏资源的方式，实现远程移动借阅查询功能和个性化服务，提高读者使用积极性；智慧图书馆运用语义分析和数字仓储等知识服务，实现科研数据、科研资料的归类分析与共享发布；智慧图书馆在对馆藏开发利用的过程中，可以围绕特色馆藏的保护、整理、开发、利用来拓展图书馆的职能。而在资源开发方面，索传军[10]、张继东[11]等业内专家积极探索在叙词表的基础上构建学科领域本体，实现本体论在网络环境下进行丰富的语义检索，从而让文献成为机器可读信息的功能。在此基础上，结合文字识别、语音识别、图像识别、自然语言处理、情感分析等人工智能技术，对学科权威文献进行内容标注与解构，抽取知识单元，构建实体与概念间的关联，形成知识图谱，应用于知识检索、可视化呈现检索结果、个性化知识网络、知识分析和推理等方面，真正实现文献数字化到数据化的飞跃。

5.2 智能技术手段助力智慧图书馆业务开展

图书馆的进步和转型离不开科学技术的创新，图书馆想要在新时代为读者提供更加完善的知识服务，必须借助各种高新科技手段，推动智慧图书馆的建设。李仕超、高振[12]提出将 AR 技术与传统馆藏资源相结合，提供多元化的馆藏资源，在现实场景中融入音视频、动画等形式，让用户足不出户就可以体验到自己想要获取的知识；将 AR 技术与知识发现技术相结合，实现馆藏资源的知识化和网络化；在 AR 技术的推动下提供智能交互式检索、可视化检索和个性化推荐；同时 AR 技术还可以实现智能导览、智慧咨询等服务。杜杨芳[13]等提出利用虚拟现实技术（VR）为智慧图书馆用户提供沉浸式的空间体验、混合现实式的环境体验、参与式的学习体验、身临其境的阅读体验等特色体验，并实现信息资源检索便捷化、馆藏资源虚拟化、资源利用最大化、读者服务智能化、用户体验个性化、信息交流多元化及用户培训便利化等服务。傅云霞[14]提出人工智能可助力智慧图书馆馆藏数字资源的深度整合、智慧图书馆数字资源的智慧检索、智慧图书馆系统分析与管理、智慧图书馆网络安全管控以及打造智慧咨询馆员等。陈小平[15]认为区块链技术可以助力图书馆智慧服务管理体制、机构库建设、知识

交易模式的转变，满足读者对馆内设备空间使用与网络学习交流平台的智慧服务需求，也是实现图书馆服务以读者阅读需求为中心的捷径。宋兴辉[16]发表文章提出了利用RFID（Radio Frequency Identification）无线射频识别技术为读者提供自助服务、图书智能盘点、图书智能定位、智能安全防盗等服务。苏志芳等[17]提出了以FOLIO为基本架构的智慧图书馆服务平台，在图书馆、读者、数据库出版商等需求的牵引下，构建一个共建共享、开放融合的知识数据服务平台。李菲菲[18]等阐释了深度学习技术可以推动智慧图书馆了解读者需求、提升智慧图书馆信息检索能力，提高智慧图书馆隐私安全保护、提升智慧图书馆日常工作效率等在图书馆服务中的应用价值。针对读者的识别和分类，刘路[19]提出了基于深度学习的人脸识别研究对有效读者、非有效读者以及读者感兴趣方向进行分类，同时还可以对潜在读者进行识别。在当前第四次工业革命的浪潮下，随着物联网、大数据、人工智能、云计算等技术的兴起，必将实现图书馆智慧化变革的快速来临。

5.3 智慧图书馆人才队伍建设的重要性

新时期图书馆最主要的矛盾就是“信息化快速发展与馆员职业能力滞后的矛盾”[20]。在公共图书馆的建设过程中，人才队伍建设是第一要素，公共图书馆的智慧化服务对馆员的综合能力提出了新的要求。初景利、段美珍[21]在《智慧图书馆与智慧服务》中提出需要将不同学科结构和专业能力的人才及时进行补充和配置，建立包括学科馆员、数据馆员、交流馆员、OA馆员、出版馆员、智库专家和智慧馆员等新型人才队伍，重视馆员技术能力的培训，通过制定培训制度和设置培训课程、建立激励制度等方式，进一步培养馆员利用智能技术为用户提供服务的能力，从而更好地适应新时代的发展需求。万仁莉[22]强调了高素质人才队伍是图书馆做好智慧服务的保障，并提出通过长效的培训机制与人才引进和选拔机制、完善图书馆岗位管理和考核机制等方式来培养智慧图书馆员。唐乐[23]提出了智慧馆员需要具备网络技术应用能力、服务与创新意识、协作与沟通能力、大数据应用分析能力、认知与适应能力、主动服务能力及跨学科学术研究能力。李伟超[24]等提出智慧馆员应具备信息分析能力、数据挖掘能力、网络安全洞察和维护力、数据挖掘能力，熟练掌握信息技术和智能化设备，应对新知识快速吸收和自主创新能力。着力提高馆员的综合能力，培养适应新信息技术环境下的智慧馆员，掌握建设智慧图书馆所应具备的理论知识和实践能力，在公共图书馆加快自身智慧化建设，实现智慧化理念落地的过程中具有关键的作用。

5.4 智慧服务打造个性化服务模式

智慧服务是智慧图书馆的核心，李艳娜[25]认为智慧图书馆的服务模式是指运用数字资源、智能化设备感知用户数据，然后通过数据分析判断用户需求，最后由智慧馆员完成专业化、个性化服务，具体包括以下三个特点：①服务环境泛在化；②感知交互能力强；③更加快速准确地提供决策服务。刘风光[26]提出智慧图书馆可以为用户提供三种服务，分别是借助数字技术和网络技术提供的智能型服务、在数据统计与分析和数据挖掘的技术支撑下为用户提供的知识性服务、为读者提供理念性服务。曾子明、金鹏[27]提出智慧图书馆个性化的智慧服务主要包含的两个方面，一是智慧图书馆打破了时间和空间限制，读者在任何时间、任何地点，通过任何方式都可以获得图书馆相关的知识服务，二是借助数据挖掘、云存储、云计算等大数据处理技术对用户信息进行收集，通过用户借阅习惯，主动提出其所需要的知识服务，从而为读者提供个性化的服务方式。李春秋[28]发表了《基于用户画像的智慧图书馆个性化服务研究》，他认为智慧图书馆的发展趋势是以用户需求为根本，通过对于用户画像的构建，以及对于用户阅读和检索习惯的动态调整，通过阅读推荐和检索推荐两方面为用户提供个性化、定制化、智慧化服务。综上而言，公共图书馆作为重要的公共文化服务机构，应该秉承以人为本、服务至上的原则，在智慧化资源、技术和设备的加持下，自动获取用户各类信息，逐步实现用户画像的精细化，提供个性化、定制化、嵌入式的服务，并根据用户信息动态调整服务策略，最终将图书馆文献资源及各类服务与读者生活、学习、工作、科研等场景完美适配，有机融合。

5.5 智慧空间再造带来不一样的空间体验

国内进行图书馆空间再造研究的起步较晚，邵波在2018年首次提出“智慧空间”的概念，并认为图书馆智慧空间是继图书馆创客空间后新的发展方向[29]。赵彦敏[30]提出图书馆一是可以通过物理空间的增加，建立“图书馆+街区”、“图书馆+城镇”、“图书馆+企业”、新技术体验空间等模式，通过空间布局的再造，将创客空间、艺术厅、休闲娱乐厅、技能培训中心等引入图书馆，二是通过网络虚拟空间的再造，创建特色数字馆藏资源库，三是空间再造的后续服务，通过遍布馆内的各类型传感器，实现温湿度系统、照明系统、色彩控制系统的智能化，从而满足读者对于图书馆空间视觉和感官的舒适体验，采用VR/AR/DT等技术在虚拟空间中动态、立体地模拟呈现展示古籍善本等，从而进行智慧图书馆空间再造。吴文倩[31]提出了新技术背景下智慧图书馆空间再造的三大趋势，即信息共享空间、学习共享空间、创客空间。其中信息共享空间是由数字资源、纸质资源、数据库等多种信息资源整合而成的包括休闲空间、学习空间、交流空间、咨询空间和体验空间等；学习共享空间是可以满足个人学习或小组合作研讨学习的专业化和多元化的平台；创客空间是一个旨在为读者提供分享有关科学、技术、数理、文学、艺术等方面可以互相合作和动手实践的平台。随着文献的全面数字化、5G时代网络运力的质变、数据算力的飞跃提升以及云计算的日趋成熟，文献资源将进一步脱离物理空间的限制，图书馆泛在化趋势日益明显。在此环境下，图书馆应主动求变，打破传统的物理空间布局，弱化文献对于空间布局的影响，更多地考虑用户和服务，赋予图书馆公共空间更多的使用功能，并结合智能设备和技术打造智慧空间、多元空间、服务空间，使图书馆物理空间在数字化、网络化、信息化普及的时代仍能保持其强大的生命力和吸引力。

6 智慧图书馆发展过程中存在的问题

虽然我国部分公共图书馆在智慧图书馆建设上进行了大胆尝试和探索，但总体来说，我国公共图书馆对于智慧图书馆的研究还存在一些问题，通过对相关文献的检索，笔者发现主要存在研究成果推广应用缓慢、缺乏系统的理论体系、资源和智能管理技术不够完善、相关理论研究不够深入、网络信息数据安全存在隐患、政府政策不完善、经费支持不充足、馆员职业能力不足等因素。王晓慧[32]指出国内智慧图书馆较多关注技术或宏观层面，研究成果推广较为缓慢，另外，智慧图书馆研究虽取得了一定成果，但在顶层设计、概念、技术、服务方面仅处于理论设想阶段，研究深度不够。杨敏[33]在《大数据时代智慧图书馆文化内核审视》一文中提出，虽然现代技术推动了智慧图书馆的建设，但智能化技术并没有真正融入图书馆文化内核中，具体表现为图书馆文化内容较单一，大数据等技术应用内容较为狭窄，智能管理技术不够完善，智慧图书馆管理人员缺乏等。张玲[34]提出目前我国智慧图书馆存在对理论的研究不够深入、缺少核心研究人员的推动、相关研究成果质量参差不齐等问题。曾子明、陈贝贝[35]从情境感知角度探讨了智慧图书馆个性化服务存在的三个问题，一是读者注册信息和读者上网记录等可能在一定程度上存在侵犯读者隐私的情况；二是智慧图书馆包含的海量数据资源和读者行为数据容易吸引攻击者入侵，威胁读者财产安全等信息；三是智慧图书馆在开展馆际互借、文献传递等服务的过程中可能引起侵权风险。王明辉[36]提出数据共享和知识产权保护在智慧图书馆发展中存在着冲突，因此政府应完善相关法律法规，对图书馆方面设计的模糊地带做出合理解释与说明，同时智慧图书馆的发展过程中要做到深度的互联、数据的共享，不仅需要技术的支持，也需要国家财政的大力支持。杨文建、邓李君[37]提出我国智慧馆员的培养出现培养体系不健全、相关制度缺失、创新性培养实践较少以及综合能力不足等问题。

目前智慧图书馆相关理论研究和实践发展仍处于起步阶段，未来对于智慧图书馆的研究任重而道远，随着人工智能、物联网、5G、大数据、AR、VR等技术的不断革新发展，智慧图书馆作为未来图书馆发展的新方向，可以实现资源、读者、馆员三者的互联互通，这不仅需要提高技术智慧和服务智慧，身为图情工作者的我们还应该密切关注最新发展趋势，不断提升自身信息素养和业务能力，紧跟社会发展，积极探索跨机构、多元化的合作模式，结合图书馆自身实际情况，将资源、技术、服务深度融合，积极探索新技术、新理念、新方法与图书馆融合的有效路径，积极拓展多样化的阅读场景，不断丰富读者的阅读体验。

参考文献

[1] 中华人民共和国国民经济和社会发展第十四个五年规划和2035年远景目标纲要[EB/OL].[2021-03-13]. http://www. gov. cn/xinwen/2021-03/13/content_5592681. htm.

[2] 文化和旅游部、国家发展改革委、财政部 关于推动公共文化服务高质量发展的意见[EB/OL].[2021-03-13]. http://zwgk. mct. gov. cn/zfxxgkml/ggfw/202103/t20210323_923230. html.

[3] AITTOLA M, RYHÄNEN T, OJALA T. Smart Library-Location-Aware Mobile Library Service [C] // Proceedings Fifth International Symposium on Human Computer Interaction with Mobile Devices and Services, Udine, Italy, 2003. Berlin: Springer, 2003: 411-415.
[4] 严栋. 基于物联网的智慧图书馆 [J]. 图书馆学刊，2010 (7)：8-10.
[5] 余凯璇. 智慧图书馆的建设实践与措施研究——以江西省图书馆为例 [J]. 科技广场，2019 (5)：73-78.
[6] 王彬. "智能羽翼"初长成　智慧图书馆正崛起 [N]. 中国文化报，2021-01-13.
[7] 苏州图书馆：打造智慧图书馆，让市民畅享"悦"读！[EB/OL]. [2021-02-01]. https://mp.weixin.qq.com/s/CsPu40fi0tN56MQgYkZoxA.
[8] 张馨允. 智慧图书馆背景下的馆藏资源建设探究 [J]. 兰台世界，2016 (1)：58-60.
[9] 肖莉杰. 大数据背景下智慧图书馆馆藏资源建设对策研究 [J]. 传播力研究，2019 (5)：250-251.
[10] 索传军，盖双双. 知识元的内涵、结构与描述模型研究 [J]. 中国图书馆学报，2018 (4)：54-72.
[11] 张继东，余以胜. 利用叙词表构建本体的方法研究 [J]. 图书情报知识，2006 (4)：82-85.
[12] 李仕超，高振. AR 技术在智慧图书馆中的应用探析 [J]. 信息技术与标准化，2020 (Z1)：83-86.
[13] 杜杨芳，曹阿成，彭博，等. 虚拟现实技术在智慧图书馆中的应用 [J]. 兰台内外，2021 (7)：63-65.
[14] 傅云霞. 人工智能在智慧图书馆建设中应用研究 [J]. 图书馆工作与研究，2018 (9)：47-51，79.
[15] 陈小平. 区块链技术在图书馆智慧服务中的应用研究 [J]. 现代情报，2018 (11)：66-71.
[16] 宋兴辉. 基于 RFID 技术的智慧图书馆应用探索——以深圳智慧图书馆为例 [J]. 出版广角，2020 (3)：85-87.
[17] 苏志芳，蒋文梅，李丽峰. 基于 FOLIO 的智慧图书馆服务平台设计研究 [J]. 资源信息与工程，2021 (1)：154-160.
[18] 李菲菲，何柯，王喜. 深度学习技术在智慧图书馆建设中的应用研究 [J]. 内蒙古科技与经济，2020 (22)：157-159.
[19] 刘路. 智慧图书馆读者人群识别分类方法 [J]. 四川图书馆学报，2021 (1)：45-47.
[20] 陈有志，郑章飞，刘平，等. "创新与发展：新时代的图书馆与图书馆学"高端论坛会议综述 [J]. 大学图书馆学报，2018 (3)：5-13.
[21] 初景利，段美珍. 智慧图书馆与智慧服务 [J]. 图书馆建设，2018 (4)：85-90，95.
[22] 万仁莉. 智慧图书馆人才队伍建设初探 [J]. 科技情报开发与经济，2015 (2)：6-8.
[23] 唐乐. 智慧服务视域下智慧馆员培养与队伍建设研究 [J]. 传媒论坛，2020 (22)：109-111，113.
[24] 李伟超. 近十年我国智慧图书馆研究综述 [J]. 现代情报，2018 (3)：171-176.
[25] 李艳娜. 智慧图书馆建设和智慧馆员培养探析 [J]. 漯河职业技术学院学报，2020 (1)：85-87.
[26] 刘风光. 浅谈智慧图书馆的构建及智慧服务研究 [J]. 价值工程，2019 (36)：96-97.
[27] 曾子明，金鹏. 智慧图书馆个性化推荐服务体系及模式研究 [J]. 图书馆杂志，2015 (12)：16-

22.
[28] 李春秋 . 基于用户画像的智慧图书馆个性化服务研究 [J] . 阜阳职业技术学院学报，2020 (4)：69-72.
[29] 单轸，邵波 . 图书馆智慧空间：内涵、要素、价值 [J] . 图书馆学研究，2018 (11)：2-8.
[30] 赵彦敏 . 基于“智慧城市”建设的“智慧图书馆”空间再造探究 [J] . 产业与科技论坛，2021 (4)：38-40.
[31] 吴文倩 . 智慧图书馆环境下图书馆空间再造分析 [J] . 信息技术与标准化，2020 (6)：112-113.
[32] 王晓慧 . 我国智慧图书馆研究现状与问题——基于 CNKI 文献计量分析 [J] . 高校图书馆工作，2020 (2)：7-12.
[33] 杨敏 . 大数据时代智慧图书馆文化内核审视 [J] . 合作经济与科技，2021 (6)：134-135.
[34] 张玲 . 我国智慧图书馆的研究现状和研究热点 [J] . 贵阳学院学报（社会科学版），2020 (1)：109-112.
[35] 曾子明，陈贝贝 . 融合情境的智慧图书馆个性化服务研究 [J] . 图书馆论坛，2016 (2)：57-63.
[36] 王明辉 . 智慧图书馆发展困境及对策分析 [J] . 大学图书情报学刊，2020 (2)：35-39.
[37] 杨文建，邓李君 . 基于服务定位的智慧馆员培养策略研究 [J] . 国家图书馆学刊，2020 (3)：64-72.

智能问答系统在图书馆中的应用浅析

——以国家图书馆为例

张亚清（参考咨询部）

20 世纪 90 年代，随着互联网技术的发展，检索式问答技术取得了巨大的进展，它利用信息检索以及浅层自然语言处理技术从大规模文本或网页库中抽取答案。Web2.0 的兴起，包括 Wikipedia、ODP 等应用在内的众多基于用户协同生成内容的互联网服务产生了越来越多的高质量数据资源，以此为基础，大量的知识库以自动或半自动方式构建了起来（比如 Freebase 、YAGO 、DBpedia 等）。

近年来，以智能问答技术为核心的智能聊天机器人在国内发展得如火如荼，包括微软公司的“小冰”、百度公司的“小度”、小米公司的“小爱”等，把智能问答的研究进展以用户喜闻乐见的方式带给大众，使其逐步走向成熟。随着自然语言处理中基于语义分析的知识工程取得进步，图书馆智能问答系统中所需要的知识资源和自然语言分析技术正逐步被科研人员解决。

1　国内图书馆智能问答系统应用举例

（1）南京大学图书馆的图宝在线。图宝在线是 2019 年上线，该系统能够模拟在线客服，以一问一答的形式，为读者或网友推送问题答案，同时，会把与这个问题相关的知识也推送给用户。笔者亲测，此系统可以回答一些常规的、简单的问题，对于个性化问题，系统返回的答案往往不太令人满意。

（2）上海图书馆的图小灵。图小灵 2018 年初亮相上海图书馆，其外形为机器人。图小灵可以对重复、已知、有确定回复的问题进行解答，对于突发、不确定、新词汇问题就需要图书馆员来解决，机器人与真人馆员形成互补。

（3）清华大学图书馆的小图。该系统将图书馆经常遇到的、学生或网友经常咨询的万余条问题，植入小图的汉语语料库，实现为网友和在校学生在线答疑。小图有自动学习功能，一些网友和小图交流时，使用一些不健康的语言，导致小图“被学坏”，目前，小图已暂停服务。

2 智能问答系统在国家图书馆读者咨询服务中的应用价值

读者咨询服务是图书馆馆员为读者在寻找、利用文献、信息、知识等方面提供帮助和引导的基础性工作，是图书馆读者服务工作中极其重要的一部分。目前国家图书馆综合咨询是通过现场咨询、电话咨询、虚拟参考咨询、呼叫中心、邮件咨询等方式，向到馆读者和非到馆读者提供综合咨询服务[1]。

随着国家图书馆社会价值不断提升，图书馆的服务受众和服务范围越来越广，每年接待到馆和非到馆读者的咨询数量都维持在较高体量。

表 1　2015—2019 年国家图书馆综合咨询服务到馆读者和非到馆读者咨询量

单位：件（次）

年份	到馆咨询	非到馆咨询
2015 年	347928	51246
2016 年	302819	50853
2017 年	278847	46541
2018 年	304560	31752
2019 年	323255	24814

表 2　2015—2019 年国家图书馆综合咨询服务非到馆读者咨询数量统计表

单位：件（次）

年份	虚拟咨询台	邮件	呼叫中心
2015 年	4239	953	46054
2016 年	3728	1074	46051
2017 年	3192	1114	42235
2018 年	3013	1214	27525
2019 年	2676	1027	21111

2015—2019 年，国家图书馆综合咨询服务接待各类读者咨询平均每年 3.5 万件（次），2015—2017 年有一定程度的萎缩。2018 年起，读者咨询量呈上升趋势，一是由于国家图书馆部分阅览室服务调整，造成读者咨询量的上升，二是国家图书馆举办丰富的展览、讲座等文化活动，吸引读者到馆参与，导致咨询量增加。

非到馆读者咨询方面，国家图书馆 2009 年上线了“虚拟咨询系统”（网上咨询台），在解决在线读者咨询方面发挥了很大的作用。但从 2015—2019 年虚拟咨询的数据来看，近年来读者虚拟咨询量一直呈下降趋势，除了国家图书馆信息发布渠道不断增多外，在移动终端服务日渐成熟的情况下，虚拟咨询仅依靠电脑进行登录咨询的模式阻碍了该项服务的发展，以纯人工方式回答读者实时和非实时咨询，在服务时间上受到很大限制。同时，相关系统性能不能及时更新，界面陈旧、功能单一，极大地影响了读者的使用体验，导致该咨询模式服务数量逐年下降。

呼叫中心是为非到馆读者提供综合咨询的另一种重要方式，相较于呼叫中心的人工解答方式，读者使用呼叫中心自助语音服务的比重不断上涨。但由于呼叫中心系统自助语音等功能模块出现严重问题，极大影响读者的使用体验，2018 年 4 月底开始暂停使用呼叫中心系统。

此外，无论是虚拟参考咨询还是电话、网络咨询，目前都只能在工作时间段内提供，非工作时间的读者想要咨询问题就无法得到服务，而且，工作时间段内的服务经常还会面临线路拥堵、高峰排队的现实困境。

3 国家图书馆智能问答系统

国家图书馆智能问答系统（以下简称“智能问答系统”）是以智能应答技术为核心、覆盖多种接入渠道的新型的读者咨询服务系统。智能问答系统通过建立智能应答、读者咨询知识库、工作单、统计分析报表等功能模块，解答来自电话、网络（以后还会包括手机 App、微博、微信公众号）等方面以及咨询台等现场的读者咨询。建立起现代、高效、智能的读者多元咨询渠道整合平台，提升读者咨询服务体验，同时对多种咨询渠道的数据进行整合分析，为国家图书馆今后开展相关读者咨询服务工作提供依据。

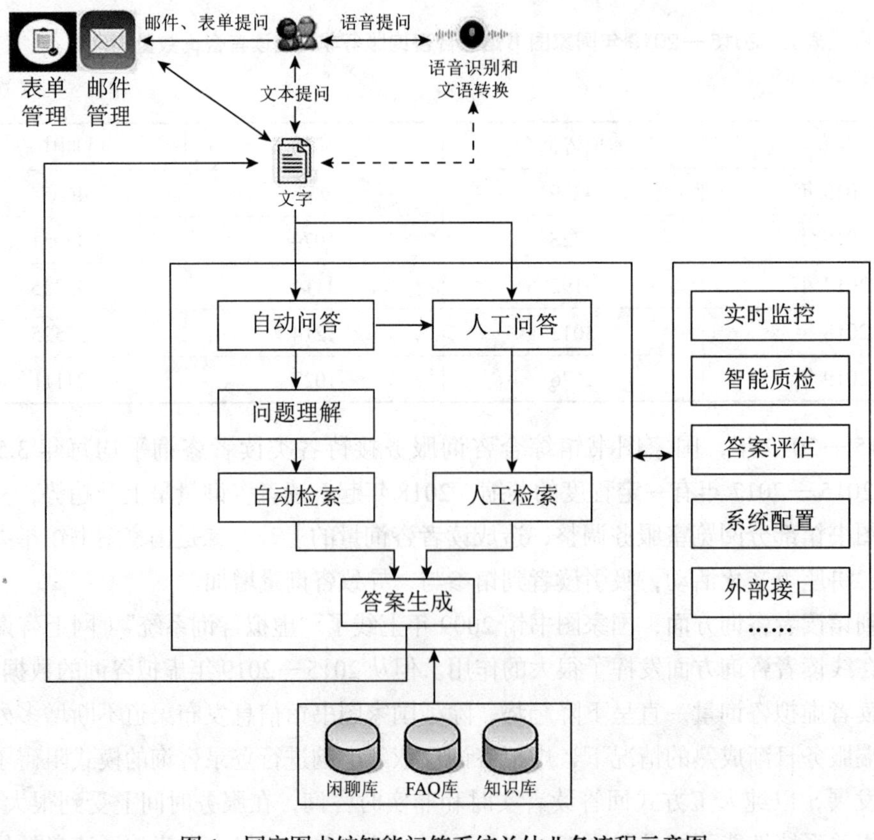

图 1 国家图书馆智能问答系统总体业务流程示意图

总体而言，问答系统包括问题理解、信息检索、答案生成三个组成部分。对应问答系统的处理流程包含三个基本环节：分析问题；根据问题的分析结果去缩小答案可能存在的范围；从可能存在答案的信息块中抽取最相关的答案。

3.1 智能问答系统主要功能介绍

3.1.1 自动问答

通过自然语言处理相关技术，对用户提出的问题进行语义理解和意图识别，明确用户问题的真正含义，再进行相应的检索操作。系统支持与用户的单轮会话和多轮会话。同时根据用户提问用词、提问的轮次数量、操作的频率等，识别用户的情绪来确定是否需要提示转入人工问答。

3.1.2 人工问答

系统根据参考馆员的在线状态和任务排队状况，智能分配任务给参考馆员。用户问题转入人工后，参考馆员对用户问题进行实时在线应答。对于用户咨询的问题，系统可以智能识别和理解，自动对知识库进行智能搜索，并将相关答案显示在支持面板上，供参考馆员选择和使用。同时系统提供问题表单供用户填写问题和提交。系统还可以连接指定的读者邮箱，回复读者的邮件。

3.1.3 提供查询接口

用户可以通过本系统模块与图书馆自动化系统的接口，实时查询用户的证卡数据，外借数据等相关信息。

3.1.4 FAQ 管理

系统支持 FAQ 库的建设和管理。FAQ 库中的数据来源可以是来自于外部问答数据的导入、自动问答、人工问答、表单问答以及邮件咨询中的问题和答案等多个渠道。参考咨询员可以对 FAQ 数据进行编辑和检索，FAQ 库需要建立多级分类体系，如通用性问题、时效性问题、个性化问题等。另外系统支持 FAQ 库数据的标准化导出，支持以多种方式对 FAQ 库进行各类统计、分析和结果输出。

3.1.5 知识库管理

知识库是智能问答系统的底层支撑，系统需提供各类知识库的构建工具，以提高咨询问题答案的召回率和准确性。系统可以构建和导入各类基础词表作为问答过程的支撑，扩大检索的范围，提高检索的准确性。系统应提供构建工具以建设图书馆领域知识图谱。

3.1.6 用户管理

系统的用户分为工作人员账户和来访用户账户。

工作人员账户的角色分为参考馆员、参考审核员和系统管理员。系统针对工作任务，对角色的操作权限进行划分，根据需要创建不同的角色并分配给参考馆员，避免浏览权限以外的内容和不必要的操作。参考馆员主要负责与在线读者交互解决用户问题，编辑 FAQ 数据和各类词表数据。参考审核馆员在参考馆员的工作内容之外，还负责对表单回复、邮件回复 FAQ 数据以及各类词表数据的审核和发布。

来访用户账户包括国家图书馆的注册用户和临时来访用户。系统可以建立用户信息登记，记录用户的特征和来访的行为，建立用户画像。

3.1.7 数据统计

系统实现对FAQ库、各类库表、知识库和邮箱的数据统计，以及对用户咨询问答、答案评估、监控质检等工作环节产生的相关数据及日志数据进行统计。系统支持多种业务的查询方式，包括：提供记录查询、表单查询、回访满意统计及超时统计等查询统计功能；按业务类别、服务类别和区域，提供参考馆员工作的各类查询统计报表。

系统可以提供多种多维度的分析图表，并具备良好的统计分析功能，能够针对已有数据进行多方向整合和分析。能够根据分析结果，结合图书馆自动化系统数据，主动推送读者主要信息和近期文献使用行为，形成用户画像，帮助咨询员更快定位问题，提高解答效率。统计结果可以生成标准文件或打印输出。

3.2 该智能系统的优点

（1）建立多元集成咨询平台

目前国家图书馆的读者咨询有到馆咨询、呼叫中心、邮件咨询、虚拟表单咨询、虚拟实时咨询五类工作模块，接受不同渠道进入的读者咨询问题。各渠道均有各自的操作界面，互相不联通，导致咨询人员分散，人工成本高，工作效能低。

构建“智能问答系统”，建立起现代、高效的读者多元咨询渠道整合平台，集各咨询渠道于一体，允许一个咨询员解答不同渠道进入的读者咨询。这种服务方式能够为读者提供更加主动、规范的网络实时参考咨询服务，可以突破传统图书馆时间、空间、人力等限制，实现分流咨询员工作压力、提高服务效率，为读者真正提供7×24小时的自助化实时咨询服务。

（2）建立咨询问答知识库，揭示用户画像

传统的问答系统基于关键词匹配的搜索模式，系统并没有理解用户意图，返回的答案往往包含大量用户不需要的信息。而基于知识库的问答系统侧重于从文本中抽取知识，对用户自然语言问句进行深度语义理解，经过匹配和推理返回准确的答案。同时，知识库还有自我扩充功能。读者在会话中产生的数据，系统会进行初步的分类对比，经咨询馆员审核后对知识库进行完善和补充，保证系统提供答案的专业性、准确性，便于以后同类咨询的回复，完善知识库[2]。

此外，系统可以记录、保存读者的个人信息和浏览轨迹、检索历史等行为数据，利用大数据能够分析读者行为，了解其偏好和需求，勾勒用户画像，为图书馆管理和服务提供数据支持，从而实现更加智能化、个性化的服务。

4 思考和建议

（1）借力语音合成技术

对于智能问答系统，读者的使用体验，使用的流畅性是评价这个系统的一个重要指标，应重点解决人和机器对话的问题，也就让机器具备人的智商和情商，让机器能够和人流畅对话[3]。现阶段人机交互最主要的方式是语音，语音是智能问答系统黏合用户的“金钥匙”。目前国内的语音合成技术、智能语音输入法、语音交互系统等软件应用已经非常成熟，可以借助这些成熟技术[4]。

（2）语料库的建设是关键

在图书馆这一特定领域实现智能问答系统，关键难点在于语料库的建设和完善，包括：①如何全面、完整、高效地实现语料库初始数据的收集和存储，提高返回用户提问问题答案的准确性和全面性。②如何针对语料库真实数据进行有效问题的筛选，提高返回用户提问问题答案的价值性。③如何进行用户研究、探索用户提问模式，从而实现语料库问题的精选[5]。

首先，需要保证系统内问答数据不断更新和补充。其次，进行人工语料筛选，剔除对改善图书馆咨询服务没有价值意义的用户问题，并且针对为用户提供的答案进行二次审读，完善正确信息、纠正错误，形成一套完备的“问题—答案”对语料库体系[6]。

（3）注意保护读者隐私

对读者数据的采集和深入分析为图书馆管理和服务提供了数据基础，但也增加了个人数据安全和因私泄露的风险。为了避免类似情况，我们对用户数据的采集、访问和调用，要制定完整的身份认证和审核制度，避免因内部管理不善造成用户因私泄露[7]。除此之外，根据用户数据应用的价值和阶段，需要制定明确的数据转移和清理政策，对数据保存期限、数据清理给予明确规定。

研究表明，图书馆能够提供的服务越多，服务水平越高，用户愿意授权使用的个人数据也越多。智能问答系统要以提升服务质量为着眼点和终极目标，在充分挖掘和利用好读者数据的同时，不断提高服务质量，增加读者的获得感，使图书馆和读者之间形成良性互动[8]。

参考文献

［1］吴杨．读者信息素养教育模式现状及优化策略研究——以国家图书馆综合咨询服务为例［J］．晋图学刊，2020（3）：46-52.

［2］张惠．基于用户视角的图书馆特色数据库建设再思考［J］．情报探索，2021（3）：107-113.

［2］蒋彪，蒋炜，金鑫．自然语言处理在智能座舱中的应用［J］．电子技术与软件工程，2020（22）：119-122.

［3］申悦．人工智能机器人在图书馆的设计与实现——以国家图书馆数字图书馆体验区为例［J］．图书馆，2020（6）：37-41.

［4］程秀峰，周玮珽，张小龙，等．基于用户画像的图书馆智慧参考咨询服务模式研究［J］．图书馆学研究，2021（2）：86-93，101.

［5］覃显晶，王祥伟，庄卉卉．基于人工智能技术的图书馆咨询机器人设计与实现［J］．情报探索，2019（3）：91-97.

[6] 于丽丽 . 人工智能与图书馆服务的深度融合路径研究 [J]. 河南图书馆学刊，2018（12）：125-127.

[7] 欧阳爱辉 . 人工智能时代图书馆面临的法律困惑及解决方略 [J]. 国家图书馆学刊，2020（2）：41-48.

[8] 谢珍，陆溯 . 智慧图书馆视域下用户数据应用与隐私保护平衡研究 [J]. 国家图书馆学刊，2020（2）：49-59.

从“以书为本”到“以人为本”

——关于国家图书馆中文科技纸质期刊资源开发的思考

黄晴（中文采编部）

1 国家图书馆中文科技纸质期刊的馆藏建设概况

1.1 中文科技期刊的内容界定

国家科学技术部发布的《科学技术期刊管理办法》指出，科技期刊是以报道科学技术为主要内容的期刊。科技期刊所载科学技术信息须为：科学实验和生产实践中所产生的最新信息；如实反映客观现象和物质运动规律，经人们逻辑思维加工成文字形式、能代表事物内在本质的、不同于一般感性认识的信息；经得起实验验证和实践检验的信息。

国家图书馆对所入藏的中文期刊按其所载内容分为社科类期刊、科技类期刊等。科技期刊所载内容包含自然科学、数理科学、化学、天文学、地球科学、生物科学、医药、卫生、农业科学、工业技术、交通运输、航空、航天、环境科学、安全科学等。

1.2 中文科技期刊的馆藏范围

根据《国家图书馆文献采选条例》相关规定，国家图书馆文献采选的总原则是：中文求全，外文求精；国内出版物求全，国外出版物求精；多品种，少复本。同时，结合 2015 年 4 月 1 日起施行的《内部资料性出版物管理办法》第 15 条第二点规定：内部资料性期刊须“严格限定在本行业、本系统、本单位内部交流，不得标价、销售或征订发行，不得在公共场所摆放，不得向境外传播；不得将服务对象及社会公众作为发送对象，也不得以提供信息为名，将无隶属关系和指导关系的行业、企事业单位作为发送对象”。

据此，国家图书馆对于中文科技期刊的入藏方针为：国内正式出版的期刊全面入藏，国内非正式出版的内部期刊选择性入藏。国内正式出版的期刊，是指具有统一刊号（CN 号）且在国家新闻出版署合法登记的期刊。

1.3 中文科技期刊的馆藏数量

截至 2019 年 12 月 31 日，国家图书馆中文科技期刊合计馆藏 20916 种，在中文期刊馆藏总量中种数占比约 39%。其中，4859 种属于现刊，正在出版，在馆藏现刊总量中种数占比 47%；16057 种科技期刊属于过刊，已停止出版发行，在馆藏过刊总量中种数占比 37%。

2019 年，中文科技期刊到馆量约 24 万册。其中，约 6.5 万册经招标书商订购到馆，约 17.5 万册经编辑部交存、赠送到馆。到馆的期刊经加工后，多余复本剔除、入藏期刊分流。2019 年总计入藏中文科技期刊约 20 万册，具体为：保存本约 7.2 万册，流通本约 8.3 万册，普通阅览室约 4.5 万册，专藏阅览室约 2000 册。

2 国家图书馆中文科技纸质期刊资源开发的意义

2.1 由藏书到用书，由文献供给升级为知识供给

依托于正式期刊全面入藏、内部期刊选择入藏的馆藏政策以及悠久的馆藏历史，国家图书馆期刊文献资源馆藏数量庞大、内容丰富。然而，国家图书馆期刊文献资源建设呈现以下特点：馆藏建设居多，对资源开发较少；文献收集投入比例较高，文献开发投入比例较低。伴随现代阅读模式、检索习惯的转变，重保存、轻使用的业务模式导致了纸本文献册件多、空间大、利用低的局面。

书是用来用的。文献资源建设不仅仅是采选、收集的过程，更包括对文献资源的系统规划与组织管理。期刊文献除了本身的实物价值外，其核心在于知识价值，对文献内容的开发、整合有助于图书馆建立特色藏书体系。国家图书馆期刊资源建设在采访、编目、加工、保存方面都已形成成熟的管理模式。智慧图书馆时代下，需要图书馆从文献提供场所转变为知识提供渠道，将工作重心由以书为本的收集职能，向以人为本的服务职能升级。

通过对中文科技纸质期刊的资源开发，能够使保存本库中大多数搁置文献由低可用状态转变为高可用状态。物尽其用、扩大文献使用效能，提升检索效率，有助于国家图书馆以现代化的形式发挥总书库作用。

2.2 提高外因对抗能力，强化资源建设稳定性与持续性

期刊作为连续出版物，其资源稳定性与持续性是读者服务、馆藏质量的保证。对于专业性强、受众人群相对固定的科技期刊更是如此。目前，国家图书馆的中文科技期刊馆藏资源主要由纸质期刊和电子期刊构成。电子期刊数据库的质量、规模受外界因素影响颇大，政策调整、经费支持比例的变化、服务商的变动等都可能对数字馆藏建设造成断崖式影响。国家图书馆纸质期刊文献约四分之一来源于经费购买、四分之三来源于出版者依法交存，中文科技期刊的交存率普遍高于社科类等其他期刊。面对经费变化、政策调整、服务商变动等外因时，在《中华人民共和国公共图书馆法》所规定的纸质期刊交存制度的保护下，纸质期刊的馆藏资源相对稳定，交存率颇高的科技期刊更是如此。加大对馆藏纸质中文科技期刊的开发，以纸质期刊为“原材料”整合智慧型馆藏资源，有助于弱化馆藏质量对采购数据库的依赖程度，抵抗经费等外部因素对读者服务、馆藏质量的影响。

3 国家图书馆中文科技纸质期刊资源开发的可行性

3.1 中文科技期刊的馆藏结构为资源开发提供物质保障

3.1.1 馆藏资源丰富，正式期刊与内部期刊兼具

国家图书馆作为综合性研究图书馆，担负建设国家总书库以及为中央和国家领导机关立法与决策、重点科研、教育、生产单位和社会公众服务的职责。除公开发行的期刊外，视内容、价值、影响、规范程度等因素，入藏部分内部期刊。到馆的期刊经采访、编目、加工后，正式期刊分流至保存、阅览、流通环节提供服务，内部期刊存放至周转库并于次年合订成册后永久入藏。2019 年，馆藏中文科技期刊现刊中，94% 为正式期刊，共 4566 种；6% 为内部期刊，共 293 种。

根据国家图书馆中文采编部与中国图书馆学会合作项目“县级图书馆采编工作的调研项目”报告，县级公共图书馆对于期刊的入藏范围极小、多数以党刊等社科类期刊为主，对于内部期刊普遍不选择入藏。另外，高校图书馆虽重视期刊资源建设，但其对期刊学科要求单一。因此，国家图书馆对中文科技纸质期刊资源的开发具有得天独厚的优势。

3.1.2 馆藏形式多样，纸质期刊与电子期刊并存

国家图书馆对国内正式出版的各文种、各类型、各载体期刊全面采集。纸质中文期刊与电子期刊资源共同构建了期刊馆藏体系。以 2019 年馆藏数据为例，国家图书馆已购数据库中含中文科技期刊 4253 种，与纸质期刊种类匹配度为 87%；同年社科类期刊的电子资源与纸质期刊种类匹配度仅 57%。可见，科技类期刊的数字化程度明显高于社科类期刊。中文科技期刊的资源开发，可以借助已购电子刊优势，深入挖掘。

3.2 中文科技期刊的编目数据为资源开发提供技术条件

3.2.1 规范的采编数据让资源开发事半功倍

纵观国家图书馆中文科技期刊资源，馆藏最早的期刊可追溯到 1897 年创刊的《新学报》。在国家总书库的职能背景下，馆藏中文科技期刊时间跨度久、空间跨度大、学科覆盖广，各个地域、各个时期、各个学科的科学技术信息均记载其中。同时，每种期刊均编制采编数据，由于中文科技期刊出版相对规范的特征，科技期刊数据编制也更加规范，每条期刊数据均对期刊出版信息、内容分类等加以揭示。因此，中文科技期刊的资源开发可以从数据入手，将文献实物勘察作为辅助验证手段，提高甄选效率。

3.2.2 专业的存储模式降低纸质文献毁损风险

纸质中文科技期刊过刊定期集中下架、装订、验收、入库。成熟的装订模式及多年的装订经验，为纸质期刊的长期保存提供“铠甲”；专业精密的库房条件为纸质期刊的存储利用创造有利环境。在资源开发过程中，不可避免地需要对原刊原文进行查阅、核实，纸质期刊专业的存储模式有效延长了纸刊使用年限、降低了因使用而造成文献毁损的风险。

另外，目前少部分纸质中文科技期刊的过刊进行了缩微化、数字化等先进技术处

理，实现了与其电子资源的互补互通。这使得部分纸质期刊内容能够在不查阅原刊的条件下获取，对馆藏纸质期刊的开发不必在纸质文献上开展，最大限度地保护纸本期刊。

4 国家图书馆中文科技期刊资源开发的构想

4.1 资源开发模式的建议

4.1.1 学科知识集成，推送特色专题库

目前，科技期刊品质良莠不齐，研究型读者在进行资料检索时耗费大量时间精力用于筛选、甄别。另外，以科技内容为主的综合性期刊，往往涉猎门类繁多，为检索带来极大不便。

对中文科技期刊的资源开发可以专业内容整合为出发点，通过学科性的集成方式将相关相近的同类期刊、文章、知识信息集中起来，从而形成专题库。科技期刊所涉学科专业性强、划分细，建议打破不同期刊、不同出版者的限制，以学科细分的角度出发，筛选、切割、整合细分方向的专业学术期刊及篇目。例如，为航空航天专业研究者提供航空器相关知识资源库，将专业学术期刊、包含该知识信息的综合期刊从科技期刊总数据库中筛选出，并加工、整合，形成序列化的学科信息单元，以特色专题库的形式将开发成果推送、开展服务。

4.1.2 构建评价体系，强化行业引领力

目前，我国核心期刊体系比较复杂，较为普遍认可的有北大核心、南大核心、CSCD 来源期刊、中国科技核心期刊等，各个核心期刊的遴选机构和主管机构不同、评选概念不同。例如：北大核心期刊是北京大学图书馆主办、联合学术界权威专家鉴定、根据国内几所大学图书馆的期刊引文率、转载率、文摘率等指标确定；南大核心期刊是由南京大学主办、由中国社会科学研究评价中心每两年对各学科学术性期刊进行他引影响因子分析，根据分析结果评定。这类期刊评价体系虽然目前相对得到认可，但其数据来源主要是大学，具有一定局限性。

与大学图书馆相比，国家图书馆作为中国总书库，馆藏量、读者访问量、文献检索量、文献使用量等均具有得天独厚的优势。一直以来，图书得以通过“文津图书奖”等平台开展适当的推送与评价，国家图书馆对于期刊的推送、评价却始终没有建立相关渠道。事实上，在社会机构各自推出五花八门评价体系的背景下，由国家图书馆对期刊构建评价体系，显然具有更大的公信力。

4.2 资源开发成果的服务

4.2.1 服务载体数字化

科技期刊的读者群体主要为研究型读者，其信息使用需求以专题性资料搜集为主，且对电子资源接受度较高。因此，中文科技纸质期刊的信息资源整合成果以数据库作为服务载体既切合读者需求，又可规避纸质期刊不便于检索的弊端。伴随大数据分析能力及其他信息技术的发展，充分利用数字技术开展智慧服务，也是智慧图书馆建设的发展

趋势。

4.2.2　服务对象特定化

中文科技纸质期刊的资源开发是对采编到馆的传统文献资源进行思考、整合、加工的过程。通过智慧分析，将综合化、分布零散的期刊内容汇集成为专题化、集中的特色专题库。因此，该特色专题库是具有专题性的信息知识单元，其服务对象也必然与传统文献资源所面向的一般读者不同，更适宜以特定领域的业务工作者、研究单位为用户开展信息服务。根据用户需求及其专业领域的不同，针对性地为其揭示文献整合结果，提供以人为本的信息检索服务。根据服务对象的需求，提供专题查询以提高用户检索效率，降低其获取知识的成本。

从前，图书馆被称为“藏书楼”，文献收藏是第一使命。之后，随着文化需求增长，借阅成为图书馆的主要功能体现。在物质资源丰富的当下，购买阅读大幅度取代借阅阅读的同时，科学研究和知识创新也取代普及性阅读成为主旋律。在此背景下，读者对图书馆的定位由“求书”升级为“求知”，对图书馆的检索服务需求增长迫切。因此，图书馆由“藏书”向“用书”过渡，由以书为本的业务模式向以人为本的服务形式转化，势在必行。

对图书馆文献资源的开发是提供个性服务的基础。国家图书馆中文科技纸质期刊馆藏资源丰富、文献使用效能不足，对其加以加工、集成、评价、推送，有利于突出国家图书馆的馆藏优势，构建智慧图书馆条件下的个性化服务体系。

参考文献

[1] 科学技术期刊管理办法［EB/OL］.［2021-03-20］. https://baike. baidu. com/item/%E7%A7%91%E5%AD%A6%E6%8A%80%E6%9C%AF%E6%9C%9F%E5%88%8A%E7%AE%A1%E7%90%86%E5%8A%9E%E6%B3%95.

[2] 国家图书馆文献采选条例［Z］. 北京：国家图书馆，2010.

[3] 国家新闻出版广电总局. 内部资料性出版物管理办法［EB/OL］.［2021-03-20］. http://www. gov. cn/gongbao/content/2015/content_2856660. htm.

[4] 朱丹君. 面向研究型读者的服务转型研究［J］. 图书馆研究，2018（3）：97-100.

[5] 陈超. 浅析传统图书馆到智慧图书馆的转型［J］. 图书馆研究，2020（19）：254-256.

虚拟演播室技术
在图书馆智慧空间建设中的应用实践及展望

韩晔瞳（典藏阅览部）

近年来，以5G、人工智能等为代表的下一代信息技术正推动着图书馆从信息化、数字化和智能化走向智慧化，“智慧图书馆”“智慧空间”“智慧服务”等成为图书馆界讨论和关注的热词。可以预见，“十四五”时期技术的运用将继续嵌入图书馆资源建设的整个周期过程，继续嵌入整个用户服务的获取、体验与反馈之中[1]。

国家图书馆“十四五”规划纲要中关于智慧空间建设也有许多相关论述：要“不断加强先进技术研发应用，全面提升数字化、网络化、智能化发展水平。推进线下服务空间智慧化升级，提升用户到馆服务体验。构建阅读墙、云课堂、声音图书馆等智慧服务场景，打造虚实结合的阅读学习空间、交流共享空间和协同创新空间，提供基于虚拟现实、增强现实等智能技术的沉浸式服务体验”，要“创新服务方式，优化提升线上线下阅读学习体验。打造跨界融合、开放智慧的阅读空间与传播载体，形成覆盖不同载体渠道的融媒体阅读学习平台”。

1 图书馆智慧空间建设“虚实结合”的发展方向

众所周知，科学完善的空间建设是图书馆开展各项读者活动、做好读者服务的基础保障。而图书馆发展到智慧图书馆阶段，智慧空间则更是其最为显著的形态标志，也是其重要的构成元素。智慧空间包含能够充分应用智能设备与感知技术，具备灵活重组能力、高速接入能力和快速响应能力，支持用户无障碍利用，能满足用户多样化空间需求的物理实体空间；也包含实现知识资源存储、配置和调度，进行用户信息管理、画像和认证，执行数据处理和智能计算，并连接智慧平台和实体空间，为智慧服务提供接口的在线虚拟空间[2]。理想的智慧图书馆注重空间与智能建筑间的巧妙融合，强调馆藏文化的智慧化展现，在新技术支持下实现读者服务创新，并彰显人文主义[3]。

作为“生长着的学习空间”，图书馆智慧空间是由实体空间与虚拟空间交融组成的，为图书馆线上线下各项阅读推广活动的开展提供了无限的可能。实体空间是读者进行非正式学习的重要场所，是读者思考、交流、创新的第三空间；虚拟空间则包括在线云平台、虚拟技术空间、人工智能系统等，读者在学习过程中，可以通过各种虚拟现实技术，增强对事物的认知和理解。在融合的智慧空间中，读者可以根据自身的喜好和需求任意选择学习形式，而信息技术也作为关键要素，随时随地为读者的学习利用提供支持。图书馆智慧空间鼓励读者交互，激发读者学习，提升读者体验，促进读者发展，其核心特征是高感知度、高互联性、高智能化。

以下介绍的“光影音阅汇”虚拟阅读空间就是国家图书馆为了丰富阅读分享活动形式、增进读者认知理解，结合读者需求和工作实际、合理运用虚拟演播室技术，创新建设的线上图书馆智慧空间。

2 线上读者活动应用虚拟演播室技术的必要性

“光影音阅汇”主题读者沙龙是由国家图书馆视听中心策划举办的视听读者服务品牌活动。自2018年5月开办以来，已举办涵盖音像出版、艺术赏析、视听科技、健康养生、文化遗产、党史教育等各类主题沙龙活动45场次，线下线上读者参与量近千万人次，获得了读者广泛的肯定与赞赏。

2020年新冠肺炎疫情全球爆发，在各级图书馆闭馆期间，线下读者服务被迫暂停。疫情防控关键期，在馆区阅读空间无法使用的情况下，“光影音阅汇”策划团队想尽一切办法突破环境限制，利用馆外节目录播影棚，试用多种虚拟演播室技术解决方案，在保证质量、严控成本的基础上创新性地开拓线上阅读分享平台。

虚拟演播室技术是计算机技术、虚拟现实技术、电视摄像技术、电视抠像技术结合在一起形成的[4]；从系统结构角度看，主要包括摄像机运动参数的获取和实时计算、实时色键计算以及三维虚拟场景的实时生成和输出三部分[5]。它的优点主要有:（1）对节目录制空间面积要求较低，十几平方米的空间也能营造出万人礼堂的效果。（2）相比传统实体演播室节目，具有更丰富的视听语言表现力，虚拟背景可二维制作，也可三维制作，可静态，也可动态，根据需要还可以随时随意更换。（3）可通过虚拟跟焦、机械跟焦结合的技术实现传统实体演播室难以实现的机位调度。（4）抠像画面与实体布景的融合可以达到增强现实、混合现实的效果，制作更加多样的视觉奇观。虽然一套完整的虚拟演播室软硬件系统造价不菲，且单次使用过程中需要较高的技术配合度和较长的沟通磨合期，但从长期使用角度来看，仍远低于传统演播室实景搭建所投入的成本。

2020年2月至10月举办的五期“光影音阅汇”线上视听读者活动中，有三期内容应用到了虚拟演播室技术，使视听读者服务摆脱了时间和空间的限制，大大丰富了活动的表现形式、提高了读者的参与兴趣，单次活动读者点击量达到近600万，为读者居家学习提供了乐园和港湾。可以说，“光影音阅汇”虚拟阅读空间是虚拟演播室技术在国家图书馆智慧空间前期建设过程中的实验性应用，线上活动所积累的技术经验为本地空间建设技术应用提供了重要参考。

3 线上读者活动应用虚拟演播室技术的流程要点

这三场线上视听读者活动以“虚拟阅读空间”录播电视栏目形式呈现，主题分别为“听典籍故事，学防疫妙招”“阅览室里的视听科技”“中国大运河的申遗故事”，涵盖了综艺互动、单人讲解、学术访谈三种节目形式，内容上需要紧密结合相关馆藏资源，形式上需要营造沉浸度较高的主题场景。

在本单位不具备购置完整系统且单次活动预算有限的情况下，“光影音阅汇”策划团队决定租用成熟的虚拟演播室影棚，针对节目特点尽量选取实用性强、性价比高的功能配置进行录制，并确定了以虚拟摄像机跟踪代替机械摄像机跟踪、以修改模板三维场景元素代替定制三维场景的工作思路，在最大程度上节约摄制时间和资金成本。以下对三次活动录播工作过程中的关键技术点进行总结。

3.1 系统主机

经过多次磨合试用，团队最终选取了励得 U-Studio 作为节目录制系统主机，该产品支持三路 4K-SDI 输入，全高清四倍分辨率的画质使得全景、特写之间的实时无损变换成为可能；可实现人物动作自动跟踪；可运用虚拟摇臂功能实现较大范围的人物全身航拍效果，极大地提升了虚拟演播室节目的创新性和产品性价比。自带的场景库提供了近 400 个可自定义的预设场景，每一个均可根据需求调整场景内部元素。

3.2 背景色：蓝还是绿？

除系统主机选择外，抠像背景的质量也是影响最终节目效果的重要因素。通过对比几次试录片段的抠像效果，建议被拍摄主体距离背景布 / 墙不足 5 米的环境使用蓝色抠像背景；如拍摄场地面积充足且对灯光布局较为熟悉，可选择绿色背景抠像以得到更少的噪点、更高的采样精度和更好的暗部细节。需要注意的是，被拍摄者尽量不着白色服装，以避免背景色干扰前景增加后期的工作量。

3.3 布光

（1）前景的被拍摄主体和背景墙 / 布需要独立布光，且针对背景墙 / 布的布光需要尽量做到均匀，建议使用测光表。

（2）前景的被拍摄主体和背景墙 / 布之间要有 3—5 米的距离，防止被拍摄主体的阴影对背景产生影响，同时也能尽量减少背景颜色对被拍摄主体的影响。

3.4 摄像机

（1）建议使用色度子采样率至少为 4∶2∶2 的摄像机进行抠像拍摄，高采样率有助于前景边缘和画面细节的还原，方便抠像。

（2）不要使用摄像机自身的图像锐化功能，这一类的功能会使图像边缘出现锯齿状排列的像素，给后期制作带来困难。

（3）尽量使用高于 1/125 的快门速度，避免高速运动出现画面的模糊和撕裂。

（4）摄像机尽量设置成逐行拍摄模式，隔行拍摄在画面动作幅度较大时会因为场问题产生干扰纹路而影响画面。

3.5 额外保障

（1）前期测试

在节目正式开拍前，要试拍3—5分钟素材进行画面抠像测试，以便针对测试结果进行相关设备的调试。前期准备得越充分，后期抠像的质量就会越好。

（2）挂带录制

此类节目录制大多使用2机位以上的配置，建议不要为了图省事只保存导播台输出成片，一定要对每个机位分别进行单机挂带（插卡）录制保存，这样后期制作在遇到特殊情况需要大幅调整的时候才不会因为原始素材不够而束手无策。

（3）备好足够的提字器

有主持人串场且需展示多人互动的节目里，尽量在每个常用机位放置提字器以方便主持人在机位转向时能够及时跟上摄像机运动，以达到节省录制和后期制作时间的目的。

4 智慧空间实体建设应用虚拟演播室技术的前景展望

4.1 读者到馆学习创作的输出需要

通过专题调研、文献学习发现，许多国内外图书馆通过立足读者学习创作需求，完善空间氛围，营造出各具特色的人性化空间服务：如广州图书馆、深圳图书馆的多媒体区均设有专门的录音棚和视听室，方便读者创作和欣赏；芝加哥公共图书馆建设的YOUMEDIA项目，为读者提供了数字媒体创作的专门区域，包含录音棚、摄影室、游戏设计、制作人空间等服务区域划分，同时配备导师协作指导[6]。

进入5G时代，在全民直播的社会环境下，智慧图书馆建设更可以借助5G技术高速、高带宽的优势实现互动虚拟录播和直播内容的推送，让智慧图书馆内虚实结合的学习场景和学习内容在内容生产者、内容加工者和内容接收者之间有机融合、及时赋能。国家图书馆出版社邓咏秋老师在“图情出版”公众号《有这样一座图书馆》文章中对太原市图书馆的“太图直播间”做了简介：“太图除邀请专家讲座以外，也有很多为小型群体聚会交流的服务项目，比如太图直播间除馆员录播以外的时间，读者可预约……图书馆服务的民众也渴望分享，很多人希望与有相同爱好的人在一个美好的空间进行交流，有人也想上台讲一讲自己的故事、讲讲自己擅长的技能……人们到图书馆来，可能是为了像以前一样阅读图书、获得知识，这是一种输入型的需求（他被输入知识）；也有可能是想要把自己比较精彩的人生经历、奋斗感悟或某方面的才能在图书馆里与他人分享，获得尊重，交流碰撞，这是一种输出型的需求。将来图书馆主动服务于后一种需求的项目应该会越来越多。”虚拟演播室技术与AI主播、增强现实、混合现实等智能图形技术的综合应用，可以大大增强读者的阅读兴趣和对知识内容的理解，为他们提供独具特色、内容丰富、形式多样、人人皆可参与的互动学习体验。

4.2 国家图书馆视听主题智慧空间建设的内驱动力

国家图书馆北区四层视听服务空间馆藏种类丰富、服务形式多样。截至2019年12月，视听服务空间阅览室所藏盘片总数达到了585846张/盘。音频资源约17万余张/盒，视频资源约28.3万余张/盒，中文、西文、少儿等多种电子出版物光盘11.5万张；音乐艺术类图书10000余册，音乐艺术类中外文期刊60余种。读者活动方面，“光影音阅汇”读者沙龙、主题专架、导读体验区等互为依托、各具特色。视听服务空间的智慧空间建设需要借鉴国内外同行的先进经验，更需要从自身馆藏和服务结构的特点出发，统筹布局、科学规划，避免因技术滥用、重复建设造成资源浪费。

为积极响应国家图书馆“十四五”规划的相关部署，尤其是馆区服务空间格局优化调整、推进线下服务空间智慧化升级，丰富视听读者服务的智慧服务场景，打造虚实结合的学习欣赏、创新共享的智慧空间，未来五年，将计划建成以“三大智能体”“两大特色空间氛围服务”“一个云平台”为核心元素的“体、氛、云”视听综合服务体系，将视听服务空间打造成为虚实结合、线上线下协同发展的主题一站式“视听体验馆”。

三大智能体为：9.1.4声道8k超清观影仓、广播级专业录音工作间、视听学习虚拟录播平台。其中视听学习虚拟录播平台就是在阅览室实体空间内引入虚拟演播室技术，以国家图书馆视听馆藏中多种定制的特色内容（如AI虚拟偶像、虚拟背景、虚拟场景、实景融合视听元素）为创作素材，供馆员和读者进行阅读主题节目录播和直播。

两大特色空间氛围服务为：“光影音阅汇”视听导读体验区，“光影音阅汇”线上线下读者沙龙，加强虚拟演播室技术在活动中的情景化应用。

一个云平台为：充分利用“视听中心网站”平台基础，扩充其智能化服务，运用AI学习助理、RFID、智能架位导航、语音搜索等技术实现云端读者画像、阅读习惯分析、视听数字化资源盘活，开拓应用场景。

4.3 坚持空间建设与内容建设双轮驱动

“光影音阅汇”线上线下读者沙龙自开办以来，始终坚持活动形式与馆藏内容的密切结合，无论是线下空间互动交流还是线上虚拟演播室节目录制，均能做到每期必有相关馆藏推荐，线上活动视频结尾附相关文献索引号。视听主题智慧空间的建设也必须立足于室藏文献资源，让读者在智慧空间里能够“一边欣赏一边阅读”，真正做到“一站式学习”。

当前，全国各级图书馆智慧空间建设的蓝图已相继展开，在我们明确前进目标的同时，空间建设规划也要充分考虑经济发展现状的影响。

后疫情时期，在全球经济受到重创，整个图书馆行业经费预算全面缩减、事业发展面临严峻挑战的现实背景下，若想发挥图书馆智慧空间建设过程中所应用关键技术的最大效能，应用者必须在全面掌握各种技术细节的基础上综合研判应用场景，合理采购相关设备，避免出现“技术滥用”“智能设备不智能”的情况。面对新阶段、新问题，更需要“一切从实际出发”“用好纳税人每一分钱”的工作态度，充分了解读者需求，立足本馆、本室特色，使服务与资源互为关联、互为补充，让图书馆智慧空间真正成为群众喜闻乐见、心驰神往的文化“第三空间”和文化活动中心。

参考文献

［1］曾宪付．社会时空观视角的公共图书馆“十四五”规划与发展［J］．图书与情报，2020（6）：93-97.

［2］程焕文，钟远薪．智慧图书馆的三维解析［J/OL］．图书馆论坛，2021［2021-03-31］．https：//kns. cnki. net/kcms/detail/44.1306. G2. 20210330. 0931. 002. html.

［3］雍雅丽．智慧图书馆建设与读者服务创新［J］．中国民族博览，2021（2）：204-206.

［4］杨寿堂．虚拟演播室系统分析及应用［J］．实验技术与管理，2005（12）：83-86，96.

［5］丛文，郭云泽．虚拟演播室技术的研究与探索［J］．北华大学学报（社会科学版），2009（4）：116-118.

［6］史丹，杨新涯，涂佳琪．“十四五”图书馆基础服务的创新发展研究［J］．图书情报工作，2021（1）：64-69.

出版社如何把好印前检查这道关

李　坚　金　丹（国家图书馆出版社）

1　什么是印前检查？

印前检查，顾名思义就是在图书印刷前对书稿内容再进行一次检查。印前检查可以说是图书印刷前的最后一道关口，如果这一关把住了，图书质量就有了保障。印前检查不需要整本书稿逐字逐句从头至尾地细读，但需要关注几个重点。集中在几个部分：封面（包括书脊和封底）、版权页、前言、目录、后记。具体：封面书名、副书名（如果有）、作者名、著作方式、出版社名、丛书名（如果有），封底书号、条形码、定价，书脊书名（与封面一致）、作者名及著作方式（与封面一致）、出版社名（与封面一致），版权页书名（与封面一致）、书号、作者名及著作方式（与封面一致）、定价（与封底一致）、开本、字数等，内文版式、书眉（与书名一致），前言，后记，插图等。

内容方面，如有涉及国家法律、政治、军事、外交、民族、宗教、统战、保密等方面内容，哪怕已经送审通过，也要再看一下，确保没有问题。

2　为什么要重视印前检查？

印前检查的目的就是因为上述这些环节特别容易为人忽视而且非常容易出错。举例来说，至关重要的图书定价印错了，这本书要么以错误的定价卖，要么在原来定价位置粘贴上新定价，做一点技术处理。对出版社多多少少会带来经济损失，最重要的是不能及时铺货，影响销售。如果作者名字、书号等关键信息出错，封面只能重印。版权页如果出错，有的可以撕掉重印补粘，有的需要一个印张都重印，给出版社带来损失。

3　出版社印前检查主要检查什么？

（1）封面。无论是封面、封底、书脊还是前后勒口，任何一个地方都可能出错。文字多的地方，出错的概率更大。编辑必须明白，有些设计师对文字的敏感度大大低于对图案的敏感度。印制前，编辑最好仔细检查一下封面，特别是汉语拼音和外文文字。这些都是特别容易出错的地方。

（2）扉页。要注意扉页上的书名、作者名、出版社名等与封面一致。

（3）版权页。小小的版权页就是图书的出生证明。书名、书号、著者名、社名、定价、印数、印张数、字数，一本书最重要的信息都包含在这里，印错一点都不行。

（4）目录。检查目录与正文各级标题是否一致，如有不一致就以正文标题为准。页码必须核实无误，这项工作看起来非常烦琐，但是你必须耐着性子逐项核实。

（5）作者名。一本书有多个作者的话，人名弄错的概率是很大的。必须反复核实。有些作者还要把图书作为成果用来申报高一级职称、申请基金、奖励等，名字印错，这是让作者最恼火的地方。如果名字出错，必须重印。

（6）序、前言、后记等。读者购书前首先就会浏览一下序或者前言，对全书有个大概的了解和把握，从而决定这本书究竟值不值得买。很多作者为了提升书稿档次，也要千方百计请到名人作序。然而问题恰恰容易出现在这里。序的撰写一般是不能与书稿同步的，往往是书稿早已发排，序却迟迟未到。作序者无暇审读自己的文字，求序者又常常将其奉为至宝，不敢稍作改动。书稿内文经过了三审三校，序却没有经过三审三校，甚至只经过一至两个校次就匆匆付印，结果很容易出现错误。建议编辑对序多下点功夫，多看几遍，避免出错。

（7）插图。插图是很容易出问题的地方，首先检查插图与注释能否对得上。特别是有些作者和编辑图省事，插图从网上直接下载，没有考虑侵权问题。为了避免侵权事件发生，配图要么请人创作，要么开动脑筋，自己绘图，绝不能拿来就用。编辑最好和设计师签订合同，对于侵权责任事先有个约定。

4 印前检查谁来执行？

（1）责任编辑：责任编辑一般是书稿第二读者（第一读者是作者本人），在出版社范围内是对书稿内容最为熟悉的人，所以责任编辑印前再通读一遍书稿，可能会发现此前没有注意到的更细部问题，更能理解作者创作意图，甚至发现作者隐晦表达的或隐含着的敏感问题，加以规避，也会发现逻辑不清的地方，加以调整。

（2）社内专门配备的审读人员：他们一般有着十几年、几十年编辑加工书稿的经验，大致浏览一下书稿，就会明白问题可能会出在哪里，他们可能会发现经验不足的编辑容易忽略的学术性和政治性问题。

（3）社领导：往往政治意识比较强，底线意识、红线意识比较强，容易发现书稿中的敏感问题并加以纠正或者规避，避免给出版社带来不可挽回的损失。

（4）外审专家：有些出版社没有配备出版某一领域图书的专业编辑，或者对书稿某些方面内容没有能力把关，这种情况可以请社外专家帮助把关。

（5）有条件的话，特别是重要的书稿，最好是责任编辑、审读人员、社领导在图书印刷之前都看一看，多一双眼睛，就会多一份保障。

（6）制度保障：编辑人员应严格遵循《出版管理条例》《图书质量管理规定》《图书质量保障体系》等规定。有条件的出版社可以自行制作《编辑加工重点检查内容表》

《书稿重点检查内容提醒单》等，提醒编辑印前检查需要注意的事项。

5 做个多疑的编辑

（1）不要轻信作者。有些作者名气很大，甚至扬言作品不得修改一字，实则再高明的作者书稿也会存在这样那样的问题。术业有专攻，作者一般不会非常熟悉图书编辑加工的具体要求与规范。编辑绝对不能尽信作者。

（2）不要轻信校对。有的编辑确实非常依赖校对，书稿拿过来，编辑随手翻翻，没有发现什么政治问题，放心大胆地把书稿交给校对去看，自己省略了逐字逐句通读的辛苦。须知校对与编辑两者关注点不同，承担的责任是不一样的。

（3）不要轻信自己。编辑接手的稿件每一部都是新的，可能会遇到各种意想不到的问题，所以编辑非常忌讳吃老本。一方面知识是不断更新的，另一方面已有的知识也有可能遗忘，所以尽信自己可能要出大问题。这就需要手勤一点，多翻翻字典、词典，或者上网查查，把问题核实准确。

（4）不要尽信黑马。黑马软件的确是编辑的好帮手，它可以帮我们查出很多问题，但是有时候黑马也会判断失误，给出错误的修改方案，所以编辑要多动脑子，该不该改，如何改，自己要有判断，不能被黑马误导。

（5）不要尽信印制人员。他们主要检查印装顺序、印制质量、有关尺寸等。就图书内容质量而言，个别负责任的印厂可能发现丢字、漏字等问题反馈给编辑，这是很不错的了，但是有些明显错误可能也看不出来。

（6）不要轻信设计师。一本书在封面和版式上面非常容易出错，特别是书名、定价、社名、作者名出错，封面只能推倒重来，往往给出版社造成一定经济损失。

很多出版社配备专门的质检人员进行印前质量检查，往往采用抽检方式。如：有的图书编校质量质检是在图书付印前，一般是随机抽取付印清样的一部分进行检查，文字差错率低于1/10000即为合格，可以签字付印；如文字差错率高于1/10000，则将清样退责编重新加工，而后再进行第二次抽查，直至合格。针对市场经济条件下，盲目追求经济效益，赶时间出书的“萝卜快了不洗泥”的情况，这也是一个值得借鉴的好方法。

6 出错之后的补救

出错之后还是有一些补救办法的。前提是书印出来后，先装订出一两本，不要大批装订。编辑先看看有什么问题没有。这就需要仔细检查样书。一旦发现样书有错，就要果断采取补救措施。版权页有错，可以撕去版权页，重印这个印张。封面有错，可以再加一道工序补印一下，或者封面重印。内文有错，视情况重印一个或者几个印张。

参考文献

[1] 贾鸿杰 . 印前质检：工作定位及其素质要求 [J]. 人力资源管理，2016 (2)：195.

[2] 覃文静 . 出版审读队伍的现状及发展对策浅谈 [J]. 出版发行研究，2013 (2)：30-31.

[3] 赵更吉 . 论"印前审读制"的建立 [J]. 编辑学报，2004 (6)：441-442.

[4] 李敏康 . 印前编校质量检查——一种提高图书双效益的方法 [J]. 科技与出版，1999 (4)：25-26.